陈桥驿先生（1923−2015）

国家出版基金项目
NATIONAL PUBLICATION FOUNDATION

【第九卷】

全集

陈桥驿

中国国家历史地理

陈桥驿 著

人民出版社

《中国国家历史地理》

主　　编：黄书元

副 主 编：于　青

策　　划：张秀平　关　宏

《中国国家历史地理·陈桥驿全集》编辑委员会

主　　任：罗卫东

副 主 任：冯建荣

委　　员（以姓氏笔画为序）：

　　　　　王永太　王　苑　方志伟　邱志荣　张秀平

　　　　　张环宙　陈汉林　范今朝　周复来　闻继威

　　　　　徐建春　屠剑虹　夏群科　阙维民　翟国庆

　　　　　颜越虎

主　　编：罗卫东　周复来　范今朝

责任编辑：关　宏　张秀平

特邀编辑：王京阳　白建献　华天惠　肖三华

　　　　　欧薇薇　张文品　张兆勇　陈雪兰

浙江大学

浙江大学理学部，浙江大学社会科学研究院，浙江大学地球科学学院

浙江大学地球科学学院地理科学系，浙江大学城市与区域发展研究所

绍兴市城市建设档案馆　绍兴市鉴湖研究会

协助

目　录

吴越文化论丛

浙江灾异简志

主编书摘（主编　合编　参编等）

吴越文化论丛

序

在今浙江省境内,南起宁绍,北到杭嘉湖,并且及于苏南,在地理上常被称为吴越之地。这是由于春秋时代在这个地区存在句吴和于越两国而起源的。最早记及这一带地理区划概念的是《国语·越语上》:"句践之地,南至于句无,北至于御儿。"韦昭注:"今嘉兴御儿乡也。"清顾炎武《一统志案说》卷一〇、浙江:"石门县东有语儿乡,即古御儿也。"《国语》曰:"句践之地,北至御儿,吴越分疆于此。"最近新修的《桐乡县志》第4章《乡镇》崇福镇下记及:"镇东的南沙渚塘,古时称语儿中泾,又称语溪。"今崇福镇即前崇德县,也就是顾炎武所说的石门县。

对于吴越分疆,古代文献并非一种说法。《史记·货殖列传》说:"浙江南则越。""浙江"是古代越语地名,即今钱塘江,所以《史记》认为吴越以今钱塘江为界。从此说的古人不少,《论衡·书虚篇》说:"余暨以南属越,钱塘以北属吴,钱塘之江,两国界也。""余暨"即今萧山,"钱塘"是秦所建县,在今杭州域内,故王充同意司马迁之说。说得最清楚的是明徐渭,他在《半禅庵记》(《青藤书屋文集》卷二四)中说:"由吴达越必经钱塘,江心之际,吴越分矣。"对于吴越疆界的不同说法,其实是因为春秋时代吴越两国多次交战,胜负互见,国境屡有变迁的缘故。所以吴越作为一种地理区域的概念,在今天只能大体言之,并无严格的界线。

秦始皇敉平东南地区,由于防制强悍的越人反抗,除了驱赶和强迫这个地区的越人迁移以外,又把句践的故都大越改为山阴,在吴越旧址建置会稽郡,郡治置于吴(今苏州），很有不再称这个地区为"越"的心愿。西汉在高祖六年（前201）以后，这个地区先后置荆国、吴国，甚至在会稽郡恢复以后，这个会稽郡又常称吴郡。稍后又出现"三吴"的名称。《水经·渐江水注》释"三吴"："吴兴、吴郡、会稽其一也。"说明在东汉永建四年（129）吴会分治以后，会稽仍是"三吴"之一。在一段较长的时期中，"越"作为一个区域地名，在官方文献中确实极少使用。但是到了隋大业元年（605），越州作为一个行政区域，终于又正式出现（《元和郡县志》卷二六）。这个州的领域包括现在的整个宁绍地区。到了唐朝末年，以杭州为基地，称雄于今苏南和浙东的钱镠，于后梁开平元年（907）被封为吴越王。而次年，钱镠就自建天宝年号，将其控制的这块地盘称为吴越国（后梁直到15年以后的龙德三年才正式承认吴越国，其时已在吴越天宝十六年），成为中国历史上的五代十国之一，也是吴越作为一个区域名称的嚆矢。吴越国称其首都杭州为西府，而把越州称为东府。从此，吴越作为一个地名及其大体的区域范围也就基本确定了。

我在这里不厌其烦地阐述吴越这个地名，因为从空间范围来说，其中的一部分地区，正是我的研究对象。所以我必须把这个地区的渊源来历交代清楚。而我在这个地区之中，多年来的研究工作主要在宁绍平原，特别是这片平原西部的绍兴地区。由于我是一个历史地理学者，我的研究显然着重于这一带历史时期的地理演变，当然也涉及诸如考古学、历史学、民族学、地名学、文献学、方志学等问题。这些研究成果，现在统统可以归入广泛流行的所谓"文化"领域，所以书名称为《吴越文化论丛》。

收入此书的50多篇论文，是在40多年时间中陆续写作和发表的，本来并没有整理出版的打算。后来由于两种原因，逐渐萌发了姑且一试的想法。第一种原因是受到了国际学术界交流的鼓舞。从70年代末期开始，我国在学术上禁锢和闭关自守有所缓解，于是我立刻发现，我在50年代和60年代前期发表的成果，有的已经被国际学术界翻译，有的已在国际汉学研究中广泛引用。接着，日本和美国的汉学家纷纷与我直接接触。其中，国际知名度很高的有美国科学院院士、斯坦福大学教授施坚雅（G. W. Skinner），日本地理学界元老、广岛大学名誉教授米仓二郎，日本大阪大学教授、后来出任东京大学东洋文化研究所所长的斯波义信等，他们先后前来对我访问，研究吴越地区的许多问题。在我的研究室中进行较长时间研究或进修的外国学者也前后相继。例如美国瓦尔巴莱索大学历史系主任萧邦齐教授（R. K. Schoppa），他以萧山湘湖的变迁与宁绍平原水利史为研究重点；日本广岛女子大学副教授堤正信，他以研究吴越地区的历史聚落地理为重点。前者在杭州、萧山、绍兴等地进行了为时数月的室内文献工作和野外调查，返国后撰成《湘湖——九个世纪的中国世事》（*Xiang Lake——Nine Centuries of Chinese Life*）一书，于1989年在耶鲁大学出版社出版。后者在其半年的研究进修中,查阅了大量文献,进行了多次野外考察,由于劳累过度,不幸因心脏病猝发而逝世于杭州大学专家楼,令人不胜惋惜哀悼。

从 1983 年起,我先后受聘担任日本关西大学、国立大阪大学、国立广岛大学的客座教授,并在东京大学、京都大学、奈良女子大学、九州大学等多所大学讲学。这期间,我发现日本学者对吴越文化的兴趣非常浓厚。例如佐贺电视台台长内藤大典先生,由于见到报载我在广岛讲出有关史前时代吴越与日本交流的课题,特地从九州赶到广岛,邀请我们夫妇去佐贺考察当地一处称为吉野里的日本弥生代遗址,请我讲述这个遗址与吴越文化的关系,把我所讲述的现场录像作为他们的电视节目。

上述日本学者对吴越文化的爱好,或许是出于一衣带水的地理因素和寻根的心愿。但是远隔重洋的北美,却也有不少汉学家,热衷于吴越文化的研究。我曾经到美国和加拿大访问讲学,就吴越文化这个课题与两国汉学家进行过广泛的交流。美国西部著名的斯坦福大学,从 70 年代到 80 年代中期,前述知名学者施坚雅教授曾经建立过一个"宁绍研究室"。在他主编的名著《中华帝国晚期的城市》(*The City in Late Imperial China*,斯坦福大学出版社 1977 年出版)一书中,收入了日本学者斯波义信的《宁波及其腹地》(*Ningpo and Its Hinterland*)一文,施坚雅在此书《导言》中对此文加以盛赞:"斯波关于宁波城市经济的描述,在现有叙述传统中国城市的英文著作中,很可能是最完备的一种了。"曾在耶鲁大学执教后来担任康奈尔大学图书馆长的柯慎思(J. H. Cole),是一位长期研究吴越地区历史文献的专家。他曾经编过几种吴越地区的地方志目录,又出版了《绍兴:十九世纪中国的竞争与合作》(*Shaohsing*:*Competition and Cooperation in Nineteenth—Century China*,亚利桑那大学出版社 1986 年出版)一书。由于他对这个地区研究的执着努力和浓厚兴趣,所以当我把拙著《绍兴地方文献考录》(浙江人民出版社 1983 年出版)送给他时,他竟高兴地说出了此书"是一项惊人的成绩"(浙江人民出版社《出版业务》1984 年第 3 期)的话。此外还有一些美籍和加籍华人学者,由于他们的老家在吴越地区,所以对此书也十分关心。

以上提及的一些外国学者,多半属于汉学家,他们的专业是汉学(Sinology),他们把研究重点放在吴越文化这个课题上,是以他们的汉学素养为基础的。我还得指出的是,不是汉学家的外国学者,他们对吴越文化是否就没有兴趣呢?事实却并非如此。1982 年,我去巴西里约热内卢出席国际地理学会,由于与会代表虽然都是地理学家,但绝大部分都不是汉学家,为此我用英文写了一篇介绍杭州城市历史发展的一般性论文:*The Urban Construction and Economic Development of Hangzhou During the Last Millennium*(原意为《一千年来杭州的城市建设与经济发展》即收入此书的《千年营建誉满神州》)。却不料在宣读此文时,当场引起与会学者的浓厚兴趣,提出了许多问题。而如我后来收入此文于《隋唐名郡杭州》一书下《附记》中所说的："在今后的一、二年中，作者在杭州接待了好几批参加过巴西会议的学者，说明本文在国际会议上的宣读，不无意义。"

以上说的是国际学术界在吴越文化这个课题的研究中让我受到的鼓舞。在国内学术界，特别是我所景仰的老一辈学者如谭其骧、侯仁之、史念海诸先生，他们对我在吴越地区所作的研究工作，给予不断的鞭策和勉励。记得我在 60 年代之初曾对绍兴的古代鉴湖进行研究，我的研究结论与历史上流传至今的结论不同。历来的结论认为鉴湖湮废是这个地区水利史上的倒退和损失，但我的结论却认为这是这个地区水利史上的发展与进步。我写成论文投寄权威刊物《地理学报》。《地理学报》请谭先生审阅此稿。谭先生认为我的结论符合科学实际，特趁他到杭州讲学之便找我谈话，认为此文一反长期沿袭的旧说，具有创造性，对我备加奖掖，而此文也立刻在《地理学报》发表。特别令人感动的是 80 年代之初，我的研究生乐祖谋君的学位论文《宁绍平原城市的起源》进行答辩。由于我的要求，谭先生在他脑血栓初愈行动不便的情况下，欣然答应我的请求，由他的助手葛剑雄教授陪同，到杭州主持答辩。并且在答辩会上表彰祖谋君继承导师吴越地区的研究，亲自给他评定了优秀的成绩（这篇学位论文后来发表于我主编的《中国历史地理论丛》第 3 辑，陕西人民出版社 1988 年出版）。

早在 1963 年，由竺可桢先生亲自主持的中国地理学会全国学术讨论会在杭州举行，我提出了关于绍兴地区历史上森林破坏的论文，受到了谭其骧、侯仁之、徐近之等几位前辈的一致赞扬。侯仁之先生特别指出，这篇论文属于历史自然地理研究，属于历史地理学研究中的薄弱环节，所以值得重视。结果由侯先生推荐到《地理学报》发表。这些前辈们一致认为我应该在这个地区继续深入研究下去，并且要扩大研究课题。我的理解是，他们勉励我对吴越文化进行全面的研究。

令人感动的还有国内外知名的老一辈历史学家杨向奎先生，他在为史念海先生的论文集《河山集三集》（人民出版社 1988 年出版）所写的序言中，竟也提及了我的研究工作。他说：

　　　陈桥驿先生是从研究宁绍平原起家的，他六十年代在《地理学报》上发表的两篇关于宁绍平原鉴湖森林变迁的论文，立即引起注意。以后对宁绍平原的城市、聚落、水系变迁的研究都被认为是宁绍平原研究的权威。其论文的特点之一是从全面看一斑，并能从一斑以窥全面者，因此在国内外都很著名。

其实，杨先生在写这篇序言以前，我和他仅见过一面，那是 1983 年复旦大学举行历史地理学的第一次博士生答辩时，由于我也忝为答辩委员而得以识荆。这次的 7 位答辩委员中，杨先生年事最高，其余也都是古稀老人，但我却刚届 60。杨先生从此一面以后,曾几次来信勉励,以至于在为史先生著作所写序言中表扬及我,显然是一位饱学长者对后辈的鞭策。

以上说的是由于国内外学术界的影响,使我从中得到鼓励,使我继续吴越文化研究的努力,并且产生了一种整理我历年来的研究成果的愿望。但是从我的这种愿望而最后促成此书付诸出版的,则是《绍兴县志》主编傅振照先生。在这次全国的修志高潮中,《绍兴县志》属于起步较晚的一种,但无疑是后来居上的一种。现在看来,其所以起步较晚,也是由于县领导和县学术文化界对于此事的慎重。《绍兴县志》在县领导的高度重视下,对于遴选主编和编辑人员以及为修志提供充分的条件方面作了仔细的研究和决策。由傅先生主持的绍兴建县以来的第一部县志,从其整个筹备过程和编辑情况来看,确实与众不同。在修志之初,首先重视的是基础工作。绍兴县为此投入大量资金,购置了许多与修志有关的各种文献典籍。凡是参观过《绍兴县志》办公室的人都会发现,大量绍兴地方文献、各地新旧志书、各种工具书等等,在好几个书室中分类贮藏,宛如一个图书馆。此外,为了修志需要,他们重新排印了自从《嘉泰会稽志》以来各种绍属方志。而近年来出版的有关绍兴的文献典籍,例如浙江人民出版社出版的、由我从美国国会图书馆引回的乾隆抄本《越中杂识》,上海古籍出版社出版的、由我的研究生乐祖谋点校并由我在卷首撰写长篇序言的《越绝书》等,也都与原出版社协商而进行重印,列为《绍兴县志资料》(前后已有 7 种)。现在,傅先生认为我多年来撰写的有关吴越文化的论文,不仅有裨于吴越地区及《绍兴县志》的修纂,而且对这个地区具有存史价值。由他经过一番选择和整理以后付诸出版。所以此事实在还得感谢傅振照先生的雅意。

敬请读者和专家们对此书提出宝贵意见。

陈桥驿

1997 年于杭州大学

古代于越研究

于越的历史和人民

于越①是我国古代活动于东南地区的一个部族。其起源目前尚不够清楚，假使与余姚河姆渡的原始公社相联系，②则这个部族在这一带活动的历史，已达七千年左右。不过，由于这方面的资料迄今尚未完整，因此，我们还不能作出确切的结论，只能暂从有历史记载的年代说起。

早在西周初期，于越与中原汉族就有了友好往来。③春秋中期，它已经与其相邻部族发生了密切的关系。④其中与北部的邻族句吴接触最为频繁，它们之间，不仅有共同的风俗习惯，⑤而且正如以下将要论及的，在语言上也十分近似。由于土地和其他权益问题，它与句吴之间常常兵戎相见。两族间的战争见于《春秋》记载的就有公元前537年、510年、505年三次。⑥这些战争多半发生在两族接壤之地即今嘉兴一带，战争的结果一般是胜负互见。但公元前494年—493年之间的一次战争，句吴军队长驱直入到于越境内，包围了于越的最后基地会稽山，于越被迫求和，越王句践本身被作为人质，在句吴都城姑苏囚禁了两年，直到公元前490年才获得释放。从此，于越开始在今绍兴建立小城，作为国都，经过了所谓"十年生聚，十年教训"的惨淡经营，终于在公元前473年并吞了句吴，并于次年迁都琅玡，直接参与了周王朝范围内的全国性政治和军事活动，"以兵北渡江淮，与齐、晋诸侯会于徐州，致贡于周，……时越兵横行于江淮之上,诸侯毕贺"。又"号令齐、楚、秦、晋皆辅周室,血盟而去。"⑦

越王句践是于越历史上最有雄才大略的领袖,在他以前的于越世系,按《越绝书》的记载:"越王夫镡以上至无余,久远,世不可记也。夫镡子允常,允常子句践,大霸称王,徙琅玡都也。"由此可知句践是允常之子,允常是夫镡之子,夫镡以前,情况就模糊了。句践以后共七代,记载却是很清楚的:"句践子与夷时霸,与夷子子翁时霸,子翁子不扬时霸,不扬子无疆时霸,伐楚,威王灭无疆,无疆子之侯窃自主为君长,之侯子尊时为君长,尊子亲失众,楚伐之,走南山,亲以上凡八君,都琅玡二百二十四岁。"⑧

自从越王无疆九年(前334)为楚所败后,楚人把原来句吴之地全部占领,直达今钱塘江北岸。⑨于越实际上被分割成为两部分,从无疆之子之侯到亲共三代,仍然局促于琅玡一隅;⑩另外,今浙东绍兴一带,由于原来是于越部族的聚居中心,以后一直仍是于越繁衍生息的基地。到战国后期楚攻占琅玡以后,北方的于越居民如《越绝书》所说的进行了"走南山"的迁移,回到了浙东的会稽山地。⑪当然,经过了在琅玡200多年的定居,和北部中国诸族相杂处,当时的于越,与越王句践以前必然大不相同了。

这里还需要把于越部族的人口数字略加探讨。当然,在完全没有人口统计的古代,至今也只能作一个十分约略的估计而已。于越原是一个小部族,这个部族的人口稀少情况,可以用大夫范蠡在越王句践七年(前490)所说的一番话为证,他说:"今欲定国立城,人民不足,其功不可兴,为之奈何?"⑫于是,句践就即时采取了增加人口的措施,这就是《国语·越语上》所记载的:"令壮者无取老妇,令老者无取壮妻;女子十七不嫁,其父母有罪,丈夫二十不娶,其父母有罪;将免者以告,公医守之;生丈夫,二壶酒,一犬,生女子,二壶酒,一豚;生三人,公之与母,生二人,公之与饩。"这种措施的确使人口有了较快的增长,在句践准备兴兵伐吴的前夕,他已经建立起一支规模不小的军队,包括"习流二千人,俊士四万,君子六千,诸御千人"。⑬总数达到了5万人之谱。若按两丁抽一的数字来估计,则当时部族的青壮年男子已达10万人之多,相应加上等量的青壮年妇女,则总数就达20万,另外还应按比例加上各占1/4的不成丁幼年和老年,则当时于越部族的人口总数约为30万人之谱。按照这个部族分布的一般疆域,即《国语·越语上》所说的:"南至于句无,北至于御儿,东至于鄞,西至于姑蔑"的范围,大体以5万平方公里的面积计算,则人口密度约为每平方公里6人。在当时已经不算十分稀疏了。当然,人口并不是平均分布的,在这大约5万平方公里的范围中,显然存在着一个人口的聚集中心,即句践从句吴释放后的疆域,所谓"吴封百里于越,东至炭渎,西至周宗,南造于山,北薄于海"。⑭面积估计约为5000平方公里,这个地域的中心,正是于越的国都句践小城和山阴大城。

上述估计当然是指的句践北伐以前的情况,句践北伐胜利以后,国都迁往琅玡,军队和部族居民必然大量随之北迁,人口分布相应发生较大的变化。以小城和大城为中心的部族聚居地,居民必然有所减少,一直要到琅玡为楚所并,那里的于越居民重新南迁以后,人口才又有所增加。

秦统一中国以后,对东南地区的部族采用了同化和强迫迁移的政策,他们一方面把浙东的于越居民迁移到今浙西和皖南的乌程、余杭、黝、歙、无湖、石城一带;[15]另一方面又把"天下有罪适吏民"迁到浙东各地[16]这样就促进了于越居民与其他各族居民的杂处,于越居民从此就从他们原来的聚居中心逐渐分散。浙东于越居民的另一部分,后来又南迁到浙南、福建、广东等地,即所谓"三越"。[17]从此,于越居民就逐渐与各族居民,特别是汉族居民融合为一体,失去了原来的部族特点。

于越的语言和习俗

由于部族最后的流散和融合,于越的语言早已泯灭。除了大量的人名和地名以外,古代于越语言中的一般词汇至今存留的只有两个:一个是"余",即汉语中的"盐";[18]另一个是"须虑",即汉语中的"船"。[19]前面已经提及的,"吴越二邦,同气共俗"一语,虽然还不足以说明它们在语言上的共同性,但是《吕氏春秋·知化篇》却明白指出:"吴之与越也,接土邻境壤,交通属,习俗同,言语通。"事实上,在句吴与于越留传下来的许多人名和地名之中,可以发现它们的语言有不少共同之处。例如,句吴之"句",与于越句践、句章、甬句东之"句";句吴国都姑苏之"姑",与于越姑蔑之"姑";句吴地名无锡、无湖之"无",与于越人名无余、地名句无之"无"。顺便指出,秦会稽郡 26 县名称,多数都因循原来的吴、越方言,其义不可强解,正如清李慈铭所指出的:"盖余姚如余暨、余杭之比,皆越之方言,犹称于越、句吴也,姚、暨、虞、剡,亦不过以方言名县,其义无得而详。"[20]后世有些学者,把这类地名按汉字字义曲为之解,实存荒诞无稽。[21]

和当时中原的汉族相比,于越在文化上显然是相当落后的。关于这一点,越王句践本人并不讳言。他说:"此乃僻陋之邦,蛮夷之民也。"[22]我国不少古籍如《史记》、《汉书》、《论衡》等,[23]都有关于于越风俗中"断发文身"的记载。《庄子·逍遥游》记载的"宋人资章甫而适诸越,越人断发文身,无所用之。"《淮南子·说山训》也有类似的记载说:"鲁人善制冠,妻善织履,往徙于越而大困穷,以其所修而游于不用之乡。"《庄子》与《淮南子》的记载,充分说明了于越与中原之间的文化差距。正因为这种差距,所以于越和汉族对于文化修养上的许多事物的反映,各有他们自己的绝不相同的标准。《吕氏春秋·遇合篇》说:"吹籁工为善声,因越王不喜;更为野声,越王大说。"这里的所谓"善声"和"野声",实际上就是于越和汉族由于文化差距而表现在对于音乐欣赏上的分异。当然,在经过了迁都琅玡200多年以后,这种文化差距必然有所缩小。

　　勇敢善战可能是于越能够战胜比它强大得多的句吴,并且能够染指中原200多年的重要原因之一。《淮南子·主术训》说:"越王好勇,而民皆处危争死。"这里的所谓"处危争死",好些古籍都有具体的记载。《论衡·率性篇》说:"句践试其士于寝宫之庭,赴火死者不可胜数。"《墨子·兼爱下》记载得更为清楚:"昔者,越王句践好勇,教其士臣三年,以其知为未足以知之也,焚舟失火,鼓而进之,其士偃前列,伏水火而死,有不可胜数也。"正因为此,所以秦始皇在统一全国以后,对于越部族集中的地方,仍然耿耿于怀,因而采取强迫移民的措施,以削弱其力量。尽管于越居民在这种措施下开始分散,但他们的那种强悍好斗的习俗,此后仍然在秦始皇所说的"东南有天子气"[24]一语中得到反映。秦始皇不得不于其在位的第三十七年(前210)"东游以厌之"。[25]跋山涉水,"上会稽,祭大禹,望于南海,立石颂德"。[26]秦始皇的巡狩会稽,充分说明了这个勇敢善战的部族在当时的动态。

　　在于越的另外一些习俗中,比较重要的是这个部族的熟谙水性和好使船只。这种习俗当然与他们所处的自然环境有密切关系。也就是越王句践所说的:"水行山处,以船为车,以楫为马。"[27]于越不仅在离今绍兴城五十里的沿河建立了它的造船工业,即所谓舟室。并且还在离今绍兴城四十里的沿海地带,修筑了石塘、防坞、杭坞等港埠。[28]它拥有"戈船三百艘"[29]的一支船队和"习流二千人"[30]的一支水军。于越的这种好舟善水的习俗,至今流传在我国南方各省的就是龙舟竞渡。关于这方面,容观琼先生在其《竞渡传风俗》一文中已记其详,[31]此处不再赘述。

　　在宗教信仰方面,于越大概属于一种信奉多神教的部族。他们信巫术,敬鬼神。[32]占卜成为他们决定许多事情的依据。按照《越绝书》的记载,越神巫所居之地称为巫里,那里所建的亭祠,直到后汉仍然存在。神巫死后,有他们专用的墓葬地,称为巫山。神巫中有一个名叫无社的,特别享有盛名,他的子孙当然世代为神巫,越王句践曾经为这些神巫亲自经营墓葬。[33]"吴、楚多淫祠",[34]这是这一带古代居民多神教信仰的明显残余。直到建国以前,浙东各地蒙受古代于越多神教信仰的影响,仍然相当强烈地存在。

于越的生产发展

　　按照现存的历史资料,于越在春秋时代出没于浙东山地,特别是会稽山地,从事狩猎业和迁徙农业的生产活动。这就是《吴越春秋》卷四记载的:"人民山居,……随陵陆而耕种,或逐禽鹿而给食。"由于这种刀耕火种的迁徙农业,使部族居民不可能建立固定的聚落,因此,整个部族就处于"不设宫室之饰,从民所居"的状态。㉟部族酋长的驻地也同样必须经常迁移,所以早期的于越都城,就经常移动于会稽山地南部的诸暨和北部的嶕岘大城一带。㊱

这个时期,部族的生产活动之所以局限于会稽山地而不发展到广大的沿海平原,主要有两个原因:第一,沿海平原虽然广阔,具有远大的发展前途,但是由于这些平原大多是咸潮出没的沼泽地,垦殖利用必须花很大的力量和具备较高的技术,而且在平原生活,诸如居住、饮水等问题,当时也都难以解决;第二,由于技术水平的限制,单靠农业,还不足以满足部族居民的食物需要,必须辅以狩猎业,平原是一片动物资源并不丰富的沼泽草地,部族自然不能远离森林茂密的山区。㊲

随着生产力的提高和技术的进步,从于越前期到后期,原始的迁徙农业逐渐向比较高级的定居农业过渡,这种过渡在地域上的表现则是部族居民开始从会稽山地移向宁绍平原。越王句践即位以后,接着就把于越都城从会稽山地的嶕岘大城移到山麓冲积扇地带的平阳,㊳成为这种过渡的重要标志。因为这一带土地广阔而平坦,灌溉便利,水土资源较山地远为丰富。而和北部的沼泽平原相比,它们却又位处山麓,地势高燥,不受咸潮的威胁,有利于定居农业的发展。当然,部族最后要进入沼泽平原,山麓冲积扇就在一个时期作为从山地到沼泽平原之间的跳板。㊴

公元前490年,越王句践从句吴释放返回于越后,他没有再回到旧都平阳,而是选择了沼泽平原上一处孤丘较多的地方兴建句践小城和山阴大城,即今绍兴城。这就意味着,于越部族对于广大的沼泽平原的垦殖开拓已经全面开始。他们修筑堤塘,如富中大塘、练塘、吴塘等,㊵围垦土地,发展了种植业,种植粢(即稷)、黍、赤豆、稻粟(即水稻)、麦、大豆、矿(大麦的一种)等粮食作物㊶和麻、葛等纤维作物,㊷并且发展了蚕桑业。㊸同时,又利用平原上的孤丘如犬山、白鹿山、鸡山、豕山等,发展了牧场畜牧业,驯养犬、鹿、鸡、豕等家畜。㊹利用广阔的水面,发展了水产养殖业。与在会稽山地进行刀耕火种时截然不同,耕作的精细程度至此有了显著的提高,特别是对于田间管理和耘田等工作,都已得到了注意。㊺甚至对于自然现象和旱涝规律,也已进行了初步的研究,大夫计倪指出:"太阴三岁处金则穰,三岁处水则毁,三岁处木则康,三岁处火则旱。"㊻虽然语涉阴阳五行,但实际上已经进行了对自然界的观察和研究。水产养殖业特别是养鱼业,在当时已经具有较高的技术水平,传为大夫范蠡所著的《养鱼经》一书,㊼即是根据这个地区的养殖经验写成的。

除了农业以外,于越的手工业在越王句践时代也获得了空前的发展。其中手工冶金业是一个很重要的部门。当时的冶金业与矿山采掘紧密结合,开采和冶炼的金属主要是铜和锡。根据《越绝书》卷八的记载:"句践时采锡山为炭,称炭聚,载从炭渎至练塘。"练塘按嘉泰《会稽志》在县东六十里,[48]至今犹在。此外,在六山和姑中山,也都发展了冶铜工业,其中六山在城东十四里,[49]姑中山在城南十五里射的山西南。[50]铜的主要用途是制造战争武器。于越以铸剑技术的高超闻名,历年以来在绍兴和南方各地陆续出土的许多于越青铜剑,不仅证实了当时冶铜工业的存在,同时也证实了当时铸剑技术所具有的水平。在所有这些出土的于越青铜剑中,特别著名的有"越王剑"、"越王者旨于赐剑"、"越王之子剑"、"越王丌北古剑"等,而 1965 年在湖北江陵县纪南城附近楚墓中出土的"越王句践剑",[51]无论从冶铸技术和艺术加工等方面,都称得上是一种精湛的作品,充分说明了于越手工冶铸业的发展水平。

于越部族是否掌握了冶铁的技术?历来尚有不同意见。清赵翼从"赤堇之山,破而出锡;若耶之谷,涸而出铜",推定当时铸剑都不用铁。[52]但《吴越春秋》卷四却有"干将作剑,采五山之铁"的说法。《拾遗记》提及范蠡相越之时,"铜铁之类,积如山阜"。[53]嘉泰《会稽志》卷一八记载越州东南的古冶,曾引《旧志》说:"铜牛、铁冶,越王铸剑之所。"以后明欧大任参校了各家著述,也作了欧冶子和干将"凿茨山泄其溪取铁作剑三枚"的记载。[54]为此,尽管在句践时代,冶铁技术或许尚未掌握,但于越后期,于越境内可能已经进行了铁的冶炼。

于越的其他手工业部门中特别应该指出的是造船工业。当时,会稽山地是一片原始的亚热带混交林和阔叶林,[55]造船的木材并不匮乏。仅仅在越王句践一代,为了造船的需要,有记载的大规模砍伐,在距城十五里的木客山一带就进行过两次,一次是句践十年(前 487),"木工三千余人入山伐木一年";[56]另一次约在句践二十五年(前472)迁都琅玡之时,曾"使楼船卒二千八百人,伐松柏以为桴"。[57]于越的造船工业规模,由此可见一斑。绍兴地区以后一直以造船工业著名,而且直到元代,这一带所造的船只,仍被称为"越船"。[58]

按照现代的工业体系进行分类,于越的建筑业也非常可观。这中间,句践小城和山阴大城的建筑即是突出的例子。在句践作为人质去句吴以前,于越都城原在会稽山麓冲积扇的平阳,北部沼泽平原上的聚落尚属稀见。[59]句践返国以后,为了建立一个抗吴称霸的基地,根据大夫范蠡的意见:"今大王欲国树都,并敌国之境,不处平易之都,据四达之地,将焉立霸王之业。"[60]在返国当年就利用种山(今卧龙山)的地形,在一片平易四达的地方,首先修建句践小城,于次年(前 489)筑成。据《越绝书》卷八所载,"城周二里二百二十三步,设陆门四处,水门一处"。这是因为强敌窥伺于浙江北岸,必须争取时间,从速建筑一座足以抗御句吴的军事堡垒。同时,为了密切注意句吴的入侵,又在小城西侧种山顶巅修建一座称为飞翼楼的瞭望台,[61]登楼瞭望,浙江沿岸清晰可见。句吴若有军事行动,可以及早准备。小城筑成以后,安全已有初步保障,随即进行山阴大城的修筑。大城位于小城东南,与小城相连,按《越绝书》卷八所载,"城周二十里七十二步,设有陆门三处,水门三处,范围比小城大十倍"。小城是于越的政治中心与军事堡垒,大城则是于越的经济中心和生产基地。小城的迅速筑成,为大城的兴筑赢得了时间;而大城的兴筑,又为小城保障了给养,进一步巩固了小城的基础,使于越"十年生聚,十年教训"的复兴计划有了可靠的保证。作为政治中心和军事堡垒的小城,除了坚固的城垣和上述窥察敌人的飞翼楼外,主要是建于种山南麓的宫室。作为经济中心和生产基地的大城,城内不仅有街道、河渠、屋宇、工场,并且还有耕地和牧场。和小城的飞翼楼南北遥峙,大城的怪山之巅也兴建了一座怪游台,据《越绝书》卷八所载,"高四十六丈五尺二寸,周五百三十二步",其作用是"仰望天气,观天怪也"。这座怪游台是我国有记载的第一座综合性的天文台和气象台。它不仅反映了于越的建筑技术,也反映了于越的科学思想。

结　语

　　古代于越的情况大致已如上述,这个部族在其有雄才大略的领袖句践的领导下,终于达到了击败强吴、称霸中原的目的。而部族本身在这个过程中逐渐与周围的其他部族特别是中原汉族相融合。其语言和风俗习惯等,都在这个融合的过程中逐渐消失。但是无论如何,于越的各种影响,在今天东南地区仍然相当普遍地存在着。在浙江,当年于越的重要地名如余姚、余杭、上虞、诸暨、鄞、甬、剡等,至今仍然沿用不变。即使是较小的地名如若耶溪、投醪河等,[62]也依然为当地人民所熟知。

　　于越的各种建筑如今当然早已不存。但今绍兴种山(卧龙山)南麓的宫室基址,却仍然依稀可辨。于越的不少习俗,例如龙舟竞渡的习俗,至今仍然盛行于南方各省,而越王句践卧薪尝胆的故事,在东南地区至今流传,具有激励人心、奋发图强的教育意义。由于年代久远,于越的历史记载显得零星不全,但流传于战国而为后汉人所编辑的《越绝书》[63]以及其他一些著作,为我们提供的于越史料仍颇不少,加上日益增加的考古学成果,使我们对于于越的研究仍然拥有相当丰富和不断增加的资料。这支曾经活跃于我国东南地区的古老部族,不论从远古时的情况以及以后留存在这个地区的各种影响等方面,今天都仍然具有深入研究的价值。

注释:

　　①　于越,《汉书·地理志》"句吴",颜师古注:"夷族语发声,犹越为于越也。"

② 浙江省文管会、浙江省博物馆：《河姆渡遗址第一期发掘报告》，载《考古学报》1978 年第 2 期。

③ 《竹书纪年》卷下，周成王二十四年（公元前 11 世纪末）"于越来宾"。

④ 《左传》宣八（前 601）楚"盟吴、越而还"。

⑤ 《越绝书》卷六："吴越为邻，同俗并土。"又卷七："吴越二邦，同气共俗。"

⑥ 《春秋》昭五、《春秋》昭三十二、《春秋》定五。

⑦⑬㉗㉘㉙㉚ 《吴越春秋》卷六。

⑧⑯⑱⑲㉝㊵㊷㊹㊶ 《越绝书》卷八。

⑨ 魏王泰《括地志》下（《汉唐地理书钞》本）："尽取其地，至于浙江之北。"

⑩ 清李慈铭《祥琴室日记》，载《越缦堂日记》同治八年三月十五日。

⑪㊿ 陈桥驿《古代绍兴地区天然森林的破坏及其对农业的影响》，（载《地理学报》31 卷，1965 年第 2 期）"南山"注："《吴越春秋》卷六：'祭禹于越，立宗庙于南山之上。'此外称会稽山为南山的尚可参见《越绝书》卷八，《水经·浙江水注》等。"

⑫㊝㉍ 《吴越春秋》卷五。

⑭⑮ 《吴越春秋》卷二。

⑰ 明焦竑《焦氏笔乘续集》卷三："此即所谓东越、南越、闽越也。东越一名东瓯，今温州；南越始皇所灭，今广州；闽越今福州。皆句践之裔。"

⑳ 清李慈铭《息茶庵日记》，载《越缦堂日记》同治八年七月十三日。

㉑ 例如《水经·河水注》引周处《风土记》："日说舜葬上虞。"又《浙江水注》引《太康地记》："舜避丹朱于此，故以名县。"明田汝成：《西湖游览志余》卷一："杭州之名，相传神禹治水，会诸侯于会稽，至此舍杭登陆，因名禹杭。至少康，封庶子无余于越，以主祭祀，又名余杭。"

㉒ 《越绝书》卷七。

㉓ 《史记·越王句践世家》、《汉书·地理志》、《论衡·四讳篇》。

㉔㉕ 清孙楷《秦会要订补》卷六。

㉖ 《史记·秦始皇本纪》。

㉛ 容观琼《竞渡传风俗——古代越族文化史片断》，载《中央民族学院学报》1981 年第 1 期。

㉜ （清）钱培名《越绝书札记》，《龙溪精舍丛书》本。

㉞ 《新唐书·狄仁杰传》。

㉟ 《吴越春秋》卷四。

㊱㊳㊾ 陈桥驿《历史时期绍兴地区聚落的形成与发展》，载《地理学报》35 卷，1980 年第 1 期。

㊲㊶ 陈桥驿《浙江古代粮食种植业的发展》，载《中国农史》1981 年第 1 期。

㊳ 清毛奇龄《重修平阳寺大殿募疏序》，载《西河文集》卷一六。

㊸ 《述异记》卷上："句践得范蠡之谋，乃示民以农桑。"

㊺ 《吴越春秋》卷九："留意省察，谨除苗秽，秽除苗盛。"

㊻ 《越绝书》卷四。

㊼ 此书又名《养鱼法》。《水经·沔水注》："又东入侍中襄阳侯习郁鱼池，郁依范蠡《养鱼法》作大陂，陂长六十步，广四十步。"书亡佚已久，今见《齐民要术》辑存。

㊽ 嘉泰《会稽志》卷九。

㊾ 《舆地纪胜》卷一〇。

㊿ 夏侯曾先《会稽地志》，《会稽郡故书杂集》本。

(51) 陈谦《越王句践の剑》，载《人民中国》日语版，1973 年 6 月号别册。

(52) （清）赵翼《陔余丛考》卷二一。

(53) （晋）王嘉《拾遗记》卷三，《汉魏丛书》本。

(54) （明）欧大任《百越先贤志》卷一。

(58) （元）袁桷《越船行》（载《清容居士集》卷八）："越船十丈如青螺。"

(61) 从宋代起称为望海亭。

(62) 《水经·渐江水注》引《吕氏春秋》："越王之栖于会稽也，有酒投江，民饮其流而战气自倍。"今绍兴城内有投醪河。

(63) 陈桥驿《关于越绝书及其作者》，载《杭州大学学报》（哲学社会科学版）1979 年第 4 期。

原载《民族研究》1982 年第 1 期

于越历史概论

一

自从余姚河姆渡遗址发现以来,历史地理学界、考古学界和民族学界等,都立刻注意到这个遗址与古代于越部族的关系。学者们不约而同地意识到,河姆渡的原始居民,很可能就是春秋于越部族的祖先。[①]这中间,最令人难以解释的问题是,春秋于越部族活动于会稽山区(当然也包括四明山区),见诸记载的部族酋长驻地,如埤中和嶕岘大城等,[②]都在山地内部,部族居民过的是"随陵陆而耕种,或逐禽鹿而给食"[③]的迁徙农业和狩猎业生活。宁绍平原虽然拥有丰富的水土资源,但是由于这片潮汐直薄的沼泽平原,土地斥卤,饮水和燃料等也都难以解决,长期来对部族居民是一片可望而不可及的地方。[④]直到越王句践即位以后,他才把国都迁移到山麓冲积扇的平阳,[⑤]准备以此为跳板,进一步跨入平原。但是,这个7000年以前的河姆渡遗址,尽管附近也有孤立丘阜,而按其地理位置,实际上已经离开了山麓冲积扇而进入了平原。这就使人不解,从河姆渡经过了几千年,为什么这个部族又从平原倒退到山区去呢?

乐祖谋同志在这方面的研究是值得重视的。[⑥]他注意到这个地区在这个时期的海侵现象,即晚更新世以来这个地区的最后一次海侵——卷转虫海侵,其时间与影响的范围,恰恰与河姆渡遗址存在的时间相符合。因此,河姆渡的原始居民,并不是由南向北,从山区进入平原的;而是由于海侵的扩展,他们是由北向南,逐渐向山区靠近的。

这次海侵最后达到了会稽、四明山麓线,于是,部族最后就进入了山区。一直要到春秋末期,才再一次从山区迁移到平原上来。乐祖谋同志把从宁绍平原逐渐进入山区的于越部族的一支,作为《越绝书》所说的"内越";⑦把由于海侵而转向今舟山群岛或其他岛屿迁移的于越部族的另一支,作为《越绝书》所说的"外越"。⑧这个论断也是值得注意的。

由于海侵所造成的于越部族的这一次大迁徙,其移动的范围和影响,目前尚无法作出估计。众所周知,在第四纪冰期时代,海平面远比现在要低。⑨在最后一次阿尔卑斯玉木冰期的全盛期,距今不过20000年,海平面比现在要低100米。⑩玉木冰川的第三期,要到晚更新世才告结束,距今只不过12000年。在这以后不久,于越部族的祖先,可能已经活动于今宁绍平原之上。尽管玉木冰期的高峰已经过去,随着间冰期的到来,大陆冰川的融化,使海平面逐渐升高。但是可以设想,当时的宁绍平原,其高程一定超过现在。而且由于沿海大陆架的暴露,范围也比现在广阔。这一片宽广的平原,具有背山面海的形势,距南面不远,就有山林之饶,而平原北缘濒海,又有鱼盐之利。平原上气候暖热,水土资源丰富。于越部族的祖先,是在如此得天独厚的自然环境中繁衍发展起来的。

但是,随着卷转虫海侵的发生与发展,宁绍平原的自然环境就逐渐恶化。海侵的发展是一个长期的过程,由于海面逐渐抬高,平原上所受到的潮汐影响也就逐渐严重。地下水位上升,土壤盐碱化程度提高,陆上生物资源减少,农业产量降低,耕种困难。终至出现海岸线不断南移,部族在平原上的活动范围逐渐缩小。上述现象,是在一个漫长的时期中次第发生的,而部族也是在这个漫长的时期中陆续外迁的。《越绝书》所记载的内越和外越,只是在一个部族迁移分散以后,由于居住地的地理位置差异而出现的同一部族的两个分支。至于在这个漫长时期中向其他地区迁移的部族居民,那就很难估计了。

不过,《越绝书》所说的内越和外越,对我们仍然是一种启发。它告诉我们,在卷转虫海侵发展、宁绍平原自然环境恶化的过程中,部族的迁移路线不外乎向内陆和海洋两个方向。从内陆迁移的,除了进入会稽、四明山区,即后来的于越部族外,另一条路线很可能是越过今杭州湾进入苏南和浙西丘陵区,这一支,即是以后以苏南为中心的句吴。句吴与于越属于一个部族的两个分支,这是非常明显的。《越绝书》曾经两次提到它们"为邻同俗"、"同气共俗"的话。《吕氏春秋·知化篇》说得更清楚:"吴之与越也,接土邻境壤,交通属,习俗同,语言通。"《吴越春秋》卷三则说:"吴与越,同音共律,上合星宿,下共一理。"所以谭其骧教授认为吴和越是语系相向的一族两国,⑪这是信而有征的。从海上迁移的,除了在今舟山群岛的所谓外越以外,可能还到达更远的岛屿如台湾、琉球甚至日本九州岛等地。从人种学、民族学、语言学和考古学等方面对上述各岛屿进行研究,可以发现它们之间在原始文化上的共同性。对于这个问题,笔者将另行撰文探讨。

这里,我想着重探讨迁入会稽、四明山区的这一支内越,也就是以后历史记载上出现的于越。对于这一个长期来活动于广阔的沿海平原上的部族,他们已经熟悉了平原上的农业耕作,习惯于河湖和海洋上的活动。要他们离开平原,进入森林密布地形崎岖的山区,从事"随陵陆而耕种,或逐禽鹿而给食"的生活,对于部族的发展,当然是一种不利的条件。而且在平原自然环境恶化的过程中,部族居民播迁离散,进入会稽、四明山区的无非是其中的一支。一个在平原上已经累积了长期生产经验、发展了相当高度的原始文化的较大部族,在进入山区时,却已居民离散,人口减少,和部族在平原上的全盛时代相比,已经不可同日而语了。因而部族可能经历了一段相当长的停滞时期。

这个部族以后就以会稽山地为中心,逐渐发展了他们的生产与文化。到了西周初期,他们已经和中原的西周王朝发生了接触,这就是今本《竹书纪年》记载的周成王二十四年(约公元前11世纪末):"于越来宾。"由于这一记载出于今本《竹书纪年》,而且它和这个部族在历史记载上开始频繁的越王句践时代相去达五百余年之久,因此,人们对这项记载常持怀疑态度。但是,只要联系到于越部族繁衍发展的漫长历史,他们的使者在西周初期出现于中原,实在是毫不足怪的事。《竹书纪年》作为一种官方文书,记载中注意远方异族与周王朝的接触,这也是合乎逻辑的。所以,这类记载在今本《纪年》中屡见不鲜。

其实,今本《纪年》出于南宋,⑫尽管辑者确实作过一些改动,但当时能见到的引用《纪年》的古籍,远比后世要多,因此,其中的许多记载还是可信的。当然,古籍邈远,又经过许多人的传钞,其中有一些显然是辗转传抄中的错误,当然应该加以鉴别。在《竹书纪年》中,无论是今本和古本,也都存在着这种问题。以记载于越历史的资料为例,今本,周穆王三十七年:"大起九师,东至于九江,架鼋鼍以为梁,遂伐越,至于纡。"这条记载,古本中也有,《北堂书钞》卷一一四武功部引《纪年》:"周穆王伐大越,起九师,东至九江,驾鼋鼍以为梁也。"此外,还可以在各种类书及其他书籍中找出13处,⑬文字基本相同,但讨伐的对象却不同,其中"伐楚"的两处,"伐荆"、"伐纡"、"伐纣"(当然是"纡"字的误抄)的各一处,泛言起师讨伐,却未指出讨伐对象的四处,只言到九江以鼋鼍为梁,不言讨伐的四处。由此可见,今本中的"伐越"和古本《北堂书钞》所引的"伐大越",都是传抄中的错误。当然,对于这一条错误,前人早有纠正,清朱右曾在其《汲冢纪年存真》中指出:"纡,当作纾,形近而讹,纾、舒通用。"而清洪亮吉在其

《春秋左传诂》中更说明："案舒、徐、郐古字通,是穆王之伐纡当即伐徐。"则所记乃是周伐徐偃王的故事。我之所以不厌其烦地指出这一条记载,除了说明对于《竹书纪年》的记载,不管今本、古本,都应该有分析地对待外,更是由于这一条记载事涉于越早期与西周的关系,所以必须鉴定这是传抄错误,西周伐越,事实上是并不存在的。

今本《纪年》中,关于于越的记载,在上述周穆王征伐以后,还有两条,一条是周元王四年"于越灭吴",另一条是周贞定王元年癸酉"于越徙都琅玡"。尽管这两条都不见于古本,但其内容仍然是可靠的。前面一条与《史记·六国表》所记的完全相同;而后面一条在《吴越春秋》卷一〇中,也有基本相同的记载。这两条记载,是于越从一个弱小部族发展成为一个强大部族过程中的两项最重要的历史事件。这两项大事,都是越王句践完成的。这一段历史,我在拙作《古代于越研究》⑭中已经作了较详细的介绍。历史上,在这方面最重要的两种著作是《越绝书》和《吴越春秋》。《越绝书》的重点,主要是越王句践的活动,记载他如何通过内政和外交的种种手段,最后达到了灭吴雪耻的目的,难怪有人称此书为"复仇之书也"。⑮《吴越春秋》是一部吴、越两国的编年史,尽管于越在句践以后至少还有七个君王,⑯但它的编年记载实际上终于句践,全书写的主要也是吴越两国之间的关系,而以越王句践的活动为重点。

二

于越的历史,在越王句践迁都琅玡以后,延续了至少达二百数十年之久,而作为一个部族,甚至到秦统一中国以后,仍然引起秦王朝的极大重视。为此,对于于越后期的历史,我们仍有加以研究的必要。

《史记·越王句践世家》是除了《越绝书》和《吴越春秋》以外记载越事比较详尽而完整的文献。它记载了于越的最后一个君王无疆伐齐、伐楚之事,而最后是:"楚威王兴兵而伐之,大败越,尽取吴故地至浙江,北破齐于徐州,而越以此散,诸族子争立,或为王,或为君,滨于江南海上,服朝于楚。"

从这条记载中可以看出,《史记》对于于越后期历史的记载也是比较疏略的。句践迁都琅玡(《越世家》没有这项记载),原是为了称霸中原。《越世家》虽然也记载了"当是时,越兵横行于江、淮东,诸侯毕贺,号称霸王",但这个"号称霸王"的国家,在句践死后,为什么竟这样无声无息,而直到它的最后一代君王,就这样"越以此散"了呢?其实,即使在越王句践死后,于越在中原仍是一个强大的国家。《墨子·非攻下》说:"今天下好战之国,齐、晋、楚、越。"《吕氏春秋·顺民篇》说:"齐庄子请攻越,问于和子,和子曰:先君有遗令曰:无攻越,越,猛虎也。"这就说明了当时越国势力强盛的实况。在句践以后的历代君王中，势力最强盛的大概要算越王朱句。据今本《纪年》所载，周威烈王十一年："于越灭滕。"《史记·越世家》索隐也引古本："于越子朱句三十四年灭滕。"而时隔一年，今本《纪年》又记载，周威烈王十二年："于越子朱句伐郯，以郯子鸪归。"对于这一条，《史记·越世家》索隐和《水经·沂水注》所引古本也基本相同，说明资料是可靠的。在于越迁都琅玡以后，滕和郯都是它附近的小国，两年之中，先后灭掉这两个小国。此外，《孟子·离娄》曾记及它伐鲁；《说苑·立节》曾记及它伐齐。其势力之盛，与句践时代"横行于江淮之上"一样。难怪要被人称为"天下好战之国"和"猛虎"了。

　　关于于越衰落的原因，不仅《越绝书》和《吴越春秋》绝未记及，《越世家》上也只说："于是越遂释齐而伐楚，楚威王兴兵而伐之，大败越。"似乎越的败落，是因为它伐齐、伐楚的结果。其实，到了越王无疆时代，于越虽然想望其前代业绩，还图重整旗鼓，东征西讨，但实际上，它早已外强中干，不堪一击了。于越之所以衰落，从当时的外部形势来说，当然是因为有一些领土比它广大、自然条件比它优越的国家，在力量上超过了它。但是主要的原因，还是因为宫廷的内讧。这就是《庄子·让王篇》所说的"越人三弑其君。"于越的宫廷残杀，是从朱句开端的。今本《纪年》所记："于越子不寿见杀，是为盲姑，次朱句立。"《史记·越世家》索隐所引古本还记录了不寿被杀的年代："不寿立，十年见杀，是为盲姑，次朱句立。"不寿是接其父鹿郢王位的，而鹿郢是接其父句践王位的，不寿与朱句是否兄弟关系，史籍没有记载，但终之是宫廷内部的残杀，这是没有疑问的。朱句如前所述，当然是一个很有能力的人，他死于周威烈王十四年（前412），传位给他的儿子翳。翳即位的前期，于越的势力可能还是强盛的。但是到了周安王二十三年（前379），据今本《纪年》所载："于越迁于吴。"《史记·越世家》索隐所引的古本比较详细："翳三十三年，迁于吴。"越王翳为什么要把他的国都从琅玡迁回到吴，迁吴以后，琅玡的一隅之地是否仍然保留，史籍都没有记载。[17]据情推测，总不外乎国力削弱或宫廷扰乱这两个原因，或者是两者兼而有之。事实上，他迁吴不过三年，他的儿子诸咎就篡杀了他。关于这项记载，今、古二本《纪年》基本相同，即越王翳三十六年七月，"于越太子诸咎杀其君翳，十月，越人杀诸咎越滑，吴人立孚错枝为君。"越王朱句所开的恶例，终于酿成了宫廷中亲子弑父的悲剧，而接着是互相残杀，使宫廷大乱，以致越人不能控制自己，要让吴人出面，立孚错枝为君。这样乱了一年，要到周烈王元年（前375），据今本《纪年》所载："于越大夫寺区定越乱，立初无余，[18]是为莽安。"但残杀并不从此停止，据今本《纪年》所载："于越寺区弟思弑其君莽安，次无颛立。"《史记·越世家》索隐引古本，说这是莽安在位的十二年。

　　这种往复无穷的宫廷残杀，对民心士气以至宫廷内部的王族子弟，都是很大的打击。寺区弟思弑莽安,说明这种残杀已经从宫廷内部发展到外部,即掌权的大臣开始用弑君的手段废立君王。莽安被弑以后,轮到即位的越王无颛(即王子搜),竟逃入山中,不敢再当君王。《庄子·让王篇》说:"越人三世弑其君,王子搜患之,逃乎丹穴,而越国无君,求王子搜不肯出,越人薰之以艾,乘以王舆。"⑲像这样一个被迫即位的君王,无非苟延残喘,是不可能有什么作为的。在他在位八年死后,由他的儿子无疆即位。当时,于越的国势衰落,士气不振,民心离散,已经不言而喻,而楚人一击,就此崩溃,也是可以理解的了。

不过,无疆被杀以后,于越作为一个部族,仍然并未消亡。楚国虽然得胜,但在土地占领上不过是"尽取吴故地至浙江",今钱塘江以南即于越部族的发祥地,当时仍在越人手中,即《越世家》所谓"诸族子争立,或为王、或为君,滨于江南海上"。由于无疆被杀后部族中一时没有一个精明强干的领袖出来领导整个部族,因此,部族就暂时分裂成为若干支族,由各支族领袖统率,分别居住在今钱塘江以南的宁绍平原地区。但是这种部族分裂的局面,可能并不十分长久,各支族之中,最后还是出现了强有力的人物,把分散的部族统一了起来。或许是慑于楚的强大势力,他们在政治上和军事上已经不敢再在列国间显露头角,但是他们却没有忘记当他们的祖先越王句践全盛之时,"致贡于周,周元王使人赐句践胙,命为伯"的故事,因为当时魏是大国,又是楚国的强敌,因此,他们就与魏发生了联系。《水经·河水注》引古本《纪年》:"(魏襄王七年)四月,越王使公师隅来献乘舟,始罔及舟三百箭五百万,犀角象齿焉。"今本《纪年》基本相同。按魏襄王七年为公元前312年,时距越王无疆之被杀仅22年,派公师隅北上的越王是谁,史籍没有记载,但这条记载至少可以说明两点:第一,被楚国击溃而分崩离散的越部族,此时又在他们原来的基地即宁绍地区统一了起来,并且又出现了可以称王的领袖。因为假使仅仅是一个支族的首领,是没有可能聚集起如此大量的物资向魏国进贡的。把这样一大批物资从宁绍地区运送到魏都大梁,必须组织一支巨大的运输力量,也不是一个支族的能力所能办到的。第二,向魏国进贡的这批物资,都是于越的土产。船是越部族居民最熟悉的东西,《吴越春秋》卷六引越王句践的话:"以船为车,以楫为马。"早在句践时代,就已在离其首都大越50里之处建立了他们的造船工业。⑳箭就是竹,它和犀角、象齿,都是会稽山地中的山林产品。于越在当时能于新败之余一次向魏国进贡如此大量的物资,足见这个地区不仅自然资源丰富,其生产力也必相当可观。这些都说明这个部族还有很大的潜力。

三

于越部族在他们的这片基地上的聚集,对于以后统一中国的秦王朝,也是一种很大的威胁。《史记·秦始皇本纪》所载,秦始皇在位的第二十五年:"王翦遂定荆江南地,降越君,置会稽郡。"这说明,当秦的强大军队征服此地以前,于越仍是一个有君王领导的统一的部族。这个部族的勇敢善战,加上他们拥有这样一片负山临海、资源丰富的土地,对秦来说,当然是一个心腹大患。《秦会要》所说的"东南有天子气",㉑实际上就是把这个部族比作可以倾覆秦王朝的潜在力量。而秦始皇也就不得不在他在位的第三十七年,亲自跋涉到这个地方,"上会稽,祭大禹,望于南海,而立石刻颂秦德",㉒以杜绝这个部族东山再起的后患。

秦王朝对这个部族及其聚居中心所采取的政策是十分严酷的。其中记载明确的一项重要措施就是强迫移民。他们把聚集在部族中心,即今绍兴一带的部族居民强迫迁移到今浙西和皖南地区,然后从北方移入汉族,㉓以改变这个地区居民的民族结构。对于那些反抗迁移的于越居民,无疑是采取了镇压的手段,以致他们不得已向今浙南和福建等地逃亡,这就是以后的瓯越、闽越等部族。

秦在会稽郡下设置了20几个县。由于这片地区是吴、越故地,因此,除了海盐县以外,㉔各县县名,基本上都保持吴、越原名,但对于于越的故都却不然。于越故都即今绍兴,是越王句践于其在位的第七年(前490),在大夫范蠡的擘划下先后兴建的小城和大城两个城垣的组合,㉕当时称为大越。为了清除这个部族的政治影响,这个地名当然是非改不可的。这就是《越绝书》卷二所说的:"更名大越曰山阴也。"同书卷八更明确指出,秦始皇"三十七年,东游至会稽,……徙大越民,置余杭、伊攻□、故鄣,因徙天下有罪适吏民,置海南故大越处,以备东海外越,乃更名大越曰山阴。"这说明,秦始皇是亲自主持对于越的移民和更改其旧都"大越"之名的。与当时作为会稽郡郡治的句吴旧都相比,句吴旧都仍然保留"吴"的名称,两者的区别就很清楚了。

为秦王朝用武力赶出宁绍地区而向南迁移的于越部族居民,他们居住在浙江南部和福建北部沿海一带,即是所谓东越,处境已不能再和越王无疆时代被楚驱赶到今钱塘江以南的时候相比了。由于居住地的分散,他们已不再能像过去在宁绍地区时的那样,在经过一度离散以后重新聚集起来。但是,通过父老相传,对于秦王朝侵占他们的故土、强迫他们迁移的仇恨,部族居民却是服膺勿失的。因此,当秦末各地纷起反秦之时,于越后裔的加入反秦行列,这是非常自然的事。这也就是《史记·东越列传》所记载的:"闽越王无诸及东海王摇者,其先皆越王句践之后也,姓驺氏。秦已并天下,皆废为君长,以其地为闽中郡。及诸侯畔秦,无诸、摇率越归鄱阳令吴芮,所谓鄱君也,从诸侯灭秦。……汉击项籍,无诸、摇率越人佐汉。汉五年,复立无诸为闽越王,王闽中故地,都东冶。孝惠三年,举高帝时越功,曰闽君摇功多,其民便附,乃立摇为东海王,都东瓯,世俗号为东瓯王。"这里所说的"东冶",在今福州一带;"东瓯",在今温州一带。

他们都是于越部族从宁绍地区播迁流散的部族分支。他们与汉族之间,原来存在很大的隔阂,通过反秦战争和西汉在这个地区所推行的民族政策,他们就开始与汉族融合,慢慢地消失了原来的民族特点。当然,他们的风俗习惯和语言等等,在这个地区仍然遗留着深刻的影响,关于这些方面,拙作《古代于越研究》已经论及,这里就不再赘述了。

　　最后顺便探讨一下所谓"外越"的问题。内越和外越的名称,自来只在《越绝书》有此记载,这也说明了《越绝书》资料的可贵之处。《越绝书》记载内越和外越,其上多冠以"东海"二字,因此,乐祖谋同志认为这是宁绍平原上的于越部族在卷转虫海侵时期分别向内地和沿海迁移的两个部族分支,这种推理是符合逻辑的。由于部族居民长期居住在海滨,他们的水性娴熟,因此,外越的分布可能极为广泛。但是,根据《越绝书》中出现的零星资料,在这个东海外越之中,一定有一支其地理位置与内越十分接近,而且彼此仍然保持密切联系。这一支,估计分布在今舟山群岛。《吴越春秋》卷六提及的"甬东",是否即是这支外越的主要驻地,当然还不能轻易断言。但是《越绝书》卷八所载:"无余初封大越,都秦余望南,千有余岁而至句践,句践移治山北,引属东海内、外越。"这里,"引属东海内、外越"一语,看来似有加强内、外越的联系之意,这也是句践要把它的国都从山地向平原迁移的目的之一。另外,外越和内越的密切关系,还可以从《越绝书》卷八所记:"富阳里者,外越赐义也"一句说明。尽管此语意义含糊,但无论如何总是这两个部族分支关系融洽的证明。而相反,在另外两个部族分支,即于越和句吴的世代战争中,外越都是帮助于越而和句吴敌对的。所以《越绝书》卷二说:"娄门外力士者,阖庐所造,以备外越。"《左传》哀公二十二年:"越灭吴,请使吴王居甬东。"《国语·越语上》:"吾请达王甬句东。"《史记·吴太伯世家》:"越王句践欲迁吴王夫差于甬东,予百家居之。"这个"甬东"或"甬句东",据杜预注:"越地,会稽句章县东海中洲也。"韦昭注:"今句章东海口外洲也。"则其地在今舟山群岛是十分明确的。越王句践打算把俘虏的吴王夫差安置在这个地方,说明了当时内越与外越之间的密切关系。而吴王阖庐的"以备外越",也就完全可以理解了。等到秦始皇征服于越以后,外越看来仍然支持于越遗民,对秦进行骚扰。所以前面所引《越绝书》中,秦始皇跋涉到这个地区的目的之一,也是"以备东海外越"。因此,乐祖谋同志根据近年来在舟山群岛发现的相当于河姆渡第一(最后)文化层的原始社会遗址,[26]论断其即是《越绝书》所说的"东海外越"的一支,这也是很合乎逻辑的。

　　于越部族是古代在浙江省境内活动最早的部族,也可以说是浙江省的土著。古籍记载这个部族历史的虽颇不少,但大多集中在越王句践兴越灭吴这一断代,对于于越史前的情况及句践以后的历史发展,涉及甚少。我在拙作《关于越绝书及其作者》、[27]

《古代于越研究》及《吴越春秋及其记载的吴越史料》[28]等文中,虽然牵涉稍广,但对于这个部族从兴起到消亡的全部过程,却也疏于探索。为此特撰写此文,旨在把于越部族的全部历史稍事整理,俾见头绪。但年代邈远,资料缺乏,谬误之处,还请史学界及民族学界诸同志指正。

注释:

① 见中国社会科学出版社《百越民族史论集》中曾骐:《"百越"地区新石器时代文化》,吴绵吉:《江南几何印纹陶"文化"应是古代越人的文化》,林华东:《试论河姆渡文化与古越族的关系》等文。

② 《水经·浙江水注》。

③ 《吴越春秋》卷六。

④⑤ 陈桥驿《历史时期绍兴地区聚落的形成与发展》,载《地理学报》1980 年第 1 期。

⑤ (清)毛奇龄《重修平阳寺大殿募疏序》,载《西河文集》卷一六。

⑥ 乐祖谋《历史时期宁绍平原城市的起源》(油印本)。

⑦⑧ 《越绝书》卷八:"句践移治山北,引属东海内、外越。"

⑨ 中国科学院地理研究所气候变化组:《气候变化若干问题》,科学出版社 1977 年版,第 3 页。

⑩ 周廷儒《古地理学》,北京师范大学出版社,第 204 页。

⑪ 邹逸麟《谭其骧论地名学》,载《地名知识》1982 年第 2 期。

⑫ (清)洪颐煊《校正竹书纪年》,平津馆刊本。

⑬ 这 13 处是:《艺文类聚》卷九,水部;《文选》江赋注;《文选》恨赋注;《北堂书钞》卷一六,帝王部;《初学记》卷七,地部下;《广韵》卷一,二十二元;《御览》卷七三,地部;《御览》卷二〇五,征伐部;《御览》卷九三二,鳞介部;《开元占经》卷四;《事类赋》注卷六,江;《通鉴外纪》卷三;《白氏六帖事类集》卷三,桥。

⑭ 《民族研究》1982 年第 2 期。

⑮ (清)钱培名《越绝书札记》,《龙溪精舍丛书》本。

⑯ 句践及其以后的于越世系,各书记载甚不一致,兹列举数种于下:

一、《越绝书》:句践——与夷——子翁——不扬——无疆——之侯——尊——亲。

二、《吴越春秋》:句践——兴夷——翁——不扬——无疆——玉——尊——亲。

三、《史记·越王句践世家》:句践——鼫与——不寿——翁——翳——之侯——无疆。

四、《竹书纪年》:句践——鹿郢——不寿——朱句——翳——(诸咎)——(孚错枝)——初无余——无颛——无疆。

本文按《越世家》及《纪年》,把无疆(彊)作为最后一个君王。

⑰　清李慈铭认为琅玡一隅仍然保留,参见《详琴室日记》,同治八年三月十五日(《越缦堂日记》2 函 11 册)。

⑱　"初无余",据《史记·越王句践世家》索隐引古本,作"初无余之"。

⑲　不少古籍有这类记载,文字不同,内容相似,如《淮南子·原道》:"越王翳逃山穴,越人薰而出之,遂不得已。"《论衡·命禄篇》:"越王翳逃山中,至诚不愿,自冀得代,越人薰其穴,才不得免,强立为君。"

⑳㉓　《越绝书》卷八。

㉑　(清)孙楷《秦会要订补》卷六。

㉒　《史记·秦始皇本纪》。

㉔　陈桥驿《论浙江省的方言地名》,载《浙江学刊》1983 年第 2 期。

㉖　王和平、陈金生《舟山群岛发现新石器时代遗址》,载《考古》1983 年第 1 期。

㉗　《杭州大学学报》(哲学社会科学版)1979 年第 4 期。

㉘　《杭州大学学报》(哲学社会科学版)1984 年第 1 期。

原载《浙江学刊》1984 年第 2 期

"越为禹后说"溯源

　　今浙江省境内,是古代于越族的聚居中心。这一支部族,且不论其在考古时代的活动,即从周成王二十四年(约当公元前 11 世纪末)正式进入历史记载以后,在这个地区聚居了达 800 年之久,至今在这个地区存留着深刻的影响。因此,人们研究这个部族的来源,是土著,抑是外来;是汉族的支派,抑是中华民族中一支独立的少数民族?诸如此等,当然都是很有必要的。

　　蒋炳钊先生在 1981 年《民族研究》第 3 期发表的《"越为禹后说"质疑》一文中,系统地批判了流传很久的"越为禹后说"的错误。他指出:"'越为禹后说'从司马迁《史记》开始,一直流传至今,影响最大。"又说:"目前学术界争论最大的就是这一观点。"

　　我同意蒋炳钊先生的最后结论:"把越说成是夏代的后裔,从考古资料到文献记载都难于找到可靠的证据,从二里头文化和越文化相比较,夏族和越族明显是两个不同的古代民族,越族不是夏族的后裔。"其实,提出和赞同"越为禹后说"的人,其主要依据,无非是一种在古代普遍流传,见之于《墨子·节葬下》、①《史记·夏本纪》、②《吕氏春秋·安死篇》、③《淮南子·齐俗训》、④《越绝书》卷八、《吴越春秋》卷四等许多古籍中的说法,即所谓禹巡狩会稽和死葬会稽的传说。在上述各书中,《吴越春秋》成书最晚,因而说得最为完整:

　　　　禹三年服毕,哀民不得已,即天子位,三载考功,五年政定,周行天下,归还大越,登茅山,以朝四方群臣,观示中州诸侯,防风后至,斩以示众,示天下悉属禹也。

乃大会计治国之道,内美釜山州慎之功,外演圣德以应天心,遂更名茅山曰会稽之
山。……将老,叹曰:吾晏岁年暮,寿将尽矣,止绝斯矣。命群臣曰:吾百世之后,
葬我会稽之山。

对于这个"会稽之山"在什么地方,历来是有争论的。其中有一种说法是在今绍
兴以南。于是,越和禹就这样接上了关系。所以上述《吴越春秋》的一段话,乃是"越
为禹后说"的基础。其实也是荒诞不经的传说。要批判这种无稽之谈,本来就没有广
征博引的必要,因为王充在一千九百多年以前,就早已斩钉截铁地否定了这个荒谬的
故事。他在《论衡·书虚篇》中明确指出:"禹到会稽,非其实也。"而"越为禹后说",
却正是从这个早已为王充否定了的传说的基础上发展起来的。这就是蒋文所引的
《史记·越王句践世家》:"越王句践,其先禹之苗裔,而夏后帝少康之庶子也,封于会
稽,以奉守禹之祀。"《史记》所说的这个"夏后帝少康之庶子",《吴越春秋》卷四有更
详细的记载:"禹以下六世即得帝少康,少康恐禹祭之绝祀,乃封其庶子于越,号曰无
余。"但既然如王充所批判的,禹没有到过这里,当然更不可能死葬于此,这里就不存
在禹祀的问题,则少康的庶子也就不必到这里来"以奉守禹之祀了。"

现在,大多数人都看得明白,不仅是禹这个人物,史学界尚大有争议,即使确有其
人,在当时那种技术落后、交通闭塞的时代,怎能设想选择这样一个偏辟的地方举行一
次全国性的诸侯会议。更何况,这个地区在当时根本不是中原的夏王朝所能管辖的。

因此,我认为对于"越为禹后说"这个问题,从目前来说,征引大量资料加以批判,
恐怕还不如追溯此说来源的重要。如能把这种传说的来源探索清楚,则这种说法的本
身也就不攻自破了。蒋文认为"越为禹后"的说法,"司马迁是最早提出这个意见"的,
其所指即是上述《越王句践世家》中的一段话。对于蒋炳钊先生此说,我却不敢苟同。
这是因为,《越绝书》卷八已经说过:"昔者,越之先君无余,乃禹之世别封于越,以守禹
冢。"对于这部《越绝书》,尽管《四库提要》把它的作者定为后汉人袁康和吴平,但我在
拙作《关于〈越绝书〉及其作者》[⑤]一文中,已经论证了此书实在是先秦著作。袁康、吴
平不过是加以删补整理而已。不仅是我的这种论点已经获得了某些现代方志学家的
赞同,[⑥]而且《史记》记载这条传说只及"夏后帝少康之庶子",并未指出"无余"之名,
而《越绝书》则指名无余,足见尽管袁康、吴平有所删改,但这一项资料却为《越绝书》
所原有,绝非袁、吴抄自《史记》。而《吴越春秋》中有关这方面的记载,无疑也是引自
《越绝书》的。蒋文说道:"司马迁的这一观点广为流传,《吴越春秋》一书也是采用这
一观点,而且有的说得更具体,如提出少康的庶子叫无余,于是无余便成为越王先君,
句践的先祖,故书中有《越王无余外传》。"对于这一段话,我也不敢苟同。因为《吴越
春秋》抄录《越绝书》的事,历来已有定论,[⑦]何况无余一名,正是《越绝书》所首先提出

来的。我之所以力求辨清资料记载的谁先谁后,目的就是为了进一步探索这个"越为禹后说",是从什么时候开始的,又是从什么地区传播开来的?

既然作为先秦著作的《越绝书》已经记载了这种传说,则传说在先秦已经存在。司马迁的记载无疑也是根据这类先秦传说。《史记》记载中来自先秦的传说甚多,远不止"越为禹后"一说而已。不过,在于越历史的早期,在中原地区的各种记载,于越作为蛮夷戎狄是毫不含糊的,更绝未见到其与夏禹的关系。于越第一次见于历史记载,是今本《竹书纪年》周成王二十四年:"于越来宾。"在今本《纪年》中,异族与周王朝发生接触的这种称为"来宾"的记载甚多,于越是中原汉族以外的蛮夷之一,在《纪年》中是十分清楚的。另外,《春秋》昭五:"冬,楚子、蔡侯、陈侯、许男、顿子、沈子、徐人、越人伐吴。"这里,徐和越都称"人",即是被认为蛮夷。《左传》昭五就直截了当地写道:"冬十月,楚子以诸侯及东夷伐吴。"这里的"东夷",就是指的"徐人"和"越人"。

以上说的是中原汉族对于越的看法。其实,在于越内部,由于经济上和文化上与中原汉族之间所存在的极大差距,因此,他们自己原来也没有挤入"炎黄后裔"的奢望,而是直言不讳地承认自己的"蛮夷"地位。《越绝书》卷七记载了越王句践早期与子贡所说的话:"此乃僻陋之邦,蛮夷之民也。"直到于越开始强大,战败了强邻句吴以后,越大夫范蠡与句吴的求和使者王孙雒的谈话中,仍然并不讳言于越的蛮夷地位。他说:"昔吾先君,固周室之不成子也,故滨于东海之陂。"[⑧]韦昭注:"子,爵也,言越本蛮夷小国,于周室爵列,不能成子也。"但是就在这以后,越国的军事行动节节胜利,《吴越春秋》卷六所载:"句践已灭吴,乃以兵北渡江、淮,与齐、晋诸侯合于徐州,致贡于周,周元王使人赐句践已受命号。""当是之时,越兵横行于江、淮之上,诸侯毕贺"。为了称霸中原,句践于是随即迁都琅玡,于越从此跻身于中原大国之列。为了显示他的文治武功,他也和汉族建立的其他大国一样,屡次兴师,从事他的所谓"继绝世、举废国"的"仁义之举"。《吴越春秋》卷六所载:"(句践)二十六年,越王以邾子无道而执以归,立其太子何。冬,鲁哀公以三桓之逼来奔。"即是其中一例。至此,于越的地位与它在南方时代的"僻陋之邦"已经完全不同。于是,从《吴越春秋》卷六中,我们第一次看到,就是这位在不到20年前自己承认"蛮夷之民"的国君,在他临终以前,说出了与他过去完全不同话。《吴越春秋》的记载说:

> (句践)二十七年(按前470年)冬,句践疾,将卒,谓太子兴夷曰:吾自禹之后,承元常之德,蒙灭灵之祐,神祇之福,从穷越之地,藉楚之前锋以摧吴王之干戈,跨江涉淮,从晋、齐之地,功德巍巍,自致于斯,其可不诚乎?夫霸者之后难以久立,其慎之哉。

由此可见,"越为禹后"的传说,实际上是于越强大以后,从于越内部传播出来的。

这个传说的编造者,或许就是越王句践自己。为什么不说尧后、舜后、商后、周后,而却说禹后,这显然是利用了前已指出的禹巡狩会稽和死葬会稽的故事。为了军事上、外交上和内政上的需要,这种传说的有意识散布,可能是从迁都琅玡以后开始。当这种传说散布的初期,在琅玡的于越上层人物和在大越的故乡父老,当然都是心中有数的。但是由于这种传说对提高他们的身份地位都有好处,因此他们心照不宣,并且努力帮助这种传说的散布。几代以后,知情人都已亡故,于是,这种传说在于越便深入人心,家喻户晓。司马迁在其20岁的年代,曾经"南游江、淮,上会稽,探禹穴。"这个地区在句践迁都琅玡以后,曾经都属于越的势力范围,是"越为禹后说"最流行的地区。其中特别是于越的故乡会稽,是这种传说散布的中心。《史记·越王句践世家》的记载,很可能就是司马迁游历这个地区时所采访的资料。

在古代,汉族由于在土地、经济、文化、人口等种种方面所处的巨大优势,因此在它周围的少数民族为他们的先世编造一些故事以依附汉族,这样的例子绝不是个别的。在于越崛起以前,国力已比于越强大得多的句吴,在中原汉族的著述中,和于越毫无差别,同样都是蛮夷戎狄。《公羊》定四说:"吴何以称子,夷狄也。"《谷梁》哀十二也说:"吴,夷狄之国也,祝发文身。"在句吴尚未强大的时候,句吴的国君也并不讳言这种事实。《吴越春秋》卷一有一段记载说:

> 寿梦元年(按,前585年),朝周适楚,观诸侯礼乐,鲁成公会于钟离,深问周公礼乐,成公悉为陈前王之礼乐,因为咏歌三代之风。寿梦曰:孤在夷蛮,徒以椎髻为俗,岂有斯之服哉? 因叹而去,曰:于乎哉礼也。

这段文字,真实地写出了一位文化落后的蛮夷酋长,在当时文明社会的礼乐前面所表现的手足无措的情况。但到了吴王阖闾以后,国势强大起来。到了吴王夫差时代,南服越,北伐齐,"会诸侯于黄池,欲霸中国以全周室"。[9]已经俨然是一个中原大国,于是,对于这个蛮夷民族的先世,也被编造出一段与汉族之间的血缘关系,并且广为渲染。不消说,句吴的祖先不仅是汉族,而且是汉族中的望族。《史记·吴太伯世家》说:"吴太伯、太伯弟仲雍,皆周太王之子,而王季历之兄也。"《吴越春秋》卷一并且更追溯到周的先世:"吴之前君太伯者,后稷之苗裔也。"这就是与"越为禹后说"类似的"吴为周后说"。这种传说是从什么时候散布出来的,《越绝书》卷二揭露了其中的秘密。《越绝书》说:"昔者,吴之先君太伯,周之世,武王封太伯于吴,到夫差计二十六世。"最后一句"到夫差计二十六世"当然是关键性的,因为它清楚地告诉我们,这种传说是从夫差的时代散布出来的。我在拙作《于越历史概论》中指出,谭其骧教授认为吴和越是语系相同的一族两国;我则考证了句吴的祖先是如何在宁绍平原自然环境恶化的过程中越过今杭州湾而北迁的。而按照这两个部族分支的各自的传说,一个是夏禹之后,一个则是周太王之后,则这类传说的无稽,一望而知。少数民族为了政治上的原因而编造一种传说以自称汉族或汉族后裔的事,在以后的历史上一直存在,不足为奇。

以上讨论了"越为禹后说"的起源,它实际上是于越强盛以后从于越内部散布出来的一种传说。越王句践是个有雄才大略的国君,他曾经在国族濒于危亡的时刻,依靠"十年生聚,十年教训"的励精图治,使国族由弱转强,达到了他覆灭句吴,报仇雪耻的愿望。而"越为禹后说"的编造和传播,实际上是他进一步称霸中原的策略之一。蒋文中指出这种传说"一直流传至今,影响最大",这是事实。之所以"影响最大",这中间,秦始皇是起了很大作用的。秦始皇曾于其在位的第三十七年,亲自来到这个地区,即《史记·秦始皇本纪》所记载的:"上会稽,祭大禹,望于南海,而立石刻颂秦德。"秦始皇为什么要到这里来?根据《秦会要订补》卷六所说:"始皇尝曰:东南有天子气,于是东游以厌之。"所谓"东南有天子气",其实就是这个强悍好斗的于越部族,到那时还不服秦的统治,因而造成这个地区的动荡形势。秦始皇对于这个地区的策略,除了武力镇压、强迫移民等严峻办法外,另外就是"上会稽,祭大禹,望于南海,而立石刻颂秦德"。这是一种政治上的怀柔措施。因为如前所述,禹巡狩会稽,死葬会稽的传说由来已久。越王句践曾经利用这种传说编造和散布了"越为禹后说"。现在,秦始皇亲自到这里祭祀于越的祖先,这种姿态,显然是为了调和民族之间的矛盾。

秦始皇"上会稽,祭大禹"的这一行动,所产生的重要后果之一,是把历史上有争论的会稽山的地理位置,由于他的政治需要而加以肯定。因为尽管禹巡狩会稽,死葬会稽的传说由来已久,但是除了越王句践肯定这会稽山就在他的辖境之中以外,许多人并不承认这种说法,不少古籍中甚至不使用会稽山这个名称,例如《左传》定八说:"禹会诸侯于涂山。"杜预注:"在寿春东北。"唐苏鹗《苏氏演义》卷上,并说涂山有四:一会稽,二渝州,三濠州,四当涂县。即使在《越绝书》和《吴越春秋》两书中,今绍兴以南一带的山岳,也并不一律称为会稽山,前者常称茅山或秦余望山,后者则笼统称为南山。杨向奎先生在其《夏本纪越王句践世家地理考实》[⑩]一文中说:"盖古人迁徙无常,一族之人,散而至四方,则每以其故居移而名其新邑,……会稽亦极好一例。"这说明会稽山原来可能是一个移动的地名。越王句践虽然为了自己的政治需要而据为己有,但句践到底是个小国之君,没有很大的影响。现在,这个万乘之君的秦始皇,同样为了政治上的需要,亲自出面把这座山名固定下来,并且同时确定了历史上流传禹葬会稽的事实,这就无异对"越为禹后说"作了一次强有力的宣传,空前地扩大了这种传说的影响。

明代学者杨慎在其《禹穴》[⑪]一文中,力辩禹穴在巴蜀而不在会稽。他说:"司马子长《自叙》云:上会稽,探禹穴。此子长自言遍游万里之目。上会稽,总吴、越也;探禹穴,言巴蜀也。"这段话,无非是在《史记·太史公自序》的句读中标新立异。其实,在司马迁上会稽,探禹穴以前大约90多年,秦始皇已经按他的政治需要确定了禹穴的所在。以杨慎的博学,而且文章在同一部《史记》之中,他竟不去研究秦始皇为什么要"上会稽,祭大禹",却硬要把司马迁"上会稽,探禹穴"这句话拆开来曲解。智者千虑,必有一失。这大概就算一个例子。自从秦始皇作出这个决定以后,尽管编造和散布这种传说的于越部族,最后从这个地区流散殆尽,但是由于越王句践的事迹,诸如"十年生聚,十年教训"以及"卧薪尝胆"等等,都很具有教育意义。对于一般人来说,他们并不计较越王句践的出身和于越的来源等问题。至于对这个地区的上层统治阶级,他们一方面赞赏越王句践的事迹,但一方面又囿于民族成见,很希望将这个被孟子(《滕文公上》)称为南蛮鴃舌的人物加以汉化。对于他们,"越为禹后说"真是正中下怀。于是,他们和句践自己在琅玡时一样,也为这种传说的播散而不遗余力。在古人古书之中,这样的例子实在太多。例如晋会稽内史贺循,在他所著的《会稽纪》[12]中说:"少康封其少子,号曰于越"。宋理学家朱熹在其《通鉴纲目》前编中说:"夏少康五十有二岁,封庶子无余,以奉先王墓祀。"直到民国以后,在一本1936年印行的《祀禹录》中,当时的绍兴县长贺扬灵写了一篇《会稽山大禹陵庙考略》的文章,不厌其详地引经据典,目的就是为了宣扬"越为禹后"的这种说法。所以蒋文所说"一直流传至今"的话是不错的。

　　以上是我所推溯的关于"越为禹后说"的来源。尽管这类传说,包括本文涉及的"吴为周后说"等等,从事实来说都是无稽的。但是,它们在我国的民族史研究中,仍然不无价值。因为这类传说,实际上反映了各个时期的民族关系。现在,我们还没有着手写作一部详细的和规模巨大的《中华民族史》。有朝一日,当我们着手进行这样一部巨大民族史著作的时候,我们就会发现,历史上所有关于民族关系的传说,不管是信而有征的,或者是荒诞不经的,在经过整理和分析以后,它们都将是我国民族史研究中的宝贵财富。

注释:

　　① "禹东教乎九夷,道死,葬会稽之山。"
　　② "帝禹东巡狩,至于会稽而崩。"
　　③ "禹葬于会稽,不变人徒。"
　　④ "禹葬会稽之山。"

⑤ 《杭州大学学报》(哲学社会科学版)1979 年第 4 期。

⑥ 黄苇《方志论集》第 114 页:"陈先生的这一论证,远较《四库提要》之说为完备和妥善。"浙江人民出版社 1984 年版。

⑦ 《越绝书》嘉靖丁未刊本陈垲跋:"赵晔《吴越春秋》,又因是书(按指《越绝书》)而为之。"又清钱培名:《越绝书札记》:"赵晔《吴越春秋》,往往依傍《越绝》。"

⑧ 《国语·越语下》。

⑨ 《吴越春秋》卷三。

⑩ 《禹贡》3 卷 1 期。

⑪ 《丹铅杂录》卷六。

⑫ 《说郛正续》弓六一。

原载《浙江学刊》1985 年第 3 期

越族的发展与流散

越族发展的地理基础

今日的宁绍平原位于钱塘江口和杭州湾南岸,西起萧山市,东到宁波市的镇海区和北仑区沿海,南有会稽、四明、天台诸山,北缘在曹娥江口东西两侧,各有三北半岛和南沙半岛分列,两半岛南缘,自西向东,有海拔 500 米以下的低丘如老虎洞山、西山、长山、航坞山、马鞍山、踏脑冈、五磊山等间断分布。整个宁绍平原,面积近 8000 平方公里,是浙江省内仅次于杭嘉湖平原的最大平原。

自从第四纪更新世末期以来,宁绍平原曾经历了星轮虫(asterorotalia)、假轮虫(pseudorotalia)和卷转虫(Ammonia)三次海侵,自然界的变迁频繁而剧烈。由于人类从更新世末期以来已经在这个地区繁衍生息,古地理环境的变迁,具有更为重要的研究价值。

星轮虫海侵发生于距今 10 万年以前,海退则在距今 7 万年以前。这次海侵从全球来说保存下来的地貌标志已经极少,不必再说宁绍平原了。假轮虫海侵发生于距今 4 万多年以前,海退则始于距今约 2.5 万年以前。这次海退是全球性的,规模极大,中国东部海岸后退约 600 公里,东海中的最后一道贝壳堤位于东海大陆架前缘 -155 米,C^{14}测年为 14780 ± 700 年前,这是至今发现的假轮虫海侵的最后海岸线。[①]这次海退,对于中国东部各地原始居民的繁衍发展,关系至为重要,宁绍平原即是其中之一。

　　前面已经提及假轮虫海退始于距今2.5万年前,到了2.3万年前,东海海岸线后退到-136米的位置上,即今舟山群岛以东约360公里的海域中,不仅今舟山群岛全部处于内陆,形成宁绍平原和杭嘉湖平原以东一条东北西南向的弧形丘陵带,在这条丘陵带以东,还有大片陆地。钱塘江河口约在今河口以东300公里,今杭州湾及其两岸支流,不受潮汐影响。由于东亚季风在晚第三纪(neogene)已经形成,这个地区正当东南季风的迎风面上,夏季半年降水丰沛,气候暖热。冬季半年虽然气温较低,但由于降水很少,即使在边缘的较高山峰,也不足以形成永久性的冰盖。周廷儒认为这一带古雪线高度在海拔3350米以上。[②]所以在整个第四纪中不受冰川影响,自不待言。

　　自从晚更新世以来,宁绍平原的气候情况各方面已经多有论证。有的学者从这个时期的湖泊沉积作出论证:"在余杭瓶窑镇费家头灰褐色土层中找到水蕨类、海金沙属和龙骨属等植物化石,显示亚热带气候的标志。"[③]而瓶窑镇土层中的发现,与钱塘江南岸没有差异。海金沙(Lygodium)孢粉和水龙骨(Polypodium)孢粉正是河姆渡第三文化层60厘米处土壤的孢粉组合。[④]河姆渡遗址的动植物组成是说明晚更新世到全新世宁绍平原气候最有说服力的证据。这个遗址中出土的动物骨骼中包括红面猴(Macaca speciosa)、猕猴(Macaca mulatta)、犀(Rhinoceros sp.)、亚洲象(Elephas maxiums)等,[⑤]按世界陆地动物地理分区,上列动物都分布在旧热带界和东洋界,也就是说,都是热带和亚热带的典型动物。[⑥]根据河姆渡遗址出土叶片鉴定的树种,计有山毛榉科的赤皮椆(Quercus gilva)、栎(Quercus sp.)、苦槠(Castanophylla selerophylla),桑科的天仙果(Ficus hookeyana),樟科的细叶香桂(Cinnamomun chingii)、山鸡椒(Litzea cubeba)、江浙钓樟(Lindera chienii)等等,这些都是属于亚热带常绿林、阔叶林和落叶阔叶林的树种。由此可知,宁绍平原在当时是一种温暖湿润的亚热带季风气候。此外,从河姆渡出土动物骨骼得出的鹈鹕(Pelecanus sp.)、鸬鹚(Phalacrocorax sp.)、鹭(Ardea sp.)、鹤(Gurs sp.)、野鸭(Anas sp.)、扬子鳄(Alligator sinensis),许多鱼类,以及植物中的蓼属(Polygonurn)、菱角(Trapa natanas)、香蒲属(Typha)、狐尾藻(Myriophyllum)等,[⑦]说明在平原中富于河湖和沼泽。

　　以上所述,就是宁绍平原从晚更新世以来自然环境的概貌,也就是古代越族赖以繁衍生息的地理基础。我在拙作《于越历史概论》[⑧]一文中指出:"这一片宽广的平原,具有背山面海的形势,距南面不远,就有山林之饶,而平原北缘濒海,又有鱼盐之利。平原上气候暖热,水土资源丰富,于越部族的祖先,是在如此得天独厚的自然环境中繁衍发展起来的。"1973年在余姚江以南,四明山以北发掘的河姆渡遗址,在四个文化层中,发掘出大量的石器、骨器、陶器、木器以及木构建筑等。从出土的大量农具、稻谷等进行判断,农业已经成为当时的主要生产部门。[⑨]当然,采集和渔猎仍然具有重要意义。而从出土的大量各种陶器如陶纺轮、骨针等来看,手工业也已经有了一定的基础。不过,河姆渡文化是越族在宁绍平原繁衍生息的晚期的文化,是越族从平原进入山区以前的最后一批聚落之一。⑩关于这方面,下文还要提到。

卷转虫海侵和越族的迁移

上文提及在假轮虫海退以后宁绍平原的古地理环境,对于这里的原始居民越族来说,条件确是非常优越的。但是,当这个原始部族在这里繁衍生息了一段时期以后,另一次卷转虫海侵从全新世之初就开始掀起。到距今 1.2 万年前后,海岸就到达现在水深 -110 米的位置上,到 1.1 万年前后,上升到 -60 米的位置上,⑪到了距今 8000 年前,海面更上升到 -5 米的位置上。⑫这次海侵在 7000 年—6000 年前到达最高峰。东海海域内伸到今杭嘉湖平原西部和宁绍平原南部。今钱塘江北,古海岸沿嘉定、黄渡、蟠龙、松江、漕泾达杭州玉皇山一线。⑬钱塘江以南,今会稽、四明诸山山麓冲积扇以北,也成为一片浅海。⑭70 年代在宁绍平原的宁波、余姚、绍兴,杭嘉湖平原的嘉兴、嘉善一带进行所谓人防工程时,在地表 10 米—12 米之间,相当普遍地存在着一层牡蛎壳层,是这次海侵的极好物证。当卷转虫海侵达到顶峰之时,杭嘉湖平原和宁绍平原成为一片互相联结的浅海,浅海的两缘是天目山与今钱塘江中游诸山,南缘是会稽山和四明山,此外是崛起于浅海中的许多岛屿,今宁绍平原的东缘是东北西南向的舟山群岛,北缘则是东西向的、由今南沙半岛南缘到三北半岛南缘诸丘陵构成的群岛。在这一列东西向的群岛以南,还有为数甚多的孤岛。

卷转虫海侵的过程,也是宁绍平原自然环境恶化的过程。当然,海侵的前期,首先蒙受影响的是东海大陆架的出露部分。这个地区的原始居民在自然环境恶化的过程中,或许还有一部分内迁到舟山丘陵(即今舟山群岛)和丘陵以西的今宁绍平原。当距今 8000 年海侵发展到今海面 -5 米的位置上时,舟山丘陵早已和大陆分离成为群岛,而宁绍平原的环境恶化从此加剧。当时,不仅土地面积缩小,而且由于尚无海塘的阻遏,一日两度的咸潮,从所有河流倒灌入内陆,土壤迅速盐渍化,人们的主要生产部门即水稻种植,从连年减产直到没有收成。卷转虫海侵约始于距今 1.5 万年前,经过6000 年—7000 年之久,海面才到达与现代海面相似的高程,因此,这次海侵的前期,宁绍平原的自然环境并不遭受较大的影响。但自从海面到达 -5 米以后,不过 1000 余年,整个宁绍平原就沦为浅海。因此,在海侵的末期,宁绍平原的环境恶化是非常剧烈和迅速的。也就是在这 1000 余年时间中,原来在这片自然环境非常优越的宁绍平原繁衍生息的越族居民,发生了他们部族历史中的大规模迁移。

如上所述,越族的迁移,显然是从对于卷转虫海侵首当其冲的东海大陆架开始的。这个地区的居民迁移路线,一条当然是越过舟山丘陵内迁到今宁绍平原。另一条可能是外流,利用原始的独木舟漂向琉球、南日本、南洋群岛、中南半岛和今中国南部各省沿海等地。其间也有一部分利用舟山丘陵的地形安土重迁。这是这一次迁移的第一阶段,因为前面指出,在距今 1.2 万年前后,当海面上升到 -110 米位置时,舟山群岛开始与大陆分离;而到了距今 1.1 万年前后,海面上升到 -60 米时,舟山群岛已经形成。在距今 1 万年以前,今宁绍平原的环境恶化尚不十分严重。这一时期,或许是海侵波及以前古代越族在宁绍平原繁衍生息最重要的时期。距今 1 万年以后,由于环境恶化开始发展,古代越族就进入了他们迁移中的第二阶段。越族居民在这次迁移中的主要路线,估计也有 3 条,他们中的一部分,越过钱塘江进入今浙西和苏南的丘陵区,另一部分随着宁绍平原自然环境自北向南的恶化过程,逐渐向南部丘陵区转移。还有一部分利用平原上的许多孤丘特别是今三北半岛南缘和南沙半岛南缘的连绵丘陵而安土重迁。海侵扩大以后,这些丘陵和舟山群岛一样地成为崛起于浅海中的岛屿,这些越族居民也和舟山群岛的越族居民一样成为岛民。

越过钱塘江进入浙西与苏南丘陵地区的越族居民,正如我在拙著《吴越春秋及其记载的吴越史料》[15]一文中已经指出的,他们就是以后的马家浜文化、崧泽文化和良渚文化等的创造者,即历史上所称的句吴。谭其骧认为句吴和于越是一族两国,[16]这是正确的。古籍中提及此事的甚多,《越绝书》曾两次提到他们之间的"同俗"和"同气共俗"。[17]《吴越春秋》也说:"吴与越,同音共律,上合星宿,下共一理。"[18]《吕氏春秋·知他篇》则说:"吴之与越也,接土邻境壤,交通属,习俗同,语言通。"意思都是一样。

留在宁绍平原的越族居民,大多数当然不断向高程较大的南部迁移,河姆渡遗址即是他们进入会稽、四明山地以前的最后一批聚落之一。部族在放弃这些聚落以后不久,这个地带也就淹没于浅海之中。在今会稽、四明山山麓线以北,像河姆渡这类大大小小的遗址,今后还有可能发现。

进入会稽、四明山区的越族,与留居在宁绍浅海岛屿上的越族,彼此相去不远。通过几千年来环境恶化、水体扩大的过程,这个部族早已习惯于水上活动,习惯于《越绝书》卷八所说的"水行而山处,以船为车,以楫为马"的生活。所以内陆的越族与外海的越族,包括居住在三北群岛、舟山群岛甚至更远的岛屿上的居民,仍然互有往来。所以乐祖谋认为《越绝书》中的"内越"和"外越",即是卷转虫海侵时期迁居山地和海岛的两个越族分支。[19]其说甚有见地。

这里我必须补充一下的是"外越"。前面已经提到越族中第一批漂洋过海的移民。他们的落脚点显然包括今中南半岛在内。这是因为《水经注》中曾从今已亡佚的

《林邑记》三次引及"外越"这个名称。卷三六《温水注》："《林邑记》曰：(寿泠)浦通铜鼓外越，安定黄冈心口，盖度铜鼓，即骆越也。"又："《林邑记》曰：外越、纪粟、望都，纪粟出浦阳，渡便州，至典由；渡故县，至咸驩。咸驩属九真。"卷三七《叶榆河注》："江水南对安定县，《林邑记》所谓外越、安定、纪粟者也。"由此可知，《林邑记》所记的"外越"，其范围在今中南半岛东部，位于铜鼓以南。史籍上所称的"骆越"，也是"外越"的一支。既然"外越"远及中南半岛，则蒙文通提出的关于澎湖、台湾属"外越"之说，[20]更是理所当然了。

越族进入山区

越族的大部分进入了山区，他们失去了得天独厚的宁绍平原而辗转于崎岖狭隘的丘陵山地，这或许就是部族在以后几千年中发展缓慢的主要原因。在以会稽山地为中心的浙东山区几千年，这个部族的主要活动可以用"人民山居"，"随陵陆而耕种，或逐禽鹿而给食"[21]等话概括。也就是长期停滞于刀耕火种的迁徙农业和狩猎业阶段。山区的水土资源当然无法与宁绍平原比较，使这个部族的发展受到很大的限制。部族酋长的驻地根据记载有埤中和嶕岘大城[22]等处，均在会稽山地之中。这一方面是因为会稽山地有较多的古夷平面和山间盆地，水土资源比较丰富。另一方面可能是会稽山以北的浅海岛屿中还居住着被称为"外越"的同族岛民，而相互间仍有密切关系的缘故。越族居民在会稽、四明山地的山麓冲积扇顶端，俯视这片茫茫大海，面对着这块他们的祖辈口口相传的，如今已为洪水所吞噬的美好故土，当然不胜感慨。他们幻想和期待着有这样一位伟大的神明，能够驱走这滔天洪水，让他们回到祖辈相传的这块广阔、平坦、富庶美丽的土地上去。

顾颉刚在《古史辨》中指出的"禹是南方民族神话中的人物"，"这个神话的中心点在越(会稽)"等观点。[23]其背景其实就是南方的洪水。

冀朝鼎在30年代的著作中就对顾氏的这种议论表示了极大的兴趣。他指出：

> 顾颉刚认为，由于长江流域特殊的地理条件，即森林、野兽与沼泽的威胁，洪水灾害，特别是钱塘江(当时长江的一条支流)的洪水灾害，以及由此而产生的对治水的迫切要求，就产生了禹和洪水的传说。

当时，冀朝鼎虽然同意顾颉刚的这些论点，但是在某些方面，他还是存在着保留意见的。他说："然而，这个关于禹传说的起源的结论，并不意味着长江流域的开发比黄河流域还早，同时，中国文化的发源地是后者而不是前者这一事实也不能因此而改变。将来新发现的证据，可能证实也可能推翻顾颉刚所作结论的积极贡献。"[25]现在，冀朝鼎所说的"新发现"由于第四纪古地理研究的进展而获悉了南方的洪水并不来自钱塘江而是来自卷转虫海侵;由于考古学的发展而发现了早于仰韶文化的河姆渡文化。让人们知道,中华民族的文化,并不是播种在祖国大地的某个独一无二的流域中的某颗独一无二的种子萌发出来的。卷转虫海侵和东部沿海沦为一片海域的事实,说明在南方产生"洪水茫茫,禹敷下土方"㉑这类传说的可能性并不会比黄河流域小。所以乐祖谋指出:"和传说不同,顾先生关于禹的见解是建立在严密的历史资料分析基础上的,因而是可以令人信服的。"㉒乐祖谋曾经遍查地方志和其他文献资料,在绍兴、余姚、上虞三县境内找出了18处传说中的舜、禹故迹。其中有舜出生处二,舜母出生处二,舜耕处一,舜渔处一,舜葬处一;禹会万国诸侯处二,禹藏秘图处一,禹葬处一。㉓在这类传说中,舜、禹已经不是北方来客,他们生于斯,葬于斯,立功业于斯,恰恰证实了顾颉刚的论点。其实这类传说正和《旧约全书》中的挪亚(Noah)造方舟的故事一样,在濒临海边的世界古老民族中都有流传,它们都是第四纪最后一次海侵的目击者们口口相传的故事。

我在这篇文章中加上这样一段,绝对不是为了企图证明舜、禹等实有其人,而且是江南会稽土生土长的人物。我绝无这样的能力和信心去从事如此艰巨的求证,因为这正和求证挪亚实有其人而且是希伯来人一样的困难。我写这一段,是因为《史记·越世家》曾经说过:"越王句践,其先禹之苗裔而夏后帝少康之庶子也"的话。早年我曾花过六、七千字的笔墨,申述了越非禹后的道理。㉔今天我写这一段,无非是从另一个角度重申这个观点。

现在再说越族进入山区以后的情况,情况当然还是相当模糊的。一直要到公元前11世纪(周成王二十四年),才第一次从《竹书纪年》中看到了"于越来宾"四个字的记载,这是越族进入历史记载的开始。但是此后记载仍然疏缺,要到公元前6世纪,《春秋》又记及了它与句吴的3次战争。第一次见于《春秋》昭五(前537),时当吴王余祭(在位前547—530)十一年,在越则约当越王夫康时代。这次战争据《春秋左传》所记,乃以楚为首,纠集蔡、陈、许、顿、沈、越等国伐吴。按吴与楚自从吴王寿梦二年(前584)第一次启衅以后,战争连年不断。楚是大国,每次战争都有许多盟友,而越要到前537年才第一次成为楚的盟友,这是越国国力开始强大的迹象。接着两次战争,即《春秋》昭三十二(前510)的"吴伐越"和定五(前505)的"于越入吴"。时当越王允常和吴王阖闾年间,战争都在两国边界,即今嘉兴、桐乡一带进行。越国在《春秋》、《左传》中的频繁出现,说明了它在春秋列国中已经渐露头角。

越族的复兴和发展

越王句践于公元前 5 世纪之初（前 496）即位。这是一位有雄心大志的部族领袖，在他即位的当年，即在槜李（今嘉兴以南）击败了吴国的部队。据《左传》定十四所记，这次战争是句吴发起的，但越军奋击，越将灵姑浮击伤阖闾足趾，阖闾死于距槜李七里的陉。吴王夫差于次年（前 495）即位，他也是一位有雄才大略的部族领袖，即位次年，他就率领大军伐越。据《左传》哀元所记："越子以甲楯五千，保于会稽，使大夫种因吴太宰嚭以行成。"结果是句践俯首称臣，被作为人质在句吴过了 3 年屈辱生活。在大夫范蠡的策划下，利用了夫差决心北上称霸的野心，使他最后作出了释放句践以安定后方的决定。我在拙作《论句践与夫差》③一文已言其详，这里不再赘述。句践在这一次失败中最后逃出厄运，这是越族复兴的关键。

前面已经提到，越族自从卷转虫海侵达到高潮之时进入会稽、四明山区以后，崎岖狭隘的丘陵山地，延缓了部族的发展。海退以后，宁绍平原成为一片泥泞的沼泽，而一日两度的潮汐，使这片沼泽土地斥卤，利用十分困难。这就是管仲所说的："越之水重浊而泪，故其民愚极而垢。"③句践即位之初，即把国都从会稽山内部北迁到山麓冲积扇地带，②这就是他决心进入沼泽遍地的宁绍平原的初步行动。范蠡曾对他提出过国都选址的建议："今大王欲国树都，并敌国之境，不处平易之都，据四达之地，将焉立霸王之业。"③因此，在他被夫差释放回国的当年（前 490），他就在今绍兴卧龙山麓建立了他的国都小城，随即又建立了与小城毗连的大城。小城是越国的政治中心和军事堡垒，大城则是经济中心和生产基地，这就是春秋末期的越都大越城。当时是利用这片沼泽平原上的 9 座丘峰建立起来的，与今绍兴城的位置完全吻合。明年就是这个古都建立的 2480 周年。关于越国建城立都的情况，我在拙作《古代于越研究》③和《论绍兴古都》③等文中已叙其详，也就不再赘述了。

大越城建立以后，在句践和他的一批名臣如范蠡、文种、计倪等的擘划经营之下，越国获得了迅速的发展。《左传》哀元所说的"十年生聚，十年教训"，是他们的复兴纲领。他们建筑堤塘，兴修水利，发展了农业和畜牧业；开采矿山，从事冶炼，发展了冶金业、武器制造业和其他手工业；利用沿海的地理位置，开发渔盐之利并建立造船业；利用山区的茂密森林从事木材采伐。又用奖励生育的方法以增加人口。使这个部族在并不很长的时期中，成为一个如我在《古代于越研究》一文中所估计的拥有大约 30 万人口的部族，而建立起一支有 5 万人组成的精悍部队。最后终于在句践二十四年（前 473）覆灭了句吴。随即"以兵北渡江淮，与齐、晋诸侯会于徐州，致贡于周。……时越兵横行于江淮之上,诸侯毕贺"。^㉘我在拙作《论句践与夫差》一文中曾经指出,历史上习称"战国七雄",而其实战国时代最早称雄的乃是越国。句践于周贞定王元年(前468)迁都琅玡,^㉙从此称霸北国,越族的发展到达了顶峰。

越族在琅玡延续了二百数十年,起初国势甚盛,但后来由于宫廷间的相互残杀,国势就日益衰落,在北方难以立足,到周安王二十三年(前379)越王翳在位之时,据今本《竹书纪年》所记:"于越迁于吴。"不得不重返江南。到周显王三十五年(前334),越王无疆为楚所败。据《史记·越世家》所记:"越以此散,诸族子争立,或为王,或为君,滨于江南海上,服朝于楚。"越族北迁以后的一段历史,我在拙作《于越历史概论》一文中已有较详考证,这里不再细述。

应该指出的是,《越世家》所说无疆被楚所灭以后"越以此散"的话,并不是事实。因为从以后的情况来看,以旧都大越城为中心的越族,一直延续到秦一统以后。在这段时期中,越族还有颇大的势力。据古本《竹书纪年》所记,魏襄王七年(前312):"四月,越王使公师隅来献乘舟,始罔及舟三百,箭五百万,犀角、象齿焉。"虽然派遣公师隅北上的越王是谁无法获悉,但是要集中这样一大批物资,并且从大越运送到遥远的魏都大梁,这并不是轻而易举的事。所以这位越王仍然拥有很大的势力。公师隅北上距无疆之败不过22年,说明越族在无疆败后绝未流散。作为一个部族,它不仅仍然存在,而且还有相当大的潜在力量。

越族的流散

秦始皇统一中国后,东南地区建立了会稽郡,下辖20几个县。当时的县名,如由拳、乌程、余杭、钱唐、乌伤之类,绝大部分都沿用了越族旧名。但对于越族的历史中心却不然,据《越绝书》卷八所载,秦始皇于其在位的第三十七年东游会稽,"以正月甲戌到大越,……乃更名大越曰山阴。"这里说明,直到秦一统以后,越族故都仍名大越。秦始皇在会稽郡属县中断然废除大越一名,说明这个越族人民的聚居中心和精神中心,势力不容低估。这就是《秦会要订补》卷六所说的:"始皇尝曰:东南有天子气。于是东游以厌之。"这也就是《史记·秦始皇本纪》所载的,关于秦始皇"上会稽,祭大禹,望于南海,而立石刻颂秦德"的原因。其实,秦始皇的这次大越之行,最重要的是对越族进行镇压,其中包括为《越绝书》卷二、卷八等记载的强迫移民,他把聚居在大越城及其附近的越族居民,用强制手段迁移到今浙西和皖南地区,然后从北方移入汉族,以改变这个地区居民的民族结构。《越绝书》卷八说:"徙大越民,置余杭,伊攻□,故鄣,因徙天下有罪適吏民,置海南故大越处。"卷二说:"乌程、余杭、黝、歙、无湖、石城县以南,皆故大越徙民也,秦始皇帝刻石徙之。"被秦始皇强迫迁徙的,当然只是越族中的一部分,此外或许还有更多的越族反抗秦始皇的镇压,其结果最后当然也是逃离他们的故土。其中一部分逃入浙、皖、赣一带的山区,后来称为"山越"。《后汉书·灵帝纪》:"丹阳山越贼围太守陈夤。"这大概是史籍中首先提出"山越"之名的。《通鉴》汉纪四十八在抄录《灵帝纪》此条下,胡三省注云:"山越本亦越人,依阻山险,不纳王租,故曰山越。"到了三国时代,浙东、西和皖南山区的山越频繁活动,在《吴书》全琮、贺齐诸传中多有记载。除了山越以外,还有所谓东越、南越、闽越等。明焦竑指出:"此即所谓东越、南越、闽越也。东越一名东瓯,今温州;南越始皇所灭,今广州;闽越今福州。皆句践之裔。"⑧

　　如上所述,可以看到越族在秦始皇镇压之下的流散情况,其路线甚远,范围甚广。前面已经说到,在卷转虫海侵时期迁入山区的"内越"和漂洋过海的"外越"之间维持着同族之间的密切关系。这种关系在秦一统以后就看得更为明白。《越绝书》卷八在叙述了把大越居民强迫移出和移入汉族这段文字后,最后说出了这种措施的目的是:"以备东海外越。"这就说明,"东海外越"和"内越"是一致抗秦的。因为秦始皇镇压他们,把他们从故土赶跑,所以他们对秦怀着深仇大恨,并且把这种仇恨代代相传,所以秦末各地纷起反秦之时,越族的后裔也踊跃加入反秦的行列。如《史记·东越列传》所记:"闽越王无诸及东海王摇者,其先皆越王句践之后也,姓驺氏。秦王并天下,皆废为君长,以其地为闽中郡。及诸侯畔秦,无诸、摇率归鄱阳令吴芮,所谓鄱君也,从诸侯灭秦。……孝惠三年,举高帝时越功,曰:闽君摇功多,其民便附,乃立摇为东海王,都东瓯,世俗号为东瓯王。""举高帝时越功",这说明,流散在各地的越族,在助汉抗秦的战争中是立下了功绩的。

　　上面说的是流散在各地的"内越",至于"外越",在汉兴秦亡之际是否参加了抗秦战争,由于没有具体资料,所以还不敢断言。但是有一件事倒是值得提出讨论的,浙东的越族遭到秦始皇的镇压而流散。如上所述,流散的路线甚远,范围甚广。其中有一部分流散到华南和西南地区的,就在早期辗转迁移到那些地区的"外越"之地安下身来。由于他们有共同的语言和习俗,有共同的祖先和传说,有共同的崇拜对象等等原因,在长期分处以后,又重新共处,是可以彼此相安的。石钟健曾经写了上万字的长篇大文,⑨广征博引,证明越与骆越出自同源。文章很有说服力,美中不足的是,他引用了大量文献资料,就是不引我在上面提出的《水经·温水注·叶榆河注》等篇中引及的《林邑记》。如《温水注》所引:"(寿泠)浦通铜鼓外越,安定黄冈心口,盖度铜鼓,即骆越也。"既然铜鼓以南还有"外越",而且这个"外越"即是"骆越"。"外越"与"内越"的关系在《越绝书》说得非常清楚,而"骆越"也有内迁到两广和西南各省的。因此,越与骆越同源,这是显而易见的事情。

　　我国南方和西南的许多少数民族,常被称为"百越"。百越当然是许多民族的一种集体称谓。百越之中,哪些是当地土著的民族,哪些是从外地先后迁入的越族。情况非常复杂,区别甚为困难。撇开这些不论,可以肯定的是,不管早期迁移的"外越"和晚期流散的"内越",我国东南地区的越族辗转播迁而进入西南地区定居的这一事实却是毫无疑问的。不说别的,我们若把古代流行于这两个地区的地名加以比较,就不难窥及此中端倪。我曾经在《水经》沔水注、浙江水注两篇中,选出古代流行于东南地区的六类明显的越语地名,与《水经注》涉及西南地区的如若水、桓水、淹水、存水、温水、叶榆河等篇中的地名加以对比,以说明古代越语流散的情况,其实也就是古代越族流散的情况。[40]

一、含"无"、"毋"的地名

东南地区		西南地区	
沔水注	无锡县	若水注	小会无、会无、会无县
浙江水注	无余国、句无、句无县	存水注	毋歛水
		温水注	无变、无劳究、无劳湖、毋掇县、毋单县、毋歛县、毋血水
		叶榆河注	无切县

二、含"句"的地名

东南地区		西南地区	
沔水注	句章、句章县、句余、句余山、句余县	若水注	乌句山
		温水注	句町县、句町国
浙江水注	句无、句无县、句章县	叶榆河注	句漏县

三、含"乌"的地名

东南地区		西南地区	
沔水注	乌上城	若水注	乌椥、乌句山
浙江水注	乌程县、乌伤县		

四、含"朱"的地名

东南地区		西南地区	
浙江水注	朱室、朱室坞	桓水注	朱提郡
		若水注	朱提山、朱提县、朱提郡
		温水注	朱崖、朱崖州、朱崖郡、朱涯水、朱吾浦、朱吾县
		叶榆河注	朱载县

五、含"姑"的地名

东南地区		西南地区	
沔水注	姑熟县、姑胥	若水注	姑复县
浙江水注	姑蔑	淹水注	姑复县
		叶榆河注	姑复县

六、含"余"的地名

东南地区		西南地区	
沔水注	余杭县、余姚县、余暨县	叶榆河注	余发县
浙江水柱	余杭县、余衍县、余发溪、余暨县、余干大溪、三余		

从上列六类地名的对比中,我们可以清楚地看到古代越族从东南地区向西南地区播迁流散的事实。当然,具体的流散情况和其他一些细节,现在还不十分清楚,犹待作进一步的研究。

注释:

① ⑪　王靖泰、汪品先《中国东部晚更新世以来海面升降与气候变化的关系》,《地理学报》1980年第4期。

②　《古地理学》,北京师范大学出版社1982年版,第297页。

③ ⑬　《中国自然地理·古地理》上册,科学出版社1984年版,第142、164页。

④⑤⑦　浙江省博物馆自然组:《河姆渡遗址动植物遗存的鉴定研究》,《考古学报》1978年第1期。

⑥　《中国自然地理·动物地理》附图,科学出版社1979年版。

⑧　《浙江学刊》1984年第1期。

⑨　浙江省文管会、浙江省博物馆《河姆渡遗址第一期发掘报告》，《考古学报》1978 年第 1 期。

⑩⑲㉗㉘　乐祖谋《历史时期宁绍平原城市的起源》，《中国历史地理论丛》第 3 辑，1988 年。

⑫　曹家欣《第四纪地质》，商务印书馆 1983 年版，第 205 页。

⑭　陈桥驿《历史时期绍兴地区聚落的形成与发展》，《地理学报》1980 年第 1 期。

⑮　《杭州大学学报》（哲社版）1984 年第 1 期。

⑯　邹逸麟《谭其骧论地名学》，《地名知识》1982 年第 2 期。

⑰　《越绝书》卷六、卷七。

⑱㉑㊱　《吴越春秋》卷六。

⑳　《外越与澎湖、台湾》，《越史丛考》，人民出版社 1983 年版。

㉒　《水经·浙江水注》。

㉓　《古史辨》，第 104—286 页，北平朴社，民国十五年。

㉔㉕　冀朝鼎《中国历史上的基本经济区与水利事业的发展》，中国社会科学出版社 1981 年版，第 45、46 页。（朱诗鳌据伦敦乔治·艾伦和昂温有限公司 1936 年英文版译出）

㉖　《诗·商颂·长发》，这是现存古籍中最早提到"禹"的。

㉙　《越为禹后说溯源》，《浙江学刊》1985 年第 3 期。

㉚　《浙江学刊》1987 年第 4 期。

㉛　《管子·水地》第三九。

㉜　《越绝书》："无余初封大越，都秦余望南，千有余岁而至句践，句践徙治山北。"清毛奇龄考证，句践所迁之地，在今绍兴城南平水镇附近的平阳。见《重修平阳寺大殿募疏序》，《西河文集》卷一六。

㉝　《吴越春秋》卷五。

㉞　《民族研究》1982 年第 1 期。

㉟　《绍兴学刊》创刊号，1988 年。

㊲　《今本竹书纪年》："于越徙都琅玡。"

㊳　《焦氏笔乘续集》卷三。

㊴　石钟健《试证越与骆越出自同源》，《百越民族史论集》，中国社会科学出版社 1982 年版。

㊵　陈桥驿《中国古代的方言地理学——〈方言〉与〈水经注〉在地理学上的成就》，《中国历史地理论丛》1988 年第 1 辑。

原载《东南文化》1989 年第 6 期

吴越文化和中日两国的史前交流[①]

中华民族是许多民族经过历史上的长期融合而成的,这正像日本民族在历史上长期融合而成一样,世界上的许多民族,都有这样的过程,毫不足怪。中国文化同样也是历史上长期融合的结果,它绝对不是一元的,而是多元的。在远古,今中国版图中存在着许多文化类型,择其主要的来说,黄河流域是汉文化,长江中游是楚文化,长江下游和浙闽一带是越文化,或者称为吴越文化。这中间,吴越文化在中日两国的史前交流中具有重要意义。

学者研究吴越文化,已有较长的历史,有关这种研究的论文和专著,已有大量出版。但在过去,研究吴越文化的学者多半是历史学家、考古学家和民族学家等,研究的方法着重于历史文献的查索和考古发掘的论证,收获当然不少,但现在看来,不免还有一些局限性。最近二三十年来,地理学家和地质学家也加入了吴越文化研究的行列,而历史学家和考古学家的研究手段也有了很大的提高,因此,吴越文化的研究,出现了一种新的面貌和前景。

中国东部沿海,从第四纪晚更新世以来,曾经发生过三次海侵,即星轮虫、假轮虫和卷转虫海侵。星轮虫海侵发生于距今 10 万年以前,海退发生于 7 万年以前,和我们讨论的课题没有关系。假轮虫海侵发生于距今 4 万余年以前,海退发生于 2.5 万年以前。这次海退是全球性的,规模极大,中国东部海岸后退约 600 公里,东海中的最后一条贝壳堤位于大陆架前缘 – 155 米,C^{14} 测年为 14780 ± 700 年前,这是至今发现的假轮虫海退的最后海岸线。②

　　这次海退以后,越族的祖先,就在宁绍平原繁衍生息。现在的宁绍平原,从钱塘江南岸到宁波以东沿海,面积约为 8000 平方公里。当时由于海岸线在今海岸以东 600 公里,因此范围比今天要大得多。这片平原,东、北濒海,西、南靠山,气候暖热,河湖交错,自然条件十分优越。所以古代越族繁衍生息的这片领地,确是得天独厚。

　　不过假轮虫海退以后,接着就是卷转虫海侵的掀起,这次海侵始于距今 15000 年前,海面上升在初期甚为缓慢,经 6000 年—7000 年之久,海面才上升到与现代海面相似的高程。但从此开始,海侵转入迅速,不过 1000 年,即距今 7000 年—6000 年前,整个宁绍平原就沦为浅海。海岸到达今会稽山和四明山山麓线。就在这 1000 年中,宁绍平原上的自然环境迅速恶化,包括海岸退缩引起土地面积缩减,潮汐对内陆河湖的侵袭,土地盐渍化,陆上生物资源锐减等等。居住在这片平原上的越族居民,就在这 1000 年中纷纷流散。

　　他们的流散道路,主要有 3 条,其中一批人越过今杭州湾,向今浙西和苏南的丘陵地迁移,他们就是以后称为句吴的一族,是马家浜文化、崧泽文化和良渚文化的创造者。《越绝书》中曾两次提到他们与越族之间的"同气共俗"。③《吴越春秋》中称:"吴与越,同音共律,上合星宿,下共一理"。④《吕氏春秋·知化篇》说:"吴之与越也,接土邻境壤,交通属,习俗同,语言通。"谭其骧教授说他们是"一族两国"。⑤所有这类说法,其实都说明他们是同源的,都是由于卷转虫海侵而从宁绍平原流散的。

　　另外一批人,随着海水的不断侵入而向宁绍平原南部迁移,河姆渡就是他们在南移过程中建立的一个聚落。在会稽、四明山麓以北,这样的原始聚落,今后还将陆续发现。在这次海侵到达最高峰时,河姆渡也被淹入海底,这一批越族居民,在这以前已经进入了四明山地和会稽山地。在山区的困难自然环境中,度过了几千年迁移农业和狩猎业的生活。直到海退以后,他们在公元前 10 世纪前后,才陆续回到这片平原上来。

　　第三批人在宁绍平原环境恶化的过程中,他们运用长期积累的漂海技术,用简单的独木舟或木筏漂洋过海。他们的足迹可能很广,台湾、琉球、南部日本以及印度支那等地。在一本战国时期成书,到东汉初年再加整理的《越绝书》上,⑥对于流散以后的越族,写出了两个重要的名称,一个是"内越",另一个是"外越",或称"东海外越"。⑦这里的"内越",《越绝书》明确指出就是移入会稽、四明山地的一支;"东海外越"显然就是指的离开今宁绍平原而漂洋过海的一支。

　　在秦始皇统一全国的过程中,浙东地区的"内越",受到秦始皇的武力镇压而流散,逃入浙、皖山区的后来称为"山越",⑧进入浙南的称为"瓯越",进入福建的称为"闽越",进入两广和印度支那的称为"南越"和"雒越",⑨分支繁多,所以又常被称为

"百越"。

漂移海外的"外越",由于和"内越"同源,长期来关系不断,所以他们虽然身在海外,但是对于秦始皇迫害他们的同族"内越",仍是同仇敌忾的。《越绝书》上指出,秦始皇加紧对"内越"的镇压,目的是"以备东海外越",[⑩]说明"内越"和"外越"是一致抗秦的。等到汉兴秦亡之际,"外越"是否参与抗秦战争,由于没有具体资料,所以不敢断言,但流散在各地的"内越",曾经奋起抗秦,这在《史记·东越列传》中有明确记载。

以上是从地质学、地史学、古地理学、第四纪学等学科出发,结合考古学、历史地理学、历史学等的研究成果,说明越族从晚更新世到全新世时期的繁衍和流散。按照历史学者所划分的时代,这个时代属于旧石器时代。

越族在宁绍平原的这个从繁衍到流散的过程,还可以从传说中得到一种佐证。卷转虫海侵在时间上属于玉木冰期的冰后期,从全球范围来说,也算是在今日以前的最后一次海侵,世界各地都有实际上反映这次海侵的洪水传说流行,《旧约圣经》中的挪亚造方舟的故事,[⑪]即是其中之一。在中国,众所周知的是禹治水的故事。关于这个故事,按照汉族的传统说法,禹是中原王朝夏的始祖,则故事当然是起源于中国北方的黄河流域的。但是著名的历史学家和历史地理学家顾颉刚,早在20年代就在他的一本名著《古史辩》[⑫]中指出:"禹是南方民族神话中的人物。""这个神话的中心点在越(会稽)"。顾颉刚的观点,为另一学者冀朝鼎在30年代所同意。冀于1936年用英文在英国伦敦乔治·艾伦和昂温有限公司出版了一本名为《中国历史上的基本经济区与水利事业的发展》[⑬]的专著,他在此书中指出:"顾颉刚认为,由于长江流域的特殊地理条件,即森林、野兽与沼泽的威胁,洪水灾害,特别是钱塘江(当时长江的一条支流)的洪水灾害,以及由此而产生的对治水的迫切要求,就产生了禹和洪水的传说。"冀朝鼎并没有批判顾颉刚的这种在正统派的历史学家认为离经叛道的观点,而是客观地说:"将来新发现的证据,可能证实,也可能推翻顾颉刚所作的结论的积极贡献。"

在冀朝鼎作出这种预言以后不过30多年,冀氏所说的"新发现的证据",已经完全证实了顾颉刚的论断。"新发现的证据"很多,但主要的是两条,第一条是地史学、第四纪学等学科的研究成果,即是卷转虫海侵的证实及其波及的范围。在顾颉刚的时代,地史学和第四纪学,还不可能说明卷转虫海侵的事实,顾颉刚提出的钱塘江洪水正和黄河洪水一样,仅仅一条河流的洪水,也有泛滥之时,也有枯落之日,是不可能产生禹的传说的。只有大面积的海侵,海水吞噬了越族人民世代繁衍生息的宁绍平原,才能产生这样的传说。第二条是考古学的成果,河姆渡遗址的发现,说明了南方存在着比仰韶文化更早的文化遗址,雄辩地说明了中国的古代文化不是一元的。

禹的传说就因为卷转虫海侵而在越族中起源,然后传到中原。但是这种传说在宁绍平原地区一带是根深蒂固的。中原的汉族虽然把这位越族传说中的伟大人物据为己有,但是他们显然留有余地,设法在这种传说中添枝加叶,尽量布置一个结局,让这位从越族中硬拉过来的人物,最后仍然回到越族中去,这就是权威的史书《史记·夏本纪》中所说的:"帝禹东巡狩,至于会稽而崩。"在《史记》的正文以后,司马迁还要加上一段他自己的话:"禹会诸侯江南,计功而崩,因葬焉,命曰会稽,会稽者,会计也。"《国语·鲁语》还记下了一个禹会诸侯于会稽的插曲:"仲尼曰,丘闻之,昔禹致群神于会稽之山,防风氏后至,禹杀之。"对于中原夏王朝来说,会稽是荒外之地,是越族的领地,"同气共俗"的吴国尚且要血战一场才能进军到这个地方,汉族的帝王和诸侯凭什么能到这个"南蛮鴃舌"之地去"会计"呢? 但是孔夫子和太史公都不属于会说谎的人,他们的话,当然是从前代传下来的。《史记·越世家》又说:"越王句践,其先禹之苗裔而夏后帝少康之庶也,封于会稽以奉守禹之祀。"这真是古代汉族人的高明之处,以上所引《国语》和《史记》中的话,实际上就是汉族人告诉越族人:"对不起,我们占用了你们传说中的一位伟大人物,但是在他死以前,我们原物奉还吧!"我的一位正在美国斯坦福大学进修的研究生乐祖谋君,为了要证实顾颉刚在 20 年代提出的这个论断,曾经花了几个月工夫,到宁绍地区的绍兴、余姚、上虞三县考查。因禹的帝位是舜禅给他的,所以舜和禹可能就是一个传说中的两个人物,所以他把舜迹和禹迹一起调查,三县之中,查得舜禹故迹共 18 处。他的论文已经刊在我所主编的《中国历史地理论丛》第三辑中。[14]

　　在汉族的古籍中,上述《国语》和《史记》等对于禹的记载,都来源于比它们更早的古籍和传说。现在尚可看到的汉族古籍中,最早传出禹的信息的,大概是《诗经·商颂·长发》:"洪水茫茫,禹敷下土方"。前面已经指出,黄河泛滥的大水,涨落有时,恐怕还称不上"洪水茫茫",卷转虫海侵把越族早前繁衍生息之地沦为一片海洋,这才称得上"洪水茫茫"。这就是由于卷转虫海侵而在越族人民中产生了禹的传说的真相。

　　现在再回过头来看看在卷转虫海侵中分路流散的越族的下落。越过钱塘江在苏南、浙西丘陵落户的句吴,春秋时代成为列国之一,春秋末叶为同族的于越所灭,其始末是清楚的。《越绝书》所说的"内越",即从宁绍平原南移进入山区的这一支,也就是海退以后重返宁绍平原的这一支,通常称为于越,秦一统后为秦始皇所驱散,以后的所谓山越、瓯越、闽越、南越等,都是从这一支派生出来的,所以其始末也是清楚的。在卷转虫海侵中流散的还有一支,即漂洋出海的,也就是《越绝书》上所称的"外越"或"东海外越",至少到现在,其始末还没有完全清楚。

　　前面已经说明,假轮虫海退的规模很大,东海中的最后一条贝壳堤位于大陆架前缘现代海面 –155 米处。当时,不仅今舟山群岛与大陆相连,舟山以东,还有大片土地供越族繁衍生息。卷转虫海侵的前期，首当其冲的就是上述舟山以东的大片土地，在距今 11000 年前后，海面上升到现代海面 − 60 米处，[15] 此时，舟山群岛已经脱离大陆，群岛以东已经全部沦为海域，但大陆却尚不受海侵影响。这次海侵在距今 7000 年前后到达高峰，大陆蒙受影响主要在其最后的 1000 年，而舟山群岛及其以东出露的广阔大陆架，在大陆蒙受影响以前 3000 年前后就沦入海域。因此，在这个地区居住的越族，比大陆早三千年就开始流散，除了一部分流入大陆外，必然也有漂洋过海，成为"外越"的。所以"外越"流散的时间远较"内越"漫长，其分布之广，可以想见。蒙文通氏昔年在《外越与澎湖台湾》[16]一文中提出此两地属于"外越"之说，实际上是比较保守的说法。因为"外越"一名，除了见于《越绝书》以外，还见于《水经注》所引的《林邑记》。《林邑记》是佚书，据《水经·温水注》所引称"铜鼓外越"，又称："盖度铜鼓，即骆越也。"据《水经·叶榆河注》所引："江水南对安定县，《林邑记》所谓外越、安定、纪粟者也。"按安定为西汉交趾郡属县，位于今越南首都河内以南。则印度支那古时属外越已可无疑。而直到今日，这个国家的国名中也仍然留着"越"字这个标志。

值得研究的是外越向北流散的情况。在夏季半年，他们的独木舟或木筏，顺着盛行南风漂往琉球和日本，这是在长达几千年的流散过程中势所必然要产生的事。从日本来说，在越族流散的途径中，九州显然是首当其冲，像大隅、萨摩、岛原、西彼杵等半岛，就是移民们在九州最适宜的登陆地点。从全部日本来看，移民们在里日本登陆的条件当然比表日本好得多。不久以前我曾和日本著名汉学家福永光司先生[17]见面，他提到了岛根和能登这两个半岛。我也早已注意了这个地区，因为在日本的旧国名中，"越前"、"越中"、"越后"都在这个地区。此外，日本还有许多大大小小的含有"越"字的地名。这些都是古代越族到达这个地区的标志，也就是吴越文化的标志。

语言、文字、宗教、风俗习惯等等，中日两国当然有许多相同或相似的地方，但是在吴越文化这个研究课题中，我们必须把日本早期接受的吴越文化和以后接受的特别是汉、唐时期广泛接受的中国文化区别开来，这就是我们必须深入研究的问题。例如文字，古代越族没有自己的文字，从现在已经发现的越族青铜器铭文，如"越王剑"，"越王者旨于赐剑"，"越王丌北古剑"，"越王句践剑"等等，说明他们是从汉族引进文字使用的。因此，日本人使用的假名和汉字，就不能算是吴越文化。但语言就不是这样，日语音读中的许多词汇均是越音，举个最简单的例子，日语音读数字：一、二、三、四、五等等，这个"二"，音读作"ni"，现在主要流行于宁绍地区。又如从宗教上说，汉族由于受孔夫子的影响，宗教观念是比较淡薄的。甚至在佛教传入以后，许多人表面上信奉佛教，其内心仍抱着孔夫子对宗教的态度："祭如在，祭神如神在"（《论语·八修》），"敬鬼神而远之"（《论语·雍也》）。但越族在这一点上大异于汉族，这是一个滥祠滥祭的民族,至今对这个地区影响至深。宁绍地区一带,什么都有"神"。在农村,甚至连一间十分简陋的厕所,也有"神"管辖。日本也是个信奉佛教的国家,但是我看到日本的祭祀活动极多,不少祭祀活动都不属于佛教的,是不是越族残留的影响,也值得研究。

从种种迹象来看,越文化,或者称为吴越文化,是中日两国的共同文化。我对于这个课题的研究,还只是开了个头,希望两国学者,继续把这个课题深入研究下去。

注释:

① 此文系作者在日本讲学的课题之一,在日本引起了广泛的关注和强烈的反响。

② 王靖泰、汪品先《中国东部晚更新世以来海面升降与气候变化的关系》,《地理学报》1980年第 4 期。

③ 《越绝书》卷六:"吴越为邻,同俗并土。"卷七:"吴越二邦,同气共俗。"

④ 《吴越春秋》卷六。

⑤ 邹逸麟《谭其骧论地名学》,《地名知识》1982 年第 2 期。

⑥ 参阅上海古籍出版社 1985 年出版,乐祖谋点校《越绝书》卷首拙序。

⑦ 内越、外越、东海外越,均见《越绝书》卷八。

⑧ 《后汉书·灵帝纪》:"丹阳山越贼围太守陈夤。"我国史籍中提出山越一名,以此为最早。

⑨ 瓯越、闽越、南越,见明焦竑《焦氏笔乘续集》卷三。雒越即骆越,见《史记·南越列传》。

⑩ 《越绝书》卷八。

⑪ 《创世记》。

⑫ 《古史辨》,民国十五年(1926)北平朴社版。

⑬ 中译本,朱诗鳌译,中国社会科学出版社 1981 年版。

⑭ 《历史时期宁绍平原的城市起源》,《中国历史地理论丛》第 3 辑,陕西人民出版社 1988年版。

⑮ 《中国东部晚更新世以来海面升降与气候变化的关系》。

⑯ 《越史丛考》,人民出版社 1983 年版。

⑰ 福永光司,京都大学名誉教授,前京都大学人文科学研究所所长。

原载《浙江学刊》1990 年第 4 期

与日本学者交谈两国史前文化

　　中国和日本是一衣带水的邻国，由于长期来的文化交流，两国在许多方面具有共同性。

　　在历史时期，两国之间文化交流的记载是相当完备的，交流的历程和成果也是事实清楚的。特别像公元 7 世纪到 9 世纪的所谓遣唐使时代，数以千计的日本使节、僧侣和留学生等向日本传播中国文化，对日本产生深远影响，更是不言而喻的。

　　但是，对两国文化的许多共同特点进行全面研究，可以发现它们之间还有远远早于遣唐使时代的渊源。许多事实证明，两国之间的各种交流，早在史前就已经开始。

　　在我的日本朋友中，第一个与我论及这个课题的是关西大学教授藤善真澄先生。1983 年，我应聘作为关西大学的客座教授，讲授《水经注》期间，曾抽出时间，帮助藤善教授整理一部日本平安时代岩仓大云寺住持僧成寻所撰的《参天台五台山记》。因为书中涉及作者从日本来华途中所经过的许多岛屿名称，所以我们查阅了古代从琉球群岛到舟山群岛的大量资料。藤善教授对两国史前交流的事早已有所考虑，加上他的家乡是九州最南端的鹿儿岛，因此，他不止一次地向我提出中国东南沿海和日本南部在文化上的许多共同性，认为这个课题值得深入研究。1985 年我又到日本讲学，与藤善教授再次相遇。藤善教授不胜感慨地说，他的体质和外貌，很像一个福建人。这虽然只是宴会上即席交谈，却说明了中日两国学者在这个课题上的共同兴趣。此后，另一位对此深感兴趣的著名的京都大学人文科学研究所前任所长福永光司先生，慎重地告诉我,研究这个课题,必须注意能登半岛一带地区。福永教授是在仔细研究了这个地区的先土器、绳文、弥生诸时代的出土文物以后提出这个意见的。也就是说,他是从考古学的角度研究这个课题的。当我翻开日本地图,却立刻在地名学上,获得了和他从考古学出发获得的相同迹象。在日本含有"越"字的地名何止千百,如越智郡、上越市、越生町、鸟越村等,不胜枚举。但在这个地区,我看到范围最大也最古老的称"越"的地名,即日本的旧国名"越前"、"越中"、"越后",以及由此而来的派生地名如"越后山脉"、"越后平原"等。含"越"的地名与两国史前交流的关系,下文当再说明。

1989 年,我又应聘到日本讲学,访问了广岛大学、广岛女子大学、修道大学、九州大学等高等学府。在我的讲学内容中,开始列入前所未有的关于两国史前交流的课题。这年 12 月 11 日,广岛地区的最大日报《中国新闻》在报导我抵日讲学的消息中,特别引列了《中国东南地区与日本之间的共同文化》这个课题,这实际上说明了日本学术界对于这个课题的兴趣。《中国新闻》的报导和我在几所大学的讲学。又引起了另外一些反响。佐贺电视台台长藤大典先生,是一位热衷于探索两国史前交流的学者,兼任了东亚文化交流史研究会的事务局长,获悉我在日本访问讲学的消息,特地邀请我们顺道到佐贺访问。

整整半天,对佐贺的访问是在一个叫做吉野里的弥生时代遗址进行的。吉野里在佐贺市东北约 11 公里的地方,这是一处 1986 年开始发掘和复原的弥生时代遗址。佐贺电视台提出一系列准备好的问题要我用汉语作答。他们的问题颇具倾向性,热烈地希望我能肯定这个遗址与中国史前文化的联系。我的看法恰恰也是这样,这个遗址,实际上就是从绳文时代到弥生时代,为了逃避第四纪的最后一次海侵,即卷转虫海侵,由中国东南沿海地区漂流到南部日本的"外越"人及其后裔所建成的一个史前聚落。聚落的格局、房屋的形式以及出土的遗物等等,都和在那次海侵中向浙西、苏南方向迁移的句吴人以及向南部会稽、四明山地迁移的"内越"人十分相似。特别是复原的几座高耸的瞭望楼,使这立刻联系到我的家乡绍兴卧龙山巅的飞翼楼。这是一种越人用于备战的建筑物,在《越绝书》中有明确的记载。日本学者早已就河姆渡和吉野里这两个遗址作过比较研究,他们从前者出土的碳化稻谷,追索从中国江南到日本的这条"水稻之路",他们比较两个遗址中的"高床式建筑",追索两者的渊源。现在我又提出有历史文献根据的瞭望楼建筑,证明"内越"与"外越"的文化联系,这当然是日本学者所求之不得的。

这天晚上,内藤先生设宴招待,席间谈论的仍是两国史前交流的问题。在日本,不少热衷于这个课题的学者,把两国之间远古的交流,归于《史记·秦始皇本纪》中记及的徐市(《史记正义》引《括地志》作徐福),是他带童男女数千人入海求仙,开创了两国之间的交流。他们把徐福称为"弥生使者",甚至把对徐福传说的研究称为"徐福学"。我的意见是,徐福的传说当然可以研究,但徐福纵有其人其事,也不过是日本弥生时代的人物和故事。日本的文化发展,从先土器到绳文,从绳文到弥生,实在是不可分割的。弥生文化乃是从绳文文化发展而来,绝不是徐福的几千童男童女所创造的。事实上,两国之间的史前交流,估计在一万年以前的全新世就已经开始,远远早于徐福的时代。由于宴会是学术性的,所以持续了两个多小时。终席以前,内藤先生感慨万端,他忽然正襟长跪,双手合十,说:"我们终于找到了我们的祖宗。"

　　内藤先生的话说得十分诚恳,表达了他希望把这个课题研究到底,以寻求正确结论的决心和信心,我和在座诸君当时都很感动。对我来说,这个课题的研究,还仅仅是开头,要把两国史前交流的过程弄清楚,还有大量工作要做。记得那天在吉野里现场,除了佐贺电视台的电视记者外,其他还有许多新闻记者和考古学者向我提问。其中有位问到:"你是一位历史地理学家。日本人,至少是南部日本人的祖先是'外越'人,这是否就是历史地理学的观点?"我当时回答的大意是:历史地理学是研究全新世以来的人地关系。尽管两国史前交流的课题,在时间和空间上都属于历史地理学研究的领域,但单靠历史地理学一门学科,不可能解决这个课题,这正和单靠历史学、考古学等任何一门学科解决不了这个课题一样。对于这样一个牵涉广泛的大课题,必须集中地质学、地史学、第四纪学、古地理学、古生物学、历史地理学、考古学乃至人类学、语言学等许多学科的专家,用先进的科学技术方法,共同来进行研究,才能获得理想的研究成果。

　　当时,由于时间关系,我没有作详细的说明,现在可以补充解释几句。例如,第四纪学家、古地理学家、古生物学家,把中国东部沿海的第四纪海侵,按有孔虫目(Foraminifera)区分成星轮虫(asterorotalia)、假轮虫(pseudorotalia)、卷转虫(ammonia)3次。当假轮虫海退达到最后年代,东海大陆架全部出露,海岸在今海岸以东约600公里,最外缘的一条贝壳堤(shellmound)在今海面下 −155 米,C^{14}测年为 14780 ±700。这说明当时不仅舟山群岛与大陆相连,舟山以东,还有大片滨海平原。古代越族的繁衍生息之地,远远大于宁绍平原。但接着由于卷转虫海侵的掀起,距今 12000 年,海面上升到今海面 −110 米;距今 11000 年,更上升到今海面 −60 米。此时,舟山成为群岛,而舟山以东滨海平原上越族从此流散。距今 8000 年,海面上升到今海面 −5 米,到了距今 7000 年—6000 年,宁绍平原沦入海域,这样,越族就分批流散,向北到浙西、苏南丘陵的称为"句吴";向南进入会稽、四明山地的,称为"内越";向海外漂流的称为"外越"。"外越"的迁移始于距今 10000 年前,是越族中最早流散的一批。他们利用竹、木筏和独木舟,借冬季半年的盛行北风,漂流到台湾、澎湖、中南半岛,甚至更远。所以"外越"一名,在古代文献中,除《越绝书》外,也见于《水经注》所引及的《林邑记》,位置就在今越南北部。他们也利用夏季半年的盛行南风,漂流到琉球和日本等地,日本的许多称"越"的地名,显然与此有关。

　　本文只是简要地记述近年来就此课题与日本学术界交流的片断经过。至于我在这方面的观点,已陆续在拙作如《古代于越研究》、《于越历史概论》、《越为禹后说溯源》、《越族的发展与流散》等文中作了阐述。这些论文都已公开发表,这里就不再赘述了。

原载日本《文化交流》1991 年第 10 期

关于《越绝书》及其作者

  《越绝书》是一部古籍,《四库全书》编入史部载记类,历来公私书目也常常编入杂史、稗史之类,所以它是我国的一部古老历史文献。《越绝书》的内容,有三方面为历来学者所特别重视。第一,此书详细记载了吴越交兵;越王句践生聚教训,最后兴越灭吴、称霸中原的经过,内容涉及兵法、权谋、术数等等,所以清钱培名在其《越绝书札记》中说:"《越绝》,复仇之书也。"第二,《越绝书》为我国以后出现的大量地方志开创了范例,万历《绍兴府志》卷五八序志说:"其文奥古多奇,《地传》序形势、营构始末、道里远近,是地志祖。"乾隆《醴泉县志》毕沅序说:"一方之志,始于《越绝》。"此书中特别是《吴地传》与《地传》两篇,对吴越山川、地理、城池、物产等,记载甚详,因而历来被认为是我国地方志的鼻祖,所以朱士嘉在其《宋元方志传记》序言中说:"《越绝书》是现存最早的方志。"第三,《越绝书》中有不少关于发展生产、流通货品、保障民生的记载,所以张宗祥在其手写的此书校注本序言中说:"越王句践归国,行计倪、范蠡之术,覆吴报仇、霸于中国,其道在富民贵谷,古所谓民为邦本,民食为天,耕三余一,耕九余三之道,越尽行之,此其精神,详于《计倪内经》、《外传枕中》两篇之中,最此书之要旨也。"则此书又是一部发展生产、经世致用之书。

  如上所述,《越绝书》年代悠久,内容丰富,是我国一部值得珍贵的历史文献。对于此书,历来曾有不少学者花费过大量精力,获得了许多成果。但是直到今天,还有不少问题包括此书作者及此书的渊源来历等等,仍然存在不同意见,有待我们作进一步的研究。

《论衡·案书篇》说："东番邹伯奇，临淮袁太伯、袁文术，会稽吴君高、周长生之辈，位虽不至公卿，诚能知之囊囊，文雅之英雄也。观伯奇之《元思》，太伯之《易章句》，^①文术之《箴铭》，君高之《越纽录》，长生之《洞历》，刘子政、扬子云不能过也。"这是历史上对于可能与《越绝书》同书异名的《越纽录》及其作者吴君高的唯一记载。当然，《越纽录》究竟是否《越绝书》，至今还有不同意见，留待以下再论。

在正史经籍、艺文志中，最早著录此书的是《隋书·经籍志》，而新、旧《唐书》也都有著录。在隋、唐三志中，此书撰者作子贡，宋《崇文总目》著录中除了子贡外，又加上"或曰子胥"。这种说法传袭甚久，尽管宋陈振孙已经提出怀疑说："无撰人名氏，相传为子贡者，非也。"^②但是直到明代，许多公私书目如《文渊阁书目》卷二、嘉靖《河南通志》卷四二、《世善堂藏书目录》稗官野史类、《宝文堂书目》卷二、《红雨楼书目》卷二、《古今书刻》卷上等等，都仍因袭旧说，或者是不列撰者。

此书第十九篇《篇叙外传记》中有一段文字说："记陈厥说，略有其人，以去为姓，得衣乃成，厥名有米，覆之以庚，禹来东征，死葬其疆，不直自斥，托类自明，写精露愚，略以事类，俟告后人，文属辞定，自于邦贤，邦贤以口为姓，承之以天，楚相屈原，与之同名。"这显然是一段有关撰者姓氏籍贯的隐语。明正德、嘉靖以来，有些学者开始根据这一段文字的寓意，提出此书为会稽袁康所撰、同郡吴平所定的说法。例如杨慎《丹铅总录》卷一三，《丹铅杂录》卷九，胡侍《真珠船》卷三，田艺蘅《留青日札》卷一七，焦竑《焦氏笔乘续集》卷四等，都有这类议论。此书嘉靖二十六年刊本^③卷末陈垲跋云："千载隐语，得升庵而后白。"则首先提出此说者，可能就是杨慎。从此，这种说法就占了上风，明代后出的某些藏书目录如《国史经籍志》卷三，《澹生堂书目》卷二等，已将此书撰人定为袁康、吴平二人。到了清代，《四库全书总目提要》总结了杨慎等的说法，《提要》卷六六说："书末《叙外传记》以廋词隐其姓名，其云以去为姓，得衣乃成，是袁字也；厥名有米，覆之以庚，是康字也；禹来东征，死葬其疆，是会稽人也。又云文词属定^④自于邦贤，以口为姓，承之以天，是吴字也；楚相屈原，与之同名，是平字也。然则此书为会稽袁康所作，同郡吴平所定也。"《提要》是官修的权威著作，它既然肯定了这种说法，这种说法似乎从此就成了定论。后来的不少学者，也都附和了《提要》的论证，例如张宗祥在其手写的校注本序言中说："此盖汉人收辑战国旧闻，撰为是书，其姓名籍贯，详记隐语之中，确然可考，《四库提要》之说，盖可据也。"洪焕椿在其《浙江地方志考录》一书的《越绝书》条下也说："《提要》所说是比较可靠的。"

应该承认，从杨慎以来直到《四库提要》对《越绝书》及其作者的研究，确实是对此书的一项重要贡献。汉人好作隐语，例子甚多，毋须赘述，何况从隐语中推究出来的作者之一吴平,与王充所说的吴君高可能正是一人。根据古来名、字相关的习惯,名平字君高,看来也无可多疑。但是尽管如此,恐怕还不能认为《提要》的说法就是定论,当然更不能认为解释了这段所谓"千载隐语"以后,《越绝书》及其作者的问题就已经全盘解决。实际上,自从杨慎开始解释这段隐语以至《提要》把它作成结论以后,一直有不少学者对此持怀疑态度,而其中有些问题,至今仍然犹有待商榷。

从《越绝书》与《越纽录》的关系来说,在《提要》以前,凡是解释过这段隐语的学者,如杨慎、胡侍、田艺蘅等,大概都确认两者是同书异名。《留青日札》卷一七《越绝书人姓名字考》说:"越纽者,即越绝也,盖纽有结束之义,即绝之所谓断灭也;纽有关纽之义,即绝之所谓最绝也。岂初名《越纽录》,而后定为《越绝》邪?"《提要》也以上述明人笔记为然,说:"所谓吴君高,殆即平字,所谓《越纽录》,殆即此书欤。杨慎《丹铅录》、胡侍《珍珠船》、⑤田艺蘅《留青日札》皆有是说,核其文义,一一吻合。"但是这种说法毕竟还不是大家都同意的,清姚振宗的《后汉艺文志》即将两书分别著录,并说:"《侯志》⑥曰:此书论者多疑即《越绝书》,然究无实证,今仍分录之。"清李慈铭也说:"越绝字,近儒以为是越纽之误,案首篇《外传本事》,首发绝字之义,两云绝者绝也,谓句践内能自约,外能绝人,故不称越经书记而称越绝。末篇《叙外传记》,又自比于孔子之作《春秋》,言圣人没而微言绝,圣文绝于彼,辩士绝于此,故题其文谓之《越绝》也,其旨甚明,何得谓误。"⑦清王鸣盛说:"《越绝书》十五卷,不著撰人姓名。王充《论衡·案书篇》云:会稽吴君高之《越纽录》,刘子政、扬子云不能过也。今作《越绝书》,似讹。"⑧张宗祥虽然赞同《提要》的说法,但对此二书的关系,却仍然不得不说:"独《越纽录》是否即为此书,无可证实耳。"⑨洪焕椿也说:"清姚振宗的《后汉艺文志》作为两书著录,是恰当的。"⑩上述说法都不以《提要》为然。

即使从杨慎到《提要》的论断完全正确,即既承认袁康、吴平是《越绝书》的作者,也承认《越绝书》即是《越纽录》,但这两个论点的本身,显然彼此径庭。因为在《篇叙外传记》的隐语中,此书明明是袁康所撰,吴平所定。但王充在其《书虚篇》、《超奇篇》⑪和《案书篇》中,曾几次说到吴君高其人,却绝不提及袁康。王充与吴君高是同时代人,自然不应有误,则袁康其人将如何处置?于是就出现了像清卢文弨、邵懿辰这类只承认其中一半论点的学者。卢说:"王仲任《论衡·案书篇》称会稽吴君高之《越纽录》,向、雄不能过,《越纽》即《越绝》,则是书专属平所撰矣。"⑫邵懿辰在其所著《增订四库简明目录标注》史部九中,将此书作者,专属吴平一人。

其实,万历《绍兴府志》的纂者孙矿,早在《四库提要》以前200多年,就已经察觉了这两个论点的矛盾,而且也早已想出了自圆其说的办法。他在《府志》卷五八《序志》中说:"其姓名似是袁康而宦于越,搜往籍,属郡人吴平编次之。"孙矿的这个办法很可能是他主纂《绍兴府志》的心得。万历《绍兴府志》由知府萧良干委托他主纂，府志纂成后，尽管刊本上列名的是萧良干修，孙铽、张元忭纂，但社会上当然承认此志是孙、张的著作，而不是萧的著作。所以他才想到把袁康作为一个创修此书的地方官，而吴平则是实际上的作者。这样，王充在《论衡》中不提袁康，于理自然可能。这个办法虽然避免了《提要》的矛盾，但问题是，不仅袁康的"宦于越"全无根据，而《越绝书》隐语中写的明明是此书为袁康所撰，吴平不过是"文属辞定"而已。

《提要》所谓"核其文义，一一吻合"的话，也还颇可商榷。《论衡》中提到吴君高其人的有三处，一处是前已指出的《案书篇》，即是把吴君高与《越纽录》列为当时五种名著的一段。这是很重要的一段，因为这是我们知道吴君高与《越纽录》之间的关系的唯一资料。这项资料中所提出的吴君高，与《越绝书》隐语中的吴平，可以认为是吻合的。但这项资料的其余部分，只能作为与《越绝书》进行对比研究的参考，说不上完全吻合。《超奇篇》也提到吴君高，但和《越纽录》无关，毋须议论。《论衡》的另一处提到吴君高的是《书虚篇》，此篇说："吴君高说：会稽本山名，夏禹巡狩会计于此山，因以名郡，故曰会稽。"《外传记地传》中也有一段说："禹始也，忧民救水，到大越，上茅山，大会稽，爵有德，封有功，更名茅山曰会稽。"《提要》所谓"一一吻合"，必然指这两段文字在内。当然，两段文字存内容上有相似之处，但作为两书是同书异名的证据，其文字却并不吻合。因为关于禹巡狩会稽的传说，古籍记载是很多的。《夏本纪赞》说："或言禹会诸侯江南，计功而崩，因葬焉，命曰会稽，会稽者，会计也。"《汉官》（《水经·河水注》引）说："禹合诸侯，大计东冶之山，因名会稽。"这些文字与《书虚篇》也都有相似之处。所以只凭这样一段文字作为《越纽录》就是《越绝书》的证据，似乎不易使人信服。

顺便也提一提《越绝书》与《越绝记》的关系问题。《隋书·经籍志》著录此书作《越绝记》，清章宗源、姚振宗两家《隋书经籍志考证》均从《隋志》，也都作《越绝记》。他们当然确信这是同书异名。《越绝书》的异名的确不少，《水经注》引此作《越绝》，《文选注》引此作《富中越绝书》，《史记集解》引此作《越录》，《北堂书钞》引此作《越记》等等，不胜枚举。《越绝记》是《越绝书》的异名当然十分可能。但是也应考虑，有没有存在另外一种《越绝记》的可能呢？北京图书馆所藏抄本《晏元献公类要》[13]卷一、于越亭引《越绝书》一条说："余大越故界，所谓于越也，在县东南五十步，屹然孤竹。"同卷黄竹山却引《越绝记》一条说："范蠡遗鞭于此，生笋为陵，竹色皆黄。"虽然此两条于今本均为佚文，无可核对，但黄竹山所引一条，其文字与《越绝书》实在格格不入。当然，我们不必妄断《隋志》《越绝记》与《类要》《越绝记》就是同书，但是既然《类要》在同卷中《越绝书》与《越绝记》并见，说明至少在宋代，不同于《越绝书》的《越绝记》是确实存在的。

如上所述,说明有关《越绝书》及其作者的问题,并不因为从隐语中发现了袁康、吴平两人就可以全盘解决。它实际上比《四库提要》所说的还要复杂得多。而对于此书的渊源来历和作者等问题,从杨慎等解释隐语起直到《提要》作了总结以后,一直都有学者提出很不相同的看法。此书孔文谷刊本⑭卷首嘉靖二十四年田汝成序说:

> 或曰作于子贡,或曰作于子胥,岂其然哉,内经内传,辞义奥衍,究达天人,明为先秦文字,外传猥驳无论,记地两篇,杂以秦汉,殆多后人附益无疑也,本事篇序则又依托《春秋》,引证获麟,归于符应,若何休之徒,为《公羊》之学者,故知是书成非一手。习其可信而略其所疑,亦可以苴埤史氏之阙脱矣。

田汝成与杨慎是同时人,杨慎对《越绝书》作者的创见,田氏当然不会没有所闻,但是他并不拘泥于隐语,而在各篇的内容上下功夫,因而得到了与杨氏完全不同的结论。明末人郭钰不仅完全赞同田氏的说法,并且还指出了袁康通过隐语剽窃前代著作的盗名行为,他在所辑《古越书》⑮凡例中说:

> 《越绝》成非一手,昔贤辨之详矣。内经内传辞义奥衍,究达天人,明为先秦文字,外传或驳或醇,而记地两篇杂以秦汉,殆多后人附益无疑也。何物袁康,托隐语以自露,意欲盗名后世,遂尔诡迹前人,乃其文气不类,谁可为欺者。

当然,郭氏对于袁康的指摘未免言之过激,整理前代的著作,本来应该是件好事。而且,正因为撰述中抄录了大量前人成果,因而自隐其名,其用心也未可厚非。但是,今本《越绝书》中有大量内容是后汉以前的作品,这一点恐怕是不能否定的。

清洪颐煊在其《读书丛录》⑯中说:

> 杂家《五子胥》八篇,兵家《五子胥》十篇,图二卷。颐煊案,《武帝纪》臣瓒曰:《伍子胥书》有戈船,又曰:《伍子胥》有下濑船,此当在兵技巧家十篇中。《史记正义》引《七录》云:《越绝》十六卷,或云伍子胥撰,《艺文志》无《越绝》,疑即杂家之《伍子胥》八篇,后人并为一,故《文选·七命》李善注引《越绝书》《五子胥水战兵法》一条,《太平御览》三百一十五引《越绝书》《伍子胥水战法》一条,引《伍子胥书》皆以《越绝》冠之,今本《越绝》无《水战法》,又篇次错乱,以末篇证之,《越绝》本八篇:太伯一、荆平二、吴三、计倪四、请籴五、九术六、兵法七、陈恒八、与杂家《五子胥》篇数正同。

以上洪氏的说法也是言之成理的,根据他所推究的《越绝书》渊源,则《崇文总目》所谓“或云子胥”的话也并非完全无稽。对于像《越绝书》这样一部来历复杂的古籍,后世存在不同议论,本来不足为怪。但是作为官修的《四库提要》,竟置早已存在的论争于不顾而独崇隐语,就未免失之于轻率。因此,余锡嘉在其《四库提要辨证》卷七中

的一段话是比较公允的,特录出以代本文结论:

> 自来以《越绝》为子贡或子胥作者,固非其实,而如《提要》或徐氏[17]说,以为纯出袁康、吴平之手者,亦非也。余以为战国时人所作之《越绝》,原系兵家之书,特其姓名不可考,于《汉志》不知属何家耳。要之,此书非一时一人所作,《书录解题》卷五云:《越绝书》十六卷,无撰人名氏,相传以为子贡者,非也。盖战国后人所为,而汉人又附益之耳。斯言得之矣。

注释:

① 《易章句》,各本多作《易童句》,孙诒让本及崇文书局本作《易章句》。

② 《直斋书录解题》卷五。

③ 浙江图书馆藏。

④ 今通行本多作"文属辞定"。

⑤ 今通行各本均作《真珠船》。

⑥ 指清侯康所撰《补后汉书艺文志》。

⑦ 《越缦堂日记》三函十二册,同治九年三月十一日。

⑧ 《蛾术编》卷一二,《越绝书》条。

⑨ 商务印书馆影印张宗祥手写校注本序言。

⑩ 《浙江地方志考录》第 2 页。

⑪ 《超奇篇》:"前世有严夫子,后有吴君商。"孙诒让注:"商当作高。"

⑫ 《抱经堂文集》卷九、《题越绝后》。

⑬ 据该馆所藏缩微胶卷。

⑭ 天津市人民图书馆藏。

⑮ 北京图书馆藏明刊《郭子式先生校刊书》。

⑯ 《读书丛录》卷二〇,《汉书》条。

⑰ 指清徐时栋,他认为《越绝》与《越绝书》是两书,《越绝》为周人所撰,已亡佚;袁康、吴平所撰之《越绝书》是《越绝》之传。见《烟屿楼读书志》卷一三下,上海华东师范大学图书馆藏抄本。

原载《杭州大学学报》1979 年第 4 期

绍兴地方文献之稀见抄本

　　鲁迅在《会稽郡故书杂集》序言中说:"会稽故籍零落",其说信然。我在近二三十年中,查阅了400余种公私书目、方志、笔记、谱牒和其他有关著述,并且走访了全国不少图书馆,编制了一种包括1260余种绍兴地方文献的考录,发现其中有大量文献已经亡佚。以方志类文献的146种为例,目前尚存的只有72种,^①已经不到半数。

　　绍兴地方文献散佚的情况,在最近几十年中仍在继续发生,这是应该引起重视的。以明万历四十六年(1618)刊本、诸万里纂的《于越新编》四十五卷为例,这是晚清著述中仍然大量引用的文献,但是遍索国内各图书馆均无收藏。后来我发现金汤侯在1934年主编的《越游便览》中尚引此书内容数条。金氏在民国初年曾主修《新昌县志》及《天台县志稿》,对浙江地方文献是熟悉的,而且他治学严谨,若非目击此书,不会随意转引。为了查索此书,我曾于1963年春由绍兴文物管理委员会负责人方杰同志引导,走访了当时尚健在的金汤侯先生。果然,金氏不仅目睹此书,而且还能侃侃而谈,说出此书大要。现在,此书已不见了。这是最近数十年中亡佚的文献之一。

　　且不论抄本和稿本,即在刊本之中,目前渐近湮没的也颇不少。例如明刊本郭钰纂《郭子式先生校刻书》,现在已仅存北京图书馆所收藏的一部孤本。^②万历《绍兴府志》和万历《会稽县志》。虽然尚有少数收藏,但大多数已有不同程度的残缺。甚至连康熙年代纂修的五种《绍兴府志》,至今也已不可多得。其中《许志》^③根本不得见,《张志》^④成为凤毛麟角。此外如康熙《王志》、^⑤康熙《俞志》,^⑥康熙《山阴县志》、^⑦咸丰《闸务全书续刻》⑧等等,现在也都是稀少文献。

为了使珍贵的地方文献今后不再遭到损失,我想介绍几种目前尚存的抄本和稿本,它们都是孤本,特别可贵,应该妥善保藏和复制流传。

《霞西过眼录》:绍兴鲁迅图书馆藏有黑线稿纸抄本四册,中缝刊有"霞西过眼录"字样,当为清沈复粲手稿无疑。其中第一册题为《志事随札》,第二册题为《浙中人物志》,第三、四册均题为《人物志》。此书收存了绍兴以至浙东的大量资料。对于沈复粲,清宗稷辰在《沈霞西墓表》⑨中说:"乾隆中,东南收缴禁书,吾越相戒无藏笥,士竞趋举子业,故科目盛而学术微,以其余力读古书者百不一二,独沈氏三昆隐于书肆,反得究心于学,三昆中其季子有志希古,因之得名,龙山九老所谓霞西翁名复粲者也。"从宗稷辰对沈氏治学的这段评介中,其稿本的价值就可以想见。

《山阴道上集》:这是沈复粲所辑录的地方诗集,为天津人民图书馆所收藏。此书共34册,分装4函,第一册上有题为《山阴道上集》的浮签。⑩此书纸张参差,编次稍乱,但其间使用了不少黑线稿纸,中缝刊有"鸣野山房抄存"字样,故其书是沈氏手稿无疑。此书收录了有史以来绍兴的名宦、寓贤及八邑诗人共800余人的诗篇数千首,其中不少诗人与诗篇为他书所不见。

《绍兴杂录》:绍兴鲁迅图书馆藏有题为《绍兴杂录》的稿本二册,其黑线稿纸中缝刊有"会稽董氏"字样,疑是清董钦德⑪手稿。其中第一册为文抄及地理杂录,第二册以人物志为主,体例虽颇杂乱,但资料堪称丰富。

《绍兴掌故琐记》:系会稽董氏的残抄本,为宁波天一阁所收藏。全书首页至第6页缺佚,第6页以下尚存者共44页。卷末清董实桓写云:"此集已饱蠹鱼,所剩数纸,皆破碎不可读,今补缀录出,而益以近日所见琐词杂说,随手摘录,俟成帙后再为校订,以续先人之志。"据此,董实桓当是董氏后人。这个残抄本,保存的绍兴掌故颇为可观。

《山阴旧志续考》:这是南京江苏地理研究所图书馆藏清抄本,系王氏九峰旧庐旧藏。书为红格稿纸,共74张,148页。此书所引旧志,除康熙《李志》⑫外,其余多不记年代,寻字推句,当为乾、嘉后人所编纂。书内抄录文章,多有各志所未收者。如胡以焕《乙丑种松篇》,各志仅见篇名,此书独收全文;又如成周助《黄琢山诗序》,各志多缺,此书独有。所以相当珍贵。

《会稽志略》:1963年在绍兴吴宅梵先生处看到此书,系乾隆四十二年(1777)倪一桂所辑录的红格抄本。据卷首倪一桂(乾隆乙卯举人)序言,此书主要辑自万历《会稽县志》。但观其内容,除了倪氏有不少按语以外,还录入万历《会稽县志》以外的许多清初资料,因而颇为可贵。此书不在馆藏,至今是否无恙? 令人挂念。

《越中杂识》:系乾隆五十九年(1794)的抄本。此书见于朱士嘉编辑的1942年美国国会图书馆出版的《国会图书馆藏中国方志目录》,国内绝无收藏,是美国独藏的一部孤本。按朱编目录只知此书有2卷,辑者名悔堂老人,其他一无所知。前年10月,耶鲁大学历史系柯慎思教授(Prof. James Cole)寄我一份由斯坦福大学人类学系施坚雅教授(Prof. G. William Skinner)所主编的《浙江宁绍地区地方志目录》,其中提到了《越中杂识》这本书。去年3月间,由柯慎思教授代为联系,施坚雅教授特地为我寄来了32开的复制本。两位教授的高情厚谊是值得感谢的。

施坚雅教授寄来的《越中杂识》复制本,是从斯坦福大学东亚藏书室中所藏的复制本(原本在国会图书馆)复制的。全书分上下两卷,共246张,528页,估计约15万言,字迹工整,出于一人手笔。书上除美国国会图书馆汉文藏书章外,绝无其他收藏和转移痕迹,可见此一孤本去国甚早。

此书在内容上是特别值得珍贵的。上卷分山、川、桥梁、田赋、户口、水利等18个子目,下卷包括人物、古迹、陵墓、碑版、著述、艺文等14个子目,记载了不少这个地区其他方志文献中所未见的资料。以下卷的碑版为例,这个子目下所收内容如"汉刻禹庙窆石题字"、"汉熹平石经摹本"、"古砖"、"晋太康瓦券"等各条中,都有辑者当时耳闻目睹的资料。其中"晋王右军兰亭诗序"一条长达八百余言,"晋王大令保母砖志"一条长达1000余言,均系辑者于乾隆甲寅(1794)所撰,论述尤为独到。惜辑者西吴悔堂老人其人,仅在序言中略知梗概,其真姓实名和生平详细事迹尚待进一步查考。

注释:

① 包括在国外收藏的孤本,如日本宫内省图书馆的嘉靖《山阴县志》,美国国会图书馆的《越中杂识》等。

② 美国斯坦福大学东亚藏书室亦藏有一部。

③ 清知府许弘勋等于康熙十四年(1675)所修。

④ 清知府张三异修,王嗣皋纂,刊于康熙十二年(1673)。

⑤ 清知府王之宾修,董钦德纂,刊于康熙二十二年(1683)。

⑥ 清知府俞卿修,邹尚、周徐彩纂,刊于康熙五十八年(1719)。

⑦ 康熙十年(1671)知县高登先修,沈麟趾等纂;康熙二十二年(1683)知县范其铸续修。高荃重编。两者均有刊本,前者国内有藏,后者唯美国国会图书馆尚存孤本。

⑧ 康熙《闸务全书》(程鹤翥辑著)国内收藏稍多,咸丰《闸务全书续刻》(平衡辑),仅知绍兴鲁迅图书馆藏有刊本,浙江图书馆藏有抄本。

⑨ 见《躬耻斋文钞》卷一〇。

⑩ 天津人民图书馆1961年善本目录中此书题作《越中耆旧诗》,但原书34册,除第1册封面
有《山阴道上集》浮签(字迹与卷内同,当系原有)外,绝无《越中耆旧诗》字样,此名想系天
津人民图书馆所臆加。

⑪ 董钦德曾主纂康熙《绍兴府志(王志)》、康熙《会稽县志》等。据绍兴鲁迅图书馆所藏抄本
《会稽董氏名人录》第8页云:"字哲文,又字天心,号心庐,邑庠生,生崇祯五年,卒康熙五
十四年。"

⑫ 清知府李铎修,刊于康熙三十年(1691),五种康熙《绍兴府志》中,唯此志流行较多。

原载《杭州大学学报》1979年第12期

乾隆抄本《越中杂识》

自从朱士嘉所编《国会图书馆藏中国方志目录》一书于 1942 年由美国国会图书馆出版以后,乾隆抄本《越中杂识》这部孤本地方志才第一次为国内学者所知悉。嗣后,洪焕椿于 1958 年在科学出版社出版的《浙江地方志考录》中,把此书列为杂志之类。洪氏著录此书仅"抄本,美国国会图书馆藏"寥寥数语,其实这也是从朱氏所编目录引来。继朱、洪两氏之后,第三种著录此书的方志目录是 1979 年 5 月美国斯坦福大学人类学系教授施坚雅(G. William Skinner)所主编的"*A Bibliography of Gazetteers Treating the Ning—Shao Region of Chekiang*"(《浙江宁绍地区地方志目录》,以下简称《目录》),正是由于这一册《目录》,竟使这去国近 200 年的孤本方志以复制本的形式返回祖国。为此,本文拟先把《目录》略作介绍。

1979 年 10 月,施坚雅教授委托他的助手,耶鲁大学历史系的柯慎思教授(James H. Cole)将他所主编的《目录》寄赠给我。《目录》是 16 开的打印本,包括说明 8 页,书目 37 页。说明是英文写的,书目则是汉语。《目录》虽然以浙江宁绍地区为名,但实际上却包括浙江省志、旧宁波、绍兴两府府县志以及台州府志和该府临海、天台、宁海 3 县的县志,在 8 页说明中列有表格多种,我把其中最能说明情况的一种译列如下。

府别 方志类别 收藏情况	宁波			绍兴			天台			合计		
	斯坦福藏	中国藏	?	斯坦福藏	中国藏	?	斯坦福藏	中国藏	?	斯坦福藏	中国藏	?
省志										14	3	7
府志	16	5	7	22	5	14	7	2	10	45	12	31
县志	33	8	35	39	14	41	12	6	16	84	28	92
乡镇等志	5	2	4	10	1	2				15	3	6
寺观志	6	3	15	2	1	2			2	9	4	19
书院志				1		2				1		2
山志	12	2	8	8	2	2	11	1	8	32	5	18
水志	2	1	5	6	3	9				19	4	14
杂志	4			4	2		2	1	1	11	2	
合计	78	21	74	92	28	72	32	9	36	230*	61	189

* 包括 14 种未在各府中列出的方志,因其地区范围超越任何一府。

上列表格中所谓"斯坦福藏",其实是指的该校胡佛研究所的藏书,所谓"中国藏",是指的北京、浙江、南京、天津、上海、鄞县、嘉兴、温州、天一阁、复旦大学、地理研究所、[1]历史文献[2]等 12 个图书馆的藏书。用"?"表示的,是指尚未查明藏于何处的方志。但我查核以后,知道这一部分多是佚书。

必须指出的是,表上虽然列出,藏于斯坦福大学的为 230 种,藏于中国的为 61 种。但这个数字应该作这样的解释,即中国所藏的 61 种,是斯坦福大学所未曾收藏的;而斯坦福所藏的 230 种,其中大部分也为中国所收藏。我曾经对全部《目录》作过一次核对,发现在这 230 种之中,在中国可以称得上是稀见版本的有 30 余种,而其中如明万历三年谢廷杰纂的《两浙海防类考》、康熙二十一年刊本《象山县志》、[3]康熙三十三年刊本《嵊县志》、[4]崇祯《天童寺志》、清陆潜鸿抄本《镇海卫志》、[5]清包旭章抄本《四明志补》[6]等,均为国内所不见。本文所要介绍的乾隆抄本《越中杂识》,也正是孤本的一种。

另外,从《目录》中还可以看出,斯坦福大学胡佛研究所收藏中国地方志,其目的是为了实用,他们力求种类齐全,却并不讲究是什么版本。在他们收藏的 230 种中国地方志中,缩微胶卷超过 100 种。这是他们向世界上收藏中国地方志的其他图书馆[7]复制而得的。下面要谈的《越中杂识》,即是他们从美国国会图书馆购买的胶卷。因为施坚雅教授在寄我此书复制本时,竟把当年斯坦福大学向国会图书馆复制时的包装页也复制在内,使我能清楚地看到,此书胶卷是美国国会图书馆于 1969 年 9 月 26 日邮寄给斯坦福大学的。这次交寄的胶卷共有 4 种,除了《越中杂识》以外,还有清李慈铭的乾隆《绍兴府志校记》、清邹勷、刘俨的康熙《萧山县志》、清李以炎的乾隆《嵊县志》。斯坦福大学为此支付了共 1260.70 美元。我通过当年的包装页顺便指出这一点,主要是为了说明斯坦福大学胡佛研究所在收藏中国地方志方面,的确花了很大的力量。

现再回到本题上来,柯慎思教授在寄赠《目录》的信中,转达了施坚雅教授的雅意,特别指出,凡是《目录》中著录的斯坦福所藏地方志,不论我需要哪一种,他们都可以随时寄赠。我因花了 20 多年时间编纂《绍兴地方文献考录》,正以未见《越中杂识》为憾,所以尽管《目录》中所列的稀、孤版本数在不少,但我并无奢求之意,复信只要求了此书。感谢施坚雅教授,随即将此书见赠,而且,为了照顾我阅读的方便,特地为我寄来了静电复制本。

先说此书外观。根据美国国会图书馆复制服务部在复制本卷前所附的缩尺,此书原本高 25.6 公分,宽 14 公分,页 10 行,行 24 字,因书系无格纸张抄写,故书无版框,天头宽 4.2 公分,地脚宽 2 公分,中缝上写书名,中写门类,下写页码。全书 263 张,计 526 页,楷书端抄,出一人手笔。卷首另有序 2 张计 4 页,又《绍兴府境全图》的说明。至于原书的纸质、墨色、装帧等等,在复制本中当然无法窥及。全书除《绍兴府境全图》图名下有美国国会图书馆矩形藏书章外,并无丝毫其他收藏和转移痕迹。而较此书晚出 9 年的嘉庆《山阴县志》和晚出 51 年的道光《会稽县志》均不见此书著录。足见此书在乾隆五十九年(1794)抄成后随即去国,所以国内绝无传本。

必须指出,此书的价值不仅因为它是一种孤本,主要还在于它的精辟内容。本书作者悔堂老人虽然家居钱塘江北岸,但按他在卷首所写的序言,他在乾隆二十四年第一次到绍兴居住了几个月,此后直到乾隆四十八年,其间凡 24 年,经常到绍兴居住游览,因而对绍兴的山川沿革、风土人情十分熟悉。尽管他的撰述如序言所说曾经参考了康熙三十年修纂的《绍兴府志(李志)》的内容,但由于《李志》距此书已近一个世纪,许多事物都已有了变化,所以他特别指出:"并以予昔所流览见闻极真者参记其间。"因而此书保存着许多作者的目击资料。按绍兴府在康熙一代中曾经修志五次,即康熙十二年的《张志》(张三异修、王嗣皋纂)、十四年的《许志》(许宏勋修)、二十二年的《王志》(王之宾修、董钦德纂)、三十年的《李志》(李铎修)、五十八年的《俞志》(俞卿修、邹尚等纂);在乾隆一代中修志一次,即乾隆五十七年刊行的《李志》(李亨特修、平恕纂)。上述各志,均在此书之前,除了康熙《许志》早已不存外,我曾经以此书与上述各志一一核对,发现此书内容在许多方面均为上述各志所不载,其编纂体例也独创一格,所以是一种值得珍贵的地方文献。

　　本书分上下 2 卷,约 15 万言。上卷分山、川、桥梁、田赋、户口、水利、人物等 18 个子目(人物兼及下卷),下卷分古迹、陵墓、碑版、著述、艺文等 14 个子目。各个子目中,都有著者当年耳闻目睹的珍贵资料。以陵墓为例,绍兴城南会稽山麓的南宋陵园,即所谓宋六陵,自从元至元二十二年(1285)为西僧杨琏真珈盗发以后,历史上传说纷纭,莫衷一是。为此,本书作者在广泛阅读文献资料和深入调查访问的基础上,对此作了 1200 言的详细记载。其中如绍兴十二年(1142)金人送回的宋徽宗梓宫,在元初盗发中竟"止朽木一段"的记载,尽管事非亲见,但无疑是宋金关系史中的一项重要资料。

　　再举一例。元至正十九年(1359),明将胡大海进攻绍兴,与元绍兴城守将吕珍在城下及郊区作战 3 个月,是历史上绍兴城攻守战役中历时较长的一次。此次战役的经过详情,由当时适在绍兴城内的海宁州儒学教授徐勉之撰为《保越录》一书,作了细致的记载。《保越录》一书,历来虽多有著录,但对作者徐勉之,则常有传讹。诸如《文渊阁书目》卷二、《菉竹堂书目》卷二、《千顷堂书目》卷五、《补元史艺文志》卷二、《振绮堂书目》卷一、《郘亭知见传本书目》卷五、《拜经楼藏书题跋记》卷二、《八千卷楼书目》卷二、雍正《浙江通志》卷二四三等著录此书时,均不著撰人姓氏。《四库提要》卷五四认为:"是书称(张)士诚兵曰我军,称(吕)珍曰公,殆士诚未亡时绍兴人所记。"比《越中杂识》仅早二年刊行的乾隆《绍兴府志》,在其卷七七经籍志中,仍引《黄氏书目》说此书是"张士诚幕客作"。时日稍久,此书本身竟也逐渐湮没,十分稀见。⑧清李慈铭在咸丰十一年九月十六日的《越缦堂日记补》中记载此书说:"自至正十九年二月己巳围城,至五月己酉解围,编日记载,大小百余战,所讲守御之法甚备。……《四库》收入史部传记类。外间无刻本,予求之累年。在家时,闻霞头孙氏有此书,往借未得。叔子顷自内府借出,见之狂喜。"博览如李慈铭者,尚且百计搜求,而至于"见之狂喜"。说明到了清代,此书流行之稀可以想见。但《越中杂识》在名宦吕珍条下,却以 700 余言详细记载了这次战役的经过,最后并且指出:"事详徐勉之《保越录》中。"即此一端,可见作者搜集资料之广泛和鉴别资料之精确。也说明了此书价值的不凡。

　　此书记载的碑版约 80 种,其间多有作者的目击资料和议论,是本书的重要特色。他对《绍兴碑版志》评论说:

　　　　按《绍兴碑版志》,自夏至元,以世代之次序纪之,故地名每多重复之处,如府学及卧龙山诸石刻是也。予以为不若仍分郡邑某学中碑记若干,某山、某寺碑记若干,记之者归于一处,阅之者流览无遗,既省条款,又便稽考之为得也。至明朝一代,碑文全缺,未解何故,似当补入,以成全书。予游越最久,兹以所见者略志一二于后。

　　其实,作者不仅对明代碑版下了很大功夫,明代以前的碑版,如"汉刻禹庙窆石题字"、"汉熹平石经摹本"、"古砖"、"晋太康瓦券"等各条中,都有作者当时耳闻目睹的资料,其中"晋王右军兰亭诗序"一条长达 800 余言,"晋王大令保母砖志"一条长达 1000 余言,均系作者于乾隆甲寅(1794)所撰,其论述尤为独到。

本文限于篇幅,当然不可能将此书内容尽行胪列,好在全书已经由浙江人民出版社发排,不久就可公之于世,所以也就不再赘述了。

注释:

① 指中国科学院地理研究所图书馆,此馆方志,现归南京江苏地理研究所收藏。

② 指前上海历史文献图书馆,现已并入上海图书馆。

③ 此志国内仅存康熙三十七年刊本。

④ 此志国内仅存康熙十年刊本。

⑤⑥ 此志原本在我国台湾省。

⑦ 包括台湾省图书馆在内,因像抄本《镇海卫志》、抄本《四明志补》等方志,除台湾省外别无所藏。

⑧ 此书后来已收入于《丛书集成》,流传从此较广。

原载《中国地方志》1982 年第 2 期

《吴越春秋》及其记载的吴、越史料

我国古代,活动于今长江以南的东南地区的原始居民,主要有两个部族,即句吴和于越。根据历史记载与考古发掘的资料,可以大体明确,这两个部族,实际上是同一原始部族的两个分支。他们在历史渊源、地理分布、文化传统等方面有许多共同性。只是由于自然地理和人文地理条件上的某些不同,才在繁衍发展的过程中,出现若干并不悬殊的差异,最后形成春秋时代的句吴和于越。

在有正式历史记载以前,考古发掘的资料,已经为这两个越人部族在地理分布和文化渊源上的共同性提供了有力的证据。根据目前已经获得的考古发掘的成果,这个地区发现的最早新石器遗址是余姚的河姆渡文化,据 C^{14} 测定,距今约在 7000 年—6000 年之间。[①]在河姆渡文化的第四层中,发现了大片木结构建筑遗迹、大量石器、骨(角)器、木器、陶器、装饰品和小玩具等文化遗物和丰富的动植物遗存,其上部并且普遍地夹有一层至数层谷壳、稻秆和稻叶等的混合堆积物,中间也有烧成炭的稻谷。[②]与河姆渡文化在地层和年代上密切衔接的是嘉兴的马家浜文化,[③]根据 C^{14} 的年代测定,这种新石器文化距今约在 6000 年—5500 年之间。这里发现的陶器以手制的夹砂和泥质红陶为主,但也有少量黑陶,籼稻在这个遗址中的发现,说明了古代越族在水稻种植上的广泛性。与马家浜文化相衔接的是上海青浦县的崧泽文化,[④]其年代据 C^{14} 测定距今约在 5800 年—5200 年之间,这个遗址中的陶器,除了与马家浜遗址中相似的夹砂红陶外,还有大量的泥质灰陶和黑陶。比崧泽文化更接近越人历史时期的是余杭

县的良渚文化,⑤据 C¹⁴年代测定,距今约在 5200 年—4300 年之间。这个遗址以大量
具有光泽的黑陶为特点。在良渚文化时代,越族居民在今杭嘉湖平原的分布已经相当
广泛。在湖州市的钱山漾⑥和杭州市半山附近的水田畈⑦遗址中都发现炭化的稻谷凝
块。紧接着良渚文化的,则是上海市闵行以北的马桥文化,⑧这个遗址的最下层,其年
代测定距今约在 4000 年左右,仍属良渚文化层。这里除了陶器以外,也出土了不少青
铜器,因此,它实际上已经是一种跨越新石器和青铜器两个时代的文化,也就是古代越
族历史时期的前夕了。在上述所有文化遗址中,具有鲜明特色的是在农业上水稻的普
遍播种和在手工业上几何印纹陶器的广泛制作。有的学者认为江南地区的几何印纹
陶文化是古代越人文化的共同特点,⑨那么,水稻的播种至少也可以说明句吴和于越
这两个越人部族在农业生产上的共同性。

　　以上所述的是从考古资料中对句吴和于越这两个越人部族所进行的研究,考古资
料的研究,把这个地区古代越人的活动较之历史资料推前了数千年,所以具有十分重
要的价值。但是,考古资料所能反映的,毕竟还是一个较长时期中(例如良渚文化就
延续达千年之久)部族的分布和活动情况,在历史记载开始以后,考古资料虽然仍可
与历史记载相互参照,但是历史记载的资料,在详细程度上毕竟不是一般的考古资料
所可比拟的。即使内容简略如《春秋》这样的编年史,它也为句吴和于越的活动提供
了早期的史料。《春秋》成公五年(前 586)有"吴伐郯"和"吴入州来"的记载,这是句
吴登上春秋历史舞台的最早史料之一。作为一个蛮夷之邦而居然入侵中原,这或许就
是这项史料能够载入《春秋》的原因。《左传》的解释就非常清楚:"吴伐郯,郯成,季文
子曰:中国不振旅,蛮夷入伐,而莫之或息,无吊者也夫!"于越在《春秋》的出现比句吴
要晚得多,《春秋》昭公五年(前 537):"冬,楚子、蔡侯、陈侯、许男、顿子、沈子、徐人、
越人伐吴。"⑩越人作为一个诸侯伐吴的配角而被写入这项史料。⑪

　　《春秋》中关于句吴和于越的史料当然是十分零星和片断的,在我国早期的史籍
中,对这两个越人部族有较详记载的是《国语》和《史记》,前者有《吴语》一篇,《越语》
上、下两篇,记载了这两个部族的起源和演变,以及这两个部族在春秋时代形成各自的
国家以后的兴衰经过。后者有《吴太伯世家》和《越王句践世家》各一篇。上述二书对
这两个越人部族的记载,都是很可珍贵的史料。不过它们的史料来源,其中有不少可
能是当时流传于北方的有关这两个部族的传说,因此,内容颇有荒诞不经之处,而且两
书所记,又往往雷同。除了说明后书参考前书外,也说明当时流行的传说大致相同。
所有上述章篇的作者,都是当时的北方学者,其中只有司马迁一人到过古代吴、越地
区。因此,在他所撰的两篇《世家》之中,可能包括一些他在南方采访的史料,所以较
他书可贵。

　　除了北方学者撰写的著作以外,这两个越人部族所在的当地学者,也撰写了有关这两个部族的著作,至今仍然存在的,就有《越绝书》和《吴越春秋》两种。它们不仅在篇幅上远远超过北方学者的著作,而且由于史料大多来自当地的传说,在撰写过程中访阙求遗也较方便,而且越人虽去,河山犹存,即景写史,其条件自然比北方学者远为优越。因此,对于这两个越人部族的历史来说,《越绝书》和《吴越春秋》的内容显然要超过上述其他著作。

　　对于《越绝书》,我在拙作《关于〈越绝书〉及其作者》[12]一文中已经有所论述,所以本文只拟对《吴越春秋》一书,稍作评介和探讨。

　　《吴越春秋》是后汉山阴人赵晔所撰,但今日流行的版本是否就是赵晔的作品,历来尚有不同意见,留待以下再论。此书今本计六卷,分为10篇。卷一至卷三5篇记载句吴,卷四至卷六5篇记载于越。10篇之中,卷一第一篇《吴太伯传》和卷四第一篇《越王无余外传》都具有引言性质,其内容主要在于说明这两个越人部族的渊源世系。由于资料大多牵涉到这两个部族史前时代的一些传说,中间不免夹杂不少荒诞不经的说法。当然,要对一位后汉的历史学家在这方面多所求全责备,恐怕要求过高。但从今天来说,要想通过这两篇记载以了解句吴和于越先世的发展变迁,看来也很少可能。不过,假使把这两篇中的若干材料,例如《吴太伯传》中所说:"断发文身,为夷狄之服。"《越王无余外传》中所说:"随陵陆而耕种,或逐禽鹿而给食。"和前面已经简述的诸如崧泽、良诸、马桥等文化加以联系研究,或许更能说明一些问题。我之所以在本文一开始就加上这样一段考古资料,也正是因为《吴越春秋》的记载在这方面具有显著的缺陷。不过作为全书上下两部分的引言,这两篇也有其不可省略之处。《吴太伯传》最后引出了吴王寿梦,《越王无余外传》最后引出了越王元常。从这两个部族领袖开始,句吴和于越才先后加入了春秋列国的行列,可以说是两族历史时代的正式起点。所以这两篇引言,具有把两族从史前时代过渡到历史时代的作用。作为一部古代的史书,这样的体例,倒也有值得赞赏的一面。

　　本书的其余各篇都是按编年史的形式撰写的。可能正是因为这种体裁,所以书名也称《春秋》。不过撰者没有采用逐年记载的刻板办法,而是在两个部族中,各选重要的君王进行记载,即使是重要的君王,记载内容也只是其中的若干重要年代。在句吴部分,载入此书的君王是寿梦、诸樊、余祭、余昧、王僚、阖闾、夫差7人。这7人中,诸樊只记载了一年,余祭记载了3年,余昧记载了一年,都是寥寥数语,附在《吴王寿梦传》篇中。寿梦虽记载了6年,但也是语焉不详。所以重点显然在各成一篇的《王僚使公子光传》、《阖闾内传》、《夫差内传》这3个君王之中。其中王僚和阖闾各记了7年,夫差记了6年。其中阖闾和夫差各成一卷(卷三、卷四),无疑是重点中的重点。

在第二部分于越的记载中，重点就更为鲜明。除前已提及的作为引言性质的第一篇《越王无余外传》外，其余四篇，全记句践一人。它们分别是:《句践入臣外传》、《句践归国外传》、《句践阴谋外传》、《句践伐吴外传》。在句践在位的 27 年中，一共记载了 11 年。所以在此书编年记载的 8 个君王之中，严格说来，对句践的撰写体裁与其余 7 人又有不同，是一种寓专题于编年之中的写法，称得上匠心独运。

当然，从总的形式来看，全书仍是一种编年史，而历年记载的内容，多寡有很大的悬殊。例如寿梦五年，只用了"伐楚，败子反"5 字，余祭 16 年，只用了"余祭卒，余眛立"6 字，但王僚五年，仅仅写伍子胥奔吴一事，就用了 2000 余字，而全书记载内容最多的一年，即句践二十一年，竟长达 3700 字。所以，虽然此书采用了编年的形式，而作者在写作时，丝毫不受这种形式的约束，而是能够繁简得宜，畅所欲言的。例如，本书撰者显然希望把吴、越两国从起源、发展到衰亡的整个过程作一番交代。在句吴部分，撰者在《夫差内传》夫差二十三年的结尾中写出:"越王乃葬吴王以礼于秦余杭山卑犹。"这样，句吴已经灭亡，撰者的任务也就完成了。在于越部分，由于重点只写句践一人，而句践的晚年，正是于越全盛的时期，怎能涉及这个部族的衰亡呢? 但是撰者并不拘泥于全书的编年体裁，他在句践二十七年"句践寝疾将卒"以后，又加上了一段短短的结尾:

　　(句践)遂卒，兴夷即位，一年，卒;子翁，翁卒;子不扬，不扬卒;子无彊，彊卒;子玉，玉卒;子尊，尊卒，子亲。自句践至于亲，其历八主，皆称霸，积年二百二十四年。亲众皆失，而去琅玡，徙于吴矣。……尊、亲失琅玡，为楚所灭。

这个短小的结尾，显然已经超出编年史的格局之外，但也正是有了这个结尾，读者才看到了于越的最后结局，而撰者也善始善终地完成了他的写作任务。

在全书之中，除了论述句吴、于越两个部族的各自历史以外，撰者显然有意要写清两国之间的关系。这两国之间的关系有两个方面，一方面是《夫差内传》所指出的:"吴与越，同音共律，上合星宿，下共一理。"这三句话，用现代意思表达，就是共同的语言，共同的地域，共同的风俗习惯。正如本文开始就提到的，他们是同一原始部族的两个分支。两国关系的另一方面，则是彼此间连年不断的战争。为了各自称霸中原，在句吴，它必须让于越成为可靠的后方基地而加以臣服，所以夫差既俘虏了句践又加以释放。在于越，句吴是它北上称霸的第一道严重障碍，所以必须坚决加以消灭。在两国历史上的所有君王之中，句践无疑是最有雄才大略的人物，也是吴、越关系史上的最后胜利者。为此，撰者把全书最多的篇幅放在句践身上，通过《入臣》、《归国》、《阴谋》、《伐吴》四个专题的论述，把两国间的关系，写得详尽无遗。

当然，吴、越两国除了双边关系以外，还牵涉到与春秋列国之间许多国家的关系，情况是相当复杂的。所以在全书记载中,涉及的春秋列国数近20。另外,由于两国间的连年战争,因而本书必然要记及历次战役的经过情况,但是战争并非只是吴、越两国之间的事,为此,各篇之中,还记载吴、越以外的其他有关战役,全书记载的大小战役,总共超过30次。正因为大量的战役描述,撰者对于古代的兵法和战术等,无疑是下过一番研究功夫的。清俞樾对《句践阴谋外传》所记载的关于越王句践聘楚人陈音教军士射术一段下说:"陈音所言射法之源流颇悉,楚人养由基以善射名,盖亦弧父之法者欤。"[13]所以本书虽然是一部史书,但对我国古代兵法、战术的研究,也有重要的价值。

此外,本书各篇记载中,还涉及许多有关生产发展、城郭建筑、交通设施等方面。这些史料,对于今天研究古代这个地区的人文地理概况甚有裨益。从各篇史料中可知,当时两国的农业已经相当发达。《句践阴谋外传》中提到于越的农事:"春种八谷,夏长而养,秋成而聚,冬畜而藏。"这虽然仅是一熟制的耕作制度,但是从"八谷"这样的词汇来看,说明作物的品种已经很多了。记载中还说道:"留意省察,谨除苗秽,秽除苗盛。"这是指的田间管理(耘田)的工作,说明耕作已很精细。联系到前面已经提到的自从河姆渡文化以来广泛存在的水稻种植,则春秋时代的精耕细作,也就不足为怪了。

手工业在当时也已相当发达,特别是可以代表一个时代的技术水平的冶金业。《阖闾内传》中说道:"干将作剑,采五山之铁。"当然,直到今日,我们还不曾从考古发掘中获得吴、越两国的铁器,因此,所谓"五山之铁"的"铁",到底是什么金属,还可继续研究。但是从已经大量出土的青铜武器来看,例如1965年湖北江陵纪南县附近的楚墓中出土的"越王句践剑"之类,完全可以证明当时的精湛冶铸技术。

由于生产发展和人口增长以及军事上的需要等原因,城市建筑至此也已有了较大的发展。当时,句践和于越都相继建筑了不少城邑,《阖闾内传》所记伍子胥建筑大城(今苏州)和《句践归国外传》所载范蠡建筑小城(今绍兴),内容都十分详细。我在拙作《历史时期绍兴地区聚落的形成与发展》[14]一文,已经指出了当时在城址选择上的周密。《阖闾内传》中说道:"夫筑城郭,立仓库,因地制宜。"这是"因地制宜"这个原则在我国古籍中的首次提出。现在,"因地制宜"已经成为我国生产布局中的重要原则,我国正在编纂的《大百科全书·人文地理》卷中,"因地制宜"已经作为一个专条。则此书记载的深远影响,可见一斑。

此书对于当时这个地区的交通设施的记载,至今也是很有价值的史料。吴、越地区与中原不同,是一片水乡泽国,所以《句践伐吴外传》中引用句践的话说"以船为车,以楫为马"。而于越的部队中有"习流[15]二千人。"《夫差内传》记载夫差十四年(前482):"吴王复伐齐,阙为阑沟于商鲁之间,北属蕲,西属济,欲与鲁、晋合攻于黄池之上。"这就是连接济水和沂水的古运河黄沟,记载是完整而明确的。

如上所述,说明《吴越春秋》所记载的吴、越史料,具有重要的价值。但历史上常有学者以此书与《越绝书》相比而进行褒贬,例如万历《绍兴府志》卷五八认为此书:"文气卑弱语多俳,又杂以纤纬怪诞之说,不及《越绝》远甚。"《四库提要》卷六六也说:"处女试剑,老人化猿,公孙圣三呼三应之类,尤近小说家言。"《郑堂读书记》卷二六说《越绝书》:"其文纵横曼衍,颇类《吴越春秋》,而博奥伟丽,赵长君所弗及也。"当然,《越绝书》确有其独特的优异之处,不仅是在文笔上的古雅刚劲,而对于所探讨的专题,在深度上显然远胜于《吴越春秋》。但是,在史料的广度上,《越绝书》却不能与《吴越春秋》相比,而在结构的完整性和文字的系统性方面,《吴越春秋》也有它的独到之处。按前面所择要列举的,已经足以说明此书的价值了。

由于此书是一种渊源古老的史籍,因此,它和《越绝书》一样,在卷帙和作者等方面,至今也还有不少尚待解决的问题。首先是卷帙,最早著录此书的是《隋书·经籍志》卷二,作12卷。但《崇文总目》著录此书时已仅10卷,说明到宋代已经缺佚了2卷。所以《四库提要》卷六六说:"是书前有旧序,称隋唐经籍志皆云十二卷,今存十卷,殆非全书。"事实上,如《文选注》、《吴地记》、《水经注》等所引此书确有今本所不见者。⑯《汉魏丛书》所收此书作6卷10篇,此10篇,很可能是《崇文总目》著录的10卷。所以此书是一部卷帙缺佚的残籍,大概是没有疑问的。

对于此书作者,历来也有不同意见。今本作者,仍题后汉赵晔。案《后汉书·儒林传》下:"晔著《吴越春秋》。"赵曾撰此书,当然绝无疑问。但问题是,历史上除了赵晔以外,也还有其他学者撰写过以《吴越春秋》为名的史书。《晋书·杨方传》云:"撰《吴越春秋》并杂文行世。"故《隋书·经籍志》著录中有晋杨方所撰《吴越春秋削繁》五卷,《少室山房笔丛》卷三、《国史经籍志》卷三、朱彝尊《经义考》卷二七五以及章宗源、姚振宗两家《隋书经籍志考证》等,也都著录了此书。所以明杨慎在《丹铅总录》卷一三说:"《汉书》,赵晔撰《吴越春秋》;《晋书》,杨方亦撰《吴越春秋》。今世所传,晔耶,方耶?"另外,《新唐书·艺文志》卷二、《崇文总目》卷二等,还著录唐皇甫遵所撰《吴越春秋传》十卷,故此书元大德十年刊本徐天祐所撰序云:"观其所作,不类汉文,按邯郸《李氏图书十志目》,亦谓杨方尝削赵晔所为书,至皇甫遵,遂合两家考证为之传注。"上述说法,颇得后来学者的附和,朱彝尊在《经义考》卷二七五中,也认为今本此书"不类汉文"。黄云眉在《古今伪书考补正》中说:"自宋以后,赵书既失,遂以杨方归之赵晔耳。"

其实,除了赵晔以外,历史上撰述《吴越春秋》这样一类著作的,恐怕还不只晋杨方和唐皇甫遵等两家。朱彝尊在《经义考》卷二七五中,就著录了后汉张遐的《吴越春秋外记》一书。姚振宗在其《隋书经籍志考证》卷一三中,怀疑此书就是《日本国见在书目录》所著录的《吴越春秋》7卷。姚并且考证该书作者张遐[17]:"其人在顺、桓之世,盖赵晔之后,又有此一家。"此外,《日本国见在书目录》杂史家著录中,还有《吴越春秋次录》一卷,不著撰人姓氏和年代。所有这些以《吴越春秋》为名的著作,是否都与今本《吴越春秋》有关,已经无法详悉。自然也有一些学者如清李慈铭相信今本仍是赵晔的原著,[18]而且在今本的内容中,也还可以窥及与撰者赵晔的关系。例如,在前面已经指出的《句践伐吴内传》中,句践二十五年以后的那段短小结尾中说道:"自句践至于亲,其历八主,皆称霸。"所说并不确实。因为事实上,作为一个战国列国的越,在无彊时已为楚威王所灭。《史记·越王句践世家》说:"楚威王兴兵而伐之,大败越,杀王无彊,尽取故吴地至浙江,北破齐于徐州,而越以此散,诸族子争立,或为王,或为君,滨于江南海上,服朝于楚。"《史记》提供的史料,赵晔当然不会不见。另外,《越绝书》是赵晔撰写《吴越春秋》的重要参考书,[19]《越绝书》卷八《越绝外传记地传》中,也明明写出:"不扬子无疆(《吴越春秋》作无彊)时霸,伐楚,威王灭无彊。无彊子之侯(《吴越春秋》作玉),窃自立,为君长。之侯子尊时君长,尊子亲失众,楚伐之,走南山。[20]······无彊以上霸,称王;之侯以下微弱,称君长。"《越绝书》的史料与《史记》是吻合的。无彊是被楚威王所杀,而从无彊之子之侯起就苟延残喘,改称君长。但是作为一个山阴人的赵晔出于他的乡土观念,他不仅避开无彊之败,而且又把无彊以后的那种苟延残喘的小朝廷也列入霸业。这就是《吴越春秋》在这项史料中所以异于《史记》和《越绝书》的原因,也是今本《吴越春秋》与赵晔的关系的旁证。当然,这不过是一种推论。然而,我们就现存十篇的内容加以评价,不管今本《吴越春秋》出自赵晔一家,或者是合自上列多家,都无损于此书史料的学术价值。

　　最后顺便提一提此书的版本。各家著录的此书版本,当以宋汪纲嘉定甲申(1224)在绍兴所刻本为最早。《带经堂书目》卷二著录的影宋钞本(后有汪纲跋),《铁琴铜剑楼书目》卷一〇和《铁琴铜剑楼宋元本书目》史部著录的校宋本,《爱日精庐藏书志》卷一四著录的影写宋刊本等均是其例。另一种历来收藏较多的是元大德十年(1306)刊行的徐天祐音注本,《结一庐书目》卷二著录的即是大德原本,此外,《铁琴铜剑楼宋元本书目》史部著录的元刊本,《艺风藏书记》卷四著录的明翻元本,《爱日精庐藏书志》卷一四著录的明初版本,《双鉴楼善本书目》卷二著录的弘治刊本等也都是此本。从目前流行的情况来看,在上述版本之中,宋本已不可见,主要是元徐天祐音注本及其翻刻本。例如《四部丛刊》本,即是影印明复元大德本。此外如《四部备要》、《万有文库》等本,也都是这类版本。北京图书馆藏有大德原本及明弘治十四年邝廷瑞、冯弋刻本等善本,浙江图书馆藏有明萱阴楼旧藏明刊本。这些版本中,多数都仍保留着徐天祜的音注。只是不少版本和公私书目,常把徐天祜误作徐天祐。《郘亭知见传本书目》卷五在徐天祐之下特别指出:"元本、明本皆作徐天祜,非天祐也。"但尽管如此,以后作徐天祐者仍然我行我素,例如《万有文库》本就是如此。最近出版的《百越民族史论集》,在其中《试论河姆渡文化与古越族的关系》等论文中引及的,也仍然沿袭这种错误。案徐天祜,字受之,宋末元初山阴人,是宋景定三年进士(见宝庆《会稽续志》卷六),入元不仕。《宋诗纪事》卷六八及明《寰宇通志》卷二九等都有传,只要稍加留意。就不致长期造成这种错误。

注释:

① 《碳十四年代测定报告(四)——河姆渡遗址年代的测定与讨论》,《文物》1979 年第 12 期。

② 浙江省文管会、浙江省博物馆《河姆渡遗址第一期发掘报告》,《考古学报》1978 年第 1 期。

③ 姚仲源、梅福根《浙江嘉兴马家浜新石器时代遗址的发掘》,《考古》1961 年第 7 期。

④ 上海市文管会《上海市青浦县崧泽遗址的试掘》,《考古学报》1962 年第 2 期。

⑤ 施昕更《良渚》,浙江省西湖博物馆 1938 年版。

⑥ 浙江省文管会《吴兴钱山漾遗址第一、二次发掘报告》,《考古学报》1960 年第 2 期。

⑦ 浙江省文管会《杭州水田畈遗址发掘报告》,《考古学报》1960 年第 2 期。

⑧ 上海市文管会《上海马桥遗址第一、二次发掘》,《考古学报》1978 年第 1 期。

⑨ 吴绵吉《江南几何印纹陶"文化"应是古代越人的文化》,《百越民族史论集》,中国社会科学出版社 1982 年版。

⑩ 《竹书纪年》卷下所载,周成王二十四年(公元前 11 世纪末):"于越来宾",比《春秋》昭五要早得多,但《竹书纪年》不如《春秋》可靠。

⑪ 实际上,吴越相伐的事在襄公二十九年(前 544)就见于《春秋》记载:"阍弑吴子余祭"。《左传》:"吴人伐越,俘获也,以为阍,使守舟,吴子余祭观舟,阍以刀弑之。"

⑫ 《杭州大学学报》(哲学社会科学版)1979 年第 4 期。

⑬ 《诸子平议补录·吴越春秋》。

⑭ 《地理学报》1980 年第 1 期。

⑮ 徐天祜注:"所谓习流,即是习水战之兵。"

⑯ 清顾观光撰有《吴越春秋逸文》1 卷,王仁俊撰有《经籍佚文·吴越春秋佚文》一卷(未刊,稿本藏上海图书馆),又近人徐乃昌亦辑有《吴越春秋逸文》1 卷。

⑰ 张遐是余干人,同治《余干县志》卷一二人物志二有传。又同书卷一六艺文志云:"《吴越春秋外传》张遐著,今不传。"

⑱ 《越缦堂日记补》,咸丰十一年正月初九曰:"吾越人之著作,以长君此书为最古。"

⑲ 《越绝书》嘉靖丁未刊本陈垲跋:"赵晔《吴越春秋》,又因是书而为之。"清钱培名《越绝书

札记》(《小万卷楼丛书》):"赵晔《吴越春秋》,往往依傍《越绝》。"

⑳ 指会稽山。《吴越春秋》卷四《越王无余外传》:"祭禹于越,立宗庙于南山之上。"又《水经·渐江水注》:"先君无余,国在南山之阳。"

原载《杭州大学学报》1984 年第 1 期

历史时期西湖的发展和变迁

——关于西湖是人工湖及其何以众废独存的讨论

西湖原是一个海湾,由海湾而演化成为一个潟湖,由潟湖而形成一个普通湖泊。关于这个过程,前辈学者已经早有论述,[①]并由 1975 年的钻孔证实了西湖底部的海相沉积。[②]为此,西湖的上述发展过程,已经毋需再论。值得继续探讨的是,从海湾、潟湖而至于湖泊以后,自然发展的过程并不就此结束。对于一个天然湖泊,因为注入这个湖泊的河流的泥沙冲积,在地质循环和生物循环的过程中,必然要发生泥沙淤淀、葑草蔓生而使湖底不断变浅的现象,而最终由湖泊而沼泽,由沼泽而平陆,这就是湖泊的沼泽化的过程。但西湖从其成湖之日起直到今日,仍然一湖碧水,这当然是由于它的沼泽化过程受到人为遏制的结果。也就是竺可桢在他的《杭州西湖生成的原因》一文中所说的"人定胜天"。为此,历史时期人为活动对于西湖的影响很有讨论价值。

特别还要看到,在这个地区,许多古代湖泊,如余杭的南下湖、萧山的临浦、绍兴的鉴湖、宁波的广德湖等,它们的面积,有的比西湖大至数十倍,但都循着沼泽化的发展规律,最后遭到人为的围垦而湮废。即在西湖附近,也有不少古代湖泊,如北面与西湖相连的下湖以及临平湖、[③]诏息湖[④]和尚有争论的明圣湖等等,[⑤]也都循着沼泽化的过程先后湮废。对比之下,何以西湖能够众废独存? 此中因果,也很值得分析研究。

西湖原是个天然湖泊,在其发展的过程中,假使社会条件没有特殊的变化,则必然与这个地区的所有湖泊一样,由其本身的沼泽化过程,加上日益强烈的人为活动的影响而湮废,这是不庸置疑的。西湖是钱唐县境内的一个湖泊,所以称为钱唐湖(从唐朝开始,"钱唐"改写"钱塘"),又因为在它的北部还有一个与它连接的湖泊,水位比它低,称为下湖,故西湖又相应称为上湖。钱唐县是秦会稽郡26县之一,其位置据刘宋县令刘道真所撰的《钱唐记》一书中所说"县在灵隐山下,"当在今西湖群山之中。当时,钱唐湖在县境东部,自然绝无西湖之名。假使钱唐县的地理位置长期不变,稳定在西湖群山之中。也就是说,这个湖泊一直以钱唐湖为名,则它必然如同这个地区的其他许多湖泊一样,早已湮废成为农田。西湖之所以能够众废独存,从地名上说,恰恰是因为它最后能冠上西湖这个名称。西湖这个名称的获得,则是钱唐县的历史发展与地理位置变迁的结果。为此必须首先把钱唐县的发展稍加探索。

秦钱唐县之所以不建立在土地广阔的平原地带,却要局促到狭隘崎岖的西湖群山之中,这当然是因为平原地带当时尚无堤塘,潮汐直薄,土地斥卤。也就是刘道真在《钱唐记》中所说的"昔一境逼近江流。"在这样的地方,当时连饮水与燃料等基本生活问题都无法解决,更不必再说垦殖土地,发展生产了。但是,时日推移,随着生产力的发展与人口的增长,水土资源丰富的平原地区,毕竟具有很大的吸引力。因此,到了后汉,这里就开始修建了"防海大塘"。[⑥]假使当时县境仍在西湖群山之中,则修塘就并非必要。在古代技术条件甚低的情况下,要修建如此一条堤塘,正是说明人们对平原已经垦殖利用,修塘已经成为当务之急,也说明后汉的钱唐县治有可能迁入平原。即使后汉钱唐县是否已经迁入平原的问题尚缺乏佐证,南北朝初期的钱唐县却可以肯定已在平原地区,因为刘道真在《钱唐记》中已经明白写出"防海大塘在县东一里许"。这个"县"是后汉钱唐县当然还可商榷;但它是刘宋的钱唐县却是无可置疑的了。假使当时县治仍在秦代的西湖群山之中,或者按照一般的解释,在今灵隐寺附近一带,则向东一里许,绝对到不了兴修防海大塘的江边或海边。这说明刘宋钱唐县必已进入平原,只是由于记载不详,故其具体位置,现在不得而知。

可以设想,自从秦在西湖群山中设置钱唐县以来,历两汉、三国、两晋和南北朝,县治可能早已迁离山区,逐渐进入平原。但后世明确知道秦以后的钱唐县治所在,却晚至公元6世纪后期的隋代。隋文帝开皇十一年(591),钱唐县治移到凤凰山麓的柳浦,在行政等级上并且升为杭州的州治。[⑦]这就是说,城市中心已经迁移到今江干一带。按地理位置,西湖位于这个城市中心的偏北地区,当然仍无西湖之名,而西湖以东的今市区中心,当时也仍然荒芜。

尽管秦钱唐县治逐渐迁入平原的路径今天还不清楚,但从隋代州治建于今江干一带这个事实中可以得到启发,即迁移的路线是循着今钱塘江北岸地带进行的。县治为什么只沿着钱塘江边平原比较狭隘的地带移动而不进入西湖以东即今市区中心所在的广阔地带。这是因为按照当时的自然条件,前者还比后者优越得多的缘故。县治沿江边移动,显然是依靠着从今白塔岭到凤凰山这条沿江分布的山麓线的。在这条山麓线上,地理形势是南临江海,北负山丘,它既能发挥平原的地利,却仍并不远离山区。这一带,山坡和山麓的高燥地带,可以建立宫室和聚落,而在燃料和饮水方面都不虞匮乏。山麓以南的沿江平原,由于当时钱塘江自南大门出海,今江干一带江岸偏南,比目前广阔可以垦殖发展农业。相反,今西湖以东地区,地形低洼,土地斥卤,又缺乏可以作为立足点的丘陵冈阜,在当时的技术条件下要建立城市,显然相当困难。

但是事物总是不断发展的。隋初把钱唐县升为杭州州治,特别是接着而来的江南运河在公元 7 世纪初的开凿,从此,杭州到中原,有了直达的水路交通。杭州成为江南运河的终点,又是运河与钱塘江的交汇处,而作为州治的柳浦,恰恰又是南渡去会稽的要津。这样,杭州就一跃而成为一个商业城市,因而得到了迅速的发展。这就是《隋书·地理志》所描述的:"川泽沃衍,有海陆之饶,珍异所聚,故商贾并凑。"当时,今江干一带的繁荣状况可以想见。而这个地区的土地毕竟并不广阔,人满之患,也就不可避免。在这样的情况下,作为城市的外围,聚落开始向西湖以东的今市区扩展,也就势所必然。

当时,在西湖以东建立聚落,首先面临的问题就是给水。在整片斥卤的土地上,井水和河水都是咸水,这就使得初期建立在这里的聚落不得不紧靠西湖,否则,供水就是一个严重的困难。可以设想,今市区范围内,从紧靠湖边的聚落出现开始,直到市区逐步扩展,由于给水问题的难以解决,必然经历了较长的时间。而在这段时间中,由于商业发达,户口增加,西湖以东的广阔地区,聚落渐增,生齿日繁,对解决给水问题愈来愈感迫切。这才促使唐大历年间(766—779)所谓"六井"的出现。

以上只是略述了从秦钱唐县到隋迁钱唐县至柳浦并升作州治的过程,还没有涉及西湖的事。也正是因为在这段历史过程中西湖在杭州尚不足轻重,所以史籍极少记载。隋建州治于柳浦,杭州开始迅速发展,唐朝初年,杭州的户口已经超过十万,[⑧]聚落与居民势所必然地要向今市区移动,这样,城市开始与西湖发生关系,出现了西湖为城市解决给水的详细记载,这就是刺史李泌修建的著名的"六井"[⑨](见图一)。所谓六井,其实不过是六处蓄水池,蓄水用瓦管或竹筒从西湖引来。从六井的分布来看,它们离西湖都并不很远,这反映了当时这个地区聚落街市分布的大体范围。当然,它为城市的进一步扩大创造了条件。

虽然是小小的六处蓄水池,它们所分出的水量只占西湖总水量的一个微不足道的数值,但其意义却十分巨大,从以后的发展中可以证明,它几乎成为西湖能够免遭湮废的决定力量。因为从六井开始,西湖就成为杭州城市的不可分割的部分,西湖以它的

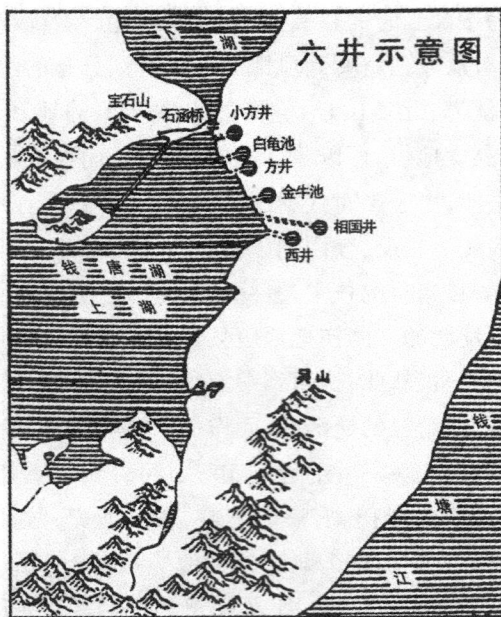

图一

一湖甘水促进了城市的扩大与发展,而城市的不断发展,反过来巩固了西湖的存在,有效地阻遏了西湖沼泽化的过程。

西湖的沼泽化过程实际上是相当迅速的,长庆二年(822),当诗人白居易到杭州作刺史时,距李泌修六井不过50年左右,但湖中已经出现了葑田数十顷,白居易充分明白西湖对于杭州城市的重要性,于是他主持疏浚了西湖,并疏通了六井的阴窦,使之恢复充沛。为了增加西湖的蓄水量,白居易在石涵桥附近即今少年宫一带修筑湖堤,比原来的湖岸高出数尺。[10]这里原是上湖和下湖的连接之处,西湖水位本来高于下湖,白居易的这一筑堤,造成了上下湖水位的更大差距。尽管下湖早已湮废,但是这种人为的地形差距,从今少年宫附近西湖湖岸北至少年水电站和东至环城西路这两个方向上,还都明显地存在。白居易在9世纪初期的这一次修筑湖堤,对西湖的发展来说是刻划时代的,因为从此以后,西湖的性质已经改变,它已经从一个天然湖泊演变成一个人工湖泊了。这里需要赘述几句的是,历史地理学者常常重视地名在历史上的演变,习惯于用某一时代的地名称呼当时的地理事物。从历史地理学的角度来说,这样做是科学的。因此,对于有关西湖名称及其湖泊的性质,就必须作如下的说明:西湖在其海湾和泻湖时代,由于没有历史记载,所以没有留下名称。西湖作为一个天然湖泊,它的名称应该是钱唐湖(唐朝起作钱塘湖)、上湖或者是另一个尚有争论的明圣湖。西湖一名,正如以下还要提及的,在官方文件中始见于北宋,民间何时开始流传则不得而知。但是西湖因白居易的筑堤而改变了湖性,而白居易仍称此湖为钱塘湖,[11]因此,可以肯定,当西湖这个名称流行之时,西湖早已是一个人工湖泊了。所以今天我们说西湖是人工湖泊,按照历史地理学与地名学的角度,都是正确的。这正是竺可桢所说的"人定胜天"。

当然,人工湖泊同样存在沼泽化的过程。上述余杭的南下湖、萧山的临浦、绍兴的鉴湖和宁波的广德湖等,都是在天然洼地上经过人工围堤筑塘而形成的人工湖泊,它们都在一个或长或短的时间里先后湮废。西湖成为人工湖泊后,沼泽化的速度也相当可观。在白居易浚湖以后不到100年,西湖又被葑草蔓合,湖底淤浅,面积缩小。当时,杭州是五代十国的吴越国的首都,为了西湖的深广和六井的充沛,吴越国王钱镠因此建立了一支一千人的专职疏浚队,称为"撩湖兵",日以继夜地从事疏浚,才有效地阻止了西湖的淤浅,并且畅通了六井。[12]在吴越国的80余年中,杭州城市得到了较大的扩展,西湖也获得了较好的整治,城市与西湖的这种唇齿相依的关系,较之前代更为明显。

吴越国时代对西湖的整治,无疑大大地延缓了西湖沼泽化的过程,但当然并不是改变了自然发展的规律,湖泊的淤浅仍然是日积月累毫不休止的过程。北宋以后,杭州的许多贤牧良守,都把疏浚西湖、畅通六井作为施政的重要任务。例如景德四年(1007)的知州王济,他不仅疏浚了全湖,并且修建了西湖的闸堰设备。[13]接着是宋仁宗时代(1023—1063)的知州郑戬和沈遘,前者动用了上万民工,斥废湖中葑田,进行了大规模的疏浚;[14]后者则为了增加城市居民与日俱增的用水需要,在六井之外,添设了一处供水量特大的新井,即后人所称的沈公井。[15]

在所有北宋时代对西湖作出贡献的贤牧良守中,特别值得称道的是苏轼。他于熙宁二年(1069)第一次来杭州任通判之职,到任之初,他就悉心研究西湖水利,探索畅通六井和沈公井的方案。他于熙宁五年(1072)卸任离杭。但就在这一年,知州陈襄对六井进行了一次很有成效的修理,[16]这无疑就是苏轼悉心研究的成果。元祐元年(1086),他第二次来杭州任知州之职,虽然相隔不过16年,但西湖的沼泽化速度在这段时期中确实是很惊人的。根据苏轼的观察,对比他16年前离杭时的情况。他说:"熙宁中,臣通判本州,湖之葑合者,盖十二三耳;而今者十六七年之间,遂塞其半。父老皆言,十年以来,水浅葑横,如云翳空,倏忽便满,更二十年,无西湖矣。"[17]

面临着这样严重的威胁,苏轼立即着手制订疏浚西湖的方案,向朝廷上了《乞开杭州西湖状》的奏章。顺便指出,这个奏章是官方文件中第一次使用"西湖"这个名称,说明杭州城市已经整个地建立在西湖以东,西湖之名已经普遍流行了。苏轼在这个文件中,说明了西湖必须疏浚的许多道理,其中最重要的一条说:"唐李泌始引湖水作六井,然后民足于水,邑日富,百万生聚待此而后食。今湖狭水浅,六井渐坏,若二十年之后尽为葑田,则举城之人复饮咸苦,势必耗散。"这条道理把西湖的存在与杭州城市的发展紧密联系起来,假使西湖湮废,杭州居民势必耗散,城市当然也就不复存在了。从苏轼的这段话里,可以反证我在前面的论述,六井的修建,开始无非是引西湖之水供应沿湖聚落居民,但其结果却成为西湖本身继续存在的关键。

　　苏轼主持的这次疏浚工程是规模空前的,他斥毁湖中私围的葑田,全湖进行了挖深,把挖掘出来的大量葑泥在湖中偏西处筑成了一条构通南北的长堤,又在全湖最深处即今湖心亭一带建立石塔三座,禁止在此范围内养殖菱藕以防湖底的淤浅。同时,他又修复当时已经逐渐淤塞的六井和沈公井,用瓦筒取代竹管,并盛以石槽,使底盖紧密,经久耐用,并且还利用多余的水量在仁和门外离井最远处新建二井,于是"西湖甘水,殆遍一城",[18]进一步密切了西湖与杭州城市的不可分割的关系。此外,他又在西湖和纵贯城市南北的盐桥运河沟通处修建涵闸,使作为城市交通命脉的盐桥运河专受湖水,不受江潮的干扰,达到了潮不入市的目的,并且疏浚这条运河,使之深达八尺。[19]于是不仅河道畅通,沿河斥卤得到改变,而河水又可为居民所取用。这样,就使这个日益扩展的杭州城市对西湖的依赖关系发展到了顶点,为西湖的立于不废之地建立了牢固的基础(见图二)。

　　到了南宋,杭州成为国家的首都,从12世纪30年代到13世纪70年代,长达150年之久。城市人口骤然增加。乾道年代(1165—1173)增加到五十余万人,[20]到了南宋末期而超过百万。[21]城市随着迅速扩大,市面繁荣,商业发达,成为当时全国第一大城市。这在至今尚存的《繁胜录》、《都城纪胜》、《梦粱录》等南宋著作中都有详细记载,不必赘述。当时,这个庞大城市的基本供应来源是"南柴、北米、东菜、西水",[22]西湖仍是杭州的唯一水源。而且首都城内的河流如大河(盐桥运河)、小河(市河)和西河(清湖河)等,也都由西湖供水,西湖成为百万人口的命脉所系,所以在南宋一代,对西湖的整治,确是不遗余力的。

　　特别还应该指出,南宋一代,西湖除了作为首都百万生灵的蓄水库的职能外,随着杭州城市职能的变化(全国政治、经济、文化中心),西湖又增加了它的一项新的重要职能——旅游业。南宋以前,西湖除了它的天然胜景外,湖山之间的人工雕琢是不多的。在吴越国建都的80多年中,虽然也不无建设,但内容限于寺院、浮屠等佛教艺术。南宋一代中,由于这里是首都所在,举凡王室、官宦、城市富商等等,都竞向西湖从事宅院、园苑、亭台楼阁等各种建筑,大型的娱乐场所如钱湖门瓦子、赤山瓦子、行春桥瓦子等,也都在湖山各处开始营业。[23]西湖被迅速地开辟成为一个风景区,这个风景区的总体布局即是别具一格的"山外青山楼外楼",这种风格一直保持到现在。事实上,在这

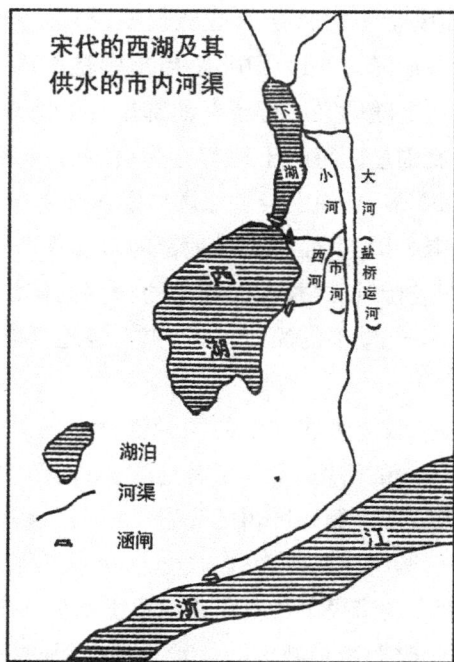

图二

个庞大的首都之中，上至官家豪富，下至市井庶民，都需要有这样一个供人游憩的大公园。从此，西湖就成为杭州城市的一个不可分割的部分了。

如上所述，西湖是这样地以它的一湖甘水扶植了杭州城市，反过来又因杭州城市的发展而有效地阻遏了它的沼泽化过程使之继续存在。南宋以后直到明朝前叶的200多年中，由于长期失修，使西湖发生了近500年来的一次最大淤浅，苏堤以西，葑田连片，六桥流水如线。[24]但是，由于西湖和杭州城市的唇齿相依的关系已经深入人心，为朝野所公认，所以尽管盗湖为田的人多为权贵，但知府杨孟瑛仍能排除阻难，于正德三年(1508)斥毁葑田3000余亩，疏浚全湖，使复唐宋之旧。[25]在杨孟瑛上朝廷的奏疏中，最重要的仍然是："唐宋以来，城中之井，皆籍湖水充之。……若西湖占塞，水脉不通，则一城将复卤饮矣。"[26]就数这一条最有力量，从苏轼到杨孟瑛，西湖始终以它自己的一湖甘水保存了自己。

本文在开始时就已经指出，在这个地区的大量古代湖泊中，西湖是一个众废独存的例子。我们不妨举一些这个地区的其他人工湖为例：余杭的南下湖，兴建于后汉，湮废于北宋；[27]萧山的临浦和渔浦，兴建于南北朝，湮废于北宋；[28]绍兴的鉴湖，兴建于后汉，湮废于南宋；[29]宁波的广德湖，兴建于唐代，湮废于北宋。[30]湮废较晚的还算富阳的阳陂湖,它兴建于唐初,湮废于明初。③所有这些湖泊,都曾经在当地的农田水利中起过重要作用,但其本身却在沼泽化的过程中,最后被围垦而成为农田。这些湖泊湮废以后,由于各地在农田水利上随即又进行了新的部署,因此,总的说来,在农业上都未曾出现不可克服的困难,而围垦所得的土地都甚为可观。以绍兴鉴湖为例,围垦的结果,获得了肥沃的湖田2000多顷,使山会平原增加了四分之一的耕地面积,而今天,古代鉴湖地区土地平整,河渠纵横,大面积的耕地都能旱涝保收,稳产高产。因此,本文拿这些湖泊的湮废与西湖进行对比,并无因西湖的独存而惋惜这些湖泊湮废的意思,由于地点不同,条件迥异,上述湖泊的湮废,从历史上各地区农业发展的过程看来,也都具有不同程度的积极意义。

当然,西湖的众废独存,较之上述湖泊的湮废就具有更为巨大的意义。因为上述湖泊的湮废,只是增加了各地的耕地、发展了各地农业;而西湖的独存,却为我们创造这样一个举世闻名的花园城市。缅怀杭州的先贤,为了延缓西湖的沼泽化,曾经作出了巨大的努力。时至今日,西湖已经成为杭州这个有远大发展前途的现代化旅游城市的不可分割的部分。尽管广大市民早已不再在给水上依赖西湖,但湖山在旅游上给予人们贡献,将远远超过历史时期给予城市的供水。从今天的技术条件来看,要防止西湖的沼泽化发展已经比较容易,事实上,新中国成立前,西湖的平均深度不过55厘米;而现在,这个数字几乎增加了两倍。此外,在道路敷设、园林布置等许多方面,也都取得了较大的成绩。但是,与古代人民在当时的社会制度和技术条件下对西湖进行的整治相比,我们今天所取得的成绩实在还并不满意。当然,在今天的社会制度和技术条件下,我们既不忧湖底淤浅,也无虑葑田连片。但是,现代社会有现代社会的问题,例如,西湖环境保护的问题,特别是西湖湖水富营养化的问题,⑫至今已成当务之急。建国以前,湖底虽浅,而湖水的透明度在0.5米以上,清澈见底;但现在已经降低到0.3米,影响了湖光山色之美。㉝水质当然也不能与过去相比,北宋苏轼浚湖的时代,用湖水酿造官酒盛极一时,朝廷每年可得西湖酒税二十万缗,㉞现在的湖水,当然不堪酿酒了。这些无非是几个例子。总之,对于西湖,一代人有一代人的责任,像上述这些问题,恐怕就是我们这一代人义不容辞的任务了。

注释:

①②　竺可桢《杭州西湖生成的原因》,载《竺可桢文集》,科学出版社1979年版,第18—20页。

③④　《水经·渐江水注》。

⑤　(明)田汝成《西湖游览志》卷一,"西湖,故明圣湖也"。但清赵一清撰《西湖非明圣湖辨》

（载《定乡小识》卷八），认为明圣湖在钱塘县定山乡。

⑥　（南北朝宋）刘道真《钱唐记》，据《水经·浙江水注》引。

⑦　《方舆纪要》卷九〇。

⑧　《新唐书·地理志》。

⑨　（宋）苏轼《钱塘六井记》，载《东坡全集》卷三一。

⑩⑪　（唐）白居易《钱塘湖石函记》，载《白氏长庆集》卷五九。

⑫⑰㉞　苏轼《乞开杭州西湖状》，载《经进东坡文集事略》卷三四。

⑬　《宋史·王济传》。

⑭　《宋史·郑戬传》。

⑮⑯⑱　咸淳《临安志》卷三三。

⑲　《宋史·河渠志》。

⑳　乾道《临安志》卷二。

㉑　（宋）吴自牧《梦粱录》卷一六。

㉒　《西湖游览志》卷二四。

㉓　《梦粱录》卷一九。

㉔㉕㉖　《西湖游览志》卷二。

㉗㉛　雍正《浙江通志》卷五三。

㉘　陈桥驿《历史时期浦阳江下游的河道变迁》，载《历史地理》创刊号，1981年。

㉙　陈桥驿《古代鉴湖兴废与山会平原农田水利》，载《地理学报》1962年第28卷第3期。

㉚　雍正《浙江通志》卷五六。

㉜　有关湖泊分类与演化方面的一个科学概念。湖泊按其水体中所含氮、磷等营养元素和细菌的多少，分成贫营养、中营养、富营养三类。凡湖水含磷超过20毫克/立方米，含氮超过300毫克/立方米，含细菌超过10万个/毫升的，属于富营养化湖泊。

㉝　毛发新等《杭州西湖水质之演变》，载《杭州大学庆祝建国三十周年科学报告会论文集》地理系分册。

原载《中原地理研究》1985年第2期

会稽二志

宋、元两朝,是我国各地开始大量修纂地方志的时代。根据张国淦《中国古方志考》的统计,浙江省共有宋代方志 139 种,元代方志 39 种。这中间当然不乏佳志。其中如《临安三志》、《四明六志》,已经成为后世对于一个地区几种不同的宋、元方志的美称。清陈鳣在嘉庆十四年(1809)所作的淳祐《临安志跋》中说:"吾杭在南宋建都为临安府,其志凡三修:一为乾道时周淙撰,一为淳祐时施谔撰,一为咸淳时潜说友撰。……(淳祐志)书虽不全,良足宝贵,遂与乾道、咸淳二志共藏,目为《临安三志》。"这大概是《临安三志》一名的嚆矢。

至于《四明六志》的来源,要比《临安三志》更晚。清徐时栋于咸丰四年(1854)把乾道《四明图经》、宝庆《四明志》、开庆《四明续志》、延祐《四明志》、至正《四明续志》、大德《昌国州图志》这样 6 种宋、元方志作了重刻,并纂《四明六志校勘记》三一卷。《四明六志》之名才从此流传。

其实,在《临安三志》之中,除了《咸淳志》基本完整以外,①《乾道志》所存仅 15 卷中的 3 卷,不过 1/5。《淳祐志》仅存卷五至卷一○,而全书究有几卷? 于今也不得而知。所以从志书的完整性来说,《三志》实已名不副实。至于《四明六志》,前五志都是府志,后一志并无"四明"之名,乃是一县之志,合称为六,地区不同而体例各异,颇觉不伦不类。

当然,对于这些历史上流传下来的名称,我们不必多作计较。但是我认为,在浙江省的宋、元方志中,嘉泰《会稽志》和宝庆《会稽续志》,是两部极为难得的佳志。它们不仅内容丰富、体例严谨,并且风格独具,不同流俗。特别是此两志至今完整无缺,这是《临安三志》和《四明六志》均不能比拟的。因此,我认为把嘉泰《会稽志》和宝庆《会稽续志》合称为《会稽二志》,不仅名副其实,并且还称得上浙江省宋代方志中的双绝。我在为浙江人民出版社出版的《浙江分县简志》所写的《序言》中,已经使用了这个名称,但并无论述,现在想进一步把《二志》作一点评价。

嘉泰《会稽志》创修于庆元六年(1200),完成于嘉泰二年(1202),全志共二十卷。其中卷一设 23 个子目,内容主要是介绍从古代越国起,历代的建置沿革和掌故,并记载城郭变迁和府廨、学校、教场、西园等公共建筑。卷二(设 5 个子目)、卷三(15 个子目)记载从越王允常、句践以下,历代州、府、县主要职官,其中《姓氏》一节,详列境内 21 个大族姓氏,备载其渊源来历,尤为特色。卷四设 11 个子目,内容包括军营、馆驿、衢巷、市、堰、闸、斗门等,兼括以后方志中的兵要、坊市、水利等志。其中《衢巷》一节,细载府城及各属县的坊市建置,为今日历史城市地理及地名学研究的重要资料。卷五设 5 个子目,计为贡赋、课制、户口、杂贡、和买,相当于以后方志中的户口、赋贡志,各节均备列详细数字,资料十分可贵。可惜《和买》一节见于卷首目录而不见于卷内,或系当时所遗漏。卷六至八共设 9 个子目,内容主要是陵墓、祠庙、寺院,相当于以后方志中的祠祀、寺观、冢墓诸志。卷九至十一共设 13 个子目,其内容主要是以后方志中的地理志,其中《山》独占一卷(卷九),充分反映了绍兴府境内在地形上以丘陵山地为主的特色。卷一二称为《八县县境》,内容详载绍兴府及各属县城池分布、水陆道路、乡里建置和县境范围的四至八到。卷一三内容比较庞杂,共有 13 个子目,其中《镜湖》一节,详述此湖创建沿革。在庆元、嘉泰年代,此湖实已大部湮废,故文内又叙述历来兴废过程。文后并附县尉徐次铎的《复鉴湖议》一文,此文以后绍兴府县志无不收录,《嘉泰志》实开其端。此外,卷内尚有《古第宅》、《古器物》等子目,在历来方志中,可谓独创一格。卷一四、一五两卷共设人物、经学、神仙、高僧等 12 个子目,内容相当于以后方志中的人物志。卷一六设翰墨、碑刻、求遗书、藏书四个子目,其中《求遗书》一节记载朝廷征求遗书经过和会稽藏书家进献情况及卷数。《藏书》一节细叙越中著名藏书家,特别是左丞陆氏、尚书石氏、进士诸葛氏三家藏书的渊源来历和卷数,这一卷内容,可以名为文化志,实际上写出了绍兴作为一个历史文化名城的重要特色。但绍兴以后的地方志中对这部分内容却往往忽视,说明历来修志者的不得要领,在今后的地方志修纂中,必须重视文化志的内容。卷一七共设 5 个子目,其内容相当于以后方志中的食货志。卷一八称为《拾遗》,记载古代著作如《越绝书》、《吴越春秋》等书中的掌故。卷一九题作《杂记》,内多古来文人隽语与其他资料。卷二○则为《古诗文》，其内容相当于以后方志中的艺文志。

在介绍了此志的大概内容以后，再略述一下此志的修纂经过。此志由庆元六年的绍兴知府沈作宾创修，但此后三年之中，知府三易其人。所以尽管陆游在其为此志所写的序言中说知府沈作宾"慨然以为己任"；知府赵不迹、袁说友"亦力成之"。其实，这些话具有扬人之善的性质，而此志真正的责任编辑，是陆游序所说的："而通判府事施君宿发其端，安抚司干办公事李君兼、韩君茂卿为之助。"特别是通判施宿，对此志之成最有贡献。陆游序中也指出："而始终其事者，施君也。"清钱大昕曾赞赏施宿之功说："考作宾以庆元五年中淮东总领除越守，六年除两浙转运副使而不迹代之。嘉泰元年改知潭州而说友代之。盖创始于庆元庚申而蒇事于嘉泰壬戌，前后凡阅三守，而通判尚未改秩，则宿于此志诚有功矣。"[2]按施宿，字武子，长兴人，清卢文昭在《嘉泰会稽志跋》一文中曾称誉他："武子尝注苏诗，高出龟龄（按指王十朋）之上，至今学者重之。"一部地方志有这样一位"学有根柢"[3]而负责到底的责任编辑，当然是它获得成功的重要原因之一。

此志的具体撰写人是绍兴人冯景中、陆子虡、王度、朱鼐和永嘉人邵持正等，其中陆子虡是陆游的长子，即此一端，就可以看出陆游与此志的关系。按陆序所说："既成，属游参订其概，且为之序。"陆游当然是不会标榜他自己为此志所作的许多工作的，其实，他对此志的贡献，必然远远超过他自己在序言中所说的。陆游是一位热爱家乡、热爱祖国的著名诗人和文学家，他参与此志的修纂，当然是此志成功的重要条件。陆序说："书虽本之《图经》，《图经》出于先朝。"说明《嘉泰志》以北宋大中祥符时编纂的《越州图经》为重要依据。[4]今查全志引《图经》多达二百余条，所以陆游的话是可靠的。必须指出，对于《越州图经》这一部乡土文献，陆游是并不满意的。他在草《戏咏山阴风物》一诗中说："《图经》草常堪恨。"[5]这就说明他早有编纂一种内容详细的地方文献以取代《图经》的心愿，事实正是如此，《嘉泰志》的编纂，除了《图经》以外，如他在序言中所说的："上参《禹贡》，下考《太史公》及历代史，金匮石室之藏，旁及《尔雅》、《本草》、道释之书，稗官野史所传，神林鬼冈、幽怪慌惚之说，秦汉晋唐以降，金石刻、歌诗赋咏，残章断简，靡有遗者，若父老以口相传，不见于文字者，亦间见层出，积劳累月乃成。"可见《嘉泰志》的参考资料是如何宏博，它不仅征引了这个地区的所有文字记载，并且还访阙求遗，收入了流传于这一带的许多口口相传的传说。此志编纂的巨大工作量是不言而喻的，而陆游在此志编纂中的卓越贡献，无疑为此志的成就提供了十分重要的条件，尽管他在序言中丝毫没有吹嘘自己的功绩，但后世的舆论仍是很明白的。《宋史·艺文志》著录此志作陆游《会稽志》二十卷，又沈作宾、赵不迹《会稽志》二十卷。这当然是一个错误，但这个错误其实也反映了当时社会上流传的说法。

直到雍正《山阴县志》的序志中还说："郡通判施宿作《会稽志》二十卷,山阴人陆游参订且为之序,今人竟谓之放翁志,其文辨驳可喜,笔力畅健,有苏氏父子风,非此老宜不若此。"这就说明,《宋史·艺文志》的错误并不足怪,因为当时社会上确把此志称为《放翁志》。

历来对《嘉泰志》的好评真是车载斗量,不胜枚举。早在南宋当代,《书录解题》卷八就说："气壮文雅,盖奇作也。"《四库提要》卷六八对此书的赞美也不是泛泛之词,而是列举了它的优点："不漏不支,叙次有法,如后妃、送迎、古第宅、古器物、求遗书、藏书诸条,皆他志所弗详,宿独能搜集辑比,使条理秩然。"清卢文弨对此志的评论,涉及与同时期的其他方志的比较,并且还推究了此志所以取得优异成绩的原因。卢说："此书简详得中,纪叙典核,《临安志》尚有诮权奸、扬己绩之失,而此无有。要非施为主而佐之以陆,不能鉴裁精当若是。"⑥卢说中的《临安志》即指前已提出的潜说友所纂的《咸淳志》,这里暂不赘述。所谓"施为主而佐之以陆",此陆当然指陆子虡而言。按陆游序中指名的此志撰写人有"郡士冯景中、陆子虡、王度、朱霈,永嘉邵持正等",而卢独指陆,显然是为了突出陆氏父子的功绩,这是意在不言中的。

历来也曾有一位学者,对此志提出了批评意见,那就是清李慈铭。他说:

　　此志共二十卷,凤称佳志,然有数病:门类杂碎,不立总目,至以守御、讨贼、平乱分为三目,求遗书亦别为一目,偏冗无法,一也。其纪地里山水,古今错杂,漫无裁制,未尝核实其道里,析指沿革,等于胥抄,莫从考核,二也。其志人物,于宋时但及宰辅侍从,而即继以神仙、高僧、伎术,陋而无识,三也。其叙太守,直书陈武帝曰陈霸先,陈文帝曰陈茜,此虽以俱在梁时,然自来无此书法。其叙人物,直列谢安、谢元、谢灵运、谢惠连、王羲之、王徽之、王献之、王宏之、孙绰、杜京产、褚伯玉、何充诸而不别之为流寓,皆谬于史法,四也。⑦

当然,李慈铭所提出的批评意见,并非全无道理,但其中"门类杂碎,不立总目",叙人物"不别之为流寓,皆谬于史法"之类,显然是根据明、清方志的体例。明、清方志的体例,是从宋、元方志逐渐发展形成的。因此,用比较成熟的明、清方志的体例对方志初创时期⑧的宋、元方志在体例上的这种求全责备,要求似嫌过高。至于李所说:"其纪地里山水,古今错杂,漫无裁制,未尝核实其道里,析指沿革,等于胥抄"云云,在这方面,根据我多年来整理和使用这个地区的方志的体会,觉得《嘉泰志》由于编纂的严谨,在这方面的可靠性不在明、清方志之下。不妨随手举一个卷一〇萧山县浦阳江的例子。《嘉泰志》说:

　　浦阳江在县东,源出婺州浦江,北流一百二十里入诸暨县溪,又东北流由峡山直入临浦湾以至海,俗名小江,一名钱清江。郦道元《水经注》云:"浦阳江导源乌伤县,东迳诸暨与泄溪合,东迥北转巡剡县。"……盖道元未尝身履浙江以东,故其误如此。

如上例,《嘉泰志》所记载的浦阳江道里流程及其指出的《水经注》的错误基本是正确的,甚有考究的价值,而明代方志如嘉靖《萧山县志》等的记载却是错误的。此中详情,拙作《论历史时期浦阳江下游的河道变迁》⑨一文中已经指出,这里不再赘述了。

当然,由于时代的限制,《嘉泰志》的记载中也不免存在一些错误的东西,但这些错误是瑕不掩瑜的。其实,李慈铭的批评本来就在"夙称佳志"的前提出的。王家襄于1926年在影印本序中称誉此书为"宋本之最",或许稍涉夸大,但这是一部并不多见的佳志,却是毫不言过其实的。

此书的宋刊本早已不存,目前存在的最早刊本是明正德五年(1510)重刊本,北京图书馆、南京图书馆和南京地理研究所图书馆均有收藏。此外是清嘉庆十三年(1808)采鞠轩重刊本。清孙星衍在《重刊景定建康志后序》中说道:"余在浙江绍兴亦属郡人重刊嘉泰《会稽志》,闻已成书。"⑩孙氏所说,即是此本,今浙江图书馆有藏。《增订四库简明目录标注》史部卷一一一地理类,载有此书"山阴杜氏刊本"一种。按山阴杜氏刊书颇多,但从未闻刊及《嘉泰志》,也绝未见他书著录,于事存疑。近人潘景郑在其所著《著研楼书跋》第99页《旧抄本嘉泰会稽志》一文中述及,曾于民国二十五年见有旧抄本一种,其书末有"嘉泰二年五月日□□(接此二字在影印采鞠轩本中作"手分"),俞澄、王思安具安抚使任校正书籍付梓"两行,潘氏又云:"此书旧归藏袁氏五砚楼及姚氏咫进斋,今归许氏怀辛斋,与宏治本《严州府志》同为海内秘笈,可宝也"。据此,则宋抄本尚有留存可能。这部抄本现在不知流落何处,倒是应该追索的。目前流行较广的版本是1926年周肇祥影印嘉庆采鞠轩重刊本,计二十卷,分订9册,首尾完整,影印质量称佳。当然,数量也已不多,假使能够再予影印或排印重版,还是很有必要的。

在嘉泰《会稽志》刊行25年以后,张淏编纂了《会稽续志》八卷。他在宝庆元年(1225)为此书所作序说:

> 《会稽志》作于嘉泰辛酉,距今二十有五年,夫物有变迁,事有沿革,今昔不可同日语也。况府城内外,斩然一新,则越又非曩之越矣。苟不随时纪录,后将何所考者。……淏虽世本中原,侨居是邦盖有年矣,山川风土之详,人材物产之富,与夫事物之沿革变迁,曩尝访闻,兹又目击,于越事粗稔,惧其久而遗忘,辄裒辑而汇次之,总为一编,曰《会稽续志》。所书固辛酉以后事。而前志一时偶有遗逸者,因追补之;疏略者,因增广之;讹误者,因是正之。异时有问我以越事,敢执此以谢。

这个序言说明,《续志》除了补充《嘉泰志》的遗漏外,主要是记载了嘉泰辛酉以后25 年中之事。在这 25 年中,知府就已经换了 17 人,其中从嘉定十四年(1221)即任直到绍定元年(1228)卸任的知府汪纲,在绍兴的城市建设方面甚有建树。所以序言中说"府城内外,斩然一新"的话是确有根据的。《续志》卷一包括越、会稽、风俗、城郭、坊巷、园圃、府廨、街衢等 16 个子目,主要是增补《嘉泰志》卷一和卷四两卷的内容。其中《坊巷》一节说:"坊巷之名,见于前志者仅二十余,嘉定十七年,守汪纲始新其华表,重揭扁榜,凡九十六所。"接着,列载了府城内五厢、九十六坊的具体名称。这些坊巷名称,对研究宋代街市布局和地名渊源来历,都是十分有用的资料。卷二和卷三,设有提刑司、提举司、通判厅、乡、镇、市、和买、寺院等 16 个子目,是补充《嘉泰志》卷三、五、七、八等卷的内容,其中《和买》一节,共达 480 余言,实非补充而是新增,所以我在前面指出《嘉泰志》卷首有此目录而卷内无此内卷,并非日后缺佚,而是当时漏写,因而《续志》写之特详。卷四设有山、水、花果、禽兽虫鱼等 12 个子目,当是补充《嘉泰志》的卷九、十、十一、十七各卷。卷五为人物,独占一卷。卷六设进士、仙释、诗文 3 个子目,则兼人物与艺文二志。卷七为杂记、拾遗,则是补充《嘉泰志》的十八、十九二卷。卷八全文载孙因所撰的《越问》一篇,这是一篇颇有价值的地方文献,拙著《绍兴地方文献考录》中已述其详,这里不再赘述。

宝庆《会稽续志》的撰者张淏,也是一位饱学之士,据《四库简目》卷七所述:"淏尝撰《云谷杂记》,其学皆有根柢。"因此,此书历来多有好评。《四库提要》卷六八说:"淏所续亦简核不苟,皆地志中之有体要者。"清钱大昕说:"其提刑、为举、进士题名,皆前志所未有,而人物一门,亦多补前志阙漏,吴越钱氏尝称越州为会稽府,前志不载而独见于此书,可谓留心掌故矣。"⑪周中孚《郑堂读书记补逸》卷一二说:"至其叙述有法,条缜续密,固当与前志并骖,不容轩轾者也。"诸如此类的评述甚多,不胜枚举。

《续志》的一个重要特点是书由张淏一人编纂,不像其他地方志一样地受地方官吏的制约。所以全书在目录以后即是正文,没有明、清官修地方志那许多迂腐的俗套。前已提及的张淏序言中说到"曩尝访闻,兹又目击。……辄衷辑而汇次之,总为一编"。说明此书是他长期积累资料而编辑的个人著作。这和那些由地方官领衔主修,聘请若干地方宿儒临时编纂的地方志绝不相类。这一点也可能是《续志》胜于《前志》之处,而这种优点,在卷五《人物》中就得到了明显的体现。张淏在这一卷中开头就说:

> 《前志》记载人物,凡官至宰辅侍从则书,故行义如赵万、吴孜,才学如齐唐、华镇,博洽如姚宏、姚宽,或以不仕,或以官不达,皆略之。夫纪一方之人物,要当以行义学识优劣为取舍,岂可以一时之官爵论耶?

所以，《续志》所记载的人物，不仅比《前志》公正得多；作为一种地方文献，也比《前志》实用得多。

另外一个需要说明的问题是，此志为张淏所编撰，这当然是没有疑问的。但是在张淏成书的宝庆年代或稍晚的绍定年代，此书是否已经刊行，却是可以怀疑的。因为现在通行的版本，和《嘉泰志》一样是 1926 年周肇祥影印嘉庆采鞠轩本，而采鞠轩本同样是重印明正德五年本。在这个版本中，卷二安抚题名，提刑题名、提举题名，又卷六进士，其内容兼及宝庆、绍定、端平、嘉熙、淳祐、开庆各朝，一直到景定五年（1264）。则这个版本的付刊，当在咸淳年间，晚于张淏为此书作序达 40 年。据武英殿聚珍版本张淏《云谷杂记》提要，知淏是绍兴二十七年（1157）进士，而于绍定元年（1228）致仕。其间时已为达 70 余年。而景定五年（1264）距淏致壮又达 36 年，故这个版本必经他人续纂。因景定年间，张淏当以物故，必然未见今日流行之本。至于张淏生前，是否已有不同于今本的别本刊行，那就不得而知了。

注释：

①　此志共 100 卷，后缺卷六四人物，卷九〇、九八、九九纪文，卷 100 碑刻共 5 卷。道光十年（1830），黄士珣据吴自牧《梦粱录》及成化《杭州府志》，补辑卷六四唐及五代人物，即今所见钱塘汪氏振绮堂重刊本，共 96 卷。

②　《十驾斋养新录》卷一四。

③　《四库简目》卷七。

④　或许也参考了大中祥符以前的《越州图经》，因大中祥符以前，北宋也曾有修纂《图经》之事。参阅拙著《绍兴地方文献考录》。

⑤　《剑南诗稿》卷二七。

⑥　《嘉泰会稽志跋》，载《抱经堂文集》卷九。

⑦　《越缦堂日记》同治九年六月初一日。

⑧　此处所指的初创时期，仅指与明、清方志体例相似的宋代方志。至于汉、唐、六朝的方志，与明、清方志体例差异甚大，故不计。

⑨　载《历史地理》创刊号，上海人民出版社 1981 年。

⑩　《孙渊如外集》卷三。

⑪　《潜研堂文集》卷二九。

原载《绍兴师专学报》1985 年第 2 期

兰亭及其历史文献

兰亭因晋永和九年(353)王羲之与谢安、谢万等42人修禊于此而著名,成为我国历史上的重要名胜古迹。兰亭建于何时,历史上没有记载。清于敏中认为:"或云兰亭非右军始,旧有兰亭即亭埭之亭,如邮铺相似,因右军禊会,遂名于天下。"①这当然仅是一种猜测的话。兰亭位于何处,历史上记载也不明确。按照王羲之《诗序》:"会于会稽山阴之兰亭。"这话可以作两种解释,一种是兰亭在会稽郡、山阴县,另一种是兰亭在会稽山北。对于兰亭的地理位置,这两种解释都是对的,但都不够明确。《水经·浙江水注》比《诗序》要说得明白些:"湖南有天柱山,湖口有亭,号曰兰亭,亦曰兰上里,太守王羲之、谢安兄弟数往造焉。"说明亭在天柱山附近的鉴湖湖口。天柱山是会稽山尾闾的一个山峰,其位置至今仍然明确,但附近的鉴湖湖口,由于鉴湖早已湮废,却已经无法确定了。在王羲之等修禊以后,兰亭的位置接着就开始迁移。《浙江水注》说:"太守王廙之,移亭在水中,晋司空何无忌之临郡也,起亭于山椒,极高尽眺矣。亭宇虽坏,基陛尚存。"说明有晋一代,兰亭从湖口迁到湖中,又从湖中迁到天柱山山顶。而晋代以后,兰亭又数经播迁。《寰宇记》卷九六引顾野王《舆地志》云:"山阴郭西有兰渚,渚有兰亭,王羲之所谓曲水之胜境,制序于此。"兰渚是鉴湖中的一个小岛,则南北朝梁、陈间兰亭又迁回湖中。此说既为《寰宇记》所引,说明直到宋初,兰亭大概仍在湖中。但北宋元丰年代的华镇却说:"山阴天章寺,即逸少修禊之地,有鹅池、墨池,引溪流相注。"②这样,兰亭又从鉴湖中的兰渚移到了天章寺。天章寺在何处？南宋吕祖谦对此寺方位里程有详细记载。他于淳熙元年（1174）从金华取道诸暨到绍兴，在枫桥至绍兴道上经过天章寺和附近的兰亭。他说："十里含晖桥亭，天章寺路口也，遂穿松径至寺，晋王羲之之兰亭。"③吕祖谦所记的道路里程十分明白，天章寺路口，当在今新桥头稍北，④这与上述天柱山及兰渚全不相涉，天柱山在鉴湖湖边，兰渚在湖中，而天章寺故址，即在鉴湖全盛时期也绝不濒湖。这就是清全祖望所说的："自刘宋至赵宋，其兴废不知又几度，顾不可考，若以天柱山之道案之，其去今亭三十里。"⑤这是兰亭其址的又一次大变。从南宋以至元末，兰亭都在天章寺，但这个天章寺和兰亭在元末均焚于火。⑥直到明嘉靖二十七年（1548），绍兴知府沈启又在故天章寺以北择地重建。⑦此次重建，实际上已非宋代故址，据明末人张岱云："因其地有池，乃构亭其上，甃石为沟，引田水灌入，摹仿曲水流觞，尤为儿戏。"⑧故兰亭其址至此又一变。沈将重建兰亭后，以后虽历经重修，但亭址从此再没有变迁了。历次重修中，康熙三十四年（1695）"奉敕重修"，规模较大。据嘉庆《山阴县志》卷七所记："有御书《兰亭序》，勒石于天章寺侧，上覆以亭，三十七年复御书'兰亭'二大字悬之，其前疏为曲水，后为右军祠，密室回廊，清流碧沼，入门架以小桥，翠竹千竿环绕左右。"这就是今兰亭的整个结构布局。

自从永和九年兰亭修禊以后，兰亭成为海内闻名的胜地，慕名而至的文人雅士不可胜计，他们有的饮酒赋诗，有的乘兴撰文，也有的即景作画。除了数量巨大的诗篇本文不能一一叙述外，长期以来记载兰亭的历史文献，主要是文章和图画，为数亦甚可观。这些资料对今日研究兰亭及其变迁过程都有重要的价值，在这里稍加考证介绍。

在所有记载兰亭的文章里，首先当然是王羲之的《兰亭诗序》。此文题目各书很有差异，《通典》卷一八及《舆地广记》卷二二均作《曲水序》，《会稽掇英总集》卷三及嘉泰《会稽志》卷二〇均作《上巳日会兰亭曲水诗并序》，《方舆胜览》卷六作《兰亭序》，此外并收入于《全晋文》卷二六，《全晋诗》卷五，《古今游名山记》卷一〇及历修《浙江通志》、《绍兴府志》、《山阴县志》等等，文题纷歧，作《兰亭集序》、《兰亭修禊序》、《三月三日兰亭诗序》、《临河记》、《兰亭记》等等，不胜枚举。永和兰亭之会，事见《晋书》卷五〇《王羲之传》，与会者赋诗多首而王文为之序，全文 325 字，相传由王羲之亲笔书写，是我国历史上书法艺术登峰造极的作品，历来传说与考证甚多，说法也很纷歧。⑨原书久佚，今日仅有唐人临摹本流传，著名的如欧阳询的《定武本》（旧题《定武兰亭肥本》），1917 年有正书局影印的《兰亭集序》即是此本。又有清乾隆帝搜集的《兰亭八柱帖》，1973 年上海书画社影印出版的《唐人摹兰亭墨迹三种》，即是《八柱帖》的一部分，其中第一种传为《冯承素摹本》，亦即历来所称的《神龙本》，论者以为与真迹最为接近，因而久负盛名。1964 年北京出版社汇集故宫博物院所藏历代临摹

《兰亭序》的著名墨迹,影印出版《兰亭墨迹汇编》,已经集其大成。各本中,"每览昔人"及"后之览者"二"览"字均书作"揽",可能是王避其曾祖讳"王览"⑩之故,则原书为王亲笔,尚有端倪可索。

永和之会共赋诗 37 首(其中四言 14 首,五言 23 首),除王撰《诗序》外,尚有孙绰(兴公)撰的《兰亭诗后序》一篇,全文共 200 字,作为 37 首诗的跋尾。孙绰也是一代名流,事迹附见于《晋书》六五《孙楚传》。

北宋华镇所撰的《兰亭记》(已佚),是晋代以后记载兰亭的一篇重要文章。嘉泰《会稽志》卷一○王右军墨池及右军鹅池二条均引及《华镇记》,康熙《绍兴府志(王志)》卷八墨池条及乾隆《绍兴府志》卷七二兰亭条均引《华镇记》云:"山阴天章寺,即逸少修禊之地,有鹅池、墨池,引溪流相注,……"《嘉泰志》、《康熙志》及《乾隆志》引《华镇考古》⑪甚多,但此处所引均作《华镇记》,知非《考古》甚明,又康、乾二志所引文字有《嘉泰志》所未引及者,故知康、乾二志并非从《嘉泰志》转抄而来,则此《兰亭记》在清初犹得见。华镇《兰亭记》是目前所知提出兰亭在天章寺的第一篇文章,因而值得重视。华字安仁,会稽人,元丰二年进士,宝庆《会稽续志》卷五有传。

元代有关兰亭的文章主要只有戴表元的《游兰亭诗序》,收入于《剡源集》卷一○。清全祖望考证此文说:"至元甲午,东平王俣按越,以为是乃永和修禊之地,……遂修曲水故事,人探一韵,剡源戴氏为作《游兰亭序》者也。"⑫故知此文撰于至元元年(1264),戴氏所记兰亭已在天章寺。

在明人所撰的兰亭文字中,最重要的是文徵明的《兰亭记》,收入于《甫田集》卷一九。此文系记载知府沈岳重修兰亭经过,沈修兰亭虽然也在天章寺附近,但实际上已在宋、元兰亭故址以北,即今兰亭亭址。以后袁宏道所撰的《兰亭》(收入于《梨云馆类定袁中郎先生全集》卷四),即是沈修兰亭,袁氏记此地景物甚详,沈修兰亭的结构布局以及附近的山川景物,在他笔下显得纤介无遗。

明末人张岱(宗子)于康熙十二年(1673)所撰的《古兰亭辩》(收入于《琅嬛文集》卷三)及清人全祖望所撰的《宋兰亭石柱铭》(收入于《鲒埼亭集》卷二四),是考证兰亭故址迁移的两篇重要文章。张氏曾于万历癸丑(1613)游兰亭,而康熙癸丑又在兰亭撰写此文,他对兰亭的沧桑经历是相当熟悉的。这一时期也正是今兰亭大加修葺的时期,除了张氏的《癸丑兰亭修禊檄》记及此事外,尚有许弘勋的《重修兰亭序》、姜希辙的《重建兰亭碑记》(均收入于康熙《绍兴府志》卷九)以及唐炌的《重建兰亭记》(收入于雍正《山阴县志》卷六)等,这些虽然都是应酬文字,但对了解当时修理情况,仍有一定价值。

历来纂修的《兰亭志》约有 3 种,明张廷宰纂的《兰亭游览志》仅见乾隆《绍兴府志》卷七七著录,自来绝不见他书引及,足见传本极稀而缺佚已久。王复礼于康熙三十四年(1695)纂成的《兰亭志》至今尚有刊本,但书仅一卷,内容寥落,价值不大。吴高增于乾隆十六年(1751)纂辑的《兰亭志》至今仍存(凝秀堂刊本),书共11卷(卷首1卷),内容颇为完整。此书卷三《量程》云:"辛未之春,高增奉郡伯檄,委绘越州各图景,并查名山胜迹,爰偕陆子辛崖,出常禧门登舟。……不觉身至兰亭矣。"故知此书之纂,事前曾经实地考察,值得推许。吴字敬斋,是当时山阴县的训导,他并且还在乾隆十三年(1748)的兰亭秋禊中写了诗序(收入于乾隆《兰亭志》卷一〇)。此外,浙江巡抚阮元在嘉庆二年(1797)也到兰亭秋禊,写了诗序(收入于《定香亭笔谈》卷三)。

除了上述记载兰亭的文章以外,历来还有许多画家,他们到兰亭游览,并把兰亭的秀丽风景绘入他们的图画。兰亭既然在东晋已经出名,画家在兰亭绘图作画的也必定早有其人。但历史上有记载的第一幅《兰亭修禊图》(或作《兰亭觞咏图》)却是北宋名画家李龙眠(公麟)的作品。明宋濂《兰亭觞咏图记》云:"《兰亭觞咏图》一卷,相传为唐(案当是"宋"之误)李公麟所画,……余见此卷于友人家,因借归记其事如左。"[13]《篆竹堂书目》卷五著录的可能就是此图,则此图明时尚得见。北宋流传的另一幅兰亭图是薛绍彭的兰亭砚。郑振铎《插图本中国文学史》卷二第238—239页间插页上有此砚拓本。薛是元祐前后人,事迹附见于《宋史》卷三二八《薛向传》。

元人作品以汪华玉所藏有虞集题字的《兰亭图》为代表。此图早佚,仅留虞集题字云:"共披会稽图,山水盛纷纷,众贤坐水次,飞觞泛沄沄,夷旷各有趣,高闲知右军。"[14]则图的内容是永和之会。

明绘《兰亭图》见于著录的较多。明初曾由朝廷主持绘制了《流觞曲水图》,以明太祖的名义撰记,此图清乾隆间蒋士铨尚见。蒋云:"洪武间,奉敕写修禊图,凡四十二人,坐者、立者、行吟者,皆徜徉台榭间。"[15]文徵明也绘有《兰亭图》,据乾隆《兰亭志》卷二所云:"而世所临摹,皆文徵明本。"说明文画还是后世临摹的范本。北京图书馆藏有明刊《兰亭图记》一卷,其书合遗墨共一册,系明释觉显所辑,其所搜集大都是明人作品。万历《绍兴府志》卷九刊有《兰亭修禊图》及《重修兰亭图》各一幅,由于万历府志刊本流传还较多,所以这两幅《兰亭图》是今天最容易见到的明人作品。

清人绘制的《兰亭图》甚多,例如陆辛崖绘的《复古曲水图》《古兰亭图》及《今兰亭图》,[16]丁、阙二人绘的《续兰亭饮禊图》,[17]奚铁生绘的《兰亭秋禊图》[18]等。此外,康熙、乾隆府志及康熙、雍正、嘉庆诸《山阴县志》也均插有《兰亭图》多幅。清绘《兰亭图》大部分都仍然存在。

兰亭的图画与历来记载兰亭的文字一样,都有助于我们对兰亭这个名胜古迹的研究。历代文人的撰述,为我们研究兰亭的播迁兴废提供了重要线索;而图画往往是各个时代画家在兰亭的现场写生,它对我们研究历代兰亭的亭榭结构和园林布局具有重要价值。

注释:

① 《浙程备鉴》,绍兴府。

② 《兰亭记》嘉泰《会稽志》卷一〇。

③ 《入越记》,《东莱文集》本。

④ 陈桥驿《古代绍兴地区天然森林的破坏及其对农业的影响》,《地理学报》31 卷 2 期,第 139 页,1965 年 6 月。

⑤⑫ 《宋兰亭石柱铭》,《鲒埼亭集》卷二四。

⑥⑧ (明)张岱《古兰亭辩》,《琅嬛文集》卷三。

⑦ (明)文徵明《兰亭记》,《甫田集》卷一九。

⑨ 参阅《兰亭论辩》,文物出版社 1977 年第 1 版。

⑩ 据《晋书》卷三三《王览传》,王正是王览之子;又据《晋书》卷五〇《王羲之传》,王正是王羲之之祖。

⑪ 指华镇撰《会稽考古集》。

⑬ 明何镗《古今游名山记》卷一〇下。

⑭⑰ 乾隆《绍兴府志》卷七二。

⑮ 《后述兰亭图跋》,《忠雅堂文集》卷一〇。

⑯ 均见乾隆《兰亭志》卷二。

⑱ 《定香亭笔谈》卷三。绘者奚冈,字纯章,自号铁生,杭州人,终身不与试,少年时即以善画著名。

原载《绍兴师专学报》1985 年第 4 期

《论衡》与吴越史地

在我国古代,从先秦到西汉,吴、越地区在文化发展上显然不能与中原地区相比。在《汉书·艺文志》著录的 630 余种著作中,涉及这个地区的人地事物的只有 8 种,而其中可以肯定为吴、越地区作者撰写的,仅《严助赋》35 篇和《朱买臣赋》3 篇两种,其余 6 种,即《伍子胥》8 篇(杂家)、《吴子》一篇、《枚乘赋》9 篇、《范蠡》2 篇、《大夫种》2 篇、《伍子胥》10 篇(兵技巧家),虽然事涉这个地区,但不能肯定即为本地作者所撰。①在《汉书·艺文志》著录以外,这个地区的作者所撰著作,到两汉为止,实在也屈指可数。无非是袁康、吴平的《越绝书》、周长生的《洞历》、王充的《论衡》、赵晔的《吴越春秋》和佚名的《会稽贡举簿》等数种而已。这中间,《洞历》和《会稽贡举簿》等早已亡佚,《越绝书》②和《吴越春秋》,③我往年均已有文论述。本文议论的主要是《论衡》一书中所涉及的吴、越史地问题。

《论衡》与它的作者王充(27—97),这几乎已经是众所周知,用不着再作什么介绍了。应该指出的是,根据作者在此书最后一篇《自记篇》中的叙述,此书原有百余篇,④估计长达 30 余万字,是汉代吴、越地区作者撰写的一部篇幅最大的著作,在这方面,《越绝书》和《吴越春秋》都无法与它相比。现在,我们撇开这部巨著中的其他一切论述,而专门讨论此书中所涉及的吴、越史地问题。以吴、越学者论吴、越史地,王充是除了他所钦佩的吴君高以后的第二人,⑤因此,资料是十分可贵的,因为所有这些资料,都是他在自己的故乡所耳闻目击的,加上他自己的敏锐思考和精密的分析能力,因此,较之中原学者道听途说的记载,无疑要丰富和翔实得多。《论衡》涉及的吴、越史地资料,正如本文将要讨论的,在不少方面都可以纠中原学者和一般传说之谬,是值得重视的。

王充在《书虚篇》中断然否定了历来相传的"越为禹后说"。他直截了当地指出:"禹到会稽,非其实也。"他的分析是十分明确的,他说:"吴君高说,会稽本山名,夏禹巡狩会计于此山,因以名郡,故曰会稽。夫言因山名郡,可也;夏禹巡狩此山,虚也。巡狩本不至会稽,安得会计于此山?"所以他最后下了结论:"会计之说,未可从也。"夏禹之所以未到会稽,在王充看来,道理实在简单,即他在《恢国篇》中所说的:"唐虞国界,吴为荒服,越在九夷。"夏禹是继承唐虞国界的,所以《书虚篇》中也说:"禹时,吴为裸国,断发文身。"怎能设想,一位衣冠冕旒的中原大国之君,却能巡狩到他国界以外的断发文身的蛮夷之中,而且又在这样的化外之区会计诸侯呢? 由此可以论定,"越为禹后说"显然是荒诞不经的。关于这方面,我在拙作《"越为禹后说"溯源》一文中已言其详,这里不再赘述了。

与"越为禹后说"密切相关的,王充在《论衡》中同时也批判了"苍梧象耕,会稽鸟田"的荒谬故事。《书虚篇》略述了这个故事的梗概:"书言舜葬于苍梧,象为之耕;禹葬会稽,鸟为之田。盖以圣德所致,天使鸟兽保佑也。"对于这个故事,比《论衡》早的《越绝书》卷八已有记载:"大越滨海之民,独以鸟田。"在所有这类记载中,《水经·渐江水注》说得最为详细:"昔大禹即位十年,东巡狩,崩于会稽,因而葬之,有鸟来,为之耘,春拨草根,秋啄其秽,是以县官禁民,不得妄害此鸟,犯则刑无赦。"前面提到王充对"越为禹后说"的批判,"禹到会稽,非其实也。"这里,他用的是一种逻辑推理的方法。但在象耕鸟田的批判中,他还利用了他实地观察的材料。《书虚篇》说:"鸟田象耕保佑舜禹,非其实也。实者,苍梧多象之地,会稽众鸟所居。《禹贡》曰:彭蠡既潴,阳鸟攸居。天地之情,鸟兽之行也。象自蹈土,鸟自食苹,土蹶草尽,若耕田状,壤靡泥易,人随种之,世俗则谓舜禹田。"他在《偶会篇》中也说:"雁鹄集于会稽,去避碣石之寒,来遭民田之毕,蹈履民田,啄食草粮,粮尽食索,春雨适作,避热北去,复之碣石。象耕灵陵,亦如此焉。传曰:舜葬苍梧,象为之耕;禹葬会稽,鸟为之田,失事之实,虚妄之言也。"这里说明,所谓"会稽鸟田",实际上是一种被王充称为"雁鹄"的候鸟的越冬过程。这种候鸟,来到今绍兴北部的这片沼泽平原时正值秋末冬初,当时,应稼已经收割,大批候鸟在田间啄食野草害虫,这当然有利于来年的春耕,时至今日,宁绍平原已早垦殖殆尽,但在杭州湾两岸的海滩地上,每年到此越冬的候鸟仍然很多。在王充的时代,这片平原上还有大面积的未曾开垦的沼泽地,在此越冬的候鸟,数量必然十分巨大,王充一定是观察了这种自然现象,所以才能揭示"会稽鸟田"的实况。王充的观察是正确的,这种候鸟无疑是益鸟。因此,《浙江水注》关于"县官禁民不能妄害此鸟,犯则刑无赦"的记载也是一项非常有价值的资料,因为这可能是我国最早的有关自然保护的资料。

《论衡》的记载中,还对我国历史上的第一部地方志《越绝书》和《越纽录》的同书异名关系,提供了重要信息。《越绝书》是记载吴、越二国的最早和最完整的著作,自《隋书·经籍志》著录此书以来,所有公私书目,对此书的作者,一直以讹传讹,有的作子贡,有的作子胥,有的则不著作者姓氏。明杨慎首先发现此书第十九篇《篇叙外传记》中的一段隐语:"记陈厥说,略有其人,以去为姓,得衣乃成,厥名有米,复之以庚,禹来东征,死葬其疆,不直自斥,托类自明,写精露愚,俟告后人。文属辞定,自于邦贤,以口为姓,承之以天,楚相屈原,与之同名。"他并且根据这段隐语,考定此书为会稽袁康所撰,同郡吴平所定。王充在《案书篇》中说:"东番邹伯奇、临淮袁太伯、袁文术,会稽吴君高、周长生之辈,位虽不至公卿,诚能知之囊橐,文雅之英雄也。观伯奇之《元思》,太伯之《易章句》,⑥文术之《箴铭》,君高之《越纽录》,长生之《洞历》,刘子政、扬子云不能过也。"王充在这里提出的会稽吴君高所撰的《越纽录》,很可能就是《越绝书》的同书异名。则在杨慎读破这段隐语以前的一千四百多年,王充已经记载了这部名著的作者的姓名。不仅是从我国古来名、字相关的习惯,吴平字君高无可多疑,即王充在《书虚篇》中所说的此书内容:"吴君高说,会稽本山名,夏禹会计巡狩于此山,因此名郡,故曰会稽。"这一段话与《越绝书》的记载基本符合。⑦《书虚篇》又说:"吴君高能说会稽,不能辨定方名。"而《越绝书》记载会稽,确实未曾辨定方名。所以明代学者如杨慎、⑧胡侍、⑨田艺蘅等,都认为二书是同书异名。田艺蘅在《留青日札》卷一七说:"《越纽》者,即《越绝》也。"清《四库提要》卷六六《越绝书》条下也说:"所谓吴君高,殆即平字;所谓《越纽录》,殆即此书欤。"当然,对于《越纽录》与《越绝书》的是否同书异名问题,清代学者中还有一些不同的意见,⑩尚可继续讨论,但《论衡》为我们提供了关于《越纽录》其书和吴君高其人的最早的、也是唯一的线索,对于我们研究吴、越地区的这部重要著作《越绝书》的源流,确是具有重要意义的。

此外,《论衡》对于古代吴、越历史的记载,还有其他不少独特而可贵的资料,《超奇篇》和《异虚篇》都曾提及的关于于越向周朝献雉的记载,即是历来唯此书独载的一项很有价值的历史资料。《超奇篇》说:"白雉贡于越。"《异虚篇》说得更为详细:"周时,天下太平,越尝献雉于周公。"这项资料的特别可贵之处,是它和《竹书纪年》的记载不谋而合。现在我们研究古代吴、越历史,除了古地理学和考古学所提供的史前资料外,从历史记载来说,今本《竹书纪年》所载周成王二十四年(约前11世纪末)"于越来宾",当是最早的记载。在王充的时代,《竹书》尚深埋于汲冢之中,《论衡》的记载,当然是来自王充在吴、越地区耳闻目濡的收获而绝非来自《竹书》。如今把这两种资料对照起来，"白雉献于越"和"于越来宾"，可能就是同一历史事件。我们虽然不知道周公的生卒年份，但据《史记·鲁周公世家》，周公在其还政于成王后仍居于丰，成王二十四年时，周公虽已不再执政，但由于他的崇高声望，于越使节为了表示尊敬，在聘问周朝时向他献雉，这是很可能的。这项资料之所以可贵，不仅由于它补充了《竹书》记载的不足，而且更在于它证明了《竹书》记载的可靠性。历来有不少学者，怀疑《竹书》的来历和它的记载，现在把这两种天各一方的记载对照起来，既然《论衡》是绝无可疑的汉人著作，则《竹书》绝非赝品也就同时获得了佐证。

除了上述对吴、越历史的记载以外，《论衡》也同时记及了不少吴、越地区的地理概况。前面已经指出，由于南方文化相对落后于中原文化，因此，古代南方的山川地理概况，却往往从一些足迹来到南方的中原学者的著作中流传下来。这中间，道听途说，以讹传讹的内容当然不少。《论衡》记载的吴、越地理概况，均为王充所亲见，所以，正如以下将要论及的，它在许多方面都可以纠中原学者之谬。

对于吴、越两国的国界，王充在《书虚篇》中说："余暨以南属越，钱唐以北属吴，钱唐之江，两国界也。"按古代吴、越国界，历来有两种说法，一种是《国语·越语上》所说："句践之地，南至于句无，北至于御儿。"韦昭注："今嘉兴御儿乡也。"其地约当今桐乡西南。此后，《越绝书》卷八也说："语儿乡，故越界。"历史上有不少学者都从此说。明车若水说："春秋时，吴越分界，在今日嘉兴之境。"⑪另一说始于《史记·货殖列传》："浙江以南则越。"这就是两国以钱塘江为界。上述《论衡》的说法与《史记》当是同一来源。以后也有一些学者从此说，例如宋胡仔《苕溪渔隐丛话》前集卷二四引越僧处默诗："到江吴地尽，隔岸越山多。"宋林逋《长相思》词："吴山青，越山青，两岸青山相送迎"⑫等均是。现在看来，这两种说法都可以成立。《国语》所说的吴、越国界，当是越国战败句践入质于吴以前的国界。到句践五年（前492）句践入质于吴，七年释放返国，此时国土已较前缩小，即《吴越春秋》卷四所载："吴封地百里于越，……南造于山，北薄于海。"从此，直到越国灭吴以前，两国国界就以钱塘江为分了。虽然吴、越国界的这两种说法，在不同的历史年代中都符合事实，但是作为一种行政区划的界线，则《论衡》的说法，显然具有更大的意义。这个地区在秦统一以后置会稽郡，到东汉永建四年（129）实行吴、会分治，设置吴和会稽二郡，这二郡即以旧吴、越国界即钱塘江为界。吴郡和会稽郡的建置，一直延续到南朝刘宋，长达350年，而这条以钱塘江为界的行政区划界线，也一直稳定不变。

在《论衡》记载的吴、越地理中，内容十分重要而足以纠前人之谬的，是王充对于这个地区的河流描述。《书虚篇》说："有丹徒大江，有钱唐浙江，有吴通陵江。"这正是这个地区的三条最关重要的河流,古今情况基本上没有变化。这三条河流,"丹徒大江"即长江,是吴国境内的最大河流;"钱唐浙江"即钱塘江,是越国境内的最大河流;而"吴通陵江",则是从吴到钱唐的沟通吴、越二国的重要河流。吴、越之间,即今日杭嘉湖平原上,原是一片水乡泽国,河流当然很多,但通陵江显然是其中最重要的一条,它即是以后隋炀帝时代疏浚的江南运河的前身。早在隋炀帝疏浚以前,秦始皇就已经利用士兵整治过这条河流,事见《越绝书》卷二:"秦始皇造道陵南,可通陵道,到由拳塞,同起马塘,湛以为陂,治陵水道,到钱唐越地,通浙江。秦始皇发会稽适戍卒,治通陵,高以南,陵道相属。"《越绝书》的文字比较古奥,又可能有缺句漏字,要逐字逐句地解释比较困难,但意思还是明白的。即秦始皇利用士兵所整治的这条沟通吴、越的通陵江,中间经过由拳塞(今嘉兴),为了让这条河流有充足的水源,还"同起马塘,湛以为陂",利用陂湖蓄水,以调剂通陵江的水量。

在古代吴、越地区,这三条河流无疑是最重要和最大的河流。王充身居吴、越,事属他所亲见,当然不致有讹。但在与王充同一时期的中原学者的著作,如《汉书·地理志》和《说文解字》等,所记载的这个地区的河流,都存在着重大的错误。

《禹贡·扬州》有"三江既入"的话。另外,在"东为北江,入于海","东为中江,入于海"两句中,又出现了"北江"和"中江"两条河名。这个"北江"和"中江",一方面是地理概念模糊,所指何水,是否实有其水,均不明确;另一方面是,此"北江"与"中江",与"三江既入"的"三江"是否有关,亦未可定。但后世学者,由于对经书的无限崇拜和对南方地理概况的茫然无知,因而就把此"北江"、"中江"和自行臆造的"南江"凑为三江之数。《尚书》郑玄注:"三江分于彭蠡为三孔,东入海。"《汉书·地理志》颜师古注:"三江,谓北江、中江、南江也。"都是典型的例子。其实,《禹贡》"三江"的"三"字,也可能泛指多数之意,并非一定是个实数。正如《禹贡》"九河既道"、"九江孔殷"一样,"九"字也同样不一定是个实数。《汉书·地理志》是现存文献中最早用北、中、南三江解释《禹贡》"三江"的古籍,它在会稽郡下说:"南江在南,东入海,扬州川。""(北)江在北,东入海,扬州川。"丹扬郡下说:"中江出西南,东至阳羡入海,扬州川。"较汉志成书稍晚几年的《说文解字》,也同样存在这种说法。该书卷一一上"浙"字下云:"江水在至会稽山阴为浙江。"把今钱塘江作为长江下游的一支。《水经·沔水篇》叙述长江下游的河道时也说:"沔水与江合流,又东过彭蠡泽,又东北出居巢县南,又东过牛渚县南,又东至石城县,分为二:其一东北流,其一又过毗陵县北,为北江。又东至会稽余姚县,东入于海。"这种错误就是承袭了《汉书·地理志》和《说文解字》而来的。郦道元为《水经》作注,也同样承袭了这种说法。不过他在《沔水注》末尾指出:"但东南地卑,万流所凑,涛湖泛决,触地成川,枝津交渠,世家分伙,故川旧渎,难以取悉,虽粗依县地,绪综所缠,亦未必一得其实也。"这说明郦氏至少已经发现了从《汉书·地理志》到《水经》,对我国东南地区河流的记载,是存在错误的。其实,在班固以前,亲自到过南方的司马迁,他对长江下游的河流情况是清楚的,尽管他也引用过《禹贡》的一些称谓如:"三江五湖之利"(《货殖列传》),"观禹疏九江"(《河渠书》)等,但在涉及具体河川时,他却只提到"江水"、"浙江"等地名,绝未使用"北江"、"中江"、"南江"等称谓。例如他在《封禅书》中提到"江水,祠蜀"。在《伍子胥列传》中提到"至江"。在《越王句践世家》中提到"尽取故吴地至浙江"。对长江和钱塘江是分别得清清楚楚的。至于那些生长在南方而又注重实践的学者,如袁康、吴平、赵晔等,他们也和王充一样,根本就没有说过这类牵强附会的话。所以王国维在《浙江考》中说:"史迁亲上会稽,吴越诸水,皆所经历,所记不容有误。……厥后袁康、赵晔、王充、朱育、韦昭等,凡南人所云浙江,无不与《史记》合,许叔重(按即许慎,《说文解字》作者)之说,自不能无误。"[13]这里必须指出,在所有南人的著作中,对于吴、越河流的描述,最全面和最清楚的,无疑就是《论衡》。《论衡》记载的吴、越地区的地理资料,另一种很有价值的内容是关于这个地区的河流涌潮,即古代称为"涛"的记载。《书虚篇》记载这个地区中,哪些河流"有涛",哪些河流"无涛",十分明确。它说"丹徒大江无涛",又说"浙江、山阴江、上虞江皆有涛",又说"广陵曲江有涛"。长江无涌潮,钱塘江有涌潮,古今没有变化,今天我们都可以看到。王充所说的山阴江,即古代的若耶溪,也就是今平水江的下游,出绍兴三江口。上虞江即今曹娥江。此二江都有涌潮,古今也没有变化。问题在于"广陵曲江有涛"。这广陵曲江在什么地方呢?郦道元在《水经·浙江水注》中把它归入浙江(钱塘江),清代学者如阎若璩,钱大昕,朱彝尊等,均认为郦道元无误。但王鸣盛在《十七史商榷》中提出了不同意见。认为此广陵曲江,乃指扬州附近的长江。从此,扬州长江之说就获得了不少学者的赞同,今《辞海》曲江条也说:"即今江苏扬州市南的一段长江,古时以水流屈曲得名,西汉枚乘《七发》'并往观涛乎广陵之曲江',即此。郦道元注《水经》,误引《七发》之曲江入《浙江水》,其后遂有广陵之曲江即浙江之说。"

　　假使广陵曲江确是今扬州市南的一段长江,也就是枚乘《七发》观涛之处,那末,王充所说的"丹徒大江无涛"的话不就错误了吗?《书虚篇》之所以要写这样一段文字,主要是因为伍子胥被夫差所害以后,传说他满腔愤怒,为涛于浙江。王充为了批驳这种荒唐的传说,所以才说:"子胥入吴之江为涛,当自上吴界中,何为入越之地? 怨恚吴王,发怒越江,违失道理,无神之验也。"这段话的意思是,子胥被吴王所害,因而发怒为涛,则应该在吴国的江河中作涛,为什么作涛到越国的江河中来? 这就说明,吴国的江河是无涛的,所以他说"丹徒大江无涛"。枚乘《七发》所描述的曲江之涛:"疾雷闻百里,……衍溢漂疾,波涌而涛起。""浩浩澄澄,如素车白马帷盖之张,其波涌而云乱,扰扰焉如三军之腾装。"完全是一幅钱塘潮的生动写照。汹涌澎湃的钱塘潮之所以被搬移到王充明确指出"无涛"的长江中去,原因是在于广陵这个地名上。因为西汉元狩三年(前120)原来设置于今扬州一带的江都国改为广陵国,治所广陵即在今扬州市。曲江而冠以广陵,于是钱塘潮就这样变成了广陵潮。

其实,古代钱塘江沿岸的许多地名,由于江道变迁,海陆陵夷,后世无法查考的甚多。例如《越绝书》卷八所载"石塘者,越所害军船也","防坞者,所以遏吴军也","杭坞者,句践杭也"。这三处地名,《越绝书》都说"去县四十里",说明都是当时钱塘江边江防要地。但至今除了杭坞因为有一座航坞山可以定位外,其余石塘、防坞二地何在,均不得而知。不要说《越绝书》所载的春秋地名,《吴越备史》卷一所载"自西陵去石城,……去越城仅三十里"。这个石城是唐代的钱塘江沿岸地名,其名称"城",则还是个较大的地名,但今日竟也无法查考。则广陵安知不是汉代的钱塘江沿岸地名。另外,《七发》"观涛乎广陵之曲江",此"广"字也有可能是误字。在钱塘江边,西陵观潮,唐人就有许多诗篇,例如李绅的《渡西陵十六韵》"雨送奔涛远,风收骇浪平"[14]等等,不胜枚举。西陵即春秋固陵,"广"、"固"是双声字,则《七发》也有可能误"固"为"广",而后人刊印《论衡》,又随《七发》而讹,这或许也有可能。

《论衡》是一部巨著,尽管已有缺佚,但今日所存,尚有20余万字,在这20余万字中,涉及吴、越史地者不过百分之一,但是就在这百分之一中,我们发现了许多十分可贵的资料,从这里也可以说明,对于吴越文化的研究,与中原文化不同,它不像中原地区一样,有大部大部的著作可以参阅,对于这个地区,古代留下来的文字记载,特别是可靠的文字记载是不多的。因此,除了古地理学和考古学的方法以外,在历史文献方面,我们必须做过细的工作。

注释:

① 枚乘赋中有一篇《七发》,《七发》之中,《观涛》一篇当在今钱塘江边,但枚乘是淮阴人,非本地作者。

②⑩ 参阅拙著《关于〈越绝书〉及其作者》,载《杭州大学学报》(哲学社会科学版)1979年第4期。

③ 参阅拙者《〈吴越春秋〉及其记载的吴越史料》,载《杭州大学学报》(哲学社会科学版)1984年第1期。

④ 今本目录共85篇,第44篇《招致篇》有录无文,故实存84篇。

⑤ 吴君高是《案书篇》中所记载的《越纽录》的作者,王充称其为"文雅之英雄也"。

⑥　《易章句》,各本多作《易童句》,孙诒让本及崇文书局本作《易章句》。

⑦　《越绝书》卷八:"禹始也,忧民救水,到大越,上茅山,大会稽,爵有德,封有功,更名茅山曰会稽"。

⑧　《丹铅杂录》卷九。

⑨　《真珠船》卷三。

⑪　《脚气集》卷上,载《宝颜堂秘笈》卷三一。

⑫　胡云翼《唐宋词一百首》,中华书局 1961 年版。

⑬　《观堂集林》卷一二。

⑭　《全唐诗》卷四八一。

原载《浙江学刊》1986 年第 1 期

绍兴修志刍议

去年 8 月中旬,我到兰州主持一个历史地理学术讨论会。参加会议的外国学者中,有日本爱知大学的秋山元秀教授,早在 5 年以前,他已在京都大学出版的《东方学报》第 52 卷发表了一篇题为《中国方志论序说》的论文,当时曾把刊物寄给了我,他是对中国地方志很有研究的日本学者之一。后来我两次去日本讲学,他都到寓所来看我,并且讨论了中国地方志的问题。这次在兰州再见,不免又旧事重提。这一次我告诉他,现在已和 5 年前的情况不同,在中国中断了半个世纪甚至更长时间的地方志修纂工作,已经在各省普遍地开展起来。我能向一位外国学者说这样的话,确实感到踌躇满志。

兰州会议以后,与会代表循河西走廊考察,直抵敦煌,往返一周,沿途经历了不少县市。每到一处,多承地方领导热情迎送。他们多半是按传统要在新修方志上领衔的父母官。这个地区在中国已经位于偏远,但是与他们谈及修志的事,他们都很重视,多数县市已经动手或者正在筹备之中,使我不胜感动。

南返以后,又看到了浙江在这方面的发展形势。除了诸暨、永康、余杭等县不断寄来他们的各种形式的方志通讯外,兰溪、象山等市县都寄来了县志打字稿以及与我讨论具体问题的信件,新昌县写信要我担任他们的修志顾问。特别令人高兴的是建德县寄来了我省建国后修纂出版的第一部县志《建德县志》。这部长达 900 余页的新志,装帧精美,印刷优良,内容丰富,虽然也还有可以商榷和提高的地方,但毕竟代表了一

种新方志的水平。而且正和绍兴县在我省第一个编印出《地名志》一样,尽管后来者
往往居上,但一马当先的功劳,却是必然要载入我省的方志史中的。

从西北旅行直到南返,我常常萦萦于怀的是绍兴的方志修纂。这不仅因为绍兴是
我的故乡,更因为我对绍兴的地方文献感兴趣。在这次河西走廊的旅行中,武威古城
当然是我访问的重要目标,在那里,我特别留心张澍的事迹。鲁迅因为张澍的《二酉
堂集》的启发,才编辑了他的《会稽郡故书杂集》,而我则又因《会稽郡故书杂集》的影
响,才以 20 多年的积累,撰述了《绍兴地方文献考录》。另外一个使我怀念故乡修志
的特别重要的原因是,我当然相信在这次全国修志高潮中,绍兴必然会修成一部方志。
但问题是,在我国修纂地方志的优秀传统中,绍兴在这方面是个不同凡响的地方。因
此,它必须修成一部不同凡响的佳志。

绍兴在地方志修纂历史中的不同凡响之处,大概有三个方面:

第一,它具有我国最悠久的修志历史。清毕沅在乾隆《醴泉县志序》和清洪亮吉
在乾隆《澄城县志序》中,不约而同地指出:“一方之志,始于《越绝》。”今人朱士嘉在
《宋元方志传记序》中也说:“《越绝书》是现存最早的方志。”我为上海古籍出版社去
年出版的《点校本越绝书》(乐祖谋点校)所写的序言中也指出:“其中卷二《吴地传》
和卷八《地传》两篇,无疑为宋代及其以后的地方志编纂开创了范例。把这两篇作为
我国最早的地方志,确是恰如其分的。”《越绝书》当然为绍兴的方志史带来了自豪。

第二,绍兴拥有数量巨大的方志类文献。在拙著《绍兴地方文献考录》中,方志类
文献达到 146 种,其他列入图籍类和地名类的文献而具有方志性质的,还有十余种,所
以总数超过 160 种。这恐怕是我国和我省的许多县市所无法比拟的。

第三,在至今存在的绍兴方志遗产中,有许多难得的佳志。且不必说古老的《越
绝书》和我国第一种韵文地方志《山居赋》。在宋代普遍修纂地方志以后,绍兴的佳志
就不胜枚举。我在本刊去年第 2 期中发表的《会稽二志》一文中指出:“在浙江省的宋
元方志中,嘉泰《会稽志》和宝庆《会稽续志》是两部极为难得的佳志,他们不仅内容丰
富,体例严谨,并且风格独具,不同流俗。特别是此二志至今完整无缺,这是《临安三
志》和《四明六志》均不能比拟的。”宋元以后,明朝是我国修志风气很盛,但是缺乏佳
志的时代。而万历《绍兴府志》却以它的图文并茂(50 卷,图 102 幅)而鹤立鸡群;万
历《会稽县志》更以名家主纂,内容精湛而成为有明一代中的杰出佳志。清代绍兴修
志甚多,佳志迭出,而其中如乾隆《绍兴府志》和嘉庆《山阴县志》都曾得了桑梓名流李
慈铭的称许。

绍兴在地方志修纂中具有如上所述的优秀传统,但是另一方面,绍兴却是我省地
方志修纂中断最久的府县之一。最后一种府志即乾隆府志修于乾隆五十七年(1792),

距今已近两个世纪。最后一种《山阴县志》即嘉庆志,修于嘉庆八年(1803),距今已有180余年,最后一种《会稽县志》即道光志稿,修于道光二十五年(1845),距今也已近一个半世纪。民国年间,浙江省刊行府志2种,县志24种(稿本写抄本不计),但绍兴县在民国时代几度修志均因故中辍,这就增加了目前修志在资料搜集和衔接上的许多困难。另外,绍兴在历史上虽然拥有大量的地方文献,但近世纪以来,亡佚不少。例如明诸万里所纂《于越新编》45卷,50年前尚有传本,但现在早已成为佚书。清代文献去今虽然不远,但亡佚的亦属不少。对于新志的修纂,当然也是不利条件。

　　根据以上的分析,绍兴肩负了修纂一部优秀新志的历史使命,也具有修纂出一部优秀新志的有利条件。但在具体修纂工作中,却必然会面临不少困难。假如在这次全国修志高潮之中,绍兴只能修纂出一部一般水平的方志,那末,在这个县份历史上流传下来的如此丰富多彩的方志遗产之后,我们竟以狗尾续貂敷衍塞责,这就既对不起我们的祖先,也无颜向我们的子孙后代交代。何况在这一次全国、全省的修志高潮中,许多县、市正在多方筹划,全力以赴,争取修纂出建国以来的第一部优秀方志。所以这一次的修志高潮,事实上也就是一次全国性的修志竞赛和评比,其结果必然是佳志群出,美不胜收,为我国地方志修纂史写下光辉的一页。在这样的形势下,长期来具有修志光荣传统的绍兴,假使不能名列前茅,则地方领导和地方学术界都无法推卸应负的责任。因此,对于这一次全国性的地方志修纂,我们必须予以极大的重视。

　　首先,地方领导必须充分意识到,这是建国以来的第一次修志,是在我国修志传统中断了很久以后修志,是盛世修志的具体体现。根据我国方志修纂的传统,各级地方领导历来就是各级方志的领衔主修者,尽管地方领导多半都不直接参与编纂,但他们却是方志成败的关键。

　　历来地方领导主修方志,总不外乎两种态度,一种是在这方面有抱负、有远见的,他们认识方志的重要性。志在为地方修出一部好志,因而悉心擘划,全力以赴。另一种是感到任官一场,不留下一部方志不免有愧于心,但他们实际上并不认识方志的重要性,只不过是随便请一二位地方上的冬烘腐儒,将前志改头换面,聊以应景而已。明代流传至今的大量篇幅短小、粗制滥造的方志,就是这类产品。绍兴由于长期来是个文物之邦,古代名贤如袁康、吴平、赵晔、贺循、陆游等人,都在这方面为后世树立了楷模,所以历史上绝大部分地方领导,都能兢兢业业,遵循前代圭臬,把修志作为他们在当地任官中的一件头等大事,为我们留下了许多篇幅浩瀚、内容丰富的佳志,他们在这方面的贡献,至今为绍兴人民所传颂,万历《绍兴府志》的主修者知府萧良干和万历《会稽县志》的主修者知县杨维新等,都是这方面的极好例子。他们聘请当代地方上学术界名流张元忭、孙𬭎、徐渭等主纂方志,结果修成了流传至今的好志。康熙年代的知府张三异、王之宾等也是如此,他们聘请当时的修志名家王嗣皋、董钦德等,先后修成了康熙十二年(1673)和二十二年(1683)的两部佳志。此外如乾隆知府李亨特、嘉庆山阴知县徐元梅等,也都在他们的任上修出了流传至今的好志。裨益乡土,厥功不小,值得后人的赞扬。

当然,主要的地方领导政务冗繁,除了最重要的决策如修志的指导思想、计划、经费以及主纂人(主编)的遴选等以外,不可能参加实际上的撰稿和日常领导工作。因此,领衔主修的地方主要领导者,必须要物色一位或数位踏实负责并有一定声望的助手襄助修志工作。在这方面,绍兴的修志史上也有现成的例子。著名的嘉泰《会稽志》于南宋庆元六年(1200)由知府沈作宾创修,但他随即调离,由知府赵不迹继任其事,赵不迹于嘉泰元年(1201)又他调,由知府袁说友继任修成。尽管3人都领衔主修,但实际上来去匆匆,很少有时间主持这项工作。正如清钱大昕在《十驾斋养心录》卷一四中所说:"考作宾以庆元五年由淮东总领除越守,六年除两浙转运副使而不迹代之,嘉泰元年改知潭州而说友代之,盖创始于庆元庚申而蒇事于嘉泰壬戌,前后凡阅三守,而通判尚未改秩,则宿于此志诚有功矣。"钱大昕所说的"宿",就是当年绍兴府通判长兴人施宿,他就是先后3位知府在嘉泰志修纂工作中的得力助手,是这部著名的绍兴方志的功臣。

其次,除了领衔主修的地方领导以外,一部分志的质量高下,取决于方志的主纂人(主编)。为此,主纂人也是方志修纂过程中的关键人物。主纂人的选择,当然是主修人的重要决策。主修人在地方学术名流中遴选一位有声望、有真才实学同时又富于事业心和号召力的学者,主持方志的编纂工作,由他负责组织一个编纂的班子,这样,方志的质量就有了保证。绍兴流传至今的著名方志,都是由一、二位学术名流主纂的,例如嘉泰志的陆游(他是此志的实际主纂人),宝庆续志的张淏,万历府志的孙𬭎和张元忭,万历《会稽县志》的徐渭,康熙二十二年府志的董钦德等等,都是当时当地的知名学者。在当时当地没有适当人选的时候,为了保证方志的质量和声望,明知的主修人就会设法引用"客卿"。康熙十二年修府志,知府张三异聘请慈溪学术界名流、方志专家王嗣皋主纂,即是一个很好的例子。总之,主纂人事关方志的质量和声望,他和领衔的主修人一样,都是一部方志得失成败的主要责任者,所以人选物色,必须十分审慎。

从眼下的情况来看,地方学术界中知名度最大的人,往往也是最忙碌的人。因此,就必须要有一个精悍的编辑班子。在这个班子之中,除了少数担任外勤、联系工作和后勤人员外,必须是一个人人都能动笔写稿、审稿、改稿的人数少而效率高的组织。和主编不同,因为考虑到方志编纂的领导与修成以后的声望和影响,主编应该选择在地方学术界已经有了成就和声望的学者,但编辑班子里的人员却不同,应该不拘一格,能者入选。要这样,这个编辑班子才有生气和进取心,才能最后编纂出一部优秀的方志来。以嘉泰《会稽志》为例,施宿是绍兴府通判,实际上的主纂人陆游更是知名度很大的地方学者。但除此二人以外,编辑班子中的其他成员如李兼,韩茂卿、冯景中、陆子虞、王度、朱㴬、邵持正等,都并不是很知名的人物,但是他们肯定都是有真才实学的人,这样一个编辑班子编纂出这样一部好志,这当然不是偶然的。

在主纂人(主编)的全面领导下,编辑班子(即编委会或编辑部)就是生产地方志的车间,每个编辑人员就是这个车间的工人,编辑人员如上所述当然都是能人,这中间,特别重要的是相互间的团结。修纂如此一部大书,中间总会发生许多不同意见,这些不同意见可以通过讨论解决,不能解决的,可以由主编处理,更大的问题,还可以由主编找主修者商定。决不能因此影响编辑人员之间的团结。万历《绍兴府志》的两位主纂人张元忭和孙𨥨,他们一位住在山阴,一位住在余姚,共同主编一部府志,本来已经不很方便,而在人物志的编纂中,两人发生了较大的不同意见。但是意见终于通过彼此的通信得到解决,并没有影响府志的修成(事见《张阳和文选》)。这就是前贤给我们留下的好榜样。

除了上述主修、主纂两者在方志修纂中的关键作用以外,我还想就有关绍兴修志的若干内容问题发表一点管见。对于地方志的理论和编纂方法等问题,方志学界近年来已经发表了许多大块文章,我不必再作赘述。这里提出的是几个零星的具体问题。

地方志是以地方为基础的,是在一个特定空间上的一种特殊体裁的文献。绍兴地方志,顾名思义当然是以绍兴这个地方为基础的。历史上的绍兴有两种概念,一种是从12世纪30年代开始的绍兴府(前身是越州)、包括山阴、会稽、余姚、上虞、萧山、诸暨、嵊县、新昌八邑,是一个同一方言系统和风俗习惯的行政区划单位,其中山阴和会稽二县共以府城为县城,关系特别密切。从若耶溪(今平水江)通过殖利门(南门),循市河出三江门(昌安门)到三江口一线,是山、会两县的县界。另一种概念是绍兴县,那是民国以后才出现的行政区划单位,包括山阴、会稽两县,大体上是东到曹娥江、西到浦阳江、南到会稽山区、北滨钱塘江的地区。以前绍兴修志,府有府志,内容包括八邑;县有县志,内容仅及一邑。即关系密切的山、会二县,也是各自修志,互不相涉。但是现在行政区划改变,绍兴市辖绍兴、上虞、诸暨、嵊县、新昌五县,这当然无妨于修志。但问题是,历来作为绍兴府城和山、会二县县城以及民国以后的绍兴县城,现在却作为一个越城区,隶属于绍兴市的建置之下。这样的行政区划,当然会替修志带来一定的困难。我认为,新修的《绍兴县志》,不必受这种行政区划的约束,仍应把今越城区视作绍兴县城,作为新修县志记载的重点。

县界调整对县志修纂也会带来一些问题,对于这方面的问题,我认为既要尊重历史,也要服从现实。新修方志中记载县界调整以后的事,自然各按新界,互不相涉。方志记述旧事,我认为不必过分严格,有关县份,都可以按事实进行记载。例如在人物志中,必然会涉及到出生于道墟的章学诚和出生在东关的竺可桢,两地原来都属会稽,民国后转入绍兴,但现在均已入上虞。对于这样的人物,我认为新修的绍兴、上虞二县县志中均可记载。因为在记载时总不致仅列姓名。必有文字说明,双方均可按县境沿革说明所记人物的籍贯,不致于发生什么矛盾。又如,现在我国陶瓷学界已经基本查明,曹娥江下游及其支流小舜江一带,是我国最早的瓷器烧制发轫地。在这个地区发现的后汉龙窑,为数不少。这一发现,使这个地区一跃而成为国内外的知名地区。曹娥江两岸及小舜江下游原属会稽县,建国后划入上虞。现在,绍兴和上虞两县都发展了瓷器工业,而且都算是继承了"越窑"的传统。在两县新修县志时记载这种工业,必然都要联系到这个地区的古代窑址。我认为这种联系都是恰当的,绍兴县可以说明其地原属绍兴,上虞县可以说明其地今属上虞,各取所需,互不抵牾。

在有关这部新县志的具体内容方面,诸如篇幅大小、卷次名目、文学体例等等。我不想发表什么意见。但是有一点却必须指出,地方志是一种综合性的地方文献,内容包括自然科学、人文科学甚至某些边缘科学。例如政治、经济、人物等志,无疑都是人文科学,但地质、地理、博物等志,却又都属自然科学。当一个主纂人,不可能样样精通。学自然科学出身的,对人文科学不免陌生;学人文科学出身的,对自然科学就是外行。例如,我们在地方志中引用历史文献,要求必须写明详细卷次篇章。对此,人文科学学者都十分容易接受,自然科学学者就不一定能够理解,这是因为他不知道不少历史文献的浩瀚篇幅,例如《太平寰宇记》有二百卷,《嘉庆重修一统志》有五百六十卷,假使不注明卷次篇章,叫读者如何进一步追索资料?同样,在编纂博物志时,无论动植物,都应该用二名法加上学名。对于自然科学者,特别是具有动植物分类学知识的人,一定认为此举非常必要,但是对于一位没有念过植物学和植物分类学的人文科学学者,面对这一大串拉丁字母,或许就以为多此一举。其实只要看一看旧方志,各种动植物在各地都有自己的称谓,有的称谓不同而实系同物,有的称谓相同而却是异种。以玉米为例,正德《颍州志》称为珍珠秫,《留青日札》称为御麦,《本草纲目》称为玉蜀黍,万历《山阴县志》称为乳粟,并且注明"俗称遇粟",光绪《开化县志》称为苞芦,此外还有六谷、苞米等不同称谓。假使我们在植物志上一开始就标明"玉米(Zea mays)",然后再加上当地的称谓、产区、产量、品种等等信息,则其科学性和实用价值,都将有很大的提高。

正因为这样,所以在地方志的编辑成员中,必须注意自然科学学者和人文科学学者的比例关系。主编是自然科学学者，就特别应该加强人文科学的力量，反之，也是一样。对于若干专业性较强的资料，还必须请编辑成员以外的有关专家审定。这样才能防止出错，提高方志的质量。

最后说一下市志和县志的关系问题。按现在的行政区划，绍兴市辖五县，都是旧绍兴府属县，方言、风俗习惯等基本相同，而经济上的相互关系也很密切，所以市志当然要编，按照传统的方志级别，市志属于旧府志一级。绍兴历史上的许多佳志都出于府志一级，因此这一级的方志，在绍兴是具有优秀传统的，值得重视。不过按目前情况来说，市志还不是当务之急，首先应该全力以赴的当然是县志，市志可以先作筹备，俟各县县志定稿以后再着手编纂，这样可以节省人力物力，并且提高市志的质量。据我所知，在五个属县之中，诸暨、嵊县、新昌三县的县志修纂，已经工作有年，取得了不少成绩。诸暨县志编委会编印的《诸暨史志》，内容丰富，资料翔实，体例严谨，稿件来自全国各地，已经在全国同类刊物中获得较高声誉。嵊县也在各方面整理文献资料，并且把该县历史上的佳志，即南宋高似孙的《剡录》重新排印。新昌除了编印不定期的方志通讯外，还出了好几种资料专辑。所以市属各县的修志形势是很好的，对于来日的市志修纂，这当然是非常有利的条件。

所以本文提出的若干刍荛之见，主要是寄希望于《绍兴县志》的。必须最后指出的一点是，绍兴在历史上修纂了这许多方志，但按其名目，都是府志和山、会两县的县志。绍兴置县是民国以后的事，如前所述，民国时代绍兴没有修成县志，因此，在我所看到的海内外刊行的一切方志目录中，至今尚未出现过《绍兴县志》的著录。绍兴作为这样一个举世知名的大县，这一点实在是令人遗憾的。如今，我们要修纂的这部方志，不仅是建国以来的第一部县志，同时也是有史以来的第一部《绍兴县志》，所以这确实是一件头等大事，它对于这个历史悠久、人杰地灵的著名大县的影响，将是不言而喻的。

绍兴一定要修纂出一部优秀的县志，而且也一定能够修纂出一部优秀的县志。

原载《绍兴师专学报》1987 年第 1 期

点校本《越绝书》序

　　《越绝书》是一种来历比较复杂的古籍,直到今天,在有关此书的作者、卷帙、书名等方面,都还存在着一些犹待解决的问题,值得我们继续研究。此书点校本的出版,对于进一步研究这部古籍,必然会带来许多好处。为此,我想就此书的若干方面,略表几点刍荛之见,以求教于高明。

　　《越绝书》的作者,在最早著录此书的《隋书·经籍志》、《旧唐书·经籍志》、《新唐书·艺文志》中,均作子贡。宋《崇文总目》著录此书时,其作者除了子贡外,又加上"或曰子胥"。宋陈振孙在其《书录解题》卷五中不同意隋唐《三志》和《崇文总目》的说法。他说:"无撰人名氏,相传为子贡者,非也。"明胡应麟在其《少室山房笔丛》卷二四中也附和陈说,认为"《越绝书》或以为子贡作,又云子胥,皆妄说也"。于是,此书作者就有了三种说法,即子贡、子胥和无撰人名氏。明代的许多公私书目如《文渊阁书目》卷二、《世善堂藏书目录》稗官野史类、《宝文堂书目》卷二、《红雨楼书目》卷二、《古今书刻》卷上等,或因袭子贡、子胥之说,或从陈振孙,不列撰人名氏。

　　正德、嘉靖年间,有些学者,从此书末章《越绝篇叙外传记》中的一段文字进行研究,在作者问题上获得了一些新的线索。这段文字说:

> 记陈厥说,略其有人。以去为姓,得衣乃成;厥名有米,覆之以庚。禹来东征,死葬其疆。不直自斥,托类自明;写精露愚,略以事类,俟告后人。文属辞定,自于邦贤。邦贤以口为姓,承之以天;楚相屈原,与之同名。

　　按照这段隐语，学者们认为此书作者是会稽人袁康和吴平。又据此书卷二《吴地传》中的最后一句："句践徙琅玡到建武二十八年，凡五百六十七年"，认为袁、吴二人是东汉初年人。在这方面，不少明人笔记如杨慎《丹铅杂录》卷九，胡侍《真珠船》卷三、田艺蘅《留青日札》卷一七、焦竑《焦氏笔乘续集》卷四等都有述及。这种说法以后颇得其他学者的附和，明代晚出的某些公私书目如《国史经籍志》卷三、万历《绍兴府志》卷五八，《澹生堂书目》卷二等，都将此书作者定为袁、吴两人。到了清代，《四库全书总目提要》肯定了明人的说法。《提要》卷六六说：

　　　　书末《叙外传记》以廋词隐其姓名，其云以去为姓，得衣乃成，是袁字也；厥名有米，覆之以庚，是康字也；禹来东征，死葬其疆，是会稽人也。又云文词属定，自于邦贤，以口为姓，承之以天，是吴字也；楚相屈原，与之同名，是平字也。然则此书为会稽袁康所作，同郡吴平所定也。

　　《提要》是官修的权威著作，它既然肯定了这种说法，这种说法似乎从此成了定论。后来的不少学者，也都附和了《提要》的论证。例如张宗祥在其手写的校注本序言中说："其姓名籍贯，详记隐语之中，确然可考，《四库提要》之说，盖可据也。"洪焕椿在其《浙江地方志考录》一书的《越绝书》条下也说："《提要》所说是比较可靠的。"

　　应该承认，从杨慎以来直到《四库提要》对《越绝书》作者的研究，确实是对此书的一项重要贡献。汉人好作隐语，例子甚多，毋须赘述。何况从隐语中推究出来的作者之一吴平，与下面将要提到的王充所说的吴君高可能正是一人。但是尽管如此，恐怕还不能认为《提要》的说法就是定论，当然更不能认为解释了这段所谓的"千载隐语"以后，《越绝书》及其作者的问题就算全盘解决了。实际上，自从明代学者开始解释这段隐语以至《提要》把它作成结论以后，一直有不少学者对此持怀疑态度，而其中有些问题，至今仍然有待商榷。

　　这里，牵涉到《越绝书》与另一种名叫《越纽录》的书是否同书异名的问题。王充在《论衡·案书篇》中说：

　　　　东番邹伯奇，临淮袁太伯、袁文术，会稽吴君高、周长生之辈，位虽不至公卿，诚能知之囊橐，文雅之英雄也。观伯奇之《元思》，太伯之《易章句》，文术之《箴铭》，君高之《越纽录》，长生之《洞历》，刘子政、扬子云不能过也。

　　这是历史上对于可能与《越绝书》同书异名的《越纽录》及其作者吴君高的唯一记载。上述杨慎、胡侍、田艺蘅等明代学者，大概都确认两者就是同书。《留青日札》卷一七《越绝书人姓名字考》说："《越纽》者，即《越绝》也。盖纽有结束之义，即绝之所谓断灭也；纽有关纽之义，即绝之所谓最绝也。岂初名《越纽录》，而后定为《越绝》邪？"《四库提要》在这方面也同样作了肯定。《提要》在引述了《案书篇》的话以后说：

"所谓吴君高，殆即平字；所谓《越纽录》，殆即此书欤。杨慎《丹铅录》、胡侍《珍珠船》[①]田艺蘅《留青日札》皆有是说，核其文义，一一吻合。"

但是《提要》在这方面的论证，后来也曾有许多不同意见。清姚振宗的《后汉艺文志》即将此二书分别著录，并说："侯《志》曰[②]：'此书论者多疑即《越绝书》'，然究无实证，今仍分录之。"清李慈铭也说："《越绝》字，近儒以为是《越纽》之误，案首篇《外传本事》，首发绝字之义，两云绝者绝也，谓句践内能自约，外能绝人，故不称《越经书记》而称《越绝》。末篇《篇叙外传记》，又自比于孔子之作《春秋》，言圣人没而微言绝，圣文绝于彼，辩士绝于此，故题其文谓之《越绝》也。其旨甚明，何得谓误？"[③]张宗祥虽然赞同《提要》的说法，但对此两书的关系，却仍然不得不说："独《越纽录》是否即为此书，无可证实耳。"

即使从杨慎等学者到《提要》的论断完全正确，即既承认袁康、吴平是《越绝书》的作者，也承认《越绝书》即是《越纽录》，但这两个论点的本身，显然彼此径庭。因为在《篇叙外传记》的隐语中，此书明明是袁康所撰，吴平所定。但王充在其《书虚篇》、《超奇篇》和《案书篇》中，曾几次说到吴君高其人，却绝不提及袁康。王充与吴君高是同时代人，自然不应有误，则袁康其人将如何处置？于是就出现了像清卢文弨、邵懿辰这类只承认其中一半论点的学者。卢在其《题越绝后》（载《抱经堂文集》卷九）中说："王仲任《论衡·案书篇》称会稽吴君高之《越纽录》，向、雄不能过。《越纽》即《越绝》，则是书专属平所撰矣。"邵懿辰在其所著《增订四库简明目录标注》史部九中，也将此书作者专属吴平一人。

其实，万历《绍兴府志》的纂者孙𬭁，早在《四库提要》以前200多年，就已经察觉了这两个论点的矛盾，而且也早已想出了自圆其说的办法。他在《府志》卷五八《序志》中说："其姓名似是袁康而宦于越，搜往籍，属郡人吴平编次之。"孙𬭁的这个办法很可能是他主纂《绍兴府志》的心得。万历《绍兴府志》由知府萧良干委托他主纂，《府志》纂成后，尽管刊本上列名的是萧良干修，孙𬭁、张元忭纂，但社会上当然承认此志是孙、张的著作，而不是萧的著作。所以他才想到把袁康作为一个倡修此书的地方官，而吴平则是实际上的作者。这样，王充在《论衡》中不提袁康，于理自然可通。这办法虽然避免了《提要》的矛盾，但问题是，不仅是袁康的"宦于越"全无根据，而《越绝书》隐语中写的明明是此书为袁康所撰，吴平只不过是："文属辞定"而已。

《四库提要》所谓"核其文义，一一吻合"的话，也还颇可商榷。《论衡》中提到吴君高其人的共有3处。一处是前已指出的《案书》篇，即是把吴君高的《越纽录》列为当时五大名著的一段。这是很重要的一段，因为这是我们知道吴君高与《越纽录》之间的关系的唯一资料。根据古代名、字相关的通例，这项资料中提出的吴君高，与《越绝书》隐语中的吴平,可以认为是吻合的。但这项资料的其余部分,只能作为与《越绝书》进行对比研究的参考,说不上完全吻合。《超奇篇》也提到吴君高,但和《越纽录》无关,毋须议论。《论衡》的另一处提到吴君高的是《书虚篇》。此篇说:"吴君高说:会稽本山名,夏禹巡狩会计于此山,因以名郡,故曰会稽。"《外传记地传》中也有一段说:"禹始也,忧民救水,到大越,上茅山,大会计,爵有德,封有功,更名茅山曰会稽。"《提要》所谓"一一吻合",必然指这两段文字在内。当然,这两段文字在内容上有其相似之处,但是却并不就能算是"吻合"。因为关于禹巡狩会稽的故事,古籍记载是很多的。《夏本纪赞》说:"或言禹会诸侯江南,计功而崩,因葬焉,命曰会稽,会稽者,会计也。"《汉官》(《水经·河水注》引)说:"禹合诸侯,大计东冶之山,因名会稽。"这类文字与《书虚篇》也都有相似之处,能不能都说它们"吻合"呢? 所以只凭这样一段文字作为《越纽录》就是《越绝书》的证据,似乎不易使人信服。

如上所述,说明有关《越绝书》作者的问题,并不因为从隐语中发现了袁康、吴平两人就可以全盘解决。它实际上比《四库提要》所说的还要复杂得多。而对于此书的渊源来历和作者等问题,从杨慎等解释隐语起直到《提要》作了总结以后,一直都仍有学者提出很不相同的看法。此书孔文谷(天允)刊本卷首嘉靖二十四年田汝成序说:

> 或曰作于子贡,或曰作于子胥,岂其然哉!《内经·内传》,辞义奥衍,究达天人,明为先秦文字;《外传》猥驳无论,《记地》两篇,杂以秦汉,殆多后人附益无疑也。《本事篇序》则又依托《春秋》,引证获麟,归于符应,若何休之徒,为《公羊》之学者。故知是书成非一手,习其可信而略其所疑,亦可以苴埤史氏之阙脱矣。

田汝成比杨慎晚生15年,杨慎对《越绝书》作者的创见,田氏当然不会没有所闻,但是他并不拘泥于隐语,而在各篇的内容上下功夫,因而得到了与杨氏完全不同的结论。明末的另一学者郭钰,他不仅完全赞同田氏的说法,并且还指出袁康通过隐语剽窃前代著作的盗名欺世行为,他在所辑《古越书》凡例中说:

> 《越绝》成非一手,昔贤辨之详矣。《内经·内传》辞义奥衍,究达天人,明为先秦文字;外传或驳或醇,而记地两篇杂以秦汉,殆多后人附益无疑也。何物袁康,托隐语以自露,意欲盗名后世,遂尔诡迹前人,乃其文气不类,谁可为欺者?

当然,郭氏对袁康的指摘未免言之过激,整理前代的著作,本来应该是件好事。而且,正因为撰述中抄录了大量前人成果,因而自隐其名,其用心也未可厚非。但是,今本《越绝书》中有大量内容是东汉以前的作品,这一点恐怕也是不能否定的。

清洪颐煊在其《读书丛录》中说:

> 杂家《伍子胥》八篇,兵家《伍子胥》十篇,图二卷。颐煊案,《武帝纪》臣瓒曰:《伍子胥书》有戈船;又曰:《伍子胥》有下濑船。此当在兵技巧家十篇中。《史

记正义》引《七录》云:《越绝》十六卷,或云伍子胥撰。《艺文志》无《越绝》,疑即杂家之《伍子胥》八篇,后人并为一。故《文选·七命》李善注引《越绝书伍子胥水战兵法》一条,《太平御览》三百一十五引《越绝书·伍子胥水战法》一条,引《伍子胥书》皆以《越绝》冠之。今本《越绝》无《水战法》,又篇次错乱,以末篇证之,《越绝》本八篇:《太伯》一,《荆平》二,《吴》三,《计倪》四,《请籴》五,《九术》六,《兵法》七,《陈恒》八,与杂家《伍子胥》篇数正同。

洪氏根据《汉书·艺文志》的著录,追溯《越绝书》的渊源,寻根究底,方法是可取的。按照他的研究,则《崇文总目》所谓"或云子胥"的话,看来也并非完全无稽。总之,对于像《越绝书》这样一部来历复杂的古籍,后世存在不同议论,本来就不足怪。但是作为官修的《四库提要》,竟置早已存在的论争于不顾而独崇隐语,就未免失之于轻率。因此,余嘉锡在其《四库提要辨正》卷七中的一段话是比较公允的:

自来以《越绝》为子贡或子胥作者,固非其实,而如《提要》或徐氏说,[4]以为纯出袁康、吴平之手者,亦非也。余以为战国时人所作之《越绝》,原系兵家之书,特其姓名不可考,于《汉志》不知属何家耳。要之,此书非一时一人所作。《书录解题》卷五云:《越绝书》十六卷,无撰人名氏,相传以为子贡者,非也。盖战国后人所为,而汉人又附益之耳。斯言得之矣。

由此可见,《越绝书》的渊源远比《吴地传》所说的"建武二十八年"古老,而袁康(假使确有其人)和吴平的工作,无非是把一部战国人的著作,加以辑录增删而已。

除了作者以外,《越绝书》的卷帙,也是一个至今值得研究的问题。《史记·孙吴列传正义》引《七录》,称《越绝书》有 16 卷。隋唐三《志》著录的此书,也都作 16 卷。但在《崇文总目》中,此书仅 15 卷。《崇文总目》说此书旧有内记八,外传十七,今文题舛阙,才 20 篇。由此可知,此书在宋代初年,已经缺佚了 5 篇。《崇文总目》以后,绝大部分公私书目均作 15 卷。(但高似孙《史略》卷五,《直斋书录解题》卷五,《澹生堂书目》卷四,姚振宗《后汉·艺文志》载记类等仍作 16 卷,这些当是抄录《隋唐志》卷数,并非实见。)今本仍作 15 卷,计内传 4 篇、内经 2 篇、外传 13 篇,共 19 篇。这 19 篇篇目,与南宋晁公武《郡斋读书志》完全相同。说明从宋初到宋末之间又缺佚了一篇。与《隋唐志》著录之本相比,其缺佚超过 2/10。所以此书从南宋流行之本起直到今本,实际上都是一种残本。

正因为南宋以后的此书版本都是残本,为了使此书的卷帙稍复旧观,历来有些学者就曾经为此书的辑佚工作做过一番努力。清钱培名在《文选注》、《吴地记》、《后汉书·郡国志注》、《水经注》、《寰宇记》以及《北堂书钞》、《太平御览》等类书中,辑出了佚文 28 条。上海图书馆所藏清王仁俊《经籍佚文》的手稿本中,也包括《越绝书佚文》

一卷。他们的工作当然是值得赞赏的。但是,此书的辑佚工作,看来并不因钱、王等学者的努力就算结束,湮没于浩瀚的古籍之中的《越绝书》遗文佚句,肯定还可以继续发掘。前几年,我在北京图书馆偶阅抄本《晏元献公类要》,就发现钱、王二人均未收辑的此书佚文两条,说明散存于各处的佚文,为数可能不少。

辑佚当然是使此书作为一个残本走向卷帙完整的唯一办法,在古人已经取得的成果的基础上,今后无疑应该继续努力。但问题是,和它书相比,此书的辑佚工作有两个独特的难处:

第一,我们现在只知卷帙完整的《越绝书》有内记 8 篇、外传 17 篇,共 25 篇。今本此书有内传、内经 6 篇,外传 13 篇。共缺内传、内经 2 篇,外传 4 篇,但却不知道所缺的篇名。因此,后世所辑录的遗文佚句,都只好像钱培名和王仁俊那样,分条罗列于书末。除非最后能够获得缺佚的篇名,否则,佚文的归属和对本书的进一步整理,都将存在无法解决的困难。

第二,此书别名甚多,除了前面已经讨论过的《越纽录》和上述《伍子胥》、《伍子胥书》、《伍子胥水战兵法》等尚可存疑外,《隋书经籍志》著录此书作《越绝记》,清章宗源、姚振宗两家《隋书经籍志考证》均从隋志,也都作《越绝记》。此外,《水经注》、《史记正义》等引此书作《越绝》,《文选注》引此书作《富中越绝书》,《史记集解》引此书作《越录》,《北堂书钞》引此书作《越记》等等,不胜枚举。在这许多别名之中,究竟是否同书异名,抑是另有它书,有时很难作出判断。以我所见北京图书馆所藏抄本《晏元献公类要》所引为例,该书卷一于越亭引《越绝书》一条:"余大越故界,所谓越也,在县东南五十步,屹然孤竹。"同卷黄竹山又引《越绝记》一条:"范蠡遗鞭于此,生笋为陵,竹色皆黄。"既然在《类要》同卷之中,《越绝书》与《越绝记》并见,特别是所引《越绝记》一条,其文字与《越绝书》传统风格实在格格不入,则《类要》《越绝记》看来就不一定是《隋志·越绝记》。这一条佚文,是否真为《越绝书》所佚,也就大有疑问。

另外还有一些书名,它们究竟是否《越绝书》的别名,或是《越绝书》中的部分卷帙,于事颇有疑问。例如《遂初堂书目》杂史类著录的《越绝书外传》、《烟屿楼书目》载记类著录的《外传本事》一卷一册等。因为这两种书目同时都另有《越绝书》的著录。更有一些古人编造的伪书,《越绝异记》即是其中之一。此书在《明史·艺文志》卷二、《文渊阁书目》卷四、《明书经籍志拾补》、《篆竹堂书目》卷六等均有著录,足见在明代流行很广。另一明末人钱軗伪托的《续越绝书》二卷,若非清朱彝尊记其始末,则其事实可乱真。朱氏在其《经义考》卷二七五云:"案《续越绝书》二卷,亡友钱稚苗避地白石樵林时所撰也。其云'书得自石匣',谓是汉吴平著,蜀谯岍注,盖诡托之辞。上卷曰《内传本事》、《吴内传》、《德序记》、《子游内经》、《外传越绝后语》、《西施郑旦外传》；下卷曰《越外传杂事》、《别传变越上》、《别传变越下》、《经内雅琴考》、《序传后记》。《序》略曰："赐记《越绝》，成一家言，袁康接之，章句其篇，文属辞定，又何续焉？惟上纪《春秋》之获麟，下逮更始之元。'是亦可谓好事矣。"《四库提要》卷六六特别为这种伪书作了一段说明："朞与尊友善，所言当实，今未见传本，其伪妄亦不待辨，以其续此书而作，又即托于撰此书之人，恐其幸而或传，久且乱真；又恐其或不能传，而好异者耳闻其说，且疑此书之真有续编。故附订其伪于此，释来者之惑焉。"

《提要》的说明确实是必要的。否则，尽管这类伪书多已失传，但它们散失在外的遗文佚句，都有可能鱼目混珠，被后人收辑于《越绝书》的佚文之中。

如上所述，说明了《越绝书》辑佚工作的困难。在书名参差、伪书流行的情况之下，一切遗文佚句，都必须仔细查究它们的来源。否则，不仅收不到增补卷帙之功，反使良莠混杂，欲益反损。而且，即使是来源确实的佚文，也必须从内容上仔细分析，慎重研究，才能判定是非。例如，《北堂书钞》卷九四引此书一条云："阖闾葬女于邦西，名为三女坟，吴先主发掘无得，凿分为三，呼为三女坟也。"《越绝书》辑录止于建武二十八年，吴先主之事怎能载入此书？其为后人妄增，可以无疑。

正是因为此书辑佚工作中存在的许多困难，前人所辑的佚文，也尚有可以商榷之处，所以在这个点校本中，我们没有收入过去各家的辑佚成果。对于像《越绝书》这样一部古籍，在现有的基础上如何进行辑佚工作和如何使此书卷帙进一步复原的问题，还有待这方面的专家们共同商讨。

尽管此书的作者问题还没有最后解决，而全书卷帙也很有缺佚，但是它仍然不失为一部具有重要价值的古代历史文献。

对于《越绝书》的价值，也就是此书究竟是一部什么性质的书，历来颇有不同看法。

第一，此书历来公私书目多收入在杂史、稗史之类，《四库》收入载记类，说明此书是一部历史书。它不仅记载了春秋于越的历史，并且也记载了与于越相邻的句吴和楚的部分历史。于越是活动于我国东南地区的一个古老部族，假使与近年发现的余姚河姆渡文化相联系，则这个部族在今浙东地区的活动，至少已有 7000 年的历史。在我国古籍中，曾经记载于越历史的，主要有《国语》、《史记》、《越绝书》和《吴越春秋》4 种，其中后 2 种是当地著述，其内容远比前 2 种丰富。而在这 2 种之中，《吴越春秋》又显然无法与《越绝书》相比。此书嘉靖丁未刊本中陈垲《跋》云："越晔《吴越春秋》，又因此书而为之。"钱培名《越绝书札记》云："赵晔《吴越春秋》，往往依傍《越绝》。"可见《吴越春秋》是参考《越绝书》而撰写的。这就说明，在我国所有记载于越历史的文献中，《越绝书》是内容最丰富的权威著作。对于《越绝书》的这个"绝"字，历来解释甚多,并无定论。明田艺蘅在《留青日札》卷一七中把它解释为"断灭";张宗祥手写本序言中说:"绝者,绝也,殆不继之意",均颇得其实。正是由于此书的撰述,这个春秋部族已经断灭不继的历史,才得以流传至今。杭州大学外语系主任鲍屡平教授把《越绝书》英译为"THE LOST HISTORY OF YUE"⑤,我认为这样的译法,深得此书书名要旨。由此可知,作为一种历史文献,此书的价值是不言而喻的。

第二,历来不少学者,还认为《越绝书》是我国地方志的鼻祖。万历《绍兴府志》卷五八说:"其文奥古多奇,《地传》具形势、营构始末、道里远近,是地志祖。"清毕沅在乾隆《醴泉县志》序、清洪亮吉在乾隆《澄城县志》序中,都说:"一方之志,始于《越绝》。"今人朱士嘉在其《宋元方志传记序》中也指出:"《越绝书》是现存最早的方志。"当然,按照今本全书19篇来说,内容包罗极广,不能一律都作为方志看待。但其中卷二《吴地传》和卷八《地传》两篇,不仅把句吴和于越两国国都及其附近的山川形势、城池道路、宫殿陵墓、农田水利、工场矿山等记载得十分详尽,而且还写出了这两个不同地区即太湖流域和会稽山地的地理特征。关于太湖流域,篇中记载了太湖、无锡湖等十几个湖泊及其位置和面积。例如太湖条说:"太湖,周三万六千顷,其千顷,乌程也。去县五十里。"在多山的会稽山地,篇中记载了十多座山岳的地理位置和其他情况。例如记载犬山:"犬山者,句践罢吴,畜犬猎南山白鹿,欲得献吴,神不可得,故曰犬山。其高为犬亭。去县二十五里。"又记载姑中山说:"姑中山者,越铜官之山也,越人谓之铜姑渎。长二百五十步。去县二十五里。"对一个地区的山川地理作这样的记载,无疑为宋代及其以后的地方志编纂开创了范例。把这两篇作为我国最早的地方志,确是恰如其分的。

第三,清钱培名在其小万卷楼本《越绝书》跋尾中说:"《越绝》,复仇之书也。"双柏堂本张佳胤《序》称此书"重仇明勇"。清王谟在他所刻《增订汉魏丛书》中说此书"多阴谋秘计"。特别是因为此书中有《纪策考》、《陈成恒》、《宝剑》等各篇,故历来学者颇有以此为兵书的。余嘉锡认为此书"原系兵家之书"。洪颐煊认为今本《越绝书》即是《汉书·艺文志》著录的《伍子胥》。其实,上述《记策考》等篇,固然直接论述了战守兵要,而其他如《荆平王》、《计倪》、《请籴》、《范伯》、《吴王占梦》、《九术》、《军气》等各篇,也都涉及权谋、术数和兵法之事。例如《计倪内经》论述了后勤准备对于战争的重要性:"必先蓄积食、钱、布、帛,不先蓄积,士卒数饥。饥则易伤,重迟不可战。战则耳目不聪明:耳不能听,视不能见。什部之不能使,退之不能解,进之不能行。"《军气》篇更从天时、地利、人和等方面论述了战争胜负的道理:"夫圣人行兵,上与天合德,下与地合明,中与人合心,义合乃动,见可乃取。"因此,作为一部兵书,《越绝书》不仅从武器、辎重等方面论述了战术上的问题,而且更从政治、经济、外交等方面论述了战略上的问题。由于书中所谈的并非泛泛之论,而是具体联系着于越这个部族从小到大、从弱到强、从局促一隅到扬威江淮的历史事实,因此,这部兵书的价值当然不同凡响。

第四,有的学者也把《越绝书》作为一部经世致用的书籍。张宗祥在其手写的校注本序言中说:"越王句践归国,行计倪、范蠡之术,覆吴报仇,霸于中国,其道在富民贵谷。古所谓民为邦本,食为民天,耕三余一、耕九余三之道,越尽行之。此其精神,详于《计倪内经》、《外传枕中》两篇之中,最此书之要旨也。"其实,在《计倪》和《枕中》两篇之中,不仅论述一般的农业生产,并且已经注意到农事与农时的关系。《枕中篇》说:"故天下之君,发号施令,必顺于四时。四时不正,则阴阳不调,寒暑失常。如此,则岁恶,五谷不登。"《计倪篇》甚至更探讨了农业气象与旱涝规律,该篇说:"太阴三岁处金则穰,三岁处水则毁,三岁处木则康,三岁处火则旱。故散有时积,籴有时领,则决万物不过三岁而发矣。"考虑到于越已在龟山上建起一座观察气象和天文的综合性观象台,因此,计倪对于这个地区旱涝规律的论述,尽管语涉阴阳五行,但很可能是有他的观察依据的。[⑥]另外,《越绝书》不仅在上述两篇中论述了农业生产,在《吴地传》和《地传》等各篇中,还记载了牧场畜牧业、水产养殖业、手工业、交通运输业等,举凡发展生产、流通经济等问题,此书都有较详的论述。从此书中记载看,当时的畜牧业大概是以部族集体经营的牧场畜牧业为主。《吴地传》的鸡陂墟和牛宫,《地传》的鸡山和豕山等,都是当时的著名牧场。至于水产养殖业,《吴地传》记载句吴的作湖是"多鱼聚物",《地传》所记于越的目鱼池是"其利不租",都是当时的重要淡水鱼场。《地传》记载当时的工场手工业特别详细,根据此篇的记载,可以绘制出一幅当时以山阴城为中心的于越手工业分布图。例如冶金工业地姑中山、练塘、锡山和六山,造船工业地船宫,木材采伐地木客,纺织工业地麻林山和葛山等。每一处都有明确的距山阴城的里程。其中练塘一条说:"练塘者,句践时采锡山为炭,称炭聚。载从炭渎至练塘,各因事名之,去县五十里。"对于这个冶金工业地的记载,包括原料地、燃料地以及运输路线,即使按今天的要求来说,也不失为一项完整的经济地理资料。《吴地传》和《地传》还记载了许多当时的重要水陆道路及其起迄经过,例如吴古故陆道、吴古故水道、秦始皇造道、山阴古故陆道、山阴古故水道等等。其中《吴地传》记载秦始皇所造道路时说:"秦始皇造道陵南,可通陵道,到由拳塞,同起马塘,湛以为陂,治陵水道到钱唐越地,通浙江。"这条关于今苏南、浙北之间的水陆道路的记载,不仅起迄分明,路程清楚,并且还记载了在今嘉兴以南筑塘蓄水、整治河道的事,而这条秦代疏凿的河道,当时已和今钱塘江沟通。由此可见,我国历史上关于整治江南运河的记载,实际上比一般认为的隋代还可再提前八个世纪。这也说明了这类资料的重要意义。

　　历来研究《越绝书》的学者们从上述四个方面评论此书的价值,这当然是仁者见仁,智者见智。而实际上,此书的价值,恐怕还要超过前人已经评论过的上述四个方面。我特别需要在这里提出的,则是《越绝书》在语言学和地名学方面的贡献。

　　由于于越部族的最后流散及与他族的融合,于越的语言早已泯灭,却赖此书为我们留下了这方面的宝贵资料。此书中拥有大量吴越两国的人名和地名。此书《纪策考篇》说:"吴越为邻,同俗并土。"《范伯篇》也说:"吴越二邦,同气共俗。"这就说明,句吴和于越在语言上是相近的。从此书留下的人名与地名加以对比,就可发现两者确实相似。例如句吴之"句",与于越句践、句章、甬句东之"句";句吴国都姑苏之"姑",与于越姑蔑之"姑";句吴地名无锡、无湖之"无",与于越人名无余、地名句无之"无"等等,不胜枚举。当然,记载于越人名和地名的古籍并不止《越绝书》一种,而且人、地名都属于专有名词,我们无法从中了解这些语言的意义。十分可贵的是,《越绝书》独一无二地留下了两个于越部族的普通词汇,为我们研究这种已经泯灭的语言提供了重要线索。此书《吴内传》篇说:"方舟航买仪尘者,越人往如江也。治须虑者,越人谓船为须虑。"《地传》篇说:"朱余者,越盐官也。越人谓盐曰余。去县三十五里。"这样,我们就知道越语"须虑"即汉语"船";越语"余"即汉语"盐"。特别是后者,常常出现在于越的地名之中,除了上述朱余以外,还有余姚、余杭、余暨等等。通过这个词汇,使我们了解,这些古代的沿海聚落,都和朱余一样,和当时的盐业生产有密切关系。而历来对这些地名按汉字望文生义的曲解,如《十道志》释余姚:"古舜为余姚之墟";《西湖游览志余》释余杭,谓禹到会稽,至此舍杭登陆,故名禹杭,又名余杭,以《越绝书》证之,实在荒诞无稽。

　　以上已经涉及了地名学的问题。我国的传统地名学以地名渊源的解释为主流。《汉书·地理志》有40余处地名渊源解释,曾被认为是我国地名学研究的嚆矢。[7]其实,《越绝书》成书早于《汉志》,而其中地名渊源的解释超过30处,前面已经提及的练塘、朱余等条均是其例,所以此书在地名学研究中的意义,并不下于《汉书·地理志》。

　　以上关于《越绝书》作者、卷帙及其价值三个方面的拙见,是我写作这篇序言的主旨。最后,为了使读者对此书历来的版本有所了解,顺便也把这方面的情况稍作介绍。

　　如前所述,此书《隋唐志》及《崇文总目》著录之本,现在早已不见。南宋刊本中所知最早的是嘉定庚辰(1220)东徐丁黼夔州刊本和嘉定甲申(1224)汪纲绍兴刊本。此外,元大德十年(1306)绍兴路刊本,也是此书较早的刊本。但所有这些刊本,现在都已不存。案翻宋本所载夔州刊本丁黼《跋》说:"予于绍兴壬子游吴中,得许氏本,讹舛特甚;嘉定壬申令余杭,又得陈正卿本;乙亥官中都,借本秘阁。以3本互相参考,择其通者从之,乃粗可读,然犹未也。念前所见者,皆誊写失真,不板行则其传不广,传不广则私所藏莫克是正,遂刻之于夔门,以俟来者。"由此可知,丁刊本的底本是许氏本、陈正卿本和秘阁本。这些当然都是钞本。其中秘阁本是朝廷藏书,本来应该是一种善本。但是从丁刊本的成就来看,则这个秘阁本最早也不过是北宋后期的本子,因为它比《崇文总目》著录的,已经少了一篇。至于汪纲刊本,据至今尚存的汪纲跋语,乃是丁氏夔州本的翻刻本。

现在留存的此书最早刊本都是明刊本。例如宁波天一阁所藏的明正德四年(1509)吉水刘以贞刊本(即潘景郑《著砚楼书跋》著录的刘恒刊本)和嘉靖二十四年(1545)姚江夏恕刊本。又如北京图书馆所藏的明嘉靖二十六年(1547)陈垲刻本和嘉靖三十三年(1554)张佳胤双柏堂刊本,天津人民图书馆等所藏的明嘉靖二十四年(1545)孔文谷刊本。此外还有中山大学图书馆等所藏的明嘉靖赵恒仿宋汪纲刊本,浙江图书馆等所藏的明万历《古今逸史》本,南京图书馆等所藏的明天启《汉魏丛书》本等。至于北京图书馆所独藏的明刊《郭子式先生校刊书》中收入于《古越书》卷内的《越绝书》,只是此书的一个节本,已非19篇全貌。

清代的《越绝书》刊本大多收入于丛书之中,主要有乾隆重刊《汉魏丛书》本、《小万卷楼丛书》本和宣统石印《汉魏丛书》本等。其中《小万卷楼丛书》本附有钱培名《越绝书札记》和《逸文》各一卷。民国以后,又有《龙溪精舍丛书》本以及《四部丛刊》、《四部备要》、《丛书集成》等本。

所有上述目前尚存的本子,虽然其名号有翻宋本和翻元本的差别,但其实都是辗转翻印的南宋版本,经过各家校勘,文字稍有出入,卷数容或不同,但篇数都作十九,其实大同小异而已。

新中国成立以后,浙江图书馆馆长张宗祥参照此书各种版本加以校注,并手写一通,于1956年由商务印书馆出版。书末有附录一种,收入丁黼本、汪纲本、刘以贞本以及杨慎、陈垲、张佳胤、王谟等各家为此书所作序跋和此《四库提要》等,并附清钱培名《越绝书札记》及《逸文》,清俞樾《越绝书札记》等,较为完备。张氏为此书所作注释,内容比较广泛,但其中颇有值得商榷之处。例如卷八《地传篇》"大越滨海之民,独以鸟田"。此处张注:"《吴越春秋》云:百鸟佃于泽。又云:使百鸟还为民田。宗祥案,此即象耕鸟耘也。"这里,《越绝书》仅书"鸟田"二字,虽然失之简单,但却是记载了一种生物界的自然现象,并无牵强附会之处。而张注引《吴越春秋》"使百鸟还为民田",这是以传讹注事实,引人误入歧途。何况又凭空加上"象耕"二字。懂得者自不待言,不懂者将更因此注而困惑不解。王充在《论衡·书虚篇》中说:"传书言,舜葬于苍梧,象为之耕;禹葬会稽,鸟为之田。盖以圣德所致,天地鸟兽报佑之也……鸟田象耕,报佑舜禹,非其实也。实者,苍梧多象之地,会稽众鸟所居。《禹贡》曰:彭蠡既潴,阳鸟攸居。天地之情,鸟兽之行也。象自蹈土,鸟自食苹,土蹶草尽,若耕田状,壤靡泥易,人随种之。"《偶会篇》也说"《传》曰:'舜葬苍梧,象为之耕;禹葬会稽,鸟为之田。失事之实,虚妄之言也。'"《论衡》解释的"象耕"、"鸟田",是符合事实的。可惜张氏误引了《吴越春秋》"使百鸟还为民田"的说法,这实际上是1900多年前王充所批判过的话。张本注释中欠妥之处不少,我举此例,只是为了说明,像《越绝书》这样一种内容广泛的古籍,要为它作出适当的注释,无疑是一件难事。至于张本,虽然存在着这方面的缺陷,但在目前尚存的版本中,仍然不失为一种较好的本子。

正因为此,这次点校此书,在以《四部丛刊》影印江安傅氏双鉴楼藏明双柏堂本为底本的同时,较多地吸收了张宗祥本在校勘上的成果。此外并参校了明正德刘以贞,嘉靖孔文谷、陈垲,万历吴琯、何镗等诸本,在各篇末尾写了校勘记,凡改字及两可的异文均写校记,他本误者则不出校。又底本双柏堂本多用通借字,比较接近原书面貌,所以未依正德本等本改成本字。校勘中,遇有各本均缺字,作空格或墨钉之处,一律迳作□不另出校。

本书点校者乐祖谋同志,在杭州大学地理系攻读历史地理学硕士研究生,两年以来,学殖甚有进益。其对《越绝书》等古籍的研究,功力亦甚可喜。我忝为指导教师,在其点校过程中,固曾相互推敲;今点校既成,更乐于为之序。

注释:

① 今通行本作《真珠船》。
② 指清侯康所撰《补后汉书·艺文志》。
③ 《越缦堂日记》三函十二册,同治九年三月十一日。
④ 指清徐时栋,他认为《越绝》与《越绝书》是两本书,《越绝》为周人所撰,已亡佚;袁康、吴平所撰之《越绝书》是《越绝》之传。见《烟屿楼读书志》卷一三下,华东师大图书馆藏抄本。
⑤ 《杭州大学学报》(哲学社会科学版)1979年第4期目录。
⑥ 参阅拙作《古代于越研究》,载《民族研究》1982年第1期。
⑦ 参阅拙作《论地名学及其发展》,载《中国历史地理论丛》第1辑,1981年7月。

《绍兴贤人志》序

　　绍兴是个历史悠久、文化发达的古城,自从春秋于越立城建都以来,已有2000余年的历史。而于越人民在这个地区的活动见于正式历史记载,则已达3000年之久。今本《竹书纪年》周成王二十四年(约当公元前1001年)"于越来宾"。这是于越从考古时代进入历史时代的开端。此后,于越的活动,屡见《春秋》经、传记载,于越部族不断滋繁,于越国家也日益壮大。

　　越王句践是一位有雄才大略的国君,他开始把国都从会稽山中的嶕岘大城移到山麓冲积扇的平阳,当时就树立了振兴国族、称霸中原的志向。但于越在当时毕竟还是国小民寡,在强邻句吴的进攻下,乡土凌夷,几至覆亡。幸赖忍辱负重的策略和灵活的外交手腕,他亲自在句吴度过三年艰苦危险的囚奴生活以后,终于重返故国,而随即于当年(前490)在今绍兴城区建立小城和大城——大越城。这样,今绍兴在近2500年前,就成为一个春秋列国的首都。越王句践以卧薪尝胆的痛苦磨炼,使这个国家从弱小变为强大。由于于越在当时是个环境闭塞、文化落后的小国,要使这个国家获得发展,首先必须从当时的先进列国引进人才。因此,句践在他即位之初,就先后延聘了列国的贤能人才,主要的如楚国宛人(今河南南阳附近)范蠡,楚国郢人(今湖北江陵附近)文种,齐国葵丘濮上人(今山东临淄附近)计然(又称计倪)等。范蠡与文种都是著名的政治家,计然则是有真才实学的经济家。在这些贤能人才的擘划襄助之下,经过"十年生聚,十年教训"的艰苦努力,于越终于转弱为强,覆灭句吴,称霸中原。句践、范蠡、文种、计然等等,都是这个地区历史上出现的第一批卓越人物。

秦统一中国后直到东汉中叶,由于会稽郡治在吴而不在山阴,随着政治中心的北移,加上于越部族流散,人口减少,生产停滞,使这个地区在这段时期中的发展趋于缓慢。但尽管如此,由于于越一代的惨淡经营,这个地区的名声已经流传全国。以致当时的著名人物如秦始皇、司马迁等,都曾慕名来此。在《史记·秦始皇本纪》和《太史公自叙》中都见于记载。历史上各种著名人物来此游历,为绍兴地区倍增光彩。

东汉永建四年(129),实行了吴、会分治,山阴成为会稽郡治,从此,绍兴的发展趋于迅速。分治后不过10年,会稽郡守马臻于永和五年(140)主持了鉴湖的修建,为这个地区此后1000年的农业发展奠定了基础。东汉一代中,这里生产发展,人才辈出,如著名哲学家王充,历史学家袁康、吴平、赵晔等,他们撰写和编纂的不朽名著如《论衡》、《越绝书》、《吴越春秋》等,至今都是我们宝贵的文化遗产。

时至魏、晋、南北朝,由于北方动乱,北人大批南迁,山阴因为风景秀丽,物产殷富,在当时出现了"今之会稽、昔之关中"的兴旺局面,成为北方移民的重要移居对象。除了大量平民的移入外,中原望族如王羲之、谢安、孙绰、李充、许询、支遁等家族,也纷纷迁到这里定居。一时人文荟萃,文化有了很大的提高。王羲之在东晋永和九年(353)三月三日发起了一次兰亭修禊的聚会,这一天聚集在那里的著名文人学士竟多至42人。文风鼎盛,可见一斑。

到了唐朝,国家盛平,文化发达。越州不仅是一州的首府,而且又是浙江东道的节度使所在,俨然一大都会。经济繁荣,人文兴盛,著名诗人贺知章当时就归老于鉴湖一曲之中。另一著名诗人元稹,因任浙东节度使和越州刺史之职,在这里撰写诗篇,盛赞越州风景的秀丽,城市的宏伟。他和当时任职杭州刺史的另一著名诗人白居易,经常借运河船只寄递诗篇,往返酬答,传为佳话。

南宋建都于临安,绍兴在当时与金陵相颉颃,成为首都以外的全国两大城市。加上宋高宗在此驻跸逾年,城市扩大,文化发展,它不仅是朝廷的陵寝所在,同时也是朝廷的宫学所在。文人学士从四方汇集,雕板印刷业发达,民间藏书丰富,成为一个首都外围的文化中心。爱国诗人陆游和他撰写的大量诗篇,替这个时期的绍兴文坛增加了无限光辉。

有明一代,由于鉴湖湮废以后在农田水利上出现了许多新的问题,于是,潜心于水利事业的名宦乡贤又应时而起。其中绍兴府太守戴琥和汤绍恩的贡献特别卓著,他们整治麻溪,修建三江闸,厥功甚伟,值得后人纪念。学术界在明代也甚为活跃,著名的哲学家王守仁,由于在会稽山下的阳明洞设帐讲学,因而号称阳明先生,名扬东瀛。另一学术巨匠刘宗周,由于主讲蕺山书院,即以刘蕺山为称号而名噪一时。及至明末,由于民族矛盾上升,又出现了一批大义不屈、气节凛然的知识分子,祁彪佳就是其中的代表人物。

迨至清季,绍兴的文化事业仍然赓续不衰,如沈复粲、杜煦、章学诚、李慈铭等,都是其中的佼佼者,他们都以呕心沥血所撰写的千古文章,大大地丰富了桑梓的文物宝藏。到了清末,由于政治腐败,外患交迫,知识分子中的先进人物,以徐锡麟、秋瑾、陶成章等为代表,毅然以革命为己任。洒热血,抛头颅,以他们的光辉业绩,彪秉在乡土史册之上。

民国以后,后贤踵继,伟大的文学家鲁迅,教育家蔡元培,政治家周恩来等,都是名闻寰宇的越中人杰,为乡土历史大放光芒。而著名科学家竺可桢、陈建功等,也为这个地区的优秀文化传统锦上添花。

地方志的修纂,是中国优秀的文化传统之一,在地方志修纂中重视历史人物的记载,则自古就有成例。在这方面,绍兴是值得自豪的,因为这个地区的第一部地方志《越绝书》,也就是我国地方志的鼻祖。《越绝书》中记载的于越人物,除了著名的国君句践以外,还有名宦大夫文种、范蠡、计倪,以及心怀桑梓的民间女子西施等。《越绝书》记载他们的行迹至详,为后世这个地区地方志中的人物记载树立了范例。汉代的另一种地方文献名著《吴越春秋》,在人物记载上较《越绝书》尤胜。除了已见于《越绝书》的以外,它还记载了越王句践的其他重要名宦如大夫扶同、苦成、皋如、曳庸、皓进、诸稽郢等人,称得上完备而详尽。

汉代以后,除了地方志中的人物记载以外,专门以人物为记载对象的人物志开始出现。这中间,如三国吴谢承撰的《会稽先贤传》七卷,晋虞预撰的《会稽典录》20 篇,贺氏撰的《会稽太守像赞》2 卷和《会稽先贤像赞》五卷以及晋钟离岫撰的《会稽后贤传记》二卷等,都是一时的名作,长期以来,这些著作都有很大的社会影响。

历史上,绍兴的先贤们素来重视人物传记和人物志的编纂。明清以来,这方面的著述更为丰富,明末著名学者刘宗周撰《乡贤考》(收入于《刘子全书》卷二四)。他的用意显然是要在当时那个世乱时艰的社会上竖起一盏明灯。此外,张岱撰《于越三不朽图赞》,唐九经撰《绍兴府乡贤世次录》,其时代背景也都是如此。有清一代,特别是在康、乾盛世,绍兴府修志风行,佳志迭出。不少在地方志修纂中有贡献的学者,在他们主纂府、县志之余,撰述人物专志,为数也颇可观。例如康熙《绍兴府志(王志)》和康熙《会稽县志》的主纂人董钦德,曾撰《会稽人物志》一书,今抄本 4 册,收藏在杭州大学图书馆。又如康熙《绍兴府志(俞志)》的主纂人周徐彩。曾撰《越州先贤赞》一书,为乾隆《绍兴府志》所著录。此外如乾隆知府杜甲所修纂的《越荫录》和《传芳录》等,也都是表彰历史上越州贤人的著述。

当然，人物传记和人物志的撰写，是一件既重要又严肃的工作。因为它不仅对当代，而且对后世有不可估量的影响。所以历史上绍兴的著名学者，在这方面素来采取既积极而又慎重的态度。万历《绍兴府志》的主纂人张元忭和孙矿，在府志人物传的撰写中，曾经花费了极大的功力。当时，元忭家居山阴，孙矿家居余姚，他们仔细斟酌，反复商讨，往来信札不绝，事见《张阳和文选》，可以为证。晚清著名学者李慈铭，在同治七年(1868)四月初九的《受礼庐日记》(《越缦堂日记》2 函 10 册)中，考证汉会稽太守马臻初创鉴湖的事迹和贡献，长达千言。鲁迅先生在这方面更是我们的榜样，他有鉴于古代桑梓人物记载的亡佚，于民国初年编纂《会稽郡故书杂集》，从许多古籍中辑出谢承《会稽先贤传》、虞预《会稽典录》、钟离岫《会稽后贤传记》、贺氏《会稽先贤像赞》4 篇，让越州后辈，能够看到这些久已亡佚的故乡人物志名著的吉光片羽。

现在，我们又幸逢盛世。全国人民，正在伟大的中国共产党的领导之下，团结一致，为建设四化、建设社会主义的富强祖国而努力。具有"十年生聚，十年教训"和"卧薪尝胆"的优秀历史传统的绍兴人民，也正在振奋精神，为建设家乡、建设祖国而作出贡献。《绍兴贤人志》在这样的时候问世，当然绝不是偶然的。盛世修志，在我国历史上早有成例。而人物专志在当前的编纂，更是正得其时。

我有幸得读此志初稿，重温了此志所选，绍兴历史上 100 位贤人的业绩。撰者以短小精悍的篇幅，为这 100 贤人树碑立传。先贤典范，感人至深，使我接受了一次深刻的教育。当然，绍兴历史悠久，文物鼎盛，3000 年来，桑梓著名人物或外来名宦高贤，远不只此 100 人。此志所列 100 人，实是绍兴历史上贤人的代表，推此及彼，当有待于续编。

《绍兴贤人志》的编纂，意义十分深远。《宋史·文天祥传》云："自为童子时，见学宫所祠乡先生欧阳修、杨邦乂、胡铨像，皆谥忠，即欣然慕之，曰：没不俎豆其间，非夫也。"以前辈贤人为榜样，文天祥以后的业绩人所共见，是我国历史上著名的民族英雄。所以此志之编，裨益于乡土后辈，特别是年青的一代，诚不可计量。我们必须努力学习桑梓先贤的业绩，刻苦砥砺，奋勇前进，使自己成为一个有用的人材，为建设伟大的社会主义祖国贡献力量。

原载《绍兴师专学报》1984 年第 2 期

论句践与夫差

越王句践(?—前465。在位前496—前465)与吴王夫差(?—前473。在位前495—前473)是春秋战国间的两个著名君王。在两国的长期交战中,前者获得最后的胜利,后者则在最后的失败中国破身亡,这是人们都很熟悉的历史。但由于过去的历史记载往往以成败论人,因此,多年以来,对句践与夫差的褒贬,几乎早成定论。句践被推崇为一个选贤与能、刻苦砥砺、富国强兵、报仇雪耻的英明国君;而夫差则被贬低为一个骄奢淫泆、亲信奸佞、残害忠良、咎由自取的无道国君。其实,这种评论是值得商榷的。

应该说,在历史上长期来流传的这种对句践和夫差的评论,有一半,即对句践的评论基本上是符合事实的,但是另外一半,即是对夫差的评论,包括推崇被夫差赐死的伍子胥以及责骂夫差的亲信太宰嚭(伯嚭)等种种论点,都是非常片面和不公正的。这类流传的论点,只是一些表面现象和传统观念的凑合,并不是对历史资料进行深入分析的结论。

我在拙著《于越历史概论》①一文中已经指出,于越和句吴是在卷转虫海侵以前活动于宁绍平原的同一部族。由于卷转虫海侵所引起的宁绍平原自然环境的恶化,所以先后流散。早期渡杭州湾进入浙西和苏南丘陵地带的一支,即是日后创造马家浜、崧泽、良渚文化的一支称为句吴;向南进入浙东山地的一支,即是在南迁过程中留下河姆渡遗址的一支称为内越;还有一支在海侵过程中留在宁绍平原东部(舟山群岛)和北部(今余姚、慈溪两县间的丘陵)的高地上的,称为外越。句吴由于地理位置接近中原,在卷转虫海侵的全盛时期,自然条件较之闭塞的浙东山地和孤立海中的零碎岛屿也远为优越,因此,在经济和文化上的发展,当然超过于越。使这两个语系相同的一族两国,既有"同气共俗"的一面,也有差异颇大的一面。对于句践与夫差这两个国君来说,他们之间的这种相似性和差异性也同样存在。必须掌握吴、越之间的这种特点,才能对这两个国君的成败得失,进行客观的分析和比较。

首先应该看到的是,句践和夫差都是胸怀大志的国君,而且也都是才能出众的国君。但是由于两国的历史发展与地理基础不同,因此,尽管句践即位只比夫差早了一年,但他却是于越的第一个开创功业的国君。在他以前,这个部族的所有领袖,都活动于闭塞的会稽山地之中,过着"随陵陆而耕种,或逐禽鹿而给食"[②]的狩猎和刀耕火种的生活。他从即位之初就把国都迁移到随时可以跨入山会平原的平阳。[③]在不幸的3年俘虏生活以后,他于被释放回国的当年,即他在位后的第七年(前490),就开始在山会平原上建城立都,建成了包括小城和大城两座毗连城池的国都大越城(今绍兴城)。但夫差的情况就不相同,早在他父亲阖庐在位之初(前514),已经建成了作为国都的大城(今苏州),城周达47里,而且国势甚盛,击败了强大的楚国,并且长驱直入,一度占领楚都郢城。尽管有阖庐十九年(前496)对于越作战的挫败,但夫差的即位,毕竟是在一个国势强盛的时代,而且即位以后,随即大军入越,不但报了父仇,而且使越王句践夫妇俯首称臣,在句吴京城为夫差养马,低声下气,甚至在夫差疾病时为他尝粪验疾,[④]经过3年的忍辱负重,终于获释得归。在历尽艰危以后,才得以建都立国。这和夫差的在位于声势喧赫之中,当然有天渊之别。我在拙作《越为禹后说溯源》[⑤]一文中已经说明,这两个起源相同而被中原视为蛮夷戎狄的部族,句吴在夫差在位之初就已经号称"后稷之苗裔",而于越则要到句践临终之时,才传出"禹之后"的遗言。这也说明夫差之国早已鼎盛一时,而句践之国只是后来居上而已。总之,夫差与句践两人,一处顺境而一处逆境,处于顺境者,事事从好处看,容易放松警惕,而予人以可乘之机;处于逆境者,事事从坏处看,有利于养成居安思危、深谋远虑的习惯,而获得化险为夷、否极泰来的机会。

这两个具有雄才大略的国君,他们的奋斗目标,显然都是称霸中原,这是没有疑问的。对于于越来说,句践的称霸雄心,早已见之于他建立都城的计划之中。他选择山会平原中部建立国都大越城,目的就是为了以此作为他称霸的基地。这就是范蠡所说的:"昔公刘去邰而德彰于夏,亶父让地而名发于岐,今大王欲国树都,并敌国之境,不处平易之都,四达之地,将焉立霸王之业?"[⑥]句践完全明白,他要称霸中原,除了消灭他前进道路上的大敌句吴以外,没有其他可供选择的办法。所以被释返国后,他对句吴貌似恭顺,心怀叵测,以卧薪尝胆的决心,从事于十年生聚、十年教训的经营努力,终于达到了生产发展,人口增加,庶民殷实,国力强盛的局面。并且训练了一支"习流二千人,俊士四万,君子六千,诸御千人"[⑦]的精锐部队。当时,"吴王北会诸侯于黄池,吴国精兵从王,唯独老弱与太子留守"[⑧]。句践利用了这样的机会,突然对句吴国都姑苏一带发动袭击,焚烧宫室,虏杀太子。等到夫差疲兵远返,他又以逸待劳,再接再厉,以大兵围困吴地。终于迫使夫差自刭,句吴覆亡。在前进路上的大敌铲除以后,句践接着就"以兵北渡江淮,与齐、晋诸侯会于徐州,致贡于周"[⑨]。"周元王使人赐句践胙,命为伯"[⑩]。于是,"越兵横行于江淮之上,诸侯毕贺"[⑪]。就这样,句践迁都琅玡,建立了他在中原的霸业。从时间上说,句吴主持的黄池之会,在鲁哀公十四年(前481),其时尚属春秋,故夫差是春秋最后的一个霸主。但于越灭吴,为时已在周元王三年(前473),已属战国时代。句践灭吴后继续在位8年,被人们称为"天下好战之国"[⑫]和"猛虎"[⑬],故国势仍然极盛。战国之世有七雄分霸,但于越在七雄之前,所以它是战国最早称雄的国家。

　　现在再说句吴,它和于越不同。北上称霸的道路是逾江越淮,浙江以南的于越与进军路线并不相涉。何况于越弱小,当时并非大敌。足以阻挠它北上称霸的近邻,乃是强大的楚国,它必须击溃楚国,才能使北伐无后顾之忧,而这项任务,已由夫差的先君完成,这就是夫差后来派王孙苟告诉周天子的:"吾先君阖庐不贯不忍,被甲带剑,挺铍搢铎,以与楚昭王毒逐于中原柏举。天舍其衷,楚师败绩。"[⑭]夫差不把于越当作他称霸的大敌,在当时并不算战略上的错误,因为他于即位的次年,就一举摧毁了于越的抵抗力量,而且深入越境,轻易地控制了这个小国。他的主要力量必须放在北上称霸的事业之上。也正因为如此,他必须有一个安定的后方。所以,对于于越的策略,降服比消灭更符合他的利益。于越虽然国力弱小,但土地却很广大,从与句吴接壤的檇李一带向南,包括浙东、赣东、皖南、闽北等地,都是这个部族的活动范围,而且居民蛮悍,勇敢善战。要占领部族中心的会稽山一带,对夫差来说是易如反掌。但要控制如此广大的地区和流散在四方的部族居民,却是十分困难的。所以他允许这个在当时行将覆亡的小国求和。他说:"孤将有大志于齐,吾将许越成,而无拂吾虑。若越既改,吾又何求?若其不改,反行,吾振旅焉。"[⑮]夫差的这种决定,在当时也不应该认为是错误的。历史上另外还有一种说法,认为夫差伐齐,是句践用来削弱句吴的策略。如《韩非子·喻志篇》所云:"越王入宦于吴,而劝之伐齐以弊吴。"这当然是句吴覆亡以后的想当然之言。伐楚伐齐,都是句吴霸业中的既定策略。不伐楚不足以安后方,不伐齐不可能入中原。事实是显而易见的。所以夫差把作为人质的句践夫妇置于他的身旁,经过3年的考察,确定了句践的忠心和顺从以后,将其释放回国,并且"封地百里于越,东至炭渎,西止宗周,南造于山,北薄于海"。⑯让于越成为他的附庸和安定的后方,以便专心一志地从事他北伐称霸的事业。

他北伐讨齐的军容是何等地威武壮盛:"万人以为方阵,皆白裳、白旗、素甲、白羽之矰,望之如荼。王亲秉钺,载白旗以中阵而立。左军亦如之,皆赤裳、赤旟、丹甲、朱羽之矰,望之如火。右军亦如之,皆玄裳、玄旗、黑甲、乌羽之矰,望之如墨。为带甲三万,以势攻,鸡鸣乃定。既阵,去晋军一里,日未明,王乃秉枹,亲就鸣钟鼓,丁宁,錞于振铎,勇怯尽应,三军皆哗,钲以振旅,其声动天地。"⑰

以如此庞大的部队渡江越淮而进入中原,夫差所拥有的实力和句吴的国富兵强可见一斑。强大的实力赢得了周王朝对这个蛮夷之国的承认。夫差派王孙苟向周天子说了一通吊民伐罪的冠冕堂皇的话,周天子的答词对夫差的荣誉是无以复加的:"苟,伯父令女来,明绍享余一人。若余嘉之……今伯父曰:戮力同德,伯父若能然,余一人兼而介福,伯父多历年以没元身,伯父秉德已佟大哉!"⑱

案夫差败齐师于艾陵,事见其在位后的第七年(前489),正是他声势喧赫盛极一时的时候。从他即位次年败越起,第七年就称霸中原,到第十四年(前482)主持晋、鲁诸国参加的黄池之会而登峰造极。在通常所称的春秋五霸之中,宋襄公实际上未立霸业,晋文公称霸还不到10年,秦穆公在崤之败后仅霸于西戎,势力不及中原。因此,在整个春秋时代,夫差的霸业实可与齐桓公和楚庄王相比。尽管他后来受到句践的偷袭而败亡,但称霸未成而败于泓水之战的宋襄公尚列于五霸之名,而齐桓公的霸业也不过尊王攘夷,会盟诸国。楚庄王的霸业更无非陈兵周郊,问鼎周室而已。而且人存政举,人亡政息,没有一个春秋霸主,其霸业及于下代。与上列诸霸相比,夫差也已经达到了会盟黄池、耀武中原、遣使周室、天子宣慰的目的,如墨子所说:"至夫差之身。……九夷之国,莫不宾服。"⑲所以,他在霸业上的成就,并不逊于五霸。建立霸业之事,在整个春秋历史中,是列国诸侯角逐追求的崇高目标,而从这个目标来说,夫差的事业已经完成,他在这方面不是一个失败者,而是一个胜利者。

这里又牵涉到一个史书上长期传播的关于夫差赐功臣伍子胥死和听信奸臣太宰嚭的问题。由于史书撰述者,长期来宥于以成败论人的传统。夫差和太宰嚭,都被句践所杀,自然二人就不免成了一丘之貉的坏人,夫差是昏君,太宰嚭就成了奸臣。而被昏君所杀的伍子胥,当然就是忠臣义士了。有人还把吴、越二国的忠臣合并起来进行评比,让伍子胥超乎一切忠臣之上,汉代的扬雄就表达过这种意见。他说:"或问子胥、种、蠡孰贤?曰:胥也。破楚郢,鞭尸藉棺,皆不由德。"⑳其实,破郢鞭尸等事,是伍子胥和太宰嚭一起干的,正史记载得清清楚楚。㉑由于太宰嚭被指为奸臣,此功就为伍子胥所独占了。

此外,人们还常常把伍子胥和被越王句践赐死的文种联系起来,把原因绝不相同的两件史实,统统作为忠臣受戮的故事。《水经·渐江水注》所引的传说就是一个例子:"昔子胥亮于吴而浮尸于江,吴人怜之。……文种诚于越而伏剑于山阴,越人哀之,葬于重山。文种既葬一年,子胥从海上负种俱去,游夫江海。故潮水之前扬波者伍子胥,后重水者大夫种。"其实,句践加害于文种,属于历史上司空见惯的国君大诛元勋一类。范蠡致文种书中所说:"高鸟已散,良弓将藏;狡兔已尽,良犬就烹。夫越王为人长颈鸟啄,鹰视狼步,可以共患难而不可共乐处,可与履危不可与安,子若不去,将害于子明矣。"㉒后世例子甚多,不胜枚举。但夫差诛伍子胥并不属于此类。伍子胥和太宰嚭都是吴王阖庐所重用的楚国亡臣。伍子胥名员,其父伍奢、兄伍尚均为楚大臣而见杀于楚平王,所以奔吴。太宰嚭名伯嚭,只因其祖父楚大臣伯州犁见诛于楚平王而奔吴。两人于楚均有刻骨之仇,阖庐重用两人也正是为此。因为如上所述句吴北上称霸的计划中,必须首先击败楚国。因此,胥、嚭二人在这方面显然是十分有用的人物。阖庐三年(前512),"子胥、伯嚭将兵伐楚,拔舒,杀吴亡将二公子;……六年,大败楚军于豫章,取楚之居巢而还"。㉓说明阖庐依靠这两人的策略是完全正确的。而最后仍然由于此二人的计谋,阖庐于其在位的第九年(前506)大败楚军,攻入郢都,而"子胥、伯嚭鞭平王之尸,以报父仇"。㉔三人各自取得了他们所需要的东西。

此后,句吴按照它北上称霸的既定计划,着手降服既定南邻的小国于越,但不幸的是,阖庐竟败在这个小国手上,砍伤了他的手指而终至身亡。于是,夫差即位,并于次年(前494)以大军深入越境,敉平越军,把句践夫妇作为人质,置于句吴首都,为自己养马。在击溃楚国的战争中意见与君王完全一致的伍子胥和伯嚭两人,在如何处置句践的问题上却出现了明显的分歧。伍子胥坚决反对夫差北上伐齐。他说:"夫齐之与吴也,习俗不同,言语不通,我得其地不能处,得其民不能使。夫吴之与越也,接土邻境壤,交通属,习俗同,言语通,我得其地能处之,得其民能使之。"㉕所以他坚持要趁机除了句践,以绝后患。他说:"夫飞鸟在青云之上,尚欲缴微矢以射之,岂况近卧于华池,集于庭庑乎?今越王放于南山之中,游于不可存之地,幸来涉我壤土,入吾樵梱,此乃宰厨之成事食也,岂可失之乎?"㉖但太宰嚭的意见却完全不同,他说:"君王之令所以不行于上国者,齐、晋也,君王伐齐而胜之,徙其兵而临晋,晋必听命矣,是君王一举而服两国也,君王之令必行于上国。"㉗所以他反对诛杀句践,并批评伍子胥是"明于一时之计,不通安国之道"。㉘夫差同意太宰嚭的建议而否定了伍子胥的主张,这就是《吕氏春秋·知化篇》所说的:"夫差以为然,不听子胥之言,而用太宰嚭之谋。"

伍子胥和夫差的意见分歧,实际上是对于句吴发展前途和雄心壮志的分歧,伍子胥满足于句吴成为一方之雄,而夫差则下决心要让他成为天下霸主。太宰嚭的眼光显然比伍子胥远大,他完全站在夫差一边,所以得到了夫差的信任。史籍记载中关于于越请籴的故事即是其例。越以饥荒向吴请籴,伍子胥认为应该断然拒绝。他说:"非吴丧越,越必丧吴,今输之粟,与之食,是长吾仇而养吾仇也。财匮而民恐,悔无及也,不若勿与而攻之。"㉙但夫差作为一个一心要北上称霸替周天子行道的明君,不管他的真心实意如何,但言论是冠冕堂皇的。他说:"吾闻之,义兵不攻服,仁者食饥饿,今服而攻之,非义兵也;饥而不食,非仁体也。不仁不义,虽得十越,吾不为也。"㉚太宰嚭的观点和夫差一致,他说:"臣闻邻国有急,千里驰救,是乃王者封亡国之后,五霸辅绝灭之末也。"㉛夫差和太宰嚭的话,都符合于春秋流行的所谓"继绝世,举废国"㉜的道理。凡要称霸的人,不管是否真的想奉行这种美德,但必须在这方面能有一套公开的宣言,正如夫差派遣王孙苟告于周天子的。也正如以后句践致贡于周的。从这些言论中,可以表达他们北上称霸的意志。因此,与伍子胥相比,太宰嚭当然显得胸襟开阔,目光远大。

不少人认为,伍子胥"非吴丧越,越必丧吴"的忠谏,说明了他的高度预见性。其实,自从《春秋》昭公五年(前537),"越人伐吴"以来,两国征战,世代不断,吴、越交恶,人所共见。除了夫差的"唯独老弱与太子留守"确实犯了麻痹大意的错误外,凭伍子胥的上述一番言论,并不足以说明他的预见性达到了如何的高度。而另一方面,他的认为齐不可伐的坚决主张,正可以说明他的毫无预见性。难怪夫差在伐齐胜利以后,愤怒地数落了他一顿:"今大夫老,而又不自安恬逸,而处以念恶,出则罪吾众,扰乱百度,以妖孽吴国,今天降衷于吴,齐师受服。孤岂敢自多,先王钟鼓,实式灵之,敢告于大夫。"㉝

但是伍子胥在这个问题上可以说已经到了冥顽不灵的程度。开始,他坚持齐不可伐的观点,等到伐齐胜利,他又认为:"越在腹心,今得志于齐,犹石田,无所用。"㉞夫差命他出使于齐,他居然"属其子于齐鲍氏",㉟置夫差的严重警告于度外而一意孤行,这才引起夫差的大怒,不得不置他于死地。所以我在前面指出,夫差诛伍子胥,完全不同于句践诛文种。

伍子胥的悲剧,导源于他胸无大志。在他归吴以后的前期,由于单纯的报仇思想所驱使,他确实在入郢鞭尸等行动中为句吴立下了不少功劳。但是由于他的思想境界狭隘,齐桓公、秦穆公、晋文公、楚庄王等的煊赫事业,对他无动于衷。因此,他不能用发展的眼光来看待敌我关系的变化。对于一个渴望到中原建立霸业的君主来说,在后方骚扰牵制的只算小敌,在前方阻挠称霸的才是大敌。小敌只宜加以安抚,大敌必须彻底击溃。夫差的作为正是如此。他的父亲阖庐被句践战败受伤而死,临死时告诫夫差:"尔而忘句践杀汝父乎?对曰:不敢。"㊱但春秋时代的孝道准则是:"夫孝者,善继人之志,善述人之事者也。"㊲所以在他彻底击溃于越以后,他就释放句践,封地百里于越,在于越饥荒时粜以粮食。但是在另一方面,他仍按阖庐的计划,于他在位的第七年伐齐,败齐师于艾陵;十年,再伐齐;十一年,又伐齐;而于他在位的第十四年,"北会诸侯于黄池,欲霸中国以全周室"。㊳他的霸业虽然为时短促,但毕竟已经成功。假使听了伍子胥的话而局促在东南一隅,历史上就没有黄池之会,句吴必将泯泯然以一般小国的地位而终。"虽得十越,吾不为也"。这实际上表达了他宁冒万难,也必须出人头地的意志。

关于太宰嚭,他和伍子胥一样,也是楚国的亡臣,同样有家仇要报。因此,在早期入郢鞭尸的行动中,他都是积极的参与者。不过,和伍子胥不同,他充分理解夫差北上称霸的意图及其重要性,不辞劳苦地奔走于中原列国之间,为夫差称霸做了许多外交上的工作。例如《春秋》哀公六年,他召见鲁季康子征百牢。《左传》哀公十二年,鲁哀公会吴于橐皋,他受夫差之使请寻盟。《左传》同年,子贡因卫君事与他折冲交涉等等。关于最后一件事,《淮南子·人间训》记载得最清楚:"卫君朝于吴,吴王囚之,欲流之于海。"这个外交上的事件,结果是由子贡和太宰嚭解决的,而子贡用以说服太宰嚭的,就是句吴的称霸。子贡说:"卫君之来也,卫国之半曰:不若朝于晋。其半曰:不若朝于吴。然卫君以为吴可以归骸骨也,故束身以受命。今子受卫君而囚之,又欲流之于海,是赏言朝晋者,而罚言朝于吴也。且卫君之来也,诸侯皆以为著龟兆,今朝于吴而不利,皆遗心于晋矣,子欲成霸王之业,不亦难乎?"子贡的话所以能击中要害,正是因为太宰嚭致力于句吴称霸的事业,已是众所共知的了。就在次年春季,黄池之会终于举行,句吴的势力登峰造极,达到了称霸的目的。太宰嚭自从阖庐九年对楚国的入郢鞭尸之战和夫差二年的入越之战以后,直到夫差二十三年于越偷袭兵败被杀,全部精力都用在安抚于越和北伐称霸的工作中,是吴王夫差忠心耿耿的追随者,是春秋末期的一位目光远大的外交家。

最后再简述一下句践与夫差在发展生产方面的业绩。于越是个贫穷落后的小国,从国都大越城的修筑以及各种生产部门如农业、手工业、牧场畜牧业的建立和发展,都是句践"十年生聚,十年教训"期间的成果。㊴在这期间,对于堤塘的建造,水系河网的整理等等,也都做了许多工作。总之,对于山会平原的开发,句践是功垂后世的。句践晚年迁都琅玡(今山东省胶南县附近),在那里也必然有过一番建设。由于资料缺乏,不得其详。在这方面,夫差当然不及句践,因为他不是创业之君,《越绝书》卷二《吴地传》虽然对此记载详细,其中大部分设施,都是阖庐时代的业绩。但是必须指出,夫差在交通建设上却为后世留下了一项十分卓越的建树,这就是沟通江淮的邗沟和沟通淮济的黄沟。邗沟的开凿见于《左传》哀公九年(前486):"秋,吴城邗,沟通江淮。"晋杜预注："于邗江筑城穿沟,东北通射阳湖,西北至末口入淮,通粮道也,今广陵韩江是。"
这就是京杭运河的扬州、淮阴段,是我国古代运河系统中最早开凿的一段。至于黄沟,
也称菏水,是沟通古代泗水与济水的运河。河道大体上位于今山东省的鱼台和定陶两
县之间,这是夫差为了黄池之会而于公元前482年开凿的。《国语·吴语》:"吴王夫
差既杀申胥,不稔于岁,乃起师北伐,阙为深沟,通于商鲁之间,北属之沂,西属之济,以
会晋午公于黄池。"黄沟也是我国古代运河系统中最早的运河之一。邗沟和黄沟是夫
差霸业的见证。尽管在整个春秋史上的最后一次霸业为时短促,但邗沟却绵延长久,
一直是江淮之间的通渠。从元代起又纳入京杭运河的系统,至今仍在发挥它的作用。

　　如上所述,可以说明句践与夫差都是春秋战国时代,我国东南地区的一代名君。
虽然和中原汉族相比他们都是文化落后的南方蛮夷,但在中原文化的影响之下,他们
发展迅速,最后都能拥兵北上,称霸称雄,挤入中原大国之列。夫差成为春秋的最后一
霸,句践则是战国的最前一雄。春秋战国是一个伟大的动荡时代,也是一个人才辈出
的时代,越王句践和吴王夫差都是这个时代中的伟大英雄。

　　句践与夫差之所以能够在这个动荡的时代中平地崛起,除了他们自己都有雄心壮
志和出众才能以外,他们所任用的若干能人对他们的辅佐,也具有重要作用,如句践任
用的计倪、文种、范蠡,夫差任用的伍子胥、王孙骆、太宰嚭等,都是当时的杰出人物。
这中间,太宰嚭对于夫差成为春秋最后一霸,范蠡对于句践成为战国最前一雄,更是功
不可没的。

注释:

① 《浙江学刊》1982年第2期。
②④㉖㉘ 《吴越春秋》卷四。
③ (清)毛奇龄《重修平阳寺大殿募疏序》,载《西河文集》卷一六。
⑤ 《浙江学刊》1985年第3期。
⑥⑯ 《吴越春秋》卷五。
⑦⑨⑪㉒ 《吴越春秋》卷六。
⑧⑩ 《史记·越世家》。
⑫ 《墨子·非攻下》。
⑬ 《吕氏春秋·顺民篇》。
⑭⑮⑰⑱㉝ 《国语·吴语》。
⑲ 《墨子·非攻中》。
⑳ 《法言·重黎篇》。

㉑㉓㉔㉞㉟㊱㊳　《史记·吴世家》。

㉕㉗　《吕氏春秋·知化篇》。

㉙㉚㉛　《吕氏春秋·长攻篇》。

㉜㊲　《礼·中庸》。

㊴　陈桥驿《古代于越研究》,载《民族研究》1982 年第 1 期。

原载《浙江学刊》1987 年第 4 期

杭州地名考

　　杭州一名始于隋。《隋书·地理志》："余杭郡,平陈置杭州。"隋统一全国,改郡为州,"州"与以前的"郡"、以后的"府"一样,只是行政区划中的一级,不具另外意义。隋初州名,往往从简化以前的郡名而来,如东莱郡为莱州,高密郡为密州,庐江郡为庐州,宣城郡为宣州等,不胜枚举。所以"杭"是从"余杭"简化而来。因此,要解释杭州的地名来源,必须首先解释余杭的地名来源。

　　余杭是秦会稽郡属县之一,是今浙江省境内第一批出现的县名,这一批县名之中,除极少数如山阴、海盐等有案可查的由越语改为汉语的地名外,其余均是秦代沿用的越语地名。清代著名学者李慈铭在其《越缦堂日记》中说:"盖余姚如余暨、余杭之比,皆越之方言,犹称于越、句吴也。姚、暨、虞、剡,亦不过以方言名县,其义无得而详。"这里,余姚、余杭、诸暨、上虞,均是秦会稽郡属县,而余暨(今萧山)、剡(今嵊县)则是西汉会稽郡属县,说明直到西汉,仍以前代流行的越语,命名当时建置的郡县。所以在浙江境内,越语地名甚多,加上大量越语地名的派生地名,这已成为浙江省地名的重要特色。

　　由于古代越语已经消亡,所以李慈铭说:"其义无得而详。"不过仔细检阅各种古籍,尚可发现极少数越语的解释。《越绝书》卷八朱余下说:"朱余者,越盐官也,越人谓盐曰余。"这一解释对越语地名至关重要,它可以说明余杭、余暨、余姚,由于位置濒海,在春秋于越时代都曾经与盐有关。但地名中的杭、暨、姚三字,其义仍无得而详。

少数民族的地名,在汉族入居以后,常常发生一种汉化的现象。汉化现象之一,就是用汉语词义,解释少数民族的地名。虽然事实上属于曲解,但由于流传已久,知者甚众,所以在地名学上也有一定意义。

余杭一名在地名解释上的汉化,大概发生于东晋到南朝宋之间。现存有关这方面记载的最早文献是唐《元和郡县志》。此志卷二五江南道一余杭下说:"《吴兴记》云:'秦始皇三十七年,将上会稽,涂出此地,因立为县,舍舟航于此,仍以为名。'"这种解释,是以汉字"杭"、"航"相通为根据的。按《诗·卫风·河广》:"谁谓河广,一苇杭之。""杭"、"航"在汉义确实相通,但《诗·卫风》是汉族民歌,而余杭则是越音汉译的地名,《卫风》的"杭"与余杭的"杭"绝无关系,正如今美国纽约的"约"与汉词条约的"约"绝无关系一样。所以这种地名解释的汉化,在开始时显然是一种附会。

《元和郡县志》所引的《吴兴纪》,是南朝宋山谦之的作品,早已亡佚。但清人张驹贤据岱南阁本《元和郡县志》写了《考证》,在"舍舟航于此,仍以为名"下说:"此说本徐广,《郡国志》以为在富春,未知孰的?"按《后汉书·郡国志》吴郡余杭下,刘昭补注说:"顾夷曰:秦始皇至会稽,经此,立为县。《史记》曰:始皇临浙江,水波恶,乃西北二十里(按今本《史记》作'乃西百二十里'),从狭中渡。徐广曰:余杭也。"刘昭补注中所引及的顾夷和徐广均是晋人,前者撰《吴郡记》,后者撰《史记音义》,刘昭所引二人的话,意义都不甚明确,但由于二书亦均亡佚,无可核实。东晋去刘宋不远,这种以汉义解释越语的传说,可能已经流行,山谦之在《吴兴纪》中所写的这一段,或许就来自晋人的传说。

自从《元和郡县志》以后,对于杭州的这种地名解释,流传很广,在北宋《太平寰宇记》,南宋《舆地广记》、《方舆胜览》、《梦粱录》等书上,都有类似的说法,而且辗转传播,添枝加叶,到明田汝成的《西湖游览志余》而集其大成。此书卷一帝王都会下说:

> 杭州之名,相传神禹治水,会诸侯于会稽,至此舍杭登陆,因名禹杭。至少康,封庶子无余于越,以主禹祀,又名余杭。秦置余杭县,隋置杭州,窃谓当神禹治水时,吴越之区,皆怀山襄陵之势,纵有平陆,非浮桥缘延,不可径渡,不得于此顾云舍杭登陆也。《说文》:杭者,方舟也;方舟者,并舟也。《礼》:大夫,方舟;士,特舟。所谓方舟,殆今浮桥是也。盖神禹至此,溪壑萦回,造杭以渡,越人思之,且传其制,遂名余杭耳。

田汝成引《说文》以方舟为杭,但其实按《说文》卷八下,此字应作"斻",并不作"杭"。《说文》说:"斻,方舟也,从方,亢声。"不过由于历来均是传播晋宋人的附会,田氏误引,当然也不足为怪。

与杭州关系密切的地名之一是钱塘。钱塘原作钱唐,因唐时与国号相同而改

"唐"为"塘"。钱唐和余杭一样,也是秦会稽郡的属县,同是"其义无得而详"的古代越语地名,但后来由于南朝宋县令刘道真在其所撰《钱唐记》中,传述了一个防海大塘的故事,此名于是又获得了汉义。不过《钱唐记》其书也早已亡佚,我们仅在后来的转引中看到。最早转引《钱唐记》防海大塘故事的有《后汉书·朱隽传注》和《水经·浙江水注》等,以《水经注》所引为完整:

> 《钱唐记》曰:防海大塘在县东一里许,郡议曹华信议立此塘,以防海水。始开募。能致一斛土者,即与钱一千,旬月之间,来者云集,塘未成而不复取,于是载土石者皆弃而去,塘以之成,故改名钱塘也。

这种传说,在古代就为人所不信。《元和郡县志》卷二五江南道一钱塘县下,在引载了《钱唐记》此说后按:"华信汉时为郡议曹,据《史记》,始皇至钱塘,临浙江。秦时已有此名,疑所说为谬。"全祖望五校钞本《水经·浙江水注》此句下施廷枢写按说:"钱唐之得名以钱水也。《国语》:陂唐污庳,以成其美。盖唐,实即后世之塘字,《说文》无塘字,可按也。则钱唐者,钱水之唐,非如所传华信诳众之陋也。"

施廷枢所说的钱水,即钱塘江,就是钱唐(塘)的派生地名之一。这个地名,原来只指浙江流经钱唐县的一段而言,始见于汉王充《论衡·书虚篇》"有丹徒大江,有钱唐浙江,……钱唐之江,两国界也。"王充原话中的丹徒(今镇江)和钱唐,都是秦所置县名。前面两句的意思,只是把流经丹徒的长江与流经钱唐的浙江对比一下;后面的两句,其意思是:钱唐县的这条江,是春秋吴越二国的国界。说明当时实在还没有钱唐(塘)江之名。但以后,人们把王充所说的"钱唐浙江"和"钱塘之江"简化,逐渐出现了钱唐(塘)江的名称。南宋淳祐《临安志》卷一〇山川浙江下说:"而浙江水波恶,不敢径渡,以此知钱塘江是为天下之险矣。"说明到了南宋,钱塘江一名已为人们所习用了。不过直到清末,钱塘江一名,历来仅指浙江流经钱塘县的一段,其意义仍和王充所说的一样,绝不代替浙江。以钱塘江一名泛指浙江并最后取代浙江,还是相当晚的事。

此外,把王充的"钱唐之江"简化为钱江,由来可能很早。据南宋乾道《临安志》卷二所载,后梁龙德三年(923),吴越王钱镠,曾析钱塘、盐官两县地,置钱江县。所以钱塘的另一派生地名钱江,在公元10世纪已经流行。

与杭州有密切关系的另一地名是武林。武林原是山、水之名,始见于《汉书·地理志》:"武林山,武林水所出,东入海。"武林一名既然见于汉志,则在汉代以前当已流行,可能也是越语地名。淳祐《临安志》卷八虎林山:"或云:一名武林。"武林和虎林,或许就是同一越语的不同汉译,正和《山海经·海内东经》中的浙江,在《庄子·外物篇》中称为制河一样。不过武林一名,迄无任何涉及地名来源的曲解,但虎林据淳祐《临安志》卷八引刘道真《钱唐记》:"吴郡有虎林山,昔秦汉间,有白虎常踞其巅,其虎不食生物,唯饮泉涧而已。"用秦汉传说,解释先秦地名,其牵强附会,可想而知。

　　既然《汉书·地理志》记载:"武林山,武林水所出,东入海。"古时,西湖曾是一个海湾,则武林水当是注入这个海湾的若干河流的总称。而武林山,据淳祐《临安志》卷八:"钱塘令刘道真《钱塘记》,太子文学陆羽《灵隐天竺寺记》,翰林学士夏竦《灵隐寺舍田记》,翰林学士胡宿《武林山天竺寺记》皆云:武林山即灵隐山也。"所以武林山在汉以后又称灵隐山,其实就是环西湖许多山岳的总称,今天我们称其为西湖群山。

　　如上所述,武林是山、水之名,事无可疑。但因此名渊源甚古,流传很久,所以后来逐渐成为杭州的别名,南宋周密撰有当时杭州湖山、街市、皇宫、风俗、掌故等的记载十卷,书名就称《武林旧事》。此外,武林的派生地名,古今都有存在,如武林门、武林路、武林新村等,不胜枚举。

　　杭州简称杭,由来也已很久。北宋苏轼《论浙西闭籴状》:"自杭、睦以东,衢、婺等州,谓之上乡。"南宋王十朋《鉴湖说》:"杭之有西湖,……越之有鉴湖。"又范成大《吴郡志》:"天上天堂,地下苏杭。"都是以"杭"字作为杭州简称的例子。

原载《地名丛刊》1988 年第 4 期

《绍兴名人佳话》序

　　读完钱茂竹、陈固治二位先生所撰的《绍兴名人佳话》书稿,使我感到兴奋和愉快。此书文笔清丽,语言生动,寓人物史迹于奇秀的山水风景和生动的故事传说之中,既具有深远的教育意义,并有很好的可读性。所以本书不仅是一本趣味隽永的人物故事,也是一种开卷有益的乡土教材。

　　记得今年7月,省内各界人士,在舟山普陀集会,成立了一个浙江省乡土教育研究会,我被选为会长。与会的许多代表都宣读了论文,对乡土教育的重要性从各方面进行论证,使我深受启发。我在会上也以《乡土教育与乡土研究》为题,谈了我对这个问题的看法。这个发言,后来发表在今年第4期《浙江教育科学》上。我的发言中有一段说:

　　　　乡土教育是一种最务实的教育,因为一切从乡土出发,以乡土为教材,人人看得见,触得着,所以感染力特别强。而且对每一个人来说,从他的启蒙开始,就随时随地地接受乡土教育。良好的乡土教育,可以使人们从孩提时代就铭记在心,终生不忘。如文天祥那样,由于受到了乡土先贤欧阳修、杨邦乂、胡铨的高尚事迹的教育,就从小立志,要做一个和乡土先贤一样的人。经过毕生努力,终于成为中国历史上一位著名的民族英雄。这里就向人们提出一个问题,当文天祥进入庐陵学官时,他还是一个孩提,当然不会知道欧阳修、杨邦乂、胡铨的事迹。这些庐陵先贤的事迹,是后人为他们整理并撰写成文字,供进入学官的人们瞻仰的。现在我们常常可以读到一些各地的"先贤传"、"人物志"之类的文献。以我的家乡绍兴为例,早在三国时代,就有一位山阴学者谢承,撰成《会稽先贤传》七卷,把历来会稽郡的著名先贤,写成传记,供人们学习效法。像这样把乡土历史上的著名人物进行整理,撰写成文,也就是一种乡土研究。这种研究,不仅对研究者本人是一种教育,而且更为乡土教育提供了教材,使广大的乡土人民获得提高,所以乡土研究是具有重要意义的。

按照上述意见,所以我认为《绍兴名人佳话》的撰写,是一种非常有益的乡土研究,全书中的 84 位人物,对于乡土后辈特别是年轻一代,具有重要的教育意义,这些名人和他们的掌故经历,都是那样地引人入胜,发人深省。随手举个例子,书中记载的《刘宠:抛钱西小江》一篇,我也曾经长期为这位后汉郡守而遐思连绵。在今年的《地名知识》第 4 期中,我写下了对于纪念这位郡守而命名的"钱清"这个地名的感慨:

"钱清"这个地名,它所包含的教育意义,是何等地深刻动人。近年来,社会上所出现的种种现象,更使我常常思考这个地名。每当我经过这个地方,总要请驾驶员稍停片刻,让我凭吊这里的江河村舍,真是溯昔抚今,百感交集。小小一个地名,经历了近二千年的漫长岁月,至今仍然是这样地令人起敬。这正说明,对于是非善恶,人民心中有数,只要是真正为民造福的,用不着长篇大论,两个字的地名就具有这样的威力。

再举一点例子,现在我们看到的绍兴,是一片丰硕的鱼米之乡,这里有壮丽雄伟的城市,兴隆发达的乡镇,风景如画的山川,富庶肥沃的土地。但是在地质年代,这里曾经是茫茫大海。海水退尽以后,成为一片沮洳泥泞、积水横流的沼泽地,曾被北方大国的管仲描述为:"越之水重浊而泊,故其民愚极而垢(《管子·水地》第三十九)。"正是因为在本书中立篇的如马臻、贺循、汤绍恩等历代先贤,领导人民兴修水利,改造了这个穷山恶水的自然环境,绍兴才有可能出现今天的城镇繁华,河山锦绣。

历史上的绍兴名人是渊源悠久和令人崇敬的。顾颉刚先生在 20 年代提出了"禹是南方民族神话中的人物"和"这个神话的中心点在越(会稽)"等论点。现在,由于许多新的科学证据的发现,这个论点已经实际上获得十分雄辩的说服力。我在拙作《越族的发展与流散》(《东南文化》1989 年第 4 期)一文中已有详细论述,得到了学术界的响应。去年冬季,我在日本广岛大学等高等学府讲学,我的讲题之一《吴越文化和中日两国的史前交流》(《浙江学刊》1990 年第 4 期)中,也论证了这个问题,得到了日本学术界的赞同。禹当然是一位神话人物,但是他的"八年于外,三过其门而不入"(《孟子·滕文公上》)的忘我精神和"以四海为壑"(《孟子·告子下》)的人定胜天的意志,却一直为绍兴人民所服膺。

　　禹的神话是属于绍兴的,禹的精神也是属于绍兴的。在绍兴的历代名人谱上,因为有禹这样一位神话人物而光于四方。当然,除了禹以外,绍兴还有更多的实实在在存在的著名人物。越王句践以"卧薪尝胆"的艰苦奋斗精神和"十年生聚,十年教训"的惨淡经营毅力,使一个弱小、落后的部族,在这片自然环境恶劣的沼泽地上站稳足跟。历代以来,在这片土地上,诞生和成长了多少思想家、文学家、科学家、政治家和其他著名人物。所有这些,读者可以从本书中去寻求,不必由我赘述。

　　作为浙江省乡土教育研究会的一员,作为一个普通的读者,我感谢作者在撰写本书时所倾注的热情和努力;也希望广大读者欢迎这样的作品,并且从中受到鼓舞和教育。

原载《绍兴名人佳话》,新华出版社 1991 年版

《苧萝西施志》序

　　读完《苧萝西施志》全稿,觉得这是一部资料丰富,内容完备的好书。不仅是一部很有价值的人物专志,同时也是一部在历史学和文学等方面都有较高成就的地方文献。展读之下,获益良多,编者既以序言相嘱,也就不揣浅陋,在卷首表达一些个人的观感。

　　西施之有志,并不始于今日,雍正《浙江通志》卷二五三著录《苧萝志》七卷,东吴张夬纂辑。乾隆《诸暨县志》卷首引用书目亦列入《苧萝志》,明张夬纂辑。乾隆《绍兴府志·经籍志》则著录张夬《苧萝志》及张夜光《苧萝志》各一种。光绪《嘉兴府志》卷八〇也著录《苧萝志》一种,明陆府撰。光绪《诸暨县志》卷四七著录《苧萝志》八卷,明知县张夬、路迈辑。在上列著录中,《嘉兴府志》著录的明陆府《苧萝志》,从来未见传本,大概已经亡佚。《绍兴府志》著录的张夜光《苧萝志》,据光绪《诸暨县志·人物志·阙访》所载,夜光“字元珠,号炎沚,崇祯癸酉举人,官凤阳府推官。……著有《苧萝志》、《北游草》,未见”。则其书在光绪时就已经不传。另外,今北京图书馆特藏部所藏的《苧萝志》,署梦溪张夬撤藩,荆溪路迈子就纂辑;句余钱人楷世为评定;暨阳蒋一泰大倩、边维宁宗城、张夜光元珠、余缙仲绅校阅。可见夜光曾参与张、路纂辑《苧萝志》之役。而《苧萝志》书中,卷四收有张夜光《西施论》一篇,卷五又收有他的五言古诗一首。则《乾隆府志》与《光绪县志》所载,可能即是张、路纂辑的《苧萝志》,夜光别无纂辑。但因记载不详,所以无可核实。

　　现在我们所能见到的《苎萝志》,共有两种本子:一种署东吴张夬纂辑,暨阳蒋一
泰校阅,句余钱人楷评定,明崇祯六年刊本。原书在台湾,已由台湾文成出版社有限公
司影印,列为《中国方志丛书》华中地方第五五六号。全书计 8 卷(但其中卷六已缺
佚),装成 4 册。这显然就是《雍正通志》所著录的,但《雍正通志》的"七卷"无疑是
"八卷"之误。另一种是前已提及的北京图书馆特藏部的藏书,书名亦作《苎萝志》,但
卷内又常称《苎萝西子志》,刊于明崇祯十年。全书亦为 8 卷,装成 6 册。如上所述,
其纂辑人除张夬外,加上路迈。张、路均是崇祯知县,据光绪《诸暨县志·职官表》,张
任于崇祯五年至八年,路任于崇祯八年至十三年。因此,崇祯十年刊本,其实就是六年
刊本的增补本,内容差别不大,以下当再述及。这种崇祯十年刊本,到清康熙年代又有
人重刻,称为《苎萝集》。北京图书馆所藏的崇祯十年刊本《苎萝志》中,有一段署名为
小燕的写跋:"此《苎萝志》八卷,崇祯刊本,颇罕见,编例与《钓台集》全同,而独少有著
录。旧署康熙刊《苎萝集》,全袭此本,今得见此以发其覆,快甚。……"这段写跋所署
年月为壬辰闰五月廿一日,当是 1952 年 7 月 12 日,距今不过三十余年,其中所云《钓
台集》,《四库总目提要》总集类存目就有两种:其一六卷,明严州知府陈文焕编;其二
二卷,明桐庐知县杨东编。但二者均是收辑历代歌咏严光的诗、词、铭、赞、碑记之类,
大同小异而已。这是明代修纂人物志的一套成俗,写跋说"编例全同",由此益足说
明,康熙刊本《苎萝集》,确实是崇祯《苎萝志》的复刻。

　　康熙本既是崇祯十年本的复刻,可以不必再论。但崇祯十年本是崇祯六年本的增
补本,尽管《中国方志丛书》影印的崇祯六年本缺佚了其中的卷六,但由于卷首的目录
尚在,所以要查核崇祯十年本的增补情况,并不是很困难的。我曾经将二书作了一些
对比。卷首撰序人,六年本与十年本是全不相同的。前者有序 2 篇,标题均作《苎萝
志序》,分别由商周祚和王业浩所撰;后者有序 3 篇,标题均作《苎萝西子志序》,分别
由王期升、李清心、关永杰所撰。卷末的跋文撰者,二书亦不相同,前者有跋文 4 篇,除
第 4 篇因原刊本残缺不知撰人名氏外,其余 3 篇分别由杨肇泰、姜效乾、骆方玺所撰;
后者的跋文,即纂辑人路迈所撰。此外,从卷一至卷五所收的诗、词、歌、赋等,十年本
无非比六年本多收若干,差别不大。例如卷二《咏苎萝山诗》,六年本收 5 首,十年本
收 7 首。卷五的五言律诗,六年本收 31 首,十年本收 36 首。另外还有一些编排不同
之处,例如《拟为西子消恨文》、《拟为东施解嘲文》、《西子传》等文,六年本收入于卷
七,而十年本收入于卷六。六年本和十年本的最大差别,是后者在卷七中收入的文章,
比前者多 10 篇以上。这些文章是:《拟范大夫劝西子往吴书》、《拟西施范大夫入吴
书》、《拟西施别范大夫书》、《拟西施恨范大夫书》、《拟西施答范大夫书》、《拟范大夫
答西子书》、《拟西施自吴谴东施书》、《拟越王夫人诏西子书》、《拟西子复越王夫人

书》、《拟西子别郑旦书》、《拟郑旦答西施书》、《拟范大夫代西子祷胥山文》等。至于编纂体例,两书基本相同,凡收录学者诗赋文章,按卷次分《古集》与《今集》二类。从唐、宋、元以至明隆庆、万历,均入《古集》,万历以后,其实就是当代诗文,概入《今集》。以上是目前我们可以看到的前代纂辑的《苎萝志》的总的概况。

对于崇祯《苎萝志》的评价,光绪《诸暨县志》卷四七的见解,应该算是恰当的。《光绪志》说:"《古集》自多名作,《今集》瑕瑜互见。拟书为句容进士李清及余姚恩贡钱人楷所作,文不雅驯,典更无据。"

《光绪志》所说的"拟书",就是上面列举的《拟西施与范大夫书》、《拟西施自吴谴东施书》之类,其实多是无聊文章,是古代志书中的糟粕。《光绪志》指责的"文不雅驯,典更无据",确是一针见血的。不过这是由于当时的时风所致,即前面说到的明代人物志编纂中的成俗,事隔350年,现在已经无可求全责备。而且取其精华,去其糟粕,本来就是后人利用古书的原则,这次新编的《苎萝西施志》,在这方面完全摆脱了旧志的束缚,有了推陈出新的成就,以下当再述及。

这里,对于《苎萝志》在崇祯六年的纂辑和十年的增补,倒是有研究一番的必要。西施的故事发生于公元前5世纪,我国古籍如《墨子》、《庄子》、《史记》、《越绝书》等多有记载。唐代以来,文人学士以之作为诗词题材者,为数尤众。为何直到崇祯年代,才有志书的纂辑。这显然是与当时的边疆凌夷,国难当头的形势分不开的。这种内忧外患的局面,在天启年代实在已经开始,到了崇祯而愈演愈烈。据《明史·袁崇焕传》所载,崇祯二年八月,清兵数10万,分道入龙井关(今喜峰口以西)、大安口(今马兰峪以东),接着破遵化,陷蓟州,巡抚王元雅自尽。最后清军曾一度直薄北京德胜门,朝野震惊。而颟顸的崇祯帝在危城之中竟被清人所反间,于这年年底下袁崇焕于狱,并于次年磔之于市。于是,如《明史》所说:"自崇焕死,边事益无人,明亡征决矣。"这种危急的形势,在有爱国心的士大夫阶级和知识分子之间,产生了一种国变临头的预感,在这样的形势之下,于越故地,特别是西施出生地的诸暨,此时此刻,自然而然地会加强对于这位在二千多年前以身许国,治吴复越的爱国女子的崇敬。因此,崇祯六年刊本《苎萝志》的纂辑,确实不是偶然的。此书刊行以后,明王朝在北部边疆的军事形势仍然岌岌可危,尽管清军于崇祯四年一度东撤,明军又光复了长城以内的永平、迁安、遵化等地,但整个北疆的战局,已经陷于不可收拾的地步,清军从长城以外长驱而西,占领了今河北北部和内蒙古的大片土地,据《明史·庄烈帝纪》所载,崇祯七年,清军陷万全(今张家口),九年,清军又攻东线,破昌平,入宝坻。这种危如累卵的形势,促成了《苎萝志》在崇祯十年的又一次增补刊行。人物志的修纂在中国由来已久,但对于一个历来未曾为她纂志的先秦女子,在明末短短4年之中,竟至两纂其志,不处于这种大局危殆的形势,是绝不可能的。在歌舞升平的年代里,多少文人学士在诗词歌赋中描绘西施,他们不是渲染她倾国倾城的颜色,就是感伤她红颜薄命的身世。但是在崇祯六年和十年本《苎萝志》中,人们的心情却大不相同,六年本杨肇泰跋说:"知其倾国倾城之色,千古所推;而未揭其忠君报国之心,至今未泯。"说明到了那样的时刻,人们已经无暇于议论她"千古所推"的"倾国倾城之色",他们振臂疾呼:时至今日,必须揭示她"至今未泯"的"忠君报国之心"。十年本路迈跋说:"而今长才伟略足固金汤者,岂乏其人? 倘其取《西子》一再诵之,有不中夜彷徨,闻鸡起舞者,非夫也。"的确,国家已经到了生死存亡的关头,所需正是"长才伟略足固金汤"之人,而《苎萝志》的纂辑,也正是为了让人们"一再诵之",以激励人心,使有志之士,闻鸡起舞,为国干城。

如上所述,纂辑于明崇祯年代的两种《苎萝志》,在内容上虽然由于当时的风气所致,夹杂了不少"文不雅驯,典更无据"的糟粕,但是他们在那个特殊的时代,先后纂辑这种性质特殊的人物志,用以号召全国的长才伟略,用以动员全国人民,团结奋发,共赴国难,则其动机之崇高,用心之深远,应该得到赞扬。而对于西施这位音容邈远的女子来说,也正是由于这样一个特殊的时代,她的高尚人格和无私精神,才能为人们作正确的理解,并且得到充分的肯定。

现在,一种新的《苎萝西施志》又展现在我们眼前。前面已经指出,西施有志,始于明末,至今时隔300余年,时代已经截然不同。今天,我们幸逢盛世,盛世修志的高潮,正在全国兴起。几年以来,我们不仅修纂了许多市志、县志、乡镇志等通志,也修纂了不少水利志、人物志、工厂志等专志,《苎萝西施志》正是近年修纂的许多专志中的一种。新修的《苎萝西施志》,虽然在若干方面继承了明末《苎萝志》的传统,但是在内容上已经作了全面的革新。光绪《诸暨县志》所指责的"拟文"当然不再入选,而是采集许多古今名人的文章。这些文章,不仅富于文学价值,并且具有教育意义。新志中收入的诗词,虽多仍《崇祯志》之旧,但已增入了不少近、现代名人的作品。而新志的古迹风物和民间故事,不仅历史悠久,流传广泛;而且掌故动人,趣味隽永,使志书内容生动活泼,丰富多彩。

新志卷末有附编一种,选载了若干近年来关于西施故里的争鸣文章。西施故里之争,当然是一种学术争论,志书而附编学术争论,既开广了志书读者的视野,又增加了志书内容的学术性,不失为志书体例上的一种创新,值得赞许。不过在我看来,西旋出于苎萝,苎萝地属诸暨,当然无可争议。但会稽八邑,在古代是于越中心,句践北迁以前,于越首都,由埠中而嶕岘大城,由嶕岘大城而平阳,由平阳而大越城(今绍兴城)。这些都城,则为八邑的中心。卧薪尝胆之志,生聚教训之义,是于越从小到大,由弱转强的关键。而这种训练教育,首先亦以八邑之地为基础,然后广施于于越全境。崇祯六年本骆方玺跋说:"西子固足不朽,而暨阳亦与有荣。"暨阳是八邑之一,一邑有荣,八邑与共。今日为西施修志,推崇其高尚人格与无私精神,于事为大;而议论其故里山川与容貌姿色,于事为小。谨在序末略表愚见,以供争鸣各方的参考。

原载《苎萝西施志》,杭州大学出版社 1991 年版

古代鉴湖兴废与山会平原农田水利

鉴湖又称镜湖,还有南湖、长湖、大湖、贺监湖等许多别名,是长江以南最古老的大型农田水利工程之一。由于其对古代山会平原农田水利上的重要作用,因而成为我国东南地区历史上的著名湖泊。新中国成立以来,地理学界对于古代鉴湖地区(即目前的萧绍平原)现代河湖网的研究,已经做了若干工作。古代鉴湖的湮废,为时已近 900 年,但目前萧绍平原的河湖网,和古代鉴湖仍然不无关系。为此,对鉴湖历史地理的探讨,与今日萧绍平原的农田水利也仍然不无意义。本文旨在阐明这一古代湖泊的兴废历程及其原因,并希望能为目前萧绍平原以至江浙其他平原地区的河湖水利研究方面,提供和累积一些历史地理资料。

一、鉴湖的地理基础

要了解古代鉴湖,首先须探讨其存在的地理基础。古代鉴湖分布在山阴和会稽两县境内,古代的山、会两县,幅员略大于今日的绍兴县境。境内从东南到西北,为会稽山脉所盘踞。北部是广阔的冲积平原,即山会平原。东小江(曹娥江)掠过会稽东境,西小江(浦阳江)流贯山阴西境和北境,二江均在北部的三江口附近注入后海(杭州湾)。

古代鉴湖形成和存在的自然地理条件,有三方面必须密切注意:第一是会稽山脉

化山山脉
- 台五冈　凤凰山　———　伧塘溪
- 阁老山　岩里山　———　青塘诸溪
- 甘平冈　银山　———　富盛溪
- 下湾冈　万户山　———　御河
- 日铸岭　绕门山　———　上灶溪　若耶溪

西干山脉
- 大禹溪　谢墅溪　南池溪
- 作丹冈　香炉峰
- 法华岭　姣娥山　———　栖凫溪
- 朱华山　殷家潭山　———　破潭溪
- 朱华山　姚山　———　木栅溪
- 捣米岭　尖头山　———　兰亭溪
- 辣岭　石壁山　———　苦竹溪
- 关口山　峡山　———　漓渚溪
- 老鹰尖　福全山　———　容山溪
- 毛山　铜山　———　项里溪　干溪
- 羊毛尖　长青冈　———　型塘溪
- 占家坞　姚家山　———　古城溪
- 西园山　铁锚山　———　枢里溪
- 古城岭　外枢山　———　白石溪
- 大石板山　牛头山

会稽山脉

鉴湖　　鉴湖诸斗门闸堰　　山会平原　　玉山斗门　　后海

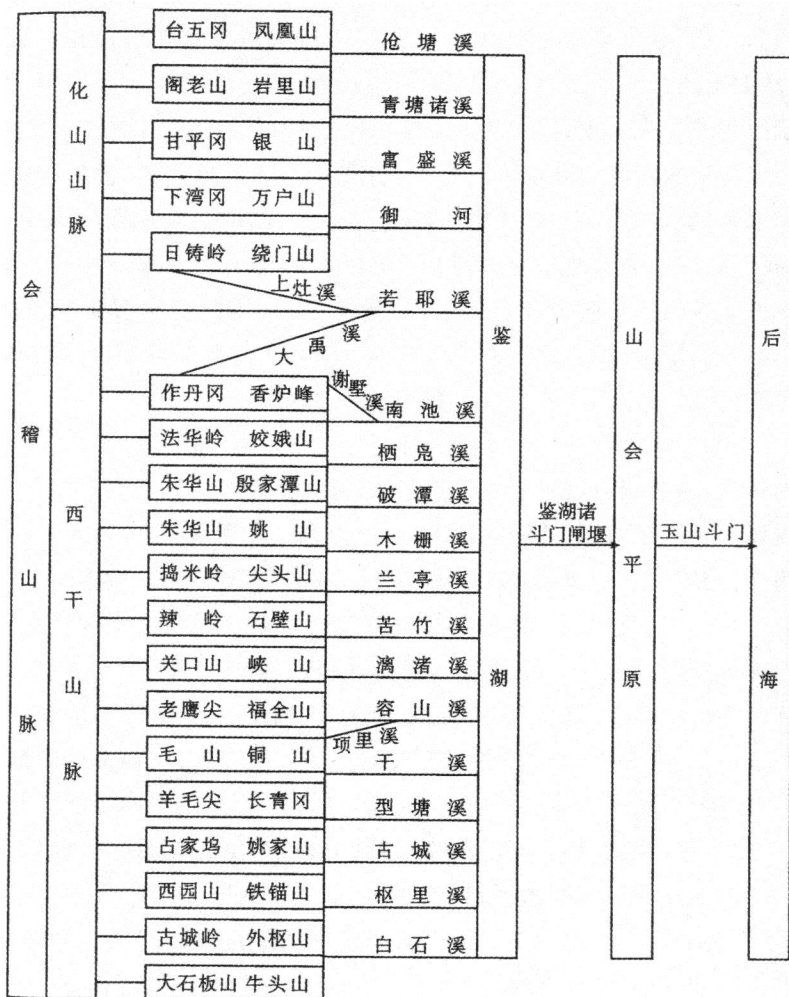

图一　鉴湖源流图[①]

的复杂形势和鉴湖源流的关系;第二是浦阳、曹娥两江和鉴湖的关系;第三则是钱塘江下流江道和鉴湖的关系。

通常认为会稽山脉是曹娥、浦阳二江的分水岭,只是大体言之而已。实际上,会稽山脉是一片较广的丘陵地,东西最宽约 50 公里,东南至西北最长约 100 公里,其间丘陵的分布和走向都较复杂。会稽山脉的主干,绵亘于山会和诸(暨)嵊边界,海拔 700米左右。从主干按西南东北走向,分出一系列海拔约 500 米左右的丘陵。这些丘陵的分布,形成了曹娥、浦阳二江和鉴湖之间的复杂水源关系。以绍兴西南境的尖子冈为起点,东北经龙池山、陶晏岭、五峰岭、甘平冈、台五冈等,直至曹娥镇以南的凤凰山止,称为化山山脉,是会稽山脉诸丘陵中的重要一支,成为古代鉴湖水系和曹娥江的分水岭。此外,从尖子冈迤北稍偏西,经龙潭冈、作丹冈、古博岭、辣岭、关口山、大武尖等,直至钱清镇西北的牛头山止,称为西干山脉,是会稽山脉诸丘陵中的另一重要分支,成为古代鉴湖水系与浦阳江的分水岭。由此,古代鉴湖的水源范围,包括化山山脉西北与西干山脉以东的较大流域,面积约为 1200 方公里,其中丘陵地面积约 460 方公里,这片丘陵,我们姑称之为稽北丘陵。稽北丘陵以化山、西干二山脉为主干,向北伸展出一系列几乎彼此平行的丘陵分支,这些丘陵分支之间,排列着许多南北流向的河流。各有其大小不等的集水范围,北流在山势开朗处形成一系列的冲积扇,冲积扇以下,则有宽狭不等的河漫滩,最后注入古代鉴湖。

如图一所列,独流入湖的主要河流为数已近 20。古人称鉴湖 36 源,[②]当然包括若干支流在内,它们为鉴湖形成提供了丰富的水源。

其次需要阐明的是曹娥、浦阳两江和古代鉴湖的关系。目前,稽北丘陵诸水均北流径出杭州湾,构成独立的所谓三江水系。但三江水系乃是晚近 400 年中一系列水利工程的产物。在古代鉴湖形成以前,稽北丘陵诸水,都由曹娥、浦阳两江下流承受,然后注入杭州湾。曹娥江除河口部分外,[③]江道本身在历史上没有较大变化,它承受源自化山山脉诸水。浦阳江目前自临浦镇北流注入富春江,这是明天顺年间[④](1457—1464)凿通七贤山(碛堰山)所造成的人工改道。在天顺以前,江道原由临浦镇东北沿山萧两县县界南折至钱清镇,然后东流由三江口入海。当时,它承受源自西干山脉的全部河流。曹娥、浦阳两江都是潮汐河流,在历史时期,由于海塘和江塘均未修筑,钱江大潮由两江倒灌而入于鉴湖水系诸河,加上两江(特别是浦阳江)在历史上的频繁洪水,造成了山会平原的严重内涝。不仅平原北部长期以来曾经是一片沼泽地,即地势较高的平原南部,也因潮水倒灌,山水排泄不畅,而使河流泛滥漫溢,潴成无数湖泊。这些湖泊一方面是山水的积蓄之所,另一方面又和后海相通。[⑤]在枯水季节各湖彼此隔离,仅以河流港汊相联系,一旦山水盛发或高潮时期,则泛滥漫溢,成为一片泽国(早在鉴湖形成以前,这片泽国地区就被称为庆湖,[⑥]以后又改称镜湖,[⑦]是鉴湖形成的另一个重要条件)。

最后还必须把钱塘江下流江道的变迁略加讨论。钱塘江和古代鉴湖虽无直接联系,但它通过曹娥、浦阳两江,仍和鉴湖发生密切关系,对古代鉴湖的形成也不无影响。钱塘江从杭州到尖山一段,历史上一再改道,江道移动于南大亹、中小亹和北大亹之间。春秋以前的江道史籍无载。春秋吴越交战时代(公元前 500 年前后),江出南大亹。[⑧]此后直至南宋前期,未见江道变化记载,当以南大亹为主要通道。当时南沙尚未存在,江道紧逼山会平原北缘掠三江口而过。这样,钱塘江的潮汐和山洪,对曹娥、浦阳两江的影响,较之目前江道走北大亹的情况当然大不相同。由于钱塘江对曹娥、浦阳两江的强烈影响,而两江又将这种影响转嫁于它们的支流即鉴湖水系诸河。这样就大大增加了古代鉴湖地区内涝积水的程度,有助于鉴湖的形成和存在。

如上所述,稽北丘陵的广大集水面积和众多源流;曹娥、浦阳两江的山洪和潮汐的影响;而钱塘江江道的通过南大亹,又大大加强了这种影响。这是古代鉴湖形成和存在的主要地理基础,是研究鉴湖历史地理所首先必须注意的。(图二)

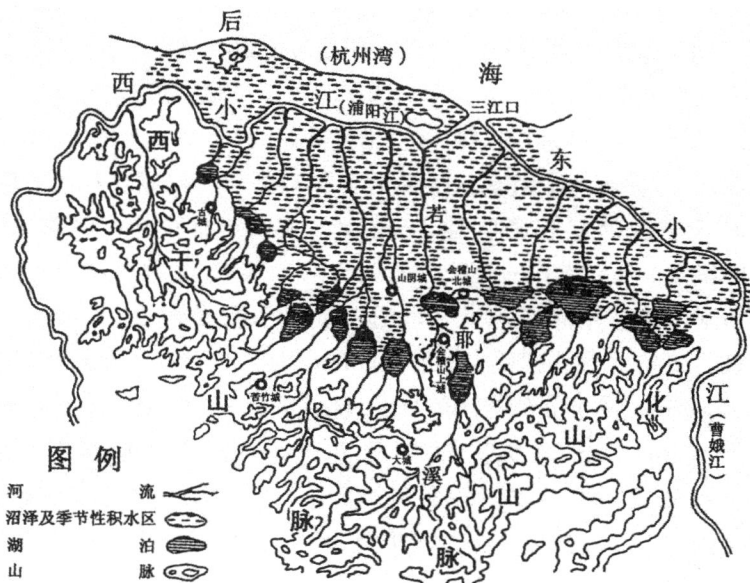

图二　永和以前山会水系示意图(前500—139)

二、鉴湖的形成和山会平原的农田水利

上文已经述及古代鉴湖形成以前山会平原成为一片泽国的情况,越王句践所说的"水行山处,以船为车,以楫为马"[⑨]即是这种情况的生动写照。在这样的情况下,山会平原的农业生产就必须围堤筑塘,用以抗拒河湖泛滥,排斥内涝;也用以御咸蓄淡,进行灌溉。根据不完整的史籍记载,在越王句践时代建成的堤塘就有富中大塘、炼塘等,在越国灭吴以后,还利用吴国战俘,修建了吴塘。[⑩]当时,筑堤围塘,已经成为越国发展生产的中心课题之一。[⑪]这样,从春秋以至汉代,山会平原特别是它的南部,陆续围成

的堤塘,为数必属不少。当然,这些堤塘是零星分散的,工程规格也不统一,山会平原南部的大部分地区,仍然还处于潮汐和山洪的威胁之下。但在另一方面,在这段五、六百年时间中不断进行的堤塘工作,却为日后鉴湖的修筑累积了经验;而且这些零星分散的堤塘的一部分,以后就被改造利用,成为鉴湖湖堤的组成部分。

　　鉴湖湖堤的修筑系后汉顺帝永和五年(140)会稽郡太守马臻所主持。关于这一点,根据各种历史典籍,可以肯定其记载确凿,毋庸置疑。浙江省出版的《求是》月刊1961年第4期《钱镠和浙江的水利》一文中的说法[12]是值得商榷的。鉴湖是属于湖泊蓄洪和洼地蓄洪一类的水利工程,并非开凿而成,工程的主要部分是围堤。根据记载,[13]鉴湖湖堤以会稽郡城为中心,分为东西两段:东段自五云门至曹娥江,长72里;西段自常禧门至浦阳江,[14]长55里。全长达127里。当然,湖堤未必都在永和年代修筑,永和以前零星修筑的堤塘,到这时加以培修利用,也是很可能的。

　　湖堤围成以后,堤内河湖因遭到拦截而泛滥漫溢。于是,湖堤与稽北丘陵之间,从山麓冲积扇以下,包括所有平原、洼地、河漫滩等,都积水而成为一片泽国,这样就形成了永和年代的鉴湖。当时鉴湖东起曹娥镇附近,向西经过今绍兴城南,然后折向西北而止于钱清镇附近;湖的南界是稽北丘陵的山麓线,北界是湖堤。全湖呈狭长形,周围长度根据记载为358里,[15]其面积包括湖中洲岛在内约为206平方公里。[16]由于东部地形略高于西部,全湖实际上又分成两部分,以郡城东南从稽山门到禹陵全长6里的驿路作为分湖堤:东部称为东湖,面积约107平方公里;西部称为西湖,面积约99平方公里。东湖水位一般较西湖高0.5米—1米。以上是古代鉴湖的大致轮廓(图三)。

　　还必须指出,湖堤围成以后,也不能认为堤内就是浩渺一片。当然,原来的湖泊和港汊地区,湖底是较深的。但这个地区三五相连的低矮冈阜和零星孤丘为数不少,而微地形原也较北部复杂,因此即使在湖泊整个形成以后,湖内仍有许多浅滩,在枯水季节可以局部涸出。此外湖内还分布着许多洲岛,较著名的如三山、姚屿、道士庄、干山[17]等等。这些洲岛周围和其他湖底浅处,仍可常时或间时进行耕种。

　　鉴湖工程的另一重要组成部分是涵闸排灌设备。涵闸系统主要包括斗门、闸、堰、阴沟等四种。斗门属于水闸一类,主要设置于鉴湖和潮汐河流直接沟通之处,既用于排洪,也用于拒咸,关系最为重要。闸和堰设置于鉴湖和主要内河沟通之处,规模不及斗门,而堰比闸更为简单。闸和堰的作用一方面是排洪,一方面是供给内河以灌溉用水,并保证内河以通行舟楫的必要水位。此外就是阴沟,系沟通湖内和湖外内河的小型输水隧道,其作用和闸堰相当。斗门、闸、堰等设置,永和以后,历代有所增减,究竟哪些在鉴湖初创时已经建立,查考比较困难。[18]目前尚可查考的涵闸设置,其中很多是后代添设的,主要有斗门8处,闸7处,堰28处,阴沟33处。这些设置虽然湮废已久,

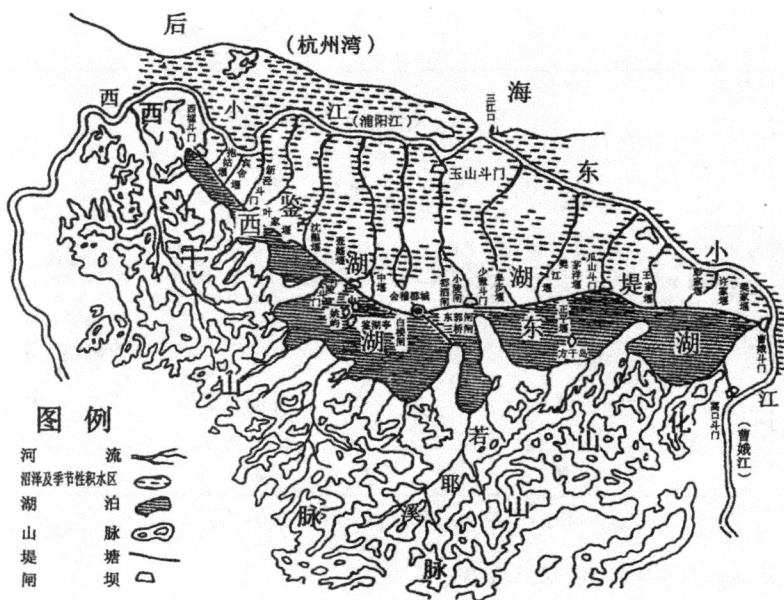

图三　永和至北宋山会水系示意图（140—1010）

但今天在当地仍有不少地名，以过去的闸堰为名；若干斗门、闸、堰，今日进行现场观察，犹可从依稀残迹和水道形势，追溯当年建置的规模（图四）。

此外，为了调节水位以保证湖堤安全和计量灌溉用水，在会稽五云门外小陵桥以东及山阴常禧门外跨湖桥以南，各设则水牌（水位尺）一处。但是由于鉴湖和其他内河水道的变迁，则水牌位置代有更易。上述则水牌是否初创设置，也已不得而知。

上述即古代鉴湖的大致轮廓。在围堤蓄水的过程中，除了一定数量的耕地被淹没外，还淹毁了不少房屋和坟墓。马臻本人就因此遭到一伙人的匿名控告而被颟顸的朝廷处以极刑。[19]但是这个水利工程的效益确是十分巨大的。由于它的庞大拦蓄能力和丰富蓄水，使山会平原解除了来自稽北平原的洪水威胁，得到了比较充分的灌溉。而且由于鉴湖地形较北部高出 2 米—3 米，使湖面在一般水位时期较北部高出 4 米—5 米，因此，灌溉的方法就很简易。这就是《会稽记》所描述的："筑塘蓄水高丈余，田又高海丈余。若水少，则泄湖灌田；如水多，则开湖泄田中水入海。"[20]这样，鉴湖以北、曹娥江以西、浦阳江以南的九千余顷土地，在以后大约 800 年中，减少了自然灾害，扩大了土地垦殖，增加了农业收成；相对地改善了人民生活。因此，鉴湖的确不愧为历史上长江以南的伟大水利工程，而它的创始人马臻的功绩，也是永垂不朽的。[21]

如上所述，鉴湖作为一个农田水利工程，基本上解决了稽北丘陵诸河对山会平原

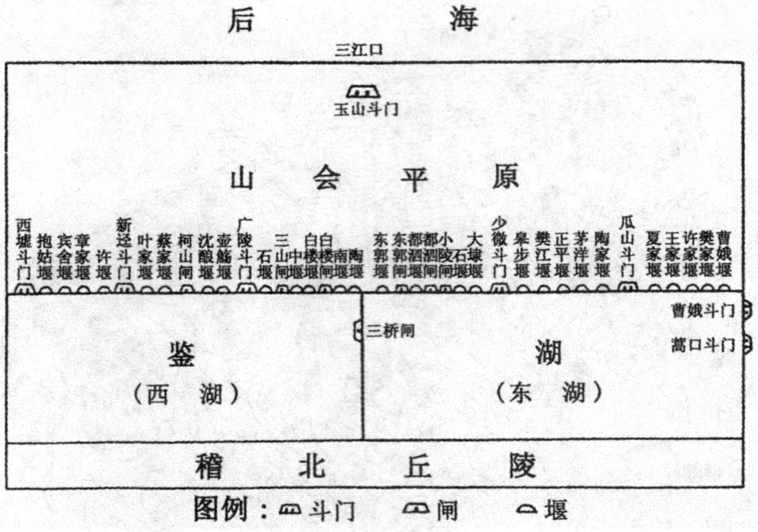

后　　海

三江口

玉山斗门

山　会　平　原

西墈斗门　抱姑堰　章舍堰　宾家堰　许家堰　新迳斗门　叶家堰　蔡家堰　柯山堰　沈酿堰　壶觞闸　广陵斗门　三石闸　白中楼堰　白楼堰　陶南堰　东郭堰　东郭闸　都泗堰　都泗闸　小陵堰　大庆堰　微斗门　少微堰　皋步堰　樊江堰　正洋堰　茅洋堰　陶家堰　瓜山堰　夏家堰　王家堰　许家堰　樊家堰　曹娥堰

鉴　湖
（西　湖）

三桥闸

湖
（东　湖）

曹娥斗门

蒿口斗门

稽　北　丘　陵

图例：斗门　闸　堰

图四　鉴湖斗门、闸、堰示意图

的洪水威胁,也替山会平原储备了大量灌溉用水。但是如何使鉴湖的丰富蓄水合理而及时地供给北部需要,特别是那些远离湖边的耕地,却是当时没有完全解决的问题。尽管湖高于田丈余,泄湖灌田看来是很便当的,但由于作为灌溉渠道的山会平原的内河系统,当时还没有较好的布置整理,既影响灌溉效率,洪水时期又易造成内涝。其次是后海的咸潮问题,咸潮溯曹娥、浦阳二江而上,侵袭山会平原的内河系统,引起土壤的盐渍化,造成农业的困难。第三是曹娥、浦阳两江的问题,由于两江洪水不在鉴湖拦蓄范围以内,特别是浦阳江,上游洪水既多,下游流程又横贯整个山会平原北部,以致洪灾连年,经常扰乱这一带的内河系统,成为无穷后患。上述问题,都是永和以后山会平原农田水利的中心课题。鉴湖虽然没有解决这些问题,但却为日后解决这些问题创造了有利条件。而这些问题在后来的逐步解决过程中,又反过来影响鉴湖,促使鉴湖本身的不断发展和变迁。

　　永和以后,山会劳动人民在布置和整理内河网方面,曾经投下了巨量劳动。其中最重要的建树之一即是漕渠的开凿。这条河道北起西陵(今萧山西兴镇),西南经绍兴城东折而抵曹娥江边的曹娥和蒿坝,全长逾200里。主持开凿的是晋会稽内史贺循,为时当在公元300年前后。当然,这一带原是水乡泽国,河道纵横,贺循主持开凿,只是将原有的若干河道连接和疏浚而已。这条河道以后虽然名为运河(一般称西兴运河),而且事实上在内河运输中起了重要作用,但在晋代开凿之初,倒确是为了灌溉的需要。[22]由于运河的开凿,加上北部其他河湖的挖掘整治,使鉴湖对山会平原的关系,无论是排水和灌溉,都有了显著的改进。山会平原的河流,原来都是南北流向的,鉴湖湖堤上的一系列涵闸,就必须设置在湖堤和这些河道的交错处,才能利用这些河道排水。这样,涵闸的数量就受到河道数量的限制,因而影响了鉴湖的排水能力和速度。运河开凿以后,河道与鉴湖湖堤平行。东段(会稽境内)河道即在湖堤之下,西段(山阴境内)河道距湖堤也不过三四里。这样就把湖堤与河道在一定距离内间隔直交的局面,改变为湖堤与河道始终平行的局面,大大增加了敷设涵闸的可能性,便利了鉴湖的排水。而且由于运河的开凿,沟通了原来许多南北向河流之间的关系,在彼此调节水量方面,也有很大的好处。运河以后一直是山会平原内河网中最大的东西干道。鉴湖湮废以后,它就直接承担接纳稽北丘陵诸水的任务,在排灌和调节诸河水量方面起了更大的作用。虽然在鉴湖湮废后的初期,也曾经发生过灌溉和航运间的矛盾,[23]但这是由于原鉴湖地区水量锐减和管理不善所致,是水道形势改变过程中难免的现象。在进行了若干措施后,[24]矛盾基本上获得了解决。

除了整理内河网以外,沿海海塘的修筑,也是永和以后与鉴湖直接有关的水利工程。海塘的修筑也正和湖堤的修筑一样,在永和以前早已零星开始。[25]当然,进行是分散的,目的只是为了小规模的制盐[26]和围垦等。所谓"若水少,则泄湖灌田;如水多,则闭湖泄田中水入海"。也正是说明了当时山会北部后海沿岸,已经有了片段的海塘和若干涵闸设置。在马臻主持鉴湖围堤时,沿海的堤塘涵闸,想必也做过一番整修工作,其中比较可靠的是玉山斗门。[27]玉山斗门在今绍兴城正北30里的陡亹镇,由此入海的主要河流直落江,即是稽北丘陵诸河干流若耶溪的下流。而且在地形上东西有金鸡山和玉山两个孤山残丘,这种两山夹峙一水奔流的形势,确是建立枢纽工程的理想地址。所谓"水多则闭湖泄田中水入海",主要就是利用这个工程。[28]不过在永和年代,作为鉴湖枢纽工程的玉山斗门,作用还不十分显著,因为当时海塘和江塘尚未修筑完整,从鉴湖流出的各河,大部分注入曹娥、浦阳两江下流,而并不汇入直落江。因此,玉山斗门所能控制的范围不大,其调节作用自然也就不能和后来相比。所以从永和以至唐贞元的六百多年中,玉山斗门还没有受到很大的重视。唐玄宗开元十年(722),[29]会稽县令李俊之主持修筑会稽县境内的海塘,这是山会海塘有历史记载的首次修筑。此次修筑以后,山阴诸水虽仍和浦阳江密切相关,但会稽诸水,由于曹娥江下流江塘的连接完成,从此不再注入曹娥江而汇入直落江。于是,山会平原上的内河水系范围扩大,玉山斗门对鉴湖的调节作用也就提高。因此,在李俊之主持修塘50年以后,浙东观察使皇甫政接着于贞元初(788年前后)将玉山斗门进行改建,把原来的简陋斗门改成八孔闸门,[30]以适应流域范围扩大而增加的排水负荷。山会海塘以后在唐大和、宋嘉定等年代都有较大规模的修缮,使鉴湖从潮汐直薄湖堤的局面,改变到和后海断绝直接联系的局面。特别是从宋宁宗嘉定十二年(1219)起钱塘江下流江道有了北移的趋势以后,[31]江流对山会平原北部的威胁减轻,有利于海塘的更趋巩固,对鉴湖的发展变化,发生了深刻的影响。

曹娥、浦阳二江在永和以后的较长时期中,一直成为山会平原的较大灾难。其中曹娥江因江道仅仅掠过会稽县平原地区的东北边境,在唐代堤塘工程巩固以后,加上宋神宗天圣(1028 年起)以后修建了一系列闸坝,为患已经大为减轻。但浦阳江流经山阴县的整个北部平原地区,河道曲折,地势平衍,山洪频繁,动辄泛滥,成为山会平原的心腹之患。而且永和以后,特别是从唐代起,由于海塘的修筑,洪水宣泄限于若干涵闸,反而更增加了洪水水势和内涝程度。鉴湖湮废以后,山会北部的河湖网虽然有所扩大,但仍然不足以有效地缓和浦阳江的洪水。一直要到明天顺年间,绍兴府太守彭谊主持凿通临浦镇西北的七贤山,引浦阳江下流改道北出富春江,并筑麻溪坝阻断其与故道的关系以后,山会二县内河遂和萧山内河联通一气,形成独立的三江水系,浦阳江的不利影响,才完全消弭。

三、鉴湖的围垦和历史上对鉴湖存废的争论

鉴湖从永和围堤起直到宋朝初年的 800 余年中,一直在山会平原的农业生产中起着重大作用。在这段时期中,山会劳动人民继鉴湖围堤之后,继续改造自然,进行各项农田水利建设,其中特别是内河网的整理和海塘的修筑等,已如上文所述。这些工程,一方面解决了鉴湖的许多遗留问题,弥补了鉴湖的不足,使鉴湖对山会平原发生了更大的作用;另一方面,也逐渐改变了山会平原的水利形势,使山会平原的农田水利事业,在鉴湖的基础上得到新的发展,而鉴湖本身则在这个新的发展过程中逐渐进入它的晚期,初则不断淤浅,终至大部围垦,成为农田(图五)。

根据记载[32],鉴湖的围垦起于宋真宗大中祥符时代(1010 年前后),实际上围垦的开始远比正式记载要早,下文当再论及。大中祥符时代的围垦规模还很小,只是浜湖农民的零星垦殖,直到宋神宗庆历(1041)以后,垦出的湖田还不过四顷。[33]从庆历到宋英宗治平年代(1064)的 20 多年中,围垦规模就渐次扩大,垦出的湖田已达 700 多顷。到宋高宗南渡前后,围垦入于全盛,最后垦出了湖田 2000 多顷。至此,古代鉴湖除特别低洼处潴成新的湖泊和其他许多积水的港汊河道外,大部分成为耕地。[34]当时,在古代东湖地区潴成的新湖有浮湖、白塔洋、谢憩湖、康家湖、泉湖、西菩湖等等;在古代西湖地区潴成的新湖有周湖、孔湖、铸浦、羼石湖、容山湖、秋湖、阳湖等等。这些湖泊在南宋以后,仍然继续湮废。今天,古代鉴湖地区除了稠密的河流外,湖泊已经不多。在

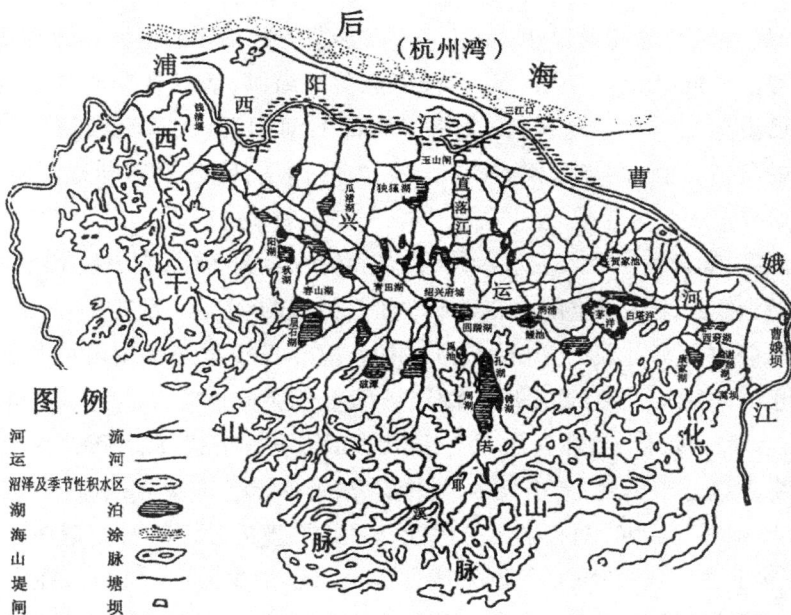

图五　南宋以后山会水系示意图（1127）

东湖范围内较大的只有白塔洋和洋湖牌等；西湖范围内则更少，除了从湖塘到壶觞之间有些较宽的河道被称为鉴湖[35]外，其他如羼石湖和秋湖等，无非只是密集交织的港汊罢了。鉴湖湮废以后，原来注入鉴湖的所谓36源，从此就直接注入运河，然后转辗经过北部水网地区从三江口出海。由于鉴湖的大量积水随着湖底逐渐淤浅而移到山会平原北部，因而引起了北部河湖形势的改变，除了原有的河湖扩大了面积外，还增加了许多新的河湖。自此以后，除了浦阳江改道已如上述外，山会平原河湖网已逐渐形成今日的形势。

鉴湖的围垦是在许多原因综合影响下造成的，其中特别重要的有下列几个方面：

第一，在鉴湖围堤时期，山会北部的海塘尚未修筑完整，整个山会平原是潮汐出没之区，需要鉴湖蓄淡，才能保证灌溉。但从唐代起，规模较大的筑塘工程开始进行，当时，修筑海塘的主要目的即是为了蓄淡灌溉。[36]所以海塘的渐次修筑完整，使鉴湖以北的广大平原地区，也有了蓄淡灌溉的可能。而且由于从晋代以来对于河湖网的加强疏浚整理，山会平原的河湖网密度和深度都有很大增加，大型湖泊如狭獴狭搭湖、瓜渚湖、贺家池等均已次第形成。因此，山会平原在蓄淡灌溉方面不仅是有了可能，而且蓄淡灌溉的实际能力也开始显著提高，部分地取代了鉴湖在这方面的作用。

第二，随着海塘的修筑，山会平原北部的开垦范围也日益扩大。和过去耕地大多分布在湖堤附近的情况不同。唐代以后,按照居民点的分布来看,[37]山会平原北部的耕地,最远已经远离湖堤达30里。依靠鉴湖为数不多的涵闸排水灌溉,已有鞭长莫及之势。因此,山会平原北部,不仅可能蓄淡灌溉,而且在当时的实际情况下,蓄淡灌溉已有迫切需要。这样,山会平原北部的河湖网,在蓄淡灌溉方面,初则分担了鉴湖的负荷,继则逐步取代鉴湖在这方面的作用,因此就不断地削弱了鉴湖继续存在的必要。

第三,鉴湖本身是一个人工水库,永和以后的八百多年中,它承受着36源的输沙量,淤浅的程度是日益加重的。在春秋时代,目前的绍兴城附近,还分布着成片森林,[38]稽北丘陵更是森林茂密。直到晋代中叶,稽北丘陵也还保留着成片的"茂林修竹"。[39]因此,永和围堤以后的初期,鉴湖流域的水土保持是较好的。不过自从晋室南迁以后,山会地区森林的破坏开始增剧,唐代以后尤甚。五代前后,稽北丘陵地区开始大面积植茶,[40]以至于出现"有山无木"[41]的情况,说明水土流失到那时已经非常剧烈。因此,古代鉴湖在其后期,湖底淤浅的程度是日趋严重的。虽然有史记载的围垦始于宋代,但事实上在唐代中叶前后,湖底浅处已经出现不少葑田。[42]这样,在古代鉴湖的后期,一方面是湖底不断淤浅,蓄水能力不断降低;而另一方面,地形比鉴湖低2米—3米的山会平原北部,却相反地大大增加了蓄水能力,而且实际上分出了鉴湖的大量蓄水。这就加速了鉴湖的干涸过程,替围垦创造了有利条件。

第四是人民对于土地的需要,这和本地区人口增加有着密切的联系。春秋战国时代,山会地区的人口非常稀少,越王句践曾经因此而采取了好些增加人口的措施。[43]自前汉以至后汉,这一带依然地广人稀,[44]所以在永和年代仍可选择以大片土地围堤蓄水的办法。此后,人口代有繁衍,对土地和粮食的需要也随着增加。晋室南迁以后,移民较多,以致山阴县在南北朝时代就出现了"土地褊狭,民多田少"[45]的现象。北方移民到宋朝南渡前后而尤甚。当时,浙江成为四方移民聚集的中心,[46]而山会作为临时首都近两年,因而平添了许多来自"赵、魏、秦、晋、齐、鲁的士大夫渡江者",[47]平民移入的,为数当必更多。因此,在北宋大中祥符四年(1011),山会两县的人口总数还不过5万人之谱,[48]但到南宋嘉泰元年(1201),两县人口就增加到大约12万人。在不到200年时间中而人口增加了一倍多,这200年中,恰恰也正是鉴湖被围垦殆尽的时期。

关于鉴湖围垦的问题,历史上曾有较长时期的争论。随着围垦的加速,从宋仁宗景祐年代(1034)起,开始有人创议要恢复古代鉴湖,其中不乏知名人物如曾巩、王十朋等,先后相继,事实上形成了一个"复湖派"。先是知越州军蒋堂于景祐三年(1037)上奏朝廷请求恢复鉴湖,以后则有曾巩、王十朋、徐次铎等,[49]他们提出许多理由和方法,鼓吹恢复永和时代的鉴湖。复湖派的种种议论,对后世发生了深刻的影响,这种影响,甚至一直遗留到今天。复湖派的愿望无疑是好的。在他们的创议中,揭露了朝廷的若干弊政和腐败现象,也具有进步意义。但是他们对于鉴湖和山会地区水利问题的见解,却是停滞而不是发展的,他们的论点存在很大的片面性和许多错误。

为了强调复湖的必要,复湖派首先是过分夸大鉴湖的作用。[50]在鉴湖湮废的原因方面,简单地归之于奸民豪族的盗湖为田。[51]至于复湖的方法,他们本身有两种不同意见:一种是挖掘疏浚,另一种是增高湖堤。

如前所述,鉴湖在山会平原的农田水利上有过重大贡献。但不应过分夸大这种作用。复湖派认为自从永和围堤以后,直到湮废以前,山会平原在数百年中无水旱之灾。而事实上仅仅从晋咸和到唐开成的大约 500 年之中,山会地区见之于史籍记载[52]的重大水旱灾(台风和海水内侵等灾害不计)就有 10 次之多。其中唐贞元二十一年(805)夏季,[53]鉴湖甚至全部干涸,旱情可见一斑。足见诸如"岁无水旱"之类的说法,并不符合实际情况。而且在鉴湖的后期,一方面由于湖底淤浅而降低了拦蓄能力,另一方面也因为山会平原北部耕地的扩展而显得鞭长莫及。在这种不断发展的水利形势下,若把山会水利停留在鉴湖一点上,水旱灾害必然是愈来愈多的。

对于鉴湖从围垦到全部湮废的原因,复湖派把它简单地归之于奸民豪族的盗湖为田,不消说是非常片面的。在鉴湖围垦的全盛时期,地主豪强直接插手进行湖田的争夺,这是可以想象的。但在初期零星围垦阶段,却是沿湖农民基于土地要求而自发进行的,不能笼统地认为是地主豪强的盗湖为田。这一点在复湖派的某些著述中也是不得不承认的。[54]当然,是谁围垦的问题,并不涉及问题的实质。事实上,在那个时代,不管是农民围垦也罢,地主围垦也罢;不管是湖田也好,山田也好。土地的绝大部分总是地主所占有的。这里之所以提出这个问题,只是为了说明,当时由于人口增加和粮食需要;整个社会对于土地的要求较前大为迫切,再加上其他种种已如上述的原因,才导致鉴湖的围垦和湮废。把鉴湖湮废简单地归于地主豪强的盗湖为田,显然不能自圆其说。

至于复湖派所提出的复湖方法,不论是疏浚或是增堤,也都并非善策。增堤使高的复湖办法,由嘉祐知越州军刁约创导于前,复经徐次铎鼓吹于后。这种办法的显而易见的危险性,即复湖派的另一部分人也认为是"瓮水使高,必败城郭",[55]不可轻易造次。挖掘疏浚的复湖办法,在复湖派中曾有较多人支持,但这种办法的巨大工程量却是完全脱离当时社会实际的。嘉祐另一知州张伯玉曾为这项工程算过一笔账:"日役五千人,浚湖使至五尺,当十五年毕;至三尺,当九岁毕。"[56]这是当时的社会制度和社会经济能力所根本无法承担的。当然,复湖的方法问题也仍然不是问题的实质。问题的实质是,根据当时的水利形势,复湖是不是必要和有没有可能? 事实是,鉴湖湖底已经全面淤高,鉴湖蓄水已经大量转移到平原北部,水道形势已经整个改变,水利要求也已经迥非昔比。复湖的不必要与不可能,后世有识之士已稍有所论。[57]当时情况,围垦已是必然趋势。空谈复湖,固然于事无补;即不顾客观条件而轻率从事,也必然徒劳无功,以失败告终。关于这方面,宋孝宗隆兴元年(1163)知府吴芾的故事[58]可以为证。

鉴湖湮废的过程同时也是山会水道形势改变的过程。在这个过程中,由于水利措施没有跟得上形势发展的需要,因而产生了农田水利上的不良后果。曾巩所说的"每岁少雨,田未病而湖盖已先涸"[59]和徐次铎所说的"春时重被水潦之害,夏秋之间雨或愆期又无潴蓄之水为灌溉之利"。[60]情况都是实在的。王十朋提出的"废湖有三大害"[61]虽语嫌夸张但也有部分事实根据。这些事实,正是说明了水利措施必须符合农业发展和水道形势变化的要求。水道既已变化,积水既已北迁,则山会水利必须进行平原南北两部的通盘考虑,不能再停留在鉴湖一点之上。但复湖派一成不变地以数百年前的古人古事为准绳,夸大鉴湖的作用,奢谈复湖的功利。虽然群众实际并不支持他们,[62]但在当时的上层社会中,确实制造了一股复湖的空气,把人们的注意力局限在是否复湖与如何复湖等问题上面,因而忽视了山会水利在不断发展中所产生的新的重大问题。景祐以来,越州和绍兴府属的许多地方官,本身都纠缠在复湖问题的圈子里,自然也影响了对于山会水利问题全局的研究。而在那些复湖派的反对者中间对山会水利具有发展眼光的真知灼见,[63]也就遭到等闲视之。至于像吴芾之类的轻率举动,自然更是劳民伤财,得到相反的结果。因此,有宋一代,特别是在南宋,除了对复湖问题喷喷不休的争论外,山会农田水利的实际建树却是不多的。虽然是国势凌夷政局动荡有以致之,但复湖派在社会上的影响,也是不无原因的。一直要到明代,由于山会水利形势的继续发展,更为清楚地说明了这个地区农田水利的关键问题,早就不是纠缠在复湖问题上所能解决的。因此,虽然复湖派的影响仍然存在,而当时上层社会对于复湖派的那些议论也仍然采取尊重的态度,[64]但是毕竟也有不少对山会水利具有发展眼光和实际研究的人物如彭谊、戴琥、汤绍恩[65]等辈,他们敢于用实际行动撇开复湖派的陈腐议论,领导山会劳动人民脚踏实地地解决了这个地区农田水利中的许多实际问题,出现了浦阳江的人工改道,麻溪坝的修建,三江闸的兴筑等许多重要的水利工程,大大改善了山会平原自从古代鉴湖湮废以来的水利形势(图六)。

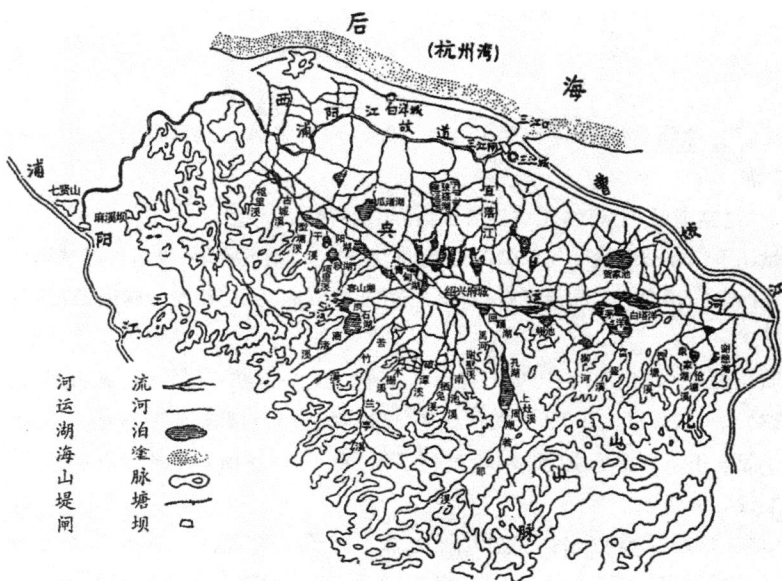

图六　嘉靖(1357)以后山会水系示意图

四、结　语

古代鉴湖兴废与山会平原农田水利发展的过程,已如上述。一方面说明了平原地区河湖网存在与分布的辩证关系。山会平原在各个时代的各种农田水利设施和河湖网分布,并非固定不变和彼此孤立,而是相互制约和不断发展的。今日萧绍平原的整个河湖网系统,正是这种发展的结果。另一方面也说明了人类社会与地理环境的关系。虽然自然地理条件对于鉴湖兴废具有重要作用,但后汉以前,鉴湖形成的自然地理条件早已存在,而围堤却始于永和;永和以后,鉴湖淤浅的自然地理条件也不断增长,而湮废要至于南宋。这就说明了人类社会因素在这方面的决定作用。当然,人类要有效地利用和改造自然,推动农田水利事业,就必须是在充分了解当地的自然地理条件和掌握自然发展规律的情况下才有可能,正如马臻、彭谊、汤绍恩等辈所做的一样,而复湖派则是这方面的反面例子。如上所述,虽然只是些寻常浅显的道理,但对我们今天继承祖先的水利遗产、发展农田水利事业方面,却具有一定的意义。

注释:

① 根据(明)徐渭《水利考》(《万历绍兴府志》)、清宗源瀚:《浙江省全省舆图并水陆道里记》等。

② 王十朋《鉴湖说》上篇(《王文忠公全集》第七卷)。

③ 曹娥江下流在清顺治七年(1650)以前,向在三江口附近入海,以后曾随钱塘江下流江道的北移而偏向西北。清同治五年(1866),由于萧绍地区内涝,人工凿通西汇嘴,才形成今日江道。

④ 浦阳江人工改道的时间,历史上主要有三种说法,一说在宣德年间(见明刘宗周《天乐水利图议》),一说在弘治年间(见明任三宅《麻溪坝议》),但此外多数著述均作天顺年间,清初史学家全祖望亦主是说(见全氏《鲒埼亭集》卷三四《答山阴令舒树田水道札》),故本文从天顺说。

⑤ 《水经注》卷四〇浙江水:"北临大湖,水深不测,传与海通,何次道作郡,常于此水中得乌贼鱼"。案《晋书》列传第四十七何充传的记载,何充(字次道)于成帝时为会稽内史,说明直到晋代中叶,鉴湖地区仍和后海相通。至今鼉石湖和容山湖一带也还流传着"容湖观潮"的说法。

⑥ 吴谢承《会稽先贤传》贺氏条(《会稽郡故书杂集》)。

⑦ (明)陈继儒《太平清话》卷二:"镜湖本庆湖也,避汉安帝父清河王讳,改为镜湖。"故镜湖之名先永和而有。

⑧ 《越绝书》卷八:"杭坞者,句践杭也。"说明当时江道在今航坞山下,则江出南大亹可以无疑。

⑨ 《吴越春秋》句践伐吴外传第十。

⑩ 《越绝书》卷八:"句践已灭吴,使吴人筑吴塘。"案《嘉庆山阴县志》:"吴塘在城西三十五里。"

⑪ 《越绝书》卷四:"必先省赋敛,劝农桑,饥馑在问,或水或塘,因熟积以备四方。"

⑫ 该文说钱镠于"公元915年,在绍兴开鉴湖,使湖高于田丈余,田高于海丈余。"这种说法,不仅是时间和人物上的错误,对鉴湖工程的理解也有出入。

⑬ 徐次铎:《复鉴湖议》(《万历绍兴府志》水利志)。

⑭ 实际上仅至浦阳江的支流,即西墬斗门故址,此处据徐文,当系约略言之。

⑮ 鉴湖周围长度,唐以前均引孔灵符《会稽记》作310里,宋代以后的各家著述中,始作358里。宋人著述中首见于曾巩《鉴湖图序》(《元丰类稿》卷一三)。

⑯ 按照鉴湖范围,从1/50000地形图求积所得。

⑰ 各洲岛均系唐以后名称。

⑱ 宋嘉祐八年《越山阴县新建广陵斗门记》(《绍兴县志资料》第一辑)云:"马侯作三大斗门,

自广陵外,不著其名。"至于初创时的闸、堰、阴沟等,则全无记载可考。

⑲ 孔灵符《会稽记》(宛委山堂本《说郛》弓六一):"创湖之始,多淹冢宅,有千余人怨诉于台,臻遂被刑于市。及台中遣使按鞫,总不见人,验籍,皆是先死亡人之名。"足见这是一种冒死人之名的匿名控告。《万历绍兴府志》认为马臻的被害,是由于"宦竖专政,豪右恶臻"的缘故,遂以淹没冢宅为罪名,置其死地。

⑳ 杜佑《通典》卷一八二引《会稽记》作:"如水多,则闭湖泄田中水入海。"似较合理。《会稽记》辑本作"开湖",恐系传抄之误。

㉑ 根据《嘉泰会稽志》和《万历绍兴府志》的记载,山会人民为了纪念马臻,于唐开元中在鉴湖旁为他立祠。今绍兴市常禧门外跨湖桥南,尚有马太守庙。

㉒ 《嘉泰会稽志》卷一○:"晋司徒贺循临郡,凿此以溉田。"

㉓ 《宋会要辑稿》第一百二十五册食货八:"会稽山阴县鉴湖,全借斗门、堰、闸蓄水,都泗堰闸尤为要言害,凡遇纲运及监司使命舟船经过,堰兵避免车打,必欲开闸门通放,以致启闭无时,失泄蓄水。"

㉔ 主要的措施是加强管理,关于这方面,山会人民有丰富的经验,这种经验,后来总结在明戴琥所定的水则中。戴琥水则(见尹幼莲《绍兴地志述略》)云:"种高田,水宜至中则;种中高田,水宜至中则下五寸;种低田,水宜至下则,稍上五寸亦无伤,低田秧已旺。及常时,及菜麦未收时,宜在中则下五寸,决不可令过中则也。收稻时,宜在下则上五寸,再下恐伤舟楫矣。"

㉕ 山会海塘的正式历史记载,会稽始于唐开元的修筑,山阴始于宋嘉定的溃决,则前代记载必有缺失。故自来各家对筑塘时间多不作论定。如宋李益谦作"莫原所始"(《万历府志》),而清韩振作"汉唐以来"(《三江闸考》,见《皇朝经世文编》)。案《越绝书》卷八:"石塘者,越所害军船也,……去县四十里;防坞者,所以遏吴军也,去县四十里;杭坞者,句践杭也,……去县四十里。"三处今惟杭坞在后海边可考。但视其里程,三处当在毗邻;观其文义,均为与吴交战时的海防要地。故石塘防坞当亦在后海边,则石塘可视为山会最早的海塘记录。

㉖ 《越绝书》卷八:"朱余者,越盐官也,越人谓盐曰余,去县三十里。"夏侯曾先《会稽地志》(《会稽郡故书杂集》)则云:"吴王伐越,次查浦。越立城以守查,吴作城于浦东以守越。以越在山绝水,乃赠之以盐。"说明后海沿岸的盐业生产,在春秋时代已经开始。

㉗ 宋嘉祐三年沈绅:《山阴县朱储斗门记》(宋孔延之辑《会稽掇英总集》卷一九):"乃知汉太守马臻初筑塘而大兴民利也,自尔沿湖水门众矣。今广陵、曹娥皆是故道,而朱储特为宏大。"则初创三大斗门为文陵、曹娥、朱储(即玉山)。但前注嘉祐八年"越山阴县新建广陵斗门记"却作"马侯作三大斗门,自广陵外,不著其名"。案现存记载鉴湖涵闸的最早著述当推曾巩《鉴湖图序》,文内列名的斗门计有朱储、新径、柯山、广陵、曹娥、蒿口六处。其中新径建于唐大和、曹娥建于宋天圣均有史可考;而柯山在徐次铎《复鉴湖议》中作闸而不作斗门,且其位近广陵,势非要害。则不可考者惟朱储、蒿口二处。比较上述数种资料,则永

和初创斗门中,曹娥、蒿口,尚存疑窦;而广陵、朱储(玉山),则大致无疑。

㉘　曾巩《鉴湖图序》:"因三江之上,两山之间,疏为二门,而以时视田中之水,小溢则纵其一,大溢则尽纵之,使入于三江之口。"案玉山斗门于唐代改建以后成为八孔水闸,曾文所言二门当系唐以前情况,说明利用玉山斗门排水,为时甚早。

㉙　《新唐书》地理志。

㉚　玉山闸,《新唐书》地理志云:"贞元二年观察使皇甫政凿山以蓄泄水利,又东北二十里作朱储斗门。"《一统志》则云:"玉山在山阴县北三十里,……唐观察使皇甫政凿此山置闸八以泄府境及萧山县之水出三江口入海。"据今日里程,当以《一统志》所载为确。上述二志均不言改建,案吴庆我《陡亹闸考证》(《绍兴县志资料》第一辑):"陡亹自唐以前有斗门而无闸,……玉山斗门者,陡亹闸故址也。陡亹之有闸,始自唐德宗贞元初,浙东观察使皇甫政就玉山斗门而改建也。"据前注曾巩所云"疏为二门",与《一统志》"置闸八"相较,足证吴氏考证之非谬。

㉛　《宋史》五行志:"十二年盐官县海失故道,潮汐冲平野三十余里,至是侵县治",说明江道北移。今人朱庭祐、盛莘夫、何立贤合著《钱塘江塘工地质后编(钱塘江之发育及其变迁)》(1947年油印本)及陈吉余《杭州湾地形述要》(《浙江学报》一卷二期)述此甚详。

㉜　围垦年代及亩数,均据曾巩《鉴湖图序》。

㉝　实际亩数当比记载要多,因官家所知仅系起科湖田,而围垦期中,已经垦出而隐瞒不报的必然不在少数。

㉞　《宋会要辑稿》一二五册食货八:"乾道元年,……诏绍兴府开浚鉴湖。除唐贺知章放生池旧界十八余顷为放生池水面外,其余听从民便,逐时放水,以旧耕种。"说明鉴湖最后围垦殆尽,当在乾道初(1165)。

㉟　这是今天人们所称的鉴湖,实际上只是一条较宽的河道,虽然也是古代鉴湖的残余部分,但不能和古代鉴湖混为一谈。

㊱　《新唐书》地理志:"东北四十里有防海塘,自上虞抵山阴百余里,以蓄水溉田。"说明当时海塘的主要作用是蓄淡灌溉。

㊲　唐代以后,山会北部的居民点见之于地方志及其他史籍的为数不少,其中较大的已经以城为名,如《吴越备史》卷一所述唐乾宁三年"自西陵趋石城,……去越城仅三十里。"案《万历绍兴府志》"石城在府北三十里",顾祖禹《读史方舆纪要》则作"府东北三十里"。计程总在山会北部近海地带。这个地带居民点特别是大型居民点的出现,可以说明当地的农业发展情况。

㊳　今绍兴南门外约4里的外山,据《万历府志》在越王句践时代曾赖以采樵。说明当时在城郭附近,即有森林分布。

㊴　(晋)王羲之《兰亭集序》:"此地有丛山峻岭,茂林修竹。"

㊵　(宋)欧阳修《归田录》卷一:"草茶盛于两浙,两浙之品,日注第一。"案日注即日铸,位于稽北丘陵北部。日铸茶在宋代已经名闻全国,说明稽北丘陵的植茶业在宋代以前当已开始。

㊶　(宋)庄季裕《鸡肋编》卷上:"越州在鉴湖之中,绕以秦望等山,……故谚云:有山无木。"

㊷　(唐)元稹《和乐天十八韵》(《全唐诗》六函九册)有"柳条黄大带,菱荇绿文茵"句;又唐秦系"题镜湖野老所居"(《全唐诗》四函八册)有"树喧巢鸟出,路细荇田移"句。两诗均系咏鉴湖之作,说明唐代已见荇田。

㊸　《国语》越语上:"令壮者无取老妇,令老者无取壮妻。女子十七不嫁,其父母有罪;丈夫二十不娶,其父母有罪。将免者以告,公医守之。生丈夫,二壶酒,一犬;生女子,二壶酒,一豚。生三人,公与之母;生二人,公与之饩。"

㊹　根据《汉书》地理志及《后汉书·郡国志》的记载:汉代会稽郡有户二十三万三千三十八,口百三万二千六百四;后汉会稽郡有户十二万三千九十,口四十八万一千一百九十六。但汉代会稽郡的范围极大,它包括今日江苏省长江以南和几乎整个浙江省。后汉的会稽郡范围虽略小,但也包括几乎整个浙东。

㊺　《宋书》卷五四孔季恭传。

㊻　(宋)李心传《建炎以来系年要录》卷一五八:"大理评事莫濛面对,论四方之民,云集二浙,百倍常时。"

㊼　(宋)陆游《老学庵笔记》卷八。

㊽　根据《嘉泰会稽志》的记载:大中祥符四年,会稽县有户三万四千七十六,丁三万五千五百八十五;山阴县有户二千一百七十一,丁三千八百。两县成丁人口约三万八千人,加上不成丁人口(按成丁人口的四分之一估计),两县约有人口五万人。嘉泰元年,会稽县有户三万五千四百六,丁四万一千七百八十一,不成丁一万四千三百四十八;山阴县有户三万六千六百五十二,丁四万六千二百二十七,不成丁一万五千七百六十七。两县约有人口十二万人。不过当时人口调查的精确性不大,因种种原因,漏报的户口甚多。本文所举两县人口,在绝对数字上意义不大,但在比较其增殖趋势上仍有意义。

㊾　曾巩,元丰中越州通判;王十朋,绍兴中绍兴府签判;徐次铎,庆元中会稽县尉。

㊿　曾巩《鉴湖图序》:"无荒废之田,水旱之岁者,此也。"王十朋《鉴湖说》上篇:"自越之有鉴湖也,岁无水旱,而民足于衣食。"

51　曾巩文:"奸民浸起,……盗湖为田。"王十朋文:"奸民豪族,公侵强据。"

52　根据《晋书》、两《唐书》、《通志》等。

53　《新唐书》五行志(据同治十二年浙局刻本,百衲本无此):"贞元二十一年夏,越州镜湖竭。"《万历绍兴府志》作贞元二十二年,查贞元无二十二年,且连续两年大旱的可能性不大,故万历志所载不予计算在内。

54　徐次铎《复鉴湖议》:"祥符以来,并湖之民,始或侵耕以为田,……自是环湖之民,不复顾忌。"这里所谓"并湖之民"、"环湖之民",并不一定全是地主豪强。

55 56 59　曾巩《鉴湖图序》。

57　《万历绍兴府志》水利志张元忭案:"前乎汉而无海塘,则镜湖不可不筑;后乎宋而有海塘,则镜湖可以不复。"此说明复湖没有必要。顾炎武《天下郡国利病书》卷八五:"故事只欲废田为湖,而不知泥沙壅遏,不能积水,虽废其田无益也。"此说明复湖没有可能。

⑤⑧　根据徐次铎《复鉴湖议》,当时吴苆计划以疏浚的方法恢复鉴湖,先从禹庙后唐贺知章放生池动工,农闲动工,农忙而罢,结果以失败告终。

⑥⓪　徐次铎《复鉴湖议》。

⑥①　王十朋《鉴湖说》上篇中提出的"废湖为田有三大害"为:"每岁雨稍多则田以淹没,晴未久而湖已枯竭矣,……况他日无鉴湖则九千顷之膏腴与六万石所入之湖田皆化为黄茅白苇之场矣,越人何以为生耶";"三十六源之水无吞纳之地,……水无所归,必有漂庐舍、败城郭、渔民之患";"狱讼之所以兴,人民之所以流,盗贼之所以生"。

⑥②　当时群众不支持复湖派的情况,在复湖派的著述中可窥见一二,例如曾文所云:"此将来之害,而众人所未睹也。"王文所云:"自祥符、庆历至今,建复湖之议者多矣,而湖卒不能复。非湖之不可复也,盖异议者有以摇之也。"徐文更道出了当时农民的态度是"相与十百为群,决堤纵水"。此外,复湖派虽然有古人古事为凭借,在上层社会舆论中处于优势,但即使如此,当时被复湖派所一致攻讦的支持垦湖的人物,社会舆论也未必和复湖派一致。例如曾为王、徐所目为"小人为州"、"专务应奉"的政和末知越州军王仲嶷,王明清在《挥麈录余话》卷二中就说他"守会稽,颇著绩效,如干鉴湖为田,导水入海是也"。

⑥③　根据曾巩《鉴湖图序》,当时有张次山提出:"湖废,仅有存者,难卒复。宜益广漕路及他便利处,使可漕及注民田。里置石柱以识,柱之内禁敢田者。"这个意见的正确性,为后来山会水利形势的发展所证实。案张系一地方小吏,事迹无考。仅见《宋会要辑稿》第一百四十三册言及"神宗熙宁三年四月十七日,命金书镇东军节度判官厅公事张次山权发遣广济河都大辇运司公事"事。则张提出此意见当在熙宁三年(1070)前后。

⑥④　宋代以后,绍兴府和山会二县陆续撰修的府县志中,复湖派的议论往往仍然奉为正宗。例如《万历绍兴府志》的撰修人之一状元张元忭,虽然他本人已经洞悉了复湖派的脱离实际(见前注),但在府志选载《鉴湖图序》、《鉴湖说》、《复湖议》三文以后的案语中,他仍谨慎地说:"曾、王、徐三公之议,非不凿凿可听"云云。

⑥⑤　彭谊,明天顺绍兴府太守,曾主持浦阳江改道工程,并建麻溪坝、白马山闸等涵闸;戴琥,明成化绍兴府太守,曾主持整治山会平原北部河湖网,并建柘林、新河等一系列涵闸;汤绍恩,明嘉靖绍兴府太守,曾主持兴建三江闸,凡28孔,全长106米,于嘉靖十六年建成。

原载《地理学报》1962年第3期

古代绍兴地区天然森林的
破坏及其对农业的影响

原始天然森林概况

绍兴地区具有一个山水参半的自然环境。南部是一片不高的会稽山地,包括属于曹娥江水系的稽南丘陵和属于三江水系的稽北丘陵,面积约占全县的 53%;北部则是一片广阔的冲积平原——山会平原,面积约占全县的 47%。[①]这个地区具有一种温暖湿润的亚热带气候,在古代人类活动没有加以大量破坏前,不论是会稽山地或山会平原,天然森林都是发育良好的。禹贡扬州所谓"厥草惟夭,厥木惟乔",虽然泛指整个扬州,但也可作为绍兴地区自然植被的写照。在越王句践时代(前 496—465),虽然山会平原已经渐次开发,但即使在离今绍兴城不远之处,仍有较大的森林存在。例如越绝书所载越国的弋猎处乐野,距城就只有 7 里。[②]最大的原始森林分布在稽南丘陵和稽北丘陵。当时,绍兴以南的丘陵地常被称为南山,[③]而这片森林则相应被称为南林。[④]南林的范围很大,其南部由于山地绵亘,很可能和当时浙江中南部及闽、赣等地的原始森林连成一片。它的北缘,约和稽北丘陵北坡的山麓线一致。目前有名可稽的尚有木客山一处,[⑤]位于绍兴西南的稽北丘陵北部,与越绝书所载去县 15 里大体相当,句践曾数度在此进行大规模采伐。[⑥]此外,铜牛山也有越国采伐的记载。[⑦]案铜牛山去县十四里,[⑧]则距城里程与木客山相似,但目前此地名已不存在。可以设想,当时由于运输等条件的限制,采伐不可能进入森林深处。因此,木客山和铜牛山都是南林偏北的边缘部分。是则南林北缘和稽北丘陵北坡山麓线一致的估计大体可以无误。

南林是一片亚热带的混交林和阔叶林,具有暖热地带原始森林的一般特色。森林中树种复杂,除了大量松柏科类型树种如松、柏、栝、桧等外,[9]尚有檀、橌、柘、縠、楝、楸、柽、柞、樗、枫、桐、檫、樨、梓、梗、楠、栎、楮、榆、豫章、[10]棕榈、[11]檫[12]等等。古木参天,树冠茂密,拥有许多树身高大的树类。吴越春秋所载"大二十围,长五十寻"的巨木,[13]虽然语涉夸大,但南宋初期疏浚鉴湖时,曾在湖底挖出许多成湖前的汉代古棺,吕祖谦特别指出"皆刳木为之"。[14]刳木为棺必须干径粗大的木材,说明汉代这一带尚不乏高大的古木。甚至直到森林开始破坏的南北朝初期,在稽南丘陵仍然"茂松林密",[15]拥有许多"干合抱,杪千仞"[16]的高大树木。据当时山阴人孔灵符所记,在稽南丘陵的古越旧都一带,越国时代的高大豫章树尚有存留,"行伍相当,森耸可爱"。[17]这些记载,都可以窥及古代南林林高木茂的情况。此外,森林中还有不少攀悬植物如葛、[18]鸳鸯藤、凌霄藤[19]等等。林下植物据后世记载所及的也有不少,例如菝、[20]地黄、卷柏、[21]紫菀、杜鹃、[22]马兜铃、蕨、玉芝[23]等等。

除了高大的乔木以外,这个地区还到处分布着竹林,生长着各种不同的竹类,像汉代以前记载中的筱、荡、竹、箭、篠篨竹[24]和汉代以后记载中的笙竹、慈竹、苦竹、紫竹、公孙竹、水竹、石竹、斑竹等等。[25]绍兴地区在后汉时代已经出现以竹类为材料的房屋建筑。[26]到晋代,以竹类为原料的造纸工业有很大发展,[27]都说明了当时竹类资源的丰富。

由于地形和土壤分布的不同,南林中的树类分布也具有垂直差异,这就是谢灵运所指出的:"卑高沃瘠,各随所如。"[28]此外,这个地区由于水面广阔,距海又近,风势非常强劲,因此,在会稽山地海拔 500 米以上的地带,一般也不长林木,形成一种灌木丛和草地的景色。[29]

在南林以北,除了比较高燥的地方也为森林所被覆如前述乐野等处外,其余山会平原南部的部分地区和北部的大部地区,是一片潮汐出没的沼泽,[30]地下水位很高,生长着茂密的草类,成为大片丰美的水草地。所以《史记》越世家描述越国的开发是"披草莱而邑焉"。也就是《吴越春秋》所说的"就蒲赢于东海之滨"。[31]当时垦殖已较发达的吴国,甚至称越国国境为"荒外之草"。[32]情况可见一斑。据后世记载所及,山会平原的草类有茭草、莎、马蓼、虞蓼、苦蘵、三白草、荇菜、雕胡、菖蒲、[33]仙茅[34]等等。由于草类再生很快,不像森林的一经破坏就难以复原。因此,直到唐代,在河滩湖浜等未经垦殖处,草类仍然丰美。[35]甚至到了南宋,在鉴湖和山会平原北部的一些新淤地上,水草丰美的地方也还不罕见。[36]事实上,汉代以来山会平原上的许多地名如蒿口、茅洋、茭塘、芦社、菖蒲溇等等,不胜枚举,也就反映了这一带水草丰美的情况。

上述绍兴地区古代天然森林发达的情况,除了历史文献中的记载以外,在现代野外考察中也可以取得若干佐证。目前绍兴地区的泥炭分布极广,稽北丘陵以北地区,到处都有存在,储量之巨还未确实估计。仅漓渚一区,储量即达 14000 万担以上。[32]这些泥炭,有的埋藏较深,多是地质年代的产物;但有的埋藏甚浅,埋藏最浅的泥炭,上部的淤泥层还不到 0.5 米,当也有历史时期的产物在内。此外,山会平原古代水草繁茂的情况,还可从今日绍兴北部的新涨海涂进行观察。目前绍兴北部三江口一带的新涨海涂,出水二三年后即盛长各种禾本科、莎草科、马齿苋科、菊科、藜科等草类,如芦苇、白茅、莎草、艾蒿、鹤顶草、盐蒿、盐蓬等等。山会平原特别是其北部,长期来也是一片潮汐直薄的低地,在未垦殖前,水草繁茂的情况比现代海涂自然有过之而无不及。

天然森林的破坏过程

如上所述,古代绍兴地区的天然森林是发育良好的。但是由于人类活动的影响,这个地区古代天然森林的破坏也很迅速,兹略述其破坏过程如下。

越国在其初期,生产活动主要在稽南丘陵一带,当时人们过的是"随陵陆而耕种"和"逐禽鹿而给食"[38]的迁徙农业与狩猎业生活,由于刀耕火种和围猎野兽的需要,对原始森林必然有过许多破坏。但由于当时人类生产活动的规模不大,加上森林的自然更新能力,因此,越国初期,绍兴地区天然森林的破坏,其范围只限于一隅,破坏程度当不致很大。

越王句践之初,越国国都从会稽山南部迁到北部,[39]据清毛奇龄考证即今会稽山北麓的平阳。[40]这意味着,古代绍兴地区天然森林的破坏,已经从崎岖狭隘的稽南丘陵,逐渐转入了低平宽广的稽北丘陵及其相邻的冲积扇和平原地区。上述句践大事采伐的木客山即位于平阳西北,距平阳不远。而且由于社会生产力比以前有了提高,所以对天然森林的破坏规模,也较前有了扩大。当时,越国农业已经从过去的迁徙农业转入到定居农业,开垦土地,成为重要的生产活动。[41]因此,某一地区的森林和草地一旦被破坏以后,就不可能再有自然更新的机会。同时,由于用材的需要而进行的森林砍伐,至此也到达了很大的规模。其中木客山一带有记载可查的砍伐就有两次:一次是句践十年(前487),句践命"木工三千余人入山伐木一年";[42]另一次约在句践二十五年(前472)迁都琅琊之时,曾"使楼船卒二千八百人,伐松柏以为桴。"[43]像这样数千人出动的大规模砍伐,对森林的破坏程度就不能算小了。此外,生产部门到此时也已渐趋复杂,某些部门如金属冶炼和陶器等,经常需要大量薪炭燃料。例如当时为了冶炼金属的需要,曾经"采锡山为炭,称炭聚载,从炭渎到炼塘"。[44]而目前在会稽山北麓发现的不少古代窑址,[45]也说明了陶器砖瓦等的烧制对薪炭的大量需要。由此可见,在越国后期,人类活动对这个地区的天然森林已经有了愈来愈多的影响,逐渐破坏了这个地区自然界原来所保持的平衡。

自战国而历秦汉,绍兴地区的生产力水平愈益提高,人类对天然森林的破坏有了更大的速度。在任何地区历史上森林毁灭的过程中,一旦破坏的速度超过了自然更新的速度以后,整个森林的毁灭就会加速度地进行。古代绍兴地区森林破坏的过程中,这个关键性的时期大概在于晋代。由于东晋政治中心南迁,使会稽成为东南巨镇,[46]户口增加,经济发展,耕地、用材和燃料的需要都与日俱增。因此,根据东晋永和九年(353)许多诗人的目击记载,[47]在稽北丘陵兰亭附近的兰渚山一带,虽然还是"茂林修竹",[48]自然植被发育较好,而向山区内部登高远望,也仍然高林秀竹,[49]自然植被相当繁茂。但是北望山会平原,则已经是"茫茫原畴",[50]看不到森林了。说明在会稽山地,由于砍伐不易和运输不便,森林还有较大量的保留,但在山会平原,不仅森林已经砍伐殆尽,草地也已大量地被耕地所代替了。

东晋以后,在整个南北朝时代中,东南地区一直是全国政治经济的中心,户口增加益见迅速,到南北朝宋代,山阴县已经出现了"土地褊狭,民多田少"[51]的现象,而使地价高达"亩直一金"[52]的程度。至此,平原地区必然已无残留的森林和未垦的草地。平原地区的森林既已荡然无存,不仅是用材的需要,即以燃料而言,汉代的薪炭采伐尚盛于稽北丘陵北麓的樵风泾一带,[53]而至此也已深入会稽山地。[54]当然,用材和薪炭的生产数量,都必须考虑到市场的实际需要量和运输条件等。因此,砍伐进入山区的初期,对森林的破坏还不致于漫无限制。但是到了唐初以后,利用山坡的茶树种植业在稽北丘陵开始发展。[55]为了获得植茶所需要的坡地,山区的森林破坏,从此就发展到很大的规模。从五代以至宋代,茶园遍布会稽山地,诸如日铸岭、[56]茶山、天衣山、陶宴岭、秦望山、兰渚山[57]等地,都成为重要的产茶地。这样,会稽山地在宋代就出现了"有山无木"[58]的童秃情况。

应该指出,茶树的栽培必须具备一定的地形和小气候条件。具体地说,即坡度不宜太陡,并且还需要选择向阳避风的地形。为此,尽管由于茶树栽培而发生了对山区天然森林的大量破坏,但是无论如何,明代以前,绍兴山区天然森林破坏程度,和平原地区还不可同日而语。那时,会稽山地特别是西部一带,零星的小片森林尚不罕见,还能提供少量用材。[59]会稽山地天然森林的彻底破坏,和粮食作物的引入山区有最密切的关系。在封建的土地制度下,绍兴地区也和其他地区一样,地主豪强霸占水利,强占良田的事实史不绝书。宋代以后,由于户口激增,平原土地垦殖殆尽,这种情况显得更为突出。即在统治阶级之中,比较开明的人物如北宋曾巩、南宋王十朋、徐次铎等人,也都目击而有所记载。[60]这就成为一个迫使农民开垦山地的重要原因。此外,特别需要指出的,绍兴是一个历史上的酿造业中心。在宋一代,两浙税收的十分之八来自盐、茶、酒三税。[61]酿造业受到朝廷统治者的鼓励而空前发达,酿酒原料糯米的价格倍于粳米。[62]绍兴地区的地主阶级就努力扩大糯稻的播种面积以获取暴利。南宋一代,绍兴地区的糯稻播种面积要占水稻播种面积的十分之六,[63]到了明代,也仍占十分之四。[64]这就是明徐渭所指出的:"酿日行而炊日阻,农者且病而莫之制也。"[65]这样就造成了境内粮食的缺乏腾贵。农民迫于饥饿,自然只好加速向山区垦殖。根据南宋的记载,[66]当时杂粮已经普遍引入山区,如"会稽山乡种穄,其苗类黍,其穗如稻。"此外还有粟、荞麦、豆类等等。最后,到了明代,另一种适于在山区种植而且在地形和小气候等条件的要求上都大大低于茶树及上述其他杂粮的作物番薯引入了绍兴。[67]并且立刻在山区大量播种,这就使山区天然森林遭到更为严重的破坏。至此,除了人工栽培的竹林和少数山地灌木丛和草地外,绍兴地区的天然森林基本上遭到全部的破坏。所以清代的官方调查报告中指出,这个地区已经"无森林之可言"了。[68]

天然森林破坏对农业部门结构的影响

必须承认,古代绍兴地区天然森林破坏的过程,也就是农业发展的过程。因为除了会稽山地中的少数地区外,天然森林破坏以后,土地都不是荒芜的,而是代之以人工栽培的作物。用另外一句话说,也就是人们通过对森林和草地的破坏,取得了耕地,发展了种植业,这是人类改造自然、利用自然的一个方面。

但是也应该看到,由于社会制度、生产力水平和科学知识的限制,古代人们在其改造和利用自然的同时,往往也有意无意地破坏了自然界的合理平衡,招致了不良的后果。这种不良的后果,有的在当时就会蒙受影响,有的却要经过很久才会出现。正如恩格斯在自然辩证法一书中所说:"美索不达米亚、希腊、小亚细亚以及其他各地的居民,为了想得到耕地把森林都砍完了,但是他们却梦想不到这些地方今天竟因此成为荒芜不毛之地,因为他们把森林砍完之后,水分积聚和贮存的中心也不存在了。阿尔卑斯山的意大利人,因为要十分细心地培养该山北坡上的松林,而把南坡上的森林都砍光了,他们预料不到因此却把他们区域里的高山畜牧业的基础给摧毁了;他们更预料不到这样就使山泉在一年中大部分时间都枯竭了。"[69]为此,古代绍兴地区天然森林的破坏,有其积极的一面,但同时也带来了许多消极因素。

在天然森林破坏的过程中,绍兴地区发展了种植业部门。使这片"厥草惟夭,厥木惟乔"的原始森林和沼泽草地,成为一个土地平整、利用精密的鱼米之乡,促进了社会生产力的发展,这是首先必须加以肯定的。但另一方面,古代绍兴地区种植业的发展,是在彻底破坏了农业中的其他几个部门即林业、牧场畜牧业和狩猎业的过程中得到的。这一事实,就必须引起我们的密切注意。

林业是古代绍兴地区的重要农业部门。春秋战国时代,这里曾经向外输出木材和竹类等林产品。越国提供了吴国的建筑用材;[70]越致吴的贡品中还有"晋竹十庾"[71]的记载。这些都是林业的直接产品。顺便还可以提及,古代绍兴地区的不少著名手工业部门,也都和林业有密切关系。在林业提供燃料的基础上发展起来的手工业部门有冶铜和陶瓷等。绍兴地区在汉代是全国主要的铜镜冶铸中心之一,[72]在唐代则是全国最著名的陶瓷工业中心。[73]在林业提供原料的基础上发展起来的手工业部门则以造纸为最重要。这个在东晋已有很大发展的手工业部门,到唐代而名闻国内,到宋代更居于全国无所匹敌的地位。[74]但是随着林业的破坏,这些名闻海内的手工业部门都先后式微。到了清代中叶,甚至连提供沿海制盐业所需的燃料已经不堪支持,以至于在咸丰年代,这个地区的制盐业,不得不从传统的刮泥淋卤煎熬的方法改变为刮泥淋卤板晒的方法。[75]

利用丰美的沼泽草地而进行的牧场畜牧业,在越国后期即已有了颇大的发展。越绝书记载句践时代畜牧业的分布都有固定的地区,[76]就是牧场畜牧业发展的佐证,像养犬的犬亭山、养猪的豕山和养鸡的鸡山等均是其例。而且这种牧场畜牧业在当时已经发展到颇大的规模,能够提供相当数量的产品。所以句践才有可能普遍地用狗和猪等畜产品对国内的所有产妇进行慰问。[77]但是以后随着这些沼泽草地的开垦,专业化的牧场畜牧业就逐渐失去了基地,于是这个地区的畜牧业才成为一种农村副业,牧场畜牧业随着自然植被的破坏而完全衰落。

在绍兴地区天然森林发育良好的时代,这个地区富于野生动物资源。特别是在南林地区,当时是一片"虎豹之野"。[78]不仅在句践以前,越国曾长期依靠"逐禽鹿而给食"。即句践时代,也常有狩猎活动的记载。[79]所以狩猎业曾是这个地区早期的重要农业部门。而越国后期,狩猎业产品在越国经济中也仍然具有一定的地位。[80]直到晋代前后,由于会稽山地的森林尚未大量破坏,所以三国和晋代的记载都还指出会稽山地富于"鸟兽之殷"。[81]说明野生动物资源依然受到人们的重视。南北朝初期,按谢灵运的记载,当时会稽山地的兽类尚有猿、猱、狸、獾、豻、獌、獭、猫、熊、羆、豿、虎、豹、鹿、麈、麋等[82],仍然还较丰富。但是此后,随着森林的破坏,文献上就不再见这方面的记载,狩猎业在绍兴地区从此不再存在意义。

如上所述,从越国后期以来,绍兴地区的农业生产有了很大的发展,但是这种发展不是建立在全面地和综合地利用自然资源的基础上的。它尽量地利用了自然资源的一部分,即水土资源;却又不遗余力地破坏了自然资源的另一部分,即自然植物资源。这就注定了这种发展具有颇大的片面性,它必然会包含许多消极因素。显而易见,天然森林破坏的后果,首先就反映在农业的部门结构上面,它一方面破坏了这个地区的许多传统农业部门如林业、牧场畜牧业和狩猎业等,同时也间接地破坏了依靠这些农业部门提供燃料和原料的传统手工业。另一方面,对于种植业本身来说,却也因为其他农业部门的破坏而显得孤立无靠,失去了许多发展多种经营的有利条件。不但局限了农产品的品种,对于农时的调济,劳动力的安排,用地和养地的关系以及肥料的取得等许多方面都带来不利。只是由于在生产力水平低的古代,种植业在解决人们的衣食需要上比其他农业部门显然有效,而且处在当时的社会制度之下,根本就不可能从整个地区来考虑各农业部门之间应该保持什么比例,自然也不可能考虑到耕地、森林和草地之间应该保持什么比例,对于这个地区天然森林的破坏才在一个不很长的时间中达到了很大的程度。

天然森林破坏对种植业的影响

排斥了其他农业部门而发展起来的种植业,由于天然森林的不断破坏而取得了日益增加的土地,从而扩大了它的经营规模。但是随着时间的推移,由于天然森林破坏而产生的消极因素,终于直接影响到种植业的本身。这种影响的深刻和广泛,最后甚至成为绍兴地区种植业部门所面临的严重危机,这就是由于天然森林破坏而加剧的水土流失问题。这个问题曾一度使绍兴地区的种植业陷于重大的困境。

从历史上绍兴地区种植业发展的过程来看,一方面通过天然森林的破坏解决了耕地问题,另一方面则通过鉴湖的围堤解决了水利问题。鉴湖是后汉时代完成的一个面积达 206 平方公里的大型人工湖泊,[83]由于鉴湖的作用,鉴湖以北山会平原的九千顷沼泽水草地才得以顺利地开垦成为耕地,[84]鉴湖围堤以后的前期,由于稽北丘陵的天然森林尚能比较完整的保持,水土流失现象并不严重,使其对山会平原的种植业发挥了良好的作用。但是如前所述,东晋以后,稽北丘陵的森林砍伐开始扩大,水土流失就随着增加。因此,到了唐代,湖中就已经出现了不少葑田。[85]所以疏浚工程历代有所进行,而以五代吴越疏浚最为经常,立法也很完备,[86]说明了湖底淤浅加剧的事实。宋代以后,杂粮种植遍及山区,会稽山地出现了如前所述"有山无木"的童秃景象,冲刷之剧,可以想见。北宋越州知州王仲嵘曾说鉴湖是"自然淤淀"的。[87]自然淤淀不消说就是水土流失的结果。所以到了北宋年代,由于湖底迅速淤高,甚至像五代一类的疏浚工程也已经无法进行。[88]于是,整个鉴湖从此就出现了大规模的围垦,到了南宋初期,终至全部湮废。[89]尽管鉴湖的湮废除了水土流失外,还有其他一些原因。[90]但是湖底的淤浅总是湮废过程中的主要前提。

从鉴湖的淤浅到湮废是一个信号,这个信号指出了,通过破坏天然森林获得耕地而建立起来的种植业部门,由于在破坏天然森林过程中的漫无节制,至此开始要直接蒙受森林破坏的恶劣后果了。北宋与南宋之间,是鉴湖从淤浅到湮废的一个重要转折阶段。而绍兴地区有历史记载的水旱灾害次数,北宋和南宋也恰恰构成一个显著的对比。兹将北宋与南宋的水旱灾害表列如下。

宋代绍兴地区的水灾*

公　元	年　号	资　料　来　源
1034	北宋景祐元年	万历绍兴府志 13
1037	四年	宋史仁宗本纪
1061	嘉祐六年	万历绍兴府志 13
1093	元祐八年	万历绍兴府志 13
1104	崇宁三年	宋会要辑稿 159
1119	宣和元年	万历绍兴府志 13
1124	六年	道光会稽县志稿 9
1133	南宋绍兴三年	嘉庆山阴县志 25
1135	五年	万历绍兴府志 13
1139	九年	乾隆绍兴府志 80
1148	十八年	宋史五行志 61 水上
1150	二十年	嘉庆山阴县志 25
1158	二十八年	宋会要辑稿 159
1159	二十九年	文献通考物异 3
1163	隆兴元年	宋史五行志 61 水上
1165	乾道元年	宋会要辑稿 127
1166	二年	康熙会稽县志 8
1167	三年	通志灾祥略
1168	四年	嘉庆山阴县志 25
1171	七年	宋会要辑稿 125

续表

公　元	年　号	资　料　来　源
1174	淳熙元年	康熙会稽县志 8
1176	三年	宋史孝宗本纪
1181	八年	宋史五行志 61 水上
1183	十年	万历会稽县志(钞本)8
1189	十六年	宋会要辑稿 52
1192	绍熙三年	宋陆游,剑南诗稿卷 25 (四部备要本陆放翁全集)
1193	四年	宋史五行志 65 木
1194	五年	宋史五行志 61 水上
1196	庆元二年	万历绍兴府志 13
1197	三年	万历绍兴府志 13
1199	五年	万历绍兴府志 13
1207	开禧三年	宋会要辑稿 52
1209	嘉定二年	万历绍兴府志 13
1210	三年	宋史宁宗本纪
1212	五年	宋史五行志 61 水上
1213	六年	宋史五行志 65 木
1216	九年	宋史五行志 61 水上
1222	十五年	宋会要辑稿 149
1227	宝庆三年	宋史汪纲传
1242	淳祐二年	宋史五行志 61 水上
1254	宝祐二年	续文献通考物异 1
1264	景定五年	万历绍兴府志 13
1266	咸淳二年	万历会稽县志(钞本)8
1272	八年	宋史度宗本纪
1274	十年	续文献通考物异 1

　　*凡受灾地区记明为绍兴、越州、山阴、会稽者列入本表,受灾地区泛指两浙、浙、浙东者概不列入。虽然后者也可能包括绍兴地区在内,但因大范围内发生的灾害,与鉴湖的淤浅关系不大,故不予列入。以下旱灾表亦同。

宋代绍兴地区的旱灾

公元	年号	资料来源
1075	北宋熙宁八年	越州赵公救灾记(元丰类稿19)
1128	南宋建炎二年	上傅崧卿太守书
1135	绍兴五年	万历绍兴府志13
1140	十年	乾隆绍兴府志80
1141	十一年	宋会要辑稿159
1148	十八年	宋史五行志66金
1163	隆兴元年	道光会稽县志稿9
1173	乾道九年	万历绍兴府志13
1175	淳熙二年	宋史五行志66金
1180	七年	宋史五行志66金
1181	八年	宋史五行志66金
1187	十四年	宋会要辑稿160
1194	绍熙五年	万历绍兴府志13
1205	开禧元年	宋史五行志66金
1215	嘉定八年	宋会要辑稿149
1217	十年	万历绍兴府志13
1240	嘉熙四年	万历绍兴府志13

两宋绍兴地区水旱灾次数比较

灾别 ＼ 朝代	北　　宋	南　　宋
水灾	7	38
旱灾	1	16

　　从上表可见,在北宋166年,绍兴地区有历史记载的水灾7次,旱灾1次;而南宋143年中,水灾多至38次,旱灾也达16次。当然,这里应该承认,南宋绍兴地区毗邻国都,灾情记载必然详于北宋,这是南宋灾情次数多于北宋的一个原因。但是也必须看到。由于北宋时代鉴湖尚有蓄洪和灌溉作用,因而相对地减少了水旱灾害。尽管像曾巩所说的"无荒废之田,水旱之岁"⑩和王十朋所说的"岁无水旱"⑫之类有些夸大,但和南宋鉴湖湮废后的情况比较,这类话还是相对地可靠的。到了南宋,绍兴地区水旱灾害的显著增加,确实已经成为当时人所共见的严重社会问题。这就是王十朋所指

出的：[93]"每岁雨稍多则田以淹没，晴未久而湖已枯竭矣。"因而造成："狱讼之所以兴，人民之所以流，盗贼之所以生"。事实上，在这一时期中，绍兴地区不仅是乞丐充斥城内，[94]饥民甚至不得已涌向杭州求乞。[95]当然，这些现象的出现，除了水旱频仍以外，更重要的是还必须联系其他的社会原因，才能得到更全面的解释。但是由此也足以证明，由于东晋以来对天然森林滥施破坏所引起的对于农田水利的恶劣后果，终至空前加剧了南宋时期水旱连年的这种悲惨局面。只是由于元、明以来在山会平原北部进行了一系列水利工程，使洪水有所蓄积而灌溉不虞匮乏，绍兴地区的水旱灾情才有所缓和。[96]

明清以来森林破坏的趋势及其后果

尽管明代在山会地区的农田水利事业上有所建树，其内容包括会稽山地的水库，山会平原河湖网的整治和沿海的涵闸堤塘设置等。可是从这个地区农业发展的长远利益来看，这些工程在不同程度上仍然只有治标的价值。由于社会制度的限制，人们不可能从前代鉴湖的湮废中吸取经验教训。他们对导致鉴湖湮废的重要原因即会稽山地天然森林的破坏这一事实仍然予以漠视。而且随着前已述及的番薯引入的过程，山地森林破坏的程度日益加剧，水土流失实际上较前更为严重。这种情况，仍然可以从河湖的继续淤浅中得到证明。以三江水系的重要干流若耶溪而言，唐代舟舫可直达秦望山下的云门诸寺（即今西路口以南）。[97]宋时虽渐淤浅，但尚可溯其支流，到达天柱峰下。[98]到了明代，舟楫只能到平水为止。[99]从清代以至目前，则更向北退缩到距平水八里的平水埠头。从稽北丘陵的其他河流亦莫不如此。例如西南部的较大干流娄宫江，在南宋淳熙元年（1174），舟楫约可通至目前的新桥头附近，[100]但清代以至目前，舟楫只能通至娄宫埠，比南宋退缩了 10 余里。此外，湖泊的湮废情况也继续有所发展。明代后期确实存在的不少湖泊如康家湖（周围 20 余里）、谢憩湖（周围 30 余里）等，[101]到清代已经逐渐消失，至今则早已不知去向。至于明代在会稽山区建筑的一系列山谷水库，如小舜江水系的舒屈湖、沥上湖、沥下湖、洗马湖等，[102]若耶溪上游的桥亭湖、贾家湖等，[103]也都早已影迹全无。和南宋的情况如出一辙，因为许多湖泊不断淤浅，直到清末以后，垦湖为田的事实在绍兴地区一直存在。[104]为此，明、清两代，尽管农田水利建设有了发展，但是由于会稽山地的森林面貌依然每况愈下，农业生产仍然面临着水旱灾害的严重威胁，这是一个值得重视的问题。

当然，明代以来绍兴地区的河湖网和古代鉴湖相比，在减少淤浅方面，确实具有一些优点。这个约拥有 2000 公里河流长度和十几个较大湖泊的河湖网，[105]是散布在约

700 平方公里面积的平原上的。它不像古代鉴湖那样地集中承受着源自稽北丘陵的全部河流的输沙量。而且由于河道深入田间,便于农民挖掘淤泥作为肥料,估计每年从河底挖出的淤泥约有 3 亿担,[106]具有疏浚河道的作用。为此,是不是能够作出比较乐观的估计:即古代鉴湖既然维持了 1000 余年之久,则明代以来的这个河湖网,必然比古代鉴湖更经得起上游的冲刷,可以维持得更为长久。

这种估计虽然并非完全没有根据,但是也应该看到,在古代鉴湖存在的一千多年历史中,水土流失特别严重的时间大概只有 500 年。而且尽管鉴湖集中地承受了大量河流的输沙量,但它无论在面积和深度等方面,都比明代以来的河湖网大得多。[107]何况从会稽山地森林的破坏来看,明代以来较之以前有增无减。如上所述,明代以来河湖仍然不断湮废的事实,更说明对这个问题,并无理由过于乐观。特别值得注意的是,尽管明、清两代的水旱灾害不如南宋频繁,但由于森林破坏招致的水土流失,在许多水旱灾中,仍然起着显著作用。例如明崇祯十四年至十六年(1461—1463)的连续三年旱灾中,[108]江河的淤浅就促成了旱情的加重。清同治四年(1865)闰五月的大水,会稽山地有 7 处山洪暴发。[109]而这次洪水以后,由于河湖淤浅,内涝经过一年仍然无法排泄。于是被迫一面疏浚若干河道,一面凿开会稽海塘进行排涝。[110]根据清代末叶的调查资料,河湖的继续淤浅,不仅对种植业造成严重恶果,甚至绍兴地区农业生产中的另一重要部门即淡水渔业,也因为"内河浅隘,生产无多,渔人殚日夕之劳,或不足供一日之养。"[111]情况可见一斑。

结　语

综上所述,古代绍兴地区天然森林滥施破坏的结果,一方面影响了农业的部门结构,使许多传统的农业部门以及依靠这些农业部门提供燃料和原料的手工业部门归于消灭,另一方面由于天然森林破坏而造成严重的水土流失,加速了古代鉴湖的湮废,造成了南宋一代的频繁水旱灾害,给种植业带来了巨大的损害。尽管明代以来在农田水利事业上有所建树,但由于森林破坏有增无减,对于农业生产的恶劣后果也仍然有所发展。

上文已经述及,过去的人们由于社会制度的限制,根本不可能考虑保护天然森林和合理安排各农业部门之间的关系问题。时至今日,优越的社会主义制度为我们在这方面提供了充分的保证。我们一方面钦敬古人胼手胝足的劳动,承受他们在这个地区农业上遗留下来的许多积极的东西;但另一方面也必须看到古人的局限性,研究和处理他们在这个地区农业上遗留下来的许多消极的东西。事实上,在绍兴平原地区,由于农业部门结构单纯而出现的有关多种经营方面的问题,以及由于上游冲刷剧烈而引起的许多农田水利问题,至今在不同程度上仍然存在。因此,如何弥补由于古代天然森林破坏而造成对农业的不利影响,仍是当务之急,有待于地理学界及其他科学界的研究。

　　古代绍兴地区天然森林的破坏过程,在浙江及东南其他地区都是比较典型的。而山会平原农业生产蒙受古代天然森林破坏的影响,无论在积极和消极方面,也和浙江及东南其他地区大体相似。为此,笔者选择这个地区,从历史地理学的角度,作如上的阐述,提供现代地理学特别是农业地理学在这些地区进行研究的参考。

注释:

①⑩⑤　陈桥驿《绍兴县乡土地理》,《地理知识》1960 年 1 月。

②⑤㊸㊹㊻　《越绝书》卷八(涵芬楼影印嘉业堂藏明刊本)。

③　《吴越春秋》卷六(涵芬楼影印嘉业堂藏明刊本):"祭禹于越,立宗庙于南山之上。"此外称会稽山为南山的尚可参见《越绝书》卷八第 8 页,《水经注》卷四〇浙江水注(科学出版社影印杨守敬、熊会贞水经注疏稿本)第 36 页等。

④　《吴越春秋》卷九:"越有处女,出于南林。"徐天祜注:"越旧经,南林在山阴县南。"按南林即指南山,可参见《吴越春秋》卷七第 9 页及同书卷八第 6 页。

⑥　《吴越春秋》卷九,《越绝书》卷八。

⑦　南北朝宋孔灵符《会稽记》(《会稽郡故书杂集》,会稽周氏刊本)。

⑧　《舆地纪胜》卷一〇绍兴府(清文选楼影宋刊本)。

⑨　《越绝书》卷八,《会稽记》,唐李德裕:《平泉草木记》(说郛第七十册)。

⑩　南北朝宋谢灵运《山居赋》(《全宋文》卷三〇,光绪广雅书局刊本),《平泉草木记》,宋王十朋《会稽三赋》(清尺木堂刊本)。

⑪　宝庆《会稽续志》卷四(周肇祥影印嘉庆重刊本)引十道志。

⑫　宝庆《会稽续志》卷四引舆地志。

⑬㊸⑩　《吴越春秋》卷九。

⑭　(宋)吕祖谦《入越记》(《东莱文集》,《金华丛书》本)。

⑮　谢灵运《于南山往北山径湖中瞻眺》(《全宋诗》卷三,医学书局铅印本)。

⑯㉑㉘㉒　《山居赋》。

⑰　《会稽记》。

⑱　《吴越春秋》卷八:"乃使国中男女入山采葛。"

⑲　嘉泰《会稽志》卷一七(采鞠轩重刊本):"鸳鸯藤出秦望山";又"天下凌霄藤必依大树……山阴最多"。

⑳ 《吴越春秋》卷七。

㉒ 《平泉草木记》。

㉓㉝㊲㊏　嘉泰《会稽志》卷一七。

㉔ 《禹贡》扬州（吴汝纶写定本），《尔雅》注疏卷七（四部备要本），《吴越春秋》卷九。

㉕ 《山居赋》，《平泉草木记》，嘉泰《会稽志》卷一七。

㉖ 《后汉书》卷五〇下蔡邕传注（百衲本）："吾昔尝经会稽高迁亭，见屋椽竹东间第十六可以为笛，取用果有异声。"

㉗ 《太平御览》卷六〇五文部二一纸（中华书局复制涵芬楼影印本）："王右军为会稽，谢公乞笺纸，库中唯有九万枚，悉与之。"说明晋代这个地区的造纸工业规模不小。

㉙ 《水经注》卷四〇浙江水注："又有秦望山，……扳萝扪葛，然后能升。山上无甚高木，当由地迥多风所致。"按秦望山高海拔585米。

㉚ 当山会海塘未全部完成前，有关这方面的记载很多。例如《水经注》卷四〇浙江水注："北临大湖，水深不测，传与海通。"又吴越钱氏志下函卷五（嘉庆钱氏家刊本）："吴越王于会稽县五云门外凿井数十，盖为江水斥卤，居民苦之故也。"

㉛ 《吴越春秋》卷一〇。徐天祜注："蒲，水草；蠃，蛤蚌之属。"

㉜㊶㊸㊹　《吴越春秋》卷八。

㉞ 宝庆《会稽续志》卷四。

㉟ （唐）邱为《泛若耶溪》（《全唐诗》二函九册，光绪双峰书屋刊本）："一川草长绿。"

㊱ 据《嘉泰志》十七所载，如三白草"出镜湖泽畔"；莎草"此草易茂，岁岁繁滋"；马蓼"山阴池泽，所在有之"。

㊲ 陈桥驿等《浙江省绍兴县漓渚人民公社的多种经营》（科学出版社，《人民公社经济规划与经济地理文集》）。

㊳ 《吴越春秋》卷六。

㊴ 《越绝书》卷八："无余初封大越，都秦余望南千有余岁而至句践，句践徙治山北。"

㊵ （清）毛奇龄《重修平阳寺大殿募疏序》（萧山陆氏补刊本西河合集，序十六）。

㊶ （唐）韩鄂《四时纂要序》（东京山本堂书店据万历十八年朝鲜刻本影印本）："范蠡开土田，卒报越王之耻。"

㊺ 张拯亢《续绍兴出土古物调查记》（手稿本，绍兴鲁迅图书馆藏）。

㊻ 《晋书》卷四七诸葛恢传（百衲本）："今之会稽，昔之关中。"

㊼ 指永和九年（353）暮春之初的兰亭之会，当时参加的诗人达数十人，事见晋书卷五〇王羲之传。

㊽ 王羲之《兰亭诗序》（《全晋文》卷五，光绪广雅书局刊本）。

㊾ （晋）谢万《兰亭诗》（《全晋诗》卷五，医学书局铅印本）："肆眺崇阿，寓目高林，青萝翳岫，秀竹冠岑。"

㊿ （晋）谢安《兰亭诗》（《全晋诗》卷五）。

(51)《宋书》卷五四孔季恭传(百衲本)。

(52)《宋书》卷五四孔季恭传,史臣曰。

(53)嘉泰《会稽志》卷一〇引旧经,按旧经系北宋大中祥符年代所纂。

(54)《南史》卷七五朱百年传(百衲本):"入会稽南山,伐樵采箬为业。"

(55)(唐)陆羽《茶经》下(学津讨原本):"越州上,明州,婺州次,台州下。"按陆羽天宝、贞元间人,说明会稽山地的植茶业在唐初即已发展。

(56)(宋)欧阳修《归田录》卷一(涵芬楼影印元刊本):"草茶盛于两浙,两浙之品,日注为第一。"按日注即日铸。

(58)(宋)庄季裕《鸡肋编》卷上(《丛书集成》本):"越州在鉴湖之中,绕以秦望等山,……故谚云:有山无木。"

(59)(明)祁彪佳《自鉴录》,戊寅五月初八日(《祁忠敏公日记》,1937年绍兴县修志委员会铅印本第三册):"郑九华出柯桥买木。"又同书戊寅六月初六日:"郑九华以采木至刑塘。"按刑塘在稽北丘陵西部。

(60)曾巩《鉴湖图序》(《元丰类稿》卷一三,《四部备要》本),王十朋:《鉴湖说》(《王忠文公全集》卷七,光绪梅溪书院重刊本),徐次铎:《复鉴湖议》(《万历绍兴府志》卷一六)。

(61)(宋)李心传《建炎以来朝野杂记》甲集卷一四(函海本)。

(62)《宋会要辑稿》第一百二十六册(中华书局复制北平图书馆影印本):"建炎四年十月七日,臣僚言:……越州今秋上户率折糯米多至数万石。糯米一斗为钱八百,粳米为钱四百。"

(63)(宋)孙因《越问》(宝庆会稽续志卷八)。

(64)(明)徐渭《物产论》(《青藤书屋文集》卷一八,海山仙馆丛书本)。

(65)《物产论》。

(67)祁彪佳《寓山注》卷下(山阴安越堂平步青重刊本):"从海外得红薯异种,每一本可得薯一二车,以代粒,足果百人腹。"此为绍兴地区引种番薯的最早记载。

(68)《会稽县劝业所报告册》,宣统三年上期(抄本,绍兴鲁迅图书馆藏)。

(69)恩格斯《自然辩证法》,人民出版社,1955年版,第146页。

(72)王士伦《浙江出土铜镜选集》,中国古典艺术出版社,1958年。

(73)上田恭辅《支那陶瓷器の时代研究》,东京大阪屋号书店,昭和十一年。

(74)参见(唐)韩愈《毛颖传》(《全唐文》卷五六七,第13页,广雅书局刊本),宋米芾:《垂越竹学书》(《书史》,百川学海本,第29页)。

(75)(清)范寅《论涨沙》(《越谚卷》下,光绪谷应山房刊本)。

(77)《国语》越语上(《四部备要》本):"生丈夫,二壶酒,一犬;生女子,二壶酒,一豚。"

(80)参见《国语》越语上第20页,《吴越春秋》卷八第6页等。

(81)(三国吴)朱育《问土对》(宋孔延之,《会稽掇英总集》卷二〇,山阴杜氏浣花宗塾刊本),(晋)虞预《会稽典录》(会稽郡故书杂集本)。

(83)(90)　陈桥驿《古代鉴湖兴废与山会平原农田水利》,《地理学报》1962年第3期。

(84)(91) 《鉴湖图序》。

(85) (唐)元稹《和乐天十八韵》(《全唐诗》六函九册):“柳条黄大带,茭葑绿文茵。”唐秦系:《题镜湖野老所居》(《全唐诗》四函八册):“树喧巢鸟出,路细葑田移。”

(86) (清)钱文瀚《吴越钱氏志》下函五:“梁贞明元年,武肃王开东府南湖,立法甚备。”又《鉴湖图序》:“钱镠之法最详,至今尚多传于人者。”

(87) (宋)陈槖《上傅崧卿太守书》(《嘉泰志》卷一〇)。

(88) 《鉴湖图序》:“日役五千人,浚湖使至五尺,当十五岁毕。”说明淤积甚高,工程实际上已不可进行。

(89) 《宋会要辑稿》第一五二册:“乾道元年,……诏绍兴府开浚鉴湖,除唐贺知章放生池旧界十八余顷为放生池水面外,其听从民便,逐时放水,以旧耕种”。说明鉴湖的最后湮废,当在乾道元年(1165)。

(92)(93) 《鉴湖说》上篇。

(94) 《宋会要辑稿》第一六〇册:“通判绍兴府朱璞言:绍兴府街市乞丐稍多。”

(95) (宋)李心传《建炎以来系年要录》卷一五八(中华书局重印《国学基本丛书》本):“上谓大臣曰:闻绍兴饥民有渡江者,可令临安优给路费遣还。”

(96) 据《明史》、《明实录》、《明书》、《二申野录》、《续文献通考》、《祁忠敏公日记》以及明清二代绍属各方志统计,明代276年中,除泛指全省或浙东等不计外,绍兴地区有水灾21次,旱灾17次。

(97) (宋)熊克《镜湖》(嘉泰《会稽志》卷一三)。

(98) (宋)邓牧《陶山游记》(伯牙琴续补,知不足斋丛书本)。

(99) (明)刘基《出越城至平水记》(《诚意伯文集》卷六,《四部丛刊》本)。

(100) 《入越记》:“辨色发枫桥,……十里干溪,……十里古博岭,……十里含晖桥亭,天章寺路口也,遂穿松径至寺。……复出官道数里,买舟泛鉴湖。”则吕祖谦路程历历可计,其买舟当在今新桥头附近。

(101) 万历《会稽县志》卷二(抄本,浙江省图书馆藏)。

(102) (清)倪一桂《会稽志略》(乾隆手稿本,绍兴市政协藏)。

(103) 万历《会稽县志》卷二(抄本)。

(104) 尹幼莲《绍兴地志述略》。

(106) 陈初裁等《浙江省绍兴平原地区河湖的综合利用》(《1960年全国地理学术会议论文选集·经济地理》)。

(107) 按《古代鉴湖兴废与山会平原农田水利》,古代鉴湖面积为206平方公里;又按《浙江省绍兴平原地区河湖的综合利用》,目前绍兴地区的水体总面积为86.7平方公里。明代的水体总面积估计虽比目前要大,但与古代鉴湖相比,当然远远不及。

(108) 据康熙《绍兴府志》(俞志)及《祁忠敏公日记》。

(109) (清)李慈铭《孟学斋日记》乙集中,同治四年闰五月十二日、二十日及六月十四日(《越缦堂日记》1 函 6 册,北京浙江公会影印本)。

⑩　(清)阮廷渠《浚辽江始末记》(《越州阮氏宗谱》卷二一,光绪会稽阮氏家刊本)。

⑪　《会稽县劝业所报告册》,宣统三年上期(抄本)。

原载《地理学报》1965 年第 2 期

历史时期绍兴地区聚落的形成与发展

聚落的形成与地域类型

本文论述的范围,指南起会稽山地,北抵杭州湾,东西各以曹娥江和浦阳江为界的地区,即历史时期的山阴、会稽两县和萧山县的一部分。本区南部是一片高度不超过一千米的会稽山地,山地北缘分布着一系列山麓冲积扇,冲积扇以北是开阔的山会平原。在古代,平原上除了崛起于冲积层的若干孤丘外,是一片河湖交错的沼泽地。北滨杭州湾,古代称为后海。这个地区的气候是一种温暖湿润的亚热带气候。会稽山地在人为活动没有大量破坏以前是茂密的原始森林。本区自然条件优越,人类活动发轫甚早,聚落出现有了悠久历史,本文叙述从有历史记载的越部族开始。[①]

在公元前 6 世纪以前,越部族的生产活动主要是迁徙农业和狩猎业,这就是《吴越春秋》卷四所说的"随陵陆而耕种,或逐禽鹿而给食"。部落居民的活动范围还局限于会稽山地,聚落的形成当然也在山地之中。当时,越部族的中心,也常常迁徙于会稽山地之中,仅《水经注》记载的就有两处,[②]一处称为"埤中",据记载在"诸暨北界";另一处在秦望山南,《水经注》说:"山南有嶕岘,岘里有大城,越王无余之旧都也。"像这一类部族中心的大型聚落,直到刘宋时代,尚有遗迹可寻。[③]其他著述中记及会稽山地在越部族时代的大型聚落的还有:《越绝书》卷八记载的会稽山上城、木客、苦竹城;《越州旧经》记载的侯城[④]等等,这些称城的聚落,有一些至今仍有线索可稽。以《越绝书》记载的苦竹城为例,今漓渚镇以南4公里绍(兴)诸(暨)界上有苦竹村,坐落在娄宫江上游的一处山间盆地中。《越州旧经》说:"苦竹城在山阴县西南二十九里。"⑤按方位里程今苦竹村与《旧经》所记符合。其实,在自然条件较好的山间盆地或河谷地之中,当时都可能建立聚落,只是不见于记载罢了。由于人们从事迁徙农业和狩猎业活动,所以这些原始的聚落可能从不固定,这就是《吴越春秋》所说的:"无余质林,不设宫室之饰,从民所居。"⑥但是无论如何,会稽山地中这一时期形成的聚落,是绍兴地区历史时期见于记载的最早聚落。

古代绍兴地区的聚落首先在会稽山地形成,这是和当时的生产性质及自然条件有密切关系的。因为山地中拥有丰富的森林和动物资源,山间盆地和河谷地有平坦的土地可以进行刀耕火种,因此,越部族原始聚落就在这里形成,并且持续了一段相当长的时间。但是,随着生产力的提高和部族人口的增加,聚落分布局限在会稽山地的这种情况就开始有所改变,《越绝书》记载关于越王句践迁都的事,⑦就是这种变化的标志。句践在公元前6世纪后期移治会稽山北。据清毛奇龄的考证,其地在今平水镇附近的平阳,⑧这说明越部族的生产活动范围,已从崎岖的会稽山地,进入了山北的一系列山麓冲积扇地段。除了平阳以外,《越州旧经》记载的越王城,即今古城村,⑨也正在这一地段。从自然条件来说,这一带土地广阔而平坦,灌溉便利,水土资源的丰富较之会稽山地不可同日而语;而和北部的沼泽平原相比,它们却又位处山麓,地势高燥,不受咸潮的威胁,有利于定居农业的发展。而且每一冲积扇都有流入平原的河流,交通便利。越王句践所说的:"水行山处,以船为车,以楫为马。"⑩恰恰就是这个地带。这样,山麓冲积扇就成为越部族从会稽山地进入北部平原的跳板,形成了越部族在会稽山北的第一批聚落。从这一带近代发现的许多战国和汉代古窑址中也可以得到证明。⑪

定居农业在山麓冲积扇地带的发展,对于农业生产力的提高具有重大意义,部族居民进一步向水土资源更为丰富的北部冲积平原推进成为势所必然。这就是《吴越春秋》卷五越大夫范蠡所说的:"不处平易之都,四达之地,焉立霸主之业。"不过,要开发江湖密布、咸潮出没的沼泽地,并不是一件轻而易举的事。于是,崛起于冲积平原上的许多孤丘,就成为人们开发沼泽平原的立足点。山会平原上的这类孤丘多至数百,它们从二三十米以至百余米,不受咸潮的冲刷。孤丘上的森林和泉水,提供了燃料和饮水的方便。孤丘南麓的向阳地带,又为人们的居住提供了有利的小气候条件。于是人们就以此为基地,在此地围堤筑塘,发展农业生产。这样,在公元前6世纪之末,山会平原上的孤丘聚落就陆续形成了。其中可以作为代表的是种山以南的小城。种山即今卧龙山,是一座东北西南向伸展的孤丘,长约2公里,最高点75米,北坡颇陡,南坡缓倾,全山至今尚有泉水5处,其中在南坡者4处。种山南麓是建立聚落的理想地点,越王句践七至八年(前490—489),开始在此山南麓建立聚落,称为小城。[12]它接着和附近其他7处孤丘聚落连成一片,[13]成为今绍兴城。在越部族进入山会平原的初期,孤丘聚落一时纷纷形成,仅《越绝书》卷八所记载的,就有种植衣料作物的麻林山和葛山,驯养牲畜的犬山、白鹿山、鸡山、豕山,此外还有稷山、独山、巫山、独妇山、龟山、土城山等等。

孤丘聚落的形成对于开发广大的平原沼泽地是一个有利条件,从春秋至秦汉,山会平原特别是它的南部,由于地形较高,排水容易,必然已经有了较多垦殖并出现了许多聚落,只是由于缺乏记载,以致这一时期聚落形成的具体过程不很清楚。后汉初期鉴湖工程完成,这里出现了鉴湖这样一个面积达二百余平方公里的巨型水库,山会平原南部从会稽山山麓线以下直到湖堤的地区,聚落均遭淹没。但鉴湖筑有长达127里的湖堤,堤上设置了76处闸堰等水工建筑。沿湖堤一带,当然是一片高燥地带,这个地带于是立刻形成了许多聚落,举凡从事闸堰管理、农业、水产业、运输业等等居民,都聚集在这带状分布的沿湖聚落之中。这类聚落,常常以闸堰为名,至今尚存的陶家堰可以为例。[14]甚至在鉴湖湮废,闸堰消失以后,这种以闸堰为名的聚落依然存在。清平步青所说的:"越中常禧门外,自跨湖桥迤南而北,有中堰、湖桑、清水闸、沈酿堰、湖塘诸村,绵亘四十里。"[15]就是沿湖聚落中的一段。

在沿湖聚落形成以后,北部杭州湾(后海)沿岸的沿海聚落也接着逐渐形成。早在春秋越部族时代,由于海运和制盐业的需要,少量沿海聚落已经出现,《越绝书》卷八记载的固陵、杭坞、防坞、石塘等,都是为了军事需要而建立的沿海聚落,其中固陵和杭坞等的地理位置,目前都仍比较清楚。[16]由于制盐业而形成的沿海聚落称为朱余,可能即是今日三江口附近的朱储村。当然,当时因为海塘并不完整。沿海聚落只是零星地出现。等到鉴湖工程完成以后,由于山会平原北部迅速开垦,海塘建筑成为当务之急,而随着海塘的建筑,沿海聚落就开始大量地形成。古代绍兴北部海塘修筑的正式记载见于《新唐书·地理志》,为时在公元8世纪(722年、开元十年),说明了唐初海塘已经完整,则沿海聚落必然有了很大发展。

鉴湖成堤以后,山会平原北部广大地区的垦殖具备了良好条件。特别是公元4至5世纪晋代的北人大规模南迁,山会平原的土地到达"亩值一金"[17]的程度,垦殖加速进行,平原聚落大量形成,迅速发展。当时,在聚落形成的初期,大量聚落必然首先在接近湖堤便于垦殖的地带建立,但是随着沿海堤塘的修建,远离湖堤的土地也有了垦殖的条件,于是湖堤与海塘之间的广大地区,都有了聚落的形成与发展。海塘全部完成以后,整个山会平原摆脱了咸潮的影响,河湖网迅速得到整理,鉴湖积蓄的淡水开始向北部转移,鉴湖的功能逐渐为分散于北部平原的广大河湖网所代替,湖底淤浅,围垦加速,最后终于在 12 世纪初叶,即宋代的北人大规模南迁中全部湮废。于是,原来是湖面的山会平原南部随即迅速垦殖,大量聚落在这里出现。这样,从南宋以后,整个山会平原的农业生产有了很大的提高,平原聚落空前发展,人口稠密,聚落栉比。明人在这一带的旅行记载是:"十树一村,五树一坞。"[18]清人的记载更为生动明白:"湖田日辟,屋庐坟墓日稠,千村万聚,一望如屯云。"[19]平原聚落在古代绍兴地区的各类聚落中形成最晚,但却得到其它各类聚落所完全不可比拟的发展,它在清代官方登记的山、会二县的 1353 个聚落中约占 73.5% 的绝对多数。[20]

平原聚落的分布与河湖有密切关系,大量的这类聚落分布在河流沿岸,这就是明王阳明所说的:"越人以舟楫为舆马,滨河而廛者,皆巨室也。"[21]此外,有的分布在渡口桥边、河港尽头,有的分布在大小河流的汇口,有的分布在葑泥填淤的洲岛,这些聚落,常常以河、湖、港、渎、泾、桥、渡、汇、娄、荡、葑、埠等为名。在清代官方登记的山阴县的 668 处聚落中,以上述河、湖、港、渎等为名的达 230 处,在会稽县的 685 处聚落中,更达 263[22]处,在山、会二县清代官方登记的聚落中占 1/3 以上,情况可见一斑。

如上所述,绍兴地区历史时期形成的聚落,按其地域类型有山地聚落、山麓冲积扇聚落,孤丘聚落、沿湖聚落、沿海聚落、平原聚落等。每一种地域类型的聚落,不仅有其特殊的自然环境,而且也有其特殊的聚落职能,即聚落居民所从事的主要生产活动。聚落的地域类型的形成,实际上就是历史时期劳动人民对各种不同的自然环境利用和改造的反映,而聚落的命名则往往和自然环境及聚落职能有关。以《越绝书》卷八所载的若干地名为例:富中大塘以建筑堤塘发展农业得名,朱余以制盐业得名,[23]独山、龟山以自然环境得名,豕山、鸡山则是以畜牧业的聚落职能和孤丘的自然环境两者结合而得名。绍兴地区历史时期形成的各聚落类型,其自然环境、职能和常见地名等大体如下表所列。

聚落类型	自然环境	聚落职能	常见地名	占聚落总数* 的百分比%
山地聚落	一千米以下的丘陵,山间盆地,河谷地。	开始是迁徙农业和狩猎业,以后转入定居农业。	山、坞、岭、城、溪等。	13.5
山麓冲积扇聚落	向北缓倾而平坦的冲积扇,北缘是河流的通航起点。	农业、内河运输业。是山地和平原的交通纽带。	塘、埠、埠头等。	4.5
孤丘聚落	二三十米到百余米的孤丘,周围是沼泽平原。	农业、畜牧业。	山。	3

续表

聚落类型	自然环境	聚落职能	常见地名	占聚落总数*的百分比%
沿湖聚落	人为的湖堤,堤南是鉴湖,堤北是沼泽平原。	闸堰管理和内河运输业、农业、水产业。	闸、堰、塘、坝等。	2
沿海聚落	人为的海塘,塘南是山会平原,塘北是杭州湾。	塘闸管理和航海业、水产业、农业。	塘、闸、山、溇**等。	3.5
平原聚落	沼泽平原河流交错,湖泊密布。	农业、水产业、内河运输业。	河、湖、港、渎、泾、桥、渡、汇、溇、荡、荮、埠等。	73.5

　＊据《山阴都图地名》及《会稽都图地名》所载的聚落总数。

　＊＊绍兴方言,河港尽头的聚落称"溇",沿海聚落往往位于南北向河港的尽头,故名"溇"者甚多。

聚落的发展与变迁

　　聚落的地域类型及其分布都不是固定不变的。随着生产力的提高,人口的增加以及自然环境在人类利用和改造下所发生的改变,聚落类型及其分布也不断地发展变迁。

　　在历史时期聚落发展的过程中,首先当然是聚落数量的增加,这是生产发展和人口增加的必然结果。山、会二县有人口统计数字始于北宋大中祥符年代(1008—1016年),两县人口约为五万人。[24]到了南宋嘉泰元年(1201),两县人口就增加到约12万人。[25]到了明洪武年代(1368—1398),人口增加到约33万人,[26]而万历年代(1573—1620),增加到约64万人,[27]到了清嘉庆七年(1802),仅山阴一县,人口就达1008000余人。[28]清代末叶,山会平原地区已经到达"水岸田畔,凡可资耕种者,几无一隙之存"[29]的情况。人口成倍地增长,土地利用又这样地高度集约,聚落增加自可想见。当然,聚落的增加在时间上和空间上都不是平均发生的。以会稽山地为例,虽然这个地区的面积要占山、会二县总面积的47%,但自从平原逐渐开发,越部族北移以后,人口和聚落的增长都是十分缓慢的。主要的原因是丘陵崎岖,缺乏平坦的可耕地,农业发展困难。尽管唐代以来因植茶业的兴起而利用了若干山坡地[3],但是直到南宋,会稽山地虽然人口不多,但农民仍然不得不在收获季节到耕地众多农事繁忙的山会平原去出卖劳动力。[30]像平水镇这样的山区大集镇,却还是"山鸟啼孤戍,……草市少行旅"。[31]而陆游诗"山重水复疑无路,柳暗花明又一村",[32]就是写的这一带聚落稀疏的情况。这和山会平原"十树一村,五树一坞",成为明显的对照。明代后期,玉米和番薯这两种适宜于在山地种植的粮食作物先后传入这个地区,[33]山地才开始大量垦殖,清代记载这个地区已"无森林之可言",[34]说明垦殖扩大,人口和聚落当然大有增加。但和山会平原相比,百分比还是很低的。

各聚落类型之间的差异,历史时期也不断发生变化。上文已经论及,聚落分布之所以具有不同的地域类型,是由于不同地区在自然环境上的特殊性以及这种特殊性所引起的聚落在职能上的差异。一旦这种自然环境的特殊性在人类利用和改造的过程中发生变化,聚落的职能也会相应改变,于是,不同类型的聚落之间的差异也就随之消失。例如山会平原上早期形成的孤丘聚落,是作为人们在咸潮出没的沼泽平原上的立脚点而出现的。在孤丘周围的沼泽平原得到改造以后,这类聚落和一般平原聚落之间的差异也就消失。同样,沿湖聚落的形成是鉴湖水利工程修建的结果,鉴湖湮废以后,这类聚落也就成为平原聚落的一部分。北部滨临杭州湾的沿海聚落也随着海岸的移动而发生变化。自从有历史记载以来,钱塘江河口是稳定在南大门的。但从明代开始,逐渐有了北移现象。山阴海塘以北的涨沙也随着逐渐扩大。到了清代初期,江道转移到北大门,南大门全部淤涨,沿海聚落从此不再滨海,就变为一般的平原聚落。

历史时期的聚落变迁除了上述数量的增加和类型的转变外,其地理位置,有时也可能发生变迁。当然,这种变迁也是和生产密切相关的。早在越部族时代,会稽山地的聚落就迁徙无常,这种迁徙是为了适应当时"随陵陆而耕种,或逐禽鹿而给食"的迁徙农业和狩猎业生产的需要。此后,在其它聚落类型中,也有相似的情况,山麓冲积扇聚落可以为例。前面已经提及,聚落从会稽山地向北部冲积扇发展,这是生产力发展的一种标志。人们在冲积扇北缘围堤筑塘,发展定居农业,因此,这类聚落地名常常称塘,如破塘、伧塘、型塘等等;人们又利用这一带的河流发展北部平原的内河运输业,因此,这类聚落又常常称埠或埠头,如旧埠、西埠、迪埠、平水埠头、娄宫埠头等等。定居农业发展以后,整个冲积扇遭到开垦,土壤流失空前加速,于是,河流开始淤浅,通航起点就逐渐下移。以山会平原最大的河流若耶溪为例,唐代舟舫可直达秦望山下的云门诸寺。[35]宋时虽已淤浅,但载重五十石的舟楫循干流尚可以从平水上溯二十五里,[36]溯其支流则犹可到达天柱峰下。[37]到了明代,舟楫只能到达平水为止。[38]从清代以至目前,则又向北退缩到距平水八里的平水埠头。从其他冲积扇流出的河流也莫不如此。例如西南部的娄宫江,在南宋淳熙元年(1174)舟楫约可通至今新桥头附近。[39]明代末年后,只能通至娄宫埠头,[40]已比南宋退缩了十里。笔者曾从西埠溯西埠江上行十里,在施家桥观察早已淤浅的清代石桥,石桥边孔内置有可供拉纤者行走的石路,纤绳擦痕,深深地楔入石块之中。说明载重船舶曩昔曾可过桥上溯。询问当地父老,知民国初年,重载石料船尚可抵桥下,桥边设有凿石场。但此河久已淤浅,目前通航起点在西埠以下。其他如破塘江、上灶江和所有从各冲积扇北流的河道都是如此。通航起点一旦北移,原来的聚落在经营运输业方面就失去意义,于是聚落随着北移,在新的通航起点形成第二个甚至第三个这样的聚落。这样的聚落往往在地名上有所反映,例如新的平水称为平水埠头,新的破塘称为破塘下埠,新的谢墅称为下谢墅,新的上灶依次称为中灶和下灶[41]等等。聚落一旦迁徙,原来的聚落并不废弃,但其职能随即变化,成为一般的农业聚落,而新建的聚落则在运输业上取代了旧聚落的地位,并且得到了较大的发展。

　　滨临杭州湾的沿海聚落,在历史时期也有类似冲积扇聚落的迁徙情况。这类聚落,在职能上除了一般地经营农业外,主要是从事海上运输业、捕鱼、制盐和其他海涂生产。因此,聚落位置必须紧靠海岸。绍兴北部的海岸,即是钱塘江河口的南大门,从春秋越部族起一直稳定少变。南宋嘉定十二年(1219),盐官县虽有"海失故道"[42]的记载,但嘉定末年,山阴县仍有修护河塘的记载,[43]而元至正四年(1344),山阴沿海仍有大型船舶靠岸。[44]说明海道虽有变化现象,但南大门基本畅通。从明代初期起,变化开始频繁出现,从永乐到万历,海宁县出现了五修堤塘的记载,[45]说明钱塘江入海道正在逐渐从南大门移向北大门。于是山、会两县海涂外涨,使原来许多紧靠海岸的聚落逐渐远离海岸,这样,沿海聚落就一时出现了纷纷北移的现象。和冲积扇聚落一样,沿海聚落的北移,往往也在地名中留下迹象。例如桑盆村因北移而出现前、后两桑盆村,此外,如前、后礼江村、前、后单溇村等都是如此,前村在南,后村在北,其间相距5至10里不等。有的聚落是一迁再迁,如梅林村和盛陵村等,都有前、中、后三村。以盛陵村为例,此村在明成化以前,原是徐氏聚族而居的一个沿海渔村,成化间(1465—1487)北迁4里另立一村(即中盛陵),天启间(1621—1627)又北迁3里再立一村(即后盛陵)。[46]盛陵村以西今属萧山县的龛山镇,历史时期的这种聚落迁徙又具有另一特色。龛山镇在航坞山下,《越绝书》记载的杭坞也就在这一带。这个聚落在宋代已见记载,[47]是一个以海运业为主的沿海港埠,其聚落建筑是略呈南北向的两行房屋所构成的一条狭街。随着海岸的北移,这条狭街就不断向北延伸,整个聚落最后成为东西宽不过十余米而南北长达3公里的一条狭窄的长带。所有这些聚落最后由于钱塘江江道的整个北移而完全与海洋隔绝了联系,除了上述龛山成为一个商业集镇外,其余大部分都转变为一般的平原农业聚落。

小　结

　　绍兴地区历史时期聚落的形成与发展过程,实际上也就是生产发展的过程。而聚落的地域类型,也就反映了生产的地域差异。此外,聚落形成以后并非固定不变,而是随着生产发展而不断发展变迁的。聚落的发展变迁,主要是由于人们为了组织生产的方便,是生产不断发展的反映。既然历史时期的聚落是随着生产发展而不断变迁的,这种趋向,今后仍将继续。因此,研究历史时期聚落的形成、发展和变迁的过程,对今后聚落的发展和变迁具有指导意义。

如上文所述,古代绍兴地区的聚落形成,始于会稽山地聚落,这类聚落是适应当时的迁徙农业和狩猎业生产的。但是迁徙农业和狩猎业只是人类的低级生产活动,随着人口的增加和生产力的不断提高,定居农业必然逐渐地取代迁徙农业和狩猎业,于是,人们就不断要求耕地的扩大和水利条件的改善,而山会平原的垦殖乃是势所必然。所以在广大的山会平原上建立的平原聚落,最后必然成为这个地区各类地区各类聚落中数量最大、对生产具有最重要意义的聚落类型。这类聚落的特点,第一是密集,即清人所说的"千村万聚一望如屯云"。这至今仍是山会平原上十分显著的特色。第二是聚落规模不大,除了少数商业集镇外,聚落多是小型的。聚落密集当然是由于垦殖长久、人口增加的缘故。一个聚落派生另一聚落的事,在目前尚能见到的家族谱牒中充篇累牍,在地名上也有明显的反映。因为派生的新聚落,其地名往往也是派生的。例如由皋埠派生的小皋埠,由谷社派生的外谷社,由豆疆派生的东豆疆,由温渎派生的下温渎等等,不胜枚举。这样自从东晋(平原北部)和南宋(平原南部)以来,聚落一再派生的结果,就形成今日平原上千村万聚,聚落十分密集的现象。平原聚落在历史时期一再派生的情况,实际上反映了这个地区垦殖的不断扩大。在农业生产技术比较落后的情况下,为了肥料运送、作物收获等田间劳动的方便,都要求聚落接近耕地,这就是三家五宅的小聚落到处出现的主要原因。在历史时期,这样的聚落确实为山会平原农业生产的发展起了很大作用。

但是必须认识,这种聚落对山会平原的农业生产,只有在一家一户的个体劳动制度和农业技术相对落后的条件下才能发挥它的促进作用。随着集体劳动制度的建立和农业技术的提高,这样的聚落,就愈来愈成为农业进一步发展的障碍。由于运输工具的改进,使聚落深入田间已无必要;随着土地私有制的消灭和机耕的发展,土地的平整成为当务之急。而这种集密而狭小的聚落,既浪费土地,又是平整土地的障碍。特别是在可以预见的农业现代化的到来,这样的聚落必然不能适应农业发展的需要。应该看到,一个地区在一个时期的聚落,反映了当时当地人们利用和改造自然的程度也反映了当时当地的生产水平。绍兴地区历史时期聚落形成和发展变迁的过程,已充分说明了这个问题。只是在过去,人们自发地、无计划地逐渐使聚落的发展适应生产力发展的需要。今天,在优越的社会主义制度下,我们应该通过区域规划和农业区划等工作,有计划地改造我们的聚落,从而促进这个地区农业生产的更快发展。

参考文献

[1]陈桥驿《古代鉴湖兴废与山会平原农田水利》,《地理学报》1962 年第 28 卷第 3 期。

[2]陈桥驿《绍兴县乡土地理》,《地理知识》1960 年第 1 期。

[3]陈桥驿《古代绍兴地区天然森林的破坏及其对农业的影响》,《地理学报》1965 年第 31 卷第 2 期。

注释:

① 会稽山北的若干冲积扇和孤丘,曾经发现过一些新石器时代的遗址,说明远古居民在这个地区建立的零星聚落为时甚早。本文论述的则是有历史记载以后的成批聚落的形成发展过程。

② 《水经·浙江水注》。

③ (南北朝宋)孔令符《会稽记》(宛委山堂《说郛》弓六十一):"越之中叶,在此为都,离宫别馆,遗基尚在。"

④⑤⑨ 嘉泰《会稽志》卷一所引。

⑥⑩ 《吴越春秋》卷六。

⑦⑫ 《越绝书》卷八。

⑧ 《重修平阳寺大殿募疏序》(《西河合集》卷一六)。

⑪ 张拯亢《续绍兴出土古物调查记》,手稿本,绍兴鲁迅图书馆藏。

⑬ (宋)孙因《越问》(宋宝庆《会稽续志》卷八):"八山蜿其中蟠兮。"(原书注:"府城内有八山。"案:八山为种山、戒珠山、龟山、白马山、彭山、鲍郎山、峨眉山、黄琢山。)

⑭ 光绪《会稽陶氏族谱》卷一:"陶氏所居,鉴湖州渼地,曰东陶家堰,曰西陶家堰。"

⑮ 《霞外攟屑》卷四。

⑯ 固陵即今西兴镇,见张宗祥校本《越绝书》卷八注:杭坞即今航坞山,见《古代鉴湖兴废与山会平原农田水利》。

⑰ 《宋书》卷五四《孔季恭传》史臣曰。

⑱ (明)王穉登《客越志》(《古今游名山记》卷一〇下)。

⑲ (清)陈绂《俞公塘记事》(乾隆《绍兴府志》卷一六)。

⑳㉒ 据《山阴都图地名细号亩分额南米科则》及《会稽都图地名细号亩分额南米科则》(均系清抄本,绍兴吴宅梵藏书)。

㉑　(明)王守仁《浚学河记》(《王文成公全书》卷二四)。

㉓　《越绝书》卷八:"朱余者,越盐官也,越人谓盐曰余,去县三十五里。"

㉔　嘉泰《会稽志》卷五记载的两县成丁人口,再外加占成丁人口1/4的不成丁人口。不成丁人口对成丁人口的比例数,仍系参照《嘉泰志》的人口统计拟定,该志统计中,山会二县不成丁人口占总人口的25.5%,绍兴府的不成丁人口则为全府总人口的24.2%,故比例数定为1/4。

㉕　嘉泰《会稽志》卷五。

㉖㉗　万历《绍兴府志》卷一五。

㉘　嘉庆《山阴县志》卷一一。

㉙　《会稽县劝业所报告册》,宣统三年上期,稿本,绍兴鲁迅图书馆藏。

㉚　(宋)陆游《秋日郊居》(《剑南诗稿》卷二五):"上客已随新雁到,晚禾犹待薄霜收。"陆游自注:"剡及诸暨人以八月来水乡助获,谓之上客,以其来自山中也。"

㉛　(宋)陆游《山行》(《剑南诗稿》卷七六)。

㉜　(宋)陆游《游山西村》(《剑南诗稿》卷一)。

㉝　玉米在绍兴地区引种记载始见于万历《山阴县志》,但此志已佚,今仅见雍正《浙江通志》卷一〇四及乾隆《绍兴府志》卷一七引及。番薯的引种记载,始见于(明)祁彪佳《寓山注》卷下。

㉞　《会稽县劝业所报告册》,宣统三年上期。

㉟　(宋)熊克《镜湖》(嘉泰《会稽志》卷一三)。

㊱　嘉泰《会稽志》卷一二:"若耶溪路南来自县五云乡界,经县界二十五里,北入镜湖,胜五十石舟。"

㊲　(宋)邓牧《陶山游记》(《伯牙琴续补》)。

㊳　(明)刘基《出越城至平水记》(《诚意伯文集》卷六)。

㊴　(宋)吕祖谦《入越记》(《东莱吕太师文集》):"辨色发枫桥,……十里干溪,……十里古博岭,……十里含晖桥亭,天章寺路口也,遂穿松径入寺。……复出官道数里,买舟泛鉴湖。"按上述里程计算,吕登舟在今新桥头附近。

㊵　(明)祁彪佳《小捄录》(《祁忠敏公日记》),辛巳十月二十三日:"吊何大鲁至娄宫登岸,觅肩舆不得"。

㊶　上灶溪今又可通航至上灶,这是因为(明)嘉靖间曾对此河进行了一次工程甚大的疏浚的缘故,事见(明)沈宏道《浚上灶溪记》(雍正《浙江通志》卷五七)。

㊷　《宋史》五行志。

㊸　宝庆《会稽续志》卷四。

㊹　(明)王祎《绍兴谳狱记》(《王忠文公集》卷八):"至正五年,……山阴白洋港,有大船飘近岸"。

㊺　(明)陈善《海塘议》(《两浙海塘通志》卷二〇)。案海塘五修为永乐九年(1411)、成化七年

（1471）、弘治五年（1492）、嘉靖七年（1528）、万历三年（1575）。

㊻　《盛陵文和堂徐氏宗谱》卷一《世系》。

㊼　（宋）陆游《舟中》（《剑南诗稿》卷三八）："龛山古戍更漏声。"

原载《地理学报》1980 年第 1 期

论历史时期浦阳江下游的河道变迁①

引　言

　　浦阳江是钱塘江的重要支流,它发源于浙江义乌县,包括支流在内,流经义乌、浦江、诸暨、萧山四县,[②]下游经萧山临浦镇,北出钱塘江。

　　浦阳江下游河道变迁比较复杂,明代以来,研究者颇不乏人,并且普遍流行一种说法,认为今浦阳江下游河道,乃是明代凿通今临浦镇西北的碛堰山而造成的人工改道。浦阳江故道是从临浦北走东折,经钱清镇而在绍兴的三江口注入杭州湾。此说自明代提出以来,近代学者也多深信不疑。例如朱庭祐、盛莘夫、何立贤诸先生,即同意古代浦阳江原是东出三江口之说,[③]认为明代"浦阳江之改道工程,实地理上之重要变迁"。[④]尽管对于凿通碛堰山的时间,历来有宣德、[⑤]天顺、[⑥]成化或弘治[⑦]等不同说法,但对浦阳江原来东出绍兴三江口,到明代始北出萧山这一点,学者自来大多附议。笔者往年亦以此说为然,[⑧]年来通过反复的现场考察和广泛的文献阅读,并结合卫星照片和沉积物、泥炭等资料的分析,始知历来所传,实大有商榷的余地,为特撰述此文,略申己见。

古代浦阳江下游的河湖形势

　　古代浦阳江下游的河湖形势比较复杂,而且文献记载既零星片断又常有讹误,必须谨慎地分析运用,特别是必须与现代地理学的方法相结合,才能追本溯源,使这个地区的河湖分布,得到大体的复原。

浦阳江从峡山(今尖山)以北,流出高洪尖和太平山所构成的谷地,从此直到其注入钱塘江为止,其间除了零星分布的会稽山尾间残丘外,是一片冲积平原。平原上河港交错,湖泊棋布。并且由于潮汐的影响,地下水位很高,河湖以外的大部分地区,也成为一片沼泽地。在这个地区的许多古代湖泊中,最重要的有临浦、湘湖(西城湖)和渔浦3处,与古代浦阳江下游河道都有密切关系。

临浦又称临湖,是3个湖泊中最偏东南的一个。临浦与浦阳江的关系,首先为后魏的阚骃所提出,即"浙江自临平湖南通浦阳江"。[9]这里的临平湖是临浦之误,早为明王祎、张元忭及清毛奇龄、[10]阮元等所指出。阮元说得最明确,他说:"临平湖乃临湖之误,临湖即今临浦,横亘于浦浙之间。"[11]这里还需要提及,由于这一带河湖杂出,因此古人的所谓临浦,有时往往泛指这一带的所有湖泊而言,阮元之所以只说临浦"横亘于浦浙之间",而没有提到湘湖和渔浦,恐怕也是这个意思。清李慈铭说:"西城湖盖即今之临浦,六朝所谓渔浦也。"[12]这就是古人习惯上把这些湖泊混为一谈的又一例子。

临浦以北的另一大湖是湘湖,湘湖首先为《水经注》所提出,称为西城湖。[13]湘湖由于位置偏北,似非古代浦阳江干流所经,但仍有支流与浦阳江相通,这就是丁谦所说的:"上湘湖西南有一港,经义桥镇,本与浦阳江相通。"[14]所以它和浦阳江也有密切关系。

湘湖以西与钱塘江之间的最后一个大湖是渔浦。渔浦又称渔浦湖,[15]首见于晋人记载,[16]也为六朝诗人吟咏中所常见。[17]实际上,《水经注》所说的西陵湖,也就是渔浦的一部分。因为这一带湖泊众多,郦道元足迹未至,才把西城湖和西陵湖混为一谈。案西城湖在萧山城西二里,[18]故称西城湖;而西陵湖远在肖山西十三里,[19]地近西陵(即春秋固陵),故称西陵湖,所以郦道元自己也说:"固陵有西陵湖。"[20]据嘉泰《会稽志》卷一〇:"白马湖在县西一十四里",与西陵湖正合。白马湖和湘湖有分水岭相隔,确为古代渔浦的残余部分,至今犹存,可以为证。渔浦上承临浦,下为浦阳江的出口,这在南北朝的记载中极为常见,以下将再论及。毛奇龄也指出古代"临浦一水,尾可从渔浦以出浙江,首可经峡口以通浦阳"。[21]这就清楚地说明了古代浦阳江与渔浦的关系。

上述浦阳江下游古代河湖的分布以及浦阳江自临浦、渔浦而北注钱塘江的情况,通过现代地理学方法加以考察,也可以获得许多旁证。

从地形方面看,在今日赭山湾与浦阳江中之间的这一半岛范围内,分布着4组西南、东北走向的丘陵。最偏东的一组由高洪尖、太平山、青化山、越王峥等构成;和这一组并列的第二组包括碛堰山、木根山和湘湖东岸的石岩山、萧山等;第三组是紧靠湘湖西岸的石檀山、东山头、美女山、城山等;最后一组是最偏北的半月山、回龙山、冠山等。在上述4组丘陵之间,分布着3片西南、东北向的长条状洼地,成为一种天然的积水区,这就是晋代以后见于记载的临浦、湘湖和渔浦。这些洼地在卫星照片中十分清晰,每条洼地中,卫星照片都显示了若干古代的残余湖迹。钻探资料证实洼地中广泛分布着第四纪湖相沉积,洼地的边缘有泥炭层的存在,根据邻近地区同一层位泥炭的 C^{14} 年代测定,约在距今 4000 年以上。[22]说明这个地区的湖泊由来已久,而有史以后,湖泊实已逐渐缩小。目前洼地表层土壤以乌沙土组土壤为主,这种土壤的母质主要是历史时期的河湖沉积物。现在,临浦虽然已经围垦殆尽,但南宋以后尚残留着厉市、周家、女陂、清霖、通济诸湖;渔浦在南宋也尚残留着白马、落星、净林、徐安正诸湖,而至今白马湖和东湖依然存在;尤其是湘湖,这个曾遭围垦,以后又恢复成湖而至今尚存的湖泊,是这个河湖交错地区沧桑变迁的重要证明。

汉唐时代的浦阳江下游河道

根据上述古代浦阳江由临浦、渔浦而入江的河道,究竟何时畅通,何时湮塞,这里还有进一步探讨的必要。历史上首先记载浦阳江这条河流的是《汉书·地理志》,即"余暨,萧山,潘水所出,东入海"。这里不仅"潘"和"浦"是双声字,可以存在一水两名的情况。而且从地理位置来看,余暨故城在今萧山之西,[23]则与阚骃《十三州志》所载的浦阳江河道也相吻合。所以郦道元认为潘水"疑是浦阳江之别名也"。[24]这是正确的。清范本礼对此有一段中肯的意见,他说:"浦阳自诸暨以北者,乃临浦之支流,入钱塘江者,与钱清本不相通,故班氏潘水属之余暨。"[25]由此看来,汉代前后的浦阳江下游河道,确系北出萧山,而非东出绍兴,与本文上述相符。

从晋代以至南北朝,浦阳江下游的上述河道并无显著变化。案《通鉴》[26]南北朝时代,浦阳江南北津各有埭司以稽察行旅。浦阳江南北津位于何处? 元胡三省认为南津为梁湖堰,北津为曹娥堰。[27]这种说法虽曾为清王先谦所同意,[28]但其实是一个重大的错误。仅仅从地理位置来看,梁湖与曹娥乃是江东与江西的关系,何能称为南北津。案《南史·顾宪之传》:齐永明六年,"西陵戌主杜元懿以吴兴岁俭,会稽年登,商旅往来倍岁。西陵牛埭税官格,日三千五百,求加至一倍,计年长百万。浦阳南北津及柳浦四埭,乞为官领摄,一年格外长四百许万。"由此可见,西陵、柳浦、浦阳南津、浦阳北津四埭,必然位于吴兴和会稽之间的交通要道上,而曹娥与梁湖位于会稽腹地之内,怎能掌握吴兴与会稽之间来往客商的税收。毫无疑问,上述四埭,都是钱塘江的渡口。西陵与柳浦[29]成为一组,这是众所周知的。浦阳南北津成为另一组,浦阳南津位于浦阳江口的渔浦,浦阳北津位于渔浦对江的定山。[30]这一组渡口,古来和西陵、柳浦齐名,即清顾祖禹所说的:"西兴、渔浦最为通道。"[31]既然津渡以浦阳为名,则浦阳江在此入江可以无疑。

在整个南北朝时代中,从杭州定山渡江至渔浦,然后溯浦阳江以至萧山、山阴、会稽、诸暨和婺属地区,是一条交通要道。当时有关这一通道的记载,如《宋书》孔觊之变,[32]将军吴喜遣部从定山进军渔浦。《南齐书》富阳农民唐寓之起义,[33]渡江自渔浦溯浦阳江南进等均是其例。同样,浦阳江流域各地,也以此通道为外出捷径,这就是《水经·浙江水注》所载的:"湖水(案指临浦)上通浦阳江,下注浙江,名曰东江,行旅所从。以出浙江也。"

直到唐代末年,浦阳江从渔浦注入钱塘江的情况仍无改变,中和二年(882),浙东观察使刘汉宏之变,兵自诸暨、会稽、萧山等地由渔浦渡江而至富春。而次年,钱镠击刘汉宏,兵自新沙渡渔浦,并会浦阳镇将蒋环南攻婺州,[34]说明浦阳江在当时仍是交通要道。足见自汉至唐,浦阳江下游自临浦、渔浦而入江的河道稳定少变。因此,乾隆《萧山县志》卷一三所说的:"古驿道由渔浦渡入浦阳江",乃是可靠的说法。

事实上,朱庭祜先生等也承认:"碛堰山被开为浦阳江出口之处,在史前时期,恐原为浦阳江之出口。"[35]说法基本上是正确的。只是由于偏信了明代以来许多地方志中传袭的关于浦阳江故道东出绍兴三江口的说法,因而又不得不勉强为之解释,认为浦阳江"其后所以不通(案指碛堰)而走麻溪者,因碛堰山为坚固之火成岩,侵蚀不易,水流不畅,一旦山洪暴发,不得不另找出路。……久之碛堰淤积不通,乃经钱清而向三江入海焉。"[36]讵不知碛堰山只不过是一个孤立岗阜,附近尽皆坦途可以北流,何至辗转东流到绍兴三江口,其说法之待商一望而知,以下当再论及。

碛堰山的开凿

综上所述,关于浦阳江在古代北出萧山的诸种记载,《汉书·地理志》和《十三州志》等都是当时的记载,而王祎、张元忭、毛奇龄、阮元、范本礼等诸家则是后世的论述。但不管是当代记载或是后世论述,都没有说明浦阳江自临浦北出的具体流路。这一方面固然是古籍记事的疏缺,另一方面却也反映了《水经·沔水注》所说的"东南地卑,万流所凑,涛湖泛决,触地成川,枝津交渠"的情况,古代临浦正具有这样的面貌。按照卫星照片所显示古代水道残迹,结合目前的地形、水道形势加以考察,在古代临浦全盛时期,除了浦阳江外,麻溪、夏履江、永兴河等,也都是它的支流。而临浦沟通渔浦的河道主要有二:一条自临浦南部西折,通过高洪尖与马安山之间的平原地区,从今河上桥北出。这个地区至今仍有河道存在,而河上桥以北则为今永兴河河道。另一条自临浦西部木根山与碛堰山之间的平原地区西折,从今义桥镇附近北出。临浦湮废以后,木根山与碛堰山之间的平原地区残留为通济湖,仍有水道连通。通济湖到清雍正年间尚为一周围十里的小湖,[③] 至今湖虽全废,但河道仍然存在。当然,临浦与渔浦沟通的支流小港必然很多,上述只是主要的干流而已。

如上所述,许多历史文献载明了古代浦阳江下游河道的大体流向,而探索这些历史文献,结合现场考察和卫星照片的分析,就能更进一步地追溯古代浦阳江下游河道的具体流程,虽然时隔沧桑,而复原还是比较清楚的。但是如引言中所指出,明代以来的许多学者的说法恰恰相反,他们坚信古代浦阳江东出绍兴三江口,只是由于明代开凿碛堰山的结果,才改道北出萧山。自从黄九皋在嘉靖十八年(1539)首先提出这种说法以来,流传至今已达四百余年之久。为此,弄清碛堰山开凿的真相,对阐明浦阳江下游河道的变迁问题具有重要意义。

明代以来的许多学者虽然一致肯定碛堰山开凿于明代,但对开凿的具体年代,却说法纷纭,莫衷一是。特别是像黄九皋、刘宗周、任三宅这些嘉靖、天启、崇祯年代的人物,距他们所说的开凿年代为时尚不很远,但说法却彼此牴牾,这本身就说明了这些说法的不可靠性。为此,在论述碛堰山的开凿问题以前,笔者先拟列举几项简单的材料,用以证明碛堰山开凿于明代的说法,实际上完全没有根据。

第一,盛传在天顺、成化或弘治年代开凿的碛堰山,实际上早在宣德以前就已经畅通。据《明史·河渠志》所载:"宣德十年,主事沈中言,山阴西小江,上通金衢,下接三江海口,……近淤,宜筑临浦戚堰,障诸湖水,俾仍出小江。"这里的"戚堰"当然就是碛堰,既然提出要堵塞碛堰,足证碛堰早已畅通,则开凿何须等到天顺以后。

第二,盛传郡守戴琥主持开凿之事,但戴琥自己却明明说[③]:"诸暨江旧有碛堰,并从西小江入海;堰废,始析为二。"这说明碛堰乃是旧有之物。戴琥并且还估计了筑堰的年代,他说:"讵不知筑堰之初,未有海塘(案指山阴海塘)。"查山阴海塘有历史记载的修筑始于南宋嘉定。[③]筑堰既早于南宋,则凿通碛堰山自然更在南宋以前。

第三,戴琥的估计并非没有根据。事实上,嘉泰《会稽志》已经载有碛堰一条,位于萧山县南三十里,[⑩]与今日碛堰山缺口完全相符,则明代的开凿云云,自然全属无稽。

根据上述,碛堰山开凿的时间早于南宋,这是可以肯定的。但是要判断具体的开凿年代,却存在一些困难,因为它和古代临浦的兴废有密切关系。如上所述,古代临浦等湖泊都位于天然洼地中,最初无疑是自然形成的。但在整个钱塘江南岸平原地区,也必须看到人们为了农业的需要而在许多洼地积水区围堤筑塘的事实。自汉至唐,诸如越州鉴湖、明州广德湖等,为数多至数十。临浦等湖泊也不例外,古代人民在它的周围筑堤围塘的事实曾屡见于记载。例如嘉泰《会稽志》卷四所载的荻泾塘,后来称为白露塘,[41]即位于古代临浦西岸。这一带的堤塘,据万历《绍兴府志》卷一七所载是"从古有之,不知其始"。此外,万历《绍兴府志》卷一七又指出:"从四都(案指湘湖以北地区)至渔浦十五里,古塘也。"为此,临浦、湘湖、渔浦等湖泊,在很大程度上也具有人工湖的性质。所以盛唐诗人已称渔浦为"陂泽",[42]而湘湖到北宋则完全成为一个人工湖。

　　既然临浦等湖泊都具有人工湖的性质,则碛堰山的开凿就显然可以理解。因为按照这个地区自汉以来修筑人工湖和利用天然洼地积水区所普遍采用的方法,大体总是一方面围堤筑塘以拒咸蓄淡,另一方面则选择山丘岗阜或其他形势要害处遍置斗门、闸、堰以资排灌或导水入海。碛堰山是古代临浦西岸的一个孤立岗阜,其顶峰虽然高达 160 米,但其鞍部还不到 20 米,凿通并不困难。因此,在人们利用古代临浦的过程中,选择这个有利地形加以凿通以设置斗门、闸、堰,乃是很理想的。这在钱塘江南岸平原地区的其他湖泊利用中极为常见,越州鉴湖的玉山斗门即是一个非常相似的例子。[43]而且古代临浦周围历史上堰坝至今有名可查的还有不少,其中有一些也是穿凿岗阜的。例如嘉泰《会稽志》卷四记载中与碛堰并列的楮木堰,载明在萧山县西南三十里。此堰在嘉泰《会稽志》以后绝不再见他书记载,说明湮废已久。但笔者按方位里程及地形水道,数度至现场探索,已可基本确定此堰在临浦西北的虎爪山与木根山之间,至今水道仍穿山口而过,刀斧遗迹犹依稀可辨。此外,在古代临浦西岸,至今以堰为名的聚落还有不少,如韩家堰、金家堰、陈家堰、大堰等均是其例。所以碛堰只是古代临浦周围许多堰坝中的一处而已。

　　既然碛堰的开凿是古代人民利用临浦的结果,而如前所述,临浦、湘湖、渔浦等湖泊,首见于晋代文献,直到晚唐犹见记载,则其存在时间,从晋代算起,长达六百年以上。当然,这些湖泊在晋代以前早已存在,但是由于这个地区的农田水利要到晋代才有较大的发展,因此,碛堰山的开凿当在晋代以后临浦存在的这六百多年时间中完成。可以设想的是,在整个六百多年中,开凿工程当以后期完成的可能性较大。因为在前期,临浦的湖底还较深,拦蓄量较大,而临浦与渔浦连通的浦阳江下游河道,也必然畅通无阻,则浦阳江上游纵有洪水,也不致造成临浦的大害。到了后期,由于临浦淤浅,拦蓄能力降低,而沟通渔浦的浦阳江下游河道,也必然较前淤浅。在浦阳江上游则因自然植被的进一步破坏而加剧了洪水。为此,开凿山口以排泄洪水的需要较前期大为增加,于是就促成了这项工程的实现。当然,工程可能是在一个较长时期中逐步完成的。开始或许是一个不大的缺口,相当于越州鉴湖的"阴沟"。[44]以后随着排洪需要的增加而逐渐扩大凿深,修成一个堰坝。至于在自晋至唐的较长时期中要断定开凿的具体年代,那是极其困难的。事实上,在钱塘江南岸平原地区的许多古代湖泊中,即使记载丰富如越州鉴湖,在全湖76处斗门、闸、堰、阴沟之中,能够确定其建筑年代的,也还不到1/10。[45]则对于记载十分疏缺的临浦等湖泊,要去确定一个山口的开凿年代,显然没有可能,因而也无必要。

必须研究的是,浦阳江在临浦以下,既有西出今河上桥和北出今义桥镇的原有河道自渔浦入江,则为何浦阳江主流又改从碛堰山口北出?这是浦阳江下游河道变迁过程中的重要转折,它和以后这条河流的更大变迁有密切关系,为此必须探讨这一变迁的原因和时间。

浦阳江下游河道的北出碛堰山口,必须联系到临浦、湘湖和渔浦等湖泊的围垦湮废过程。尽管关于临浦的围垦湮废不曾留下文字记载,但我们还可以从湘湖和渔浦的记载中获得旁证。按万历《绍兴府志》卷一六的记载,湘湖原是一片低洼的民田,经常受浸。宋神宗时已有人奏请为湖,到政和二年(1112),围堤成湖才付诸实现。[46]这就说明,南北朝时代的西城湖,到北宋中期已经成为一片低洼的耕地,要到北宋末期,才又恢复成湖。至于渔浦,在盛唐诗人吟咏中所谓"懂浪始开,漾漾入渔浦",[47]尚是一个大湖。而如前所述,在晚唐时犹见记载。但到了北宋仁宗时期,却出现了"市肆凋疏随浦尽"[48]的现象,则其湮废的年代大致和湘湖相仿。[49]由此可以推论,临浦的围垦湮废,在北宋中期,当也已基本完成。当然,湖泊的围垦湮废并非成于一旦,这些湖泊既然在北宋中期已经湮废,则围垦进行可能始于五代甚至晚唐。

在临浦开始围垦的年代,湖底必已大大淤高,拦蓄能力随之锐减。原来从临浦西出今河上桥及北出今义桥镇的浦阳江下游河道,也必然由于河床的淤浅而逐渐减小了流量,于是碛堰山口的排洪负荷就愈益增加,山口自然也就一再加以拓宽。而且在山口以上,由于湖底和河床的淤浅,临浦的常年水位,较前显著提高;在山口以下,则因湍急的洪水一再通过,河床已经大为拓宽和刷深。这样,随着湖泊的逐渐缩小,碛堰山口成为浦阳江主要通道的条件也就逐渐具备。于是,当初作为溢洪道的碛堰山口,到后来就成为常年性的浦阳江通道之一。以后湖泊围垦殆尽,原来西出今河上桥及北出今义桥镇的河道成为涓涓细流,碛堰山口终于负担起通过浦阳江水量的主要任务,成为浦阳江北注钱塘江的主要通道。

关于碛堰山口作为浦阳江下游主要河道的年代,大致可作这样的估计:既然临浦等湖泊到北宋中期已经湮废,则原有西出今河上桥及北出今义桥镇的河道已经淤塞。

但刁约于嘉祐年间出任越州知州时,尚能乘舟取道渔浦,而据他当时在渔浦所见的"翩翩商楫来溪口"[50]的实况,说明交通仍然频繁,足见此时碛堰山口已经畅通。尽管由于渔浦的湮废而引起了刁约所见的"市肆凋疏"的现象,但是和钱塘江南岸的另一渡口西兴相比,直到熙宁十年(1077),渔浦的商业仍然超过西兴。该年渔浦征收的商税达"三千二百四十贯一百九十文",相当于西兴(823 贯)的 4 倍。[51]这就说明了碛堰山口畅通,商品不须盘驳的事实。如上所述,则碛堰山口作为浦阳江主要通道的年代大致当在北宋初期,直到北宋后期,仍然畅通无阻。

碛堰兴废

碛堰山口在北宋年代成为浦阳江的主要通道,但到南宋的嘉泰《会稽志》中,却第一次发现在山口已经建有一个名为碛堰的堰坝。碛堰山的名称,恐怕也是因为在山口建筑了碛堰才产生的。[52]碛堰的出现,说明浦阳江下游的河道形势又有了变化。为此必须把碛堰建筑的时间和原因加以研究。

碛堰既然首见于嘉泰《会稽志》,则其修筑必然早于嘉泰。据乾隆《萧山县志》卷一三:"古驿道由渔浦渡入浦阳江,南宋渡攒宫于会稽,乃取便道,截流渡江抵西陵发舟。"实际上这条所谓"便道"并不方便,据随舟护送的周必大所记,当船队经过钱清北、南二堰时,由于水位差距甚大,船只无法控制,形势十分危险,以致负主要责任的运使赵不流"顿足流涕,几欲赴水"。当时假使碛堰畅通,则何至于使这样庞大的船队冒二越堰坝的危险。[53]案攒宫南运始于绍兴十二年(1142),[54]则碛堰修筑当在南宋之初。此外,关于碛堰修筑的时期,我们还可以在西兴运河方面获得旁证。西兴运河的完成虽然早在晋代,[55]但自来罕见整治疏浚的记载。而南宋初期,有关这条运河整治疏浚的记载却一时大量出现。在乾道初年,不仅疏浚了西兴、萧山段河道,并且还开凿了西兴到钱塘江边的一段新河道。[56]这也说明了浦阳江下游阻塞的事实。这些佐证和戴琥"讵不知筑堰之初,未有海塘"的说法,在时间上也完全符合。

在碛堰山口初凿作为溢洪道的年代,山口有一些斗门、闸、堰之类的建筑是可以想象的。但自从山口扩大成为浦阳江的主要通道以后,这里一直畅通无阻。何以到了南宋初期,又要修筑堰坝加以堵塞? 这里必须看到,浦阳江在碛堰山以南,河道流经诸暨、山阴和萧山 3 县县界上。对于浦阳江的水利和航运等问题,3 县的利害关系是并不一致的。自从南宋以来,3 县之间对于浦阳江问题的争执不绝于书。在水利问题上,早于南宋乾道八年(1172),为了在一次洪水中开堵碛堰以南的纪家汇的问题,就造成了诸暨和萧山二县的严重争执,[57]萧山县令张晖甚至扬言"头可断,汇不可开。"[58]

在航运问题上,则前述《明史·河渠志》所载宣德年间沈中的言论即是其例。以后在正统年间,山阴人王信也力争堵堰以利山、会二县航运。[59]大体言之,从农业上说,碛堰的开启不利于碛堰以北的萧山而利于诸暨和山阴,碛堰的堵塞则不利于诸暨和山阴,却有利于碛堰以北的萧山。从航运上说,则山、会两县均利于碛堰之堵。因此,碛堰的开堵,在山、萧、诸3县的地区之间,农业和航运的部门之间,都存在着矛盾,所以碛堰山口就出现了一时筑堰一时废堰的情况。上述在绍兴年间堵塞的堰坝,到淳熙年间(1174—1189)却又显然畅通。陆游于淳熙七年从桐庐返山阴,途经渔浦时写下一诗说:“桐庐处处是新诗,渔浦江山天下稀,安得移家常住此,随潮入县伴潮归。”[60]陆诗所谓“入县”,指的是山阴县,故碛堰畅通,可以无疑。淳熙十三年,陆游从严州返山阴,亦循此道舟行,沿途又写下了《宿渔浦》、《溯小江饭舟中》等诗,[61]说明碛堰仍未堵塞。但时隔两年(淳熙十五年),攒宫南运却冒险走钱清北堰,[62]则碛堰可能已经堵塞。这样,从南宋初期以至明朝后期,碛堰的兴废是反复无常的,其中略有史迹可考的就有下列多次。

中国纪元	公元	碛堰兴废	内容记略	资料来源
宋绍兴十二年	1142	堵	古驿道由渔浦渡入浦阳江,南宋渡攒宫于会稽,乃取便道,截流渡江抵西陵发舟	《中兴小纪》卷三〇,乾隆《萧山县志》卷一三
淳熙七年至十三年	1180—1186	开	陆游诗《渔浦》、《宿渔浦》、《溯小江饭舟中》等	《剑南诗稿》卷一三,卷二〇
淳熙十五年	1188	堵	钱清江者,自三江口来,西过诸暨约三百余里,阔十余丈,运河午贯其中,高于江水丈余,……	《思陵录》卷下
嘉泰以前*	1201以前	开	西小江水路,东南来自诸暨县界,经县界五十五里,西北入萧山县界,胜舟五百石	嘉泰《会稽志》卷一二
嘉定年代	1208—1224	堵	太守赵彦倓筑(塘)以御小江(案指钱清江)	万历《绍兴府志》卷一七
不明年代	——	开		
明洪武五年	1372	堵	钱清北坝,洪武五年建,成化二年以小江不通,故废	嘉靖《萧山县志》卷二
宣德十年以前	1435以前	开	主事沈中言,……宜筑临浦戚堰,障诸湖水,俾仍出小江。诏部复夺	《明史·河渠志》
正统十二年	1447	堵	诏从山阴人王信奏,命萧山、山阴二县起役浚之(指钱清江)	《明史·河渠志》

续表

中国纪元	公元	碛堰兴废	内容记略	资料来源
天顺元年	1457	开	知府彭谊建白马山闸以遏三江之潮,闸东尽涨为田,自是江水不通于海(指三江口后海)	万历《绍兴府志》卷一七
不明年代	——	堵		
成化二年	1466	开	成化二年以小江不通,……	《明史·河渠志》
不明年代	——	堵		
成化十八年	1482	开	堰决不可成,小江决难复通矣。	戴琥:《水利碑》
正德年代	1506—1521	堵※※※	商舟欲取便,乃开坝(指临浦坝)建闸	雍正《浙江通志》卷五七
嘉靖十六年	1537	开	绍恩至,相浦阳江上游,恢复前守戴琥所开碛堰	毛奇龄:《循吏传》(《西河合集》传目卷五)

　　※　嘉泰《会稽志》成于嘉泰元年,故所记当为嘉泰以前事。

　　※※　临浦坝既开,说明浦阳江与山会平源水系恢复沟通,则碛堰自必相应堵塞。但开坝以后仍建水闸,而水闸只为"商舟取便",并非经常开启。则当时碛堰可能亦非全堵,而是部分堵塞。

　　如上表所列,直到嘉靖十六年以后,才不再见筑堰的记载。在此以前,兴废过程实际上比上表还要复杂得多。明代以来的许多学者,把碛堰山的开凿和碛堰的兴废混为一谈,复各据某一资料,各主一说,以致说法纷纭,造成许多错误。而他们所论定的碛堰山何年开凿,浦阳江何年改道云云,充其量只不过是碛堰在其多次兴废过程中的一次而已。

浦阳江与山会平原的关系

　　明代以来,不少学者之所以偏信浦阳江故道东出三江口,另外还有一个重要的原因是因为混淆了浦阳江和曹娥江的关系。尽管这种误解首先是由足迹未到南方的郦道元造成。[63]但直到清代,身居钱塘江南岸地区的学者如全祖望、[64]茹逊来[65]等辈,居然仍言之凿凿,认为浦阳江是曹娥江的支流。也就是说,浦阳江流贯山会平原而东,汇曹娥江而北注三江口。这是足不出户,只在故纸堆中考据的必然结果。

　　事实上,古代浦阳江与山会平原水系是各有所归而又互有联系的。会稽山脉尾闾的西翼即西干山脉,是两者之间的明显分水岭。在古代,西干山脉以东诸水如白石溪、枢里溪、古城溪、型塘溪等,东流经山会平原北部注入杭州湾;西干山脉以西诸水如麻溪、夏履江等则注入临浦,北流转入钱塘江。只是由于浦阳江河床的大量淤高和沿河建筑了堤防的缘故,麻溪和夏履江等才最后随着临浦的湮废而转入山会平原。

　　但在另一方面,浦阳江与山会平原水系也不能截然分开。因为临浦北与萧山东部平原相接,而萧山东部平原实际上就是山会平原的延续部分。虽然按地形和水道形势,临浦、湘湖、渔浦等湖泊,主要无疑是北与钱塘江相沟通的,但是这些湖泊的北部,却也和山会平原有所联系,这种联系在晋代以后因西兴运河的沟通而显得更为密切。因此,在非常洪水年份,浦阳江上游的洪水,必然也通过临浦,部分地转入山会平原。而且在临浦的晚期,由于湖底淤浅而提高了水位,浦阳江水通过临浦转入山会平原就更为便利。临浦湮废以后,原来的湖泊成为河网和一连串小湖,通过这些河湖,浦阳江与山会平原的关系依然存在。而且由于从临浦北出渔浦的许多大小河道多淤塞,仅有碛堰山口一途相通。则浦阳江水转入山会平原的可能较临浦湮废前更为增加。到了碛堰山口一旦堵塞,浦阳江乃全部转入山会平原。循西兴运河借道钱清以东注入杭州湾。

　　山会平原的河流本来多南北流向,从钱清东至三江口原来并无大河。因此,当碛堰初筑,浦阳江开始借道之时,由于山阴海塘尚未完备,所以钱清以东,浦阳江水并不专出三江,而是散漫北流,纷纷注入后海。既然钱清以东原来并无东流的大河,故南宋以前,绝无钱清江之名。只是由于浦阳江的转入,南宋以后才有钱清江一名出现。[66]这实际上也是浦阳江在南宋初始借道山会平原的佐证。

　　浦阳江转入山会平原以后,由于洪水频繁,以致沿江村落在南宋一代中出现了"水旱频仍,居民寥落"[67]的情况,自宋迄明,两岸一带终至成为一片"斥卤之地,雈苇之场"。为了防御洪水泛滥,南宋嘉定年间开始沿江筑塘,[68]以约束江水不致漫流,导之径出三江口。尽管如此,钱清江河道在浦阳江冲激下,面貌发生了很大的变化。南宋以前,钱清江只是一条无名小河,到了南宋淳熙年间,钱清镇附近的河面即宽达十余丈,[69]已非一般内河可比。到元代末年,根据建筑浮桥的记载,河面已宽达360尺,[70]成为一条滔滔大江。一直要到成化年间,戴琥主持了麻溪坝的修筑,断绝了和浦阳江的关系以后,钱清江的面貌才又渐复旧观。到了弘治八年(1495),钱清江浮桥又改建成石桥,[71]说明水量减少,河面又趋收缩了。

　　必须指出,虽然从南宋初年到明代后期,浦阳江借道钱清江的时间长达300余年之久。但是由于碛堰如上所述的兴废无常,因此,在这三百余年之中,浦阳江主流时而借道钱清江,时而复归故道。所以尽管南宋以来有了借道的事实,但碛堰以北的原有河道,并无湮废的现象。朱庭祐先生等认为碛堰南北在明代只有小河,即所谓"临浦之北,渔浦之南,各有小港,小舟可通,其中惟有碛堰小山为限"。[72]不仅是"碛堰小山为限"值得商榷,"小港"和"小舟"云云,看来也非事实。根据元末浦阳江口渔浦新桥的建桥记载,这座"出没于潮汐之险"的桥梁,全长共达五百尺。[73]则江流滚滚,可以想见,岂止小港而已。

还必须指出,虽然浦阳江下游的借道钱清江从嘉靖十六年以后已完全终止,但是直到民国以后,却仍有不少学者混淆了浦阳江和钱清江的关系。诸如《辞源》、[74]《辞海》、[75]《中国古今地名大辞典》、[76]《最新中外地名辞典》[77]等,都是这方面的典型例子。这说明了错误流传的普遍和纠正这种错误的必要。

结　语

关于历史上浦阳江下游河道的变迁情况大概就是如此。应该指出,宋代以前的历史文献,自《汉书·地理志》以至《十三州志》,记载都基本正确。明代中叶以后,错误的见解才居压倒优势。地方志的辗转传袭,在这种错误中当然负有相当责任,但是也必须看到,地方志的记载也未必都是错误。嘉泰《会稽志》有关这方面的记载是基本正确的。[78]它在诸暨县河流中载有浣江一条,浣江实即浦阳江的上游;在萧山县河流中载有浦阳江一条,书明"由峡山直入临浦湾以至海",绝无流入山阴等语;在山阴县河流中绝无浦阳江的记载,只有西江一条,书明"西北流入萧山"。甚至在错误见解已经盛行以后,万历《绍兴府志》卷七也仍然引《旧记》所载,说山阴西小江"西通钱塘江,后为江潮涌塞,舟不能行",说法也基本正确。由此看来,明代以来在这方面的错误,其责不全在地方志,而主要还是对地方志资料是否谨慎运用。更重要的是,有关历史地理的问题,除了探索历史文献外,还必须按照现代地理学的方法,进行细致的现场考察,相互印证,然后才能取得正确的结论。

时至今日,关于浦阳江下游河道的这种错误说法已经流传了400余年之久。不仅从历史地理资料上说,这个以讹传讹的错误必须予以纠正。特别是现代学者在进行钱塘江两岸地区的各种研究工作中,也有引此作为数据的,则影响就更为深远。例如朱庭祜先生等即由此联系到萧绍平原的农田水利,认为由于明代浦阳江的所谓改道,以致"灾害亦普及萧绍平原之全部"。[79]朱先生等又认为:"碛堰既通,浦阳江改道以后,富春江与钱塘江交接之处,经常增加由南向北之大量江水,于是钱塘江北折之势,人为增强,浙江'之'字之形成,恐与此事大有关系。"[80]诸如此类的论点,由于其论据和以往相传的颇有出入,看来都还有商榷的余地。特别要引为注意的是,近年以来,对于钱塘江的河道变迁、泥沙来源、河流水文、农田水利以及河道整治、塘工建筑等各方面的研究,在涉及浦阳江时也都以这种所谓明代的人工改道作为论据。鉴于浦阳江下游河道变迁的历史地理事实并不完全如前人所云,为此,在上述种种研究中引用这一论据的部分,看来也有重新考虑的必要。当然,本文所论述的各个方面,可能也很有值得商榷之处,则笔者当敬候指教。

注释:

① 本文承浙江地质局朱庭祜总工程师审阅,并承浙江省区域地质测量大队郎鸿儒、田行舟二同志核对卫星照片,修改古代临浦位置,并提供泥炭及第四纪沉积等资料,谨此致谢。

② 民国以前,今诸暨新江口至萧山临浦之间,浦阳江以东均为山阴县境。故历史上浦阳江亦流经山阴县界。

③ 朱庭祜、盛莘夫、何立贤《钱塘江下游地质之研究》,载1948年《建设季刊》第2卷第2期。该文说:"浦阳江当十五世纪中叶以前,本由临浦注绍兴之麻溪,……至钱清镇名钱清江,又东出三江于海。"

④ 朱庭祜等《钱塘江塘工地质后编(钱塘江之发育及其变迁)》,油印本,浙江图书馆藏。

⑤ 宣德说首见于明刘宗周《天乐水利图议》(《刘子全书》卷二四)。此外如清宣统二年山阴劝业所《调查农田水利区之一》(《麻溪改坝为桥始末记》卷一)亦主是说,历来主宣德说者较少。

⑥ 天顺说首见于嘉靖《萧山县志》卷二(天一阁藏)。全祖望《答山阴令舒树田水道札》(《鲒埼亭集》卷三四)亦主是说,此外如雍正三刻《萧山水利志》卷上、《嘉庆重修一统志》卷二九四等多从是说。朱庭祜《钱塘江下游地质之研究》亦云:"明天顺间,知府彭谊乃建议开通碛堰。"

⑦ 成化或弘治说首见于黄九皋《上巡按御史傅风翔书》(嘉靖《萧山县志》卷二),书曰:"成化间,浮梁戴公琥来守绍兴,……因凿通碛堰之山。"任三宅《麻溪坝议》(嘉庆《山阴县志》卷二〇)则云:"弘治间,郡守戴琥,……因凿通碛堰。"

⑧㊺ 陈桥驿《古代鉴湖兴废与山会平原农田水利》,载1962年《地理学报》第28卷第3期。

⑨ 阚骃《十三州志》,《汉唐地理书钞》辑本。

⑩ 王祎《钱清江浮桥记》,载《王忠文公集》卷三;张元忭:《三江考》,载《海塘录》艺文四;毛奇龄:《杭志三诘三误辨》《西河合集》本。

⑪ 阮元《浙江图考》卷中,载《揅经室一集》卷一三。

⑫ 李慈铭《荀学斋日记》庚集下,光绪十一年十二月初三日,载《越缦堂日记》第八函第四五册。

⑬ 《水经·浙江水注》。案李慈铭《越缦堂文集》卷一二:"湘湖即汉志之潘水,郦注之西城湖。"

⑭ 丁谦《水经注正误举例》卷五(《求恕斋丛书》本)。

⑮ 顾野王《舆地志》(《汉唐地理书钞》辑本)。

⑯ 《文选注》卷二六引《吴郡记》:"富春东三十里有渔浦。"案《吴郡记》为晋顾夷所纂。

⑰　如谢灵运《富春渚》(载《古体诗选》五言诗卷七)、丘希范《旦发渔浦》(载《文选注》卷二
七)等诗中,均提及渔浦。

⑱㊱㊲㊳　嘉泰《会稽志》卷一〇。

⑲　《舆地纪胜》卷一〇。

⑳㉔　《水经·浙江水注》。

㉑　《杭志三诘三误辨》。

㉒　浙江省区域地质测量大队郎鸿儒、田行舟提供资料。

㉓　王先谦《后汉书集解·郡国志》四。

㉕　范本礼《吴疆域图说》(《南菁书院丛书》本)。

㉖　《通鉴》卷一三六。

㉗　《通鉴》卷一三六,胡三省注。

㉘　王先谦《汉书补注·地理志》八。

㉙　据倪璠《神州古史考》(《武林掌故丛编》第十四集),柳浦在杭州凤凰山下。

㉚　《杭志三诘三误辨》:"西岸有定山,东岸有渔浦,夹江而峙。"

㉛　《读史方舆纪要》卷九二。

㉜　《宋书·孔觊传》。

㉝　《南齐书·沈文季传》。

㉞　《吴越备史》卷一。

㉟㊱㊲　《钱塘江塘工地质后编》。

㊲　乾隆《萧山县志》卷五引《张文瑞水利附刻》。案张书成于雍正十五年。今已佚。

㊳　戴琥《水利碑》。案碑于成化十八年立于绍兴府署,碑今已不存,文载于乾隆《绍兴府志》卷
一四。

㊴　《宋会要辑稿》第一五二册。

㊵　嘉泰《会稽志》卷四。

㊶　乾隆《绍兴府志》卷一五引万历《萧山县志》。

㊷　常建《渔浦》,载《全唐诗》第 2 函第 10 册:"陂泽茸鸧鹒。"

㊸　《新唐书·地理志》:"贞元元年,观察使皇甫政凿山以蓄泄水利。"案《嘉庆重修一统志》卷
二九四:"玉山在山阴县北三十里。……唐观察使皇甫政凿此山置闸八以泄府境及萧山县
之水出三江口入海。"

㊹　曾巩《鉴湖图序》,载《元丰类稿》卷一三,该文称越州鉴湖的涵闸排灌系统分斗门、闸、堰、
阴沟 4 种,其中阴沟的规模最小。

㊻　毛奇龄《湘湖水利志》卷一(《西河合集》本)。

㊼　陶翰《乘潮至渔浦作》,载《全唐诗》第二函十册。

㊽　刁约《过渔浦作》,载《会稽掇英总集》卷五。

㊾　嘉泰《会稽志》卷一〇:"落星湖在县(案指萧山县)西二十五里,周二十里。……湖地今五

千九百二十五亩三角,熙宁中,以湖地高者为田,为三千八百一十一亩。"说明在熙宁年代,作为渔浦残余部分的落星湖也已经进行围垦,则渔浦当已基本醒废。案熙宁早于政和约四十年。

⑤ 刁约《过渔浦作》。

㉑ 《宋会要辑稿》第一二九册。

㉒ 碛堰山只是一座小山,故古代何名无考。当地亦有称为七贤山的,恐亦从碛堰二字转呼而来,这和《明史·河渠志》的称碛堰为戚堰一样。

㉓ 周必大《思陵录》卷下(《周益公文集》卷一七二至一七三,天一阁藏精钞本):"梓宫前舡一百八只,后舡一百四只。"

㉔ 熊克《中兴小纪》卷三〇。

㉖ 《宋史·河渠志》。

㉘ 朱孟晖《麻溪坝开塞议辨》,载《麻溪改坝为桥始末记》卷一。

㉙ 《明史·河渠志》。

㉚ 陆游《剑南诗稿》卷一三。

㉛ 陆游《剑南诗稿》卷二〇。

㉜㉙　《思陵录》卷下。

㉓ 黄宗羲《今水经序》中言及《水经注》云:"以曹娥江为浦阳江,……皆错误之大者。"

㉔ 全祖望《浦阳江记》(《鲒埼亭集》卷三〇):"曹娥之为浦阳经流,无误也。"

㉕ 茹逊来《三江》(《越言释》卷下):"浦阳入于曹娥,曹娥既会浦阳,并而入于钱塘。"

㉖ 李慈铭《桃华圣解盦日记》丙集,光绪元年十一月初五日,载《越缦堂日记》第五函第二十四册。

㉗ 半亭老人《鞍村杂咏》(道光寿樟书屋刊本)。

㉘ 万历《绍兴府志》卷一七(浙江图书馆藏)。

㉚ 《钱清江浮桥记》。

㉛ 吴骥《钱清江石桥记》,载光绪《山阴前梅周氏宗谱》卷五。

㉓ 杨维祯《渔浦新桥记》,载《东维子集》卷二〇。

㉔ 《辞源》上册,巳集,第82页,浣江条:"浦阳江在诸暨县南称浣江,……北至绍兴境,为钱清江。"

㉕ 《辞海》(中华书局版),巳集,第37页,浦阳条:"又名浣江,折东北流,经绍兴县钱清镇,曰钱清江"。

㉖ 《中国古今地名大辞典》,第720页,浦阳江条:"东北经绍兴县西之钱清镇,曰钱清江。"

㉗ 《最新中外地名辞典》,第906页,浦阳条与《辞海》同。

㉙⑳　《钱塘江下游地质之研究》。

原载《历史地理》1981年创刊号

戴琥"山会水则"

　　浙江山会平原(山阴、会稽两县的平原),古时的范围包括从会稽山北麓直到杭州湾沿岸的冲积平原,平均海拔约 7 米左右。按现在的行政区划,它与曹娥江以西属于上虞县的平原和萧山县东南平原连成一片,是同一水系,总面积超过 1000 平方公里,土地平整,河湖密布,灌溉便利,是一片旱涝保收、稳产高产的肥美良田。

　　在古代,这里是一片沼泽地。东汉永和五年(140),会稽郡守马臻以会稽郡城(今绍兴)为中心,筑堤蓄水,从会稽山山麓以北直到绍兴城一线之间,形成一个面积为 200 平方公里的大型水库。这就是著名的鉴湖。沿湖堤修筑有几十处斗门、闸、堰等大不同的排灌设施,利用湖面高程,向北部平原进行自流灌溉。南北朝初期的《会稽记》中描述说:"筑塘蓄水高田丈余,田又高海丈余。若水少则泄湖灌田,如水多则闭湖泄田中水入海,浙以无凶年。"古代鉴湖约存在了近千年之久,于南宋初期始全部湮废,垦为农田。鉴湖水体的一部分成为残留在原地的许多湖泊和河流,大部分转入北部原鉴湖灌溉区,形成一个巨大的河湖网,分为许多支流,注入杭州湾。鉴湖垦废后,田高于海丈余的情况依然存在,但湖高于田丈余的条件却有所改变。原先属于鉴湖灌溉区的山会平原,供水逐渐不足,高田与低田之间、接近涵闸的田与远离涵闸的田之间,都出现了蓄泄上的矛盾。南宋王十朋说:"每岁雨稍多则田以淹没,晴未久而湖已枯竭。"不仅如此,种植业与水产养殖业以及内河运输业之间,也发生了难以调和的矛盾。

南宋以来,人们致力于在杭州湾沿岸的海塘上设置涵闸。除了扩建唐代的玉山闸外,陆续新建了新灶诸闸、泾溇诸闸、扁犍诸闸等大小涵闸。其目的在于增加排水入海的能力,以便在水潦时加速排水,减少低田涝害,从而有利于在一般情况下尽可能闭闸蓄水,以保证高田的灌溉,并使水产养殖业获得丰富的水量,内河运输业也可保持一定的水位。但是,大量涵闸分布在从曹娥江口到萧山东南沿海一带长约50公里的海岸上,其启闭蓄泄如何掌握,又是一个不易解决的问题。为此全部涵闸必须建立一个统一的管理机构,制定一套健全的启闭制度,使之蓄泄有时,各业均能受益。

要建立一套健全的涵闸启闭制度,首先必须确定一个涵闸启闭的水位准则。这在科学技术比较落后的古代,无疑是一个困难的课题。自从古代鉴湖垦废以后,当地劳动人民除了整治山会平原的河湖网以外,同时在生产实践中不断探索涵闸的建设和管理方法。经过南宋、元、明300多年的经验积累,确立水位准则这个牵涉面广、难度甚大的课题,终于由明绍兴知府戴琥所解决。这就是成化十二年(1476)建立的著名的戴琥"山会水则"。

戴琥,字廷节,浮梁人,从成化九年起,先后二度出任绍兴知府。他是一位关心民瘼的循吏,对越中水利甚有研究,为绍兴府各县的农田水利事业作出了许多贡献。关于戴琥从事当地水利建设的功绩,乾隆《浮梁县志》中有一段简述:"筑堤数十万丈,捍海得田四万余亩,民称'戴公堤'。又筑横塘坝而斥卤之地多可田,建柘林等处七闸。立石刻水,示民时启闭蓄泄。"

《浮梁县志》所说的"立石刻水、示民时启闭蓄泄",指的就是戴琥"山会水则"。为了有效地集中管理山、会、萧各县杭州湾沿岸的许多涵闸,建立一个统一的启闭制度,戴琥查勘和研究了这个地区的水利形势,总结了长期以来的前人经验,终于在成化十二年建立了一套比较完整的涵闸启闭制度。他选择绍兴府城内佑圣观前的府河,在那里建立了一支石制水则(水位尺)。水则分上、中、下三段,每一段都有尺寸刻度,并在佑圣观内立了一块石碑,石碑上刻写了水则观测和涵闸启闭制度。山会水则碑文如下:

> 种高田,水宜至中则;种中高田,水宜至中则下五寸;种低田,水宜至下则,稍上五寸亦无妨,低田秧已旺。及常时,及菜麦未收时,宜在中则下五寸,决不可令过中则也。收稻时,宜在下则上五寸,再下恐伤舟楫矣。水在中则上,各闸俱用开;至中则下五寸,只开玉山斗门、扁拖、龛山闸;至下则上五寸,各闸俱用闭。正、二、三、四、五、八、九、十月,不用土筑;余月及久旱,用土筑。其水旱非常时月,又当临时按视以为开闭,不在此例也。

这块碑文虽然只寥寥162字,但它对于观测水则和管理涵闸的原则,却说得清清楚楚。至于建立在佑圣观前府河中的这支水则，无疑是绍兴水利史上的一个杰出创造。它对于调节山会平原的河湖水位，对不同季节、不同高程的农田耕作，对水稻与其他作物的栽种、收获以及对内河航运等方面，都作了全面的照顾。而水则本身却又置于远离这些涵闸数十里的府城之内，距卧龙山下的知府衙门不到一里，管理和观测都十分方便。

山会水则从成化十二年建立时起，至嘉靖六年（1537）止，共使用了61年。这时，绍兴知府汤绍恩主持兴建的大型水利枢纽三江闸已完成，山会水则由佑圣观前的府河迁移到三江闸下，从此完成了它的历史任务。山会水则现已不存，但安置在佑圣观内的石碑至今依然存在。佑圣观在明代后期改为大节祠，清代又改建为火神庙，此碑竟被作为火神庙围墙的一部分，灰泥斑驳，不堪辨认。3年前，绍兴市文物管理委员会接受了我的建议，把此碑从火神庙围墙中拆除下来，加以洗刷整理，使其字迹清晰，然后搬运到城外名胜地禹陵。现在，此碑已在禹陵公开展览，供人们瞻仰和研究。

原载《中国水利》1983 年第 2 期

论历史时期宁绍平原的湖泊演变

　　宁绍平原是我国著名的水网平原之一,历史时期曾有一个稠密的湖泊群。随着自然和人文环境的变化,湖泊群消长兴废,这反映了当地人地水三者的关系。研究这些问题,对于本地区的许多方面尤其是农业生产有重要意义。

　　宁绍平原(主要由萧山、绍兴、上虞、余姚、慈溪、鄞县、镇海七县的平原部分组成)[①]是著名水网地带。历史时期,这里湖泊星罗棋布,组成规模颇大的湖泊群。初步统计,仅宋代以来地方史籍有记载的湖泊就有 217 个,每 20 平方公里有一个较大的湖泊,[②]堪称全国湖泊分布最密集的地区之一。

　　历史时期,湖泊群的存在和运动曾对本地区的人类活动起过巨大的作用,而人类活动又反过来给予湖泊群的兴废以决定性的影响。纵观本地区湖泊群的兴废过程,可以发现,由于特殊的区域自然地理条件和社会历史条件。自春秋战国以来,本地区人—地—水三者之间始终处于既互相依存、又互相矛盾的关系中。一方面水以养田,田以养人;另一方面人长地消,地长水消。湖泊群在这种矛盾中不断运动,兴起、消亡、复兴,经历了一个由南部山区走向北部平原,又从北部平原返回南部山区的往复过程。这种现象,在历史自然地理研究中称为"湖泊循环"。本文拟对历史时期宁绍平原的湖泊循环以及人—地—水关系的变化规律试作论述。

一、宁绍平原湖泊循环的历史过程

宁绍平原倚山枕海,南高北低,由南向北呈山地—平原—海洋台阶式格局。晚更新世以来,本区经过三次海侵,发生在全新世末的最后一次海侵便是造成湖泊循环的原始动力。以下按时间顺序分段论述。

（一）第一阶段——湖泊群从南部山区走向北部平原

地质调查揭示,海侵极盛时,海水直拍南部山麓,整个宁绍平原一片浅海。就是在这片浅海上自南向北沉积而成今日的宁绍平原。根据浅海地带水沙运动的规律,成陆过程通常经历一个湖相沉积阶段,因此平原北进的同时,就有一大批湖泊随着岸线的北退不断出现。平原南部的天台、四明、会稽、龙门四组山脉都呈北北东走向和当时的海岸斜交,因此岸线曲折,海湾众多。海湾受到泥沙的封积,其中一部分逐渐发育成泻湖,泥沙继续沉积,岸线进一步后退,泻湖就转为淡水湖。全新世末海侵后的海退,开始于距今 4000 年左右[1],据此推断,大约在原始社会末期,海岸线离开山麓地带,泻湖转化成淡水湖。

这些首先出现的湖泊,后来地方史籍中记载有名的有,萧山县的桃湖、大尖湖,绍兴县的容山湖、厫石湖,上虞县的漳汀湖、朱山湖,余姚县的赵兰湖、蒲阳湖,鄞县的马湖、东钱湖,镇海县的彭城湖和富都湖等等。

宁绍平原的正式历史记载始于春秋于越。据《国语·越语》等书,夏商时代,于越部族已经在今浙东地区活动了。但直到春秋晚期,于越部族的活动中心始终停留在平原南部的山区[2]。这显然是因为当时的海岸线还未远离山麓,平原面积狭小,且湖沼密布,不能为越族人提供适当的生活条件。据三国谢承《会稽先贤传》记,《春秋》昭公二十七年（前 515）,因公子光之祸,吴王子庆忌的家族曾南渡浙江,隐居在会稽山地以北的平原地区,越人"予湖泽之田。俾擅其利,表其族曰庆氏,名其湖曰庆湖"。这个庆湖就是镜湖的前身。这就说明,公元前 6 世纪初,海岸已经远离镜湖所在的平原南部地区,而在此一带留下了许多湖泊。

《越绝书》卷八"越人谓盐曰余",则余暨（今萧山）、余姚历史上曾经都是盐场所在。说明海岸在今萧甬铁路沿线时,这里已经是于越部族的活动之地,而历史时期分布在平原中部浙东运河沿线一带的湖泊,如萧山的湘湖、戚家湖;绍兴的牛头湖、瓜渚湖;上虞的上妃湖、白马湖;余姚的牟山湖、乐安湖;慈溪的太平湖、云湖等等,都是由这一时期的泻湖演化而来的。

越王句践七年（前 490）,于越开始在今绍兴城定都,而当时的盐场朱余（即今绍兴朱储村)距今绍兴城已达三十五里[3],今浙东运河沿线以北直到汉唐古海岸之间的平原地区所分布的许多湖泊,如绍兴的狭猱湖、贺家池;余姚的余支湖、桐木湖;慈溪的沈窖湖、灵湖等,则又是这一时期的泻湖所转成。

春秋末期,于越已开始了围塘筑堤。到了唐代,沿平原北部当时岸线所在,已普遍修筑起海塘。海塘的修筑一是使人们可以在紧逼岸线的地方修建人工湖泊。例如北部最大的湖泊夏盖湖,就是唐长庆二年(882)上虞"五乡之民割己田为之"[4],而其位置"北去海仅一里许"[5]。二是加速了一批泻湖转化成淡水湖。例如余姚境内的黄山湖、上呑湖、汝仇湖等,据地方志载[6],其湖盆都直接以海塘为界,从地形分析这些湖泊都曾经是泻湖,凭借海塘的修筑才和海洋脱离。历史时期分布在今平原北部古海塘沿线附近的湖泊,如萧山的瓜沥湖,绍兴的黄湖,上虞的西洋湖、张湖,余姚的千金湖,慈溪的杜湖,镇海的风浦湖等等,都属于上述两种类型,它们的成湖年代,都应在汉唐之间。由此可见,到了唐代,湖泊群已从平原南部山麓走向平原北部沿海。

综上所述,历史时期宁绍平原的湖泊群按出现年代先后,大致可以分成三带:1.山麓地带(原始社会末期——春秋时代),2.中部地带(春秋——汉代),3.沿海地带(汉——唐代)。这个由大自然主宰的造湖运动,在其北进的过程中受到人类越来越大的影响。到了唐代,湖泊群的运动已为人类所控制。宁绍平原湖泊循环的第一阶段——北进阶段到唐代已经到达终点。历史时期由217个主要湖泊组成的湖泊群,在唐代已基本形成。唐代以后,虽然平原仍在向北发展,但由于本地区的社会条件发生了巨大的变化,紧跟岸线出现的已不再是新的湖泊,而是农田了。

(二)第二阶段——湖泊群在平原地区逐渐湮废

唐代以后,湖泊群开始回复运动,在人类围垦活动的影响下,平原地带的湖泊逐渐湮废:

时 代	被垦废湖泊		尚存湖泊		备 注
	总数	万亩以上湖泊	总数	万亩以上湖泊	
宋元时代	18 *	5	199	10	有一批湖泊废而又复
明清时代	155 **	5	44	5	
现 代	16 ***	2	28	3	尚存湖泊除部分改为水库外,其余遭受局部围垦

＊根据南宋及明清时代各县地方志记载统计。

＊＊根据明清时代及民国初年各县地方志记载,并参照二三十年代绘制的1/50000地图记载统计。

＊＊＊根据对7县水利部门的专题调查,并对照二三十年代和近年绘制的两种1/50000地图统计。

从表中可以看到,宋元两代,已经有18个湖泊被完全垦废,约占湖泊群总数的8.4%。历史时期平原地带最大的一批湖泊首先遭到围垦:宁绍平原北部最大的湖泊夏盖湖,于北宋熙宁六年(1073)被垦废(后又废复多次)[7];平原东部最大的湖泊广德湖,于北宋政和七年(1117)被垦废[8];平原南部最大的湖泊,也是历史时期本地区最大的湖泊镜湖,于南宋前期被垦废[9]。此外,宋元时代,还有一大批湖泊,例如萧山县的湘湖、白马湖[10、11],上虞县的夏盖湖[11]等等,废而复,复而废,反复多次。这种废复不定的现象,是整个湖泊群由盛至衰,由进至退过渡阶段的反映。

经过宋元时代短暂的徘徊之后,湖泊群的回复运动大大加速。宋元以后,人类围垦湖泊的活动,愈演愈烈,平原地带的湖泊数目直线下降。明清两代,共计约有155个湖泊被完全垦废,占湖泊群总数的71.4%。历史时期残存的湖泊,在现代继续遭到人类的围垦。新中国成立前后,又有16个被垦废,约占历史时期湖泊总数的7.1%。至1949年,历史时期由217个主要湖泊组成的庞大湖泊群,只剩下了28个湖泊,仅占总数的13%。唐代以来千年之中,湖泊群的将近90%已告湮废。湖泊群在回复运动中,已经基本退出了宁绍平原。

而仅存的28个湖泊,自新中国成立以来,除部分被改建成水库从而进入湖泊循环的第三阶段外,余下的几乎全部遭到局部围垦。例如目前宁绍平原东部,本地区最大的湖泊东钱湖,已被垦废近六分之一,西部最大的湖泊狭獴湖,也被垦废1/3……。[3]这些事实说明,目前平原地带的湖泊群,假使没有人为力量的制止,则已进入最后消亡阶段。

(三)第三阶段——湖泊群在南部山区复兴

当平原地带的湖泊群继续被围垦而进入消亡阶段的同时,一个大规模的造湖运动又在南部山区兴起。据初步统计,50年代中到70年代末,在南部山区兴建的水库,已达273个之谱:[4]

县名	总数	大型(>亿 m³)	中型(>千万 m³)	小(一)型(>百万 m³)	小(二)型(>十万 m³)
萧山	14			1	13
绍兴	56		1	2	53
上虞	52			7	45
余姚	51	1	1	14	35
慈溪	16		3	9	4
鄞县	46	1	2	12	31
镇海	38		1	11	26
(合计)	273	2	8	56	207

单就数量而言,已经超过历史时期湖泊群的数字,组成了一个密集的新的湖泊群。

二、湖泊循环中的人—地—水关系

本区属亚热带季风气候,年平均降水量达 1300 毫米—1500 毫米,农业用水是足够的。但 7 月—10 月气候干热,蒸发量大,对处于生长旺季的夏秋作物水量又显不足,必须人工灌溉。也即要维持农田的常年供水,必须要有一定数量的水体蓄水。换句话说,水面和地面之间必须保持一定的比例,水地关系必须平衡。湖泊群的兴废必然影响本地区的水土平衡,所以宁绍平原的湖泊循环实质上是一次水体的转移,体现了人类对地理环境的调整和改造,湖泊循环来源于人类活动的内在需要:一方面,人类为了进行农业生产,必须保持水地关系的平衡;另一方面,由于人口不断增加,必须扩大耕地面积,从而导致水地比例失调,而当这种失调发展到一定程度时,又迫使人类设法加以调整,使之在新的情况下达到新的平衡。因此,一部湖泊循环史,实际是人—地—水之间的矛盾发展的历史。也是这个地区人类不断调整水地关系的历史。

(一)历史时期本地区的人—地—水关系

不难设想,在原始社会末期,湖泊循环之初,平原地带湖沼密布,水面远远大于地面。古人所谓"自禹功告成于会稽,而南山之下始有土田,越人滨江者犹居岛中,田于沙上"[12],就是这种水面广阔、陆面稀少的写照。显然,当时的水面在数量上远远超过人类的需要。但由于原始人类的生产力水平低下,改造自然的能力极其有限,因此只能消极地等待水面的变迁以获得最重要的生产资料——田地。水地比例变化,完全属于自然调节,人类处于被动适应的地位。

春秋时,越王句践曾有"水属苍天,下不知所止"[13]之叹,又说越人"以船为车,以楫为马",[14]反映当时的平原地带水面仍占优势。但由于生产力的提高,人类开始由被动转为主动。据《越绝书》载,此时已筑堤围湖向水争田。如当时修筑的富中大塘和练塘,就是其例。[3]《越绝书》卷四记越王句践和谋士计倪讨论兴国之策,计倪提出"饥馑在问,或水或塘,凶熟积以备四方",作为当时的首要任务。说明春秋末期,减少水面,调整水地比例,已成为发展农业的中心课题。值得注意的是,人口数量的增长显然已经开始对水地关系发生影响。当于越部族从会稽山地进入宁绍平原之初,本地区人口稀少,经过句践"十年生聚",人口迅速增加,到最后一次吴越战争前夕,于越部族人口估计约有 30 万人,其中有水陆军近 5 万人。[14]今绍兴一带由于是部族的政治、经济中心,加上长期的备战活动,所以人口畸形集中。这种局部地区的人口膨胀,造成对土地的巨大压力,使水地比例的调整,势在必行。上述富中大塘、练塘等围湖工程,考其位置,都在今绍兴附近[3],原因盖出于此。

到了汉代,由于湖泊群已随岸线走向平原北部,本地区水面和地面的比例明显改观:春秋至东汉将近八百年间,平原南部的湖泊大半淤塞,平原中部的湖泊虽形成不久,但也开始其生物循环过程,走向湮塞,自然调整加人工调整的结果,使土地面积大幅度增加,超过了水面。同时,本地区的农业也已有了很大发展。水稻已普遍种植,这更加大了农田需水量。于是在开发较早的平原西部和中部,今绍兴、上虞两县境内,便出现了本地区有史以来第一次大规模的兴修水利活动。其中最引人注目的例子便是平原西部的镜湖工程。据记载,镜湖筑于东汉永和年间(136—141),周三百十里,⑤是个规模空前的人工湖泊。镜湖的修筑,大大增加了平原西部的水面积。在平原中部对上虞县的白马湖、上妃湖、破岗湖,余姚县的穴湖等进行改造[4、15],以防其湮塞。汉代的这次兴修水利,是本区人—地—水关系史上的一个转折点。因为在此之前,本地区的水地比例一直是水多于地,因此人类对水地关系的调整和自然调整的方向一致,都是削水增田。而汉代这次兴修水利,其目的却是为了保持一定的水面,舍田增水,人工调整和自然调整的方向相反。说明到了汉代,在已经开发的地区,已有水面不足之兆,而人类在发展农业生产的同时,已经认识到保持水地平衡的重要性,并付之实践。当然,这种舍田保水的做法有一个重要前提,就是人地关系在当时并不紧张。从春秋到汉朝,宁绍平原人口虽有成倍增长,但人口基数尚小(汉代从多估计约 24 万⑥),因此本地区仍是"地广人稀"[16]。

由于北方黄河流域不断发生战乱,从汉末到唐初近四百年间,北方人口向南移居,始终没有停止过。其中大规模的移民,至少有两次。第一次是三国时代,第二次是西晋末年。在这两次移民(特别是第二次)中,有相当数量的人口进入宁绍平原。到了刘宋时代,开发较早的平原西部和中部,出现了"土境褊狭,民多田少"[17]的局面,人地关系始告紧张。于是湖泊又成为围垦的对象。据史书记载,自东晋以来,平原西部和中部"峦山封水,保为家利[18]"成为一时"民俗相因"[18]的社会风气,以致宋文帝元嘉二十九年(452),朝廷不得不由皇帝亲自下达禁令:"占山护泽,强盗律论,赃一丈以上,皆弃市"[18]。但人口增长而引起的土地问题,毕竟不是一道禁令所能解决。好在当时宁绍平原的东部,姚江流域和甬江流域,因为开发晚,人口较为稀疏,还有一定水面可以利用,于是在刘宋孝武帝时(454—464),就由政府出面,组织平原中部湖区居民到平原东部"垦起湖田"[17]。这实际是通过调整全局水地比例解决局部地区人地矛盾。

南朝五代对平原东部的开发,使整个宁绍平原的农业得到长足的发展。到了唐代,本地区又出现了一次兴修水利的高潮。这次是在新开发的平原东部修筑了广德湖、小江湖等大型人工湖泊,疏浚开广了东钱湖等原有湖泊[19];在新成陆的平原北部,则修筑了规模巨大的夏盖湖,同时利用新建的海塘,改造了沿海地带出现的一大批天然湖泊。这是因为东汉以来,这两个地区的农业已经迅速发展,水地关系有失调之虞,必须加以调整。而其前提,仍然是由于这两地人口相对较少,有可能割田为湖,削田增水。于此同时,唐代还对平原其他部分原有的湖泊进行了普遍的疏浚,并通过在这些湖泊的出水口广设堰、闸、斗门,⑦把它们全部改造成天然水库。此外,在平原中部某些地区又增筑了一批小型的人工湖泊(加上虞县的任屿湖、黎湖,慈溪县的慈湖、姜湖等等[15][20],从而使整个平原地区的水地关系得到调整。

汉代马臻修筑镜湖工程,结果被人诬陷致死[9],说明当时调整水地关系,还有相当阻力。和汉代相比,唐人对于保持水地平衡的重要性,其认识就要自觉得多。萧山县詹家湖的修筑就是典型的例子:"有詹姓者,有田六百亩,无水灌田,岁率不熟,因聚族而谋曰:'弃百亩为湖,以溉五百亩,可乎?'其族乐为之。于是湖成"[11]。正是在这样一种自觉认识上,唐代本地区出现了一股居民献田筑湖的热潮,例如夏盖湖,"五乡之民割田为之";又如皂李湖,"乡人曹黎二姓率众割己田为之"[21];再如姜湖,"姜氏舍田一顷以溉近田"[22],而姥婆湖的例子更说明问题:"唐元和初,有司请废为田,里民孙有直以己田易之,得不废"[22]。这里百姓的认识显然已经超过了官方,说明必须保持一定水面的思想,已经深入人心。正是在这样一种社会背景下,唐代才可能把对水地关系的调整扩展到整个宁绍平原。

总之,从汉到唐,虽然人口代有增加,但人口基数和当时的水地资源相比,仍然不大。而时当封建盛世,社会制度仍有相当生命力,人们有可能顺应农业生产的需要,从局部到全局,对本地区的水地比例加以调整,使之达到平衡。从这个意义上说,汉唐之际,人有其田,田有其水,是整个历史时期宁绍平原农业生产的黄金时代。南朝人所谓"会土带海傍湖,良畴亦数十万顷,膏腴上地,亩值一金"[23];唐朝人称这里"衣食半天下"[24],就是这种人—地—水处于最佳状态的生动反映。

平原地区水地关系到了宋代便开始受到破坏。12世纪初,由于宋金战争爆发,汉族中央政权南迁,造成了空前规模的移民,"四方之民,云集两浙,百倍常时"[25]。到南宋绍兴年间,本区七县的人口总数估计已超过150万之谱。⑧大量移民的涌入,使人地矛盾的激化,势所不免。而人地矛盾的激化,又必然殃及水地关系。前文论及,宋元时代是本地区湖泊群走向衰亡的转折点,其根本原因,就在于此。

宋代的这次移民,是宁绍平原人地关系史上的一次根本转折。由于人口基数骤然增大,对宋以后本地区的人口增长率起了决定性的影响。宋代以后,宁绍平原就一直成为全国突出的地小人稠的地区。人地矛盾不断加剧,围垦湖泊的速度就与日俱增,水地关系也就日益失调。这种形势,正如清初顾炎武所说的:"上下历代,则田日增,湖日损,至今侵湖者犹曰未已"[26]。到了清末,本地区人口已达到约 260 万,⑨比宋代又增长近一倍,达到历史时期的最高点,而湖泊数却减少了近四分之三,水面积减少到历史时期的最低值。水地关系的失调,必然对农业生产带来危害,其后果从本地区水旱灾害的发生频率中可见一斑。据雍正《浙江通志》卷一〇五统计,唐代本地区较大的天灾,从贞观二十二年(648)到大和五年(831),共发生了 6 次,平均每 30 年一次。其中旱灾仅一次。宋代水旱灾害的次数大大增加:从南宋绍兴四年(1134)到咸淳八年(1272),较大的天灾共有 27 次,平均每 5 年就有一次。而其中旱灾次数增长到 8 次。这显然是因为南宋一代将本地区一系列第一流大湖围垦殆尽,水面积大幅度下降,致使湖泊群调节水旱能力急剧削弱,因而造成了频繁的灾害。

当然,宋元明清四代中,人们对水地关系失调的严重后果也并非一无所知。从宋代起,几乎每一个稍具规模的湖泊在遭到围垦的过程中都发生过激烈的斗争,其中不少湖泊废而复,复而废,"屡废屡复,翻若波涛"[27]。例如,据日本学者本田治的统计[28],宁绍平原的第二大湖夏盖湖,在宋熙宁六年(1073)到元至正十六年(1356)283 年间,共废复 9 次,约平均每 30 年发生一次;又据明人沈海鹏统计[29],平原北部的杜湖,在明代隆庆二年(1568)到天启六年(1626)58 年间,因垦湖事件而发生的重大讼诉就有 17 次之多,约每 3 年一次;而镜湖自北宋大中祥符时代始遭围垦起,废复之争一直延续到清末。《宋史·食货志》记载:南宋绍兴五年,"江东帅臣李光言:'明、越之境皆有陂湖,大抵湖高于田,田又高于江海。旱则放湖水溉田,涝则决田水入海,故无水旱之灾。本朝庆历、嘉祐间,始有盗湖为田者,其禁甚严。政和以来,创为应奉,始废湖为田。自是,两州之民,岁被水旱之患。余姚、上虞每县收租不过数千斛,而所失民田常赋,动以万计。莫若先罢两邑湖田。其会稽之鉴湖,鄞之广德湖,萧山之湘湖等处尚多,望诏漕臣尽废之,……'于是诏诸路漕臣议之。其后议者虽称合废,竟仍其旧"。诸路漕臣亦即主管封建国家经济的主要官员们称"合废",证明他们对李光所算的那笔经济账也是完全清楚的;"竟仍其旧",则说明封建政权在这个问题上已经无能为力。因为人口剧增,扩大耕地面积,是当时整个社会的迫切需要,在生产力没有长足提高的情况下,削湖增田,已成为必然趋势,这诚如顾炎武所指出:"地狭人稠,固其势也。"[26]

综上所述,在整个历史时期中,本地区的人—地—水关系大致经历了三个变化阶段:1. 汉代以前,是水多于田,田多于人;2. 汉唐之间,人、地、水平衡;3. 唐代之后,是人多于田,田多于水。总的趋势是人长湖消。就人类对水地关系的影响而言,在第一阶段,人类基本处于被动;在第二阶段,人类转为主动;在第三阶段,人类又回到被动状态。这三个阶段恰好和我国封建社会兴起—鼎盛—衰落的发展过程相对应,说明在人—地—水关系中,起决定作用的不仅是人口数量,还有人类的社会状况。宋代以后,面临封建社会后期人口必然迅速增长这一历史发展的普遍规律。如何在地狭人稠的客观形势下调整水地关系,已经不是封建制度所能解决的课题了。

(二)建国以来的人—地—水关系

从上文论述中归纳,历史时期以来本地区人口变化情况有两个特点:1. 从越王句践时代起,本地区就有早婚多产的社会风俗,人口自然增长率很高;2. 人口机械变化频繁,人口基数多次跳跃上升。这两点结合,使本地区(七县范围内)出现了特别高的人口增长率:

时　　代	人口总数(约)	比前代增长率	人口密度(人/平方公里)
春秋于越	100,000 *		12
汉　代	240,000	2.4 倍	28
唐　代	470,000 **	1.95 倍	55
宋　代	1,500,000	3.2 倍	174
清　代	2,610,000	1.7 倍	303
现　代	6,000,000 ***	2.3 倍	697

　*根据于越部族总数30万人(见[14])估算。

　**据《新唐书·地理志》记载,唐代明、越二州总人口为736,617人,唐二州属县有11个,平均每县均66,970人;其中诸暨、剡县、奉化、翁山等四县不在本地区范围,剩下七县人口约为470,000人。

　***根据浙江省民政局:《浙江省行政区划资料(1979年)》。

从表中可以看出,现代出现人口大幅度增长的情况。在人多地少的情况下又要重新调整水地关系。鉴于北部平原早已人满为患,迫使人们转向湖泊循环的起点——南部山区。宁绍七县平原和山地面积之比接近1:1,⑩所以把山区包括进来,调节水地关系就大有回旋余地。山区人口密度稀疏,人地关系和平原地区不同。在山区兴建人工湖泊,把在历史时期平原地区逐渐丧失的水体蓄积转移到山区是可能的。而在山区兴修水利需要更高的技术水平更大规模的集体劳动更密切的社会协作,而这些由于新中国的成立而都已具备。于是,一个新的湖泊群便在南部山区应运而生。

但是,由于人口大幅度增长,人地矛盾仍然尖锐,对平原地区湖泊的围垦仍在继续。前文所述现代垦废的16个湖泊,其中15个是在近30年垦废的,平均每隔两年就有一个湖泊消失。围垦湖泊虽然古已有之,但于今为烈。这种情况,对于本区的水地关系产生了消极影响。如近 30 年来,本地区共发生过 6 次重大旱灾(1953,1958,1961,1967,1971,1978 年),3 次重大水灾(1956,1962,1963 年),平均每 3 年发生一次。其中 1967 年大旱,受灾面积达 288 万亩,损失粮食 5.3 亿斤;而 3 次水灾,受淹农田每年都达 100 余万亩,仅粮食减产就达 3 亿余斤。灾害的影响是严重的。这些事实说明,目前本地区的水地关系,仍未达到相对平衡,和历史时期最佳时代相比,仍有很大差距:

时　　代	人口(万人)	总耕地面积(万亩)	总水面积(万亩)	总蓄水量(万立方米)
唐 代	47	280	200	20,000
现 代	600	420	80	11,000

　　表中现代耕地面积系根据浙江省水利电力勘察设计院《浙江省萧绍宁平原供水规划报告》所载数字计算,唐代耕地面积系根据现代耕地面积、历代围垦湖田面积及围垦海涂面积等项推算;现代总水面积系根据七县水利部门提供资料统计,唐代总水面积系根据现代总水面积、水库总水面积、古代湖泊群总水面积等项推算;古今蓄水量数字计算方法同上。

从表中所列各项数字可以看出,人—地—水关系基本处于平衡状态的唐代,人地之比约为 1:6;水地(面积)之比约为 0.7:1;农田水量蓄积比约为 1:70。而现代人地之比约为 1:0.7;水地(面积)之比约为 0.2:1;农田水量蓄积比例约为 1:26。唐代每亩耕地拥有蓄水量是 70 立方米,而现代则减少到 26 立方米。如果考虑到现代用于工业和其他方面的水量远远超过唐代,则两个时代的农田平均蓄水量相差还将更大一些。当然,由于耕作、肥料、灌溉技术等方面的古今差异,水地之间的合适比例,在数值上不会完全等同,但从我国目前农业生产的实际水平推测,它们之间不会相差太远。因此,如果相差悬殊的话,可以看出问题的倾向。

　　宁绍平原水体的战略大转移,是用农业价值较低的少量山地换取农业价值较高的大片平原,从而最大限度地和利用整个地区的土地资源。因此,平原地带湖泊群的缩小是合理的,也是必然的。但任何事物的发展变化都有一定的条件和限度。历史时期本地区人—地—水关系的发展过程说明,对平原地带湖泊群的围垦不能破坏水地关系的相对平衡。唐以后历代对平原湖泊盲目滥垦,造成严重后果,其原因就在于破坏了水地的相对平衡。新中国成立以来,虽然实现了水体的战略转移,但千年流弊,积重难返,至今仍未达到水地关系的相对平衡。就此而论,近 30 年中对平原地区湖泊的继续围垦,操之过急,也许是失策的。

　　由于目前平原地区的农业用水仍感不足(据各有关部门统计,整个平原地区共计约缺 3.5 亿立方米),[①]因此对水体的战略转移实际上仍未完成。目前,除计划在本地区七县所属山地兴建更多的人工湖泊外,还在规划从曹娥江上游或富春江地区各水库引水的巨大工程,[12]这意味着调整水地关系的范围还将扩大。

三、湖泊在循环过程中的形态变化

宁绍平原的湖泊绝大部分是由泻湖演变而成的海迹湖,属沉积式湖泊。

海迹湖的形态特点是湖盆浅平,岸坡平缓,因此生物循环极易生,沼泽化的过程远较其他湖泊为快。更重要的是,海迹湖既然水浅坡缓,其占地面积必然相应较大,因此当人类对耕地的需求增长时,它们便极易遭到围垦。湖泊本是自然界兴废变化最迅速的地理实体之一,而海迹湖又属于湖泊中变化最迅速的湖泊。

湖泊循环的结果,原有的天然湖泊群为新的人工湖泊群所取代,即从天然沉积式湖泊转化成人工堰塞式湖泊(水库),湖泊群的这种属性上的转变,必然导致其形态特征发生相应的变化:

湖泊群类别	平均深度(米)	总水面积(万米^2)	总容积(万米^3)
原有湖泊群	1.5	109,300	164,000
现代水库	10.7	6,270	67,100

表中现代水库各项数字系根据七县水利部门提供资料计算;原湖泊群各项数字则根据地方志等有关历史记载概率计算。

从表中可以看出,原有湖泊群的水面积和容积之比为1:1.5,而现代水库的水面积和容积之比则为1:10.7。也就是说,古代一平方米的水面只能蓄积1.5立方米水,而现代则能蓄10.7立方米水;同样面积的湖泊,现代比古代多蓄积近6倍的水体。由于面积和容积之比的变化,直接反映湖泊深度的变化,因此现代湖泊群和古代湖泊群在形态特征上的最大变化就在于深度加大,面积减小,而这正是人工堰塞式湖泊的特色。

从某种意义上说,湖泊形态的这种变化,实质是反映了人类蓄积水体的手段的改变:用深度换取面积,而这又是在地狭人稠的客观条件下调整水地关系的必经之途。因此,湖泊循环的过程,也是湖泊形态改良的过程;而湖泊循环的意义,是通过湖泊形态的变化来实现的。

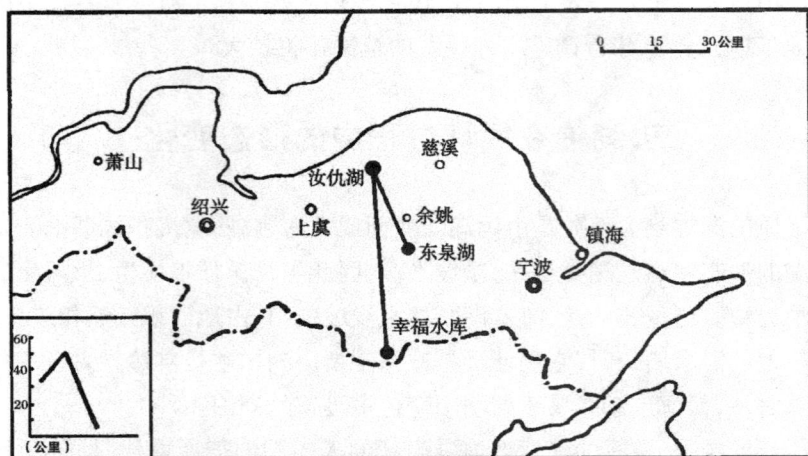

图一　宁绍平原湖泊水平运动示意图

四、湖泊的水平循环和垂直循环

　　宁绍平原的地形大势南高北低,由南至北呈山地—平原—海洋的台阶式布局。当湖泊群南—北—南往复运动的同时也在进行高—低—高的升降运动。所以本区的湖泊循环可以分解为水平和垂直两个运动。下面即以南北跨距最大高低起伏最悬殊的余姚县的湖泊运动为例分别探讨这两个循环的特点和意义。

　　水平方向湖泊群的运动可以分成北进和南返两个行程。由图一可见这两个行程距离相差甚大:在第一行程中,起点(位于南部山麓的东泉湖)和终点(位于北部唐代海塘脚下的汝仇湖)之间的距离约为 25 公里;在第二行程中,起点汝仇湖和终点幸福水库之间的距离约为 50 公里。两个行程距离相差一倍。这说明本区湖泊群的水平运动是一个非闭合的并且具有明显的不对称性质。这种水平方向的不对称运动把湖泊群地理分布的南限从山麓地带推向山区腹地,就大大增加了人类把水体从平原移向山区的可能性。近 30 年来人们扩大了本地区水地调整的范围,这目标正是通过湖泊群的水平方向上的不对称循环来实现的。

　　和湖泊的水平运动一样,湖泊的垂直运动也是非闭合性循环(见图二),相比之下,后者的不对称性还要大得多:东泉湖的海拔高度约在 50 米左右而幸福水库(位于唐田附近)的高度却在海拔 500 米左右,[13]起点和终点的高程相差整整十倍。即在湖泊运动的过程中,湖泊群的位置大大升高了。根据本地区人口的垂直分布规律,地势越高,人口密度越小,这就为水体的战略转移创造了最重要的条件。

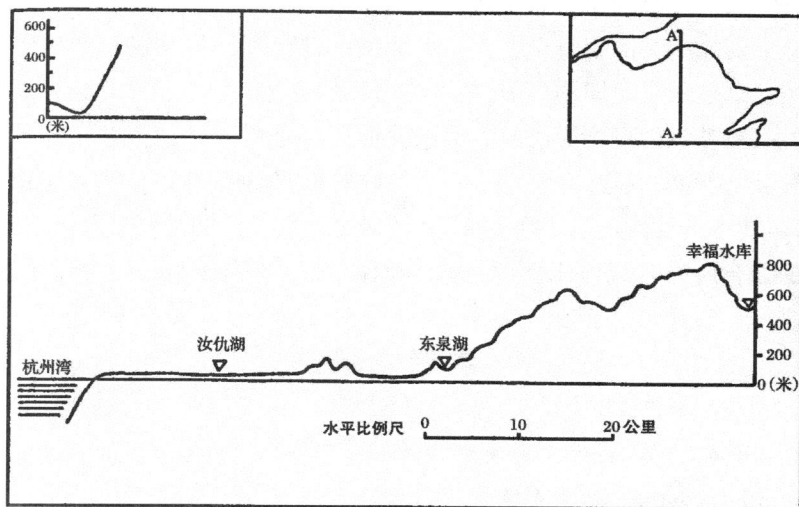

图二　宁绍平原湖泊垂直运动示意图

　　湖泊的垂直运动还导致了湖泊形态的转变。宁绍平原原始湖泊群的缺点是水浅面广。显然,要加大湖泊的深度,在地形起伏微小的平原地带是极难实现的。垂直运动的结果使湖泊进入山区,这就为湖泊形态的改造创造了条件,因为山区地形起伏大,山高谷深,正利于建筑具有较大深度的人工湖泊。

　　湖泊的垂直运动还加大了本地区湖—田—海之间的高程关系。这原来是古人在这个地区的重要经验,古代镜湖"水高(田)丈余,田又高海丈余,若水少则泄湖灌田,若水多则闭湖泄田中水入海,浙以无凶年"[30]。这种古人的经验加上现代的技术,使三者之间的高程差距较之古代有了成百倍的扩大,这对于农田灌溉当然十分有利。

　　总之,湖泊垂直运动的意义远远超过水平运动。从某种意义上说,宁绍平原湖泊循环的全部积极作用,都是在湖泊的垂直运动中实现的。

　　宁绍平原湖泊循环的过程、原因、特点和意义,已如上述。这里还须强调二点:

　　1. 宁绍平原的湖泊循环,虽然体现了人类对地理环境的调整和改造,但这种对自然界的积极作用,是在特定的地形和气候条件下实现的。所谓特定的地形,是指单位区域内平原和山地的比例和布局必须适当,使湖泊的垂直运动得以实现;所谓特定的气候,是指全年的降水量必须足够农田需要,从而水体的人工蓄积和转移得以进行。对于国内其他湖区正待开发的地方,如不具备或不完全具备上述地理条件,在削水增田的时候,必须慎行。

2. 湖泊对地理环境和人类生活的作用是多方面的。因此湖泊运动所产生的影响也必然是复杂的。本文的着眼点主要在水地关系,所涉及的,仅仅是湖泊运动对农业生产的作用。这在历史时期和目前,是湖泊循环的主题。但事物总是在发展中不断变化,此时的主题,彼时即可化为次要。可以设想,当农业生产方式发生革命性变化的将来,湖泊循环所引起的其他影响,例如对小气候的影响、对淡水渔业和水生植物资源的影响等等,可能上升为问题的主要方面,从而成为人们关注的主要对象。因此,对湖泊循环作用的综合研究,对湖泊循环意义的全面评价,还有待人们继续探讨。

参考文献

[1] 王靖泰等《中国东部晚更新世以来海面升降与气候变化的关系》,《地理学报》1980 年第 35 卷第 4 期。

[2] 陈桥驿《历史时期浙江省粮食种植业的发展》,《中国农史》1981 年第 1 期。

[3]《越绝书》卷八。

[4] 万历《上虞县志》卷三。

[5]《上虞县五乡水利本末》上卷。

[6] 光绪《余姚县志》卷八。

[7] 光绪《上虞县志》卷二〇。

[8] 宝庆《四明志》卷一一。

[9] 陈桥驿《古代鉴湖兴废与山会平原农田水利》,《地理学报》1962 年第 28 卷第 3 期。

[10] 乾隆《绍兴府志》卷一五。

[11] 乾隆《萧山县志》卷一二。

[12] 嘉靖《浙江通志》卷九。

[13]《越绝书》卷四。

[14] 陈桥驿《古代于越研究》,《民族研究》1982 年第 1 期。

[15] 嘉泰《会稽志》卷一〇。

[16]《史记·货殖列传》。

[17]《宋史·孔灵符传》。

[18]《宋史·羊玄保传》。

[19] 雍正《浙江通志》卷五六。

[20]宝庆《四明志·慈溪县志》。

[21]光绪《上虞县志》卷二一。

[22]光绪《慈溪县志》卷三。

[23]《宋书》卷五四。

[24]杜牧《授李纳浙东观察使兼御史大夫制》,《全唐文》卷七四八。

[25]《建炎以来系年要录》卷一五八。

[26]《天下郡国利病书》卷八五。

[27]《上虞县五乡水利本末》下卷。

[28]本田治《宋元时代の刃夏盖湖るついて》,《佐藤博士还历纪念中国水利史论集》1981 年。

[29]沈海鹏《杜白二湖全书》。

[30]《通典·州郡十二》引《会稽记》。

注释:

① 包括宁波市和绍兴市。由于 7 县县境古今不同,文中凡谈及历史时期情况,均以清朝县境为准;谈及新中国成立后情况,则以当前县境为准。

② 以平原地区总面积约 4400 平方公里(据浙江省水利电力勘察设计院《浙江省萧绍宁平原供水规划报告》统计数字)计算。

③ 根据对有关各县水利部门的调查,并对照新、旧 1/50000 地图各湖湖盆变化统计。

④ 根据 1981 年对 7 县水利部门调查所得数字统计。

⑤ 《嘉靖浙江通志》卷九。镜湖的周长,古人多引孔灵符《会稽记》作"三百十里";但也有作"三百五十八里",如曾巩《鉴湖图序》(《元丰类稿》卷一三),此从前说。

⑥ 《汉书·地理志》载汉代会稽郡 26 县人口为 1,032,604 人,平均每县约 4 万人,本地区当时有余暨、山阴、上虞、余姚、句章、鄞等 6 县,从多估计总人口为 24 万人。

⑦ 例如上虞县白马湖,据《乾隆绍兴府志》卷一六载:"唐贞元中置湖门三所"。

⑧ 根据《宋史·地理志》记载,北宋末绍兴、庆元二府户数为 395,440,口数却为 587,407,平均每户只有 1.5 人,显然不可能。今以每户幼、壮、老平均 6 人计算,则总人口约为 2,400,000 人。又宋代绍兴、庆元二府属县有 14 个,平均每县约为 171,000 人;其中嵊县、诸暨、新昌、奉化、翁山等 6 县不属本地区范围,剩下 8 个县(即今七县,因为绍兴县当时分作山阴、会稽两县)人口约为 1,400,000。南宋绍兴年间,新增大量北方移民,因此估计人口至少超过 1,500,000。

⑨ 根据《清史稿·地理志》载,宣统三年(1911)浙江全省人口约为 1615 万;1979 年统计全省人口约为 3751 万(见周复多、王嗣均;从人口地理角度看浙江人口的几个问题,浙江学刊,

1981 年第 1 期),增长率约 2.3 倍。又据《浙江省市县人口面积表》(见前注)统计,1979 年宁绍地区 7 县(包括宁波市)人口约为 600 万,以上述增长率逆算,清末本地区人口约为 260 万人。

⑩　7 县总面积约为 8600 平方公里,其中平原部分约为 4400 平方公里,占一半稍多。

⑪　根据 7 县水利部门提供数字统计。

⑫　浙江省水利电力勘察设计院:《浙江省萧绍宁平原供水规划报告》。

⑬　根据近年绘制的 1/50000 地图所标古湖址及现代水库址高度测算。

原载《地理研究》1984 年第 3 期

浙东运河的变迁

　　浙东运河是钱塘江和姚江这两条潮汐河流之间的几段内河的总称。它北起钱塘江南岸,经西兴镇到萧山县城,东南到钱清镇。在古代,它在此与另一条潮汐河流钱清江(浦阳江下流的一支)交会,设有堰坝。再东南经过绍兴县城东折而到达曹娥镇,在这里又与另一条潮汐河流曹娥江交汇,也设有堰坝,曹娥江以东,它起自梁湖镇,东经上虞旧县城而到达通明坝,在这里它与从四明山地发源的姚江会合,从此过堰进入姚江,经余姚、旧慈溪、宁波,会合奉化江后称为甬江,东流从镇海以南入海。通明以东的一段,即姚江和甬江,乃是天然河流,不能认为是浙东运河的河道。浙东运河应该是从钱塘江南岸到通明这一段的称谓。在古代,这一段河道的长度各书记载稍有出入,约为 250 里左右。(见附表)

　　浙东运河所在的地区,就是郦道元所谓"万流所凑、涛湖泛决、触地成川、枝津交渠"①的地区。运河本身即是萧绍虞平原上数量庞大的内河网中的几段,这个庞大的内河网,是古代劳动人民为了灌溉与舟楫的需要而陆续挖掘的。要明确地指出它们是何代何人所凿,实际上十分困难。《吴越春秋》记载越王句践的话是:"以船为车,以楫为马。"②说明这个地区早在春秋越部族时代,水上交通就已经相当发展。而《越绝书》所记:"山阴古水道,出东郭,从郡阳春亭,去县五十里。"③其实就是指从绍兴城到曹娥的一段河道,这是现存的有关浙东运河的最早记载。

附表

各书记载的浙东运河长度

（单位：里）

书　　名	萧山段	山阴段	会稽段	上虞段
嘉泰会稽志（影印本采鞠轩本）12	62	53 里 100 步	93	
宝庆会稽续志（影印采鞠轩本）4	60	45		
嘉泰会稽志				70
嘉靖萧山县志（天一阁原本）1	50			
名胜志（南京图书馆崇祯刊本）浙4	50			
读史方舆纪要（国学基本丛书本）92	50	55	100	40
古今图书集成（光绪十年铅印本）986				30
水道提纲（霞城雅舍利本）16	100		90 余	30
雍正浙江通志（商务影印本）57	200 余			
浙程备览（光绪观自得斋刊本）	45	55		

　　直接记述浙东运河的资料，要到宋朝才大量出现。《嘉泰会稽志》说："运河在府西一里，属山阴县，自会稽东来经县界五十余里入萧山县，《旧经》云：晋司徒贺循临郡，凿此以溉田。"④《嘉泰志》所引的《旧经》乃指北宋大中祥符年代所修的《越州图经》，这是一部官修文献，所记当不至于全无依据。贺循在公元300年前后主持开凿这些河道是可能的。有人认为，这一带原是水乡泽国，河道纵横，贺循主持开凿，只是将原有的若干河道连接和疏浚而已。⑤因为鉴湖成于后汉永和五年（140），⑥晋代尚是鉴湖灌溉的全盛时期，劳动人民在这段期间对于湖外灌溉渠道的整治，必然是做了大量工作的。自晋至唐，有关这条运河的记载是山阴运河沿岸的所谓运道塘的修建，这是唐元和十年，观察使孟简主持修建的。⑦运道塘即是运河沿岸的一条石路，它不仅便于船只的避风停泊，而且更便于船舶的拉纤。所以这条石路在当地习惯上称为"纤路"。这就说明到了唐代，随着这个地区生产力的发展，运河的运输量已经有了进一步的提高。

　　尽管这条古运河自晋至唐有所建树，但它到底只是一条区域性的航道。其重要性完全不能与我国北方和中原的一些运河相比。但是到了宋代，特别是在南宋，由于政治经济形势的改变，浙东运河的重要性与日俱增，文献记载一时大量出现，而河道和沿河堰坝设备也随着有所改进。建炎三年，赵构本人曾依靠这条运河，从杭州经越州到明州入海以逃避金军的追击。⑧建炎四年，又通过此道北返，⑨并在这条运河的中心越州临时驻跸。[⑩]特别是在绍兴二年定都临安以后,这条运河成为富庶的绍兴府、明州和浙东许多地区沟通首都的要道。诸如漕米、食盐和其他物资的运输和官商人等的往来,都依靠这条运河。又因南宋陵园设在绍兴,帝后梓宫的搬运,非水路莫办,全赖这条运河进行。[⑪]特别需要指出的是,早在北宋,朝鲜等海外国家来我国,已经取道明州、越州,[⑫]南宋建都临安,临安与日本、朝鲜等国就更有所来往。临安濒浙江北岸,这些来往本来可借浙江进行,但是由于浙江江口泥沙壅塞,航行素来困难,于是,浙东运河就同时成为临安与海外联系的交通要道。这就是姚宽所说的:"海商船舶畏避沙浑,不由大江。惟泛余姚小江,易舟而浮运河,达于杭越矣。"[⑬]所以当时从明州到绍兴府的运河上,置有专门船只,从事运输。[⑭]绍兴的水上交通在南宋初可以"航瓯舶闽,浮鄞达吴",[⑮]也就是靠的这条运河。这样,浙东运河随着运输的日趋频繁,运河的整治从南宋以来就大大加强了。例如绍兴元年越州、余姚段的整治,[⑯]淳熙间上虞小堰的修建和渣湖航道的疏浚,[⑰]嘉泰元年山阴钱清新堰和上虞通明北堰的修建,[⑱]嘉定十四年西兴、钱清段的疏浚[⑲]等均是其例。

　　浙东运河虽然从南宋以来随着航运的频繁而加强了河道的整治及沿河堰坝的修建,但运河的航行条件仍然并不理想。由于运河阻隔于浙江、钱清江、曹娥江三条潮汐河流之间,而会稽县境内的一段利用东湖(古代鉴湖的一部分)通航,上虞通明以东又利用了姚江,各段水位高下不同,因而沿河必须设置一系列的堰坝,不仅各段河道的通过能力互不相同,而船货的盘驳,更大地浪费了劳力和降低了运输速度。北宋末叶,知明州军蔡肇曾记载了他从杭州经越州到明州的运河行程是:"三江重复,百怪垂涎,七堰相望,万牛回首。"[⑳]这里的所谓三江就是指的把这条运河分隔为几段的浙江、钱清江、曹娥江这三条潮汐河流。七堰则指西兴堰、钱清北堰、钱清南堰、都泗堰、曹娥堰、梁湖堰、通明堰。这些堰坝,船舶小者可以牵挽而过,大者则必须盘驳。牵挽过堰也必须等待潮汐。例如在钱清堰,运河在钱清江低潮位时高出钱清江一丈余,[㉑]必须候潮启闸,方能通过船舶。由此常因"潮汐西下,壅遏不前,则纷然计授,甚至殴伤堰卒,革日夜不得休"。[㉒]上虞通明堰因有运盐任务,而"盐运经由需大汛,若重载当馈,则百舟坐困,旬日不得前"。[㉓]会稽都泗堰,虽然与潮汐河流无关,但鉴湖内外,水位差距不小,[㉔]所以也是沿河一处要害。[㉕]当年赵构奔逃时,匆忙间船舶竟无法过堰,赵构曾亲自下令破堰而过。[㉖]至于大舟重载,就必须赖牛力进行盘驳。所以各堰都备有大量役牛,这就是蔡肇所说的"万牛回首"了。由于堰坝分布和河道条件的差异,因此直到南宋航运频繁之时,这条运河的各段落,在船舶通过能力方面,仍然是不同的。根据《嘉泰会稽志》的记载,这条运河在萧山县境内可通行200石舟,在山阴县境内可通行500石舟,在上虞县境内可通行200石舟,过通明堰进入姚江后,又能通行500石舟。[㉗]《嘉泰志》对姚江的通行能力的记载看来是必须补充的。因为姚江与内河不同,它受潮汐的明显影响,而且由于河床的比降较一般内河要大得多,因此四明山地雨水对它的影响也比对一般内河明显。《光绪上虞县志》所说:"潮至可通巨艘,潮退必须稽候时日,如天雨四明山水发,可无阻碍。"[28]对于姚江特别是它的上流的通航情况,比《嘉泰志》记载得更为详实。

从南宋到明代,浙东运河的航行条件有了进一步的改善。南宋是古代鉴湖最后湮废的时代,由于鉴湖的湮废,湖内外的水位差消失,都泗堰就自然撤除,航运就不必再绕道越州城内,到了明嘉靖前后,由于浦阳江因碛堰开通而北流[29]和三江闸的建成,[30]钱清江由一条潮汐河成为内河,钱清南、北堰就从此撤除。浙东运河的主要段落,即由浙江南岸经过绍兴到曹娥的 200 里航道,可以一直通航,不再有牵挽盘驳之劳。但是另一方面,这条运河与钱塘江之间的交通条件,却因钱塘江江道北移而较前困难。浙东运河北端原来起于西兴,即春秋越部族时代的同陵,是滨临江边的。[31]这里在南北朝时代称为西陵,仍然紧靠江边,所以谢惠连的《西陵遇风寄康乐诗》说:"昨发浦阳汭,今宿浙江湄。"[32]当时这里的堰坝称为牛埭,[33]说明往来船货仍可借牛力盘驳过堰。但是南宋以来,由于钱塘江江道逐渐北移,南岸涨沙壅塞。以至西兴距江岸日益遥远。到了乾道三年,不仅西兴通浙江两闸全段江沙淤塞,而且从西兴到浙江江边已远达 20 里,不得不从西兴向北再挖掘河道,[34]增加了盘驳的困难。

总的说来,南宋以后,一方面是浙东运河河道通航条件有了改善,另一方面是沿河城邑在经济上有了较大的发展。运河北端的杭州,历元、明、清各代,都是浙江的省城,而运河东端(通过姚江)的宁波在这段时期中逐渐发展成为浙江最大的港埠,而沿河其它城邑如绍兴、余姚等地,也都是省内富庶之区。此外,浙江中部和南部的台州和温州二府与省城的交通,在当时也主要是循海道入宁波,由姚江转入浙东运河,或是从陆路到嵊县。由曹娥江转入浙东运河,浙东运河成为"浙东四府(按指宁、绍、台、温)之人,往来会城及两京各省"[35]的要道。当时在这一带游历的人,曾目击这条运河中"舟行如梭",而且是"有风则帆、无风则牵、或击或刺,不舍昼夜",[36]交通繁盛,可见一斑。

浙东运河的历史发展概况大体如上。新中国成立后,这条古老的运河也和全国其他河道一样得到了新生。经过 20 多年来的大力整治,河道条件和沿河各种设施,都有了很大提高。首先是大大改进了堰坝设备。在运河北端钱塘江南岸新建了七格船闸,可以通过载重 100 吨的船舶,只待闸内新渠道疏挖完成,就可使用。为了解决运河北段运输频繁的需要,又在运河别道(即古钱清江西段)新建了浦阳江沿岸的临浦峙山船闸和新坝船闸,通过能力为 60 吨。运河东段的曹娥和通明,都新建了过船坝,利用电动升降机,能通过 20 吨—50 吨的船舶。对于运河上虞段长期来存在的水量不足,则新建了 12 个流量的曹娥江拗花山反水站,使运河能经常保持通航所必需的水位。其次是河道的疏浚和拓宽,建国以来的疏浚工程量是十分巨大的。河道拓宽工程也在分段进行,例如绍兴境内泾口以西一段,现在已经拓宽到 24 米—50 米,可以通航 100 吨的船舶。此外,为了提高河道的通航能力,还拆建了横跨运河的全部桥梁。使净空从原来的 3 米跃升到目前的 15 米。至于对运河的全面整治和新航道的规划等,也都在积极进行之中,古老的浙东运河已经恢复了它的青春。

注释:

① 《水经注》卷二九《沔水注》(殿本)。

② 《吴越春秋》卷六(涵芬楼影印嘉业堂藏明刊本)。

③ 《越绝书》卷八(商务影印张宗祥写本)。

④ 嘉泰《会稽志》卷一〇。

⑤ 陈桥驿《古代鉴湖兴废与山会平原农田水利》,《地理学报》1962 年第 3 期。

⑥ 《通典》卷一八二(光绪二十二年浙江书局刊本)。

⑦ 《新唐书·地理志》(百衲本)。

⑧ 《建炎以来系年要录》卷二九一三〇(国学基本丛书本)。

⑨ (宋)熊克《中兴小记》卷八(丛书集成本)。

⑩ 《建炎以来系年要录》卷四九。

⑪ (宋)周必大《思陵录》,《周益公文集》卷一七二——一七三(天一阁藏精钞本)。

⑫ 《宋会要辑稿》卷一九七:"政和八年五月十五日,知明州楼异言:依诏措置,打造高丽坐船一百只,今已毕工。……十月十七日,知明州楼异言:检准高丽入贡。"又宝庆《四明志》卷六(烟屿楼刊本):"初,高丽使朝贡每道于明,供亿繁夥。"

⑬ 《西溪丛语》卷上(四部备要本)。

⑭ 《宋会要辑稿》卷一四四:"绍兴五年三月十五日,两浙运副吴革言:明州、绍兴府运河,车堰渡江,各置二百料止三百料船,专门往来搬运。"

⑮ (宋)王十朋《会稽三赋》(天一阁藏明刊本)。

⑯ 《宋会要辑稿》卷一九八。

⑰ (明)黄宗羲《余姚至省下路程沿革记》,《南雷文定前集》卷二(丛书集成本)。

⑱⑲㉓　嘉泰《会稽志》卷四。

⑳ 宝庆《会稽续志》卷四。

㉑ 《明州谢到任表》,《嘉泰会稽志》卷一〇。

㉒ 《思陵录》卷下,《周益公文集》卷一七三。

㉔ (宋)孔灵符《会稽记》(宛委山堂本《说郛》六一):"筑塘蓄水高丈余。"这是后汉鉴湖初期

的情况,到了宋代,因湖水流失,水位降低,这种差距当然相对缩小。

㉕ 《宋会要辑稿》卷一二五:"都泗堰闸,尤为要言害。"

㉖ 《建炎以来系年要录》卷二九:"(建炎三年十一月)移御舟过都泗堰,不克,上命斧碎之。"

㉗ 嘉泰《会稽志》卷一二。

㉘ 光绪《上虞县志》卷一九〇(光绪二十四年刊本)。

㉙ 浦阳江碛堰不详何代所筑。历来时开时堵,最后开而不堵在嘉靖十六年,见清毛奇龄《绍兴知府汤公传》,《西河合集传目》卷五(萧山陆氏刊本)。

㉚ 三江闸建成于嘉靖十六年,见《明史》卷二八一《汤绍恩传》(百衲本)。

㉛ 《吴越春秋》卷七:"君臣皆送至浙江之上,临水祖道,军阵固陵。"

㉜ 《全汉三国晋南北朝诗》卷八(无锡丁氏铅印本)。

㉝ 《南史》卷三五《顾恺之传》(百衲本)。

㉞ 《宋史·河渠志》(百衲本)。

㉟ 明任三宅《修萧山北海塘议》,《两浙海塘通志》卷一九(乾隆十六年刊本)。

㊱ 明王稚登《客越志》,《古今游名山记》卷一〇下(天一阁藏明刊本)。

原载《运河访古》,上海人民出版社 1986 年版

历史时期绍兴城市的形成与发展

引 言

　　一个城市的形成,不外乎全部新建或是从原有聚落的基础上逐渐扩大而形成,绍兴城市的形成属于后者。为此,讨论这个课题,首先必须从绍兴地区聚落形成的过程说起。我在拙作《历史时期绍兴地区聚落的形成与发展》[①]一文中,曾经把这个地区的聚落按形成的时期和地带,分成山地聚落、山麓冲积扇聚落、孤丘聚落、沿湖聚落、沿海聚落和平原聚落六种类型。绍兴城市即是从孤丘聚落这种聚落类型的基础上形成和发展起来的。

　　公元前6世纪前后,越部族居民随着农业生产力的提高,开始从以狩猎业和迁移农业为主,过渡到以定居农业为主。而聚落分布也逐渐从山深林密的会稽山地向水土资源丰富的山麓冲积扇移动。部落居民在冲积扇定居以后,眼界顿时开阔,为了进一步发展农业生产,广大的山会平原,对他们无疑具有更大的吸引力。不过当时的自然环境,山会平原还处于潮汐直薄、土地泥泞、燃料不足,饮水缺乏的情况之下,建立聚落、发展生产,都面临着极大的困难。但是大自然的结构,常常保留着为人们利用的机会。山会平原的冲积层虽然深厚,却仍然崛起着数百座多半由中生代凝灰岩构成的孤丘。这些孤丘,高度从二三十米至百余米,林木森茂,泉水丰富,燃料与饮水都不虞匮乏,而南坡向阳,小气候条件亦佳。于是,这些孤丘就充当了山区居民进入平原的跳板。公元前 6 世纪前后,山会平原上的孤丘聚落已经纷纷出现。仅《越绝书》卷八所记载的,就有种植衣料作物的麻林山和葛山,驯养牲畜的犬山、白鹿山、鸡山、豕山,此外还有稷山、独山、巫山、独妇山、龟山、土城山等等。而其中形成于今绍兴卧龙山一带的孤丘聚落,终于发展而成为日后的绍兴城市。

绍兴城的形成

今绍兴城始建于越王句践七年,即公元前 490 年。《越绝书》卷八称之为句践小城。越王句践为什么选择这个地区建城? 这当然不是偶然的,必须从越部族发展的历史条件和这个地区的自然环境特点加以探索。

越王句践是越部族历代酋长中具有雄才大略的人物,他的长远目标是击败世代为仇的强邻句吴,然后角逐中原称霸全国。所以在他即位的第一年(公元前 496 年),就在一次边界战争中击败句吴,使吴王阖闾负伤而死。[②]同时,他又把于越的酋长驻地即所谓国都,从历来播迁的会稽山地中的埤中和大城一带,北迁到山麓冲积扇的顶部,即今平水镇附近的平阳,[③]这就完成了他开拓山会平原,把部族聚居中心北移的第一步。可惜于越的国力在当时根本无法和句吴相比,在他还来不及开拓平原发展生产的时候,吴王夫差已经率领了数倍强大的复仇大军长驱直入。在他即位的第三年到第四年(前 494—493),于越的残兵败将被句吴大军围困在会稽山地之中,落得个国破家亡的境地,而句践本人竟不得不于他在位的第五年(前 492)作为人质,到句吴去过了两年俘虏生活,一直到他在位的第七年(前 490)才被释放回国。[④]

越王句践回国的当年,就选择今卧龙山东南麓建筑句践小城,于次年(前 489)筑成。据《越绝书》卷八记载,"城周二里二百二十三步,设陆门四处,水门一处"。随即又在小城以东建筑山阴大城,据记载,"城周达二十里七十二步,设有陆门三处,水门三处"。这样就奠定了于越发展的基础,同时又是后世绍兴城市的创始(图一)。

早在句践迁都山麓冲积扇顶部的平阳时,他已决心要建都山会平原。他的这种择地建都的战略思想,可由他的谋士大夫范蠡的一段话加以表达,即所谓:"今大王欲国树都,并敌国之境,不处平易之都,据四达之地,将焉立霸王之业。"[⑤]闭塞的会稽山地当然不是平易之都,四达之地。山麓冲积扇虽然比较开阔,但仍远非平易四达。要达到范蠡的要求,立城建都,自非山会平原不可。但广大的山会平原上究竟何处宜于建都,那就必须在地理位置和自然条件上进行周密的考虑。

山会平原在地形上是一个南北向的缓斜面。从会稽山山麓线到当时的杭州湾南岸,即于越的海防要地固陵、石塘、防坞、杭坞一线之间,今绍兴城恰恰处于中间偏南的

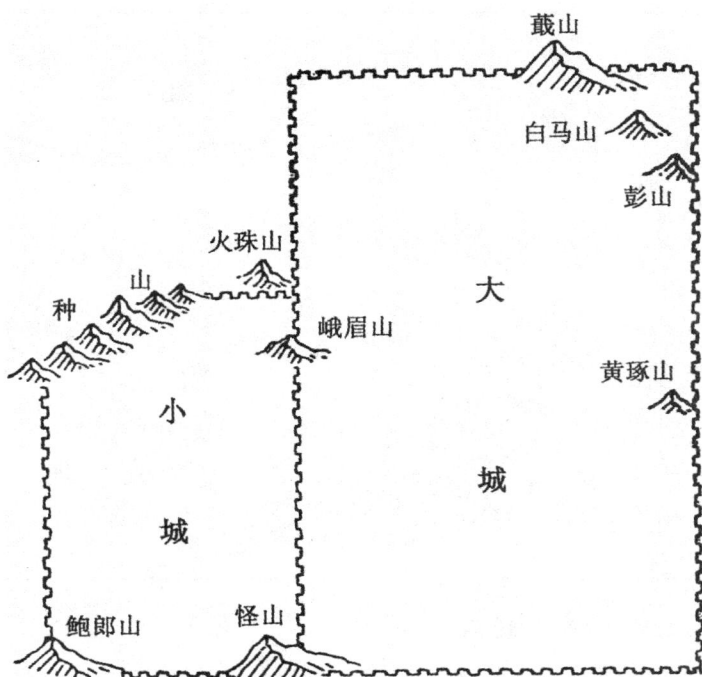

图一　小城和大城示意图

地理位置。山会平原的东西两翼,各以东小江(曹娥江)和西小江(浦阳江)为屏障,对此两江,今绍兴城正处于居中的地理位置。在吴、越两国的多次交战中,于越曾经兵败于浦阳,[⑥]也曾经被围困于会稽山地,因此,立城建都在地理位置上的选择,像句践这样饱经征战的人物,当然是十分重视的。而句践小城和山阴大城在地理位置上确实具有攻守两便、进退咸宜的形势。当然地理位置是个大前提,建立都城的条件还必须具体考虑当地的自然环境。因为如前所述,山会平原是一片潮汐直薄的沼泽平原,在这里建立一般的聚落,也必须利用孤丘的地形条件;要建立一个都城,考虑自然更须全面。今绍兴城一带,在东西约5里,南北约7里的范围内,冲积层上崛起的大小孤丘达9处之多,[⑦]其中最高的种山(76米)、蕺山(52米)和怪山(32米),构成三足鼎峙的形势。当公元前5世纪初句践在此建都之前,于越居民必然已在这些孤丘上建立了许多聚落。并在孤丘附近围堤筑塘,垦殖了若干土地。人口有了相当的增加,农业生产也有了一定的基础,而且还有很大的开拓潜力。在这样一片平易之都、四达之地的地理位置上,凑上这样优越的孤丘众多的地形条件,对于立城建都,应该算是十分理想的了(图二)。

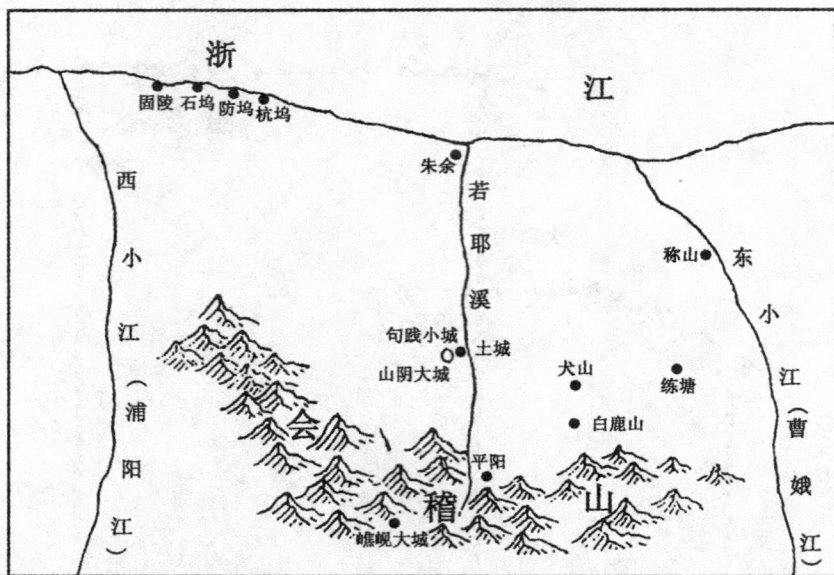

图二　小城和大城的地理位置

　　根据《吴越春秋》卷五的记载,句践被释放回国,时当其在位第七年的十二月,他是怀着满腔的复仇烈火返国的。事实上,在句吴内部,明显地存在着以太宰嚭为首的主和派和以伍子胥为首的主战派,只要后者得势,于越可以随时覆亡于句吴的大军之下。对于这一点,句践和他的谋士大夫范蠡、文种等,都是十分清楚的。他们务必建立一个足以抵抗句吴入侵的城堡,而必须抓紧时机,迅速建成,因此不可能有较大的规模。这可能就是句践在返国的当年就着手兴建小城的原因。

　　正是因为时间紧迫,小城的建筑不可能把这一带9处孤丘的所有孤丘聚落都包罗在内,而是选择了在9处孤丘中最高的种山东南麓兴建。小城既是国都,在于越战败、国王被俘两年多以后,迅速地建城定都,具有号召整个部族,重整旗鼓,团结抗敌的意义。但小城同时又是一个军事堡垒,它必须坚固周密,能够顶得住敌人的进攻。按照这样的要求,种山东南麓确是一个十分理想的建城地址(图三)。因为种山在地形上,北麓陡峭,南麓缓倾。全山从西南到东北有6条高阜,其中第4高阜最高,而第5高阜南麓坡地最为宽广,有足够的土地可以建立宫室,并从事垦殖。这一带又富于泉水,后代历史上记载的有清白泉、三汲泉、方井、乌龙井等,[⑧]在今日踏勘中,这些井泉大体仍然存在。在潮汐直薄、土地斥卤的自然环境中,这些泉水使这个都城的饮水无虞匮乏。小城西北有种山为屏障,不仅有效地改善了这个都城的小气候条件,而满山林木,更为宫室提供了燃料的需要。种山在军事上还有更为重要的价值。因为于越是战败国,在战胜国句吴的监视下,明目张胆地筑城自固是不允许的。这就是《吴越春秋》卷五所记载的,在小城建筑时"缺西北示服事吴也"。由于当时于越的国境已经很小,即所谓"吴封百里于越,东至炭渎,西至周宗,南造于山,北薄于海"。[⑨]句吴部队驻扎在钱塘江以北,正位于于越的西北方。因此,小城西北方不筑城垣是于越臣服于句吴的表示。但是城垣依种山而大筑,西北方虽然没有城垣,却有比城垣更为可靠的种山作为屏障,而且范蠡更在此山的最高阜上建造了一座飞翼楼,[⑩]其实就是瞭望台。当时钱塘江江道从南大门出海,从飞翼楼(从宋代起称为望海亭)可以北眺江滨,句吴若有军事行动,于越即可随时准备。

图三　种山与于越宫室图

就这样,于越在很短的时间里,迅速地筑成了这座周围只有 2 里稍多的国都兼军事堡垒,使整个于越部族有了一个新的、坚强的政治中心,让部族在风雨飘摇中站稳了脚跟。于是,紧接着小城的落成,范蠡又在小城外围建筑了城周大于小城 10 倍的山阴大城。大城把这个地区的大部分孤丘聚落都包罗在内。可以设想,在范围广阔的大城之中,除了街衢、河渠、屋宇、工场等以外,仍然还保留着许多牧场和耕地。小城是于越的政治中心和军事堡垒,大城则是于越的经济中心和生产基地。小城的迅速建成,为大城的兴筑赢得了时间;而大城的兴筑,又为小城保障了给养,进一步巩固了小城的基础,使越王句践"十年生聚、十年教训"的复兴计划有了可靠的保证。以后的绍兴城市,就这样从公元前 5 世纪初的句践小城和山阴大城逐渐发展起来。

秦汉时代——绍兴城市发展的停滞

越王无疆九年(前 334),于越为楚所灭。[⑪]从此历秦、前汉,直到后汉中期,由小城和大城构成的山阴县城,基本上没有什么发展。这中间虽然历史记载十分缺乏,但是我们可以从另外一些旁证材料中证明上述论点。首先,在这一时期,这个城市的政治、经济地位有了很大的变化。当越王句践"十年生聚、十年教训"的时代,这里是于越的政治、经济中心。但到了句践二十五年(前472),句践为了称霸中原,将国都北迁琅玡,[12]小城和大城顿时从于越的政治、经济中心下降为部族的一个后方基地,地位有了很大的削弱。秦统一中国建立郡县制以后,今钱塘南北设置了会稽郡,郡治设在今苏州,今绍兴不过是全郡26县中的一个山阴县,这样一直延续到后汉中期。另外,在地广人稀的古代,一个地区经济的发展和城市的繁荣,与地区人口的增长有密切关系。在春秋于越时代,这一带的居民是很稀少的,越王句践在其即位后的第七年与范蠡所说的话可以为证,他说:"今欲定国立城,人民不足,其功不可兴,为之奈何?"[13]于是,增加人口就成为句践"十年生聚,十年教训"中的重要任务之一。他采取了一系列有效措施包括提倡早婚,限制夫妻的年龄差距,奖励生育,加强孕妇和产妇的保育等等,[14]终于使人口有了比较迅速的增长,使劳动力和兵员的补充都有所保证。在句践准备兴兵伐吴的前夕,他已经建立起一支规模不小的军队,包括"习流二千人,俊士四万,君子六千,诸御千人"。[15]总数到达了5万人之多。若按两丁抽一的数字来估计,则当时于越部族青壮年男子已达10万人之多。相应加上等量的青壮年妇女,则总数就达20万,另外还应按比例加上各占四分之一的不成丁幼年和老年,则当时于越部族的人口总数约为30万之谱。当然,于越部族的分布范围是很广的。若按其一般疆域,即《国语·越语上》所谓"南至于句无,北至于御儿,东至于鄞,西至于姑蔑"的范围,即大体上以5万平方公里的面积计算,则人口密度为每平方公里6人,在当时已经不算十分稀疏了。[16]当然,人口并不是平均分布的。在这个大约5万平方公里的范围中,显然存在一个人口的聚集中心,即前述句践被俘返国后初期的领地,所谓"东至炭渎,西至周宗,有造于山,北薄于海",面积估计大约为5000平方公里,而这个5000平方公里的中心地,即是句践小城和山阴大城。这里,在举国一致的复仇气氛中,经过"十年生聚,十年教训"而百废俱兴,当时曾经出现过一种可以称得上畸形繁荣的现象。但是这种繁荣并没有持续多久,由于伐吴的成功和随着得到的军事上的节节胜利,越王句践于其在位的第25年(前472)放弃了他的创业基地而迁都琅玡。这样,不仅小城和大城的建设陷于停顿,而且在迁都过程中,句践公然带走了他的绝大部分军队和大量部族居民,使这里的人口也骤然减少。以后,在楚国占领和秦敉平全国的过程中,越部族居民纷纷流散,南迁到浙南、福建、广东等地,即所谓三越。[17]秦在建郡县的同时,又采用了强制移民的办法,把这个地区余留的于越居民迁移到钱塘江以北的乌程、余杭、黝、歙、无湖等地,又把各地的罪犯人等移入这个地区。[18]总之,在这段时期中,这个地区的人口趋于减少,生产陷于停滞,城市当然也得不到发展。终前汉一代,山阴一直是会稽郡下的一个普通属县。据《汉书·地理志》所载,会稽郡共有"二十二万三千零三十八户,计一百零三万二千六百零四人"。当时全郡 26 县,每县平均还不到 4 万人。
而且 26 县之中,包括郡治吴在内,有 7 个县在今江苏境内,是当时郡内经济最发达的
地区,必然聚居了较多的人口。另外 6 个县在今浙西地区,当时经济也较发达。上述
13 个县占全郡总县数的一半。其余今浙东闽北地区的 13 个县中,虽然山阴显然居于
重要的地位,但由于苏南、浙西已经占了全郡人口的一半以上,则山阴全县的人口即是
从多估计,即按全郡各县的平均数计算,也不过 4 万人之谱。司马迁曾经到过这个地
方,他所说的"地广人稀",[19]确是非常真实的目击记载。所以这个地区,当时曾成为关
东人口稠密地区移民的对象。[20]由此可见,绍兴城市在前汉一代也不会有多大发展。

后汉永建四年(129),大体上以钱塘江为界,实现了吴(郡)会(稽郡)分治。[21]江北
为吴郡,郡治仍在吴;江南为会稽郡,郡治设在山阴。吴会分治的本身是地区生产力有
所发展的反映。而且说明,经过五百年的停滞,山阴仍然是浙东第一大城。吴会分治
后不过 12 年,会稽郡守马臻在永和五年(140)主持了鉴湖围堤工程。以郡城为中心,
筑堤长达 127 里,使会稽山山麓线以北,郡城以南,形成一片面积超过 200 平方公里的
人工湖泊。[22]鉴湖工程的兴修首先说明当地农业生产的发展有了建造大型水库的需
要,同时也说明这个地区的人口开始有了增长,因而才有可能动员大批劳动力投入这
个工程。尽管自从小城和大城的建筑以后,有正式记载的再一次建城要晚至隋代,但
在鉴湖工程的修建中,山阴城垣必然经过培修。因为城垣三面为水所保围,山阴县的
城垣建筑,除了其他郡、县城垣所具备的共同作用外,至此还必须具备堤坝的性质,并
利用城垣原有的水门,改建了都赐堰、东郭堰、都赐闸、东郭闸这样 4 处闸堰。山阴城
以北广大平原上的船舶,特别是从今萧山到绍兴的运河沿线的船舶,必须通过山阴县
城,然后从都赐堰或东郭堰牵挽而过,才能进入鉴湖。这样,山阴县城在交通运输上,
顿时显出了它的重要性。手工业此时也随着有所发展。日人梅原末治根据他对绍兴
出土的建安二十五年(220)的神兽镜和黄武五年(226)山阴铸造的神兽镜和画像镜等
的研究,认为山阴是当时我国重要的铸镜中心。[23]目前这里出土的铜镜甚多,其铸造年
号多为黄武、黄龙、嘉禾、赤乌、建兴等,[24]说明山阴县的铸镜工业在后汉到三国的盛
况。此外,山阴县的麻织工业在这个时期也十分发达,它和临淄、陈留、汉中,成为全国
四个最大的麻织中心。[25]麻织品主要是"越布",是山阴县当时的重要贡品。[26]三国时
代,这里生产的麻布,甚至远销海外。[27]

从上述材料中可以看出,在经过了一段相当长的停滞时期以后,山阴县城从后汉
中期吴会分治成为会稽郡治以后,又开始进入了一个发展时期。

从东晋到隋唐——绍兴城市发展的加速

　　自从后汉中期吴会分治以后,绍兴城市又开始有所发展,这种发展到东晋和南北朝时期出现了很高的速度。由于鉴湖水利工程的完成,北部山会平原得到了迅速的开拓,耕地扩大,农业生产大幅度提高,手工业也随着获得较大的发展,地区经济实力日渐雄厚。而恰恰在这样的时候,北方发生了战乱,朝廷被迫南迁,大量中原居民随之南来,而绍兴正是北方移民安家落户的理想地方。当时,从北方迁入会稽的显要家族有王羲之、谢安、孙绰、李充、许询、支遁等等,[㉘]平民移入的,为数必然更多。于是,城市发展,市面繁荣,各行各业都因骤然增加的大量需要而迅速扩充,出现了"今之会稽,昔之关中"[㉙]的局面,山阴城市的欣欣向荣可见一斑,东晋咸和四年(329),首都建康发生了苏峻之乱,宫阙灰烬,三吴人士,甚至提出了朝廷迁都会稽的主张。[㉚]说明在大江以南的城市中,除了建康以外,山阴已经首屈一指了。

　　行政地位的提高也是绍兴城市发展的有力证明。南北朝之初,山阴已经号称"海内剧邑"。[㉛]刘宋孝建元年(454),浙东的会稽、东阳、永嘉、临海、新安五郡置东扬州,州治就设在会稽。[㉜]山阴县城从一郡郡治成为五郡首府,刘宋大明三年(459),竟一度把扬州州治从原来的建康迁到会稽。[㉝]按自晋建武东渡后,建康既为扬州州治,又是国家首都,所以"扬州刺史为诸州统帅,多以上相领之,六朝皆然"。[㉞]而会稽居然膺此重寄,足见当时城市的繁荣发展和地位的重要。扬州州治虽然旋即迁返建康,但会稽从梁代初年起,又被升格为东扬州。[㉟]对此,清代学者全祖望曾经有所解释,他说:"六朝扬州封内以丹阳为王都,而吴郡乃其近畿,故多合二郡为扬州,而今会稽为东扬州。"[㊱]说明正是由于"会稽人阜物殷",[㊲]使其依然与建康东西相峙,成为当时江南的两大都会。

　　随着生产力的发展和经济的繁荣,山阴县城市扩大,政事繁剧,这就促成了在县内出现山会分治的局面。把山阴县分成山阴、会稽两县的建议,早在南北朝齐代就已经提出,[㊳]到不久以后的陈代(557—558)终于实现。[㊴]于是,整个山阴县境,包括城市和乡间,以城内中心一条纵贯南北的河渠为界,自南而北一分为二,西部为山阴县,东部为会稽县,这也是会稽作为县名在历史上的第一次出现。

　　南北朝以后,尽管隋、唐两代故图扩大,国家的政治、经济中心又迁回北方,但是由于绍兴已在东晋、南北朝建立了雄厚的经济基础,所以仍能获得不断地发展,并且在隋开皇年代(581—600)出现了自从于越筑城以来第一次有记载的城垣修建。[㊵]这次修建的规模,首先是在卧龙山下建筑了子城,子城设陆门四处,水门一处,[㊶]西北两面都以卧龙山为城,不设壕堑,东南两面建有城垣,东面高"二丈二尺,厚四丈一尺",南面高

"二丈五尺,厚三丈九尺",周围共达 10 里,但由于西、北两面以山为城,故城垣的实际长度只有五里稍多。[42]从子城的位置来看,大体上只是把于越的句践小城加以扩充。另外,在子城之外又建罗城,"罗城周围达二十四里二百五十步",也设陆门 4 处,水门1 处,[43]罗城的规模也比于越大城有了扩充。这一次扩建以后,绍兴城的总体轮廓基本上已经确定,其基址与今日的环城公路已经大体吻合了。

隋唐时代绍兴城市的继续获得发展。和这一时期地区农业、手工业和交通运输业的发展有密切关系。在农业方面,由于北部杭州湾沿岸的海塘在唐代建筑完成,鉴湖水利枢纽玉山斗门在唐代扩建为八孔闸门,[44]蓄泄能力空前提高。这样,山会平原北部的 9000 顷土地已经全部获得垦殖,农业产量有了很大的增加。随着农业生产的发展,手工业生产也迎头赶上。直接由农业提供原料的丝绸业至此异军突起,名闻海内。在隋炀帝时代,越州进贡的耀花绫,即以品质优异而著名。[45]到了唐代,越州的丝绸已经风行全国。作为贡品的就有白编绫、交梭、轻调、宝花罗、花纹罗、十样绫、花纹绫、轻容纱、生縠纱、花纱等等,[46]不仅品种繁多,产量也很巨大。唐代末年,浙东观察使对越州重赋搜刮,"每旬发一纲金万两,银五千铤,越绫万五千匹,他物称是"。[47]重赋搜刮一方面说明了统治者的穷奢极欲,但同时也说明了这个地区经济实力的雄厚。这里所说的"越绫",当是越州所产各种绸缎的通称,每十天中单单上交朝廷的绸缎就有 15000匹,则当时这一带丝绸作坊的普遍和工人的众多可以想见。

在唐代迅速发展起来的另一种手工业是瓷器制造。虽然在已经出土的瓷器中,吴永安三年(206)烧制的产品已经相当精细,[48]但在全国范围内里露头角却始于唐代,即所谓越窑。唐代的越窑建在绍兴,其主要产品是青瓷。陆羽在他的《茶经》中评价当时全国所产的瓷器,其中盘和瓯两者都以越州产品为第一。日人上田恭辅,也把越窑列为全国第一。[49]从唐代许多诗人对越州瓷器的吟咏中,可以说明越窑产品在当时的风行一时。[50]除了国内市场以外,越州瓷器还成为当时对外贸易的重要商品。如今在巴基斯坦的勃拉名纳巴特废址(繁荣于公元 7 世纪)、伊拉克的沙麻拉废址(筑于公元838 年)、埃及开罗南郊的福斯脱特(繁荣于公元 9 世纪)等地,都曾发现越瓷碎片。[51]在日本的德隆寺和其他许多地方,则完整保存的唐代越窑青瓷器至今也仍然不少。[52]所有这些,都说明了当时绍兴的瓷器制造工业的发展规模。

交通运输业在这一时期也有了较大的发展,特别是沟通甬江和钱塘江的浙东运河的运输不断增加,使居于沿河枢纽地位的绍兴的重要性更为提高。当时,由于地濒浙东沿海的鄮县在对外贸易上开始发达,并于开元二十六年(738)设置了明州,[53]明州与日本、朝鲜及南洋等海外国家的通商往来,一时逐渐频繁。由于钱塘江河口沙洲横阻,通航困难,海外来华的官商人等,往往自明州循浙东运河取道绍兴,然后渡钱塘江北上。[54]天宝七年(748)鉴真和尚第五次赴日,就是从绍兴出发,循此道东渡的。[55]元和十年(815),浙东观察使孟简主持兴修了从越州州城沿浙东运河至萧山的运道塘,[56]这是绍兴水网地带建筑的第一条有记载的石路,主要是运河船舶的纤路,从这条纤路的修建中,可以设想运河上船舶的众多和运量的巨大。当时,运河的东段即从越州州城到曹娥江之间,是利用鉴湖通航的。因此,所有南来船舶,都必须驶入州城,然后从都赐堰牵挽进入鉴湖。所以州城之内,樯橹相接,船舶如梭的盛况也就可以想见。

如上所述,可以反映出绍兴城市在当时的繁荣发展概况。正因为此,贞元三年(787)越州成为浙江东道的道治所在,[57]和六朝一样,在行政地位上仍居浙东之首。当长庆年代(821—824)在越州任刺史的元稹,就曾写诗一再夸耀越州风景的美丽,州宅的宏伟,城市的繁华。甚至用"会稽天下本无俦"的诗句来赞美这个城市。[58]到了唐代末年,由于中央政权削弱,四方纷纷割据。乾宁四年(897),吴越王钱镠,定杭州为吴越国西府,是吴越国的首都;越州为吴越国东府,是吴越国行都,他自己曾先后于乾宁四年、天复元年(908)、后梁开平三年(909)数度驻节越州,擘划经营,建树甚多,进一步促进了这个城市的发展,奠定了越州在南宋初期成为临时国都的基础。[59]

南宋——绍兴城市发展的飞跃

前面已论述了两晋之间我国北人第一次大规模南迁与绍兴城市发展的重大影响,要是和两宋之间我国北人第二次大规模南迁与绍兴城市发展的影响相比,则后者比前者显然更为重要。

由于金兵继续南下,从北方南奔的宋高宗赵构,于建炎三年(1129)十月由杭州渡过钱塘江来到越州,驻跸州廨,越州第一次成为南宋的临时首都。[60]但因金兵紧紧尾随,当年十二月,赵构又东奔从海上避难,到了章安和温州。建炎四年(1130)初,金兵北撤,南宋朝廷于当年四月从温州再度返越,以州治为行宫,越州第二次作为南宋的临时首都,为时达一年零八个月之久。[61]这一次驻跸越州,由于为时较久,军事形势也比较稳定,越州在一年多时间里成为南宋的政治、经济中心,这当然要替这个城市带来许多变化。

这中间首先面临的是外来人口的大量拥入。由于中原为金兵所占,居民大批南迁,据建炎三年的记载,当时渡江之民,溢于道路,[62]而浙江成为四方移民的中心,即所谓"四方之民,云望两浙,百倍常时"。[63]绍兴由于成为临时首都,移民进入的为数更多,来自赵、魏、秦、晋、齐、鲁各地的士大夫阶级,充斥山会城内,[64]不仅是"空第皆给百官寓止",[65]连寺院庙宇也成为他们的寓所。[66]由于绍兴城市的发展和地区富庶,朝廷还于建炎四年命令南迁到各地的贫苦百姓到绍兴安置。若以大中祥符四年(1011)的人口统计与嘉泰元年(1201)的人口统计相对比,[67]尽管在这期间,绍兴曾经蒙受过熙宁八年(1075)因严重自然灾害和瘟疫所造成的"死者殆半"的人口损失,[68]但在这短短不到二百年的时间中,山会两县人口竟剧增一倍以上。绍兴城市在这个时期中的迅速发展可以想见。

赵构驻跸越州以后,虽然他并无恢复中原的大志,但也很想在此苟延残喘,巩固一下南宋小朝廷的所谓中兴之业。因此,建炎四年以后,他就改元为绍兴元年(1131),并且"仿唐幸梁州故事,升州为府,冠以纪元"。[69]这就是绍兴作为一个地名的由来。由于绍兴与当时粮食生产最丰富的太湖平原之间有钱塘江之阻,漕运不如杭州方便,[70]加上自五代吴越建都以来,杭州的城市规模已经超过绍兴,并有西湖的繁华胜景,[71]南宋朝廷才于绍兴元年十一月决定迁往临安,并在绍兴二年(1132)初开始迁离。从此以后,绍兴虽然从临时首都的地位退居一个府的府治,但这里被选为王室的陵寝所在,[72]而且成为赵氏宗室的重要聚居地,朝廷的宫学也在此创办。[73]因此,迁都以后,绍兴仍然是南宋朝廷的陪都,其地位显然高出其他各府。[74]绍兴六年(1136),朝廷规定临安以外的全国大邑40处,山阴就名列其首。[75]因为这里不仅生产发展,经济繁荣,同时又是当时全国重要的文化中心之一,而山水之秀又甲于天下。[76]所以南宋一代,除了首都临安以外,绍兴仍然与金陵齐名,为全国两大城市。南宋状元王十朋于绍兴二十七年(1157)在卧龙山顶巅俯瞰这个城市,写下了一段目击记述,他说:"周览城闉,鳞鳞万户,龙吐戒珠,龟伏东武,三峰升峙,列障屏布,草木笼葱,烟霏雾吐,栋宇峥嵘,舟车旁午,壮百雉之巍垣,镇六州而开府。"[77]

这段目击记述看来并无夸大之处,在卧龙山(种山)、戒珠山(蕺山)、东武山(怪山)三峰鼎峙之间的高大城垣之内,已经有了上万户居民,而"栋宇峥嵘,舟车旁午",俨然是一番大都市的景象。事实确实如此。自从绍兴初年以来,这个城市出现了飞跃的发展,以居民住宅区为例,北宋大中祥符时代,城内的街坊名称,据《越州图经》所载,属于会稽县的有12坊,总共32坊。[78]但到了南宋嘉泰年代(1201—1204),府城内的厢坊建置已经骤然扩大,全城计有五厢96坊,[79]正是大中祥符年代的3倍。在这5厢96坊中,又设置了照水坊市、清道桥市、大云桥市、大云桥西市、龙兴寺前市、古废市、驿地市、江桥市等8个集市,[80]组成了城市内部的商业网。嘉定十四年到十七年间(1222—1224),又在城内进行了一次有历史记载的大规模建设,除了把罗城和水陆城门作了一番修缮外,对城内的道路、河渠、桥梁等,也都作了新的规划和修建,此外还新建和扩建了公用房舍和仓库、场局、馆驿等。[81]经过这一次修建,绍兴城内的厢坊建置、街衢布局、河渠分布等,大体都已定局。从此直到清末以至民国,都没有较大的变化(图四)。

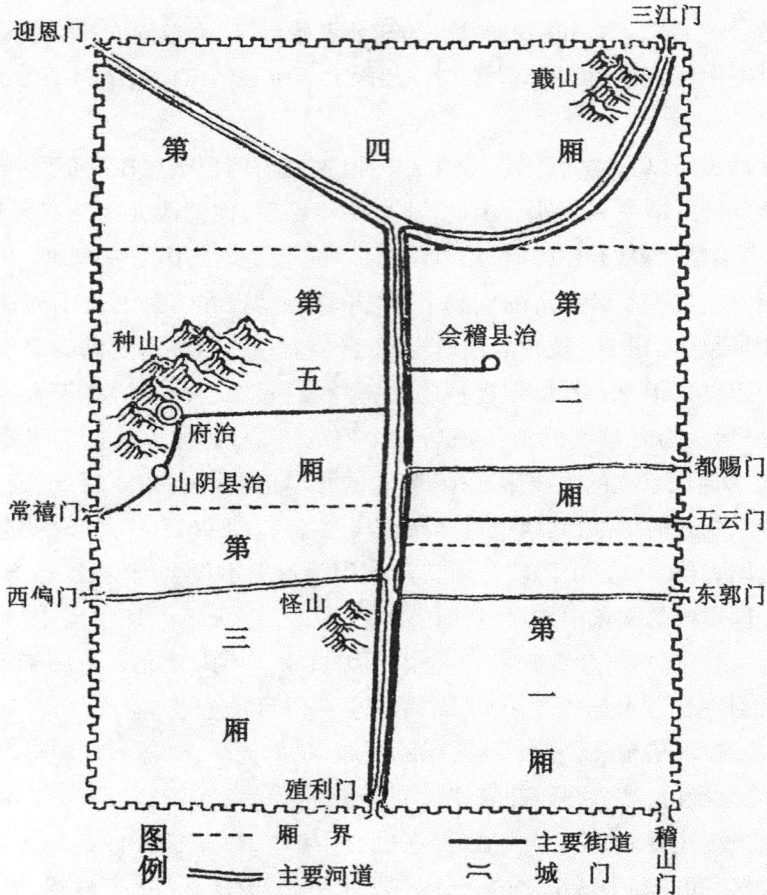

图四　南宋绍兴示意图

　　绍兴城市的发展在南宋时期的飞跃,这当然与北人大规模南迁和一度成为临时首都有重要关系。但是,从根本上说,这仍然是由于这个地区的生产力在短期迅速发展的结果。由于大量人口的移入,对粮食的需要空前增加,这就首先刺激了农业生产的迅速扩大,并且促成了鉴湖的围垦。鉴湖的较大规模围垦始于北宋,在北宋末期,围垦收益曾经先后拨充苏、湖、秀三州和平江府的水利建设之用。[82]南宋初年,围垦规模迅速扩大,其收益每年可得米10万斛。[83]最后垦出了湖田2000多顷,[84]这就替山会平原扩大了1/4的耕地面积,其价值当然是不言而喻的。蚕桑业在这一时期也由于需要的剧增而迅速发展,为了增加对桑园的利用,除了春蚕以外,开始饲养夏蚕和秋蚕,使一年中育蚕次数增加到三次。⑧农业中的另外一个重要部门是水产业，由于水面广大，水产资源丰富，水产业在南宋被认为是"越国之宝"。⑧据嘉泰《会稽志》卷一七所载，当时已有许多专业化的渔民，"大多凿池，养鱼为业，……有贩鱼苗者负放池中，动辄万计"。此外如菱、藕、芡等水生植物的种植也十分普遍。这就是陆游所描述的："柳姑庙前鱼作市，道士庄畔菱为租。"⑧水产业的盛况可见一斑。如上述，稻米、蚕桑和水产，使绍兴成为一个鱼米之乡和丝绸之府。南部会稽山地当时已成为全国最著名的茶叶产地，除了名列全国第一的日铸茶外国，⑧还有天衣山的丁坞茶，陶宴岭的高坞茶，秦望山的小朵茶，东土乡的雁路茶，兰亭的花坞茶等等，⑧甚至连城内卧龙山上也开辟了茶园，出产著名的瑞龙茶。⑨按照绍兴三十二年（1162）的统计，包括整个绍兴府属县在内，当年的茶叶产量为385060斤。⑨当时绍兴府内所产茶叶，均在绍兴平水镇加工，而府城则为出口运销的枢纽。大宗茶叶的外销，对绍兴城市的繁荣，当然具有很大意义。

手工业部门中最发达的仍然是拥有雄厚原料基础的丝绸业，根据日本学者斯波义信的统计，宋代绍兴出产的各种绸缎种类繁多，主要有：⑫

　　　罗：越罗、宝街罗、会稽尼罗、万寿罗、藤七罗、宝火罗、齐珠罗、双凤罗、绥带罗；

　　　绫：寺绫、十样花纹绫、樗蒲绫、十样绫、大花绫、轻交梭绫、白编绫；

　　　纱：绉纱、萧山纱、茜绯花纱、轻容纱；

　　　绢：花山绢、同山绢、板桥绢。

当时，绍兴出产的绸缎质量极佳。陆游曾在四川遂宁看到当地出产的一种绸缎，居然也标以"越罗"之名，⑬绍兴丝绸的名闻遐迩，由此可见。

南宋时代在绍兴迅速发展的另一种手工业是造纸，这和宋代雕板印刷的发展有关，但更为重要的是因为绍兴从南宋初年以来人文荟萃，和临安成为当时全国两大印刷和出版中心，因而有力地促进了这里的造纸工业。当时，政府在南部会稽山地建立了汤浦、新林、枫桥、三界四个纸局，⑭生产姚黄、学士、邵公、常使、展手等著名竹纸。⑮斯波义信曾经统计了当时全国47处产纸地，其中产品种类最多的是越州、徽州和成都，⑯绍兴成为全国三大造纸中心之一。绍兴所产的纸张，不仅供给本地需要，并且还输出到临安等印刷、出版业发达的地区。

由于宋朝的税收制度中，酒、盐、茶三税居全部税收的8/10，⑰因此，酿造业是得到鼓励的手工业部门。著名的绍兴酒在南渡以后有了很快的发展。在绍兴城内达到了"酒满街头"的程度。⑱著名的品种如瑞露酒、蓬莱春等⑲都在此时显露了头角，为以后绍兴酒的行销海内奠定了基础。

除了手工业的发展以外,在交通运输业方面,南宋一代中,绍兴也具有独特的地位,因而促进了城市的繁荣发展。这中间,特别重要的是浙东运河。由于运河的一端是首都临安,另一端则是当时的重要港口明州,绍兴恰恰位居其中。不仅是国外来华的使节商旅,大多循此道去首都,而南宋的陵寝设在绍兴,梓宫的搬运也全赖此河,因而在南宋一代中对这条运河的整治史不绝书。例如绍兴元年越州、余姚段的整治,[⑩]嘉泰元年山阴钱清新堰和上虞通明堰的修建,[⑩]嘉定十四年西兴、钱清段的疏浚等。[⑩]从明州到绍兴,政府置有专门船只从事河运。[⑩]这样,绍兴在水上交通上可以借此运河"通瓯达闽,浮鄞达吴"。[⑩]此外,从绍兴经钱清江转入浦阳江上溯诸暨或下至钱塘江的航道,南宋一代中也大体畅通。[⑩]这条航道联系了绍兴和钱塘江上游诸府县的交通,对促进绍兴城市的发展也具有意义。

绍兴城市的发展,经过南宋这一代的飞跃以后,城市的规模和布局基本上已经稳定。此后,除了元至正十二年到十三年(1252—1253)间在卧龙山以西另建新城,把西郊的广规乡移入城内使城市面积有所增加外,[⑩]历元、明、清三代,都无其他较大的变化。而且,由于浙江省境内其他城市的发展,绍兴城市在省内的地位有所下降。自从句践建城直到唐代,山阴一直是今浙江省境范围内的最大城市。中唐以后,杭州由于水利建设的进步而城市开始扩展,及至五代钱氏建都而终于超过了绍兴。南宋以后,浙东沿海的明州和浙南沿海的温州由于对外贸易的发展和腹地的扩大,也相继超过了绍兴。不过,绍兴仍然是浙江的一个重要城市,因为终元、明、清三代,它在行政上始终是一个府的府治,特别是在农业、手工业和交通运输业上也仍然有所发展,所以一直是全省次于杭州、宁波、温州的第四个较大城市。

结　语

综上所述,绍兴城市是由公元前5世纪前后山会平原上的孤丘聚落逐渐扩大而形成的。这个地区孤丘众多的自然环境和优越的地理位置,使于越选择它作为灭吴称霸的基地,但是这个古代的简陋城市之获得发展,显然是于越居民举族上下从事了"十年生聚,十年教训"的结果。所以尽管在秦汉时代,这个城市的发展曾一度停滞,但早期建立的生产基础和城市规模,使它仍然具备了在吴会分治以后继续发展的条件,并且从东晋起迅速扩大直到南宋一代中获得飞跃的发展。当然,行政地位的提高和外来居民的拥入,对绍兴城市的发展具有重要的意义。但是,从根本上说,对这个城市的发展起决定作用的,无疑是地区生产力的提高。而外来移民对这个城市发展上所起的作用,也仍然必须通过生产力的提高获得实现。在历史上,我国曾有过不少城市,特别是边塞城市,它们有的也具有很高的行政级别,并且一时聚集了大量人口,但是由于战争或自然条件的改变,使地区生产力遭受到难以恢复的损毁,曾几何时,这些历史上显赫一时的城市就销声匿迹,成为一片废墟。绍兴城市之所以能够一直稳定在句践小城和山阴大城的原址上并且获得持续的发展,除了于越居民的创业维艰以外,首先应该归功于后汉的鉴湖水利工程,为山会平原的全面垦殖创造了有利条件,从而为这个地区建立了巩固的农业基础。此外,人民利用农业资源、山林特产和地方矿物资源(如高岭土)而发展的手工业以及依靠水利资源,疏凿运河而发展的运输业,也都对绍兴城市的发展起了重要作用。

既然历史时期的城市发展决定于城市所在地区生产力的发展,同样,城市发展的规模也和城市所在地区生产力发展的规模相适应,并且还必须考虑到与其他城市之间的关系。以绍兴与杭州的关系来说,以山会平原的农业生产为基础的绍兴,由于其发展年代的悠久,从于越到唐初,在城市规模上一直冠于全浙。但是,当水土资源更为丰富的太湖平原得到垦殖,而以太湖平原的农业为基础的杭州上升为一个地方政权(吴越国)的中心时,其城市规模就立刻超过了绍兴。绍兴与宁波的关系也是如此,今宁波直到唐初还是越州的一部分,鄞、鄮、句章等县,长期来都是绍兴的腹地。但是,宁波由于其逐渐发展的对外贸易,终至出现了明越分治的局面。分治以后,又因其对外贸易的继续发展,终于又反过来使绍兴作了它的腹地。于是,宁波的城市规模,也就接着超过了绍兴。所有这些,当然都是历史城市地理上的一般原理,但其中有一些对于现代城市地理和城市规模等,仍然不无参考价值。

对于绍兴城市的形成和发展的研究,不仅仅因为这个城市的渊源古老和资料丰富。特别值得指出的是,在目前我国存在的古老城市中,这个城市还有大量的古迹未曾泯灭,有利于现场的勘察。譬如,在城内,自从南北朝末期划分的山阴、会稽两县的县界,至今还有很长段落依然存在,而从汉晋以至唐宋的地名,包括街道河渠、坊巷桥梁等等,很大部分至今仍然沿用。在乡间,虽然鉴湖沧桑,海岸递变,但山河故迹,村镇聚落,也仍然历历可辨。笔者既在多年踏勘的基础上撰写此文,更希望历史地理学界同仁考察现场,继续深入对这个地区的研究。

注释:

① 《地理学报》1980 年第 35 卷第 1 期。

② 《左传》定公十四年。

③ (清)毛奇龄:《重修平阳寺大殿募疏序》,载《西河合集》卷一六。

④⑤⑨⑬　《吴越春秋》卷五。

⑥⑱　《越绝书》卷八。

⑦　(宋)孙因《越问》(载宝庆《会稽续志》卷八)："八山蛇其中蟠兮。"原注："府城内有八山。"按八山为种山(卧龙山)、蕺山(戒珠山)、龟山(怪山)、白马山、彭山、鲍郎山、峨眉山、火珠山。又明张岱:《越山五佚记》(载《琅嬛文集》卷二)中有黄琢山一处。

⑧　据(宋)范仲淹《清白堂记》、《舆地纪胜》卷一〇、乾隆《绍兴府志》卷六等。

⑩　《越绝书》卷八,《吴越春秋》卷五。

⑪　《史记·越王句践世家》。

⑫⑮　《吴越春秋》卷六。

⑭　《国语·越语上》"令壮者无取老妇,令老者无取壮妻;女子十七不嫁,父母有罪;丈夫二十不娶,其父母有罪;将免者以告,公医守之,生丈夫,二壶酒,一犬,生女子,二壶酒,一豚;生三人,公之与母,生二人,公之与饩。"

⑯　陈桥驿《古代于越研究》1982年第1期。

⑰　(明)焦竑《焦氏笔乘读集》卷三:"此即所谓东越、南越、闽越也。东越一名东瓯,今温州;南越始皇所灭,今广州;闽越今福州。皆句践之裔。"

⑲　《史记·货殖列传》。

⑳⑧④　陈桥驿《古代鉴湖兴废与山会平原农田水利》,载《地理学报》1962年第28卷第3期。

㉑　《后汉书·孝顺皇帝记》。

㉒　《通典》卷一,食货,田制上:"至武帝,遂徙关东贫人于陇西、北地、西河、会稽。"

㉓　梅原末治《绍兴古镜聚英》,日本京都文星堂影印本。

㉔　王士伦《浙江出土铜镜选集》,中国古典艺术出版社1958年版。

㉕　陈义方《纺织史话》,载《大公报》1962年7月26日。

㉖　《后汉书·陆续传》。

㉗　《三国志·吴书·孙权传》。

㉘　《晋书·王羲之传》。

㉙　《晋书·诸葛恢传》。

㉚　《通鉴》卷九四,晋记一六。

㉛　《宋书·顾恺之传》。

㉜　《通鉴》卷一二八,宋记一〇。

㉝　《宋书·沈怀文传》。

㉞　(清)李慈铭《越缦堂日记补》,咸丰十一年五月十九日。

㉟　《舆地广记》卷二二。

㊱　《浙江分地录》载《鲒埼亭集外编》卷四九。

㊲　《通鉴》卷一五九,梁记一五。

㊳　《南齐书·沈宪传》。

㊴㊵　《方舆纪要》卷九二,浙江四。

㊶　(宋)沈立《越州图序》,载《会稽掇英总集》卷二〇。

㊷㊸　嘉泰《会稽志》卷一。

㊹㊾㊿　《新唐书·地理志》。

㊺　(唐)冯贽《南部烟花记》,载《唐人说荟》第 13 册。

㊻　《通典》卷六,《新唐书·地理志》。

㊼　《通鉴》卷二五九,唐纪七五。

㊽　镜塘《芜湖见闻》,载《旅行杂志》1953 年第 27 卷第 12 期。

㊾　上田恭辅《支那陶瓷の时代的研究》,大阪屋号书店。

㊿　例如陆龟蒙"九秋风露越窑开,夺得千峰彩色来";皮日休:"邢客与越人,皆能选瓷器";施肩吾:"越碗初盛蜀茗新"等等。

51　三上次男《陶磁の道》,东京,岩波书店 1979 年第 11 版,第 17、117、176 页。

52　厦门大学考古专业:《古刺桐港》第 2 册,第 156 页(油印本)。

54　(宋)姚宽《西溪丛语》卷上。

55　赵朴初《鉴真和尚圆寂一千二百年——中日两国人民の文化的血缘关系走をずそう》,载《人民中国》日文版,1963 年 5 月。

57　《通鉴》卷二三二,唐记四十八。

58　《重夸州宅景色》,载《元氏长庆集》卷二二。

59　《吴越钱氏志》卷七。

60　《宋史记事本末》卷六三。

61　《建炎以来系年要录》卷三二。

62㊲　《宋会要辑稿》第一六〇册。

63　《建炎以来系年要录》卷一五八。

64　(宋)陆游《老学庵笔记》卷八。

65　宝庆《会稽续志》卷七。

66　(宋)周密《癸辛杂识》后集。

68　嘉泰《会稽志》卷五。

69　(宋)陆游《嘉泰会稽志序》。按"唐幸梁州故事"指唐建中四年(783)朱泚之变,唐德宗出奔梁州后,于兴元元年(784)六月"诏改梁州为兴元府"。事见《通鉴》卷二三一,唐记四七。

70　(宋)熊克《中兴小记》卷一一。

71　(明)谢肇淛《五杂组》卷三。

72　即今宋元陵,在绍兴东南会稽山麓。

73　《建炎以来系年要录》卷九一。

74　宋《绍兴府进士题名一》,载杜春生:《越中金石记》卷四:"越今为陪都,……要非会郡可此。"

⑦⑤　《中兴小记》卷二〇。

⑦⑥　（宋）叶治翁《四朝见闻录》丁集。

⑦⑦　（宋）王十朋《会稽三赋》。

⑦⑧⑧⓪⑨④⑩①　嘉泰《会稽志》卷四。

⑦⑨　宝庆《会稽续志》卷一。

⑧①　宝庆《会稽续志》卷一。

⑧②　《宋会要辑稿》第一二四册。

⑧③　《建炎以来系年要录》卷一五四。

⑧⑤⑧⑨　嘉泰《会稽志》卷一七。

⑧⑥　（宋）孙因《越问》。

⑧⑦　（宋）陆游《鉴湖歌》，载《山阴梅湖陆氏宗谱》卷一。

⑧⑧　（宋）欧阳修《归田录》卷一。

⑨⓪⑨⑤⑩②　宝庆《会稽续志》卷四。

⑨①　《宋会要辑稿》第一三六册。

⑨②　斯波义信《宋代商业史研究》，东京风间书房 1979 年再版，第 279—280 页。

⑨③　《老学庵笔记》卷二。

⑨⑥　《宋代商业史研究》，第 258—261 页。

⑨⑦　《建炎以来朝野杂记》甲集，卷一四。

⑨⑧　（宋）陆游《小圃独酌》，载明·冯时化：《酒史》卷下。

⑨⑨　（宋）赵鼎《辩诬笔录》，宋·朱弁：《曲洧旧闻》卷一。

⑩⓪　《宋会要辑稿》第一九三册。

⑩③　《宋会要辑稿》第一四四册。

⑩④　（宋）王十朋《会稽三赋》。

⑩⑤　陈侨驿《历史时期浦阳江下游河道的变迁》，载《历史地理》创刊号，1981 年。

⑩⑥　（元）杨维桢《绍兴新城记》，载《东维子集》卷一二。

原载《纪念顾颉刚学术论文集》下册，巴蜀书社 1990 年版

论绍兴古都

　　人类由于生产和生活的原因,在他们的原始时代就聚族而居,现在发现的如半坡遗址和河姆渡遗址等,都是这样的例子。这类遗址,在当时就是大小不等的聚落。由于生产的发展和人口的增长,聚落不断扩大,最后就形成城市。

　　在历史上,聚落发展到什么程度可以称为城市,这个问题在学术界曾经发生过长时间的争论。当然,在许多指标都没有计量依据的古代,像这样的问题要获得大家满意的结论,显然是相当困难的。日本学者狩野千秋综合过去西欧考古学家和历史学家的意见,把古代城市形成的条件,归纳为下七个方面:

　　一、最原始的国家组织与王权的确立;

　　二、稠密的人口;

　　三、社会阶级分化与职业的专业化;

　　四、巨大的纪念性建筑物的建造;

　　五、文字、金属器的发明与科学技术的发达;

　　六、由于剩余物质的生产而出现了有余暇从事知识性的活动;

　　七、工商业与贸易组织的发达。[①]

　　狩野千秋根据上列七条标准,把公元 6 世纪前后在今墨西哥尤卡坦半岛、危地马拉、洪都拉斯等地发展起来的大型玛雅人聚落都作为城市。这七条标准也都是性状描述而不是数量分析,而从实际情况来看,除了第四条"巨大的纪念性建筑物的建造"

外,这些马雅城市的发展水平实在是很低的,其中有一些与大型聚落之间很难加以区别。

与这些中世纪初期的马雅城市相比,早在公元以前,中国的许多大型聚落,都已经够得上称为城市。只是由于风俗习惯、文化和宗教的不同,公元以前的中国城市,在上列七条标准中,在"巨大的纪念性建筑物的建造"方面,或许还不能与中世纪的马雅城市相比。但古代绍兴在这方面却是个例外。《越绝书》卷八记载了这个城市的许多巨大建筑物如驾台、离台等,其中的怪游台,高"四十六丈五尺二寸,周五百三十二步"。这种比玛雅金字塔早1000年的巨大建筑物,标志着象绍兴这样一个出现于公元以前的古代城市的与众不同的风貌。

《汉书·高帝纪》记载了汉高祖六年(前201):"冬十月,令天下县邑城。"从此,在中国概念中,城市与城垣就结成一体,出生于绍兴的美国夏威夷大学章生道教授,对此已有详细议论,[②]所以这里不再赘述。但是,同样的古代城市,按其规模与地位,其间的差距可能是很大的。以城垣建筑来说,汉代的睢阳城,据《汉书·梁孝王传》的记载,城周长达七十里。而清朝初年的广东恩平县城,城周只有六百四十步。[③]此外,不同的城市,在行政上的地位,也有很大区别,有的是县城,有的是郡(州、府)城,有的是省城。在唐朝,又把全国的县分成赤、畿、望、紧、上、中、下七等,[④]除了"京都所治为赤县,京之旁邑为畿县"决定于地理位置外,其余五等"以户口多少,资地美恶为差"。但是县城规模的大小,看来在这种等级划分中有很大的影响。《元和郡县志》卷二六所载的越州各县,会稽、山阴、诸暨、剡县4县列入"望"等,余姚、萧山二县列入"紧"等,上虞列入"上"等。指标参差,等级复杂,现在来议论某个古代城市在当时的具体作用和日后的历史价值,往往会出现许多不同的意见。

现在,在我们国家里,又出现了一种"历史文化名城"的概念。国务院曾经先后公布了两批"历史文化名城"。对于城市的这种概念,不仅没有计量基础,而且具体的性状指标也并不非常明确,因此,学术界也存在不同看法。云南大学的朱惠荣教授曾撰文表述了他在这方面的意见:

我国有多少历史文化名城?这是科学研究的课题,也要经过实际调查来验证。在国务院公布24个历史文化名城后,陈桥驿教授主编《中国历史名城》,增加了26个"历史上的各类著名城市",则"具有代表性"的我国历史名城达50个。1986年底国务院公布了第二批历史文化名城38座,我国的历史文化名城达到62座。但我们发现上列两个名单并不完全一致,《中国历史名城》一书还收了邯郸、太原、辽阳、合肥、济宁、许昌、肇庆、南宁、贵阳、汉中、兰州、西宁、伊宁等13个现在尚不属于国家公布的历史文化名城,反映出根据学术界的意见,历史文化名城还有可以增加的条件。⑤

如上所述,说明对于历史城市的研究,情况远比现代城市的研究困难。因为现代城市的任何一方面都可以运用计量的方法,电子计算机能够告诉我们一个现代城市在各方面的计量数值。但历史城市却不同,因为现在我们所能获得的大部分资料都是性状的描述,因此,对于许多历史城市,包括它们形成城市的时间、城市规模、历史地位等等方面,都存在不同的意见。中国历史悠久,城市数量庞大,每个城市的兴衰嬗递又很复杂,因此,在历史城市研究中出现的这种困难,是并不奇怪的。不过,在我国的大量古代城市中,也有一部分城市,它们的历史记载完整,数据可靠,具有进行各种研究的有利条件,而研究所得的结论明确,为学术界所公认。这类城市,无论在城市形成、发展的过程以及城市规模、历史地位等等方面,在国内外都已众所周知。绍兴就是其中之一。

从古代的城市规模来说,绍兴是由春秋于越的小城和大城合成的。据《越绝书》卷八所记,小城之周为“二里二百二十三步”,大城之周为“二十里七十二步”。作为一座在公元前 5 世纪建成的城市,在当时显然属于规模极大的了。到隋代又兴建罗城,修缮子城。罗城实际上以春秋大城为基础,据《方舆纪要》引《越州图经》,“城周长达四十五里”。⑥但北宋沈立以为实际长度为“二十四里二百五十步”。⑦这种差别,除了计算方法的某些不同外,主要是后者没有把罗城西部的子城计算在内。子城实际上以春秋小城为基础,据《方舆纪要》记载长达 10 里。⑧但由于其西、北两面,都是以种山为城,不设壕堑,所以常常造成计算上的差异。到元至正十二年至十三年(1352—1353),罗城进一步扩大,原来西郊的广规乡也围入城内,⑨子城从此完全纳入罗城之中。古代绍兴城的规模宏大,于此可见。

古代绍兴在行政上的地位也是明确的。东汉永建四年(129),吴会分治,山阴县成为会稽郡治,绍兴从此一直成为郡(州、府)一级的城市。两晋之间,北方居民大量南迁,山阴县在南北朝之初已经成为“海内剧邑”。⑩孝建元年(454),以浙东的会稽、东阳、永嘉、临海、新安五郡置东扬州,州治设在会稽。⑪大明三年(459),曾一度把扬州之治,从原来的建康迁到会稽。⑫到了梁代初年,会稽又被升为东扬州。⑬对此,清全祖望解释说:“六朝扬州封内以丹阳为王都,而吴郡乃其近畿,故多合二郡为扬州。而以会稽为东扬州。”⑭由此可知,在六朝各代,今绍兴在行政上的地位,常常超过郡治。由于行政地位的提高,城市的扩大,南齐时,已有人建议把山阴分为两县。⑮到陈代而付诸实现,山阴县被划分为山阴、会稽两县。⑯于是,郡城之内,就出现了一个郡治和两个县治的建置。在浙江省内,这种情况以后虽然也出现于杭州、湖州和嘉兴三地,但是都比绍兴要晚得多。⑰从隋唐起,会稽郡改为越州,⑱仍为州治。唐时并为浙江东道节度使治,其行政地位仍然高于一般州治。南宋绍兴元年起为绍兴府治,并为两浙东路治所。元为绍兴路治,明、清均为绍兴府治。如上所述,历史上的绍兴,在其行政地位上,不仅一直是一个郡(州、府)治,而且常常超过郡(州、府)治。

从历史文化名城的角度进行评价,前面已经引及了朱惠荣教授的意见,在我国,历史文化名城的数量确实还可能增加,但是有一点可以论定,不管历史文化名城今后增加到多少,绍兴将永远是其中的佼佼者。因为不论从历史的悠久或文化的优秀进行评价,绍兴无疑都是名列前茅。绍兴建城于公元前490年,到今年已有2480多年历史,一个城市,在原来的地理位置和基础上持续存在达到如此长久的,不仅在江南绝无他例,从全国来说亦属罕见。例如今西安城在地理位置上与西周沣镐,秦咸阳,汉长安均不相关,而是建立在隋唐长安的基础上。又如今洛阳城,与东周王城及汉魏故城也不相关,而是建立在隋唐故城的基础上。但绍兴城却不同,自从春秋于越以来,一直在原址上屹然未动,因此,它的历史悠久,实为其他古城所无法比拟。

绍兴在文化上也名擅海内,不同凡响。两千多年以来,人材辈出,学术流芳,在全国历代古城中堪为翘楚。由于这个地区千岩竞秀,万壑争流的天然美景,吸引了历来的多少文人学士,仅东晋永和九年(353)的一次兰亭修禊之会,就集中了当时全国著名的文人学士王羲之、谢安、谢万、孙绰等42人,儒林文苑,代代相传,著名学者,如史学家袁康、吴平、赵晔、章学诚,哲学家王充、王守仁、刘宗周,诗人谢灵运、贺知章、陆游、杨维桢,书法家王羲之、王献之,画家徐渭、陈洪绶等等,不胜枚举。他们有的世居于此,有的流寓而来,在这里著书立说,赋诗作画,为古代绍兴的文化,增加无限光辉。及至近代,则蔡元培、鲁迅、竺可桢、陈建功等许多文学家、人文科学家和自然科学家,承前启后,风起云涌,说明了绍兴在学术文化上的源远流长,后继有人。自古迄今,绍兴已经为我国贡献了大量的文化财富。其中荦荦大者如《越绝书》、《吴越春秋》、《论衡》、《陆放翁全集》、《东维子集》、《王文成公全书》、《青藤书屋文集》、《刘子全书》、《文史通义》、《越缦堂日记》等等,以至近代的《鲁迅全集》、《竺可桢文集》等等,卷帙浩瀚,流传广泛,无法一一列举。在我国的许多历史文化名城中,论宫殿第宅,亭台楼阁,长街深巷,高陵巨墓,超过绍兴的所在多有,但论历代以来,儒林文苑之众,学术文章之富,则恐怕是屈指可数的。

上面论证的是,作为一个古代城市,绍兴建城甚早,而且规模宏大,地位至高。作为一个历史文化名城,绍兴也以其悠久历史和卓越文化见胜。到此,本文的论述就进入了最后一个主题,这就是,从绍兴的城市发展史来说,它的历史地位和价值,还不仅仅在于上面已经论述的,更重要的是,绍兴可以毫无争议地列入历史城市中的最高一级——古都。

　　涉及了古都这个概念,还得稍作说明。1976年,台湾学生书局出版了王恢先生的巨著《中国历史地理》上、下二册,其中上册的副标题作《五大古都》。这部巨著传到大陆以后,学术界和出版界立刻想到,大陆也应该出版这类书籍。80年代之初,中国青年出版社的地理编辑专程赶到杭州,约我主编有关中国古都的书稿。我手头是有一部王恢先生的著作的,所以非常赞成中国青年出版社的计划。只是由于当时手上的工作甚多,所以无法承担此书的主编任务。但不到半月,这位编辑又再度南下,并且带来了北京大学侯仁之教授给我的信件。侯先生在信中敦促我勉为其难,接受此书的主编任务,并且同意书中的北京一稿由他撰写,我只好接受这个任务。但在接受任务的同时,我提出古都中增列杭州,书名定为《中国六大古都》,因为我在杭州任教30多年,深知这个城市完全有条件加入古都之列。出版社立刻同意了我的意见,于是,除了北京由侯先生撰写,杭州由我执笔外,我分头约请其他四个古都的专家教授,着手撰写书稿。在此书撰写过程中,中国古都学会开始在全国范围内酝酿。1983年春,我主编的《中国六大古都》出版,而中国古都学会的筹备工作也已基本完成,定是年秋季在西安举行成立大会。我因这年恰恰应日本关西大学之聘,去该校研究生院讲学,无法出席西安的盛会,却被缺席推举为这个学会的副会长(会长是陕西师大的史念海教授)。随着拙编的出版和学会的成立,古都研究的学术空气,在国内顿时活跃起来。此后,我曾经接到几位先生的来信,向我申述他自己所在的城市,也应该列入中国古都。这些来信,往往是采用学术探讨的形式,却表达了希望他自己所在的城市成为中国古都的强烈愿望。因此,几年以来,我常常考虑这类问题。具体地说,就是一个现代城市要加上"古都"的称号,应该具备什么条件? 王恢先生在台湾写了《五大古都》。我又加上杭州,编成《中国六大古都》。中国的古都到底有多少? 我在《中国六大古都》的序言中曾经提到:"根据6世纪初成书的《水经注》的记载,上起上古,下迄北魏,城邑数量即达三千处左右,而其中古都约有180处。从北魏以迄于清,列国消长,王朝递变,又不知经历了几度,从而又增加了许多古都。"的确,我国的古都是很多的,但它们大部分至今实际上仅仅是几处遗址或一片废墟。《史记·宋微子世家》记载了箕子的《麦秀之歌》:"麦秀渐渐兮,禾黍油油。"殷商覆亡还不到几年,其都城已经成为一片麦黍之地,这样的古城,在我国历史上比比皆是。例如战国魏文侯和魏王曹操的都城邺,十六国时期赫连勃勃的都城统万城,元初窝阔台的都城和林等等,古年都是美轮美奂,宫殿楼台。但是曾几何时,都早已成为一片废墟。因此,我认为古都是一种历史事实,而一个现代城市要获得古都的称号,必须从两个方面符合这种事实。

　　第一方面,在历史上,朝代有大小之分,建都时间有长短之别,汉、唐、明、清,都是版图广阔的大朝廷,而五胡十六国,五代十国,都是地方性的小朝廷。西安历周、秦、汉、唐诸盛世,洛阳为九朝名都;而五代闽建都长乐府(今福州),只有 37 年,五代南汉建都兴王府(今广州),不过 55 年。但不管长乐府和兴王府都只是一个地方政权的都城,也不管它们建都的时间都很短促,而事实是,它们都曾一度作为一个独立政权的都城,因此,称它们作古都,这是符合历史事实的。

第二方面,一个现代城市要获得古都的称号,还必须符合另一种历史事实,那就是当年的古都所在,是不是落于现在这个城市的境域之中。例如,公元前 3000 年的巴比伦国都巴比伦城(Babylon),常常被误作建立于公元 762 年的今伊拉克首都巴格达(Baghdad)的前身,其实,前者位于幼发拉底河沿岸,后者位于底格里斯河沿岸,两城相去甚远,不能混淆。正如建立于公元 7 世纪的福斯塔特(Foustat)和建于公元 10 世纪的开罗(Cairo)不能混淆(前者的废墟在后者南郊)一样。现在,我们把西安定为古都,因为现代西安在地理位置上虽然与西周沣镐、秦咸阳、汉长安无涉,但它毕竟建立在隋唐长安的故址上。同样,我们把洛阳定为古都,因为现代洛阳虽然与东周王城及汉魏故城无涉,但它毕竟建立在隋唐故城的基址上。六大古都的情况都是一样,都是从这两方面符合历史事实的。假使某个现代城市附近有古都的遗址或废墟,但在地理位置上并不重合或部分重合,那就无法把这个城市定为古都,正像巴格达不能作为巴比伦古都,开罗不能代替福斯塔特一样。我的这番议论,或许会使不少在附近有古都遗址的城市感到不快,但是任何事情总得有个标准,何况让一个现代城市加上古都的称号,更须有令人信服的根据。

现在再来看看绍兴作为古都的条件,绍兴是春秋于越的国都。于越国都,曾经长期播迁于会稽山中,见于文字记载的就有几处,开始在会稽山的嶕岘大城和诸暨北界的埤中,[19] 后来又北迁到会稽山山麓冲积扇地带的平阳。[20] 我在拙著《历史时期绍兴地区聚落的形成与发展》[21] 一文中已经作过考证,这个地区古代的聚落形成,首先是会稽山内部的山地聚落,嶕岘大城与埤中都属于这一类。第二批形成的是会稽山北部的山麓冲积扇聚落,平阳就属于此。第三批则是山会平原上的孤丘聚落,它们建立在崛起于平原上的许多孤丘的山坡或山麓。所以当越王句践七年(前 490)在今绍兴城地区建立新都时,这里早已有了不少孤丘聚落。我在拙著《历史时期绍兴城市的形成与发展》[22] 一文中指出:"今绍兴城一带,在东西约五里,南北约七里的范围内,冲积层上崛起的小孤丘达九处之多,其中最高的种山(76 米)、蕺山(52 米)和怪山(32 米),构成三足鼎峙的形势。"越王句践是个有雄才大略的国君,他在建立新都以前,曾经与他的足智多谋的大夫范蠡研究了对新都地址的选择。范蠡说:"今大王欲国树都,并敌国之境,不处平易之都,据四达之地,将焉立霸王之业。"[23] 因此,在今绍兴城地区建都,在事前是经过仔细地勘察研究的。句践兴建这个都城,是在他到句吴作了 3 年人质返国后的当年,当时,形势十分危殆,句吴的军队随时都可以长驱直入,所以他的整个都城建筑计划分成两步,首先是依靠种山的天然形势,建成城周仅 2 里多的小城,这是为了争取时间,建成一个可以固守的堡垒。小城西侧的种山绝顶,修起一座称为飞翼楼的瞭望台以观察句吴的军事入侵。小城建成以后,安全已经有了初步保障,随即就在小城东南兴建一座规模大于小城 10 倍的大城。我在拙著《古代于越研究》㉔一文中指出:"小城是于越的政治中心和军事堡垒,大城则是于越的经济中心和生产基地。小城的迅速筑成,为大城的兴筑赢得了时间;而大城的兴筑,又为小城保障了给养,进一步巩固了小城的基础,使于越'十年生聚,十年教训'的复兴计划有了保证。"这个都城当时称为大越,句践在此建都共 18 年,到他在位的第二十七年(前 472)北迁琅玡,但这里仍是于越的民族中心。越王无疆九年(前 334),越为楚所败以后,楚人"尽取其地,至于浙江之北",㉕越人复又回到故地,大越仍是他们事实上的都城。据古本《竹书纪年》,魏襄王七年(前 312):"四月,越王使公师隅来献乘舟,始罔及舟三百,箭五百万,犀角象齿焉。"㉖这个向魏襄王献方物的越王,虽然不著其名,但其基地无疑仍在大越,所以大越的名称从来未曾改变,一直要到秦始皇三十七年(前 210),秦始皇南巡到越地,才"更名大越曰山阴"。㉗从句践建都起,大越城的名称,共存在达 180 年之久。

如上所述,今绍兴作为古都,不仅开端甚早,而且地理位置稳定。我们在研究各地古都时,在它们的地理位置上常常发生一争论。但是对于绍兴这个古都却完全无疑,因为九座孤丘,特别是最高的种山、蕺山和怪山,三山鼎峙,屹立城中,成为这个古都 2400 多年来绝对稳定的地理坐标。于越以后,虽然沿革变迁,地名更改,但不论是会稽郡城、越州州城、绍兴府城,包括山阴、会稽二县县城,除了种山以西稍有扩大外,在地理位置上与大越城完全吻合。在我国,实在很难再找出像绍兴这样一个古都,在地理位置上如此稳定不变。

于越建都以后,绍兴在我国东南地区的地位已经确定,也就是说,它已经成为一个具有建都条件的城市。东晋咸和四年(329),建康发生了苏峻之乱,宫阙灰烬,当时朝野就有迁都会稽的建议。㉘虽然最后没有实现,但这个城市在当时的规模和声望于此可见。唐末钱镠建吴越国,以杭州为西府,越州为东府,钱镠在位后曾数度驻跸东府,绍兴在当时处于陪都的地位。北宋末年,金人入侵,宋高宗于建炎三年(1129)和四年,两度以越州为他的驻跸之地,绍兴事实上作为南宋的临时首都,为期达一年零八个月。绍兴元年(1131)以后,虽然朝廷陆续迁往杭州,但是南宋的陵寝建在绍兴,朝廷的宫学也设在绍兴,㉙绍兴的地位仍然与众不同。所以宋《进士题名录一》㉚说:"越今为陪都,要非余郡可比。"陆游在《嘉泰会稽志序》中说:"朝谒之使,舻衔毂击,中原未清,今天下巨镇,惟金陵与会稽耳,荆、扬、梁、益、潭、广,皆莫敢望也。"

从以上论述可见,绍兴不仅是我国历史上的一个毫无争议的古都,而且是一个著名的古都。1986年11月,中国古都学会在杭州举行第四次学术年会,会议中,来自全国各地的教授、专家一百余人,曾对古都绍兴作了一天的访问,他们对这个古都获得了良好而深刻的印象,并且也提出了不少有益的建议。绍兴作为我国的一个有名古都,这当然是这个城市的光荣,但同时也是这个城市的责任。这个古都,在它开创之初就以"卧薪尝胆"的毅力和决心,从事于"十年生聚,十年教训"的建设事业,这实际上就是这个古都的传统精神。今天,我们怎样地继承这个古都的传统精神,把绍兴古都精神文明和物质文明两方面都建设得更为美好,这就是绍兴古都人民的光荣责任。

注释：

① 《玛雅的神殿城市》,载《古代文明之谜及发现》之六,《巨大遗迹》日本每日新闻社,1979年。

② "*The Mophology of Walled Capitals*", "*The City in Late Imperial China*", Edited by G. William Skinner, Stanford University Press. 1977.

③ 清佟世恩:《鲊话》,载《仰视千七百二十九鹤斋丛书》。

④ 《通典》卷三三《职官》。

⑤ 《历史文化名城有关问题的探讨》,载《云南城市研究》,1987年第1期,云南省城市科学研究会。

⑥⑧⑯ 《方舆纪要》卷九二。

⑦ 《越州图序》,载《会稽掇英总集》卷二〇。

⑨ (元)杨维祯《绍兴新城记》,载《东维子集》卷一二。

⑩ 《宋书·顾恺之传》。

⑪ 《通鉴》卷一二八,宋纪一〇。

⑫ 《宋书·沈怀文传》。

⑬ 《舆地广记》卷二二。

⑭ 《浙东分地录》,载《鲒埼亭集外编》卷四九。

⑮ 《南齐书·沈宪传》。

⑰ 从钱塘县中分出钱江县(后改称仁和县),始于后梁龙德二年(922);从乌程县中分出归安县,始于宋太平兴国七年(982);从嘉兴县中分出秀水县,始于明宣德四年(1429)。

⑱ 隋大业元年(605)和唐武德四年(621),均曾改称越州,但要到唐乾元元年(758)第三次改称越州后,越州之名才稳定。

⑲ 《水经·浙江水注》。

⑳ (清)毛奇龄《重修平阳寺大殿募疏序》,载《西河合集》卷一六。

㉑ 《地理学报》,1980 年第 1 期。

㉒ 《纪念顾颉刚学术论文集》,巴蜀书社 1990 年版。

㉓ 《吴越春秋》卷五。

㉔ 《民族研究》1982 年第 1 期。

㉕ 魏王泰《括地志》下。

㉖ 《水经·河水注》引。

㉗ 《越绝书》卷八。

㉘ 《通鉴》卷九四,晋纪一六。

㉙ 《建炎以来系年要录》卷九一。

㉚ (清)杜春生《越中金石记》卷四。

原载《历史地理》1990 年第 9 辑

绍兴水利史概论

引 言

绍兴,这个良畴沃野、河湖交织的鱼米之乡,它其实是历史期水利的产物。在中国水利史上,绍兴具有崇高的、独特的地位。

早在20年代,我国的著名学者、科学的历史地理学的奠基人顾颉刚先生已经指出:"禹是南方民族神话中的人物","这个神话的中心点在越(会稽)"等精辟的观点。[①]

冀朝鼎先生在30年代就对顾颉刚先生的这种观点作出了反应。他说:

> 顾颉刚认为,由于长江流域的特殊地理条件,即森林、野兽与沼泽的威胁,洪水灾害,特别是钱塘江(当时长江的一条支流)的洪水灾害,以及由此而产生的对于治水的迫切要求,就产生了禹和洪水的传说。[②]

当时,冀朝鼎先生是基本同意顾颉刚先生的观点的。但是在某些问题上,他还存在一些保留意见。他说:

> 然而,这个关于禹传说的起源的结论,并不意味着长江流域的开发比黄河流域还早。同时,中国文化的发源地是后者而不是前者这一事实也不能因此而改变。将来新发现的证据,可能证实也可能推翻顾颉刚所作结论的积极贡献。[③]

要等待"新发现的证据"来"证实"或者"推翻"顾颉刚先生关于禹的传说发源于

越的这种结论,这是冀朝鼎先生的科学治学态度。可惜冀先生去世已经26年,否则,他一定能够为他在30年代的预言作出判断。因为根据"新发现的证据",顾颉刚先生有关这方面的结论,现在已经证实了。

一

　　顾颉刚先生所说的"越",大家都知道这是从远古起就居住在宁绍平原的一个部族。他们从晚更新世起,就在这里繁衍生息。当时,宁绍平原的自然环境是十分优越的,对于这个部族的发展极为有利。从第四纪古地理进行研究,宁绍平原从晚更新世以来,曾经经历了三次海侵,即星轮虫(asterorotalia)、假轮虫(pseudorotalia)和卷转虫(ammonia)海侵。星轮虫海侵为时较早(距今10万年前),可以不论。假轮虫海侵发生于距今4万多年前,海退发生于距今2.5万年前。这次海退是全球性的,规模极大,中国东部海岸后退约600公里,东海中的最后一道贝壳堤位于东海大陆架前缘今海平面−155米,C^{14}测年为14780±700年前。这是至今发现的假轮虫海侵的最后海岸线。[④]这次海退对于中国东部各地原始居民的繁衍发展,关系至为重要,宁绍平原即是其中之一。

　　假轮虫海退的后期,今舟山群岛与大陆相连,宁绍平原范围广大,钱塘江河口,至少在今河口以东300公里,今宁绍平原以北的钱塘江干流及一切支流,均不受潮汐影响。由于东亚季风在晚第三纪已经形成,这个地区正当东南季风的迎风面上,夏季半年,降水丰沛,气候暖热。冬季半年虽然气温较低,但由于降水稀少,即使在边缘的较高山地,也不足以形成永久性的冰盖。周廷儒先生认为这一带古雪线高度在海拔3350米以上。[⑤]所以在整个第四纪中,不受冰川影响,自不待言。从河姆渡遗址发掘的动植物表明,这一带是亚热带气候。[⑥]对于古代越族来说,他们的生存环境,确实是一片气候暖热、资源丰富的沃壤,正如我在拙作《于越历史概论》一文中指出:"这是一片宽广的平原,具有背山面海的形势,距南面不远,就有山林之饶,而平原北缘和东缘濒海,又有鱼盐之利。平原上气候暖热,水土资源丰富,于越部族的祖先,是在如此得天独厚的自然环境中繁衍发展起来的。"[⑦]

　　但是,当这个原始部族在这里繁衍发展了一段时期以后,另一次卷转虫海侵从全新世初期开始掀起,到了距今1.2万年前后,海岸就到达现代水深−110米的位置上;到1.1万年前后,上升到−60米的位置上;[⑧]到了距今8000年前,海面更上升到−5米的位置上。[⑨]这次海侵在6000年前到达最高峰,当时,宁绍平原西起会稽山北麓,东到四明山北麓,成为一片浅海。

卷转虫海侵的过程,也是宁绍平原自然环境恶化的过程。当然,在海侵前期,首先蒙受影响的是东海大陆架的出露部分。到了海面上升到 −60 米位置时,舟山群岛已经形成。但是这个过程,从海侵开始起,延续了达 4000 年之久。在这以前,宁绍平原的环境恶化是很缓慢的。到了距今 8000 年时,海面上升到 −5 米的位置上,情况接近于现代,于是,宁绍平原自然环境的恶化开始转剧。不仅土地面积逐年缩小,一日两度的咸潮,从钱塘江和所有支流倒灌入内陆,土壤迅速盐渍化,人们的主要生产部门即水稻种植,从连年减产直到没有收成。于是,越族居民就开始流散,他们有的越过钱塘江到浙西和苏南丘陵区,这就是以后创造马家浜、崧泽、良渚等文化的句吴。另一部分安土重迁,留在这个地区的一些较高丘阜上,包括舟山群岛和平原上的一些孤丘之上。在流散的越族居民中,有很大一部分随着宁绍平原自然环境自北向南的恶化,逐渐向南部会稽、四明山区迁移。1973 年在余姚江以南、四明山以北发掘的河姆渡遗址,即是越族南移过程中建立的一个聚落。人们最后当然不得不放弃这个聚落,向南进入山区。在今后的考古发掘中,会稽、四明山麓线以北,类似河姆渡的遗址,还有可能继续发现。

二

越族居民从坦荡宽广、水土资源丰富的宁绍平原,进入崎岖狭隘的会稽、四明山区,这以后几千年的生活,可以用《吴越春秋》卷四所说的“人民山居”,“随陵陆而耕种,或逐禽鹿而给食”等话来概括。有很长的时期停留在迁徙农业和狩猎业的落后生产方式之中。山区的自然环境,对于他们发展生产力是一种很大的限制。由于条件困难,即使部族酋长,也只能“不设宫室之饰”,而随着迁徙农业移动他们的驻地,如《水经·渐江水注》所记的埤中和嶕岘大城等地。他们在会稽山北麓的冲积扇顶端,俯视这片茫茫大海,通过祖辈的口口相传,他们都知道,这片现在被洪水吞噬的大地,原来就是他们的故土,而且从传说中知道这片故土是何等的肥沃富庶。因此,部族居民都会有这样的幻想和期待,有这样一位伟大的神明,能够驱除这滔天洪水,让他们摆脱这崎岖贫困的山地,回到他们美好广阔的老家去。这个伟大的神明,就是顾颉刚先生所论证的以越族为中心点而传播出来的“禹”。现在可以回过头来看看冀朝鼎先生等待的“将来的新发现”。自从他在 30 年代提出等待“新发现”以来,半个世纪之中,“新发现”确实不少,其中最重要的有两项。一项是第四纪古地理的研究成果,说明这一次滔天洪水来自卷转虫海侵,而不是顾、冀两先生所说的来自钱塘江。另一项是考古学研究的成果,在这个地区发掘出了比仰韶文化还早的河姆渡文化,有力地证明了中华文化的发源是多元的,否定了冀先生所说的"这个关于禹传说的起源的结论,并不意味着长江流域的开发比黄河流域还早,同时,中国文化的发源地是后者而不是前者这一事实也不能因此而改变"的论断。根据上述两项新发现,"禹"的神话是从南方传到北方的这种论断就显得无懈可击了。这种传说到了北方,就是《尚书·尧典》中所说的:"汤汤洪水方割,荡荡怀山陵,浩浩滔天下。"这完全是越族居民从会稽山麓冲积扇顶端看到的情况,一条黄河的泛滥,既有"汤汤"之时,也有枯落之时,何至于出现如此情景。另外,如何治平这场洪水的方法,也是越族人民的设想,这种设想到了北方,就不免牵强附会。《尚书·洪范》说:"鲧堙洪水"。结果遇到了《舜典》中的"殛鲧于羽山"的严惩。禹则采用了疏导的方法,这就是《禹贡》说得很多的如"导弱水"、"导黑水"、"导河积石"等等。"鲧堙洪水"而受殛,实在是件冤案。对于黄河来说,直到今天,治理的基本方法,仍然是一个"堙"字。郑州以下,黄河大堤高高在上,这就是"堙"的结果。怎样的水环境产生怎样的治水思想,黄河的水环境,河道如此长,输沙量如此大,只能产生"堙"的治水思想;宁绍平原的水环境,河流短促,沼泽遍地,才能产生"疏导"的治水思想。"禹"的传说从会稽传到北方,反映会稽的水环境的越族人民的治水思想,也随着"禹"传到北方。于是这条上游在西戎,下游在东夷的黄河,由禹从"积石"导起,一直导到"九河"。这是宁绍平原的水环境搬到北方以后产生的张冠李戴的现象。由此益足以证明,不仅"禹"的传说源于越族,禹治水的方法,也导源于越族人民的设想。关于这方面,乐祖谋先生曾经遍查地方志和其他文献资料,在绍兴、余姚、上虞三县境内,找出了 18 处传说中的舜、禹故迹。[⑩]其中有舜出生处二,舜母出生处二,舜耕处一,舜渔处一,舜葬处一;禹会万国诸侯处二,禹藏秘图处一,禹葬处一。在这类传说中,舜、禹俨然是当地土著而不是北方来客。所以"禹是南方民族神话中的人物"这个论断,确是顾颉刚先生的一个重大贡献,而对于绍兴水利史的研究,这个论断更显得至关重要。

三

卷转虫海侵在距今 6000 年时达到了高峰以后,海面稳定了一段时期,随后发生海退。在距今 3000 年前后,就有越族居民从会稽山地内部北移,垦殖咸潮所不及的山麓冲积扇。也有北移到平原中的一些较大孤丘上,垦殖孤丘附近的坡地。关于这方面,我在拙作《论历史时期绍兴地区聚落的形成与发展》[⑪]一文中已经作了较详的说明。越族的故土在茫茫洪水之下几千年,如今虽然他们神话中的"禹"已经驱走了洪水,但这一片故土,与他们祖辈口口相传的沃壤已经截然不同,成为一片咸潮出没的沮洳沼泽。管仲在公元前 7 世纪把这片沼泽地描写得令人沮丧,这里,环境是那么恶劣,人民又是那么愚昧。他说:"越之水重浊而洎,故其民愚疾而垢。"⑫情况或许是真实的,越族人民在会稽山区刀耕火种几千年,发展十分迟缓,祖祖辈辈的传说和对土地的实际需要,把他们陆续吸引到会稽山北,但是面对着如此恶劣的自然环境,确实使他们一筹莫展。他们已经在闭塞的会稽山地生活了几千年,只有刀耕火种的经验,对于这片土地斥卤,积水横流的沼泽平原,真是束手无策。以致到了公元前 7 世纪,他们与中原的文化差距,已经达到了被管仲目为"愚疾而垢"的程度。当然,在以后的漫长日子里,他们也逐渐累积起利用和改造沼泽平原的经验,情况随着有所好转。

公元前 5 世纪之初,越族出了一位英明的领袖,这就是越王句践。他即位之初,就把都城从会稽山内部迁到山麓冲积扇附近的平阳,⑬而且下决心要把都城进一步迁移到沼泽平原。这就是大夫范蠡向他建议的:"今大王欲国树都:并敌国之境,不处平易之都,据四达之地,将焉立霸王之业。"⑭句践深深地知道,要施展他的雄才大略,必须把他祖祖辈辈相传的这片故土建设好来。因此,当他因军事失败到句吴过了 3 年俘虏生活被释放回国后,当年(前 490 年)就在今绍兴卧龙山下建立了他的小城,接着又利用这一带的孤丘地形,建立了与小城毗连的大城,这样就建成了他的国都大越城。从此,他就以"卧薪尝胆"的精神,从事《左传》哀公元年所说的"十年生聚,十年教训"。而兴修水利,改造沼泽平原的恶劣自然环境,是其中的重要任务之一。

前面已经指出,越族从会稽山地进入沼泽平原,首先是利用咸潮不及的山麓冲积扇,然后才从冲积扇下到平原。从整个山会沼泽平原来说,南部与北部由于高程和微地貌的差异,平原南部即后来的鉴湖地区,在公元前 6 世纪末就已有局部的利用。据谢承《会稽先贤传》所载:"公子光之祸,王子庆忌,挺身奔卫,妻子并度淛水,隐居会稽上,越人哀之,予湖泽之田,俾擅其利,表其族曰庆氏,名其湖曰庆湖。"按公子光之祸见于《春秋》昭公二十七年(前 511),说明在这时候,沼泽平原南部地势稍高处,已经开始垦殖。当时,山会平原的北部当然无法进行耕作。在山会平原南部耕作,也必须做好拒咸蓄淡的水利设施。唯一的办法就是筑塘,也就是后来越大夫计倪所说的:"饥馑在问,或水或塘,因熟积以备四方。"⑮所以越人赠给吴王子庆忌家属的"湖泽之田",当然是经过围堤筑塘,有拒咸蓄淡设施的。而当时在会稽山山麓冲积扇以下围堤筑塘从事垦殖的,为数必然不少。情况与近世的海涂围垦颇为相似,在规模和技术上当然不能相比。因此,如何向沼泽争取耕地,越族人民在实践中积累了丰富的经验。到了越王句践"十年生聚,十年教训"时期,因为有了强有力的领导,围堤筑塘以改造沼泽平原的水利工程大量发展起来,而且从山会平原的南部,逐渐向北部推移。当然,由于北部在高程上低于南部,受咸潮的影响更为严重,工程也就更为困难。在这一时期,仅仅记载于《越绝书》的堤塘,就有富中大塘、练塘、石塘等,并且利用战胜句吴后俘获的战俘,建筑了吴塘。每一处塘,其实就是一片从沼泽平原上改造过来的耕地。例如富中大塘,《越绝书》云:"富中大塘者,句践治以为义田,为肥饶,谓之富中。"又如练塘:"富阳里者,外越赐义也,处里门,美以练塘田。"特别值得重视的是石塘,在《越绝书》中,杭坞、防坞、石塘三个地名并列,与大越城的距离都是 40 里。而其中杭坞即今航坞山,位置确然可考。当时,钱塘江下游走南大门,杭坞位置濒江,则防坞和石塘的位置显然也濒江。石塘下云:"石塘者,越所害军船也,塘广六十五步,长三百五十三步,去县四十里。"说明这是沿钱塘江设置的用石塘围筑的一个海船基地。这是我国有历史记载的第一条海塘,并且还是用石块建筑的海塘。

特别值得提出的是《越绝书》所说的:"山阴古陆道,出东郭,随直渎阳春亭;山阴古水道,出东郭,从郡阳春亭,去县五十里。"[16]这条"古陆道"和"古水道",是连接大越城和今曹娥江的,位置基本上与今浙东运河一致。它和山会平原的天然河流是不同流向的。山会平原在当时虽然是沼泽遍地,但天然河流都是从会稽山地诸冲积扇北流,注入今钱塘江口和杭州湾(古代称为后海)。因此,这条连接大越城和今曹娥江的"山阴古水道",是越族人民在这片沼泽平原上整治疏凿的运河。因为在"十年生聚,十年教训"的时期,越国的不少生产基地如练塘、偶山、炭渎、锡山等,均在远离句吴的大越城以东,必须有这样一条运河,才能便于联系。运河的水源当然取给于从会稽山北流的许多与运河直交的河流,但是这里必须解决如闸坝之类的水利工程问题。由于潮汐直薄,因此,沿运河北岸,必须建立一条挡潮拒咸的堤塘。《越绝书》所说的"山阴古陆道"可能就是沿运河而筑的堤塘,同时也兼作陆道。它一方面用于拒咸,但同时也用于排泄从会稽山地北流诸河入海。我所说的闸坝水利工程,就是设置在这条陆道之上,从会稽山地北流诸河,古称"三十六源",说明为数是不少的。因此,设置在这条"古陆道"上的闸坝水利工程,估计也不会少。对于公元前 5 世纪的这类工程,现在虽然已经很难了解,但是有一点是可以肯定的,这条"古陆道"与东汉鉴湖湖堤的位置基本符合。因此,马臻的鉴湖水利工程,显然也继承了一部分越族人民的工程基础。

四

秦统一以后,秦始皇为了镇压越族人民的反抗,亲自到了这个地区,把大越改为山阴县,把会稽郡郡治设在吴(今苏州)以消弱这里的政治影响。特别是强迫越族人民迁出这个地区到今浙西、皖南一带。[17]不服从迁移的就向山区和远处流散。秦始皇又从外地强迫补入了一些汉族,人口减少,地区经济一度衰落。经过西汉一代的经营和恢复,到东汉永建四年(129)实行吴(郡)会(稽郡)分治,山阴县城成为会稽郡治,这是这个地区经济恢复的信号。经过300多年的衰落时期,经济又获得了发展。而吴会分治以后不过11年(永和五年,140年),我国东南地区历史上的著名水利工程鉴湖就告诞生。

鉴湖当然是古代绍兴的一个划时代的水利工程,关于这个人工湖的具体情况,我早年在《古代鉴湖兴废与山会平原农田水利》[18]一文中已记其详,此处不再赘述。必须指出的是,鉴湖初创的情况,当时毫无记载可以查考。这个公元2世纪中叶建成的巨大工程,一直要到5世纪中叶,才在一部刘宋郡守孔灵符所撰的地方志《会稽记》[19]中得到记载。这是我们现在唯一可以依据的鉴湖初创情况。《会稽记》说:"筑塘蓄水高丈余,田又高海丈余,若水少,则泄湖灌田,如水多,则开湖泄田中水入海。"对于主持创湖的郡守马臻(字叔荐),至今我们可以获得的资料也只有《会稽记》的记载:"创湖之始,多淹冢宅,有千余人怨诉于台,臻才被刑于市。及台中遣使按鞫,总不见人,验籍,皆是先死亡人之名。"[20]到了唐代,杜佑修《通典》,也无非抄录《会稽记》原文而已。[21]一直要到两宋鉴湖已濒湮废之时,才出现有关鉴湖的详细记载。因此,后人对于鉴湖情况的各种描述,与它的初创时期,或许还有颇大差距。例如北宋曾巩在《越州鉴湖图序》[22]一文中记载的鉴湖涵闸系统,计有斗门、闸、堰、阴沟共76处。这中间必然有不少是后世逐渐增设的。所以关于鉴湖初创时期的情况,包括鉴湖本身和当时山会平原的其他水利情况等,都还有继续研究的必要。

鉴湖是一个大型人工湖,工程最主要的部分是湖堤。前面已经指出,这是在这个地区进行垦殖的必要手段。从春秋越族以来,这是当地人民最有经验和成效的工作。马臻的围堤工程有许多前代的堤塘可以利用,《越绝书》记载的"山阴古陆道",无疑就是宋人记载的从五云门到曹娥江的全长72里的湖堤的基础。从常禧门到钱清江的全长55里的湖堤同样也有前代的堤塘可以利用或局部利用。所以整个工程并不是毫无基础的。问题在于,马臻决心进行这样大范围的筑堤蓄水,放弃山会平原南部古来称为庆湖的这片经营已久的土地,而且甘冒"多淹冢宅"的风险。这就说明:第一,山会平原北部更为广阔的土地(宋人称为"九千顷"),当时必已逐步获得开发,对于让南部蓄淡以加速北部开发,其中的利害得失,他一定是经过仔细地权衡比较的;第二,既然山会平原北部已经逐步开发,则沿海必已开始修建了局部的海塘。因为假使北部到那时尚无拒咸能力,则南部的蓄淡,也将毫无意义。

《会稽记》说:"筑塘蓄水高丈余,田又高海丈余。"所谓"丈余",大概就是4米—5米,山会平原北部的高程,从平均值来说,这个数字是不错的。当然,山会平原是一个南北缓倾的平原,濒海一带,高程与海面接近,潮汐直薄,这是理所当然。宋嘉祐八年

(1063)的《越山阴新建广陵斗门记》说："马侯作三大斗门,自广陵外,不著其名。"㉓我在拙作《古代鉴湖兴废与山会平原农田水利》一文中,经过大量考证,已经肯定了马臻所作的三大斗门中的两处是广陵和朱储,第三处是曹娥抑是嵩口,尚存其疑。朱储即《越绝书》的朱余,是于越的盐官所在。在越国时代,为了食盐生产,这里也必然有堤塘之类的建筑。其位置介于玉山和金鸡山两座孤丘之间,所以后来通称玉山斗门。《会稽记》所说的"开湖泄田中水入海",就是通过这个朱储斗门。由此可知,它是鉴湖初创时期拒成排洪的水利枢纽。鉴湖当然是我国东南地区历史上一个十分著名的水利工程,从水利史的观点研究这个水利工程,必须把受这个工程灌溉的山会平原北部即所谓"九千顷"之地联系在一起,才能全面地评价这个大型水利工程的意义。

鉴湖的工程效益,至少持续了8个世纪。在这8个世纪中,它起了滞洪和灌溉的重要作用,使山会平原北部的沼泽地获得了大面积的改造,"九千顷"地区出现了一片灌溉便利、泄洪快捷的旱涝保收田。把山会平原从原来的沼泽连绵、土地斥卤的穷僻之区,改造成为一个河湖交错、土地沃衍的鱼米之乡。而随着大量淡水的北移,鉴湖本身也就逐渐地完成了它的历史使命,最后于公元11世纪前后受到全面的围垦,使原来的一片浩渺湖水,变得与平原北部一样成为一片河湖棋布、阡陌纵横的良田沃畴。为山会平原增加了四分之一的耕地。鉴湖工程是绍兴水利史上的光辉一页,而它的创修人马臻,作为水利史上的杰出人物,也是永垂不朽的。

五

前面提到,鉴湖的出现绝非偶然,它是山会平原北部获得一定程度的垦殖开发的反映。其中包括初步的海塘建筑和河湖网整治等等,而鉴湖围堤蓄水的结果,又进一步加速了山会平原北部的土地垦殖。全面的土地垦殖,首先对沿海海塘提出了比前代更高的要求,也就是说在全部后海海岸线上,海塘必须修缮完整,不容有一点疏漏。这种完整的海塘,大概在唐代已经完成。开元十年(722),会稽县令李俊之主持兴修防海塘,东起上虞,西到山阴,全长百余里。㉔这条海塘由于大部分位于今曹娥江河口沿岸,习惯上称为东江塘。山阳海塘除《越绝书》记载的石塘以外,后来不见记载,但南宋嘉定六年(1213),却出现了溃决以后的重修记载。㉕说其大规模修筑,大概也在唐代。海塘工程的全面完成,鉴湖的蓄淡功能,逐步由山会平原北部的河湖网取代,这样就更有利于这个地区的农田给水。当然,平原地区的排洪能力就必须相应加强,以免发生内涝。所以到了唐贞元二年(786),观察使皇甫政把朱储斗门(玉山斗门)改建为八孔的玉山闸。㉖海塘全部完成以后,山会平原就出现了南塘和北塘同时并存的局面,南塘指的是鉴湖湖塘,北塘指的是后海海塘。两塘并存的局面,使山会平原的水利形势发生了极大的变化。

山会平原北部的全面垦殖,除了上述对海塘的要求以外,特别重要的还有平原河湖网的整治。不仅是蓄淡灌溉都有赖于一个稠密的河湖网,而且河湖网的整治,还有利于降低地下水位以排干沼泽。所以早在南塘初成之时,山会平原北部的河湖网整治已经有了不少成绩。从绍兴城经柯桥和萧山相连的这条水道,后来称为西兴运河,即是晋贺循主持疏凿的。当时称为漕渠,晋代疏凿时,主要为了灌溉。[27]它是山会平原北部的干渠之一,其位置与鉴湖湖堤平行。重要性与《越绝书》"山阴古水道"同。唐元和十年(815)开凿的山阴新河,[28]则是另一条干渠。在南、北两塘并存的时代里,山会平原北部的河湖网整治得到更为迅速的发展。大量河渠、港汊和湖泊,在平原北部陆续涌现,这就是清顾炎武所指出的:"自唐以来,后海北塘成,蓄水于北塘之南,南塘之北者,在山阴有三大湖:一曰青田,一曰瓜滋,一曰狭楂;在萧山有一大湖,曰湘湖,灌田共数十万顷。"[29]顾炎武所说的湖泊,确实都是平原上的大湖,以狭楂(猣)湖为例,此湖据明末的记载:"湖周围四十余里,傍湖而居者二十余村。"[30]此外,顾炎武还漏列了会稽县境内的大湖如贺家池、铜盘湖等,也都有较大的面积和蓄水量。经过这段时期的整治,这个地区的实际情况是:"支流港叉,萦绕连络,大者为湖、为池、为溇、为潭,小者为港、为渚、为渎、为泾、为浦、为湾、为汇、为荡、为汀。"[31]形成一个庞大而稠密的河湖网,为农业灌溉、水产养殖、田间运输等,创造了非常有利的条件。

明成化十二年(1476),由知府戴琥设置在府城内佑圣观前府河中的"山会水则",是山会平原河湖网充分整治的标志。对于如何观测和使用这个"水则",戴琥另有一块一百六十多字的《山会水则碑》,置于佑圣观内。"水则"虽然设在府河之中,但按《水则碑》观测"水则",它可以管理十多公里以外的玉山斗门的启闭,以调节整个山会平原高、中低田的灌溉和内河航运,这是绍兴水利史上的一个杰出创造。对此,我已有专文介绍,[32]这里不再详述了。

自从宋代以来,山会平原北部农田水利的主要干扰是钱清江。宋代以前,这不过是一条小河,不足为患。但从南宋开始,浦阳江下游河道变迁无常,有时从临浦北出闻堰,有时又从临浦东走经钱清镇北出绍兴三江口。这样,它就成为一条玉山斗门控制以外的河流,造成绍兴西北沿海和萧山东南一带的经常水患。因为问题牵涉到六朝以来临浦、渔浦等湖泊的变迁,所以情况比较复杂,我在拙作《论历史时期浦阳江下游的河道变迁》[33]一文中已述其详。从 15 世纪中期起,曾经数次开启临浦以北的碛堰,让浦阳江下游北出闻堰,但终因种种原因,开而复闭者再,钱清江经常受到它的干扰,直到嘉靖十六年(1537),绍兴知府汤绍恩最后一次开通碛堰,从此,浦阳江下游不再借道钱清江,钱清江水患才逐渐消除。

汤绍恩开通碛堰并不是一项单独的措施,这是他根治山会平原北部河湖水利的一部分。在这方面,他的主要贡献是三江闸的修建。在嘉靖十六年以前,山会平原的全部河流,都以陡亹闸(玉山斗门)为枢纽,是一个淡水内河水系。钱清江及其以北,包括萧山平原大部和山会平原一部,也是一个淡水内河水系。这个地区的河流,一部分由禼山闸和沿海其他一些小闸排泄,另一部分则注入钱清江。由于钱清江的东西横贯,隔绝了这两个淡水内河水系的关系,并且还经常扰乱这两个内河水系。汤绍恩为了改造这两个水系彼此隔绝的局面,除了上述开通碛堰,使钱清江与浦阳江断绝关系以外,主要是建造一个控制钱清江两岸南北两个淡水内河水系的总枢纽,这就是著名的三江闸。

三江闸选址于府城以北的三江城西北,这里不仅是钱清江的出口,同时也是陡亹闸的出口。闸西不远,有马鞍山诸峰绵亘,火成岩横过河床,成为建闸的坚固基础。工程始于嘉靖十五年七月,历半年于嘉靖十六年(1537)完成。建闸以后,钱清江随即成为一条淡水内河,这就是清全祖望所说的"嗣是以后,钱清有江之名而实则不复为江,可以引江之利而不受其害。"[34]于是,萧山平原的淡水内河水系与山会平原合而为一,形成统一的三江水系,这是继东汉鉴湖以后,绍兴水利史上的又一伟大成就。

结　语

本文在引言中已经指出,绍兴是中国历史上关于"禹"这种神话的发源地。神禹的力量当然是关键的,因为没有这种力量,海退就不可能发生,宁绍平原说不定至今淹没在茫茫洪水之下。不过除了这一种人力不能达到的变化以外,绍兴地区在水利上的一切变化,都是历代人民胼手胝足的成果,卷转虫海退以后,这里是一片沮洳沼泽之地,曾被管仲目为一个穷山恶水和极端愚昧肮脏的地方。但是,古代绍兴人民通过世世代代的惨淡经营,早在公元前5世纪就出现了"肥饶"的"富中大塘"。公元2世纪,就修成了誉满东南的鉴湖。公元4世纪,这里的自然环境已从穷山恶水转变为"山阴道上行,如在镜中游"的著名风景区。公元7、8世纪以后,山会平原北部的南、北两塘之间获得加速度的开发,而最后在公元16世纪完成了富庶肥沃的三江水系。时至今日,在全国范围内,也是一片著名的稳产高产、旱涝保收的富庶之区。

回顾绍兴水利史,古代人民依靠什么取得了如此辉煌的成就? 他们依靠传说中的神禹精神,即以治平洪水为己任,"八年于外,三过其门而不入"[35]的忘我精神;他们依靠在这个地区实实在在出现过的越王句践精神,即"卧薪尝胆"的艰苦奋斗精神;依靠从越族以来在这片沼泽平原上利用自然,改造自然的长期的、丰富的经验;也依靠从马臻到汤绍恩等历代贤牧良守的擘划经营。古代绍兴人民,就这样地写下了水利史上的动人篇章。

历史是不会中断的,绍兴水利史还得继续不断地写下去。我们这一代,将为这部水利史写下怎样的续篇? 当我们的后代评论我们这一代的绍兴水利史续篇时,能不能像我们今天评论我们的前辈时的那样钦敬和自豪,这就全凭我们的努力了。

注释:

①　《古史辨》,北平朴社民国十五年(1926)版,第104—286 页。

②③　《中国历史上的基本经济区与水利事业的发展》,中国社会科学出版社 1981 年版,第45、46 页。(朱诗鳌据伦敦乔治·艾伦和昂温有限公司 1937 年英文版译出)

④⑧　王靖泰、汪品先《中国东部晚更新世以来海面升降与气候变化的关系》,《地理学报》1980年第 4 期。

⑤　《古地理学》,北京师范大学出版社 1982 年版,第 297 页。

⑥　浙江省博物馆自然组《河姆渡遗址动植物遗存的鉴定研究》,《考古学报》1978 年第 1 期。

⑦　《浙江学刊》1984 年第 1 期。

⑨　曹家欣《第四纪地质》,商务印书馆 1983 年版,第 205 页。

⑩　《历史时期宁绍平原城市的起源》,《中国历史地理论丛》1988 年第 3 辑。

⑪　《地理学报》1980 年第 1 期。

⑫　《管子·水地》第三十九。

⑬　(清)毛奇龄《重修平阳寺大殿募疏序》,《西河文集》卷一六。

⑭　《吴越春秋》卷五。

⑮　《越绝书》卷四。

⑯⑰　《越绝书》卷八。

⑱　《地理学报》1962 年第 3 期。

⑲　《会稽记》已经亡佚,根据《会稽郡故书杂集》辑本。

⑳　万历《绍兴府志》卷二九张元忭案语及李慈铭《越缦堂日记》同治七年四月初九日,均认为这种说法不足信。

㉑　《通典》卷一八二引《会稽记》作:"如水多,则闭湖泄田中水入海",此处"闭湖"较"开湖"合理。

㉒　《元丰类稿》卷一三。

㉓　(宋)孔延之《会稽掇英总集》卷一九。

㉔㉖㉘　《新唐书·地理志》。

㉕　《宋会要辑稿》卷一五二。

㉗　嘉泰《会稽志》卷一〇。

㉙　《天下郡国利病书》卷八五。

㉚　《狭獴湖避风塘记》,雍正《山阴县志》卷一二。

㉛　乾隆《绍兴府志》卷一〇。

㉜　《戴琥"山会水则"》,《中国水利》1983 年第 2 期。

㉝　《历史地理》创刊号,1981 年。

㉞　《答山阴令舒树田水道札》,《鲒埼亭集》卷三四。

㉟　《孟子·滕文公上》。

原载盛鸿郎主编《鉴湖与绍兴水利》,中国书店 1991 年版

鉴湖研究概况综述

鉴湖是我国东南地区最古老的大型水利工程,知名于海内外,所以历来研究者和研究成果甚多,借此"纪念鉴湖建成 1850 周年暨绍兴平原古代水利研讨会"之际,将我所知道的历来中外学者研究概况,作一简单的综合报道。

山会平原在第四纪晚更新世卷转虫海退后成为一片沼泽地,平原南部由于地形较高,距海较远,成为一种湖泊与沼泽相间的地貌类型,山麓冲积扇以下,除沼泽以外,分布着不少永久性和季节性的湖泊,所以这个地区称为庆湖。当时情况,除三国吴谢承的《会稽先贤传·贺氏》略有记及外,[①]没有其他资料,所以《贺氏》条是现存记载鉴湖前身的最早资料。

汉安帝永和五年(140),鉴湖围堤完成。当时的成湖情况,后汉不见记载,直到南北朝才有记载出现,但今日所传不过两种,一种是刘宋会稽太守孔灵符在《会稽记》[②]中所记,关于鉴湖功能:"筑塘蓄水高丈余,田又高海丈余,若水少,则泄湖灌田;如水多,则开湖泄田中水入海。"又关于创湖经过:"创湖之始,多淹冢宅,有千余人怨诉于台,臻遂被刑于市,及台中遣使按鞫,总不见人,验籍,皆是先死亡人之名。"以后各书所引,如唐《通典》[③]等,均抄自《会稽记》。另一种是北魏郦道元的《水经注》,此书卷四〇《浙江水注》云:"浙江又东北得长湖口,湖广五里,东西百三十里,沿湖开水门六十九所,下溉田万顷,北泻长江。"郦道元足迹未涉江南,《浙江水注》所载,必引自他书,但《会稽记》说:"开湖泄田中水入海",《浙江水注》说"北泻长江",看来郦注并非引自孔氏,说明《会稽记》以外,从后汉以至晋宋,必然还有记载鉴湖的其他文字,可惜已经亡佚。

除了上述记载鉴湖的文字以外,鉴湖落成以后,稽山镜水,风景秀丽,所以历代文人吟弄诗赋的甚多。除众所周知的王羲之名句"山阴道上行,如在镜中游"外,其他如顾长康"千岩竞秀,万壑争流,草木蒙笼其上,若云兴霞蔚";④王子敬"从山阴道上行,山川自相映发,使人应接不暇,若秋冬之际,尤难为怀"⑤等等,不胜枚举,历来脍炙人口。除此以外,历代诗人在此留下章篇的不计其数,著名的如南朝谢灵运、谢惠连,唐贺知章、李白、杜甫、孟浩然、元稹、白居易,宋曾巩、秦观、陆游等等。这些作品既非记载鉴湖,也非研究鉴湖,不过有的十分绮丽,有的涉及鉴湖变化,可为后世鉴湖研究者查证。

鉴湖到唐代后期已经开始湮废,所以《十国春秋》卷七八载及天宝八年(915),钱镠"开东府南湖,立法甚备"。可惜钱镠的"立法"没有记载,因为这种"立法"已经涉及鉴湖研究。现在所知,历来对鉴湖的研究是从北宋开始的,这是因为当时鉴湖已经加速湮废,社会上出现了废湖和复湖两种不同观点的缘故。当时,首先对鉴湖进行研究的是越州和山阴、会稽二县的地方官。因为面对着社会上的两派势力,地方官责无旁贷,必须率先研究,制定对策。从现在尚存的文字记载来看,最早对鉴湖进行研究而撰成文字的,是北宋景祐三年至四年(1036—1037)的知州蒋堂。他曾在鉴湖立标复湖,定赏罚之法,留有《鉴湖》一篇,收入于南宋编纂的《会稽掇英总集》卷三。另一位两浙转运使杜杞,也主张保湖,他于庆历七年(1047)与知州陈亚、检计余元、会稽知县谢景温、推官陈绎,题名立石湖中,并加强斗门管理,定启闭之法。⑥但不久以后,知州刁约就任,他面对围垦的现实,提出了"斥湖三之一与民为田"的主张。刁约以后的知州张伯玉,为复湖算了一笔细账:"日役五千人,浚湖使至五尺,当十五岁毕;至三尺,当九岁毕。然恐工起之日,浮议外摇,役夫内溃,虽有智犹不能毕其成。"所以他主张:"日役五千人,益堤使高八尺,当一岁毕,其竹木费凡九十二万三千,计越之户口二十万有六千,赋之而复其租,其势易足,如此则利可坐收,而人不烦弊。"上述地方官,都是对鉴湖进行详细的调查研究而提出各种主张的。⑦

除了上述以外,朝廷还派了一些官吏深入这个地区进行研究,吴奎即是其中之一,他主张"每岁农隙,当傔人浚湖,积其涂泥以为丘阜"。后来被人称为"岁月复湖",其实是不可能的。还有一位镇东军节度判官厅公事张次山,他在现场考察了鉴湖以后提出:"湖废,仅有存者,难卒复,宜益广漕路及他便利处,使可漕及注民田,里置石柱以识之,柱之内禁敢田者。"但另外两位范师道和施元长,则又反对这种意见。熙宁年间(1068—1077),朝廷又派庐州观察推官江衍到越州调查此事。江衍也主张立牌以示区别,何者可田,何者不可田。到了政和年间(1111—1118),王仲嶷任知州,他支持废湖,也得到一些人的赞扬,如王明清在《挥麈录余话》卷二所说:"守会稽,颇著绩效,如干湖为田,导水入海是也。"建炎四年(1130),余姚进士陈橐,在对宁绍平原的湖泊如山阴鉴湖,上虞夏盖湖,余姚汝仇、牟山、烛溪、上林诸湖进行比较研究,向越州知州傅崧卿上书建议复湖。[⑧]说明当时复湖派的研究,已经从鉴湖扩到整个宁绍平原。[⑨]

在所有从事鉴湖研究的地方官中,研究成果最卓越的是越州通判曾巩撰于熙宁二年(1069)的《序越州鉴湖图》,[⑩]绍兴府签判王十朋撰于绍兴末年(约1157—1162)的《鉴湖说》上、下两篇,[⑪]会稽县尉徐次铎撰于庆元二年(1196)的《复鉴湖议》。[⑫]此三人均是复湖派,其观点可置不论,但他们对于鉴湖历史与现状的研究都极为详悉。因此,三文至今是我们研究古代鉴湖变迁的重要文献。在此三文以前,如上所述,这个地区的地方官大多均从事鉴湖研究,但是他们留下的文字不多,而其中有不少仍赖此三文的记载才能得以保存。

此外,熊克在其所撰《中兴小历》中,于绍兴二十九年(1159)也有记载,镜湖的文字一段,文略云:"绍兴二十九年,上因同知枢密院王纶论沟洫利害云:往年宰臣曾欲尽干鉴湖,云岁可得米十万石。朕答云:若岁旱,无湖水引灌,即所损未必不过之,凡虑事须及远也。纶曰:贪目前之小利,忘经久之远图,最谋国之深戒。"[⑬]此文中高宗所云"往年宰臣曾欲尽干鉴湖",说明持废湖之论者甚众。但宋高宗力主复湖,所以不管当时实际情况如何,在社会舆论上,复湖派仍占很大优势。某些地方官如知府吴芾,居然于隆兴元年(1163)在禹庙后贺知章放生池利用农闲动工疏浚,[⑭]这其实就是北宋吴奎的"岁月复湖",是徒劳无功的。但吴芾之敢于为不可为之事,说明当时复湖派在社会舆论上的声势甚盛。

由于鉴湖在南宋的湮废殆尽,鉴湖水体已经北移,因此,复湖和废湖实际上没有争论意义,所以从南宋后期起,绍兴的水利研究已经从鉴湖转移到山会平原。此后,除了绍兴府和山阴、会稽二县在地方志修纂中仍然载及鉴湖故事,而且仍然推崇复湖派的主张以外,在一个相当长时期中,对鉴湖的研究已不足述。只有清初顾炎武在《天下郡国利病书》卷八五中,在叙述了山会平原的河湖以后指出:"故事只欲废田为湖,而不知泥沙壅遏,不能积水,虽废其田,无益也。"顾炎武当然是对鉴湖水利史作了一番研究以后才说出这番话的,虽然对于鉴湖湮废的原因,他所总结只是自然现象而缺乏人文现象,但在复湖派舆论一直占有优势的情况下,他第一个公开发表与众不同的见解,说明了他对这个地区的水利史,确实有一番深入的研究。

以上叙述的是古代的鉴湖研究。如上所述,由于山会平原水利形势的发展,这种研究中断了一个很长时期。直到本世纪的50年代,现代学者才又开始对鉴湖进行研究。由于古代鉴湖已经成为一种历史残迹，所以现代学者对鉴湖的研究与古代不同。古代的鉴湖研究以两宋为最盛，在当时属于一种现状研究，因为废湖和复湖，在当时是一个现实问题。现代的鉴湖研究，则是一种历史地理和水利史的研究。研究的目的在于分析历史时期的地理环境与水利发展的关系，总结在绍兴这个特定地区水利发展的规律性，为今后的水利建设提供依据。

从历史地理学角度对古代鉴湖进行研究，或许是由我开端的。1957 年以后，由于钱塘江河口大规模的潮汐发电计划正在酝酿，水利系统组织对杭嘉湖平原和宁绍平原进行一次相当详细的自然地理和经济地理调查。杭嘉湖平原由华东师范大学地理系承担，宁绍平原则由浙江师范学院（杭州大学的前身）地理系承担。我当时正任浙师院地理系经济地理教研室主任，故于 1958 年—1959 年先后数次带领教研室教师和高年级学生，到宁绍平原从事水利部门委托的这项调查任务。在绍兴平原，鉴于古代鉴湖对这个地区的重要影响，为此，古代鉴湖兴废与山会平原农田水利的问题，就成为我野外调查中的重要课题之一。在调查以前，结合我已经从事多年的《绍兴地方文献考录》[15]的研究工作，对有关古代鉴湖的文献，进行了广泛的搜罗和详细的阅读，然后进行野外调查。我踏遍了东到曹娥江、西到浦阳江的整个地区，对古代鉴湖湮废故址如康家湖、谢憩湖（均已湮废）、容山湖、颛石湖（尚存部分）等以及闸、堰、斗门遗址，均作了一番考察。在这个基础上，我撰成《古代鉴湖兴废与山会平原农田水利》一文，发表于《地理学报》1962 年第 3 期。或许是由于宁绍平原是一块富有魅力的富庶之地，也或许是古代鉴湖在学术界已经长期寂寞，此文发表以后，受到了学术界的较大注意。例如著名的老一辈学者杨向奎教授就曾经注意了这篇论文，并在以后发表了他的评价：

　　陈桥驿先生是从研究宁绍平原起家的，他六十年代在《地理学报》上发表的两篇关于宁绍平原鉴湖、森林变迁的论文，立即引起注意，以后对宁绍平原的城市、聚落、水系变迁的研究都被认为是宁绍平原研究的权威，其论文特点之一是能从全面看一斑，并能从一斑以窥全面者，因此在国内外都很著名。[16]

此项研究完成以后，我继续以古代鉴湖为基础，一方面对与鉴湖关系密切的其他湖泊如临浦、渔浦、湘湖等进行研究，另一方面则将鉴湖的研究扩展到整个宁绍平原，对平原在历史时期的湖泊变迁作了全面的研究。由于"文革"的干扰，这些研究成果，都延迟到 80 年代初期才获发表。[17]由于从 60 年代以来对古代鉴湖的初步研究和论文发表，使古代鉴湖在国内外的知名度有所提高。在国内，例如 1979 年出版的《中国水利史稿》上册，[18]在第三章《秦汉时期水利工程的蓬勃发展》中，古代鉴湖已有篇幅较大的专题叙述。在国外的影响留待以下再谈。

1981 年,绍兴地区环保研究所曾委托杭州大学地理系自然地理教研室,参加《鉴湖底质泥煤层分布特征调查及其对水质影响的试验》的研究。结果由该教研室完成了《绍兴鉴湖流域的自然环境》的专题报告。除了专题报告以外,还公开发表了一些论文,如吴林祖等的《绍兴水环境特征与湖水氧状况变化的分析》(《水资源保护》1987年 12 月),陈谅闻和洪紫萍的《鉴湖底泥及其在环境中的作用》(《杭州大学学报》1989年第 1 期),刘经雨的《鉴湖区域环境土壤要素初步研究》(《杭州大学学报》1989 年第 4 期),陈谅闻的《鉴湖偏门段湖水的钼异常及其生物化学意义》(《杭州大学学报》1990 年第 2 期)。

80 年代初期的这些研究,又迎来了 80 年代后期以盛鸿郎为首的一些在绍兴从事水利工作,既具有专业知识又富于实践经验的中青年学者,对古代鉴湖进行了较前更为全面而深入的研究,把鉴湖和绍兴平原水利史的研究推展到一种更高的层次。有关这方面的主要研究成果,已在"纪念鉴湖建成 1850 周年暨绍兴平原古代水利研讨会"中宣读,并收入了论文集,此处不再赘述。

现在简介国外学者的研究概况。

美国斯坦福大学人类学系教授著名汉学家施坚雅(G. W. Skinner),在其完成了著名巨著《中华帝国晚期的城市》(*The City in Late Imperial China*)一书的主编(1977 年斯坦福大学出版社出版)以后,开始从事宁绍平原的研究。他在斯坦福大学建立了一个"宁绍研究室",并于 1979 年编制了一种《浙江宁绍地区地方志目录》作为其文献基础。他本人于 1980 年带了一个代表团来华,在我的陪同下考察了宁绍地区。考察期间,他与我协商,组织以他为首的美国、日本学者和以我为首的中国学者,合作研究宁绍地区。他向我提出了一份他的名单,包括耶鲁大学的柯慎思(J. H. Cole)、瓦尔巴莱素大学的萧邦齐(R. K. Schoppa)、加州大学圣克鲁兹分校的曼苏恩(Susan Mann)和日本国立大阪大学的斯波义信。于是,我在中国也组织了一些学者,并且将我的研究生乐祖谋送到斯坦福大学由他们提供奖学金继续深造。这个中美合作研究宁绍地区的计划,后来因故没有完成。但成员中的个人研究工作,一直赓续进行。例如柯慎思,他于 1986 年在亚利桑那大学出版社出版了他的研究成果《绍兴:19 世纪中国的竞争和合作》(Shaohsing: *Competition and Cooperation in Nineteenth Century China*)一书,其中也述及鉴湖。萧邦齐则于 1985 年向杭州大学校方和我个人提出申请,希望到我的研究室从事宁绍平原水利史特别是湘湖变迁的研究。他于 1986 年秋在我的研究室进行了为时 4 个月的研究,并考察了萧山湘湖和绍兴平原,回国后于 1989 年在耶鲁大学出版社出版了研究成果《湘湖——9 个世纪的中国世事》(*Xiang Lake—Nine Centurties of Chinese Life*)一书。

　　日本学者有关古代鉴湖的研究始于 50 年代。例如市立大阪大学教授佐藤武敏于 1956 年在《人文研究》第 7、8 二期连载的《宋代湖水的分配——以浙江省萧山县湘湖为中心》以及铃峰学园教谕吉冈义信于 1956 年在《铃峰女子短大集报》第三集所发表的《宋代的湖田》等文,均少量涉及鉴湖。小野寺郁夫于 1964 年在《金泽大学文学部论集》第二集所发表的《宋代陂湖之利——以越州、明州、杭州为中心》一文,对古代鉴湖的形成和作用,已有较多的论述。而佐藤武敏于 1968 年在《东洋学》第 20 期所发表的《明清时代浙江的水利事业——以三江闸为中心》一文,也涉及古代鉴湖的变迁。从 70 年代到 80 年代,日本学者研究古代鉴湖和在有关研究中利用鉴湖的研究成果的,一时大为增加。东京外国语大学亚非语言文化研究所教授桥本万太郎所主编的《汉民族和中国社会》(1983 年东京山川出版社出版)一书中的《社会的生态环境》章内,专门论述了古代鉴湖的演变问题。东京大学东南亚研究所所长教授渡部忠世和京都大学东南亚研究所副教授樱井由躬雄主编的《中国江南的稻作文化》(1984 年东京放送出版协会出版)一书中的《论占城稻》章内,专门论述了古代鉴湖与灌溉的关系。

　　专门论述古代鉴湖的论文在这一时期也陆续出现。中村学园大学教授西冈弘晃于 1972 年在《史学研究》117 号发表了《宋代鉴湖的水利问题》一文,探讨了鉴湖的湮废及其相应发生的水利问题;广岛大学教授寺地遵于 1986 年在《史学研究》173 号发表了《南宋乡绅对于湖田的对抗——陆游与鉴湖》一文,探讨了鉴湖的湮废和复湖派的活动。他撰写的另一篇论文《南宋时期浙东的鉴湖问题》(《史学研究》183 号,1989 年),虽然把论述范围扩大到所谓“浙东四湖”(鉴湖、夏盖湖、广德湖、湘湖),但重心仍在鉴湖。此外,立命馆大学教授本田治所撰《宋元时代的夏盖湖水利》(《中国水利史论集》1981 年东京国书刊行会出版)和小野泰所撰《宋代明州的湖田问题——反对废湖及水利》(《中国水利史研究》第 17 号,1988 年),虽然论述的湖泊在上虞和明州,但论证都是在与鉴湖对比下进行的。所以仍然可以认为是古代鉴湖研究的发展。所有这些论文,都说明以拙著《古代鉴湖兴废与山会平原农田水利》为主要参考文献。这也就说明我们从 50 年代到 60 年代的研究在日本学者中的影响。

　　在研究古代鉴湖的所有日本学者中,特别值得重视的是上述施坚雅 1980 年组织宁绍研究的学者名单中列名的斯波义信。他原是国立大阪大学教授,1985 年以后应聘去东京大学东洋文化研究所。他是宁绍地区研究的著名专家,他的论文《宁波及其腹地》(*Ningpo and Its Hinterlanel*)收入于施坚雅主编的名著《中华帝国晚期的城市》。施坚雅在该书第二编《导言》中称赞此文:“斯波关于宁波城市的经济描述,在现有叙述传统中国城市的英文著作中,很可能是最完备的一种了。”我在详细阅读了施坚雅主编的全书和斯波的这篇论文后,在书评中对施坚雅的评价作了补充:“在我所读到的有关宁波城市的中文著作中,像斯波这样的论文实在也是凤毛麟角。"[19]斯波对于古代鉴湖和这个地区水利史的研究也非常出色。他在其巨著《宋代江南经济史研究》(1988 年东京汲古书院印行)中,在《长江下游的水利组织》一章中,以很大的篇幅论证了古代鉴湖的形成、变迁和湮废以及鉴湖湮废以后山会平原的农田水利。这或许是日本学者论述古代鉴湖最详细和最全面的著作。此外,在这个地区,以鉴湖的兴废为中心,他还于 1984 年先后撰写了《〈湘湖水利志〉和〈湘湖考略〉——浙江萧山县湘湖的水利始末》(《中国水利史论丛》1984 年东京国书刊行会出版)和《关于麻溪改坝为桥始末记》(《东亚史的国家与农民》1984 年东京山川出版社出版)二文。斯波教授于今年八九月间又从日本来到绍兴,在绍兴市水利局的安排协助下,考察了古代鉴湖地区和新、老三江闸等水利设施,他还将继续在这方面进行深入的研究。

由于古代鉴湖和绍兴地区在历史时期的农田水利问题内容丰富,牵涉广泛,史实曲折,掌故复杂,人物众多,而这个地区从春秋时代被管仲目为穷山恶水,[20]到六朝时代的山水如画,及至明代三江水系形成后成为一片稳产高产、旱涝保收的鱼米之乡,其发展过程耐人寻味而饶有兴趣。加上禹治水神话的渊源[21]和越文化的探索等等,使古代鉴湖和绍兴平原的水利史,成为国内外学者研究的热门课题。

希望海内外学术界对鉴湖的研究继续获得丰硕的成果,希望绍兴的水利事业继续获得长足的发展。

注释:

① 《贺氏》(据《会稽郡故书杂集》本):"贺本庆氏,后稷之裔,太伯始居矣,至王僚,遇公子光之祸,王子庆忌,挺身奔卫,妻子进度渐水,隐居会稽上,越人哀之,予湖泽之田,俾擅其利,表其族曰庆氏,名其田曰庆湖。"

② 已佚,作者或作孔晔,今有《说郛正续》弓六一,《范声山杂著》、《会稽邵故书杂集》等辑本。

③ 《通典》卷一八二。《会稽记》辑本"则开湖泄田中水人海","开",《通典》作"闭"。

④⑤ 《世说新语》言语第二。

⑥ 碑已不存,文收入于杜春生《越中金石记》卷一二。

⑦⑨ 此一段叙述中,除注明出处者外,均据《序越州鉴湖图》、《鉴湖说》、《复鉴湖议》三文。

⑧ 收入于嘉泰《会稽志》卷一〇。

⑩ 此文亦作《越州鉴湖图序》,收入于《元丰类稿》卷一二,《会稽掇英总集》卷二〇,《古文辞类纂》卷七五等。

⑪ 收入于《王忠文公全集》卷七。

⑫⑬ 收入于嘉泰《会稽志》卷一三。

⑭　据《复鉴湖议》。

⑮　浙江人民出版社 1983 年版。

⑯　见 1988 年人民出版社出版,史念海著《河山集三集·杨向奎序》,此序又发表于《史学史研究》1987 年第 4 期。

⑰　主要有《论历史时期浦阳江下游的河道变迁》(《历史地理》创刊号,1981 年)、《论历史时期宁绍平原的湖泊演变》(《地理研究》1984 年第 3 期)等。

⑱　水利电力出版社出版。

⑲　《评中华帝国晚期的城市》,《杭州大学学报》1985 年第 1 期,又转载于《新华文摘》1985 年第 8 期。

⑳　《管子·水地》第三十九:"越之水重浊而洎,故其民愚疾而垢。"

㉑　参阅《吴越文化和中日两国的史前交流》,《浙江学刊》1990 年第 4 期。

原载盛鸿郎主编《鉴湖与绍兴水利》,中国书店 1991 年版

《绍兴农业发展史略》序

绍兴是越文化(或称吴越文化)的中心。在远古,今中国范围之内,部族文化何止千百,但黄河中游的汉文化,长江中游的楚文化和长江下游及东南沿海的越文化,是三足鼎立的三大文化。在这三大文化之间,彼此的交流渗透非常复杂,现在要理清头绪,恐怕为时尚早。在这三大文化之中,越文化是唯一接触海洋的文化,它和海洋息息相关。这是越文化的发展在地理环境上与汉、楚两种文化截然不同之处,或许就是越文化不同于其他两大文化的特点。

我于1989年冬季在日本九州佐贺市郊吉野里弥生代遗址现场,以及在1990年杭州举行的国际百越文化学术讨论会上,都曾提出多学科研究越文化的创议,并且在《绍兴学刊》1990年冬季号和《浙江学刊》1990年第6期发表性质相似的文章。因为这是一个包罗宏富、牵涉广泛的课题,必须组织多学科的力量,才能攻克存在于我们面前的许多难题。例如,越人的祖先是不是建德人的问题,这就有赖于体质人类学和考古学等学科的共同努力,才能获得令人满意的结果。正像古代越人繁衍生息的地理环境的变化,由于地史学、第四纪学、古地理学、历史地理学等学科的共同努力,现在已经有了一个比较明确的概念一样。

中国东部沿海在第四纪晚更新世出现三次海侵和海退的海陆变迁过程,地史学上都以当时盛存于海洋中的肉足纲原生动物有孔虫(Foraminifera)命名。第一次星轮虫(asterorotalia)海侵发生于距今10万年以前,或许刚刚是建德人出现的时代,建德人的所以活动在山区,是否与海侵有关,现在都还无法置评。第二次假轮虫(pseudorotalia)海侵发生于距今 4 万年以前,海退始于距今 2.5 万年以前。假使这个时代是建德人从山区转入平原的时代,那么,建德人与越人的关系就可以比较明朗。因为当时今浙江各平原空前扩大,以越人作为主要基地的宁绍平原而论,距今 2.3 万年以前,东海海岸已经后退到现代海面 – 136 米的位置,即舟山群岛以东 360 公里的海域中。而且仍然继续退缩,现在发现的最外缘贝壳堤,位于现代海面 – 155 米处,东距今海岸约 600 公里,C^{14}测年为距今 14780 ± 700 年。在这个时期,今浙江省沿海的大陆架全部出露。越人生活的这片广阔土地,在气候上是温暖湿润的亚热带气候。从河姆渡遗址出土的碳化稻谷推论,宁绍平原上当时已经发展了包括水稻种植在内的农业。当然,狩猎业和渔业,仍占很大比重。由于平原土地广阔,不受潮汐影响,河湖和沼泽众多,气候暖湿等条件,都有利于这种原始种植业的发展。不过,由于卷转虫(ammonia)海侵的开始,海面又逐渐上升。这次海侵的前期,海面上升较慢,到了距今 1.1 万年,海面上升到现代海面 – 60 米处;到了距今 8000 年,上升到 – 5 米处,平原开始受到潮汐影响。而此后 1000 多年中,海面上升转速,平原的自然条件迅速恶化,咸潮倒灌,土壤盐渍化,农业受到严重影响,越人的一部分四处流散,另一部分逐渐向南部丘陵山地退缩。到了距今 7000 年—6000 年,宁绍平原沦为一片浅海,越人进入会稽、四明山地。在此后的二三千年漫长岁月中,越人在崎岖狭窄的山区,过着"随陵陆而耕种,或逐禽鹿而给食"的狩猎业和刀耕火种的原始生活,人口锐减,生产倒退,这是自然界的巨变所造成的部族文化停滞和倒退的例子。从这个例子来看,则公元之初在中美洲灿烂一时的玛雅文化,到公元 10 世纪以后销声匿迹,也就可以理解了。

从河姆渡遗址和比它晚的半坡遗址的对比中可知,前者的发展程度绝不比后者逊色,但是由于前者是在海水紧逼的情况下,越人移入山区过程中的一个遗址,是假轮虫海退以后,越人所经历的一段优裕坦荡的发展时期的尾声,是他们从此以后的二三千年坎坷艰难经历的开始。而半坡人则不同,他们不曾蒙受自然界巨变的影响,一直在比较优裕的自然环境中发展。到了后世,如庄子在《逍遥游》中所说:"宋人资章甫而适诸越,越人绝发文身,无所用之。"汉文化与越文化的差距,主要就是在这二三千年时间中发生的。

为了说明远古绍兴的自然环境变迁,这里还必须提出一件时至今日已经无法回避的事实,这就是关于禹治水的传说的渊源问题。顾颉刚于 20 年代就在他的名著《古史辨》中提出诸如"禹是南方民族神话中的人物","这个神话的中心点在越(会稽)"等观点。由于半个世纪以来的科学发展,顾颉刚所提出的被正统派学者视为离经叛道的学说,在新的科学证据面前,愈来愈显出了生命力。自从越人从宁绍平原进入南部山地以后,他们从山地北望,眼看祖辈代代相传的这片富庶广阔的故土,现在已沦为茫茫大海。而现在他们寄居的这片崇山峻岭,崎岖狭隘,生计困难。他们当然希望有这样一位神明,为他们治平洪水,让他们重返故园。这就是禹的神话的来源。但是这个神话被聪明的汉人从东南大海移植到黄河流域,他们不仅移植了禹这个神明,而且把东南的水环境和在这种水环境下产生的治水思想也同时带到北方。于是就出现了许多张冠李戴和牵强附会的说法。例如,禹的父亲鲧,首先奉舜之命治水,由于采用了"堙"(筑堤障水)的方法而失败,因此为舜所殛。禹则用"导"的方法而获得成功。但事实是,历代治黄河,直到今天,主要的方法一直是"堙"。几千公里的黄河,上游在西戎,下游在东夷,都不是夏朝的天下,即使这些蛮夷戎狄都对这位夏禹王放行,像这样一条每年输沙量达到 10 多亿吨的河流,禹兴工疏导,上至积石,下到九河。还要导黑水、弱水、汉水,甚至到岷山导长江,导沣、导淮。即使在今天的技术条件下,禹的这番水利工程,其难度也不可想象。禹的神话从越地传到中原,为时估计甚早,《诗·商颂·长发》有"洪水茫茫,禹敷下土方"一句可以为证。以后汉人不断添枝加叶,到了撰述《禹贡》的这位战国作者而集其大成。

其实,《长发》的"洪水茫茫"以及《尧典》的"汤汤洪水方割,荡荡怀山陵,浩浩滔天下",都是宁绍平原在卷转虫海侵时代的景象。黄河哪能出现这种情况?黄河大水时,也确能出现 3 万多秒立方米的流量,声势当然不小,但枯干时竟不到 200 秒立方米的流量,无非是条涓涓细流而已。疏导的治水方法,也是宁绍平原水环境的产物。这里从会稽山和四明山的许多冲积扇北流入海的小河,为数超过数十,长度都不过二三十公里。卷转虫海退以后,平原成为一片沼泽,必须疏导这些河流,才能排干沼泽,所以疏导是山会平原治水的主要方法。把这种治水方法移植到几千里的黄河中,实在是这个生动神话的一种损失。因为在产生这个神话的越地,这个神话不仅有它的浪漫性,同时也有它的现实性。但在山会平原具有现实性的这种疏导方法,到了黄河流域,不仅是一种空想,而且还使历代河官因此蒙受压力。朝廷中的一些不务实际,不懂河情的人,常可援引《禹贡》这部经书,高谈阔论,奢言疏导,其实是对治河的干扰。

我去年在日本讲学的题目之一——《吴越文化和中日两国的史前交流》,后来发表在《浙江学刊》1990 年第 4 期,其中有一段话说:

禹的传说就因为卷转虫海侵而在越族中起源,然后传到中原。但是这种传说在宁绍平原一带是根深蒂固的。中原的汉族虽然把这位越族传说中的伟大人物据为己有,但是他们显然留有余地,设法在这种传说中添枝加叶,尽量布置一个结局,让这位从越族中硬拉过来的人物,最后仍然回到越族中去。这就是权威的史书《史记·夏本纪》中所说的:"帝禹东巡狩,至于会稽而崩。"在《史记》的正文以后,司马迁还要加上一段他自己的话:"禹会诸侯江南,计功而崩,因葬焉,命曰会稽,会稽者,会计也。"《国语·鲁语》还记下了一个禹会诸侯于会稽的插曲:"仲尼曰:丘闻之,昔禹致群神于会稽之山,防风氏后至,禹杀之。"对于中原的夏王朝来说,会稽是荒外之地,是越族的领地,"同气共俗"的吴国,尚且要血战一场才能进军到这个地方,汉族的帝王和诸侯凭什么能到这个"南蛮駃舌"之地去"会计"呢?但孔夫子和太史公都不属于会说谎话的人,他们的话,当然是从前代传下来的。《史记·越世家》又说:"越王句践,其先禹之苗裔而夏后帝少康之庶子也,封于会稽以奉守禹之祀。"这真是古代汉族人的高明之处,以上所引《国语》和《史记》中的话,实际上就是汉族人告诉越族人:"对不起,我们占用你们传说中的一位伟大人物,但是在他死以前,我们原物奉还吧。"

据《吴越春秋》卷六所记,越王句践于其在位的二十七年(前470)冬临终时,曾与其太子兴夷说:"吾自禹之后,承允常之德。"这句话或许就是禹的传说出自越族的证明。不过到了这时候,尽管句践终于北上称雄,但汉族已经处于绝对优势的地位,汉族的文化更为越族所望尘莫及。而且越族的"神禹"已经成为汉族的"帝禹"。对于这样的事,越族自然无法再作计较,更何况汉族精心设计了一个会稽会议,最后慷慨地让大禹南归,叶落归根。而且平心而论,汉族把越族神话中的人物据为己有,其结果是得虚名而无实利。因为不管是越族的"神禹"或汉族的"帝禹",他最重要的业绩都是治水。但和"禹"名字一起北上的"疏导"的治水方法,即《孟子·告子下》所说的"禹以四海为壑",在当时汉族辖境的河流,特别是黄河,其实是英雄无用武之地。除了《禹贡》的作者大大吹嘘一通以外,历代治河者,实际上还是采用被舜所殛的他的老子鲧的方法,即"堙"的方法。如《水经·瓠子河注》:"永平十二年,显宗诏乐浪人王景治渠作堤,起自荥阳,东至千乘,一千余里。"又《河水注》,"汉安帝永初七年,令谒者太山于岑于右门东积石八所,皆如小山,以捍冲波,谓之八激堤。"如此等等,不胜枚举。好在近70万字的《黄河大事记》已由黄河水利委员会于1989年出版(河南人民出版社)。在这部巨书之中,除了第1页"约在公元前21世纪前黄河流域就有大禹'凿龙门'、'开砥柱'、'疏九河'的传说"一句外,全书根本没有"疏导"的记载。历史上著名的治河专家,如明代的潘季驯,也不过是"筑堤束水,以水攻沙"而已。现在黄河中游的沿黄城市如郑州、开封等等,地面高程都已在黄河河床以下,这就是历代"堙"的证明。

但"神禹"发源地的绍兴,情况就截然不同,尽管禹已被汉族请走,但越族先民通过"神禹"而流传的符合于当地水环境的以疏导为主的治水思想和方法,仍然为越族人民所服膺勿失,并且也为后来移入的汉族人民所服膺勿失。当然,在实践中,疏导的工作,并不像《禹贡》所说"导河积石,至于龙门"那样的轻而易举,却是一种非常复杂艰巨的工程。从稽北丘陵北流的河流有许多条,即所谓"鉴湖三十六源",虽然每条河流的入海流程不过二三十公里,但疏导工程却分三段进行。后汉永和五年(140),鉴湖围堤工程完成,"三十六源"流入鉴湖,完成了疏导工程的第一阶段。接着,人们修建海塘,疏导鉴湖以北的河湖水网,使鉴湖水体逐渐北移,到了12世纪初期,鉴湖堙废,稽北丘陵的"三十六源"直接经山会平原北部入海,完成了疏导的第二阶段。在这样的基础上,人们继续整治河湖网,最后于明嘉靖十六年(1537)完成了"三十六源"的总枢纽三江闸,使"三十六源"受这个总枢纽的控制,从三江闸入海,形成了独立的三江水系,才算最后完成了疏导的第三阶段。所以明徐渭所撰的《三江汤公祠联》云:"炼石补星辰,二月兴工当万历,缵禹之绪;凿山振河海,千年遗泽在三江,于汤有光。"这副对联,巧妙地用了"缵禹之绪"(《书·泰誓》)和"于汤有光"(《诗·鲁颂·骃之什·闷宫》)两个典故,"于汤有光",借成汤以称赞主持修建三江闸的嘉靖知府汤绍恩;而"缵禹之绪",则是继承"神禹"以疏导为主的治水思想和方法。三江水系就是疏导的产物。因此,作为"神禹"发源地的绍兴,不必因为这位值得自豪的神话人物的北移而感到惋惜,因为这位人物的实惠仍然留在乡土,长期以来,一直为这里的水利建设和农业生产服务,造福于桑梓人民。

由于汉人最后把禹交还给了越人,而且显赫一时的万乘之君秦始皇曾经亲自"上会稽,祭大禹"(《史记·秦始皇本纪》),伟大的史学家司马迁也曾经"上会稽,探禹穴"(《史记·太史公自叙》),把这场夏禹南归的喜剧,演得更为逼真。因此,绍兴会稽山下,得以至今屹立着一座辉煌的禹庙和禹陵,这当然是绍兴人值得自豪的古迹。因为巍然挺立在殿堂之中的这位头戴冕旒并以九把巨斧作为背景的神话人物,对于绍兴来说,他具有与众不同的意义。正是越族先民通过"神禹"而流传的以疏导为主的治水思想方法和以四海为壑的人定胜天的精神,改造了这个地区的自然环境。当这里还是一片荒芜泥泞的沼泽之时,管仲曾经描述:"越之水重浊而洎,故其民愚疾而垢。"(《管子·水地》第三十九)但"神禹"的方法和精神,终于使这里的劳动人民疏导河流,排干沼泽,垦殖土地,发展农业。把曾被管仲目为穷山恶水和极端愚昧肮脏的地方,建设成为一片山青水秀、富庶肥沃的鱼米之乡。所以,绍兴人民到会稽山麓瞻仰这座煌煌殿堂和巍巍塑像,心情确实不比寻常。因为人们都会勾起这样的想法:"神禹"是属于我们的,"神禹"治水的思想方法,"神禹"改造大自然的伟大精神,也是属于我们的。我们的这一片沼泽遍地、积水横流的穷山恶水,正是因为世世代代的"缵禹之绪",才改造成为这样一个独流入海的三江水系,发展了高度集约经营的农业,成为一个高产稳产、旱涝保收的农业区。

洪惠良、祁万荣二先生撰成《绍兴农业发展史略》一书,嘱我写序。他们是在农业区划工作的基础上,搜集了大量资料,经过认真细致的野外考察,然后撰写成书的。两年以来,我陆续阅了他们的初稿,并且看到了他们不断地修改和提高,现在展现在读者面前的,已经是他们经过多次精心雕琢的作品。全书既完整而又扼要地反映了历史时期绍兴农业发展的过程。所以,此书既是一种历史农业地理著作,也是一种区域农业史著作,不仅富于理论价值,而且具有现实意义。

对于绍兴发展农业的古地理环境,对于禹的神话以及绍兴自古以来农田水利建设的指导思想和方法,历来存在一些不同的看法(包括本书的看法)。自从顾颉刚在 20 年代提出他的观点以后,自从冀朝鼎在 30 年代提出:"将来新发现的证据,可能证实也可能推翻顾颉刚所作结论的积极贡献"(《中国历史上的基本经济区与水利事业的发展》,英文本于 1936 年在伦敦乔治·艾伦和昂温有限公司出版;中译本于 1981 年在中国社会科学出版社出版)以后,根据最近二三十年新发现的证据,包括假轮虫海退的贝壳堤和古海岸的研究,卷转虫海侵和海退的研究以及考古发掘中如河姆渡遗址等一系列发现,我们认为冀朝鼎所提出的用以证实顾颉刚所作结论的积极贡献的证据已经完备,禹的神话出自绍兴已经无可怀疑。近年以来,研究越文化的新一代学者也已经开始赞同了顾颉刚的这种观点(例如徐建春的《大禹治水神话研究中的新发现》,载《江西社会科学》1990 年第 4 期)。还有一些日本学者,对这个传说的来源也看得十分清楚。例如在东京外国语大学亚非语言文化研究所教授桥本万太郎主编的《汉民族与中国社会》(1983 年东京山川出版社出版)一书第四章《文化和生态环境》中,专门列入《夏禹王和洪水传说》一节,作者东京大学东洋文化研究所教授斯波义信说:"在中国的夏禹王传说,与《旧约圣经》中的 Nōah 方舟传说相当"。这就说明,禹的传说正和《旧约·创世纪》中的诺亚方舟一样。这类故事在世界各地的濒海地区多有流传,显然是由第四纪海侵的目击者代代相传而来。黄河中游和黄土高原没有受到第四纪海侵的影响,是不可能产生这类传说的。因为此事对越文化和绍兴远古的农田水利以及农业发展史关系至为重大,所以利用为此书作序的机会,简要地论证这个问题,以阐明我的观点。

原载《绍兴农业发展史略》,杭州大学出版社 1991 年版

《浦阳江下游防汛与管理》序

　　陈志富先生编著的《浦阳江下游防汛与管理》一书即将出版,使我感到欣慰。1990 年年初,他曾把此书的打印稿寄给我,浏览以后,给我留下很好的印象。我曾复信鼓励他作一些修补,并付诸出版。对于浦阳江下游来说,此书内容写得相当全面和详细,不仅详述了防汛与管理的现状,而且涉及浦阳江和萧山的一些水利史问题。现在再读此书校样,感到经过修补以后,内容比打印稿更为妥善完备。不免勾起了我的一些回忆。

　　我开始接触浦阳江和萧山水利史在 50 年代之末。当时,曾经有过一个在钱塘江口拦坝建造潮汐发电站的设想。水利部门委托华东师范大学和杭州大学,进行与这个设想中的潮汐发电站直接有关的地区的技术经济调查。华东师范大学地理系负责杭嘉湖平原,杭州大学地理系负责宁绍平原。当时,我是地理系的经济地理教研室主任,所以于 1959 年暑期,带领教研室的全体教师和几个班级的高年级学生共百余人,在西起萧山东到宁波的广大地区工作,师生们分组驻扎在各个中心地点,我则在整个地区往复奔走。在整整两个月中,我发现了这一带的不少历史地理和水利史问题,浦阳江的碛堰就是其中之一。经过我的初步考察和查阅历史文献,发现碛堰开凿始于明代之说完全不能成立。于是在技术经济调查结束以后,整个 1960 年,我都从事这个课题的研究。当时,省地质局总工程师、我国的老一辈地质学家朱庭祜先生尚健在,他曾于早年撰文同意明代开凿之说,为了对他的尊重和向他请教,我曾经几次访问了他。他承认当年所写的文章(《钱塘江塘工地质后编〔钱塘之发育及其变迁〕》)比较粗糙,希望我继续把这个问题研究下去。我每周利用没有课的两天时间,在碛堰周围地区,跑了大半年。当时正是所谓"三年自然灾害"时期,沿途根本买不到任何可以果腹的东西,所以我每周作两天野外工作,除了到野外所必需的仪器工具外,背囊中还得带足两天的粮食,爬山越水,真是一个沉重的负担。这一时期,我经常在临浦镇、义桥镇、闻堰镇的小客栈中过夜。在昏暗的电灯光下整理白天考察的资料,有时住在萧山火车站边上的一家旅馆中,也是一家很普通的旅馆,但是和临浦、义桥、闻堰相比,它算得上是我当年的高级宾馆了。

当我完成了野外工作,并基本上查遍了所有有关这个地区的历史文献以后,我开始撰写论文,完成初稿,以油印本的形式向学术界和有关部门征求意见。正是这时候,政治形势不断紧张起来,终于发生了所谓"十年灾难"。我随即被关进了"牛棚",这项研究当然搁浅。1977年以后,情况开始好转,特别是在这10年之中,国际上的科学技术仍然不断发展。当我重新拿出十多年前的油印稿修改整理之时,卫星相片和放射性碳素测年等新的科学技术都已经出现,使我得以利用这些手段,对我的论文作了修改。终于以《论历史时期浦阳江下游的河道变迁》问题,发表于1981年的《历史地理》创刊号中。在这篇论文中,我排列了一个碛堰兴废的表格,从南宋绍兴十二年(1142)到明嘉靖十六年(1537)之间,碛堰开堵共16次。但其中有3次因为资料疏缺,只好在表格上写了"不明年代"字样。中国科学院物理研究所的高建国先生,在看到我的论文以后,立刻用计算机处理了这3个"不明年代",求得了它们的近似值。他当年写了信给我,其成果稍后也公开发表。可惜我手头现在已找不到他的研究成果,实在抱歉。以上说的是我第一次和萧山水利史所发生的关系。

1985年,我应聘在日本作客座教授,以国立大阪大学为基地,从事一些教学和科研工作。大阪大学为我提供了一间设备良好的工作室,和我的好友斯波义信教授为邻。斯波教授是日本著名的汉学家,曾经发表过许多有关宁绍平原历史地理和水利史的著作,其中也包括对萧山的研究论文:《〈湘湖水利志〉和〈湘湖考略〉——浙江省萧山县湘湖水利始末》、《关于〈麻溪改坝为桥始末记〉》两文。我的夫人胡德芬副教授,利用随我到日本的机会,从事一些日文著作的翻译工作,也翻译了斯波先生的几篇论文,包括上述有关湘湖的这一篇(后来发表在《中国历史地理论丛》第3辑)。斯波教授在上述两篇有关萧山的论文中,都引用我的关于浦阳江下游河道变迁的论文,因此,我的夫人在翻译过程中,免不了要和斯波先生及我谈谈内容中的若干问题,这样,让我又一次重温了萧山水利史。

事情特别凑巧的是,就在我那一次在日本讲学的时候,美国瓦尔巴莱索大学的历史系主任萧邦齐副教授(美国的汉学家,都为自己取一个中国名氏,其实,他是地道的美国人,他的姓名:R. Keith Schoppa,按规范的汉译是:R·基思·肖帕),专门写了一封信给斯波教授,因为他知道我在日本。信中希望斯波教授推荐他到我的研究室作一段时期的湘湖水利史研究,斯波先生把他的信转给丁我。萧邦齐先生对这个课题的研究非常热衷,就在他致信斯波教授后不久,他获悉杭州大学薛艳庄校长和夏越炯书记恰在印地安纳大学访问,他从芝加哥附近驱车数百公里赶到印地安纳,当面要求这两位杭州大学领导,要他们同意并敦促我接受他的要求。在美国的杭州大学领导和在日本的我,都同意了他的要求。只是因为一件偶发的事故,推迟了他来华的时间。当他的正式书面申请审批的过程中,遇到了日本广岛女子大学副教授堤正信先生的变故。堤先生是我于1983年应聘在关西大学作客座教授时所认识的。他申请作为我指导的进修学者,带了夫人孩子在我的研究室进修聚落地理学。在经过一段较长时期的野外考察以后,因心脏病突发,不幸于1985年秋在杭州大学专家楼去世。因此,审批者就谨慎起来,要萧邦齐先生提出体格检查表。他不明原委,颇感惶惑,而信件往返,直到1986年暑期以后,才带了夫人孩子来到我的研究室。

他和我第一次见面时,就以他1982年在美国哈佛大学出版社出版的汉学专著《中国的名流和政治变迁——20世纪早期的浙江省》(*Chinese Elites and Political Change—Zhejiang Province in the Early Twentieth Century*)一书作为见面礼。让我因此对他的汉学功底有所了解。他在我的研究室十分勤奋地工作了4个月,我为他安排了几次到萧山和宁绍平原的野外考察和其他研究内容。我们之间,包括我的小外孙和他的小女儿之间,相处得非常愉快。

1989年,我收到了他的研究成果,他在耶鲁大学出版社出版的《湘湖——九个世纪的中国世事》(*Xiang Lake—Nine Centuries of Chinese Life*)。在这部近300页的巨著卷首,他写了一段感谢我的话:

> 显然,如果不是杭州大学地理系陈桥驿教授慨然相助,我这湘湖史话是不会得出恰当的结论的。1986年秋我逗留浙江期间,陈教授毫无保留地付出他的时间和精力,为我提供各种原始资料,安排会见,取得图书馆借阅权,并为我安排了一次去萧山县湘湖旧址的重要考察,他还亲自作陪。他对湘湖地区的渊博知识,又给我增添了丰富的资料,使我避免了许多错误。至于本书中仍然存在的那些错误,应该指出,都应由本人负责。

他的话或许说得过于客气,他在中国的时候,我如其说作为他的指导者,还不如说作为他的翻译。他对汉籍的阅读能力极强,也能说一些汉语,只是听力较逊,特别是对于浙江方言。凡是外出访问考察或举行座谈会,我总是在场把各种浙江方言:杭州话、萧山话、绍兴话等即时翻成英语。除了有一次在绍兴沈园，他突然要求我把镌在墙上的陆游的《钗头凤》翻成英语，我确实结结巴巴，惹得同行的几位研究室的教师为我捏一把汗以外，在这方面他大概颇感满意。记得有一次在萧山举行座谈会，湘湖师范的一位水利史专家杨钧先生发言，他说，自从浦阳江口的小砾山排灌站落成以后，湘湖的历史使命也就完成了。我随即把杨先生的话译给了他，他对此极感兴趣，不断就此提出问题。因为在座有另外几位先生不同意这种观点，座谈会变成辩论会，来言去语很多，会场空气顿时活跃起来，我忙着把所有发言转达给他，让他自己去作判断。这一次他很兴奋，在杭州、萧山、绍兴等地曾举行过多次座谈会，这大概是他认为收获最大的一次。对于我来说，萧邦齐先生的来华，是我生平第二次和萧山水利史的接触。

1990 年暑期，我的老友斯波义信教授（我在 1985 年夏离开日本以后，他也随即应东京大学之聘到那里担任东洋文化研究所所长的职务）来到杭州。当然，在他来华以前，我早已根据他的几次来信为他安排了考察日程，其中也包括对萧山水利史的考察在内。我们夫妇陪他到萧山，由我在萧山的朋友，前政协主席《萧山县志》主编费黑先生热情接待，考察了湘湖、浦阳江、峙山船闸、茅山闸、旧麻溪坝等，他感到非常满意。他在这方面或许还要继续发表研究成果，我们可以拭目以待。

陈志富先生的大作勾起了我对萧山水利史的这一番回忆。使我不禁省悟到，萧山水利史，包括湘湖、浦阳江、麻溪坝等问题，已经引起了国际汉学家的很大兴趣，而且发表了不少研究成果。现在，萧山水利史的一个重要续篇，即工程浩大的海涂围垦，正在不断取得辉煌的成果。记得那年我陪同萧邦齐先生到南沙，在头蓬的围垦指挥部举行了座谈会。在江堤现场，面对已经围成的和正在围筑的土地，我和他说："上帝造海，荷兰人造陆的话，你想必听到过；现在，我们得加上一句：上帝造海，萧山人造陆。"他翘起大拇指说："OK"。的确，这是萧山水利史上的光荣一页，是萧山人的骄傲。这一次，我已经向陈志富先生建议，让他在《浦阳江下游防汛与管理》一书出版以后，再接再厉，撰写一部全面而完整的《萧山水利史》。我想，这不仅是我，也是那些关心萧山水利史的外国汉学家们的殷切希望。

原载《浦阳江下游防汛与管理》，浙江大学出版社 1991 年版

《绍兴古代水利诗词选注》序

明年是大越城(今绍兴城)建立和越王句践定都大越城的 2480 周年,又是汉会稽郡太守马臻领导完成鉴湖工程的 1850 周年。在这样一个意义深长的年代即将到来之际,我读完了《绍兴古代水利诗词选注》,并且为它写序,真是不胜荣幸。

诗歌是一种有节奏和韵律的文学体裁,人类从他们的蒙昧时代起,就开始有诗歌。世界上任何民族,不论是先进的还是落后的,都有他们自己的诗歌。所以这是一种非常广泛的、具有很大普及性的文学体裁。在中国,因为有一部古老的诗歌集——《诗经》,被列为神圣的经书,受到人们普遍的尊重。因此,诗歌在中国,自古就是一种受到重视的文学体裁。而且我们也因此很早就有了一套关于诗歌的理论。《诗·大序》说:"诗者,志之所之也。在心为志,发言为诗。情动于中而形于言,言之不足,故嗟叹之;嗟叹之不足,故永歌之;永歌之不足,不知手之舞之,足之蹈之也。"又说:"治世之音安以乐,其政和;乱世之音怨以怒,其政乖;亡国之音哀以思,其民困。故正得失,动天地,感鬼神,莫近于诗。"《诗·大序》对于诗歌的定义及其作用,说得如此深远宏大,或许不是后世随意作诗和信口念诗的人所能理解的。

我不是诗人,除了偶然逢场作戏胡诌几句以外,根本不懂得诗歌的理论和方法,至于《诗·大序》中所说的这些大道理,自然就更不曾研究了。不过对古代的水利书,生平曾经读过一些,它们也有涉及诗歌的。其中特别是《水经注》,郦道元曾在此书上引用了大量诗歌谚语。《水经注》是一部以水道为纲的地理名著,郦氏所引的诗歌谚语,常常是为了描写风景,阐述水利。读了《水经注》中有关这方面的诗歌谚语,看看《诗·大序》提出的理论,觉得确实不无道理。《水经注》卷一四《沽河》经"南过海阳狐奴县北,西南与湿余水合,为潞河"注:"渔阳太守张堪,于县开稻田,教民种植,百姓得以殷富。童谣歌曰:桑无附枝,麦秀两歧,张君为政,乐不可支。"又卷一九《渭水》经"又东过霸陵县北,霸水从县西北流注之"注:"渭水又东得白渠口,大始二年,赵国中大夫白公,奏穿渠引泾水,首起谷口,出于郑渠南,名曰白渠。民歌之曰:田于何所,池阳谷口,郑国在前,白渠起后。"上述两首为郦氏所引的诗歌,都是人民用来歌颂兴修水利的有功人物的。渔阳太守"教民种植,百姓得以殷富。"郑国和白公在关中兴修的水利,按《水经注》卷一六《沮水注》的记载,在关中"溉泽卤之地四万余顷,皆亩一钟,关中沃野,无复凶年。"这样的水利建设,人民当然"乐不可支"。于是就如《诗·大序》所说:"情动于中而形于言,言之不足,故嗟叹之,嗟叹之不足,故永歌之,永歌之不足,不知手之舞之,足之蹈之也。"同样,《水经注》所引的古代诗歌中,也有对那些祸国殃民、破坏水利的坏人坏事的鞭挞。例如卷一九《渭水》经"又东,丰水从南来注之"注中所引的民歌:"前汉之末,王氏五侯,大治田宅,引沈水入长安城。故百姓歌之曰:五侯初起,曲阳最怒,坏央高都,竟连五杜,土山渐台,象西白虎。"所以,如《诗·大序》所说,从古代人民对当时水利兴废进行褒贬的诗歌中,是可以分得出"治世之音"、"乱世之音"来的。在古代没有什么代议制和新闻媒介等沟通政府和人民的办法以前,则所谓"正得失,动天地,感鬼神,莫近于诗"的话,也不算过分夸大。当然,《诗·大序》所指的诗,范围极大,仅仅《诗经》中所收的风、雅、颂三百多篇,就包括多种多样的内容。其中也包括水利兴废的内答,例如《大雅·皇矣》中的一段:"我泉我池,度其鲜原,居岐之阳,在渭之将,万邦之方,下民之王。"这一段描述西周的发祥基地周原上水利完备、兴旺发达的诗歌,当然属于《大序》的"治世之音"。但《大稚·召旻》所描述的恰恰是《皇矣》的反面。其中一段说:"池之竭矣,不云自频;泉之竭矣,不云自中。溥斯害矣,职兄斯弘,不灾我躬。"这里所说的"池之竭矣"、"泉之竭矣",都是水利不修。所以《诗序》说:"凡伯刺幽王大坏也。"这当然属于"亡国之音"了。

　　我为《绍兴古代水利诗词选注》作序,却从《诗·大序》的这番大道理说起,主要是为了指出诗歌在古代不是一件小事,而有关水利的诗歌,更是兹事体大,因为古代是个农业社会,水利是农业的命脉,水利诗歌在当时的重要性也就不言而喻。

　　现在回到绍兴古代水利诗词这个主题上来,我认为,对于绍兴这个特殊的地区来说,古代的水利诗词,具有超越一般地区的更为重大的意义。这是因为,整个山会平原,其实就是历史上水利建设的产物。我在拙作《于越历史概论》(《浙江学刊》1984年第 2 期)一文中已经详细地叙述了这个地区在第四纪最近一次海侵即卷转虫海侵前后的情况。在卷转虫海侵以前,这里原是一片自然条件优越的于越族的早期居地。但在海侵的过程中,最后沦为一片浅海。于越族在会稽山地渡过了几千年"随陵陆而耕种,或逐禽鹿而给食"(《吴越春秋》卷六)的迁徙农业和狩猎业的生活。及至海退以后,于越族先前繁衍生息的这块肥美平原已经面目全非,成为一片潮汐出没、土地斥卤、沮洳泥泞的沼泽地,直到公元前 7 世纪,管仲仍把这片沼泽地的自然环境和人文环境描写得十分恶劣。他在《管子·水地篇》中说:"越之水重浊而洎,故其民愚疾而垢。"要把管仲笔下的这片可怕的沼泽地改造过来,首先就得让它一块块地与潮汐隔离,然后才能排干沼泽,进行垦殖。越王句践时代大量修建的堤塘如富中大塘、练塘、吴塘等,主要就是为了这个目的。春秋于越以来围堤筑塘以改造沼泽地的水利措施,为后汉的鉴湖工程奠立了基础。鉴湖工程的完成,为山会平原北部的广大沼泽地的垦殖利用创造了条件。到了唐代,平原北部的海塘已经全部修成,于是鉴湖的蓄淡功能逐渐为北部的河湖网所取代。随着鉴湖水体的逐渐北移,鉴湖也就陆续遭到围垦,终至全部湮废。于是,除了钱清江以北地区外,山会平原南北连成一片以玉山斗门为枢纽的河网平原。钱清江最后于 16 世纪前期由于浦阳江碛堰的开启而脱离了与浦阳江的关系,而三江闸的建成,终于把整个山会平原和萧山平原的东南部结为一体,形成一个统一的三江水系。经过十个世纪的改造,这块被管仲描绘得如此恶劣的沼泽地,终于成为一片稳产高产、旱涝保收的鱼米之乡。这就是绍兴简要的水利史。《绍兴古代水利诗词选注》中所收录的许多诗词,都是山会平原水利发展过程中各个时期的作品,它们其实是一种以文学形式表达的山会平原水利史。

在中国,古代治水的代表人物是禹。禹当然是一位传说中的人物。按照传统的说法,他是奉他的前皇舜的命令去治平洪水的。治水成功,舜就把帝位禅给了他。禹治水的过程和业绩,记载在一部经书《尚书》中的一篇《禹贡》之中,但《禹贡》经过许多学者的考证,实在是战国时代的作品。除了这种传统的说法以外,也有一些学者提出过不同的看法。著名的历史地理学家顾颉刚先生在他的《古史辨》卷一(北平朴社1926 年出版)中指出:"禹是南方民族神话中的人物","这个神话的中心点在越(会稽)"。冀朝鼎先生在 30 年代就对顾颉刚先生的这个观点作出了反应,他在《中国历史上的基本经济区与水利事业的发展》(英文本,伦敦乔治·艾伦和昂温有限公司1936 年出版;中译本,朱诗鳌译,中国社会科学出版社 1981 年出版)一书中说:"顾颉刚认为,由于长江流域的特殊地理条件,即森林、野兽与沼泽的威胁,洪水灾害,特别是钱塘江(当时长江的一条支流)的洪水灾害,以及由此而产生的对治水的急迫要求,就产生了关于禹和洪水的传说。"冀朝鼎先生在当年虽然实际上赞赏顾颉刚先生的观点,但是他的评论却还是相当客观的。他接着说:"将来新发现的证据,可能证实也可能推翻顾颉刚所作结论的积极贡献。"冀朝鼎先生说这些话在半个世纪以前,在这半个世纪中,"新发现的证据"已经有了不少,其中最重要的有两项。第一项是第四纪古地理的研究,卷转虫海侵及其波及范围,即是这方面的研究成果之一,它为顾颉刚先生的研究作了重要的补充。即这个地区的古代洪水,并不因钱塘江而引起,而是一次规模极大的海侵,这次海侵把于越部族长期来繁衍生息的大片土地沦为海域。禹和洪水的传说,正是在这种情况下产生的。第二项是考古学研究的成果,特别是比仰韶文化还早的河姆渡原始聚落的发现,说明了中华民族的古代文化是多元的,这为顾颉刚先生所提出的禹的传说是从南方流传到北方的说法提供了有力的证据。我在这篇序言中提出这个问题,并不是为了论证顾颉刚先生的观点,而是为了说明,何以在古代绍兴的水利诗词中存在着大量涉及禹的章篇。古代的水利诗词在中国可以说处处有之,但很少能找得出像绍兴这样一个地方,历史上拥有这许多称颂禹的诗词。这或许是从另一个侧面表达了与顾颉刚先生相同的观点。元吴莱的《越吟》就是这样:"会稽乃巨镇,雄拔天东南,东南谁开辟,大禹世所钦。"宋蒋白的《题禹庙》也表达了相似的意思:"大禹归天后,南惟此庙存。"宋齐唐的《题禹庙》:"削断龙门剑力闲,越祠终古鉴湖边。"或许已经表达了他的难言之隐。因为古人不敢违背经书,而经书明明说:"正月朔旦,受命于神宗,率百官若帝之初。"(《尚书·大禹谟》)禹是接受舜禅位的夏朝开国皇帝,那有产生在南方之理?齐唐的诗句,可能已经含蓄地表达了顾颉刚先生直截了当所表达的意思。我的一位研究生乐祖谋君,热衷于顾颉刚先生的观点,为了论证这个观点,他走遍绍兴、上虞、余姚三县,找寻禹迹和禹的前皇舜迹,并且反复地查阅了三县地方志和其他文献,结果在三县境内找出了舜迹和禹迹达 18 处之多(《历史时期宁绍平原的城市起源》,载《中国历史地理论丛》第三辑)。现在,我在《绍兴古代水利诗词选注》中,又读到了清吴庆袭的《古闸秋涛》:"三江锁钥凭天险,万派朝宗绕禹门。"按注释:"斗门一名禹门乡。"这里的"斗门",就是玉山斗门,又名朱储斗门,我曾在拙作《古代鉴湖兴废与山会平原农田水利》(《地理学报》1962 年第 3 期)一文中作过考证,它是马臻初创鉴湖时的三大斗门之一,是鉴湖蓄泄的总枢纽。斗门称为禹门乡,尽管不是禹迹,但名称的渊源可能很早。这是乐祖谋君在当年的野外考察中所不曾注意到的。总之,一个地区的古代水利诗词中拥有这样多的关于禹的章篇,这是绍兴古代水利诗词的与众不同的重要特色。顾颉刚先生指出,禹的传说,是由于这个地区的滔天洪水因而产生的对于治水的急迫要求的反映。从绍兴古代水利诗词看来,这个传说中的神化了的禹,对于古代绍兴人民制服水、驾驭水的思想和实践,具有极大的鼓舞作用。"万灵何以报,终古咏怀襄"(宋张伯玉《题禹庙》),"禹穴已荒没,禹功长不磨"(明刘基《感怀诗》),绍兴古代有大量这样的诗词纪念禹,歌颂禹,所以他们要"缵禹之绪"(明徐渭《三江汤公祠题联》),献身于绍兴的水利事业。而凡是历史上修治水利的功臣,绍兴人民都以禹作比。例如他们歌颂创修鉴湖的太守马臻:"会稽疏凿自东都,太守功从禹后无。"(宋王十朋《颂马臻》)他们赞扬修建三江闸的太守汤绍恩:"业并金城固,功垂禹绩侔。"(清朱丙炎《秋日谒汤莫二公祠》)神禹成为绍兴历史上世世代代修治水利的一个至高无上的榜样,而人民对于神禹的这种无比的崇敬,如《诗·大序》所说:"情动于中而形于言",是通过许多诗词流传下来的,所以具有很大的感染力,对于促进绍兴的水利建设,意义十分重大。

绍兴古代水利诗词的第二个特色是,尽管绍兴的水利史为时悠久,有关水利的诗词为数浩瀚。但是大量的水利诗词却很明显地围绕着几个重点。这些重点就是绍兴水利史中的关键。在历史时期,绍兴的水利发展,从时间上说,起自于越时代的围堤筑塘改造沼泽平原,终于明嘉靖年代三江水系的形成,全部沼泽平原改造成为一片旱涝保收的丰产田。从空间上说,始于南部的会稽山山麓冲积扇,逐渐自南向北,终于沿海的滩涂。把时间与空间结合起来说,总的可以划分为两个阶段,第一个阶段是从于越的围堤筑塘直到后汉永和五年(140)南塘的完成和鉴湖的出现;第二个阶段是山会平原北部的整治,北塘(与南塘相对而言,指沿海海塘)的完成直到明嘉靖十六年(1537)三江闸的建成和三江水系的出现。在这整个过程中,鉴湖和三江闸显然是绍兴水利史中的关键,而古代绍兴水利诗词的大量篇幅,正是集中于这两个关键之上。诗人多半不是水利专家,但他们却不约而同地在这两个关键上"情动于中",说明鉴湖和三江闸在绍兴水利史上的重要性确是众所共见。这些诗词都是很使人感动的。例如:"一湖镜水谁能羡,自有胸中万顷湖"(唐白居易《谢微之令镜湖》),"镜湖潴众水,自汉无旱蝗"(宋陆游《稽山行》);又如:"绝大江门一闸收,沧溟内外庆安流"(清杨栋秀《偕幼心司马游应宿闸》),"船在平原水在田,汪洋巨浸几千年,当年填海家家怨,今日宁澜处处烟"(清佚名《题汤公祠》)等等,真是不胜枚举。即使是一个完全不了解绍兴水利史的人,读了这些诗词,必然也会顿时理解鉴湖与三江闸在绍兴水利史上的重要意义。

绍兴古代水利诗词的第三个特色是诗词中包括了大量歌咏稽山镜水美丽风景的章篇。一般说来,风景与水利并非同一事物。但绍兴的情况却不同一般。绍兴的风景在很大程度上就是水利的产物。前面已经提到管仲在公元前 7 世纪对这个地区的描述:"越之水重浊而洎,故其民愚疾而垢。"但管仲说这番话以后十个世纪,这个被他说成是穷山恶水、人民愚垢的地方,居然在会稽山下兰亭的一次修禊中,聚集了来自全国各地的 42 位名流学者,撰文赋诗,极一时之盛。他们赞赏这里的山水美景,流连忘返。"永和春色千年在,曲水乡心万里赊"(唐刘长卿《上已日与鲍侍御泛若耶溪游云门》)。王羲之主持修禊的兰亭,据《水经·渐江水注》所记,在天柱山下的鉴湖湖口,其实就是鉴湖工程的产物。明袁宏道《山阴道上》说:"六朝以上人,不闻西湖好。"的确,六朝正是鉴湖的全盛时期,西湖在当时还是一个荒郊小湖(鉴湖面积比西湖约大80倍左右),怎能与鉴湖并提。历来对稽山镜水的许多著名描写如"千岩竞秀,万壑争流","山阴道上行,如在镜中游"等等,都出自六朝文人。说明经过10个世纪的水利修治,这一块曾被一个北方大国的著名宰相说成是一些既愚蠢又肮脏的老百姓所居住的穷山恶水,竟变成了为全国第一流文人学士所聚会的青山绿水。六朝以后,唐宋诗人也同样地用诗词赞美这里的胜景:"万壑与千山,峥嵘镜湖里"(李白《送王屋山人魏万诗》),"百里油盆镜湖水,千峰细朵会稽山"(元稹《送王十一游剡中》),"越山云,越江水,越王台,个中景,尽可徘徊"(宋汪元量《金人捧露盘·越州越王台》)。由于水利建设的成就,绍兴成为一个名闻遐迩的风景区。唐孟郊在其《游越中山水留龙门》一诗中,竟把越州称为"山水州"("日觉耳目胜,我来山水州"),而明陈子龙在其《钱塘东望有感》一诗中,更把绍兴的山川胜景和它的人材辈出联系起来("禹陵风雨思王会,越国山川出霸才")。在绍兴古代的诗词中,有这样一大批歌咏山川美景的章篇,真是锦上添花。

如上所述,绍兴古代水利诗词,确实是绍兴的一宗历史文化财富。前面已经指出,绍兴古代诗词,实际上是一种以文学形式表达的绍兴水利史。诵读这样的诗词,既是一种文学上的享受,也是一种思想上的教育。当我们读到"山重水复疑无路,柳暗花明又一村"(陆游《游西山村》)时,仿佛行走在会稽山区的蹊径之上;读到"州城萦绕拂云堆,镜水稽山满眼来"(元稹《以州宅夸于乐天》)时,似乎站在卧龙山顶巅向南远眺;读到"湖光潋滟漾高蠡,千顷平涵浩荡胸"(清王霖《晓行瓜渚》)时,好像舟行在瓜渚湖畔的水乡泽国之间;读到"溅空飞雪和天白,激石冲雷动地号"(王十朋《斗门诗》)时,则又如站在三江之滨观看钱江怒潮。诵读这些诗词,等于让我们在绍兴水利史的悠长时间和广阔空间中作一次漫游。这样的漫游,不仅陶冶人们的性情,而且增长人们的知识。所以,诵读绍兴古代水利诗词,既是一种高雅的消遣,又是一种有益的学习。

绍兴古代水利诗词特别重要的价值,在于它们给予后人的教育意义。绍兴是水利的产物从穷山恶水到青山绿水,从泥泞斥卤的沮洳沼泽到旱涝保收的鱼米之乡。这中间,经过多少劳动人民世世代代的辛勤劳动,经过多少贤牧良守殚精竭虑的擘划经营。今天,我们诵读这许多文字生动、内容丰富的古代水利诗词,诗人们的感情和技巧当然值得赞赏,诗人们所描述的水利成果,更是来之不易。作为绍兴人民,摆在眼前的水利课题,首先是怎样保护我们祖先得来不易的水利基业,使青山常在,绿水长流。第二是,随着科学的发达,技术的进步,怎样使绍兴的水利建设继续发展,不断提高。既然顾颉刚先生早已提出绍兴是禹的神话产生和流传的中心,既然在最近的半个世纪中,我们已经获得了冀朝鼎先生所要求的用以证实顾颉刚结论的积极贡献的许多新发现的证据。那末,"缵禹之绪"应该成为绍兴人民义不容辞的责任。

水利事业是永远发展的,诗词创作也是不会终止的。今后,绍兴人民必将以更为出色的水利建设,更为美好的山水胜景,让更多的诗人们"情动于中"写出更引人入胜的诗词章篇。

1989 年 6 月,杭州大学历史地理研究室

绍兴探胜

平原富饶

游客从杭州过了钱塘江，呈现在眼前的是一片肥沃富庶的平原沃野。这里河渠纵横，土地平整，耕作精细，村舍稠密……这就是宁绍平原。

从萧山向东南行，在西兴运河与钱清江的交汇处，我们到达了钱清镇，这是进入绍兴的第一站。钱清之名来源于汉朝，当时会稽郡守刘宠，由于为官廉明，在任时境内太平，人民安居乐业。离任时，会稽山中的好几位老人，特地背了许多大钱，赶来送行，行到此处才赶上太守，要把大钱送给他。刘宠自然不会接受这种馈赠，但也不忍拂逆老人们的雅意，在相互道别以后，他在这许多大钱中取了一枚，登舟而去。后来，人们在他登舟之处修建了一座纪念亭，叫做一钱亭。现在，一钱亭早已不存，但钱清这个美名却依然留传。

在钱清东南 30 里，绍兴第一大镇柯桥的街市沿着运河两岸铺设，长达 5 里，市肆繁盛，舟楫如梭，一片鱼米之乡的丰盛画面，是典型的江南水乡景色。镇南有柯亭，后汉著名文人蔡邕曾在此住宿，至今柯亭遗迹尚存，可供凭吊。

从柯桥东南通绍兴城，西北达萧山城，交通十分方便。这里排列着四条平行的、在不同时期中建成的道路：偏东是晋代凿成的浙东运河（西兴运河）；紧靠运河是唐代修成的官塘，这是绍、萧之间的第一条陆道，也是运河船舶的纤路；官塘以西是 20 年代修成的绍萧公路;公路以西是新中国成立后修复的萧甬铁路。四条道路在东西不过二三百米的宽度内平行而过。站在柯桥桥顶上眺望:脚划船、乌篷船、汽船在运河上穿梭往来,拉纤的船工在官塘上弯腰迈步,各种型号的汽车在公路上奔跑,而内燃机车头拖带的旅客列车在铁路上疾驰而过。真是一个活生生的交通博物馆。

循柯桥这个交通博物馆的任何一条道路向东南行20里,就到了古城绍兴。

古城风貌

绍兴是一个古城,自从春秋战国以来,两千多年之中,真是物华天宝,人杰地灵,城内城外,遍地可见古迹,到处都有名胜。仅县城及其附近的省、县二级文物保护单位就有30多处,全县较著名的名胜古迹在一百处以上。在绍兴城内漫步,现代化的风貌和古色古香的情调交织在一起,确实别有一番滋味。

绍兴城的前身是越王句践七年(前490)建筑的山阴小城,它是利用一片沼泽平原上的大小8个孤丘而建立起来的。其中最高的是今城内西侧的龙山,因山势呈西南——东北向,蜿蜒如卧龙而得名。龙山在全城居高临下,是一重要名胜。最高峰海拔76米,越国大夫范蠡曾在此建飞翼楼,用来瞻望吴国军队的入侵。从唐代起,此处改建望海亭,因当时钱塘江下游河道走南大门入海,江道距今绍兴城不过50里,晴朗之日,在此可以远眺江海。望海亭下稍东有越大夫文种墓,所以龙山古称种山。望海亭南麓,即是古越宫殿,以后的越州州治和绍兴府治也都建于此处,至今古柏高耸,宫基宛然。望海亭北麓,有唐宋名人摩崖题字,字迹尚依稀可辨。望海亭以西的另一处较低的丘阜上,建有风雨亭一处,是纪念鉴湖女侠——秋瑾烈士的亭榭。从北宋起,曾经以龙山及其山麓的湖沼溪泉,建成一个称为西园的优美园林,每逢节日,士民纷纷到此游览,是全城的佳境。龙山曾几度兴衰,到新中国成立后,又在此修建一座规模较大的公园,全山进行了绿化,亭榭重修,布局一新。

龙山以南,城内的另一著名丘阜是塔山。《吴越春秋》记载此山是一个晚上从东武(今山东省东南部)海中飞来,故名飞来峰。唐朝诗人方干的诗说:"台殿渐多山更重,却令飞去即应难。"到唐朝还有人担心此山忽然飞走,说明这个神话流传的广泛。其实,塔山也和其他小山一样,是崛起于沼泽平原上的一个凝灰岩孤丘,高不过海拔32米。越王句践曾在公元前490年稍后,在此山建造了一座怪游台,高46丈,周围532步,既观星象,又观天气,是我国有历史记载的第一座综合性天文台和气象台。晋代末叶,山上建筑了一座称为应天塔的七级浮图,到了第5世纪的刘宋时代,塔侧又建了一个名叫宝林寺的寺院。塔和寺几经沧桑,寺院早已不存,但苍劲挺拔的应天塔,至今仍然屹立山巅、每当夕阳西照,古塔昏鸦,景色十分动人。

此外,绍兴城内的名胜古迹还有很多,例如城南的沈园,这个著名的南宋园林,是爱国诗人陆游与他已经离异的前妻唐婉邂逅的地方。城南的另一处古迹青藤书屋,是明代著名文学家和画家徐渭的故居,庭院中矗立着一棵树冠茂密的大冬青树,还是当年的遗物。晚清革命烈士秋瑾女侠的故居在塔山山麓,现已修缮完整,供人瞻仰。秋瑾就义处的轩亭上,在今解放路和龙山横街交会的丁字街口,屹立着一块秋瑾纪念碑。有关我国现代伟大的文学家、思想家和革命家鲁迅的遗迹,包括故居、老台门、三味书屋、百草园和新中国成立后新建的鲁迅纪念馆也都在城南,距沈园不远。

绍兴这个古城,原来是一个典型的消费城市,建国30年来,城内和城郊,陆续兴建了钢铁、机器制造、化工等工业,而绍兴固有的特色工业如酿造、制茶等,也已扩大和革新。站在龙山俯瞰,城郊一带烟囱林立,厂房栉比,勾出一幅动人图景。

孤丘多姿

古代的绍兴城是利用这个地区的8个孤丘建立起来的。这种孤丘,在绍兴平原上,多至数百,它们的高度从二三十米到百余米,多由侏罗纪和下白垩纪的凝灰岩构成。在第四纪,这些孤丘原是浮沉于海面上的一个个蓬莱仙岛。当浅海演变成为沼泽后,在咸潮出没、沮洳泥泞的沼泽环境里。这些孤丘就成了劳动人民改造自然的基地。随着生产力的提高,人们将质地坚固,色泽美观,层次分明的凝灰岩作为建筑材料,采凿利用。由于这些孤丘均在水网地带,采凿以后,运输更为方便。经长期的开凿,形成了许多奇形怪状的人为洞穴,有的洞穴又因采凿时达到潜水层而成为极深的湖沼。这些湖沼在洞穴中三五相连,宛如喀斯特溶洞中的地下河一样。因此,不少凝灰岩孤丘,到后来都成为绍兴的旅游胜地。

绍兴城东10里的东湖,即是这种凝灰岩孤丘所构成的一个著名风景点。所谓东湖,其实就是一座称为逸门山的凝灰岩孤丘在长期采凿后所形成的深坑。这些深坑互相连接,分布于逢门山的绝壁之下,而绝壁间洞穴穿错,各具体态。其中有一处洞穴,其形如桃,称为仙桃洞。游客乘脚划船穿梭往来于这些洞穴之中,藤萝悬壁,回音缭绕,既如骤入魔窟,又像忽登仙境。由于这些洞穴中从来不见天日,即盛夏也觉凉气袭人,仙桃洞两侧所镌对联:"洞五百尺不见底,桃三千年一开花。"确实写尽了这类洞穴的奇妙。

东湖以东约20里的另一处孤丘是吼山。吼山又称犬山,相传是越王句践畜犬猎鹿之处。吼山除了与东湖一样地有洞穴之胜以外,山上还有两处高达数十丈的棋盘石,是绍兴的著名胜景。数十丈高的柱状岩崖顶巅,平置着一块十分巨大的岩石,一二十里外遥观,宛如两个蘑菇,所以地质学上称为蘑菇石。蘑菇石是由垂直节理的凝灰岩体与水平节理的凝灰岩体因风化作用而崩坍的残留部分。吼山的这两处蘑菇石,不仅突兀峥嵘,为大自然平添了无限景色;而且还让古代的人们即状模拟,比作神仙下棋的棋盘而留下了不少生动的故事。

绍兴城北 30 余里的一处著名凝灰岩孤丘称为羊山。羊山的特色是利用高峻的凝灰岩体所雕凿的高达十余丈的石佛。石佛体态匀称,造型优美,而佛在山上,山在水中,景色显得十分别致。羊山东北约 20 里有马鞍山,在钱塘江河口走南大门时,此山濒海,气势非凡。明嘉靖十六年(1537),郡守汤绍恩曾利用此山东麓深入河床下的基岩,作为水闸的闸址,建造了一座 28 孔、长 310 尺的大闸,就是著名的三江闸。三江闸控制了古代鉴湖的全部河流,成为绍兴平原和萧山东部平原的水利枢纽。从 1537 年起,直到新中国成立初期,发挥作用达 400 余年之久。一直要到 60 年代之初,由于涨沙淤积而又在闸外另建新闸,才完成了它的历史使命。

绍兴城西北约 20 里的著名孤丘是柯山,又称柯岩或七星岩。由于洞穴幽深,这里在盛夏仍然十分凉爽,某些洞穴中甚至寒气袭人,所以成为绍兴的避暑胜地。柯岩的云骨石,平地拔起数十丈,瘦骨嶙峋,傲然矗立,"云骨"之名,实在维妙维肖。

古迹遍布会稽山

现在,让我们进入绍兴的南境,看看脍炙人口的会稽山吧。会稽山位于钱塘江以南、曹娥江以西,原是一片东南、西北走向,侵蚀剧烈的古老丘陵。由于中生代的燕山运动的影响,使这片逐渐夷平的丘陵又有所抬升,虽然上升的幅度不大,所有峰峦都在海拔一千米以下,但它的峥嵘突兀的外貌,就在这个时期形成。站在龙山顶巅的望海亭向南展望,从东到西,像屏风一样地排列着连绵不断的起伏岗峦。岗峦之下,沿山麓线以北,则又是河网交织,湖泊棋布,都是古代鉴湖的遗迹。古人说:"千岩竞秀,万壑争流",就是指的这一带地方。从绍兴城出常禧门、南门、稽山门等,都有道路通向会稽山区,会稽山区的名胜古迹是不胜枚举的,其中特别著名的是兰亭。兰亭在东晋时已经出名,原址在天柱山下的鉴湖湖口,历代以来,亭址已迁移多次。公元 353 年(东晋永和九年)春天,著名书法家王羲之与其他 41 位文人学士,曾在这里饮酒赋诗。席间赋诗 30 余首,王羲之为这些诗写了一篇序——《兰亭诗序》,据说当场就用鼠须笔写在乌丝栏茧纸上,成为我国书法艺术上登峰造极的作品,后世习惯上称为《兰亭》。《兰亭》中说到兰亭的天然美景:"崇山峻岭,茂林修竹",至今依然。在会稽山深处,峰回路转,露出亭榭一角,清溪碧沼,竹树掩映,确是人间佳境。

　　会稽山区的另一处名胜是禹陵。与兰亭相比,山景更为动人。从禹陵南行,山径幽邃,奇峰挡道,陆游的脍炙人口的名句:"山重水复疑无路,柳暗花明又一村",写的正是这一带的景色。禹陵以南 5 里,是香炉峰下的南镇,唐朝所封的"南镇会稽山"就是此处,山上有阳明洞天,是古代全国闻名的三十六洞天之一。

　　此外,会稽山区的名胜古迹还有很多,例如平水镇以南的秦望山,是秦始皇登临以望南海的地方,传说山上还有李斯刻石,《史记·秦始皇帝本纪》曾有记载。攒宫埠以南的宝山山麓。则是南宋六陵(高宗、孝宗、光宗、宁宗、理宗、度宗)的所在。其他如射的山、石帆山、天柱山、四铸岭、陶晏岭等等,它们不仅气象万千,各具体态,并且还各有各的娓娓动听的故事。会稽山区的名胜古迹,从夏禹的传说、越王句践的记载起直到晚近,绵延久远,真是丰富多彩。

　　现在,绍兴已于 1978 年列为开放城市,绍兴人民正在努力从事四化建设,美化城乡环境,修葺复原名胜古迹,以便接侍更多的国内外游客,让他们尽情享受古人所说的"山阴道上行,如在镜中游"的旖旎风光。

原载《地理知识》1980 年第 5 期

千年营建　誉满神州

——隋唐以来杭州的城市建设与经济发展

　　杭州的城市形成和经济发展,有一个曲折而漫长的过程。公元前3世纪,秦始皇在今苏南、皖南和浙江等地域建立会稽郡,郡治吴(今苏州),下辖20多个县,其中的钱唐县即是今杭州市的前身。

　　钱唐县建于西湖群山之中,今杭州市区,当时还是一片沼泽。随着自然地理和人文地理条件的改变,钱唐县从西湖山区逐渐向沿海平原移动。到了公元6世纪末叶的隋朝,在凤凰山下的柳浦即今钱塘江沿岸的江干一带建立了杭州州治(在这以前有一个短时期建在余杭县),这是杭州之名的第一次出现。

　　隋朝的杭州虽然只限于今市区南部的小小一隅,但是由于江南运河的开通,使杭州可循运河与当时的东都洛阳相联系。因此,商业就开始发达起来。正如《隋书·地理志下》所记载的:"川泽沃衍,有海陆之饶,珍异所聚,故商贾并凑。"

　　柳浦是个狭窄的沿江山麓地带,经济发展以后,随即就发生人满之患。人们于是逐渐向今市区移动,但今市区当时仍是一片土地斥卤的沼泽,要在这里居住,首先必须解决饮水问题。因此,到了唐朝,就出现了刺史李泌在建中间(780—784)有"六井"的修建。六井,实际上是六处水池,用竹管引西湖水以供居民饮用。六井遗址至今均尚可查证,它们离西湖都不远,说明直到8世纪后期,今杭州市区的聚落仍紧靠西湖,范围相当狭小。六井的深远意义主要是把杭州城市与西湖结为一体。9世纪初期,著名诗人白居易任杭州刺史,他在西湖的东北沿岸筑堤以增加西湖的蓄水量,于是,西湖就从一个天然湖泊转变成为一个人工水库。

这里顺便提一提西湖的演化过程:它如所周知原来是一个海湾——中国历史地理学界已经按我的建议称这个原指的海湾为"武林湾"。后来由于泥沙的淤塞而成为一个泻湖,然后随着地理的变迁,和人工治理,逐步演变成一个内陆淡水湖泊。值得提出的是白居易疏浚西湖,并改善 50 多年前李泌所开凿的六井,使城市用水更为方便。

从李泌、白居易以后的一千多年历史中,可以清楚地看到,杭州城市与西湖具有共存共荣的关系。西湖的充沛的淡水为兴建在这个斥卤土地上的城市提供了发展的条件,而杭州城市的发展又保障了西湖的继续存在,使它避免像这个地区的其他许多湖泊一样,最终遭到垦废。

尽管今杭州市区在隋、唐时代已经有所发展,但是直到唐朝末叶,城市规模仍然不大。当时,全国动乱,各地纷纷割据独立,这就是中国历史上的所谓"五代十国"时期。唐景福二年(893),钱镠为镇海节度使,开始在杭州一带拥兵割据。开平元年(907),后梁封他为吴越王,龙德三年,梁册封他为吴越国王,建都杭州,并且开始了对这个城市的擘划经营。钱镠是五代十国中一个很有才能的君主,他在杭州的创业,为这个城市建立了一个坚固的基础。吴越国一共经历了 70 余年,杭州一带又比较安宁稳定,因而生产力有了较大提高,城市也获得了较快的发展。因此,今天我们探讨杭州的城市建设与经济发展,吴越国的建设是一个重要的关键。

钱镠在他受封后的第三年即公元 901 年,即开始修建沿江沿海的堤塘,以保障城市的安全。当时杭州受潮汐冲击最严重的地方是从候潮门到通江门之间的一段,钱镠采用夹板筑塘的方法,沿江一百多里,以巨木为幌柱,打下木桩 6 层,再在木桩中实以竹笼,竹笼中装满巨石。在这样的基础上再修筑海塘,当时称为"捍海塘"。捍海塘有效地保护了杭州的近郊和城邑,为城市的扩展创造了有利条件。与此同时,他又在钱塘江沿岸修建龙山、浙江二闸,遏制了咸潮的倒灌,使杭州城市内的河渠不再受潮汐的干扰,使原来的斥卤之地逐渐淡化以发展农业。

杭州成为吴越国都以后,城垣建筑和城市建设当然也是急不容缓的工作,所以钱镠于公元 901 年同时进行规模浩大的城垣修筑。他在凤凰山下兴建子城,作为他的国治。早在 893 年(唐景福二年),他已经修筑了周围达 70 里的罗城。罗城西起今闸口以北的秦望山,沿钱塘江到今江干一带,又沿西湖到宝石山,其东北面到今艮山门一带,形状像一个腰鼓,所以称为"腰鼓城"。城垣扩大以后,城垣以内的街道、河渠、市场、房舍等等,也都相应地进行了规划和修建。这样,由于城市扩大、人口增加、生产发展、政事繁剧等种种原因,钱塘县就显得过分膨大了。于是,原来的钱塘县,加上盐官县的一部分,划分成为两个县。钱塘县的建置仍然存在,另外一个新增的县称为钱江县。杭州罗城之内,也同样由钱塘、钱江二县分别管辖。从此直到清朝末年,杭州城市内一直都有两个县的建置,只是钱江县名,从北宋初年起改为仁和县,从此不变。

除了城市本身的扩大外,西湖越来越成为杭州城市的不可分割的部分,因而钱镠对西湖的治理也不遗余力。因为西湖在形成以后,按照一般湖泊的自然发展规律,不断地循着沼泽化的过程发展,李泌建六井的时候有过疏浚,白居易在杭州时距李泌修六井不过 50 年,但湖中已出现了葑田数十顷,这些都是湖泊沼泽化过程中的必然现象。从白居易疏浚西湖,到吴越国建立的一百年左右时间里,西湖又被葑草蔓合,湖面缩小,蓄水减少,影响了灌溉和城市用水。于是,宝正二年(927),钱镠又着手进行疏浚。他建立了一支一千人的专职浚湖队,称为"撩湖兵",不分昼夜地从事疏浚工作。另外,由于城市扩大,居民增加,单靠六井供水,已经不敷所需,因此,他又在城内新挖水池三处,称为"涌金池",用与六井同样的方法引入湖水,以增加市民的淡水供应。

在吴越国一朝中,对西湖风景区的整修和布置也很重视,从而大大地美化了这个小国的首都。由于当时佛教盛行,今西湖四周有大量佛教艺术遗产,绝大部分都是那时留传下来的。除了东晋创建的灵隐寺,在这一代中又大加扩建外,还新建了昭庆寺和净慈寺两所规模巨大的新寺。新建的较小寺院则有九溪的理安寺、灵峰的灵峰寺、云栖的云栖寺、赤山埠的六通寺、上天竺的法喜寺、月轮山的开化寺等等,不胜枚举。此外还建成了 4 座宝塔,它们是:西关外的雷峰塔,月轮山的六和塔,闸口的白塔和宝石山的宝俶塔,4 塔都具有精湛的建筑技巧和不同的艺术风格。除了雷峰塔已经坍圮外,其余 3 塔至今都仍巍然屹立,为湖山增添了无限风光。

钱镠不仅因灌溉和城市建设的需要而整治了西湖,同时还因交通运输的需要而整治了钱塘江。为了减少江中的滩险以保证航行的安全,因而进行了凿平礁石清除浅滩的工程,使钱塘江的航道有所改善,从而促进了吴越国和沿海各地的来往,甚至像日本、朝鲜等外国,也通过钱塘江和吴越国建立了贸易关系,不仅促进了杭州城市的繁荣,并且使这个城市开始国际化,扬名海外。

以杭州为国都的吴越国到公元 978 年就告结束,只经历了短短的 70 余年,但是它不但使杭州的城市建设和经济有了很大的发展,并且还使这个城市跻身古都的行列,成为中国的六大古都之一,奠定了此后 1000 年中城市建设与经济发展的重要基础。

到了吴越国以后的北宋,著名文学家欧阳修在 11 世纪中期以"邑屋华丽,盖十万余家"的话来描写杭州城市的发展,说明北宋在吴越一代惨淡经营的基础上,城市进一步扩大,经济进一步发展的情况。另一位文学家苏轼——他以别号苏东坡著名——于 11 世纪 80 年代任杭州知州,对西湖进行了一次大规模的疏浚,把挖掘而得的葑泥筑成一条沟通南北的湖中长堤,即是今日的重要风景点苏堤。他并且重修六井,增设了一些更为深入市区的新井,说明了市区范围的扩大。由于西湖经过整治后水量充沛,使它能成为市区河流,特别是纵贯南北与江南运河沟通的盐桥运河的水源。于是,市区交通便利,给水充裕,土壤改良,为南宋在这里建都创造了条件。从 12 世纪 30 年代开始,杭州成为南宋的首都达 150 余年,这是杭州在这 1000 年中城市建设和经济发展的一个飞跃时期。

南宋的王宫建在凤凰山麓,周围达九里。王宫北门——朝天门,即是以后的鼓楼——向北延伸长达四千余米的御街,即今中山路,是全城街道的主干。与御街平行和交错的街道多得不可数计。还有两条运河,即盐桥运河和菜市河,也和御街平行,它们沟通江南运河与钱塘江。在所有这些街道和运河的外围,筑有一座高 10 余米,宽三四米的城墙。城墙周围,设有陆门 13 处,水门 5 处。

城市人口有了迅速地增长,北宋时代,在 11 世纪中期,全城不过 10 余万户;到了南宋的 12 世纪 60 年代,全城已增加到 26 万余户;到了南宋末叶的 12 世纪 70 年代,杭州地区人口已经超过百万,成为当时全世界最大的城市。

生产发展也到达了前所未有的规模。像造船、陶瓷、纺织、印刷、造纸、酿造等手工业作坊,拥有许多从业的工人,生产大量的商品,促进了城市的经济繁荣。当时,除了御街、荐桥街、后市街等繁华的商业区以外,还有许多专业性的行市如米市、肉市、药材市、丝绸市、珠宝市以及木行、竹行、海鲜行、水果行等等。按照目击当时市场情况的吴自牧在他的《梦粱录》一书中所说:"杭城大街,买卖昼夜不绝。夜交三、四鼓,游人始稀;五鼓钟鸣,卖早市者又开店矣。"市场繁盛,可见一斑。

西湖的旅游业至此也已获得发展,为旅游业服务的各种行业如酒楼、茶馆、旅舍以及一种称为"瓦舍"的综合性娱乐场所,都在城内外各处开设起来。今众安桥以南的"北瓦子",是全城最大的"瓦舍",内有剧场 13 座,昼夜上演各种不同的戏剧和曲艺等等。

杭州就这样在南宋一代成为全国最大的政治、经济和文化中心。"上有天堂,下有苏杭"的谚语,也就从此开始流行。

南宋杭州的城市建设和经济发展,其影响十分深远。尽管元朝时军队于 1276 年占领了这个城市,并且进行了许多破坏,但是当意大利旅行家马可·波罗在 13 世纪末叶到达这个城市时,城市的规模和设施,仍使他不胜诧异,把杭州称为"世界最名贵富丽之城"。

从元朝开始,杭州由首都下降为一个行省的省会,但是由于南宋在此建立的雄厚基础,加上优越的自然条件和人文条件,使它一直成为中国东南地区的一个重要城市。

不过自从 19 世纪中叶以来,中国由于国力衰弱,发展缓慢,杭州的城市建设和经济发展,在这段时期中也处于缓慢和停滞的状态。一直要到 1949 年以后,杭州的城市面貌才开始迅速变化,经济也获得了较大的发展。特别是加强工业建设的工作:陆续在市郊建立了半山重工业区,拱墅纺织工业区,祥符—小河轻、化工业区,留下—天目山路电子仪表工业区,望江门木材加工和食品工业区等几个工业区,发展了不少以往缺乏的工业部门。由于杭州是一个旅游城市,因此,在这些工业区的位置选择时,都考虑了远离风景区以避免影响旅游业的发展。这些工业区的建立,不仅提高了杭州的工业生产能力,繁荣了经济;同时也使城市向郊区伸展,扩充了城市的范围。

西湖是世界闻名的旅游胜地,它同时也是杭州城市的重要组成部分,因此,近 40 年以来,对西湖的整治和风景区的建设不遗余力。50 年代的一次疏浚,使全湖的平均深度达到 1.8 米,超过疏浚以前的两倍。此外还新建了杭州植物园、杭州动物园、杭州花圃等面积较大的公园,扩建了柳浪闻莺公园、花港公园等著名游览地。至于像疗养院、饭店以及其他供旅游用的建筑,为数就更为可观。

城市的公用建设也有了很大的进步。诸如住宅、道路、公共交通、绿化、环境保护以及医疗、文化教育等等,都获得了较大的成就。以道路建筑为例,30 多年来新建的城市道路,长度可环绕西湖 16 周;以文化教育事业为例,城市西北郊新建的文教区,其中包括杭州大学等高等学校 5 所,研究机构若干所以及数十所中学和中等专业学校。在 50 年代以前,这里还是一片水田和荒野。

20 世纪后半世纪,杭州的城市建设和经济发展,在吴越国以后的 1000 年之中,无疑是成就最大的时期。当然,这中间也存在着不少问题,需要我们深入研究,认真解决,它们主要是:

第一,作为一个历史古都,杭州已经经历了悠久的岁月;但作为一个现代城市,从旧城墙的开始拆除和湖滨路的出现(1912 年)算起,至今还不过 70 年。为此,杭州有美丽的天然风景和丰富的历史古迹,但是城市的现代化建设却十分薄弱。美丽的西湖和比较落后的城市建设显得很不相称。我们虽已开始致力于改变城市的落后面貌,但由于在这方面缺乏基础,加上我们在"十年动乱"中失去了一段建设时间,以致直到目前,城市的现代化建设还赶不上实际的要求,城市面貌也还没有焕然一新。对此,我们正在加紧努力,迎头赶上。

第二,如上所述,杭州在 30 多年来建立了若干新的工业区,发展了不少工业部门,这当然是一个很大的进步。但是,由于各种原因,工业的部门结构不够合理,由于重工业的比重过大,工业人口和工业用地比重过高等原因,以致对城市的水、电、住宅、交通、商业、服务、文化教育等,都带来了一些困难。最近以来,我们正在对这方面进行调整,合理工业布局,并加强对外围卫星城镇的建设,使杭州能更好地发挥它的旅游城市的职能。

第三,作为一个旅游城市,西湖是杭州的核心。因此,如何进一步美化西湖,保护西湖的自然环境,是杭州今后继续繁荣发展的关键问题,前面已经指出,西湖湖底在50年代进行了全面的挖深。但是,由于"十年动乱"和其他一些原因,对城市废水控制不当,使湖水遭到相当严重的污染,透明度已经下降到0.2米,大大影响了湖光水色的美丽。现在,这个问题已经引起了各个方面的重视。杭州大学地理系和其他环境保护的研究机构,也在对这方面进行研究。政府已开始着手从钱塘江补给水源,以阻遏湖水富营养化的发展趋向。

在1000年来杭州城市建设和经济发展的基础上,这个城市前进的步伐在这30多年中显然加快了。现在,人们正在加倍努力,把城市建设得更美好,把西湖打扮得更秀丽,把杭州更快地建设成为一个现代化的旅游城市。

附　记

本文是作者1982年9月参加在巴西里约热内卢举行的国际地理学会学术年会时宣读的论文。这是一次有100多个国家的300多位地理学家参加的大型国际学术会议。作者在会上宣读这篇论文,向国际地理学界扼要地介绍杭州城市发展史。所以本文内容力求能够与一般没有到过杭州,对杭州也无深入研究的地理学者所接受。除了突出1000年前吴越国城市建设的重点外,并对1000年中的发展作了全面的简介。论文宣读以后,曾有不少国家的地理学者提出种种问题,互相交换了意见。在今后的一二年中,作者在杭州接待了好几批参加过巴西会议的学者,说明本文在国际学术会议上的宣读,不无意义。

本文宣读至今,已经时隔5年,杭州的城市建设和经济发展,在这期间有了较大的进步,本文末尾提出的几个问题,也已经有了较大的改善。回顾5年之中这个城市所取得的成就,使人踌躇满志,信心百倍。

原载《隋唐名郡杭州》,杭州历史丛编之二,浙江人民出版社1990年版

重访花明泉

　　车过枫桥折向东南，我开始留心两旁景色。46 年前，这是一条崎岖的山间小路，现在已建成一条不宽的公路，村庄的房屋有了显著改进，但是山峦依旧，虽然阔别多年，却并不过分陌生。当我正在尽情追索旧景之时，蓦地看到了屹立在前面的五鹫山，真像一只巨大的灵鹫平地崛起。46 年以前，我朝夕仰望这座雄伟的山峰，度过了我一生中两年的宝贵光阴。

　　到赵家下车，没有几步，就看到了熟悉的黄檀溪，当年的木桥已为钢筋水泥桥所代替，过桥，我就踏进了这 40 多年来梦寐以求的花明泉村。

　　因为日本侵略者的飞机滥炸城市，省立绍兴中学的校舍遭到炸毁，不得不从绍兴城内迁出，让我这个从未脱家一步的初中学生来到诸暨这个山村。村子最西边的何家新祠堂和老祠堂，作为校舍的主要部分。两祠堂在当年是一座既新而又高敞的建筑，成为校本部。校长室和教务、训导、总务三处，都利用了祠堂的厢房。而正厅、门廊、后厅等，则作了当时的最高班级高秋二、高春二、高秋一的教室。祠堂的每一根柱子上，都挂了书法家何颂华（梦孙）写的抱联。例如在正厅前面柱子上的一副是："鹫岭凤山，层峦叠翠；狮峰鹅凸，排闼送青。"诵读这样的对联，既是一种学习，又是一种享受。我当年是初秋三，教室是老祠堂正厅，抬头就是一块状元张謇用柳体字写的"达德堂"三字的匾额。此外也有许多抱联，大部分也都是何梦孙的手笔。老祠堂隔壁，是一所停办了的丝厂，学校也租来，楼上作为学生宿舍，楼下作为厨房和饭厅。另外，在村子的北部,还有一个叫做"承先堂"的祠堂,那里利用作为图书馆和音乐教室。生活当然比城里要困难得多,但是这里没有警报,除了开学后一个多月日机轰炸枫桥受了一场惊恐外,一般不必害怕飞机的侵扰。而且风景很好,五鹫山雄峙于北,黄檀溪奔流于南,隔溪鼎立着三个村子,花明泉、赵家和泉畈,坐落在一块地下水位很高的山间盆地之中,这里的每一丘田中都有一口井,农田是用井水灌溉的,农民习惯于晚上汲水灌溉,一到初夏,夜半朦胧之中,在枕上可以听到四面八方咕咕嘎嘎的汲水之声。农民有一句俗谚:"夜夜三百桶,日日归原洞。"在这样诗意画境的地方读书,生活虽然差一些,但心情却是非常愉快的。

绍中校歌的开头几句是:"戢山风高,姚江流长,于越文明漱古芳。"的确,当年孜孜苦学的传统校风,至今回忆,宛如正在眼前。校长沈金相(铸颜)先生是一位以身作则、一丝不苟的学者,所以在师生间享有极高的威信。他所聘请的教师,都是第一流的。教务主任寿棣绩,训导主任潘锡九,体育主任屠鼎瑛,都是浙江教育界的知名人物。国文教师以姚轩卿先生为首,还有周迟明、何植三、赵邦彦、杨鉴吾等先生,都是很有根底、教书育人的老教师;英语教师以周有之先生为首,还有虞尔昌、范崇照等先生,数学教师以石超(雪岑)先生为首,还有俞鹏(卓峙)、徐侠君、蔡泽安等先生,此外还有章鲁瞻、寿望斗、董启俊、赵君健、徐则民、费景瑚等先生,确是人才济济,极一时之望。当时教师中以自己编著而正式出版的教科书或专著替学生上课的就有寿望斗(《高中物理学》)、石超、俞鹏(《初中新几何》)、蔡泽安(《初中算术》)、潘锡九(万有文库本《生物学》)等。教学质量当然是很高的。全校不担任教学工作的职员很少,只有教务处的阮昌华先生和总务处的江一舟先生等寥寥数人,他们负担极重,但也都兢兢业业,努力工作。这个学校的工友也多是长期承担这项工作,不仅熟悉业务,而且非常负责。例如传达室的钱金标,他既要打钟报作息时间,又管理全校师生的信件,凡遇师生挂号信,他都一封封亲手交给收信人。校医室工友宣巨卿,他帮助校医柏慎之先生护理给药,并作外科包扎,无异一位护士。图书馆工友老龚,他熟悉图书分类,帮助出纳员工作,有求必应。总之,教师认真教学,职工努力工作,学生孜孜苦学,这是当时在花明泉的绍中校风的总貌。

学生中间当然也有吵吵闹闹、开玩笑之类的事,但是两年之中,我的确没有看到过发生"出格"的事情。有些调皮或捉弄人的事,当然也不好,但是总的来说,还算无伤大雅。例如我在高中一年级时,蔡泽安先生教平面几何,有几位同学从《温特华斯几何学》中找来一道貌似普通其实怪僻的题目:三角形两底角角平分线相等,求证三角形为等腰。因为这个题目从表面上去看,以为是可以作一条辅助线,用求证两三角形全等的方法来完成的。一次上课时蔡先生进来,他们以这个题目提问,蔡先生果然中了他们的"诡计",在黑板上画了又画,但这个题目用直接证法是证不出来的,结果是"挂"了一堂课的黑板。次日上课,他才用间接证法证出来,写了满满一黑板,还向学生表示抱歉。这件事,后来被校长知道了,把几个为首的同学叫去训了一顿。校长说:"问教师题目,当然是应该的;学生要考验教师的学问,我也不反对。但你们用这种偏题,是考不出教师的学问来的。而让教师'挂'一堂黑板,吃亏是谁?"结果是这几位同学向校长认错了事。诸如这一类"玩笑",当年在不少班级,可能都有例子。

我到花明泉不久,知道这一带虽然是个山乡,其实是个文物之邦。离此10里的全堂村,是学术大师杨维桢(铁崖)的出生地。花明泉本村就是日本帝大毕业的矿冶专家何燮侯先生的故乡,而著名书法家何梦孙就是他的父亲。赵家一村,从日本留学的知识分子就有好几人。而泉畈村则是何植三先生的故乡。真是民风淳朴,人杰地灵。如今回忆,一生中能有这样两年时间在这样的环境中求学,真是我毕生十分幸运的事。

在这里的两年中,除了正规的功课以外,我自己也完成几项课外学习,念完老《辞海》上下两册的每个单字和词条,又念完了平海澜所编《标准英汉词典》的每一个词汇,我用一个空的万金油盒子装上印泥,再用一根比冰棍杆儿更短的小竹棒,念过一个词汇、就用竹棒在词汇上点上一个小红点。两年之中,利用一切零碎时间,居然把这三大本词典念完。后来我写文章,大量的词汇,都是我当年读《辞海》的收获。近年来几次到国外讲学,在国内为外国学者当翻译,都还能勉强应付,这又是和我读《标准英汉字典》分不开的。当然,两年之中,更为重要的是这许多老师对我的谆谆教导,不仅灌输我各种知识,并且教育我怎样做人。这是我终身铭感,永志不忘的。

和花明泉在这两年中的许多同学相比,我的成就和对人民的贡献当然是非常微薄的,我觉得有愧于当年这许多诲人不倦的老师们。但是应该看到,在当年的同学中,确实有不少是很有成就的。如今在国外和台湾省,也都有他们的足迹。例如比我高三年的孙霄舫同学,如今在美国已成为国际有名的化学家。比我高两年半的冯绥安同学,现在在美国是极有成就的航天学家。比我低一年的陈梅生同学,他在美国攻读教育学,如今在台湾任教育部次长。我是个消息并不灵通的人,但据我粗略估计,当年在花明泉求学的同学当中,现在成为教授研究员和高级工程师这一级的学者,恐怕至少在20人以上。

正是因为有这样一段回忆,所以这次有机会重访花明泉,确实使我非常兴奋。当诸暨县志办公室主任陈侃章同志引导我们夫妇踏进何家祠堂的围墙,我真有些不能控制。当我看到了新祠堂已经办了檀溪小学,老祠堂办了檀溪中学时,禁不住喜上心头。当年我们朝朝暮暮、孜孜不倦的场所,现在正在继续培养着莘莘学子、我们的接班人。当我看到一群群中小学生在那里读书活动之时,真是由衷地感到快慰。希望这些新时代的中小学生,比我们40多年前在这同一所屋宇里读书的老一辈人取得更大的成就。

新祠堂除了在大天井的一侧建造了一排作为小学教室和办公室的平房外,变化不大。当年排队站在大天井中,聆听校长和教师的讲演的情况,恍惚如在眼前。当然,何颂华书写的许多匾额和抱联,已经荡然无存了。老祠堂的变化比较大些,我初三时的教室,即祠堂的正厅已经拆除;我高一时的教室,即祠堂的后厅,已被分隔作为教师宿舍。但正厅的石础基址尚在,当我们夫妇站在石础基地上让陈侃章同志摄影留念之时,我闭上眼睛,一刹那之间,似乎又回到了当年。就在这个正厅里。听到何植三先生讲《词选》:"小山重迭金明灭,鬓云欲度香腮雪。"听赵邦彦先生讲《虬髯传》:"太原公子布衣褐裘而来。"听虞尔昌先生讲尼罗河的定期泛滥和法老的金字塔。听周有之先生用流利的英语念安徒生的《皇帝的新衣》。听寿棣绩先生讲路布兰法制碱。听俞鹏先生讲"西摩松线"等等。溯昔抚今,感慨无穷。

现在,46年前在这里辛勤培养我们的许多老师,绝大部分已经物故。我自己也已成了年过花甲的老人。感谢诸暨县志编委会给了我这样一个重访旧地的机会,了却了我数十年梦寐以求的心愿。这次重访给了我力量,我仿佛又年轻了许多,我要孜孜不倦地为祖国和人民贡献自己微薄的力量。

原载《诸暨史志》1987年第5期

《沈金相先生纪念集》序

　　《礼·学记》云："善学者，师逸而功倍，又从而庸之；不善学者，师勤而功半，又从而怨之。"在这本纪念集中列名的人，包括编委和作者，除了我以外，当然都是"善学者"。为了纪念大家尊敬的沈金相校长，编集此书，使我这个"不善学者"，也有机会在此奉献刍荛。实在不胜荣幸。撰写纪念老师的文章，每个学生都是言发由衷，辞出肺腑，这正是纪念集的不同凡响之处。所有在此执笔濡墨的人，多是古稀上下的老人，他们受校长熏陶之时，还不过 20 岁左右，离开师长以后，在人生道路上又走了四五十年，有的一帆风顺，有的道路坎坷，但是大家都作出了一番事业，对人类社会有所贡献。遭际虽异而人情不殊，现在回首前尘，想到半个世纪以前受业于校长门下时的种种情景。从仓桥的弦歌之声到校舍的遽尔蒙尘，从栖凫、兰亭的权宜措身，到花明泉、廿八都的苦读不辍。这中间有百般辛苦，千种困难，都由校长为大家承担。回忆在花明泉和廿八都的两年时间，生活困苦，物力维艰，而形势动荡，寇警频传，正是由于校长的指挥若定，擘划有方，使学校在如此扰攘的时局中，仍然保持着绍中校歌所传颂的"蕺山风高，姚江流长，于越文明漱古芳"的优良校风。教师阵容坚强，教学认真；学生生活俭朴，读书勤奋。如我在拙作《重访花明泉》(《诸暨史志》1987 年第 5 期)一文中所回顾，当时名师毕集，盛极一时，以自己编著而正式出版的教科书执教的教师，至少就有 5 位。而学生的学行兼优，可从今日驰骋于海内外各界的许多教授、专家和其他知名人物中窥及一斑。

　　追溯铸颜老师长校的次年，由于整顿伊始，基础未奠，竟遭受了在 1932 年冬季全省会考中落于榜末之衄。虽然责不在他，但他却表现了勇于承担责任的高尚风格，向教育厅引咎辞职。所幸当时教育厅洞悉他的治校成绩，在慰留指令中称他："到校以来，颇多兴革，只以时间未久，成效未彰，借以时日，必有可观。"为时不过半年，绍中在 1933 年暑期全省会考中异军突起。获得了团体和个人总分的两个第一，而且在个人总分的前五名之中囊括其三。从此以后，绍中在全省会考之中一直名列前茅，总分遥遥领先。1933 年绍中在全省会考中的大捷，绍兴各界无不精神振奋，引以为荣。记得我当年还仅小学四年级，因为是绍中的附属小学，关系不同一般，全校师生听了主任孙礼成先生在一次纪念周上关于此事的报告以后，鼓舞欢欣之状，至今记忆犹新。由此可知，校长在治校之初，即在绍中、绍兴各界甚至浙江省教育界留下了深刻的影响。

　　校长治校 10 年，成绩卓著，人所共见。但在我看来，他领导学校，的确没有什么特殊的手段和方法。他既不开会，也极少向学生训话。每周一次的纪念周，他经常请校外名流和校内教师演讲，所讲也均是做学问之事。学校在城内时，请校外名流比较方便，我曾经听过诸如孑民美学院院长艺术家孙福熙先生的《艺术与人生》及民间文学家娄子匡先生的《民间文学研究》等演讲，对我的开广眼界，增长知识都甚有裨益。校长自己讲话一般简短，很少长篇大论，却给人以深刻的印象。他获得成功的原因，或许就是周有之先生于 1942 年 5 月间在廿八都和我说的：处世为人的诚恳踏实和公而忘私的事业心。事详收入于本集的拙作《纪念铸颜老师》，这里不再赘述。

　　由于校长在绍中十年的卓越贡献，也由于纪念集作者从自己的不同体会对校长的怀念和追思，并且包含了这些作者个人的学习经验和生活经历，因此，这本纪念集，除了纪念和记录一代教育家沈金相先生的贡献和事迹以外，对广大后学，也将从中得到教育和启发，它对于我们的学习工作，处世为人以及做学问之道，都有很大的指导意义。

　　纪念集编委会命我为此书作序，实在不胜惶恐。因为我不仅如前面所说是个"不善学者"，而且校长治校 10 年，我进入绍中，已是他治校的后期。绍中于 1938 年增办高中，我从初中升入高中，在高中各班也属晚辈。所以踌躇甚久，不敢举笔。但后来反复思考，感到我和绍中的关系，或许要比我前、后辈校友中的许多人更深。记得曩年《光明日报》在全国组织了 20 余位学者，回忆他们在中学时代的经历，编成《中学集》一书，收入《中学生丛书》，于 1987 年在北京科普出版社出版。我在该书中撰写了《我的中学生活》一文，其中有一段话说：

　　　　对我来说，中学生活就更显得重要。因为我的大学生活过分短促，中学实际
　　上是我一生中有老师指导的最后学习阶段。直到现在，我经常使用的许多知识，

特别是基础知识,多半是中学时代学到的。譬如写论文、写专著,我的语文知识和写作技巧,很多是从中学时代的国文老师那里学来的;又譬如到国外讲学,不仅讲课要用英语,指导学生讨论和一切日常生活,也得用英语,外国学者到我的研究室进修我还得兼任翻译,我在英语方面的写作、翻译、口语能力,很多也都是从中学时代的英语老师那里学得的。所以我的中学生活,对我实在太至关重要了。

这一段话是为了说明,我虽然资质鲁钝,学无所长,但我的中学生活对我至关重要却是事实。我的中学生活在绍中度过,我在绍中求学时,适逢战乱,蒿目时艰,全赖校长的擘划经营,使学校师资雄厚充实,学风淳朴高尚。在如此唯日孜孜、无敢逸豫的学习气氛中,在这许多良师益友的教化薰陶中,冥顽如我,亦得以有所长进。若非校长主持此校,我或将碌碌无成,而由于中学教育在人生历程中的重要性,同窗之中日后事业之不能逮于今日者,恐亦在所难免。言念及此,感发于中,爰为之序。

1991 年 5 月于杭州大学

驿案:沈金相先生(1901—1990),字铸颜,浙江嘉兴人,1928 年毕业于中央大学,教育家,曾任省立绍兴中学校长 10 年,培养了大批人才,其中有不少著名于国内外的专家、教授和各种科学家,对绍兴的教育事业作出了重大贡献。1991 年,浙江省立绍兴中学校友联谊会编辑出版了这本《沈金相先生纪念集》,集中有当年受业的 60 余位校友撰写的纪念文章。

《绍兴酒文化》序

　　《绍兴酒文化》即将出版，索序于我，我素不嗜酒，对酒是外行。但绍兴是我的家乡，从小在这个酒城中长大，对酒或多或少有一点回忆。我从总角之年起，就看到我家大厅中的 4 坛花雕，据说还是我曾祖母的陪嫁，一直放在家中当作一种摆饰。我弱冠之年曾在柯桥附近的阮社小学当过一年校长，那真是一个名副其实的酒乡。尽管当时时局不宁，县城已被日军所占，但村里酿酒之风仍然很盛，一到冬令，处处飘溢酒香，令人陶醉，乡下人特别看重知识分子，我那时其实只是一个学校因战争解散而辍学的中学生，因为当了校长，竟也受到乡长的款待，在一次宴席中喝到了据说是 20 年的陈绍。全座无不啧啧称赞，我为了礼貌，只好随声附和。勉强喝完一杯，实在是辜负了这样的美酒。以后离开家乡，漂泊四方。家乡值得回忆的事情太多，而对家乡美酒的记忆倒是淡薄了。

　　80 年代初期，我在纽约中国城的商店中看到用小坛装的绍兴加饭酒。我仔细看了包装，的确是家乡产物。家乡名酒，居然远涉重洋，一时间颇以此自豪，不过我对绍兴酒最深刻的印象，是在日本获得的。那年我第一次到日本讲学，在关西大学任客座教授爱知大学的秋山元秀教授邀请我到名古屋访问，并请我到该市著名的四川饭店用餐。一进入这家装饰豪华的饭店，首先看到的就是成排成排的小坛装绍兴加饭酒，放在玻璃架上，而这种玻璃架沿着饭店的宽敞大厅围成一圈。这一次对我的触动实非同小可。日本的高等学府聘请我讲学，当然是我的一种荣誉；但作为一个绍兴人，看到家乡美酒在那里得到如此隆遇,油然而生的自豪感,更超过了前者。

　　大概因为这种原因,我对绍兴酒提高了兴趣,当然,这种兴趣只限于在文献上查索一点绍兴酒的掌故。正在此时,应上海人民出版社之约,写了一本《绍兴史话》的杂著,其中也说了一些绍兴酒的历史。我曾引用了日本西园寺公一的话,说绍兴酒已有4000多年的历史。我是从一篇刊登在1962年11月号日文版《人民中国》的题为《中国の酒》的文章中引来的。不过当时我对这项资料就有怀疑。我做研究工作,写文章,素来主张言必有据。历史文献对绍兴的最早记载始于《竹书纪年》周成王二十四年的"于越来宾",迄今不过3000年,则绍兴酒的4000多年历史从何而来? 不过考虑到《人民中国》并不是学术刊物,作者也不是一个专业学者,所以我只在文后加了一句:"我们还不知道他根据的是什么资料。"我的书中也提到了春秋于越的酿酒,例如《吕氏春秋》的"有酒投江"之类,但我最后也加上一句:"于越时代所酿造的酒,和以后名闻中外的绍兴黄酒是否相同,仍然是一个尚未解决的问题。"

　　《绍兴史话》不过是本小册子,但是为了我素所主张的言必有据,所以对于主要的资料来源,我都作了脚注。不幸的是,我所引用的资料,在别人的文章中就变了样子。我不能肯定他们是从我的著作中引去的,但我得把事情说清楚。我曾经读到过一些论述绍兴酒文化的文章,不加分辨地引用西园寺公一的话,借这一句实际上没有根据的话来强调绍兴酒的悠久历史。因为日文版《人民中国》在国内并不是流行的刊物,所以我估计引自《绍兴史话》。另外一些书刊文章中,肯定绍兴老酒已有2400多年的生产历史,我不知道有什么资料足以证明当年倒在投醪河里的酒就是绍兴老酒。

　　我在《绍兴史话》中也引及了梁元帝萧绎所说的"山阴甜酒"。对此,我作了脚注,说明此四字来自《金楼子》卷六。但以后,我看到不少书刊文章中,《金楼子》的原话面目全非。我曾经读到一本介绍酒的知识的书。书中说到梁元帝萧绎在他所著的《金楼子》中的话:"银瓯贮山阴(绍兴又一古名)甜酒,时复进之。"为了不让这种东拉西扯、信口开河的话再引用下去,我只好把萧绎在《金楼子》中的原话录下来:"吾小时,夏日夕中下绛纱蚊绹,中有银瓯一枚,贮山阴甜酒。卧读有时至晓,率以为常。"(《百子全书》本)至于那本书中所引的这段话,倒并非杜撰,却来自另一种完全不同的文献,为了弄清事实,我索性也把另一种文献即北齐颜之推在《颜氏家训·勉学》中的话录下来:"梁元帝尝为吾说,昔在会稽,年始十一,便已好学,时又患疥,手不得拳,膝不得屈,闲斋张葛帏,避蝇独坐,银瓯贮山阴甜酒,时复进之,以自宽痛,率意读史书,一日二十卷。"(《百子全书》)不少人抄书不查原著,辗转误引,张冠李戴。而这样写出来的文章称为"知识",称为"文化",实在名实不符,令人遗憾。

　　还有一些文章里说到,在南朝梁元帝的时代,绍兴酒已被列为贡品,而且言之凿凿,令人愕然。案《吴越春秋》卷五:"越王乃使大夫种,索葛布十万,甘蜜九党,文笱七枚,狐皮五双,晋竹十廋,以复封礼。"这大概是这个地区最早的贡品记载。《后汉书·陆续传》:"(陆闳)喜着越布单衣,光武见而好之,自是常敕会稽郡献越布。"这是汉代尚可查得的贡品例子。以后正史不载贡品,直到《新唐书·地理志》才有土贡记载,越州土贡除多种丝绸外,是丹砂、石蜜、桔、葛粉、瓷器、纸笔。此后如《通典》、《元和郡县志》、《十国春秋》、《太平寰宇记》、《元丰九域志》、《宋会要》等都有越州或绍兴府的贡品记载,但均未涉及酒。到了明朝,绍兴酒确实已经闻名,但万历《绍兴府志》卷一五所列贡品,不过茶、纸而已。清朝文献中记载各地土贡以洪亮吉的《乾隆府厅州县图志》为详细,但此书卷二七所载绍兴府土贡 14 种之中,仍未载及酒。大概因为"山阴甜酒"被记到皇帝的著作《金楼子》之中,所以就想当然地把它列为贡品。其实,萧绎喝山阴甜酒时还只有 11 岁,时在公元 518 年,地点在会稽,并不在建康。他是梁武帝萧衍的第七个儿子,成年后曾经当过会稽太守、侍中、丹阳尹以及平西、安西、镇西等名号的将军。梁武帝死后,帝位由他的哥哥萧纲继承(简文帝),他或许根本不曾想到自己要当皇帝。在喝山阴甜酒以后过了 24 年,因为一场侯景之乱,才因缘机会,接替萧纲当了梁朝皇帝。这种掌故。当然比信手抄书,随意假设要困难得多,但是只要肯下一番功夫,最后都能查得清楚。

在绍兴酒史的问题上,还有一件使我为之愕然的事。70 年代之末,我从美国国会图书馆引回绍兴流落在海外的孤本方志乾隆抄本《越中杂识》。浙江人民出版社闻得此事,为了使孤本流传,嘱我标点后在该社出版。此书下卷《艺文》下,首录"宋王十朋《会稽风俗赋并序》"。接着又录"国朝(按指清朝)陶元藻《广会稽风俗赋并序》"。由于陶元藻赋紧接在王十朋赋之后,不曾另起一页(但我查过复制原件,确未另起一页),引录者匆匆翻阅,竟不察中间已另起一篇文章,于是,陶元藻赋中的一句话"东浦之酝,沈酣遍于九垓",就算作是王十朋的话了。据说,有些酒楼饭店,用王十朋的名头写了这句话作为壁饰,并以用以证明东浦所酿的酒在宋代已经风行天下。

关于东浦酿酒在宋代已经出名的事,许多书刊还引用了北宋的朱翼中(大隐翁)《北山酒经》。在许多这类的文章中,有的作"东浦酒最良",有的作"东浦产最良酒"。由于《北山酒经》曾为多种丛书所收录,上面的各种不同引文,颇像来自各种丛书的不同版本,不加细察,可以乱真。而且在没有查清事实以前,我们也无法论定"东浦"云云是否确属无稽。因为丛书太多。而《北山酒经》收入于不同丛书的,又有三卷本和一卷本之别。我的老同学吴翊如先生为此已经证实在七八种丛书中没有"东浦"一句,而我所查过的丛书也不少于此数。但是做学问的人常比信手抄书的人胆小,我们仍然唯恐有哪一本没有过目的丛书中出现这一篇有"东浦"的《北山酒经》,所以很久不敢轻易否定"东浦"之说。最后还是浙江图书馆的何槐昌先生解决了这个问题,他为我查了许多丛书,写信给我说:"宋朱翼中撰《北山酒经》中有否'东浦酒最良'一句,我馆藏有张宗祥先生手影写宋刻《酒经》一书,文后有钱谦益手跋一则,则知此书为绛云未焚之书,亦是朱撰《酒经》之祖本,以后流传下来的朱撰《酒经》均以此本为据,我查了一遍,未发现有此一句。"据此,则事实已经大白,不知是哪一位先生信口雌黄,胡编了这句冒充《北山酒经》的话,后来就以讹传讹,辗转误引,而且蔓延日广,不可收拾,实在误人不浅。

近年来流传颇广的还有所谓唐王绩《酒经》。有的文章说,这部《酒经》是我国最早的关于酒的专著,书中详尽地记载了绍兴酒的花色品种、酿造过程和风味特色。有的文章说到这部《酒经》谈到了绍兴酒的酿制方法,供各地仿效。说得有声有色,却使人不胜惊骇。案王绩(？—644)是绛州龙门(今山西省河津县)人,隋大业中(公元7世纪初)曾到扬州六合(今江苏六合县)当过县丞,他确实嗜酒,《新唐书》本传说他弃官还乡后,"有奴婢数人种黍,春秋酿酒(当然是白酒),……乘牛经酒肆,留或数日。"他撰《酒经》也确有其事,为了说明事实,我把《新唐书》本传中有关的一段录出,让大家评论:

> 高祖武德初,以前官待诏门下省,故事,官给酒日三升,或问待诏何乐耶？曰:"良醖可恋耳。侍中陈叔达闻之,日给一斗,时称斗酒学士,贞观初以疾罢,复调有司。时太乐署史焦革家善酿,绩求为丞,吏部以非流不许,绩固请,曰:有深意。竟除之。革死,妻送酒不绝,岁余又死。绩曰:天不使我酣美酒耶？自是太乐丞为清职,追述革酒法为《经》,又采杜康、仪狄以来善酒者为《谱》。"李淳风曰:君酒家南、董也。所居东南有盘石,立杜康祠祭之,尊为师,以革配。著《醉乡记》,以次刘伶《酒德颂》。其饮至五斗不乱,人有以酒邀者,无贵贱辄往。著《五斗先生传》。

从上文可见,王绩《酒经》记的是焦革的酿酒法,他的《酒谱》载的是杜康、仪狄等善酿名人,与绍兴的酿酒无关。王绩关于酒的著作除《醉乡记》一卷尚存外,其余均已亡佚,却想不到有人可以在这本佚书上做出这许多文章,一直做到绍兴酒的花色品种、酿制方法、风味特色,并且要供各地仿效。无中生有,令人不胜惶惑。

至于《本传》中提到的《醉乡记》,《四库》开馆时,安徽巡抚所呈进的《北山酒经》卷末,原来附此一篇。却被《四库》官员以"何所取义"为由而删除(见《四库全书总目》子部谱录类)。现在,从《中国丛书综录》所知,只有程百二的《程氏丛刻》收此一篇,而不幸的是《程氏丛刻》仅北京图书馆一家收藏,所以大家都很难读到。或许正因为如此,又有人用《醉乡记》之名写文章,说越州在唐朝就享有"醉乡"的美名。因为书既为北京所独藏,也就无从核对。幸亏吴翊如先生在明冯时化的《酒史》卷下中找到了这一篇。王绩的"醉乡"当然不在越州,他说:"醉之乡,去中国不知其几千里也。"全篇不过 322 字,实在是篇游戏文章。

我在这篇序言中写下这一段,因为我觉得这是在绍兴酒史中把近年来的这些牵强附会说法澄清一下的好机会。现在看来,这种以讹传讹的错误,流传社会顶多还不过一二十年,要是让它们继续流传下去,几十年乃至几百年,最后总有一天要为我们的子孙们所发现,到那时候,我们的后人对我们的责备就不会那样温和了。对于在这段时期中传播这些错误的人们,其中一些人是盲从,另一些人则是从盲,他们之中,许多人或许根本不知道他们所传播的,其实是没有根据的或是张冠李戴的东西。对于这些先生们,我也愿意利用这个机会,让大家一起重温一句王国维先生在《聚珍本水经注跋》(《观堂集林》卷一二)一文中所说的话:"当知学问之事,无往而不当用其忠实也。"

绍兴酒的悠久历史和优越品质,当然是我们的荣誉,但是记载这种荣誉必须有根有据,恰如其分。揠苗助长的办法,可以渲染于一时,但最后必然欲益反损,事与愿违。在这方面,我十分赞赏阮庆祥先生对绍兴酒获得巴拿马太平洋万国博览会金奖一事的深入调查。在过去,有关此事,包括我在内的许多人,都不过是人云亦云,不知底细。经过这次调查,才知当年绍兴酒得奖的有金牌奖章,也有银牌奖章。而金牌奖章得者的名单中写的是"浙江周清,酒",并无绍兴酒的字样。但从这条线索继续深入,又查到了周清在民国十七年撰写的《绍兴酿酒法之研究》一书,在此书中获悉"浙江周清,酒"出于绍兴东浦云集信记酒坊,此酒坊创业于清乾隆八年(1743),乃是周清的祖上。周清本人不仅经营酒坊,而且是一位农业教授,对酿酒当然很有研究。他的著作中还开列了当年送往巴拿马展览的包括小京庄酒四坛以及研究报告一份,木制模型 30 余件和照片 8 张等,说明送展的内容是非常完备的。阮庆祥先生的这个调查,弄清了巴拿马获奖的全部事实。即此一端,已可看到《绍兴酒文化》一书的写作态度和文献价值。

现在回过头来再谈谈酒文化这个课题。文化是一个广泛的概念,而酒则是一种具体的物质。从历史发展的因果关系来看,世界上只有文化创造的酒,没有酒创造的文化。原始的酒或许是一种低酒精饮料,这是许多民族和许多地区不约而同所产生的东西,一定要根究酒是谁发明的,这样的研究既不可能有确切的答案,也没有多大意思。从宏观上说,酒在世界上的产生是必然的,但对于每一个地区来说,或许具有颇大的偶然因素。不过总的说来,酒的大量出现,总是人类从渔猎社会发展到农耕社会而粮食有了积余以后。所以我非常赞同本书在《源远流长的酿酒历史》一节中引晋江统《酒诰》来解释酒的产生过程,"有饭不尽,委之空桑,郁结成味,久蓄气芳,本出于此,不由奇方"。每个国家和地区流行的大宗酒类和当地人民的饮酒习惯,取决于这个国家或地区种植的酿酒原料。如地中海沿岸葡萄种植区的葡萄酒,中欧大麦产区的啤酒,以稻米为原料的日本清酒和中国南方的黄酒,在旱粮种植区如青藏高原的青稞酒和东北的高粱酒等等均是其例。但各国和各地区出产的名酒,则有赖于产地的原料、水质和酿造技巧。

酒是世界上任何民族都饮用的嗜好品,但酒在社会文化上所发生的作用,就其主流而言,取决于社会的性质和社会文化发展的程度。在一个具有优越的社会文化传统和文化发展程度较高的社会里,酒可以成为社会文化中的一个积极的组成部分,它和这个社会之间的关系是和谐而相得益彰的。它有助于促进社会的交流,充实人们生活和享受的内容,增加人们之间的谅解和友谊,使整个社会变得富于活力和感情,变得更丰富多彩,从而推动社会文化的发展。在另外一种社会文化中,酒又可以成为一种粗暴、仇恨,淫泆、放荡、颓废的推动力,是犯罪的触媒,成为社会文化发展的一种消极因素。

绍兴是个历史悠久的古都,具有社会文化的优越传统。它是大禹治水传说的策源地,长期流传着"八年于外,三过其门而不入"(《孟子·滕文公上》)的无私精神和"以四海为壑"(《孟子·告子下》)的人定胜天的信念。绍兴又是越王句践的故国,具有"卧薪尝胆"的刻苦精神和"十年生聚,十年教训"的卓越意志。这里又是一个"千岩竞秀,万壑争流"和"山阴道上行,如在镜中游"的美丽风景胜地。自古至今,这里出现了多少声名隆重的鸿儒硕学、文人雅士、贤牧良守、流寓隐逸。真是人杰地灵,得天独厚。在这样一块具有优越文化传统的土地上,长期以来,民俗淳朴,礼教崇隆,学源绵远,文风鼎盛。所以名酒出于名邦,于事绝非偶然。酒以城而名闻遐迩,城因酒而风望倍增。足见对于绍兴来说,酒文化的渊源由来已久。现在,绍兴城早已扬名在前,成为历史文化名城;绍兴酒竟也争光于后,荣膺国宴,当应为历史文化名酒。名城名酒,共相焕发。绍兴酒文化,宏博而高雅,其足以博览者,实洋洋大观,我虽不善于饮,但事关桑梓,亦与有荣,因而乐于在此书卷首写上这一些刍荛之见。

原载《绍兴酒文化》,上海大百科全书出版社 1990 年版

《江南人才名镇——陶堰》序

　　我第一次把"陶堰"这个地名绘上地图在 50 年代之末,正是我着手研究古代鉴湖的时候。当年,我踏遍整个古代鉴湖地区,最后撰成《古代鉴湖兴废与山会平原农田水利》一文,发表于《地理学报》1962 年第 3 期。在该文之中,有一幅《鉴湖斗门闸堰示意图》,陶堰就绘在那幅图上。不过当时的陶堰,我只是作为古代鉴湖的堰坝绘入的。这篇论文后来发生了较大的影响,在国内外都传扬开来,以致我国史学界的老前辈杨向奎教授在为史念海教授的《河山集三集》所作的序言中(人民出版社 1988 年出版,此序言又单独发表于《史学史研究》1987 年第 3 期)说了如下的话:

　　　　陈桥驿先生是从研究宁绍平原起家的,他六十年代在《地理学报》上发表的两篇关于宁绍平原鉴湖森林变迁的论文,立即引起注意。以后对宁绍平原的城市、聚落、水系变迁的研究都被认为是宁绍平原研究的权威。其论文的特点之一是能从全面看一斑,并能从一斑以窥全面者,因此在国内外都很著名。

　　杨先生的这番话当然是过奖,但这篇论文倒是确实传播国内外,以后如国内的《中国水利史》(水利电力出版社 1983 年出版),日本斯波义信著的《宋代江南经济史之研究》(汲古书院 1988 年出版),桥本万太郎著的《汉民族与中国社会》(山川出版社 1983 年出版),渡部忠世及樱井由躬雄合著的《中国江南之稻作文化》(日本放送出版协会 1984 年出版)等,都引及此文并转载了《鉴湖斗门闸堰示意图》等插图,使陶堰这个地名也到处传扬。

　　60 年代初期,我开始研究绍兴地区自古以来的聚落形成和发展,最后撰成《历史时期绍兴地区聚落的形成与发展》一文,由于"十年灾难"的干扰,此文直到 1980 年才在当年《地理学报》第 1 期发表。陶堰又一次出现在我的论文之中,而且这一次是作为聚落名称出现的。此文同样也广泛传播,转载和引用于国内外学术界。这或许是陶堰作为一个聚落地名在国内外大量流传的一次。按照这篇论文的考证,古代绍兴平原地区的聚落,第一批出现于会稽山麓冲积扇地带,第二批出现于崛起于平原中的许多孤丘附近,第三批才出现在鉴湖的堤沿岸。鉴湖按记载修成于后汉永和五年(140),但湖堤显然有利用春秋于越时代旧筑的情况。明陶望龄曾撰《陶堰考》一文,有清陶元藻跋,收入于《绍兴县志资料》第一辑第十一册(亦收入于《会稽陶氏族谱》卷一,但文题仅作《地望》),谓陶堰即宋徐次铎《复鉴湖议》一文中的陶家堰,乃是堰坝之名。既然这个堰坝以"陶"为名,足见在筑堰以前,陶氏已经聚居在这一带。所以作为堰坝的陶堰成于永和,而作为聚落的陶堰必然要早于永和。由此可以推断这个聚落的悠久古老。

　　我从青年时代起就留意绍兴乡土文献,直到 1983 年才完成和出版了我在这方面的专著《绍兴地方文献考录》(浙江人民出版社出版)。这中间,为了查索文献及其作者,我曾接触过一些陶堰的古代著名人物如陶谐、陶望龄、陶奭龄、陶元藻等等,收入我上述专著的陶堰作者及其著作有陶谐的《建斗门闸记》、《新建三江闸碑记》、陶士锦的《曹山杂录》(按曹山即吼山)以及陶崇、陶大临、陶元藻的著作等。其中对有些作者的著作,我确实花了一番很大的力气才寻访获得,例如为了陶奭龄的《喃喃录》,我几乎走遍国内图书馆,最后终于在上海图书馆特藏部获睹此书刊本。

　　以上所说的是以往我和陶堰的关系。为了查访古代鉴湖遗迹,我曾经徒步走遍这个繁荣富庶的水乡街镇;我曾把它的名称,两次写入国家一级学报并传播海外;为了查索出自此村的学者及其著作,曾经多年奔走于许多图书馆之间。但是我一直未曾想到,这个我不过用几分钟时间横穿全村的小小街镇,竟是一个如此不同凡响的人才之乡。人杰地灵,这是中国人形容一个地方人才辈出的老话。但以往的人们研究人才与地方的关系,往往从较大的地区着眼。譬如说:"陇东出相,陇西出将。"陇山是一块巨大的山体,而陇东和陇西是两片广大的区域。我个人也曾经为某一个地区的名门望族作过一点统计,近年浙西德清县修纂县志(浙江人民出版社 1992 年出版),嘱我撰序。我在序中曾为此县追溯了当地的名门望族。其中最主要的是沈氏家族。我按《宋书·沈约自序》的线索,查实了这个家族在武康县(今德清由德清、武康二县合并而成,沈氏世居武康县)的出类拔萃情况,我在序中说:

　　　　南朝四代,沈氏成为武康县显赫一时的望族。仅在正史立传的,《宋书》有沈昙庆、沈演之等 7 人,《南齐书》有沈仲、沈文景等 4 人,《梁书》有沈约、沈颐等 6 人,《陈书》有沈恪、沈众等 6 人,则四代之中,沈氏家族立传于正史的竟达 23 人《陈书》尚有沈君理 1 人,因本传仅称吴兴人,故不计在内。

从上述沈氏家族的情况可见,人才集中一地的现象,确为古来所常有。但武康毕竟是一个建置悠久的浙西名县,而陶堰在历史上只不过是一个依傍鉴湖之堤的小村,竟能集中如此众多的著名人物,古今相继,历代弥盛。所以这个小小水村,不仅令人钦羡,而且值得深入研究。

人才问题是有关民族繁衍国家兴旺以至人类进步的大事,所以近年来成为一个学术界研究的热门。我的朋友缪进鸿先生是一位人才问题专家,他多年来从事长江三角洲与其他地区的人才比较研究,已经获得了重要进展和卓著成果,并且即将在杭州举行一次关于人才研究的国际学术讨论会。他的研究特色之一是首先占有大量的资料,然后再作深入分析,细致比较,最后得出科学的结论。但是据我所知,他的统计,恐怕尚不及一乡一村。为此,陶堰一地的人才集中现象,从学术领域来说,实在是人才研究的一个新课题,值得学术界的深入调查,仔细研究。所以此书的出版,确实为人才学界提供了一种人才研究的重要文献。

从陶堰一地来说,古今人才辈出,既是对国家民族的巨大贡献,也是本乡本土的无上荣耀。缅怀陶堰历史上的许多杰出人物,他们在祖辈的艰辛培植之下,通过本人的勤奋苦学,为桑梓争光,为苍生造福,所以值得后人的尊敬;而展望陶堰的未来,弦歌赓续,后继有人,在人才培养中必将缵承先绪,获得更大的成就。我从事教育工作 40 余年,自惭驽钝,愧乏建树,今得见陶堰的辉煌业绩,心中振奋,爰为之序。

载《江南人才名镇——陶堰》,浙江大学出版社 1993 年版

怀念新昌中学

　　我是 37 年以前到新昌中学任教的,离开这个学校也已经 32 年,但总觉得这个学校值得怀念。这一方面当然因为 30 多年来,虽然已经离开新昌,但仍然有机会经常与这个学校的校友相处,直到今天还是如此。例如,我现在执教的大学,校党委书记夏越炯同志就是当年的校友。另外,校内还有许多校友常常给我以温暖和慰藉:吕洪年同志送来一本他的新著,潘银水同志送来一锅热腾腾的新昌番薯,潘启明同志送来一个家乡的年历、……还有在杭州以外的校友,陈伯忠从新疆来,石舜瑾从广西来,吕樟权同志从南京来,……他们都顺道来看看我。谈谈各自的工作,也谈谈新昌中学的变化。新昌中学的老校长陈怀璋先生和名誉校长金望平先生,他们每过杭州,总也忘不了到我家攀谈。

　　另外我觉得这个学校有它值得令人怀念的地方。离开新昌以后,就进入大学执教,有机会在全国各地走走,眼界开阔了;四人帮粉碎以后,又多次出国,看到了世界各地的情况。对比之下,就愈使人感到我在新昌中学的这一段执教生活值得怀念。眼下,我又应日本学术界的聘请,在日本的一些著名大学如大阪大学、东京大学、京都大学等校讲学访问。我和我的夫人住在大阪大学国际交流宾馆的一套豪华住宅里,我自己又在大阪大学内独占了一间设备现代化的办公室。就在 37 年前的此刻,我带了夫人到新昌执教,学校当时在俞家祠堂,我们夫妇住在附近的崇圣祠内,那是一间不到十平方的泥地小屋,纸糊的木窗,泥墙没有砌到顶,房内陈了一张木床和小书桌外,别无他物。我们的芳邻就是今浙江越剧团的著名作曲家周大风（之辉）夫妇,他们也过着和我们同样的生活。艰苦朴素,但是非常愉快。和今天我所处的环境相比,物质上的差距实在无法描述。或许正因为如此,更引起我对当时的怀念。郑板桥的《乳母诗》"食禄千万钟,不如饼在手"。我虽没有当官,但我此刻的心情却和郑板桥当年一样。为了写这篇文章,我曾把我的这种想法告诉了我身旁的夫人,她说:她在感情上和我完全一样。

从社会情况来说,当时正处于新中国成立前夕,国民党的腐败统治已经到了最后崩溃的时刻,整个社会扰攘不安,民不聊生,怨声载道;上层统治者则倒行逆施,无所不用其极。在新昌也有许多令人好气又好笑的垂死插曲,像"商派"和"党派"的狗咬狗丑剧。"《飞鸣报》"和"《沃声报》"的相互攻讦,……真是不一而足。

学校当然受到社会的影响,这是毫无疑问的。但另一方面,学校毕竟还是学校,绝大部分教师都并不介入社会的政治活动,加上待遇基本上以稻谷计算,也较少受到可怕的"法币"贬值的影响。因此,教师的起码生活和学校的教学秩序基本上是安定的。现在看来,教学质量也是较高的。

"四人帮"把新中国成立后文化教育成绩辉煌的17年都一概否定,则新中国成立以前的教育当然不必再说,但是在我看来,以我在新昌中学的亲身经历,新中国成立前的教育当然存在不少问题,但也不宜一笔抹杀,它多少仍有可以为我们取法之处。当时的新昌中学也是这样。在我记忆之中,我认为新昌中学当年的情况,值得怀念的,大概有下列这些。

第一,学校的教学质量较高。这和校内有一批台柱教师有密切关系。例如陈叔庄、袁湘虞、高伯寅、陈梅、王德昭、张孝达、金望平诸老师,他们都不仅有真才实学,而且都有诲人不倦的精神。有了这样一批教师,学校的教学质量就有了保证。我当时还很年轻,但是由于担任了教务主任的职务,所以有较多的机会与这些老师接触,他们的处世为人,常常成为我日后学习的榜样。当然,要聘到这样一批教师,而且能够让他们安心留在学校里,这是作为一个校长的首要工作,否则,校长是无法领导这个学校的。要说校长聘请教师完全根据教师德才兼备的原则而不受社会的干扰,那当然是不现实的,少数不学无术的人,仍然能够通过各种社会关系挤入学校,但是校长有权,可以让这种消极因素尽可能缩小。例如有一学期,学校请来了一位某越剧名伶的令弟,此人在资历上是上海某个正牌大学毕业,但实际上不仅不学无术,而且极不负责。校长和我几乎同时发现了这种情况。我们除了在自修课多进入他所任教的教室,让学生经常质疑以弥补损失外,到学期结束就不再继续聘请他。所以对于这样的人,其影响不过半年。不像现在这样,一个不称职的人,只要在政治上"不犯错误","铁饭碗"就保障了他,他可以一直赖着,10 年,20 年,长期成为这个单位的包袱。而这个单位从领导到群众都对他束手无策。

第二,尊师重道的风气相对地好。新昌是个小山城,民风淳朴,它所保持的尊师之风,在当时显然比一般大城市要好。记得 37 年前,我还只有 24 岁,受聘到这里担任教务主任,到校不到一小时,县教育局长张图先生就赶到学校。尽管是几句客套话,例如说:新昌小地方,能够请到您真不容易,真是委屈您了之类。但是作为一个县的教育局长,对一位年轻的中学教务主任如此谦恭(即使是表面上的),在现在的年轻人看来,恐怕是很难理解的。当时,社会上对教师一般说来也是尊敬的。上层人士偶然也有跑到学校里来的,我不知道他们私底下的态度如何,在公开场合上,也都是尊敬教师的。至少不像“四人帮”那样,从私底下对知识分子刻骨仇恨,又公开地把知识分子列为第九等坏人。除了“四人帮”以外,还有不少受极左思潮影响很严重的人,他们自己极端缺乏知识,愚蠢得可笑。但是却偏对知识和知识分子抱有不可改变的成见,视知识为洪水猛兽,把知识分子当作各种运动的打击对象。我是一个在“文革”期间被作为活人展览品展出过的知识分子,是去年 4 月《光明日报》所揭发的杭大地理系被活人展览的 7 个老教师中,冠以“不学无术的反动学术权威”头衔的人。所以对此是痛定思痛,十分敏感。也正因为如此,当去年党的十二届三中全会的文件陆续公布以后,看到邓小平同志对知识和知识分子作出如此高度的评价以后,党的其他领导同志又继续对这个问题一再强调,而一系列实际措施,如提高中、小学老师工资,规定教师节等的次第颁布,我的内心,实在是十分激动的。尊师重道,是我们国家和民族长期来的优秀传统,这种传统,30 年前我在新昌就有深切的体会。在深受极左思潮影响的特别是“四人帮”糟蹋以后,现在,它又在党中央的正确领导下获得重视,行将逐渐恢复。对于我们国家民族的命运来说,这是何等值得庆幸的一件大事。

第三,工作效率相对地高。新中国成立前的新昌中学已经是一所完全中学,它有高中 4 个班级初中 9 个班级,有学生约 500 人,教职员工约 30 余人,其中教师约二十五六人。教师和学生的比率接近 1∶20,因此每个教师担任课程的门数和时数都是较多的。例如,高中各年级的国文由陈叔庄老师一人担任,英语由袁湘虞老师一人担任,在陈梅老师来校以前,高中的全部数学、物理,由高伯寅老师一人承担。我是当时的教务主任,但任课最多的一个学期,担任了两班国文和英语,每周达 22 学时。当时,教务、训育两处合用一个办公室,1948 年春假以后,学校从俞家祠堂迁到新校舍(即今址),这个办公室设在这幢马蹄形二层楼的正中。里面除两位主任外,还坐着教务、训育员各 1 人和两位缮刻讲义的职员(当时称为“书记”)。办公室的另一半是教师休息室,悬挂着日课表和各级点名册,供教师上下课休息之用。有哪一位教师迟到一分钟,大家都看得清清楚楚。教务主任就在这里和所有教师保持经常的接触,了解他们的教学情况。直到今天,我还可以把当年的所有教师姓名和所任课程,列出一张表格,包括他们每个人的音容言谈、生平逸事,保证没有大错。工作效率较高的原因当然不少,包括校长的聘书、社会的舆论、个人的声望、学生的意见以及传统的道德观念。(我国传统道德观念对"误人子弟"的谴责使许多人有所畏惧)等等,但其中十分重要的一点是工资的主要部分按讲课钟点计算。校长和各处主任都规定了职务钟点,教语文课的每班每周加两个改本钟点,英语、数学各加一个改本钟点。此外,还有其他一些多劳多得的规定。因此学校里不可能有闲人,吃大锅饭是绝对办不到的。

　　以上是我对新中国成立前的新昌中学的简短回忆,我主要说了一些积极的东西,当然不等于没有消极的东西。不过对那一些,30 多年来已经讲深讲透了,大家都知道,不必我再说。而且即使是上面所说的这些积极的东西,今天也必须批判地学习和继承,道理大家都明白,也不必赘述了。

　　名誉校长金望平先生早就约我为这个学校的 60 周年大庆写一点东西,在国内时实在挤不出时间,倒是到了国外,每天接待客人的时间就比在国内不知节省多少,所以就写了这一点东西。

　　祝新昌中学繁荣昌盛,为党和国家培养出更多更好的人才。

1985 年于日本大阪国立大阪大学

《江南人物春秋——绍兴东浦》序

东浦是绍兴的水乡名镇,这个名镇,除了它作为一个兴旺发达的集镇的一切职能以外,还有它与众不同的特色,这就是,东浦是一个人才之乡。古往今来,这里诞生和培育了大批菁英人物。所以这个名镇,不仅值得报道,而且值得研究。

朱顺佐先生的《江南人物春秋——绍兴东浦》一书已经撰成,这是一本地方人物研究的佳作,读了此书记述的许多杰出人物,受到莫大的鼓舞和教育,心胸为之振奋。现在受命作序,却又不胜惶恐。因为我是一个地理学者,面对着东浦这样一个人才济济的海内名镇,我至少应该从地理环境的角度,把东浦从聚落到集镇的形成和发展过程作出一点解释,但这个任务实在很不简单。

绍兴在第四纪晚更新世经历了一次称为卷转虫海进的海陆变迁。在距今七八千年海进全盛时期,海水直薄会稽山麓。山会平原成为一片浅海。在距今五千年前后才出现海退,山会平原逐渐涸出,成为一片斥卤的沼泽。我曾经研究过绍兴地区历史时期聚落的形成和发展过程(《地理学报》1980 年第 1 期),把绍兴各地历史上形成的聚落,按地域类型,分成"山地聚落"、"山麓冲积扇聚落"、"孤丘聚落"、"沿湖聚落"、"沿海聚落"、"平原聚落"6 种,而其中建立时间最晚的是"平原聚落"。这是因为,平原在古代是一片潮汐出入的沼泽,一直要到后汉永和五年(140)鉴湖建成,才开始得到垦殖。随着山会海塘的兴建,垦殖范围扩大,聚落于是次第建立。由于平原面积大,水利条件改善以后,开发潜力非其他地区可比,按照清代抄本《山阴都图地名细号亩分南米科则》和《会稽都图地名细号亩分南米科则》两书的分类计算,平原聚落要占山、会两县各类聚落总数的73.5%。在这样大量的聚落中,东浦就是其中之一。

如上所述,平原聚落是从后汉永和以后的漫长年代里,随着山会平原的开发而陆续形成的。那么,东浦这个聚落,是在什么时候形成的呢? 由于平原聚落众多,而古代没有像今天的《地名志》一类的文献,现在尚完整的南宋嘉泰《会稽志》和宝庆《会稽续志》,都还不见东浦地名。南宋方志之所以不载东浦地名,显然是因为平原聚落甚多,方志不可能逐一记载。在这种地方文献缺乏记载的情况下,要确定某一聚落的形成年代,确实相当困难,但是我们还有一种办法,通过调查这个地区望族的聚居情况,或许可以找到相对可靠的答案。而使用这种方法,已涉及本书记述的内容。

在本书记述中,东浦最早出现的杰出人物是宋代的陆轸和陆游。陆氏家族确是这个地区的望族,他们的居住地以及相互关系,可以说明聚落形成和发展的过程。陆氏在当时确是一个了不起的大族,在宋朝一代里,成为进士的就有多人,我根据《宋史》、嘉泰《会稽志》、宝庆《会稽续志》、乾隆《绍兴府志》等几种资料,把陆氏一族在宋朝的进士,列成下面的简表:

姓　名	关　系	成进士年代	备　考
陆　轸		大中祥符五年(1012)	乾隆《绍兴府志》有传
陆　佃	陆轸孙	熙宁三年(1070)	《宋史》有传
陆　傅	陆佃弟	熙宁六年(1073)	
陆长民	陆轸曾孙	政和八年(1118)	
陆光之	陆长民子	绍兴十八年(1148)	
陆升之	陆长民子	绍兴十八年(1148)	
陆　游	陆佃孙	绍兴三十二年(1162)	赐进士出身,《宋史》有传
陆　洙	陆游弟	乾道五年(1169)	
陆子愚	陆长民孙	淳熙八年(1181)	
陆若川	陆升之孙	嘉定十年(1217)	
陆　羻	陆佃五世孙	绍定五年(1232)	乾隆《绍兴府志》有传

(除上列11人外,尚有淳熙十一年(1184)进士陆洋,或是陆游、陆洙兄弟辈人,因资料不详,未曾列入;又有陆淞,是陆游兄弟,曾官辰州守,乾隆《绍兴府志》有传,因未成进士,故亦不列入。)

在上列这些陆氏人物中,我们如能找到某些人的定居地,特别是为首的大中祥符年代的陆轸的定居地,则对我们的研究课题,将有很大帮助。在这方面,嘉泰《会稽志》给了我们一种极为可贵的资料。此志卷七《寺院》山阴县法云寺下说:

> 在县西北八里,本名王舍城寺,久废。吴越王时,有大校巡警,见其地有光景,及复兴葺。开宝八年,改名宝城寺,中允陆公仁旺及弟大卿,舍园地以益之。大中祥符改额法云。建中靖国元年,大卿之孙拜左丞,请为功德院。

从这段文字中知道,开宝八年(975),陆仁旺及其弟陆大卿,曾经因宝城寺之建,"舍园地以益之"。既有园地,说明陆氏在此拥有住宅。从后面一句"建中靖国元年,大卿之孙拜左丞"中,可知陆大卿即陆轸之号。因为陆氏族中官至左丞的就是陆佃,而此事与《宋史·陆佃传》所载,陆佃在徽宗之初"转左丞御史"符合。这说明,陆氏家族在北宋之初已经在宝城寺一带定居。为此,我们需要知道宝城寺的来历。据上文,宝城寺就是法云寺,而法云寺"本名王舍城寺"。王舍城是古代印度恒河流域的一座著名城堡,是公元前7世纪童龙王朝时代摩揭陀国毗娑罗王的国都,位于今印度巴特那以南,梵文作 Rajagrha,意译为王舍城。据首先记载此城的《法显传》所云:"是阿阇世王所造,中有二僧伽蓝,出城西门三百步,阿阇世王得佛一分舍利起塔,高大严丽。"所以在佛教上有重要地位。既然此寺原以王舍城为名,而吴越王时代已经久废,则此寺之建,估计当在东晋之末或南朝之初。因为据嘉泰《会稽志》卷一〇运河条引《旧经》说:"晋司徒贺循临郡,凿此以溉田。"运河在府城、柯桥、钱清一线,贺循于西晋时就疏凿此河,说明这一带的水利设施和土地垦殖已经趋于完成。从地方开发的过程和法显从古代印度带回王舍城这个名称(法显于东晋义熙九年[413]至建康,始撰《法显传》),则王舍城寺建于东晋末或南朝初甚有可能。王舍城寺的沿革如前所述,又称宝城寺和法云寺,据嘉庆《山阴县志》卷二四《寺观》引《旧志》:"明正统初佛殿圮,僧月澄,宗俯重创,呼王城寺。"这就是今东浦以南的王城寺。由此可以说明,东浦这个聚落,最初可能是从今王城寺一带形成和发展起来的。由于两宋之间,鉴湖围垦殆尽,水体全面北移,山会平原北部的湖泊如瓜渚湖、狭猱湖等相继扩大,水道形势发生很大变化,这一带的聚落位置也相应有所改变,今东浦的聚落位置,估计也在此时移定。

另外一个问题是东浦这个聚落,在什么时候发展成为集镇? 对于这个问题,因为学术界已有比较成熟的理论可循,探索比较容易。美国著名汉学家施坚雅(G. W. Skinner)在其主编的世界名著《中华帝国晚期的城市》(*The City in Late Imperial China*)一书中,通过大量事实的论证,提出了中国自从唐末到北宋发生的所谓"中世纪城市革命"。根据他的分析,表现为下列五种现象:一、放松了每县一市,市须设立县城的规定;二、官市组织衰落,终至瓦解;三、坊市制度消灭,而代之以自由得多的街道规划,可以在城内或四郊各处进行交易买卖;四、某些城市迅速扩大,市郊商业蓬勃发展;五、出现了有重要经济意义的大批中小城镇。施坚雅所提出的"中世纪城市革命"的最后一种现象,对于江南集镇的大批兴起一事,至关重要。我曾在拙作《德清县志序》和《平湖县志序》中,论述了许多江南集镇的形成和发展问题。江南的多数集镇,大概都从南宋到明代这一时期形成,并且迅速获得发展。东浦在北宋甚至更早就有陆氏这个书香家族定居,南宋一代中,陆氏家族中成为进士的竟多至 10 人。说明东浦在形成集镇之前,早已是一个文化发达的大聚落,一旦商品经济发展,繁华的集镇在这里出现,这是必然的结果。而东浦的这种兴隆昌盛的局面,估计在南宋已经出现。

　　另外,东浦这个集镇,除了像江南其他集镇一样,依靠水上交通的便利和腹地的农副产品贸易以外,在产业上也有它的特色。这就是由于原料、水源和交通的优势而建立起来的酿造工业,而且有了很大的规模和声名,这就是清初陶元藻在《广会稽风俗赋》中所赞美的:"东浦之酝,沈酣遍于九垓。"据《绍兴酒文化》(大百科全书出版社1990 年出版)一书的记载,绍兴黄酒在 1915 年的"巴拿马太平洋万国博览会"中获得金牌奖,当时送展的黄酒,即是东浦云集信记酒坊的产品,而这个酒坊创立于清乾隆八年(1743)。

　　所以东浦这个集镇,确实有它与众不同的特色,它之所以成为人才之乡,也绝非偶然。自从东晋或南朝形成了这个聚落以后,到了宋初,就出现了书香望族,于是儒学流传,为这个聚落的文化发展和人才培养奠定了基础。到了南宋,集镇开始形成,商业和酿造业获得发展,但是人们并不放弃文化,群趋谋利,儒、商并不相悖,而是在文化与经济的良性循环中继续发展,否则,南宋一代在陆氏家族中能产生 10 位进士,就变得不可想象。经济的发展,当然促进了文化的进一步提高;而文化的发展,培养和造就了各种人才,对经济发展显然大有裨益。例如,上面提及的如绍兴获得"巴拿马太平洋万国博览会"金牌奖荣誉的东浦云集信记酒厂的业主周清,据《绍兴酒文化》的记载,他不仅经营酒坊,而且还是一位农学教授,曾于民国十七年(1928)著有《绍兴酿酒法之研究》一书。这就是文化与经济相得益彰的典型。

　　感谢朱顺佐先生《江南人物春秋——绍兴东浦》一书的出版,让我们看到东浦这个集镇对绍兴甚至全国所作出的卓越贡献。而东浦自古以来文化与经济相互促进的优秀传统,更值得推广和发扬。愿东浦的文化事业继续欣欣向荣,为绍兴和全国培养出更多人才;愿东浦的经济实力不断蒸蒸日上,使这个水乡名镇,获得更大的繁荣发展。

　　　　　　　　　原载《江南人物春秋——绍兴东浦》,广州出版社 1993 年版

《绍兴县交通志》序

　　《吴越春秋》卷五记载了范蠡为于越定都的创见："今大王欲国树都,并敌国之境,不处平易之都,据四达之地,将焉立霸王之业?""据四达之地",这就是建立首都在交通上的要求,说明当公元前5世纪之末,大越城(今绍兴)之所以建立在此,交通曾经是都城选址的重要条件。直到今天,我们仍然不得不佩服范蠡的这种深谋远见。

　　春秋时代的于越首都大越城,在交通上的所谓"四达",首先当然是指水路。因为这是一片水乡泽国,《越绝书》卷四描述当时于越的自然环境:"西则迫江,东则薄海,水属苍天,下不知所止,交错相过,波涛浚流。"所以此书卷八记载越王句践的话说:"以舟为车,以楫为马。"正因为此,造船成为于越的重要手工业,《越绝书》卷八记载:"舟室者,句践船官也,去县五十里。"从当时大越城的建筑中,水路的重要性十分明显,小城是大越城首先建成的部分,由于它旁种山而建,地势高燥,但这座周围仅二里多的城垣,除了四处陆门以外,仍然设置一处水门。大城建于小城以后,水门与陆门相等,各有三处。足见这座古都处于河川环绕之中。《越绝书》卷八记载了从大越城向东的两条交通要道:"山阴古故陆道,出东郭,随直渎阳春亭;山阴故水道,出东郭,从郡阳春亭,去县五十里。"这是从大越城到今曹娥江边的两条平行水陆通道。在我国东南地区,对先秦时代以城市为中心的道路网,作如此详明的记载,实属罕见。

　　大越城这个"四达之地",不仅是水路和陆路的中心,并且也是海洋航行的重要基地。由于当时距卷转虫海退未久,海岸离城不远,出海甚为方便。《越绝书》卷八记载："木客大冢者,句践父允常冢也。初徙琅玡,使楼船卒二千八百人,伐松柏以为桴。"说明越王句践从大越城迁都琅玡之时,曾以木筏漂海而行。甚至直到越被楚败以后,古本《竹书纪年》魏襄王七年(按即周赧王三年,前312年):"越王使公师隅来献舟三百,箭五百万,及犀角象齿焉。"这样大量的物资,从浙东运到大梁(今开封),看来也必须利用海道,即《禹贡·扬州》所说的:"沿于江海,达于淮泗。"这就是于越时代以首都大越城为中心的交通布局。

我在拙作《论绍兴古都》(《历史地理》第九辑,1990年)一文中说到:

> 绍兴建城于公元前490年,到今年已有二千四百七十八年历史(按此文撰于1988年)。一个城市,在原来的地理位置和基址上持续存在达到如此长久的,不仅在江南绝无他例,从全国来说,亦属罕见。例如今西安城在地理位置上与西周丰镐、秦咸阳、汉长安均不相关,而是建立在隋唐长安的基址上。又如今洛阳城,与东周王城及汉魏故城也不相关,而是建立在隋唐故城的基址上。但绍兴城却不同,自从春秋于越以来,一直在原址上屹然未动,它的历史悠久,实为其他古城所无法比拟。

绍兴古城在地理位置上的所以如此稳固,主要有两个原因:第一,它在地形上与位于关中平原的西安及位于伊洛盆地的洛阳完全不同,西安和洛阳,都建都于地形高燥地区,迁移方便,但绍兴建都在一片沼泽平原之上,它是充分利用了这块不大的地域中的有利地形的。第二就是前面已经提及的"平易之都,四达之地",这是重要的交通条件。正如我在拙作《历史时期绍兴城市的形成与发展》(《纪念顾颉刚学术论文集》下册,巴蜀书社1990年出版)一文中所指出的:

> 山会平原是一片潮汐直薄的沼泽平原,在这里建立一般的聚落,也必须利用孤丘的地形条件,要建立一个都城,考虑自然更须全面。今绍兴城一带,在东西约五里,南北约七里的范围内,冲积层上崛起的大小孤丘达九处之多,其中最高的种山(七十六米)、蕺山(五十二米)和怪山(三十二米),构成三足鼎峙的形势。当公元前5世纪句践在此建都之前,于越居民必然已在这些孤丘上建立了许多聚落,并且在孤丘附近围堤筑塘,垦殖了若干土地,人口有了相当的增加,农业生产也有了一定的基础,而且还有很大的开拓潜力。在这样一片平易之都,四达之地的地理位置上,凑上这样优越的孤丘众多的地形条件,对于立城建都,应该算是十分理想的了。

综上所述,可以说明,绍兴在先秦时代,就已经建立了一个以今绍兴城为中心的,以水路交通为主而辅以陆路的交通运输网。仅仅从这一点来说,在我国的交通史上,绍兴也是值得自豪的。

　　秦一统以后,绍兴经历了300多年的停滞时期,随着东汉永建四年(129)的吴会分治,绍兴成为会稽郡治,而从此十年以后,鉴湖工程就告建成,郡城的水路交通有了进一步的加强和发展。当时,二百余平方公里的鉴湖就在绍兴城下,郡城城垣成为鉴湖湖堤的重要部分。绍兴城内,河港交错,流水满城,呈现一派水国景象。从今城北如迎恩(西郭)、三江(昌安)诸水门入城的船舶,经都泗门闸堰进入鉴湖,从湖中东行可达曹娥江沿岸的曹娥和蒿坝,南行可达会稽山北麓的一切集镇,溯若耶溪(今平水江)经云门诸寺可达化山、尧郭,经娄宫溪可达兰亭以南的新桥头,溯南池溪经施家桥可达秦望山下的塘岭头等地,直到50年代施家桥尚未拆除以前,我尚亲见桥石上纤痕宛然。由于历代劳动人民的改造利用,山会平原上形成了一个庞大的河湖网,绍兴城就是这个河湖网的核心。

　　在绍兴历史上的全部水路交通网中,最主要的干线当然是今所称的浙东运河。此河东段前已引《越绝书》所载,其西段即从钱塘江至绍兴一段,通常称为西兴运河,始见于嘉泰《会稽志》卷一〇引《旧经》:“晋司徒贺循临郡,凿此以溉田。”我在拙作《古代鉴湖兴废与山会平原农田水利》(《地理学报》1962年第3期)一文中曾经指出:“这一带原是水乡泽国,河道纵横,贺循主持开凿,只是将原有的若干河道连接和疏浚而已。”由于这条以绍兴为枢纽的运河,沟通了钱塘江、曹娥江、姚江和甬江,并可循甬江通向外洋。而与这条运河平行的钱塘江,航行却很困难,如宋姚宽在《西溪丛语》卷上所说:“海商船舶畏避沙洋,不由大江(按指钱塘江),惟泛余姚小江,易舟而浮运河,达于杭越矣。”南宋王十朋在《会稽三赋》中记述了绍兴的水路交通:“航瓯舶闽,浮鄞达吴。”也是指的这条运河。明王稚登在其《客越志》(《古今游名山记》卷一〇)中描写了运河上的交通情况:“有风则帆,天风则牵,或击或刺,不舍昼夜。”足见船舶众多,交通发达。

　　除了利用运河东航出海外,绍兴自己在其北部沿海还有许多港口。《后汉书·桓晔传》:“初平中(按190—193),天下大乱,避地会稽,遂浮海客交趾。”说明从绍兴出海,由来已久。据近人贺昌群考证,唐鉴真和尚的第五次东渡日本(天宝七年,748年),也是从越州出发的(《人民中国》日本版,1963年第8期)。到了北宋,《朱储斗门记》(《越中金石记》卷三)记述了当年在朱储结集的“闽商海舶”。陆游在其《三江》(《剑南诗稿》卷四四)一诗中说:“三江郡东北,古戍郁嵯峨,……年丰坊酒贱,盗息海商多。”直到元代末叶,据王袆在《绍兴谳狱记》(《王忠文公集》卷八)一文中所载,山阴白洋港尚有大船往来停泊。一直要到明末以后,钱塘江河口移向北大门、如朱储、白洋等港才陆续淤废。但以三江为基地的远洋航行却历久不衰,明谢肇淛在《五杂俎》卷四所说:“视海为陆,视日本如邻室耳,往来贸易,彼此无间”,指的即是三江海舶,直到清代后期,范寅在《越谚》卷下还有记载:"吾绍之商于山东者,每由三江乘船往返。"航海之盛,于此可见。

由于水路交通的四通八达,在现代化道路出现以前,绍兴的陆路交通一直只有辅助意义。在平原地区,它们往往和水道平行,既是陆路,又作纤道。前面提及《越绝书》所载的"山阴故陆道",以后或许就是汉代南塘(即鉴湖湖堤)的一部分,它和唐代完成的北塘(即会稽海塘与山阴海塘)平行,成为平原地区的南北两条主要陆路。《新唐书·地理志》载元和十年(815)观察使孟简修运道塘,嘉庆《山阴县志》卷二〇称:"官塘在县西十里,自西郭门至萧山县,共百里,旧名新堤,即运道塘,唐元和十年,观察使孟简所筑,明弘治中,知县李良重修,甃以石,后有僧湛然修之。"这条历代以来沿西兴运河修筑的石路,从它最初的名称"运道塘"来看,实在就是一条纤路。从现在已经名著海内的、位于太平桥和钱清之间的纤塘路和避塘,可以追溯这条陆路的作用,它主要仍然是为了船舶航行的需要。我每次陪同外国学者在这条路线上进行考察,一定要在此停车,让他们看看被我称为"历史交通博物馆"的这个地段。这里,从东到西,平行地伸展着4条不同时代的道路,最偏东的是公元3世纪的运河;河边的石路,包括河中的纤塘路和避塘,即是公元9世纪的运道塘;运道塘以西是20年代修成的公路;最偏西的则是30年代修成的铁路。其间相隔1600余年,现在仍然各得其所,各尽其用,这是世界上别的地区所难得见到的现象,是绍兴交通史上的佳活。

平原地区的陆路在历史时期只起水路的辅助作用,而山区陆路的作用,同样并不十分重要。这是因为如前所述,发源于会稽山地的河流在历史时期通航里程甚长,特别是山阴、会稽二县的浦阳江和曹娥江以及它们的支流,也都有极好的航行效益。山区的陆路只有在山区内部才能发挥作用,而且如我在拙作《历史上浙江省的山地垦殖与山林破坏》(《中国社会科学》1983年第4期)一文所阐述的,在清初玉米和番薯两种作物引入山区以前,山区的居民很少,聚落稀疏。陆游诗:"山重水复疑无路,柳暗花明又一村"(《游西山村》,《剑南诗稿》卷一),又《山行》:"山鸟啼孤戍,……草市少行旅"(《剑南诗稿》卷七六),都说明这种现象。由于山区生产力低落,即为数不多的劳动力,仍然不免赋闲。陆游诗:"上客已随新雁到,晚禾犹待薄霜收"(《秋日郊居》,《剑南诗稿》卷二五),这里的所谓"上客",据陆游自注:"剡及诸暨人以八月来水乡助获,谓之上客,以其来自山中也。"由此足以说明,历史时期会稽山地内部交通的落后,与其生产力的低落有密切关系。

绍兴的现代交通发轫于辛亥革命以后,据《浙江公路史》第一册(人民交通出版社1988年出版)的记载,萧绍公路从西兴经萧山、钱清、柯桥至绍兴五云门,始建于民国十一年(1922),至民国十五年(1926)二月全线完成通车。接着是绍曹(娥)嵩(坝)

段,开工于民国十七年(1928),次年(1929)四月完成通车。此外,沪杭甬铁路的杭州、绍兴、曹娥段,与钱塘江大桥的修建相衔接,于1935年动工,到1937年完成通车,绍兴火车站建在寨下,但通车不久而抗战军兴,随即遭到战火的破坏。公路和铁路在绍兴的出现,由于它们的装载能力和速度,使绍兴的交通发展史进入了一个新的阶段,同时也开始改变长期以来这个地区以水路为主陆路为辅的局面。

不过,现代化的交通道路和其他设施,它们在绍兴的发展,在一个时期中显得非常缓慢。一度通车的铁路在破坏以后,直到1949年仍未恢复,而公路也是一样,在1949年以前,县境以内仍然只有20年代通车的萧绍、绍曹蒿二线,县际之间的公路交通发展也很缓慢。例如,在绍兴和诸暨这两个境域毗连、关系密切的邻县之间,如同几千年前一样,一直依靠从娄宫越古博岭经枫桥的一条古代驿路相沟通,长期没有公路的修建。

中华人民共和国建立以后,绍兴的交通获得了很大的发展。除了随着技术进步而促成的道路、运输工具和设备的更新扩充以外,铁路在50年代初期就得到修复,而公路里程有了长足的跃增。特别是在会稽山区,崇山峻岭阻挡不住公路的伸展,许多"山重水复疑无路"的崎岖山村,现在都通了汽车。这种巨大的改变有目共见,这里就不再赘叙。

我在这篇序言中写下这一段绍兴交通发展史上的掌故,主要是为了让后来的人们知道自己家乡交通发展的历程。因为一般人虽然善于利用交通,却并不熟悉交通发展的掌故。特别是在道路建设和交通工具迅速进步的情况下,我们的后人往往不容易理解前人几千年来在交通建设上胼手胝足的劳动,也体会不到前人世世代代服务于交通线上的劬劳。现在,我们从绍兴登上火车或汽车,不过个把小时就到了萧山。但过去乘船,在船上撑篙司橹的当然辛劳终朝,而还有二三船工背着沉重的纤绳在运道塘上整日奔跑。在山区,一条扁担加上一根铁头档柱,不知压弯过多少劳动人民的腰背。在交通日趋便利的今天,让人们溯昔抚今,不无教育意义。

绍兴的地方志书,历来有记载交通的传统。例如南宋的嘉泰《会稽志》,记载当时的交通情况就相当详细。此志存卷三堰、闸、斗门,卷一〇水,卷一一津渡桥梁,卷一二八县县境等篇内,都有关于交通的记载。例如卷一二在会稽县下就记载:"曹娥江路,南来自上虞县界,经县界四十里,北入海,胜五百石舟";"若耶溪路,南来自县五云乡界,经县界二十五里,北入镜湖,胜五十石舟"。这些记载包括水路从何处而来,在县境以内的里程,出县境以后的流向以及通航船舶的载重量等,资料可称相当完备,例子甚多,不胜枚举。古代地方志书记载当时的交通概况,为后代研究和了解古代的交通提供了许多方便。但美中不足的是,由于志书记载的内容十分广泛,因此,每一种府、县志中记及的交通概况毕竟有限。通过这些记载让我们了解的当时交通概况,有的比较完整,有的却难免一鳞半爪。而绍兴古代交通资料因此而亡佚的,为数也当在不少,确实令人惋惜。

在古代绍兴的地方志中,除了大量的府、县志即所谓通志外,还有不少专志,专志记载一个单独的部门,内容就非常详细。例如明祁彪佳的《寓山志》,曾经祁彪佳修补的《鉴湖志》(见《祁忠敏公日记》戊寅八月十七日),清代的两种《兰亭志》等,都属于绍兴历史上的山水名胜志。清代修纂的《偶山偶心寺志》、《显圣寺志》、《大善寺志稿》等,都是寺院专志,康熙年代的方志专家会稽人董钦德,曾修纂《会稽人物志》一种,虽然未曾刊行,但稿本四册迄今仍藏杭州大学图书馆,这就是人物专志。绍兴流传的古代专志很多,可惜从未见过交通志的著录。我往年曾经搜罗国内外著名图书馆中有关桑梓藏书,汇编成《绍兴地方文献考录》(浙江人民出版社1983年出版)一书,并因此从美国国会图书馆引回流落他乡的桑梓文献孤本《越中杂识》(乾隆抄本),在我的全部工作过程中,绝未见到记载绍兴交通的专志,引为不胜遗憾。

现在,绍兴历史上的第一部交通专志《绍兴县交通志》已经修纂完成,行将正式出版,这不仅是绍兴县交通发展史上的一件大事,也是此县方志修纂史上的一件大事。全志内容完备,资料丰富,举凡水路、陆路、铁路、桥梁、运输企业、交通工副业、交通管理以及交通发展史上的著名人物等等,均立专章详载,数据翔实,分析缜密,而且明古详今,条理清晰,汇绍兴水陆舟车设施于一编,集越中古今交通概况之大成。此志的修纂和出版,从方志发展史而言,它为绍兴这个古往今来的胜境名县推出了一部包罗宏富的交通专志,使这个著名的方志之邦锦上添花;而从交通发展史而言,此志在总结全县交通发展的历史遗产和指导未来交通建设的远大前景方面,均具有重要的意义。

此志篇幅浩瀚,编辑逾年,其间我亦曾稍献刍荛;今编纂既成,出版在即,欣然作序,以略叙绍兴县交通发展的概况,也为了表示对这部志书的祝贺。

1992年1月于杭州大学

原载《绍兴县交通志》,中国大百科全书出版社上海分社1993年版

越文化与水环境

我为张步天先生的《洞庭历史地理》[①]一书所写的序言中提到：

　　水体不仅繁衍了生命，而且创造了文明，发展了文化。我们看到：尼罗河流
域，印度河和恒河流域，底格里斯河和幼发拉底河流域，黄河流域，滔滔河水，孕育
了世界上最古老的文明。

这里必须说明的是，水体与水环境，是两个不同的概念。水体指的是，水作为一种
物质，存在于各种自然环境之中。海洋环境与河湖环境中当然存在水体，而高山环境
与沙漠环境中也存在水体。生活于海洋、河湖环境中的人们，通过水体的利用发展文
化；生活于高山、沙漠环境中的人们，也同样通过水体的利用发展文化。水环境是指在
自然地理实体中水体占很大比重的自然环境，如海洋岛屿自然环境、河湖沼泽自然环
境等等。在这样的自然环境中，人们与水体的关系和高山、沙漠环境迥然不同。人们
在高山环境中利用冰雪溶水和泉水维持生活并从事生产，他们从地表高处获得水源；
沙漠环境则不同，尽管这里的人们也受惠于高山的冰雪溶水，但他们实际利用的主要
是地下水，例如坎儿井之类，他们从地表深处获得水源。在这类自然环境中，由于水体
在自然地理实体中只占很小的比重，人们利用水体，首先在于寻觅水源。但是在海洋、
河湖环境中，到处充满着水体，人们利用水体，首先在于对水体的驾驭。例如在海洋岛
屿环境中，人们在远古就逐渐懂得风向转换的规律，潮汐涨落的时刻。在河湖沼泽环
境中，人们很早就掌握河湖的洪水季和枯水季等等。对于后者，远古越族的活动和初

期越文化的形成与发展,都是现成的例子。

在今浙江省境内,早更新世的人类活动情况尚不清楚。到了中更新世,可能是越族祖先的建德人已经出现,随着假轮虫海退的发生,今省境范围空前扩大,作为越族繁衍基地的宁绍平原,当时与东海大陆架连成一片,海洋与岛屿环绕其外围,而内陆则是河湖与沼泽。远古的越文化,就是从这样一个水环境中发展起来的。

从假轮虫海退的结束到卷转虫海进的到达顶峰的这一段时期,也就是从晚更新世进入全新世,这就是远古越文化繁荣发展的时期,这种远古文化的内涵,现在我们只能从河姆渡新石器遗址中稍获端倪。河姆渡生物群落中所出现的许多水生动植物如水獭(Martes flavigula)、扬子鳄(Alligator hinensis)、大量的各种鱼类以及菱角(Trapana-taus)、香蒲属(Typha)、狐尾藻(Myriophyllum)和栽培植物水稻等,都可以说明,这是一种亚热带类型的水环境。[2]而在其第四文化层中出现的六支木桨,[3]则是在这种水环境中发展起来的远古越文化的特征。

卷转虫海进从其开始到全盛,延续达四千年,在这漫长的四千年中,前期与后期的水环境变迁有所不同。前期水环境的变迁表现在水体的扩大和增加,大陆架的淹没和一系列岛屿的出现。但这些变迁对宁绍平原河湖沼泽环境的影响不大,以渔猎和水稻种植为主要生产活动的越族居民仍能安居在这种水环境中繁衍发展。但这次海进的后期,由于海面加速提高,于是,宁绍平原北部和东部的咸水环境,就开始干扰平原的淡水环境。河流的潮汐现象加剧,海水倒灌,沼泽扩大,土壤盐渍化加重,种植业的收成锐减,而海水逐渐浸入陆地,最终造成居民的流散。这个过程,我在拙作《越族的发展与流散》[4]一文中已叙其详,这里不再赘述。越族流散的结果,就出现了越系其他部族,包括句吴、内越和外越等,其中外越又分为东海外越[5]和铜鼓外越。[6]部族流散同时也就是越文化流散。远古越族的流散具有两个重要特点,第一,这些部族是从一个逐渐恶化的水环境中向外迁徙,由于他们长期来的生产和生活习惯,因此,他们播迁以后,也往往选择一个水环境落脚。第二,这个时期迁离宁绍平原的越系各部族,他们长期来在水环境中所形成和发展的共同文化基础,依然扎根在这些部族之中,因此,他们在地区上虽已彼此分离,但他们在文化上仍有许多共性,例如句吴与越"同气共俗"。[7]而东海外越(包括日本)、铜鼓外越与于越之间,在语言、地名、宗教、风俗等方面,也有许多共同之处。

所谓内越,即是后来称为于越的这个越系各族中最大的分支。他们在卷转虫海进的全盛时期退居会稽、四明山区,离开了他们世代定居的水环境,而播迁在缺乏水体的丘陵山地之中,过了几千年"随陵陆而耕种,或逐禽鹿而给食"[8]的迁徙农业和狩猎业生活。生产落后,文化发展停滞,部族经历了很大的苦难。《吴越春秋》卷六把这几千年的厄运总结为一句话:"人民山居。"不过我们也应该看到,内越在这几千年中虽然离开了水环境,但祖辈世代流传下来的故事:平原的坦荡广阔,耕作方便和收成美好,水族资源的丰富和易于猎取以及海洋的浩渺神秘等等,他们仍然是非常向往的。现在,他们登上会稽、四明诸山的北翼峰峦,所见的是一片汪洋,当然要引起他们的许多遐想。另外,居住在翠屏山群岛⑨和今舟山群岛的越族,这是外越诸族中离开内越最近的部族分支,他们之间,通过熟娴航海的这些岛民,必然有经常的联系。所以内越虽然处于一种崎岖狭隘的自然环境之中,但是他们对祖辈的水环境,仍然有许多传说上和感情上的联系。中华民族历史上的一个最重要的神话,就在这样的环境背景中产生。在越族的水环境中产生了一位神明,后来竟成了中原汉族第一个王朝的开国君王。越族的神话经过汉族的移植,因而把越族和汉族在文化上从远古开始就扭在一起。

这个神话就是禹治水的故事。顾颉刚先生在 20 年代就已经指出:"禹是南方民族神话中的人物","这个神话的中心点在越(会稽)"。⑩顾颉刚提出这个论断的根据,即是这个地区的特殊水环境。他认为:"由于长江流域的特殊地理条件,即森林、野兽与沼泽的威胁,洪水灾害,特别是钱塘江(当时长江的一条支流)的洪水灾害,以及由此而产生的对于治水的迫切要求,就产生了禹和洪水的传说。"⑪正如我在《绍兴水利史概论》⑫一文中所指出的,顾颉刚的论断是在古地理和第四纪等科学研究比较落后以及诸如放射性碳素测年等先进技术尚未出现的时候作出的,时隔半个多世纪,科学技术的发展,大大充实和发展了顾氏论断的内容,他所提出的关于沼泽和钱塘江洪水,现在已经明确,这实在是第四纪的最后一次海进。由于从晚更新世到全新世的这片海洋,吞噬了越族世代定居的平原,内越人渴望祖辈传说中的这片水环境优越的富庶平原能够再度出现。他们幻想和期待着有这样一位伟大的神明,能够驱除这滔天洪水,让他们摆脱这个崎岖贫困的山地,回到他们祖辈相传的美好广阔的老家去。这个伟大的神明,就是顾颉刚所论证的以越为中心点的禹。现在我们在绍兴、上虞、余姚三地调查出来的舜、禹故迹达 13 处之多,⑬也可说是这个神话的旁证。

汉族把越族的这个神话移植过去,痕迹是十分清楚的。总的说来,这种神话只能产生在水环境之中。而黄河流域虽然有黄河及其支流,但并不存在像越地一样的水环境。黄河在洪水季或许确有《尚书·尧典》所说的:"汤汤洪水方割"的景象,但在枯水季,它实在是条涓涓细流。特别是汉族的主要聚居地黄河中游,不大可能发生《诗·商颂·长发》所说的"洪水茫茫"的情况。这种移植的最明显的张冠李戴之处在于治水的思想和方法。传说中的禹治水方法是疏导,这种方法无疑是针对宁绍平原水环境的产物。宁绍平原河流短小,从南部山地北流到海边不过几十公里,当然可以用疏导的方法。而这片沼泽地,实际上就是用这种方法排干的。把宁绍平原治水的思想方法移植到黄河,就不得不另外塑造一个主张用"堙"的方法的鲧作为牺牲品,即《尚书·舜典》中的"殛鲧于羽山"。于是,宁绍平原的治水方法就在黄河付诸实施。但黄河的上流在西戎,下流在东夷,神话当然不必计较是谁管辖的问题,让禹从西戎的"积石"一直疏导万里,导到东夷的"九河"。其实黄河历来都用"堙"的方法,如今郑州以下,黄河大堤高高在上,就是"堙"的结果。

卷转虫海进经过它的全盛期以后,接着就是海退,海水从会稽、四明山麓线逐渐北缩,山麓冲积扇扩大,平原上原来的孤岛变成孤丘。但平原的大部分成为一片咸潮出没的沼泽。越人纷纷从山区进入平原,神禹虽然驱走了洪水,但平原完全不像祖辈所传的那样美好。这是一个恶劣的水环境,到处是沼泽泥泞,土地斥卤。管仲在公元前7世纪说:"越之水重浊而泊,故其民愚疾而垢。"[14]管仲的话,代表着当时中原礼仪之邦的领袖人物对越人及其水环境的看法:一批祝发文身的野人,在泥泞潮湿的沼泽地上挣扎。情况就是如此。

这种情况持续了许多年,山居的越族,终于又在慢慢地习惯了宁绍平原的水环境,懂得了怎样驾驭水,改造这里的自然环境。"人民山居"的越族,又成了"大越滨海之民"。[15]在一位英明的国君句践的领导之下,他们围堤筑塘,排干沼泽,抗拒咸潮,蓄淡灌溉,发展农业,先后建成了富中大塘、吴塘、练塘等堤塘农业区,保证了民食的需要。这正是越大夫计倪所提出的:"省赋敛,劝农桑,饥馑在问,或水或塘,因熟积以备四方。"[16]"或水或塘",也就是对水环境的有效改造和充分利用。围塘蓄淡的结果,是在这片咸潮直薄的沼泽地上,建成了许多淡水水域,于是就发展了淡水养鱼业,即所谓外荡(指不受潮汐影响的内河)养鱼,传说为范蠡所撰的《养鱼经》[17]一书,成为世界上最早的淡水养鱼文献。此书一开始就提出:"治生之法有五,水蓄第一。"这当然与越国的水环境有密切关系。

除了农业以外,越王句践还利用水环境发展了手工业和交通运输业。距县35里的朱余是盐场所在,即《越绝书》卷八所记:"朱余者,越盐官也。"越国的工场也设置在河边,所以称为"官渎"。即《越绝书》卷八所说:"官渎者,句践工官也。"特别重要的是造船业,《越绝书》卷八记载:"舟室者,句践船官也,去县五十里。"由于内河运输、海洋运输以及军事上的需要,越国的造船工业具有很大的规模。据古本《竹书纪年》所载,魏襄王七年四月:"越王使公师隅来献舟。始罔及舟三百,箭五百万,犀角、象齿焉。"[18]魏襄王七年是公元前312年,当时越为楚所亡已有40余年,越国王族已退居到浙东一隅,却尚有能力向中原献上大量船只,则其造船工业的发达可见一斑。

在交通运输方面,水环境为开凿运河具备了优越条件,从越王句践所说"以船为车，以楫为马"[19]一语中，可以看到当时水上交通四通八达的情况。《越绝书》卷八所载的："山阴故水道，出东郭，从郡阳春亭，去县五十里"。即今从绍兴到曹娥的水道，是浙东运河的一段。当时，凡是手工业工场所在之地，都开凿了运河，在《越绝书》上称为"渎"，如"官渎"、"铜姑渎"、"直渎"、"炭渎"等。以"炭渎"为例，《越绝书》卷八说："练塘者，句践时采锡山为炭，称炭聚，载从炭渎至练塘，各因事名之，去县五十里"。这里清楚地写出，锡山的矿石和炭聚的木炭，都从一条称为"炭渎"的运河运到冶炼工场所在的练塘，像这样利用运河，把原料地和燃料地联系到一起，这就是水环境所提供的便利条件。当时并且还发展了从内河到沿海的木筏运输，《越绝书》卷八记载句践迁都琅玡时："使楼船卒二千八百人，伐松柏以为桴。"2800 人的伐木，其所砍伐必甚可观，这片原始森林的所在地在城南 15 里的木客，木筏必须通过内河才能入海，然后沿今江苏沿海到达琅玡（今山东胶南一带）。前面提到的公师隅献舟，或许也是走的这条路线，即《禹贡·扬州》所说的："沿于江海，达于淮泗。"

越国是个军事国家，它与吴国连年战事不断。特别是越王句践时代，他立志要消灭吴国，北上称霸。所以扩充军备，提高士兵的战斗能力，是他耿耿于怀的头等大事。所有这一切，包括士兵的训练、防守和进攻等等，都必须密切考虑水环境的特点。《墨子·兼爱下》记载句践在水上训练士兵的情况："焚舟失火，鼓而进之，其士偃前列，伏水火而死，有不可胜数也。"为了防御吴国的入侵，句践在北部沿江海之地设置了石塘、防坞、杭坞三处海防要塞，其中石塘大概是一个停泊战船的军港，《越绝书》卷八记载此处："越所害军船也，塘广六十五步，长三百五十步。"防坞是"越所以遏吴军也"，杭坞则是"句践杭也"。其军事性质都很明显。另外还有一处范蠡屯兵的固陵。其位置也濒江海，《越绝书》称："其陵固可守，故谓之固陵，所以然者，以其大船军所置也。"句践通过"十年生聚，十年教训"，组成了一支北伐部队，而部队之中，包括"习流二千人"。[20]就靠这样一支能在水环境中对付一切的水军，越国终于获得了战争的胜利。

前面已经提到了越族早期出现的以水环境为背景的神话，即著名的禹治水的神话。这个神话由于汉族的移植而成为全国性的神话。在越族的后期，又出现了一个影响很大、流传甚久的地方性神话，而它的背景同样也是这个地区的水环境。许多古籍都记载了这个神话，以《水经·渐江水注》引《吴越春秋》为详。《水经注》说：

> 江川急浚，兼涛水昼夜再来，来应时刻，常以月晦及望尤大，至二月、八月最高，峨峨二丈有余，《吴越春秋》以为子胥、文种之神也。昔子胥亮于吴而浮尸于江，吴人怜之。……文种诚于越有伏剑于山阴，越人衷之，葬于重山。文种既葬一年，子胥从海上负种俱去，游夫江海，故潮水之前扬波者，伍子胥；后重水者，大

夫种。

这就是所谓潮神的故事，以后在这个地区普通流传，迎潮赛会，长期形成一种风俗，《后汉书·曹娥传》记载曹娥之父曹盱"诉涛迎婆娑神"，即是这种风俗的延续。越族的不少风俗，都与水环境有关，例如《越绝书》卷八所说："江东中巫葬者，越神巫无杜子孙也，死，句践于中江而葬之。"这就是水葬，不过这种风俗，后来没有在这个地区流传。

以上所述的是越族的文化发展与水环境的关系。卷转虫海进以前的远古越文化，现在当然已难追索，但海退以后，越族从山区重新进入水环境的历程及其文化发展，至今仍然比较清楚。管仲所描述的这片沮洳泥泞的水环境，经过句践时代的大力整治，有了很大的改观。越族流散以后，汉族进入这个地区，他们不久也就熟悉了这个水环境，而在越族整治的基础上继续改造。到了六朝，这里的水环境已经十分美好，所谓"千岩竞秀，万壑争流"，[21]"从山阴道上行，山川自相映发，使人应接不暇"[22]等等，可见一斑。这个地区历史上民风淳朴，礼教崇隆，学风鼎盛，人才辈出，显然与优美的水环境有密切关系。

值得重视的是，这个地区的水环境，这些年来发生了不容乐观的变化。我曾在《我谈绍兴》[23]一文中提出：

> 去年举行的鉴湖建成 1850 周年学术讨论会上，我已经提出了"还我蓝天，还我绿水"的呼吁，现在已经到了必须保护我们的自然环境的时候了。为了我们的子孙后代，让我们尽一切努力，保护稽山镜水的美好自然环境吧。

的确，这个地区的水环境，长期以来都是引人入胜的。18 世纪末叶，法国传教士格罗赛（Grosler）[24]曾经对这个水环境作过生动的描述，这段描述，被收在著名的《纳盖尔导游百科全书——中国卷》之中："它（指绍兴城）位于广阔而肥沃的平原中，四面被水所包围，使人感觉到宛如在威尼斯一样。"自从越王句践以来经过多少代辛苦经营的这个水环境，实在是非常美好的。越文化在这个水环境中形成并发展，直到今天，这种古老的文化在这个地区还有很大的影响。在这里，从领导到群众，至今常用"卧薪尝胆"的话来表达当地的传统精神。不错，"卧薪尝胆"的精神是越文化留下的重要财富之一；而且现已经到了必须用"卧薪尝胆"的精神来保护这个水环境的时候了。

注释：

① 山西人民出版社 1993 年版。

② 浙江自然博物馆《河姆渡遗址动植物遗存的鉴定研究》，《考古学报》1978 年第 1 期。

③ 《浙江河姆渡遗址第二期发掘的主要收获》,《文物》1980 年第 5 期。

④ 《东南文化》1989 年第 6 期。

⑤⑮⑲ 《越绝书》卷八。

⑥ 《水经·温水注》。

⑦ 《越绝书》卷七。

⑧ 《吴越春秋》卷六。

⑨ 即今余姚、慈溪二市间的翠屏山丘陵。

⑩ 《古史辨》,北平朴庄 1926 年版,第 104—286 页。

⑪ 冀朝鼎《中国历史上的基本经济区与水利事业的发展》,中国社会科学出版社 1981 年版,
第 45 页,朱诗鳌据伦敦乔治·艾伦和昂温有限公司 1973 年英文版译出。

⑫ 《鉴湖与绍兴水利》,中国书店 1991 年版,第 1—10 页。

⑬ 乐祖谋《历史时期宁绍平原城市的起源》,《中国历史地理论丛》第 3 辑,1988 年。

⑭ 《管子·水地》第三九。

⑯ 《越绝书》卷四。

⑰ 今有《齐民要术》辑本,《水经·沔水注》引及,作《养鱼法》。

⑱ 《水经注》卷四。

⑳ 《吴越春秋》卷六。

㉑ 《世说新语·语言第二》引顾长康语。

㉒ 《世说新语·语言第二》引王子敬语。

㉓ 《野草》1991 年第 2 期。

㉔ *Nagel's Encyclopedia Guide——China*,P. 1090。

原载《浙江学刊》1994 年第 2 期

《绍兴名人辞典》序

中国人评论人物,素来重视"盖棺论定"。唐朝的著名学者韩愈,于贞元十九年(803)被贬官到阳山,有感于怀,写了一首题为《同冠峡》的五言古诗(《全唐诗》五函十册),最后两句说:"行矣且无然,盖棺事乃了。""盖棺论定"的话,或许就从韩愈此诗引申出来。后来又出现了"生不立传"的说法,一般人都以为此说首创于清会稽史学家章学诚,因为他在《修志十议》中说道:"史传之作,例取盖棺论定,不为生人立传。"其实,章学诚此说,是受另一位清代学者朱筠的影响。《修志十议》中说:"盖包举一生而为之传,史汉列传体也;随举一事为之传,左氏传经体也。朱先生言,乃专指列传一体耳。"这里的"朱先生",就是指的朱筠,因为朱筠首先提出:"见生之人,不当作传。"所以章学诚作了解释,章学诚认为朱筠"见生之人,不当作传"的话,是指的"史汉列传体"。在这个问题上,章学诚的观点看来是比较灵活的。他曾举梁宽为赵娥作传、李翱为杨烈妇作传的例子,因为此两人都是"见生之人"。为此,除了史传之作,例取"盖棺论定"以外,他认为守节妇人及去任循吏可以变通。现在且不计较这个观点中所包含的封建思想,但至少可以说明,章学诚并不坚持所有人都"生不立传"。我之所以提出这个问题,绝不是想标新立异,干扰我们当前正在全国范围内修纂的地方志人物列传的体例。而且恰恰相反,对于地方志的人物列传,我是坚决主张"盖棺论定"和"生不立传"的。但是应该承认,对于地方人物的评论和记载,单靠地方志是不够的,必须有一些专记生人或生死并记的地方人物文献。留待以下再论。

　　另外,传统的地方志记载人物,还有一种困难是篇幅有限,其中人物列传无非是许多卷篇中的一篇,能够入志的人数,实在寥寥无几。记得曩年读魏禧《大铁椎传》,其中有一段话感人良深:

　　　　子房得力士,椎秦始皇于博浪沙中,大铁椎其人欤? 天生异人,必有所用之。予读陈同甫《中兴遗传》,豪俊、侠烈、魁奇之士,泯泯然不见功名于世者,又何多也。

　　和魏禧所记的大铁椎一样,文人学士之中,也有不少人做出了卓越成绩,传至其人,社会影响甚大,但他自己却也泯泯然不见于世。全祖望笔下的苏州学者孙潜(字潜夫),即是其中之一。孙潜是出色的《水经注》研究专家,他在清初校勘郦注,并把著名的明人抄本赵琦美、柳佥诸本尽行过录,撰成名重一时的孙潜校本。由于赵、柳诸本相继亡佚,亦赖孙本以传。所以孙潜是郦学研究史上的巨子。全祖望在其《孙氏水经再校跋》中云:

　　　　赵、柳诸本,皆以国初始出,而集其成于孙潜夫,其功最笃。……予游吴下,问诸后进,莫知潜夫本末矣。

　　全祖望与孙潜相去不到百年,而吴下后学竟已不知此郦学巨子的本末,实可慨叹。

　　如上所述,魏禧笔下的许多豪俊、侠烈、魁奇之士,全祖望笔下的孙潜,假使地方志能够尽量收录,他们的事迹,就不至于不传。对于这些人来说,他们对社会作出贡献,而他们的生平却泯泯然不见于后世,这是极不公正的;对后世来说,乡贤业绩,原是一种地方德育教材,由于地方志记载寥落,以致许多足以启迪后世的先辈事绩失传,这是乡土文化的莫大损失。

　　对于地方志人物列传的问题,我乡先贤已经有见及此。案万历《绍兴府志》是绍兴历史上的著名志书,此志由隆庆五年状元张元忭及万历二年进士孙鑛同纂,张居山阴而孙居余姚,为了修志,两人常有函札往返,其中就有关于人物入志的讨论。今《张阳和文选》卷二收有《张元忭寄孙越峰论志书事》函札,其中言及:

　　　　绍兴人物本多,与他郡不同。……嘉靖来人物已备入,人数不少,即如山、会二邑所载,其人尽有不可删者,独姚邑颇为寥寥,他日各邑俱多,而姚江独少,恐人必归咎于兄耳,弟意郡志与国史不同,郡志纪一乡之贤,苟有一德一艺者,皆可书也。

　　"绍兴人物本多,与他郡不同",这是这个文物之邦人才集中的历史事实,直到今天,情况仍然如此。而"苟有一德一艺者,皆可书也。"

　　这是张元忭对于人物入志的卓见。但是由于如前所述的地方志篇幅有限,尽管万历府志是50卷的巨帙,但八邑人物鼎盛,仍然无法网罗尽致。由此可见,地方志人物列传对于地方虽然至关重要,却也存在两个明显的缺陷。首先是地方志受卷帙篇幅的限制,不仅使许多"一德一艺者"排斥于外,而如前所述,贡献卓著如孙潜之辈,其生平事绩,竟亦因此而随草木同腐。其次是地方志必须遵循"生不立传"的体制,使当代活跃于社会上各行各业的代表人物不得问津,他们的行历事业,也无法向公众介绍和传播。为此,编纂地方志以外的地方人物文献,在当前这个变化频繁,发展迅速的社会中,实在已为形势所必需。

正如张元忭所说:"绍兴人物本多,与他郡不同。"历史上有识之士,早已留意及此,所以除了地方志人物列传以外,专记人物的其他志书,历来世代有编纂。如后汉《会稽贡举簿》、三国吴谢承《会稽先贤传》、晋虞预《会稽典录》、贺氏《会稽太守像赞》、《会稽先贤像赞》、晋钟离岫《会稽后贤传记》等等,不胜枚举。及至当代,又有朱顺佐编纂的《绍兴贤人志》集其大成,在一定程度上弥补了地方志人物列传的不足。但由于这些单独成书的人物志,仍然遵循"生不立传"的体例,所以都没有记录各书编纂时代的当代人物,因而对于这个历史人才浩瀚的海内名邑来说,仍然不免挂一漏万。

现在,《绍兴名人辞典》的编纂,不仅弥补了地方志人物列传的上述不足,而且也弥补了历来人物志的缺陷。此书收录绍兴市属各市县的历史人物和现代人物2700余人,并以近现代和当代人物为重点,确是一部极有价值的地方人物文献。由于收录的人物众多,它体现了地方人物文献的普及性;由于此书同时是一部地方人物的工具书,并且以近现代和当代人物为重点,所以又体现了它的实用性。张元忭在修纂万历《绍兴府志》时对人物入志的议论,后世修志者甚有启发,但万历府志实际上并未解决这个问题。而《绍兴名人辞典》的编纂,在历来地方人物文献中,具有开创性的意义,既值得绍兴一地称庆,也值得其他各地效法。我虽长期流寓客地,得见乡邦地方人物文献成此巨构,心中雀跃,特为之序。

原载《绍兴名人辞典》,国际文化出版公司1994年版

多学科研究吴越文化

　　历史地理学研究全新世以来的人地关系，所以，中日两国的史前文化交流，确实是这门学科研究的对象。但是，这个课题是个牵涉广泛的大课题，要从各方面论证"外越"人的活动和迁徙，并不是历史地理学一门学科可以胜任的。这类课题，过去常由历史学和考古学等学科从事研究，现在看来，单靠这些学科恐怕也不足以获得全面和正确的研究结论。应该组织更多的学科，如地质学、地史学、第四纪学、古地理学、古气候学、古生物学、人类学（包括体质人类学）、地名学、语言学等等学科，共同来从事这个课题的研究。在研究方法上，也要努力跳出一些旧的窠臼，而尽量利用新的科技成果，如放射性碳素测年，热释光测年，孢粉分析，沉积物分析，卫片判读，泥炭层的勘查测定、贝壳堤和古海岸的勘查测定等等。只有这样，才能避免主观臆测，获得客观的和有科学依据的结论。

　　地质学、地史学、第四纪学、古地理学、古气候学、古生物学，包括体质人类学，这一组学问，其基础是地质学（这是指要学好上述任何一门学科首先必须学好地质学）。现在看来，这组学问，在吴越文化的研究中具有重要意义。因为要研究一个地方的上古文化，首先要清楚的是，当时这个地方的自然环境，是陆地，还是海洋；是一块冰雪覆盖的陆地，还是生物丰富的陆地？有些人不愿从古生物学和体质人类学来研究建德人和越人的关系，而是穿凿文字，从传说中的禹来进行研究。讵不知"禹敷土，随山刊木，奠高山大川"的时候，宁绍平原还是卷转虫海侵时代的一片海水。

　　中国东部沿海在第四纪晚更新世先后发生了星轮虫、假轮虫、卷转虫三次海侵和海退。这是按照每个时代在海洋中盛存的一种肉足纲的原生动物有孔虫（Foraminifera）而定名的。这就是地史学、第四纪学、古地理学、古生物学等学科的研究成果。在70年代的人防工程中，杭嘉湖平原及宁绍平原一带，在－12米高程上下，普遍存在着一层牡蛎壳层，这就是卷转虫海侵的物证。卷转虫海侵掀起以前，即假轮虫海退发生以后的一段时期，这一带的自然环境，对越人的繁衍生息至关重要。现在，由于贝壳堤勘查和测定的科学技术的发展，情况已经比较清楚。这次海退始于距今2.5万年前，至2.3万年前，东海海岸已经退缩到现代海面－155米的位置上，位于今舟山群岛以东约360公里的海域中。从此经过了约8000年，海退趋于极盛，迄今为止在东海外缘发现的最后一条贝壳堤，距现代海岸约600公里，位于现代海面－155米处，C^{14}测年为14780±700年。东海大陆架已经全部出露。当时，今浙江省的面积，比现在几乎大两倍。土地辽阔，平原坦荡，这是越人活动的极好机会。

　　当然，原始人类的活动，除了土地以外，还有一个重要的条件是气候，因为这直接影响人们对生活资料的取给。在这方面，近年来的研究有了很大的发展，这也是地史学、第四纪学、古地理学、古气候学等学科所作出的贡献。因为按一般理论，海退时期，总是古气候时代中的寒冷期。由于寒冷造成大面积的冰川，大量水体积贮在冰川之中，所以出现全球性的海面下降。在我国，据20年代以来的说法，第四纪冰川极为普遍。浙江山区到处"发现"冰斗和"U"形谷等冰川遗迹，在溪流河滩上，也到处"发现"有擦痕的砾石。甚至像杭州六和塔以西的低阜上，现代高程不过海拔20米上下，也"发现"了冰川遗迹。假使情况确实如此，则假轮虫海退时期，今省境之内是一片冰雪大陆，建德人（或许就是越人的祖先）和越人生活的冰天雪地之中，如同现在的爱斯基摩人一样。但近年来的研究，显示出完全不同的结果。由于东亚季风气候在新第三纪（Neogene）已经形成，浙江在第四纪全在这种气候控制之中，这种气候的特点是夏季半年暖热多雨，冬季半年虽然低温，但由于降水极少，即使在省境内部的高山地区，也不足以形成永久性的冰盖。根据周廷儒先生的研究，这一带的古雪线位于海拔3350米以上（《古地理学》，北京师范大学出版社，1984年）。如把当时海面与现代海面的差数计算在内，则古雪线也绝不会低于海拔3000米。今全省最高山峰龙泉县的黄茅尖，高仅1929米，则今浙江全境，当时并无永久性的冰川。这与河姆渡遗址的孢粉分析和C^{14}测年所得出的当时气候和植被类型是一致的。

　　另外，由于季风气候在新第三纪已经形成，则按季节转变的盛行风向对于"外越"人的原始航行也就可以理解。因为卷转虫海侵的发生，在距今1.2万年前后，海面上

升到现代海面 – 110 米处,1.1 万年前后,上升到现代海面 – 60 米处,此时,东海大陆架已基本沦入海中,而舟山群岛也已形成。原来生活在这片土地上的越人就陆续流散,除了迁入内陆的以外,他们利用盛行北风控制的冬季半年向南漂流,在盛行南风控制的夏季半年向北漂流。到了距今 8000 年前后,海面上升到现代海面 – 5 米处,从此,宁绍平原的自然环境不断恶化,平原上的越人也就开始流散。直到距今 7000 年前后,海水直薄会稽、四明山麓,平原成为一片浅海。平原北部,露出海面的是西部的一系列孤屿如今老虎洞山、冠山、狗洞山、石岩山、长山、航坞山、大和山、马鞍山、俤山、大稷山等等,东部则是今余姚和慈溪之间的翠屏山群岛,包括踏脑冈、五磊山、栲栳山、长龙山、里凤洞冈等等,今省境东缘,则是南北向的舟山群岛。所以现在在当时的这些群岛和孤屿发现越人早期遗址,正和河姆渡遗址一样,是合乎逻辑的。从迁入会稽、四明山地的"内越"人来说,留在这些群岛和孤屿上的人当然也是"外越"人,这大概是与"内越"人最接近、往来最频繁、关系最密切的"外越"人。

　　以上所说的是属于地质学、地史学这一组学科的研究成果,是吴越文化诞生、发展和迁徙的环境基础。假使这个地区在晚更新世到全新世是一片海洋,或是冰川覆盖,则就不可能诞生和发展吴越文化。假使宁绍平原没有海侵和海退的过程,自然环境不发生剧烈的恶化直到沦为海洋,越人当然安土重迁,也不致漂洋过海,出现《越绝书》和《林邑记》所记载的"外越",而把吴越文化传播到相当遥远的地方去。这就说明上述许多学科共同研究的重要性。

　　在多学科研究中,另外一组是地名学、语言学等方面的研究成果。由于越人只有语言,没有文字。越人的地名和上层人物的人名以及越人的一些重要活动,借用了汉字。中国有不少少数民族都是如此,不足为怪。另外还有一些有关越人的汉字,则是汉人对越音的汉译,这些汉字有的又在使用中为越人所接受。因此,后世对越人地名、人名以及其他方面使用的汉字,来源颇为复杂。这一点,古人早已看到,所以颜师古注《汉书·地理志》句吴:"夷俗语发声,犹越为于越也。"宋刘昌诗《芦浦笔记》卷四也有类似的说法。清李慈铭在《越缦堂日记》同治八年七月十三日下记得最明白:"盖余姚如余暨、余杭之比,皆越之方言,犹称于越、句吴也。姚、暨、虞、剡,亦不过以方言名县,其义无得而详。"所以这实在是一个古人有了研究结论的课题。正因为是越音汉译,所以一音多译的情况不胜枚举。如乌程、菰城,由拳、由卷、囚卷,姑末、姑蔑,语儿、御儿等等。这正和同是一个欧洲的 Italy 现在译作"意大利",而在我读小学时,地图上却作"义大利",也是一音多译的例子。从国名和族名来说,《春秋》经传、《史记》、《越绝书》等译作"越",但《汉书》译作"粤",现在有人研究,也有作"戉"的,这就是一音三译。所以我认为不必在这个"越"字上望文生义,大做文章。正如不必把"丹麦"解释作"红色的麦子",把"柏林"解释作"柏树成林"一样。也不必引经据典,烦琐考证,例如上面提到的那个"义大利",不必引《孟子·梁惠王》:"王何必曰利,亦有仁义而已矣"一样,因为这些文字都是汉人的东西。正像我们读慧琳和玄应的《一切经音义》,不必去计较诸如"窣堵坡"(Stupa)、"支提"(Chaitya)、僧伽蓝(Samgharama)等词汇的汉字意义,因为它们都不过是梵文的音译而已。

但是从语言学的理论和方法去研究古代越语却是必需的。游修龄教授研究古代越语"占城稻"的"占",出自越语 Chiem,即是沼泽之意,也就是水稻的本义。这样的研究就不是穿凿文字,烦琐考证,是很有价值的。例如这个"越"字,由于"外越"人的迁徙传播,称"越"的地名,南起越南,北到日本,分布甚广。这是越人和吴越文化流传到各地的有力见证。研究这些地区对"越"字的发音,对于追溯古代越语语音很有意义。"越",今汉语作"Yue",这或许是和越族语音差距最大的发音。闽南语作"Wa",越南语作"Viet",发音十分近似,很有研究价值。在日本,称"越"的地名何止千百,把这许多地名加以整理,其发音共有 3 种,本州中部越前、越中、越后的"越",读作"azi",四国越智郡的"越",读作"Ō",北海道山越郡的"越",读作"Keshi"。为了进一步研究这个问题,我认为有必要到我国西南地区的少数民族中去调查这个"越"字的发音,把所有这些发音汇集起来,对弄清古代越人对"越"字的语音或许很有价值。正如我从东起舟山群岛,向西包括整个宁绍平原,调查某些方言发音和日语音读发音的比较一样。例如数字"二",日语音读作"ni",而宁绍平原包括舟山群岛,方言也作"ni"。方言是文化的一部分,方言的迁徙,也就是民族和文化的迁徙。这就说明了研究古代越语在吴越文化这个课题中的重要意义。

此外,如李慈铭所说,方言往往保留在地名之中。甚至在原来的方言地名废弃消失以后,派生的方言地名可以推陈出新,长期存在。例如,"钱唐县"是秦所置会稽郡下的县名,"钱唐"(唐朝起作钱塘)当然是越语地名。此县名在清以后已经废弃消失,但它的派生地名"钱塘江"却一直存在,甚至派生到更新的地名为"钱塘大桥"之中。在日本,上述"越前"、"越中"、"越后"原是旧国名,现在已经不再使用,但它们的派生地名如"越后山脉"、"越后平原"等却长期存在。为此,在吴越文化研究的课题中,地名学同样能发挥很大的作用。

如上所述,所以我认为对于吴越文化的研究,必须发挥多学科的力量。一方面是组织多学科的专家参与这个课题的研究,另一方面则也有赖于从事这方面研究的每个学者都要以多学科的知识武装自己。此外,我所说的多学科,当然也包括长期来从事这方面研究而且取得了许多成绩的历史学者和考古学者在内。我们希望有愈来愈多的有关学科和学者加入到我们的队伍中来。每个学科在这个牵涉广泛的大课题中所能解决的问题或许只是很小的一部分,但"泰山不让土壤,故能成其大;河海不择细流,故能就其深"。吴越文化的研究正是这样。

原载《国际百越文化研究》,中国社会科学出版社1994年版

关于禹的传说及历来的争论

　　人类历史从远古到现代，其间经过许多曲折复杂的过程，但对于现代的一切社会人文现象来说，近代史是这条漫漫历史长河中的关键，因为所有这些为我们亲眼目睹的发展变迁，都和近代史有密切关系，近代史是现代和过去的重要纽带。

　　地球历史当然比人类历史要长到不可数计，但新生代的第四纪与当代的纽带作用，差可与人类历史中的近代史相比。因为就在这个时期，日后成为地球主宰的人类开始出现。

　　比较地球历史中的其他时期，第四纪实在很短，但其重要性却不可言喻，这是一个饶有趣味的地质时期，人们对这个时期的研究，已经成为一门专门的学问——第四纪学。这个时期，在大气现象中是冷暖的交替，在水体变化中是冰期与间冰期的交替，在海陆变迁中则是海进与海退的交替。这三种交替往复的现象，相互之间有着密切的联系。当天气变冷的时候，陆地水大部分成为冰川，海面下降，大片陆地出露，许多原来不相联结的陆地和岛屿连成一片，这就是所谓海退。当天气变暖的时候，大片冰川融化，海面上升，许多原来的陆地为海水所吞噬，这就是所谓海进。

　　在整个地球历史中，常常出现这种交替往复的现象，但是人们对于第四纪的这种现象特别重视，也特别有研究。这中间的重要原因之一，因为我们的祖先，已经看到了这种沧海桑田的巨大变化，他们口口相传，编成许多传说和神话，等到文字出现后，就有人把这类传说和神话记载下来，所以在地球上许多遭遇过更新世、全新世海进的地方,往往有这类传说和神话的流传。

希伯莱人的这种传说写在《旧约·圣经》上,这就是《创世记》中记载的挪亚造方舟的故事。上帝要发一场洪水消灭当时那个变得很坏的世道,而好人挪亚一家受到上帝的嘱咐,造了一只方舟免于这场洪水的浩劫。希腊神话中也有这类传说,即狄凯良和庇拉登上奥林匹克山躲避洪水的故事,以后的世人都是这一对善良夫妇的后代。这类传说世界各地都有,搜集起来可以编成一部大书。

中国同样存在这类传说,这就是家喻户晓的禹的故事,而这正是本文所要讨论的。因为这个故事,历来颇有不同说法,值得引起注意。诸说之中,有的是大同小异,没有深入研究的必要,譬如对禹在外治水的时间,《孟子·滕文公》说8年,《史记·夏本纪》说13年,虽然差距不小,但其实是一个故事中局部分歧,我们不必像看待现代科学论文那样看待远古神话。但对于这个传说中确实存在的差异,包括后代学者对此提出的不同见解,我们就有研究的必要。

对于禹的传说,大量地见于古代汉人儒家的文献之中,诸如《尚书》、《诗经》、《论语》、《孟子》、《史记》等等之类,都是一种版本,或许如上所说有点局部差异,显然都是相同的来源,由于这类儒家文献,成书时间颇有尚待考订者,所以究竟何说在前,何说在后,都还很难分辨。现在看来,最早流传的或许是《诗·商颂·长发》:"洪水茫茫,禹敷下土方。"此外,《尚书》中有《大禹谟》一篇,内容主要是对禹歌功颂德。但此篇写作的确切时间还不能论定。《尚书》中另有一篇是记载禹的故事最重要的文献《禹贡》,此篇学术界已经基本论定是战国后期的作品。《禹贡》记载的是禹的治水工程,一开头就说:"禹敷土,随山刊木,奠高山大川。"工程的内容主要是导山和导水。凡是学过自然地理学的人都可以看出许多从第四纪甚至第三纪自然形成的山河格局,都算作是他在8年(或13年)中"导"出来的工程。从地域来说,夏王朝的地盘,据考证不过在河南省一带,但禹所"导"的地域,却遍及东夷、西戎、南蛮、北狄。也就是说,这个王朝的版图几乎与后来的秦、汉一样,即所谓"九州"。以黄河为例,禹在这条河流中完成的工程是"导河积石,至于龙门,南至于华阴,东至于底柱,又东至于孟津,东过洛汭,至于大伾,北过降水,至于大陆,又北播为九河,同为逆河,入于海"。也就是说,这项工程是要把这条近万里,输沙量近20亿吨的河流进行全面的疏浚整治。[①]而在地域上要从夏王朝根本管不着的西戎"导"到他同样管不着的东夷。不过后羿可以射日,精卫能够填海,对于一个神话,当然不必计较这些细节。

除了上述导山导水,一统九州的业绩以外,还有其他许多古代文献如《左传》、《国语》、《淮南子》、《越绝书》、《吴越春秋》以及《墨子》、《管子》等等,还记载了另外一些禹的故事,例如禹会天下诸侯的传说,《左传》哀公七年"禹会诸侯于涂山,执玉帛者万国"。对于这个"涂山",在其他有些文献中作"会稽"。此外还有禹外出巡狩,死葬会稽的故事。又有禹的第六世国君少康封他的庶子无余到越地作为越王的故事。夏与越当然是两个不同部族,这种传说,宛如近代维多利亚女王派遣一位总督到印度一样。因为是远古传说,所以也不必计较。

在上述各种古代文献中,《越绝书》和《吴越春秋》是出于越地的作品,特别是《越绝书》,据我往年的考证,此书是越地的一种先秦著作,[②]它原来必然保留了不少越人对禹的传说,可惜此书在东汉之初经过袁康、吴平这两个汉人的整理,掺入了许多传统的汉人传说,而把原来的越人传说删去或改写了。不过即使如此,它仍然还有不少异于其他中原汉人文献的地方。例如对禹和越地的关系特别强调以及如"会稽鸟耘"之类的故事。如"禹始也,忧民救水,到大越,上茅山,大会稽,爵有功,封有德,更名茅山曰会稽"。又如"涂山,禹所取妻之山也,去县五十里"等等。《吴越春秋》是东汉人根据《越绝书》[③]所撰写的春秋吴、越两国的史事,尽管同样受到汉人传统文献的干扰,但却也保留了一些越人传说的特色。例如记载禹"登宛委之山,发金简之书,案金简玉字,得通水之理"等等。

对于上述这些汉人儒家文献中的传统说法,也曾经出现过一些争论,虽然争论或许是局部的,但在地域上差异可能不小。例如,禹会诸侯的地点问题,曾经是争论的核心。首先提出这个问题的是《左传》哀公七年的权威注释者晋人杜预。杜注说"(涂山)在寿春东北"。以后有不少人附和杜注,明方以智可作代表,他在所著《通雅》卷一三地舆"涂山有四"条下说:"古会稽并辖淮南,涂山实在寿春,非会稽也。"另外一些人主张禹死后葬在四川,持这种说法者多数都是四川人,例如苏轼和苏辙的《涂山诗》之类。这中间,明代的一个四川学者杨慎可以作为代表,他在其所著《丹铅杂录》卷六中解释太史公"上会稽探禹穴"的话:"上会稽,总吴越也;探禹穴,言巴蜀也。"在这个问题上,持这类见解的人也不少,如唐苏鹗的《苏氏演义》,宋罗泌的《路史》,宋刘昌诗的《芦浦笔记》等,不胜枚举。甚至日本学者冈千仞在其明治十七年所撰的《观光纪游》一书中也说:"禹穴在蜀,以禹陵当之,误矣。"

以上所举的各种争论,在承认禹是夏朝的开国之君以及他治平洪水的功绩等主要问题上,并无不同意见,所以这种争论仍然是局部的。在所有与古代汉儒文献见解有很大不同的是王充的《论衡》。王充当然读过各种有关禹的文献,但他却有自己的独特看法。在《书虚篇》中,他指出:"禹到会稽,非其实也。"他在这一篇中批评吴君高的《越纽录》[④]说:"君高能说会稽,不能辩定方名,会计之说,未可从也。巡狩考证法度,禹时,吴为裸国,断发文身,考之无用,会计如何?"王充批评吴君高的话,实际上同时指出了诸如《夏本纪》中所说:"帝禹东巡狩,至于会稽而崩","或言禹会诸侯江南,计功而崩,因葬焉,命曰会稽,会稽者,会计也"。《越世家》中所说"越王句践,其先禹之苗裔,而夏侯帝少康之庶子也"等等传说的荒唐和错误。王充在这几句话中对古代汉儒文献的批判包括:第一,"会计之说,未可从也"。这是因为越人所说的"会稽",无非是个汉音翻译出来的越语地名,《越绝书》中又译作"会夷",与汉语的"会计"全不相涉。第二,"吴为裸国,断发文身,考之无用,会计如何?"一位身穿中原文明服饰的中原国君,来到这群赤身裸体,断发文身的野人们中间,姑且不计较他是怎样去到那里的,和他们考证什么"法度","会计"什么事情呢?所以他说:"禹到会稽,非其实也。"

王充身居越地,当时越人虽已流散,但越人的传说和语言,必然还有不少流传于当地,王充是个十分聪明的学者,在进行了对比和思考后,他才对汉儒的传统说法作了上述批判。可惜他撰写《论衡》的目的,并不在于研究和考证越史,没有记及更多的古代越人传说,否则我们或许可以得到越人传说中有关禹的更多材料。

以上所述的中国古籍中记载的禹的传说,与世界上其它地区流传的洪水传说相比,可以发现我国文化的优秀特色。世界各地的洪水传说,其内涵主要包括两个方面,第一是上苍恩赐,第二是劝善惩恶。但禹的传说却与众不同,它的内涵除了上苍恩赐(即《吴越春秋》所记的《金简玉字之书》)和劝善惩恶以外。特别重要的是人定胜天,改造自然。这就是中国文化的不同凡响之处。

当然,古代汉儒文献中流传的这个传说,有着它明显的移花接木的痕迹。首先,世界上凡是有洪水故事流传的地方,都是受到过晚更新世或全新世海进之处,但中国传说的尧舜和禹时期,在今河南、山西一带,并未遭到海进。在那些地方发生的水灾无非是黄河泛滥。而黄河有涨有落,不可能发生《尧典》所说的"汤汤洪水方割"的情况,第二,传说中的禹治水方法是疏导,把主张"堙"的鲧作为失败的对立面。但其实治黄的事,从古到今都是用"堙"的方法。今郑州以东,黄河大堤高高在上,就是"堙"的结果,作为一种传说,一个神话,其中的许多荒诞故事,当然用不着深究。例如《禹贡》记载的即使在今天也很难完成的水利工程量,又如一个北方部落,其境域居然大到包罗"九州"等等,但上面指出的这两方面,却很有研究价值,因为这涉及到这个传说的真正来源和其中的奥秘。

对传统的汉儒文献首先提出异议的是著名历史地理学家顾颉刚,他在20年代出版的《古史辨》⑤一书中提出了一个重要的论点"禹是南方民族神话中的人物","这个神话的中心点在越(会稽)"。这确实是一个对中国的儒学传统挑战的论点。在这个论点提出十年以后,另外一位学者冀朝鼎在一本出版于伦敦的英文著作《中国历史上的基本经济区与水利事业发展》⑥中,对顾颉刚的这个论点作了很高的评价,他说:

顾颉刚对古代中国历史文献的各种资料作了大胆的分析与比较之后,便否认了关于禹与洪水问题的传统观点。这种传统观点把禹说成是在工程技术方面一个伟大的统治人物，说他驯服了在中国引起洪水泛滥的河流，把中国（北部）从一次特大洪水之中挽救出来，并建立了夏朝。

冀朝鼎在提出了顾颉刚的这种大胆学说以后，还把顾氏的见解作了比较具体的阐述，他接着说：

关于禹的问题，顾颉刚的见解是，禹是在大约公元前 11 世纪的殷、周期间，流传于长江流域民间神话中的一个神。而这个传说，看来先是集中在现在的浙江省被称为绍兴会稽一带发生的。越人崇拜禹，把禹作为他们的祖先，并认为他的墓地就在会稽。这个传说由会稽传到安徽省的涂山，并认为禹曾在涂山召集过诸部落的首领开过会。后来，又由涂山传到楚（今湖北省），由楚传到中国北部。

当然，在那个时代，尽管冀朝鼎十分称赞顾氏的学说，但毕竟没有确定的证据可以肯定这种学说，所以他的结论还是比较谨慎的。他说：

将来新发现的证据，可能证实也可能推翻顾颉刚所作结论的积极贡献。但不管怎样，他对这个传说的传统说法所给予的有力的批判，似乎已经成功地打破了这样一种神秘的理论：即认为中国水利事业的开端，要归功于一个英雄神灵的仁慈和他的自我牺牲的活动。通过宗教正统学者反复断言了若干世纪以后，这个神秘的理论已经获得了宗教教义上的权威，从而成了在这个问题上的任何科学研究的一个巨大的障碍。只有彻底打破这个传统理论，才有可能对治水活动起源方面的有用资料，进行客观的研究。

最近二三十年来，由于地质学、地史学、第四纪学、考古学等学科的进步，特别是检测手段的新成就，新发现的一系列证据，证实了"顾颉刚所作结论的积极贡献"。事实已经证明，晚更新世的假轮虫海退时期，今浙江省海域的大陆架全部出露，东海外缘的贝壳堤，位于今黄海零点 – 155 米，C^{14} 测年为 14780 ± 700 年。[⑦]今宁绍平原与舟山群岛连成一片，早期的越人在这片乐土上繁衍生息。但接着来到的全新世卷转虫海进，最后使宁绍平原沦为一片浅海，越人被迫进入崎岖狭隘的会稽、四明山区。正如我在拙作《越族的发展与流散》[⑧]一文中所说的："越族居民在会稽、四明山地的山麓冲积扇顶端，俯视这片茫茫大海，面对着这块他们祖辈口口相传的，如今已为洪水所吞噬的美好故土，当然不胜感慨。他们幻想和期待着有这样一位伟大的神明，能够驱走这滔天洪水，让他们回到祖辈相传的这块广阔、平坦、富庶的土地上去。"这大概就是顾颉刚提出的禹的神话的发生过程。

我在拙作《吴越文化和中日两国的史前交流》[⑨]一文中提到：

禹的传说就因为卷转虫海进而在越族中起源，然后传到中原。但这种传说在宁绍平原地区一带是根深蒂固的，中原的汉族虽然把这位越族传说中的伟大人物据为己有，但是他们显然留有余地，设法在这种传说中添枝加叶，尽量布置一个结局，让这位从越族中硬拉过来的人物，最后仍回到越族中去。这就是权威的史书《史记·夏本纪》中所说的："帝禹东巡狩，至于会稽而崩。"《史记·越世家》又说："越王句践，先禹之苗裔而夏后帝少康之庶子也。封于会稽以奉守禹之祀。"这真是古代汉族人的高明之处，《史记》的话，实际上就是汉族人告诉越人：对不起，我们占用了你们传说中的一位伟大人物，但是在他死以前我们原物奉还吧。

越人早已流散，当然不会再计较这种传说的渊源脉络，但作为宁绍平原这个地区，既是这个传说的发源地，也是这个传说的受惠者。因为卷转虫海退以后，这一大片沮洳泥泞的沼泽地，确确实实是用禹治水的方法，即疏导的方法，把它整治成为一片富庶的鱼米之乡的。

注释：

① 或许有人认为，禹所导的黄河是一条清流嘉川，至少如同今长江一样。但是古地理学（Palaeogeography）告诉我们，黄河下游是一片一百几十万平方公里的黄淮海大平原，而长江下游只不过是一片五万平方公里的三角洲。说明黄河的含沙量和输沙量，在地质年代就是异乎寻常的。

② 参见拙作《关于越绝书及其作者》（《杭州大学学报》1979 年第 4 期）及点校本《越绝书序》（上海古籍出版社 1985 年版）。

③ 现行的《越绝书》已经缺佚，赵晔据以撰写的《越绝书》可能尚属完整，有今本所佚的资料。

④ 《越纽录》或即《越绝书》，吴君高或即吴平。但不能断定，参阅拙作《绍兴地方文献考录》，浙江人民出版社 1983 年版。

⑤ 北平朴社 1926 年版。

⑥ 伦敦乔治·艾伦和昂温有限公司（LONDON GEORGE ALLEN AND UNWIN LTD）1936 年。

⑦ 王靖泰、汪品先《中国东部晚更新世以来海面升降与气候变化的关系》，《地理学报》1980 年第 4 期。

⑧ 《东南文化》1989 年第 6 期。

⑨ 《浙江学刊》1990 年第 4 期。

原载《浙江学刊》1995 年第 4 期

《大禹研究》序

　　我生平十分佩服科学家,特别是那些在相关科学还比较落后,利用相关科学的成果和资料都比较困难,却能依靠自己的优厚天赋和非凡勤奋,依靠自己的观测、实验、思考,提出当时让人大吃一惊而事后逐渐获得证实的假说、学说、理论的科学家。因为我是一个地理学者,在这门科学领域中,这样的科学家有两位。

　　第一位是德国科学家魏根纳(Alfred Lothar Wegener 1880—1930),他所提出的学说就是著名的"大陆漂移说"(Theory of Continental Drift),这是现代大陆及海洋分布的一种假说。他于1912年提出这个学说,并于1915年出版《海陆的起源》(*Die Entstehung der Kontiente und Ozeane*)一书,详述了他的这种学说。他认为地壳的硅铝层漂浮在硅镁层之上,在古生代石炭纪以前的原始大陆是一个统一的整体,到中生代末期,才分裂成几块。他的这种学说是在相关科学都还相当落后的情况下,按他自己的观测、实验、研究、综合以后提出来的。这个轰动一时的学说,曾经因为硅铝层的大陆在硅镁层上漂移,从力学上解释遇到困难,所以受到一些挫折。但正如此书1924年英译本序言中约翰·伊凡斯博士(John. W. Evans)所指出的:

　　　　无论将来这些观测的成果如何,也无论他对今日海陆形状的演变的见解是否还得修正,魏根纳教授引导我们注意到,在地球变迁上有一个任何人所不容忽视的重要新因素,他的这个功绩总是极可贵的。

　　约翰·伊凡斯在20年代对"大陆漂移说"所说的这番话,到60年代末期就出现了令人振奋的事实,从1967年到1968年,英国的麦肯齐(D. P. Mckenzie)和法国的勒皮琼(X. Lapichon)等,在大量海洋地质、地球物理和海底地貌等资料综合分析的基础上,提出了板块构造(Plate Tectonics)的学说,这一崭新的大地构造理论,给予魏根纳"大陆漂移说"以极大的生命力。也就是约翰·伊凡斯所提出的"任何人所不容忽视的重要新因素"。在这种新的大地构造理论之下,魏根纳的学说又显得生气勃勃,焕发了它的青春。尽管这种学说今后仍然还有一个完善和充实的过程,但是它在自然科学史上,肯定要放出更大的光芒。

在魏根纳提出"大陆漂移说"的十余年以后,另一位著名的科学家顾颉刚(1893—1980)在历史地理学领域中提出了一个一座皆惊的论点:"禹是南方民族神话中的人物","这个神话的中心点在越(会稽)"。(《古史辨》,北平朴社民国十五年)。

那时候顾颉刚还是一个年轻人,竟敢于提出这样一个与中国的儒学传统挑战的离经叛道的学说。当时,地质学、古地理学、古生物学、第四纪学和考古学等相关科学,在理论上和检测手段上都还相当落后,他是依靠自己的笃学、慎思、明辨等功夫而提出来的。此文一出,一些人佩服他的胆识,另一些人即欲鸣镝而攻。10年以后,冀朝鼎用英文在伦敦乔治·艾伦和昂温有限公司(George Allen and Unwin LTD)出版了一本名为《中国历史上的基本经济区与水利事业的发展》的论著,他在此书第四章《禹和洪水的传说》一节中说:

> 顾颉刚对古代中国历史文献的各种资料,作了大胆的分析与比较之后,便否认了关于禹与洪水问题的传统观点。这种传统观点把禹说成是在工程技术方面一个伟大的统治人物,说他驯服了在中国引起洪水泛滥的河流,把中国(北部)从一次特大洪水之中挽救出来,并建立了夏朝。

冀朝鼎在提出了顾颉刚的这种大胆学说以后,还把顾氏的见解作了比较具体的阐述,他接着说:

> 关于禹的问题,顾颉刚的见解是,禹是在大约公元前11世纪的殷、周期间,流传于长江流域民间神话中的一个神。而这个传说,看来先是集中在现在的浙江省被称为绍兴会稽一带发生的。越人崇拜禹,把禹作为他们的祖先,并认为他的墓地就在会稽。这个传说由会稽传到安徽省的涂山,并认为禹曾在涂山召集过诸部落的首领开过会。后来,又由涂山传到楚(今湖北省),由楚传到中国北部。

当然,在顾颉刚的这个学说中,正像魏根纳一样,由于当时相关科学的落后,也同样存在着一些弱点。冀朝鼎对此叙述说:

> 顾颉刚认为,由于长江流域特殊的地理条件,即森林、野兽与沼泽的威胁,洪水灾害,特别是钱塘江(当时长江的一条支流)的洪水灾害,以及由此而产生的对

治水的急迫要求,就产生了关于禹和洪水的传说。

从现在看来,用钱塘江说明越地的"洪水灾害"显然是很牵强的。因为按照现在的检测手段,东海外缘的假轮虫海退期贝壳堤,位于东海大陆架前缘 −155 米,C^{14} 测年为 14780 ±700 年。中国东部海岸较之今天要偏东 600 公里。眼下的钱塘江河口,当时不过是钱塘江的中流,目前的宁绍平原和杭嘉湖平原,肯定不会受到涌潮的侵袭。只是由于冀朝鼎同样想不到几十年后的科学发展,所以他对顾颉刚绝无批评之意。对于顾氏的学说,冀朝鼎的最后结论是:

> 将来新发现的证据,可能证实也可能推翻顾颉刚所作结论的积极贡献,但不管怎样,他对这个传说的传统说法所给予的有力的批判,似乎已经成功地打破了这样一种神秘的理论:即认为中国水利事业的开端,要归功于一个英雄神灵的仁慈和他的自我牺牲的活动。通过宗教正统学者反复断言了若干世纪以后,这个神秘的理论已经获得了宗教教义的权威,从而成了在这个问题上的任何科学研究的一个巨大的障碍。只有彻底打破这个传统理论,才有可能对治水活动起源方面的有用资料,进行客观的研究。

这一段话和魏根纳著作英译本序言中约翰·伊凡斯的话真是不约而同。这就说明了,魏根纳和顾颉刚两人的发现具有极大的相似性。当约翰·伊凡斯写序和冀朝鼎著作的时候,他们还远远看不到这两种惊人发现的结果。但是,凭着这两位科学家的尖锐洞察力和敏捷思维,约翰·伊凡斯认为不管将来的结果怎样,魏根纳的"功绩是极为可贵的"。而冀朝鼎则认为,不管顾颉刚的发现被证实或被推翻,但他"已经成功地打破了这样一种传统的神秘理论"。

这真是一种世界科学史上的伟大巧合,《海陆的起源》出版以后半个多世纪,板块构造的理论刷新了旧的大地构造学说。而《古史辨》出版以后,大体上也经过了这么一段岁月,河姆渡的新石器遗址和"建德人"相继发现。而在这段时期中,第四纪学、古地理学、考古学等学科的发展一日千里。根据铀系列法所作的年代测定,"建德人"的存在年代有两个,其一是 9.7 ±0.8 万年,另一是 10.8 ±0.9(0.8)万年,大体上是 10 万年,正是星轮虫(asterorotalia)海进鼎盛之时,现在所知的今浙江省境内最早的人类,即因这次海进而退居山地。接着是假轮虫(pseudorotalia)海进和海退。前面提及的中国东部海岸空前扩展的时期,正是假轮虫海退的时期,这就是我在拙作《越文化与水环境》(《浙江学刊》1994 年 2 期)一文中所说的:

> 在今浙江省境内,早更新世的人类活动情况尚不清楚。到了中更新世,可能是越族祖先的建德人已经出现,随着假轮虫海退的发生,今省境范围空前扩大,作为越族繁衍基地的宁绍平原当时与东海大陆架连成一片,海洋与岛屿环绕其外

围,而内陆则是河湖与沼泽。远古的越文化,就是从这样一个水环境中发展起来的。

假轮虫海退时期越族出现的繁荣,或许就是禹神话的背景。因为接着来到的卷转虫(ammonia)海进吞噬了越人世代生存的美好水环境,把他们逼入了山区,正如我在拙作《越族的发展与流散》(《东南文化》1989 年第 6 期)一文中所说的:"越族居民在会稽、四明山地的山麓冲积扇顶端,俯视这片茫茫大海,面对着这块他们祖辈口口相传,如今已为洪水所吞噬的美好故土,当然不胜感慨,他们幻想和期待着有这样一位伟大的神明,能够驱走这滔天洪水,让他们回到祖辈相传的这块广阔、平坦、富庶、美丽的土地上去。"这大概是他提出的这个神话发生的过程。当然,现在再不必考虑钱塘江的洪水灾害,也不必考虑半个世纪以前所意想不到的其他种种发展,正如冀朝鼎所说的,"将来新发现的证据"证实了"顾颉刚所作结论的积极贡献"。

当第四纪的最后一次海进发生之时,世界上的许多地方都已有人类繁衍生息,凡是遭遇这次海进的地方,都会口口相传地留下一些传说和神话。等到文字出现以后,人们再经过整理加工,把它记载下来。诸如希腊传说和希伯莱人传说等之中,都有上古洪水的故事,后者即是《旧约·圣经·创世纪》中的著名的挪亚造方舟的故事。我们检阅所有这类传说和神话,其内涵主要包括两个方面,第一是上苍恩赐,第二是劝善惩恶。但是禹的传说却与众不同,它的内涵除了上苍恩赐(《金简玉字之书》)和劝善惩恶以外,特别重要的是人定胜天,改造自然。这就是越文化和中华民族文化的不同凡响之处。

汉族把越族的这个神话移植过去,痕迹是十分清楚的。总的说来,这种神话只能产生在水环境之中。而黄河流域虽然有黄河及其支流,但并不存在像越地一样的水环境。黄河在洪水季节或许确有《尚书·尧典》所说的:"汤汤洪水方割"的景象,但在枯水季,它实在是一条涓涓细流。特别是汉族的主要聚居地黄河中游,不大可能发生《诗·商颂·长发》所说的"洪水茫茫"的情况。这种移植的最明显的张冠李戴之处在于治水的思想和方法。传说中的禹治水方法是疏导,这种方法无疑是针对山会平原水环境的产物。山会平原河流短小,从南部山地北流海边不过几十公里,当然可以用疏导的方法。而这片沼泽平原,实际上就是用这种方法排干的。把山会平原治水的思想方法移植到黄河,就不得不另外塑造一个主张"堙"的方法的鲧作为牺牲品,即《尚书·舜典》中的"殛鲧于羽山"。于是,山会平原的治水方法就在黄河付诸实施。但黄河的上流在西戎,下流在东夷,神话当然不必计较是谁管辖的问题,让禹从西戎的"积石"一直疏导万里,导到东夷的"九河"。其实黄河历来都用"堙"的方法,如今郑州以下,黄河大堤高高在上,就是"堙"的结果。

　　在顾颉刚的这个学说没有提出以前,这个地区与禹的关系本来就十分密切,例如《越绝书》卷八所说:"禹始也,忧民救水,到大越,上茅山,大会稽,爵有德,封有功,更名茅山曰会稽。及其王也,巡狩大越,……因亡死,葬会稽。"又如:"昔者,越之先君无余,乃禹之世别封于越,以守禹冢。"我过去曾为点校本《越绝书》(上海古籍出版社1985年出版)写过序,考证此书实为先秦文献,袁康、吴平不过整理而已。说明禹和越的关系,在先秦就已流传。越地流传的这种故事,用现代语言来说,就是汉人移植越人传说的反馈。时至今日,由于顾颉刚的研究,这个传说已经物归原主。当然,正与魏根纳的"大陆漂移说"由于板块构造理论的诞生而获得新的评估一样,顾颉刚的学说在"新发现的证据"不断出现的情况下,也同样需要继续充实和完备。

　　现在看来,越文化的内涵方面至广,材料至丰,但以禹的传说所表达的大公无私、人定胜天的精神,显然是这种文化的菁华和核心。在这个地区,从实践上说,尽管如顾颉刚所考证的,楚人和汉人都曾经把禹移植过去,但禹实际上从未离开这里,这里的人民一直在禹的领导下兴修水利,建设家园。从越王句践开始,世世代代,大家奉行禹的精神,遵循禹的方法,通过以疏导为主的水利整治,排干了海退以后的这块泥泞沼泽,使之成为一片富庶的鱼米之乡。正如徐渭在明代末叶所总结的:"凿山振河海,千年遗泽在三江,缵禹之绪。"(《徐文长佚草》卷七、榜联,《徐渭集》第四册,中华书局1983年)但是从理论上说,汉人的移植,确实对越人有所干扰。土生土长的禹却要编出一个"归葬"的故事,并且还要无中生有的安排一位少康的"庶子",实在令人啼笑皆非。现在,在辨清了"物归原主"的道理以后,留给我们的任务是加强在这个问题上的理论研究。

　　记得1989年我在日本广岛大学任教。由于在一次公开演讲中发表了越文化在史前就流入日本的论点,九州佐贺电视台的内藤大典台长,热情地邀请我们夫妇到北九州考察一处弥生代遗址吉野里。在遗址现场,不少考古工作者和记者询问我对遗址的看法。吉野里遗址与史前越文化的联系是一望而知的,但是对于这样一个大课题,不是哪一门学科可以承担全部研究任务的。所以我当时就提出了多学科研究的意见,后来我把这种意见写成了文字:

　　　　这类课题,过去常由历史学和考古学等学科从事研究,现在看来,单靠这些学科恐怕不足以获得全面和正确的研究结论。应该组织更多的学科,如地质学、地史学、第四纪学、古地理学、古气候学、古生物学、人类学(包括体质人类学)、地名学、语言学等学科,共同从事研究。在研究方法上,也要努力跳出一些旧的窠臼,而尽量利用新的科技成果,如放射性碳素测年,热释光测年,孢粉分析,沉积物分析,卫片判读,泥炭层的勘查测定,贝壳堤的勘查测定等,只有这样才能避免主观

臆测,获得客观的和有科学依据的结论。(《多学科研究吴越文化》,《国际文化研究》,中国社会科学出版社,1994 年)

现在,值得高兴的是,对于这个地区的这个至关重要的问题,我们已经获得了第一批研究成果。收入于这本论文集的,是各行各业的专家们,从各不相同的学科对这个问题的研究心得。研究的对象虽然都是禹,但每篇论文所讨论的重点不同,每位执笔的学者根据的资料,思考的方法包括论文表达的形式都很有差异。但是有一个重要的观点已经逐渐统一起来,这就是,禹是在越地土生土长的人物,他的崇高精神和伟大人格,他的人定胜天的坚强意志和卓越不凡的治水方法,一直扎根在这个地区。现代绍兴人可以理直气壮地说:禹是我们的。

原载《大禹研究》,浙江人民出版社 1995 年版

绍兴的旅游资源与旅游业发展前景

评论绍兴的旅游资源及其发展前景,是一个大课题,也是一个难课题,首先得自忖一番,我来做这个课题,有什么资格,能达到什么水平? 我仔细考虑了一下,认为我做这个课题,资格可能是有的,但能达到的水平,至多是低等。从资格说,我是土生土长的绍兴人,小学和中学都在绍兴毕业。而且热爱家乡,阅读过绍兴现存的几乎全部古代文献。①从 50 年代到 60 年代,由于几次带教研室师生野外实习,用两条腿跑遍了整个绍兴山乡(水乡多半用船),写过几十万字有关绍兴的论文和专著。当然,杨向奎教授的话我承担不起,②但应该说,我对绍兴的历史和地理是比较熟悉的。但要评论绍兴的旅游资源及其发展前景,因为我不是旅游学的博士、硕士出身,又不是旅游系的教授、讲师,没有这方面的理论素养,毕生只不过是跑过几个码头,最远跑到巴西亚马逊河的赤道雨林之中。玩乐的地方,也见过一些,便如迪斯尼乐园,按地区密度来说,最密集的是美国佛罗里达州,我在那里跑了好多天,看了许狄斯尼,直到发射航天飞机的卡纳维尔角。但是这许多现象在我脑袋里都升化不到旅游理论,不过是一点谈山海经的起码本钱而已。所以我想,要我把家乡旅游业的发展谈出什么水平来,这一定是要让大家失望的。

下面谈一点我的浅见。而且为了避免多余的空话,我把结论说在前面。我坚定地认为,绍兴可以成为一个国际旅游胜地,这个国际旅游胜地,首先以国际旅游城市绍兴为核心,包括浦阳江以东,曹娥江以西,南达稽北丘陵和稽南丘陵,北抵钱塘江岸的地区,即旧山阴、会稽两县地区。以这片地区为基础,逐渐扩展到今绍兴市所属各市、县。但我在此文中议论的,仅是上述首先发展的地区。这个地区在公元前 7 世纪曾被管仲看作"越之水重浊而洎,故其民愚疾而垢"[③]的穷山恶水之地,经过越王句践以来的现代改造,到了公元 4 世纪,就成为一个"山阴道上行,如在镜中游"和"千岩竞秀,万壑争流"的江南胜地,从而名闻遐迩,直到如今。所以这个地区的旅游自然资源和旅游人文资源,或者说旅游业发展的地理基础是十分优裕的。东晋以来,已经吸引了大批游客,游客之中,拥有许多名人,这些名人的光临,到后来也成为旅游资源的一部分。日积月累,这个地区的旅游资源不断增厚,所以具有很大的优势。到了最近十多年,全国各地都知道发展旅游业的好处,大家都争着开步走,发展这种第三产业,而我们由于自然的得天独厚和历史的长期积累,起步点就远远在别人前头,因此,我们在这方面的领先地位,是别的许多地方所望尘莫及的。

在这几十年中,我们在建立旅游业的发展基础方面有过许多错失,绍兴当然也不例外。由于无知和偏执,我们一直玩着诸如"大炼钢铁"、"大办食堂"以至"破四旧"之类实际上破坏甚至毁灭旅游资源的危险游戏。直到 70 年代,世界上许多国家的旅游业收入在国民经济中已经举足轻重,我们的阶级斗争意识还引导着大家诅咒游山玩水,说这是资产阶级腐朽没落的享受。于是就出现了我曾经在《野草》中呼吁的事:"还我蓝天,还我绿水。"[④]的确,我童年时在家抬头可见的蔚蓝色的天空,跑了大半个中国,一直要到青海省翻过日月山以后才重新再见。至于绿水,1990 年筹备鉴湖建成1850 周年学术讨论会以前,王贤芳市长曾几次和我打招呼:不要请日本人来,因为让他们看到现在的鉴湖,我们绍兴老酒就销不出去了。父母官的忧虑,充分说明了现状的不妙。当然,这绝非绍兴一地的错失,但要把这种错失挽回过来,我们要花许多时间和大量代价。

尽管这是全国性的错失,但水的问题对绍兴来说关系非同一般。18 世纪中叶,法国人格罗赛(Grosier)就用"威尼斯"比喻绍兴。[⑤]绍兴在其旅游业发展前景中,既要保持这种"威尼斯"的称号,又不能让它成为一个"脏水威尼斯"。50 年代初期,绍兴城内的大量河道被填塞,我当时虽然因城市旧貌的破坏而感到可惜,但却以为这是城市发展过程中的必然现象,既然河水污浊的问题无法解决,还不如填塞为好。直到 80 年代受聘作为日本几所大学的客座教授时,看到日本京都等大城内的清澈小河,才恍悟作为水城特色的这些城内河港,实在是不应该填塞的。[⑥]特别是作为山阴、会稽两县疆界的府河的填塞,实在令人不胜遗憾。填塞府河是为了拓宽马路,把前街(山阴大街、解放路)和后街(会稽大街)合二为一。记得 1979 年我曾应邀到绍兴作过一次报告,当时工程已经铺开,我在这次报告中曾大声疾呼,但已经晚了。我的想法是,马路当然应该拓宽,但水城特色岂容淹没。这项工程应是拆去前街东屋和后街西屋、保留府河,两岸植树种花设坐椅,形成一条绿带。在南门和昌安门设闸,使府河渠化,成为一条清澈的河道,行驶电瓶船。这种淡水威尼斯式的街道,实为世界所罕见。1982 年我访问纽约,曾和康奈尔大学图书馆长,曾经出版过《绍兴》⑦和《包村》⑧两本专著的熟悉绍兴的美国著名汉学家柯慎思教授(James H. Cole)谈起此事和我的设想,他表示十分赞赏。但可惜的是:晚了。

由于我们所处的这样一个时代,在开发旅游业的过程中,大家都会有过错失。主要的是今后,让我们在资源领先的条件下努力发挥优势。要把绍兴建成一个国际旅游城市,并不是高不可攀的事。但这中间,一件首要的大事是必须让现在这一代绍兴人明白,为什么要把自己的家乡建成一个国际旅游城市? 这件事,除了像兴办其他产业一样地投资获利以外,主要的目的是为了我们绍兴人的子孙后代,让他们生活在一个美好的自然环境和人文环境之中,获得优厚的物质生活和精神生活享受,让他们都成为热爱家乡、热爱劳动、知识丰富、情操高尚的人。绍兴成为国际旅游城市以后,绍兴城乡人民的职业构成就会有很大变化。到那时候,绍兴的从业人口主要在第三产业,其中服务于旅游业的占极大比重。工业只保留具有地方特色而不污染环境的轻工业,农业结构也有极大变化,园艺、水产养殖、植茶等占最大优势,而粮食作物和一般技术作物种植业显著缩小。这个过程当然是逐步达到,并不是一蹴而成的。现在世界上已经达到了这种水平的国际旅游胜地,如瑞士中南部地区,美国佛罗里达州的一些地区,日本的若干温泉地区,意大利的一些历史文化地区等,都有一个发展过程。与世界上这类地区比较,绍兴不论在自然条件和人文条件方面,资源丰富,潜力雄厚,要挤入国际旅游胜地之列,是完全可以达到的。至于要花多少投入,多久时间才能达到,那就得根据我们自己的努力。

从长远的观点考虑,绍兴成为国际旅游胜地条件是自然环境和人文环境的总体改善。或者可以说,硬件和软件都获得很大提高。但是从具体的建设来说,旅游业不同于第一、第二产业,要建成投产后才能获利。这个行业的建设和获利是同步出现的。所以在建设方面得考虑一个轻重缓急。历史留给绍兴人的得天独厚的旅游资源是稽山镜水。现在看来,治山比治水容易收效。经过 5 年、10 年的封山育林,山就很快改观;但要让平原河湖之水变清,就不是那么容易。而且治水必须以治山为前提。所以绍兴发展国际旅游业,首先应该以建设会稽山为重点。会稽山自然景观优美,开发历史悠久,拥有大量的历史文献和文化胜迹,知名度很大,旅游资源雄厚。我认为眼下有两件事必须优先完成。第一件事是立刻恢复宋六陵,宋六陵是会稽山区至关重要的景点,拥有大量历史文献。元朝遭破坏,以后逐渐荒芜。但这个古迹复原不难,影响很大。从国内到国外，包括日本、美国、西欧等，宋史研究的学术队伍相当庞大。所以这个名胜古迹，可以吸引高层次的旅客，有很高的价值和发展前途。另外，元代盗掘后散弃的遗骨被移葬到兰亭，因而兰亭也可以相应建造一座碑亭，让兰亭再增加一个景点。第二件是从钱清牛头山麓起，修建一条沿山麓线，包括山麓冲积扇集镇（绍兴人称为"埠头"）的公路。这条公路，一边有通向平原如钱清、柯桥、绍兴城、皋埠、东关等的外行线，另一边有深入稽北丘陵和稽南丘陵各主要景点的内行线，使游客可以环山旅游。

与会稽山相比，北部河湖平原的建设和发展比较困难。因为要使河湖水从浑浊变为清澈，需要较多的投入和时间。包括河湖污染源的处理等等，都不是短期可以奏效的。但是有几件事必须从现在就重视起来：第一，河湖面积不能再缩小，侵占河湖的行为必须坚决制止。特别是几个大湖，如瓜渚、贺家池、铜盘湖以及容山、颐石、青甸诸湖，这些年来遭到蚕食不小，应该尽可能恢复原有水面。绍兴的农田，历史上有施用河湖淤泥的习惯。这实在是极好的有机肥，而捻泥是河、田两利的施肥方法。但是由于化肥取代了河泥，实际上使田块板结而河湖淤积。当然，捻泥有很大的劳动量，无法与省时省力的化肥竞争。是否能采用机械化的方法，达到既疏浚河湖、又施肥土地的效果。第二，平原上的孤丘应该尽力保护，尤其是矮小的孤丘，切不可再随意削平。特别是旅游业获得发展，农村劳动力短缺，地价提高等情况出现以后，低产值的种植业，必然要向高产值的园艺业发展，孤丘的保护更有重要意义。第三，石材的采凿必须限制，这是因为平原上的孤丘，有的是现在的景点，有的是未来的景点，关系重大，采凿石材应转移到稽山丘陵和稽南丘陵不影响的山区去。从现阶段说，由于平原上恢复生态环境比较困难，现在应该尽可能做到不继续破坏生态环境。随着会稽山区旅游业的首先发展，逐步促使平原生态环境的好转，为这个地区旅游业的全面发展建立基础。

绍兴市区，即旧山阴、会稽两县县城，亦即旧会稽郡城、越州州城、绍兴府城，是这个地区发展旅游业的核心，其重要性自不待言。绍兴城始建于越王句践七年（前490），我在拙作《历史时期绍兴城市的形成与发展》⑨一文中，曾经详细地分析了这个城市的特点和优势。并在《论绍兴古都》⑩一文中指出："在我国实在很难找出像绍兴这样一个古都，在地理位置上如此稳定不变。"所以绍兴城不仅是个古都，而且是我国城址最稳定的古都。虽然在这几十年中，对于这个古都的建设，没有从发展旅游业的预见性多作考虑，以致发生了不少错失。但它毕竟仍然具有极大的优势。和我童年"嬉大街"的时代相比，现在的城市建设确实应该刮目相看，绍兴无疑是在向一座现代化的城市快步迈进。假使绍兴建设的目标是个一般的现代化城市，那就可以按一般的城市规划行事。但现在我们的目标是要把绍兴建成一个现代化的国际旅游城市，那就要着重考虑这种特殊的城市属性。当然，国际旅游城市也同样需要现代化，只是这种现代化在形式和内容两方面都必须更多地考虑这个城市的历史文化特色。记得1983年日本爱知大学秋山元秀教授陪我参观名古屋,在郊区一个叫南野的镇(町)上访问一所竹田づしス工业株式会社的手工业工场,是制造和服的,年产值有上千亿日元。老板竹田嘉兵卫先生亲自招待我们,谈了这个厂,也谈了这个镇。他说这个镇的位置恰在日本自古著名的东海道上,所以他们要把它建设成江户时代的模样。不管是政府、公司、银行、学校、医院、商店等等,一律用黑色木门。这工作已经完成,下一步正要把所有电杆埋到地下去,因为江户时代是没有电杆的。后来我们出来看看,果然和他所说的一样,南野镇的建筑已和日本古装电影片上看到的相似。这是他们的考虑,我无非举个例子。而且一个镇好办,一个城市哪能这样?总不能将市府大楼建得像吕府一样。但是应该重视的是,既然绍兴是一座建于公元前5世纪,而且是全国城址最稳定的古都,我们总不能让旅游者看不出我们这座古都的特色。在现代城市建设中,当然不必像南野町那样做得如此过分,但也应该让它留下一些古色古香的气氛。南宋的绍兴府城分成五厢,第一二两厢在会稽县,第三五两厢在山阴县,第四厢跨山、会两县,我希望在南宋的每一厢中,都能保留几片小巷的居民区。当然,道路可以铺平,破旧的房子可以翻新。现在的城内河港不能再填。有条件恢复过去的河港,那是将来的事。

建设一座现代化的国际旅游城市,当然是一件需要充分研究,详细规划的大事。我们除了不设红灯区,不开赌场以外,一切国际旅游城市的硬件都得具备。连细枝末节的事也不能疏忽。举个例子,城市商业。像这样一个古老的历史文化名城,"老字号"也是重要旅游资源,应该尽量利用。譬如毛笔,卜鹤汀可以恢复,六也斋也可以恢复。毛笔事小,但外国人却很注意。那年在广岛大学当客座教授,广岛市长约日会见我们夫妇。谈话完毕,市长送我们礼物,其中就有毛笔。因为广岛是产毛笔的。其实,广岛的毛笔怎能与绍兴的毛笔相比。又如乌毡帽,也是绍兴特产。记得1980年我陪以美国著名汉学家施坚雅(G. W. Skinner)为首的代表团到绍兴,在东湖的一家小店里,代表团约20人,每人买一顶。随即戴上。我们也有"老字号"的帽店,桑庆泰也可以恢复。一个最现成的例子是墨润堂书苑,这家有一百多年历史,与蔡元培、徐树兰、鲁迅等文化名人都有关系的老字号,刻印的书流传到日本,因而日本人也很关心书苑,既然徐氏后人愿意办,我们理应加以扶植,让它有一个好的地理位置和体面的店堂,因为它可以作为这个历史文化名城的文化橱窗。诸如此等,一般人看起来或许是小事,但既然我们的目标是国际旅游城市,在这样的城市里,我们就需要这些"老字号"。

在建设国际旅游城市的事业中,必须硬件与软件并举。不少人重视硬件,忽视软件。其实,硬件只要有了钱就好办,但软件就不是那么容易。作为一个国际旅游城市,最重要的软件的市民素质的提高。以语言为例,绍兴话是很古色古香和充满文化内涵的语言(这或许有我的偏见在内),我们当然不会放弃它。但国际旅游城市的市民却不同一般。瑞士的人民就都能说几种外国语。去年我曾去美国路易斯安纳州的沼泽地区旅游,那里住的是"七年战争"中被英国人从加拿大赶出来的法国人后裔。这些法国人在村子里说的是连现代法国人都听不懂的 200 多年前的法语,但是他们为游客撑船导游,却说英语、法语等几种外国语。不久以前,《普陀山志》出版,要我写点意见,普陀山寺院中的许多词汇是从梵语翻译过来的,我学过一点梵语,所以发现书上有不少牵强附会的错误,有的简直是笑话。因此我建议,不仅要改正这些错误,由于普陀山是个佛教旅游区,到此朝山进香的有不少国际高僧,因此,这里的僧侣和导游人员,应该学一点梵语。再举个例子,前年在杭州举行国际酒文化学术讨论会,日本来了 30 多位酒厂老板,中国的著名酒厂也都与会。我担任中方主席,用英语主持会议,评论宣读的论文,要讲些好话,也穿插一些笑话,每当我讲笑话时,日方代表都鼓掌而笑,但这些中国老板都睁着眼呆若木鸡。这件事以后的第三天,省政协常委在绍兴市政府大楼座谈筹备绍兴大学的事,我就以此为例,向绍兴市领导说明,仅仅从语言一点来看,绍兴大学的创办实属必要。作为一个国际旅游城市的市民素质,语言只是一个方面,其他还有许多需要提高的东西。所以软件建设事关重要,千万不能忽视。

　　绍兴是有悠久历史和光荣传统的著名地方。我们有传说中的大禹,他为我们驱走第四纪海进,让我们获得一片肥沃的土地。我们有越王句践,他为我们在公元前 490 年建起这个古都。历史上的许多贤牧良守领导绍兴人民,把一片被中原大国宰相视为穷山恶水的劣地改造成为青山绿水的美地,为我们积累了优越而雄厚的旅游资源。现在轮到我们这一代,我们一定要继承大禹三过家门而不入的忘我精神和越王句践卧薪尝胆的卓绝意志,发挥我们祖宗创造的各种旅游资源的优势,把我们的家乡建成一个名扬四海的国际旅游城市。

注释:

① 按拙著《绍兴地方文献考录》(浙江人民出版社 1983 年),绍兴历史上的地方文献,包括亡佚与现存,共约 1200 种,其中现存的部分,我都曾阅读;亡佚的部分,也均按各公私书目进行追索考证。

② 杨先生在史念海先生所著《河山集三集》(人民出版社 1988 年)序中说:"陈桥驿先生是从研究宁绍平原起家的,他 60 年代在《地理学报》上发表的两篇关于宁绍平原鉴湖、森林变迁的论文,立即引起注意,以后对宁绍平原的城市、聚落、水系变迁的研究都被认为是宁绍平原研究的权威,其论文特点之一是能从全面看一斑,并能从一斑以窥全面者,因此在国内外都很著名。"(此文又单独发表于《史学史研究》1987 年第 4 期)

③　《管子·水地》第三九。

④　《野草》1991 年第 2 期。

⑤　《中国威尼斯》,载《绍兴县报》1992 年 5 月 14 日。

⑥　《城内河港》,载《绍兴日报》1992 年 2 月 8 日。

⑦　Shaohsing:Competition and Cooperation in Nineteenth—Century China,The University of Arizona Press,1986。

⑧　The peple Versus the Taipings;Bao Lishen's"Righteous Army of Dongen",Regents of the University of California,1981。

⑨　《纪念顾颉刚学术论文集》,巴蜀书社 1990 年版。

⑩　《历史地理》第九辑,上海人民出版社 1990 年版。

原载《旅游——跨世纪的发展课题》,《浙江社会科学》1996 年增刊

论良渚文化的基础研究

　　良渚文化从 1936 年发现以来,至今已逾半个多世纪。在这半个多世纪的发掘和考古学研究中,已知这种新石器文化的分布以太湖流域为中心,包括苏南和浙北,是新石器晚期江南地区的重要文化。这种以黑陶、玉器和水稻种植为重要标志的江南古文化,已经普遍引起学术界的兴趣。特别是半个多世纪以前首先进行考古发掘的良渚附近一带,经过这些年来的继续发掘和研究,有了较大的收获。现在已经判明,余杭市的良渚镇及其附近,是良渚文化遗址特别密集和重要的地区。这个地区西起瓶窑,东到良渚,包括德清县的三合、雷甸一带的东苕溪两岸,东西长约 10 余公里,南北宽约 3 公里,面积达 40 平方公里左右,已经考实的遗址约有 50 多处,出土了大量古物,其中如反山的墓葬,瑶山的祭坛,莫角山的古聚落,都是特别著名的。尤其值得重视的是良渚文化博物馆的建成开放,在国内外产生了极大的影响,中外学者研究良渚文化的兴趣倍增。时至今日,在良渚文化的研究中,我们还面临着许多不解之谜,因此,有关良渚文化的研究课题甚多,有待学术界的努力探索。我们相信,随着良渚文化的知名度不断扩大,多种学科的专家相继加入研究队伍,加上检测手段的日益进步,今后,良渚文化必将获得更为丰硕的研究成果。

　　在良渚文化研究的众多方面和大量课题之中,其中有一部分属于基础研究。良渚文化所涉及的范围和包罗的内容非常广阔丰富,而所谓基础研究,是指的构成这种新石器文化最基本的方面。基础研究的成果,是各种专题和精深研究所必须关注和参考的。基础研究诸课题当然不必也不可能获得统一的结论,但基础研究所探索的各种论点,其他专题研究者都应该了解和思考。

什么是良渚文化的基础研究?因为这种文化是由古代的良渚人在古代良渚地区创建起来的,因此,所谓良渚文化的基础研究,主要包括两个方面,其一是古代良渚人的研究,其二是古代良渚地区自然环境的研究。良渚文化是指的同一时期、同一类型的江南新石器文化,但由于如上所述,今良渚、瓶窑、安溪一带,即所谓两镇一乡的地区,是这种文化的遗址群最密集的地区,是整个良渚文化的中心区域,因此,良渚文化的基础研究,也应以这个区域为主要研究对象。

基础研究的第一方面是对于古代良渚人的研究,因为良渚文化是由良渚人创造的,良渚人是良渚文化的主角,所以我们必须在这个问题上寻根究底。至今所知,上古活动于今浙江省土地上的人群,按考古发掘成果有"建德人",按历史记载有越人和吴人。古代良渚人与"建德人"、越人、吴人之间有什么关系?他们是土著的,抑是迁入的?良渚文化按放射性碳素测年为距今5300年—4000年,这以后,良渚人的情况如何?此外,还有有关古代良渚人的其他许多问题,都有待研究和阐明。

基础研究的另一方面是古代良渚地区自然环境的问题。拙作《多学科研究吴越文化》一文中曾指出:"要研究一个地方的上古文化,首先要清楚的是,当时这个地方的自然环境,是陆地,还是海洋,是一块冰雪覆盖的陆地,还是生物丰富的陆地。"[①]中国东部沿海,在第四纪更新世曾出现过几次海进海退的过程,海陆变迁相当频繁,这种沧海桑田的事,在探讨沿海地区的古自然环境时,特别值得注意。因为,良渚文化是在一个适宜的自然环境中发展起来的,在其发展的过程中,又必然经过古代良渚人的利用与改造。所以在古代良渚地区的自然环境包括良渚人与这种自然环境的关系,是研究良渚文化所必须解决的基础问题。

在良渚文化的研究中,对于上述两个方面的基础研究,至今从事研究的学者还不是很多,虽然有了一点研究成果,但正如我在前面指出的,学术界对这两个方面存在着各种不同的见解,有待继续探索讨论。本文提出我对于这两个基础问题的看法,当然是一种抛砖引玉的尝试,目的在于引起学术界对这些问题的重视,让大家继续研究,发表各自的见解,逐渐求得在良渚文化基础研究中的科学结论。

首先,对于古代良渚人的问题,现在或许应该从"建德人"说起。根据铀系列法所作的年代测定,"建德人"的存在年代有两个,其一是 9.7 ± 0.8 万年,另一是 10.8 ± 0.9 万年。[②]所以大体上是10万年。这个年代,正是星轮虫海进鼎盛的时期,在今浙江省境内活动的人群,退居西部的山地丘陵地带。拙作《越文化与水环境》[③]一文中,曾表达了我对"建德人"与越人之间的关系的看法：

> 在今浙江省境内，早更新世的人类活动情况尚不清楚。到了中更新世，可能是越族祖先的建德人已经出现。随着假轮虫海退的发生，今省境范围空前扩大，作为越族繁衍基地的宁绍平原，当时与东海大陆架连成一片，海洋与岛屿环绕其外围，而内陆则是河湖与沼泽。远古的越文化，就是在这样一个水环境中发展起来的。

这里，我提出了"建德人""可能是越族祖先"的看法。当然，要从科学上证实这种看法，还不是短期内可以做到的。因为现在我们所知道的"建德人"，无非是一枚犬齿化石，直到今天，我们还没有获得古生物学家和体质人类学家在这方面的研究成果。而且这种假设，中间还隔着星轮虫海退、假轮虫海进、假轮虫海退和卷转虫海进等近10万年的几度海陆变迁。直到卷转虫海进之时，我们才获得了距今7000年的河姆渡越人遗址。不过，在数据十分缺乏的情况下，科学研究总是要通过一个推理和假设的阶段。何况，现在要反证"建德人"与越人毫无关系，也同样十分困难。

出现于距今2.5万年的假轮虫海退是全球性的，规模极大。中国东部海岸后退达600公里，东海中的最后一道贝壳堤位于东海大陆架前缘 - 155米处，放射性碳素测年为距今 14780 ± 700 年。[④] 从浙江省来说，不仅今舟山群岛全部与内陆连接，形成宁绍平原与杭嘉湖平原以东一条东北、西南走向的弧形丘陵带。在这条丘陵带以东，还有大片陆地。钱塘江河口约在今河口以东300公里，今杭州湾及两岸支流，都不受潮汐影响。另外，由于东亚季风在晚第三纪（neogene）已经形成，这个地区正当东南季风的迎风面上，夏季半年降水丰沛，气候暖热；冬季半年虽然气候寒冷，但由于降水很少，即使在边缘的较高山阜，也不足以形成永久性的冰盖。也就是说，基本上不受冰川影响。

宁绍平原当时成为越人聚居的中心。在拙作《于越历史概论》[⑤]一文中曾经说到："这一片广阔的平原，具有背山面海的形势。距南面不远，就有山林之饶，而平原北缘濒海，又有鱼盐之利。平原上气候暖热，水土资源丰富，于越部族的祖先，是在如此得天独厚的自然环境中繁衍发展起来的。"但是从晚更新世末期开始，卷转虫海进促使海面回升，到距今1.2万年前后，海面就到达了现代水深 - 110米的位置上，到1.1万年前后，上升到 - 60米的位置上。[⑥]到了距今3000年前，更上升到现代水深 - 5米的位置上。[⑦]这次海进在距今7000年—6000年前到达最高峰，东海海域内伸到今杭嘉湖平原西部和宁绍平原南部，今钱塘江北，古海岸沿嘉定、黄渡、蟠龙、松江、漕泾达杭州玉皇山一线。[⑧]钱塘江以南，今会稽、四明诸山山麓冲积扇以北，也成为一片浅海。[⑨]70年代在宁绍平原的宁波、余姚、绍兴，杭嘉湖平原的嘉兴、嘉善等一带修造所谓人防工

程时,在地表下 10 米—12 米之间,相当普遍地存在着一层牡蛎壳层,就是这次海进的
重要物证。当卷转虫海进到达顶峰之时,杭嘉湖平原和宁绍平原成为一片互相联接的
浅海,浅海的西缘是天目山与今钱塘江中游诸山,南缘是会稽山和四明山,此外是崛起
于浅海中的许多岛屿,今宁绍平原的东缘是东北、西南向的舟山群岛,北缘则是东西向
的、由今南沙半岛南缘到三北半岛南缘诸丘陵构成的群岛。在今杭嘉湖平原,则有东
天目山东迤诸群岛,莫干山及其东迤诸群岛,武林湾(西湖前身)西翼群岛(即今西湖
群山)等等。在这些群岛之间,还有为数甚多的孤岛。

　　卷转虫海进使聚居在宁绍平原的越人进行了一次规模很大的迁徙。这种迁徙是
从对海进首当其冲的东海大陆架发端的。这个地区的越人迁徙路线,一条当然是越过
舟山丘陵内迁到今宁绍平原,另一条可能是外流,利用原始的独木舟漂向琉球、南日
本、南洋群岛、中南半岛和今中国南部各省沿海等地。其间也有一部分利用舟山的丘
陵地形安土重迁。这是这次迁徙的第一阶段。因为前面指出,在距今 1.2 万年前后,
当海面上升到 – 110 米位置时,舟山群岛开始与大陆分离,而到了距今 1.1 万年前后,
海面上升到 – 60 米时,舟山群岛已经形成。在距今 1 万年以前,宁绍平原的环境恶化
尚不十分严重。但此后,由于环境恶化开始发展,古代越族就进入了他们迁徙中的第
二阶段。这次迁徙的主要路线,估计也有三条,他们中的一部分,越过钱塘江进入今浙
西和苏南的丘陵地匹。另一部分随着宁绍平原自然环境自北向南的恶化过程,逐渐向
南部丘陵地区转移。还有一部分利用平原上的许多丘陵而安土重迁。[10]

　　越过钱塘江进入浙西和苏南丘陵地区的越人,正如我在拙作《吴越春秋及其记载
的吴越史料》[11]一文中指出的,他们就是以后的马家浜文化、崧泽文化和良渚文化等的
创造者,即历史所称的句吴。卫聚贤先生在 1937 年就已经提出"吴越是一个民族"[12]
的见解。谭其骧先生认为句吴和于越是一族两国。[13]其实,吴越两国在语言和习俗等
方面相同的事实,古人早已看到。《越绝书》曾两次提到他们之间的"同俗"和"同气共
俗"。[14]《吴越春秋》也称:"吴与越,同音共律,上合皇宿,下共一理。"[15]《吕氏春秋·知
化篇》则称:"吴之与越也,接土邻境壤,交通属,习俗同,语言通。"意思都是一样。必
须指出的是,现在已经有人发表了与我相同的见解,王逢申先生在其《从姑苏繁华史
看中华文化之辉煌》[16]一文中说:"夷人、越人留在吴地山岭地带的支族,后来形成吴国
吴人的主体部分。"论文没有对此作详细的解释,但是越人为什么要"留在吴地山岭地
带"? 这显然是因为平原沦没所致。而这种留在山岭地带的越人支族,"后来形成吴
国吴人的主体部分"。则吴人与越人,无非是历史上与地理上的一些差别。

　　既然吴人就是卷转虫海进时代北迁的越人,则古代良渚人当然也就是越人的一部
分。从地理位置上说,良渚地区与今苏南、浙西其他丘陵地区不同,这里与宁绍平原只

有一江之隔,而当假轮虫海退时代,钱塘江在这个地区的河段尚属中游,渡越方便,因此,古代良渚人也很可能在海退时期已经在此活动,但按以下将要论及的良渚地区丘陵和孤丘的自然环境,所以也有可能是在海进时代入居的,现在无法论定。

　　对于古代良渚人,现在有人提出这样的问题:良渚文化的下限是距今 4000 年,在这以后,良渚人的下落如何? 他们是像中美洲的玛雅人一样地消亡了,流散了,或者是仍然定居在这个地区? 对于这个问题,要作出确切的回答,我们当前的研究成果,还没有到达这种水平。但既然古代良渚人是越人的一部分,则他们以后的情况,仍然需要与越人联系研究。因为从良渚文化的下限算起,不到 1000 年,越人就正式进入历史时代。这就是《竹书纪年》周成王二十四年记载的"于越来宾"。曾经有人怀疑《竹书纪年》的记载是否可靠? 但流传于越地的传说,反过来证明了《竹书纪年》的可靠性。王充《论衡·超奇篇》说:"白雉贡于越。"《异虚篇》记得更明白:"周时,天下太平,越尝献雉于周公。"以《竹书纪年》与《论衡》对照,"越尝献雉于周公",周公正是成王的时代。王充当然是根据越地的传说把此事写入《异虚篇》的,王充撰述的时代,《竹书纪年》尚深埋于汲冢之中,所以说明《竹书纪年》记载的价值,也就说明了,良渚时代的越人与正式见诸历史记载的越人,在时间上实已十分接近。

　　从良渚地区的地理位置来说,古代文献曾有不同的记载。《国语·越语上》说:"句践之地,南至于句无,北至于御儿。"韦注:"今嘉兴御儿乡也。"《论衡·书虚篇》说:"余暨以南属越,钱唐以北属吴,钱唐之江,两国界也。"按《国语》,良渚地区当在越境;按《论衡》,则已在吴境。其实这两种记载都是正确的,只是时间不同而已。因为从春秋到战国初,吴越之间战争连年,吴越国界的变化是随着战争胜负而发生的。为了说明两国国界变化和当时良渚地区的归属,将《春秋》经传记载的两国战争表列如下:

经传名称	经传年代	公　历	经传原文
春　秋	昭公五年	前 537	冬,楚子、蔡侯……徐人、越人伐吴。
春　秋	昭公三十二年	前 510	夏,吴伐越
春　秋	定公五年	前 505	于越入吴
公　羊	定公十四年	前 496	五月,于越败吴于醉李
春　秋	哀公元年	前 494	吴王夫差败越于夫椒,报携李也,遂入越,越子以甲楯五千,保于会稽。
左　传	哀公二十二年	前 473	冬十一月,丁卯,越灭吴。

　　在上表所列的 6 次为《春秋》经传记载的吴越战争中,前面 4 次大概都没有发生
国界的变化,但第五次即鲁哀公元年(越王句践三年,吴王夫差二年)的这一次,吴军
深入越境,一直打到会稽山,越国屈膝求和,越王句践入质于吴,这样才出现了两国以
今钱塘江为界的局面。在这段时期中,良渚地区才入吴境。不过这种情况持续不过
20 年,越灭吴以后,句践于其在位的第二十五年(前 472)迁都琅玡,于是,从今浙江到
今山东南境,均为越所辖。吴越原来是习俗与语言相同的一族两国,于越并吴以后,越
人与吴人从此融为一体。也有人怀疑吴越融合的说法,但我可举出一些历史事实作为
佐证。

　　句践迁都琅玡后,经过了鹿郢一代,到第二代不寿,就被朱句所杀,从此,宫廷发生
内乱。到周安王二十三年(前 379),朱句子越王翳又把国都迁到吴,即《史记·越世
家》《索隐》所引古本《竹书纪年》:"翳三十三年,迁于吴。"但迁吴不过三年,翳子诸咎
即杀父称王,宫廷又一次大乱,古今二本《竹书纪年》都有记载,越王翳三十六年七月:
"于越太子诸咎杀其君翳,十月,越人杀诸咎越滑,吴人立孚错枝为君。"由此可见,越
王翳由于宫廷篡杀,将其国都从琅玡迁吴。迁吴后,又因宫廷篡杀,内外纷扰,于是由
吴人出面立越王孚错枝。所以当时吴越实已融为一体。

　　既然吴越已经融为一体,则当秦戡平江南以后,吴人与越人的遭遇也就没有差异。
按《史记·秦始皇本纪》:"定荆江南地,降越君。"时在秦王政二十五年(前 221)。吴
越对秦当然群起反抗,即所谓"东南有天子气"。[⑰]因此,秦始皇在其在位的第 37 年(公
元前 201 年)亲自到达这个地区巡狩。秦始皇对这习俗和语言相同的一族两国没有加
以区别,而是在这整个地区建立了一个会稽郡。对于这个地区的越人(当然也包括吴
人),秦始皇采用强迫迁徙的手段。《越绝书》卷八说:"徙大越民,置余杭、伊攻、□、故
鄣,因徙天下有罪适(驿案,与谪通)吏民,置海南故大越处。"卷二说:"乌程、余杭、黝、
歙、无湖、石城县以南,皆故大越徙民也,秦始皇帝刻石徙之。"当然,并不是所有越人
都会接受这种强迫迁徙的,另一部分越人抗秦失败,他们就向南边流徙,即明人焦竑所
说的:"此即所谓东越、南越、闽越也。东越一名东瓯,今温州;南越始皇所灭,今广州;
闽越今福州。皆句践之裔。"[⑱]另外一部分既不服从迫迁,也不远离故土的,则就地避
入今苏南、浙江、皖、赣一带的山区,后来被称为"山越"。首先提出"山越"之名的是
《后汉书·灵帝纪》:"丹阳山越贼围太守陈夤。"《通鉴》汉纪四十八在抄录《灵帝纪》
此条后,胡三省注云:"山越本亦越人,依阻山险,不纳王租,故曰山越。"这就是秦统一
以后越人流散的情况,古代良渚人是越人的一部分,他们的下落,大概也不外乎如上
所述。

　　现在就良渚文化基础研究的另一方面,即古代良渚的自然环境发表一点意见。按

地理学研究古代的自然环境,不同的时代由不同的分支学科承担,在全新世以前,自然环境的研究是古地理学(palaeogeography)的任务,这是一门纯自然科学。从全新世开始,因为地球上的许多地方有组织的人为活动已经开始,人类对自然环境的影响显著加强,这种研究就属于历史地理学(historical geography)的任务,这是一门综合科学。研究古代良渚地区的自然环境,当然要涉及卷转虫海进的时代,这里就存在古地理的问题。但良渚文化距今不过5000年左右,世界上的不少地区已经进入了历史时期,古埃及尼罗河畔吉萨(Gizeh)地方的巨大的胡夫金字塔就在这个时代建成。所以这个时期的良渚自然环境,当然是历史地理学的研究对象。不过现在看来,对于这个课题,不论是古地理学的或是历史地埋学的,前人研究的成果都还很少,资料都很缺乏。除了放射性碳素测年的数据以外,热释光测年的数据尚未取得,孢粉分析和沉积物分析的工作似乎都尚未进行。为此,我们也就不必也无法拘泥于学科的界线,而是根据有限的资料,对古代良渚地区的自然环境作一个轮廓的描述。

在卷转虫海进时期,今良渚地区当然是一片海水,但显然有两组群岛分列于今瓶窑南北两翼,北翼是大遮山群岛,南翼是大雄山群岛,此外还有许多孤岛。根据绍兴马鞍山等地发现的新石器遗址,说明在海进时期,这些群岛上是有越人居住的。古代良渚人大概就聚居在上述两列群岛上。当时,岛上森林茂密,溪泉充沛,他们在燃料和饮水方面不愁短缺,而渔猎所获,食物也无虞匮乏。在这些群岛上的若干山间盆地和咸潮不及的山坡地上,仍可经营小规模的农业,因为水稻种植是越人在这次海进以前就已熟娴的生产技术。

卷转虫海进在距今7000年时进入全盛,从此就开始海退,在大约距今5000年时,海面大体上到达现代海面的高程。[19]当时,今良渚地区的地貌景观是,北翼有火山喷出岩构成的大遮山丘陵,绵亘于今德清与余杭之间,主峰大遮山,海拔高483米。丘陵西与莫干山南翼诸丘陵相连。从梯子山、中和山等东迤,在主峰以东又有百亩山、上和山诸峰,从今余杭南山林场直抵西塘河西缘。丘陵中的不少峰峦如中和山、王家山、青龙冈、东明山等,均超过海拔300米,200米以上的峰峦则连绵不断。大遮山丘陵以南,分布着一片山体和高度都较小的大雄山丘陵,也是一片火山岩丘陵,主峰大雄山,海拔高178米,此外还有朱家山、大观山、崇福山等。在这两列丘陵间的沼泽平原上,则分布着许多孤丘,最高的如马山超过300米,獐山超过200米,超过100米的就更多,这类孤丘,在海进时期原来就是孤岛。山体较大的孤丘,海进时期也可能有良渚人居住。还有更多在100米以下的,海进时期虽不露面,海退以后则星罗棋布地崛起于沼泽平原之间,构成了这片沼泽平原的特殊地貌景观,而且在沼泽平原的开拓中发挥了重要的作用。此外就是湖泊和河流,湖泊当然是咸水的,而且具有明显的季节性,除了大型

的以外,一般的湖泊在洪水季是湖泊,在枯水季则是沼泽。河流的情况与现在当然大
不相同。因为现在的河网是经过后世长期整治的结果。从地形和水源考察,今南苕溪
和东苕溪无疑是沼泽平原上的最大河流。在海退初期,海岸较现在偏西,接近沼泽平
原。加上当时人为干扰极微,故当时苕溪的流向还值得研究。目前由于对这个地区的
古河床研究还缺乏资料,所以苕溪在海退初期,是东流注入东海,抑北流注入太湖,现
在还无法论定。此外,从晚更新世以来,良渚的气候条件对古代良渚人显然有利。考
察这个地区的湖泊沉积,在瓶窑费家头灰褐色土层中,发现了不少水蕨类,海金沙属
(Lygodium)和水龙骨属(Polypodium)等植物化石,显示出亚热带气候的标志。[20]所以总
的说来,良渚地区在卷转虫海退以后,具有一种丘陵、孤丘、河湖相间的沼泽平原和温
暖湿润的亚热带气候的自然环境。

　　卷转虫海退是一个持续上千年的漫长过程,在这个过程中,由于海面逐渐下降,丘
陵和孤丘的范围不断扩大,而且不断出现新的孤丘,古代良渚人的活动地域随之不断
增加。当然,在沼泽平原最初出现之时,不过是一片潮汐出没,土地斥卤的沮洳泥泞之
地,没有利用价值。但是随着海岸的不断外淤,河流(主要是今南苕溪和东苕溪)的经
年冲积,既提高了地面高程,又发挥了洗咸作用,于是,沼泽平原上的植物和淡水生物
开始增加,自然环境渐趋好转。良渚人对这片平原利用改造的条件也就随之有所
改善。

　　必须指出,古代良渚人对于这片沼泽平原的利用改造,起了十分重要的作用。开
始,他们仍然聚居在南北两列丘陵中,无数孤丘,成为他们开拓沼泽平原的跳板。通过
这些孤丘,他们逐渐下达到平原,从平原上比较高燥的地段渐次向外围发展。当然,垦
殖并不是没有困难的,在初期,主要的威胁是咸潮和洪水,但是由于他们有孤丘作为后
盾,在环境恶劣的时候可以向孤丘退却,所以他们对沼泽平原的利用和改造有恃无恐。
他们凭借孤丘的地势,居高临下,选择有利的地形围堤筑塘,拒咸蓄淡,种植水稻,并且
逐渐排干沼泽,把聚居地从丘陵、孤丘移入平原,在平原上建立聚落,终于在这个地区
创造和发展了良渚文化。

注释:

①　载《国际百越文化研究》,中国社会科学出版社 1994 年版。

②　陈铁梅《我国旧石器考古年代的进展与评述》,《考古学报》1988 年 3 期。

③　载《浙江学刊》1994 年 2 期。

④⑥　王靖泰、汪品先《中国东部晚更新世以来海面升降与气候变化的关系》,《地理学报》1980

年 4 期。

⑤　载《浙江学刊》1984 年 2 期。

⑦⑲　曹家欣《第四纪地质》,商务印书馆 1983 年版。

⑧　《中国自然地理·古地理》上册,科学出版社 1984 年版。

⑨　陈桥驿《历史时期绍兴地区聚落的形成与发展》,《地理学报》1980 年 1 期。

⑩　陈桥驿《越族的发展与流散》,《东南文化》1989 年 6 期。

⑪　载《杭州大学学报》(哲社版)1984 年 1 期。

⑫　《吴越释名》,载《江苏研究》5、6 合期,1937 年 6 月。

⑬　邹逸麟《谭其骧论地名学》,载《地名知识》1982 年 2 期。

⑭　《越绝书》卷六,又卷七。

⑮　《吴越春秋》卷六。

⑯　载《吴文化与苏州》,同济大学出版社 1992 年版。

⑰　(清)孙楷《秦会要订补》卷六。

⑱　《焦氏笔乘续集》卷三。

⑳　《中国自然地理·古地理》上册。

原载《历史地理》1996 年第 13 辑

《绍兴桥文化》序

《绍兴桥文化》索序于我,读了书稿,使我回忆起幼年在家乡的许多情趣,真是感慨无穷。绍兴是水乡,桥是水乡的鲜明标志。此书既描述了水乡的特色,又和盘托出了桥在这个历史悠久的水环境中的文化意义。记得往年我曾经写过一篇《越文化与水环境》的文章(《浙江学刊》1994 年第 2 期),我没有在该文中写到桥。其实,原始的桥在当时必已出现。

记得儿时祖父教我念《诗经》,当时背得烂熟,后来逐渐荒疏。但对《秦风·蒹葭》一篇却一直吟诵不辍:"蒹葭苍苍,白露为霜。所谓伊人,在水一方。溯洄从之,道阻且长;溯游从之,宛在水中央。"这一篇确实是优美动人的。到后来才体会到,"溯洄从之,道阻且长",正是因为水上无桥,不仅在古代如此,现在仍有这样的地方。我曾经考察过黄土高原,那里有许多渊深而狭窄的沟壑,站在两边可以谈论家常,但是要握手言欢,有时要绕道走上个把钟头。想想没有桥的时代,看看缺乏桥的地方,我们能有这样一个桥梁遍布,桥文化悠远的家乡,真是不胜荣幸。

早期的桥当然是很简单的,《说文》有三个字的解释:"榷,水上横木所以渡者也,从木。""桥,水梁也,从木"。"梁,水桥也,从木,从水"。绍兴乡间的小河上,也有用一块木板作桥的,通常叫做独木桥,绍兴人称为"跳板"。随着社会的进步,文化的发展和技术的提高,桥梁不仅在数量上不断增加,在造型、结构和材料等方面,也都不断发生变化,而桥文化就孕育在这种变化过程之中。

　　对于桥,我或许算得上是一个稍稍开过眼界的人。国内的多数大桥名桥不在话下,在国外,我也经过不少著名的桥梁。去年到北美半年,在这方面又增加了不少经历。我经过加拿大圣劳伦斯河和美国密西西比河,这些大河上的桥梁,当然司空见惯。特别是在旧金山湾,桥梁都是跨海的。作为美国西部门户的金门大桥(Golden Gate Br.)2800 余米的长桥,由于是悬索桥,所以只有两个桥墩。我从南岸沿桥边人行道步行到第一个桥墩,在太平洋与旧金山湾之间左顾右盼。然后再回到南岸驱车往返。金门海峡以内,旧金山湾一片浩渺,其间横亘着 4 座跨海大桥:奥克兰湾大桥(Oakland Bay Br.)、里奇蒙大桥(Richmond Br.)、圣美妥大桥(San Mateo Br.)、邓巴顿大桥(Dumbarton. Br),由于有儿子驱车,我们夫妇曾多次往返于这些名桥之上。一次特殊的经历是在美国南部路易斯安那州,我们为了观赏一座长桥,特意跨越新奥尔良以北的潘查德林湖(Pontcharltrain Lake),这里有一座跨湖大桥,长达 38 公里,这是我生平经过的最长桥梁。在这座连拱式的长桥之上,回忆当年跨越日本琵琶湖大桥,实在是小巫见大巫了。

　　当我驰骋在这些现代化的桥梁之上时,我心里怀念着的,却是幼年在家乡所见的旧桥梁。因为我心里明白,这些越湖跨海的庞然大物,都不过是这半个世纪前后一时崛起的宠儿,它们当然是现代科技的成就,但是从桥梁的文化内涵来说,它们却像暴发户一样,是十分浅薄的。而家乡的桥梁,是在 2000 年漫长的历史中,陆续显现在这个美丽的水环境之中的,它们有的古朴,有的精巧,有的粗犷,有的幽雅,各有各的沧桑经历,各呈各的不凡体态。它们像一部历史文献,从远古到近代,留下了每一个时代的文化烙印。而面对着北美的这许多硕大无朋的钢铁怪物,回忆我童年的家乡,"小桥,流水,人家"。一边令人厌倦,一边令人神往。我有这样一个河湖稠密,桥桁纵横的家乡,怎能不感到由衷的自豪!

　　但是这几十年来,对于家乡,不免一则以喜,一则以忧。对于家乡在经济上的繁荣发展,蒸蒸日上,当然不胜欣喜。而对于家乡的自然环境,却常常忧心忡忡。家乡的水,家乡的桥,已经到了必须竭力保护的时候了。记得我家原住明状元张元忭的府第之中,后园紧傍一条小河,隔河与明孙铕的府第相对。这条小河从王(庞)公池流来,由西向东,在酒务桥以北汇入一条南北向的较大河港。从王公池到汇合处还不到 1000 米,沿河有清凉、马驾、小郎、大郎、莲花、平章、凤仪七桥。我家前门是车水坊,那里也有一个过水涵洞,称为车水桥。这一带流传一句桥名趣话:"大郎、小郎,车水饮莲花。"在我成年离家以前,家园后门的这条小河,一直是舟楫来往,交通方便。而童年在河边踏道上捕鱼摸虾的情趣,恍惚如在眼前。但是现在,小河早已填成街道;七桥连绵,如今影迹全无。在整个绍兴城内,像我家后园这样的河道湮废,桥梁失踪的事,恐怕为数不少。

　　过去,我曾经认为这种现象,是城市发展过程中不可避免的。虽然常常怀旧和惋惜,但其事属于无可奈何。80 年代初,受聘担任日本几所大学的客座教授,多次到那里讲课,走过不少城市,我才发现,在那个国家里,城市内的河流都保护得很好,不说中小城市,像京都这样的大城市,全市北部为海拔七八百米的连绵山岳,南缘是宇治川(注入大阪湾的淀川的支流),从北部山岳发源的鸭川和桂川,从东西两翼纵贯市区,注入宇治川,市内的许多小河,都以鸭川和桂川为水源。这些小河,河床不深,水清见底。让我恍悟环境保护的重要。

　　读《绍兴桥文化》,使我有机会重温旧课,为家乡得天独厚的自然环境和继往开来的文化业绩而踌躇满志。同时也想利用为此书作序的机会,提出这些年来耿耿于怀的呼吁,为了我们的子孙后代,我们必须竭尽努力,付出一切代价,保护好这个不同凡响的水环境,让家乡绿水长流,青山不老,让我们优美典雅的桥文化世世代代地流传下去。

原载《绍兴桥文化》,上海交通大学出版社 1997 年版

原著中华书局 1999 年版

浙江灾异简志

序　言

　　我国从很古老的时代开始,就有观察和记载自然灾害的传统。在孔子整理删定的《春秋》一书中,已有不少关于自然灾害的记载。这种传统,到了《汉书》就固定下来,《汉书》是《二十四史》中第一部有《五行志》的正史。从此,历代正史,多数都把该代发生的重大自然灾害记录在各史的《五行志》或其他相当的名称如《天象志》、《灾异志》等之中。这是从全国范围来说。从各个地方来说,这种记载自然灾害的传统则由地方志承担起来,宋代以来,我国的绝大部分地方志中,都包括了这方面的内容。因此,本《简志》的编纂,正是继承了我国地方志中记载自然灾害的这种传统。

　　在历史上,中国长期以来都是一个农业社会,所以,在各种自然灾害中,关系最重大的是灾害性天气,其中特别是水、旱灾以及雹、虫等灾。因此,在历来正史和地方志的《五行志》、《灾异志》等记载中,水、旱灾往往占了最大的篇幅。古人重视水、旱灾及其他灾异的记载,一方面当然具有居安思危、防患未然的用意,即古人所谓的民为邦本、食为民天,耕三余一、耕九余三的道理。但另一方面,他们显然还有更为积极的考虑,这就是他们已经懂得,自然灾害的发生,有它一定的规律性,而从历代水、旱灾发生的记录中,可以窥见天气变化的规律。前面已经提及,我国第一次把自然灾害的记录,进行规范化的记载的是《汉书·五行志》,它一开头就指出:"《易》曰:天垂象,见吉凶,圣人象之。"这就是说,通过天象变化的观察,可以研究吉凶发展的规律。在这方面,浙江省的历史上就有很好的例子。

早在公元前 490 年,当越王句践在今绍兴市地区建立了他的国都大越城以后,随即在今市区南部的塔山修造了一座称为“怪游台”的高大建筑物,据《越绝书》卷八所载:“龟山者,句践起怪游台也。东南司马门,因以焰龟,又仰望天气,观天怪也。高四十六丈五尺二寸,周五百三十二步。”这是我国有历史记载的最早的天文、气象综合观测台之一。他们通过对气象变化的观测,研究这个地区水、旱灾发生的规律。这也就是《越绝书》卷四中越大夫计倪所说的:“太阴三岁处金则穰,三岁处水则毁,三岁处木则康,三岁处火则旱,故散有时积,籴有时领,则决万物不过三岁而发矣。”计倪的这种研究,无疑主要是为了发展农业生产。《吴越春秋》卷五也记载了他的一段议论,他说:“春种八谷,夏长而养,秋成而聚,冬畜而藏。夫天时有生而不救种,是一死也;夏长无谷,二死也;秋成无聚,三死也;冬畜无藏,四死也。”这就说明了正常天气与灾害天气对于农业生产的不同影响。

当然,由于时代的限制,古人在科学知识、观察仪器等各方面,都还处于相当落后的状态。由于对许多自然现象无法作出科学的解释,他们常常运用阴阳五行的说法。这就使他们的研究,掺入了不少迷信的色彩和牵强附会的东西。但是,应该承认,他们在这方面的很多研究,仍然具有很高的价值,特别是历代记载下来的大量有关自然灾害的资料,对于我们今天在历史气象和气候方面的研究,其价值真是无法估量。这中间,数量特别巨大的是地方志所积累的资料。近年来,历代地方志中有关水、旱灾及其他灾异的记载,对我们在这方面的研究已经作出了重大的贡献。为此,今后我们编纂地方志,仍然应该赓续这种有益的传统,把当时发生的自然灾害,作为记载的一项重要内容。

编纂《浙江灾异简志》之目的其实也和历来正史、方志的记载相似,一方面是为了探索浙江境内水、旱灾及其他灾异发生的规律性,其中,曾经在历史上出现过的某些十分严重的灾害和绝端特殊的例子,更值得引起我们的注意。另一方面,作为一种历史气象和气候变化的资料,提供方志修纂、气象、水利和农业等部门参考。

《浙江灾异简志》(以下简称《简志》)记载的各种灾异以水灾和旱灾为重点。关于水灾,从公元前 494 年到公元 1911 年,计 2405 年,其中今省内各地有水灾发生的共有 742 年;记载的旱灾,从公元前 190 年到公元 1911 年,计 2101 年,其中今省内各地有旱灾发生的共 546 年。这中间,在水灾记载中有具体月份记录的共 1062 次,旱灾记载中有具体月份记录的共 553 次。我曾经作了一个统计,这个统计可以使我们了解,历史上水、旱灾在 1 年内各月份中出现的概率。

1 年中各月份水灾出现的概率

夏历月份	一	二	三	四	五	六	七	八	九	十	十一	十二
水灾次数	28	39	47	90	184	177	229	165	54	30	11	8
占百分比	2.6	3.7	4.4	8.5	17.3	16.7	21.6	15.5	5.1	2.8	1.0	0.8

1 年中各月份旱灾出现的概率

夏历月份	一	二	三	四	五	六	七	八	九	十	十一	十二
旱灾次数	6	14	20	39	96	132	105	61	32	23	14	11
占百分比	1.1	2.5	3.6	7.0	17.3	23.8	18.9	11.0	5.7	4.1	2.5	1.9

　　说明:①凡记录只有春、夏、秋、冬等季节而无具体月份者,不列入统计;

　　　　②同 1 年份中,不同地区在相同月份中出现的水、旱灾,只作一次计算;

　　　　③闰月中发生的水、旱灾,凡日期记明在上半月的,计入前一月;说明在下半月的,计入后一月;不计日期的,概计入后一月。闰月中发生水、旱灾的次数极少,对统计表影响极微。

　　从上列两种统计表分析,历史上浙江省境内的水灾,主要发生于夏历五、六、七、八四个月中,而以七月份为高峰;旱灾主要也发生在五、六、七、八四个月中,而以六月份为高峰。

　　从历史资料来看,浙江省发生水灾的机会几乎比旱灾多 1/3。在全省范围和省内某一个地区进行观察,多年连续发生水灾的情况是屡见不鲜的。例如,从南宋绍兴二十七年(1157)到淳熙六年(1179),连续 23 年,省内水灾不断;而从清顺治元年(1644)到康熙三十年(1691)间,几乎达半个世纪,省内每年都有水灾发生。这样的例子举不胜举。从自然条件进行分析,省内发生水灾的机会确实是很多的。全省的主要平原杭嘉湖平原和宁绍平原,地势都较低洼,既易受山水的影响,也易受海潮的影响,容易造成内涝。占全省面积达 70%的丘陵山地,自从东晋以来,由于森林的不断破坏,水土流失日趋严重,水灾出现的频率也迅速增加。特别是,浙江地处东南沿海,容易受到台风的侵袭,台风的入境是导致省内发生水灾的重要原因之一。在本《简志》记载的有水灾发生的七百余年中,根据资料分析,可以肯定有台风入境的约在 170 年以上。而历史记载中灾情特别严重的水灾,几乎都和台风的入境有关。从这水灾发生的规律来看,今后,数十年一遇的特强台风的入境,仍然是浙江省在自然灾害方面所面临的必须认真对付的问题。

　　由于省内农业发达的主要平原多是水乡泽国,因此,历史上旱灾发生的频率显然比水灾要低。但是,连续出现旱灾的可能性,也仍然是存在的。例如,从明嘉靖十八年(1539)到二十四年(1545)间,省内各地出现了连续七年的旱情,使绍兴这个历来有名的水乡泽国,"湖尽涸为赤地";使钱塘江"江面十八里,今一线之水"。从个别地区来看,连续几年发生旱灾的情况,更是常常出现。例如,从明万历十五年(1587)到十八年(1590),金华地区就连续大旱四年;从万历三十三年(1605)到三十七年(1609),台州和松阳二地就连续大旱5年。特别是从明崇祯十三年(1640)到十七年(1644)的连续5年的大旱,这是历史上罕见的一次全国范围内的大旱,连续干旱的结果,竟使面积达3000多平方公里的太湖枯竭,出现了"震泽巨浸,褰裳可涉"的现象。

此外,在本《简志》记载的水、旱灾中,还有许多值得我们注意的极端的和特殊的灾害天气现象。例如:

明嘉靖二十二年(1543),湖州从正月起到十一月,一直阴雨连绵,天无10日之晴;清道光二十九年(1849),孝丰县在1月之间洪水泛滥达29次。这样一类的例子在《简志》中不胜枚举。特别是清同治十年(1871)夏历三月所发生的一次特殊的灾害天气,据光绪《上虞县志校续》卷四一的记载,上虞在这年夏历三月二十一日未刻,"暴风拔木发屋,吹堕石坊,河舟飞上岸"。此外,在诸暨、浦江、绍兴、杭州、湖州等地的方志中,都有这次特殊灾害天气的记载,除了其余各县在时间上一律作三月二十二日外(说明《虞志校续》的"二十一"当是"二十二"之误),其余情况大致相同,如"飘瓦拔木"、"覆舟伤人"、"倒屋毙人"、"屋瓦尽飞"、"压檐大雨"等等。我曾经逐一查阅了沿海各县包括闽北和苏南毗邻浙江地区的地方志,在这一年三月份都没有飓风、海溢等记载。从季节判断,夏历三月下旬台风入境的可能性也很小。这样看来,这是一次范围较大的陆龙卷风,南起浦江,北到湖州,的确是十分罕见的,但是像这样极端的特殊灾害天气现象,在历史上毕竟已经发生了,这就应该引起我们的注意。

本《简志》当然是一种地方志,属于地方志系统中一种专门记载灾异的专志。因此,它除了一般地方志的意义和作为气象部门的参考资料外,对其他某些科研和生产部门,或许也可以产生一点作用。例如对于水利部门,因为,虽然灾害天气的本身是一种自然现象,但在造成灾害的过程中,不论是水灾还是旱灾,这中间都存在着一个水利问题。此外,水利部门常常需要关心的某一地区、某一河流若干年一遇的洪水流量、水位等等资料,在这本《简志》中往往有所记载。诸如:平地水深几尺,大水过岸几尺,大水高于城门几尺等等资料,《简志》中可以说是俯拾即是。也有一些记载特别可贵,例如清康熙四十七年(1708)五月在长兴所发生的一次大水,据光绪《长兴县志》卷九的记载:"禾苗淹尽,路绝往来,较(康熙)三十四年更高一尺,乃本朝长兴第一水灾也。"

又如清乾隆四十一年（1776）四月，在萧山所发生的一次大水，据乾隆《绍兴府志》卷七六《金石志二》的记载："吴越祇园寺舍利塔题名，在萧山祇园寺，凡塔者四，乾隆丙申四月，海塘圮，水及其二级，水落之后，圮其一塔。"据此，则这一年的大水水位，至今仍可实地查核。

《简志》记载的不少水、旱灾，对于农业部门，特别是农史研究者，在历史上作物布局、品种引入等不少方面，也可以提供有用的资料。因为，当这个地区记载水、旱灾情时，往往与当地受灾的大田作物，也就是与该区在国计民生上关系最大的作物相联系。例如明万历十六年（1588）发生于山区开化的一次淫雨，据光绪《开化县志》卷一四记载："春，淫雨数月，黄豆无种，二麦淹没。"这就说明了在浙江平原地区意义轻微的黄豆，在山区开化却是一种可以载入方志的重要作物。又如清道光五年（1825）在余姚县发生的一次大风雨中，据记载："坏庐舍，损禾棉。"道光十二年（1832）的一次大风雨，据记载："海宁、仁和海塘木棉地被淹四万余亩。"说明了钱塘江两岸的棉花种植，在道光年代已经达到了很大的规模。比这个时期早得多的明嘉靖二十三年（1544）的一次旱灾记录中，我们发现，当时，在嘉兴府各县，已经是"乡民力田外，恒以纺织为生，是岁，木棉旱槁，机杼为空"。浙江境内大面积的棉花种植，这个记载恐怕已算很早了。

总之，这本《简志》估计是可以为各方面提供一点参考作用的。杭州大学地理系夏越炯副教授根据本《简志》第一次油印稿所撰述的论文《浙江省宋至清时期旱涝灾害的研究》（载《历史地理》创刊号，上海人民出版社1981年版），受到历史地理学界的好评，即是其中的一个例子。

为了这本《简志》的编纂，我曾经查阅了历代史、志、会要等历史文献110种，省内和毗邻省境的外省方志约190种，古人的笔记、日记、碑刻、宗谱、年谱、诗文集和晚清的报刊约一百种，总共当在四百种以上。所有被引用过的文献名称及卷次，均列于每一年的灾情以后，以便于读者进一步查阅。我在查阅这些资料过程中的一个最深刻的体会是，所有正史和方志中的五行、灾异等志，以及历史上记载自然灾害的其他各种文献，无疑都是我国重要的历史文化遗产，没有这些文献中所提供的丰富资料，我的这本《简志》当然是无法编成的。但是，与我国的其他历史文化遗产相比，我所利用的这一部分历史文化遗产，却是古代人民付出了十分惨重的代价而积累起来的。在我辑录历年水、旱灾害的时候，往往因此而辍笔，不忍卒录。仅仅从这本《简志》中所反映的简单灾情，就使人不胜感慨。诸如：唐总章二年（669）的一次水灾，使永嘉、安固二县"漂民居六千余家，溺死人九千七十余口。"宋元祐六年（1091）的大水，"杭州死者五十余万，苏州三十万"。绍兴五年（1135）婺州大雨，"溺万余人"。乾道二年（1166）的温州水灾,"溺死者二万人,江边骸骼七千余人",温州城"浸沉半壁,存者什一"。淳熙八年(1181)在严州和绍兴发生的水灾,"漂民居十万余家"。淳熙十一年(1184)的余杭大水,"漂流居民万数"。绍熙五年(1194)的天目山洪水,"民罹其祸者十万余人"。这中间,明隆庆二年(1568)在台州登陆的二次特强台风,它所造成的灾难,更是惨绝人寰:

> 七月二十九日,台州飓风挟潮,天台山诸水入城三日,溺死三万余人,没田十五万亩,淹庐舍五万余区。民上屋脊,敲椽折瓦,号泣之声彻城。旧传台州仅留十八家。水未退,有在屋上生育者,裹尸者,或操舟市中者。水退,人畜尸骸满闾巷,埋葬数月方尽。

以上是水灾所造成的惨状。旱灾也同样可以造成骇人听闻的悲剧,例如宋熙宁八年(1075)的吴、越大旱,造成"饥馑疾疬,死者殆半"。淳祐四年(1244)的浙西大旱,使"行都之内,气象萧条,左浙近辅,殍尸盈道"。明永乐二十一年(1423)的瑞安大旱,"草根木皮,食之殆尽,死者枕席于道"。嘉靖二十三年(1544)的嘉兴府大旱,使"水上浮尸及途中饥殍为鸢狗所食者不可胜计"。崇祯十五年(1642)的全省大旱,在湖州出现了"人相食,村落丘墟"的惨状。诸如这样的记载,在《简志》中实在不胜枚举。

除了作为重点的水、旱灾外,《简志》还收入了雹灾、虫灾、春寒和地震四种灾异现象,当然,它们的发生频率和灾害程度,都是不能与水、旱灾相比的。

雹灾也是浙江省历史上比较常见的自然灾害,它不仅损害农业,而且也能破坏城乡建筑物,所以值得重视。严重的雹灾有两类,一类是雹体巨大,它可以破坏建筑物并造成人畜的伤亡。浙江省历史上出现的巨大雹体,有清咸丰十一年(1861)在桐乡降落的和同治十一年(1872)在嘉兴、嘉善一带降落的,都重达 17 斤;民国五年(1916)在建德陈村庄降落的,也重达 10 斤。此外,方志记载大型雹体,还常常用其他物体作比,大如鸡蛋的冰雹在历史上是非常普遍的,更大的有如斗、如础石甚至如马首的,这样的雹体,重量也必然非常可观了。另一类严重的雹灾,是下雹的强度大或持续时间长,它可以在田地上积起很厚的雹层,作物不仅被击伤、压伤,而且还要受到严重的冻害。例如明嘉靖五年(1526)夏历七月遂昌县的雹灾,"顷刻积二尺";清嘉庆二十五年(1820)夏历三月缙云县的雹灾,"麦畦为平",都是这类例子。兹将浙江省历史上雹灾之中,雹体巨大的(超过"大如鸡卵"一级的)和强度大、持续时间久的,各列一表如下:

浙江省历史上雹体巨大的雹灾

中国纪元	公历	降雹地区	雹体记载	资料来源
明弘治八年	1495	温州	大者如拳	乾隆《温州府志》卷二九
正德十二年	1517	平湖、嘉兴	大者如马首	光绪《平湖县志》卷二五、雍正《浙江通志》卷一〇九
嘉靖二年	1523	泰顺	冰雹如斗	《分疆录》卷一〇
嘉靖十一年	1532	泰顺	大如拳	《分疆录》卷一〇
嘉靖二十三年	1544	诸暨	大如斗	乾隆《绍兴府志》卷八〇
嘉靖四十年	1561	海宁	大如拳	民国《海宁州志稿》卷四〇
万历二十一年	1593	乐清	大如碗	雍正《浙江通志》卷一〇九
清顺治二年	1645	仙居	大如碗	光绪《仙居县志》卷二四
顺治四年	1647	缙云	大者如盘	光绪《缙云县志》卷一五
顺治五年	1648	海盐	大者如碗	光绪《海盐县志》卷一五
顺治九年	1652	东阳	雹大如拳	道光《东阳县志》卷一二
顺治十四年	1657	仙居	如拳石	光绪《仙居县志》卷二四
康熙二十八年	1689	衢州	大如鹅卵	嘉庆《西安县志》卷二二
康熙六十年	1721	镇海、慈溪、余姚、上虞	大者如碗,大者如盘	雍正《浙江通志》卷一〇九
乾隆十四年	1749	遂安	大如斗	民国《遂安县志》卷四
乾隆十七年	1752	象山	大如础石	民国《象山县志》卷三〇
乾隆五十五年	1790	衢州	大者如盘,小者如拳	嘉庆《西安县志》卷二二
嘉庆二年	1797	泰顺	大如碗	《分疆录》卷一〇
道光二十一年	1841	缙云	大者如碗	光绪《缙云县志》卷一五
道光二十三年	1843	临海	大如斗,小如拳	民国《临海县志稿》卷四一
咸丰十一年	1861	桐乡	大者十七斤	光绪《桐乡县志》卷二〇
同治七年	1868	仙居	大如盆	光绪《仙居县志》卷二四
同治十年	1871	杭州	大者如拳	民国《杭州府志》卷八五
同治十一年	1872	景宁	大如碗,有至斤者	同治《景宁县志》卷一二
同治十一年	1872	嘉兴、嘉善	大者十七斤	光绪《嘉兴府志》卷二五
同治十一年	1872	仙居	大如盆	光绪《仙居县志》卷二四
同治十二年	1873	泰顺	有重至十余两者	《分疆录》卷一〇
光绪七年	1881	象山	大者如杯	民国《象山县志》卷三〇

续表

中国纪元	公历	降雹地区	雹体记载	资料来源
光绪十六年	1890	富阳	大如斗	民国《杭州府志》卷八五
光绪二十二年	1896	海宁	大者如拳	民国《海宁州志稿》卷四〇
光绪二十七年	1901	奉化	大者如盆	光绪《奉化县志》卷三九
民国五年	1916	建德	大者重十斤	民国《建德县志》卷一
民国二十二年	1933	景宁	大如鹅蛋,重半斤	民国《景宁县志》卷一五

浙江省历史上强度大、持续时间久的雹灾

中国纪元	公历	降雹地区	雹体记载	资料来源
宋绍熙二年	1191	温州	平地盈尺	光绪《永嘉县志》卷一六
明嘉靖五年	1526	遂昌	顷刻积二尺	雍正《浙江通志》卷一〇九
清康熙十七年	1678	东阳	积雹五、六寸	道光《东阳县志》卷一二
康熙六十年	1721	泰顺	雨雹一日	《分疆录》卷一〇
乾隆五十五年	1790	衢州	积二尺许	嘉庆《西安县志》卷二二
嘉庆十二年	1807	缙云	没黍禾	光绪《缙云县志》卷一五
嘉庆二十四年	1819	泰顺	沟皆满,墙边积至满踝	《分疆录》卷一〇
嘉庆二十五年	1820	缙云	麦畦为平	光绪《缙云县志》卷一五
道光二十一年	1841	缙云	顷刻间沟渠皆满	光绪《缙云县志》卷一五
同治元年	1862	永康	填满山谷	光绪《永康县志》卷一一
光绪二十一年	1895	开化	积五、六寸	光绪《开化县志》卷一四
民国十二年	1923	宣平	积地盈尺	民国《宣平县志》卷一四

在各种自然灾害中,《简志》也把虫灾收入在内,这中间,最严重的无疑是蝗灾。当然,与黄河中下游地区相比,浙江省的蝗灾是很轻微的,这是因为浙江的自然条件不利于蝗虫的滋生和繁殖。陈正祥教授在其所著《中国文化地理》(三联书店 1983 年出版)一书中指出:"境态学或生态学(ecology)的知识告诉我们,限制蝗虫分布的首要气候条件便是湿度,世界上主要的蝗患地带,都是比较干燥的区域,我国东南各省太潮湿了,所以蝗不喜欢来(原书第52—53 页)。"这话当然是不错的。浙江省历史上记载的蝗灾,确实常常与旱灾连在一起。从今天蝗灾已经基本消灭的情况下来看历史上省内出现的灾情,却仍很使人吃惊。蝗虫的来势很猛,例如后唐天成三年(928),杭州一带六月大旱,"有蝗蔽天而飞,昼为之黑,庭户衣帐,悉充塞之"。宋绍兴三十二年(1162),淮蝗入浙,飞入杭州城,"声如风雷"。嘉泰二年(1202),嘉兴、湖州大蝗,"若

烟雾蔽天"。开禧三年(1207),慈溪"飞蝗蔽天日,集地厚五寸"。像这样的巨大蝗群,对农业的破坏当然是很严重的。例如明弘治十九年(1506),嘉兴一带,"蝗蔽天,稻如剪"。崇祯十五年(1642),杭州一带,"飞蝗集地数寸,草木呼吸皆尽,岁饥,民强半饿死"。清顺治六年(1649),天台县蝗灾,"食禾殆尽,村舍无烟"。从这些例子中可见,在历史上,尽管浙江省从全国来说,算是蝗灾最轻微的省份,但灾情有时仍能发展到相当严重的程度。

除了蝗虫以外,浙江省在历史上时常造成灾害的虫类还有螟虫(或称螟螣)、螽、(食稻根的一种害虫)、蠦(一种地蛹)、螽、黑虫、黑蝇、青虫、毛载虫(食柏树)、松毛虫(食松针)等,它们也都会在某一地区对某种作物造成严重的损害。

《简志》记载的自然灾害,也把春寒包括在内。这是指的晚霜、晚雪和在春季对稻秧及春花作物有害的异常低温。例如唐天复二年和三年(902、903),浙西和嘉兴,都出现在夏历三月大雪"平地三尺"的现象。元至正二十年(1360)夏历二月,嘉善县"雪大如掌,顷刻积尺余"。明景泰五年(1454),平湖县夏历二月大雪,"四旬不止,平地数尺"。清道光十九年(1839),慈溪、镇海大雪,"平地五尺"。这样的异常天气,当然会造成对作物的极大损害。像明正统八年(1443)"三月谷雨,天台阴霜如雪,杀草木,蚕无食叶,麦无收"。这样的例子是不胜枚举的。春寒的现象有时甚至在夏季发生,像南北朝梁承圣元年(552),遂安县"六月阴霜,杀豆麦";唐证圣元年(695),杭州"六月阴霜"等均是其例。另外,在各县地方志的记载中,还常常有一种不明原因的春夏饥荒,这种饥荒,往往是由于虽非极端的,但是持续长久的低温,造成积温不足,春花歉收所致。因为既无水旱,又无霜雪,所以这种饥荒不记原因,但其实也往往属于春寒一类,所以《简志》也把它们收入在内。

《简志》的最后一卷是地震志。在历史上,浙江省所发生的地震,只能算是一种异常的自然现象,因地震而造成灾害,在这个省份中是十分稀见的。根据李善邦教授所著的《中国地震》(地震出版社 1981 年出版)一书中的统计,浙江省从公元 288 年到 1935 年,共有地震 356 次,其中有破坏性的只有 11 次(原书第 203 页)。明万历三十二年(1604)夏历十一月初九日午夜,发生全省都有震感的地震,根据《中国地震目录》(科学出版社 1971 年出版)第一册强震目录的记载,这是由于福建省泉州海外的强烈地震所引起的,也是浙江省有史以来最大的地震之一。但受灾最严重的县份,也不过如上虞、建德等县所记载的"房屋有倾倒者"、"墙屋有坏者"而已。清康熙七年(1668)夏历六月十七日午夜以山东省莒县、郯城一带为震中的大地震,也使浙江全省受到波及,但其中确实出现灾情的只有湖州、长兴二县,发生了"折屋、压死人民"的情事,当然,灾情还是轻微的。

在地震志中,我们把那些没有其他原因的山崩、山鸣、地陷、水涌等现象也收入在内,这类现象当然并不一定是地震,但或许与地震存在联系,既然原始资料中没有记及其他原因,则不妨列入此志以供研究者作参考。另外,自从明代以来,地震记载中往往涉及地生白毛的现象。这种现象不见于今日的地震地区,但明清方志中却普遍记载,因此,尽管科学界至今还弄不清楚这种"白毛"到底是什么,但我们却不能否定这种记载的可靠性。所以对于那种并不涉及地震的地生白毛的记载,《简志》也把它们收入在内。

最后,把《简志》在编纂体例上的一些问题稍作说明。《简志》按照历来方志的传统,采用按年代排列的形式,记载了历史上发生于今浙江省境内(包括部分与省境毗连的外省地区)的水灾、旱灾和其他自然灾害。在年代计算上,除了少数民国以后的记载外,中国年代概用夏历。关于这方面,有两点必须说明。第一,夏历和公历在对照中存在着一个缺陷,因为,夏历的十二月,往往就是公历次一年的一月。但是从整个《简志》来看,根据上面的统计表,发生在十二月份的水灾只占全年的0.8%,而旱灾也只占1.9%。所以,对于《简志》至关重要的水、旱灾来说,影响实在很小。第二,中国历代以来,并不完全采用夏历。从西周到秦统一以前的时期采用周历,但这段时期并不在《简志》记载以内。又,唐武后当权以后,也曾经在一段很短时期中采用过周历,这段时期中,《简志》只有极少几次记载,所以影响也很轻微。此外,从秦统一到汉武帝太初以前的120余年之中,我国曾采用秦历,《简志》在这段时期中,并无记载内容,所以也不受影响。

《简志》的灾情一项,曾经经过我的综合。但综合的目的主要是为了减少累赘和避免重复,绝对未曾改动过原始资料的内容。灾情栏中的文字都是从各种文献中辑录的,所以使用的都是流行于古代的一套气象、气候语言,例如霪水、蛟水、龙飓、蛟洪等等,对于这一点,不必我交代,读者自然会作出现代的理解。正是因为灾情中的文字都从古书辑录而来,因此,所有涉及的地名,也都是当时的而不是现代的,读者必须加以分辨。例如,宋、明的定海即是以后的镇海,与今日舟山群岛的定海绝不相涉;南宋的庆元府和元代的庆元路,其境域相当于清代的宁波府,它与浙南山区的庆元县毫无关系。此外,《简志》中常见的不少地名,例如明代的太平县,就是清代以后的温岭县;从唐代直到清代的西安县,就是民国以后的衢县。诸如此等,不再赘举。考虑到使用本《简志》的读者,一般都具有一些浙江历代沿革变迁的知识,假使在某些地方遇到困难,那末,就请参阅这一套简志丛书中已经出版的《浙江分县简志》和《浙江地理简志》,在那里,全省历来的沿革变迁,都有详细而明确的记载。

在本《简志》编纂过程中,我的研究生阙维民、徐建春两同志,曾为我搜集部分雹灾、虫灾、春寒和地震的资料，阙维民同志还为我整理地震志的卡片和承担全书的大量誊录工作。本书从搜集资料到成稿，经历了 20 多年时间，我应该感谢在这段漫长的时间中，给予我各种支持和帮助的同志。

陈桥驿

1984 年 12 月于杭州大学地理系

卷一　水灾志

周敬王二十六年(公元前494年)

[灾情]　昔者,吴王夫差伐越,兵败就李,大风发狂,日夜不止,车败马失,骑士坠死,大船陵居,小船没水。

[资料来源]　《越绝书》卷六。

周敬王三十六年(公元前484年)

[灾情]　越国洿下,水旱不调;越国大饥。

[资料来源]　《吴越春秋》卷五、《吕氏春秋·长攻》。

汉元和二年(公元85年)

[灾情]　回浦久雨,害稼。

[资料来源]　康熙《临海县志》卷一一。

三国吴赤乌十三年(公元250年)

[灾情]　秋,故鄣洪水;八月,故鄣水溢。

[资料来源]　雍正《浙江通志》卷七五、《文献通考》卷二九六。

太元元年(公元251年)

[灾情]　海宁八月大风,江海涌溢,平地水深八尺。

[资料来源]　民国《海宁州志稿》卷四〇。

太平元年(公元256年)

［灾情］　湖州八月朔大风拔木，太湖溢，平地水深八尺。

［资料来源］　同治《湖州府志》卷四四。

晋咸宁四年（公元 278 年）

［灾情］　秋七月，司、冀、兖、豫、荆、扬郡国二十大水。

［资料来源］　《通志·灾祥略》、《文献通考》卷二九六。

太康四年（公元 283 年）

［灾情］　十二月，河南郡及荆、扬六州大水。

［资料来源］　《晋书·武帝纪》、《通志·灾祥略》。

永平元年（公元 291 年）

［灾情］　永嘉海溢。

［资料来源］　弘治《温州府志》卷一七。

元康五年（公元 295 年）

［灾情］　六月，荆、扬、兖、豫、青、徐六州大水。

［资料来源］　《晋书·惠帝纪》、《资治通鉴》卷八二。

元康六年（公元 296 年）

［灾情］　五月，扬州大水。

［资料来源］　《晋书·惠帝纪》、《通志·灾祥略》。

元康八年（公元 298 年）

［灾情］　九月，扬州大水。

［资料来源］　《晋书·惠帝纪》、《通志·灾祥略》。

建兴元年（公元 313 年）

［灾情］　余姚十一月戊午、己巳、庚午大雨震电；会稽十一月大雨。

［资料来源］　康熙《绍兴府志》卷一三、乾隆《绍兴府志》卷八〇。

大兴四年（公元 321 年）

［灾情］　余姚秋七月大雨，饥。

［资料来源］　光绪《余姚县志》卷七。

永昌元年（公元 322 年）

［灾情］　二月，吴兴大水。

［资料来源］　《晋书·五行志》。

太宁元年（公元 323 年）

［灾情］　夏五月，吴兴大水。

［资料来源］　《通志·灾祥略》、《晋书·五行志》。

咸和元年(公元 326 年)

[灾情]　十月己巳,会稽郡大雨震电。

[资料来源]　《晋书·五行志》。

咸和四年(公元 329 年)

[灾情]　秋七月,丹阳、宣城、吴兴、会稽四郡大水。

[资料来源]　《通志·灾祥略》、《吴兴备志》卷二一,《晋书·五行志》。

太和三年(公元 368 年)

[灾情]　丹阳、晋陵、吴郡、吴兴、临海五郡大水。

[资料来源]　《通志·灾祥略》。

太和六年(公元 371 年)

[灾情]　夏六月,吴兴、临海大水;嘉兴大水。

[资料来源]　《晋书·五行志》、《通志·灾祥略》、光绪《嘉兴府志》卷三五。

宁康二年(公元 374 年)

[灾情]　三吴、义兴、晋陵、会稽大水。

[资料来源]　《晋书·孝武帝纪》、雍正《浙江通志》卷七五。

太元六年(公元 381 年)

[灾情]　六月,扬、荆、江三州大水。

[资料来源]　《文献通考》卷二九六。

太元十七年(公元 392 年)

[灾情]　六月,永嘉郡暴风雨海溢,潮水涌起,近海四县人多溺死。

[资料来源]　《通志·灾祥略》、弘治《温州府志》卷一七。

南北朝宋元嘉七年(公元 430 年)

[灾情]　吴兴、晋陵、义兴大水;钱塘县水。

[资料来源]　《南史·宋文帝纪》、康熙《钱塘县志》卷一二。

元嘉十二年(公元 435 年)

[灾情]　六月,江东诸郡大水;荆、扬大水,川陵如一;吴兴大水;钱塘县大水。

[资料来源]　《宋书·沈演之传》、《南史·宋文帝纪》、《法苑珠林》卷六五、康熙《钱塘县志》卷一二。

元嘉十三年(公元 436 年)

[灾情]　余杭县高堤崩溃,洪流迅急,势不可量。

[资料来源]　光绪《余杭县志》卷三七。

孝建元年(公元 454 年)

［灾情］　八月,会稽大水。

［资料来源］　《宋书·五行志》。

大明元年(公元 457 年)

［灾情］　夏五月,吴兴大水。

［资料来源］　《南史·宋孝武帝纪》、《通志·灾祥略》。

昇明二年(公元 478 年)

［灾情］　二月,于潜翼山一夕五十二处水出。

［资料来源］　咸淳《维安志》卷八八、光绪《于潜县志》卷二〇。

南北朝齐建元元年(公元 479 年)

［灾情］　吴兴、吴郡、义兴三郡遭水。

［资料来源］　《南史·齐高帝纪》、雍正《浙江通志》卷七五。

建元二年(公元 480 年)

［灾情］　吴兴大水。

［资料来源］　《南齐书·五行志》。

建元四年(公元 482 年)

［灾情］　六月,吴兴、义兴遭水。

［资料来源］　《南史·齐武帝纪》。

永明五年(公元 487 年)

［灾情］　吴兴雨,害稼。

［资料来源］　《南齐书·五行志》。

永明六年(公元 488 年)

［灾情］　吴兴大水。

［资料来源］　《南史·顾恺之传》。

永明八年(公元 490 年)

［灾情］　吴兴水淹过度。

［资料来源］　同治《湖州府志》卷四四。

永明九年(公元 491 年)

［灾情］　八月,吴兴、义兴大水;吴兴郡中大水,民饥。

［资料来源］　《南史·齐武帝纪》、《通志·灾祥略》、万历《湖州府志》卷一。

南北朝梁天监二年(公元 503 年)

［灾情］　东阳、信安、丰安三县六月大水。

［资料来源］　《梁书·高祖纪》、《通志·灾祥略》、康熙《衢州府志》卷二七。

隋开皇六年(公元 586 年)

[灾情]　春二月乙酉,浙大水。

[资料来源]　《通志·灾祥略》。

唐贞观二十二年(公元 648 年)

[灾情]　夏,越州大水,会稽县大水。

[资料来源]　《新唐书·五行志》、《续通志》卷一七二、万历《会稽县志》卷八。

永徽六年(公元 655 年)

[灾情]　秋,婺州水,害稼;永康水,害稼。

[资料来源]　《新唐书·五行志》、《婺志粹》卷一三、嘉靖《永康县志》卷八。

显庆元年(公元 656 年)

[灾情]　九月,括州暴风雨海溢,坏永嘉、安固二县,损户口四千余;青田水。

[资料来源]　《新唐书·五行志》、《文献通考》卷二九六、弘治《温州府志》卷一七、嘉庆《瑞安县志》卷一〇。

总章二年(公元 669 年)

[灾情]　六月,括州大风雨海溢,永嘉、安固二县漂民居六千余家,溺死人九千七十余口;青田水灾;九月十八日,括州海水翻上,坏永嘉、安固二县百姓庐舍。

[资料来源]　《新唐书·五行志》、《资治通鉴》卷二〇一、弘治《温州府志》卷一七、光绪《永嘉县志》卷三六、嘉庆《瑞安县志》卷一〇、光绪《青田县志》卷一七。

咸亨四年(公元 673 年)

[灾情]　七月二十七日,婺州大雨,山川泛溢,溺死者五千人。

[资料来源]　《新唐书·五行志》、《婺志粹》卷一三、《唐会要》卷四三。

文明元年(公元 684 年)

[灾情]　七月,温州大水,损四千余家;括州溪水暴涨。

[资料来源]　《新唐书·五行志》、《资治通鉴》卷二〇三、《续通志》卷一七二。

神功元年(公元 697 年)

[灾情]　三月,括州水,坏民居七百余家;青田大水。

[资料来源]　《新唐书·五行志》、《续通志》卷一七七、光绪《青田县志》卷一七。

开元十七年(公元 729 年)

[灾情]　八月丙寅,越州大水,坏州县城。

[资料来源]　《新唐书·五行志》、乾隆《绍兴府志》卷八〇。

乾元元年(公元 758 年)

[灾情]　浙江水旱重困,民多疫死。

［资料来源］　康熙《钱塘县志》卷一二、民国《杭州府志》卷八二。

大历元年(公元 766 年)

［灾情］　浙西水灾;富阳水灾,人民漂溺无算。

［资料来源］　康熙《钱塘县志》卷一二、光绪《富阳县志》卷一五。

大历二年(公元 767 年)

［灾情］　是年,五十五州水;秋,浙东、西水灾;嘉兴秋水灾;山阴水灾。

［资料来源］　《续通志》卷一七七、康熙《嘉兴府志》卷三五、康熙《山阴县志》卷九。

大历十年(公元 775 年)

［灾情］　七月己未夜,杭州大风海溢,荡州郭五千余家、船千余只,死者四百余人;苏、湖、越等州同。

［资料来源］　《旧唐书·五行志》、万历《钱塘县志》册四、康熙《钱塘县志》卷一二。

贞元八年(公元 792 年)

［灾情］　天下水灾。

［资料来源］　《旧唐书·德宗纪》。

元和十一年(公元 816 年)

［灾情］　五月,衢州山水害稼,深三丈,毁州郭;六月,润、常、湖、陈、许五州水。

［资料来源］　《新唐书·五行志》、《唐会要》卷四四、《续通志》卷一七二。

元和十二年(公元 817 年)

［灾情］　六月,苏、台、越诸州水。

［资料来源］　《新唐书·五行志》、《续通志》卷一七二、雍正《山阴县志》卷九。

长庆二年(公元 822 年)

［灾情］　大雨,太湖溢,平地乘舟。

［资料来源］　万历《湖州府志》卷一。

长庆四年(公元 824 年)

［灾情］　夏,湖州大雨水;太湖决溢;睦州山水暴出。

［资料来源］　《新唐书·五行志》、万历《湖州府志》卷一、同治《湖州府志》卷四四。

大和二年(公元 828 年)

［灾情］　越州大风海溢。

［资料来源］　《新唐书·五行志》、万历《绍兴府志》卷一三。

大和四年（公元 830 年）

［灾情］　夏,苏、湖二州水;浙东西、宣、歙等水;富阳大水,害稼;盐官夏大水。

［资料来源］　《旧唐书·五行志》、《续通志》卷一七二、民国《海宁州志》卷四〇、光绪《富阳县志》卷一五。

大和五年（公元 831 年）

［灾情］　六月,两浙大水,害稼;苏、杭、湖三州雨水,害稼;富阳、钱塘水,害稼。

［资料来源］　《新唐书·五行志》、《续通志》卷一七二、《唐会要》卷四四、光绪《富阳县志》卷一五、康熙《钱塘县志》卷一二。

大和六年（公元 832 年）

［灾情］　二月,苏、湖大水。

［资料来源］　《新唐书·五行志》。

大和七年（公元 833 年）

［灾情］　秋,浙西水,害稼;冬,越州淫雨。

［资料来源］　《新唐书·五行志》、李绅《渡西陵诗》(《全唐诗》第八函第一册)。

开成三年（公元 838 年）

［灾情］　。湖州水溢入城;太湖决;处州平地水深八尺有余。

［资料来源］　《新唐书·五行志》、光绪《长兴县志》卷九。

会昌四年（公元 844 年）

［灾情］　慈溪沿江田地千顷,倏为洪波。

［资料来源］　光绪《慈溪县志》卷五五。

景福二年（公元 893 年）

［灾情］　秋七月,浙江水溢,坏民居。

［资料来源］　民国《杭州府志》卷八二。

乾宁三年（公元 896 年）

［灾情］　七月,浙江水溢,坏民居;九月,浙江水溢,坏民居。

［资料来源］　万历《钱塘县志》册四、康熙《钱塘县志》卷一二。

光化三年（公元 900 年）

［灾情］　九月,浙江水溢,坏民庐舍。

［资料来源］　《文献通考》卷二九六。

后唐同光四年（公元 926 年）

［灾情］　杭州大水。

［资料来源］　《吴越备史》卷一。

天成四年（公元 929 年）

［灾情］ 七月，台州大水。

［资料来源］ 民国《台州府志》卷一三二。

后晋高祖天福二年（公元 937 年）

［灾情］ 二月，杭州暴雨。

［资料来源］ 《吴越备史》卷二。

天福五年（公元 940 年）

［灾情］ 姑苏、吴兴、嘉禾三郡大水。

［资料来源］ 《吴越备史》卷二、同治《湖州府志》卷四四。

宋太平兴国二年（公元 977 年）

［灾情］ 八月朔，大风，太湖溢。

［资料来源］ 《太湖备考》卷一四、同治《湖州府志》、卷四四。

太平兴国六年（公元 981 年）

［灾情］ 湖州大水。

［资料来源］ 同治《湖州府志》卷四四。

咸平四年（公元 1001 年）

［灾情］ 九月，太湖溢，坏庐舍。

［资料来源］ 《太湖备考》卷一四、同治《湖州府志》卷四四。

大中祥符四年（公元 1011 年）

［灾情］ 六月，两浙大水。

［资料来源］ 民国《杭州府志》卷八二。

大中祥符九年（公元 1016 年）

［灾情］ 丽水大水。

［资料来源］ 光绪《处州府志》卷二五。

乾兴元年（公元 1022 年）

［灾情］ 二月八日，苏、湖、秀州雨，坏民田。

［资料来源］ 《宋史·真宗纪》、《宋会要》卷一七九、《吴兴备志》卷二一。

天圣元年（公元 1023 年）

［灾情］ 六月，大水，湖州饥。

［资料来源］ 同治《湖州府志》卷四四。

天圣四年（公元 1026 年）

［灾情］ 九月，京东江、淮、闽、浙诸州水。

[资料来源] 《文献通考》卷三〇三。

天圣六年(公元 1028 年)

[灾情] 七月,江浙路淫雨为灾;八月,两浙水。

[资料来源] 《文献通考》卷三〇三、民国《杭州府志》卷八二。

明道元年(公元 1032 年)

[灾情] 七月,余姚大风海溢,溺民害稼。

[资料来源] 乾隆《绍兴府志》卷八〇。

明道二年(公元 1033 年)

[灾情] 八月,余姚大水;丽水洪水,坏民田。

[资料来源] 光绪《余姚县志》卷七、光绪《处州府志》卷二五。

景祐元年(公元 1034 年)

[灾情] 八月甲戌,越州大水,漂溺居民。

[资料来源] 万历《绍兴府志》卷一三、乾隆《绍兴府志》卷八〇。

景祐四年(公元 1037 年)

[灾情] 六月乙亥,杭州大风雨坏堤,浙江海溢;八月,越州大水,漂溺民居。

[资料来源] 《宋史·五行志》、万历《绍兴府志》卷一三、万历《会稽县志》卷八、万历《钱塘县志》册四。

庆历四年(公元 1044 年)

[灾情] 六月,大风驱潮,杭州海溢坏堤。

[资料来源] 咸淳《临安志》卷四六。

庆历五年(公元 1045 年)

[灾情] 六月,临海郡大水坏郭,溺人数千;黄岩海溢,人多溺死。

[资料来源] 雍正《浙江通志》卷一五四、万历《黄岩县志》卷七。

庆历六年(公元 1046 年)

[灾情] 海水入台州杀人。

[资料来源] 民国《台州府志》卷一三二。

庆历七年(公元 1047 年)

[灾情] 台州海潮坏城,没溺甚众。

[资料来源] 雍正《浙江通志》卷一五四。

庆历八年(公元 1048 年)

[灾情] 湖州大水,田淹几尽。

[资料来源] 同治《湖州府志》卷四四。

皇祐二年(公元 1050 年)

［灾情］ 湖州大水。

［资料来源］ 万历《湖州府志》卷一。

皇祐四年(公元 1052 年)

［灾情］ 湖州大水；嵊县饥。

［资料来源］ 同治《湖州府志》卷四四、乾隆《绍兴府志》卷四二。

至和元年(公元 1054 年)

［灾情］ 台州大水,城不没者数尺。

［资料来源］ 嘉定《赤城志》卷二。

嘉祐二年(公元 1057 年)

［灾情］ 湖州大水。

［资料来源］ 《吴兴备史》卷二一。

嘉祐五年(公元 1060 年)

［灾情］ 七月,苏、湖二州水灾。

［资料来源］ 《宋史·五行志》、《续通志》卷一七二。

嘉祐六年(公元 1061 年)

［灾情］ 七月,两浙淫雨为灾；钱塘淫雨；会稽淫雨；台州大水,坏城。

［资料来源］ 《宋史·仁宗纪》、《宋史·五行志》、康熙《钱塘县志》卷一二、万历《会稽县志》卷八、嘉定《赤城志》卷二。

治平元年(公元 1064 年)

［灾情］ 杭州水。

［资料来源］ 民国《杭州府志》卷八二。

治平二年(公元 1065 年)

［灾情］ 八月,永嘉飓风大水。

［资料来源］ 光绪《永嘉县志》卷三六。

熙宁元年(公元 1068 年)

［灾情］ 杭州水。

［资料来源］ 民国《杭州府志》卷八二。

熙宁四年(公元 1071 年)

［灾情］ 湖州水灾。

［资料来源］ 同治《湖州府志》卷四四。

熙宁五年(公元 1072 年)

　　［灾情］　二月,两浙水;大水,土田皆不登,湖(州)人大饥。

　　［资料来源］　民国《杭州府志》卷八二、苏轼《墨妙亭记》。

熙宁九年(公元 1076 年)

　　［灾情］　七月,温州飓风大水。

　　［资料来源］　乾隆《温州府志》卷二九。

熙宁十年(公元 1077 年)

　　［灾情］　七月,温州大风雨,飘城楼。

　　［资料来源］　光绪《永嘉县志》卷三六。

元丰元年(公元 1078 年)

　　［灾情］　七月四日,(长兴)大风雨,太湖水高二丈余,漂没塘岸。

　　［资料来源］　《太湖备考》卷一四、光绪《长兴县志》卷九。

元丰四年(公元 1081 年)

　　［灾情］　七月,太湖大水。

　　［资料来源］　《太湖备考》卷一四、光绪《长兴县志》卷九。

元丰五年(公元 1082 年)

　　［灾情］　久雨,太湖溢,(长兴)受灾。

　　［资料来源］　光绪《长兴县志》卷九、万历《湖州府志》卷一。

元丰六年(公元 1083 年)

　　［灾情］　正月大雨至六月,太湖泛溢,苏、湖、秀等城市并遭水浸,田不播种,庐舍漂荡,民弃田卖牛,散去乞食;钱塘江泛溢。

　　［资料来源］　《宋史·河渠志》、《宋会要》卷一五九、光绪《嘉庆府志》卷三五。

元丰七年(公元 1084 年)

　　［灾情］　六月,青田县大水,损田禾;瑞安洪水,坏河堤。

　　［资料来源］　《续通志》卷一七二、乾隆《温州府志》卷一二。

元祐五年(公元 1090 年)

　　［灾情］　浙西水灾;钱塘六月大水,秀州数千人诉风灾;苏轼言浙西诸郡灾伤;天台水,坏临川桥。

　　［资料来源］　康熙《钱塘县志》卷一二,民国《杭州府志》卷八二,光绪《嘉兴府志》卷三五,民国《天台县志稿残卷》卷九、卷一一,《续资治通鉴》卷八二。

元祐六年(公元 1091 年)

　　［灾情］　六月,浙西大水,杭州死者甚众;富阳大水;秋,苏轼言:浙西诸郡二年灾伤,而今岁大水尤甚,杭州死者五十余万,苏州三十万;闰八月四日,知杭州林希言:太

湖积水未退。

[资料来源]　《宋史·哲宗纪》、《宋会要》卷一八二、《续资治通鉴》卷八二、雍正《浙江通志》卷七五、光绪《富阳县志》卷一五。

元祐八年(公元 1093 年)

[灾情]　两浙海风驾潮,害民居;会稽大风海溢,害稼。

[资料来源]　《宋史·五行志》、万历《绍兴府志》卷一三、康熙《绍兴府志》卷一三。

绍圣元年(公元 1094 年)

[灾情]　秋,湖、秀等州海溢,坏田;海盐海溢,害田。

[资料来源]　《宋史·五行志》、光绪《海盐县志》卷一三。

绍圣二年(公元 1095 年)

[灾情]　六月,久雨,湖州罹水患。

[资料来源]　光绪《长兴县志》卷九。

元符二年(公元 1099 年)

[灾情]　两浙水患;六月,久雨,两浙湖、秀等州尤罹水患;十月,余姚江河水溢,高丈余。

[资料来源]　《宋史·五行志》、光绪《嘉兴府志》卷三五、万历《绍兴府志》卷一三。

崇宁三年(公元 1104 年)

[灾情]　四月,两浙水,杭、越、温、婺诸州秋苗不收。

[资料来源]　《宋会要》卷一五九、民国《杭州府志》卷八二。

崇宁四年(公元 1105 年)

[灾情]　苏、湖、秀三州水。

[资料来源]　《宋史·徽宗纪》。

崇宁五年(公元 1106 年)

[灾情]　四月,两浙州郡水灾。

[资料来源]　《宋史·徽宗纪》、《宋会要》卷一六三。

大观元年(公元 1107 年)

[灾情]　十月,苏、湖州水。

[资料来源]　《宋史·五行志》。

大观二年(公元 1108 年)

[灾情]　七月,临海大雨竟月。

[资料来源] 光绪《台州府志》卷二八。

政和二年(公元 1112 年)

[灾情] (台州)大水坏城,淹死者无数。

[资料来源] 民国《台州府志》卷一三二。

政和五年(公元 1115 年)

[灾情] 八月,苏、湖、常、秀诸郡水灾;钱塘、仁和、盐官、余杭、富阳等县秋水灾。

[资料来源] 《宋史·五行志》、《宋会要》卷一五九。

政和六年(公元 1116 年)

[灾情] 两浙军秋水,害田。

[资料来源] 《宋会要》卷一六〇。

重和元年(公元 1118 年)

[灾情] 夏,江、淮、荆、浙诸路大水;两浙路今夏霖雨连绵,没田不少,平江尤甚。

[资料来源] 《宋史·五行志》、《宋会要》卷一六〇。

宣和元年(公元 1119 年)

[灾情] 十一月,山阴县大水;湖州水灾。

[资料来源] 万历《绍兴府志》卷一三、康熙《山阴县志》卷九、光绪《长兴县志》卷九。

宣和四年(公元 1122 年)

[灾情] 盐官海溢。

[资料来源] 《泊宅编》卷四。

宣和六年(公元 1124 年)

[灾情] 秋,京东、两浙水灾;浙西诸郡夏秋水灾;秀州大水;会稽水溢,民多流移;永康八月大水;七月,丽水大水,高六丈余。

[资料来源] 《宋史·五行志》、《宋会要》卷一五九、光绪《嘉兴府志》卷三五、万历《绍兴府志》卷一三、嘉靖《永康县志》卷八、光绪《处州府志》卷二五。

建炎二年(公元 1128 年)

[灾情] 春,东南郡国水;钱塘春正月霖雨;(湖州)春水;松阳潦。

[资料来源] 《宋史·五行志》、康熙《钱塘县志》卷一二、同治《湖州府志》卷四四、光绪《处州府志》卷二五。

建炎三年(公元 1129 年)

[灾情] 二月,杭州久阴霖雨;五月霖雨;于潜、临安二县五月大水;(湖州)五月霖雨。

[资料来源] 《文献通考》卷三〇三、民国《杭州府志》卷八二、光绪《于潜县志》卷二〇,同治《湖州府志》卷四四。

建炎四年(公元 1130 年)

[灾情] 湖州六月大雨水。

[资料来源] 《吴兴备志》卷二一。

绍兴元年(公元 1131 年)

[灾情] 二月,钱塘霖雨;行都雨,坏城三百八十丈;婺州雨,坏城。

[资料来源] 《宋史·五行志》、康熙《钱塘县志》卷一二、光绪《金华县志》卷一六。

绍兴二年(公元 1132 年)

[灾情] 闰四月,徽、严二州水泉暴涌、漂没城市庐舍,害稼;五月,霖雨不止,浙西水灾,平江、湖、秀三州中下之田率皆淹没,上田所损,十亦二、三,两浙饥,斗米千钱;会稽斗米千钱,人食草木。

[资料来源] 《宋会要》卷一二一、卷一五五,《建炎以来系年要录》卷五四,《文献通考》卷二九七,《续通志·灾祥略》卷二,万历《绍兴府志》卷一三。

绍兴三年(公元 1133 年)

[灾情] (行都)雨,自正月朔至于二月;七月,山阴水,害稼。

[资料来源] 《文献通考》卷三〇三、嘉庆《山阴县志》卷二五。

绍兴四年(公元 1134 年)

[灾情] 四月霖雨至于五月,浙东、西郡县坏圩田,害蚕麦蔬工程款蕴;六月淫雨害稼,苏、湖尤甚;九月久雨。

[资料来源] 《宋史·五行志》、《建炎以来系年要录》卷七七、《文献通考》卷三〇三、《吴兴备志》卷二一。

绍兴五年(公元 1135 年)

[灾情] 三月,行都雨,甚伤蚕麦;五月,山阴县水灾;诸暨县水灾;婺州大雨,溺万余人;七月,会稽海溢;八月,大雨,太湖溢;钱塘县大水;临安县大水;八月,洪水发天目山,水高二丈,漂没屋庐千五百余家;九月,(行都)雨至明年。

[资料来源] 《建炎以来系年要录》卷八七、《文献通考》卷三〇三、嘉庆《山阴县志》卷二五、宣统《诸暨县志》卷一八、民国《杭州府志》卷八二、光绪《长兴县志》卷九、光绪《金华县志》卷一六,光绪《余杭县志》卷三七、光绪《于潜县志》卷二〇、康熙《钱塘县志》卷一二。

绍兴六年(公元 1136 年)

［灾情］　五月，(行都)久雨不止；湖州海风，害民田；秋，永康大水。

［资料来源］　《宋史·五行志》、同治《湖州府志》卷四四、光绪《永康县志》卷一一。

绍兴八年(公元 1138 年)

［灾情］　二月，德清久雨连绵；三月，行都积雨至于四月，伤蚕麦害稼。

［资料来源］　同治《湖州府志》卷五三、《文献通考》卷三〇三。

绍兴九年(公元 1139 年)

［灾情］　会稽县水；分水大水；九年、十年，会稽水害相仍，民饥，赈之不给，死者过半。

［资料来源］　万历《绍兴府志》卷一三、光绪《分水县志》卷一〇、乾隆《绍兴府志》卷八〇。

绍兴十年(公元 1140 年)

［灾情］　九年、十年，(会稽县)水旱相仍，死者过半；浙东洊饥，人食草木。

［资料来源］　万历《会稽县志》卷八、《文献通考》三〇三。

绍兴十三年(公元 1143 年)

［灾情］　八月，青田大水，溺死三十余人。

［资料来源］　光绪《处州府志》卷二五、光绪《青田县志》卷一七。

绍兴十四年(公元 1144 年)

［灾情］　五月丙寅，婺州水，兰溪县中夜水暴至，死者万余人；江、浙、闽所在大水；五月十八日，(杭州)昭庆寺水；婺州溪水暴涨；六月，杭州大水；富阳大水；严州水暴至，城不没者数版；衢、信、处、婺等州，民之死者甚众；婺士民溺死数万；衢州城圮；严州连坊漂溺；八月，丽水大水，水高八丈，溺死三千余人。

［资料来源］　《宋史·五行志》、《宋会要》卷一六〇、《建炎以来系年要录》卷一五一。《夷坚乙志》卷一三、《丁志》卷五、《支庚》卷七、《婺志粹》卷一三、光绪《金华县志》卷一六、光绪《富阳县志》卷一五、康熙《钱塘县志》卷一二、民国《杭州府志》卷八二、《续通志·灾祥略》卷二、康熙《衢州府志》卷四、光绪《处州府志》卷二五。

绍兴十六年(公元 1146 年)

［灾情］　丽水大水如(绍兴)十四年。

［资料来源］　光绪《处州府志》卷二五。

绍兴十七年(公元 1147 年)

［灾情］　湖州大水。

［资料来源］　光绪《长兴县志》卷九。

绍兴十八年(公元 1148 年)

　[灾情]　八月,越、明、婺州水;山阴县水;会稽县大水。

　[资料来源]　《文献通考》卷二九七、《宋会要》卷一五九、《婺志粹》卷一三、光绪《鄞县志》卷六九、康熙《绍兴府志》卷一三。

绍兴十九年(公元 1149 年)

　[灾情]　六月,浙西积水,平江为甚。

　[资料来源]　《建炎以来系年要录》卷一五九。

绍兴二十年(公元 1150 年)

　[灾情]　山阴县大水,流民庐舍,淹没者数百人。

　[资料来源]　康熙《山阴县志》卷九、雍正《山阴县志》卷九、嘉庆《山阴县志》卷二五。

绍兴二十三年(公元 1153 年)

　[灾情]　六月,湖、秀二州民被灾,大雨坏田。

　[资料来源]　《宋史·高宗纪》、雍正《浙江通志》卷七五。

绍兴二十五年(公元 1155 年)

　[灾情]　两浙间有风水伤苗田去处。

　[资料来源]　《宋会要》卷一二一。

绍兴二十七年(公元 1157 年)

　[灾情]　行都秋雨过多,下田被损;风水灾伤,浙江以东,越为最甚;绍兴府大水;诸暨大水;湖州水灾。

　[资料来源]　《宋会要》卷一二一、王十朋《与都提举论灾伤振济札子》(《梅溪集》卷二二)、康熙《绍兴府志》卷一三、《吴兴备志》卷二一。

绍兴二十八年(公元 1158 年)

　[灾情]　八月,苏、常、湖、秀风水灾伤,平江府最甚,绍兴府次之;浙西水灾;钱塘县水灾;九月,浙东西沿江海郡县大风水,平江、绍兴府、湖、常、秀、润为甚;诸暨、会稽大风水;海盐大风水溢。

　[资料来源]　《宋史·五行志》、《宋会要》卷一二四、《建炎以来系年要录》卷一八一、雍正《浙江通志》卷七五、《文献通考》卷二九七、康熙《绍兴府志》卷一三、光绪《海盐县志》卷一三。

绍兴二十九年(公元 1159 年)

　[灾情]　绍兴府水,浡饥。

　[资料来源]　《文献通考》卷二九七。

绍兴三十年(公元 1160 年)

〔灾情〕　五月,(行都)久雨,伤蚕麦害稼;辛卯夜,于潜、临安、安吉三县山水暴出,坏民庐及田桑;湖州久雨。

〔资料来源〕　《文献通考》卷三〇四、《吴兴备志》卷二一、光绪《于潜县志》卷二。

绍兴三十一年(公元 1161)

〔灾情〕　四月,行都久雨,伤蚕麦害稼。

〔资料来源〕　《文献通考》卷三〇三、《建炎以来系年要录》卷一八九。

绍兴三十二年(公元 1162 年)

〔灾情〕　六月,浙西大霖雨;浙西州郡山水暴发,漂民舍坏田;分水大水;七月十二,温州飓风大水(《夷坚丙志》卷六作:七月二十三日,温州大风雨为害)。

〔资料来源〕　《宋史·五行志》、《宋会要》卷五二、光绪《分水县志》卷一〇、弘治《温州府志》卷一七、光绪《永嘉县志》卷三六。

隆兴元年(公元 1163 年)

〔灾情〕　三月,行都霖雨,坏城;浙西风水伤稼;六月,两浙下田伤水;八月,大风水为灾,绍兴、湖州、崇德为甚,绍兴大饥。

〔资料来源〕　《宋史·五行志》、《宋会要》卷一五九、咸淳《临安志》卷八〇、《文献通考》卷二九七、万历《湖州府志》卷一、万历《绍兴府志》卷一三。

隆兴二年(公元 1164 年)

〔灾情〕　七月,浙西大雨,害稼,苏、湖、常、秀、润、升、宣、池、太平、广德、庐、和、光、寿春、无为及淮东郡县皆大水;海盐积阴雨水;八月,积阴苦雨,温州、台州俱大水。

〔资料来源〕　《宋史·五行志》、《宋会要》卷五二、卷一二五、《宋史·孝宗纪》、《文献通考》卷二九七,光绪《海盐县志》卷一三,光绪《黄岩县志》卷三八。

乾道元年(公元 1165 年)

〔灾情〕　春,绍兴府淫雨;余姚正月至四月淫雨;行都及越、湖、常、润、温、台、明、处九郡寒,败首种,损蚕麦;六月,湖州水,坏圩田;青田八月海溢,水至县治,溺死者众。

〔资料来源〕　《宋史·五行志》、《宋会要》卷五二、卷一五八,《文献通考》卷二九七,光绪《处州府志》卷二五,光绪《青田县志》卷一七。

乾道二年(公元 1166 年)

〔灾情〕　浙东、西正月淫雨至于四月,绍兴府及钱塘、富阳等县蚕麦不登;八月十七日,温州飓风挟雨,溺死者二万余人,江边骸骼七千余人;温州夜潮入城,沉浸半壁,存者什一;(玉环)溺死数万人,市肆皆尽;湖、秀二州及上虞县水。

〔资料来源〕　《宋史·五行志》、《宋会要》卷一五九、《文献通考》卷二九七、《续通志·灾祥略》卷二、弘治《温州府志》卷一七、光绪《永嘉县志》卷三六、康熙《绍兴府志》卷一三、光绪《玉环厅志》卷一四。

乾道三年(公元 1167 年)

[灾情]　七月己酉,临安天目山暴水,决临安五乡民庐;八月,湖、秀州及上虞水,坏田庐,积潦至于九月,禾稼皆腐;台州、会稽久雨不晴,海盐八至九月雨。

[资料来源]　《宋史·五行志》,《宋会要》卷五二、卷一六九,《通志·灾祥略》,《文献通考》卷二二九七,嘉定《赤城志》卷二三,光绪《海盐县志》卷一三。

乾道四年(公元 1168 年)

[灾情]　七月壬戌,衢州大水,坏城,漂民庐孳牧;诸暨大水,害稼;会稽大水;湖州久雨;九月,余姚大风雨海溢。

[资料来源]　《宋史·五行志》、《文献通考》卷二九七、万历《绍兴府志》卷一三、嘉庆《山阴县志》卷二五、同治《湖州府志》卷四四。

乾道五年(公元 1169 年)

[灾情]　夏、秋,温、台州大水,漂田庐害稼,黄岩县为甚;温、台,夏、秋大风水凡三次,漂庐舍,溺人畜。

[资料来源]　《宋史·五行志》、《文献通考》卷二九七、嘉庆《瑞安县志》卷一〇、光绪《永嘉县志》卷三六。

乾道六年(公元 1170 年)

[灾情]　五月,温、湖、秀大水,城市有深丈余者;(行都)连雨六十余日,夏、秋之间,浙东、西水旱交作。

[资料来源]　《宋会要》卷一二一、《文献通考》卷二九七、光绪《嘉庆府志》卷三五、光绪《永嘉县志》卷三六。

乾道七年(公元 1171 年)

[灾情]　会稽县田被水。

[资料来源]　《宋会要》卷一二五。

乾道八年(公元 1172 年)

[灾情]　五月,余姚大风雨,漂民居,稼尽败;六月壬寅,(行都)大雨彻昼夜,至于己酉。

[资料来源]　乾隆《绍兴府志》卷八〇、《宋史·五行志》。

乾道九年(公元 1173 年)

[灾情]　行都正月淫雨;严州溪流暴涨,并溪之田,皆为淹没。

[资料来源]　《宋史·五行志》、《宋会要》卷一二一。

淳熙元年（公元 1174 年）

［灾情］　七月壬寅，钱塘大风潮，决江堤一千六百六十余丈，漂民居六百三十余家，仁和县濒江二乡坏田圃；会稽海涛与溪合，激为大水，决江岸，坏田庐，死者甚众；钱塘八月大雨水；富阳八月大水；（金华）八月大水；十月，行都阴雨未已。

［资料来源］　《宋史·五行志》、《宋会要》卷一六九、万历《会稽县志》卷八、康熙《钱塘县志》卷一二、光绪《富阳县志》卷一五、《婺志粹》卷一三。

淳熙二年（公元 1175 年）

［灾情］　夏，新定水，易陵谷；行都久雨；台州大雨水，坏城；黄岩大雨。

［资料来源］　《新定续志》卷五、《宋会要》卷一六九、民国《台州府志》卷一三二、万历《黄岩县志》卷七。

淳熙三年（公元 1176 年）

［灾情］　五月，绍兴府、台、婺州水，浙东、西郡县多水；嵊县水；八月，台州大风雨连日，海潮合溪流决江岸，坏民庐；仁和、余杭、钱塘三县大雨；浙东、西郡县多大雨。

［资料来源］　《宋史·孝宗纪》、《宋会要》卷一六九、《文献通考》卷三〇三、《婺志粹》卷一三、光绪《余杭县志》卷三七、乾隆《绍兴府志》卷八〇。

淳熙四年（公元 1177 年）

［灾情］　五月，钱塘江湖大溢，败堤；明州濒大风海涛，败堤五千一百余丈，定海败堤二千五百余丈；七月，会稽大风雨海溢；九月丁酉，连日大风雨驾海潮，钱塘江败堤三百余丈，余姚败堤二千五百六十余丈，上虞败堤及梁湖堰，明州坏定海、鄞县海岸七千六百余丈，漂民庐，没田禾。

［资料来源］　《宋史·五行志》、《宋会要》卷一六九、《文献通考》卷二九七、康熙《钱塘县志》卷一二、光绪《鄞县志》卷六九、光绪《镇海县志》卷三七、嘉靖《定海县志》卷九、万历《绍兴府志》卷一三、万历《钱塘县志》册四。

淳熙五年（公元 1178 年）

［灾情］　七月，秀州大风驾潮害稼；余姚大风雨海溢；（定海）秋大水，飓风驾潮害稼。

［资料来源］　嘉靖《定海县志》卷九、万历《绍兴府志》卷一三、光绪《嘉兴府志》卷二五。

淳熙六年（公元 1179 年）

［灾情］　夏，衢州水；江山夏霖雨，秋大水；乐清洪涛坏桥；温、台、湖、秀等州皆水，坏圩田。

［资料来源］　《宋史·五行志》、《文献通考》卷二九七、同治《江山县志》卷二七、

乾隆《温州府志》卷一二。

淳熙八年（公元 1181 年）

[灾情]　四月，行都雨，腐麦禾，五月，久雨，败首种；五月壬辰，严州、绍兴大水，漂民居十万余家，田禾尽腐；诸暨、萧山水，萧山一县尽为江湖；七月，绍兴水。

[资料来源]　《宋史·五行志》、《宋史·孝宗纪》、《文献通考》卷三〇三、乾隆《绍兴府志》卷一五。

淳熙九年（公元 1182 年）

[灾情]　绍兴春雨伤麦。

[资料来源]　《剑南诗稿》卷一四。

淳熙十年（公元 1183 年）

[灾情]　五月，浙东数郡水；临安府富阳县及严、婺州遭水；山阴、会稽淫雨大水；秋，台州水。

[资料来源]　《宋会要》卷一六〇、《文献通考》卷二九七、万历《绍兴府志》卷一三、万历《会稽县志》卷八。

淳熙十一年（公元 1184 年）

[灾情]　四月，行都淫雨；六月甲申，龙泉县大雨水，浸民舍，坏杠梁；浙西水；七月，浙西水；余杭水灾，漂流居民万数；绍兴多雨；壬辰，明州大风雨，山水暴出，浸民市，圮民庐，覆舟杀人；瑞安潮溢，坏江河。

[资料来源]　《宋史·五行志》，《宋会要》卷五二，《剑南诗稿》卷一五，《文献通考》卷二九七、卷三〇三，光绪《余杭县志》卷一四、卷三七，康熙《钱塘县志》卷一二，光绪《鄞县志》卷六九，乾隆《温州府志》卷一二。

淳熙十二年（公元 1185 年）

[灾情]　五月、六月，行都、富阳霖雨；六月，婺州水，浸民庐；永康大水；八月，安吉暴水；九月，台州水。

[资料来源]　《宋史·五行志》、《宋史·孝宗纪》、《宋会要》卷五二、《文献通考》卷二九七、《婺志粹》卷一三、嘉靖《永康县志》卷八、雍正《浙江通志》卷七五。

淳熙十三年（公元 1186 年）

[灾情]　五月，绍兴大雨，城南积潦；八月戊寅，安吉县枣园村暴水发，漂庐舍田稼，溺死千余人；婺州遭大水，民登屋缘木以避者数以千计。

[资料来源]　楼钥《史浚墓志》（光绪《鄞县志》卷二八"人物传"）、《宋史·五行志》、《剑南诗稿》卷一八。

淳熙十五年（公元 1188 年）

［灾情］　七月,黄岩水败田。

［资料来源］　光绪《黄岩县志》卷三八。

淳熙十六年(公元1189年)

［灾情］　四月十四日,绍兴府新昌县水;五月,浙西霖雨;九月,行都阴雨未晴。

［资料来源］　《宋会要》卷五二、卷一六九,《文献通考》卷三〇三。

绍熙元年(公元1190年)

［灾情］　春,行都久阴连雨至于三月。

［资料来源］　《文献通考》卷三〇三。

绍熙二年(公元1191年)

［灾情］　温州大风雨雹,田苗叶果荡尽,瑞安坏屋杀人;七月壬申,仙居县大水连夕,漂没民居;八月,行都久雨;绍兴八月苦雨。

［资料来源］　《宋史·光宗纪》、《宋史·五行志》、《文献通考》卷三〇三、《剑南诗稿》卷二三。

绍熙三年(公元1192年)

［灾情］　绍兴府四月霖雨至于五月;七月壬申,天台、仙居二县大雨连旬;八月癸卯,绍兴大风雨拔木飘瓦通夕。

［资料来源］　《宋史·五行志》、《剑南诗稿》卷二五、万历《绍兴府志》卷一三、万历《会稽县志》卷八。

绍熙四年(公元1193年)

［灾情］　浙东、西四月霖雨至于五月,坏田损蚕麦,绍兴尤甚;钱塘夏大霖雨;五月三日,诸暨县水;七月,山阴、会稽大风海溢。

［资料来源］　《文献通考》卷三〇三、《宋会要》卷五二、乾隆《绍兴府志》卷八〇、道光《会稽县志稿》卷九。

绍熙五年(公元1194年)

［灾情］　台州夏秋大水;七月壬申,慈溪县水,漂庐决田;乙亥,会稽、山阴、萧山、余姚、上虞大风驾海潮坏堤伤田;八月辛丑,钱塘、临安、新城、富阳、于潜大雨水,漂没田庐,安吉县平地水丈余;天目山发洪水,民罹其祸者十万余人;海盐大风驾潮;(瑞安)八月大水,永嘉八月大水;秋,明州飓风驾海涛害稼。

［资料来源］　《宋史·五行志》,《宋史·宁宗纪》,《宋会要》卷一六〇,《剑南诗稿》卷三〇,《夷坚志乙》卷八,《文献通考》卷三〇三、卷三〇四,嘉庆《瑞安县志》卷一〇,光绪《富阳县志》卷一五,雍正《浙江通志》卷七五,康熙《绍兴府志》卷一三,康熙《钱塘县志》卷一二,光绪《海盐县志》卷一三,光绪《台州府志》卷二八,光绪《鄞县志》

卷六九。

庆元元年(公元 1195 年)

[灾情] 正月,行都霖雨,二月又雨至于三月;五月,临安府霖雨;六月壬申,台州县属大风雨,海涛、山洪并作,没田庐溺人无算;嵊县城为水所啮,存者二、三尺;黄岩水;八月、九月,临安府霖雨;九月,湖州久雨。

[资料来源] 《宋史·五行志》,《宋史·宁宗纪》,《文献通考》卷二九七、卷三〇三,《续通志》卷一七二,万历《绍兴府志》卷一三,光绪《台州府志》卷二八,民国《嵊县志》卷三一,光绪《长兴县志》卷九。

庆元二年(公元 1196 年)

[灾情] 六月辛未,黄岩县大雨水;临海、四明皆大水;临海大风雨,没庐田;绍兴府大水;湖州大水;八月,行都霖雨五十余日;秋,浙东郡国大水。

[资料来源] 《剑南诗稿》卷三五,《续通志》卷一七二,康熙《临海县志》卷一一,万历《绍兴府志》卷一三,《文献通考》卷二九七、卷三〇三,同治《湖州府志》卷四四。

庆元三年(公元 1197 年)

[灾情] 六月,黄岩山水发;七月,行都雨连月;九月,绍兴、婺州、诸暨、永康水,害稼。

[资料来源] 《文献通考》卷二九七、《续通志》卷一七二、光绪《黄岩县志》卷三八、《婺志粹》卷一三、嘉靖《永康县志》卷八、万历《绍兴府志》卷一三。

庆元四年(公元 1198 年)

[灾情] 行都八月久雨。

[资料来源] 《宋会要》卷一六九。

庆元五年(公元 1199 年)

[灾情] 浙东、西六月霖雨至于八月,台、温、衢、婺水;婺州秋水漂庐,人多溺死;会稽六至八月霖雨,平陆成沮洳;行都雨,坏城。

[资料来源] 《宋史·宁宗纪》,《文献通考》卷二九七、卷三〇三,《剑南诗稿》卷三九,《婺志粹》卷一三,万历《绍兴府志》卷一三,嘉庆《瑞安县志》卷一〇,康熙《衢州府志》卷二七。

庆元六年(公元 1200 年)

[灾情] 五月,严、衢、婺皆大水积五日,漂庐害稼,温州秋雨涝田。

[资料来源] 《宋史·宁宗纪》、《文献通考》卷二九七、康熙《衢州府志》卷二七。

嘉泰二年(公元 1202 年)

[灾情] 绍兴四月苦雨,弥月不止;七月丁未,行都大风雨为灾。

［资料来源］　《宋史·五行志》,《剑南诗稿》卷五四。

嘉泰三年(公元 1203 年)

［灾情］　行都八月久雨。

［资料来源］　《文献遥考》卷三〇三。

开禧元年(公元 1205 年)

［灾情］　行都十月淫雨,至于明春。

［资料来源］　《文献通考》卷三〇四。

开禧二年(公元 1206 年)

［灾情］　行都春淫雨至于三月;五月庚寅,婺州东阳山崩,洪漂聚落五百四十余所,淹田二万余顷。

［资料来源］　《宋史·五行志》、《续通志》卷一七二、《文献通考》卷三九七、《婺志粹》卷一三。

开禧三年(公元 1207 年)

［灾情］　江、浙、淮郡邑水;严州府六县自五月晓夜聚雨不止;绍兴府萧山、诸暨、嵊县、山阴、会稽、上虞自五月二十四日至六月九日雨不止;五月,临安府钱塘县水。

［资料来源］　《宋史·五行志》、《文献通考》卷二九七、《宋会要》卷五二。

嘉定元年(公元 1208 年)

［灾情］　四月大水,西湖溢,濒湖民舍皆圮;七月壬辰,台州大风雨驾海潮坏屋杀人。

［资料来源］　《宋史·五行志》、万历《钱塘县志》册四。

嘉定二年(公元 1209 年)

［灾情］　七月,台州大风雨海潮,漂二千二百八十余家;昌国秋大风海潮,漂没庐舍;山阴、会稽、余姚大水,漂没民居五万余家,坏民田十万余亩。

［资料来源］　《宋史·五行志》、《文献通考》卷二九七、万历《绍兴府志》卷一三、民国《定海县志·舆地志》、雍正《山阴县志》卷九。

嘉定三年(公元 1210 年)

［灾情］　三月,行都阴雨六十余日,西湖溢;四月甲子,新城大水;五月,严、衢、婺州、富阳、余杭、盐官、新城、诸暨、淳安大雨水,圮田庐,首种皆腐;行都大水,浸庐舍五千三百,禁旅垒舍之在城外者半没;会稽大水;衢州大水,城圮五之一;永康大水。

［资料来源］　《宋史·五行志》,《宋史·宁宗纪》,《文献通考》卷二九七、卷三〇三,《婺志粹》卷一三,万历《绍兴府志》卷一三,光绪《余杭县志》卷三七,道光《新城县志》卷二四,民国《新登县志》卷二〇,嘉靖《永康县志》卷八,弘治《衢州府志》卷四。

嘉定四年（公元 1211 年）

［灾情］　七月辛酉,慈溪县大水,圮田庐,人多溺者;八月,山阴县海水败堤,漂田四十里,斥地十万亩;行都八月霖雨至于九月。

［资料来源］　《宋史·五行志》、《续通志》卷一七二、《文献通考》卷三〇三。

嘉定五年（公元 1212 年）

［灾情］　行都春淫雨至于三月;六月丁丑,台州及建德、会稽等县水,坏田庐;七月,台州大水;十一月,行都雨雪积阴至于明年春。

［资料来源］　《宋史·五行志》、《文献通考》卷三〇三、万历《绍兴府志》卷一三、康熙《临海县志》卷一一。

嘉定六年（公元 1213 年）

［灾情］　两浙诸州水;六月丙子,淳安县长乐乡山摧水涌;丁丑,淳安县山水暴出,陷清泉寺,漂五乡田庐百八十里;丁亥,于潜大水;戊子,诸暨县风雷大雨,山洪暴作,漂十乡田庐;钱塘、临安、余杭、安吉诸县皆水,湖州水;严州霖雨;绍兴府大风雨,浙东、西雨至七月。

［资料来源］　《宋史·五行志》,《宋史·宁宗纪》,《文献通考》卷二九七、卷三〇三,万历《绍兴府志》卷一三,乾隆《绍兴府志》卷八〇,雍正《浙江通志》卷七五,光绪《余杭县志》卷三七。

嘉定七年（公元 1214 年）

［灾情］　行都九月阴雨至十月,害禾麦。

［资料来源］　《文献通考》卷三〇三。

嘉定九年（公元 1216 年）

［灾情］　四月大霖雨至于六月,浙东、西郡县尤甚,五月大水,绍兴府、严、衢、婺、台、处等州漂田庐害稼;湖州水灾;盐官、海盐大霖雨;永康大水。

［资料来源］　《宋史·五行志》,《宋史·宁宗纪》,《文献通考》卷二九七、卷三〇三,《婺志粹》卷一三,光绪《海盐县志》卷一三,民国《海宁州志稿》卷四〇,嘉靖《永康县志》卷八,同治《湖州府志》卷四四。

嘉定十年（公元 1217 年）

［灾情］　行都三月霖雨至于四月;十月霖雨,浙江涛溢。

［资料来源］　《文献通考》卷三〇三、康熙《钱塘县志》卷一二。

嘉定十一年（公元 1218 年）

［灾情］　六月霖雨,浙西郡县尤甚;湖州大水,六月戊申,武康、安吉大水,漂官舍民居人畜。

[资料来源]　《宋史·五行志》、《宋史·宁宗纪》、《文献通考》卷三〇三、万历《湖州府志》卷一、雍正《浙江通志》卷七五。

嘉定十二年(公元 1219 年)

[灾情]　盐官县海失故道,蜀山沦入海中,聚落田畴失其半,六月,行都霖雨弥月。

[资料来源]　《宋史·五行志》、《文献通考》卷二九七,卷三〇三。

嘉定十五年(公元 1222 年)

[灾情]　七月,萧山县大水,时久雨,衢、婺、徽、严州暴流与江涛合,圮田庐,害稼;山阴、会稽淫雨大水;浙东、西霖雨为灾;婺州久雨;永康久雨;诸暨大水,害稼;(金华)久雨。

[资料来源]　《宋史·五行志》、《宋会要》卷一四九,《文献通考》卷二九七、卷三〇三,万历《绍兴府志》卷一三,光绪《永康县志》卷一一,《婺志粹》卷一三,雍正《山阴县志》卷九。

嘉定十六年(公元 1223 年)

[灾情]　五月,江、浙、淮、荆、蜀郡县水,平江府、湖、常、秀为甚;浙右诸郡多被水灾;钱塘大水;余杭、仁和大水。

[资料来源]　《宋会要》卷五二,《文献通考》卷二九七、卷三〇三,万历《钱塘县志》册四,光绪《余杭县志》卷三七。

嘉定十七年(公元 1224 年)

[灾情]　八月,行都霖雨;秀州海溢,败堤。

[资料来源]　《文献通考》卷三〇三、光绪《嘉兴府志》卷三五。

宝庆元年(公元 1225 年)

[灾情]　七月,永嘉、瑞安大水;绍兴府大水。

[资料来源]　《宋史·汪纲传》、嘉庆《瑞安县志》卷一〇、光绪《永嘉县志》卷三六。

宝庆二年(公元 1226 年)

[灾情]　七月,遂安、休宁两县界山裂,洪水发,坏公宇、民居、田畴;秋,余姚大风海溢,溺民居百十家;九月,台州大水,坏屋舍溺人。

[资料来源]　《续文献通考·物异一》、万历《绍兴府志》卷一三、民国《台州府志》卷一三二。

宝庆三年(公元 1227 年)

[灾情]　越州水潦;七月十一日,湖州大风雨,水涨数尺,百年之木发拔无遗,民

居毁八、九,死于水中者不可胜计;秋,台州大水。

[资料来源]　《宋史·汪纲传》、《续文献通考·物异一》、同治《湖州府志》卷四四。

绍定二年(公元 1229 年)

[灾情]　九月朔,台州府大雨,天台、仙居水自西来,海自南溢,俱会于城,平地水高丈有七尺,死人民逾二万;黄岩大水。

[资料来源]　王象祖《叶侯生祠记》、《续通志》卷一七二、《续文献通考》卷二一六、康熙《临海县志》卷一一、万历《黄岩县志》卷七。

绍定三年(公元 1230 年)

[灾情]　五月,杭州、富阳霖雨四十日,浙西田禾尽淹;湖州夏大雨四十余日,田禾荡没。

[资料来源]　民国《杭州府志》卷八三、光绪《富阳县志》卷一五、同治《湖州府志》卷四四。

绍定四年(公元 1231 年)

[灾情]　浙江水灾。

[资料来源]　《续文献通考》卷二一六。

嘉熙元年(公元 1237 年)

[灾情]　七月,杭州霖雨。

[资料来源]　《宋史·理宗纪》。

嘉熙三年(公元 1239 年)

[灾情]　七月,衢、严、婺、台、处等州大水冒城;八月,浙江溢。

[资料来源]　《续文献通考》卷二一六、光绪《处州府志》卷二五。

淳祐二年(公元 1242 年)

[灾情]　六月,浙右大水;绍兴府、处、婺州水;余姚大水。

[资料来源]　《续文献通考》卷二一六、《续通志》卷一七二、万历《绍兴府志》卷一三。

淳祐八年(公元 1248 年)

[灾情]　秋,诸暨大水。

[资料来源]　宣统《诸暨县志》卷一八。

淳祐十年(公元 1250 年)

[灾情]　八月,大霖雨水涌,安吉、余杭、临安民溺死者无算;台州大水;九月,严州水。

〔资料来源〕　《宋史·理宗纪》、《续文献通考》卷二一六、雍正《浙江通志》卷七五。

淳祐十一年（公元 1251 年）

〔灾情〕　是年,浙江多水。

〔资料来源〕　《续文献通考》卷二一六。

淳祐十二年（公元 1252 年）

〔灾情〕　六月,建宁府、严、衢、婺、信、台、处、南剑州、邵武军大水,冒城郭,漂室庐,死者万数,礼部郎牟子才言:浙东、福建九郡,同月大水;大水被九州,阛阓为壑。

〔资料来源〕　《宋史·五行志》、《宋史·理宗纪》、《续文献通考》卷二一六、《新定续志》卷二。

宝祐元年（公元 1253 年）

〔灾情〕　七月,温、台、处三郡水。

〔资料来源〕　《宋史·理宗纪》、《续文献通考》卷二一六、雍正《浙江通志》卷七五。

宝祐二年（公元 1254 年）

〔灾情〕　九月,山阴、萧山、会稽、诸暨四县水;湖州大水。

〔资料来源〕　《续文献通考》卷二一六、光绪《长兴县志》卷九。

宝祐三年（公元 1255 年）

〔灾情〕　三月,黄岩淫雨;五月,浙西大水。

〔资料来源〕　《宋史·理宗纪》,万历《黄岩县志》卷七。

宝祐四年（公元 1256 年）

〔灾情〕　秋,诸暨大水。

〔资料来源〕　宣统《诸暨县志》卷一八。

开庆元年（公元 1259 年）

〔灾情〕　五月,婺州大水;严州水;湖州大水,明州淫潦不止,低田凡三莳秧,淹没而偃。

〔资料来源〕　《宋史·理宗纪》、《续文献通考》卷二六、开庆《四明续志》卷八。

景定二年（公元 1261 年）

〔灾情〕　六月,近畿水灾,安吉尤甚;七月戊寅,浙右大水,湖、秀为甚,至于冬十月不退;严州水驶城,久溺。

〔资料来源〕　《续文献通考》卷二一六、同治《湖州府志》卷四九、《续通志》卷一七二、景定《严州续志》卷二。

景定三年（公元 1262 年）

［灾情］ 二月，临安、安吉、嘉兴属邑水，民溺死者众。

［资料来源］ 《宋史·理宗纪》、《续文献通考》卷二一六、雍正《浙江通志》卷七五。

景定五年（公元 1264 年）

［灾情］ 山阴、会稽大水；湖州水。

［资料来源］ 万历《绍兴府志》卷一三、《吴兴备志》卷二一。

咸淳元年（公元 1265 年）

［灾情］ 闰五月乙巳，行都久雨；钱塘县水。

［资料来源］ 《宋史·度宗纪》、康熙《钱塘县志》卷一二。

咸淳二年（公元 1266 年）

［灾情］ 八月，杭州霖雨；山阴、会稽大水。

［资料来源］ 《宋史·度宗纪》、万历《绍兴府志》卷一三、雍正《浙江通志》卷七五。

咸淳三年（公元 1267 年）

［灾情］ 八月，杭州久雨；湖州大水。

［资料来源］ 《宋史·度宗纪》、同治《湖州府志》卷四四。

咸淳四年（公元 1268 年）

［灾情］ 五月，杭州积雨；建德涝。

［资料来源］ 三淳《临安志》卷七一、雍正《浙江通志》卷一五六。

咸淳六年（公元 1270 年）

［灾情］ 五月，行都大雨水；萧山大风海溢，新林被虐为甚；九月，台州水；闰十月，安吉州水；十一月，嘉兴水。

［资料来源］ 《宋史·五行志》、嘉靖《萧山县志》卷六、民国《萧山县志稿》卷五、雍正《浙江通志》卷七五。

咸淳七年（公元 1271 年）

［灾情］ 正月，诸暨县湖田水；六月，诸暨大水。

［资料来源］ 《续文献通考》卷二一六、雍正《浙江通志》卷七五。

咸淳八年（公元 1272 年）

［灾情］ 八月，会稽、萧山、诸暨、余姚、上虞大水；钱塘、仁和水。

［资料来源］ 《宋史·度宗纪》、雍正《浙江通志》卷七五。

咸淳十年（公元 1274 年）

［灾情］　四月,绍兴府大雨水;诸暨大水;八月癸丑,大霖雨,天目山崩,安吉等邑民溺死无算;于潜、余杭、武康、孝丰等县八月大霖雨。

［资料来源］　《宋史·瀛国公纪》,《续文献通考》卷二一六,《留青日札》卷一一,光绪《于潜县志》卷二〇,嘉靖《武康县志》卷一,光绪《孝丰县志》卷八,光绪《余杭县志》卷一四、卷三七。

德祐元年(公元 1275 年)

［灾情］　湖州大水。

［资料来源］　光绪《长兴县志》卷九。

元至元十四年(公元 1277 年)

［灾情］　六月十二日,温州飓风大雨;同日,杭州飓风大雨,潮入城,堂奥可通舟楫。

［资料来源］　弘治《温州府志》卷一七、民国《杭州府志》卷八三。

至元二十一年(公元 1284 年)

［灾情］　春,浙西霖雨,米价涌贵。

［资料来源］　《元史·史弼传》。

至元二十二年(公元 1285 年)

［灾情］　秋,高邮、庆元大水,伤人民七百九十五户,坏庐舍三千九十区。

［资料来源］　《元史·五行志》、光绪《鄞县志》卷六九。

至元二十三年(公元 1288 年)

［灾情］　六月,杭州、平江二路属县水,坏民田一万七千二百顷;湖州大水;苏、湖多雨,伤稼。

［资料来源］　《元史·五行志》、《元史·雷膺传》、光绪《长兴县志》卷九。

至元二十四年(公元 1287 年)

［灾情］　是岁,浙西诸路水;平阳飓风潮溢。

［资料来源］　《元史·世祖纪》、乾隆《温州府志》卷一二、雍正《浙江通志》卷七五。

至元二十五年(公元 1288 年)

［灾情］　四月,杭州、嘉兴、湖州俱大水。

［资料来源］　《元史·世祖纪》、《续文献通考》卷二一六。

至元二十六年(公元 1289 年)

［灾情］　二月,绍兴大水;六月,绍兴大水;湖州水。

［资料来源］　《续文献通考》卷二一六、康熙《会稽县志》卷八、《吴兴备志》卷

二一。

至元二十七年（公元 1290 年）

［灾情］　五月，浙西连雨四十日，田尽没无遗。

［资料来源］　光绪《长兴县志》卷九。

至元二十八年（公元 1291 年）

［灾情］　八月，浙东婺州水。

［资料来源］　《元史·五行志》、《元史·世祖纪》。

至元二十九年（公元 1292 年）

［灾情］　六月，两浙水；六月甲子，湖州、嘉兴、绍兴等路水；六月丁亥，湖州、嘉兴大水；十二月，海宁县水。

［资料来源］　《元史·五行志》、《元史·世祖纪》、雍正《浙江通志》卷七五、民国《杭州府志》卷八三。

元贞元年（公元 1295 年）

［灾情］　五月，湖州水。

［资料来源］　《元史·成宗纪》、《续文献通考》卷二一六。

元贞二年（公元 1296 年）

［灾情］　四月，于潜淫雨，三麦垂稔而腐；湖州大水，六月，绍兴路大水。

［资料来源］　《元史·五行志》、乾隆《绍兴府志》卷八〇。

大德元年（公元 1297 年）

［灾情］　七月十四日夜，温州飓风暴雨，浪高二丈，坏田四万四千余亩，屋二千余区；同日，平阳、瑞安海溢，溺死六千余人；衢州大水；江山大水；湖州大水。

［资料来源］　《元史·五行志》、《元史·成宗纪》、《续文献通考》卷二一六、嘉庆《瑞安县志》卷一〇、嘉庆《西安县志》卷二二、同治《江山县志》卷一二、雍正《浙江通志》卷七五。

大德二年（公元 1288 年）

［灾情］　六月，浙江水。

［资料来源］　《续文献通考》卷二一六、康熙《钱塘县志》卷一二。

大德三年（公元 1299 年）

［灾情］　盐官海决。

［资料来源］　民国《海宁州志稿》卷四〇。

大德五年（公元 1301 年）

［灾情］　七月，浙西积雨泛滥，大伤民田；余姚海溢。

[资料来源]　《续文献通考》卷二一六、光绪《余姚县志》卷七。

大德七年(公元 1303 年)

[灾情]　六月,浙西淫雨;台州风水大作,宁海、临海二县死者五百五十人;余姚海溢。

[资料来源]　《元史·五行志》、《元史·成宗纪》、雍正《浙江通志》卷七五、光绪《余姚县志》卷七。

大德九年(公元 1305 年)

[灾情]　六月二十八日,缙云水,坏民居;处州大水;青田水。

[资料来源]　光绪《处州府志》卷二五、光绪《青田县志》卷一七。

大德十年(公元 1306 年)

[灾情]　五月,嘉兴水,害稼;七月,大风,太湖溢。

[资料来源]　《元史·五行志》、光绪《长兴县志》卷九。

大德十一年(公元 1307 年)

[灾情]　七月,江浙水;十月,杭州水。

[资料来源]　《元史·武宗纪》、《续文献通考》卷二一六。

至大三年(公元 1310 年)

[灾情]　三月,余姚大雨水,害稼。

[资料来源]　光绪《余姚县志》卷七。

至大四年(公元 1311 年)

[灾情]　十二月,浙西水灾,钱塘县水。

[资料来源]　《元史·仁宗纪》、康熙《钱塘县志》卷一二。

皇庆二年(公元 1313 年)

[灾情]　七月,大风,太湖溢。

[资料来源]　光绪《长兴县志》卷九。

延祐元年(公元 1314 年)

[灾情]　八月,台州路水;九月,杭州路水;盐官州海溢,坏民居,陷地三十余里;松阳田禾漂没。

[资料来源]　《元史·仁宗纪》、光绪《嘉兴府志》卷三五、民国《松阳县志》卷一四、光绪《处州府志》卷二五。

延祐五年(公元 1318 年)

[灾情]　六月二十三日,飓风暴雨,平阳沿江禾损大半。

[资料来源]　弘治《温州府志》卷一七。

延祐六年(公元 1319 年)

[灾情]　延祐六、七年间,盐官州海汛失度,累坏民居,陷地三十余里。

[资料来源]　《元史·河渠志》。

泰定元年(公元 1324 年)

[灾情]　五月,杭州路属县水;八月二十七日,温州风潮海溢;十二月,盐官州海溢,侵城郭;钱塘县海溢;温州路乐清盐场水。

[资料来源]　《元史·五行志》、《元史·泰定帝纪》、弘治《温州府志》卷一七、光绪《乐清县志》卷一三、乾隆《温州府志》卷二九、雍正《浙江通志》卷七五。

泰定二年(公元 1325 年)

[灾情]　五月,浙西诸郡霖雨,江湖水溢;七月,衢州水;海宁海决冲堤;松阳大水。

[资料来源]　《元史·泰定帝纪》、《续文献通考》卷二一六、民国《松阳县志》卷一四。

泰定三年(公元 1326 年)

[灾情]　八月,盐官州大风,海溢,捍海堤崩,广三十余里,袤三十里,徙居民千二百五十家以避之;湖州水。

[资料来源]　《元史·五行志》、同治《湖州府志》卷四四。

泰定四年(公元 1327 年)

[灾情]　正月,盐官州潮水大溢,捍海堤崩二千余步,四月,又复崩十九里;七月,衢州大雨水;八月,建德、杭州、衢州属县水。

[资料来源]　《元史·五行志》、《元史·泰定帝纪》、康熙《衢州府志》卷二七、民国《衢县志》卷一。

致和、天历元年(公元 1328 年)

[灾情]　淮、浙大水;三月,盐官州海堤崩;四月,盐官州海溢;八月,杭州、湖州、建德、嘉兴诸郡水,没民田数千顷,湖州淹民田万有四千顷。

[资料来源]　《元史·五行志》、《元史·曹鉴传》、万历《湖州府志》卷一、康熙《钱塘县志》卷一

至顺元年(公元 1330 年)

[灾情]　六月,衢州大水;闰七月,杭州、庆元、绍兴、嘉兴、湖州等路水,湖、嘉二路坏田万六千六百余顷,嘉兴被灾者四十万五百余户,绍兴、庆元、杭州等路没田数千顷;(镇海)大水;海盐大水;八月,兰溪水;婺州大水;漂没数千人;石门夏秋恒雨,大风害稼。

［资料来源］　《元史·五行志》、《元史·文宗纪》、雍正《浙江通志》卷七五、万历《会稽县志》卷八、光绪《嘉兴府志》卷三五、嘉靖《定海县志》卷九、光绪《镇海县志》卷三七、光绪《鄞县志》卷六九、光绪《海盐县志》卷一三、光绪《兰溪县志》卷八、光绪《金华县志》卷一六、光绪《石门县志》卷一一。

至顺二年（公元 1331 年）

［灾情］　八月，江浙诸路水潦，害稼；湖州、安吉州水，漂死百九十人；温州秋水暴溢；九月，安吉久雨，太湖溢，漂民居二千八百九十户，溺死男女百五十七人。

［资料来源］　《元史·文宗纪》、雍正《浙江通志》卷七五、万历《湖州府志》卷一、同治《湖州府志》卷四四、光绪《永嘉县志》卷三六。

至顺三年（公元 1332 年）

［灾情］　湖州大水。

［资料来源］　同治《湖州府志》卷四四。

元统二年（公元 1334 年）

［灾情］　杭州水；嘉兴水，新城水。

［资料来源］　《元史·顺帝纪》、雍正《浙江通志》卷七五、道光《新城县志》卷八。

惠宗至元三年（公元 1337 年）

［灾情］　二月，绍兴大水；七月，衢州常山县大水；湖州水，田半淹。

［资料来源］　《元史·五行志》、《续文献通考》卷二一六、同治《湖州府志》卷四四。

至元四年（公元 1338 年）

［灾情］　六月，余姚海溢。

［资料来源］　万历《绍兴府志》卷一三。

至元六年（公元 1340 年）

［灾情］　五月甲子，庆元奉化州山崩，水涌出平地；六月，衢州西安、龙游二县大水；庚戌，处州松阳、龙泉二县积雨，水涨入城中，深丈余，溺死五百余人，遂昌县尤甚，平地三丈余；丽水大水；绍兴淫雨，害稼；六月，余姚海溢，坏堤。

［资料来源］　《元史·五行志》、《续文献通考》卷二一六、光绪《处州府志》卷二五、光绪《余姚县志》卷八、乾隆《绍兴府志》卷四二。

至正元年（公元 1341 年）

［灾情］　四月，两浙水灾；闰七月，台州大水；黄岩大水。

［资料来源］　《元史·顺帝纪》、雍正《浙江通志》卷七五、万历《黄岩县志》卷七。

至正二年（公元 1342 年）

　　〔灾情〕　五月,湖州久雨;浙西大水,田禾淹没。

　　〔资料来源〕　《吴兴备志》卷二一、万历《湖州府志》卷一。

　　至正四年(公元 1344 年)

　　〔灾情〕　六月,龙游大水;七月,衢州西安县大水,温州飓风大作,海水溢,漂民居,溺死者甚众;台州海溢,上平陆二、三十里,明州海啸;(镇海)海啸。

　　〔资料来源〕　《元史·五行志》、《续文献通考》卷二一六、弘治《温州府志》卷一七、光绪《黄岩县志》卷三八、民国《龙游县志》卷一、雍正《宁波府志》卷三四、嘉靖《定海县志》卷九。

　　至正七年(公元 1347 年)

　　〔灾情〕　湖州大水,无秋。

　　〔资料来源〕　同治《湖州府志》卷四四。

　　至正八年(公元 1348 年)

　　〔灾情〕　湖州大水;永嘉大风涛,海水吹上平陆三十里,海舟吹上高坡十余丈,死者千数。

　　〔资料来源〕　同治《湖州府志》卷四四、光绪《永嘉县志》卷三六、《七修类稿》卷二。

　　至正十年(公元 1350 年)

　　〔灾情〕　湖州大水。

　　〔资料来源〕　同治《湖州府志》卷四四。

　　至正十一年(公元 1351 年)

　　〔灾情〕　湖州大水。

　　〔资料来源〕　同治《湖州府志》卷四四。

　　至正十二年(公元 1352 年)

　　〔灾情〕　七月,衢州西安县大水。

　　〔资料来源〕　《元史·五行志》、《续文献通考》卷二一六。

　　至正十三年(公元 1353 年)

　　〔灾情〕　湖州大水;钱塘大霖雨八十日。

　　〔资料来源〕　同治《湖州府志》卷四四、康熙《钱塘县志》卷一二。

　　至正十四年(公元 1354 年)

　　〔灾情〕　杭州大霖雨凡八十余日,大饥。

　　〔资料来源〕　民国《杭州府志》卷八三。

　　至正十五年(公元 1355 年)

［灾情］　湖州大水;七月三日,嘉兴大风雨,城内坏民居五百余所。

［资料来源］　同治《湖州府志》卷四四、《辍耕录》卷八。

至正十六年(公元 1356 年)

［灾情］　湖州大水。

［资料来源］　同治《湖州府志》卷四四。

至正十七年(公元 1357 年)

［灾情］　六月癸酉,温州有龙斗于乐清馆头,江中火光如球,飓风急雨,海水溢,没千余家。

［资料来源］　《元史·五行志》、弘治《温州府志》卷一七,光绪《永嘉县志》卷一六。

至正二十二年(公元 1362 年)

［灾情］　八月,温州大风海溢,平阳、瑞安、永嘉江决漂溺。

［资料来源］　弘治《温州府志》卷一七、嘉庆《瑞安县志》卷一〇。

至正二十三年(公元 1363 年)

［灾情］　严州大水。

［资料来源］　民国《建德县志》卷一。

至正二十四年(公元 1364 年)

［灾情］　黄岩州海溢,飓风拔木,禾稼尽偃。

［资料来源］　《元史·五行志》。

明洪武二年(公元 1369 年)

［灾情］　湖州大水。

［资料来源］　同治《湖州府志》卷四四。

洪武三年(公元 1370 年)

［灾情］　海盐潮水泛滥,圮毁故岸。

［资料来源］　光绪《嘉兴府志》卷三〇、光绪《海盐县志》卷一三。

洪武四年(公元 1371 年)

［灾情］　七月甲子,龙游县大雨水,漂民居,男女溺死;诸暨大水。

［资料来源］　《明史·五行志》、《续文献通考》卷二一六。

洪武五年(公元 1372 年)

［灾情］　八月乙酉,余杭、嵊县、义乌三县大风,山谷水涌,漂没庐舍人畜甚众。

［资料来源］　《明史·五行志》、《二申野录》卷一。

洪武六年(公元 1373 年)

[灾情]　湖州水,荒。

[资料来源]　同治《湖州府志》卷四四。

洪武七年(公元 1374 年)

[灾情]　湖州大水;长兴太湖决。

[资料来源]　同治《湖州府志》卷四四、卷五一。

洪武八年(公元 1375 年)

[灾情]　七月初二日夜,飓风挟雨,海溢,平阳县死者二千余口,永嘉、瑞安、乐清沿江居民多淹没;温州、湖州、杭州、嘉兴、嘉善水;分水大雨,没田禾;十二月,浙江杭州,直隶湖州、嘉兴俱水。

[资料来源]　《明史·五行志》、《续文献通考》卷二一六、光绪《嘉善县志》卷三四、光绪《分水县志》卷一〇、雍正《浙江通志》卷一〇九。

洪武九年(公元 1376 年)

[灾情]　六月壬辰,钱塘、仁和、余杭三县水,下田被浸者九十五顷;七月,嘉兴、湖州大水;嘉善水;温州飓风大作,猛雨如注;瑞安大风雨,田禾尽没。

[资料来源]　《二申野录》卷一、民国《杭州府志》卷八四、光绪《嘉善县志》卷三四、弘治《温州府志》卷一七、嘉庆《瑞安县志》卷一〇、光绪《余杭县志》卷三七。

洪武十年(公元 1377 年)

[灾情]　九月,浙西大水;绍兴、金华、衢州水;钱塘、仁和、余杭水。

[资料来源]　《二申野录》卷一,雍正《浙江通志》卷七五,光绪《余杭县志》卷一四、卷三七。

洪武十一年(公元 1378 年)

[灾情]　台州海溢,人多溺死;嘉兴、湖州民屡被水患。

[资料来源]　《续文献通考》卷二一六、雍正《浙江通志》卷七五。

洪武十二年(公元 1379 年)

[灾情]　五月戊子,青田县淫雨,山水大发,没县治,坏民居;壬辰,严州府大雨三日,溪水涨,坏官廨民舍。

[资料来源]　雍正《浙江通志》卷一〇九、光绪《青田县志》卷一七。

洪武十六年(公元 1383 年)

[灾情]　八月,天台大风雨,山谷水暴涨,沿溪民居多被冲荡。

[资料来源]　民国《台州府志》卷一三四。

洪武十七年(公元 1384 年)

[灾情]　湖州大水,龙泉水,坏民居;松阳水,坏民居。

[资料来源]　同治《湖州府志》卷四四、光绪《处州府志》卷二五、民国《松阳县志》卷一四。

洪武十八年(公元 1385 年)

[灾情]　湖州、南浔大水。

[资料来源]　《南浔志》卷一九。

洪武二十年(公元 1387 年)

[灾情]　山阴、会稽大风雨;湖州、南浔大水;东阳大水。

[资料来源]　万历《绍兴府志》卷一三、《南浔志》卷一九、道光《东阳县志》卷一二。

洪武二十一年(公元 1388 年)

[灾情]　萧山大风,捍海塘坏,潮抵于市。

[资料来源]　嘉靖《萧山县志》卷六、民国《萧山县志稿》卷五。

洪武二十二年(公元 1389 年)

[灾情]　湖州、南浔大水。

[资料来源]　《南浔志》卷一九。

洪武二十三年(公元 1390 年)

[灾情]　七月海溢,松江、海盐溺死灶丁各二万余人。

[资料来源]　《涌幢小品》卷二七、光绪《嘉兴府志》卷三五。

洪武三十六年《公元 1393 年》

[灾情]　闰六月,山阴、会稽大风海溢,漂流庐舍居民,伏尸蔽野。

[资料来源]　万历《绍兴府志》卷一三、雍正《山阴县志》卷九。

洪武二十七年、(公元 1394 年)

[灾情]　湖州、南浔大水。

[资料来源]　《南浔志》卷一九。

洪武三十一年(公元 1398 年)

[灾情]　孝丰大水;安吉州水入城,南浔大水;萧山大水。

[资料来源]　光绪《孝丰县志》卷八、嘉靖《安吉州志》卷八、《南浔志》卷一九、乾隆《绍兴府志》卷八〇。

建文元年(公元 1399 年)

[灾情]　萧山大水,江潮坏堤,田庐淹没;山阴大水。

[资料来源]　嘉靖《萧山县志》卷六,万历《绍兴府志》卷一三。

建文二年(公元 1400 年)

[灾情]　六月,金华大水入城市。

[资料来源]　《二申野录》卷一、光绪《兰溪县志》卷八。

建文三年(公元1401年)

[灾情]　六月,婺州大水。

[资料来源]　光绪《金华县志》卷一六。

建文四年(公元1402年)

[灾情]　湖州、南浔水。

[资料来源]　《南浔志》卷一九。

永乐元年(公元1403年)

[灾情]　八月癸亥,浙江风潮,决江塘万四百余步,坏田四十余顷;吴、浙大水,夏四月己酉,户部尚书夏元吉治苏、松、杭、嘉、湖水患。

[资料来源]　雍正《浙江通志》卷一〇九、《楚宝》卷三。

永乐二年(公元1404年)

[灾情]　六月,嘉兴、湖州等郡水;嘉善大水,后数年亦如之;钱塘县水。

[资料来源]　光绪《嘉善县志》卷三四、康熙《钱塘县志》卷一二。

永乐三年(公元1405年)

[灾情]　八月甲子,杭州等府水,淹民田七十四顷,漂庐舍千二百八十间;海宁海溢;海盐大霖雨海溢;钱塘县水。

[资料来源]　《续文献通考》卷二一六、雍正《浙江通志》卷一〇九、民国《海宁州志稿》卷四〇、光绪《海盐县志》卷一三、康熙《钱塘县志》卷一二。

永乐四年(公元1406年)

[灾情]　夏,秀州水,民饥;严州大水;七月,海盐县霖雨,风潮决堤。

[资料来源]　光绪《嘉兴府志》卷三五、民国《建德县志》卷一。

永乐五年(公元1407)

[灾情]　六月庚戌,杭州沿江江堤沦于江。

[资料来源]　雍正《浙江通志》卷一〇九。

永乐六年(公元1408年)

[灾情]　海宁海决,陷没赭山巡检司。

[资料来源]　《二申野录》卷一、康熙《海宁县志》卷八。

永乐七年(公元1409年)

[灾情]　七月甲申,丽水县霖雨,山水聚涌,坏田庐,漂人畜;南浔大水;八月,台州大风雨,拔木,没禾稼,暴流冲毁临川桥;黄岩飓风,坏官舍。

［资料来源］　《二申野录》卷一、《南浔志》卷一九、民国《台州府志》卷一三四、光绪《天台县志残稿·舆地略》、雍正《浙江通志》卷一〇九。

永乐九年(公元 1411 年)

［灾情］　七月庚午,湖州属县淫雨,没田万二千三百八十顷,辛未,浙江潮溢,冲决仁和县黄濠塘岸三百余丈、孙家园二十余里;海宁县风潮,溺民,坍城垣;台州大风雨,坏临川桥。

［资料来源］　《明史·五行志》、雍正《浙江通志》卷一〇九、民国《台州府志》卷一三四、光绪《天台县志残稿·舆地略》。

永乐十年(公元 1412 年)

［灾情］　浙西水;南浔水。

［资料来源］　雍正《浙江通志》卷七五、《南浔志》卷一九。

永乐十一年(公元 1413 年)

［灾情］　五月,杭州大风潮,仁和县十九、二十两都没于海,平地水高数丈,田庐殆尽,溺者无算;南浔水;春夏之交,台州淫雨。

［资料来源］　《二申野录》卷一、雍正《浙江通志》卷一〇九、康熙《钱塘县志》卷一二、民国《台州府志》卷一三四。

永乐十二年(公元 1414 年)

［灾情］　冬十一月,苏、松、杭、嘉、湖水。

［资料来源］　《明史·成祖纪》、雍正《浙江通志》卷七五。

永乐十三年(公元 1515 年)

［灾情］　六月己卯,乌程等四县水,伤田九千四百四十三顷。

［资料来源］　雍正《浙江通志》卷一〇九。

永乐十四年(公元 1416 年)

［灾情］　五月,金华大水,漂庐屋,七月又大水;七月,台州、兰溪、庆元等县俱大水;常山大雨水,庐舍漂没;南浔水;八月,衢州、金华水。

［资料来源］　《二申野录》卷一,《续文献通考》卷二一六,雍正《浙江通志》卷七五、卷一〇九,万历《黄岩县志》卷七,光绪《庆元县志》卷一一,《南浔志》卷一九,嘉庆《常山县志》卷四,光绪《常山县志》卷八。

永乐十六年(公元 1418 年)

［灾情］　湖州、南浔大水。

［资料来源］　《南浔志》卷一九。

永乐十七年(公元 1419 年)

［灾情］ 景宁大水。

［资料来源］ 同治《景宁县志》卷一二。

永乐十八年（公元 1420 年）

［灾情］ 自夏至秋,仁和、海宁潮溢,漂庐舍,坏粮仓;丽水、青田二县大水。

［资料来源］ 《明史·五行志》、《续文献通考》卷二一六、光绪《处州府志》卷二五、光绪《青田县志》卷一七。

永乐二十年（公元 1422 年）

［灾情］ 象山县海溢;南浔大水。

［资料来源］ 嘉庆《象山县志》卷一三、雍正《宁海县志》卷三六、《南浔志》卷一九。

永乐二十二年（公元 1424 年）

［灾情］ 七月,黄岩潮溢,溺死八百人;湖州大水。

［资料来源］ 《明史·五行志》、《续文献通考》卷二一六、《吴兴备志》卷二一。

洪熙元年（公元 1425 年）

［灾情］ 六月十五日,黄岩县大雨,水高平地五、六尺,伤禾稼六百二十顷;湖州天雨连月,乌程、归安、长兴三县低田共没六百三十四顷,夏,苏、松、嘉积雨,伤稼;嘉善积雨,伤禾稼。

［资料来源］ 《明史·五行志》、《续文献通考》卷二二一、雍正《浙江通志》卷一〇九、光绪《嘉善县志》卷三四。

宣德元年（公元 1426 年）

［灾情］ 春夏雨,嘉兴、湖州成灾;南浔春夏雨,禾稼损;五月,温州飓风急雨自旦至暮,坏庐舍;永嘉、乐清飓风急雨,坏廨宇、坛庙、民庐。

［资料来源］ 《续文献通考》卷二二一、光绪《嘉兴府志》卷二三、《南浔志》卷一九、光绪《永嘉县志》卷三六。

宣德三年（公元 1428 年）

［灾情］ 夏六月,钱塘大水。

［资料来源］ 康熙《钱塘县志》卷一二。

宣德五年（公元 1430 年）

［灾情］ 七月望,象山海溢;湖州、南浔大水。

［资料来源］ 嘉庆《象山县志》卷一三、《南浔志》卷一九。

宣德七年（公元 1432 年）

［灾情］ 正月丁丑,浙江大水,运司、下沙等(盐)场淹没;六月,昌化大水;九月,

乌程、归安、德清、长兴、武康、嘉善久雨,田禾尽没。

[资料来源]　《二申野录》卷一、雍正《浙江通志》卷七五、民国《昌化县志》卷二五。

宣德九年(公元1434年)

[灾情]　嘉兴、嘉善大水,无秋。

[资料来源]　光绪《嘉兴府志》卷三五、光绪《嘉善县志》卷三四。

宣德十年(公元1435年)

[灾情]　秋,平湖大风潮暴溢,海岸尽崩;海盐大风潮。

[资料来源]　光绪《平湖县志》卷二五、光绪《海盐县志》卷一三。

正统二年(公元1437年)

[灾情]　秋八月,海宁海溢。

[资料来源]　民国《杭州府志》卷八四。

正统四年(公元1439年)

[灾情]　临海县霖雨,害稼。

[资料来源]　雍正《浙江通志》卷一五四。

正统五年(公元1440年)

[灾情]　六月至七月,金华、衢州淫雨连绵,江河泛滥;丽水大水;嘉兴、湖州大水;八月,潮决萧山海塘。

[资料来源]　《续文献通考》卷二一六、雍正《浙江通志》卷一〇九、光绪《处州府志》卷二五、乾隆《绍兴府志》卷八〇。

正统七年(公元1442年)

[灾情]　七月十七日,嘉善飓风大作,圩岸俱圮;秀州大水;七月望,象山县海溢;秋,余姚大风海溢;太湖大水溢。

[资料来源]　《明史·五行志》、光绪《嘉善县志》卷三四、万历《绍兴府志》卷八〇、雍正《宁海县志》卷三六、《南浔志》卷一九。

正统八年(公元1443年)

[灾情]　八月,台州大水海溢;金华大水入城市;诸暨淫雨,害稼;秀州大风雨,害稼;八月癸亥,嘉善大风雨,害稼;湖州、南浔八月大风潮,田禾尽漂没;温州淫雨,害稼。

[资料来源]　《续文献通考》卷二一六,雍正《浙江通志》卷一〇九、卷一五六,万历《绍兴府志》卷一三,宣统《诸暨县志》卷一八,光绪《金华县志》卷一六,光绪《嘉兴府志》卷三五,《南浔志》卷一九。

正统九年(公元1444年)

［灾情］　六月,浙西大水,闰七月,又大水;嘉兴、湖州、台州俱大水;嘉善大水,江潮泛溢;长兴大风暴雨,太湖溢。

［资料来源］　《明史·五行志》、《明书·祆祥志》、《二申野录》卷二、《续文献通考》卷二一六、雍正《浙江通志》卷一〇九、光绪《长兴县志》卷九。

正统十年(公元 1445 年)

［灾情］　八月,嘉兴、湖州等府水灾。

［资料来源］　雍正《浙江通志》卷七五、《续文献通考》卷二一六。

正统十一年(公元 1446 年)

［灾情］　五月,嘉善大水;六月,浙江连月大雨水。

［资料来源］　《明史·五行志》、光绪《嘉善县志》卷三四。

正统十二年(公元 1447 年)

［灾情］　海宁县海溢。

［资料来源］　《海昌外志》。

正统十四年(公元 1449 年)

［灾情］　夏,秀州大水;嘉善大水,无秋;长兴大水,无秋;新昌大水。

［资料来源］　光绪《嘉兴府志》卷三五、光绪《嘉善县志》卷三四、光绪《长兴县志》卷九、万历《新昌县志》卷一三。

景泰元年(公元 1450 年)

［灾情］　夏,嘉兴淫雨,伤稼;秀州、嘉善、平湖、南浔淫雨,伤稼。

［资料来源］　雍正《浙江通志》卷一〇九、光绪《嘉兴府志》卷三五、天启《平湖县志》卷一八、《南浔志》卷一九。

景泰五年(公元 1454 年)

［灾情］　夏,杭州、嘉兴、湖州大雨伤苗,六旬不止;湖州大水,民相食。

［资料来源］　《明史·五行志》、《续文献通考》卷二二一、光绪《嘉善县志》卷三四、同治《湖州府志》卷四四。

景泰七年(公元 1456 年)

［灾情］　浙江恒雨淹田;夏五月,余杭霖雨;萧山大水;严州大水;浙西四至六月大雨,水没禾稼;湖州久雨,没田禾;五月,会稽、山阴淫雨,七月复霖雨。

［资料来源］　《明史·五行志》、同治《湖州府志》卷四四、民国《杭州府志》卷八四、光绪《余杭县志》卷三七、万历《绍兴府志》卷八〇、雍正《山阴县志》卷九。

天顺元年(公元 1457 年)

［灾情］　四至五月,湖州连雨,烂禾苗;嘉兴大水,伤禾。

［资料来源］　雍正《浙江通志》卷一〇九、康熙《嘉兴府志》卷二。

天顺二年(公元 1458 年)

［灾情］　秋,海盐海溢,溺死男女万余人;平湖海溢。

［资料来源］　光绪《嘉兴府志》卷三五、光绪《平湖县志》卷二五。

天顺三年(公元 1459 年)

［灾情］　嘉兴海溢。

［资料来源］　雍正《浙江通志》卷一〇九。

天顺四年(公元 1460 年)

［灾情］　四、五月,杭州、嘉兴、湖州、宁波、绍兴、金华、处州阴雨连绵,江河泛滥,麦禾俱伤,秀水、嘉善二县,籽粒无收;七月,钱塘县雨,江河溢。

［资料来源］　雍正《浙江通志》卷一〇九、光绪《鄞县志》卷六九、万历《绍兴府志》卷一三、天启《平湖县志》卷一八、雍正《山阴县志》卷九、康熙《钱塘县志》卷一二。

天顺五年(公元 1461 年)

［灾情］　五月,绍兴府淫雨,伤禾麦;七月,浙江大水;湖州大风雨,太湖溢。

［资料来源］　万历《绍兴府志》巷一三、《明史·五行志》、万历《湖州府志》卷一。

天顺八年(公元 1464 年)

［灾情］　湖州大水,民饥;七月,余姚海溢。

［资料来源］　雍正《浙江通志》卷一〇九、万历《湖州府志》、卷一、光绪《余姚县志》卷七。

成化元年(公元 1465 年)

［灾情］　浙江郡县大水;七月,浙江各府州县久雨,稻苗腐烂。

［资料来源］　《二申野录》卷二、雍正《浙江通志》卷一〇九。

成化二年(公元 1466 年)

［灾情］　正月,平阳县飓风暴雨山摧,平地水高八尺;七月,平湖海溢大水;嘉善海溢败稼;嘉兴海溢,大水败稼。

［资料来源］　雍正《浙江通志》卷一〇九、光绪《平湖县志》卷二五、康熙《嘉兴府志》卷二、光绪《嘉善县志》卷三四。

成化三年(公元 1467 年)

［灾情］　嘉兴海溢,溺死万人。

［资料来源］　康熙《嘉兴府志》卷二、光绪《嘉兴府志》卷三五。

成化四年(公元 1468 年)

［灾情］　台州大风海溢;黄岩大雨海溢。

[资料来源] 《二申野录》卷二、光绪《黄岩县志》卷三五。

成化六年(公元1470年)

[灾情] 正月,嘉兴、嘉善、平湖等县大水,无麦;五月,嘉兴、嘉善大水;台州、黄岩大水;乌程、归安、长兴、德清、武康、仁和等县大水。

[资料来源] 雍正《浙江通志》卷七五、《二申野录》卷二、光绪《嘉兴府志》卷三五、光绪《嘉善县志》卷三四、天启《平湖县志》卷一八、万历《黄岩县志》卷七、光绪《黄岩县志》卷三八。

成化七年(公元1471年)

[灾情] 夏,余杭霖雨大水;七月初三日,平湖海溢,九月初一日,又海溢;八月,嘉兴、湖州、杭州、绍兴四府水;闰九月,杭州、嘉兴、绍兴各府俱海溢,淹田宅人畜无算;潮决钱塘江岸,自近江以至山阴、会稽、萧山、上虞诸县民田皆淹没;萧山新林塘决;嘉善海溢;诸暨大雨害稼;余姚海溢。

[资料来源] 《明史·五行志》、《续文献通考》卷二一六、《二申野录》卷二、嘉靖《萧山县志》卷六、万历《绍兴府志》卷一三、光绪《余姚县志》卷八、光绪《嘉善县志》卷三四、光绪《余杭县志》卷三七、光绪《平湖县志》卷二五。

成化八年(公元1472年)

[灾情] 七月,海宁海溢;七月十七,会稽县海溢,同日,平湖海大溢,平地水深丈余,溺死无算;海盐海溢;钱塘县大风雨;八月,杭州大风雨,江潮涌溢。

[资料来源] 《二申野录》卷二、康熙《海宁县志》卷八、万历《绍兴府志》卷一三、万历《会稽县志》卷八、民国《杭州府志》卷八四、光绪《海盐县志》卷一三、光绪《平湖县志》卷二五。

成化九年(公元1473年)

[灾情] 四月,嘉兴、湖州水灾;嘉善水灾;夏,江山大水,舟可入城市;衢州舟入城市,坏田庐;平湖海溢;奉化、山阴、萧山、上虞、余姚、诸暨、临海等县俱被水。

[资料来源] 雍正《浙江通志》卷七五、同治《江山县志》卷一二、民国《衢县志》卷一、光绪《平湖县志》卷二五、光绪《嘉善县志》卷三四。

成化十年(公元1474年)

[灾情] 春,严州府属六县多雨,蚕麦无收;四月,金华水,坏通济桥,六月,湖州府属六县水灾;海宁、平湖海溢。

[资料来源] 《二申野录》卷二、雍正《浙江通志》卷七五、光绪《金华县志》卷一六、民国《海宁州志稿》卷四〇、光绪《平阳县志》卷二五。

成化十二年(公元1476年)

　　[灾情]　海盐海溢;夏六月,山阴大风海溢,害稼;七月,诸暨、余姚二县大雨害稼,余姚陷没石堰盐场十万引;钱塘县水;台州大水;黄岩大水;八月十一日,金华水入城外民居,高五、六尺;浙江风潮大水;宁波水。

　　[资料来源]　《明史·五行志》、《续文献通考》卷二一六、雍正《浙江通志》卷七五、万历《黄岩县志》卷七、万历《绍兴府志》卷一三、雍正《山阴县志》卷九,康熙《钱塘县志》卷一二。

成化十三年(公元 1477 年)

　　[灾情]　宁波、绍兴、台州水;二月,海宁海决逼城;海盐海溢;湖州、南浔春水,无麦;六月,山阴、会稽大风海溢,处州大水,衢州大水,舟入城市;淳安大水。

　　[资料来源]　雍正《浙江通志》卷一〇九、光绪《鄞县志》卷六九、光绪《嘉兴府志》卷三五、《海昌外志》、《南浔志》卷一九、万历《绍兴府志》卷一三、光绪《处州府志》卷二五、嘉庆《西安县志》卷二二、光绪《续纂淳安县志》卷一六。

成化十四年(公元 1478 年)

　　[灾情]　八月,吴、越间淫雨不止,各处山洪暴发;象山县潮溢,海圩尽坏;平湖海溢;新昌县大水;南浔大水。

　　[资料来源]　《续文献通考》卷二一六、雍正《宁海县志》卷三六、嘉庆《象山县志》卷一三、光绪《平湖县志》卷二五、万历《新昌县志》卷一三、《南浔志》卷一九。

成化十五年(公元 1479 年)

　　[灾情]　孝丰县大水平崖;安吉州大水入城;松阳县大水,坏田地。

　　[资料来源]　光绪《孝丰县志》卷八、嘉靖《安吉州志》卷一、民国《松阳县志》卷一四。

成化十七年(公元 1481 年)

　　[灾情]　秋,嘉兴大水,害稼;七月,湖州雨,有飓风;八月,连日大雨,太湖溢,平地水深数丈;嘉善秋大水,禾稼尽腐;余姚大水,民饥。

　　[资料来源]　光绪《嘉兴府志》卷三五、光绪《嘉善县志》卷三四、光绪《长兴县志》卷九、光绪《余姚县志》卷七。

成化十八年(公元 1482 年)

　　[灾情]　春,嘉兴大水,民饥;武康大水,民居多漂溺;三月,兰溪、武义二县水入城市;余姚大水,民饥;秋,嘉善大水。

　　[资料来源]　《二申野录》卷二、光绪《嘉兴府志》卷三五、嘉靖《武康县志》卷一、同治《湖州府志》卷四四、嘉庆《武义县志》卷一二、光绪《兰溪县志》卷八、光绪《余姚县志》卷七。

成化十九年(公元 1483 年)

[灾情]　绍兴、余姚大水;永康大水;兰溪大水;六、七月,处州各县大水;六月,云和大水,日午,雨如泻,夜分,溪水高二丈,濒溪民庐漂没;宣平大水,坏民居,溺死百余人;六月十九日,景宁大雨水;青田大雨水。

[资料来源]　《二申野录》卷二、万历《绍兴府志》卷一三、光绪《余姚县志》卷七、光绪《永康县志》卷一一、同治《云和县志》卷一五、光绪《宣平县志》卷一九、同治《景宁县志》卷一二、光绪《青田县志》卷一七、光绪《兰溪县志》卷八。

成化二十年(公元 1484 年)

[灾情]　五月,宣平大水;湖州水,民饥。

[资料来源]　光绪《宣平县志》卷一九、光绪《长兴县志》卷九。

成化二十二年(公元 1486 年)

[灾情]　湖州、奉化、严州、宣平等县大水;兰溪大水入城市,民庐十去八、九。

[资料来源]　光绪《长兴县志》卷九、光绪《奉化县志》卷三九、民国《建德县志》卷一、光绪《处州府志》卷二五。

弘治元年(公元 1488 年)

[灾情]　四月,台州大风雨,发屋走石,海溢;黄岩大风雨海溢。

[资料来源]　万历《黄岩县志》卷七、光绪《黄岩县志》卷三八。

弘治二年(公元 1489 年)

[灾情]　六月初七日夜,温州飓风挟雨,禾稻损十之四;平阳飓风暴雨,摧屋折木。

[资料来源]　弘治《温州府志》卷一七、乾隆《温州府志》卷二九、光绪《永嘉县志》卷三六。

弘治三年(公元 1490 年)

[灾情]　五月,衢州淫雨大水,漂没民居;夏,江山淫雨;六月,杭州大雨,龙井、凤凰两山水暴涨,淹田禾。

[资料来源]　嘉庆《西安县志》卷二二、同治《江山县志》卷一二、雍正《浙江通志》卷一〇九。

弘治四年(公元 1491 年)

[灾情]　夏六月,嘉兴、杭州大雨水,坏稼;嘉善春夏大水;湖州大水;昌化大水;八月,浙江水;十一月,杭州府水灾;杭、湖、嘉、苏、松、常涝。

[资料来源]　《二申野录》卷三、《明史·五行志》、《农政全书》卷一四、光绪《嘉兴府志》卷三五、万历《钱塘县志》册四、光绪《嘉善县志》卷三四、万历《湖州府志》卷

一、民国《昌化县志》卷一五。

弘治五年（公元 1492 年）

［灾情］　五月，嘉兴大水；象山大水；六月，杭州大水；七月，浙江水；海宁海溢。

［资料来源］　《二申野录》卷三、光绪《嘉兴府志》卷三五、嘉庆《象山县志》卷一三、民国《海宁州志稿》卷四〇。

弘治六年（公元 1493 年）

［灾情］　四月，昌化大雨。

［资料来源］　《二申野录》卷三、民国《昌化县志》卷一五。

弘治七年（公元 1494 年）

［灾情］　自春至夏，绍兴、萧山淫雨三月；五月，嘉兴、嘉善大雨水，秋，又大水，淹禾稼；湖州南浔大水；七月，余姚、会稽、山阴海溢。

［资料来源］　《二申野录》卷三、乾隆《绍兴府志》卷八〇、光绪《嘉兴府志》卷三五、光绪《嘉善县志》卷三四、万历《绍兴府志》卷一三。

弘治九年（公元 1495 年）

［灾情］　六月，山阴、萧山同日大雨，山崩水涌，漂没庐舍，溺死三百人；六月，兰溪大水。

［资料来源］　《明史·五行志》、《明书·礼祥志》、《续文献通考》卷二一六、《二申野录》卷三。

弘治十一年（公元 1493 年）

［灾情］　余姚水涌，高三、四尺，灾；六月十一日，石门水溢。

［资料来源］　万历《绍兴府志》卷一三、光绪《石门县志》卷一一。

弘治十二年（公元 1499 年）

［灾情］　衢州大水，坏民庐；江山大水，视成化尤甚。

［资料来源］　民国《衢县志》卷一、同治《江山县志》卷一二。

弘治十三年（公元 1500 年）

［灾情］　灵隐山水横发。

［资料来源］　民国《杭州府志》卷八四。

弘治十五年（公元 1502 年）

［灾情］　七月，余姚大雷雨，海溢。

［资料来源］　万历《绍兴府志》卷一三、光绪《余姚县志》卷七。

弘治十六年（公元 1503 年）

［灾情］　杭州、嘉兴、湖州大水；九月十八日，台州、黄岩海溢，波涛满市几五尺，

越日不退。

　　［资料来源］　《二申野录》卷三、《农政全书》卷一四、光绪《黄岩县志》卷三八、民国《台州府志》卷一三二。

　　弘治十八年（公元 1505 年）

　　［灾情］　六月,诸暨大水;七月,杭州、余杭骤雨,山水大涌,漂屋舍溺人。

　　［资料来源］　《二申野录》卷三、民国《杭州府志》卷八四、光绪《余杭县志》卷三七。

　　正德元年（公元 1506 年）

　　［灾情］　八月初六日,台州大风雨,坏民居;同日,黄岩大风雨,坏民居。

　　［资料来源］　民国《台州府志》卷一三四、万历《黄岩县志》卷七。

　　正德二年（公元 1507 年）

　　［灾情］　山阴县飓风海溢,濒海居民死者万计;昌化大水。

　　［资料来源］　万历《绍兴府志》卷一三、民国《昌化县志》卷一五。

　　正德三年（公元 1508 年）

　　［灾情］　五月,余杭大雨水。

　　［资料来源］　《二申野录》卷三、光绪《余杭县志》卷三七。

　　正德四年（公元 1509 年）

　　［灾情］　湖州大水;七月,绍兴、余姚大水;七月七日,嘉兴、平湖大雨如注,至十月不霁,禾稼腐烂;嘉善七月大水。

　　［资料来源］　（明）陈良谟《见闻纪训》（《宝颜堂秘籍》）、万历《绍兴府志》卷一三、光绪《余姚县志》卷七、天启《平湖县志》卷一八、光绪《嘉兴府志》卷三五。

　　正德五年（公元 1510 年）

　　［灾情］　四月,嘉善水涨滔天,及树杪;五月,嘉兴大水害稼,民流移者半;湖州大水;平湖大水;四月望后,兰溪大雨水,坏田庐;余姚大水,民饥;六月,龙游大水;丽水大水;宁波大水;永康大水。

　　［资料来源］　《二申野录》卷三、光绪《嘉善县志》卷三四、光绪《嘉兴府志》卷三五、万历《湖州府志》卷一、光绪《余姚县志》卷七、光绪《兰溪县志》卷八、光绪《鄞县志》卷六九、天启《平湖县志》卷一八、民国《龙游县志》卷一、光绪《永康县志》卷一一。

　　正德六年（公元 1511 年）

　　［灾情］　镇海县海溢,漂溺民居;八月,桐庐县大水。

　　［资料来源］　光绪《镇海县志》卷三七、民国《镇海县志》卷四三、乾隆《桐庐县志》卷一六。

正德七年（公元 1512 年）

［灾情］　七月十七日夜，上虞飓风，死者千计；宁波、绍兴濒海之地飓风大作，居民漂没万数；余姚大风，海溢平陆数十里，沿海多死者；会稽风潮坏塘；萧山海溢，濒塘民溺死无算；山阴飓风海溢；秋，诸暨大雨水。

［资料来源］　《明史·陶琰传》、《七修类稿》卷二，光绪《慈溪县志》卷二二、光绪《上虞县志》卷三八、康熙《会稽县志》卷一二、嘉庆《萧山县志》卷二五、万历《绍兴府志》卷一三、万历《会稽县志》卷八。

正德八年（公元 1513 年）

［灾情］　四月，大风雨，湖州、南浔洪水泛溢。

［资料来源］　《南浔志》卷二〇。

正德十年（公元 1515 年）

［灾情］　杭州府八县、湖州府六县、台州府宁海县水灾；六月十八日夜，嘉兴、嘉善、石门暴雨，水涨顷刻丈许，淹民居害稼；钱塘县水；冬，余姚大水。

［资料来源］　雍正《浙江通志》卷七五、光绪《嘉兴府志》卷三五、光绪《嘉善县志》卷三四、光绪《石门县志》卷一一、康熙《钱塘县志》卷一二、光绪《余姚县志》卷七。

正德十一年（公元 1516 年）

［灾情］　余姚大水，无麦。

［资料来源］　万历《绍兴府志》卷一三。

正德十二年（公元 1517 年）

［灾情］　苏、松、常、镇、嘉、湖诸府皆大水。

［资料来源］　《明史·五行志》、《续文献通考》卷二二一。

正德十三年（公元 1518 年）

［灾情］　二月，泰顺县大水，坏民居；六月，瑞安大风雨，水溢；永嘉大风雨；台州大水，民多淹死；景宁大水；夏秋，嘉善大水，伤禾稼；嘉兴秋大水；湖州大水为灾；七月，奉化县大雨，坏庐舍；余姚海溢；山阴、会稽飓风淫雨，善禾稼，七月二十九日，长兴、泗安诸山洪水势合，合郡灾伤。

［资料来源］　《二申野录》卷三、《续文献通考》卷二二一、雍正《浙江通志》卷一〇九、乾隆《温州府志》卷二九、嘉庆《瑞安县志》卷一〇、光绪《处州府志》卷二五、民国《台州府志》卷一三四、万历《黄岩县志》卷七、光绪《嘉善县志》卷三四、雍正《宁海县志》卷三六、光绪《奉化县志》卷三九、万历《绍兴府志》卷一三。

正德十四年（公元 1519 年）

［灾情］　秋，嘉兴大水，烂禾稼；湖州大水；孝丰水；嘉善大水，腐禾稼；绍兴大水；

余姚海溢；湖州自七月二十至八月十四日大雨，大水出平地丈余，田禾尽淹，溺人畜木计其数，合郡灾伤；六月，萧山西江塘被水所倾，邑市浸者数日。

[资料来源]　光绪《嘉兴府志》卷三五、同治《湖州府志》卷四四、光绪《嘉善县志》卷三四、光绪《孝丰县志》卷八、万历《绍兴府志》卷一三、光绪《余姚县志》卷七、嘉靖《萧山县志》卷二、民国《萧山县志稿》卷五。

正德十五年（公元 1520 年）

[灾情]　六月，江山大水；常山大水、圮观风、岩口二桥。

[资料来源]　向治《江山县志》卷一二、康熙《衢州府志》卷一〇、嘉庆《常山县志》卷一二。

正德十六年（公元 1521 年）

[灾情]　风潮坏温州埭塘。

[资料来源]　乾隆《温州府志》卷一二。

嘉靖元年（公元 1522 年）

[灾情]　三月，杭州大水；海宁春夏大水，田成巨河；桐庐芒种至夏至洪水不泄；五月，龙泉大雨，自十五日至十九日，平地水高一丈五尺，人畜死伤无算；七月二十五日，嘉兴自辰至酉大风拔木，太湖水溢丈余，没田禾；湖州大水为灾；八月，象山大风雨海溢，坏庐舍溺人；萧山西江塘圮，水入城市；海盐海溢；平湖海溢。

[资料来源]　民国《杭州府志》卷八四、《海昌外志》、乾隆《桐庐县志》卷一六、光绪《龙泉县志》卷一一、雍正《浙江通志》卷一〇九、万历《湖州府志》卷一、雍正《宁海县志》卷三六、光绪《嘉善县志》卷三四、光绪《海盐县志》卷一三、光绪《平湖县志》卷二五、民国《萧山县志稿》卷五。

嘉靖二年（公元 1523 年）

[灾情]　七月初三日，湖州大风拔木，太湖溢，大水岁三至；七月初五日，杭州大风潮，狂风暴雨，拔木约五、六十处，八月再作，拔木飘瓦，冲去太平门外百余家；海盐海溢，泛滥百余里；象山大风雨海溢，坏塘岸庐舍，溺人畜；诸暨水。

[资料来源]　雍正《浙江通志》卷一〇九、光绪《嘉兴府志》卷三五、嘉庆《象山县志》卷一三、民国《象山县志》卷三〇、光绪《海盐县志》卷一三、光绪《长兴县志》卷九、《太湖备考》卷一四、宣统《诸暨县志》卷一八。

嘉靖三年（公元 1524 年）

[灾情]　七月，湖州大水，淹田禾，九月大雨，稻成而不能刈。

[资料来源]　同治《湖州府志》卷四四。

嘉靖四年（公元 1525 年）

［灾情］　七月,湖州大水;丽水、松阳大水。

［资料来源］　《吴兴备志》卷二一、光绪《处州府志》卷二五、民国《松阳县志》卷四。

嘉靖五年(公元1526年)

［灾情］　青田水。

［资料来源］　光绪《处州府志》卷二五。

嘉靖六年(公元1527年)

［灾情］　春夏,余姚大水;六月,山阴、会稽淫雨,坏江塘,平原成巨浸;六月,萧山淫雨,西江塘圮,水入城市;秋,安吉山水暴溢,递铺市死者百余人;孝丰山水漂溢;于潜天目山崩;湖州水。

［资料来源］　万历《绍兴府志》卷一三、光绪《余姚县志》卷七、嘉靖《萧山县志》卷六、嘉靖《安吉州志》卷一、《吴兴备考》卷二一、光绪《孝丰县志》卷八、光绪《于潜县志》卷二〇。

嘉靖七年(公元1528年)

［灾情］　丽水大水;八月,安吉递铺诸山水骤溢,坏民田庐舍,人畜溺死无算。

［资料来源］　光绪《处州府志》卷二五、陈良谟《见闻纪训》。

嘉靖八年(公元1529年)

［灾情］　五月,金华、衢州、江山、武义、汤溪等县大水,武义平地水高丈余;遂昌大水;七月,松阳蜃水大发;永康大水,城市可通舟楫;八月,处州各县大水;金华复大水;缙云大水,漂没田庐;八月十六,台州大水,漂田庐,天台水高寻丈;同月,温州、瑞安大风雨海溢;宣平大水;秋,嘉兴大水,伤稼;安吉大水入城;湖州水;嘉善大水,伤稼;平湖大水,伤稼;诸暨、新昌俱大水。

［资料来源］　雍正《浙江通志》卷一〇九、民国《衢县志》卷一、同治《江山县志》卷一二、嘉庆《武义县志》卷一二、民国《汤溪县志》卷一、光绪《遂昌县志》卷一二、民国《松阳县志》卷一四、光绪《永康县志》卷一一、光绪《处州府志》卷二五、光绪《缙云县志》卷一五、民国《台州府志》卷一三二、康熙《临海县志》卷一一、光绪《宣平县志》卷一九、光绪《嘉兴府志》卷三五、嘉靖《安吉州志》卷一、天启《平湖县志》卷一八、乾隆《温州府志》卷二九、嘉庆《瑞安县志》卷一〇、光绪《归安县志》卷二七、万历《绍兴府志》卷一三、万历《新昌县志》卷一三。

嘉靖九年(公元1530年)

［灾情］　八月,宣平大水。

［资料来源］　光绪《宣平县志》卷一九。

嘉靖十年（公元 1531 年）

[灾情] 七月,杭州大雨水,浃旬不止,西湖诸山水溢平堤;海宁大水;八月,绍兴、余姚大水;丽水大水。

[资料来源] 万历《钱塘县志》册四、康熙《海宁县志》卷八、光绪《余姚县志》卷七、光绪《处州府志》卷二五。

嘉靖十一年（公元 1532 年）

[灾情] 六月,石门县大风雨,发屋拔木;七月二十八日,青田大雨水,溪暴溢十余丈,漂田庐害稼。

[资料来源] 光绪《石门县志》卷一一、光绪《处州府志》卷二五、光绪《青田县志》卷一七。

嘉靖十二年（公元 1533 年）

[灾情] 萧山水入城。

[资料来源] 嘉靖《萧山县志》卷二。

嘉靖十三年（公元 1534 年）

[灾情] 七月,诸暨、新昌、嵊县溪流涨入城中,水深丈余,新昌东堤决,民死者甚众;会稽县七月飓风海溢;上虞飓风淫雨,坏屋舍;奉化大风拔木,坏田庐,漂溺男女;湖州水灾;嘉兴大水,伤禾稼;嘉善大水;严州大水;八月,温州飓风大作,仆温州卫治及佛寺民居。

[资料来源] 雍正《浙江通志》卷一〇九、万历《绍兴府志》卷一三、光绪《上虞县志》卷三八、光绪《奉化县志》卷三九、万历《湖州府志》卷一、万历《严州府志》卷一九、光绪《嘉兴府志》卷三五、光绪《嘉善县志》卷三四、万历《会稽县志》卷八、万历《新昌县志》卷一三。

嘉靖十四年（公元 1535 年）

[灾情] 杭州自春及秋恒雨;海盐海塘圮,

[资料来源] 民国《杭州府志》卷八四、光绪《嘉兴府志》卷三五。

嘉靖十五年（公元 1536 年）

[灾情] 长兴县大风暴雨,坏民居不可胜计;湖州水灾;海盐海溢;常山淫雨,十九都程氏厅陷为渊。

[资料来源] 雍正《浙江通志》卷一〇九、光绪《长兴县志》卷九、同治《湖州府志》卷四四、光绪《海盐县志》卷一三、嘉庆《常山县志》卷四、光绪《常山县志》卷八。

嘉靖十六年（公元 1537 年）

[灾情] 浙江水灾;夏,嘉兴,嘉善大水。

［资料来源］ 《明史·五行志》、《续文献通考》卷二一六、光绪《嘉兴府志》卷三五。

嘉靖十七年（公元 1538 年）

［灾情］ 太平县淫雨，百日不止；海盐县海塘圮。

［资料来源］ 民国《临海县志稿》卷四〇、光绪《嘉兴府志》卷三五。

嘉靖十八年（公元 1539 年）

［灾情］ 严州春大水，严、衢二州水过二丈；温州春淫雨；汤溪春夏大雨，水涨四溢；江山四月淫雨至六月；开化、衢州四月雨至六月，六月初五日，洪水泛滥；绍兴五月大水；衢、婺、严三府暴流与江涛合，入越城，高丈余，沿海居民溺无算；萧山西江塘坏，县市可驾巨舟；常山六月初五日大水，人畜淹毙无算；六月六日，金华八县大雨浃旬；永康大雨浃旬；浦江大水；桐庐六月淫雨，平地水高二丈余；六月，天目山崩；七月，象山海溢坏田；衢、严水灾伤人，至冬十月，尚有流殍集钱塘江。

［资料来源］ 《留青日札》卷一一、《七修类稿》卷三、光绪《开化县志》卷一四、民国《衢县志》卷一、嘉庆《常山县志》卷四、民国《汤溪县志》卷一、同治《江山县志》卷一二、万历《严州府志》卷一九、光绪《永嘉县志》卷三六、万历《绍兴府志》卷一三、嘉靖《萧山县志》卷二、雍正《浙江通志》卷一〇九、光绪《永康县志》卷一一、光绪《浦江县志》卷一五、乾隆《桐庐县志》卷一六、嘉庆《象山县志》卷一三、光绪《宣平县志》卷一九、万历《钱塘县志》册四。

嘉靖十九年（公元 1540 年）

［灾情］ 秋，余姚县大水；九月，会稽县大水。

［资料来源］ 万历《绍兴府志》卷一三、光绪《余姚县志》卷七。

嘉靖二十年（公元 1541 年）

［灾情］ 五月，嘉兴、嘉善大雨连日；七月十八日，台州、黄岩飓风，大雨如注，洪涛暴涨，平地水深数丈，溺人无算。

［资料来源］ 光绪《嘉兴府志》卷三五、光绪《嘉善县志》卷三四、雍正《浙江通志》卷一〇九、万历《黄岩县志》卷七。

嘉靖三十一年（公元 1542 年）

［灾情］ 台州水患。

［资料来源］ 雍正《浙江通志》卷一五四。

嘉靖二十二年（公元 1543 年）

［灾情］ 夏，嘉兴、嘉善淫雨，秋大水；宣平夏暴雨荡溪，通济桥圮。

［资料来源］ 雍正《浙江通志》卷一〇九、光绪《嘉兴府志》卷三五、光绪《宣平县

志》卷四。

嘉靖二十五年(公元 1546 年)

[灾情]　四、五月,杭州大雨,水淹苗种,七月至冬十月又大水;余姚海溢。

[资料来源]　万历《钱塘县志》册四、光绪《余姚县志》卷七。

嘉靖二十六年(公元 1547 年)

[灾情]　六月,温州飓风大雨。

[资料来源]　光绪《乐清县志》卷一三。

嘉靖二十七年(公元 1548 年)

[灾情]　缙云大水,舟至县门,民居淹没大半。

[资料来源]　光绪《缙云县志》卷一五、光绪《处州府志》卷二五。

嘉靖二十八年(公元 1549 年)

[灾情]　春,太湖溢,湖州大水,不辨田禾;五月,桐庐大水;夏,嘉兴大水,害稼;武义夏大水,田多淹没,秋复大水,害稼;缙云大水,漂田庐;开化大水,城圮。

[资料来源]　《太湖备考》卷一四、乾隆《桐庐县志》卷一六、光绪《嘉兴府志》卷三五、嘉庆《武义县志》卷一、光绪《缙云县志》卷一五、康熙《衢州府志》卷四。

嘉靖三十年(公元 1551 年)

[灾情]　丽水大水,松阳潦;浦江久雨,山崩溺民;淳安大水;海盐海溢,塘圮。

[资料来源]　光绪《处州府志》卷二五、民国《松阳县志》卷四、光绪《浦江县志》卷一五、光绪《续纂淳安县志》卷一六、光绪《嘉兴府志》卷三五。

嘉靖三十二年(公元 1553 年)

[灾情]　五月,台州、黄岩大风雨,害稼,九月又大风雨,害稼。

[资料来源]　民国《台州府志》卷一三四、光绪《黄岩县志》卷三八。

嘉靖三十三年(公元 1554 年)

[灾情]　九月,温州大水。

[资料来源]　光绪《永嘉县志》卷三六。

嘉靖三十四年(公元 1555 年)

[灾情]　五月,余姚霖雨,城圮;丽水大水。

[资料来源]　光绪《余姚县志》卷七、光绪《处州府志》卷二五。

嘉靖三十五年(公元 1556 年)

[灾情]　夏,严州大水。

[资料来源]　万历《严州府志》卷一九。

嘉靖三十六年(公元 1557 年)

　　［灾情］　七月,台州大风雨,坏庐舍禾稼;同月,黄岩大风浃旬,大伤禾稼;七月八日,宁波飓风大作;严州夏大水。

　　［资料来源］　万历《黄岩县志》卷七、光绪《黄岩县志》卷三八、光绪《鄞县志》卷六九、万历《严州府志》卷一九。

　　嘉靖三十七年(公元 1558 年)

　　［灾情］　湖州、南浔大水。

　　［资料来源］　《南浔志》卷一九。

　　嘉靖三十八年(公元 1559 年)

　　［灾情］　五月,桐庐县大水;长兴县大水。

　　［资料来源］　乾隆《桐庐县志》卷一六、光绪《长兴县志》卷九。

　　嘉靖三十九年(公元 1560 年)

　　［灾情］　七月,天目山洪水发,临安、于潜、新城大水;孝丰大水;杭州、嘉兴、湖州灾伤。

　　［资料来源］　《留青日札》卷一一、《二申野录》卷四、光绪《孝丰县志》卷八、光绪《于潜县志》卷二〇。

　　嘉靖四十年(公元 1581 年)

　　［灾情］　四月至五月,嘉兴连雨,苗种淹没,田成巨浸;嘉善四月初雨至闰五月;杭州四、五月大雨水,苗种淹没;平湖淫雨大水;石门五月初旬恒雨至九月终止,水溢禾淹;湖州大水,无禾,三吴俱成巨浸,太湖大水;衢州闰五月十六大水,合郡饥溺;常山夏大雨水;开化闰五月十六大水;汤溪五月大水;江山大水,饥;永嘉六月大风雨;余姚秋涝;上虞大涝;杭州秋七月至冬十月又大水;海盐秋冬大雨水,田禾不能刈。

　　［资料来源］　雍正《浙江通志》卷一〇九、光绪《嘉兴府志》卷三五、光绪《嘉善县志》卷三四、民国《杭州府志》卷八四、天启《平湖县志》卷一八、光绪《石门县志》卷一一、同治《湖州府志》卷四四、《太湖备考》卷一四、民国《衢县志》卷一、光绪《常山县志》卷八、同治《江山县志》卷一二、光绪《开化县志》卷一四、民国《汤溪县志》卷一、光绪《永嘉县志》卷三六、光绪《余姚县志》卷七、《虞志校续》卷二三、光绪《海盐县志》卷一三、《澉水新志》卷一二。

　　嘉靖四十一年(公元 1562 年)

　　［灾情］　五月,江山大水;衢州大水;六月,兰溪大雨,城中水高数尺,田禾淹没,饥;湖州大水。

　　［资料来源］　同治《江山县志》卷一二、康熙《衢州府志》卷二七、光绪《兰溪县志》卷八。

嘉靖四十二年（公元 1563 年）

［灾情］　春,江山淫雨;青田大雨,山裂,大水。

［资料来源］　同治《江山县志》卷一二、光绪《青田县志》卷一七。

嘉靖四十三年（公元 1564 年）

［灾情］　四月二十一日,余杭、临安大雨水,黄湖、双溪尤甚,仅会坑一处,发洪达二十八处。

［资料来源］　《留青日札》卷一一、《二申野录》卷四。

嘉靖四十五年（公元 1566 年）

［灾情］　诸暨大水,漂民居。

［资料来源］　宣统《诸暨县志》卷一八。

隆庆元年（公元 1567 年）

［灾情］　杭州水;常山大雨水。

［资料来源］　民国《杭州府志》卷八四、光绪《常山县志》卷八。

隆庆二年（公元 1568 年）

［灾情］　嘉善五月大雨;七月二十九日,台州飓风挟潮,天台诸山水入城三日,溺死三万余人,没田十五万亩,淹庐舍五万余区,民上屋脊,敲椽折瓦,号泣之声彻城,旧传台州仅留十八家,水未退,有在屋上生育者,裹尸者,或操舟市中者,水退,人畜尸骸满闾巷,埋葬数月方尽;温州、瑞安、玉环厅、宁海均大风雨,坏田地禾稼;仙居蜃水,山摧;黄岩七月二十九日平地水高丈余;丽水大水;山阴、会稽、嵊县、新昌俱大水。

［资料来源］　光绪《嘉善县志》卷三四、《明书·祁祥志》、雍正《浙江通志》卷一〇九、民国《天台府志》卷一三二、乾隆《温州府志》卷二九、嘉庆《瑞安县志》卷一〇、万历《黄岩县志》卷七、光绪《玉环厅志》卷一四、光绪《宁海县志》卷二三、光绪《处州府志》卷二五、光绪《永嘉县志》卷三六、万历《绍兴府志》卷一三、乾隆《绍兴府志》卷八〇、万历《新昌县志》卷一三,民国《嵊县志》卷三一、《续文献通考》卷二一六。

隆庆三年（公元 1569 年）

［灾情］　江南大水;五月,湖州大水;闰六月十五日,海盐、海宁飓风海溢,巨石有一、二十人所不能举者,或拔至沙间,或推至内地,百年未见;杭州飓风海溢;平湖飓风大霖雨海溢;七月,处州大水;缙云大水;宣平洪水,冲圮杉坑桥;永康蜃水,没田庐;武义大水,街衢行舟;青田大水;玉环厅大风雨海溢;黄岩大水;定海飓风淫雨海溢;余姚海大溢;宁波大水;新昌大水;嵊县溪流入城,水深一丈三尺;浙江全境大水。

［资料来源］　《二申野录》卷五、《崔鸣吾纪事》、光绪《海盐县志》卷一三、万历《钱塘县志》册四、同治《湖州府志》卷四四、光绪《平湖县志》卷二五、光绪《处州府志》

卷二五、光绪《缙云县志》卷一五、光绪《宣平县志》卷四、万历《黄岩县志》卷七、万历《新昌县志》卷一三、《濲水新志》卷一二、光绪《玉环厅志》卷一四、光绪《永康县志》卷一一、光绪《镇海县志》卷三七、光绪《鄞县志》卷六九、光绪《青田县志》卷一七、嘉庆《武义县志》卷一二、万历《绍兴府志》卷一三、光绪《余姚县志》卷八。

隆庆四年（公元 1570 年）

［灾情］　海盐海溢；湖州水灾；诸暨大雨成灾。

［资料来源］　《续文献通考》卷二一六、光绪《嘉兴府志》卷三五、宣统《诸暨县志》卷一八。

隆庆五年（公元 1571 年）

［灾情］　秋，崇德霖雨；新昌秋雨，至冬始晴。

［资料来源］　雍正《浙江通志》卷一五〇、万历《新昌县志》卷一三。

隆庆六年（公元 1572 年）

［灾情］　元旦，常山骤雨，街市成渠；杭州二、三月恒雨；六、七月，青田大水；台州府水灾。

［资料来源］　光绪《常山县志》卷八、光绪《处州府志》卷二五、光绪《青田县志》卷一七、雍正《浙江通志》卷七五。

万历元年（公元 1573 年）

［灾情］　嘉兴海大溢，死数千人；绍兴江溢，漂人畜。

［资料来源］　乾隆《绍兴府志》卷一五、光绪《嘉兴府志》卷三五。

万历二年（公元 1574 年）

［灾情］　三月，兰溪县大风雨雹，撤屋拔木；六月，温州大风雨七昼夜，永嘉沿溪民多溺死，瑞安县山摧地裂，压人畜；丽水、青田大水；嘉兴大风雨；八月，乐清县大雨，水浸半壁；金华北山屡出裂土成坑者数十处，田堰坏尽。

［资料来源］　雍正《浙江通志》卷一〇九、康熙《浙江通志》卷二、光绪《永康县志》卷三六、光绪《处州府志》卷二五、光绪《青田县志》卷一七。

万历三年（公元 1575 年）

［灾情］　五月十三日，嘉兴大风，海潮涌入海盐城，平地水深三尺，沿塘民居漂没，倒屋四千余间，溺人无数；盐官海溢，中夜风雨挟潮以上，势高于城；嘉善飓风，海水涌入，河水多咸，田禾潦死；平湖海啸，庐舍漂没；定海大风雨，溺死兵民万余，禾稼淹尽；余姚海溢；六月初一日，浙江海溢；杭州怪风震涛，决钱塘江岸数十丈，漂官民船千余艘；山阴、会稽、上虞大风雨海溢；常山冬大水。

［资料来源］　《明史·五行志》、《续文献通考》卷二一六、《崔鸣吾纪事》、雍正

《浙江通志》卷一〇九、康熙《浙江通志》卷二、光绪《海盐县志》卷一三、光绪《平湖县志》卷二五、《溉水新志》卷一二、光绪《上虞县志》卷三八、光绪《上虞续志》卷四六、光绪《鄞县志》卷六九、光绪《镇海县志》卷三七、万历《绍兴府志》卷一三、乾隆《余姚志》卷八、民国《定海县志·舆地志》、光绪《常山县志》卷八。

万历五年(公元 1577 年)

[灾情] 秋,台州、黄岩水,坏民居禾稼,常山大雨水;上虞海啸。

[资料来源] 康熙《浙江通志》卷二、万历《黄岩县志》卷七、光绪《常山县志》卷八、光绪《上虞县志》卷三八。

万历六年(公元 1578 年)

[灾情] 二、三月,杭州恒雨;海盐田多涝;七月十八日,黄岩大雨,山崩。

[资料来源] 《崔鸣吾纪事》、民国《杭州府志》卷八四、光绪《黄岩县志》卷七。

万历七年(公元 1579 年)

[灾情] 四月,湖州大水,淹禾稼;嘉兴、平湖四月大水;五月,开化大水;浙江大水。

[资料来源] 《续文献通考》卷二一六、光绪《长兴县志》卷九、光绪《嘉善县志》卷三四、天启《平湖县志》卷一八、光绪《开化县志》卷一四。

万历八年(公元 1580 年)

[灾情] 闰四月,平湖大水,民饥;五月,石门大水,淹禾稼;杭州大雨水,西湖水溢入涌金门。

[资料来源] 天启《平湖县志》卷一八、光绪《石门县志》卷一一、万历《钱塘县志》册四、康熙《钱塘县志》卷一二。

万历九年(公元 1581 年)

[灾情] 嘉兴、湖州大水;六月,瑞安大风雨。

[资料来源] 雍正《浙江通志》卷一〇九、嘉庆《瑞安县志》卷一〇。

万历十年(公元 1582 年)

[灾情] 五月初八日,常山、衢州、江山、开化等县大水;桐庐五月大水;七月十三日,嘉兴大风拔木;湖州大风拔木;衢州大水;开化大水;余姚海溢。

[资料来源] 光绪《常山县志》卷八、康熙《衢州府志》卷二七、嘉庆《西安县志》卷二二、同治《江山县志》卷一二、光绪《开化县志》卷一四、光绪《嘉兴府志》卷三五、乾隆《桐庐县志》卷一六、《太湖备考》卷一四、乾隆《余姚志》卷八。

万历十一年(公元 1583 年)

[灾情] 夏,瑞安大风雨。

[资料来源]　嘉庆《瑞安县志》卷一〇。

万历十二年(公元 1584 年)

[灾情]　秋,瑞安大水,烈风竟日,坊表公署俱坏。

[资料来源]　嘉庆《瑞安县志》卷一〇。

万历十三年(公元 1585 年)

[灾情]　五月,萧山大雨,西江水入城市,其势不减嘉靖中;秋,嘉兴、湖州大水;八月,瑞安大风雨三日。

[资料来源]　民国《萧山县志稿》卷五、光绪《嘉兴府志》卷三五、光绪《嘉善县志》卷三四、嘉庆《瑞安县志》卷一〇。

万历十四年(公元 1586 年)

[灾情]　春,昌化大水;五月,海宁大水;六月,瑞安大水;夏,浙江大水;秋,嘉兴、嘉善、平湖俱大水。

[资料来源]　民国《昌化县志》卷一五、《海昌外志》、嘉庆《瑞安县志》卷一〇、光绪《嘉庆府志》,卷三五、光绪《嘉善县志》卷三四、天启《平湖县志》卷一八。

万历十五年(公元 1587 年)

[灾情]　五月,浙江大水,杭、嘉、湖江湖泛溢,平地水深丈余,嘉善舟行畎亩间,石门大水害稼;五月二十六日,开化洪水;七月二十一日,飓风大雨,杭、嘉、湖数百里,一望成湖;昌化大水,各乡屋水,山崩;海盐海溢;平湖大风雨,海水大至;台州大风雨,拔木伤禾稼;山阴、会稽、萧山、余姚大风雨;宁波大水,舟行城上。

[资料来源]　《明史·五行志》、雍正《浙江通志》卷一〇九、光绪《嘉善县志》卷三四、光绪《石门县志》卷一一、光绪《海盐县志》卷一三、光绪《鄞县志》卷六九、《澉水新志》卷一二、光绪《开化县志》卷一四、民国《昌化县志》卷一五、光绪《上虞县志》卷三八、民国《台州府志》卷一三二。

万历十六年(公元 1588 年)

[灾情]　正月至五月,山阴、会稽、萧山、余姚、上虞淫雨,合郡大饥;宁波春淫雨,麦苗尽萎;杭州、嘉兴春大雨水,自三月中连绵至五月,嘉兴饿殍遍野;严州大饥;衢州春淫雨,伤麦;开化春淫雨数月,黄豆无种,二麦淹没;四月,庆元大水,坏城;兰溪大水入城;秋,长兴大风雨,太湖溢;海盐大水;宁海飓风,屋舍塘围尽没。

[资料来源]　《二申野录》卷五、《崔鸣吾纪事》、雍正《浙江通志》卷一〇九、光绪《鄞县志》卷六九、万历《钱塘县志》册四、光绪《嘉兴府志》卷三五、嘉庆《西安县志》卷二二、光绪《开化县志》卷一四、光绪《庆元县志》卷一一、光绪《兰溪县志》卷八、光绪《长兴县志》卷九、民国《建德县志》卷一、民国《台州府志》卷一三二。

万历十七年（公元 1589 年）

［灾情］　六月，浙江海沸，杭州、嘉兴、宁波、绍兴、台州属县廨宇多圮，碎官民船及战舸，压溺者二百余人，杭州吹倒桥梁六座，牌坊四座；缙云大水。

［资料来源］　《明史·五行志》、《续文献通考》卷二一六、光绪《鄞县志》卷六九、民国《萧山县志稿》卷五、万历《钱塘县志》册四、光绪《镇海县志》卷三七、民国《台州府志》卷一三四、光绪《缙云县志》卷一五。

万历十八年（公元 1590 年）

［灾情］　五月，瑞安大水；九月十二日，台州大雨至于次年二月；平湖冬淫雨，三月不止。

［资料来源］　嘉庆《瑞安县志》卷一〇、民国《临海县志》卷四一、天启《平湖县志》卷一八。

万历十九年（公元 1591 年）

［灾情］　七月，宁、绍、苏、松滨海潮溢，伤稼淹人；浙江大水；七月十九日，大雨如注，海潮入定海城；明州海溢，水入郡城；秋，淫雨连月，宁海城崩三百余丈；八月，温州大水；乐清海溢，晚禾尽伤；嘉兴、嘉善秋大水。

［资料来源］　《明史·五行志》、《明史·神宗纪》、民国《镇海县志》卷四三、光绪《鄞县志》卷六九、民国《台州府志》卷五〇、乾隆《温州府志》卷二九、光绪《乐清县志》卷一三、《续文献通考》卷二一六。

万历二十年（公元 1592 年）

［灾情］　诸暨大水，永康大水，城市可通舟楫；秋，健跳所健阳塘决。

［资料来源］　宣统《诸暨县志》卷一八、光绪《永康县志》卷一一、民国《台州府志》卷四八。

万历二十二年（公元 1594 年）

［灾情］　夏，江山大水；庆元蜃水，坏槎溪桥。

［资料来源］　同治《江山县志》卷一二、光绪《庆元县志》卷二。

万历二十三年（公元 1595 年）

［灾情］　夏，江山县大水；夏四月，常山县大水。

［资料来源］　同治《江山县志》卷一二、光绪《常山县志》卷八。

万历二十四年（公元 1596 年）

［灾情］　八月，杭州、嘉兴、湖州三府大风雨数日夜不息，山洪暴发，郊原皆成巨浸；杭州淫雨；嘉善、海宁俱大水；秋，明州大水伤稼，民多淹死。

［资料来源］　《续文献通考》卷二二一、《明书·礼祥志》、光绪《嘉兴府志》卷三

五、康熙《海宁县志》卷八、光绪《嘉善县志》卷三四、光绪《鄞县志》卷六九。

万历二十六年(公元 1598 年)

[灾情]　四月,松阳水;新城水;九月,浙江水灾,海宁、临海、遂安、桐乡、嘉善、崇德被灾十分,安吉州、仁和、钱塘、富阳、新城、鄞县、慈溪、奉化、定海、武义、汤溪被灾九分,余杭、于潜、昌化、秀水、海盐、平湖、归安、乌程、象山、金华、兰溪、东阳、建德、淳安、桐庐、分水被灾八分,长兴、德清、武康、孝丰、义乌、永康、浦江被灾七分,嘉兴、寿昌、常山被灾六分,龙游、江山、临海被灾五分,宁海、西安、开化被灾四分,天台、仙居、黄岩、太平被灾三分。

[资料来源]　民国《松阳县志》卷一四、民国《新登县志》卷一一、《续文献通考》卷二二一、雍正《浙江通志》卷七五。

万历二十七年(公元 1599 年)

[灾情]　四月,严州大水;春、夏,湖州淫雨,伤麦;七月,缙云大水;太平大风雨,漂没无算。

[资料来源]　光绪《严州府志》卷二二、民国《台州府志》卷一三四、雍正《浙江通志》卷一〇九、光绪《缙云县志》卷一五。

万历二十八年(公元 1600 年)

[灾情]　八月,武义大水。

[资料来源]　嘉庆《武义县志》卷一二。

万历二十九年(公元 1601 年)

[灾情]　春,苏、松、嘉、湖淫雨,伤麦;四月,武义淫雨,麦烂;湖州雨至夏不止,秋禾不能栽种;诸暨伏中霖雨十日。

[资料来源]　《续文献通考》卷二二一、同治《湖州府志》卷四四、嘉庆《武义县志》卷一二、宣统《诸暨县志》卷一八。

万历三十年(公元 1602 年)

[灾情]　五月,杭州大雨,龙井山水出,顷刻高四尺;六月,孝丰大水;临安县大水;七月,绍兴府大风雨,各县人多溺,海潮骤入城,漂石梁里许方沉。

[资料来源]　雍正《浙江通志》卷一〇九、万历《钱塘县志》册四、雍正《山阴县志》卷九、光绪《孝丰县志》卷八、民国《杭州府志》卷八四。

万历三十三年(公元 1605 年)

[灾情]　夏,长兴县大水,漂庐室,民栖于舟。

[资料来源]　光绪《长兴县志》卷九。

万历三十五年(公元 1607 年)

[灾情]　五、六月，诸暨淫雨不止，闰六月大水，溺人不可胜计；瑞安大雨水；杭州大雨水；桐庐大雨水；严州淫雨发洪，山摧石转，漂屋溺人，坏田万余亩；平阳大雨水。

[资料来源]　雍正《浙江通志》卷一〇九、宣统《诸暨县志》卷一八、康熙《钱塘县志》卷一二、乾隆《桐庐县志》卷一六、嘉庆《瑞安县志》卷一〇、民国《平阳县志》卷五八。

万历三十六年（公元 1608 年）

[灾情]　夏四月至五月终，杭州大雨数十日；湖州大雨自四月朔至六月晦；嘉兴五月大雨浸淫，累月不止；海宁五月大水；桐乡五月大雨，无遗种；严州夏大雨水；桐庐洪水；嘉善郊原成河；平湖田可行舟，除高阜外，颗粒无收；余杭六月大水，南湖北堤决，漂没屋舍，街市乘船举网；云和大水，溪高数丈；绍兴大水，害禾稼；瑞安七月大风雨。

[资料来源]　《明史·神宗纪》、万历《钱塘县志》册四、同治《湖州府志》卷四四、光绪《嘉兴府志》卷三五、《杨园集》卷一七、《海昌外志》、光绪《嘉善县志》卷三四、民国《建德县志》卷一、天启《平湖县志》卷一八、光绪《余杭县志》卷三七、同治《云和县志》卷一五、乾隆《绍兴府志》卷八〇、嘉庆《瑞安县志》卷一〇。

万历三十七年（公元 1609 年）

[灾情]　四月二十七日，太平县大风雨，水门崩；秋，浙江大水；宁波大水，民居漂没无算；嵊县大水，民多溺；余杭大水；杭州八月初七至初十日骤雨昼夜不止，湖南诸堤皆溃决；青田八月大水，城内行舟；丽水大水。

[资料来源]　《明史·神宗纪》、雍正《浙江通志》卷一〇九、民国《台州府志》卷一三四、光绪《鄞县志》卷六九、乾隆《绍兴府志》卷八〇、光绪《余杭县志》卷三七、光绪《处州府志》卷二五、光绪《青田县志》卷一七。

万历三十八年（公元 1610 年）

[灾情]　归安大水；缙云大水；八月，瑞安山乡龙起，浪高数丈，溺死百余人。

[资料来源]　雍正《浙江通志》卷一五一、光绪《处州府志》卷二五、嘉庆《瑞安县志》卷一〇。

万历三十九年（公元 1611 年）

[灾情]　六月，奉化大雨，山崩；七月，缙云大水，归安大水。

[资料来源]　光绪《奉化县志》卷三九、光绪《缙云县志》卷一五、雍正《浙江通志》卷一五一。

万历四十二年（公元 1614 年）

[灾情]　浙江淫雨为灾；浙西、江西、两广俱水；七月，温州大雨，平阳仙坛山崩；八月，瑞安大雨。

［资料来源］ 《明史·五行志》,《续文献通考》卷二一六、卷二二一,乾隆《温州府志》卷二九,嘉庆《瑞安县志》卷一〇。

万历四十三年(公元 1615 年)

［灾情］ 诸暨夏暴雨,大水腐禾稼。

［资料来源］ 宣统《诸暨县志》卷一八。

万历四十四年(公元 1616 年)

［灾情］ 七月,平阳县大雨水;七月十三日,海盐县西郊蜃水;八月,瑞安县大雨水。

［资料来源］ 民国《平阳县志》卷五八、光绪《海盐县志》卷一三、嘉庆《瑞安县志》卷一〇。

万历四十五年(公元 1617 年)

［灾情］ 宣平水涨,通济桥圮。

［资料来源］ 光绪《宣平县志》卷四。

万历四十六年(公元 1618 年)

［灾情］ 夏,桐乡大水;义乌飓风大雨水,宁波、奉化大水,坏民庐溺人。

［资料来源］ 《杨园集》卷一七、嘉庆《义乌县志》卷一九、光绪《鄞县志》卷六九、光绪《奉化县志》卷三九。

万历四十七年(公元 1619 年)

［灾情］ 六月五日,瑞安潮溢;永嘉海水暴涨;诸暨大水。

［资料来源］ 嘉庆《瑞安县志》卷一〇、乾隆《温州府志》卷二九、宣统《诸暨县志》卷一八。

泰昌元年(公元 1620 年)

［灾情］ 诸暨大水,民多死。

［资料来源］ 乾隆《绍兴府志》卷八〇。

天启元年(公元 1621 年)

［灾情］ 七月二十三日,杭州烈风骤雨海啸,沿江庐舍漂没俱尽;山阴、会稽水,卧龙山洪水暴发;严州大水。

［资料来源］ 雍正《浙江通志》卷一〇九、道光《会稽县志稿》卷九、雍正《山阴县志》卷九、民国《建德县志》卷一。

天启二年(公元 1622 年)

［灾情］ 四月,衢州久雨,烂麦;八月四日,暴水冲入兰溪城市。

［资料来源］ 嘉庆《西安县志》卷二二、光绪《兰溪县志》卷八。

天启三年（公元 1623 年）

［灾情］　四月，江山县大水；丽水大水，无麦。

［资料来源］　同治《江山县志》卷一二、光绪《处州府志》卷二五。

天启四年（公元 1624 年）

［灾情］　四月，湖州雨，伤蚕麦，五月，梅雨浃旬，秧苗尽没，太湖溢，舟行阡陌间，七月又大雨；海盐自春及秋大雨水；嘉善春洪水骤发，商贸不通，五月淫雨；长兴夏大水，太湖溢；严州大水；开化大水。

［资料来源］　同治《湖州府志》卷四四、光绪《长兴县志》卷九、《太湖备考》卷一四、光绪《海盐县志》卷一三、光绪《嘉善县志》卷三四、民国《建德县志》卷一、光绪《开化县志》卷一四。

天启五年（公元 1625 年）

［灾情］　秋，台州烈风暴雨，禾稼尽拔，民采蕨充食。

［资料来源］　民国《台州府志》卷一三四。

天启六年（公元 1626 年）

［灾情］　五月，缙云大水；闰六月初二日，瑞安大水；义乌县治大水，舟行街中；七月初一日，嘉兴、湖州大风拔木，淫雨如注，室庐俱损，昼夜方息；平湖大风雨，与湖州同；宁波七月大水；八月，桐乡海潮自海宁入，一夕水涨三尺余，河流皆咸，民汲井池以饮。

［资料来源］　光绪《处州府志》卷二五、嘉庆《瑞安县志》卷一〇、嘉庆《义乌县志》卷一九、同治《湖州府志》卷四四、天启《平湖县志》卷一八、光绪《嘉兴府志》卷三五、张杨园《桐乡灾异记》。

天启七年（公元 1627 年）

［灾情］　五月，缙云大水；金华五月淫雨，八月洪水；湖州、南浔五月淫雨，七月又雨，一岁两荒；七月，山阴、会稽暴风雨；余姚大水；七月二十二日，嵊县暴风雨，偃禾；长兴大风拔木，太湖水溢。

［资料来源］　《二申野录》卷七、光绪《缙云县志》卷一五、光绪《金华县志》卷一六、康熙《绍兴府志》卷一三、《南浔志》卷一九、光绪《余姚县志》卷七、民国《嵊县志》卷三一、光绪《长兴县志》卷九。

崇祯元年（公元 1628 年）

［灾情］　七月二十三日，浙江海溢，自海盐至曹娥，冲淹海宁平野二十余里，人畜庐舍，漂溺无算；绍兴大风，海水直入郡城，街市可行舟，山阴、会稽、萧山、上虞、余姚被溺者各以万计；杭州、嘉兴、湖州三府海啸，坏民居数万间，溺数万人；宁波大风雨，拔木

圮石坊;定海、诸暨、石门、平湖、嘉善等县同日俱大风雨成灾。

[资料来源] 《明史·五行志》、《续文献通考》卷二一六、《二申野录》卷八、雍正《浙江通志》卷一〇九、《澉水新志》卷一二、光绪《石门县志》卷一一、光绪《鄞县志》卷六九、光绪《镇海县志》卷三七、光绪《平湖县志》卷二五、宣统《诸暨县志》卷一八。

崇祯二年(公元 1629 年)

[灾情] 八月初九日,山阴、会稽、萧山大风雨海溢,山阴大水较元年更增五寸许;宁波水灾。

[资料来源] 《二申野录》卷八、康熙《绍兴府志》卷一三、光绪《鄞县志》卷六九。

崇祯四年(公元 1631 年)

[灾情] 四月,温州大雨,乐清西岩寺山摧;八月,永嘉有龙从江中起,循郡城南渡松台山,飞石拔木,坏城垣及民居,南浔大水。

[资料来源] 雍正《浙江通志》卷一〇九、《南浔志》卷一九。

崇祯六年(公元 1633 年)

[灾情] 六月,定海飓风,大雨如注,民庐倒坍,外洋防海战船漂没破坏,巡兵沉溺不计其数;六月二十五日,嘉兴龙见,烈风拔木,碑石坊表飞去数十武;山阴、会稽水潦,湖州水。

[资料来源] 雍正《浙江通志》卷一〇九、民国《镇海县志》卷四三、光绪《嘉兴府志》卷三五、《三江闸全书》上、光绪《归安县志》卷二七。

崇祯七年(公元 1634 年)

[灾情] 六月二十四日,杭州大风雨,西山水暴发,坏僧俗庐舍无算,天竺、灵隐、云栖、虎跑为甚;七月,永康大水,城中水深过膝;八月,余姚、上虞、丽水、缙云等县大水,缙云大水较天启七年更甚。

[资料来源] 民国《杭州府志》卷八四、光绪《永康县志》卷一一、光绪《余姚县志》卷七、《虞志校续》卷二四、光绪《处州府志》卷二五、光绪《缙云县志》卷一五。

崇祯八年(公元 1635 年)

[灾情] 五月,丽水大水入城;江山大水,各乡同日蜃水大发,漂没田庐;衢州大水,与城门限平,坏田庐无算;常山大水;汤溪大水;湖州、南浔大水。

[资料来源] 光绪《处州府志》卷二五、同治《江山县志》卷一二、嘉庆《西安县志》卷二二、民国《衢县志》卷一、光绪《常山县志》卷八、民国《汤溪县志》卷一、《南浔志》卷一九。

崇祯九年(公元 1636 年)

[灾情] 春,丽水水;七月,青田大水;秋,萧山潮冲瓜沥,坏塘。

[资料来源]　雍正《浙江通志》卷一五七、光绪《青田县志》卷一七、民国《萧山县志稿》卷五。

崇祯十年(公元 1637 年)

[灾情]　夏,东阳霖雨五十余日。

[资料来源]　道光《东阳县志》卷一二。

崇祯十一年(公元 1638 年)

[灾情]　六月十三日,台州大风雨,折屋发石,大木尽拔;六月辛亥暮,海宁大风潮决城,西至赭山,溺人畜伤稼;杭州大水;六月二十日,绍兴狂风大雨彻夜,吹坏竹木不可计数;昌化水。

[资料来源]　康熙《海宁县志》卷八、康熙《临海县志》卷一一、雍正《浙江通志》卷一〇九、《祁忠敏公日记》、民国《昌化县志》卷一五。

崇祯十二年(公元 1639 年)

[灾情]　五月六日,嘉兴、嘉善等县大雨连日夜达十三日,平地水溢数尺,舟行于陆;六月,昌化大水,溺死数千人;宁波风水损木;武义大水,平地丈余;十二月,浙江淫雨,阡陌成巨浸。

[资料来源]　《续文献通考》卷二二一、光绪《嘉兴府志》卷三五、光绪《嘉善县志》卷三四、民国《杭州府志》卷八四、民国《昌化县志》卷一五、光绪《鄞县志》卷六九、嘉庆《武义县志》卷一二。

崇祯十三年(公元 1640 年)

[灾情]　春,义乌淫雨;平湖四月初八雨至五月初九,田禾尽淹;嘉兴、石门五月十三日大雨,水没田畴;湖州乌青五月大雨七昼夜;夏,严州淫雨;桐庐大水;海盐大水;龙游大水,坏文昌桥;五月,浙江大水;秋,诸暨大水。

[资料来源]　《续文献通考》卷二一六、《张氏补农书》卷上、嘉庆《义乌县志》卷一九、光绪《平湖县志》卷二五、光绪《石门县志》卷一一、《乌青镇志》卷一、民国《建德县志》卷一、乾隆《桐庐县志》卷一六、光绪《海盐县志》卷一三、乾隆《绍兴府志》卷八〇。

崇祯十四年(公元 1641 年)

[灾情]　正月十六日,嘉兴大雨,城裂;七月,孝丰大水;秋,诸暨大水。

[资料来源]　雍正《浙江通志》卷一〇九、光绪《孝丰县志》卷八、宣统《诸暨县志》卷一八。

崇祯十五年(公元 1642 年)

[灾情]　二月二十三日,石门河水溢,民饥;五月,严州大水;兰溪大水入城市;萧

山五月大水,坏西江塘,六月十六日复大雨;湖州大水;八月,绍兴淫雨,伤稼。

[资料来源]　光绪《石门县志》卷一一、光绪《严州府志》卷二二、光绪《兰溪县志》卷八、民国《萧山县志稿》卷五、光绪《归安县志》卷二七、《祁忠敏公日记》。

崇祯十六年(公元 1643 年)

[灾情]　四月二十日,石门大风雨,拔木坏屋。

[资料来源]　光绪《石门县志》卷二一。

崇祯十七年(公元 1644 年)

[灾情]　天目山洪水;湖州水;缙云大水,漂民居;八月,东阳大水。

[资料来源]　光绪《孝丰县志》卷八、光绪《归安县志》卷二七、光绪《缙云县志》卷一五、《清史稿·灾异志》。

清顺治二年(公元 1645 年)

[灾情]　六月初八日,杭州大风雨,拔木;七月十四日,湖州大风雨,没禾稼,无秋;东阳七月大雨水;石门大风雨水溢;嵊县大水;瑞安、乐清八月大水,冬无禾。

[资料来源]　康熙《浙江通志》卷二、民国《杭州府志》卷八五、同治《湖州府志》卷四四、道光《东阳县志》卷一二、光绪《石门县志》卷一一、嘉庆《瑞安县志》卷一〇、光绪《乐清县志》卷一三。

顺治三年(公元 1646 年)

[灾情]　三月,嘉善大雷雨十余日,伤豆麦;七月,上虞大风潮,禾稼尽腐。

[资料来源]　光绪《嘉善县志》卷三四、光绪《上虞县志》卷三八。

顺治四年(公元 1647 年)

[灾情]　四月,缙云大风雨;七月,嵊县大水;瑞安水。

[资料来源]　康熙《绍兴府志》卷一三、《清史稿·灾异志》、光绪《缙云县志》卷一五。

顺治五年(公元 1648 年)

[灾情]　春,新城淫雨六十余日,水没城及半;桐乡大水;六月,建德发蜃水;七月,云和大雨三昼夜成灾;七月十九日,常山大水,稻禾几尽。

[资料来源]　《清史稿·灾异志》、《杨园集》卷一七、同治《云和县志》卷一五、光绪《常山县志》卷八。

顺治六年(公元 1649 年)

[灾情]　五月,湖州、乌青大水泛溢,无麦;桐乡大水;嘉善大水;萧山、山阴大水;兰溪大水;漂民庐无算。

[资料来源]　同治《湖州府志》卷四四、《乌青镇志》卷一、《杨园集》卷一七、光绪

《嘉善县志》卷三四、嘉庆《山阴县志》卷二○、光绪《兰溪县志》卷八。

顺治七年（公元 1650 年）

［灾情］ 五月，平阳淫雨四十余日；六月，桐乡淫雨；遂昌、台州、湖州水；武义大水入城；缙云、仙居、东阳、长兴大水；十月，仙居大水，城北隅坍坏，民多溺死。

［资料来源］ 《清史稿·灾异志》、康熙《浙江通志》卷二、雍正《浙江通志》卷一○九、嘉庆《武义县志》卷一二、道光《东阳县志》卷一二、同治《湖州府志》卷四四。

顺治八年（公元 1651 年）

［灾情］ 自春至夏，嘉兴、嘉善、海盐、桐乡淫雨大水；四月，湖州、长兴大水；五月，昌化水；杭州五月水，伤禾苗；八月，乌程、瑞安大水，伤禾稼；宣平洪水，冲漂通济桥。

［资料来源］ 《清史稿·灾异志》、《杨园集》卷一七、民国《昌化县志》卷一五、同治《湖州府志》卷四四、光绪《宣平县志》卷四、《潋水新志》卷一二。

顺治九年（公元 1652 年）

［灾情］ 七月，乌程大水；八月，桐乡大水。

［资料来源］ 《清史稿·灾异志》、光绪《归安县志》卷二七。

顺治十年（公元 1653 年）

［灾情］ 七月，嘉兴、嘉善大水。

［资料来源］ 《清史稿·灾异志》、光绪《嘉兴府志》卷三五、光绪《嘉善县志》卷三四。

顺治十一年（公元 1654 年）

［灾情］ 萧山西江塘圮。

［资料来源］ 民国《萧山县志稿》卷五。

顺治十二年（公元 1655 年）

［灾情］ 四月，嘉兴大水；海宁县潮溢至城下；夏，衢州、江山大水；淳安、桐庐水。

［资料来源］ 《清史稿·灾异志》、康熙《浙江通志》卷二、雍正《浙江通志》卷一○九、光绪《淳安续志》卷一六。

顺治十三年（公元 1656 年）

［灾情］ 五月，湖州、常山大水；七月，天台大水；秋，平湖大水；十月，乌程、平湖、天台大水。

［资料来源］ 《清史稿·灾异志》、光绪《常山县志》卷八、民国《台州府志》卷一三五、光绪《平湖县志》卷二五。

顺治十四年（公元 1657 年）

［灾情］　六月,东阳大水;六月十九日,诸暨大水;义乌大水入城;嵊县大水;宁波大风雨,水没堤岸;处州潦,城外寿元山崖出。

［资料来源］　道光《东阳县志》卷一二、嘉庆《义乌县志》卷一九、宣统《诸暨县志》卷一八、民国《嵊县志》卷三一、雍正《浙江通志》卷一〇九。

顺治十五年(公元 1658 年)

［灾情］　三月,台州大水;夏,嵊县大水;七月,余姚大风,浒山海溢;秋,台州大水;八月初九日,平湖大雨数昼夜,平地水深二尺许;八月初十日,海盐大雷雨,蛟龙尽起,海溢;湖州、南浔大水;宁波、绍兴二府龙飓淫雨;十月朔,海宁海水溢于河。

［资料来源］　《清史稿·灾异志》、光绪《余姚县志》卷七、道光《浒山志》卷六、光绪《平湖县志》卷二五、《澉水新志》卷一二、雍正《浙江通志》卷七六、康熙《海宁县志》卷八、《南浔志》卷一九。

顺治十六年(公元 1659 年)

［灾情］　四月,湖州大水;五月,衢州、江山、常山大水;十一月,仙居大水。

［资料来源］　《清史稿·灾异志》。

顺治十七年(公元 1660 年)

［灾情］　七月,东阳大水;台州大水。

［资料来源］　道光《东阳县志》卷一二、康熙《浙江通志》卷二。

顺治十八年(公元 1661 年)

［灾情］　五月,严州、庆元大水;八月,淳安大水。

［资料来源］　《清史稿·灾异志》、民国《建德县志》卷一、光绪《庆元县志》卷一一。

康熙元年(公元 1662 年)

［灾情］　五月,湖州、长兴大水,潦田失播;秋,萧山大雨,山崩。

［资料来源］　同治《湖州府志》卷四四、光绪《长兴县志》卷九、《清史稿·灾异志》。

康熙二年(公元 1663 年)

［灾情］　六月,余姚大风潮;浒山海溢;江山大水,坏田庐;常山大水;衢州大水;九月,浦江大水。

［资料来源］　《清史稿·灾异志》、光绪《余姚县志》卷七、道光《浒山志》卷六、同治《江山县志》卷一二、光绪《常山县志》卷八、民国《衢县志》卷一。

康熙三年(公元 1664 年)

［灾情］　六月,海宁海决,水入城;七月,慈溪大风雨,北乡大水;嘉兴飓风,拔木

飞瓦;八月初一日,上虞大风雨;八月初,会稽、山阴、萧山、余姚、海盐俱飓风海溢;平湖
海溢;海宁海溢;仙居、桐庐大水;庆元县北门桥圮于水。

[资料来源] 《杨园集》卷一七、康熙《海宁县志》卷八、光绪《嘉兴府志》卷三五、
光绪《慈溪县志》卷五五、光绪《上虞县志》卷三五、康熙《会稽县志》卷四、光绪《余姚
县志》卷七、民国《萧山县志稿》卷五、《清史稿·河渠志》、光绪《庆元县志》卷二。

康熙四年(公元1665年)

[灾情] 七月,永嘉水溢;丽水大水;台州大风雨;七月初五日,会稽狂飓,塘决;
镇海淫雨,飓风大作;宁海大风雨,偃禾拔木;东阳大水;嘉善大水;湖州大水;山阴、长
兴大水。

[资料来源] 《清史稿·灾异志》、康熙《浙江通志》卷二、光绪《宁海县志》卷二
三、道光《东阳县志》卷一二、民国《镇海县志》卷四三、康熙《临海县志》卷一一、同治
《湖州府志》卷九五。

康熙五年(公元1666年)

[灾情] 正月,嘉善大雨,害菜菽。

[资料来源] 光绪《嘉善县志》卷三四。

康熙六年(公元1667年)

[灾情] 四月,临海大雨,山崩;七月,温州、瑞安大风雨,坏城;嵊县大水;八月,
东阳大水。

[资料来源] 《清史稿·灾异志》、康熙《浙江通志》卷二、民国《嵊县志》卷三一、
道光《东阳县志》卷一二。

康熙七年(公元1668年)

[灾情] 四月,仙居大风雨十余日,田庐俱没;四月二十日,临海、天台大风雨,淹
田;太平大雨如注;东阳大风雨,倒民庐舍淹田;五月,太平积雨旬余;嘉善大水;六月,
乐清大风雨;七月初四日,衢州大风暴雨;七月初五日,温州、瑞安大风雨海溢,坏城垣
庐舍,街市可通舟楫;台州大水;黄岩大水;乐清大水;七月初六日,海宁潮溢;秋,江山
大风,移木毁屋;山阴、会稽淫雨;杭州大水。

[资料来源] 《清史稿·灾异志》、《清史稿·蒋国柱传》、光绪《台州府志》卷三
○、民国《台州府志》卷一三二、光绪《黄岩县志》卷三八、光绪《永嘉县志》卷一六、嘉
庆《西安县志》卷二二、康熙《海宁县志》卷八、《濲水新志》卷一二、嘉庆《瑞安县志》卷
一○、光绪《乐清县志》卷一三、嘉庆《山阴县志》卷一二、民国《杭州府志》卷八五、光
绪《嘉善县志》卷三四。

康熙八年(公元1669年)

[灾情]　四月,嘉兴淫雨浃三旬,田禾淹没,六月十一日,烈风淫雨,昼夜不息,坏民庐舍;夏,长兴大水;八月,宁波、山阴大水,宁波一夕平地水深数尺。

[资料来源]　《清史稿·灾异志》、光绪《嘉兴府志》卷三五、康熙《浙江通志》卷二、光绪《鄞县志》卷六九、同治《湖州府志》卷四四、光绪《长兴县志》卷九。

康熙九年(公元 1670 年)

[灾情]　四月,杭州、海宁大雨水,河水溢,禾稼淹死;五月,湖州、德清、山阴淫雨连旬,田畴尽没;六月十一、十二日,嘉善飓风大作,水高丈余,城市、田禾皆淹;海盐大雨水,平地行舟;六月十二日,湖州太湖水陡涨丈余,溢淹城市;山阴、诸暨、余姚、宁波、嵊县、上虞、浒山、海宁均大雨水,山阴飓风淫雨,坏丈午村塘,海宁河水大溢;钱塘大水;七月,金华大水。

[资料来源]　《清史稿·灾异志》、雍正《浙江通志》卷一〇九、《太湖备考》卷一四、康熙《绍兴府志》卷一三、道光《浒山志》卷六、光绪《上虞县志》卷三八、民国《杭州府志》卷八五、光绪《鄞县志》卷六九、民国《嵊县志》卷三一、康熙《浙江通志》卷二、嘉庆《山阴县志》卷二〇、光绪《海盐县志》卷一三、光绪《金华县志》卷一六。

康熙十年(公元 1671 年)

[灾情]　春,湖州大水;八月,嘉兴大雨。

[资料来源]　同治《湖州府志》卷四四、光绪《嘉兴府志》卷三五。

康熙十一年(公元 1672 年)

[灾情]　四月,武义大水;六月,湖州大水,漂没民居;杭州、乌程俱大水;长兴大水;七月,嘉善大风雨,水涨平岸;七、八月,余杭淫雨连绵;宁波淫雨;闰七月,杭州、嘉兴、湖州三府属县遭水淹;八月,海宁霖雨,伤禾稼。

[资料来源]　《清史稿·灾异志》、嘉庆《武义县志》卷一二、康熙《浙江通志》卷二、光绪《长兴县志》卷九、光绪《嘉善县志》卷三四、光绪《鄞县志》卷六九、民国《杭州府志》卷八四、光绪《余杭县志》卷三七、康熙《海宁县志》卷八。

康熙十二年(公元 1673 年)

[灾情]　正月,海宁淫雨至四月始止;嘉兴水溢,塘圮。

[资料来源]　《清史稿·灾异志》、光绪《嘉兴府志》卷二九。

康熙十三年(公元 1674 年)

[灾情]　正、二月,桐庐连雨;海宁正月霖雨至于四月;三月望,嘉善大雨,旬日水涨四、五尺,豆麦尽伤,五月复大雨水涨,十月淫雨连月;杭州四月雨至六月初;遂安五月三日大水;严州五月大水;五至七月,湖州淫雨,害稼。

[资料来源]　《清史稿·灾异志》、乾隆《桐庐县志》卷一六、康熙《海宁县志》卷

八、光绪《嘉善县志》卷三四、民国《遂安县志》卷九、光绪《严州府志》卷二二、同治《湖州府志》卷四四。

康熙十四年（公元 1675 年）

［灾情］　四月,嘉善雨,伤豆麦;夏,东阳久雨;八月,青田大雨,山崩。

［资料来源］　光绪《嘉善县志》卷三四、道光《东阳县志》卷一二、光绪《青田县志》卷一七。

康熙十五年（公元 1676 年）

［灾情］　三月至五月,湖州恒雨大水;杭州四月雨至五月;五月,海宁淫雨匝月,伤禾稼;夏,嘉善大水;萧山夏雨浃旬,五月十三日,西江塘圮;庆元县石龙渡桥坏于水。

［资料来源］　《清史稿·灾异志》、雍正《浙江通志》卷一〇九、《乌青镇志》卷一、光绪《嘉善县志》卷三四、民国《萧山县志稿》卷五、光绪《庆元县志》卷二。

康熙十六年（公元 1677 年）

［灾情］　十月,嘉善淫雨。

［资料来源］　光绪《嘉善县志》卷三四。

康熙十七年（公元 1678 年）

［灾情］　三月,嘉善淫雨,无麦;四月,湖州大水,无禾;平湖四月淫雨匝月;五月,金华淫雨,伤稼;七月,太平淫雨,民舍倾圮。

［资料来源］　《清史稿·灾异志》、光绪《嘉善县志》卷三四、同治《湖州府志》卷四四。

康熙十八年（公元 1679 年）

［灾情］　八月,太平淫雨;嘉善大水;余姚、上虞两县尽遭没淹,连及慈溪。

［资料来源］　《清史稿·灾异志》、光绪《嘉善县志》卷三四、《三续上虞塘二纪略》。

康熙十九年（公元 1680 年）

［灾情］　夏秋,湖州大水,八月,太湖溢;平湖大雨水溢;山阴、会稽淫雨,害稼;汤溪大水。

［资料来源］　同治《湖州府志》卷四四、《太湖备考》卷一四、嘉庆《山阴县志》卷一二、民国《汤溪县志》卷一。

康熙二十年（公元 1681 年）

［灾情］　三月,处州大雨至五月始止;四月,宁波淫雨竟月;五月十八日,昌化大雨水;五月,金华淫雨,伤禾稼;萧山大雨,临浦塘圮;汤溪、诸暨大水;常山大水;夏,衢州大水;淳安大水;余姚夏涝;富阳大水;山阴、会稽大水;台州春夏大水,蜃水发,山崩;

六月,瑞安晦夜大风雨,港乡漂没,尸骸相枕;十二月十八日,嘉善淫雨三十日。

[资料来源]　《清史稿·灾异志》、光绪《处州府志》卷二五、康熙《绍兴府志》卷一七、民国《汤溪县志》卷一、民国《台州府志》卷一三二、嘉庆《瑞安县志》卷一〇、民国《萧山县志稿》卷五、光绪《常山县志》卷八、光绪《富阳县志》卷一五、宣统《诸暨县志》卷一八、光绪《淳安续志》卷一六、光绪《嘉善县志》卷三四。

康熙二十一年(公元 1682 年)

[灾情]　一至四月,台州淫雨不止;三月,绍兴淫雨九旬,禾苗尽淹;春,秀州淫雨;汤溪春淫雨大水,豆麦无收;永康无麦;五月十七日,严州附属六邑大水,二十一日方退;萧山五月连雨;金华大雨三十余日;桐庐五月大水;富阳五月大水,六月又大水;遂安五月淫雨大水;开化大水;七月,建德大水,湖州太湖溢;夏,诸暨大水入城。

[资料来源]　《清史稿、灾异志》、民国《临海县志》卷四一、康熙《绍兴府志》卷一三、民国《汤溪县志》卷一、光绪《永康县志》卷一一、民国《建德县志》卷一、民国《萧山县志稿》卷五、雍正《浙江通志》卷一〇九、康熙《衢州府志》卷二七、民国《遂安县志》卷九、宣统《诸暨县志》卷一八。

康熙二十二年(公元 1683 年)

[灾情]　正月,杭州淫雨至四月;常山春雨,与杭州同;嘉善、平湖二月雨至四月,豆麦不登;金华八县春雨,无麦;天台、太平、山阴、会稽、余杭、湖州春雨,无麦;两浙无麦,五月,严州水灾特甚;五月十一日,昌化大水。

[资料来源]　《清史稿·灾异志》、康熙《浙江通志》卷二、雍正《浙江通志》卷一〇九、康熙《金华府志》卷一六、光绪《浦江县志》卷一五、民国《杭州县志》卷八五、光绪《余杭县志》卷三七、民国《昌化县志》卷一五。

康熙二十三年(公元 1684 年)

[灾情]　正、二月,淳安连雨,伤麦;五月,诸暨大水,七月又大水;武义七月大水入城;太平七月大水;八月,遂安淫雨二月。

[资料来源]　《清史稿·灾异志》、光绪《严州府志》卷二二、宣统《诸暨县志》卷一八、嘉庆《武义县志》卷一二。

康熙二十四年(公元 1685 年)

[灾情]　四月,湖州久雨;七月二十五日,诸暨霖雨大水,八月十五日复大水;处州大水。

[资料来源]　《清史稿·灾异志》、同治《湖州府志》卷四四、宣统《诸暨县志》卷一八。

康熙二十五年(公元 1686 年)

　　[灾情]　四月大雨水;宣平大雨五日,漂没田庐,溺者无算,丽水、松阳、景宁均同;云和大雨四昼夜;庆元四月朔大水;遂昌洪水,漂惠通桥;龙泉大水,济川桥桥阁并逐洪波;金华四月淫雨;宣平闰四月二十一至二十六日大雨,漂没田庐;青田闰四月二十六日大水,高于故岸二十余丈,蔬谷鸡犬无遗种;闰四月,处州大雨,水高于城丈余;严州闰四月大水;江山闰四月大水,舟通城市,太平、延龄等均被冲毁;永康春夏大水;汤溪大水,漂民房无数;衢州夏淫雨,发蜃水,陆地水深数丈,民居大半倾圮,溺死人言无算;六月,常山大水;七月,台州大水。

　　[资料来源]　《清史稿·灾异志》、光绪《宣平县志》卷一九、光绪《遂昌县志》卷二、光绪《庆元县志》卷一一、光绪《青田县志》卷一七、民国《松阳县志》卷一四、光绪《龙泉县志》卷二、民国《衢县志》卷二三、同治《云和县志》卷一五、康熙《衢州府志》卷一〇、同治《江山县志》卷一二、民国《汤溪县志》卷一、光绪《常山县志》卷八、光绪《严州府志》卷二二、雍正《浙江通志》卷一〇九、光绪《金华县志》卷一六、嘉庆《西安县志》卷二二。

康熙二十六年(公元 1687 年)

　　[灾情]　夏,瑞安飓风,洪潮上淹田禾;六月,新城淫雨,害禾稼;湖州、南浔大水。

　　[资料来源]　《清史稿·灾异志》、嘉庆《瑞安县志》卷一〇、《南浔志》卷一九。

康熙二十七年(公元 1688 年)

　　[灾情]　秋,湖州大风雨,烂禾稼。

　　[资料来源]　同治《湖州府志》卷四四。

康熙二十八年(公元 1689 年)

　　[灾情]　六月,奉化县大风雨,大木尽拔。

　　[资料来源]　光绪《奉化县志》卷三九。

康熙二十九年(公元 1690 年)

　　[灾情]　五月,湖州大雨至六月不止,田庐俱坏;秋,浙东蛟水大发;七月,余姚大水;七月八日,慈溪大风雨,发蛟水,平地水高丈余,县西三十里有宋元苻古屋一所,当时之人刻水痕于厅柱留示子孙,是年水较旧痕增二尺五寸;余姚水高于城,数日方退;绍兴附属各县七月二十四日淫雨,至八月初三日方止;八月,余姚大水,蛟蜃水发者以千计,平地水深丈余;诸暨、上虞皆被水,田禾淹尽;浒山海溢;黄岩大风拔木;九月,镇海大雨连旬,平地水深五尺。

　　[资料来源]　《清史稿·灾异志》,《清朝通志》卷一二三,同治《湖州府志》卷四四,钱易《乡谈》,黄宗羲《姚沉记》、《黄梨洲先生年谱》,雍正《浙江通志》卷七六、卷一〇九,康熙《绍兴府志》卷一三,光绪《黄岩县志》卷三八,道光《浒山志》卷六,光绪《镇

海县志》卷三七,民国《镇海县志》卷四三。

康熙三十年(公元 1691 年)

[灾情]　六月,湖州淫雨,害稼,九月十一日。上虞大风雨海溢。

[资料来源]　同治《湖州府志》卷四四、光绪《上虞县志》卷三八。

康熙三十二年(公元 1693 年)

[灾情]　九月,余姚大水;云和大水,湖州、南浔九月大风雨,太湖溢,淹禾稼;慈溪秋大水。

[资料来源]　光绪《余姚县志》卷七、光绪《归安县志》卷二七、《南浔志》卷一九、同治《云和县志》卷一五、光绪《慈溪县志》卷五五。

康熙三十三年(公元 1694 年)

[灾情]　春,太平县长山发蛟水,平地水高丈余。

[资料来源]　民国《台州府志》卷三五。

康熙三十四年(公元 1695 年)

[灾情]　五月,湖州、长兴、桐乡大水;嘉善大水经年,田多淹没。

[资料来源]　《清史稿·灾异志》、光绪《嘉善县志》卷三四。

康熙三十五年(公元 1696 年)

[灾情]　七月二十三日,湖州、乌青镇大雨,傍午飓风大作,入夜愈猛,民居倾覆,压伤甚夥;同日,桐乡、石门、嘉兴飓风大作,坏庐舍,伤人畜。

[资料来源]　《清史稿·灾异志》、《乌青镇志》卷一、同治《湖州府志》卷四四、光绪《嘉兴府志》卷三五。

康熙三十六年(公元 1697 年)

[灾情]　湖州、南浔大水。

[资料来源]　《南浔志》卷二〇。

康熙三十七年(公元 1698 年)

[灾情]　海宁飓风,海溢决堤;金华大水成灾。

[资料来源]　《清史稿·河渠志》、光绪《金华县志》卷一六。

康熙三十八年(公元 1699 年)

[灾情]　六月,泰顺、建德大水;闰七月,杭州大雨水,西湖水平高丈余,里外两堤俱淹没,行堤上者水深过腰膝;八月,台州大水,平地水高丈余;金华、汤溪、西安、江山、常山等县俱大水;秋,海宁大水,民饥;余姚秋久雨,败禾稼;嘉善秋大水;湖州乌青淫潦,伤稼;宁波水灾;龙游、兰溪水灾;桐乡石门淫雨为灾;九月,泰顺又大水。

[资料来源]　《清史稿·灾异志》、《清史稿·河渠志》、光绪《金华县志》卷一六、

雍正《浙江通志》卷七六、光绪《余姚县志》卷七、光绪《鄞县志》卷六九、民国《杭州府志》卷八五、民国《海宁州志稿》卷四〇、《乌青镇志》卷一,民国《汤溪县志》卷一、民国《建德县志》卷一、同治《江山县志》卷一二、乾隆《温州府志》卷二九、康熙《衢州府志》卷二七、光绪《常山县志》卷八。

康熙三十九年(公元 1700 年)

[灾情]　江山昭明桥为洪水冲圮。

[资料来源]　康熙《衢州府志》卷一〇。

康熙四十一年(公元 1702 年)

[灾情]　湖州、南浔大水。

[资料来源]　《南浔志》卷二〇。

康熙四十二年(公元 1703 年)

[灾情]　是年,遂安、西安、龙游、常山、江山、开化、建德、桐庐、丽水、衢、严二所、诸暨、嵊县、淳安、缙云、宣平水灾;五月,湖州大水;五月八日,遂安大水;余姚大水。

[资料来源]　《清史稿·灾异志》、雍正《浙江通志》卷七六、民国《遂安县志》卷九、光绪《余姚县志》卷八。

康熙四十三年(公元 1703 年)

[灾情]　五月,湖州大水;嘉善大水。

[资料来源]　《清史稿·灾异志》、光绪《归安县志》卷二七、光绪《嘉善县志》卷三四。

康熙四十四年(公元 1705 年)

[灾情]　宁波、绍兴二府水;秋,嘉善大水;十一月,嘉兴大水。

[资料来源]　《清史稿·灾异志》、《清朝通志》卷一二三、光绪《嘉善县志》卷三四。

康熙四十六年(公元 1707 年)

[灾情]　昌化麦将熟,积雨一月,麦烂尽;八月十五日,景宁大水。

[资料来源]　民国《杭州府志》卷八五、光绪《处州府志》卷二五。

康熙四十七年(公元 1708 年)

[灾情]　五月,嘉兴、嘉善大雨三日,田禾淹尽;湖州,长兴五月大水,长兴大雨半月,禾苗淹尽,路绝往来,较(康熙)三十四年更高一尺,乃本朝长兴第一水灾也;杭州五月大水;余杭、海宁大水;海盐大水;乌青镇大水;石门大水;七月初七日,台州飓风骤雨,坏田庐;七月初八日,杭州飓风大作,骤雨倾盆,大水;嵊县大水;衢州、江山、常山俱大水;八月,长兴又雨,山洪大发。

　　[资料来源]　《清史稿·灾异志》、《清朝通志》卷一二三、光绪《嘉兴府志》卷三五、光绪《嘉善县志》卷三四、光绪《长兴县志》卷九、民国《杭州府志》卷八五、《太湖备考》卷一四、雍正《浙江通志》卷七六、《乌青镇志》卷一,民国《海宁州志稿》卷四〇、光绪《余杭县志》卷一四、光绪《石门县志》卷一一、康熙《衢州府志》卷二七、光绪《海盐县志》卷一三、嘉庆《西安县志》卷二二、光绪《常山县志》卷八、同治《江山县志》卷一二。

康熙四十八年(公元 1709 年)

　　[灾情]　三月,湖州大雨连旬;四月,石门淫雨,伤麦;春,临安大水;五月,庆元大水;六月,台州大水;八月,定海大风雨,毁屋;慈溪水灾。

　　[资料来源]　《清史稿·灾异志》、同治《湖州府志》卷四四、光绪《庆元县志》卷一一、民国《定海县志·舆地志》。

康熙四十九年(公元 1710 年)

　　[灾情]　四、五月,湖州恒雨;慈溪淫雨不止;海宁水;八月,嵊县大水;秋,桐乡淫雨,伤稼;绍兴秋涝。

　　[资料来源]　《清史稿·灾异志》、光绪《慈溪县志》卷五五、民国《嵊县志》卷三一、毛奇龄《三江闸议》、光绪《归安县志》卷二七。

康熙五十年(公元 1711 年)

　　[灾情]　严州大水;遂昌洪水,冲圮知理、石钟二桥;十月,平阳大水,漂没居民数百人。

　　[资料来源]　《清史稿·灾异志》、民国《建德县志》卷一、光绪《遂昌县志》卷二。

康熙五十一年(公元 1712 年)

　　[灾情]　八月,太平大风雨海溢;山阴、会稽风雨海溢,南池、上灶诸山裂,洪水汹涌;诸暨风雨,害禾稼;严州大水;安吉、长兴大水,太湖溢;泰顺大水。

　　[资料来源]　民国《台州府志》卷一三二、陈绂《俞公塘纪事》、宣统《诸暨县志》卷一八、光绪《严州府志》卷二二、光绪《长兴县志》卷九、《太湖备考》卷一四、同治《湖州府志》卷四四、乾隆《温州府志》卷二九。

康熙五十二年(公元 1713 年)

　　[灾情]　七、八月,绍兴淫雨连旬;秋,山阴、会稽飓风,山阴县临浦坝塘坍;八月初三、初四日,海盐飓风大作,坍塘;台州大水。

　　[资料来源]　《清史稿·灾异志》、俞卿《海塘碑略》、朱孟晖《麻溪坝开塞议辨》、光绪《嘉兴府志》卷三五。

康熙五十三年(公元 1714 年)

〔灾情〕　是年,建德、遂安、寿昌、桐庐、山阴、钱塘、富阳、余杭、新城、仙居、丽水、缙云、西安、龙游、松阳、常山、永康、武义等县水灾;五月,遂安大雨连月,淹没田禾;金华大水;汤溪大水;常山大水;严州大水;萧山西江塘坏,大水入城;五月十八日,杭州风雨海啸,上江顺流漂尸无数。

〔资料来源〕　雍正《浙江通志》卷七六、道光《新城县志》卷八、光绪《严州府志》卷二二、光绪《常山县志》卷八、光绪《金华县志》卷一六、民国《汤溪县志》卷一、民国《建德县志》卷一、民国《萧山县志稿》卷五、民国《杭州府志》卷八五。

康熙五十四年(公元 1715 年)

〔灾情〕　四月,海宁大霖雨,风潮坍塘;湖州四、五月连雨,六、七月大风潮;五月,遂安淫雨大水;嘉善夏大水;六月,杭州大水;慈溪北乡大水。

〔资料来源〕　民国《海宁州志稿》卷四〇、光绪《归安县志》卷二七、《南浔志》卷二〇、民国《遂安县志》卷九、光绪《嘉善县志》卷三四、民国《杭州府志》卷八五。

康熙五十五年(公元 1716 年)

〔灾情〕　四月,湖州暴雨,平地水高六、七尺;桐乡淫雨,淹没田禾;五月,海宁淫雨,烂禾苗;昌化大水;常山大水;严州大水;龙游大水;汤溪大水;嘉善淫雨,腐苗;桐庐大水;五月二十九日,湖州暴雨,水陡涌五、六尺,禾苗尽烂。

〔资料来源〕　《清史稿·灾异志》、民国《海宁州志稿》卷四〇、民国《杭州府志》卷八五、《南浔志》卷二〇、民国《龙游县志》卷一、民国《汤溪县志》卷一、光绪《嘉善县志》卷三四、光绪《常山县志》卷八、乾隆《桐庐县志》卷一六。

康熙五十七年(公元 1718 年)

〔灾情〕　六月七日,汤溪大雨狂风,庐室多坍;龙泉县济川桥为洪水所圮。

〔资料来源〕　民国《汤溪县志》卷一、光绪《龙泉县志》卷二。

康熙五十八年(公元 1719 年)

〔灾情〕　八月初一、初二日,会稽、上虞飓风大雨成灾;同日,海盐风潮漫溢;严州大水。

〔资料来源〕　雍正《浙江通志》、卷七六、《虞志校续》卷四六、光绪《嘉兴府志》卷三五、民国《建德县志》卷一。

康熙五十九年(公元 1720 年)

〔灾情〕　五月,庆元、桐乡大水。

〔资料来源〕　《清史稿·灾异志》、光绪《庆元县志》卷一一。

雍正元年(公元 1723 年)

〔灾情〕　七月,余姚海啸飓风坏堤,漂庐舍万家;湖州恒雨,自秋至冬不止。

　　[资料来源]　《清史稿·灾异志》、乾隆《绍兴府志》卷八〇。

　　雍正二年(公元 1724 年)

　　[灾情]　于潜春淫雨;五月,庆元大水;七月十八、十九日,海宁、余姚海溢;海盐海溢;太湖溢;定海、镇海、鄞县、慈溪、奉化、象山、上虞、仁和、平湖、山阴、会稽、嵊县、永嘉七月十八日同日大水;石门大水;七月十八日,乐清大水;同日,嘉善大水。

　　[资料来源]　《清史稿·灾异志》、光绪《于潜县志》卷二〇、光绪《庆元县志》卷一一。

　　雍正三年(公元 1725 年)

　　[灾情]　五月,昌化大水;七月十八日,镇海大雨海溢。

　　[资料来源]　民国《昌化县志》卷一五、光绪《镇海县志》卷三七。

　　雍正四年(公元 1726 年)

　　[灾情]　七月,乐清恒雨;八月,杭州、嘉兴、湖州三府大水;桐乡大水;嘉善秋冬雨,禾渍于田无收;海宁冬久雨至明年春,无麦。

　　[资料来源]　《清史稿·灾异志》、《清朝通志》卷一二三、光绪《乐清县志》卷一三、光绪《海宁县志》卷二三。

　　雍正五年(公元 1727 年)

　　[灾情]　二月,吴兴恒雨;五月,镇海霖雨弥月,禾尽秀而不实;七月,仁和、钱塘、余杭、新城、安吉、长兴、武康、建德、鄞县等山水暴涨,田禾被淹;临安、孝丰两县发蛟水;嵊县水;慈溪大雨,水发。

　　[资料来源]　《清史稿·灾异志》、《清朝通志》卷一二三、道光《新城县志》卷八、光绪《镇海县志》卷三七、光绪《鄞县志》卷六九、光绪《慈溪县志》卷五五。

　　雍正七年(公元 1729 年)

　　[灾情]　八月十七日,镇海飓风涌潮,坏堤塘。

　　[资料来源]　光绪《镇海县志》卷三七。

　　雍正八年(公元 1730 年)

　　[灾情]　八月,嘉兴大雨水,害稼;嘉善水。

　　[资料来源]　《清史稿·灾异志》、光绪《嘉善县志》卷三四。

　　雍正九年(公元 1731 年)

　　[灾情]　六月,龙泉水,坏济川桥;七月,富阳江水暴涨,田禾被淹。

　　[资料来源]　光绪《龙泉县志》卷二、光绪《富阳县志》卷一五。

　　雍正十年(公元 1732 年)

　　[灾情]　浦江水灾,冲坍田地。

［资料来源］　光绪《浦江县志》卷一五。

雍正十一年（公元 1733 年）

［灾情］　六月二十八日，景宁大雨，桥梁道路，冲毁甚多。

［资料来源］　《清史稿·灾异志》。

雍正十三年（公元 1735 年）

［灾情］　六月，缙云山水冲发，田禾被淹。

［资料来源］　光绪《缙云县志》卷一五。

乾隆元年（公元 1736 年）

［灾情］　七月，鄞县海溢；钱塘、仁和等县水；庆元大水。

［资料来源］　《清史稿·灾异志》、《清朝通志》卷一二三、光绪《庆元县志》卷一一。

乾隆二年（公元 1737 年）

［灾情］　二月，乐清、永嘉、瑞安大水；八月，平阳大风雨七昼夜，田禾淹没。

［资料来源］　《清史稿·灾异志》、光绪《乐清县志》卷一三。

乾隆五年（公元 1740 年）

［灾情］　闰六月，浦江县大水；缙云大水。

［资料来源］　光绪《浦江县志》卷一五、光绪《缙云县志》卷一五。

乾隆六年（公元 1741 年）

［灾情］　七月二十三日，萧山陡起飓风，海潮坏江塘，害田禾，河南九乡田禾亦淹没；永嘉海溢；湖州大水。

［资料来源］　《清史稿·灾异志》、民国《萧山县志稿》卷五。

乾隆七年（公元 1742 年）

［灾情］　宣平洪水，冲毁通济桥。

［资料来源］　光绪《宣平县志》卷四。

乾隆九年（公元 1744 年）

［灾情］　七月，宁波、慈溪海溢；绍兴海溢，田禾淹尽；常山大水；遂安淫雨六昼夜；淳安江涛入城；桐庐江水涨入城市，高二丈，凡浸五日方退；昌化、建德、嘉善俱大水；萧山田禾被淹；八月初二日，宣平大水。

［资料来源］　《清史稿·灾异志》、光绪《鄞县志》卷六九、光绪《慈溪县志》卷五五、乾隆《桐庐县志》卷四、嘉庆《常山县志》卷四、光绪《宣平县志》卷一九。

乾隆十二年（公元 1747 年）

［灾情］　五月十七日，遂安大水；十八日，昌化大水；永康五月雨潦伤禾；七月，海

宁海溢;七月十四日,镇海海溢,城、塘尽圮;慈溪夏秋大水。

[资料来源]　民国《遂安县志》卷九、民国《昌化县志》卷一五、光绪《永康县志》卷一一、光绪《镇海县志》卷三七、光绪《慈溪县志》卷五五。

乾隆十三年(公元 1748 年)

[灾情]　夏四月,庆元大水;五月,富阳大水,过城高三尺。

[资料来源]　光绪《庆元县志》卷一一、光绪《富阳县志》卷一五。

乾隆十五年(公元 1750 年)

[灾情]　五月,淳安山水骤发;宣平洪水,冲圮洽金桥;九月,永嘉、乐清大水。

[资料来源]　《清史稿·灾异志》、光绪《宣平县志》卷四、光绪《永嘉县志》卷三六、光绪《乐清县志》卷一三。

乾隆十七年(公元 1752 年)

[灾情]　七月,仁和、海宁水骤至,淹田禾;冬,桐乡大水。

[资料来源]　《清史稿·灾异志》。

乾隆十九年(公元 1754 年)

[灾情]　八月大水,慈溪大雨,山水暴涨;鄞县大雨,东乡横溪发蛟水;石门、桐乡大雨数昼夜;嘉兴大雨一昼夜,淹田禾;八月十三日,嘉善大风雨,雷电交加一昼夜,河水没岸。

[资料来源]　光绪《慈溪县志》卷五五、光绪《鄞县志》卷六九、《清史稿·灾异志》、光绪《嘉善县志》卷三四。

乾隆二十年(公元 1755 年)

[灾情]　杭州、湖州、绍兴三府水;七月,石门、桐乡淫雨,害稼;七月十六日,嘉善大风雨,水溢如去年。

[资料来源]　《清史稿·灾异志》、《清朝通志》卷一二三、光绪《嘉善县志》卷三四。

乾隆二十一年(公元 1756 年)

[灾情]　夏四月,庆元大水;秋,上江洪水泛涨,富阳县田禾尽没。

[资料来源]　光绪《庆元县志》卷一一、光绪《富阳县志》卷一五。

乾隆二十三年(公元 1758 年)

[灾情]　八月,风潮坏绍兴三江所城,山阴、会稽水;八月十四日,嘉善飓风大雨竟夜,河水高丈许;八月十六日,慈溪大雨三昼夜,山水暴涨;鄞县水。

[资料来源]　道光《会稽县志稿》卷九、嘉庆《山阴县志》卷二五、光绪《嘉善县志》卷三四、光绪《慈溪县志》卷五五、光绪《鄞县志》卷六九。

乾隆二十四年（公元 1759 年）

［灾情］　五月大水，毁龙泉县济川、披云二桥；宣平大水。

［资料来源］　光绪《龙泉县志》卷二、光绪《宣平县志》卷一九。

乾隆二十五年（公元 1760 年）

［灾情］　五月，庆元大水。

［资料来源］　光绪《庆元县志》卷一一。

乾隆二十六年（公元 1761 年）

［灾情］　五月，松阳大雨，发蛟水。

［资料来源］　民国《松阳县志》卷一四。

乾隆二十七年（公元 1762 年）

［灾情］　是年，仁和等十七州县水；七月，海盐、仁和、钱塘、海宁、余杭大风雨海溢，水骤发；平湖、义乌大水；嘉善大雨；桐乡暴雨十余日。

［资料来源］　《清史稿·灾异志》、《清朝通志》卷一二三。

乾隆二十八年（公元 1763 年）

［灾情］　五月，瑞安潮溢，陆地行舟。

［资料来源］　《清史稿·灾异志》。

乾隆二十九年（公元 1764 年）

［灾情］　宣平大水。

［资料来源］　光绪《宣平县志》卷一九。

乾隆三十二年（公元 1767 年）

［灾情］　夏五月，庆元大水；宣平大水；云和县白水砾毁于水。

［资料来源］　光绪《庆元县志》卷一一、光绪《宣平县志》卷九、同治《云和县志》卷四。

乾隆三十四年（公元 1769 年）

［灾情］　六月，湖州淫雨连旬，仁和、海宁大风雨，嘉善大水，太湖溢；新城县大水，漂三溪桥。

［资料来源］　《清史稿·灾异志》、民国《新登县志》卷六。

乾隆三十五年（公元 1770 年）

［灾情］　春，鄞县大水；三月，庆元大水；秋，鄞县、慈溪大水；七月二十三日，萧山风潮坏塘，淹毙千余人。

［资料来源］　《清史稿·灾异志》、光绪《庆元县志》卷一一、光绪《鄞县志》卷六九、光绪《慈溪县志》卷五五、乾隆《绍兴府志》卷八〇。

乾隆三十六年(公元 1771 年)

[灾情]　七月十四日子夜,萧山暴风大雨,海塘圮,龛山一带溺死者数万人;八月,慈溪大水。

[资料来源]　《绍兴史迹风土丛编》卷一〇、光绪《慈溪县志》卷五五。

乾隆三十七年(公元 1772 年)

[灾情]　八月十一日,嘉兴、嘉善、石门、桐乡大雨,自辰至午,水涨丈余;平湖同日大雨。

[资料来源]　《清史稿·灾异志》、光绪《嘉善县志》卷三四、光绪《石门县志》卷一一、光绪《平湖县志》卷二五。

乾隆三十八年(公元 1773 年)

[灾情]　夏五月,庆元大水,白马山崩;五月十六日,浦江大水;景宁大水,龙脑桥圮;七月十二日,平湖大风雨,发屋拔术。

[资料来源]　光绪《庆元县志》卷一一、光绪《浦江县志》卷一五、民国《景宁续志》卷二、光绪《平湖县志》卷二五。

乾隆三十九年(公元 1774 年)

[灾情]　六月,云和大雨二昼夜,山崩,漂庐舍;桐乡大风雨。

[资料来源]　《清史稿·灾异志》、同治《云和县志》卷一五。

乾隆四十一年(公元 1776 年)

[灾情]　四月,萧山、山阴大水,麻溪坝坍,临浦塘决,西江塘决,萧山城内水及祇园寺舍利塔凡二级,水落之后,圮其一塔。

[资料来源]　《麻溪改坝为桥始末记》、嘉庆《山阴县志》卷二〇、乾隆《绍兴府志》卷七六。

乾隆四十五年(公元 1780 年)

[灾情]　三月,庆元大水;五月,义乌大水入城;六月,常山大雨,西郭外涧水暴涨,由西水门入城内,屋舍冲毁;十一月,庆元又大水。

[资料来源]　《清史稿·灾异志》、光绪《常山县志》卷八、光绪《庆元县志》卷一一。

乾隆四十六年(公元 1781 年)

[灾情]　六月十八日,慈溪大风雨,拔木飞屋;同日,嘉善大风雨,水涨丈余;同日,平湖飓风大雨,海溢,漂庐舍。

[资料来源]　光绪《慈溪县志》卷五五、光绪《嘉善县志》卷三四、光绪《平湖县志》卷二五。

乾隆四十七年（公元 1782 年）

［灾情］　六月，瑞安大水；遂昌大水；九月十六日，嘉善大风雷雨。

［资料来源］　《清史稿·灾异志》、光绪《嘉善县志》卷三四。

乾隆四十八年（公元 1783 年）

［灾情］　五月十八日，宣平大水，漂没田地；庆元洪水，冲坏兰溪桥。

［资料来源］　光绪《宣平县志》卷一九、光绪《庆元县志》卷二。

乾隆四十九年（公元 1784 年）

［灾情］　夏五月，庆元大水。

［资料来源］　光绪《庆元县志》卷一一。

乾隆五十年（公元 1785 年）

［灾情］　汤溪大水。

［资料来源］　民国《汤溪县志》卷一。

乾隆五十二年（公元 1787 年）

［灾情］　七月晦日，乐清大水。

［资料来源］　光绪《乐清县志》卷一三。

乾隆五十三年（公元 1788 年）

［灾情］　五月初三日，常山大水；五月，庆元大水；五月初六日，开化大水；遂昌洪水，漂东关桥。

［资料来源］　《清史稿·灾异志》、光绪《常山县志》卷八、光绪《庆元县志》卷一一、光绪《开化县志》卷一四。

乾隆五十四年（公元 1789 年）

［灾情］　五月，瑞安、海宁大水。

［资料来源］　《清史稿·灾异志》。

乾隆五十五年（公元 1790 年）

［灾情］　六月，乐清大水。

［资料来源］　光绪《乐清县志》卷一三。

乾隆五十六年（公元 1791 年）

［灾情］　正月，湖州大水；四月，平湖淫雨四十五日，无菽麦；五月，嘉兴淫雨二月；夏，嘉善淫雨四旬；秋，慈溪飓风水发。

［资料来源］　《清史稿·灾异志》、光绪《平湖县志》卷二五、光绪《嘉善县志》卷三四、光绪《慈溪县志》卷五五。

乾隆五十七年（公元 1792 年）

[灾情]　六月,开化大水。

[资料来源]　光绪《开化县志》卷一四。

乾隆五十八年(公元 1793 年)

[灾情]　正月至四月,嘉善恒雨;五月十二日,宣平大水;七月七日,海盐海溢。

[资料来源]　光绪《嘉善县志》卷三四、光绪《宣平县志》卷一九、光绪《海盐县志》卷一三。

乾隆五十九年(公元 1794 年)

[灾情]　七月,嘉兴大风雨。

[资料来源]　《清史稿·灾异志》。

乾隆六十年(公元 1795 年)

[灾情]　五月二十一日,江山大雨一昼夜,坏庐舍淹人;六月,石门淫雨;丽水大水;昌化乌狮桥为水所圮。

[资料来源]　《清史稿·灾异志》、民国《昌化县志》卷四。

嘉庆元年(公元 1796 年)

[灾情]　七月十八日,黄岩大雨海溢,平地水高丈余,死者无算;八月初一日,飓风大雨,瑞安压毙男女九十一丁口,倒塌房屋九百四十八间;平阳、乐清、嘉兴同日大风雨;浒山海溢,倒利济桥;玉环厅八月初一日大风雨。

[资料来源]　《清史稿·灾异志》、光绪《黄岩县志》卷三八、光绪《乐清县志》卷一三、嘉庆《瑞安县志》卷一〇、民国《平阳县志》卷五八、光绪《玉环厅志》卷一四、道光《浒山志》卷六、光绪《嘉兴府志》卷三五。

嘉庆二年(公元 1797 年)

[灾情]　萧山阴雨连绵,从四月至六月望,低田种后复淹;闰六月二十八日、七月初一日、七月十八日等日风潮,海盐坍塘;七月十八日,乐清大水,淹田禾。

[资料来源]　民国《萧山县志稿》卷五、光绪《嘉兴府志》卷三五、光绪《乐清县志》卷一三。

嘉庆三年(公元 1798 年)

[灾情]　五月初九日,浦江蜃水为灾;七月,嘉善、平湖淫雨。

[资料来源]　光绪《浦江县志》卷一五、光绪《嘉善县志》卷三四、光绪《平湖县志》卷二五。

嘉庆四年(公元 1799 年)

[灾情]　六月十七日、七月初二日俱风潮,海盐、平湖坍塘。

[资料来源]　光绪《嘉兴府志》卷三五。

嘉庆五年（公元 1800 年）

［灾情］　五月,于潜大霖雨,山田被砂石淹没者数以千计;处州五月大水;江山夏大水,无麦;松阳大水入城;衢州夏蛟水暴发;浦江大水;六月十八日,昌化山水骤发;永康六月蛟水;六月二十一日,义乌淫雨,山崩;二十二日,玉环厅大风雨;二十三日,金华大雨,山崩;同日,萧山水灾;同日,遂昌大水,毁大务、关连、三蜂、通惠诸桥;缙云大水,毁溶溪、贤母诸桥;六月二十六日,宣平大水;严州夏大水,早禾淹尽。

［资料来源］　《清史稿·灾异志》、《浙江省减赋役全案》卷一〇、民国《杭州府志》卷八五、光绪《处州府志》卷三五、同治《江山县志》卷一二、民国《萧山县志稿》卷五、民国《昌化县志》卷一五、光绪《永康县志》卷一一、光绪《永嘉县志》卷三六、光绪《缙云县志》卷一五、光绪《遂昌县志》卷一二、光绪《玉环厅志》卷一四、民国《松阳县志》卷一四、光绪《宣平县志》卷一九、民国《建德县志》卷一、光绪《浦江县志》卷一五、光绪《永康县志》卷二。

嘉庆六年（公元 1801 年）

［灾情］　七月十五日,上江山水暴涨,诸暨、山阴、萧山近江田亩被淹;义乌大水入城;新城、缙云大水;上虞大水,梁湖塘决;钱塘、仁和、余杭、富阳田地被淹;金华大水;永康大水。

［资料来源］　民国《杭州府志》卷八五、民国《萧山县志稿》卷五、光绪《上虞县志》卷三八、光绪《缙云县志》卷一五、民国《新登县志》卷二〇、光绪《金华县志》卷一六、光绪《永康县志》卷一一。

嘉庆七年（公元 1802 年）

［灾情］　四月,义乌淫雨大水,熟麦尽淹;汤溪四、五月连雨四十余日;五月,象山大水;五月二十三日,定海大水,田成巨浸;慈溪淫雨;七月,新城大水,漂没民房一万七千余间;八月朔,瑞安大风海溢;缙云洪水,坏同善桥。

［资料来源］　《清史稿·灾异志》、嘉庆《义乌县志》卷一九、民国《定海县志·舆地志》、光绪《慈溪县志》卷五五、民国《汤溪县志》卷一、民国《象山县志》卷三〇、光绪《缙云县志》卷一。

嘉庆八年（公元 1803 年）

［灾情］　五月初至六月,湖州、长兴大雨,田禾淹没;十一月,萧山大雨,淹低田。

［资料来源］　光绪《归安县志》卷二七、光绪《长兴县志》卷九、民国《萧山县志稿》卷五。

嘉庆九年（公元 1804 年）

［灾情］　湖州一月久雨,五、六月大雨水;三月至五月,萧山阴雨四十八日,田皆

更种;三月,桐乡恒雨,伤麦;五月,嘉兴淫雨,伤稼;余姚春雨,伤稼;嘉善春恒雨,没低田;余杭夏久雨,损禾;衢州五月久雨,上虞大水,损禾;五月,江、浙大雨水,浙西三郡被灾;温州夏秋淫雨,伤稼。

　　[资料来源]　光绪《平湖县志》卷二五、民国《萧山县志稿》卷五、《清史稿·灾异志》、光绪《归安县志》卷二七、光绪《余姚县志》卷二二、光绪《嘉兴府志》卷三五、光绪《嘉善县志》卷三四、光绪《余杭县志》卷三七、光绪《上虞县志》卷三八、民国《杭州府志》卷八五、光绪《永嘉县志》卷三六。

　　嘉庆十年(公元 1805 年)

　　[灾情]　三月、四月,杭州、嘉兴、湖州三府阴雨较多,豆麦收成顿减;萧山三月初雨至五月;余姚水;余杭春雨,损蚕麦;长兴春大水;六月,新城大水;黄岩大风雨,损稼。

　　[资料来源]　《清史稿·灾异志》、光绪《嘉兴府志》卷三五、民国《萧山县志稿》卷五、光绪《余姚县志》卷二二、光绪《长兴县志》卷九。

　　嘉庆十一年(公元 1806 年)

　　[灾情]　七月二十九日,温州府五邑大水;宁波大水。

　　[资料来源]　《清史稿·灾异志》、嘉庆《瑞安县志》卷一〇。

　　嘉庆十二年(公元 1807 年)

　　[灾情]　五月,严州大水;兰溪大水;六月,庆元大水。

　　[资料来源]　光绪《兰溪县志》卷八、民国《建德县志》卷一、光绪《庆元县志》卷一一。

　　嘉庆十三年(公元 1808 年)

　　[灾情]　闰五月间雨水过多,杭州、嘉兴、湖州、绍兴四府,低田多被淹没;五月,庆元大水,七月复大水。

　　[资料来源]　《清史稿·灾异志》、光绪《庆元县志》卷一一。

　　嘉庆十四年(公元 1809 年)

　　[灾情]　分水大水;十月,泰顺县大雨水。

　　[资料来源]　光绪《分水县志》卷一〇、《分疆录》卷一〇。

　　嘉庆十六年(公元 1811 年)

　　[灾情]　三月,永嘉淫雨,晚禾登场时又阴雨兼旬;遂安县大水;宁海秋大水;八月,嘉善大风雨,寒甚,伤禾。

　　[资料来源]　《清史稿·灾异志》、光绪《永嘉县志》卷三六、民国《遂安县志》卷九、光绪《嘉善县志》卷三四。

　　嘉庆十七年(公元 1812 年)

　　［灾情］　春,嘉兴、石门、桐乡淫雨,伤麦;六月十三日,丽水大水;秋,台州、平阳大水;七月,景宁大水;七月二日,龙泉南乡大水;七月,青田大水。

　　［资料来源］　《清史稿·灾异志》、光绪《龙泉县志》卷一一、民国《平阳县志》卷五八、光绪《青田县志》卷一七。

嘉庆十九年(公元1814年)

　　［灾情］　是年,衢州府西安、常山、开化三县水灾;汤溪大水。

　　［资料来源］　《清史稿·灾异志》、民国《汤溪县志》卷一。

嘉庆二十年(公元1815年)

　　［灾情］　春,嘉善阴雨连旬;四月十五日,浦江大水;六月二十九日,台州、黄岩大水,死百余人。

　　［资料来源］　光绪《嘉善县志》卷三四、光绪《浦江县志》卷一五、光绪《黄岩县志》卷三八。

嘉庆二十一年(公元1816年)

　　［灾情］　遂安大水;太湖大水;八月,潮漂乐清沿海田禾。

　　［资料来源］　民国《遂安县志》卷九、《太湖备考续编》、光绪《乐清县志》卷一三。

嘉庆二十二年(公元1817年)

　　［灾情］　湖州正月起至十一月,零雨间作,天无十日晴,稻谷俱腐;宁海潮溢;初冬,嘉善大雨连旬,低区被淹。

　　［资料来源］　同治《湖州府志》卷四四、民国《台州府志》卷一三四、光绪《嘉善县志》卷三四。

嘉庆二十三年(公元1818年)

　　［灾情］　三月十八日,永嘉、乐清、平阳大雨水,延至二十日黎明,永嘉平地水高三尺,西山崩陷里许;八月十三日,永嘉又大雨十昼夜。

　　［资料来源］　《清史稿·灾异志》、光绪《永嘉县志》卷三六、光绪《乐清县志》卷一三、民国《平阳县志》卷五八。

嘉庆二十四年(公元1819年)

　　［灾情］　四月,龙游内港大水;六月,永嘉大雨水,七月十六日,永嘉骤雨狂风。

　　［资料来源］　民国《龙游县志》卷一、光绪《永嘉县志》卷三六。

嘉庆二十五年(公元1820年)

　　［灾情］　三月初五日,缙云大雨水;七月九日,新城大雨水,平地水深丈余;七月十一日,宣平淫雨大水;七月二十二日,淫雨飓风,浙东州县被患者十居七八;温州飓灾;平阳、乐清大风雨拔木;玉环厅大风雨,淹禾稼;云和、松阳大雨水;兰溪、汤溪、浦江

大雨水;新昌、嵊县发蛟水;上虞决堤;余姚晚禾尽淹没;诸暨大雨水;分水大雨水;奉化大雨水。

［资料来源］　《清史稿·灾异志》、光绪《处州府志》卷二五、民国《萧山县志稿》卷五、光绪《宁海县志》卷二三、光绪《宣平县志》卷一九、同治《云和县志》卷一九、民国《松阳县志》卷一四、民国《台州府志》卷四八、光绪《玉环厅志》卷一四、民国《平阳县志》卷五八、民国《汤溪县志》卷一、光绪《余姚县志》卷七、光绪《浦江县志》卷一五。

道光元年(公元 1821 年)

［灾情］　八月,永嘉大水。

［资料来源］　光绪《永嘉县志》卷三六。

道光二年(公元 1822 年)

［灾情］　五月,青田大水。

［资料来源］　光绪《青田县志》卷一七。

道光三年(公元 1823 年)

［灾情］　湖州三月至五月淫雨,七月初二日大风雨,太湖溢;永嘉春淫雨,害稼;嵊县四月淫雨,至九月始止;慈溪五月至八月连雨,北乡大水;嘉善五月大雨,七月初二、初九日大风雨,水骤涨;富阳五月大雨连旬,七月复大风雨,田禾尽损;昌化五月大水;淳安五月中、下旬之交大雨,山水齐发,损田地房屋;金华五月淫雨,害稼;江山夏大水;严州五月大水;诸暨大水;衢州五月大水;海盐夏大水;石门夏秋大涝;平湖五月大雨水灾,七月初二日大风,暴雨如注,二十九日大风海啸;仙居七月大水;浒山七月海溢;仁和、钱塘、海宁、余杭秋霖水灾;孝丰大水。

［资料来源］　光绪《长兴县志》卷九、《太湖备考续编》、光绪《永嘉县志》卷三六、民国《嵊县志》卷三一、光绪《慈溪县志》卷五五、光绪《嘉善县志》卷三四、民国《杭州府志》卷八五、《东南水利略》卷五、《淳安荒政纪略》、光绪《平湖县志》卷二五、光绪《富阳县志》卷一五、民国《昌化县志》卷一五、民国《台州府志》卷一三五、同治《江山县志》卷一二、光绪《海盐县志》卷一三、民国《衢县志》卷一、光绪《石门县志》卷一一、光绪《归安县志》卷二七、民国《萧山县志稿》卷五、宣统《诸暨县志》卷一八、道光《浒山志》卷六、光绪《孝丰县志》卷八。

道光四年(公元 1824 年)

［灾情］　六月,严州大水淹人;湖州、南浔六月十五日大雨水;龙游大水。

［资料来源］　民国《建德县志》卷一、光绪《归安县志》卷二七、《南浔志》卷二〇、民国《龙游县志》卷一。

道光五年(公元 1825 年)

［灾情］ 海宁等州县禾苗被风害;七月十日,余姚大风,坏庐舍,损禾棉;浒山七月海溢;临海大水风灾;奉化九月雨至明年正月。

［资料来源］ 民国《杭州府志》卷八五、光绪《余姚县志》卷七、道光《浒山志》卷六、民国《台州府志》卷一三五。

道光六年(公元 1826 年)

［灾情］ 八月,象山大雨水。

［资料来源］ 民国《象山县志》卷三○。

道光七年(公元 1827 年)

［灾情］ 七月二十四日,余姚大风海溢;浒山七月海溢;八月初一日,景宁大雨水。

［资料来源］ 光绪《余姚县志》卷七、道光《浒山志》卷六、光绪《处州府志》卷二五。

道光八年(公元 1828 年)

［灾情］ 五月,浙西蛟水大作;严州五月大水;嘉善、平湖五月淫雨;兰溪大水;诸暨夏水;遂安大水。

［资料来源］ 民国《杭州府志》卷八五、民国《建德县志》卷一、光绪《嘉善县志》卷三四、光绪《平湖县志》卷二五、光绪《兰溪县志》卷八、宣统《诸暨县志》卷一八、民国《遂安县志》卷九。

道光九年(公元 1829 年)

［灾情］ 台州大水;仙居大水;八月,象山大雨水;八月二十七日,青田大水;诸暨大水。

［资料来源］ 光绪《台州府志》卷三一、民国《台州府志》卷一三五、民国《象山县志》卷三○、光绪《青田县志》卷一七、宣统《诸暨县志》卷一八。

道光十年(公元 1830 年)

［灾情］ 七月,嘉善大风雨,伤稼;七月十二日,永嘉起蛟水裂山,漂没田庐、淹毙人畜无算;七月二十一日,平湖大风雨,害稼;八月,宣平大雨如注,民舍尽漂没;平阳八月大雨水。

［资料来源］ 光绪《嘉善县志》卷三四、《清史稿·灾异志》、光绪《平湖县志》卷二五、光绪《宣平县志》卷一九、民国《平阳县志》卷五八。

道光十一年(公元 1831 年)

［灾情］ 三月,象山大雨水;五月,萧山、永嘉大雨水;嘉善五月大雨水,至秋冬积水不退;余姚夏霖雨,害稼,秋大水;青田大水;杭州、嘉兴、湖州三府入秋后阴雨连绵成

灾;湖州夏霖雨,秋复久雨;平湖十一月淫雨。

[资料来源]　民国《象山县志》卷三〇、光绪《嘉兴府志》卷二三、光绪《嘉善县志》卷三四、民国《萧山县志稿》卷五、光绪《青田县志》卷一七、光绪《永嘉县志》卷三六、光绪《平湖县志》卷二五、光绪《归安县志》卷二七、《南浔志》卷二〇。

道光十二年(公元 1832 年)

[灾情]　八月十二日,风潮大作,海宁、仁和海塘木棉地被淹四万余亩;同日,温州飓风大雨,坏田庐;平阳大水;青田大水;石门大雨水;永康秋冬潦。

[资料来源]　民国《杭州府志》卷八五、光绪《永嘉县志》卷三六、民国《平阳县志》卷五八、光绪《青田县志》卷一七、光绪《石门县志》卷一一、光绪《永康县志》卷一一。

道光十三年(公元 1833 年)

[灾情]　萧山、富阳自春徂秋,淫雨不止;永康春夏潦;湖州夏淫雨,害稼;平湖三月淫雨浃旬,豆麦俱坏,冬淫雨;嘉善春风雨连旬,伤豆麦,自秋至冬淫雨;定海大雨水,禾黍一空;龙游夏大水;四月,江山大水;六月临海大水;七月,上虞、景宁大水;绍兴秋霖;秋,海盐、海宁淫雨;七月十七日,玉环大风雨,田禾尽漂没。

[资料来源]　《清史稿·灾异志》、民国《萧山县志稿》卷五、光绪《富阳县志》卷一五、光绪《平湖县志》卷二五、光绪《永康县志》卷一一、光绪《嘉善县志》卷三四、道光《会稽县志稿》卷六、民国《定海县志·舆地志》、同治《江山县志》卷一二、民国《台州府志》卷一三五、光绪《上虞县志》卷三八、光绪《处州府志》卷二五、民国《龙游县志》卷一、光绪《玉环厅志》卷一四。

道光十四年(公元 1834 年)

[灾情]　五月,玉环霖雨;浦江大水;云和大水;丽水大水;五月十三日,分水淫雨连旬;六月,黄岩大风拔木;永康发蛟水;六月二十八日,缙云平地如潮,群山蜃水多起;夏,衢州大水;严州大水;秋,余姚海潮入利济塘,合境受灾;湖州、南浔秋雨,伤稼;七月十四日,台州大风雨,平地水深数尺;太平大风雨,平地水深数尺;宁海洪潮,冲没舍宁塘;丽水大风雨,水深数尺;平湖大风雨,水骤涨丈余;九、十月之交,永嘉、平阳大雨兼旬。

[资料来源]　《清史稿·灾异志》、光绪《玉环厅志》卷一四、光绪《浦江县志》卷一五、光绪《处州府志》卷二五、光绪《缙云县志》卷一五、光绪《永康县志》卷一一、民国《建德县志》卷一、光绪《分水县志》卷一〇、民国《台州府志》卷一三五、光绪《太平县志》卷一七、光绪《宁海县志》卷二三、光绪《余姚县志》卷七、同治《云和县志》卷一五、光绪《归安县志》卷二七、《南浔志》卷二〇、光绪《永嘉县志》卷三六、民国《平阳县

志》卷五八。

道光十五年（公元 1835 年）

［灾情］ 六月十四日,平湖夜大风海溢,人多溺死,八月淫雨;七月,象山大雨水;奉化七月大风雨,坏堤塘;秋,永嘉大风潮。

［资料来源］ 光绪《平湖县志》卷二五、光绪《奉化县志》卷三九、民国《象山县志》卷三〇、光绪《永嘉县志》卷三六。

道光十六年（公元 1836 年）

［灾情］ 春,宁海海溢,淹没民田。

［资料来源］ 《清史稿·灾异志》。

道光十七年（公元 1837 年）

［灾情］ 台州海潮入郡城;秋,湖州、南浔久雨;七月乙亥,永康大风雨,晚禾豆苗木棉多伤;七月二十三日夜,太平大风雨;七月二十四日,镇海大风雨,江河皆溢。

［资料来源］ 民国《台州府志》卷一三五、光绪《归安县志》卷二七、《南浔志》卷二〇、光绪《永康县志》卷一一、光绪《太平县志》卷一七、光绪《镇海县志》卷三七。

道光十八年（公元 1838 年）

［灾情］ 夏,庆元大水;七月,嘉善、平湖大水;八月,诸暨大水;龙泉水,圮古溪桥。

［资料来源］ 光绪《嘉善县志》卷三四、光绪《平湖县志》卷二五、光绪《庆元县志》卷一一、光绪《龙泉县志》卷二。

道光十九年（公元 1839 年）

［灾情］ 上虞梅雨连旬,山水与海潮并涌,田庐淹没;衢州夏大水;七月,嘉善连雨,伤禾;九月,湖州、南浔、长兴大风淫雨,稻谷生芽。

［资料来源］ 《虞志校续》卷三四、民国《衢县志》卷一、光绪《嘉善县志》卷三四、光绪《归安县志》卷二七、光绪《长兴县志》卷九、《南浔志》卷二〇。

道光二十年（公元 1840 年）

［灾情］ 湖州、南浔夏久雨。

［资料来源］ 《南浔志》卷二〇。

道光二十一年（公元 1841 年）

［灾情］ 春,嘉善久雨,伤豆;湖州春大水,秋霖雨;诸暨夏大水;九月,海宁淫雨,河水顿溢,十月十五、十六两日,大雨日夜不止,稻被水淹。

［资料来源］ 光绪《嘉善县志》卷三四、光绪《归安县志》卷二七、《南浔志》卷二〇、宣统《诸暨县志》卷一八、民国《海宁州志稿》卷四〇。

道光二十二年（公元 1842 年）

［灾情］　六月，湖州、南浔久雨；七月，丽水大雨，漂没田庐；象山七、八月大雨水。

［资料来源］　《清史稿·灾异志》、《太湖备考续编》、《南浔志》卷二〇、民国《象山县志》卷三〇。

道光二十三年（公元 1843 年）

［灾情］　七月初八日，定海大风雨，水深数尺；海宁风暴伤禾；余姚大水，七月十二日，丽水大雨水；闰七月，温州大水；八月初八日，慈溪大风雨，平地水高六、七尺；定海水势高于七月，宁波东钱湖决，平地水高五尺；镇海大风雨，水高一丈，舟行桥上；奉化大水；绍兴大雨一昼夜，曹娥江决。

［资料来源］　民国《定海县志·舆地志》、光绪《余姚县志》卷七、光绪《处州府志》卷二五、光绪《慈溪县志》卷五五、光绪《鄞县志》卷六九、光绪《永嘉县志》卷三六、光绪《镇海县志》卷三七、光绪《奉化县志》卷三九、道光《会稽县志稿》卷九。

道光二十四年（公元 1844 年）

［灾情］　七月初九日，嵊县大风雨，堤溃，溺死七十余人；夏，庆元大水；松阳大雨水溢；湖州、南浔冬久雨。

［资料来源］　《清史稿·灾异志》、民国《嵊县志》卷三一、光绪《庆元县志》卷一一、民国《松阳县志》卷一四、光绪《归安县志》卷二七、《南浔志》卷二〇。

道光二十五年（公元 1845 年）

［灾情］　夏，奉化大水；七月，台州、太平、缙云大水。

［资料来源］　《清史稿·灾异志》、光绪《奉化县志》卷三九、光绪《台州府志》卷三一、光绪《太平县志》卷一七。

道光二十六年（公元 1846 年）

［灾情］　二月，象山久雨；七月十四日，永嘉飓风大雨，兼旬为灾；同日，云和大水；平阳七月大水；青田大水；孝丰七月山水骤发；新城洪水，冲坏流芳桥。

［资料来源］　民国《象山县志》卷三〇、光绪《永嘉县志》卷三六、民国《平阳县志》卷五八、光绪《处州府志》卷二五、光绪《青田县志》卷一七、光绪《孝丰县志》卷八、民国《新登县志》卷六。

道光二十七年（公元 1847 年）

［灾情］　八月二十五日，于潜灵济山发蛟水。

［资料来源］　光绪《于潜县志》卷二〇。

道光二十八年（公元 1848 年）

［灾情］　六月二十日夜，海水冲平湖白沙湾，淹民居；七月初五日，台州、太平大

水,平地水高八尺许;七月十四日,永嘉大风雨,坏庙宇;七月十八日,景宁、缙云大雨
水,景宁大水为数百年所未见;庆元大水;泰顺大水;平阳大水;诸暨大水;开化大水;孝
丰大水;仁和等县水;新城洪水,冲坏亭子桥。

　　[资料来源]　光绪《平湖县志》卷二五、光绪《太平县志》卷一七、光绪《永嘉县
志》卷三六、同治《景宁县志》卷一二、民国《平阳县志》卷五八、光绪《开化县志》卷一
四、《分疆录》卷一〇、光绪《庆元县志》卷一一、光绪《孝丰县志》卷八、民国《杭州府
志》卷八五、民国《新登县志》卷六、民国《景宁续志》卷一五。

道光二十九年(公元 1849 年)

　　[灾情]　四月,嘉兴、湖州大水、田淹尽;慈溪北乡大水;闰四月十七,昌化大水;
闰四月十九,萧山大雨如注,平地水涨数尺;余姚芒种后大雨水;五月,会稽、山阴大水
倾塘;湖州又大水,淫雨自五月至七月,水势比道光三年更高三尺许,民以榆皮为食;孝
丰春夏间,一月发水二十九次;富阳夏淫雨浃旬;石门夏大涝;海宁五月淫雨大水;仁
和、钱塘、余杭、临安夏大水;诸暨五月大水,淹禾;平阳、新城、嘉善五月俱大水;严州夏
大水;六月,海宁淫雨连旬,大水;海盐大水;七月十六日,昌化大水,圮五圣桥;八月,安
吉大水入城。

　　[资料来源]　《清史稿·灾异志》、光绪《嘉兴府志》卷三五、光绪《富阳县志》卷
一五、民国《海宁州志稿》卷四〇、民国《杭州府志》卷八五、同治《湖州府志》卷四四、
光绪《余姚县志》卷七、光绪《孝丰县志》卷八、《越缦堂日记补》、光绪《慈溪县志》卷五
五、《南浔志》卷二〇、光绪《石门县志》卷一一、光绪《海宁县志》卷二三、《太湖备考续
编》、《澉水新志》卷一二、民国《建德县志》卷一、民国《萧山县志稿》卷五、光绪《海盐
县志》卷一三、民国《新登县志》卷二〇、光绪《浦江县志》卷一五、宣统《诸暨县志》卷
一八。

道光三十年(公元 1850 年)

　　[灾情]　五月,山阴、会稽大水;诸暨大水;衢州、金华、兰溪大水,兰溪水入城市;
汤溪大水;六月,青田大水;七月,海宁大水;八月,山阴、会稽又大水;鄞县八月中旬大
水,平地水涨三尺;八月十四日,杭州大风雨,天竺山发蛟水,仁和等县水淹;同日,嵊县
大雨,舟行城堞上;诸暨、金华大水;湖州大水;平湖、奉化、镇海俱大水;台州、太平大
水;嘉善大水;上虞八月霖雨风潮,塘决大口十七处;分水大水;萧山西江塘坍,田禾
尽偃。

　　[资料来源]　《越缦堂日记补》、宣统《诸暨县志》卷一八、光绪《兰溪县志》卷八、
光绪《浦江县志》卷一五、民国《汤溪县志》卷一、光绪《嘉善县志》卷三四、民国《萧山
县志稿》卷五、光绪《太平县志》卷一七、光绪《台州府志》卷三一、民国《嵊县志》卷三

一、民国《海宁州志稿》卷四〇、光绪《长兴县志》卷九、光绪《奉化县志》卷三九、光绪《鄞县志》卷六九、光绪《镇海县志》卷三七、光绪《分水县志》卷一〇、光绪《处州府志》卷二五、光绪《上虞塘工纪略》卷二。

咸丰元年（公元 1851 年）

［灾情］　六月,台州、太平大水;八月初二日,平湖大风暴雨,水骤涨;秋,奉化大水,漂没田庐。

［资料来源］　光绪《太平县志》卷一七、光绪《台州府志》卷三一、光绪《平湖县志》卷二五、光绪《奉化县志》卷三九。

咸丰二年（公元 1852 年）

［灾情］　夏,庆元大水;七月,开化大水。

［资料来源］　光绪《庆元县志》卷一一、光绪《开化县志》卷一四。

咸丰三年（公元 1853 年）

［灾情］　三月,石门水溢,高数尺;丽水大水;五月,嵊县,太平大水;六月初九至二十日,玉环风雨连旬,拔木淹禾;诸暨六月十七骤雨大水;六月十八日,台州大雨水,水深丈余,弥月不退;永嘉六月大雨,山圮,压伤十九人;平阳六月大水久雨;乐清六月大雨十三日,平地水深四、五尺;青田、景宁、永康六月大雨,景宁山崩,压毙七十二人;江山大雨;奉化大水;上虞上游大雨倾盆,六月二十三日塘决;江山大水;七月,兰溪淫雨。

［资料来源］　《清史稿·灾异志》、光绪《石门县志》卷一一、光绪《玉环厅志》卷一四、宣统《诸暨县志》卷一八、民国《嵊县志》卷三一、光绪《处州府志》卷二五、光绪《黄岩县志》卷三八、光绪《乐清县志》卷一三、光绪《台州府志》卷三一、光绪《奉化县志》卷三九、光绪《青田县志》卷一七、光绪《永嘉县志》卷三六、光绪《永康县志》卷一一、民国《平阳县志》卷五八、《虞志校续》卷四一、《上虞塘工纪略》卷二、光绪《兰溪县志》卷八。

咸丰四年（公元 1854 年）

［灾情］　四月,龙游南乡大水;五月,诸暨、松阳大水;夏,湖州大水;闰七月初五日,台州大风雨海溢,太平漂没居民三万余人,黄岩淹死男妇五、六万计;玉环大水;闰七月初六日,山阴、会稽大风雨;遂昌大水;汤溪大水;云和安溪堰坏于水;永康平安桥圮于水;仁和、钱塘、富阳、新城、余杭水。

［资料来源］　《越缦堂日记补》、宣统《诸暨县志》卷一八、民国《龙游县志》卷一、光绪《太平县志》卷一七、光绪《黄岩县志》卷三八、民国《汤溪县志》卷一、光绪《遂昌县志》卷一二、光绪《玉环厅志》卷六、光绪《归安县志》卷二七、民国《杭州府志》卷八

五、民国《松阳县志》卷一四、同治《云和县志》卷四、光绪《永康县志》卷二。

咸丰五年(公元 1855 年)

〔灾情〕　三月、四月,山阴、会稽淫雨;四月,龙游南乡大水;七月,镇海霖雨;丽水、云和大水;景宁山水暴发,田庐尽坏;上虞连日大雨,塘决;龙泉洪水,冲毁永和桥二墩;云和洪水,冲毁恬波、石川二桥,各处山崩,田庐淹没。

〔资料来源〕　《越缦堂日记补》、民国《龙游县志》卷一、《清史稿·灾异志》、《上虞塘工纪略》卷二、光绪《龙泉县志》卷二、同治《云和县志》卷四、光绪《处州府志》卷二五。

咸丰六年(公元 1856 年)

〔灾情〕　五月,嵊县、太平大水;秋,湖州久雨;九月,松阳大雷雨,山崩数十丈;宣平洪水,冲毁下蒋桥;台州大水。

〔资料来源〕　《清史稿·灾异志》、民国《松阳县志》卷一四、光绪《太平县志》卷一七、光绪《宣平县志》卷四、光绪《台州府志》卷三一。

咸丰七年(公元 1857 年)

〔灾情〕　七月,平湖、缙云、严州、昌化、上虞等县水灾,上虞自七月十六至二十三日飓风大雨,塘决;八月,台州大水;九月,临安蛟水为灾;湖州秋雨,损稼。

〔资料来源〕　光绪《处州府志》卷二五、光绪《平湖县志》卷二五、光绪《建德县志》卷一、《上虞塘工纪略》卷二、民国《昌化县志》卷一五、宣统《临安县志》卷一、民国《杭州府志》卷八五、光绪《台州府志》卷三一。

咸丰八年(公元 1858 年)

〔灾情〕　秋,慈溪、余姚淫潦,损禾。

〔资料来源〕　柯超《辛丑琐事》。

咸丰九年(公元 1859 年)

〔灾情〕　余杭水;八月十八日,海宁潮溢,漂溺三十余人。

〔资料来源〕　民国《杭州府志》卷八五、民国《海宁州志稿》卷四〇。

咸丰十年(公元 1860 年)

〔灾情〕　夏,泰顺大水;七月,玉环河水泛溢;秋,绍兴府大水;九月,湖州淫雨大水。

〔资料来源〕　《分疆录》、光绪《玉环厅志》卷一四、《越缦堂日记补》、光绪《归安县志》卷二七。

咸丰十一年(公元 1861 年)

〔灾情〕　四月,庆元、兰溪大水;五月,诸暨大水;七月二十七日,景宁大水;庆元又大水;泰顺大水;八月初二日起,上虞连日大雨,山水骤发,决塘。

[资料来源]　光绪《庆元县志》卷一一、光绪《兰溪县志》卷八、《分疆录》卷一〇、光绪《处州府志》卷二五、《上虞塘工纪略》卷二。

同治元年(公元 1862 年)

[灾情]　夏,衢州大水;六月,象山大雨水;六月初四日,萧山西江塘决,平地水涨五尺;海盐海溢;七月,景宁大水;庆元大水;七月初一日,镇海海晏乡大水,八月初一日又大水,坏民房田禾。

[资料来源]　民国《衢县志》卷一、民国《建德县志》卷一、民国《萧山县志稿》卷五、光绪《镇海县志》卷三七、民国《象山县志》卷三〇、光绪《处州府志》卷二五、光绪《庆元县志》卷一一。

同治二年(公元 1863 年)

[灾情]　二月,诸暨淫雨,伤蚕麦;三月,遂安淫雨;春,湖州水溢;海盐海溢;平湖海溢,河水皆成,田禾多死;七月十二日,镇海大发蛟水,八月二十日又发蛟水;景宁七月大水。

[资料来源]　宣统《诸暨县志》卷一八、民国《遂安县志》卷九、光绪《海盐县志》卷一三、光绪《平湖县志》卷二五、同治《景宁县志》卷一二、光绪《镇海县志》卷三七。

同治三年(公元 1864 年)

[灾情]　五月二十三日,江水涨一丈余,山阴、会稽塘堤多决;衢州、龙泉五月大水;六月十六日,定海、镇海暴风雨,坏舟,民溺死无数。

[资料来源]　《上虞塘工纪略》卷二、民国《衢县志》卷一、民国《镇海县志》卷四三、民国《定海县志·舆地志》、民国《龙游县志》卷一。

同治四年(公元 1865 年)

[灾情]　四月,兰溪大水;五月,汤溪大水;五月二十四、五等日,杭州大雨七昼夜,府属各县低田被淹;严州大水;富阳大水没城;上虞霉汛,塘决;闰五月,新登大水;同月,绍兴府大水。

[资料来源]　光绪《兰溪县志》卷八、民国《汤溪县志》卷一、民国《杭州府志》卷八五、民国《建德县志》卷一、光绪《富阳县志》卷一五、《续上虞塘工纪略》、《越缦堂日记·孟学斋日记丙集》。

同治五年(公元 1866 年)

[灾情]　五月十一日,昌化大水,颊口桥等圮于水;于潜永乐桥圮于水;六月,兰溪大水;台州大水。

[资料来源]　民国《昌化县志》卷四、卷一五,光绪《于潜县志》卷二,光绪《兰溪

县志》卷八,光绪《台州府志》卷三一。

同治六年（公元 1867 年）

［灾情］　五月,龙游大水;湖州五月大雨水;八月,太平大水。

［资料来源］　民国《龙游县志》卷一、光绪《归安县志》卷二七、光绪《台州府志》卷三一、光绪《太平县志》卷一七。

同治七年（公元 1668 年）

［灾情］　五月,于潜、孝丰、龙游、庆元等县俱水灾;六月,宣平大水;七月二十五日,景宁大水。

［资料来源］　光绪《于潜县志》卷二〇、光绪《孝丰县志》卷八、民国《龙游县志》卷一、光绪《庆元县志》卷一一、光绪《宣平县志》卷一九、光绪《处州府志》卷二五。

同治八年（公元 1869 年）

［灾情］　夏,龙游大水;嵊县四月大雨,水涨,坏田庐;于潜夏秋淫雨;八月庚戌,鄞县西后山洞洪水暴发,坏田庐,溺居民。

［资料来源］　民国《龙游县志》卷一、民国《鄞县志》卷三一、光绪《于潜县志》卷二〇、光绪《鄞县志》卷六九。

同治九年（公元 1870 年）

［灾情］　五月,龙游大水,田庐淹没。

［资料来源］　民国《龙游县志》卷一。

同治十年（公元 1871 年）

［灾情］　三月二十一日未刻,上虞暴风,拔木发屋,吹坠石坊,河舟飞上岸;三月二十二日,诸暨雷雨大风,飘瓦拔木,毙人无算;同日,浦江大风雨,倒屋毙人;同日,湖州狂风骤雨,拔木毁屋,覆舟伤人;同日,杭州、绍兴有大风从西来,压檐大雨,屋瓦尽飞;严州四月水;永康春夏潦;九月,山阴、会稽连雨两旬。

［资料来源］　《虞志校续》卷四一、宣统《诸暨县志》卷一八、光绪《浦江县志》卷一五、同治《湖州府志》卷四四、民国《杭州府志》卷八五、光绪《建德县志》卷三〇、光绪《永康县志》卷一一、《越缦堂日记·桃华圣解盦日记丁集》、《清史稿·灾异志》。

同治十二年（公元 1873 年）

［灾情］　七月,太平大风雨,坏城垣数十丈、民房数百间。

［资料来源］　光绪《太平县志》卷一七。

同治十三年（公元 1874 年）

［灾情］　三月,庆元大水;七月,鄞县大风雨,山水暴出,淹没百余家;七月,太平大风雨,蛟水坏城垣;同月,台州大水;七月十二日,宣平山水陡发,平地水高丈余,冲圮

乐济、广济二桥;严州水。

[资料来源]　光绪《庆元县志》卷一一,光绪《太平县志》卷一七,光绪《台州府志》卷三一,光绪《鄞县志》卷六九,光绪《宜平县志》卷四、卷一七、民国《建德县志》卷一。

光绪元年(公元 1875 年)

[灾情]　春,永康水潦;宣平大水;五月,湖州水,八月复水;杭州府属水;会稽县蒿坝倒坍;七月二十八日,诸暨骤雨,水发。

[资料来源]　光绪《永康县志》卷一一、光绪《宜平县志》卷一九、光绪《归安县志》卷二七、《南浔志》卷二〇、《浚辽江始末记》(载《越州阮氏宗谱》)、宣统《诸暨县志》卷一八。

光绪二年(公元 1876 年)

[灾情]　五月,庆元大水;六月初八日,玉环大风雨,坏禾;同日,黄岩大风雨,拔木坏屋;六月十二日,青田大雨水;宣平大水;台州大风雨;平阳大雨水;六月十三日夜,海宁飓风,坏民居;六月十四日,临安、余杭大雨水,坏民庐;同日,于潜蛟洪骤发,平地水高数丈;同日,新城大水;泰顺春夏苦雨,六月二十一日大水;孝丰大水;严州、分水俱大水;诸暨大雨,发蛟水,毁屋舍,损田禾。

[资料来源]　《东华录》卷三三、《清史稿·灾异志》、光绪《庆元县志》卷一一、光绪《台州府志》卷三一、光绪《处州府志》卷二五、民国《海宁州志稿》卷四〇、宣统《临安县志》卷一、民国《平阳县志》卷五八、民国《新登县志》卷二〇、光绪《于潜县志》卷二、《分疆录》卷一〇、光绪《玉环厅志》卷一四、光绪《孝丰县志》卷八、光绪《分水县志》卷一〇、宣统《诸暨县志》卷一八、民国《建德县志》卷一。

光绪三年(公元 1877 年)

[灾情]　五月二十一日,于潜大雨三昼夜,水灾;五月二十三日,玉环大风雨成灾;同日,余姚大风拔木;宣平五月大水;永嘉大风雨潮涨;泰顺九月杪至年终阴雨;宁波十月中至十一月阴雨;镇海亦同。

[资料来源]　民国《杭州府志》卷八五、光绪《玉环厅志》卷一四、光绪《余姚县志》卷七、光绪《鄞县志》卷六九、《分疆录》卷一〇、光绪《镇海县志》卷三七、光绪《宣平县志》卷一九、光绪《于潜县志》卷二〇。

光绪四年(公元 1878 年)

[灾情]　正月,泰顺多雨;鄞县自正月后百日中,开雾者仅二十日;开化春夏水潦;湖州三月久雨,十月水;常山五月二十五日大水入东城门;遂安大水;严州大水;五月间,金华、衢州、严州三府属深山发蛟水,同时水灾;五月,诸暨、浦江、台州大水;玉环

大雨;汤溪大水,冲毁民田四十三顷有奇;六月,永嘉大雨水;九月,于潜阴雨连旬。

[资料来源]　《分疆录》卷一〇,光绪《鄞县志》卷六九、光绪《开化县志》卷一四、光绪《永康县志》卷一一、民国《遂安县志》卷九、光绪《归安县志》卷二七、光绪《常山县志》卷八、光绪《于潜县志》卷二〇、光绪《建德县志》卷三〇、《清史稿·灾异志》、光绪《台州府志》卷三一、《东华录四年七月》卷二三、光绪《浦江县志》卷一五、民国《汤溪县志》卷一、民国《衢县志》卷一、光绪《永嘉县志》卷三六、光绪《玉环厅志》卷一四。

光绪五年(公元 1879 年)

[灾情]　四月,于潜淫雨;六月二十一日未刻,永嘉大风雨,坏官廨;七月,寿昌大水。

[资料来源]　光绪《于潜县志》卷二〇、光绪《永嘉县志》卷三六、民国《寿昌县志》卷一。

光绪七年(公元 1881 年)

[灾情]　五月,诸暨大水;六月、七月,象山大雨水;七月初三日,浙江沿海飓风暴起,洪潮泛滥,濒海各县田禾被淹;永嘉、奉化俱大水飓风;台州秋水涝。

[资料来源]　宣统《诸暨县志》卷一八、民国《象山县志》卷三〇、《东华录七年九月》卷三八、光绪《奉化县志》卷三九、民国《临海县志稿》卷四一。

光绪八年(公元 1882 年)

[灾情]　浙、皖二省被水;三月,常山大水,田禾淹尽,秋后复大水;开化自四月十三日雨至五月初四日,大水成灾;五月初一至初四日,龙游大雨不止,城内如河,田庐人畜被淹不可胜计,自咸丰四年大水以来,是年为最;常山夏五月大水,田禾漂没;汤溪五月大水,冲没民田二十七顷有奇;五月初四日,衢州大水入城,田庐漂没无算;昌化夏大水;五月下旬,杭州、嘉兴、湖州三府属各县雨水过多,淹没田禾;诸暨五月大水;五月二十三日,嘉善大风雨;于潜大水,圮永春桥等桥梁四座,平地水高丈余;象山六月大水;台州秋大水;太平七月大水,伤稼。

[资料来源]　《东华录八年六月》卷二七,《东华录八年七月》卷一二、卷四五,《清史稿·灾异志》,《益闻录》(光绪七年八月十三日),光绪《开化县志》卷一四,民国《衢县志》卷一,光绪《嘉善县志》卷三四,民国《昌化县志》卷一五,宣统《诸暨县志》卷一八、光绪《太平县志》卷一七,民国《龙游县志》卷一,民国《象山县志》卷三〇,光绪《常山县志》卷八,民国《汤溪县志》卷一,光绪《于潜县志》卷二、卷二〇。

光绪九年(公元 1883 年)

[灾情]　四月十七日,汤溪烈风剧雨,圮庙宇;诸暨四月大水;杭州夏雨过多;六月十六日,兰溪暴雨,水涨,七月大水;七月初二至初六日,山阴、会稽大风潮,沿海各处

成灾;镇海、慈溪、奉化、浦江、于潜七月俱大水;海宁飓风拔木,坏民居;严州大水;萧山大风海溢;余姚海溢;秋,台州大水;九月,太平大水。

[资料来源]　《申报》(光绪九年六月初六日)、民国《汤溪县志》卷一、宣统《诸暨县志》卷一八、光绪《兰溪县志》卷八、《绍兴史迹风土丛编》卷七、《振济山、会两邑沿海水灾征信录》、民国《海宁州志稿》卷四〇、光绪《奉化县志》卷三九、民国《镇海县志》卷四三、光绪《慈溪县志》卷五五、光绪《余姚县志》卷七、民国《萧山县志稿》卷五、光绪《太平县志》卷一七、光绪《浦江县志》卷一五、民国《建德县志》卷一、民国《汤溪县志》卷一、民国《临海县志稿》卷四一、光绪《于潜县志》卷二〇。

光绪十年(公元 1884 年)

[灾情]　秋,余姚大水;上虞涝,水入湖;八月,台州大水;同月,太平大霖雨,漂庐室;象山大水。

[资料来源]　光绪《余姚县志》卷七、《虞志校续》卷二四、光绪《台州府志》卷三一、光绪《太平县志》卷一七、光绪《奉化县志》卷三九。

光绪十一年(公元 1885 年)

[灾情]　五月初三、初五二日,于潜大雨成灾;七月,奉化大水。

[资料来源]　光绪《于潜县志》卷二〇、光绪《奉化县志》卷三九。

光绪十二年(公元 1886 年)

[灾情]　七月十三至十五日,衢州大雨倾盆,十六日,大水入城,溺死人畜无算;七月十四日,太平飓风淫雨,淹没近月;七月十五日,兰溪大风骤雨,水入城市;七月,富阳、诸暨、浦江、遂昌、开化、松阳、台州俱大水。

[资料来源]　《清史稿·灾异志》、民国《衢县志》卷一、光绪《太平县志》卷一七、光绪《兰溪县志》卷八、宣统《诸暨县志》卷一八、光绪《富阳县志》卷一五、民国《杭州府志》卷八五、光绪《开化县志》卷一四、光绪《遂昌县志》卷一二、光绪《浦江县志》卷一五、民国《松阳县志》卷一四、光绪《台州府志》卷三一。

光绪十三年(公元 1887 年)

[灾情]　四月,萧山西江塘决,大水三日方退;闰四月十二日,台州、太平大雨半月不止,早禾淹没;丽水四月大水;严州五月大水;诸暨六月大水;开化洪水,圮饮虹桥;八月,海宁潮溢,漂溺数十人;汤溪大水。

[资料来源]　民国《萧山县志稿》卷五、光绪《台州府志》卷三一、民国《丽水县志》卷一三、光绪《开化县志》卷三、宣统《诸暨县志》卷一八。

光绪十四年(公元 1888 年)

[灾情]　春,富阳水灾,各山发蛟水七十余处,淹毙人畜无算;八月,慈溪大雨,发

蛟水;八月二十三日,余姚洪流,损禾棉。

[资料来源] 光绪《富阳县志》卷一五、光绪《慈溪县志》卷五五、光绪《余姚县志》卷七。

光绪十五年(公元 1889 年)

[灾情] 本年秋间,浙江大雨连旬,水势涨发,杭州、嘉兴、湖州、宁波、绍兴、台州、金华、严州、温州、处州俱被水灾,以杭、嘉、湖三府最为严重;秋,山阴、会稽水;汤溪秋七月大水,漂没衢港两岸民居;台州七月大水;七月二十六日,太平飓风大雨;七月二十七日,余姚蛟水暴发,坏庐舍无算;海宁七月二十六、二十七日,大雨两昼夜不止,山洪暴发,八月又淫雨四十日,大水成灾;浦江七月水灾;分水七月大水;永康七月发蛟水;浦江七月水灾;诸暨七、八月均大水;新城大水,圮临江桥;景宁大水,圮普济桥;奉化秋淫雨;萧山八月至九月阴雨四十五日,田禾霉烂;慈溪八月至十月淫雨;湖州、南浔八月二十四日大雨,连阴数旬,至十月初十始晴,田禾尽没;富阳八月阴淫四十七日至十月,田禾尽没,合邑皆荒;嘉善八月至十月淫雨四十日。

[资料来源] 《东华录十五年十月》卷一三、《小冲言事》、《绍兴县志资料》册一二、民国《汤溪县志》卷一、光绪《台州府志》卷三一、光绪《太平县志》卷一七、光绪《余姚县志》卷七、民国《海宁州志稿》卷四〇、光绪《浦江县志》卷一五、光绪《分水县志》卷一〇、光绪《永康县志》卷一一、宣统《请暨县志》卷一八、民国《景宁续志》卷二、民国《新登县志》卷六、光绪《奉化县志》卷三九、民国《萧山县志稿》卷五、光绪《慈溪县志》卷五五、《南浔志》卷二九、光绪《富阳县志》卷一五、光绪《嘉善县志》卷三四。

光绪十六年(公元 1890 年)

[灾情] 霉伏之际,淫雨连绵,海宁州及平湖县海塘损毁;五月,平阳大水;六月,慈溪大水;七月,诸暨大水。

[资料来源] 《东华录十八年七月》卷四、民国《平阳县志》卷五八、光绪《慈溪县志》卷五五、宣统《诸暨县志》卷一八。

光绪十七年(公元 1891 年)

[灾情] 六月,严州淫雨;诸暨大水;秋,奉化大水,九月,龙游大水。

[资料来源] 民国《建德县志》卷一、宣统《诸暨县志》卷一八、光绪《奉化县志》卷九、民国《龙游县志》卷一。

光绪十八年(公元 1892 年)

[灾情] 秋,浦江水灾;八至十月,富阳淫雨四十七日,田禾尽没。

[资料来源] 光绪《浦江县志》卷一五、光绪《富阳县志》卷一五。

光绪十九年(公元 1893 年)

［灾情］　于潜夏秋多雨；象山大水。

［资料来源］　光绪《于潜县志》卷二〇、民国《象山县志》卷三〇。

光绪二十年（公元 1894 年）

［灾情］　台州大水；七月初二日，太平县松门潮溢，伤晚禾。

［资料来源］　光绪《台州府志》卷三一、光绪《太平县志》卷一七。

光绪二十一年（公元 1895 年）

［灾情］　夏秋，奉化大水；七月，台州大水；太平大水。

［资料来源］　光绪《奉化县志》卷三九、光绪《台州府志》卷三一、光绪《太平县志》卷一七。

光绪二十二年（公元 1896 年）

［灾情］　四月，奉化淫雨。

［资料来源］　光绪《奉化县志》卷三九。

光绪二十三年（公元 1897 年）

［灾情］　五月，松阳、遂昌大水；温州府雨水过多。

［资料来源］　民国《松阳县志》卷一四、光绪《遂昌县志》卷一二、《农学报》第四期（光绪二十三年五月）。

光绪二十四年（公元 1898 年）

［灾情］　五月初十日，寿昌暴雨大水；六月，平阳大水；八月十八日，诸暨大水；八至九月，萧山久雨四十五日。

［资料来源］　民国《寿昌县志》卷一、民国《平阳县志》卷五八、宣统《诸暨县志》卷一八、民国《萧山县志稿》卷五。

光绪二十五年（公元 1899 年）

［灾情］　夏，蛟水为害，曹娥江塘决口七处，上虞、会稽、余姚皆为波及；六月十四日，定海大水，舟入城市；六月十五日，诸暨大水，七月复大水；嵊县大水；七月，山阴、会稽大水；寿昌七月淫雨；八至十月，太湖久雨大水。

［资料来源］　《东华录》卷一三、民国《定海县志·舆地志》、宣统《诸暨县志》卷一八、民国《嵊县志》卷三一、民国《寿昌县志》卷一、《小冲言事》、《太湖备考续编》。

光绪二十六年（公元 1900 年）

［灾情］　五月，松阳大水；秋，曹娥江水患；七八月，丽水大水。

［资料来源］　《汇报》（光绪二十六年七月十七日）、民国《松阳县志》卷一四、民国《丽水县志》卷一三。

光绪二十七年（公元 1901 年）

　　［灾情］　五月,严州、龙游、新城、富阳、汤溪等县大水,富阳大水过城高一尺,没人畜无算;秋,临海、象山等县大水,萧山南沙一带淫雨为灾;是年,全省计仁和等三十七州县水灾。

　　［资料来源］　《东华录二十七年十二月》卷七四、民国《建德县志》卷一、民国《龙游县志》卷一、民国《新登县志》卷一、民国《萧山县志稿》卷五、光绪《富阳县志》卷一五、民国《象山县志》卷三〇、民国《临海县志稿》卷四一。

光绪二十八年(公元 1902 年)

　　［灾情］　新城县众缘桥为洪水所圮。

　　［资料来源］　民国《新登县志》卷六。

光绪二十九年(公元 1903 年)

　　［灾情］　闰五月及六月,平阳大水;松阳七月望后淫雨十余日,禾谷尽生青芽。

　　［资料来源］　民国《平阳县志》卷五八、民国《松阳县志》卷一四。

光绪三十年(公元 1904 年)

　　［灾情］　五月,严州大水;六月三日,龙游回源山山洪暴发,沿溪人畜漂没甚多;六月十七日,景宁大水,没田庐,阮口桥圮于水,为道光后第一大水。

　　［资料来源］　民国《建德县志》卷一,民国《龙游县志》卷一,民国《景宁续志》卷二、卷一五。

光绪三十一年(公元 1905 年)

　　［灾情］　春,奉化淫雨至仲夏。

　　［资料来源］　光绪《奉化县志》卷三九。

光绪三十二年(公元 1906 年)

　　［灾情］　春夏间,两浙盐场灶、荡受风雨潮灾,禾棉迭受重伤;六月十四日,湖州、南浔大风雨,坍民房甚多;八月,临海大水;是年,浙江风水成灾,仁和等一十八州县成灾十分,嘉兴、湖州二所,严州、台州二卫亦分别成灾。

　　［资料来源］　《东华录三十三年正月》卷二九、《东华录三十三年二月》卷二、《南浔志》卷二九、民国《临海县志稿》卷四一。

光绪三十四年(公元 1908 年)

　　［灾情］　六月,湖州、南浔霖雨;临安水灾;寿昌水灾。

　　［资料来源］　《南浔志》卷二九、宣统《临安县志》卷一、民国《寿昌县志》卷一。

宣统元年(公元 1909 年)

　　［灾情］　五月,临安、昌化大水;海宁大水;七月,丽水大水。

　　［资料来源］　宣统《临安县志》卷一、民国《寿昌县志》卷一五、民国《丽水县志》

卷一三。

宣统二年（公元 1910 年）

［灾情］　五月，湖州、南浔久雨；六月，富阳、余杭蛟水暴注，淹人畜庐舍；六月二十八日，萧山飓风狂雨，禾棉多损。

［资料来源］　《南浔志》卷二九、民国《杭州府志》卷八五、民国《丽水县志》卷一三。

宣统三年（公元 1911 年）

［灾情］　湖州、南浔五、六月久雨，闰六月十六日夜大风至十七日止，太湖水高倒灌，七月初阴雨积日，田禾被淹者十之三四；景宁五月大雨，七月初七、八二日大风雨；松阳大水；六月十六、十七日，萧山飓风大雨，南乡发洪十三处；七月，象山久雨大水；临海大雨水。

［资料来源］　《南浔志》卷二九、民国《景宁续志》卷一五、民国《松阳县志》卷一四、民国《象山县志》卷三〇、民国《临海县志稿》卷四一、民国《萧山县志稿》卷五。

卷二 旱灾志

汉惠帝五年(公元前 190 年)

[灾情]　夏,大旱,太湖涸

[资料来源]　《太湖备考》卷一四。

汉安二年(公元 143 年)

[灾情]　会稽旱。

[资料来源]　嘉泰《会稽志》卷二。

建康元年(公元 144 年)

[灾情]　会稽旱。

[资料来源]　嘉泰《会稽志》卷二。

建安八年(公元 203 年)

[灾情]　海昌连年亢旱。

[资料来源]　《三国志·陆逊传》。

三国吴天玺元年(公元 276 年)

[灾情]　会稽旱。

[资料来源]　万历《绍兴府志》卷三五。

晋永嘉三年(公元 309 年)

[灾情]　夏,大旱,江、汉、河、洛皆竭,可涉。

［资料来源］ 《资治通鉴》卷八七。

建武元年(公元 317 年)

［灾情］ 是岁,扬州大旱。

［资料来源］ 《晋书·元帝纪》。

咸康元年(公元 335 年)

［灾情］ 六月,大旱,会稽、余姚特甚,米斗五百价,人相卖。

［资料来源］ 《晋书·五行志》、《晋书·成帝纪》、《文献通考》卷三〇四、《资治通鉴》卷九五、万历《绍兴府志》卷一三。

太和三年(公元 368 年)

［灾情］ 六月,会稽大旱。

［资料来源］ 《通志·灾祥略》。

咸安二年(公元 372 年)

［灾情］ 是岁,三吴大旱,人多饿死。

［资料来源］ 《晋书·孝武帝纪》、《资治通鉴》卷一〇三、《通志·灾祥略》、雍正《浙江通志》卷七五。

南北朝宋元嘉八年(公元 431 年)

［灾情］ 五月,扬州诸郡旱。

［资料来源］ 《宋书·五行志》。

大明七年(公元 463 年)

［灾情］ 十一月,浙江东诸郡大旱。

［资料来源］ 《南史·宋孝武帝纪》、《宋书·前废帝纪》、《通志·灾祥略》、乾隆《绍兴府志》卷八〇。

大明八年(公元 464 年)

［灾情］ 东方诸郡连岁旱饥,米一升钱数百,饿死者十有六七。

［资料来源］ 《宋书·前废帝纪》、《资治通鉴》卷一二九、《文献通考》卷三〇四。

南北朝梁太清元年(公元 547 年)

［灾情］ 扬州旱。

［资料来源］ 《隋书·五行志》。

太清二年(公元 548 年)

［灾情］ 扬、徐、兖、豫旱甚。

［资料来源］ 《隋书·五行志》。

大宝元年(公元 550 年)

[灾情] 江南连年旱蝗，江、扬尤甚，百姓流亡，死者蔽野，千里绝烟，人迹罕见，白骨成聚，如丘陇焉。

[资料来源] 《资治通鉴》卷一六三。

南北朝陈永定二年(公元558年)

[灾情] 吴州、晋州蝗旱。

[资料来源] 《陈书·高祖纪》。

唐永徽四年(公元653年)

[灾情] 夏、秋，婺州旱甚。

[资料来源] 《新唐书·五行志》、《文献通考》卷三〇四、《婺志粹》卷一三。

万岁通天元年(公元696年)

[灾情] 天下大旱。

[资料来源] 《旧唐书·则天后纪》。

天宝十三年(公元754年)

[灾情] (衢州)旱。

[资料来源] 民国《衢县志》卷四。

乾元元年(公元758年)

[灾情] 浙江旱。

[资料来源] 民国《杭州府志》卷八二。

宝应元年(公元762年)

[灾情] 浙江旱。

[资料来源] 《新唐书·代宗纪》。

大历四年(公元769年)

[灾情] (黄岩)大旱。

[资料来源] 民国《台州府志》卷一三二。

贞元六年(公元790年)

[灾情] 夏，淮南、浙西、福建等道大旱，井泉竭。

[资料来源] 《新唐书·五行志》、《文献通考》卷三〇四。

贞元二十一年(公元805年)

[灾情] 秋，江浙、淮南、荆南、湖南、鄂、岳、陈、许等州二十六，旱；越州镜湖水竭；衢州人食人。

[资料来源] 《新唐书·五行志》、《文献通考》卷三〇四、万历《绍兴府志》卷一三、白居易《贞元元和间江南旱题》。

贞元二十二年(公元 806 年)

［灾情］　越州镜湖竭。

［资料来源］　万历《绍兴府志》卷一三、万历《会稽县志》卷八。

元和四年(公元 809 年)

［灾情］　南方旱,饥;浙西旱。

［资料来源］　《新唐书·五行志》、《新唐书·宪宗纪》、《资治通鉴》卷二三七、《文献通考》卷三〇四、雍正《浙江通志》卷七五。

元和六年(公元 811 年)

［灾情］　两浙歉旱。

［资料来源］　《旧唐书·宪宗纪》。

长庆元年(公元 821 年)

［灾情］　秋,杭州旱。

［资料来源］　咸淳《临安志》卷七二。

长庆二年(公元 822 年)

［灾情］　七月,杭州旱。

［资料来源］　咸淳《临安志》卷七二。

长庆三年(公元 823 年)

［灾情］　浙东、西旱。

［资料来源］　《新唐书·穆宗纪》、雍正《浙江通志》卷七五。

长庆四年(公元 824 年)

［灾情］　秋,浙西旱。

［资料来源］　民国《杭州府志》卷八二。

宝历元年(公元 825 年)

［灾情］　秋,荆南、淮南、浙西、江西、湖南及宣、襄、鄂等州旱。

［资料来源］　《新唐书·五行志》、《文献通考》卷三〇四。

开成四年(公元 839 年)

［灾情］　夏旱,浙东尤甚;会稽大旱;严州大旱。

［资料来源］　《文献通考》卷三〇四、万历《绍兴府志》卷一三、雍正《浙江通志》卷一五六。

会昌五年(公元 845 年)

［灾情］　台州旱。

［资料来源］　万历《黄岩县志》卷七、民国《台州府志》卷一三二。

大中元年（公元 847 年）

［灾情］　上虞大旱。

［资料来源］　光绪《上虞县志》卷五、雍正《浙江通志》卷一五三。

大中五年（公元 851 年）

［灾情］　临安县旱;富阳岁旱。

［资料来源］　民国《杭州府志》卷八二、咸淳《临安志》卷二七。

大中六年（公元 852 年）

［灾情］　临安县旱;慈溪旱魃为灾。

［资料来源］　民国《杭州府志》卷八二、陈敬宗《重建慈溪灵岩观音寺记》。

乾符三年（公元 876 年）

［灾情］　五月,浙西旱。

［资料来源］　民国《杭州府志》卷八二。

乾符六年（公元 879 年）

［灾情］　吴兴三月不雨至于七月。

［资料来源］　同治《湖州府志》卷四四。

中和四年（公元 884 年）

［灾情］　江南大旱,饥,人相食;海盐旱。

［资料来源］　《文献通考》卷三〇四、光绪《海盐县志》卷一三。

乾宁元年（公元 894 年）

［灾情］　越州大旱。

［资料来源］　《吴越备史》卷一。

乾宁二年（公元 895 年）

［灾情］　越州大旱。

［资料来源］　《吴越备史》卷一。

乾宁三年（公元 896 年）

［灾情］　越州大旱。

［资料来源］　《吴越备史》卷一。

后周广顺三年（公元 953 年）

［灾情］　吴越大旱。

［资料来源］　《吴越备史》卷四。

宋建隆二年（公元 961 年）

［灾情］　浙江五月不雨至七月。

［资料来源］《吴越备史》卷四。

淳化二年(公元991年)

［灾情］　五月,余杭亢旱。

［资料来源］　光绪《余杭县志》卷三七。

至道三年(公元997年)

［灾情］　杭州旱。

［资料来源］　民国《杭州府志》卷八二。

咸平元年(公元998年)

［灾情］　两浙诸州旱。

［资料来源］《宋会要》卷一五九、《文献通考》卷三〇四。

咸平二年(公元999年)

［灾情］　春,浙江旱。

［资料来源］《宋史・五行志》。

大中祥符五年(公元1012年)

［灾情］　五月,两浙旱。

［资料来源］《宋史・真宗纪》、雍正《浙江通志》卷七五。

宝元元年(公元1038年)

［灾情］　湖州旱,无禾。

［资料来源］　同治《湖州府志》卷四四。

庆历四年(公元1044年)

［灾情］　两浙、淮南、江南旱。

［资料来源］《宋史・五行志》。

皇祐二年(公元1050年)

［灾情］　杭州旱。

［资料来源］　民国《杭州府志》卷八二。

嘉祐四年(公元1059年)

［灾情］　诸暨旱。

［资料来源］　万历《绍兴府志》卷一三。

嘉祐七年(公元1062年)

［灾情］　湖州大旱。

［资料来源］　光绪《长兴县志》卷九。

嘉祐八年(公元1063年)

[灾情]　山阴、会稽旱;湖州大旱。

[资料来源]　万历《绍兴府志》卷一三、光绪《长兴县志》卷九。

熙宁元年(公元 1068 年)

[灾情]　明州旱。

[资料来源]　曾巩《广德湖记》。

熙宁三年(公元 1070 年)

[灾情]　两浙蝗旱。

[资料来源]　民国《杭州府志》卷八二。

熙宁六年(公元 1073 年)

[灾情]　春,杭州大旱,井皆竭。

[资料来源]　苏轼《六井记》。

熙宁七年(公元 1074 年)

[灾情]　杭州久旱。

[资料来源]　咸淳《临安志》卷七七。

熙宁八年(公元 1075 年)

[灾情]　七八月,吴越大旱,饥馑疾疠,死者殆半;太湖水退数里。

[资料来源]　曾巩《越中赵公救灾记》、《宋史·五行志》、《文献通考》卷三〇四。

熙宁十年(公元 1077 年)

[灾情]　杭州旱。

[资料来源]　咸淳《临安志》卷四六。

元丰三年(公元 1080 年)

[灾情]　自浙以东,春旸生旱;丽水春旱。

[资料来源]　盛次仲《慈溪香山智度寺碑》、光绪《处州府志》卷二五。

元祐元年(公元 1086 年)

[灾情]　杭州大旱。

[资料来源]　《宋史·苏轼传》。

元祐二年(公元 1087 年)

[灾情]　台州旱。

[资料来源]　嘉定《赤城志》卷二三。

元祐四年(公元 1089 年)

[灾情]　夏,两浙旱。

[资料来源]　《文献通考》卷三〇四。

元祐八年(公元1093年)

[灾情]　明州小旱。

[资料来源]　光绪《鄞县志》卷五。

绍圣四年(公元1097年)

[灾情]　夏,两浙旱,饥。

[资料来源]　《宋史·哲宗纪》、《文献通考》卷三○四。

元符元年(公元1098年)

[灾情]　东南旱;湖州旱。

[资料来源]　《宋史·五行志》、同治《湖州府志》卷四四。

建中靖国元年(公元1101年)

[灾情]　两浙旱;衢、信等州旱。

[资料来源]　《宋史·徽宗纪》、《文献通考》卷三○四。

崇宁元年(公元1102年)

[灾情]　江浙旱;浙西大旱。

[资料来源]　《宋史·徽宗纪》、民国《杭州府志》卷八二。

大观三年(公元1109年)

[灾情]　江浙旱。

[资料来源]　《宋史·徽宗纪》。

宣和五年(公元1123年)

[灾情]　秀州春旱。

[资料来源]　光绪《嘉兴府志》卷三五。

靖康元年(公元1126年)

[灾情]　上虞、余姚旱。

[资料来源]　陈橐《上傅崧卿太守书》、《宋会要》卷一二四。

建炎元年(公元1127年)

[灾情]　上虞、余姚旱。

[资料来源]　《上傅崧卿太守书》。

建炎三年(公元1129年)

[灾情]　湖州秋旱。

[资料来源]　同治《湖州府志》卷四四。

绍兴元年(公元1131年)

[灾情]　湖州夏、秋旱。

［资料来源］ 同治《湖州府志》卷四四。

绍兴三年（公元 1133 年）

［灾情］ 七月十六诏：浙东路及临安府、严、秀等州久阙雨泽；永嘉旱。

［资料来源］ 《宋会要》卷一六九、光绪《永嘉县志》卷三六。

绍兴四年（公元 1134 年）

［灾情］ 婺州自六月不雨至于八月。

［资料来源］ 《婺志粹》卷一三。

绍兴五年（公元 1135 年）

［灾情］ 江、湖、闽、浙大旱，殍踣相望；五月，浙东、西旱五十余日；湖州五月旱三十余日；夏，临安大旱；浙东旱；会稽久旱，大暑，人多喝死。

［资料来源］ 《建炎以来系年要录》卷一一三、《宋会要》卷一四九、《夷坚乙志》卷一三、光绪《长兴县志》卷九、康熙《绍兴府志》卷一三、《宋史·五行志》、《文献通考》卷三〇四。

绍兴六年（公元 1136 年）

［灾情］ 温州旱。

［资料来源］ 《宋会要》卷一二四。

绍兴七年（公元 1137 年）

［灾情］ 春，杭州旱七十余日；七月，德清大旱，八月，诸路大旱，江、湖、淮、浙被害甚广。

［资料来源］ 《建炎以来系年要录》卷一一三、《文献通考》卷三〇四、同治《湖州府志》卷五三。

绍兴八年（公元 1138 年）

［灾情］ 婺州旱；六月十八诏曰：浙西及诸路雨泽稍延；杭州冬不雨。

［资料来源］ 光绪《金华县志》卷一六、《宋会要》卷一六九、《文献通考》卷三〇四。

绍兴九年（公元 1139 年）

［灾情］ 六月二十五日，诏以雨泽稍延；会稽旱。

［资料来源］ 《宋会要》卷一六九、乾隆《绍兴府志》卷八〇。

绍兴十年（公元 1140 年）

［灾情］ 盐官县旱；会稽旱。

［资料来源］ 咸淳《临安志》卷七四、万历《会稽县志》卷八。

绍兴十一年（公元 1141 年）

　　[灾情]　绍兴府旱,伤秋苗;七月,临安、盐官旱。

　　[资料来源]　《宋会要》卷一五九、卷一六九,《建炎以来系年要录》卷一四一,咸淳《临安志》卷七四。

绍兴十二年(公元 1142 年)

　　[灾情]　三月,杭州旱六十余日。

　　[资料来源]　《文献通考》卷三〇四。

绍兴十八年(公元 1148 年)

　　[灾情]　绍兴府、明、婺州旱;季、润、徽、婺、饶、信州皆旱,绍兴府旱伤最甚;浙西旱。

　　[资料来源]　《宋会要》卷一五九,《建炎以来系年要录》卷一五八、卷一五九,《文献通考》卷三〇四。

绍兴十九年(公元 1149 年)

　　[灾情]　永嘉秋旱,大饥。

　　[资料来源]　光绪《永嘉县志》卷三六。

绍兴二十四年(公元 1154 年)

　　[灾情]　浙东、西旱;台州四月不雨至于九月,五谷无收,人多流亡。

　　[资料来源]　《宋史·五行志》、光绪《台州府志》卷二八。

绍兴二十五年(公元 1155 年)

　　[灾情]　七月,杭州旱。

　　[资料来源]　咸淳《临安志》卷三六。

绍兴二十九年(公元 1159 年)

　　[灾情]　二月,行都旱七十余日;秋,江浙郡国旱;秀州秋旱。

　　[资料来源]　《宋会要》卷一六九、《宋史·五行志》、《文献通考》卷三〇四、光绪《嘉兴府志》卷三五。

绍兴三十年(公元 1160 年)

　　[灾情]　秋,浙郡国旱,浙东尤甚。

　　[资料来源]　《宋史·五行志》、《文献通考》卷三〇四。

隆兴元年(公元 1163 年)

　　[灾情]　江浙郡国旱;绍兴府旱。

　　[资料来源]　《文献通考》卷三〇四、万历《会稽县志》卷八。

隆兴二年(公元 1164 年)

　　[灾情]　台州春旱。

［资料来源］　康熙《临海县志》卷一一。

乾道二年（公元 1166 年）

［灾情］　新城大旱。

［资料来源］　道光《新城县志》卷一八。

乾道五年（公元 1169 年）

［灾情］　杭州旱。

［资料来源］　咸淳《临安志》卷七一。

乾道六年（公元 1170 年）

［灾情］　浙东旱，温、台为甚。

［资料来源］　《宋史·五行志》、《宋会要》卷一五八。

乾道七年（公元 1171 年）

［灾情］　江浙大旱；秀、婺州春旱；余姚大旱。

［资料来源］　《夷坚支景》卷七、《文献通考》卷三〇四、《婺志粹》卷一三、乾隆《绍兴府志》卷八〇。

乾道八年（公元 1172 年）

［灾情］　绍兴府旱。

［资料来源］　嘉泰《会稽志》卷七。

乾道九年（公元 1173 年）

［灾情］　婺、处、台、温久旱，无麦苗；浙东州县旱伤；会稽、余姚旱。

［资料来源］　《宋史·五行志》、《宋会要》卷一二一、卷一五八，宝庆《会稽续志》卷三，乾隆《绍兴府志》卷八〇。

淳熙元年（公元 1174 年）

［灾情］　浙东旱，台、处为甚；夏六月，湖州旱。

［资料来源］　《宋史·五行志》、《夷坚志补》卷二三。

淳熙二年（公元 1175 年）

［灾情］　秋，江、淮、浙皆旱，绍兴府为甚；兰溪旱。

［资料来源］　《文献通考》卷三〇四、乾隆《绍兴府志》卷八〇、光绪《兰溪县志》卷八。

淳熙三年（公元 1176 年）

［灾情］　杭州夏旱；诸暨旱。

［资料来源］　康熙《钱塘县志》卷一二、宣统《诸暨县志》卷一八。

淳熙五年（公元 1178 年）

[灾情]　浙西旱;明州旱,大饥。

[资料来源]　《宋会要》卷五二、卷一六九,《文献通考》卷三〇四,光绪《鄞县志》卷六九。

淳熙七年(公元 1180 年)

[灾情]　绍兴、台、婺皆大旱,自四月不雨至九月;夏秋之交,浙西苦旱;行都七月不雨至九月。

[资料来源]　《宋史·五行志》、《宋会要》卷一六〇、《文献通考》卷三〇四。

淳熙八年(公元 1181 年)

[灾情]　自七月至十一月,临安府、越、婺、衢、严州皆旱;台州旱。

[资料来源]　《宋史·五行志》、民国《台州府志》卷一三二。

淳熙九年(公元 1182 年)

[灾情]　七月,婺、温、处、江山、定海、象山、上虞、嵊县皆旱;衢州旱;明州秋旱,种穗殆绝。

[资料来源]　《宋史·五行志》、《朱子文集·劾唐仲友第五状》、康熙《衢州府志》卷三〇。

淳熙十年(公元 1183 年)

[灾情]　行都六月旱至七月;慈溪不雨。

[资料来源]　《宋史·五行志》、光绪《慈溪县志》卷五五。

淳熙十四年(公元 1187 年)

[灾情]　夏五月,临安、严州、常州、湖州、秀州皆旱;钱塘县六月旱;严州岁旱连夏秋;七月,二浙苦旱;七月十九日,浙东提举田渭言:绍兴、台、婺、处四州为旱特甚,明、衢旱,损抑又次焉;诸暨大旱;定海旱;仙居旱。

[资料来源]　《宋史·五行志》、《夷坚支戊》卷七、《文献通考》卷三〇四、《宋会要》卷一六〇、《剑南诗稿》卷一九、康熙《钱塘县志》卷一二、民国《台州府志》卷一三八、光绪《镇海县志》卷三七、乾隆《绍兴府志》卷八〇、《婺志粹》卷一三。

绍熙元年(公元 1190 年)

[灾情]　杭州旱。

[资料来源]　咸淳《临安志》卷七三。

绍熙三年(公元 1192 年)

[灾情]　浙江旱;东阳旱。

[资料来源]　《宋史·光宗纪》、道光《东阳县志》卷一二。

绍熙四年(公元 1193 年)

［灾情］　江浙有旱伤,六月至八月不雨;绍兴山村旱,伤晚禾;八月,台州、婺州旱;海盐冬不雨至明年六月。

［资料来源］　《宋会要》卷一六六、《文献通考》卷三〇四、咸淳《临安志》卷七五、《剑南诗稿》卷二九、《婺志粹》卷一三、光绪《海盐县志》卷一三。

绍熙五年(公元1194年)

［灾情］　浙东、西大旱,自去冬不雨至于夏;越州旱,鉴湖竭;浙东、西皆饥,明州为甚,人食草木。

［资料来源］　《宋史·五行志》、《宋会要》卷一六九、万历《绍兴府志》卷一三。

庆元二年(公元1196年)

［灾情］　行都五月不雨。

［资料来源］　《续通志》卷一七二。

庆元三年(公元1197年)

［灾情］　临安、嘉兴春不雨;湖州春夏不雨,禾稼不能入土。

［资料来源］　《夷坚志补》卷二一、同治《湖州府志》卷四四。

庆元六年(公元1200年)

［灾情］　杭州四月旱。

［资料来源］　《宋会要》卷一七〇。

嘉泰元年(公元1201年)

［灾情］　杭州旱,浙西郡县大旱;台州旱。

［资料来源］　《宋史·宁宗纪》、《文献通考》卷三〇四、嘉定《赤城志》卷二四。

嘉泰二年(公元1202年)

［灾情］　秀州春旱,至于夏秋;七月,两浙缺雨;浙西旱;海盐旱。

［资料来源］　光绪《嘉兴府志》卷三五、《宋会要》卷五二、《文献通考》卷三〇四、光绪《海盐县志》卷一三。

嘉泰三年(公元1203年)

［灾情］　五月,钱塘大旱;夏,临安大旱,西湖鱼皆浮。

［资料来源］　康熙《钱塘县志》卷一二、民国《杭州府志》卷八三。

嘉泰四年(公元1204年)

［灾情］　五月不雨至于七月,浙东、西郡国皆旱;昌化五月不雨。

［资料来源］　《文献通考》卷三〇四、民国《昌化县志》卷一五。

开禧元年(公元1205年)

［灾情］　夏,浙东、西不雨两百余日,越、婺、严、衢州大旱;诸暨大旱;永康夏大

旱;钱塘夏秋久旱。

[资料来源]　《文献通考》卷三〇四、万历《绍兴府志》卷一三、嘉靖《永康县志》卷八、康熙《钱塘县志》卷一二。

开禧三年(公元 1207 年)

[灾情]　嘉兴夏秋大旱,种稑绝种。

[资料来源]　光绪《嘉兴府志》卷三五。

嘉定元年(公元 1208 年)

[灾情]　江浙旱蝗;夏五月,秀州旱;杭州夏旱;慈溪夏旱;瑞安八月旱;山阴、会稽久旱,至七月乃雨。

[资料来源]　同治《湖州府志》卷四四、光绪《嘉兴府志》卷三五、光绪《慈溪县志》卷五五、嘉庆《瑞安县志》卷一〇、《剑南诗稿》卷八〇、《文献通考》卷三〇四。

嘉定二年(公元 1209 年)

[灾情]　嘉兴夏四月旱,至七月乃雨;四月,行都首种不入;七月,浙西大旱。

[资料来源]　光绪《嘉兴府志》卷三五、《文献通考》卷三〇四。

嘉定七年(公元 1214 年)

[灾情]　婺州旱;湖州夏秋大旱。

[资料来源]　《宋史·吴昌裔传》、同治《湖州府志》卷四四。

嘉定八年(公元 1215 年)

[灾情]　两浙、江、淮等路,旱魃为虐,种不入土者十之八七;春旱至八月,浙郡县皆旱,明、台、衢、温、婺五州为甚;严州大旱,百二十五日不雨;黄岩春旱,至八月乃雨;永康旱甚;温州春夏旱甚;湖州春旱,首种不入,至于八月乃雨;婺州五月大旱。

[资料来源]　《宋史·宁宗纪》、《宋会要》卷一六六、民国《建德县志》卷一、光绪《黄岩县志》卷三八、嘉靖《永康县志》卷八、光绪《永嘉县志》卷三六、同治《湖州府志》卷四四、《婺志粹》卷一三。

嘉定十年(公元 1217 年)

[灾情]　行都七月不雨;会稽旱;东阳大旱。

[资料来源]　《文献通考》卷三〇四、万历《绍兴府志》卷一三、道光《东阳县志》卷一二。

嘉定十四年(公元 1221 年)

[灾情]　两浙旱;浙、闽、广、江西旱,明、台、衢、婺、温为甚;绍兴府旱。

[资料来源]　《宋史·五行志》、《宋史·宁宗纪》、宝庆《会稽续志》卷三。

嘉定十七年(公元 1224 年)

［灾情］　七月,绍兴旱。

［资料来源］　宝庆《会稽续志》卷三。

绍定元年(公元 1228 年)

［灾情］　衢州大旱。

［资料来源］　光绪《鄞县志》卷二九、《宋史·袁甫传》。

绍定二年(公元 1229 年)

［灾情］　台州夏旱。

［资料来源］　民国《台州府志》卷一三二。

嘉熙三年(公元 1239 年)

［灾情］　夏,台州大旱;东阳大旱;于潜旱。

［资料来源］　民国《台州府志》卷一三二、道光《东阳县志》卷一二、光绪《于潜县志》卷一五。

嘉熙四年(公元 1240 年)

［灾情］　六月,江浙大旱蝗;湖州旱荒,饥莩枕藉;绍兴府旱;严州夏秋大旱,饿殍枕藉;温州大旱,大饥;丽水大旱,松阳旱,缙云大饥;杭州旱。

［资料来源］　《续文献通考》卷二二二、同治《湖州府志》卷四九、万历《绍兴府志》卷一三、景定《严州续志》卷二、光绪《处州府志》卷二五、雍正《浙江通志》卷一八九、咸淳《临安志》卷七六。

淳祐二年(公元 1242 年)

［灾情］　诸暨夏旱。

［资料来源］　宣统《诸暨县志》卷一八。

淳祐四年(公元 1244 年)

［灾情］　潋浦旱,岁大歉;于潜夏不雨,秋又不雨。

［资料来源］　嘉庆《重修两浙盐法志》卷二九、光绪《于潜县志》卷一五。

淳祐六年(公元 1246 年)

［灾情］　六月,杭州旱。

［资料来源］　民国《杭州府志》卷八三。

淳祐七年(公元 1247 年)

［灾情］　杭州大旱,运河涸,城中诸井皆涸;湖州旱。

［资料来源］　咸淳《临安志》卷三七、民国《杭州府志》卷八三、同治《湖州府志》卷四四。

淳祐八年(公元 1248 年)

　　［灾情］　杭州祷雨；天目山祷雨。

　　［资料来源］　咸淳《临安志》卷二五、卷八○。

宝祐五年（公元 1257 年）

　　［灾情］　处州旱；松阳旱，明州夏六月不雨。

　　［资料来源］　《续文献通考》卷二二二、民国《松阳县志》卷一四、开庆《四明续志》卷八。

咸淳四年（公元 1268 年）

　　［灾情］　建德旱。

　　［资料来源］　雍正《浙江通志》卷一五六。

咸淳五年（公元 1269 年）

　　［灾情］　七月，杭州祷雨。

　　［资料来源］　咸淳《临安志》卷七一。

元至元十三年（公元 1276 年）

　　［灾情］　江山大旱，饥；衢州大饥；东阳旱；明州夏旱。

　　［资料来源］　同治《江山县志》卷一二、嘉庆《西安县志》卷二二、道光《东阳县志》卷一二、光绪《鄞县志》卷二五。

至元十六年（公元 1279 年）

　　［灾情］　六月，处州旱。

　　［资料来源］　光绪《处州府志》卷二五。

大德二年（公元 1298 年）

　　［灾情］　浙西、嘉兴旱。

　　［资料来源］　《续文献通考》卷二二二。

大德三年（公元 1299 年）

　　［灾情］　会稽县旱。

　　［资料来源］　康熙《会稽县志》卷八。

大德六年（公元 1302 年）

　　［灾情］　绍兴府旱；余姚五月不雨至六月。

　　［资料来源］　万历《绍兴府志》卷一三、光绪《余姚县志》卷七；

大德七年（公元 1303 年）

　　［灾情］　台州诸路旱。

　　［资料来源］　《续文献通考》卷二二二。

大德十年（公元 1306 年）

　　［灾情］　台州旱。

　　［资料来源］　《续文献通考》卷二二二。

　　大德十一年(公元 1307 年)

　　［灾情］　台州自夏四月不雨至秋八月,人相食;绍兴夏五月一雨,晴即大旱,秋八月八日方雨,六种绝收,人民饿死者十八九;诸暨五月大旱,至八月方雨,六种绝收,饿者十八九,盗贼四起,父子相食;嵊县夏大旱,种稑俱绝;温州旱,祷雨;衢州旱弥数旬,祷雨;慈溪旱。

　　［资料来源］　《续文献通考》卷二二二、万历《绍兴府志》卷一三、康熙《绍兴府志》卷一三、民国《嵊县志》卷三一、弘治《衢州府志》卷一四、乾隆《温州府志》卷二八、光绪《慈溪县志》卷五五。

　　至大元年(公元 1308 年)

　　［灾情］　绍兴旱。

　　［资料来源］　《元史·武宗纪》

　　延祐七年(公元 1320 年)

　　［灾情］　六、七月,浙西旱。

　　［资料来源］　《辍耕录》卷二三。

　　泰定元年(公元 1324 年)

　　［灾情］　山阴、会稽旱,饥。

　　［资料来源］　康熙《绍兴府志》卷一三。

　　泰定二年(公元 1325 年)

　　［灾情］　松阳旱。

　　［资料来源］　民国《松阳县志》卷一四。

　　天历二年(公元 1329 年)

　　［灾情］　八月,浙西旱。

　　［资料来源］　《元史·五行志》。

　　至顺二年(公元 1331 年)

　　［灾情］　三月,浙西旱。

　　［资料来源］　《续文献通考》卷二二二。

　　元统元年(公元 1333 年)

　　［灾情］　江浙旱;夏,绍兴旱,自四月不雨至于八月。

　　［资料来源］　《元史·五行志》、《元史·顺帝纪》。

　　元统二年(公元 1334 年)

　　[灾情]　三月,杭州、嘉兴旱;东阳、新城旱。

　　[资料来源]　《续文献通考》卷二二二、道光《东阳县志》卷一二、民国《新登县志》卷一一。

惠宗至元元年(公元1335年)。

　　[灾情]　诸暨、东阳大旱。

　　[资料来源]　宣统《诸暨县志》卷一八、道光《东阳县志》卷一二。

至元二年(公元1336年)

　　[灾情]　浙江旱,自春不雨至于八月;衢州、金华旱;平阳夏秋大旱。

　　[资料来源]　《元史·五行志》、康熙《金华府志》卷二五、民国《平阳县志》卷五八。

至元六年(公元1340年)

　　[灾情]　永嘉旱;平阳大旱。

　　[资料来源]　光绪《永嘉县志》卷三六、民国《平阳县志》卷五八。

至正元年(公元1341年)

　　[灾情]　绍兴路旱;淳安兼旬不雨。

　　[资料来源]　乾隆《绍兴府志》卷四二、嘉靖《淳安县志》卷一五。

至正二年(公元1342年)

　　[灾情]　台州自春不雨至于八月。

　　[资料来源]　光绪《黄岩县志》卷三八。

至正三年(公元1343年)

　　[灾情]　绍兴府旱。

　　[资料来源]　万历《绍兴府志》卷一三。

至正六年(公元1346年)

　　[灾情]　庆元路旱;夏五月,余姚不雨;平阳二月至七月不雨,大小复旱,明春乃雨。

　　[资料来源]　雍正《宁波府志》卷三六、乾隆《余姚志》卷三九、民国《平阳县志》卷五八。

至正十年(公元1350年)

　　[灾情]　松阳旱。

　　[资料来源]　民国《松阳县志》卷一四。

至正十二年(公元1352年)

　　[灾情]　绍兴旱,自四月不雨至于七月;诸暨旱;台州旱,与绍兴同。

[资料来源]　《元史·五行志》、康熙《临海县志》卷一一。

至正十三年(公元 1353 年)

[灾情]　庆元、衢州、婺州诸路旱;夏,萧山旱;诸暨旱;余姚旱;秋,龙游旱;龙泉旱;永嘉大旱。

[资料来源]　《元史·五行志》、民国《龙游县志》卷一、光绪《鄞县志》卷六九。

至正十六年(公元 1356 年)

[灾情]　婺州、处州大旱;绍兴路大旱;萧山、上虞夏旱;东阳、青田旱。

[资料来源]　《元史·五行志》、《辍耕录》卷二七、光绪《上虞县志》卷二〇、光绪《青田县志》卷一七、乾隆《绍兴府志》卷三六。

至正十七年(公元 1357 年)

[灾情]　缙云、遂昌大旱。

[资料来源]　光绪《缙云县志》卷一五、雍正《浙江通志》卷一五七。

至正十八年(公元 1358 年)

[灾情]　绍兴夏旱;余姚夏旱。

[资料来源]　康熙《绍兴府志》卷一三。

至正十九年(公元 1359 年)

[灾情]　绍兴夏旱;余姚夏旱。

[资料来源]　乾隆《绍兴府志》卷八〇、光绪《余姚县志》卷七。

至正二十年(公元 1360 年)

[灾情]　绍兴夏旱;余姚夏旱。

[资料来源]　乾隆《绍兴府志》卷八〇、光绪《余姚县志》卷七。

至正二十三年(公元 1363 年)

[灾情]　绍兴夏旱;余姚夏旱。

[资料来源]　乾隆《绍兴府志》卷八〇、光绪《余姚县志》卷七。

至正二十七年(公元 1367 年)

[灾情]　杭州自四月不雨至六月。

[资料来源]　雍正《浙江通志》卷一〇九。

明洪武二年(公元 1369 年)

[灾情]　婺州自五月不雨至于七月。

[资料来源]　光绪《金华县志》卷一六。

洪武三年(公元 1370 年)

[灾情]　丽水大旱;严州旱。

［资料来源］　光绪《处州府志》卷二五、民国《建德县志》卷一。

洪武七年(公元 1374 年)

［灾情］　六月,杭州旱。

［资料来源］　康熙《钱塘县志》卷一二。

洪武八年(公元 1375 年)

［灾情］　湖州大旱;严州除分水以外均旱。

［资料来源］　同治《湖州府志》卷四四、民国《建德县志》卷一、光绪《分水县志》卷一○。

洪武九年(公元 1376 年)

［灾情］　松阳旱。

［资料来源］　民国《松阳县志》卷一四。

洪武十六年(公元 1383 年)

［灾情］　慈溪旱。

［资料来源］　光绪《慈溪县志》卷五五。

洪武二十一年(公元 1388 年)

［灾情］　温州旱,大饥。

［资料来源］　乾隆《温州府志》卷二九。

洪武二十三年(公元 1390 年)

［灾情］　台州夏秋大旱;衢州旱。

［资料来源］　民国《台州府志》卷一三四、民国《衢县志》卷二○。

洪武三十年(公元 1397 年)

［灾情］　六月,杭州旱。

［资料来源］　《二申野录》卷一。

建文元年(公元 1399 年)

［灾情］　夏,上虞大旱。

［资料来源］　《虞志校续》卷二四。

建文二年(公元 1400 年)

［灾情］　夏,上虞复旱。

［资料来源］　《虞志校续》卷二四。

永乐元年(公元 1403 年)

［灾情］　湖州、南浔大旱。

［资料来源］　《南浔志》卷一九。

永乐二年(公元 1404 年)

[灾情]　台州春夏旱,二麦无收。

[资料来源]　民国《台州府志》卷一三四。

永乐三年(公元 1405 年)

[灾情]　台州春夏旱。

[资料来源]　民国《台州府志》卷一三四。

永乐十一年(公元 1413 年)

[灾情]　台州春夏之交淫雨后大旱,自五月至六月不雨,禾尽槁。

[资料来源]　民国《台州府志》卷一三四。

永乐十三年(公元 1415 年)

[灾情]　浙江旱;山阴、会稽旱。

[资料来源]　《明史·五行志》、《二申野录》卷一。

永乐十四年(公元 1416 年)

[灾情]　六月,金华大旱。

[资料来源]　雍正《浙江通志》卷一〇九。

永乐十六年(公元 1418 年)

[灾情]　上虞漕渠龟坼。

[资料来源]　《虞志校续》卷二四。

永乐二十一年(公元 1423 年)

[灾情]　瑞安大旱,自秋至来春不雨;温州自秋至明春不雨,晚禾无收,旱秧亦不能下,民大饥,草根木皮,食之殆尽,死者枕藉于道。

[资料来源]　嘉庆《瑞安县志》卷一〇、弘治《温州府志》卷一七。

永乐二十二年(公元 1424 年)

[灾情]　秋,平阳大旱。

[资料来源]　民国《平阳县志》卷五八。

宣德二年(公元 1427 年)

[灾情]　温州旱。

[资料来源]　雍正《浙江通志》卷一五六。

宣德五年(公元 1430 年)

[灾情]　会稽、余姚旱;于潜大旱。

[资料来源]　万历《绍兴府志》卷一三、雍正《浙江通志》卷一八七。

宣德七年(公元 1432 年)

［灾情］　黄岩旱,饥。

［资料来源］　光绪《黄岩县志》卷三八。

宣德八年(公元 1433 年)

［灾情］　夏,嵊县旱。

［资料来源］　民国《嵊县志》卷三一。

宣德九年(公元 1434 年)

［灾情］　浙江旱,饥;台州、金华夏秋大旱;黄岩旱;严州旱;桐庐大旱。

［资料来源］　民国《杭州府志》卷八四、《二申野录》卷一、万历《黄岩县志》卷七、民国《建德县志》卷一、乾隆《桐庐县志》卷一六。

正统二年(公元 1437 年)

［灾情］　温州夏旱;东阳大旱。

［资料来源］　雍正《浙江通志》卷一五六、道光《东阳县志》卷一二。

正统三年(公元 1438 年)

［灾情］　钱塘等县自五月以后弥旬不雨,田禾槁死,浙东俱亢旱无收;松阳旱;东阳大旱。

［资料来源］　《明史·五行志》、民国《松阳县志》卷一四、道光《东阳县志》卷一二。

正统五年(公元 1440 年)

［灾情］　会稽、临海、天台等县五、六月间大旱,伤稼;兰溪旱;杭州自秋徂冬不雨,湖水涸成平陆;黄岩旱。

［资料来源］　《明史·五行志》、光绪《兰溪县志》卷八、万历《钱塘县志》册四、万历《黄岩县志》卷七。

正统六年(公元 1441 年)

［灾情］　浙江春夏并旱。

［资料来源］　《明史·五行志》。

正统七年(公元 1442 年)

［灾情］　浙江大旱;于潜春夏并旱;杭州旱,冬十月,湖水竭。

［资料来源］　《明史·五行志》、光绪《于潜县志》卷二〇、万历《钱塘县志》册四。

正统九年(公元 1444 年)

［灾情］　绍兴旱灾。

［资料来源］　乾隆《绍兴府志》卷三六。

正统十年(公元 1445 年)

[灾情]　三月,宁波、台州久旱。

[资料来源]　雍正《浙江通志》卷一〇九,《二申野录》卷二、光绪《鄞县志》卷六九。

正统十一年(公元 1446 年)

[灾情]　夏秋间,绍兴府各县亢旱无收。

[资料来源]　雍正《浙江通志》卷一〇九。

正统十三年(公元 1448 年)

[灾情]　杭州旱。

[资料来源]　民国《杭州府志》卷八四。

景泰二年(公元 1451 年)

[灾情]　秀州夏旱,道殣相望;平湖夏旱,大饥。

[资料来源]　光绪《嘉兴府志》卷三五、天启《平湖县志》卷一八。

景泰四年(公元 1453 年)

[灾情]　昌化旱。

[资料来源]　民国《昌化县志》卷一五。

景泰五年(公元 1454 年)

[灾情]　湖州秋旱;昌化旱;九月,杭州旱。

[资料来源]　同治《湖州府志》卷四四、民国《昌化县志》卷一五、民国《杭州府志》卷八四。

景泰六年(公元 1455 年)

[灾情]　海宁卫、嘉兴诸府自三月不雨至于六月;南浔旱;石门旱。

[资料来源]　《明史·五行志》、《南浔志》卷一九、光绪《石门县志》卷一一。

景泰七年(公元 1456 年)

[灾情]　余姚夏旱,饥;严州大旱;金华旱;丽水、缙云大旱;杭州自秋徂冬,数月不雨,湖水涸成平陆;浙西七、八月亢旱。

[资料来源]　光绪《余姚县志》卷七、万历《严州府志》卷一九、民国《杭州府志》卷八四、同治《湖州府志》卷四四。

天顺元年(公元 1457 年)

[灾情]　杭州、宁波、金华、严州六、七月亢旱枯苗;嘉兴大旱,运河竭;海盐大旱,河竭;会稽旱,饥;新昌旱,饥;余姚大旱,饥;宁波夏旱。

[资料来源]　雍正《浙江通志》卷一〇九、光绪《嘉兴府志》卷三五、光绪《海盐县志》卷一三、万历《会稽县志》卷八、万历《新昌县志》卷一三、光绪《余姚县志》卷七、光

绪《鄞县志》卷六九。

天顺二年(公元1458年)

[灾情]　余姚旱,饥;慈溪五月旱,七月复旱;嘉兴、嘉善大旱,运河竭。

[资料来源]　光绪《余姚县志》卷七、光绪《慈溪县志》卷五三、康熙《嘉兴府志》卷二、光绪《嘉善县志》卷三四。

天顺三年(公元1459年)

[灾情]　浙江旱;余姚旱,饥。

[资料来源]　《明史·五行志》、光绪《余姚县志》卷七。

天顺五年(公元1461年)

[灾情]　余姚夏旱;新城大旱。

[资料来源]　光绪《余姚县志》卷七、《二申野录》卷二、道光《新城县志》卷一八。

天顺六年(公元1462年)

[灾情]　平湖大旱,河竭。

[资料来源]　天启《平湖县志》卷一八。

成化元年(公元1465年)

[灾情]　成化初,衢州大旱,饥;龙游大旱,饥。

[资料来源]　民国《衢县志》卷一、民国《龙游县志》卷一。

成化四年(公元1468年)

[灾情]　嵊县大旱。

[资料来源]　民国《嵊县志》卷三一。

成化九年(公元1473年)

[灾情]　松阳旱。

[资料来源]　民国《松阳县志》卷一四。

成化十二年(公元1476年)

[灾情]　汤溪大旱。

[资料来源]　民国《汤溪县志》卷一。

成化十三年(公元1477年)

[灾情]　宁波、绍兴、台州水旱相连,宣平、缙云秋大旱。

[资料来源]　《明史·五行志》、光绪《鄞县志》卷六九、光绪《处州府志》卷二五。

成化十七年(公元1481年)

[灾情]　湖州春夏不雨,明年大饥,人相食;嘉善春夏旱。

[资料来源]　光绪《长兴县志》卷九、光绪《嘉善县志》卷三四。

成化十八年(公元 1482 年)

［灾情］　宣平不雨。

［资料来源］　光绪《宣平县志》卷一九。

成化十九年(公元 1483 年)

［灾情］　太平县岁旱。

［资料来源］　雍正《浙江通志》卷一五九。

成化二十年(公元 1484 年)

［灾情］　宣平春旱。

［资料来源］　光绪《宣平县志》卷一九。

成化二十一年(公元 1485 年)

［灾情］　金华大旱;汤溪大旱;青田、宣平饥。

［资料来源］　光绪《金华县志》卷一六、民国《汤溪县志》卷一、光绪《处州府志》卷二五。

成化二十二年(公元 1486 年)

［灾情］　台、温二府自春徂夏不雨,民饥;永嘉九月又旱;宣平大旱;汤溪大旱;嵊县大旱;诸暨、余姚、义乌大旱;嘉善秋大旱,河底龟坼,禾稼尽槁。

［资料来源］　《明史·五行志》、光绪《永嘉县志》卷三六、光绪《宣平县志》卷一九、《二申野录》卷二、民国《嵊县志》卷三一、民国《汤溪县志》卷一、光绪《嘉善县志》卷三四。

成化二十三年(公元 1487 年)

［灾情］　嘉兴秋大旱;禾稼尽槁;海宁秋大旱;海盐秋大旱;诸暨、余姚大旱;义乌大旱;永康大旱;黄岩大旱,饥。

［资料来源］　光绪《嘉兴府志》卷三五、《海昌外志》、光绪《海盐县志》卷一三、万历《绍兴府志》卷一三、嘉庆《义乌县志》卷一九、嘉靖《永康县志》卷八、万历《黄岩县志》卷七。

弘治元年(公元 1488 年)

［灾情］　五月,金华、兰溪大旱;汤溪大旱;桐庐六月不雨至于八月。

［资料来源］　《二申野录》卷三、民国《汤溪县志》卷一、乾隆《桐庐县志》卷一六。

弘治二年(公元 1489 年)

［灾情］　金华旱;严州大旱。

［资料来源］　光绪《兰溪县志》卷八、民国《建德县志》卷一。

弘治三年(公元 1490 年)

［灾情］　金华大旱。

［资料来源］　光绪《金华县志》卷一六。

弘治五年(公元 1492 年)

［灾情］　二月,杭州府旱灾;宜平旱。

［资料来源］　《二申野录》卷三、光绪《宜平县志》卷一九。

弘治六年(公元 1493 年)

［灾情］　绍兴春少雨;衢州旱;兰溪五月至八月旱。

［资料来源］　雍正《浙江通志》卷一〇九,《二申野录》卷三、乾隆《绍兴府志》卷三六。

弘治七年(公元 1494 年)

［灾情］　余姚十月不雨至于十二月。

［资料来源］　光绪《余姚县志》卷七。

弘治八年(公元 1495 年)

［灾情］　余姚正月不雨至于三月;定海大旱,饿殍载道。

［资料来源］　《二申野录》卷三、民国《定海县志·舆地志》。

弘治十一年(公元 1498 年)

［灾情］　金华夏旱;衢州、江山大旱;台州夏大旱。

［资料来源］　《二申野录》卷三、同治《江山县志》卷一二、民国《衢县志》卷一、光绪《金华县志》卷一六、万历《黄岩县志》卷七。

弘治十二年(公元 1499 年)

［灾情］　余姚春不雨;六月,嘉兴旱。

［资料来源］　万历《绍兴府志》卷一三、康熙《嘉兴府志》卷二。

弘治十三年(公元 1500 年)

［灾情］　余姚三月不雨,至五月晦乃雨。

［资料来源］　光绪《余姚县志》卷七。

弘治十四年(公元 1501 年)

［灾情］　余姚秋旱。

［资料来源］　光绪《余姚县志》卷七。

弘治十六年(公元 1503 年)

［灾情］　宁波府旱,饥;秋,杭州大旱;海宁旱;安吉旱。

［资料来源］　雍正《浙江通志》卷七五、民国《杭州府志》卷八四、康熙《海宁县志》卷八、嘉靖《安吉州志》卷一。

正德元年（公元 1506 年）

［灾情］ 余姚夏旱，饥；上虞夏旱，饥；会稽夏旱，饥；严州大旱，六月不雨至于八月；桐庐六月不雨至八月；常山大旱。

［资料来源］ 光绪《余姚县志》卷七、光绪《上虞县志》卷三八、万历《会稽县志》卷八、民国《建德县志》卷一、乾隆《桐庐县志》卷一六、嘉庆《常山县志》卷四。

正德二年（公元 1507 年）

［灾情］ 慈溪大旱；浦江大旱，自五月至十二月不雨。

［资料来源］ 雍正《宁波府志》卷三六、光绪《浦江县志》卷一五。

正德三年（公元 1508 年）

［灾情］ 湖州大旱，河水竭；夏，会稽、萧山、诸暨、余姚、新昌俱大旱；上虞夏大旱；嵊县旱；山阴大旱；台州夏旱；宁海大旱；象山大旱；金华旱；浦江大旱；龙游大旱，自五月不雨至于七月；严州大旱，自五月不雨至于八月；桐庐大旱，五月不雨至于八月；泰顺五月至九月大旱；永康大旱，自五月不雨至于十月；江山大旱，饥；常山大旱；处州大旱，自五月不雨至于十月；缙云自五月至十月不雨，大旱；（昌国）县旱，自六月不雨至于十月；宁波、奉化、定海大旱，自六月不雨至于十二月，禾黍无收。

［资料来源］ 雍正《浙江通志》卷一〇九、《二申野录》卷三、同治《湖州府志》卷四四、万历《绍兴府志》卷一三、光绪《上虞县志》卷三八、民国《嵊县志》卷三一、雍正《山阴县志》卷九、嘉庆《象山县志》卷一三、光绪《宁海县志》卷二三、光绪《金华县志》卷一六、光绪《浦江县志》卷一五、民国《龙游县志》卷一、民国《建德县志》卷一、乾隆《桐庐县志》卷一六、《分疆录》卷一〇、嘉靖《永康县志》卷八、同治《江山县志》卷一二、光绪《常山县志》卷八、光绪《处州府志》卷二五、光绪《缙云县志》卷一五、光绪《鄞县志》卷六九、嘉靖《定海县志》卷九、民国《定海县志·舆地志》。

正德四年（公元 1509 年）

［灾情］ 嘉善夏旱。

［资料来源］ 光绪《嘉善县志》卷三四。

正德五年（公元 1510 年）

［灾情］ 缙云、永康旱；泰顺大旱；台州夏旱。

［资料来源］ 光绪《缙云县志》卷一五、嘉靖《永康县志》卷八、《分疆录》卷一〇、民国《台州府志》卷一三四。

正德六年（公元 1511 年）

［灾情］ 以旱免长兴、嵊县、天台、兰溪、象山等县暨昌国卫税粮；宁波大旱；兰溪旱，大饥。

　　[资料来源]　雍正《浙江通志》卷七五、光绪《鄞县志》卷六九、光绪《兰溪县志》卷八。

正德七年（公元 1512 年）

　　[灾情]　宣平旱。

　　[资料来源]　光绪《处州府志》卷二五。

正德八年（公元 1513 年）

　　[灾情]　免开化、常山、江山、西安、龙游、遂安六县下户税，以地方被贼及旱灾故也；龙游大旱。

　　[资料来源]　雍正《浙江通志》卷七五、民国《龙游县志》卷一。

正德十年（公元 1515 年）

　　[灾情]　松阳旱。

　　[资料来源]　民国《松阳县志》卷一四。

正德十一年（公元 1516 年）

　　[灾情]　嘉兴秋冬旱；（海盐）大旱，颗粒无收；桐庐旱。

　　[资料来源]　光绪《嘉兴府志》卷三五、嘉靖《澉水续志》卷八、乾隆《桐庐县志》卷一六。

正德十三年（公元 1518 年）

　　[灾情]　松阳旱。

　　[资料来源]　民国《松阳县志》卷一四。

正德十四年（公元 1519 年）

　　[灾情]　嘉兴夏旱；嘉善县旱；余姚夏旱，饥；慈溪夏旱。

　　[资料来源]　光绪《嘉兴府志》卷三五、光绪《嘉善县志》卷三四、光绪《余姚县志》卷七、光绪《慈溪县志》卷五五。

正德十五年（公元 1520 年）

　　[灾情]　夏，余姚大旱，饥。

　　[资料来源]　光绪《余姚县志》卷七。

正德十六年（公元 1521 年）

　　[灾情]　嘉兴秋冬旱；嘉善大旱，杭州八月不雨至于十二月。

　　[资料来源]　光绪《嘉兴府志》卷三五、光绪《嘉善县志》卷三四、民国《杭州府志》卷八四。

嘉靖元年（公元 1522 年）

　　[灾情]　杭州春旱；浙江旱；上虞旱；龙泉二月至四月不雨，溪井皆涸；山阴、会

稽旱。

　　[资料来源]　康熙《钱塘县志》卷一二、《明史·世宗纪》、光绪《龙泉县志》卷一一、万历《绍兴府志》卷一三。

　　嘉靖二年（公元 1523 年）

　　[灾情]　夏，会稽、余姚、上虞旱；四月，杭州旱；嵊县大旱；湖州、长兴五月大旱；浦江大旱；定海夏亢旱。

　　[资料来源]　万历《绍兴府志》卷一三、民国《杭州府志》卷八四、《太湖备考》卷一四、光绪《浦江县志》卷一五、雍正《浙江通志》卷一五二。

　　嘉靖三年（公元 1524 年）

　　[灾情]　山阴、会稽大旱；上虞、嵊县大旱；东阳大旱；永康大旱；桐庐五月不雨至于十一月；定海亢旱；衢州、江山、龙游大旱；乐清冬无水。

　　[资料来源]　万历《绍兴府志》卷一三、光绪《上虞县志》卷三八、民国《嵊县志》卷三一、道光《东阳县志》卷一二、光绪《永康县志》卷一一、乾隆《桐庐县志》卷一六、民国《镇海县志》卷二一、民国《衢县志》卷一、同治《江山县志》卷一二、民国《龙游县志》卷一、光绪《乐清县志》卷一三。

　　嘉靖四年（公元 1525 年）

　　[灾情]　余姚夏旱。

　　[资料来源]　光绪《余姚县志》卷七。

　　嘉靖五年（公元 1526 年）

　　[灾情]　温州大旱，永嘉、瑞安、乐清三邑尤甚；泰顺旱，五月不雨至于八月；青田旱，溪流几绝；台州旱饥，草木俱尽，死者相枕；黄岩大旱；象山旱，大饥，奉化大旱，禾稼无收；宁波旱；新昌大旱；诸暨大旱；浦江大旱；衢州大旱；常山大旱；松阳、缙云大旱；湖州旱。

　　[资料来源]　乾隆《温州府志》卷二九、《分疆录》卷一〇、光绪《青田县志》卷一七、民国《台州府志》卷一三四、万历《黄岩县志》卷七、嘉庆《象山县志》卷一三、光绪《奉化县志》卷三九、光绪《鄞县志》卷三九、万历《新昌县志》卷一三、宣统《诸暨县志》卷一八、光绪《常山县志》卷八、光绪《处州府志》卷二五、同治《湖州府志》卷四四。

　　嘉靖六年（公元 1527 年）

　　[灾情]　泰顺大旱，无禾，较去年为甚。

　　[资料来源]　《分疆录》卷一〇。

　　嘉靖七年（公元 1528 年）

　　[灾情]　四月，余杭县旱；湖州大旱。

［资料来源］ 光绪《余杭县志》卷三七、光绪《长兴县志》卷九。

嘉靖九年（公元 1530 年）

［灾情］ 衢州、江山秋旱，大饥；八月，龙游旱，大饥。

［资料来源］ 嘉庆《西安县志》卷二二、同治《江山县志》卷二二、民国《龙游县志》卷一。

嘉靖十二年（公元 1533 年）

［灾情］ 温州府旱。

［资料来源］ 雍正《浙江通志》卷一五六。

嘉靖十三年（公元 1534 年）

［灾情］ 嘉善夏旱；七月，永嘉旱；东阳大旱。

［资料来源］ 光绪《永嘉县志》卷三六、光绪《嘉善县志》卷三四、道光《东阳县志》卷一二。

嘉靖十四年（公元 1535 年）

［灾情］ 湖州大旱。

［资料来源］ 光绪《长兴县志》卷九。

嘉靖十八年（公元 1539 年）

［灾情］ 杭州大旱，三月不雨至于六月，井泉皆竭；嘉兴府旱；衢州、江山旱，六月不雨至于八月；余姚旱。

［资料来源］ 雍正《浙江通志》卷一○九、嘉庆《西安县志》卷二二、同治《江山县志》卷一二、光绪《余姚县志》卷七。

嘉靖十九年（公元 1540 年）

［灾情］ 孝丰、平湖大旱。

［资料来源］ 光绪《孝丰县志》卷八、天启《平湖县志》卷一八。

嘉靖二十年（公元 1541 年）

［灾情］ 严州、台州大旱。

［资料来源］ 万历《严州府志》卷一九、民国《台州府志》卷一三四。

嘉靖二十一年（公元 1542 年）

［灾情］ 丽水大旱。

［资料来源］ 光绪《处州府志》卷二五。

嘉靖二十二年（公元 1543 年）

［灾情］ 宣平旱；石门大旱，苗槁。

［资料来源］ 光绪《宣平县志》卷一九、光绪《石门县志》卷一一。

嘉靖二十三年(公元 1544 年)

[灾情] 嘉兴府各县夏秋大旱,平湖、海盐尤甚,乡民力田外,恒以纺织为生,是岁,木棉旱槁,机杼为空,民皆束手待毙,水上浮尸及途中饿殍为鸢狗所食者不可胜数;湖州大旱;杭州大旱,无麦禾;绍兴合郡连年大旱,湖尽涸为赤地;永嘉、平阳春夏大旱;衢州、江山四月不雨至于七月;处州旱;宣平旱;桐庐大旱;安吉旱,大饥。

[资料来源] 冯汝弼《裕山杂说》、光绪《长兴县志》卷九、万历《绍兴府志》卷一三、嘉庆《西安县志》卷二二、光绪《处州府志》卷二五、民国《平阳县志》卷五八、乾隆《桐庐县志》卷一六、康熙《钱塘县志》卷一二、嘉靖《安吉州志》卷一、同治《江山县志》卷一二。

嘉靖二十四年(公元 1545 年)

[灾情] 嘉兴旱;杭州大旱;湖州旱,太湖水缩;绍兴合郡连年大旱,湖心皆为赤地;宁波合郡大旱;处州旱;台州大旱,自四月不雨至于六月,各邑俱荒;浦江、武义、桐庐、永康各县俱旱;天下十荒八九,吾浙百物腾涌。

[资料来源] 雍正《浙江通志》卷一〇九、《太湖备考》卷二四、《明史·五行志》、万历《绍兴府志》卷一三、光绪《处州府志》卷二五、民国《台州府志》卷一三四、嘉庆《武义县志》卷一、嘉庆《象山县志》卷一三、《七修类稿》卷五〇。

嘉靖二十六年(公元 1547 年)

[灾情] 自夏至冬,浙江潮汐不至,水源干涸,中流可泳而渡,夫江面十八里,而今一线之水;嘉善秋冬旱;嵊县旱。

[资料来源] 《留青日札》卷一〇、光绪《嘉善县志》卷三四、民国《嵊县志》卷三一。

嘉靖二十七年(公元 1548 年)

[灾情] 嘉兴、嘉善夏旱;严州旱;明州旱;乐清六月不雨,大饥。

[资料来源] 雍正《浙江通志》卷一〇九、万历《严州府志》卷一九、光绪《鄞县志》卷二五、光绪《乐清县志》卷一三。

嘉靖二十九年(公元 1550 年)

[灾情] 衢州旱,五月不雨至于七月;丽水大旱;松阳旱;东阳旱;义乌大旱。

[资料来源] 嘉庆《西安县志》卷二二、光绪《处州府志》卷二五、民国《松阳县志》卷一四、嘉庆《义乌县志》卷一九、道光《东阳县志》卷一二。

嘉靖三十年(公元 1551 年)

[灾情] 嘉兴夏旱。

[资料来源] 雍正《浙江通志》卷一五〇。

嘉靖三十一年(公元 1552 年)

［灾情］　慈溪秋旱,种秫焦槁;余姚大旱。

［资料来源］　光绪《慈溪县志》卷五五、光绪《余姚县志》卷七。

嘉靖三十二年(公元 1553 年)

［灾情］　南浔旱;诸暨旱。

［资料来源］　《南浔志》卷一九、万历《绍兴府志》卷一三。

嘉靖三十三年(公元 1554 年)

［灾情］　诸暨夏旱。

［资料来源］　宣统《诸暨县志》卷一八。

嘉靖三十六年(公元 1557 年)

［灾情］　东阳大旱;宁波旱。

［资料来源］　道光《东阳县志》卷一二、光绪《鄞县志》卷六九。

嘉靖三十八年(公元 1559 年)

［灾情］　湖州大旱;余姚旱;常山五月不雨至于九月,禾尽槁。

［资料来源］　同治《湖州府志》卷四四、光绪《余姚县志》卷七、光绪《常山县志》卷八。

嘉靖三十九年(公元 1560 年)

［灾情］　衢州、江山、龙游五月不雨至于六月;余姚旱。

［资料来源］　民国《衢县志》卷一、同治《江山县志》卷一二、民国《龙游县志》卷一、光绪《余姚县志》卷七。

嘉靖四十年(公元 1561 年)

［灾情］　桐庐旱。

［资料来源］　乾隆《桐庐县志》卷一六。

嘉靖四十二年(公元 1563 年)

［灾情］　杭州祈雨;衢州五月不雨至于六月;龙游五月不雨至于秋七月。

［资料来源］　《七修类稿》卷七、民国《衢县志》卷一、民国《龙游县志》卷一。

嘉靖四十三年(公元 1564 年)

［灾情］　余姚夏大旱。

［资料来源］　光绪《余姚县志》卷七。

隆庆元年(公元 1567 年)

［灾情］　诸暨旱而不甚。

［资料来源］　乾隆《绍兴府志》卷八〇。

隆庆二年（公元 1568 年）

［灾情］ 浙江大旱；以金、衢、严、处四府旱，停免税粮；诸暨旱；汤溪大旱，自五月不雨至于八月；金华自五月不雨至于八月；龙游六月旱；太湖涸。

［资料来源］ 《明史·五行志》、雍正《浙江通志》卷七五、民国《汤溪县志》卷一、宣统《诸暨县志》卷一八、民国《龙游县志》卷一、《太湖备考》卷一四。

隆庆三年（公元 1569 年）

［灾情］ 武义六月大旱；湖州秋亢旱，大荒。

［资料来源］ 嘉庆《武义县志》卷一二、同治《湖州府志》卷四四。

万历元年（公元 1573 年）

［灾情］ 处州旱；余姚旱；七月，龙游旱。

［资料来源］ 康熙《浙江通志》卷二、光绪《余姚县志》卷七、民国《龙游县志》卷一。

万历三年（公元 1575 年）

［灾情］ 湖州春苦旱；嘉兴亢旱，大荒；金华大旱，禾尽槁；汤溪旱；丽水旱，庆元大饥；衢州五月不雨至于七月；常山夏大旱；永嘉大旱；夏，上虞天气亢旱。

［资料来源］ 同治《湖州府志》卷四四、雍正《浙江通志》卷一〇九、光绪《嘉善县志》卷三四、民国《汤溪县志》卷一、光绪《处州府志》卷二五、民国《衢县志》卷一、光绪《常山县志》卷八、光绪《永嘉县志》卷三六、《虞志校续》卷四六。

万历五年（公元 1577 年）

［灾情］ 三月，黄岩旱；五月，常山旱。

［资料来源］ 万历《黄岩县志》卷七、光绪《常山县志》卷八。

万历七年（公元 1579 年）

［灾情］ 余姚旱；永康大旱。

［资料来源］ 光绪《余姚县志》卷七、光绪《永康县志》卷一一。

万历八年（公元 1580 年）

［灾情］ 孝丰旱；湖州旱。

［资料来源］ 光绪《孝丰县志》卷八、光绪《长兴县志》卷九。

万历九年（公元 1581 年）

［灾情］ 台州旱。

［资料来源］ 雍正《浙江通志》卷一〇九。

万历十年（公元 1582 年）

［灾情］ 余姚旱。

　　[资料来源]　光绪《余姚县志》卷七。
　　万历十一年(公元 1583 年)
　　[灾情]　嘉兴、嘉善夏旱;六月,杭州不雨;上虞夏旱;嵊县旱;浦江、义乌旱;秋,常山大旱;桐庐大旱;瑞安秋旱。
　　[资料来源]　光绪《嘉兴府志》卷三五、光绪《嘉善县志》卷三四、徐渭《西溪湖记》、民国《杭州府志》卷八四、光绪《浦江县志》卷一五、嘉庆《义乌县志》卷一九、光绪《常山县志》卷八、乾隆《桐庐县志》卷一六、嘉庆《瑞安县志》卷一〇。
　　万历十四年(公元 1586 年)
　　[灾情]　湖州夏旱;义乌旱;瑞安去冬不雨至于六月。
　　[资料来源]　《吴兴备志》卷二一、嘉庆《义乌县志》卷一九、嘉庆《瑞安县志》卷一〇。
　　万历十五年(公元 1587 年)
　　[灾情]　金华旱,合郡八县连旱四年;宁海旱;海宁大旱。
　　[资料来源]　光绪《金华县志》卷一六、民国《台州府志》卷一三四、光绪《海宁县志》卷二三。
　　万历十六年(公元 1588 年)
　　[灾情]　六月,杭州旱;海宁旱;孝丰旱;海盐旱;湖州夏旱;宁波夏秋亢旱;余姚旱;上虞旱;金华府属八县旱;兰溪旱;江山、龙游大旱;江南大旱;五月,浙江大旱。
　　[资料来源]　《二申野录》卷五、光绪《孝丰县志》卷八、康熙《海宁县志》卷八、光绪《海盐县志》卷一三、《吴兴备志》卷二一、光绪《鄞县志》卷六九、光绪《余姚县志》卷七、光绪《上虞县志》卷三八、光绪《兰溪县志》卷八、同治《江山县志》卷一二、民国《龙游县志》卷一、《明史·五行志》。
　　万历十七年(公元 1589 年)
　　[灾情]　嘉兴大旱,民食木皮;海宁、嘉善旱;五、六月,杭州大旱;夏,湖州大旱;石门大旱;浙江大旱,太湖涸;孝丰六月不雨至于八月;金华八县旱;遂安大旱;常山大旱;江山大旱;上虞大旱;明州夏旱;台州旱。
　　[资料来源]　《明史·五行志》、雍正《浙江通志》卷一〇九、光绪《归安县志》卷二七、光绪《石门县志》卷一一、光绪《孝丰县志》卷八、光绪《兰溪县志》卷八、民国《遂安县志》卷九、康熙《衢州府志》卷二七、同治《江山县志》卷一二、光绪《鄞县志》卷二五、民国《台州府志》卷一三二。
　　万历十八年(公元 1590 年)
　　[灾情]　昌化县旱,高田无收;湖州旱;金华八县旱;浦江大旱;瑞安四月旱;台州

五月至六月不雨,大旱。

　　[资料来源]　民国《杭州府志》卷八四、同治《湖州府志》卷四四、光绪《金华县志》卷一六、光绪《浦江县志》卷一五、康熙《临海县志》卷一一、嘉庆《瑞安县志》卷一〇、民国《台州府志》卷一三四。

　　万历十九年(公元 1591 年)

　　[灾情]　义乌旱。

　　[资料来源]　嘉庆《义乌县志》卷一九。

　　万历二十一年(公元 1593 年)

　　[灾情]　湖州冬旱;金华旱;余姚旱;台州无雨,大饥;乐清六月不雨至于九月,大旱。

　　[资料来源]　光绪《归安县志》卷二七、光绪《金华县志》卷一六、光绪《余姚县志》卷七、民国《台州府志》卷一三四、雍正《浙江通志》卷一〇九。

　　万历二十三年(公元 1595 年)

　　[灾情]　江山旱;五月,常山旱。

　　[资料来源]　同治《江山县志》卷一二、光绪《常山县志》卷八。

　　万历二十四年(公元 1596 年)

　　[灾情]　杭州、嘉兴、湖州三府自五月不雨至于七月,大旱。

　　[资料来源]　《续文献通考》卷二一六、《明书·机祥志》。

　　万历二十六年(公元 1598 年)

　　[灾情]　夏,金华八县大旱,粒米无收;龙游大旱;浦江二月至九月不雨,大旱;衢州五月至七月不雨,合郡大饥;江山夏大旱;开化大旱,自五月不雨至七月方雨;台州大旱;绍兴府大旱,自五月不雨至于七月;临安县大旱;武义自五月不雨至八月大雨,早晚禾均失;汤溪大旱,自五月不雨至于十月。

　　[资料来源]　雍正《浙江通志》卷一〇九、民国《龙游县志》卷一、光绪《浦江县志》卷一五、康熙《衢州府志》卷三〇、同治《江山县志》卷一二、光绪《开化县志》卷一四、民国《台州府志》卷一三四、康熙《绍兴府志》卷一三、民国《杭州府志》卷八四、嘉庆《武义县志》卷一二、民国《汤溪县志》卷一。

　　万历二十七年(公元 1599 年)

　　[灾情]　衢州大旱,严州大旱。

　　[资料来源]　嘉庆《西安县志》卷二二、民国《建德县志》卷一。

　　万历二十九年(公元 1601 年)

　　[灾情]　义乌旱。

[资料来源]　嘉庆《义乌县志》卷一九。

万历三十年(公元 1602 年)

[灾情]　六月,台州亢旸不雨。

[资料来源]　民国《台州府志》卷一三七。

万历三十一年(公元 1603 年)

[灾情]　武义夏旱至秋,早晚禾失收。

[资料来源]　嘉庆《武义县志》卷一二。

万历三十三年(公元 1605 年)

[灾情]　杭州六月无雨至于七月,大旱;嘉兴、嘉善六月大旱;湖州夏旱;台州旱;松阳旱;武义旱,禾稼失收。

[资料来源]　《二申野录》卷六、光绪《嘉兴府志》卷三五、光绪《嘉善县志》卷三四、光绪《归安县志》卷二七、康熙《临海县志》卷一一、民国《松阳县志》卷一四、嘉庆《武义县志》卷一二。

万历三十四年(公元 1606 年)

[灾情]　嘉兴、嘉善大旱,伤稼;湖州夏旱,伤稼;严州五、六二月不雨;台州自此年起连旱三年,井泉皆枯;象山大旱;松阳旱。

[资料来源]　光绪《嘉兴府志》卷三五、同治《湖州府志》卷四四、光绪《严州府志》卷二二、民国《台州府志》卷一三四、道光《象山县志》卷九、民国《松阳县志》卷一四。

万历三十五年(公元 1607 年)

[灾情]　台州旱;松阳旱;平阳旱,五月不雨至于闰六月。

[资料来源]　康熙《临海县志》卷一一、民国《松阳县志》卷一四、民国《平阳县志》卷五八。

万历三十六年(公元 1608 年)

[灾情]　台州旱;义乌、武义、松阳旱;衢州、江山旱;严州旱,五月不雨至于八月。

[资料来源]　康熙《临海县志》卷一一、民国《松阳县志》卷一四、嘉庆《义乌县志》卷一九、嘉庆《武义县志》卷一二、同治《江山县志》卷一二、光绪《严州府志》卷二二。

万历三十七年(公元 1609 年)

[灾情]　衢州、江山旱;台州旱;松阳旱;自乙巳起已连旱五年。

[资料来源]　民国《衢县志》卷一、同治《江山县志》卷一二、民国《松阳县志》卷一四、康熙《临海县志》卷一一。

万历三十九年(公元1611年)

[灾情]　湖州夏旱;台州旱,三月至五月不雨;瑞安春夏旱。

[资料来源]　光绪《归安县志》卷二七、康熙《临海县志》卷一一、嘉庆《瑞安县志》卷一〇。

万历四十年(公元1612年)

[灾情]　金华春夏无雨。

[资料来源]　光绪《金华县志》卷一六。

万历四十一年(公元1613年)

[灾情]　嘉兴、嘉善秋旱。

[资料来源]　光绪《嘉兴府志》卷三五、光绪《嘉善县志》卷三四。

万历四十二年(公元1614年)

[灾情]　象山大旱。

[资料来源]　道光《象山县志》卷一九。

万历四十三年(公元1615年)

[灾情]　衢州旱;江山旱;浦江旱。

[资料来源]　康熙《衢州府志》卷二七、同治《江山县志》卷一二、光绪《浦江县志》卷一五。

万历四十四年(公元1616年)

[灾情]　嵊县夏旱。

[资料来源]　民国《嵊县志》卷三一。

万历四十六年(公元1618年)

[灾情]　湖州秋旱。

[资料来源]　同治《湖州府志》卷四四。

万历四十七年(公元1619年)

[灾情]　台州旱。

[资料来源]　康熙《临海县志》卷一一。

泰昌元年(公元1620年)

[灾情]　湖州、南浔夏旱。

[资料来源]　《南浔志》卷一九。

天启元年(公元1621年)

[灾情]　六月,衢州大旱;江山秋旱;六、七月,宁波亢旱。

[资料来源]　嘉庆《西安县志》卷二二、同治《江山县志》卷一二、光绪《鄞县志》

卷六九。

天启三年(公元 1623 年)

[灾情]　宁波夏旱;余杭夏大旱;八月,瑞安旱。

[资料来源]　光绪《鄞县志》卷六九、雍正《浙江通志》卷一四九、嘉庆《瑞安县志》卷一〇。

天启五年(公元 1625 年)

[灾情]　嘉兴府旱,伤稼;湖州夏秋大旱,禾稼尽槁;临安县大旱;绍兴府大旱。

[资料来源]　光绪《嘉兴府志》卷三五、《檇水新志》卷一二、民国《杭州府志》卷八四、康熙《绍兴府志》卷一三。

天启六年(公元 1626 年)

[灾情]　象山大旱。

[资料来源]　道光《象山县志》卷一九。

天启七年(公元 1627 年)

[灾情]　象山复旱,自正月不雨至六月始雨;瑞安春夏旱。

[资料来源]　道光《象山县志》卷一九、嘉庆《瑞安县志》卷一〇。

崇祯二年(公元 1629 年)

[灾情]　义乌旱。

[资料来源]　雍正《浙江通志》卷一五五。

崇祯五年(公元 1632 年)

[灾情]　绍兴府大旱;山阴、会稽井枯河竭;丽水七月无雨;杭州、嘉兴、湖州三府自八月至十月七旬不雨。

[资料来源]　《明越郡忠节名贤尺牍》卷二、《三江闸务全书》卷上、光绪《处州府志》卷二五、《明史·五行志》。

崇祯七年(公元 1634 年)

[灾情]　宁波旱;定海旱。

[资料来源]　光绪《鄞县志》卷六九、光绪《镇海县志》卷三七。

崇祯九年(公元 1636 年)

[灾情]　金华大旱;武义五月不雨至于八月;龙游旱;宣平夏旱;丽水夏苦旱;永康、东阳大旱;浦江旱;宁波、慈溪、象山大旱;天台、宁海大旱;嵊县、萧山大旱。

[资料来源]　雍正《浙江通志》卷一〇九、卷一五七,嘉庆《武义县志》卷一二,光绪《鄞县志》卷六九,民国《台州府志》卷一三四,道光《象山县志》卷一九,民国《萧山县志稿》卷五。

崇祯十一年（公元 1638 年）

[灾情]　宁波旱；太湖秋旱。

[资料来源]　光绪《鄞县志》卷六九、《太湖备考》卷一四。

崇祯十二年（公元 1638 年）

[灾情]　衢州大旱，无麦禾。

[资料来源]　嘉庆《西安县志》卷二二。

崇祯十三年（公元 1640 年）

[灾情]　浙江旱饥；义乌六月小旱；嘉兴、嘉善七月旱蝗；宁波是年大旱；奉化大旱；绍兴府旱，不雨者四月；诸暨夏旱；嵊县夏旱；仙居旱；衢州大旱；八月，杭州旱，禾槁尽，米一石四金。

[资料来源]　《明史·五行志》、嘉庆《义乌县志》卷一九、光绪《嘉兴府志》卷三五、光绪《嘉善县志》卷三四、光绪《鄞县志》卷六九、光绪《奉化县志》卷三九、乾隆《绍兴府志》卷八○、宣统《诸暨县志》卷一八、民国《嵊县志》卷三一、民国《台州府志》卷一三二、嘉庆《西安县志》卷二二、雍正《浙江通志》卷一○九。

崇祯十四年（公元 1641 年）

[灾情]　绍兴自十四年辛巳至癸未（十六年）连年大旱；海盐二月至四月不雨；嘉善五月大旱；萧山五月大旱；诸暨六月大旱；宁波旱饥；台州大旱，民食树皮草根；六月，杭州大旱；海宁六月大旱；昌化夏旱；湖州六月旱；石门六月旱；平湖夏大旱，三月不雨，长兴旱；严州旱；桐庐大旱。

[资料来源]　雍正《山阴县志》卷九、光绪《海盐县志》卷一三、光绪《嘉善县志》卷三四、民国《萧山县志稿》卷五、宣统《诸暨县志》卷一八、光绪《鄞县志》卷六九、康熙《临海县志》卷一一、雍正《浙江通志》卷一○九、《海昌外志》、民国《昌化县志》卷一五、光绪《归安县志》卷二七、光绪《石门县志》卷一一、光绪《平湖县志》卷二八、光绪《严州府志》卷二二、乾隆《桐庐县志》卷一六。

崇祯十五年（公元 1642 年）

[灾情]　杭州旱；湖州旱，人相食；村落丘墟；长兴旱；平湖夏秋大旱；山阴、会稽旱；宁波大旱，饥；定海大旱。

[资料来源]　雍正《浙江通志》卷一○九、同治《湖州府志》卷四四、光绪《长兴县志》卷一九、光绪《平湖县志》卷二五、康熙《绍兴府志》卷一三、光绪《鄞县志》卷六九、光绪《镇海县志》卷三七。

崇祯十六年（公元 1643 年）

[灾情]　绍兴府旱；嵊县夏旱；宁波旱，饥；定海旱饥如故；江山旱；常山旱；湖州

夏大旱,人相食;石门六月大旱,禾槁,平湖夏大旱。

[资料来源] 《祁忠敏公日记》、光绪《鄞县志》卷六九、光绪《镇海县志》卷三七、同治《江山县志》卷一二、光绪《常山县志》卷八、同治《湖州府志》卷四四、光绪《石门县志》卷一一、光绪《平湖县志》卷二五。

崇祯十七年(公元 1644 年)

[灾情] 余姚旱;石门大旱;太湖大旱,自四月不雨至于九月,震泽巨浸,褰裳可涉。

[资料来源] 光绪《余姚县志》卷七、光绪《石门县志》卷一一、吴梅村《鹿樵纪闻》卷上。

清顺治二年(公元 1645 年)

[灾情] 杭州旱。

[资料来源] 民国《杭州府志》卷八四。

顺治三年(公元 1646 年)

[灾情] 台州自三月不雨至于五月;金华大旱;武义四月不雨至于七月;汤溪旱;浦江旱;遂安大旱;宁波自四月不雨至于七月;镇海旱,与宁波同;绍兴自四月至八月旱久,河湖尽成赤地,步履往来;上虞夏大旱;东阳自四月不雨至于九月;衢州大旱;常山大旱,自五月不雨至于九月;江山大旱。

[资料来源] 《清史稿·灾异志》、康熙《浙江通志》卷二、嘉庆《武义县志》卷一二、民国《汤溪县志》卷一、光绪《浦江县志》卷一五、民国《遂安县志》卷九、光绪《鄞县志》卷六九、光绪《镇海县志》卷三七、康熙《绍兴府志》卷一三、光绪《上虞县志》卷三八、嘉庆《西安县志》卷二二、光绪《常山县志》卷八、同治《江山县志》卷一二。

顺治四年(公元 1647 年)

[灾情] 秋,衢州、江山、开化大旱;常山大旱,斗米七钱;奉化大旱。

[资料来源] 康熙《衢州府志》卷三○、光绪《常山县志》卷九、光绪《开化县志》卷一四、光绪《奉化县志》卷三九。

顺治六年(公元 1649 年)

[灾情] 开化、龙游大旱。

[资料来源] 光绪《开化县志》卷一四,民国《龙游县志》卷一。

顺治八年(公元 1651 年)

[灾情] 台州府旱;衢州旱;江山旱;宣平旱;东阳大旱;宁海旱;桐庐旱;平湖旱。

[资料来源] 雍正《浙江通志》卷一五四、民国《衢县志》卷一、同治《江山县志》卷一二、道光《东阳县志》卷一二、光绪《宣平县志》卷一九、乾隆《桐庐县志》卷一六。

顺治九年(公元 1652 年)

[灾情] 夏,嘉兴大旱;嘉善六月旱;海盐夏大旱;长兴夏秋大旱;桐乡河见底;绍兴府大旱;诸暨旱。

[资料来源] 康熙《浙江通志》卷二、《杨园集》卷一七、光绪《嘉善县志》卷三四、乾隆《绍兴府志》卷八〇。

顺治十年(公元 1653 年)

[灾情] 浙江旱灾;海宁六月大旱;孝丰大旱。

[资料来源] 雍正《浙江通志》卷七六、康熙《海宁县志》卷八、光绪《孝丰县志》卷八。

顺治十一年(公元 1654 年)

[灾情] 宁波夏大旱;慈溪夏大旱;镇海大旱,河底龟坼;四月,天台大旱;永康大旱;衢州旱。

[资料来源] 光绪《鄞县志》卷六九、光绪《慈溪县志》卷五五、光绪《镇海县志》卷七七、《清史稿·灾异志》、光绪《永康县志》卷一一。

顺治十二年(公元 1655 年)

[灾情] 四月,金华府金华、东阳、永康、武义、汤溪五县皆旱;山阴、会稽旱;宁波大旱;衢州、江山、开化、遂安等县俱大旱;缙云大旱;严州、桐庐大旱;海盐大旱;湖州秋旱。

[资料来源] 《清史稿·灾异志》、康熙《浙江通志》卷二、雍正《浙江通志》卷一〇九、光绪《鄞县志》卷六九、民国《衢县志》卷一、康熙《绍兴府志》卷一三、光绪《开化县志》卷一四、民国《遂安县志》卷九、光绪《严州府志》卷二二、同治《湖州府志》卷四四。

顺治十三年(公元 1656 年)

[灾情] 山阴、会稽大旱;常山秋旱;永康夏秋亢旱。

[资料来源] 雍正《山阴县志》卷九、光绪《常山县志》卷八、光绪《永康县志》卷一一。

顺治十四年(公元 1657 年)

[灾情] 上虞旱,饥。

[资料来源] 康熙《浙江通志》卷二。

顺治十六年(公元 1659 年)

[灾情] 镇海旱;上虞旱。

[资料来源] 民国《镇海县志》卷四三、康熙《绍兴府志》卷一三。

顺治十七年（公元 1660 年）

［灾情］　秋，镇海旱；天台旱；严州大旱。

［资料来源］　《清史稿·灾异志》、光绪《严州府志》卷二二。

顺治十八年（公元 1661 年）

［灾情］　上虞三月不雨至八月；东阳四至九月大旱；宁波自五月不雨者三月；镇海五月不雨至八月，大旱；仙居五至十月不雨，禾无颗粒；台州五至十月不雨，大旱；诸暨大旱；吴越旱，数千里草木皆枯死；海盐、寿昌旱；八月，余姚、临安、严州、桐乡旱；湖州旱灾；嘉善大旱，无秋；杭州旱；昌化夏旱；丽水大旱。

［资料来源］　光绪《上虞县志》卷三八、道光《东阳县志》卷一二、光绪《鄞县志》卷六九、光绪《镇海县志》卷三七、光绪《仙居县志》卷二四、光绪《黄岩县志》卷三八、民国《杭州府志》卷八五、《清史稿·灾异志》、同治《湖州府志》卷四四、《杨园集》卷一七、光绪《嘉善县志》卷三四、康熙《钱塘县志》卷一二、乾隆《桐庐县志》卷一六、民国《昌化县志》卷一五。

康熙元年（公元 1662 年）

［灾情］　嘉兴、嘉善大旱；海盐大旱；湖州秋旱；桐乡旱；镇海大旱；台州自春入夏旱，宁海尤荒。

［资料来源］　光绪《嘉兴府志》卷三五、光绪《嘉善县志》卷三四、同治《湖州府志》卷四四、《杨园集》卷一七、民国《镇海县志》卷四三、光绪《海盐县志》卷一三、民国《台州府志》卷一三五。

康熙二年（公元 1663 年）

［灾情］　长兴秋旱；镇海旱。

［资料来源］　光绪《长兴县志》卷九、民国《镇海县志》卷四三。

康熙三年（公元 1664 年）

［灾情］　海宁夏旱；海盐旱；东阳旱；汤溪大旱，自五月十三日不雨至八月十六日。

［资料来源］　《清史稿·灾异志》、光绪《海盐县志》卷一三、道光《东阳县志》卷一二、民国《汤溪县志》卷一。

康熙四年（公元 1665 年）

［灾情］　台州夏旱。

［资料来源］　民国《台州府志》卷一三二。

康熙五年（公元 1666 年）

［灾情］　嵊县秋旱，至明年夏四月十三日始雨；衢州旱；江山旱；丽水、宣平、松阳

大旱;汤溪、永康大旱;台州秋旱;宁海旱。

[资料来源] 民国《嵊县志》卷三一、康熙《浙江通志》卷二、光绪《处州府志》卷二五、雍正《浙江通志》卷一五五、民国《台州府志》卷一三五、光绪《永康县志》卷一一、光绪《宁海县志》卷二三。

康熙六年(公元 1667 年)

[灾情] 嵊县春旱;夏四月,慈溪旱,饥;象山大旱;杭州秋旱;嘉善六月旱。

[资料来源] 民国《嵊县志》卷三一、光绪《慈溪县志》卷五五、道光《象山县志》卷一九、民国《杭州府志》卷八五、光绪《嘉善县志》卷三四。

康熙八年(公元 1669 年)

[灾情] 七月,台州旱;八月,杭州旱。

[资料来源] 康熙《临海县志》卷一一、民国《杭州府志》卷八五。

康熙九年(公元 1670 年)

[灾情] 夏,东阳旱;松阳旱;六月,嘉兴大旱,饥。

[资料来源] 《清史稿·灾异志》、民国《松阳县志》卷一四、光绪《嘉兴府志》卷三五。

康熙十年(公元 1671 年)

[灾情] 绍兴府八县旱;金华府金华、东阳、永康、浦江、武义、汤溪六县,五月不雨至于九月;杭州府钱塘、富阳、新城、海宁、临安、于潜俱大旱;严州府各县俱旱;湖州府大旱,桐乡赤地千里;临海、天台、仙居旱;丽水、宣平、庆元各县旱;兰溪旱;两浙旱蝗。

[资料来源] 雍正《浙江通志》卷一〇九、卷一五六,《清史稿·灾异志》,康熙《绍兴府志》卷一三,民国《杭州府志》卷八五,康熙《浙江通志》卷二,民国《台州府志》卷一三二,光绪《处州府志》卷二五。

康熙十一年(公元 1672 年)

[灾情] 台州旱。

[资料来源] 康熙《临海县志》卷一一。

康熙十二年(公元 1673 年)

[灾情] 仙居五月望后至十二月初不雨,五谷无收;浦江旱,豆、粟、荞麦均无。

[资料来源] 光绪《仙居县志》卷二四、光绪《浦江县志》卷一五。

康熙十三年(公元 1674 年)

[灾情] 湖州旱;东阳大旱,六至十二月不雨。

[资料来源] 光绪《归安县志》卷二七、道光《东阳县志》卷一二。

康熙十四年 (公元 1675 年)

［灾情］　六月,海宁旱;湖州旱;东阳旱。

［资料来源］　康熙《海宁县志》卷八、同治《湖州府志》卷四四、道光《东阳县志》卷一二。

康熙十五年 (公元 1676 年)

［灾情］　杭州旱;东阳旱。

［资料来源］　民国《杭州府志》卷八五、道光《东阳县志》卷一二。

康熙十六年 (公元 1677 年)

［灾情］　湖州自五月至七月不雨,大旱;宁海五月不雨至于七月;嘉善六月不雨;永康旱。

［资料来源］　《清史稿·灾异志》、光绪《宁海县志》卷二三、光绪《嘉善县志》卷三四、光绪《永康县志》卷一一。

康熙十七年 (公元 1678 年)

［灾情］　衢州大旱;常山大旱;江山大旱;八月,金华大旱;缙云大旱,伤禾;杭州旱;桐乡旱;嘉善大旱。

［资料来源］　民国《衢县志》卷一、同治《江山县志》卷一二、光绪《常山县志》卷八、光绪《缙云县志》卷一五、康熙《钱塘县志》卷一二、《清史稿·灾异志》、光绪《嘉善县志》卷三四。

康熙十八年 (公元 1679 年)

［灾情］　杭州、余杭、于潜四月大旱,余杭南渠水涸,往来者于河底陆行达省,民食观音粉;浦江旱;龙游六月大旱;缙云大旱;湖州七月大旱;台州、黄岩秋旱。

［资料来源］　雍正《浙江通志》卷一〇九、光绪《余杭县志》卷三七、《清史稿·灾异志》,康熙《浙江通志》卷二、光绪《黄岩县志》卷三八。

康熙十九年 (公元 1680 年)

［灾情］　缙云旱;东阳旱;嘉善旱。

［资料来源］　光绪《处州府志》卷二五、道光《东阳县志》卷一二、光绪《嘉善县志》卷三四。

康熙二十年 (公元 1681 年)

［灾情］　温州夏大旱至九月;台州、黄岩、仙居、太平俱旱;宁波、奉化大旱,六月不雨至于十月,井泉皆枯;衢州、江山大旱;永康、义乌、汤溪俱旱;处州秋大旱,至冬不雨;宣平、松阳、缙云俱旱。

［资料来源］　《清史稿·灾异志》、康熙《临海县志》卷一一、光绪《鄞县志》卷六

九、乾隆《温州府志》卷二九、民国《衢州府志》卷一、雍正《浙江通志》卷一〇九。

康熙二十一年（公元 1682 年）

[灾情]　台州夏旱；开化秋旱。

[资料来源]　民国《台州府志》卷一三五、光绪《开化县志》卷一四。

康熙二十二年（公元 1683 年）

[灾情]　台州五月旱；杭州五月至七月旱；太平七月旱；湖州秋旱。

[资料来源]　康熙《临海县志》卷一一、民国《杭州府志》卷八五、《清史稿·灾异志》、同治《湖州府志》卷四四。

康熙二十三年（公元 1684 年）

[灾情]　湖州夏旱；诸暨六月旱；永康旱。

[资料来源]　同治《湖州府志》卷四四、宣统《诸暨县志》卷一八、光绪《永康县志》卷一一。

康熙二十四年（公元 1685 年）

[灾情]　瑞安春夏不雨，井泉竭；湖州秋旱，歉收。

[资料来源]　嘉庆《瑞安县志》卷一〇、同治《湖州府志》卷四四。

康熙二十六年（公元 1687 年）

[灾情]　严州五月旱，禾苗尽槁；宁波夏秋大旱；镇海大旱；湖州大旱；桐庐大旱；宣平秋旱。

[资料来源]　《清史稿·灾异志》、光绪《鄞县志》卷六九、光绪《处州府志》卷二五、光绪《归安县志》卷二七、乾隆《桐庐县志》卷一六、民国《建德县志》卷一、光绪《宣平县志》卷一九。

康熙二十七年（公元 1688 年）

[灾情]　湖州夏旱；严州五月不雨至于七月；武义六月不雨至于十一月；永康旱；瑞安旱，自夏至秋不雨；宣平秋旱。

[资料来源]　同治《湖州府志》卷四四、光绪《严州府志》卷二二、嘉庆《武义县志》卷一二、光绪《永康县志》卷一一、嘉庆《瑞安县志》卷一〇、光绪《宣平县志》卷一九。

康熙二十八年（公元 1689 年）

[灾情]　松阳旱；宣平旱，自六月至十月不雨，并泉涸；处州自夏至冬不雨；象山旱。

[资料来源]　《清史稿·灾异志》、光绪《处州府志》卷二五、民国《松阳县志》卷一四、民国《象山县志》卷三〇。

康熙二十九年(公元 1690 年)

［灾情］　永康旱;湖州春旱。

［资料来源］　光绪《永康县志》卷一一、同治《湖州府志》卷四四。

康熙三十年(公元 1891 年)

［灾情］　上虞大旱。

［资料来源］　光绪《上虞县志》卷三八。

康熙三十一年(公元 1692 年)

［灾情］　湖州旱,五月不雨至六月始雨;永康旱。

［资料来源］　同治《湖州府志》卷四四、光绪《永康县志》卷一一。

康熙三十二年(公元 1693 年)

［灾情］　嘉兴自春至秋大旱,禾稼尽槁;海盐自春至秋大旱;于潜四月至七月不雨;慈溪春夏亢旱;金华旱;永康大旱;嘉兴夏秋亢旱;湖州五、六月大旱,田不获插;杭州大旱,自五月不雨至于七月;桐乡六月旱;严州夏旱;象山、镇海大旱。

［资料来源］　光绪《嘉兴府志》卷三五、光绪《于潜县志》卷二〇、同治《湖州府志》卷四四、民国《杭州府志》卷八五、《南浔志》卷二〇、民国《象山县志》卷三〇、光绪《金华县志》卷一六、《清史稿·灾异志》。

康熙三十三年(公元 1694 年)

［灾情］　湖州夏旱。

［资料来源］　同治《湖州府志》卷四四。

康熙三十四年(公元 1695 年)

［灾情］　镇海秋旱。

［资料来源］　民国《镇海县志》卷四三。

康熙三十五年(公元 1696 年)

［灾情］　镇海旱,自去秋至于五月始雨;金华旱,饥;永康旱;武义三月旱,至七月乃雨;衢州大旱;常山大旱;江山四月至五月不雨;台州四月大旱,至六月始雨;严州芒种后连旬不雨;嘉善亢旱。

［资料来源］　民国《镇海县志》卷四三、光绪《金华县志》卷一六、嘉庆《武义县志》卷一二、康熙《衢州府志》卷三〇、民国《台州府志》卷一三二、雍正《浙江通志》卷一五六、光绪《嘉善县志》卷三四、《清史稿·灾异志》。

康熙三十六年(公元 1697 年)

［灾情］　杭州夏旱,至秋方雨;于潜自夏至秋旱;金华旱;永康旱;武义五月不雨至于七月;松阳旱;衢州、江山、常山旱;八月,桐庐旱。

　　[资料来源]　民国《杭州府志》卷八五、光绪《金华县志》卷一六、光绪《永康县志》卷一一、民国《松阳县志》卷一四、嘉庆《武义县志》卷一二、嘉庆《西安县志》卷二二、同治《江山县志》卷一二、光绪《常山县志》卷八。

　　康熙三十八年(公元 1699 年)

　　[灾情]　海宁夏旱;余姚夏旱。

　　[资料来源]　民国《海宁州志稿》卷四〇、光绪《余姚县志》卷七。

　　康熙三十九年(公元 1700 年)

　　[灾情]　是年,西安、常山、嵊县、衢州所、开化、江山、金华等县旱灾;二月,湖州旱;六月,宣平不雨。

　　[资料来源]　雍正《浙江通志》卷七六、《清史稿·灾异志》。

　　康熙四十年(公元 1701 年)

　　[灾情]　象山旱。

　　[资料来源]　民国《象山县志》卷三〇。

　　康熙四十一年(公元 1702 年)

　　[灾情]　秋,杭州大旱;松阳旱;缙云秋禾被灾。

　　[资料来源]　民国《杭州府志》卷八五、民国《松阳县志》卷一四、光绪《缙云县志》卷一五。

　　康熙四十二年(公元 1703 年)

　　[灾情]　严州大旱;衢州旱;常山旱;江山旱;三月,宣平大旱;永康旱;太平大旱。

　　[资料来源]　民国《建德县志》卷一、康熙《衢州府志》卷二七、光绪《常山县志》卷八、同治《江山县志》卷一二、《清史稿·灾异志》、光绪《永康县志》卷一一、民国《台州府志》卷五四。

　　康熙四十三年(公元 1704 年)

　　[灾情]　五月,衢州旱;常山旱;江山旱;嘉善秋亢旱。

　　[资料来源]　《清史稿·灾异志》、光绪《常山县志》卷八、同治《江山县志》卷一二、光绪《嘉善县志》卷三四。

　　康熙四十五年(公元 1706 年)

　　[灾情]　五月,台州大旱,至七月始雨;黄岩五月旱;泰顺大旱,五、六、七月无雨。

　　[资料来源]　民国《台州府志》卷一三五、《清史稿·灾异志》、《分疆录》卷一〇。

　　康熙四十六年(公元 1707 年)

　　[灾情]　是年,钱塘、富阳、寿昌、分水、湖州所、新城等八县,衢、严二所夏旱被灾;石门、湖州、海盐、桐乡夏旱,河港皆涸;台州五月旱;衢州旱;江山旱;海宁旱;嘉善

旱;嘉兴六月大旱;太湖旱;泰顺旱。

　　[资料来源]　雍正《浙江通志》卷七六、《清史稿·灾异志》、民国《海宁州志稿》卷四〇、康熙《衢州府志》卷二七、《太湖备考》卷一四、《分疆录》卷一〇。

康熙四十八年(公元 1709 年)

　　[灾情]　绍兴夏旱;嵊县夏大旱;湖州冬旱。

　　[资料来源]　毛奇龄《三江闸议》、民国《嵊县志》卷三一、《清史稿·灾异志》。

康熙四十九年(公元 1710 年)

　　[灾情]　湖州秋亢旱;慈溪自六月初十日起亢旱六十日;台州旱;仙居旱。

　　[资料来源]　光绪《归安县志》卷二七、光绪《慈溪县志》卷五五、《清史稿·灾异志》。

康熙五十一年(公元 1712 年)

　　[灾情]　七月,杭州旱。

　　[资料来源]　康熙《钱塘县志》卷一二。

康熙五十二年(公元 1713 年)

　　[灾情]　台州五月不雨至于七月;江山、常山自六月不雨至于十月;七月,杭州旱;开化秋旱。

　　[资料来源]　《清史稿·灾异志》、同治《江山县志》卷一二、光绪《常山县志》卷八、民国《杭州府志》卷八五。

康熙五十三年(公元 1714 年)

　　[灾情]　是年,永康、武义、衢州所、山阴、萧山、宜平秋旱;钱塘等州县旱;永康大旱,自五月不雨至于八月;龙游秋旱;新城旱;萧山田下种后旱;湖州、南浔大旱。

　　[资料来源]　雍正《浙江通志》卷七六、《皇朝通志·灾祥略》、民国《新登县志》卷一一、光绪《宜平县志》卷一九、民国《龙游县志》卷一、民国《萧山县志稿》卷五、《南浔志》卷二〇。

康熙五十四年(公元 1715 年)

　　[灾情]　松阳大旱;杭州秋旱。

　　[资料来源]　民国《松阳县志》卷一四、康熙《钱塘县志》卷一二。

康熙五十五年(公元 1716 年)

　　[灾情]　常山夏秋旱;永康大旱;诸暨秋大旱;新城秋旱。

　　[资料来源]　光绪《常山县志》卷八、光绪《永康县志》卷一一、宣统《诸暨县志》卷一八、民国《新登县志》卷一一。

康熙五十六年(公元 1717 年)

［灾情］　嵊县旱。

［资料来源］　民国《嵊县志》卷三一。

康熙五十八年（公元 1719 年）

［灾情］　是年，夏秋之交亢旱，钱塘、富阳、兰溪、东阳、义乌、永康、武义、浦江、汤溪、西安、龙游、常山、江山、开化、建德、淳安、遂安、寿昌、桐庐、缙云并严州、衢州二所被灾。

［资料来源］　雍正《浙江通志》卷七六。

康熙五十九年（公元 1720 年）

［灾情］　湖州、乌青镇夏旱；桐乡、石门旱。

［资料来源］　《乌青志》卷一、光绪《石门县志》卷一一。

康熙六十年（公元 1721 年）

［灾情］　是年秋旱，仁和等二十三州县，衢、严二所，兰溪等五县，于潜等十一州县被灾；孝丰、昌化、新城、湖州、乌青镇、嵊县、诸暨、桐庐、浦江、义乌、东阳、石门、武义、宣平、龙游、常山、桐乡、台州、象山、宁海、瑞安、乐清等县俱大旱。

［资料来源］　雍正《浙江通志》卷七六、《清史稿·灾异志》。

康熙六十一年（公元 1722 年）

［灾情］　六月，海宁、湖州、松阳旱；清江夏旱；嘉善旱，嘉兴旱，大饥。

［资料来源］　《清史稿·灾异志》、光绪《嘉兴府志》卷三五、光绪《嘉善县志》卷三四、光绪《处州府志》卷二五。

雍正元年（公元 1723 年）

［灾情］　仁和、富阳等州县及台州、严州二府旱；海宁、湖州、桐乡、嘉兴旱；鄞县、慈溪、镇海、奉化大旱；嘉善、松阳、乐清、宣平、宁海等县俱大旱；永康旱。

［资料来源］　《清朝通志》卷一二三、《清史稿灾异志》。

雍正二年（公元 1724 年）

［灾情］　嘉善夏旱；常山旱。

［资料来源］　光绪《嘉善县志》卷三四、嘉庆《常山县志》卷四。

雍正五年（公元 1727 年）

［灾情］　常山夏旱。

［资料来源］　嘉庆《常山县志》卷四。

雍正十一年（公元 1733 年）

［灾情］　嘉善亢旱，无岁；常山春旱。

［资料来源］　《清史稿·灾异志》、嘉庆《常山县志》卷四。

雍正十二年（公元 1734 年）

［灾情］　夏末秋初，新城、分水山田被旱。

［资料来源］　道光《新城县志》卷八。

雍正十三年（公元 1735 年）

［灾情］　新城旱。

［资料来源］　民国《新登县志》卷一一。

乾隆元年（公元 1736 年）

［灾情］　海盐大旱，河竭。

［资料来源］　光绪《海盐县志》卷一三。

乾隆三年（公元 1738 年）

［灾情］　秋七月，庆元大旱。

［资料来源］　光绪《庆元县志》卷一一。

乾隆九年（公元 1744 年）

［灾情］　浦江旱。

［资料来源］　光绪《浦江县志》卷一五。

乾隆十一年（公元 1746 年）

［灾情］　嘉善大旱。

［资料来源］　光绪《嘉善县志》卷三四。

乾隆十二年（公元 1747 年）

［灾情］　鄞县夏旱；宣平大旱；松阳大旱；永康自六月不雨至于秋冬，泉脉尽枯。

［资料来源］　光绪《鄞县志》卷六九、民国《松阳县志》卷一四、光绪《宣平县志》卷一九、光绪《永康县志》卷一一。

乾隆十三年（公元 1748 年）

［灾情］　三月，临安旱；五月，嘉兴、石门旱；平湖旱；嘉善亢旱。

［资料来源］　《清史稿·灾异志》、光绪《嘉善县志》卷三四、光绪《平湖县志》卷二五。

乾隆十五年（公元 1750 年）

［灾情］　宣平旱。

［资料来源］　光绪《宣平县志》卷一九。

乾隆十六年（公元 1751 年）

［灾情］　是年，浙东五十四州县旱；七月，海宁、富阳、余杭、临安、杭州旱；建德、遂安、淳安、寿昌、桐庐、分水夏秋不雨，苗尽槁；宣平、乐清、新城、汤溪、松阳、昌化、镇

海、慈溪、鄞县、浦江、永康、永嘉俱大旱。

[资料来源] 《清朝通志》卷一二三、《清史稿·灾异志》。

乾隆十八年(公元 1753 年)

[灾情] 桐庐春夏旱;乐清旱。

[资料来源] 乾隆《桐庐县志》卷一六、光绪《乐清县志》卷一三。

乾隆二十年(公元 1755 年)

[灾情] 宣平旱;海盐大旱,河竭。

[资料来源] 光绪《宣平县志》卷一九、《澉水新志》卷一二。

乾隆二十一年(公元 1756 年)

[灾情] 金华春夏旱;五月,桐乡旱。

[资料来源] 《清史稿·灾异志》。

乾隆二十二年(公元 1757 年)

[灾情] 夏,桐乡、石门旱。

[资料来源] 《清史稿·灾异志》。

乾隆二十七年(公元 1762 年)

[灾情] 宣平旱;湖州夏旱。

[资料来源] 光绪《宣平县志》卷一九、《清史稿·灾异志》

乾隆三十年(公元 1765 年)

[灾情] 天台、新昌、海宁等县旱。

[资料来源] 《清朝通志》卷一二三。

乾隆三十二年(公元 1767 年)

[灾情] 湖州旱;平湖六月旱。

[资料来源] 光绪《平沏县志》卷二五、《清史稿·灾异志》。

乾隆三十三年(公元 1768 年)

[灾情] 六月,石门、嘉善旱。

[资料来源] 《清史稿·灾异志》。

乾隆三十五年(公元 1770 年)

[灾情] 七月,常山旱。

[资料来源] 光绪《常山县志》卷八。

乾隆三十六年(公元 1771 年)

[灾情] 冬,瑞安旱。

[资料来源] 《清史稿·灾异志》。

乾隆三十七年(公元 1772 年)

［灾情］　宜平旱。

［资料来源］　光绪《宣平县志》卷一九。

乾隆三十八年(公元 1773 年)

［灾情］　宜平大旱。

［资料来源］　光绪《宣平县志》卷一九。

乾隆三十九年(公元 1774 年)

［灾情］　慈溪夏旱。

［资料来源］　光绪《慈溪县志》卷五五。

乾隆四十年(公元 1775 年)

［灾情］　六月,杭州旱。

［资料来源］　《清史稿·灾异志》。

乾隆四十二年(公元 1777 年)

［灾情］　宜平旱。

［资料来源］　光绪《宣平县志》卷一九。

乾隆四十三年(公元 1778 年)

［灾情］　夏,嘉兴、石门旱;嘉善旱。

［资料来源］　《清史稿·灾异志》、光绪《嘉善县志》卷三四。

乾隆四十四年(公元 1779 年)

［灾情］　六月,湖州旱;宜平旱。

［资料来源］　《清史稿·灾异志》、光绪《宣平县志》卷一九。

乾隆四十六年(公元 1781 年)

［灾情］　四月,宜平旱;四、五月,慈溪旱;六月,金华旱;新城旱;嘉善夏旱;平湖六月旱。

［资料来源］　《清史稿·灾异志》、光绪《慈溪县志》卷五五、道光《新城县志》卷一八、光绪《平湖县志》卷二五。

乾隆五十年(公元 1785 年)

［灾情］　夏,嘉善、桐乡旱;嘉兴合郡大旱;湖州大旱;浙西一带,雨泽愆期,仁和、钱塘、海宁、余杭、临安、于潜、嘉兴、秀水、海盐、石门、桐乡、乌程、归安、长兴、德清、武康、安吉等十七州县被灾;宜平旱。

［资料来源］　《东南水利略》、光绪《余杭县志》卷一四、《潊水新志》卷一二、《清史稿·灾异志》、光绪《宣平县志》卷一九。

乾隆五十一年（公元 1786 年）

［灾情］ 嘉善亢旱,籽粒无收。

［资料来源］ 光绪《嘉善县志》卷三四。

乾隆五十四年（公元 1789 年）

［灾情］ 开化旱。

［资料来源］ 光绪《开化县志》卷一四。

乾隆六十年（公元 1795 年）

［灾情］ 五月,江山旱;松阳大旱;海宁旱。

［资料来源］ 《清史稿·灾异志》、光绪《海宁县志》卷二三、民国《松阳县志》卷一四。

嘉庆元年（公元 1796 年）

［灾情］ 春,浦江旱;慈溪旱;永康旱;五、六月,永嘉大旱。

［资料来源］ 《清史稿·灾异志》、光绪《慈溪县志》卷五五、光绪《永康县志》卷一一、光绪《永嘉县志》卷一六。

嘉庆三年（公元 1798 年）

［灾情］ 六月,嘉善、平湖、海盐旱,饥;宁波旱。

［资料来源］ 《澉水新志》卷一二、光绪《嘉善县志》卷三四、光绪《平湖县志》卷二五、光绪《鄞县志》卷六九。

嘉庆四年（公元 1799 年）

［灾情］ 江山大旱。

［资料来源］ 同治《江山县志》卷一二。

嘉庆七年（公元 1802 年）

［灾情］ 五月,金华、江山、常山旱;开化五月旱;象山旱;严州自五月不雨至于七月;义乌六月旱,禾稼槁;诸暨旱;八月,宣平、嵊县旱;衢州大旱;汤溪秋大旱;永康大旱;慈溪秋大旱,饥。

［资料来源］ 《清史稿·灾异志》、嘉庆《西安县志》卷二二、光绪《常山县志》卷八、光绪《处州府志》卷二五、光绪《开化县志》卷一四、民国《汤溪县志》卷一、嘉庆《义乌县志》卷一九、光绪《永康县志》卷一一。

嘉庆八年（公元 1803 年）

［灾情］ 衢州旱;江山自春徂夏不雨;宣平旱;丽水自五月朔不雨至于六月望。

［资料来源］ 民国《衢县志》卷一七、光绪《处州府志》卷二五、民国《台州府志》卷一三五。

嘉庆十年(公元 1805 年)

[灾情]　慈溪大旱;宜平大旱。

[资料来源]　光绪《慈溪县志》卷五五、光绪《宣平县志》卷一九。

嘉庆十一年(公元 1806 年)

[灾情]　慈溪夏大旱;象山六至七月旱。

[资料来源]　光绪《慈溪县志》卷五五、光绪《宣平县志》卷一九。

嘉庆十二年(公元 1807 年)

[灾情]　三月,玉环旱,五月又旱;四月,乐清旱;七月,宣平旱。

[资料来源]　光绪《玉环厅志》卷一四、《清史稿·灾异志》。

嘉庆十三年(公元 1808 年)

[灾情]　台州夏旱。

[资料来源]　民国《台州府志》卷一三五。

嘉庆十五年(公元 1810 年)

[灾情]　慈溪夏秋旱。

[资料来源]　光绪《慈溪县志》卷五五。

嘉庆十六年(公元 1811 年)

[灾情]　五月,丽水、缙云、嵊县旱;六月,宁海旱;泰顺夏秋旱;嘉善、新城、云和、乐清、玉环俱夏旱;仙居秋旱;宣平、永康、浦江俱大旱;严州秋大旱;处州五月不雨至于七月;七月,永嘉大旱,早禾尽槁。

[资料来源]　《清史稿·灾异志》、《分疆录》卷一〇、光绪《永康县志》卷一一、光绪《玉环厅志》卷一四、光绪《永嘉县志》卷三六、光绪《浦江县志》卷一五、同治《云和县志》卷一五。

嘉庆十七年(公元 1812 年)

[灾情]　台州夏旱。

[资料来源]　民国《台州府志》卷一三五。

嘉庆十八年(公元 1813 年)

[灾情]　乐清、玉环秋不雨。

[资料来源]　光绪《乐清县志》卷一三、光绪《玉环厅志》卷一四。

嘉庆十九年(公元 1814 年)

[灾情]　嘉兴夏大旱,饥;嘉善夏亢旱四十余日;海宁夏大旱;湖州五月不雨至于七月;石门、新城大旱,河尽涸;太湖大旱;海盐大旱;杭、嘉、湖被旱;严州夏旱,五月不雨至于七月;龙游大旱;遂安大旱。

［资料来源］　《清史稿·灾异志》、《清史稿·河渠志》、《太湖续考》卷二、《澉水新志》卷一二、光绪《建德县志》卷二〇、民国《龙游县志》卷一。

嘉庆二十年（公元 1815 年）

［灾情］　浦江大旱；六月，嘉兴旱。

［资料来源］　光绪《浦江县志》卷一五、《清史稿·灾异志》。

嘉庆二十一年（公元 1816 年）

［灾情］　严州夏旱；丽水九月大旱；宣平大旱。

［资料来源］　光绪《建德县志》卷二〇、光绪《处州府志》卷二五。

嘉庆二十三年（公元 1818 年）

［灾情］　分水小旱。

［资料来源］　光绪《分水县志》卷一〇。

嘉庆二十四年（公元 1819 年）

［灾情］　石门六月旱；宁波夏大旱；汤溪秋旱；六、七月间，雨泽稀少，杭、嘉、湖三府高田被旱；海宁秋大旱，河底龟坼；海盐、平湖秋大旱；嘉善夏秋大旱；湖州七、八月无雨，高田尽涸。

［资料来源］　《清史稿·灾异志》、光绪《鄞县志》卷六九、民国《汤溪县志》卷一三、光绪《嘉兴府志》卷三五、民国《海宁州志稿》卷四〇、光绪《长兴县志》卷九。

嘉庆二十五年（公元 1820 年）

［灾情］　新城二月不雨至于七月，大旱；镇海五月不雨至于七月朔；象山大旱；余姚旱；萧山五月至七月大旱，河涸；诸暨、嵊县夏旱；台州旱；宁海大旱；太平旱；永嘉旱；乐清旱；金华旱；汤溪大旱，自五月十七日不雨至于七月十八日；处州旱；景宁旱，饥；青田旱；缙云夏秋大旱；宣平五月旱至七月；云和大旱；衢州大旱；常山大旱；严州大旱；遂安大旱；分水大旱；平阳六月旱；玉环秋旱。

［资料来源］　民国《镇海县志》卷四三、《清史稿·灾异志》、光绪《余姚县志》卷七、民国《萧山县志稿》卷五、民国《临海县志》卷四一、光绪《宁海县志》卷二三、光绪《乐清县志》卷一三、光绪《处州府志》卷二五、光绪《青田县志》卷一七、同治《云和县志》卷一五、民国《衢县志》卷一、民国《建德县志》卷一、民国《平阳县志》卷五八、光绪《玉环厅志》卷一四。

道光元年（公元 1821 年）

［灾情］　秋，台州、黄岩、太平大旱，饥；龙泉、宣平秋旱；松阳、景宁、云和旱；象山旱。

［资料来源］　《清史稿·灾异志》、光绪《龙泉县志》卷一一、光绪《太平县志》卷

一七、光绪《处州府志》卷二五。

　　道光二年(公元 1822 年)

　　[灾情]　嘉兴夏旱;湖州夏旱;嘉善、平湖夏旱;海盐秋大旱。

　　[资料来源]　《清史稿·灾异志》、光绪《嘉兴府志》卷三五、《南浔志》卷二〇、光绪《平湖县志》卷二五。

　　道光三年(公元 1823 年)

　　[灾情]　分水夏秋旱。

　　[资料来源]　光绪《分水县志》卷一〇。

　　道光四年(公元 1824 年)

　　[灾情]　湖州夏旱。

　　[资料来源]　光绪《归安县志》卷二七。

　　道光五年(公元 1825 年)

　　[灾情]　遂安大旱。

　　[资料来源]　民国《遂安县志》卷九。

　　道光六年(公元 1826 年)

　　[灾情]　诸暨夏大旱。

　　[资料来源]　宣统《诸暨县志》卷一八。

　　道光八年(公元 1828 年)

　　[灾情]　孝丰旱;分水夏秋旱;严州秋大旱;嘉善、富阳、平湖等县九月不雨至明春三月始雨;慈溪秋大旱。

　　[资料来源]　光绪《孝丰县志》卷八、光绪《富阳县志》卷一五、光绪《嘉兴府志》卷三五、民国《建德县志》卷一、光绪《慈溪县志》卷五五。

　　道光九年(公元 1829 年)

　　[灾情]　湖州、南浔夏秋旱;汤溪旱。

　　[资料来源]　《清史稿·灾异志》、民国《汤溪县志》卷一。

　　道光十年(公元 1830 年)

　　[灾情]　湖州夏旱;缙云小旱。

　　[资料来源]　同治《湖州府志》卷四四、光绪《缙云县志》卷一五。

　　道光十一年(公元 1831 年)

　　[灾情]　孝丰小旱;泰顺旱。

　　[资料来源]　光绪《孝丰县志》卷八、《分疆录》卷一〇。

　　道光十二年(公元 1832 年)

　　［灾情］　夏,嘉兴、嵊县旱;湖州夏旱;昌化夏旱;永康夏旱;七月,嘉善旱;海盐大旱;平湖七月旱,冬不雨;孝丰小旱;缙云、宣平大旱;仙居大旱;萧山大旱;严州旱;分水旱;九月,新城大旱。

　　［资料来源］　《清史稿·灾异志》、光绪《嘉兴府志》卷三五、《南浔志》卷一九、民国《昌化县志》卷一五、光绪《永康县志》卷一一、光绪《嘉善县志》卷三四、光绪《平湖县志》卷二五、光绪《孝丰县志》卷八、光绪《缙云县志》卷一五、光绪《宣平县志》卷一九、民国《台州府志》卷一三五、民国《萧山县志稿》卷五、民国《建德县志》卷一、光绪《分水县志》卷一〇、民国《新登县志》卷一一。

　　道光十三年（公元 1833 年）

　　［灾情］　临安夏、秋旱,孝丰大旱;诸暨久旱,奉化夏旱,秋大旱;玉环春旱;泰顺旱;龙泉岁大旱,乡民来城觅食,饿死道旁者不可胜数。

　　［资料来源］　宣统《临安县志》卷一、光绪《孝丰县志》卷八、光绪《奉化县志》卷三九、光绪《玉环厅志》卷一四、《分疆录》卷一〇、宣统《诸暨县志》卷一八、光绪《龙泉县志》卷一一。

　　道光十四年（公元 1834 年）

　　［灾情］　杭州大旱;富阳大旱,绍兴自春至夏无雨;定海秋旱;台州旱;云和秋旱;松阳大旱;青田旱;景宁秋大旱。

　　［资料来源］　民国《杭州府志》卷八五、光绪《富阳县志》卷一五、道光《会稽县志稿》卷九、民国《定海县志·舆地志》、光绪《台州府志》卷二八、光绪《处州府志》卷二五、同治《云和县志》卷一五。

　　道光十五年（公元 1835 年）

　　［灾情］　湖州夏旱,平湖夏旱;孝丰小旱;绍兴夏大旱,城河尽涸;萧山大旱;上虞秋无雨;嵊县旱;余姚大旱;宁波四月大旱至八月无雨;慈溪大旱;奉化大旱;永嘉夏旱;乐清大旱;金华夏旱,自四月不雨至于来年二三月;永康大旱;浦江夏秋大旱;汤溪大旱;丽水旱;云和大旱;庆元夏大旱;宣平夏旱;缙云大旱;青田大旱;松阳大旱;衢州大旱,自四月不雨至于八月;开化大旱,自四月不雨至于七月;江山大旱,自四月不雨至于八月;寿昌夏旱;嘉善五月旱;台州旱,黄岩自五月无雨至于七月;太平夏旱。

　　［资料来源］　光绪《长兴县志》卷九、《清史稿·灾异志》、光绪《孝丰县志》卷八、民国《萧山县志稿》卷五、光绪《慈溪县志》卷五五、光绪《奉化县志》卷三九、光绪《永嘉县志》卷三六、光绪《乐清县志》卷一三、光绪《金华县志》卷一六、光绪《处州府志》卷二五、同治《云和县志》卷一五、光绪《宣平县志》卷一三、光绪《庆元县志》卷一一、光绪《开化县志》卷一四、民国《衢县志》卷一、民国《寿昌县志》卷一、光绪《嘉善县志》

卷三四、光绪《台州府志》卷二八。

道光十六年（公元 1836 年）

［灾情］　台州旱,太平夏旱,饥;宣平秋旱。

［资料来源］　光绪《台州府志》卷二八、光绪《太平县志》卷一七、光绪《处州府志》卷二五。

道光十七年（公元 1837 年）

［灾情］　湖州夏旱;镇海旱,禾尽枯;永康秋旱。

［资料来源］　光绪《归安县志》卷二七、民国《镇海县志》卷四三、光绪《永康县志》卷一一。

道光十八年（公元 1833 年）

［灾情］　慈溪旱,饥;衢州夏大旱;常山夏旱。

［资料来源］　光绪《慈溪县志·列传附编》、《清史稿·灾异志》、民国《镇海县志》卷四三。

道光十九年（公元 1839 年）

［灾情］　台州秋旱。

［资料来源］　民国《台州府志》卷一三五。

道光二十二年（公元 1842 年）

［灾情］　慈溪春旱;仙居旱。

［资料来源］　光绪《慈溪县志》卷五五、民国《台州府志》卷一三五。

道光二十三年（公元 1843 年）

［灾情］　奉化夏大旱;浦江旱;七月,湖州旱。

［资料来源］　光绪《奉化县志》卷三九、光绪《浦江县志》卷一五、《清史稿·灾异志》。

道光二十四年（公元 1844 年）

［灾情］　余姚夏大旱。

［资料来源］　光绪《余姚县志》卷七。

道光二十五年（公元 1845 年）

［灾情］　六月,青田旱;七月,缙云、云和旱;松阳旱;宣平大旱。

［资料来源］　《清史稿·灾异志》、光绪《处州府志》卷二五、光绪《宣平县志》卷一九。

道光二十六年（公元 1846 年）

［灾情］　嵊县大旱;诸暨大旱;永嘉春夏无雨;上虞夏旱;奉化夏旱;台州大旱;浦

江旱;汤溪大旱;永康旱,自五月初旬至于七月,凡六十余日不雨;新城五月大旱;象山六月旱;青田六月旱;缙云大旱;云和夏旱;遂安大旱;龙游大旱。

　　[资料来源] 　民国《嵊县志》卷三一、宣统《诸暨县志》卷一八、光绪《上虞县志》卷三八、光绪《奉化县志》卷三九、民国《台州府志》卷一三五、光绪《浦江县志》卷一五、民国《汤溪县志》卷一、光绪《永康县志》卷一一、光绪《永嘉县志》卷三六、民国《新登县志》卷一一、民国《象山县志》卷三〇、光绪《处州府志》卷二五、同治《云和县志》卷一五、民国《遂安县志》卷九。

　　道光二十七年(公元1847年)

　　[灾情] 　富阳大旱;鄞县正月不雨至于四月,余姚秋旱;丽水秋大旱;龙游旱。

　　[资料来源] 　民国《杭州府志》卷八五、光绪《鄞县志》卷六九、光绪《余姚县志》卷七、光绪《处州府志》卷二五、民国《龙游县志》卷二〇。

　　道光二十八年(公元1848年)

　　[灾情] 　永嘉春旱。

　　[资料来源] 　《清史稿·灾异志》。

　　道光三十年(公元1850年)

　　[灾情] 　临安县夏秋大旱;嵊县旱;昌化夏秋大旱;奉化夏大旱;太平旱;玉环旱。

　　[资料来源] 　宣统《临安县志》卷一、民国《嵊县志》卷三一、民国《昌化县志》卷一五、光绪《奉化县志》卷三九、光绪《玉环厅志》卷九。

　　咸丰元年(公元1851年)

　　[灾情] 　宣平旱。

　　[资料来源] 　光绪《宣平县志》卷一九。

　　咸丰二年(公元1852年)

　　[灾情] 　上虞自四月至七月久旱;诸暨自春至冬不雨;萧山半年不雨,运河自西兴至城中可以行路;嵊县自五月不雨至于七月;宁波旱;定海大旱,饥;金华五六月间大旱;浦江大旱,二麦歉收,夏旱连秋;永康自五月至冬十二月不雨;汤溪大旱,自夏至逾立秋不雨;衢州自五月初旬至六月下旬50日不雨;常山旱。

　　[资料来源] 　光绪《上虞县志校续》卷四一、宣统《诸暨县志》卷一八、民国《萧山县志稿》卷五、民国《嵊县志》卷三一、《清史稿·灾异志》、光绪《金华县志》卷一六、光绪《浦江县志》卷一五、光绪《永康县志》卷一一、民国《汤溪县志》卷一、民国《衢县志》卷一、光绪《常山县志》卷八。

　　咸丰三年(公元1853年)

　　[灾情] 　奉化旱;象山夏旱;临海六月旱;庆元秋大旱。

［资料来源］　光绪《奉化县志》卷三九、民国《象山县志》卷三〇、民国《临海县志稿》卷一、光绪《庆元县志》卷一一。

咸丰四年（公元 1854 年）

［灾情］　五月,丽水旱,遂安大旱;太平秋冬旱。

［资料来源］　《清史稿·灾异志》、民国《遂安县志》卷九。

咸丰五年（公元 1855 年）

［灾情］　太平自上年八月不雨至于三月,沿海大饥。

［资料来源］　光绪《太平县志》卷一七。

咸丰六年（公元 1856 年）

［灾情］　山阴、会稽旱;湖州夏大旱;太湖夏旱;嘉兴夏亢旱,水涸;嘉善夏旱,河涸;海盐夏大旱;桐乡五月大旱;海宁五月不雨至于九月,大旱;富阳夏亢旱;宣平六月不雨;杭州六月旱,河水尽涸;新城秋大旱。

［资料来源］　《越缦堂日记补》、光绪《长兴县志》卷九、光绪《嘉兴府志》卷三五、光绪《嘉善县志》卷三四,光绪《海盐县志》卷一三、《太湖备考续编》卷二、民国《海宁州志稿》卷四〇、光绪《富阳县志》卷一五、《清史稿·灾异志》、民国《新登县志》卷二〇、光绪《宣平县志》卷一九、民国《杭州府志》卷八五。

咸丰七年（公元 1857 年）

［灾情］　夏,富阳亢旱。

［资料来源］　民国《杭州府志》卷八五。

咸丰八年（公元 1858 年）

［灾情］　鄞县旱;秋,慈溪,余姚二邑亢旱。

［资料来源］　光绪《鄞县志》卷六九、柯超《辛壬琐事》（载《历史研究》1956 年第四期）。

咸丰九年（公元 1859 年）

［灾情］　杭州府旱;景宁秋大旱。

［资料来源］　民国《杭州府志》卷八五、同治《景宁县志》卷一二。

咸丰十年（公元 1860 年）

［灾情］　宁波夏旱;庆元夏大旱。

［资料来源］　光绪《鄞县志》卷六九、光绪《庆元县志》卷一一。

咸丰十一年（公元 1861 年）

［灾情］　象山春旱,五六月又大旱;七月,太平旱;平阳夏旱。

［资料来源］　民国《象山县志》卷三〇、《清史稿·灾异志》、民国《平阳县志》卷

五八。

同治二年（公元 1863 年）

［灾情］　六月，慈溪旱；诸暨夏旱；兰溪夏大旱，分水大旱；嵊县秋冬旱。

［资料来源］　光绪《慈溪县志》卷五五、宣统《诸暨县志》卷一八、光绪《兰溪县志》卷八、光绪《分水县志》卷一〇、民国《嵊县志》卷三一。

同治三年（公元 1864 年）

［灾情］　宁波夏旱；慈溪旱；镇海夏旱，冬又旱，不雨凡五月；常山夏大旱；龙游六、七月大旱；衢州六月旱；上虞久旱，秋冬无雨；诸暨秋冬无雨。

［资料来源］　光绪《鄞县志》卷六九、光绪《慈溪县志》卷五五、民国《镇海县志》卷四三、光绪《常山县志》卷八、民国《龙游县志》卷一、民国《衢县志》卷一、《上虞塘工纪略》、宣统《诸暨县志》卷一八。

同治五年（公元 1866 年）

［灾情］　兰溪六月亢旱；江山夏大旱；开化夏大旱；平阳太旱，六月不雨至于次年二月。

［资料来源］　光绪《兰溪县志》卷八、同治《江山县志》卷一二、光绪《开化县志》卷一四、民国《平阳县志》卷五八。

同治六年（公元 1867 年）

［灾情］　于潜夏亢旱；慈溪夏旱；象山秋大旱。

［资料来源］　光绪《于潜县志》卷二〇、民国《象山县志》卷三〇、光绪《慈溪县志》卷五五。

同治七年（公元 1868 年）

［灾情］　宣平六月大旱；庆元旱。

［资料来源］　光绪《宣平县志》卷一九、光绪《庆元县志》卷一一。

同治九年（公元 1870 年）

［灾情］　于潜六、七月旱，宣平大旱。

［资料来源］　光绪《于潜县志》卷二〇、光绪《宣平县志》卷一九。

同治十年（公元 1871 年）

［灾情］　宁波夏亢旱；慈溪夏旱；镇海夏旱，衢州五、六月不雨凡四十日。

［资料来源］　光绪《鄞县志》卷六九、光绪《慈溪县志》卷五五、民国《镇海县志》卷四三、光绪《兰溪县志》卷八、民国《衢县志》卷一。

同治十一年（公元 1872 年）

［灾情］　慈溪、镇海、鄞县夏大旱，早禾尽死，河枯，舟楫不通；象山旱；余姚亢旱。

[资料来源]　光绪《鄞县志》卷六九、光绪《慈溪县志》卷五五、民国《镇海县志》卷四三、民国《象山县志》卷三〇、光绪《余姚县志》卷八。

同治十二年（公元 1873 年）

[灾情]　嘉兴夏旱；嘉善夏秋亢旱；平湖夏秋大旱；海盐夏旱；湖州夏秋大旱；太湖夏旱；于潜夏亢旱；新城六月大旱；上虞六月大旱河尽涸；余姚夏秋旱；诸暨夏旱；慈溪夏旱；奉化自春不雨，至七月始雨，秋冬复旱；常山夏大旱。

[资料来源]　光绪《嘉兴府志》卷三五、光绪《嘉善县志》卷三四、光绪《平湖县志》卷二五、光绪《海盐县志》卷一三、光绪《归安县志》卷二七、《太湖备考续编》卷二、光绪《于潜县志》卷二〇、民国《新登县志》卷二〇、光绪《上虞县志校续》卷四一、光绪《余姚县志》卷七、宣统《诸暨县志》卷一八、光绪《慈溪县志》卷五五、光绪《奉化县志》卷二九、光绪《常山县志》卷八。

同治十三年（公元 1874 年）

[灾情]　龙游夏大旱；余姚秋冬旱。

[资料来源]　民国《龙游县志》卷一、光绪《余姚县志》卷七。

光绪元年（公元 1875 年）

[灾情]　湖州、南浔六、七月旱；寿昌夏大旱；开化大旱。

[资料来源]　《南浔志》卷二九、民国《寿昌县志》卷一、光绪《开化县志》卷一四。

光绪二年（公元 1876 年）

[灾情]　萧山夏大旱，河底涸露。

[资料来源]　民国《萧山县志稿》卷五。

光绪四年（公元 1878 年）

[灾情]　湖州五月旱。

[资料来源]　光绪《归安县志》卷二七。

光绪五年（公元 1879 年）

[灾情]　诸暨五月大旱；兰溪自五月不雨至于八月；新城大旱，自五月初六日不雨至七月初一日；镇海夏大旱，河皆龟坼，禾尽枯；慈溪六、七月旱；宁波夏大旱；临海六月旱；汤溪旱；松阳大旱；寿昌旱灾；于潜六月亢旱。

[资料来源]　宣统《诸暨县志》卷一八、光绪《兰溪县志》卷八、民国《新登县志》卷二〇、民国《镇海县志》卷四三、光绪《慈溪县志》卷五五、光绪《鄞县志》卷六九、民国《临海县志稿》卷四一、民国《汤溪县志》卷一、民国《松阳县志》卷一四、民国《寿昌县志》卷一、光绪《于潜县志》卷二〇。

光绪八年（公元 1882 年）

［灾情］　秋七月,汤溪旱。

［资料来源］　民国《汤溪县志》卷一。

光绪九年(公元 1883 年)

［灾情］　嘉善夏旱;松阳秋旱。

［资料来源］　光绪《嘉善县志》卷三四、民国《松阳县志》卷一四。

光绪十二年(公元 1886 年)

［灾情］　新城夏旱。

［资料来源］　民国《新登县志》卷二〇。

光绪十三年(公元 1887 年)

［灾情］　松阳夏旱,上虞秋冬久旱。

［资料来源］　民国《松阳县志》卷一四、光绪《上虞县志校续》卷四一。

光绪十五年(公元 1889 年)

［灾情］　平阳五至七月旱;龙游旱。

［资料来源］　民国《平阳县志》卷五八、民国《龙游县志》卷一。

光绪十六年(公元 1890 年)

［灾情］　六月,诸暨旱。

［资料来源］　宣统《诸暨县志》卷一八。

光绪十八年(公元 1892 年)

［灾情］　奉化、定海六月旱至十月;嵊县旱;临海夏旱;宁海夏秋旱;平阳六月旱;
金华六月旱;严州旱;嘉善六月至闰六月初一不雨,七月又不雨;临安夏大旱;于潜旱;
昌化夏大旱。

［资料来源］　《清史稿·灾异志》、光绪《奉化县志》卷三九、民国《定海县志·舆
地志》、民国《临海县志稿》卷四一、光绪《宁海县志》卷二三、民国《平阳县志》卷五八、
民国《建德县志》卷一、光绪《嘉善县志》卷三四、宣统《临安县志》卷一、光绪《于潜县
志》卷二〇、民国《昌化县志》卷一五。

光绪十九年(公元 1893 年)

［灾情］　太平五月旱;龙游旱;嘉善十月旱。

［资料来源］　光绪《太平县志》卷一七、民国《龙游县志》卷一、光绪《嘉善县志》
卷三四。

光绪二十年(公元 1894 年)

［灾情］　嘉善夏秋旱,水西流;于潜夏秋旱;严州旱;余姚秋旱;象山旱;太平七月
不雨至于十月;萧山冬大旱。

　［资料来源］　光绪《嘉善县志》卷三四、光绪《于潜县志》卷二〇、民国《建德县志》卷一、光绪《余姚县志》卷七、民国《象山县志》卷二〇、《清史稿·灾异志》、民国《萧山县志稿》卷五。

光绪二十一年（公元 1895 年）

　［灾情］　六月，太平大旱；松阳秋旱。

　［资料来源］　光绪《太平县志》卷一七、民国《松阳县志》卷一四。

光绪二十四年（公元 1898 年）

　［灾情］　湖州、南浔六月大旱；遂安旱。

　［资料来源］　《南浔志》卷二九、民国《遂安县志》卷九。

光绪二十五年（公元 1899 年）

　［灾情］　遂安旱。

　［资料来源］　民国《遂安县志》卷九。

光绪二十六年（公元 1900 年）

　［灾情］　分水旱，歉收；衢州夏旱；临海夏太旱；奉化秋大旱。

　［资料来源］　光绪《分水县志》卷一〇、民国《衢县志》卷一、民国《临海县志稿》卷四一、光绪《奉化县志》卷三九。

光绪二十八年（公元 1902 年）

　［灾情］　昌化夏大旱；分水夏大旱；萧山南沙大旱。

　［资料来源］　民国《昌化县志》卷一五、光绪《分水县志》卷一〇、民国《萧山县志稿》卷五。

光绪二十九年（公元 1903 年）

　［灾情］　松阳六月至七月大旱。

　［资料来源］　民国《松阳县志》卷一四。

光绪三十年（公元 1904 年）

　［灾情］　临海夏旱。

　［资料来源］　民国《临海县志稿》卷四一。

光绪三十一年（公元 1905 年）

　［灾情］　松阳夏秋旱。

　［资料来源］　民国《松阳县志》卷一四。

光绪三十二年（公元 1906 年）

　［灾情］　分水夏旱；象山夏旱。

　［资料来源］　光绪《分水县志》卷一〇、民国《象山县志》卷三〇。

光绪三十三年 (公元 1907 年)

［灾情］ 夏,临安县大旱;昌化夏大旱;新城夏秋之交久旱;松阳秋旱;汤溪秋八月旱,晚稻无收。

［资料来源］ 宣统《临安县志》卷一、民国《松阳县志》卷一四、民国《新登县志》卷二〇、民国《昌化县志》卷一五、民国《汤溪县志》卷一。

光绪三十四年 (公元 1908 年)

［灾情］ 新城夏旱。

［资料来源］ 民国《新登县志》卷二〇。

宣统元年 (公元 1909 年)

［灾情］ 六月,临安大旱,七月,昌化大旱;新城夏久旱;松阳秋旱;汤溪旱。

［资料来源］ 民国《临安县志》卷一、民国《昌化县志》卷一五、民国《新登县志》卷二〇、民国《松阳县志》卷一四、民国《汤溪县志》卷一。

卷三 雹灾志

晋大兴三年(公元 320 年)

[灾情] 三月,海盐雨雹。

[资料来源] 光绪《嘉兴府志》卷三五。

太元二十年(公元 395 年)

[灾情] 五月癸卯,上虞县雨雹。

[资料来源] 雍正《浙江通志》卷一〇八、乾隆《绍兴府志》卷八〇。

宋建炎三年(公元 1129 年)

[灾情] 四月,衢州大雨雹。

[资料来源] 嘉庆《西安县志》卷二二。

绍兴二年(公元 1132 年)

[灾情] 二月丙子,杭州大雨雹;三月瑞安大风雨雹,田苗树果荡尽,坏屋杀人。

[资料来源] 民国《杭州府志》卷八二、乾隆《温州府志》卷二九、嘉庆《瑞安县志》卷一〇。

绍兴三年(公元 1133 年)

[灾情] 正月,杭州雨雹震雷。

[资料来源] 民国《杭州府志》卷八二。

绍兴四年(公元 1134 年)

［灾情］　三月乙未,杭州大雨雹,伤稼。

［资料来源］　民国《杭州府志》卷八二。

绍兴五年(公元 1135 年)

［灾情］　闰五月乙巳朔,杭州、嘉兴雨雹雪;十月丁未夜,秀州大风,雨雹;十一月,秀州大雨雹;十二月戊辰,杭州雨雹。

［资料来源］　民国《杭州府志》卷八二、光绪《嘉兴府志》卷三五。

绍兴七年(公元 1137 年)

［灾情］　十二月癸丑,杭州雨雹,先一夕雷,后一日雹。

［资料来源］　民国《杭州府志》卷八二。

绍兴八年(公元 1138 年)

［灾情］　六月丙辰,杭州大雨雹。

［资料来源］　民国《杭州府志》卷八二。

绍兴九年(公元 1139 年)

［灾情］　二月甲戌,杭州雨雹,伤麦;十二月辛未,雨雹。

［资料来源］　民国《杭州府志》卷八二。

绍兴十年(公元 1140 年)

［灾情］　二月辛亥,杭州大雨雹。

［资料来源］　民国《杭州府志》卷八二。

绍兴十一年(公元 1141 年)

［灾情］　正月辛酉,杭州雨雹。

［资料来源］　民国《杭州府志》卷八二。

绍兴十三年(公元 1143 年)

［灾情］　二月甲子,杭州雨雹,伤麦;五月甲午,杭州夜雹;七月庚午、壬申,杭州雹,害稼;十一月己未,杭州雨雹。

［资料来源］　民国《杭州府志》卷八二。

绍兴十七年(公元 1147 年)

［灾情］　正月庚辰,杭州雨雹;五月丙辰,杭州雨雹。

［资料来源］　民国《杭州府志》卷八二。

绍兴二十年(公元 1150 年)

［灾情］　十月,秀州风雷雨雹。

［资料来源］　光绪《嘉兴府志》卷三五。

绍兴二十一年(公元 1151 年)

［灾情］　二月甲辰,杭州雨雹;三月己卯,杭州雹,伤禾麦。

［资料来源］　《宋史·高宗纪》、民国《杭州府志》卷八二。

绍兴二十八年(公元 1158 年)

［灾情］　四月辛亥,杭州雨雹。

［资料来源］　民国《杭州府志》卷八二。

绍兴二十九年(公元 1159 年)

［灾情］　二月戊戌,杭州雹,损麦。

［资料来源］　民国《杭州府志》卷八二。

隆兴元年(公元 1163 年)

［灾情］　三月丙申,杭州夜雨雹。

［资料来源］　民国《杭州府志》卷八二。

隆兴二年(公元 1164 年)

［灾情］　二月丁丑,杭州雨雹及雪;四月庚午,六月,七月丁未,杭州雨雹;十月辛未,十二月己亥,杭州雨雹。

［资料来源］　《宋史·孝宗纪》、民国《杭州府志》卷八二。

乾道元年(公元 1165 年)

［灾情］　二月庚寅,十月辛卯,杭州雨雹。

［资料来源］　民国《杭州府志》卷八二。

乾道四年(公元 1168 年)

［灾情］　正月癸未,杭州夜雹,有霰;二月丁酉、癸丑,杭州雨雹,二月乙卯,杭州雹而雪。

［资料来源］　民国《杭州府志》卷八二。

乾道五年(公元 1169 年)

［灾情］　二月丙午,杭州雹,损麦。

［资料来源］　民国《杭州府志》卷八二。

乾道六年(公元 1170 年)

［灾情］　二月壬午,杭州雹,损麦。

［资料来源］　民国《杭州府志》卷八二。

淳熙二年(公元 1175 年)

［灾情］　秋,临海大风,雨雹。

［资料来源］　民国《临海县志稿》卷四一。

淳熙三年(公元 1176 年)

[灾情]　　四月丁亥,杭州大风雹,伤麦;临海大风雹,伤麦。

[资料来源]　　民国《杭州府志》卷八二、民国《临海县志稿》卷四一。

淳熙四年(公元 1177 年)

[灾情]　　五月丙寅,杭州雨雹。

[资料来源]　　民国《杭州府志》卷八二。

淳熙六年(公元 1179 年)

[灾情]　　正月丁丑,杭州雹,伤麦;三月壬申,杭州大雨雹。

[资料来源]　　民国《杭州府志》卷八二。

淳熙八年(公元 1181 年)

[灾情]　　十二月甲寅,杭州雨雹。

[资料来源]　　民国《杭州府志》卷八二。

淳熙十二年(公元 1185 年)

[灾情]　　二月辛酉,杭州雨雹;自十二月至明年正月,杭州或雪、或霰、或雹、或雨,水冰冱尺余,连日不断。

[资料来源]　　《宋史·孝宗纪》、民国《杭州府志》卷八二。

淳熙十三年(公元 1186 年)

[灾情]　　见上年。

[资料来源]　　见上年。

淳熙十五年(公元 1188 年)

[灾情]　　二月丁亥,杭州雨雪而雹,六月丁卯,杭州雨雹。

[资料来源]　　民国《杭州府志》卷八二。

淳熙十六年(公元 1189 年)

[灾情]　　三月已卯,杭州雹而雨。

[资料来源]　　民国《杭州府志》卷八二。

绍熙元年(公元 1190 年)

[灾情]　　二月丁酉,杭州雨雹。

[资料来源]　　《宋史·光宗纪》、民国《杭州府志》卷八二。

绍熙二年(公元 1191 年)

[灾情]　　正月戊寅,杭州大雨雹;三月癸酉,温州大风,雨雹,大如桃实,平地盈尺,坏庐舍五千余家,禾麻菜果皆损。

[资料来源]　　《宋史·光宗纪》、民国《杭州府志》卷八二、光绪《永嘉县志》卷三六。

绍熙四年(公元1193年)

[灾情]　六月甲子,杭州雨雹;七月丙寅,杭州大雨雹。

[资料来源]　民国《杭州府志》卷八二。

庆元三年(公元1197年)

[灾情]　二月己巳,杭州雹;四月乙丑,杭州、富阳雨雹,大如杯,破瓦。

[资料来源]　民国《杭州府志》卷八三、光绪《富阳县志》卷一五。

嘉泰元年(公元1201年)

[灾情]　三月丙寅,杭州雨雹而雪,戊辰、己巳,连雨雹;五月丁丑,杭州雨雹;七月癸亥,杭州大雨雹。

[资料来源]　《宋史·宁宗纪》、民国《杭州府志》卷八三。

嘉泰二年(公元1202年)

[灾情]　四月庚寅,杭州雨雹,伤稼;六月庚子,杭州大雨雹而寒。

[资料来源]　民国《杭州府志》卷八三。

嘉泰四年(公元1204年)

[灾情]　正月壬辰,杭州雹。

[资料来源]　民国《杭州府志》卷八三。

开禧二年(公元1206年)

[灾情]　正月己酉,杭州雹。

[资料来源]　民国《杭州府志》卷八三。

嘉定二年(公元1209年)

[灾情]　三月乙未,杭州雨雹。

[资料来源]　民国《杭州府志》卷八三。

嘉定六年(公元1213年)

[灾情]　夏,江浙郡县多雨雹,害稼;湖州雹,害稼。

[资料来源]　《宋史·五行志》、民国《杭州府志》卷八三、同治《湖州府志》卷四四、光绪《乌程县志》卷二七、光绪《归安县志》卷二七。

嘉定九年(公元1216年)

[灾情]　四月,六月,杭州大雨雹二十余日,浙西郡县,为灾尤甚。

[资料来源]　民国《杭州府志》卷八三。

嘉定十五年(公元1222年)

[灾情]　九月癸丑,杭州大雨雹。

[资料来源]　民国《杭州府志》卷八三。

嘉定十六年（公元 1223 年）

［灾情］　秋，杭州雨雹。

［资料来源］　民国《杭州府志》卷八三。

宝庆元年（公元 1225 年）

［灾情］　七月戊辰，杭州雷雨雹，昼晦，大风。

［资料来源］　《宋史·理宗纪》、民国《杭州府志》卷八三。

绍定元年（公元 1228 年）

［灾情］　五月丁酉，杭州雨雹。

［资料来源］　民国《杭州府志》卷八三。

绍定五年（公元 1232 年）

［灾情］　七月甲辰，杭州雨雹。

［资料来源］　民国《杭州府志》卷八三。

绍定六年（公元 1233 年）

［灾情］　三月丙辰，杭州大雨雹。

［资料来源］　民国《杭州府志》卷八三。

端平二年（公元 1235 年）

［灾情］　五月乙未，杭州雹。

［资料来源］　民国《杭州府志》卷八三。

端平三年（公元 1236 年）

［灾情］　六月庚戌，杭州雨雹。

［资料来源］　民国《杭州府志》卷八三。

嘉熙元年（公元 1237 年）

［灾情］　二月壬辰，杭州雨雹。

［资料来源］　民国《杭州府志》卷八三。

嘉熙三年（公元 1239 年）

［灾情］　三月癸巳，六月庚戌，杭州雨雹。

［资料来源］　民国《杭州府志》卷八三。

淳祐二年（公元 1242 年）

［灾情］　夏四月壬申，杭州雨雹。

［资料来源］　民国《杭州府志》卷八三。

淳祐八年（公元 1248 年）

［灾情］　二月壬辰，三月乙丑，杭州雨雹。

[资料来源]　民国《杭州府志》卷八三。

淳祐九年(公元 1249 年)

[灾情]　九月乙丑,杭州雨雹。

[资料来源]　民国《杭州府志》卷八三。

宝祐三年(公元 1255 年)

[灾情]　三月己未,杭州雨雹。

[资料来源]　民国《杭州府志》卷八三。

景定元年(公元 1260 年)

[灾情]　二月庚辰,杭州雨雹。

[资料来源]　民国《杭州府志》卷八三。

景定二年(公元 1261 年)

[灾情]　六月丙午,十月己亥,杭州雨雹。

[资料来源]　民国《杭州府志》卷八三。

景定三年(公元 1262 年)

[灾情]　五月丙寅,杭州雨雹。

[资料来源]　《宋史·理宗纪》、民国《杭州府志》卷八三。

咸淳三年(公元 1267 年)

[灾情]　十月甲戌,杭州大雷雹。

[资料来源]　《宋史·度宗纪》、民国《杭州府志》卷八三。

元大德四年(公元 1300 年)

[灾情]　三月,临海大风,雹。

[资料来源]　民国《临海县志稿》卷四一。

元统元年(公元 1333 年)

[灾情]　三月戊子,萧山县大风,雨雹,拔木仆屋,杀麻麦,伤人民。

[资料来源]　乾隆《绍兴府志》卷八〇,民国《萧山县志稿》卷五。

至正十九年(公元 1359 年)

[灾情]　冬十二月,临海大雷雹。

[资料来源]　民国《临海县志稿》卷四一。

明洪武六年(公元 1373 年)

[灾情]　五月,嘉兴雨雹。

[资料来源]　光绪《嘉兴府志》卷三五。

正统七年(公元 1442 年)

［灾情］　八月,江山雨雹,大如鸡卵,鸟巢屋瓦皆碎,伤人,衢州大雨雹,伤人,鸟巢屋瓦皆碎。

［资料来源］　同治《江山县志》卷一二,嘉庆《西安县志》卷二二。

成化三年(公元 1467 年)

［灾情］　秋八月,处州、庆元大雨雹。

［资料来源］　光绪《处州府志》卷二五、光绪《庆元县志》卷一一。

咸化十三年(公元 1477 年)

［灾情］　春,会稽大风,雨雹。

［资料来源］　乾隆《绍兴府志》卷八〇。

弘治元年(公元 1488 年)

［灾情］　十二月,嘉兴府虹见,雷电,雨冰凡四日。

［资料来源］　雍正《浙江通志》卷一〇九。

弘治八年(公元 1495 年)

［灾情］　二月,永嘉县骤风暴雹,大者如拳,小者如鸡子,毁屋瓦,凡禽兽、果实、麦苗俱损,积地尺余,白雾四起,毁屋杀麦,禽鸟多死。

［资料来源］　乾隆《温州府志》卷二九、光绪《永嘉县志》卷三六。

弘治十一年(公元 1498 年)

［灾情］　常山大雨雹。

［资料来源］　光绪《常山县志》卷八〇。

弘治十三年(公元 1500 年)

［灾情］　五月,缙云雨雹,大如鸡子,屋瓦皆碎。

［资料来源］　光绪《处州府志》卷二五、光绪《缙云县志》卷一五。

弘治十六年(1503 年)

［灾情］　三月十八日,武义大风,雨雹,拔木倾屋,压死二十余人。

［资料来源］　雍正《浙江通志》卷一〇九。

正德三年(公元 1508 年)

［灾情］　六月,嘉兴、嘉善雨雹。

［资料来源］　光绪《嘉兴府志》卷三五、光绪《嘉善县志》卷三四。

正德六年(公元 1511 年)

［灾情］　春正月,杭州大雨雹。

［资料来源］　民国《杭州府志》卷八四。

正德九年(公元 1514 年)

［灾情］　浙西自冬徂春,雨雹为灾,蚕麦不利,于潜岁荒。

［资料来源］　民国《杭州府志》卷八四。

正德十年(公元 1515 年)

［灾情］　余姚春雨雹,杀禽鸟;缙云大雹,三月十六日,四月初一日凡二次。

［资料来源］　光绪《余姚县志》卷七、光绪《处州府志》卷一五、光绪《缙云县志》卷一五。

正德十二年(公元 1517 年)

［灾情］　二月二十三日,嘉善、平湖雷电雨雹,小者如弹丸,大者如马首,伤麦。

［资料来源］　雍正《浙江通志》卷一〇九、光绪《嘉善县志》卷三四、光绪《平湖县志》卷二五。

正德十五年(公元 1520 年)

［灾情］　秋八月癸未,仁和县大雨雹。

［资料来源］　民国《杭州府志》卷八四。

嘉靖二年(公元 1523 年)

［灾情］　泰顺冰雹如斗,伤人畜无算。

［资料来源］　《分疆录》卷一〇。

嘉靖三年(公元 1524 年)

［灾情］　九月十四日,嘉兴、嘉善雷雨雹。

［资料来源］　光绪《嘉兴府志》卷三五、光绪《嘉善县志》卷三四。

嘉靖四年(公元 1525 年)

［灾情］　二月,德清县西境雨雹,损桑。

［资料来源］　同治《湖州府志》卷四四。

嘉靖五年(公元 1526 年)

［灾情］　七月壬午朔,遂昌县雨雹,顷刻积二尺,杀豆麦。

［资料来源］　雍正《浙江通志》卷一〇九。

嘉靖七年(公元 1528 年)

［灾情］　四月,余杭县旱,忽大风雨雷雹,大者如碗,小者如鸡子,较雨点更密,人民惊走,牛马奔逸。

［资料来源］　雍正《浙江通志》卷一〇九。

嘉靖九年(公元 1530 年)

［灾情］　四月初五日,衢州、江山雨雹,大如鸡卵,林木皆摧折,击毙人畜甚众。

［资料来源］　嘉庆《西安县志》卷二二、同治《江山县志》卷一二。

嘉靖十一年(公元 1532 年)

[灾情]　七月二十四日,泰顺县雨雹,大如拳。

[资料来源]　雍正《浙江通志》卷一〇九、乾隆《温州府志》卷二九。

嘉靖十三年(公元 1534 年)

[灾情]　十二月,乐清震雷雨雹。

[资料来源]　光绪《乐清县志》卷一三。

嘉靖十五年(公元 1536 年)

[灾情]　四月十六日,长兴暴风,雨雹交发,坏民庐无算。

[资料来源]　同治《湖州府志》卷四四、光绪《长兴县志》卷九。

嘉靖十八年(公元 1539 年)

[灾情]　七月初十日,嘉兴、嘉善雷雨雹,大如桃李实。

[资料来源]　光绪《嘉兴府志》卷三五、光绪《嘉善县志》卷三四。

嘉靖二十三年(公元 1544 年)

[灾情]　三月丁巳夜,诸暨雨雹,大如斗,伤苗;三月十八日,温州大雨雹。

[资料来源]　乾隆《绍兴府志》卷八〇、光绪《永嘉县志》卷三六。

嘉靖二十四年(公元 1545 年)

[灾情]　秋七月丁卯,杭州大雨雹。

[资料来源]　民国《杭州府志》卷八四。

嘉靖二十八年(公元 1549 年)

[灾情]　十二月朔,瑞安县龙起嘉屿乡,大雨雹。

[资料来源]　雍正《浙江通志》卷一〇九、乾隆《温州府志》卷二九、嘉庆《瑞安县志》卷一〇。

嘉靖三十三年(公元 1554 年)

[灾情]　正月,瑞安雨雹。

[资料来源]　乾隆《温州府志》卷二九、嘉庆《瑞安县志》卷一〇。

嘉靖三十六年(公元 1557 年)

[灾情]　象山雨雹;六月,常山雨雹。

[资料来源]　民国《象山县志》卷三〇、光绪《常山县志》卷八。

嘉靖三十七年(公元 1558 年)

[灾情]　闰七月,淳安雨雹。

[资料来源]　光绪《续纂淳安县志》卷一六。

嘉靖三十九年(公元 1560 年)

　　[灾情]　五月,金华雹。

　　[资料来源]　光绪《金华县志》卷一六。

嘉靖四十年(公元 1561 年)

　　[灾情]　四月七日,嘉兴雨雹;同日,海宁雨雹,大如拳,麦尽损,至破庐舍;澉浦尤甚。

　　[资料来源]　光绪《嘉兴府志》卷三五、民国《海宁州志稿》卷四〇、光绪《海盐县志》卷一三。

嘉靖四十一年(公元 1562 年)

　　[灾情]　三月十二日,嘉兴有黄白二龙,合股由太湖而来,后一青龙随之,自斗门至硖石东南入海,伤屋宇千数,随雨雹;同日,嘉善黄白二龙见,雨雹。

　　[资料来源]　雍正《浙江通志》卷一〇九、光绪《嘉兴府志》卷三五、光绪《嘉善县志》卷三四、民国《海宁州志稿》卷四〇。

嘉靖四十三年(公元 1564 年)

　　[灾情]　石门十二都大雹。

　　[资料来源]　光绪《石门县志》卷一一。

嘉靖四十五年(公元 1566 年)

　　[灾情]　二月,金华雹;二月十八日,兰溪县大雨雹,如鸡卵,屋无完瓦。

　　[资料来源]　光绪《金华县志》卷一六、雍正《浙江通志》卷一〇九。

万历二年(公元 1574 年)

　　[灾情]　二月丙辰,杭州骤热,雨雹;三月,兰溪县大风,雨雹,撤屋拔木。

　　[资料来源]　民国《杭州府志》卷八四、雍正《浙江通志》卷一〇九。

万历八年(公元 1580 年)

　　[灾情]　闰四月,石门九都雨雹。

　　[资料来源]　光绪《石门县志》卷一一。

万历十三年(公元 1585 年)

　　[灾情]　衢州大风拔木,雨雹;六月,常山雨雹。

　　[资料来源]　嘉庆《西安县志》卷二二、光绪《常山县志》卷八。

万历十七年(公元 1589 年)

　　[灾情]　六月初七日,武义大雨雹,飞瓦拔木。

　　[资料来源]　嘉庆《武义县志》卷一二。

万历二十一年(公元 1593 年)

　　[灾情]　十月初十,乐清县有龙自寒坑经白溪入海,雨雹,大如碗,飞沙走石。

［资料来源］　雍正《浙江通志》卷一〇九。

万历三十三年（公元 1605 年）

［灾情］　义乌大雨雹。

［资料来源］　嘉庆《义乌县志》卷一九。

万历四十一年（公元 1613 年）

［灾情］　三月十四日，湖州、桐乡大风，雨雹。

［资料来源］　光绪《归安县志》卷二七、光绪《桐乡县志》卷二〇。

天启三年（公元 1623 年）

［灾情］　泰顺雨雹，伤禾苗果实。

［资料来源］　《分疆录》卷一〇。

天启五年（公元 1625 年）

［灾情］　四月二十八日，嘉善雷雹大作。

［资料来源］　光绪《嘉善县志》卷三四。

崇祯元年（公元 1628 年）

［灾情］　六月十三日，常山大雨雹，昼晦。

［资料来源］　光绪《常山县志》卷八。

崇祯三年（公元 1630 年）

［灾情］　三月，湖州大雨雹。

［资料来源］　光绪《乌程县志》卷二七。

崇祯六年（公元 1633 年）

［灾情］　二月，湖州雨雹。

［资料来源］　光绪《乌程县志》卷二七。

崇祯七年（公元 1634 年）

［灾情］　三月十五日，东阳大风，雨雹，大小二麦俱伤；四月，湖州大雨雹。

［资料来源］　道光《东阳县志》卷一二、同治《湖州府志》卷四四、光绪《临安县志》卷二七、光绪《乌程县志》卷二七。

清顺治二年（公元 1645 年）

［灾情］　二月十九日，湖州大雨雹；仙居东夏乡雨雹，大如石块，数十里屋瓦尽碎，麦尽偃，颗粒无收。

［资料来源］　光绪《乌程县志》卷二七、光绪《仙居县志》卷二四。

顺治四年（公元 1647 年）

［灾情］　三月青田大雨雹，无麦；四月，缙云大雨雹，大者如盘，屋瓦尽坏，菜果禾

麦俱伤。

[资料来源]　光绪《处州府志》卷二五、光绪《缙云县志》卷一五。

顺治五年(公元 1648 年)

[灾情]　海盐雨雹,大者如碗,小者如鸡卵,损麦。

[资料来源]　光绪《海盐县志》卷一五。

顺治六年(公元 1649 年)

[灾情]　二月十九日,桐乡大雷雹。

[资料来源]　光绪《桐乡县志》卷二〇。

顺治九年(公元 1652 年)

[灾情]　五月,东阳狂风骤作,拔木倾屋,雹大如拳。

[资料来源]　道光《东阳县志》卷一二。

顺治十一年(公元 1654 年)

[灾情]　四月癸酉,永康雨雹,大如鸡卵。

[资料来源]　光绪《永康县志》卷一一。

顺治十三年(公元 1656 年)

[灾情]　十月壬戌、癸亥,德清县大雨雹。

[资料来源]　民国《德清新志》卷一三。

顺治十四年(公元 1657 年)

[灾情]　四月,仙居县昼忽瞑,自十二都至二十二都雨雹,如拳石,屋瓦尽碎,树尽毁,麦偃于田,不得颗粒。

[资料来源]　光绪《仙居县志》卷二四。

顺治十五年(公元 1658 年)

[灾情]　三月,镇海大雨;同月,慈溪大雨雹,击死牛羊,桑叶尽折坠靡遗,蚕多饿死。

[资料来源]　民国《镇海县志》卷三四、光绪《慈溪县志》卷五五。

顺治十六年(公元 1659 年)

[灾情]　闰三月初一日,上虞大雨雹,人畜多击死,菽麦无收。

[资料来源]　光绪《上虞县志校续》卷四一。

康熙元年(公元 1662 年)

[灾情]　三月二十一日,海宁大雨雹。

[资料来源]　民国《海宁州志稿》卷四〇。

康熙三年(公元 1664 年)

［灾情］　二月,海盐雨雹,伤人损麦;四月朔,诸暨雨雹。

［资料来源］　光绪《海盐县志》卷一五、乾隆《绍兴府志》卷八〇。

康熙四年(公元 1665 年)

［灾情］　六月初六日,开化大风,雹。

［资料来源］　光绪《开化县志》卷一四。

康熙五年(公元 1666 年)

［灾情］　三月初五日,嘉善午后大雨雹。

［资料来源］　光绪《嘉善县志》卷三四。

康熙六年(公元 1667 年)

［灾情］　十月,昌化大风,雹。

［资料来源］　民国《昌化县志》卷一五。

康熙七年(公元 1668 年)

［灾情］　五月二十五日,嘉善雨雹。

［资料来源］　光绪《嘉善县志》卷三四。

康熙八年(公元 1669 年)

［灾情］　七月初二日,绍兴府城雨雹;十月杪,海盐大雨雹,横塘闸获稻尽漂他塍,击死一人,覆舟死五人,其一人大风飘至嘉善境,坠桑田,数日始得归。

［资料来源］　乾隆《绍兴府志》卷八〇、光绪《海盐县志》卷一五。

康熙九年(公元 1670 年)

［灾情］　三月初五日,乐清雨雹;三月初七日,太平温岭大雨雹。

［资料来源］　乾隆《温州府志》卷二九、光绪《乐清县志》卷一三、嘉庆《太平县志》卷一八。

康熙十一年(公元 1672 年)

［灾情］　二月八日,遂安雨雹;六月二十八日,长兴大雷雨,冰雹。

［资料来源］　民国《遂安县志》卷四、同治《湖州府志》卷四四、光绪《长兴县志》卷九。

康熙十三年(公元 1674 年)

［灾情］　三月十六目、二十一日,嘉善皆雨雹。

［资料来源］　光绪《嘉善县志》卷三四。

康熙十四年(公元 1675 年)

［震情］　六月二十三日,嘉善龙见西关外,冰雹。

［资料来源］　光绪《嘉善县志》卷三四。

康熙十七年(公元 1678 年)

[灾情]　三月,东阳永寿玉山乡,积雹五、六寸;七月九日,遂安雨雹。

[资料来源]　道光《东阳县志》卷一二、民国《遂安县志》卷四。

康熙二十一年(公元 1682 年)

[灾情]　三月十八日未时,开化怪风挟雨雹,自西北方来,如潮涌山崩,喧豗震撼,不可响迩,瞬间屋秃垣塌,合围大木连根土拔起,所过松杉杂树,迹同扫砍,雉堞崩圮数十百丈,圣庙、明伦堂及坊表、鸱尾无遗,城中男妇,破额折肢,露覆栋墙下,命垂如线;民皆雨立露处,瓦砾塞途,数月后始稍筑舍补茅,略有宁宇。

[资料来源]　光绪《开化县志》卷一四。

康熙二十六年(公元 1687 年)

[灾情]　三月十四日,德清震电雨雹,如拳如杯,桑豆麦俱损;平湖雨雹,大如升,次如拳,伤菽麦几尽。

[资料来源]　民国《德清新志》卷一五、同治《湖州府志》卷四四、光绪《平湖县志》卷二五。

康熙二十八年(公元 1689 年)

[灾情]　二月,衢州雨雹,大如鹅卵,屋瓦皆碎,府学大银杏树下雀死者以千百数。

[资料来源]　嘉庆《西安县志》卷二二。

康熙三十六年(公元 1697 年)

[灾情]　四月,湖州大雨雹。

[资料来源]　同治《湖州府志》卷四四。

康熙四十二年(公元 1703 年)

[灾情]　三月十九日,桐乡大雨雷雹。

[资料来源]　同治《湖州府志》卷四四、光绪《桐乡县志》卷二〇。

康熙四十四年(公元 1705 年)

[灾情]　三月,湖州、桐乡大雷雨雹。

[资料来源]　同治《湖州府志》卷四四、光绪《乌程县志》卷二七、光绪《桐乡县志》卷二〇。

康熙四十七年(公元 1708 年)

[灾情]　二月晦日,桐乡大风雷雨雹;湖州大风雨雷雹。

[资料来源]　光绪《乡县志》卷二〇、同治《湖州府志》卷四四。

康熙四十八年(公元 1709 年)

［灾情］　四月,湖州雹。

［资料来源］　同治《湖州府志》卷四四、光绪《乌程县志》卷二七。

康熙四十九年(公元 1710 年)

［灾情］　丽水大风,雨雹。

［资料来源］　光绪《处州府志》卷二五、民国《丽水县志》卷一三。

康熙六七年(公元 1721 年)

［灾情］　镇海、慈溪、余姚、上虞三月望后雨雹,小者如碗,大者如盘;七月,泰顺四都下庄、下塘坑雨雹一日,田禾尽坏。

［资料来源］　雍正《浙江通志》卷一〇九、民国《镇海县志》卷三四、光绪《慈溪县志》卷五五、《分疆录》卷一〇。

雍正六年(公元 1728 年)

［灾情］　十月,昌化大风,雹,伤麦苗。

［资料来源］　民国《杭州府志》卷八五。

雍正八年(公元 1730 年)

［灾情］　八月,海宁大风,雹;九月九日,湖州大风,雹。

［资料来源］　民国《杭州府志》卷八五、同治《湖州府志》卷四四。

雍正十年(公元 1732 年)

［灾情］　秋九月九日,桐乡大雨雹。

［资料来源］　光绪《桐乡县志》卷二〇。

雍正十一年(公元 1733 年)

［灾情］　嘉兴雨雹,伤麦;三月,海宁雨雹。

［资料来源］　光绪《嘉兴府志》卷三五、民国《海宁州志稿》卷四〇、民国《杭州府志》卷八五。

雍正十二年(公元 1734 年)

［灾情］　四月,湖州雨雹,损麦。

［资料来源］　同治《湖州府志》卷四四、光绪《归安县志》卷二七、光绪《乌程县志》卷二七。

乾隆三年(公元 1738 年)

［灾情］　秋,长兴雹灾;九月三日,湖州、桐乡大风,雨雹。

［资料来源］　光绪《长兴县志》卷九、同治《湖州府志》卷四四、光绪《归安县志》卷二七、光绪《乌程县志》卷二七、光绪《桐乡县志》卷二〇。

乾隆九年(公元 1744 年)

［灾情］　二月,杭州、海宁雨雹。

［资料来源］　民国《杭州府志》卷八五、民国《海宁州志稿》卷四〇。

乾隆十三年（公元 1748 年）

［灾情］　五月四日,湖州雨雹。

［资料来源］　光绪《乌程县志》卷二七。

乾隆十四年（公元 1749 年）

［灾情］　三月二十日,遂安雨雹,大如斗。

［资料来源］　民国《遂安县志》卷四。

乾隆十六年（公元 1751 年）

［灾情］　秋九月二十七日,嘉兴雨雹。

［资料来源］　光绪《嘉兴府志》卷三五。

乾隆十七年（公元 1752 年）

［灾情］　五月,象山雨雹,大如础石,人畜多伤。

［资料来源］　民国《象山县志》卷三〇。

乾隆二十二年（公元 1757 年）

［灾情］　二月晦,海宁雹,不为灾,东北乡稍甚。

［资料来源］　民国《杭州府志》卷八五。

乾隆二十九年（公元 1764 年）

［灾情］　二月,庆元大冰雹。

［资料来源］　光绪《处州府志》卷二五、光绪《庆元县志》卷一一。

乾隆三十一年（公元 1766 年）

［灾情］　宁波雷雨,冰雹。

［资料来源］　乾隆《鄞县志》卷二六。

乾隆三十三年（公元 1768 年）

［灾情］　四月,湖州雨雹。

［资料来源］　光绪《乌程县志》卷二七。

乾隆三十九年（公元 1774 年）

［灾情］　武义大雨雹,坏墙屋、树木、鸟雀无数;二月初六夜,衢州大雨雹,林木尽拔,杀麦,民饥。

［资料来源］　嘉庆《武义县志》卷一二、嘉庆《西安县志》卷二二。

乾隆四十八年（公元 1783 年）

［灾情］　九月十六日,瑞安雨雹。

[资料来源]　嘉庆《瑞安县志》卷一〇。

乾隆五十五年(公元 1790 年)

[灾情]　二月十六日,衢州大雨雹,大者如盘,小者如拳,积二尺许。

[资料来源]　嘉庆《西安县志》卷二二。

乾隆五十六年(公元 1791 年)

[灾情]　秋九月八日,乐清震雷雨雹。

[资料来源]　光绪《乐清县志》卷一三。

乾隆五十九年(公元 1794 年)

[灾情]　十二月,江山大雷电,雨雹。

[资料来源]　同治《江山县志》卷一二。

嘉庆元年(公元 1796 年)

[灾情]　秋八月壬寅朔,入夜,暴风烈雨,冰雹交作,大风拔木,电掣潮激,或云蛟斗,比晓方止,压坏城乡官民庐舍,毙人口牲畜无算。

[资料来源]　光绪《永嘉县志》卷三六。

嘉庆二年(公元 1797 年)

[灾情]　春三月,泰顺雨雹,大如碗,东南乡秧苗尽伤,人畜有被击死者,是岁大饥;十二月十八日,云和境外雨雹,屋瓦皆碎。

[资料来源]　《分疆录》卷一〇,咸丰、同治《云和县志》卷一五。

嘉庆三年(公元 1798 年)

[灾情]　四月,平阳雹。

[资料来源]　民国《平阳县志》卷五八。

嘉庆十一年(公元 1806 年)

[灾情]　夏五月四日,乐清雨雹。

[资料来源]　民国《乐清县志》卷一三。

嘉庆十二年(公元 1807 年)

[灾情]　六月,庆元大冰雹;七月十二日,缙云大雨雹,二十八都间没黍禾。

[资料来源]　光绪《处州府志》卷二五、光绪《庆元县志》卷一一、光绪《缙云县志》卷一五。

嘉庆十四年(公元 1809 年)

[灾情]　三月,宣平大风,雹。

[资料来源]　光绪《处州府志》卷二五、民国《宣平县志》卷一四。

嘉庆十五年(公元 1810 年)

［灾情］　三月二十三日夜,乐清震雷雨雹,杀麦。

［资料来源］　民国《乐清县志》卷一三。

嘉庆十七年(公元 1812 年)

［灾情］　景宁大雨雹;二月二十三日,丽水大风拔木,雹杀禾坏屋,佛头岩塔尖飘坠隔举。

［资料来源］　光绪《处州府志》卷二五、同治《景宁县志》卷一二、民国《丽水县志》卷一三。

嘉庆二十三年(公元 1818 年)

［灾情］　三月十日,乐清雨雹;五月,湖州大雨雹。

［资料来源］　民国《乐清县志》卷一三、同治《湖州府志》卷四四、光绪《乌程县志》卷二七。

嘉庆二十四年(公元 1819 年)

［灾情］　夏,泰顺大雨雹,城内尤甚,积屋瓦,沟皆满,墙边积至满踝。

［资料来源］　《分疆录》卷一〇。

嘉庆二十五年(公元 1820 年)

［灾情］　三月初五日,缙云大雨雹,庐堂、静岳间,麦畦为平;四月,泰顺大雨雹,比上年稍减。

［资料来源］　光绪《缙云县志》卷一五、《分疆录》卷一〇。

道光三年(公元 1823 年)

［灾情］　六月初七日,湖州大雨雹。

［资料来源］　同治《湖州府志》卷四四、光绪《归安县志》卷二七、光绪《乌程县志》卷二七。

道光七年(公元 1827 年)

［灾情］　宣平大雹,树折、瓦碎。

［资料来源］　光绪《处州府志》卷二五、民国《宣平县志》卷一四。

道光十六年(公元 1836 年)

［灾情］　二月十二日,湖州大风雷电,雹;二月十五日,德清大风雷电,雹;秋,宣平雹。

［资料来源］　光绪《归安县志》卷二七、民国《德清新志》卷一三、光绪《处州府志》卷二五、民国《宣平县志》卷一四。

道光十七年(公元 1837 年)

［灾情］　正月初二日,湖州、德清风雪电雹。

[资料来源]　光绪《归安县志》卷二七、民国《德清新志》卷一三。

道光二十一年(公元 1841 年)

[灾情]　春三月,缙云大雨雹,大者如碗,顷刻间沟渠皆满,屋瓦尽裂,禾麦菜果,偃败无收。

[资料来源]　光绪《缙云县志》卷一五。

道光二十三年(公元 1843 年)

[灾情]　六月二十一日,临海大雨雹;夏,云和雨雹,大如斗,小如拳,植物、屋瓦俱损,伤人畜甚众。

[资料来源]　民国《临海县志稿》卷四一,光绪《处州府志》卷二五,咸丰、同治《云和县志》卷一五。

道光二十四年(公元 1844 年)

[灾情]　冬十二月二十四日夜,丽水雷电大雪,雨雹。

[资料来源]　光绪《处州府志》卷二五、民国《丽水县志》卷一三。

道光二十六年(公元 1846 年)

[灾情]　四月,青田芝溪大雨雹,无麦。

[资料来源]　光绪《青田县志》卷一七。

道光二十七年(公元 1847 年)

[灾情]　二月,定海雨冰;夏,黄岩大雨雹。

[资料来源]　民国《定海县志·舆地志》、光绪《黄岩县志》卷三八。

道光二十八年(公元 1848 年)

[灾情]　二月二十八日,定海大雨雹;四月初八日夜,温州大雨雹,大者如鸡子,麦穗被折;七月,奉化大雨雹。

[资料来源]　民国《定海县志·舆地志》、光绪《永嘉县志》卷三六、光绪《奉化县志》卷三九。

咸丰四年(公元 1854 年)

[灾情]　三月,青田大雨雹,无麦。

[资料来源]　光绪《青田县志》卷一七。

咸丰六年(公元 1856 年)

[灾情]　春三月,黄岩、温岭雨雹,大如卵,伤麦禾;七月,宣平雨雹。

[资料来源]　民国《台州府志》卷一三六,民国《宣平县志》卷一四。

咸丰十一年(公元 1861 年)

[灾情]　二月,海宁大雨雹;三月十一日,桐乡大雨雹,大者十七斤。

[资料来源]　民国《海宁州志稿》卷四〇、光绪《桐乡县志》卷二〇。

同治元年(公元 1862 年)

[灾情]　元旦,海宁大雨雹;三月二十二日,临海大雨雹,伤人,椒江南北数十里,麦苗俱尽;六月,永康县武平等乡大雨雹,堰满山谷,六、七日不消。

[资料来源]　民国《海宁州志稿》卷四〇、民国《临海县志稿》卷四一、光绪《永康县志》卷一一。

同治六年(公元 1867 年)

[灾情]　二月,庆元大雨雹,伤麦。

[资料来源]　光绪《庆元县志》卷一一。

同治七年(公元 1868 年)

[灾情]　三月十九日未时,镇海雨雹,四月十八日申时,又雨雹;三月二十八日,仙居雨雹,大如盆,屋倾者数十村,麦豆无收。

[资料来源]　民国《镇海县志》卷三四、民国《台州府志》卷一三六、光绪《仙居县志》卷二四。

同治九年(公元 1870 年)

[灾情]　九月三十日,余姚雨雹,损禾,

[资料来源]　光绪《余姚县志》卷七。

同治十年(公元 1871 年)

[灾情]　二月,青田大雨雹;二月二十九日戌刻,杭州城雷电雨雹,大者如拳,暴风拔大木,旗杆、牌坊,所在吹折,余杭县风暴尤烈,衢署、仓廒、民居,坍损无算;夏六月,宁海大雨雹。

[资料来源]　光绪《处州府志》卷二五、光绪《青田县志》卷一七、民国《杭州府志》卷八五、民国《台州府志》卷一三六。

同治十一年(公元 1872 年)

[灾情]　三月初一、初三两日,景宁大风拔木,雨雹,大如碗,有至斤许者,一都至青田尤甚;三月初三日酉时,镇海雨冰雹;三月十一日,嘉兴、嘉善大雨雹,大者十七斤;三月十四日,湖州大雨雹;四月,仙居昼瞑,雨雹,大如盆,三十四都上王双庙十余里,屋瓦尽碎,麦苗花叶尽损。

[资料来源]　同治《景宁县志》卷一二、光绪《嘉兴府志》卷三五、光绪《嘉善县志》卷三四、民国《镇海县志》卷三四、同治《湖州府志》卷四四、光绪《归安县志》卷二七、光绪《乌程县志》卷二七、民国《台州府志》卷一三六、光绪《仙居县志》卷二四。

同治十二年(公元 1873 年)

[灾情]　六月,泰顺雨雹,一都三乡有重至十余两者;同月,丽水大雨雹,伤稼。

[资料来源]　《分疆录》卷一〇、光绪《处州府志》卷二五。

光绪元年(公元 1875 年)

[灾情]　正月,庆元大雨雹。

[资料来源]　光绪《庆元县志》卷一一。

光绪四年(公元 1878 年)

[灾情]　三月,宣平大风,雹,南乡一带,树折瓦碎。

[资料来源]　民国《宣平县志》卷一四。

光绪七年(公元 1881 年)

[灾情]　四月,象山雨雹,大者如杯。

[资料来源]　民国《象山县志》卷三〇。

光绪十年(公元 1884 年)

[灾情]　春,富阳大源山雨雹;四月,奉化雨雹。

[资料来源]　民国《杭州府志》卷八五、光绪《奉化县志》卷三九。

光绪十五年(公元 1889 年)

[灾情]　三月,松阳大雨雹。

[资料来源]　民国《松阳县志》卷一四。

光绪十六年(公元 1890 年)

[灾情]　三月三日,富阳雹,大如斗,西南各乡大木尽拔,木叶皆如火灼。

[资料来源]　民国《杭州府志》卷八五。

光绪十七年(公元 1891 年)

[灾情]　二月,严州大雨雹,损及民居;夏四月,宁海大雨雹,坏屋伤麦;同月,遂安雨雹。

[资料来源]　民国《建德县志》卷一、民国《台州府志》卷一三六、民国《遂安县志》卷四。

光绪十八年(公元 1882 年)

[灾情]　六月,松阳大雨雹,损坏禾稼。

[资料来源]　民国《松阳县志》卷一四。

光绪二十一年(公元 1895 年)

[灾情]　二月十八日,寿昌三都等处雨雹,大如鸡卵,油菜、麦无收,屋瓦多破碎;二月二十日巳刻,开化雷雹,积五、六寸。

[资料来源]　民国《寿昌县志》卷一、光绪《开化县志》卷一四。

光绪二十二年(公元 1896 年)

[灾情]　四月十六日申刻,海宁大雨雹,大者如拳。

[资料来源]　民国《海宁州志稿》卷四〇。

光绪二十七年(公元 1901 年)

[灾情]　六月二日,奉化雨雹,大者如盆,北溪等处,屋瓦俱碎。

[资料来源]　光绪《奉化县志》卷三九。

光绪三十二年(公元 1906 年)

[灾情]　象山雨雹。

[资料来源]　民国《象山县志》卷三〇。

民国四年(公元 1915 年)

[灾情]　正月二十一日,景宁大雷电,雨雹。

[资料来源]　民国《景宁续志》卷一五。

民国五年(公元 1916 年)

[灾情]　春,建德陈村庄雨雹,大者重 10 斤,二麦歉收,大树有被折者,并损及民房。

[资料来源]　民国《建德县志》卷一。

民国十二年(公元 1923 年)

[灾情]　三月,宣平热度增高,大风骤起,天空降雹,大者如卵,小者如豆,积地盈尺,凡油菜、大小麦等类,均被毁无存;三月下旬,丽水北乡一带天忽降雹,大者如卵,人畜击伤,屋瓦破碎,田麦木果剥落无存,民间损失甚巨。

[资料来源]　民国《宣平县志》卷一四、民国《丽水县志》卷一三。

民国十四年(公元 1925 年)

[灾情]　十二月十三日,遂安大雷,雨雹。

[资料来源]　民国《遂安县志》卷四。

民国十九年(公元 1930 年)

[灾情]　四月十九日夜,遂安雨雹,大风拔屋,十五都尤烈。

[资料来源]　民国《遂安县志》卷四。

民国二十二年(公元 1933 年)

[灾情]　五月十七日,景宁二区菉草等村雨雹,大如鹅蛋,重半斤许。

[资料来源]　民国《景宁续志》卷一五。

卷四　虫灾志

晋太康四年（公元 283 年）

[灾情]　会稽蝘蜓及蟹皆化为鼠,甚众,大食稻。

[资料来源]　雍正《浙江通志》卷一〇八。

大兴二年（公元 319 年）

[灾情]　五月,荆、扬蝗,吴兴无麦禾,大饥。

[资料来源]　同治《湖州府志》卷四四、光绪《乌程县志》卷二七。

南北朝陈永定二年（公元 558 年）

[灾情]　婺州旱蝗。

[资料来源]　光绪《金华县志》卷一六。

唐长寿二年（公元 693 年）

[灾情]　台州蝗。

[资料来源]　雍正《浙江通志》卷一〇八。

开成四年（公元 839 年）

[灾情]　六月,天下旱,蝗食苗。

[资料来源]　同治《湖州府志》卷四四、光绪《乌程县志》卷二七。

后唐天成三年（公元 928 年）

[灾情]　六月,大旱,有蝗蔽天而飞,昼为之黑,庭户衣帐,悉充塞之,武肃王亲祷

于都会堂,是夕大风,蝗坠浙江而死。

　　[资料来源]　民国《杭州府志》卷八二。

宋天禧元年(公元 1017 年)

　　[灾情]　二月,两浙蝗蛹,民饥。

　　[资料来源]　雍正《浙江通志》卷一〇八、民国《杭州府志》卷八二、光绪《嘉兴府志》卷三五、同治《湖州府志》卷四四、光绪《乌程县志》卷二七、光绪《余姚县志》卷七。

熙宁元年(公元 1068 年)

　　[灾情]　秀州蝗。

　　[资料来源]　光绪《嘉兴府志》卷三五。

熙宁三年(公元 1070 年)

　　[灾情]　两浙旱蝗。

　　[资料来源]　民国《杭州府志》卷八二。

建中靖国二年(公元 1102 年)

　　[灾情]　湖州蝗。

　　[资料来源]　光绪《归安县志》卷二七。

崇宁二年(公元 1103 年)

　　[灾情]　湖州蝗。

　　[资料来源]　同治《湖州府志》卷四四、光绪《乌程县志》卷二七。

崇宁三年(公元 1104 年)

　　[灾情]　秋,杭州、富阳飞蝗蔽野,田禾俱尽;湖州、长兴连岁大蝗。

　　[资料来源]　民国《杭州府志》卷八二、民国《富阳县志》卷一五、同治《湖州府志》卷四四、光绪《乌程县志》卷二七、光绪《长兴县志》卷九。

崇宁四年(公元 1105 年)

　　[灾情]　湖州、长兴连岁大蝗,其飞蔽日。

　　[资料来源]　同治《湖州府志》卷四四、光绪《乌程县志》卷二七、光绪《长兴县志》卷九。

宣和三年(公元 1121 年)

　　[灾情]　湖州蝗。

　　[资料来源]　同治《湖州府志》卷四四、光绪《乌程县志》卷二七、光绪《归安县志》卷二七。

建炎三年(公元 1129 年)

　　[灾情]　五月,余姚蝗暴至,害稼。

[资料来源] 乾隆《绍兴府志》卷八〇、光绪《余姚县志》卷七。

绍兴五年（公元 1135 年）

[灾情] 八月，婺州旱蝗。

[资料来源] 光绪《金华县志》卷一六。

绍兴十九年（公元 1149 年）

[灾情] 夏，处州、丽水蝗。

[资料来源] 光绪《处州府志》卷二五、民国《丽水县志》卷一三。

绍兴二十九年（公元 1159 年）

[灾情] 秋，浙郡国旱，大螟蝻；余姚螟，饥。

[资料来源] 民国《杭州府志》卷八二、光绪《余姚县志》卷七。

绍兴三十年（公元 1160 年）

[灾情] 十月，浙郡国螟蝻。

[资料来源] 民国《杭州府志》卷八二、同治《湖州府志》卷四四、光绪《嘉兴府志》卷三五。

绍兴三十二年（公元 1162 年）

[灾情] 夏六月癸巳，淮南北蝗飞入浙西湖州等境，声如风雨，害稼，民饥；自癸巳至于七月丙申，遍于畿县，余杭、仁和、钱塘等县皆蝗，丙午，蝗入杭州城。

[资料来源] 雍正《浙江通志》卷一〇八、民国《杭州府志》卷八二、同治《湖州府志》卷四四、同治《安吉县志》卷一八、嘉庆《余杭县志》卷三七、光绪《归安县志》卷二七、光绪《长兴县志》卷九。

隆兴元年（公元 1163 年）

[灾情] 七月，浙西郡国螟，害谷；富阳旱蝗；八月，蝗飞过杭州城，蔽天遮日，害稼；绍兴螟，害谷；婺州飞蝗，害稼。

[资料来源] 雍正《浙江通志》卷一〇八、民国《杭州府志》卷八二、民国《富阳县志》卷一五、同治《湖州府志》卷四四、光绪《长兴县志》卷九、乾隆《绍兴府志》卷八〇、光绪《金华县志》卷一六。

隆兴二年（公元 1164 年）

[灾情] 五月丁未，余杭县蝗；六月，杭州畿县大蝗。

[资料来源] 雍正《浙江通志》卷一〇八、民国《杭州府志》卷八二、嘉庆《余杭县志》卷三七。

乾道三年（公元 1167 年）

[灾情] 湖州青虫食谷穗；台州螟。

［资料来源］　同治《湖州府志》卷四四、民国《临海县志稿》卷四一。

乾道六年（公元 1170 年）

［灾情］　浙西螟；湖州秋螟为害，冬饥。

［资料来源］　雍正《浙江通志》卷一〇八、民国《杭州府志》卷八二、同治《湖州府志》卷四四、光绪《归安县志》卷二七。

乾道九年（公元 1173 年）

［灾情］　八月，浙西蝗。

［资料来源］　同治《湖州府志》卷四四。

淳熙二年（公元 1175 年）

［灾情］　秋，浙西螟；湖州秋旱螟。

［资料来源］　民国《杭州府志》卷八二、光绪《归安县志》卷二七。

淳熙九年（公元 1182 年）

［灾情］　六月乙卯，飞蝗过行都（杭州），遇大雨，坠仁和界芦荡；八月，浙西又蝗灾。

［资料来源］　雍正《浙江通志》卷一〇八、民国《杭州府志》卷八二。

淳熙十年（公元 1183 年）

［灾情］　六月，蝗遗种于浙，害稼。

［资料来源］　民国《杭州府志》卷八二。

淳熙十六年（公元 1189 年）

［灾情］　温州、瑞安秋螟。

［资料来源］　嘉庆《瑞安县志》卷一〇、光绪《永嘉县志》卷三六。

庆元元年（公元 1195 年）

［灾情］　秋，杭州螟。

［资料来源］　民国《杭州府志》卷八三。

庆元二年（公元 1196 年）

［灾情］　夏，婺州螟；湖州大水，虫灾。

［资料来源］　光绪《金华县志》卷一六、光绪《归安县志》卷二七。

庆元三年（公元 1197 年）

［灾情］　秋七月，婺州、山阴、萧山、富阳、盐官、淳安、嘉兴府皆螟。

［资料来源］　雍正《浙江通志》卷一〇八、民国《杭州府志》卷八三、《婺志粹》卷一三、民国《萧山县志稿》卷五、民国《富阳县志》卷一五、光绪《永康县志》卷一一、光绪《金华县志》卷一六、光绪《嘉兴府志》卷三五、民国《海宁州志稿》卷四〇、光绪《海

盐县志》卷一三。

庆元六年（公元 1200 年）

［灾情］　冬十二月，临安府无雪，桃李华，蛰虫不藏。

［资料来源］　民国《杭州府志》卷八三。

嘉泰元年（公元 1201 年）

［灾情］　是岁，浙江大蝗。

［资料来源］　民国《杭州府志》卷八三。

嘉泰二年（公元 1202 年）

［灾情］　秀州蝗；湖州大蝗，若烟雾蔽天；余姚蝗。

［资料来源］　光绪《嘉兴府志》卷三五、同治《湖州府志》卷四四、光绪《乌程县志》卷二七、光绪《余姚县志》卷七。

开禧二年（公元 1206 年）

［灾情］　六月，飞蝗入临安，夏秋亢旱，大蝗群飞蔽天，浙西豆粟皆食于蝗。

［资料来源］　民国《杭州府志》卷八三。

开禧三年（公元 1207 年）

［灾情］　夏秋大旱，湖州、长兴大蝗群飞蔽日，豆粟食尽；慈溪飞蝗蔽天日，集地厚五寸，禾稼一空，继食草木亦尽。

［资料来源］　同治《湖州府志》卷四四、光绪《归安县志》卷二七、光绪《乌程县志》卷二七、光绪《慈溪县志》卷五五。

嘉定元年（公元 1208 年）

［灾情］　夏五月，浙江大蝗；嘉兴、湖州五月旱，大蝗；九月，婺州蝗。

［资料来源］　雍正《浙江通志》卷一〇八、民国《杭州府志》卷八三、同治《湖州府志》卷四四、光绪《嘉兴府志》卷三五、光绪《归安县志》卷二七、光绪《金华县志》卷一六。

嘉定二年（公元 1209 年）

［灾情］　浙西诸县大旱大蝗，六月辛未，飞蝗入杭州畿县，湖州大旱大蝗。

［资料来源］　民国《杭州府志》卷八三、宣统《临安县志》卷一、同治《湖州府志》卷四四、光绪《归安县志》卷二七、光绪《乌程县志》卷二七、光绪《长兴县志》卷九。

嘉定三年（公元 1210 年）

［灾情］　八月，临安府蝗；余姚螟。

［资料来源］　民国《杭州府志》卷八三、光绪《余姚县志》卷七。

嘉定七年（公元 1214 年）

　　［灾情］　六月,浙西郡县蝗;湖州蝗;八月,湖州飞蝗蔽天。

　　［资料来源］　雍正《浙江通志》卷一〇八、民国《杭州府志》卷八三、光绪《归安县志》卷二七、光绪《乌程县志》卷二七。

嘉定八年(公元 1215 年)

　　［灾情］　八月,湖州飞蝗蔽天,饥;衢州蟊螣为灾。

　　［资料来源］　同治《湖州府志》卷四四、光绪《归安县志》卷二七、嘉庆《西安县志》卷二二。

嘉定九年(公元 1216 年)

　　［灾情］　五月,浙东蝗。

　　［资料来源］　雍正《浙江通志》卷一〇八、乾隆《绍兴府志》卷八〇。

嘉定十四年(公元 1221 年)

　　［灾情］　浙东婺州、衢州、明州、温州、台州蟊螣为灾。

　　［资料来源］　雍正《浙江通志》卷一〇八、《婺志粹》卷一三、光绪《金华县志》卷一六、光绪《永康县志》卷一一、同治《江山县志》卷一二、乾隆《鄞县志》卷二六、光绪《慈溪县志》卷五五、乾隆《温州府志》卷二九、光绪《永嘉县志》卷三六、民国《临海县志稿》卷四一。

嘉熙四年(公元 1240 年)

　　［灾情］　六月,杭州大旱蝗;湖州大旱蝗,人相食。

　　［资料来源］　民国《杭州府志》卷八三、同治《湖州府志》卷四四、光绪《归安县志》卷二七、光绪《乌程县志》卷二七。

淳祐元年(公元 1241 年)

　　［灾情］　六月,杭州螟。

　　［资料来源］　民国《杭州府志》卷八三。

淳祐三年(公元 1243 年)

　　［灾情］　八月,余姚蝗。

　　［资料来源］　光绪《余姚县志》卷七。

景定三年(公元 1262 年)

　　［灾情］　八月,浙西螟;湖州蝗。

　　［资料来源］　民国《杭州府志》卷八三、同治《湖州府志》卷四四、光绪《归安县志》卷二七、光绪《乌程县志》卷二七。

咸淳元年(公元 1265 年)

　　［灾情］　温州、瑞安蝗。

［资料来源］　乾隆《温州府志》卷二九、嘉庆《瑞安县志》卷一〇。

咸淳二年（公元 1266 年）

［灾情］　六月,温州蝗。

［资料来源］　光绪《永嘉县志》卷三六。

元至元九年（公元 1272 年）

［灾情］　八月,海盐蝗。

［资料来源］　光绪《嘉兴府志》卷三五。

至元二十七年（公元 1290 年）

［灾情］　四月癸酉朔,婺州螟,害稼。

［资料来源］　雍正《浙江通志》卷一〇八、光绪《金华县志》卷一六。

元贞二年（公元 1296 年）

［灾情］　诸暨蝗,及境,皆抱竹死。

［资料来源］　乾隆《绍兴府志》卷八〇。

大德二年（公元 1298 年）

［灾情］　浙江蝗;四月,江浙属县蝗;湖州蝗。

［资料来源］　民国《杭州府志》卷八三、同治《湖州府志》卷四四、光绪《乌程县志》卷二七。

大德九年（公元 1305 年）

［灾情］　八月,海盐蝗,民饥,有相食者;盐官州蝗。

［资料来源］　光绪《海盐县志》卷一三、民国《杭州府志》卷八三、雍正《浙江通志》卷一〇八。

至大二年（公元 1309 年）

［灾情］　处州、丽水蝗。

［资料来源］　光绪《处州府志》卷二五、民国《丽水县志》卷一三。

延祐元年（公元 1314 年）

［灾情］　处州、丽水螟,伤禾。

［资料来源］　光绪《处州府志》卷二五、民国《丽水县志》卷一三。

至治三年（公元 1323 年）

［灾情］　慈溪蝗。

［资料来源］　光绪《慈溪县志》卷五五。

泰定二年（公元 1325 年）

［灾情］　处州、丽水螟,伤禾。

[资料来源]　光绪《处州府志》卷二五、民国《丽水县志》卷一三。

至正十年(公元 1350 年)

[灾情]　处州、丽水螟。

[资料来源]　光绪《处州府志》卷二五、民国《丽水县志》卷一三。

至正十六年(公元 1356 年)

[灾情]　处州、丽水、松阳螟。

[资料来源]　光绪《处州府志》卷二五、民国《丽水县志》卷一三、民国《松阳县志》卷一四。

明洪武七年(公元 1374 年)

[灾情]　处州、丽水螟。

[资料来源]　光绪《处州府志》卷二五、民国《丽水县志》卷一三。

洪武二十五年(公元 1392 年)

[灾情]　台州有飞蝗自北来,禾稼竹木皆尽;衢州蝗。

[资料来源]　民国《临海县志稿》卷四一、嘉庆《西安县志》卷二二。

建文三年(公元 1401 年)

[灾情]　六月,江山有飞蝗自北来,食禾穗竹木,叶皆尽。

[资料来源]　同治《江山县志》卷一二。

建文四年(公元 1402 年)

[灾情]　夏六月,台州蝗;黄岩有飞蝗自北来,禾稼竹木皆尽;仙居大蝗,禾稼竹木俱尽;兰溪县飞蝗,食禾穗竹木,叶皆尽。

[资料来源]　民国《临海县志稿》卷四一、光绪《黄岩县志》卷三八、民国《仙居县志》卷二四、雍正《浙江通志》卷一○九。

永乐元年(公元 1403 年)

[灾情]　湖州大旱蝗。

[资料来源]　光绪《归安县志》卷二七、光绪《乌程县志》卷二七。

正统六年(公元 1441 年)

[灾情]　嵊县旱蝗。

[资料来源]　民国《嵊县志》卷二一。

正统十一年(公元 1446 年)

[灾情]　台州蝗。

[资料来源]　民国《临海县志稿》卷四一。

正统十二年(公元 1447 年)

[灾情]　湖州、长兴大旱蝗,饥;绍兴、余姚蝗。

[资料来源]　光绪《归安县志》卷二七、光绪《乌程县志》卷二七、光绪《长兴县志》卷九、乾隆《绍兴府志》卷八〇、光绪《余姚县志》卷七。

景泰五年(公元 1454 年)

[灾情]　秋七月,杭州蝗,害稼。

[资料来源]　民国《杭州府志》卷八四。

天顺元年(公元 1457 年)

[灾情]　七月,杭州蝗;同月,嘉兴、嘉善蝗。

[资料来源]　民国《杭州府志》卷八四、光绪《嘉善县志》卷三四。

天顺五年(公元 1461 年)

[灾情]　夏,余姚旱蝗。

[资料来源]　光绪《余姚县志》卷七。

天顺六年(公元 1462 年)

[灾情]　新城(新登)螟、蝗。

[资料来源]　民国《杭州府志》卷八四、道光《新城县志》卷一八。

成化七年(公元 1471 年)

[灾情]　丽水木生黑虫。

[资料来源]　光绪《处州府志》卷二五。

成化九年(公元 1473 年)

[灾情]　四月,严州青虫遍地。

[资料来源]　雍正《浙江通志》卷一〇九。

成化十一年(公元 1475 年)

[灾情]　台州、黄岩、温岭、仙居蝗食苗。

[资料来源]　光绪《黄岩县志》卷三八、民国《仙居县志》卷二四。

成化十九年(公元 1483 年)

[灾情]　七月,丽水禾生黑虫。

[资料来源]　民国《丽水县志》卷一三。

弘治十四年(公元 1501 年)

[灾情]　秋,绍兴、余姚旱蝗。

[资料来源]　乾隆《绍兴府志》卷八〇、光绪《余姚县志》卷七。

弘治十九年(公元 1506 年)

[灾情]　嘉兴府蝗蔽天,稻如剪。

［资料来源］　光绪《嘉兴府志》卷三五。

正德三年(公元 1508 年)

［灾情］　夏,台州、黄岩、仙居旱螟,大饥,民殍。

［资料来源］　民国《临海县志稿》卷四一、光绪《黄岩县志》卷三九、民国《仙居县志》卷二四。

正德九年(公元 1514 年)

［灾情］　七月,嘉兴、湖州、崇德蝗,不害稼。

［资料来源］　光绪《嘉兴府志》卷三五、光绪《乌程县志》卷二七、雍正《浙江通志》卷一〇九。

正德十二年(公元 1517 年)

［灾情］　秋八月,昌化县螽,害稼;余姚县螟,害麦。

［资料来源］　民国《杭州府志》卷八四、民国《昌化县志》卷一五、乾隆《绍兴府志》卷八〇、光绪《余姚县志》卷七。

嘉靖二年(公元 1523 年)

［灾情］　二月,湖州有虫食桑。

［资料来源］　同治《湖州府志》卷四四。

嘉靖三年(公元 1524 年)

［灾情］　秋八月,昌化螽,害稼;九月,杭州螽;余姚螟。

［资料来源］　民国《昌化县志》卷一五、民国《杭州府志》卷八四、乾隆《绍兴府志》卷八〇、光绪《余姚县志》卷七。

嘉靖四年(公元 1525 年)

［灾情］　七月,湖州虫,食稼殆尽;秋,嘉兴、嘉善蟓虫如蚁,聚食木根;余杭螟虫发禾苗根株。

［资料来源］　同治《湖州府志》卷四四、光绪《嘉兴府志》卷三五、光绪《嘉善县志》卷三四、嘉庆《余杭县志》卷三七。

嘉靖五年(公元 1526 年)

［灾情］　衢州、江山、义乌大旱,蝗飞蔽天;奉化夏大旱,蝗起,禾稼无收。

［资料来源］　嘉庆《西安县志》卷二二、嘉庆《义乌县志》卷二九、同治《江山县志》卷一二、光绪《奉化县志》卷三九。

嘉靖六年(公元 1527 年)

［灾情］　六月,诸暨县蝗飞蔽天。

［资料来源］　乾隆《绍兴府志》卷八〇。

嘉靖八年(公元 1529 年)

[灾情] 六月,桐乡大蝗;同月,海盐蝗来,田中水,蝗不集;七月,海宁蝗;秋,嘉兴蝗,不害稼;立秋日,蝗飞入萧山境;余姚螟害麦,蝗害稼;诸暨、新昌蝗。

[资料来源] 同治《湖州府志》卷四四、光绪《归安县志》卷二七、光绪《乌程县志》卷二七、光绪《桐乡县志》卷二〇、民国《杭州府志》卷八四、民国《海宁州志稿》卷四〇、光绪《石门县志》卷一一、光绪《海盐县志》卷一三、民国《萧山县志稿》卷五、光绪《嘉兴府志》卷三五、乾隆《绍兴府志》卷八〇。

嘉靖九年(公元 1530 年)

[灾情] 昌化蝗入境,害稼。

[资料来源] 民国《昌化县志》卷一五。

嘉靖十一年(公元 1532 年)

[灾情] 六月,海盐县蝗来,忽大风,蝗尽入海死。

[资料来源] 光绪《海盐县志》卷一三。

嘉靖十八年(公元 1539 年)

[灾情] 夏,嘉兴府飞蝗蔽日,虫螽害稼,有全亩不吐花而干缩者。

[资料来源] 雍正《浙江通志》卷一〇九、光绪《嘉兴府志》卷三五。

嘉靖十九年(公元 1540 年)

[灾情] 六月十八日,嘉兴、嘉善飞蝗蔽天,食芦苇竹叶无遗;平湖飞蝗蔽日,食稼,岁大饥;湖州、桐乡飞蝗蔽天,伤稼大半;余姚、新昌夏蝗蔽日;处州、丽水、缙云蝗;寿昌夏蝗;江山蝗;衢州八月蝗。

[资料来源] 雍正《浙江通志》卷一〇九、光绪《嘉兴府志》卷三五、光绪《嘉善县志》卷三四、光绪《平湖县志》卷二五、同治《湖州府志》卷四四、光绪《归安县志》卷二七、光绪《乌程县志》卷二七、光绪《桐乡县志》卷二〇、光绪《余姚县志》卷七、民国《新昌县志》卷一八、光绪《处州府志》卷二五、民国《丽水县志》卷一三、光绪《缙云县志》卷一五、民国《寿昌县志》卷一、同治《江山县志》卷一二、嘉庆《西安县志》卷二二。

嘉靖二十年(公元 1541 年)

[灾情] 严州大旱蝗;诸暨蝗。

[资料来源] 民国《建德县志》卷一、乾隆《绍兴府志》卷八〇。

嘉靖二十一年(公元 1542 年)

[灾情] 六月二十四日,江山有蝗蝻自北来,粟殆尽,是时飞盖天日,有司令民捕之,至七月初四日方散。

[资料来源] 同治《江山县志》卷一二。

嘉靖二十二年（公元 1543 年）

［灾情］　义乌蝗灾。

［资料来源］　嘉庆《义乌县志》卷一九。

嘉靖二十四年（公元 1545 年）

［灾情］　石门县蝗，民大饥。

［资料来源］　光绪《石门县志》卷一一。

嘉靖二十五年（公元 1546 年）

［灾情］　夏六月，杭州蝗飞蔽天，自西北来，所过田禾草木俱尽；余杭六月大蝗，凡二日，田禾食尽。

［资料来源］　民国《杭州府志》卷八四、嘉庆《余杭县志》卷三七。

隆庆六年（公元 1572 年）

［灾情］　秋，嘉兴虫，害稼。

［资料来源］　光绪《嘉兴府志》卷三五。

万历六年（公元 1578 年）

［灾情］　秋，湖州、长兴螟，害稼；海盐有虫伤苗。

［资料来源］　同治《湖州府志》卷四四、光绪《归安县志》卷二七、光绪《乌程县志》卷二七、光绪《海盐县志》卷一三。

万历七年（公元 1579 年）

［灾情］　衢州虫，民饥；夏六月，常山虫，卷叶结窠，农民梳爬，手足尽肿，是岁饥；江山虫，食禾苗，东南乡尤甚；严州青虫，损禾几尽；分水青虫，食田禾殆尽。

［资料来源］　嘉庆《西安县志》卷二二、光绪《常山县志》卷八、同治《江山县志》卷一二、雍正《浙江通志》卷一〇九、民国《建德县志》卷一、光绪《分水县志》卷一〇。

万历八年（公元 1580 年）

［灾情］　秋；昌化蝥食稼，无年；常山虫，饥。

［资料来源］　雍正《浙江通志》卷一〇九、民国《杭州府志》卷八四、光绪《常山县志》卷八。

万历九年（公元 1581 年）

［灾情］　台州、仙居旱蝗，食苗根节俱尽。

［资料来源］　民国《临海县志稿》卷四一、民国《仙居县志》卷二四。

万历十年（公元 1582 年）

［灾情］　秋，昌化蝥食稼，无年。

［资料来源］　民国《昌化县志》卷一五。

万历十五年(公元 1587 年)

[灾情]　秋,开化蝗,食晚禾几尽。

[资料来源]　光绪《开化县志》卷一四。

万历十六年(公元 1588 年)

[灾情]　浙江大旱蝗,饥殍载道,民茹草木;五月,湖州、长兴旱蝗,民饥;孝丰旱蝗且大疫,饥殍载道。

[资料来源]　同治《湖州府志》卷四四、光绪《归安县志》卷二七、光绪《长兴县志》卷九、光绪《孝丰县志》卷八。

万历三十三年(公元 1605 年)

[灾情]　台州、仙居旱蝗,豆粟食尽。

[资料来源]　民国《临海县志稿》卷四一、民国《仙居县志》卷二四。

万历四十二年(公元 1614 年)

[灾情]　太平(温岭)蝗,伤稼。

[资料来源]　嘉庆《太平县志》卷一二。

天启五年(公元 1625 年)

[灾情]　六月,湖州蝗灾。

[资料来源]　光绪《乌程县志》卷二七。

天启六年(公元 1626 年)

[灾情]　八月十六日,湖州蝗,飞集蔽野,田禾食尽。

[资料来源]　同治《湖州府志》卷四四、光绪《归安县志》卷二七。

崇祯元年(公元 1628 年)

[灾情]　嘉兴蟊虫,伤稼。

[资料来源]　光绪《嘉兴府志》卷三五。

崇祯六年(公元 1633 年)

[灾情]　六月,嘉兴蟊,伤稼。

[资料来源]　光绪《嘉兴府志》卷三五。

崇祯七年(公元 1634 年)

[灾情]　秋,嘉兴、嘉善蟊灾。

[资料来源]　光绪《嘉兴府志》卷三五、光绪《嘉善县志》卷三四。

崇祯八年(公元 1635 年)

[灾情]　秋,嘉兴、嘉善蟊灾。

[资料来源]　光绪《嘉兴府志》卷三五、光绪《嘉善县志》卷三四。

崇祯九年（公元 1636 年）

［灾情］　秋，海盐蝗至，不伤禾，一夕飞去。

［资料来源］　光绪《海盐县志》卷一三。

崇祯十一年（公元 1638 年）

［灾情］　秋，湖州旱蝗。

［资料来源］　同治《湖州府志》卷四四、光绪《归安县志》卷二七、光绪《乌程县志》卷二七。

崇祯十二年（公元 1639 年）

［灾情］　五月三十日未刻，杭州有蝗从东南飞过西北，几蔽天，形类蚱蜢而色黄，四翼飞则两翅扇动类燕，大小不等，或云有黄、黑二色，然蝗虽多，俱落旷野，不为害；六月，嘉兴、嘉善飞蝗蔽天。

［资料来源］　雍正《浙江通志》卷一〇九、民国《杭州府志》卷八四、光绪《嘉兴府志》卷三五、光绪《嘉善县志》卷三四。

崇祯十三年（公元 1640 年）

［灾情］　五月，蝗害稼，浙江三吴皆饥；长兴蝗；七月，嘉兴、嘉善旱蝗。

［资料来源］　同治《湖州府志》卷四四、光绪《乌程县志》卷二七、光绪《长兴县志》卷九、光绪《嘉兴府志》卷三五、光绪《嘉善县志》卷三四。

崇祯十四年（公元 1641 年）

［灾情］　五月，海盐蝗至，不伤禾，六月，蝗又至，蔽天不断者五日，七月，蝗子生，食苗尽，月杪苗复出，蝗子复生，食禾，民大饥；六月，杭州大旱，飞蝗蔽天，食草根几尽，人饥且疫；六月朔，嘉兴、嘉善飞蝗蔽天；石门六月旱，有蝗，食禾几尽；湖州旱蝗；海宁大旱蝗，民饥。

［资料来源］　光绪《海盐县志》卷一三、雍正《浙江通志》卷一〇九、民国《杭州府志》卷八四、光绪《嘉兴府志》卷三五、光绪《嘉善县志》卷三四、光绪《石门县志》卷一一、光绪《乌程县志》卷二七、光绪《归安县志》卷二七、光绪《长兴县志》卷九、民国《海宁州志稿》卷四〇。

崇祯十五年（公元 1842 年）

［灾情］　杭州旱，飞蝗集地数寸，草木呼吸皆尽，岁饥，民强半饿死，湖州、长兴旱，蝗蔽天而下，所集之处，颗粒皆尽。

［资料来源］　雍正《浙江通志》卷一〇九、民国《杭州府志》卷八四、同治《湖州府志》卷四四、光绪《归安县志》卷二七、光绪《乌程县志》卷二七、光绪《长兴县志》卷九。

清顺治三年（公元 1646 年）

［灾情］　杭州桑树生蜗牛,食叶及豆苗几尽,海宁亦然。

［资料来源］　民国《杭州府志》卷八五、民国《海宁州志稿》卷四〇。

顺治六年(公元 1649 年)

［灾情］　七月,杭州、海宁蝗;天台虫,食禾殆尽,乡民皆入山采蕨,村舍无烟。

［资料来源］　民国《杭州府志》卷八五、光绪《海宁州志》卷四〇、宣统《天台县志稿(油印本)》卷五。

顺治十二年(公元 1655 年)

［灾情］　秋,湖州、长兴旱螽,禾未坚而萎。

［资料来源］　光绪《乌程县志》卷二七、光绪《长兴县志》卷九。

顺治十三年(公元 1656 年)

［灾情］　六月,杭州螟;同月,海宁蝗。

［资料来源］　民国《杭州府志》卷八五、民国《海宁州志稿》卷四〇。

顺治十七年(公元 1660 年)

［灾情］　六月,杭州、海宁螟;寿昌蝗,害稼。

［资料来源］　民国《杭州府志》卷八五、光绪《海宁州志》卷四〇、民国《寿昌县志》卷一。

康熙五年(公元 1666 年)

［灾情］　秋,仙居旱蝗;余姚螟。

［资料来源］　民国《仙居县志》卷二四、乾隆《绍兴府志》卷八〇、光绪《余姚县志》卷七。

康熙六年(公元 1667 年)

［灾情］　夏,杭州蝗,不为灾;萧山蝗。

［资料来源］　雍正《浙江通志》卷一〇九、民国《杭州府志》卷八五、乾隆《绍兴府志》卷八〇。

康熙八年(公元 1669 年)

［灾情］　秋八月,杭州旱,禾将收,初六、七日连雨,苗叶间出细虫,不知何名,啮禾茎尽折。

［资料来源］　民国《杭州府志》卷八五。

康熙九年(公元 1670 年)

［灾情］　温州各县稻已成,被虫食尽,岁歉。

［资料来源］　《分疆录》卷一〇。

康熙十年(公元 1671 年)

[灾情]　秋,昌化虫灾;新城大旱兼虫灾;八月,嘉兴大雨,螺食稻;七月二十日,海盐蝗从西来,飞过城上,至澉浦外长山止三日,不伤禾,二十二日子时至卯,遮蔽星月,三时过尽;五至七月,桐乡旱蝗异常;七月,湖州大旱蝗;上虞、新昌青蟊害稼;永康夏秋亢旱,稻生青虫;东阳多虫灾;淳安蝗,伤禾,民掘草根;遂安螟食稼,谷亡;分水虫,食禾穗殆尽;丽水旱蝗,青田青虫食苗;庆元秋青虫食苗,岁饥;江山大旱蝗,禾苗尽槁,蝗食殆尽,民往百里外负米糊口,死者甚众;常山大旱蝗;开化虫灾;仙居秋蝗食苗,根节俱尽,并及木叶;乐清夏六月蟊,禾将刈,忽生青虫,三日夜,禾穗多坠田中,芙蓉村尤甚;平阳五月二十九日有蝗食沿江田禾五日,八月,万全乡一、二、三都膳生遍野,将十日,大风起,三日尽灭。

[资料来源]　雍正《浙江通志》卷一〇九、民国《杭州府志》卷八五、民国《昌化县志》卷一五、道光《新城县志》卷一八、光绪《嘉兴府志》卷三五、光绪《海盐县志》卷一三、光绪《桐乡县志》卷二〇、乾隆《绍兴府志》卷八〇、光绪《上虞县志校续》卷四一、光绪《永康县志》卷一一、道光《东阳县志》卷一二、光绪《续纂淳安县志》卷一六、民国《遂安县志》卷九、光绪《分水县志》卷一〇、光绪《处州府志》卷二五、光绪《庆元县志》卷一一、同治《江山县志》卷一二、光绪《常山县志》卷八、光绪《开化县志》卷一四、民国《仙居县志》卷二四、光绪《乐清县志》卷一三、民国《平阳县志》卷五八。

康熙十一年(公元 1672 年)

[灾情]　六月十九日,嘉兴、嘉善有蝗自西北来,蔽天遮日,食草根树叶殆尽,但不为禾害,八月,螺虫食禾根伤稼,民饥;七月,海盐有蝗及境,但不入境,八月,有虫害稼,秀者多萎缩,岁饥;七、八月间,余杭八乡淫雨,忽生青黑虫,食稼殆尽,又有虫暗食蚕子一空;闰七月,水淹杭、嘉、湖三府州县,其未淹者,天忽雨虫,飞食米穗,有声如雨,田禾俱尽;八月,海宁霖雨伤稼,生螟;湖州、长兴有小虫飞食禾稼。

[资料来源]　光绪《嘉兴府志》卷三五、光绪《嘉善县志》卷三四、光绪《海盐县志》卷一二、嘉庆《余杭县志》卷三七、民国《杭州府志》卷八五、雍正《浙江通志》卷一〇九、光绪《海宁州志》卷四〇、光绪《归安县志》卷二七、光绪《乌程县志》卷二七、光绪《长兴县志》卷九。

康熙十二年(公元 1673 年)

[灾情]　某月,日将晓,景宁有虫起自鸦峰,蔽天而飞,六、七阵,断续相继,向南飞去,是年春,鸡毛管内生虫,人不敢食。

[资料来源]　光绪《处州府志》卷二五、同治《景宁县志》卷一二。

康熙十六年(公元 1677 年)

[灾情]　东阳虫,苗叶渐卷,忽群鸟啄之,顷刻立尽。

［资料来源］　道光《东阳县志》卷一二。

康熙十八年(公元 1679 年)

［灾情］　秋,黄岩旱,虫伤;处州、缙云蝗;遂安螟,食禾;湖州虫灾。

［资料来源］　光绪《黄岩县志》卷三九、光绪《处州府志》卷二五、光绪《缙云县志》卷一五、民国《遂安县志》卷九、同治《湖州府志》卷四四、光绪《归安县志》卷二七。

康熙二十年(公元 1681 年)

［灾情］　五月,萧山禾再种,又被虫蚀,颗粒无收;奉化蝗,食禾稼。

［资料来源］　民国《萧山县志稿》卷五、光绪《奉化县志》卷三九。

康熙二十一年(公元 1682 年)

［灾情］　秋,淳安大蝗,禾稼无收;金华淫雨,高土被虫所食。

［资料来源］　光绪《续纂淳安县志》卷一六、光绪《金华县志》卷一六。

康熙二十五年(公元 1686 年)

［灾情］　六月,金华螟腊生。

［资料来源］　光绪《金华县志》卷一六。

康熙二十六年(公元 1687 年)

［灾情］　秋,湖州螟,食禾稼。

［资料来源］　光绪《归安县志》卷二七、光绪《乌程县志》卷二七。

康熙二十九年(公元 1690 年)

［灾情］　象山禾方秀,忽生蟊虫,半月禾萎,岁乃大歉。

［资料来源］　民国《象山县志》卷三〇。

康熙三十年(公元 1691 年)

［灾情］　淳安县东南大蝗。

［资料来源］　光绪《续纂淳安县志》卷一六。

康熙三十三年(公元 1694 年)

［灾情］　七月,衢州螟,无禾;秋,江山螟灾。

［资料来源］　嘉庆《西安县志》卷二二、同治《江山县志》卷一二。

康熙四十八年(公元 1709 年)

［灾情］　四月,桐乡异虫害春花;八月,湖州蠓灾,冬,旱虫食菜;秋,杭州飞蝗蔽野,岁祲。

［资料来源］　光绪《桐乡县志》卷二〇、光绪《归安县志》卷二七、民国《杭州府志》卷八五。

康熙五十一年(公元 1712 年)

［灾情］　秋,江山虫,食柏子殆尽。

［资料来源］　同治《江山县志》卷一二。

康熙五十八年(1719年)

［灾情］　七月,宣平虫灾。

［资料来源］　民国《宣平县志》卷一四。

雍正二年(公元1724年)

［灾情］　七月,湖州飞蝗蔽天,食滨湖芦叶殆尽,不伤禾稼。

［资料来源］　同治《湖州府志》卷四四、光绪《归安县志》卷二七。

雍正三年(公元1725年)

［灾情］　三月,镇海西管乡二、三十里内麦茎生虫,头红身黑,状如蚕,十日内麦叶食尽。

［资料来源］　民国《镇海县志》卷三四。

雍正九年(公元1731年)

［灾情］　九月,嘉兴、嘉善螟食禾,被灾;桐乡、平湖秋蝨,伤稼;海盐虫灾;海宁虫灾。

［资料来源］　光绪《嘉兴府志》卷三五、光绪《嘉善县志》卷三四、光绪《桐乡县志》卷二○、光绪《平湖县志》卷二五、光绪《海盐县志》卷一二、民国《杭州府志》卷八五。

雍正十年(公元1732年)

［灾情］　夏六月,庆元禾生黑蝇;七月,嘉兴、嘉善螟复生,八月二十日,有秽虫蔽空,飞向东南去,是岁歉收;桐乡、平湖秋蝨,伤稼;海盐虫灾;海宁县螟,民饥;夏秋间,景宁蝗,伤稼;松阳蚬虹食木;平阳通县田禾,遍生黑蝇,无收,次年大饥。

［资料来源］　光绪《庆元县志》卷一一、光绪《嘉兴府志》卷三五、光绪《嘉善县志》卷三四、光绪《桐乡县志》卷二○、光绪《平湖县志》卷九、光绪《海盐县志》卷一三、民国《杭州府志》卷八五、民国《海宁州志稿》卷四○、同治《景宁县志》卷一二、光绪《处州府志》卷二五、民国《松阳县志》卷一四、民国《平阳县志》卷五八。

雍正十一年(公元1733年)

［灾情］　平阳县浦门、三都俱被虫灾。

［资料来源］　乾隆《温州府志》卷二九、民国《平阳县志》卷五八。

乾隆元年(公元1736年)

［灾情］　是岁,海宁、海盐禾将实,虫伤禾稼,毗连数郡。

［资料来源］　民国《海宁州志稿》卷四○、光绪《海盐县志》卷一三。

乾隆三年(公元1738年)

［灾情］　秋七月,处州青虫食苗;同月,庆元大旱,青虫食苗。

[资料来源]　光绪《处州府志》卷二五、光绪《庆元县志》卷一一。

乾隆十五年(公元 1750 年)

[灾情]　温州、瑞安、平阳虫灾;乐清螽。

[资料来源]　乾隆《温州府志》卷二九、光绪《永嘉县志》卷三六、嘉庆《瑞安县志》卷一〇、民国《平阳县志》卷五八、光绪《乐清县志》卷一三。

乾隆十六年(公元 1751 年)

[灾情]　八月,仁和县灶地虫灾;海宁县旱蝗;湖州秋虫,伤稼;宁波夏旱,虫食禾。

[资料来源]　民国《杭州府志》卷八五、同治《湖州府志》卷四四、光绪《归安县志》卷二七、乾隆《鄞县志》卷二六。

乾隆十八年(公元 1753 年)

[灾情]　湖州春夏久雨,虫灾。

[资料来源]　光绪《归安县志》卷二七。

乾隆二十年(公元 1755 年)

[灾情]　临安虫,害稼;湖州蝗蝻生;嘉兴虫,伤稼。

[资料来源]　宣统《临安县志》卷一、光绪《乌程县志》卷二七、光绪《嘉兴府志》卷三五。

乾隆二十二年(公元 1757 年)

[灾情]　六月,景宁县有白虫无数,自鸦蜂向南去;临安虫灾,害稼;分水螟。

[资料来源]　光绪《处州府志》卷二五、同治《景宁县志》卷一二、民国《杭州府志》卷八五、光绪《分水县志》卷一〇。

乾隆二十四年(公元 1759 年)

[灾情]　闰六月二十八日,嘉善自东而西,秋虫害稼,亩收仅石米;秋,嘉兴螟,伤稼;湖州秋虫,伤禾。

[资料来源]　光绪《嘉善县志》卷三四、光绪《嘉兴府志》卷三五、同治《湖州府志》卷四四、光绪《归安县志》卷二七。

乾隆三十年(公元 1765 年)

[灾情]　秋,嘉兴螽,伤稼;嘉善虫,伤禾。

[资料来源]　光绪《嘉善县志》卷三四、光绪《嘉兴府志》卷三五。

乾隆三十四年(公元 1769 年)

[灾情]　六月,嘉善大水退,虫食禾几尽。

[资料来源]　光绪《嘉善县志》卷三四。

乾隆三十七年(公元 1772 年)

[灾情]　二月,景宁县鸦峰复有虫起,纷飞断续,一隅为暗,自午后至酉乃止,亦向南去,遥望中形,大可容三指许。

[资料来源]　同治《景宁县志》卷一二。

乾隆四十一年(公元 1776 年)

[灾情]　七月,杭州蝗蝻生仁和四堡、钱塘沿江,不害稼。

[资料来源]　民国《杭州府志》卷八五。

乾隆四十六年(公元 1781 年)

[灾情]　夏,嘉善旱,虫食禾。

[资料来源]　光绪《嘉善县志》卷三四。

乾隆四十八年(公元 1783 年)

[灾情]　处州、景宁蝗入境,民大饥。

[资料来源]　光绪《处州府志》卷二五、同治《景宁县志》卷一二。

乾隆五十年(公元 1785 年)

[灾情]　湖州、长兴、德清大旱,蝗。

[资料来源]　同治《湖州府志》卷四四、光绪《长兴县志》卷九、民国《德清新志》卷一五。

乾隆五十一年(公元 1786 年)

[灾情]　夏六月,义乌虫灾,害稼;七月,金华螟,伤稼;湖州夏蝗,食禾殆尽;七月,瑞安蝻食苗。

[资料来源]　嘉庆《义乌县志》卷一九、光绪《金华县志》卷一六、同治《湖州府志》卷四四、光绪《乌程县志》卷二七、嘉庆《瑞安县志》卷一〇。

嘉庆三年(公元 1798 年)

[灾情]　八月二十三日,萧山木棉花及田禾皆生蟊。

[资料来源]　民国《萧山县志稿》卷五。

嘉庆八年(公元 1803 年)

[灾情]　八月二十五日戌时,嘉善秽虫蔽天;秋,桐乡螟。

[资料来源]　光绪《嘉善县志》卷三四、光绪《桐乡县志》卷二〇。

嘉庆十年(公元 1805 年)

[灾情]　太平(温岭)稻生蟹。

[资料来源]　嘉庆《太平县志》卷一二。

嘉庆十一年(公元 1806 年)

[灾情]　太平(温岭)稻生蟹。

[资料来源] 嘉庆《太平县志》卷一二。

嘉庆十六年(公元 1811 年)

[灾情] 秋,温州晚禾有螽;乐清秋螽,沿海田禾无收。

[资料来源] 光绪《永嘉县志》卷三六、光绪《乐清县志》卷一三。

嘉庆十八年(公元 1813 年)

[灾情] 七月,海宁苗生螣,大歉;海盐苗生螣,大歉。

[资料来源] 民国《海宁州志稿》卷四〇、光绪《海盐县志》卷一三。

嘉庆二十一年(公元 1816 年)

[灾情] 象山毛载虫为灾,食柏殆尽。

[资料来源] 民国《象山县志》卷三〇。

嘉庆二十五年(公元 1820 年)

[灾情] 秋,严州螟。

[资料来源] 民国《建德县志》卷一。

道光元年(公元 1821 年)

[灾情] 宣平旱,虫。

[资料来源] 民国《宣平县志》卷一四。

道光三年(公元 1823 年)

[灾情] 秋,严州螟。

[资料来源] 民国《建德县志》卷一。

道光八年(公元 1828 年)

[灾情] 秋,严州大旱,螟。

[资料来源] 民国《建德县志》卷一。

道光十一年(公元 1831 年)

[灾情] 自夏徂秋,处州、缙云虫蚀,松毛殆尽。

[资料来源] 光绪《处州府志》卷二五、光绪《缙云县志》卷一五。

道光十二年(公元 1832 年)

[灾情] 昌化夏旱,无麦,虫灾。

[资料来源] 民国《昌化县志》卷一五。

道光十三年(公元 1833 年)

[灾情] 永康春夏潦,虫;昌化夏秋风雨,虫又灾,民大饥;庆元秋虫,食苗。

[资料来源] 光绪《永康县志》卷一一、民国《昌化县志》卷一五、光绪《庆元县志》卷一一。

道光二十一年(公元 1841 年)

[灾情]　十月,嘉善县田中飞凫,千万成群,自北而南,食穗无遗。

[资料来源]　光绪《嘉善县志》卷三四。

道光二十三年(公元 1843 年)

[灾情]　七月,湖州旱,虫食禾,饥。

[资料来源]　同治《湖州府志》卷四四、光绪《归安县志》卷二七、光绪《乌程县志》卷二七。

道光二十四年(公元 1844 年)

[灾情]　七月,德清旱,螟食禾,饥;仙居蝗。

[资料来源]　民国《德清新志》卷一三、光绪《仙居县志》卷二四。

道光二十九年(公元 1849 年)

[灾情]　临安大水,虫害稼。

[资料来源]　宣统《临安县志》卷一。

咸丰元年(公元 1851 年)

[灾情]　秋,嘉善蝗灾,米价腾贵;宣平旱,虫。

[资料来源]　光绪《嘉善县志》卷三四、民国《宣平县志》卷一四。

咸丰三年(公元 1853 年)

[灾情]　秋,浦江有虫害稼,时稻方成熟,忽有虫大如蚋,飞集稻上,不计其数,顷刻间,稻茎如灰,谷实如粉,至七月十八日,大雨,虫尽死,稻较灾前所获者不及十之三、四。

[资料来源]　光绪《浦江县志》卷一五。

咸丰六年(公元 1856 年)

[灾情]　六月,德清大旱,蟊;七月,慈溪蝗;湖州大旱蝗,饥;八月,嵊县有蝗自北来,顷刻蔽天;定海、余姚八月蝗灾。

[资料来源]　民国《德清新志》卷一三、光绪《慈溪县志》卷五五、光绪《长兴县志》卷九、民国《嵊县志》卷二一、民国《定海县志·舆地志》、光绪《余姚县志》卷七。

咸丰七年(公元 1857 年)

[灾情]　夏,海盐南乡飞蝗蔽天,居民捕逐,食松竹叶殆尽,一夕,飞入海,遂绝;秋,德清飞蝗蔽天,伤禾稼;杭州蝗;九月,孝丰蝗。

[资料来源]　民国《海盐县志》卷一三、民国《德清新志》卷一五、民国《杭州府志》卷八五、光绪《孝丰县志》卷八。

咸丰八年(公元 1858 年)

[灾情]　二月,孝丰蝗,四月二十九忽不见;黄岩虫,害稼。

［资料来源］　光绪《孝丰县志》卷八、民国《台州府志》卷一三六。

咸丰九年（公元 1859 年）

［灾情］　湖州蝗。

［资料来源］　光绪《归安县志》卷二七。

咸丰十年（公元 1860 年）

［灾情］　七月，慈溪北乡蝗。

［资料来源］　光绪《慈溪县志》卷五五。

咸丰十二年（公元 1862 年）

［灾情］　九月，嘉善有虫食禾根，形似黑蚁，岁歉；同月，桐乡生异虫，食稻根，岁歉。

［资料来源］　光绪《嘉善县志》卷三四、光绪《桐乡县志》卷二〇。

同治四年（公元 1865 年）

［灾情］　秋，嘉善田生虫，害稼。

［资料来源］　光绪《嘉善县志》卷三四。

同治六年（公元 1867 年）

［灾情］　海宁、富阳、余杭、临安、于潜、昌化，水、旱、风、雹、潮、虫为灾；夏，于潜虫伤，南乡尤重，东乡次之。

［资料来源］　民国《杭州府志》卷八五、光绪《于潜县志》卷二〇。

同治十年（公元 1871 年）

［灾情］　七月，慈溪旱，虫食禾；秋，太平（温岭）蟹，伤稼。

［资料来源］　光绪《慈溪县志》卷五五、民国《台州府志》卷一三六。

同治十一年（公元 1872 年）

［灾情］　八月，于潜虫伤。

［资料来源］　光绪《于潜县志》卷二〇。

光绪元年（公元 1875 年）

［灾情］　自夏徂秋，杭州府属水旱相继，风雹虫蝥伤稼，仁和、钱塘、海宁灾尤重；慈溪北乡蝗，不为灾；镇海虫，食禾。

［资料来源］　民国《杭州府志》卷八五、光绪《慈溪县志》卷五五、民国《镇海县志》卷三四。

光绪二年（公元 1876 年）

［灾情］　秋，庆元青虫食苗，岁饥。

［资料来源］　光绪《庆元县志》卷一一。

光绪三年（公元 1877 年）

　　[灾情]　五月,孝丰蝗;夏,湖州蝗,不为灾,秋,湖州螟,害稼;六月,萧山蝗,害稼;同月,镇海四境多蝗,食草木,稼无害;同月,上虞蝗,食竹叶芦苇殆尽,禾稼无害;七月,嘉善飞蝗蔽野;桐乡有蝗入境;于潜秋有虫伤,东乡较重,西北次之。

　　[资料来源]　光绪《孝丰县志》卷八、光绪《乌程县志》卷二七、光绪《归安县志》卷二七、民国《萧山县志稿》卷五、民国《镇海县志》卷三四、光绪《上虞县志校续》卷四一、光绪《嘉善县志》卷三四、光绪《桐乡县志》卷二〇、光绪《于潜县志》卷二〇。

光绪十六年(公元 1890 年)

　　[灾情]　秋,杭州虫伤;于潜虫。

　　[资料来源]　民国《杭州府志》卷八五、光绪《于潜县志》卷二〇。

光绪三十三年(公元 1907 年)

　　[灾情]　三月秒麦秀时,忽起虫,青灰色,长寸许,口有细丝,麦田处处有之,多者麦秆俱黑,食麦叶及花;杭州、临安夏大旱,螟虫伤稼;昌化夏大旱,螽虫害稼。

　　[资料来源]　民国《萧山县志稿》卷五、民国《杭州府志》卷八五、宣统《临安县志》卷一、民国《昌化县志》卷一五。

宣统三年(公元 1911 年)

　　[灾情]　秋,昌化虫灾。

　　[资料来源]　民国《昌化县志》卷一五。

民国七年(公元 1918 年)

　　[灾情]　秋,象山毛截虫发,食柏木几尽。

　　[资料来源]　民国《象山县志》卷三〇。

民国十八年(公元 1929 年)

　　[灾情]　秋,景宁螟虫发生,灾甚,奉令设治虫委员会及治虫专员等;遂安螟,食禾几尽。

　　[资料来源]　民国《景宁续志》卷一五、民国《遂安县志》卷九。

民国二十二年(公元 1933 年)

　　[灾情]　六月十一日夜,景宁县三区英川、四区莲埠头等处雨虫,状似臭虫,壳黑,六足四翅,入水活泼生动。

　　[资料来源]　民国《景宁续志》卷一五。

民国二十五年(公元 1936 年)

　　[灾情]　分水毛虫,食稻苗殆尽,为数十年来所未有。

　　[资料来源]　民国《续修分水县志》卷一四。

卷五　春寒志

晋大兴二年(公元 319 年)

［灾情］　吴兴、吴郡无麦禾,大饥;东阳无麦,大饥。

［资料来源］　民国《杭州府志》卷八二、《婺志粹》卷一三、光绪《金华县志》卷一六、光绪《长兴县志》卷九。

南北朝梁承圣元年(公元 552 年)

［灾情］　六月,遂安陨霜,杀豆粟。

［资料来源］　民国《遂安县志》卷四。

唐证圣元年(公元 695 年)

［灾情］　六月,杭州陨霜。

［资料来源］　民国《杭州府志》卷八二。

天复二年(公元 902 年)

［灾情］　三月乙卯,浙西大雪,平地三尺余。

［资料来源］　同治《湖州府志》卷四四。

天复三年(公元 903 年)

［灾情］　三月,嘉兴大雪,平地三尺。

［资料来源］　光绪《桐乡县志》卷二〇。

宋绍兴四年(公元 1134 年)

［灾情］　夏,绍兴府无麦。

［资料来源］　民国《新昌县志》卷一八。

绍兴六年(公元 1136 年)

［灾情］　春,浙东大饥,民多流从。

［资料来源］　雍正《浙江通志》卷一〇八。

绍兴十三年(公元 1143 年)

［灾情］　三月望,湖州大雪。

［资料来源］　同治《湖州府志》卷四四。

乾道元年(公元 1165 年)

［灾情］　二月,行都(杭州)寒,败首种,伤蚕麦;富阳春大饥,邑殍相望;湖州二月寒,败首种,损蚕麦;台州、温州夏无麦,饥。

［资料来源］　民国《杭州府志》卷八二、民国《富阳县志》卷一五、同治《湖州府志》卷四四、雍正《浙江通志》卷一〇八、民国《临海县志稿》卷四〇、光绪《永嘉县志》卷一六。

乾道二年(公元 1166 年)

［灾情］　二月,慈溪寒,败首种,损蚕麦;江浙诸郡夏寒,损稼,蚕麦不登。

［资料来源］　光绪《慈溪县志》卷五五、同治《湖州府志》卷四四。

淳熙九年(公元 1182 年)

［灾情］　春,杭州大无麦,行都饥,于潜、昌化人食草木;湖州、长兴春无麦;台州春大无麦,饥;婺州大无麦,饥;衢州大无麦,饥。

［资料来源］　民国《杭州府志》卷八二、民国《昌化县志》卷一五、雍正《浙江通志》卷一〇八、光绪《长兴县志》卷九、民国《临海县志稿》卷四一、《婺志粹》卷一三、嘉庆《西安县志》卷二二。

绍熙四年(公元 1193 年)

［灾情］　夏,绍兴无麦。

［资料来源］　雍正《浙江通志》卷一〇八。

庆元三年(公元 1197 年)

［灾情］　台州大无麦,民饥多殍。

［资料来源］　民国《临海县志稿》卷四一。

开禧二年(公元 1206 年)

［灾情］　春,婺州无麦;衢州无麦;绍兴、诸暨无麦。

［资料来源］　《婺志粹》卷一三、嘉庆《西安县志》卷二二、雍正《浙江通志》卷二

二、乾隆《绍兴府志》卷八〇。

嘉定十六年(公元 1223 年)

〔灾情〕　浙郡国皆无麦禾;行都(杭州)无麦;处州无麦。

〔资料来源〕　雍正《浙江通志》卷一〇八、民国《杭州府志》卷八二、乾隆《绍兴府志》卷八〇、光绪《处州府志》卷二五。

嘉定十七年(公元 1224 年)

〔灾情〕　春,余杭、钱塘、仁和三县饥。

〔资料来源〕　雍正《浙江通志》卷一〇八。

咸淳七年(公元 1271 年)

〔灾情〕　春二月,杭州饥。

〔资料来源〕　民国《杭州府志》卷八三。

元泰定二年(公元 1325 年)

〔灾情〕　四月,杭州饥。

〔资料来源〕　雍正《浙江通志》卷一〇八。

致和二年(公元 1329 年)

〔灾情〕　四月,浙西饥。

〔资料来源〕　民国《杭州府志》卷八三。

天历二年(公元 1331 年)

〔灾情〕　四月,浙西饥。

〔资料来源〕　雍正《浙江通志》卷一〇八。

至正十四年(公元 1354 年)

〔灾情〕　春,台州大饥。

〔资料来源〕　雍正《浙江通志》卷一〇八。

至正二十年(公元 1360 年)

〔灾情〕　二月,嘉善县雪大如掌,顷刻积尺余。

〔资料来源〕　光绪《嘉善县志》卷三四。

至正二十八年(公元 1368 年)

〔灾情〕　春,杭州饥。

〔资料来源〕　民国《杭州府志》卷八三。

明正统八年(公元 1443 年)

〔灾情〕　三月谷雨,天台陨霜如雪,杀草木,蚕无食叶,麦无收。

〔资料来源〕　宣统《天台县志稿(油印本)》卷五。

正统十四年(公元 1449 年)

[灾情]　五月,缙云陨霜。

[资料来源]　光绪《缙云县志》卷一五。

景泰元年(公元 1450 年)

[灾情]　春正月,大雪 2 旬,间有黑花凝结,至丈余,民多饥死,鸟雀几尽。

[资料来源]　光绪《平湖县志》卷二五。

景泰二年(公元 1451 年)

[灾情]　夏,海宁大饥。

[资料来源]　民国《海宁州志稿》卷四〇。

景泰五年(公元 1454 年)

[灾情]　二月,平湖大雪,四旬不止,平地数尺;孟春,浙江大雪数尺,禽兽草木皆死;景泰四年十一月至明年正月,湖州大雪。

[资料来源]　民国《平湖县志》卷二五、同治《湖州府志》卷四四、光绪《长兴县志》卷九、光绪《归安县志》卷二七、光绪《乌程县志》卷二七。

正德四年(公元 1509 年)

[灾情]　正月,东阳大霜,木叶皆枯;龙游春夏大饥,民采桦树皮舂磨作饼,食之多死;处州、龙泉春夏大饥,民采树皮舂磨作饼,食之多毙。

[资料来源]　道光《东阳县志》卷一二、光绪《处州府志》卷二五、光绪《龙游县志》卷一一。

弘治十五年(公元 1520 年)

[灾情]　余姚无麦。

[资料来源]　光绪《余姚县志》卷七。

嘉靖二年(公元 1523 年)

[灾情]　春夏,嘉善大饥。

[资料来源]　光绪《嘉善县志》卷三四。

嘉靖五年(公元 1526 年)

[灾情]　春,温州、瑞安大饥。

[资料来源]　嘉庆《瑞安县志》卷一〇。

嘉靖九年(公元 1530 年)

[灾情]　夏,安吉饥。

[资料来源]　同治《安吉县志》卷一八。

嘉靖十九年(公元 1540 年)

[灾情]　春,嘉兴、嘉善大饥,多鬻男女于外。

[资料来源]　雍正《浙江通志》卷一〇九、光绪《嘉善县志》卷三四。

嘉靖二十四年(公元 1545 年)

[灾情]　黄岩大雪无麦。

[资料来源]　光绪《黄岩县志》卷三八。

嘉靖四十年(公元 1561 年)

[灾情]　春,开化雪甚,民多饿死。

[资料来源]　光绪《开化县志》卷一四。

万历三年(公元 1575 年)

[灾情]　庆元大饥,五月,民间绝粒,野多饿殍;春,温州、瑞安饥。

[资料来源]　光绪《处州府志》卷二五、嘉庆《瑞安县志》卷一〇。

万历二十三年(公元 1595 年)

[灾情]　春,义乌雨雹。

[资料来源]　嘉庆《义乌县志》卷一九。

万历二十六年(公元 1598 年)

[灾情]　三月二十日,天台雨雹,四月初二日立夏,又大雪,是岁饥。

[资料来源]　宣统《天台县志稿(油印本)》卷五。

崇祯元年(公元 1628 年)

[灾情]　三月,义乌霜,杀麦苗;丽水春三月陨霜,杀麦;缙云三月大霜。

[资料来源]　嘉庆《义乌县志》卷一九、民国《丽水县志》卷一三、光绪《缙云县志》卷一五。

崇祯三年(公元 1630 年)

[灾情]　春二月庚午,永康大雨雹,麦多冻死;四月,缙云大霜。

[资料来源]　光绪《永康县志》卷一一、光绪《缙云县志》卷一五。

崇祯十四年(公元 1641 年)

[灾情]　春,湖州大雪。

[资料来源]　同治《湖州府志》卷四四。

清顺治六年(公元 1649 年)

[灾情]　春,平阳大饥,米石至七、八两,民饿死甚众。

[资料来源]　民国《平阳县志》卷五八。

顺治七年(公元 1650 年)

[灾情]　夏秋,青田无麦禾,饥,民多流亡。

[资料来源]　光绪《处州府志》卷二五、光绪《青田县志》卷一七。

康熙元年(公元1662年)

[灾情]　春,浙右大饥,余杭尤甚,饿殍载道。

[资料来源]　民国《杭州府志》卷八五。

康熙六年(公元1667年)

[灾情]　二月初十、十一日,嘉善县大风雪,冻。

[资料来源]　光绪《嘉善县志》卷三四。

康熙九年(公元1670年)

[灾情]　春,东阳大雹,几月余。

[资料来源]　道光《东阳县志》卷一二。

康熙十年(公元1671年)

[灾情]　三月十一日,石门微雨雹,桑叶损伤。

[资料来源]　光绪《石门县志》卷一一。

康熙十六年(公元1677年)

[灾情]　春夏,平阳饥。

[资料来源]　民国《平阳县志》卷五八。

康熙二十二年(公元1683年)

[灾情]　处州、丽水无麦。

[资料来源]　民国《丽水县志》卷一三。

雍正八年(公元1730年)

[灾情]　夏,昌化无麦。

[资料来源]　民国《杭州府志》卷八五。

乾隆八年(公元1743年)

[灾情]　三月初三日,慈溪大雪。

[资料来源]　光绪《慈溪县志》卷五五。

乾隆二十年(公元1755年)

[灾情]　夏,分水县饥。

[资料来源]　光绪《分水县志》卷一〇。

乾隆四十三年(公元1778年)

[灾情]　春,嘉兴无麦。

[资料来源]　光绪《嘉兴府志》卷三五。

嘉庆元年(公元1796年)

[灾情] 春,义乌寒,无甚麦;正月,丽水大寒,杀麦;春正月,温州严霜杀物;春正月九日,乐清陨霜木冰,寒甚,杀菽麦。

[资料来源] 嘉庆《义乌县志》卷一九、民国《丽水县志》卷一三、光绪《永嘉县志》卷一六、光绪《乐清县志》卷一三。

嘉庆四年(公元1799年)

[灾情] 夏,江山无麦。

[资料来源] 同治《江山县志》卷一二。

嘉庆八年(公元1803年)

[灾情] 春,江山饥,穷民食草根树皮。

[资料来源] 同治《江山县志》卷一二。

道光十九年(公元1839年)

[灾情] 春,慈溪、镇海大雹,平地5尺。

[资料来源] 光绪《慈溪县志》卷五五、民国《镇海县志》卷三四。

咸丰十年(公元1860年)

[灾情] 三月十二日,黄岩雨雹;三月十三日,石门雨雹;闰三月十七日,台州陨霜。

[资料来源] 光绪《黄岩县志》卷三八、光绪《石门县志》卷一一、民国《台州府志》卷一三六。

同治元年(公元1862年)

[灾情] 春,仙居无麦。

[资料来源] 光绪《仙居县志》卷二四。

同治二年(公元1863年)

[灾情] 二月初十日,开化陨霜,杀菜麦,民多饥毙。

[资料来源] 光绪《开化县志》卷一四。

光绪十五年(公元1889年)

[灾情] 永康县无麦。

[资料来源] 光绪《永康县志》卷一一。

光绪二十一年(公元1895年)

[灾情] 二月二十日,开化积雹五六寸,次日大霜,油菜尽萎;春三月,台州雨雹。

[资料来源] 光绪《开化县志》卷一四、民国《台州府志》卷一三六。

光绪三十四年(公元1908年)

[灾情] 昌化无麦。

［资料来源］　民国《昌化县志》卷一五。

宣统三年(公元 1911 年)

［灾情］　昌化无麦。

［资料来源］　民国《昌化县志》卷一五。

民国八年(公元 1919 年)

［灾情］　五月初三日,昌化大霜,无麦。

［资料来源］　民国《昌化县志》卷一五。

卷六　地震志

汉永元元年(公元 89 年)

[震情]　七月,会稽南山崩。

[资料来源]　《资治通鉴》卷四七、《文献通考》卷三〇二。

三国吴黄武四年(公元 225 年)

[震情]　江东地连震。

[资料来源]　《晋书·五行志》。

嘉禾六年(公元 237 年)

[震情]　江东地震。

[资料来源]　《晋书·五行志》。

赤乌二年(公元 239 年)

[震情]　正月一日,江东地震;正月二十七日,江东地皆震动。

[资料来源]　《晋书·五行志》、《三国志·吴书·步骘传》。

赤乌十一年(公元 248 年)

[震情]　江东地震。

[资料来源]　《晋书·五行志》。

赤乌十三年(公元 250 年)

[震情]　八月,故鄣诸山崩,水溢。

[资料来源]　光绪《孝丰县志》卷八。

晋太康元年(公元 280 年)

[震情]　湖州地震。

[资料来源]　同治《湖州府志》卷四四、光绪《乌程县志》卷二七、光绪《桐乡县志》卷二〇。

太康九年(公元 288 年)

[震情]　春正月,会稽、丹扬、吴兴地震。

[资料来源]　《晋书·五行志》、《通志·灾祥略》、雍正《浙江通志》卷一〇八、同治《湖州府志》卷四四、民国《杭州府志》卷八二、光绪《乌程县志》卷二七、乾隆《绍兴府志》卷八〇、光绪《长兴县志》卷九。

惠帝中(公元 290 年—306 年)

[震情]　吴郡临平岸崩。

[资料来源]　民国《杭州府志》卷八二。

大兴三年(公元 320 年)

[震情]　五月庚寅,吴郡地震。

[资料来源]　《晋书·五行志》、民国《杭州府志》卷八二。

咸和九年(公元 334 年)

[震情]　春三月丁酉,会稽、余姚、诸暨地震。

[资料来源]　《晋书·五行志》、《通志·灾祥略》、雍正《浙江通志》卷一〇八、光绪《余姚县志》卷七、万历《绍兴府志》卷一四。

[注]　万历《绍兴府志》载大兴九年三月丁酉诸暨地震。大兴只有四年,“大兴”当是“咸和”之误。

兴宁元年(公元 363 年)

[震情]　四月甲戌,扬州地震,湖渎溢。

[资料来源]　《晋书·五行志》、同治《湖州府志》卷四四、光绪《乌程县志》卷二七。

太元十五年(公元 390 年)

[震情]　吴兴长城(长兴)夏驾山石鼓鸣。

[资料来源]　《晋书·五行志》、雍正《浙江通志》卷一〇八。

义熙三年(公元 407 年)

[震情]　山阴地陷,方 4 丈,有声如雷。

[资料来源]　乾隆《绍兴府志》卷八〇。

义熙八年（公元 412 年）

［震情］ 春三月壬寅，山阴县地陷，方 4 丈。

［资料来源］ 《通志·灾祥略》。

［注］ 嘉庆《山阴县志》卷二四合《府志》义熙三年与《通志》义熙八年共载。此二条恐有重复，但究系三年抑八年不详。

南北朝梁太清二年（公元 548 年）

［震情］ 九月戊辰，地震，江左尤甚，坏屋杀人，地生白毛，长 2 尺。

［资料来源］ 《南史·梁武帝纪》、同治《湖州府志》卷四四、光绪《乌程县志》卷二七。

［注］ 科学出版社《中国地震目录》第一册第三部分"附录"第 205 页，此条作太清三年，"三"当是"二"之误。

隋开皇二十年（公元 600 年）

［震情］ 十一月戊子，天下地震。

［资料来源］ 同治《湖州府志》卷四四、光绪《乌程县志》卷二七。

唐武后大足元年（公元 701 年）

［震情］ 七月乙亥，扬、楚、常、润、苏 5 州地震。

［资料来源］ 《新唐书·五行志》。

景龙二年（公元 708 年）

［震情］ 七月辛卯，台州地震。

［资料来源］ 《旧唐书·中宗纪》。

景龙四年（公元 710 年）

［震情］ 五月丁丑，剡县地震。

［资料来源］ 《新唐·五行志》、雍正《浙江通志》卷一○八、乾隆《绍兴府志》卷八○、民国《嵊县志》卷二一、民国《新昌县志》卷一八。

贞元二十一年（公元 805 年）

［震情］ 越州山崩。

［资料来源］ 万历《绍兴府志》卷一三。

大中十三年（公元 859 年）

［震情］ 会稽地震。

［资料来源］ 万历《绍兴府志》卷一三、乾隆《绍兴府志》卷八○、万历《会稽县志》卷八。

咸通十三年（公元 872 年）

［震情］　四月庚子朔,浙东、西地震。

［资料来源］　《新唐书·五行志》、雍正《浙江通志》卷一〇八、同治《湖州府志》卷四四、光绪《乌程县志》卷二七。

唐末(年份无载)

［震情］　分水地震,无云而雷,人谓天鼓鸣。

［资料来源］　乾隆《严州府志》卷二二。

［注］　道光《分水县志》卷一〇、光绪《分水县志》卷一〇均作"越西地震",则震感范围较分水一县更广。

后唐天成四年(公元 929 年)

［震情］　吴越地震,居人有坏庐舍者。

［资料来源］　《吴越备史》卷一、民国《杭州府志》卷八二、《中国地震目录》第一册第三部分"附录"第 205 页。

宋建隆三年(公元 962 年)

［震情］　九月庚戌夜,杭州地震,声如雷。

［资料来源］　《吴越备史》卷四、民国《杭州府志》卷八二。

皇祐二年(公元 1050 年)

［震情］　十一月丁酉夜,秀州地震,有声自西北起,如雷。

［资料来源］　《宋史·五行志》、雍正《浙江通志》卷一〇八、光绪《嘉兴府志》卷三五、光绪《海盐县志》卷一三。

绍圣元年(公元 1094 年)

［震情］　九月,湖州、南浔、双林地震。

［资料来源］　同治《湖州府志》卷四四、光绪《乌程县志》卷二七、咸丰《南浔镇志》卷一九、民国《双林镇志》卷一九。

绍圣三年(公元 1096 年)

［震情］　湖州、南浔、双林地屡震。

［资料来源］　同治《湖州府志》卷四四、光绪《乌程县志》卷二七、咸丰《南浔镇志》卷一九、民国《双林镇志》卷一九。

绍兴三年(公元 1133 年)

［震情］　八月甲申,浙西地震,湖州尤甚;又,温州是年地震。

［资料来源］　《宋史·五行志》、雍正《浙江通志》卷一〇八、同治《湖州府志》卷四四、民国《杭州府志》卷八二、光绪《乌程县志》卷二七、光绪《长兴县志》卷九、光绪《永嘉县志》卷三六。

绍兴五年(公元 1135 年)

[震情] 五月,行都地震。

[资料来源] 《宋史·五行志》、雍正《浙江通志》卷一〇八、民国《杭州府志》卷八二。

绍兴六年(公元 1136 年)

[震情] 六月乙巳夜,杭州地震,自西北有声如雷,余杭县为甚;又,湖州、南浔、双林地震。

[资料来源] 《宋史·五行志》、民国《杭州府志》卷八二、雍正《浙江通志》卷一〇八、嘉庆《余杭县志》卷三七、同治《湖州府志》卷四四、光绪《乌程县志》卷二八、咸丰《南浔镇志》卷一九、民国《双林镇志》卷一九。

绍兴七年(公元 1137 年)

[震情] 杭州地震。

[资料来源] 《宋史·五行志》、民国《杭州府志》卷八二。

绍兴二十四年(公元 1154 年)

[震情] 正月戊寅,杭州地震。

[资料来源] 《宋史·五行志》、民国《杭州府志》卷八二。

绍兴二十五年(公元 1155 年)

[震情] 三月壬申,杭州地震。

[资料来源] 《宋史·五行志》、民国《杭州府志》卷八二。

绍兴二十八年(公元 1158 年)

[震情] 八月甲寅,杭州地震。

[资料来源] 《宋史·五行志》、民国《杭州府志》卷八二。

绍兴三十一年(公元 1161 年)

[震情] 三月壬辰,杭州地震。

[资料来源] 《宋史·五行志》、民国《杭州府志》卷八二。

绍兴三十三年(公元 1162 年)

[震情] 七月戊申,杭州地震。

[资料来源] 《宋史·五行志》、民国《杭州府志》卷八二。

隆兴元年(公元 1163 年)

[震情] 十月丁丑,杭州地震,六月甲寅又震。

[资料来源] 《宋史·五行志》、民国《杭州府志》卷八二。

[注] 十月以后又载六月。次序颠倒,显有讹误,六月甲寅疑为隆兴二年(公元

1164 年）。

乾道二年（公元 1166 年）

［震情］　九月丙午，杭州地震，自西北方；同日，台州地震。

［资料来源］　《宋史·五行志》、民国《杭州府志》卷八二、康熙《台州府志》卷一四、光绪《黄岩县志》卷三八。

淳熙元年（公元 1174 年）

［震情］　十二月戊辰，杭州地震，自东北方。

［资料来源］　《宋史·五行志》、民国《杭州府志》卷八二。

淳熙九年（公元 1182 年）

［震情］　十二月壬寅夜，杭州地震。

［资料来源］　《宋史·五行志》、民国《杭州府志》卷八二。

淳熙十年（公元 1183 年）

［震情］　十二月丙寅，杭州地震。

［资料来源］　《宋史·五行志》、民国《杭州府志》卷八二。

淳熙十二年（公元 1185 年）

［震情］　五月庚寅，杭州地震。

［资料来源］　《宋史·五行志》、民国《杭州府志》卷八二。

绍熙四年（公元 1193 年）

［震情］　冬十月己酉夜，杭州地震；庚戌夜，地又震。

［资料来源］　《宋史·光宗纪》。

绍熙五年（公元 1194 年）

［震情］　临安府南高峰，山忽自摧折，地涌血。

［资料来源］　民国《杭州府志》卷八二。

庆元二年（公元 1196 年）

［震情］　六月辛未，黄岩县大雨水，有山自徙五十里余，声如雷，草木冢墓皆如初，而故址为渊潭；时临海清潭山亦自移。

［资料来源］　《文献通考》卷二九七、雍正《浙江通志》卷一○八。

庆元六年（公元 1200 年）

［震情］　十一月甲子，杭州地震，自东北方。

［资料来源］　《宋史·五行志》、民国《杭州府志》卷八三。

嘉定六年（公元 1213 年）

［震情］　四月，杭州、富阳地震；六月丙子，严州淳安县地震，该县长乐乡山摧

水涌。

[资料来源] 《宋史·五行志》、雍正《浙江通志》卷一〇八、民国《杭州府志》卷八三、光绪《富阳县志》卷一五、光绪《续纂淳安县志》卷一六。

嘉定十年(公元 1217 年)

[震情] 二月庚申,杭州地震,自东南;春二月,富阳地震。

[资料来源] 《宋史·五行志》、民国《杭州府志》卷八三、光绪《富阳县志》卷一五。

嘉定十二年(公元 1219 年)

[震情] 五月,杭州地震。

[资料来源] 《宋史·五行志》、民国《杭州府志》卷八三。

嘉定十四年(公元 1221 年)

[震情] 正月乙未夜,杭州地震;春正月,富阳地震。

[资料来源] 《宋史·五行志》、民国《杭州府志》卷八三。

宝庆元年(公元 1225 年)

[震情] 八月己酉,杭州地震。

[资料来源] 《宋史·五行志》、民国《杭州府志》卷八三。

宝庆三年(公元 1227 年)

[震情] 七月十一日夜,湖州地震。

[资料来源] 同治《湖州府志》卷四四。

绍定元年(公元 1228 年)

[震情] 八月初三日二鼓,杭州地震,四鼓,再震,九月十三日夜,又震。

[资料来源] 《癸辛杂识续集》卷上。

嘉熙四年(公元 1240 年)

[震情] 正月,杭州地震;十二月丙辰,地震。

[资料来源] 《宋史·五行志》、民国《杭州府志》卷八三。

淳祐元年(公元 1241 年)

[震情] 夏六月,龙泉县昂山崩,声闻数十里;十二月庚辰夜,杭州地震。

[资料来源] 光绪《处州府志》卷二五、光绪《龙泉县志》卷一一、《宋史·五行志》、民国《杭州府志》卷八三。

元至元二十五年(公元 1288 年)

[震情] 十月二十四日丙子夜,杭州地大震,始如暴风驾海潮之声,自西南来,鸡犬皆鸣,窗户礔礰有声,继而屋瓦皆摇,势若掀箕;至十一月初九日庚辰时又震。

[资料来源]　《癸辛杂识续集》卷上、民国《杭州府志》卷八三。

[注]　《癸辛杂识》作"庚辰",《杭州府志》作"庚寅",当以"庚寅"为准。

泰定元年(公元 1324 年)

[震情]　秋八月,温州地震海溢,永嘉、乐清、瑞安、平阳四邑乡村,民居漂荡,溺者无算。

[资料来源]　乾隆《温州府志》卷二九、光绪《永嘉县志》卷三六、光绪《乐清县志》卷一三、嘉庆《瑞安县志》卷一〇、民国《平阳县志》卷五八。

至正四年(公元 1344 年)

[震情]　秋七月,温州地震海溢,民居漂荡,溺死者众。

[资料来源]　《元史·五行志》、乾隆《温州府志》卷二九、嘉庆《瑞安县志》卷一〇。

至正九年(公元 1349 年)

[震情]　六月,台州地震。

[资料来源]　《元史·五行志》、雍正《浙江通志》卷一〇八、民国《临海县志稿》卷四一。

至正十三年(公元 1353 年)

[震情]　冬十二月己酉,诸暨地震。

[资料来源]　乾隆《绍兴府志》卷八〇、宣统《诸暨县志》卷一八。

至正十四年(公元 1354 年)

[震情]　十二月乙酉,绍兴地震。

[资料来源]　《元史·五行志》、乾隆《绍兴府志》卷八〇、万历《会稽县志》卷八、民国《新昌县志》卷一八。

至正十七年(公元 1357 年)

[震情]　十二月丁酉,庆元路象山县鹅彝山摧如雷。

[资料来源]　《元史·五行志》、雍正《浙江通志》卷一〇八。

至正十九年(公元 1359 年)

[震情]　正月甲午,庆元(宁波)、慈溪地震。

[资料来源]　《元史·五行志》、雍正《浙江通志》卷一〇八、乾隆《鄞县志》卷二六、光绪《慈溪县志》卷五五。

至正二十三年(公元 1363 年)

[震情]　十二月丁巳,台州地震。

[资料来源]　《元史·五行志》、雍正《浙江通志》卷一〇八。

至正二十六年（公元 1366 年）

［震情］　六月，绍兴卧龙山裂。

［资料来源］　《元史·五行志》、雍正《浙江通志》卷一〇八。

明洪武三十二年（公元 1399 年）

［震情］　二月初九日，会稽地震。

［资料来源］　乾隆《绍兴府志》卷八〇、万历《会稽县志》卷八。

正统八年（公元 1443 年）

［震情］　十一月，绍兴山移于平地，地动，白毛遍生。

［资料来源］　《二申野录》卷二。

正统十一年（公元 1446 年）

［震情］　六月，湖州地震。

［资料来源］　光绪《乌程县志》卷二七。

正统十四年（公元 1449 年）

［震情］　六月，绍兴府山移于平地，又地动，白毛生。

［资料来源］　《留青日札》卷一、雍正《浙江通志》卷一〇九。

［注］　乾隆《杭州府志》卷五六作："六月，浙江地动，白毛遍生。"

天顺八年（1464 年）

［震情］　十二月，绍兴地震。

［资料来源］　《二申野录》卷二、万历《会稽县志》卷八。

成化三年（公元 1467 年）

［震情］　夏六月，庆元县地震。

［资料来源］　光绪《处州府志》卷二五、光绪《庆元县志》卷一一。

成化四年（公元 1468 年）

［震情］　慈溪县东北山鸣，隐隐若雷，乍大乍细，迤逶至南而止。

［资料来源］　雍正《浙江通志》卷一〇九。

成化十年（公元 1474 年）

［震情］　石门地震。

［资料来源］　光绪《石门县志》卷一一。

成化十二年（公元 1476 年）

［震情］　九月二十日，嘉兴府地震。

［资料来源］　嘉靖《嘉兴府图纪》卷二〇、光绪《嘉善县志》卷三四。

［注］　康熙《嘉兴府志》卷二、光绪《嘉兴府志》卷三五均作九月二十九日。

成化十三年(公元 1477 年)

[震情]　春,绍兴府瓜山裂。

[资料来源]　万历《绍兴府志》卷一四、万历《会稽县志》卷八、雍正《浙江通志》卷一〇九。

成化十四年(公元 1478 年)

[震情]　八月二十日夜,嘉兴南方有声如运磨,达旦。

[资料来源]　雍正《浙江通志》卷一〇九。

成化十五年(公元 1479 年)

[震情]　九月二十日申时,嘉兴府地震,至酉始定;湖州九月地震。

[资料来源]　雍正《浙江通志》卷一〇九、光绪《嘉兴府志》卷三五、光绪《嘉善县志》卷三四、光绪《桐乡县志》卷二〇、光绪《乌程县志》卷二七、光绪《临安县志》卷二七、同治《湖州府志》卷四四。

成化十八年(公元 1482 年)

[震情]　山阴地震;萧山地震,地生白毛。

[资料来源]　乾隆《绍兴府志》卷八〇、李善邦《中国地震》(地震出版社 1985 年版)第 196 页。

弘治六年(公元 1493 年)

[震情]　龙泉昂山崩。

[资料来源]　光绪《处州府志》卷二五、光绪《龙泉县志》卷一一。

弘治十年(公元 1497 年)

[震情]　秋七月,杭州地震,九月,杭州地震。

[资料来源]　《二申野录》卷三、民国《杭州府志》卷八四。

弘治十一年(公元 1498 年)

[震情]　夏六月,钱塘湖池沼水忽腾涌,高三四尺,旋即消去;嘉兴郡境河港池井水皆沸腾,高二三尺,甚有至丈许者,竟日始平。

[资料来源]　民国《杭州府志》卷八四、雍正《浙江通志》卷一〇九。

弘治十二年(公元 1499 年)

[震情]　夏四月,乐清县地震,生白毛。

[资料来源]　雍正《浙江通志》卷一〇九、光绪《乐清县志》卷一三。

弘治十八年(公元 1505 年)

[震情]　九月庚子,是日,杭州、台州、山阴、会稽、萧山、余姚、金华各府县同时地震,有声,地生白毛;九月十三日,湖州各县地震;宁波地震;衢州地震;严州桐庐地震;

处州缙云地震;嘉兴各县地震,地生白毛。

［资料来源］ 《二申野录》卷三、民国《杭州府志》卷八四、嘉庆《余杭县志》卷三七、民国《海宁州志稿》卷四〇、光绪《于潜县志》卷二〇、民国《昌化县志》卷一五、光绪《嘉兴府志》卷三五、光绪《嘉善县志》卷三四、光绪《石门县志》卷一一、光绪《平湖县志》卷二五、光绪《海盐县志》卷一三、同治《湖州府志》卷四四、光绪《乌程县志》卷二七、光绪《归安县志》卷二七、乾隆《鄞县志》卷二六、光绪《慈溪县志》卷五五、民国《象山县志》卷三〇、乾隆《绍兴府志》卷八〇、光绪《余姚县志》卷七、民国《萧山县志稿》卷五、宣统《诸暨县志》卷一八、民国《临海县志稿》卷四一、光绪《黄岩县志》卷三八、光绪《金华县志》卷一六、光绪《浦江县志》卷一五、嘉庆《义乌县志》卷一九、道光《东阳县志》卷一二、嘉靖《衢州府志》卷一五、光绪《常山县志》卷八、同治《江山县志》卷一二、康熙《桐庐县志》卷四、光绪《处州府志》卷二五、光绪《缙云县志》卷一五、雍正《浙江通志》卷一〇九。

［注］ 李善邦《中国地震》第 198 页:"1505 年地震是一次海底地震,震中在黄海,影响华东广大地区。……东自海滨,西迄南京,北达如皋,南至温州,约四十余县,有地震记载,都是有感而无破坏。"

正德元年(公元 1506 年)

［震情］ 十二月,温州地震,有声如雷,遍生白毛,长者三、四寸;常山地震。

［资料来源］ 雍正《浙江通志》卷一〇九、乾隆《温州府志》卷二九、光绪《永嘉县志》卷三六、光绪《常山县志》卷八。

正德三年(公元 1508 年)

［震情］ 宁海、新昌、湖州、武康、德清地震。

［资料来源］ 崇祯《宁海县志》卷一二、民国《新昌县志》卷一八、同治《湖州府志》卷四四、光绪《乌程县志》卷二七、光绪《归安县志》卷二七、康熙《武康县志》卷三。

正德四年(公元 1509 年)

［震情］ 六月乙酉,嘉善地震。

［资料来源］ 光绪《嘉善县志》卷三四。

正德五年(公元 1510 年)

［震情］ 湖州、长兴、武康、德清地震,生白毛。

［资料来源］ 同治《湖州府志》卷四四、光绪《乌程县志》卷二七、光绪《归安县志》卷二七、民国《德清新志》卷一三、李善邦《中国地震》第 196 页。

正德六年(公元 1511 年)

［震情］ 春正月,杭州地震,自后频震。

　　[资料来源]　雍正《浙江通志》卷一○九、民国《杭州府志》卷八四。

　　正德七年(公元 1512 年)

　　[震情]　春三月,杭州地震,夏五月,杭州地震,有声,秋七月,杭州地震,八月又震,轰然有声,自西北迄东南,翌日,地生白毛,长二寸许;三月,湖州、德清地震;南浔、双林地震。

　　[资料来源]　《二申野录》卷三、民国《杭州府志》卷八四、同治《湖州府志》卷四四、光绪《乌程县志》卷二七、光绪《归安县志》卷二七、民国《德清新志》卷一三、咸丰《南浔镇志》卷一九、民国《双林镇志》卷一九。

　　正德十年(公元 1515 年)

　　[震情]　四月初一日,遂昌地震。

　　[资料来源]　雍正《处州府志》卷一六。

　　正德十一年(公元 1516 年)

　　[震情]　夏,平湖地震;松阳地震。

　　[资料来源]　光绪《平湖县志》卷二五、光绪《处州府志》卷二五、民国《松阳县志》卷一四。

　　正德十二年(公元 1517 年)

　　[震情]　二月至七月,金华地数震;四月甲子,温州、乐清地大震,生白毛;平阳地震,金乡卫自是日至七月己丑,凡十有五震;四月,余姚地震,四月甲子夜,海宁地震;秋八月,杭州地震。

　　[资料来源]　《明史·五行志》、光绪《金华县志》卷一六、雍正《浙江通志》卷一○九、民国《平阳县志》卷五八、光绪《永嘉县志》卷三六、乾隆《温州府志》卷二九、光绪《乐清县志》卷一三、民国《海宁州志稿》卷四○、光绪《余姚县志》卷七、民国《杭州府志》卷八四。

　　正德十四年(公元 1519 年)

　　[震情]　常山地震。

　　[资料来源]　光绪《常山县志》卷八。

　　正德十五年(公元 1520 年)

　　[震情]　十一月,宁波、奉化、象山雷鸣地震。

　　[资料来源]　雍正《浙江通志》卷一○九、乾隆《鄞县志》卷二六、民国《象山县志》卷三○。

　　正德十六年(公元 1521 车)

　　[震情]　二月,山阴地震;萧山地大震;冬,松阳、遂昌地震,其声如雷。

[资料来源]　《二申野录》卷三、民国《萧山县志稿》卷五、万历《括苍汇纪》卷一五、民国《松阳县志》卷一四。

嘉靖二年(公元 1523 年)

[震情]　七月壬申,定海诸卫风雨骤作,地大震,城堞俱毁。

[资料来源]　《中国地震目录》第一册第一部分"强震目录"第 36 页。

嘉靖三年(公元 1524 年)

[震情]　二月十五日,嘉兴、嘉善、平湖、海盐地震;二月,山阴地震。

[资料来源]　光绪《嘉兴府志》卷三五、光绪《嘉善县志》卷三四、光绪《平湖县志》卷二五、光绪《海盐县志》卷一三、乾隆《绍兴府志》卷八〇。

嘉靖五年(公元 1526 年)

[震情]　正月十六夜,兰溪地震,有声;同日,桐庐地震。

[资料来源]　《二申野录》卷四、光绪《兰溪县志》卷八、康熙《桐庐县志》卷四。

嘉靖六年(公元 1527 年)

[震情]　七月十一日,嘉兴地震;于潜天目山崩。

[资料来源]　光绪《嘉兴府志》卷三五、光绪《于潜县志》卷二〇。

嘉靖七年(公元 1528 年)

[震情]　十月十二日,嘉兴、嘉善、桐乡、平湖地震。

[资料来源]　光绪《嘉兴府志》卷三五、光绪《嘉善县志》卷三四、光绪《桐乡县志》卷二〇、光绪《平湖县志》卷二五。

嘉靖十年(公元 1531 年)

[震情]　九月,湖州府城外,地忽陷数十丈。

[资料来源]　雍正《浙江通志》卷一〇九。

嘉靖十五年(公元 1536 年)

[震情]　宁波雷鸣地震。

[资料来源]　乾隆《鄞县志》卷二六。

嘉靖十六年(公元 1537 年)

[震情]　松阳二十都、十八都山裂二十余里,冬,地震如雷。

[资料来源]　光绪《处州府志》卷二五、民国《松阳县志》卷一四。

嘉靖二十年(公元 1541 年)

[震情]　春,绍兴骆驼山鸣。

[资料来源]　雍正《浙江通志》卷一〇九、万历《绍兴府志》卷一四。

嘉靖三十二年(公元 1553 年)

[震情]　五、六月,海盐地连震,生白毛,长者四、五寸。

[资料来源]　天启《海盐图经》卷一六、光绪《海盐县志》卷一三。

嘉靖三十五年(公元 1556 年)

[震情]　浦江县八都洪塘铁甲山忽裂,长数十丈,阔二丈,深不可测,五、六日复合。

[资料来源]　光绪《浦江县志》卷一五。

嘉靖三十六年(公元 1557 年)

[震情]　三月,永嘉县地生白毛。

[资料来源]　光绪《永嘉县志》卷三六。

嘉靖三十七年(公元 1558 年)

[震情]　五月戊辰,东阳民张恩齐家地裂五、六处,出血如泉,高尺许,血凝,犬就食之,掘地无所见;泰顺七都水井赤如血。

[资料来源]　《明史·五行志》、乾隆《温州府志》卷二九。

嘉靖三十八年(公元 1559 年)

[震情]　嘉兴地震,自西北,顷刻止;四月二十三日,石门地震。

[资料来源]　康熙《嘉兴府志》卷二、光绪《石门县志》卷一一。

嘉靖三十九年(公元 1560 年)

[震情]　二月,山阴县地大震;三月,嘉兴、湖州地大震,屋庐皆裒裒如布帆;平湖、嘉善、桐乡、长兴、安吉、德清均地震,屋庐动摇如帆,河水撞激,鱼皆跃起。

[资料来源]　《明史·五行志》、《二申野录》卷四、雍正《浙江通志》卷一〇九、同治《湖州府志》卷四四、光绪《平湖县志》卷二五、光绪《嘉善县志》卷三四、光绪《桐乡县志》卷二〇、光绪《乌程县志》卷二七、光绪《归安县志》卷二七、光绪《长兴县志》卷九、民国《德清新志》卷一三、同治《安吉县志》卷一八、万历《绍兴府志》卷一三、乾隆《绍兴府志》卷八〇。

嘉靖四十四年(公元 1565 年)

[震情]　六月,湖州、桐乡地震。

[资料来源]　同治《湖州府志》卷四四、光绪《乌程县志》卷二七、光绪《桐乡县志》卷二〇。

嘉靖四十五年(公元 1566 年)

[震情]　春正月一日夜分,温州地震,生白毛;龙游地震。

[资料来源]　雍正《浙江通志》卷一〇九、乾隆《温州府志》卷二九、光绪《永嘉县志》卷三六、民国重印万历《龙游县志》卷一二。

隆庆元年(公元 1567 年)

[震情] 诸暨地震。

[资料来源] 乾隆《绍兴府志》卷八〇。

隆庆三年(公元 1569 年)

[震情] 十一月二十日夜,嘉兴、嘉善、平湖地震。

[资料来源] 康熙《嘉兴府志》卷二、光绪《嘉善县志》卷三四、光绪《平湖县志》卷二五。

隆庆四年(公元 1570 年)

[震情] 正月十四日,象山地震。

[资料来源] 民国《象山县志》卷三〇。

万历二年(公元 1574 年)

[震情] 庆元地大震,官舍民居倾颓。

[资料来源] 光绪《庆元县志》卷一一。

万历七年(公元 1579 年)

[震情] 二月初五日辰时,余杭地震。

[资料来源] 民国《杭州府志》卷八四、嘉庆《余杭县志》卷三七。

万历八年(公元 1580 年)

[震情] 象山、海宁地震。

[资料来源] 雍正《浙江通志》卷一〇九、民国《象山县志》卷三〇、民国《海宁州志稿》卷四〇。

万历十二年(公元 1584 年)

[震情] 正月十三日,湖州、桐乡地震,声如雷。

[资料来源] 同治《湖州府志》卷四四、光绪《乌程县志》卷二七、光绪《桐乡县志》卷二〇、光绪《石门县志》卷一一。

万历十三年(公元 1585 年)

[震情] 二月初六日申时,桐庐县南岸地震。

[资料来源] 康熙《桐庐县志》卷四。

万历十四年(公元 1586 年)

[震情] 余姚地震。

[资料来源] 乾隆《绍兴府志》卷八〇、光绪《余姚县志》卷七。

万历十六年(公元 1588 年)

[震情] 七月,嘉兴、嘉善地震;海盐见红光一道,地震有声。

［资料来源］　光绪《嘉兴府志》卷三五、光绪《嘉善县志》卷三四。

万历十七年（公元 1589 年）

［震情］　二月二十一夜，瑞安西北隅地震；七月己未，杭州、温州、绍兴、余姚地震；八月，海宁地震；嘉善地震有声。

［资料来源］　嘉庆《瑞安县志》卷一〇、《明史·五行志》、雍正《浙江通志》卷一〇九、民国《海宁州志稿》卷四〇、光绪《嘉善县志》卷三四。

万历二十年（公元 1592 年）

［震情］　正月十九日，嘉兴、嘉善地震。

［资料来源］　光绪《嘉兴府志》卷三五、光绪《嘉善县志》卷三四。

万历二十一年（公元 1593 年）

［震情］　秋，宁波、慈溪地震。

［资料来源］　雍正《宁波府志》卷三六、光绪《慈溪县志》卷五五。

万历二十二年（公元 1594 年）

［震情］　五月六日未刻，严州地震；慈溪冬夜复地震，万户惊起，坐以待旦。

［资料来源］　民国《建德县志》卷一、雍正《慈溪县志》卷一二。

万历二十三年（公元 1595 年）

［震情］　十一月九日，石门地震；冬至日，天台地震；十二月，嘉善地震。

［资料来源］　光绪《石门县志》卷一一、宣统《天台县志稿（油印本）》卷五、光绪《嘉兴府志》卷三五。

万历二十四年（公元 1596 年）

［震情］　五月二十八日，天台地震，六月初十日又震，十一月十五日又震。

［资料来源］　光绪《台州府志》卷二九、宣统《天台县志稿（油印本）》卷五。

万历二十五年（公元 1597 年）

［震情］　松阳县池塘水涨，荡漾有声；冬，嘉善地大震。

［资料来源］　光绪《处州府志》卷二五、民国《松阳县志》卷一四、光绪《嘉善县志》卷三四。

万历二十七年（公元 1599 年）

［震情］　八月酉时，浦江地动，池水覆溢，如盆水倾倒之状。

［资料来源］　光绪《浦江县志》卷一五。

万历二十八年（公元 1600 年）

［震情］　九月，湖州、南浔、双林地震。

［资料来源］　同治《湖州府志》卷四四、光绪《乌程县志》卷二七、咸丰《南浔镇

志》卷一九、民国《双林镇志》卷一九。

万历三十年(公元 1602 年)

[震情] 冬夜,遂昌县地震有声,自北而南,民皆骇愕。

[资料来源] 康熙《遂昌县志》卷一○。

万历三十二年(公元 1604 年)

[震情] 十一月初九日夜戌时,全省各府县地震,其中,上虞房屋有倾倒者,建德墙屋有坏者,平阳屋瓦有堕者,瑞安屋瓦俱堕,温州屋瓦多落,余杭河水腾涌,并波及杭州、绍兴、诸暨、嵊县、新昌、嘉兴、石门、定海、宁波、乌镇、青镇、象山、金华、义乌、浦江、汤溪、东阳、武义、乐清、兰溪、龙游、丽水、遂昌、松阳、常山、德清、南浔镇、衢县、开化、江山、慈溪、奉化、萧山、临海、仙居、泰顺、平湖、嘉善、桐乡、海宁、湖州、临安。

[资料来源] 科学出版社《中国地震目录》第一册第一部分"强震目录"第62—63 页。

[注] 据《中国地震目录》第一册第一部分"强震目录"所载,此次地震,震中在福建泉州海外,震级达八级,破坏面积很大,纵长八百公里,以福建为烈,例如泉州,楼铺、雉堞倾圮殆尽,开元寺东塔顶榱石从南圮者有二,从东南圮者有八,城内外庐舍倾圮,山石海水皆动,覆舟甚多,地裂数处,洛阳桥圮。此次地震除福建外,并波及浙江、江西、江苏、广东、广西、湖南各省。

万历三十三年(公元 1605 年)

[震情] 冬十月十四日,温州、瑞安、乐清地大震;十一月初九日戌时,衢州、江山、开化地震。

[资料来源] 乾隆《温州府志》卷二九、嘉庆《瑞安县志》卷一○、光绪《乐清县志》卷一三、嘉庆《西安县志》卷二二、同治《江山县志》卷一二、光绪《开化县志》卷一四。

万历四十二年(公元 1614 年)

[震情] 夏,江山县九都出青山裂,压田数百亩,时有采樵者,忽移置隔陇前山。

[资料来源] 同治《江山县志》卷一二。

万历四十六年(公元 1618 年)

[震情] 冬,桐乡县地震。

[资料来源] 光绪《桐乡县志》卷二○。

万历四十八年(公元 1620 年)

[震情] 春,平湖县地震。

[资料来源] 光绪《平湖县志》卷二五。

天启元年（公元 1621 年）

［震情］　夏,江山十九都地陷;八月十六日,瑞安地震。

［资料来源］　同治《江山县志》卷一二、嘉庆《瑞安县志》卷一〇。

天启二年（公元 1622 年）

［震情］　二月癸酉,海宁地震。

［资料来源］　民国《杭州府志》卷八四、民国《海宁州志稿》卷四〇。

天启三年（公元 1623 年）

［震情］　十一月,萧山地震;十二月二十二日申时,嘉兴府各县,湖州府各县,宁波、慈溪、镇海地大震,生白毛。

［资料来源］　乾隆《绍兴府志》卷八〇、康熙《嘉兴府志》卷二、嘉庆《嘉善县志》卷二〇、同治《湖州府志》卷四四、康熙《宁波府志》卷三〇、乾隆《镇海县志》卷四、李善邦《中国地震》第 196 页。

［注］　据《中国地震目录》第一册第一部分"强震目录"第 72—73 页所载,此次地震,震中在江苏扬州,震级达六级,扬州倒城垣三百八十余垛、城铺二十余处,波及江苏、安徽、浙江三省。

天启四年（公元 1624 年）

［震情］　十月,上虞县地震。

［资料来源］　《二申野录》卷七、光绪《上虞县志校续》卷四一。

天启六年（公元 1626 年）

［震情］　五月二十九日申刻,瑞安县地震。

［资料来源］　嘉庆《瑞安县志》卷一〇。

天启七年（公元 1627 年）

［震情］　夏五月乙酉,永康县地震;八月八日,处州地震。

［资料来源］　光绪《永康县志》卷一一、崇祯《处州府志》卷一八。

崇祯二年（公元 1629 年）

［震情］　四月,湖州、德清、南浔镇、双林镇地震,闰四月又震。

［资料来源］　同治《湖州府志》卷四四、光绪《乌程县志》卷二七、光绪《归安县志》卷二七、民国《德清新志》卷一三、咸丰《南浔镇志》卷一九、民国《双林镇志》卷一九。

崇祯四年（公元 1631 年）

［震情］　四月,乐清西岩寺山摧;双林镇地震。

［资料来源］　雍正《浙江通志》卷一〇九、民国《双林镇志》卷一九。

崇祯七年（公元 1634 年）

［震情］　三月，湖州、南浔镇、双林镇地震；十一月二十六日，海宁地震。

［资料来源］　光绪《归安县志》卷二七、咸丰《南浔镇志》卷一九、民国《双林镇志》卷一九、民国《杭州府志》卷八四。

崇祯八年（公元 1635 年）

［震情］　九月二十五日戌时，处州地震；十一月二十六日，台州府临海、仙居地震；同日，海宁地震；是年，余姚地震。

［资料来源］　道光《丽水县志》卷一四、康熙《台州府志》卷一四、民国《临海县志稿》卷四一、民国《海宁州志稿》卷四〇、《二申野录》卷八、光绪《余姚县志》卷七、光绪《仙居县志》卷二四、雍正《浙江通志》卷一〇九。

崇祯九年（公元 1636 年）

［震情］　七月，青田县天鼓鸣；十一月二十六日戌时，绍兴地震。

［资料来源］　光绪《处州府志》卷二五、康熙《山阴县志》卷九、《二申野录》卷八。

崇祯十一年（公元 1638 年）

［震情］　六月，慈溪地震，有声；七月，镇海地震，有声；奉化地震，声闻数十里；宁波地震。

［资料来源］　光绪《慈溪县志》卷五五、民国《镇海县志》卷三四、光绪《奉化县志》卷三九、乾隆《鄞县志》卷二六。

崇祯十五年（公元 1642 年）

［震情］　浦江县地大动；江山县步鳌山石崩，声如雷。

［资料来源］　光绪《浦江县志》卷一五、同治《江山县志》卷一二。

崇祯十六年（公元 1643 年）

［震情］　春，浦江县南山鸣三日，远近皆闻，夏秋间亦鸣。

［资料来源］　光绪《浦江县志》卷一五。

崇祯十七年（公元 1644 年）

［震情］　春，南浔镇地震，生白毛，民间有"地动白毛生，老少一齐行"之谚；双林镇地震，生白毛。

［资料来源］　咸丰《南浔镇志》卷一九、民国《双林镇志》卷一九。

清顺治六年（公元 1649 年）

［震情］　二月十六日，湖州、长兴地震；六月，杭州地震，生白毛；嘉兴地生白毛。

［资料来源］　同治《湖州府志》卷四四、光绪《归安县志》卷二七、光绪《长兴县志》卷九、雍正《浙江通志》卷一〇九、民国《杭州府志》卷八五。

顺治七年（公元 1650 年）

［震情］　秋九月十五日，杭州北高峰崩。

［资料来源］　康熙《杭州府志》卷一。

顺治八年（公元 1651 年）

［震情］　正月，湖州、南浔、双林地震；秋，永嘉县地震。

［资料来源］　同治《湖州府志》卷四四、光绪《乌程县志》卷二七、光绪《归安县志》卷二七、咸丰《南浔镇志》卷一九、民国《双林镇志》卷一九、康熙《永嘉县志》卷一四。

顺治九年（公元 1652 年）

［震情］　二月十四日子夜后，湖州、长兴地震；二月二十四日四更，萧山地震；二月二十五日，石门地震。

［资料来源］　光绪《乌程县志》卷二七、光绪《长兴县志》卷九、民国《萧山县志稿》卷五、光绪《石门县志》卷一一。

顺治十一年（公元 1654 年）

［震情］　四月初五日黎明，杭州地震；四月初六日辰时，萧山地震。

［资料来源］　民国《杭州府志》卷八五、雍正《浙江通志》卷一〇九、乾隆《绍兴府志》卷八〇。

顺治十二年（公元 1655 年）

［震情］　二月，湖州、南浔、双林地震，六月又震。

［资料来源］　同治《湖州府志》卷四四、光绪《乌程县志》卷二七、光绪《归安县志》卷二七、咸丰《南浔镇志》卷一九、民国《双林镇志》卷一九。

顺治十四年（公元 1657 年）

［震情］　秋七月，富阳地震。

［资料来源］　民国《杭州府志》卷八五、光绪《富阳县志》卷一五。

顺治十五年（公元 1658 年）

［震情］　湖州、南浔、双林地震。

［资料来源］　同治《湖州府志》卷四四、光绪《乌程县志》卷二七、光绪《归安县志》卷二七、咸丰《南浔镇志》卷一九、民国《双林镇志》卷一九。

顺治十七年（公元 1660 年）

［震情］　十一月初十日，萧山地震，二十日、二十八日皆震；十一月二十一日、二十八日，新昌地震。

［资料来源］　乾隆《绍兴府志》卷八〇、民国《新昌县志》卷一八。

顺治年间(确切年代无载)

[震情]　东阳地微震。

[资料来源]　康熙《东阳县志》卷四。

康熙四年(公元1665年)

[震情]　七月,瑞安山鸣,每日申、酉时,声如浪涌,弥月乃息。

[资料来源]　嘉庆《瑞安县志》卷一〇。

康熙五年(公元1666年)

[震情]　秋九月,处州庆元地震;十二月,湖州、南浔、双林地震;嘉善地震。

[资料来源]　光绪《处州府志》卷二五、光绪《庆元县志》卷一一、同治《湖州府志》卷四四、光绪《归安县志》卷二七、光绪《乌程县志》卷二七、咸丰《南浔镇志》卷一九、民国《双林镇志》卷一九。

康熙六年(公元1667年)

[震情]　冬,瑞安县地生白毛。

[资料来源]　嘉庆《瑞安县志》卷一〇。

康熙七年(公元1668年)

[震情]　六月十七日戌时,浙江各府县俱地震。

[资料来源]　《中国地震目录》第一册第一部分"强震目录"第99—100页,李善邦《中国地震》第198页。

[注]　据《中国地震目录》所载,此次地震震中在山东莒县、郯城,震级达八点五级,波及山东、河北、浙江、江苏、河南、山西、陕西、江西、福建、湖南、湖北、广东、广西各省。震中地区莒县,周围百余里无一存屋,马蓍山崩四散,五庐固山劈裂一半,阎家固、施风朵、科罗朵、马齐上大山各裂一半,压死2万余人。郯城阖邑震塌房屋约数十万间,地裂处或宽不可越,或深不可视,泉涌上喷高二三丈,死男女8700有奇。临沂城郭、宫室、庙宇、公廨一时尽毁,人无完宇,山崩地裂,压死在籍人丁6900余,老幼家口无算。此次地震波及浙江杭州、嘉善、海宁、昌化、嘉兴、海盐、宁波、崇德、平湖、桐乡、乌镇、青镇、南浔镇、德清、新昌、孝丰、临安、绍兴、景宁、遂安、建德、宁海、慈溪、萧山、安吉、桐庐、武康、余姚、黄岩、浦江、淳安、金华等地。李善邦《中国地震》第198页说,这是我国最大的一次地震,即鲁东郯城大地震,波及山东、山西、河北、河南等10省,地方志书有记载的共400余县,其中1/10记有地生白毛,浙江计有杭州、仁和、钱塘、海宁、临安、嘉兴、嘉善、溆水、平湖、桐乡、乌程、长兴、乌镇、南浔、德清、宁波、慈溪、萧山、余姚、建德、桐庐,所有地生白毛的地区,都是这次地震时震动较轻,只是有感而无破坏的地区。

康熙八年(公元 1669 年)

［震情］　三月,常山县地震。

［资料来源］　光绪《常山县志》卷八。

康熙十一年(公元 1672 年)

［震情］　秋,开化县地生白毛;八月二十一日,嘉善地震。

［资料来源］　光绪《嘉善县志》卷三四、光绪《开化县志》卷一四。

康熙十二年(公元 1673 年)

［震情］　十二月,湖州、新市镇地震。

［资料来源］　同治《湖州府志》卷四四。

康熙十四年(公元 1675 年)

［震情］　平阳县暗室地生白毛,有长如马尾者。

［资料来源］　民国《平阳县志》卷五八。

康熙十五年(公元 1676 年)

［震情］　十一月,湖州、南浔、双林地震。

［资料来源］　光绪《乌程县志》卷二七、光绪《归安县志》卷二七、咸丰《南浔镇志》卷一九、民国《双林镇志》、卷一九。

康熙十六年(公元 1677 年)

［震情］　四月二十四日午刻,嘉善地震,有声,九月初七日未刻,又地震。

［资料来源］　光绪《嘉善县志》卷三四。

康熙十七年(公元 1678 年)

［震情］　四月初五日;嘉善地震,四月初七日,海盐地震,屋瓦倾覆;黄岩地震。

［资料来源］　光绪《嘉善县志》卷三四、《清史稿·灾异志》、光绪《黄岩县志》卷三八。

［注］　光绪《海盐县志》卷一三作:“六月,地震,屋瓦倾仄。”

康熙二十年(公元 1681 年)

［震情］　春,温州、乐清地震;宣平县大莱山顶,土名陈弄,于五月十三日白昼晦冥,声如雷震,两山崩陷交塞,谷中成龙窟,长可里许,广四、五十丈,汪洋澄澈,深不可测,鱼鳖出没于松杉间,虽大旱不涸。

［资料来源］　乾隆《温州府志》卷二九、道光《乐清县志》卷一六、雍正《浙江通志》卷一〇九、民国《宣平县志》卷一四。

康熙二十九年(公元 1690 年)

［震情］　二月,杭城地震;三月十六日戌时,景宁地震。

　　[资料来源]　民国《杭州府志》卷八五、同治《景宁县志》卷一二。

康熙三十年(公元 1691 年)

　　[震情]　三月十七日,宁波桃源乡地震,自西而东;十一月,台州地震。

　　[资料来源]　康熙《桃源乡志》卷八、雍正《浙江通志》卷一〇九。

康熙三十二年(公元 1693 年)

　　[震情]　十月二十四、二十五日,慈溪县连日地震。

　　[资料来源]　光绪《慈溪县志》卷五五。

康熙三十四年(公元 1695 年)

　　[震情]　冬,庆元县地震。

　　[资料来源]　光绪《处州府志》卷二五、光绪《庆元县志》卷一一。

康熙四十六年(公元 1707 年)

　　[震情]　十月初四日,湖州、南浔、双林地震水漏,河水暴涨;十月十四日,海盐县地震,水沸。

　　[资料来源]　同治《湖州府志》卷四四、光绪《归安县志》卷二七、咸丰《南浔镇志》卷一九、民国《双林镇志》卷一九、《海昌丛载》续载卷四。

康熙五十年(公元 1711 年)

　　[震情]　九月十一日亥时,处州、景宁地震。

　　[资料来源]　光绪《处州府志》卷二五、雍正《景宁县志》卷一。

康熙五十三年(公元 1714 年)

　　[震情]　九月初八日,湖州地震。

　　[资料来源]　《清史稿·灾异志》、同治《湖州府志》卷四四、光绪《乌程县志》卷二七。

康熙五十四年(公元 1715 年)

　　[震情]　正月十四日夜,镇海地震,铜瓦等器俱倾倒作声。

　　[资料来源]　民国《镇海县志》卷三四。

雍正八年(公元 1730 年)

　　[震情]　八月二十四日酉刻,镇海地动有声,即刻连震,势从西来,出海而止;十月,淳安地震,门环自响;十一月二十八日,嘉兴、嘉善、桐乡、湖州、南浔镇、双林镇、乌青镇地震。

　　[资料来源]　民国《镇海县志》卷三四、光绪《续纂淳安县志》卷一六、光绪《嘉兴府志》卷三五、光绪《嘉善县志》卷三四、光绪《桐乡县志》卷二〇、光绪《乌程县志》卷二七、光绪《归安县志》卷二七、咸丰《南浔镇志》卷一九、民国《双林镇志》卷一九、乾

隆《乌青镇志》卷一。

雍正九年（公元 1731 年）

［震情］　四月二十五日,武康县地震。

［资料来源］　乾隆《武康县志》卷一。

雍正十三年（公元 1735 年）

［震情］　七月二十日巳刻,湖州地震;同日,德清地震,有声自西来;桐乡地震,有声如雷;南浔、双林、乌青均地震。

［资料来源］　同治《湖州府志》卷四四、光绪《乌程县志》卷二七,光绪《归安县志》卷二七、民国《德清新志》卷一三、光绪《桐乡县志》卷二〇、咸丰《南浔镇志》卷一九、民国《双林镇志》卷一九、乾隆《乌青镇志》卷一。

乾隆元年（公元 1736 年）

［震情］　冬十二月初二日,海盐地震。

［资料来源］　光绪《海盐县志》卷一三。

乾隆四年（公元 1739 年）

［震情］　三月二十四日巳刻,昌化地震,声如雷鸣,屋瓦皆动;三月,分水地震。

［资料来源］　民国《杭州府志》卷八五、民国《昌化县志》卷一五、光绪《分水县志》卷一〇。

乾隆八年（公元 1743 年）

［震情］　八月二十四日,昌化地震。

［资料来源］　民国《杭州府志》卷八五、民国《昌化县志》卷一五。

乾隆十七年（公元 1752 年）

［震情］　四月初四日卯时,嘉兴、嘉善、石门、湖州、南浔、双林、乌青地震。

［资料来源］　光绪《嘉兴府志》卷三五、光绪《嘉善县志》卷三四、光绪《石门县志》卷一一、同治《湖州府志》卷四四、光绪《乌程县志》卷二七、光绪《归安县志》卷二七、咸丰《南浔镇志》卷一九、民国《双林镇志》卷一九、乾隆《乌青镇志》卷一。

乾隆十八年（公元 1753 年）

［震情］　九月十二日夜,象山地震。

［资料来源］　民国《象山县志》卷三〇。

乾隆十九年（公元 1754 年）

［震情］　夏四月,庆元县地震;十二月,南浔镇地震。

［资料来源］　光绪《处州府志》卷二五、光绪《庆元县志》卷一一、咸丰《南浔镇志》卷一九。

乾隆二十年（公元 1755 年）

［震情］ 十二月,湖州、桐乡地震,屋瓦皆鸣;十二月朔未刻,湖州、桐乡、德清地震,屋瓦皆鸣;十二月初二日,嘉兴、嘉善地震。

［资料来源］ 《清史稿·灾异志》、同治《湖州府志》卷四四、光绪《乌程县志》卷二七、光绪《归安县志》卷二七、光绪《桐乡县志》卷二〇、光绪《嘉兴府志》卷三五、光绪《嘉善县志》卷三四。

乾隆二十一年（公元 1756 年）

［震情］ 十月十六日亥刻,湖州、桐乡地震;十月,常山地震。

［资料来源］ 同治《湖州府志》卷四四、光绪《乌程县志》卷二七、光绪《桐乡县志》卷二〇、光绪《常山县志》卷八。

乾隆二十二年（公元 1757 年）

［震情］ 十月,桐乡地震。

［资料来源］ 光绪《桐乡县志》卷二〇。

乾隆二十三年（公元 1758 年）

［震情］ 开化地震,环铃有声。

［资料来源］ 光绪《开化县志》卷一四。

乾隆二十六年（公元 1761 年）

［震情］ 三月十一日,嘉兴地震有声;嘉善地震如雷。

［资料来源］ 光绪《嘉兴县志》卷三五、嘉庆《嘉善县志》卷二〇。

乾隆二十八年（公元 1763 年）

［震情］ 五月,湖州地震。

［资料来源］ 同治《湖州府志》卷四四、光绪《乌程县志》卷二七,光绪《归安县志》卷二七。

乾隆二十九年（公元 1764 年）

［震情］ 正月初五日亥时,嘉兴、嘉善地震,屋瓦有声,五月二十八日,又震;湖州、南浔、双林正月地震,五月又震。

［资料来源］ 光绪《嘉兴府志》卷三五、光绪《嘉善县志》卷三四、同治《湖州府志》卷四四、光绪《乌程县志》卷二七、光绪《归安县志》卷二七、咸丰《南浔镇志》卷一九、民国《双林镇志》卷一九。

乾隆三十年（公元 1765 年）

［震情］ 正月,湖州、南浔、双林地震;七月十九日戌时,景宁地大震,屋壁震响,几案摆簸,楼阁房舍仄而复整,梁柱错折有声,顷之始定,邻邑皆然。

［资料来源］　同治《湖州府志》卷四四、光绪《乌程县志》卷二七、咸丰《南浔镇志》卷一九、民国《双林镇志》卷一九、光绪《处州府志》卷二五、同治《景宁县志》卷一二。

乾隆三十一年（公元 1766 年）

［震情］　六月,分水县遍地出毛。

［资料来源］　光绪《分水县志》卷一〇。

乾隆三十二年（公元 1767 年）

［震情］　开化县地生毛。

［资料来源］　光绪《开化县志》卷一四。

乾隆四十一年（公元 1776 年）

［震情］　十二月十七日,云和县三都五树庄山裂数百丈。

［资料来源］　光绪《处州府志》卷二五。

［注］　咸丰、同治《云和县志》卷一五记载此事在乾隆四十二年(公元 1777 年)。

乾隆四十四年（公元 1779 年）

［震情］　八月二十日,湖州、双林镇地震。

［资料来源］　同治《湖州府志》卷四四、光绪《归安县志》卷二七、民国《双林镇志》卷一九。

乾隆四十六年（公元 1781 年）

［震情］　春三月十六日戌时,瑞安地震;同日,乐清地震;四月十六日未时,瑞安又震。

［资料来源］　嘉庆《瑞安县志》卷一〇、光绪《乐清县志》卷一三。

乾隆四十七年（公元 1782 年）

［震情］　六月二十五日,嘉善地震;六月,湖州、南浔、双林地震;是年武康地震。

［资料来源］　嘉庆《嘉善县志》卷二〇、同治《湖州府志》卷四四、光绪《乌程县志》卷二七、光绪《归安县志》卷二七、咸丰《南浔镇志》卷一九、民国《双林镇志》卷一九、道光《武康县志》卷一。

乾隆四十八年（公元 1783 年）

［震情］　五月,镇海地震;九月二十日夜,象山地震;九月二十九日夜半,慈溪地震;秋九月,海宁地震。

［资料来源］　民国《镇海县志》卷三四、道光《象山县志》卷一九、光绪《慈溪县志》卷五五、《海昌丛载》续载卷四。

乾隆五十四年（公元 1789 年）

［震情］　春三月十七日,嘉兴地震;三月二十日,嘉善地震。

［资料来源］　光绪《嘉兴府志》卷三五、光绪《嘉善县志》卷三四。

乾隆五十五年(公元 1790 年)

［震情］　秋八月二十四日,乐清地震。

［资料来源］　光绪《乐清县志》卷一三。

乾隆五十七年(公元 1792 年)

［震情］　三月十二日夜,乐清地大震;五月,湖州、南浔、双林地震。

［资料来源］　光绪《乐清县志》卷一三、同治《湖州府志》卷四四、光绪《乌程县志》卷二七、光绪《归安县志》卷二七、咸丰《南浔镇志》卷一九,民国《双林镇志》卷一九。

乾隆六十年(公元 1795 年)

［震情］　夏四月,庆元县盖竹山崩,没普化寺于隔溪山下,死者四人;十一月二十五日夜半,嘉善地震。

［资料来源］　光绪《处州府志》卷二五、光绪《庆元县志》卷一一、光绪《嘉善县志》卷三四。

嘉庆三年(公元 1798 年)

［震情］　春,嘉兴地震;八月,嘉善地震;于潜川前乡竺村山裂,广丈余,长竟陇。

［资料来源］　光绪《嘉兴府志》卷三五、《清史稿·灾异志》、光绪《于潜县志》卷一〇。

嘉庆四年(公元 1799 年)

［震情］　夏,宁波、慈溪、象山地震,声如雷;十月,武康地震;除夕,平湖地动;嘉善地微动即止。

［资料来源］　咸丰《鄞县志》卷二九、光绪《慈溪县志》卷五五、民国《象山县志》卷三〇、道光《武康县志》卷一、光绪《平湖县志》卷二〇、光绪《嘉善县志》卷三四。

嘉庆七年(公元 1802 年)

［震情］　九月朔酉时,临海地微震。

［资料来源］　民国《临海县志稿》卷四一。

嘉庆十三年(公元 1808 年)

［震情］　九月,庆元县地震。

［资料来源］　光绪《处州府志》卷二五、光绪《庆元县志》卷一一。

嘉庆十五年(公元 1810 年)

［震情］　十月十五目,缙云县地震。

　[资料来源]　光绪《处州府志》卷二五、光绪《缙云县志》卷一五。

嘉庆十六年(公元 1811 年)

　[震情]　春二月二十三日寅时,建德地震;同日,黄岩、乐清、永嘉地震。

　[资料来源]　民国《建德县志》卷一、光绪《黄岩县志》卷三八、光绪《乐清县志》卷一三、光绪《永嘉县志》卷三六。

嘉庆十八年(公元 1813 年)

　[震情]　温州秋地震,九月十一夜震,十二午刻微震,二十四夜又震,户壁为裂,环铁皆鸣,人至不能起立;十月二日,乐清地震有声;是年,临海地震。

　[资料来源]　《瓯乘补》卷九、光绪《永嘉县志》卷三六、光绪《乐清县志》卷一三、民国《临海县志稿》卷四一、《中国地震目录》第一册第一部分"强震目录"第 143 页。

嘉庆二十年(公元 1815 年)

　[震情]　九月十一日夜,慈溪地震,同日夜半,乐清地大震,越十日复震;九月十三日丑刻,建德地震;九月二十一日夜二更,宣平地震;同日,湖州地震;是年九月,缙云、金华、武康地震。

　[资料来源]　光绪《慈溪县志》卷五五、光绪《乐清县志》卷一三、民国《建德县志》卷一、民国《宣平县志》卷一四、同治《湖州府志》卷四四、光绪《归安县志》卷二七、光绪《处州府志》卷二五、光绪《缙云县志》卷一五、光绪《金华县志》卷一六、道光《武康县志》卷一。

嘉庆二十四年(公元 1819 年)

　[震情]　九月,缙云地震。

　[资料来源]　光绪《处州府志》卷二五、光绪《缙云县志》卷一五。

嘉庆二十五年(公元 1820 年)

　[震情]　四月,泰顺地震。

　[资料来源]　《分疆录》卷一〇。

嘉庆二十六年(公元 1821 年)

　[震情]　六月,杭州、富阳夜半地震。

　[资料来源]　民国《杭州府志》卷八五。

道光十八年(公元 1838 年)

　[震情]　十一月初十日辰时,缙云县地震。

　[资料来源]　光绪《缙云县志》卷一五。

道光十九年(公元 1839 年)

　[震情]　秋九月初三日,湖州地震;初六日,石门地微震;嘉兴、嘉善地微震;平湖

地动；九月二十三日,湖州地震。

　　[资料来源]　光绪《归安县志》卷二七、光绪《石门县志》卷一一、光绪《嘉兴府志》卷三五、光绪《嘉善县志》卷三四、光绪《平湖县志》卷二五、同治《湖州府志》卷四四、光绪《乌程县志》卷二七。

道光二十一年(公元 1841 年)

　　[震情]　六月十二日,德清地震;十二月朔,嘉善、平湖地震。

　　[资料来源]　民国《德清新志》卷一三、光绪《嘉善县志》卷三四、光绪《平湖县志》卷二五,

道光二十五年(公元 1845 年)

　　[震情]　十月十四日,嵊县地震,屋舍摇动。

　　[资料来源]　《清史稿·灾异志》。

道光二十六年(公元 1846 年)

　　[震情]　五月十一日夜,嵊县地震;六月十二日夜,宁波、镇海、象山、慈溪、宁海、上虞、嘉兴、湖州等府县地震;六月十三日,海盐、定海、绍兴、慈溪等县地震;六月十四日,永嘉地震;六月二十五日夜,镇海地复震;是年六月,萧山、富阳等县地震;七月三十日夜半,余姚地震。

　　[资料来源]　民国《嵊县志》卷二一、咸丰《鄞县志》卷二九、民国《镇海县志》卷三四、民国《象山县志》卷三〇、光绪《慈溪县志》卷五五、民国《定海县志·舆地志》、光绪《上虞县志校续》卷四、光绪《嘉兴府志》卷三五、同治《湖州府志》卷四四、光绪《乌程县志》卷二七、光绪《海盐县志》卷一三、道光《会稽县志稿》卷九、光绪《永嘉县志》卷三六、光绪《余姚县志》卷七、民国《萧山县志稿》卷五、《中国地震目录》第一册第三部分"附录"第 207 页。

　　[注]　《中国地震目录》记载此次地震说:道光廿六年六月十二日寅时江浙等处地震,屋瓦横飞,居民狂奔,呐喊之声,山鸣如应。波及江苏、浙江、山东等省,浙江波及嘉善、澉水、平湖、南浔、乌镇、青镇、归安、鄞县、慈溪、镇海、象山、定海、萧山、上虞、宁海、永嘉等地,有震感范围大,无破坏现象,疑震中在海中。

道光二十七年(公元 1847 年)

　　[震情]　六月十三日寅初,镇海地震有声,自东至西南;同日,慈溪地震;冬十月初五日夜,镇海地复震;宁波地震有声;上虞地震。

　　[资料来源]　民国《镇海县志》卷三四、光绪《慈溪县志》卷五五、咸丰《鄞县志》卷九、光绪《上虞县志校续》卷四一。

道光二十八年(公元 1848 年)

[震情]　十一月初十日辰时,缙云县地震。

[资料来源]　光绪《处州府志》卷二五。

道光二十九年(公元 1849 年)

[震情]　秋九月六日,嘉兴地微震。

[资料来源]　光绪《嘉兴府志》卷三五。

道光三十年(公元 1850 年)

[震情]　十月初十日夜,临海地大震。

[资料来源]　民国《临海县志稿》卷四一。

咸丰元年(公元 1851 年)

[震情]　春,缙云地震,秋,又震;永康地震,山鸣;夏,石门地微震;十一月初六日夜,萧山地震。

[资料来源]　光绪《处州府志》卷二五、光绪《缙云县志》卷一五、光绪《永康县志》卷一一、光绪《石门县志》卷一一、民国《萧山县志稿》卷五。

咸丰二年(公元 1852 年)

[震情]　二月,海宁地震;是年夏四月午夜,寿昌县忽然地动,人不自由,致已有睡而自床倾覆者,厨房覆碗,琳琅有声,塘水皆翻涌,移时始平;浦江十月地震,凡物悬者皆动摇;十一月初六日夜,黄岩、太平、宁海皆地震;象山、嵊县、上虞、余姚、石门、杭州、镇海、慈溪地震;十二月,奉化地震有声。

[资料来源]　民国《海宁州志稿》卷四〇、民国《台州府志》卷一三六、民国《象山县志》卷三〇、光绪《上虞县志校续》卷四一、光绪《余姚县志》卷七、光绪《石门县志》卷一一、民国《杭州府志》卷八五、民国《嵊县志》卷二一、光绪《慈溪县志》卷五五、民国《镇海县志》卷三四、民国《寿昌县志》卷一、光绪《浦江县志》卷一五、光绪《奉化县志》卷三九。

咸丰三年(公元 1853 年)

[震情]　自正月至三月,黄岩地震者五;二月,杭州地大震;三月初七日夜,嘉兴地震,后屡震不已;同日,嘉善地大震,窗棂屋瓦摇撼有声,后屡震不已,地生白毛;平湖同日地震三次,自此以后,屡震不已,五月方止;湖州、长兴、桐乡、德清等各县三月初七日夜地大震,自是连日小震,月余始定;慈溪三月初七日地震,八月初九、初十连震,十五日又震;嵊县三月初七日夜地震,初八日午又震,十六日又震;上虞三月初七日戌时地大震,初八日复震;象山三月初七日夜地震,十五日又震;定海三月初七日戌时地震;临海三月初七日夜地震;镇海三月初八日连夜地震;杭州、富阳、萧山等县三月初九日夜地震;余姚三月初十日夜半地震;云和三月十六日辰时地震,是年,该县七都长汀庄

山裂 200 余丈;永嘉三月十七日夜地震;浦江三月间地震;泰顺三月间地屡震,近闽界尤甚;六月,海宁地震;同月,青田大雨十昼夜,山崩水涌,屿头山崩压民居,前数日,地震如雷,日夜不绝,鸡犬不鸣者月余;六月二十六日,景宁大雨 10 昼夜,夜半,五都竹埠村后山崩,压毙 72 人,七月地震。

[资料来源]   光绪《黄岩县志》卷三八,民国《杭州府志》卷八五,光绪《嘉兴府志》卷三五,光绪《嘉善县志》卷三四,同治《湖州府志》卷四四,光绪《长兴县志》卷九,光绪《桐乡县志》卷二〇,民国《德清新志》卷一五,光绪《慈溪县志》卷五五,民国《嵊县志》卷二一,光绪《上虞县志校续》卷四一,民国《象山县志》卷三〇,民国《定海县志·舆地志》,民国《临海县志稿》卷四一,民国《镇海县志》卷三四,民国《萧山县志稿》卷五,光绪《余姚县志》卷七,光绪《处州府志》卷二五,咸丰、同治《云和县志》卷一五,光绪《永嘉县志》卷三六,光绪《浦江县志》卷一五,《分疆录》卷一〇,民国《海宁州志稿》卷四〇,光绪《青田县志》卷一七,同治《景宁县志》卷一二。

[注]   据《中国地震目录》第一册第三部分"附录"所说:咸丰三年三月初七日,江苏之川沙所三月六日夜地大震,连日屡震,民房有倾覆者,其中波及浙江嘉善、石门、桐乡、南浔、青镇、归安、长兴、德清、鄞县、慈溪、镇海、象山、定海、萧山、余姚、六仓、上虞、嵊县、黄岩、宁海、仙居、浦江、泰顺等县。

咸丰四年(公元 1854 年)

[震情]   七月十二日夜,海宁地震;云和是年七月,三都龙铺庄山崩,坏田数十亩,八月,八都周坑庄山崩,压死男妇三十七人;十一月,黄岩塘水无故震宕,是岁地震;缙云东乡二十五、六都,塘水沸腾,高尺余,逾时方止。

[资料来源]   民国《海宁州志稿》卷四〇、光绪《处州府志》卷二五、光绪《黄岩县志》卷三八。

咸丰五年(公元 1855 年)

[震情]   正月、十一月,富阳俱地震,屋墙破裂,河水沸腾;正月二十七日,慈溪地震,二十八日又震,二月初八日复震,十七日夜半又震;正月二十九日夜,嘉兴地震,十一月二十七、二十八俱地震,墙屋动摇,河水沸腾;正月二十九日,绍兴午刻地动;松阳地震;宁波正月辛卯地震,壬辰又震;镇海十月辛丑日夜半地震,十一月初五日未时,河水骤涨三、四尺,状如沸汤,二十八日地震。

[资料来源]   民国《杭州府志》卷八五、光绪《慈溪县志》卷五五,光绪《嘉兴府志》卷三五、光绪《鄞县志》卷六九、光绪《镇海县志》卷三七、民国《镇海县志》卷三九、《越缦堂日记补》、民国《松阳县志》卷一四。

咸丰六年(公元 1856 年)

[震情]　八月,建德县乌龙山崩数十处,坏民田,鸡龙庵陷如潭。

[资料来源]　民国《建德县志》卷一。

咸丰七年(公元1857年)

[震情]　八月,丽水地震;黄岩是岁地震,几十余次。

[资料来源]　光绪《处州府志》卷二五、民国《丽水县志》卷一三、民国《台州府志》卷一三六、光绪《黄岩县志》卷三八。

咸丰八年(公元1858年)

[震情]　秋八月,嘉兴、嘉善、桐乡地震;浦江县寿峰山崩石坠,十一月初二日,塘水忽涨二、三尺,须臾即平。

[资料来源]　光绪《嘉兴府志》卷三五、光绪《嘉善县志》卷三四、光绪《桐乡县志》卷二〇、光绪《浦江县志》卷一五。

咸丰九年(公元1859年)

[震情]　三月,丽水地震。

[资料来源]　光绪《处州府志》卷二五、民国《丽水县志》卷一三。

咸丰十年(公元1860年)

[震情]　六月,奉化地震。

[资料来源]　光绪《奉化县志》卷三九。

咸丰十一年(公元1861年)

[震情]　八月十九日,桐乡地震,由西而东;十二月二十三日戌时,海宁及海盐南乡,地啾啾有声,如无数小鸡者,忽东忽西,寻觅无踪,续而此声自旧仓、新仓起,沿海至黄浦而止。

[资料来源]　光绪《桐乡县志》卷二〇、民国《海宁州志稿》卷四〇、光绪《海盐县志》卷一三。

同治元年(公元1862年)

[震情]　二月初四日,永嘉县十六都下郑村民家地出血。

[资料来源]　光绪《永嘉县志》卷三六。

同治三年(公元1864年)

[震情]　八月十三日,仙居地震有声,十一月十八日,仙居16都地震,平地人不能直立。

[资料来源]　光绪《仙居县志》卷二四。

同治五年(公元1866年)

[震情]　四月庚子,宁波、慈溪、镇海地震;五月朔,昌化地震;夏六月,永康、缙云

地震;八月十三日,景宁地震,声如雷,屋宇倾倒;仙居同日亦震;九月十四日,青田地震。

[资料来源] 光绪《鄞县志》卷六九、光绪《慈溪县志》卷五五、民国《镇海县志》卷三四、民国《昌化县志》卷一五、光绪《处州府志》卷二五、光绪《永康县志》卷一一、光绪《缙云县志》卷一五、同治《景宁县志》卷一二、光绪《青田县志》卷一七、《中国地震目录》第一册第一部分"强震目录"第166页。

同治六年(公元1867年)

[震情] 二月,象山地震;四月,太平(温岭)地震;乐清地震;夏六月,湖州双林镇河水忽涌,荡摇如沸,池水皆然,盛林山等地处尤甚,十一月二十四日地震;八月,海宁地震,坏民居;宁海县十一月壬戌地震,屋中悬物皆堕;慈溪、镇海十二月二十二日夜地震,二十三日巳时又震,镇海二十六日戌时复震;是年冬,台州府黄岩、太平、仙居各县俱震。

[资料来源] 民国《象山县志》卷三〇、光绪《太平县续志》卷一七、光绪《乐清县志》卷一三、民国《双林镇志》卷一九、民国《海宁州志稿》卷四〇、光绪《宁海县志》卷二三、光绪《慈溪县志》卷五五、光绪《镇海县志》卷三七、民国《台州府志》卷一三六。

同治十年(公元1871年)

[震情] 十一月二十五日申刻,孝丰县大沙雾,西乡黄色,南乡黑色,地震。

[资料来源] 光绪《孝丰县志》卷八。

同治十一年(公元1872年)

[震情] 八月十九日,嘉兴地震,由西而东;同日辰刻,海盐地小震;同日,石门地震;八月十九日辰时,镇海地震;同日,慈溪地震。

[资料来源] 光绪《嘉兴府志》卷三五、光绪《海盐县志》卷一三、光绪《石门县志》卷一一、民国《镇海县志》卷三四、光绪《慈溪县志》卷五五。

同治十二年(公元1873年)

[震情] 六月十九日卯刻,湖州双林镇地震,月十九日辰刻,又震。

[资料来源] 民国《双林镇志》卷一九。

同治十三年(公元1874年)

[震情] 三月二十日壬辰,慈溪地震;三月二十日卯时,镇海地震;庆元三月地震;十月二十日夜,孝丰地震。

[资料来源] 光绪《慈溪县志》卷五五、民国《镇海县志》卷三四、光绪《庆元县志》卷一一、光绪《孝丰县志》卷八。

光绪四年(公元1878年)

［震情］ 七月初一日夜,玉环地震。

［资料来源］ 光绪《玉环厅志》卷一四。

光绪五年(公元 1879 年)

［震情］ 三月十三日丁巳夜,慈溪地震;同日,镇海地震。

［资料来源］ 光绪《慈溪县志》卷五五、光绪《镇海县志》卷三七。

光绪七年(公元 1881 年)

［震情］ 四月,太平(温岭)地震,五月地又震。

［资料来源］ 光绪《太平县续志》卷一七。

光绪八年(公元 1882 年)

［震情］ 十月二十九日亥时,慈溪地震,十一月初五日亥时又震。

［资料来源］ 光绪《慈溪县志》卷五五。

光绪十二年(公元 1886 年)

［震情］ 三月,建德县天无纤云,狮峰坞山裂丈许,水涌不止,父老以黑犬血及锅铁数百斤置裂处,乃合。

［资料来源］ 民国《建德县志》卷一。

光绪十九年(公元 1893 年)

［震情］ 秋,凤凰山崩。

［资料来源］ 民国《杭州府志》卷八五。

光绪二十一年(公元 1895 年)

［震情］ 九月二十一日戌初,新塍镇地震,有声如雷;同日酉刻,乌青镇地震,屋瓦皆鸣;秋,松阳象溪村下山顶开裂,崩陷数十百丈,阔数丈,深不见底,其水流出有硝磺气,经久不散。

［资料来源］ 民国《新塍镇志》卷四、民国《乌青镇志》卷二、民国《松阳县志》卷一四。

宣统元年(公元 1909 年)

［震情］ 二月初八日戌初,德清地震。

［资料来源］ 民国《德清新志》卷一三。

宣统二年(公元 1910 年)

［震情］ 四月二十八日巳时,奉化有声从西北至东南,旋即地震;夏四月,嵊县地震;十一月二十八日甲戌日子时,奉化又震;是年,新昌鸡笼山裂丈余。

［资料来源］ 民国《奉化县志补遗》卷一〇、民国《嵊县志》卷三一、民国《新昌县志》卷一八。

民国二年（公元 1913 年）

［震情］　二月二十七日戌初，德清地震。

［资料来源］　民国《德清新志》卷一三。

民国三年（公元 1914 年）

［震情］　二月二十七日，独山石岩崩裂，填塞青龙圳。

［资料来源］　民国《松阳县志》卷一四。

民国四年（公元 1915 年）

［震情］　正月初二日，昌化地震。

［资料来源］　民国《昌化县志》卷一五。

民国五年（公元 1916 年）

［震情］　正月初三日辰刻，镇海地震。

［资料来源］　民国《镇海县新志备稿》卷下。

民国六年（公元 1917 年）

［震情］　正月初三日辰刻，建德、遂安地震；一月二十四日（夏正月初三日）上午八时十六分四秒至八时十八分十秒，寿昌地震，当时竹竿有倾斜者；同日午刻，定海地震；同日，昌化地震；二月初八旱，景宁地震。

［资料来源］　民国《建德县志》卷一、民国《遂安县志》卷九、民国《寿昌县志》卷一、民国《定海县志·舆地志》、民国《昌化县志》卷一五、民国《景宁续志》卷一五。

［注］　《中国地震目录》第二册第一部分"强震目录"第 219—220 页说明此次地震：震中位置在北纬 31.3°，东经 116.3°，波及安徽、河南、江苏、湖北、江西、湖南等省。浙江省境内波及杭州、富阳、新登、安吉、衢县、常山、开化、分水等县。上述各县均有地震记载。

民国七年（公元 1918 年）

［震情］　建德县是年正月初一地震，初四大震；正月初三日未时，全省各府县地震，浙南为甚，汤溪房屋摇撼有声，松阳门窗箱柜皆摇曳作声，衢县环铃有声。

［资料来源］　《中国地震目录》第二册第一部分"强震目录"第 223—225 页、民国《汤溪县志》卷一、民国《松阳县志》卷一四、民国《衢县志》卷一、民国《建德县志》卷一。

［注］　《中国地震目录》第二册第一部分"强震目录"说明此次地震：震中在广东南澳，极震区为南澳、汕头、韶安，南澳全县屋宇夷为平地，人民死伤十之八，尸压败堵，无人收葬。除广东外，波及福建、江西、江苏、湖南、台湾各省。浙江省境内杭州、湖州、德清、宁波、镇海、象山、汤溪、建德、遂安、寿昌、松阳、景宁等县均有记载。

民国八年（公元 1919 年）

［震情］　正月初二日辰时，遂安地震；五月间，寿昌八都夏家村下溪沿，忽陷一穴，方圆约十丈余，穴水溶溶，深不可测，八月初九日傍晚，夏家村前，山岩高耸忽裂，声如雷轰，石大无比。

［资料来源］　民国《遂安县志》卷九、民国《寿昌县志》卷一。

民国十六年（公元 1927 年）

［震情］　正月初二日午初，海盐地震；嘉兴、平湖均地震。

［资料来源］　民国《澉志补录》、《中国地震目录》第二册第一部分"强震目录"第255 页。

［注］　《中国地震目录》说明此次地震，震中在江苏黄河，波及浙江平湖、嘉兴、澉水（海盐县澉浦）等地。

民国二十四年（公元 1935 年）

［震情］　三月二十九日，台湾地震，震中在台中、新竹一带，铁路被毁，铁桥折断，台中、新竹二县死三千余人，波及福建、浙江二省，浙江嘉兴有震感。

［资料来源］　《中国地震目录》第二册第一部分"强震目录"第 283 页。

公元 1964 年

［震情］　十二月十九日晨四时地震，震中在江苏无锡南，波及浙江的湖州和长兴，湖州少数早起的人感到床铺摇摆，窗户发响，长兴一般震动不强烈，仅门窗板壁等轻微作响。

［资料来源］　《中国地震目录》第四册第二部分"分省简目"第 260 页。

公元 1974 年

［震情］　四月二十二日地震，震中在江苏溧阳附近，浙北杭州一带有震感。

［资料来源］　实况。

公元 1979 年

［震情］　七月九日地震，震中在江苏溧阳附近，浙北杭州一带有震感。

［资料来源］　实况。

原著浙江人民出版社 1991 年版

主编书摘
（主编　合编　参编等）

《中国自然地理·历史自然地理》（共同主编）

前 言

本分册讨论我国历史时期的自然地理概况，各章分别对气候、植被、水系、海岸、沙漠等自然地理要素，在历史时期发展变迁的过程及其规律性作了初步的探讨。历史地理是我国的一门古老学科，但对于历史自然地理的研究，却还非常年轻。特别是对于历史时期各种自然地理要素的全面论述，在我国还是初次的尝试。尽管我们拥有十分丰富的历史地理文献，也尽量地利用了现代科学技术的成果，如 C^{14} 年代测定、孢粉分析、卫星照片和航空照片等等，但是像我们这样一个历史悠久、幅员广大的国家，要全面而系统地探索历史时期的自然地理概况，却仍然遇到了许多困难。因而本分册在内容上必然会存在不少缺点和错误，希望各方面批评指正。

本分册各章节从 1973 年起分别由各单位执笔人开始撰写，中间进行了反复的修改。曾于 1976、1977、1978 三年中，先后在西安、上海、开封 3 地举行了为时达 4 个月的定稿会议，并组织本书编委及撰写人员，分别到武汉、南京、郑州、杭州等地的有关单位求教。为本书审稿和提供资料的单位多达数十，其中如黄河水利委员会、长江流域规划办公室、西北大学、南京大学、河南师范大学、武汉水利电力学院等都对本书的定稿作出了很大的贡献，谨向所有为本书工作的单位和个人志谢。

本分册由复旦大学谭其骧、陕西师范大学史念海、杭州大学陈桥驿 3 同志汇总、修改、定稿。各章节的撰写分工如下：

第一章　总论：陈桥驿、王守春（中国科学院地理研究所）。

第二章　历史时期的气候变迁：张丕远（中国科学院地理研究所）。

第三章　历史时期的植被变迁：文焕然（中国科学院地理研究所）、陈桥驿。

第四章　历史时期的水系变迁

第一节　概述：陈桥驿。

第二节　黄河：邹逸麟（复旦大学）、谭其骧、史念海。

第三节　长江：张修桂（复旦大学）、谭其骧、魏嵩山（复旦大学）、袁樾方（复旦大学）。

第四节　海河：黄盛璋（中国科学院地理研究所）。

第五节　珠江：曾昭璇（华南师范学院），黄少鸣（华南师范学院）。

第六节　辽河：林汀水（厦门大学）、周维衍（复旦大学）。

第七节　塔里木河：黄盛璋、钮仲勋（中国科学院地理研究所）、孙仲明（中国科学院地理研究所）、周廷儒（北京师范大学）。

第八节　运河：马正林（陕西师范大学）、黄盛璋、陈桥驿。

第五章　历史时期的海岸变迁：陈吉余（华东师范大学）。

第六章　历史时期的沙漠变迁：朱震达（中国科学院兰州沙漠研究所）、刘恕（中国科学院兰州沙漠研究所）、侯仁之（北京大学）。

1980 年 3 月

第一章　总论

历史自然地理学是一门自然科学，它研究历史时期地理壳或地理环境（或其组成部分）的结构、动态和发展变化的规律。必须指出，这里的所谓历史时期，是指人类的社会生产活动有了发展，特别是农业生产活动开始出现以后的时期。因为从这个时期起，人类活动对于地理环境的影响，在程度上和范围上都和这以前大不相同。地理环境的发展变迁从此空前加速和扩大，对于现代自然地理面貌的形成具有重要的意义。而历史自然地理学，即是指的这一特定时期的自然地理学。由此可知，历史自然地理学的研究对象，在空间上和现代自然地理学并无二致，而在时间上则介于古地理学和现代自然地理学之间，具有承前启后的地位。

既然历史自然地理学和自然地理学具有一致的研究对象，所以它们研究的目的实际上也是共同的。两者都是通过对不同时期的地理环境的研究以掌握地理环境发展变化的规律,从而为人类合理地利用自然和改造自然取得依据。例如对历史时期气候变迁规律的研究,和今天的中长期天气预报以及灾害性天气周期的预测等,都有重要关系;研究历史时期植被变迁的过程,对今天安排农、林、牧三者的合理布局具有参考价值;研究历史时期海岸变迁的趋向,对于今后从事港口建设和进行海涂围垦等都将有所裨益;对于历史时期沙漠、河流等变迁规律的研究,对指导今后的治沙、治水等工作,都能提供科学的依据。诸如此等,是历史自然地理学研究的实践意义。

恩格斯在论述自然科学发展的方向时曾经指出:"如果地球是某种逐渐生成的东西,那么它现在的地质的、地理的、气候的状况,它的植物和动物,也一定是某种逐渐生成的东西,它一定不仅有在空间中互相邻近的历史,而且还有在时间上前后相继的历史。如果立即沿着这个方向坚决地继续研究下去,那么自然科学现在就会进步得多。"[①]毛泽东同志也指出:"不但要懂得中国的今天,还要懂得中国的昨天和前天。"对于我国地理环境的"昨天和前天",[②]即我国地理环境的"前后相继的历史"的研究,正是历史自然地理学研究的重要任务之一。只有通过这种研究,才能更全面,更深刻地认识今天的自然地理面貌,也才能更有效地探索人类利用自然和改造自然的合理途径。这就是历史自然地理学的理论意义。

地理环境在历史时期是不断发展变化的。作为自然科学的历史自然地理学,不仅要揭示这种变迁的现象和过程,同时要分析这种变迁的原因和动力。这样才能掌握历史时期地理环境变迁的规律。自然界本身就是相互联系,不断运动、发展、变化的。因此,在研究我国历史时期地理环境的发展变化时,必须充分估计到自然界本身的这种力量。但是应该指出,随着人类社会的发展,生产斗争和阶级斗争日益深刻地影响着周围的自然界,人类对自然界的利用和改造,愈来愈广泛地改变了自然界的面貌,人类活动成为地理环境变迁的主导力量。我国历史时期地理环境各组成部分的发展变迁就是如此。以气候的变迁为例,这是地理环境中受人类活动影响最微小的部分,但它毕竟仍然受着人类活动的深刻影响。正如贵阳地球化学研究所所指出的:"2500 年—3000 年以来,大规模的人为活动日益深刻地影响和改变着自然环境,因而使气候地质记录所反映的气候波动与实际气候波动有某些出入。"[③]事实上,植被的改变、水体的缩减、沙漠的扩展等等,对气候特别是小气候,无疑产生了非常深刻的影响。又如河流的侵蚀、堆积和海岸的淤涨,本来只是整个地质循环中的一段过程,是纯粹的自然现象。但是自从人类的社会性生产活动发展以来,天然植被随着农牧业的扩大而大量破坏,土壤流失空前增加,人类活动所造成的这种变迁,其速度和规模,较之自然界的地质循环大得不可比拟。这在本书有关黄河和渤海湾海岸变迁等章节中,都有大量事实可以证明。

历史自然地理学所研究的地理环境各组成部分的变迁,并不彼此孤立,而是相互联系和不断运动发展的。气候的变迁牵涉植被的变迁,植被的变迁影响河流的变迁,而河流的变迁又涉及沙漠、海岸等的变迁。这中间有着错综复杂的关系。同时,自然界在历史年代中的变迁,和它们在地质年代中的变迁迥然不同。如上所述,这种变迁主要是由社会生产力和生产关系所推动。例如,天然植被的改变是由于人们的垦殖或战争的破坏;河流的改道是由于人们治水的成功或失败。地理环境的诸如此类的变迁,实际上也是整个社会发展中的一个方面。由此可见,历史自然地理学所研究的这种地理环境的变迁,既涉及地理环境各组成部分的关系,又从属于历史发展的客观规律。所以必须掌握辩证唯物主义和历史唯物主义的观点,才能使我们的研究沿着正确的道路前进。

由于历史自然地理学是研究历史时期的自然地理,因此,自然地理学的研究方法,诸如实验、分析、野外考察等等,也都适用于历史自然地理学的研究。特别是野外考察的方法,由于它可以从现场观察地理事物变迁的遗迹,从而探索变迁的原因和过程,更具有重要性。部门自然地理学的各个学科,如地貌学、气候学、陆地水文学、土壤、植物、动物地理学等,也都和历史自然地理学的研究有密切关系。此外,人类社会形成于全新世,从此人类活动对地理环境开始有了显著的影响,因此,第四纪地质学和考古学的成果,对于这个时期的历史自然地理的研究也具有重要的意义。

除了上述和现代自然地理学共同的研究方法以外,历史自然地理学还有其独特的研究方法,即历史文献分析的研究方法。自从文字在历史上出现以后,环绕人类社会的自然界,诸如气候、植被、海岸、沙漠、河流等等,其变迁过程常常有直接或间接的文字记载,这些文字记载,都是历史自然地理学的宝贵资料。通过对于这些历史文献的搜集、整理和科学分析(当然不是烦琐的考证),从而得出正确的结论,是历史自然地理学研究的重要方法之一。上述自然地理学的一般研究方法和历史文献分析的研究方法,在本书各章节中都有普遍的应用;而第四纪地质学、考古学等学科的研究成果,本书也广泛地加以引证。

特别应该提出的是与本学科有关的一些新的科学技术方法,如孢粉分析、沉积物分析和 C^{14} 测定年代的方法等等。以 C^{14} 测定年代的方法为例,虽然这种方法在我国开始应用不久,但是自从 1972 年公布第一批测定年代以来,至今陆续公布的测定年代已达 134 项。[④] 这些成果,对历史时期气候、植被、水系等变迁的研究,都有重要的价值,我们已经加以应用。此外如卫星照片和航空照片的判读等,对指导野外考察和室内分析工作,也都有重大的意义。

在我国历史时期中,地理环境的发展变化是十分复杂的。本书就气候、植被、海岸、沙漠、河流等方面作了初步的探讨。从气候的变迁来说,根据孢粉分析和 C^{14} 年代的测定,我国的广大地区,在五、六千年以前曾是一种温暖湿润的气候;根据大量考古学资料和历史资料的分析,从 3000 年前开始出现了气温的下降趋势,这种趋势一直延续到现代,而其间又穿插着若干次以世纪为期的气温回升和复降。气候变迁的具体过程是曲折复杂的。历史时期我国植被的变迁过程也十分复杂。虽然变迁的总的趋势是栽培植被的逐渐扩展和天然植被的不断缩减,但是由于我国幅员广大,历史悠久,各地区人为活动对植被的影响在时间上和程度上互不相同。因此从全国来说,这种变迁存在着极大的区域差异。而这种差异又牵涉到地理环境的其他组成部分如沙漠、海岸、河流等等,使这些部分的变迁直接或间接地蒙受植被变迁的影响,从而反映了各地区互不相同的自然景观和人为景观。我国的海岸在历史时期也不断发生变迁,例如渤海湾的海岸和苏北海岸的变迁程度都相当剧烈,而这种变迁是在黄河的深刻影响下发生的。黄河的巨大输沙量供给河口三角洲和邻近海岸的塑造以极为丰富的物质,因此,黄河河口三角洲海岸向外淤涨十分迅速。但一旦黄河改道,泥沙来源中断,在波浪的作用下,这里又转化为侵蚀性海岸而逐渐退缩。与此同时,又在新的河口淤涨新的三角洲海岸。这种沧海桑田的变迁,对地理环境特别是沿海地带地理环境的影响,无疑是十分重大的。和沿海的地理环境变迁一样,在历史时期我国内陆的沙漠也在不断地变迁和发展之中。荒漠草原和草原带的沙漠如科尔沁沙地和毛乌素沙地等,在古代本来都是草原,由于垦牧过度才逐渐沙漠化,并不断地扩大。荒漠地带的沙漠也是如此。例如塔克拉玛干沙漠,尽管它在地质年代已经存在,但历史时期以来,沙漠内部和外缘的变迁都很复杂。见诸汉唐记载的绿洲和城邑,有许多都已经为沙漠所掩埋;而著名的"丝绸之路"的不少段落,也已经深陷于沙漠之中。在我国历史时期地理环境的变迁中,河湖的变迁十分强烈并具有深刻的影响,黄河就是最突出的例子。据记载,黄河在历史时期决溢达 1500 多次,重大的改道就有 6 次;洪水波及的范围,北遍冀鲁,南及苏皖,纵横达 25 万平方公里。由于黄河的频繁改道和决溢,今黄淮平原的水系受到严重的破坏和干扰,古代中原地区许多流量充沛、航运畅通的河流和星罗棋布的湖泊,大多因之淤浅,或者涨为平陆,甚至成为沙丘和沙岗,其影响的深刻和广泛不言而喻。

这里还必须指出,历史时期我国地理环境的变迁,其过程并不是一种直线发展的简单形式,它们有时表现得十分曲折,甚至发生反复交替、错综复杂的情况。以华北平原中南部的植被变迁为例,早在战国时代,这里的天然植被已经基本上为栽培植被所取代。但是此后情况就一再反复,从东汉末年到南北朝之间,由于战乱和自然灾害,栽培植被又大片转变为次生草地和灌木丛。隋唐以后,栽培植被开始有所增加,但北宋末叶以后,战乱再次使土地荒芜,栽培植被锐减。直到清初以后,栽培植被才又基本取代了次生的天然植被。渤海湾的海岸变迁也是如此。由于黄河的泥沙堆积,三角洲海岸在历史时期不断向外淤涨,但这种淤涨也不是直线发展的,因为黄河尾闾水道的摆荡不定,海岸就出现了一时淤涨,一时退缩,一地淤涨,一地退缩的错综复杂的情况。虽然渤海湾海岸在历史时期曾经有了很大的淤涨,但6世纪时尚位于黄河河口的皮丘坈,现在却已沦于羊角沟海岸以外的海洋之中,足见变迁是很复杂的。历史自然地理学的研究,必须在这种错综复杂的现象之中,进行细致的探索和科学的分析,才能获得正确的结论,从而掌握历史时期地理环境发展变迁的客观规律。

如上所述,在我国历史时期中,人类活动已经使地理环境发生了极大的变迁。我们的祖先通过披荆斩棘的长期劳动,把榛莽洪荒的自然界,改变得愈来愈适宜于人们的繁衍生息。因此,历史时期地理环境的变迁,按其主流来说,乃是人类利用自然和改造自然的巨大成果。人们驱逐禽兽,砍伐原始植被,发展了农牧业;人们排干沼泽,建筑堤防,使土地可以耕种而河流便于通航。凡此种种,都是历史时期地理环境变迁中的积极成果。当然,人们对于自然发展规律的认识和掌握,并不是轻而易举的。古代人们对于自然界认识的片面性和局限性,加上社会制度的原因,以致他们利用自然和改造自然的工作,并不都能获得成功,常常顾此失彼,甚至遗患后世。这就是历史时期地理环境变迁中的许多消极后果.仅仅天然植被过度砍伐这一事实,就产生了水土流失、沙漠扩大、河流淤塞、水旱增加等许多后患。所有这些,在本书有关章节中都有所论述。正如恩格斯所指出的:"但是我们不要过分陶醉于我们对自然界的胜利。对于我们的每一次胜利,自然界都报复了我们。每一次的这种胜利,第一步我们确实达到预期的结果,但第二步和第三步却有了完全不同的意想不到的结果,常常正好把那第一个结果的意义又取消了。"[⑤]为此,历史自然地理学的研究,不仅要总结历史时期地理环境变迁中的积极成就,同时更要总结这个过程中的消极后果,从而掌握历史时期地理环境发展变迁的正确规律,为社会主义建设和四个现代化服务。

我国有广大的领土和悠久的历史,在漫长的历史时期中,在这样辽阔的土地上,地理环境的变迁和发展是十分复杂多样的,这就对我们的历史自然地理研究提出了大量的任务和提供了广阔的课题。我国所拥有的历史文献,从先秦以至晚清,其数量浩如瀚海,为世界任何国家所不及。其中也包括大量的历史地理文献,从战国时代的《山海经》、《禹贡》和公元1世纪的《汉书·地理志》以来,有众多的专著和其他记载,为我国各地的区划沿革、河川水利、土壤生物、气象气候、农工生产等提供了直接或间接的资料。仅仅是宋元以来的地方志一项,按1958年的统计,[⑥]为数就超过7000种、10万卷。同时还要指出,在我国古代的地理研究中,历史地理学包括历史自然地理学的研究有着悠久的渊源。不少古代地理名著如《汉书·地理志》和《水经注》等,同时也是历史地理名著。所有这些都说明,历史自然地理学的研究在我国是具备了优越条件的。我们不仅有十分浩瀚的历史文献,并且还有非常古老的研究传统,这是世界上任何国家所无法比拟的。由此可见,历史自然地理学在我国有着极为广阔的发展前途。

作为全书的开头,我们在此说明了如上的一些意见。至于有关我国历史时期地理环境变迁的具体过程及其规律性的探讨,将在以下各章节中分别叙述。前面已经提及,历史地理学的研究在我国有悠久的传统,但是作为现代科学的历史自然地理学,毕竟还是很年轻的。我们在这个领域中所做的工作还不很多,积累的资料也比较少,本书各章节所论述的,只涉及自然地理中的若干要素。对于自然地理中其他一些要素如地貌、地下水、土壤、动物等在我国历史时期的发展和变迁,我们的研究工作还很不够,没有充分的资料可供探讨,只好暂付缺如。在本书已经论述的各自然地理要素中,由于研究工作的发展不平衡,获得的成果彼此很有差距,因此,本书各章节的论述,在涉及问题的深度和广度以至文字体例等方面,也并不完全一致。毫无疑问,本书还存在许多缺点和错误,欢迎批评指正。

第三章　历史时期的植被变迁(部分)

第二节　植被类型的变迁(部分)

(四)宁绍地区

宁绍地区位于浙江省东部。南部是一片1000米上下的四明山地和会稽山地,古代有茂密的亚热带森林;北滨钱塘江和杭州湾,是大片沼泽草地。这就是《禹贡》记载的扬州:"厥草惟夭,厥木惟乔。"

春秋时代,本区大部是古木参天的原始森林。《吴越春秋》所载"大二十围、长五十寻川"[⑦]的巨木,虽然语涉夸大,但近来在绍兴凤凰山发现的战国木椁墓,其棺椁皆以巨大的楠木制成。[⑧]南宋初疏浚鉴湖时,也曾在湖底挖出不少成湖前的汉棺,当时的目击者指出"皆刳木为之"。[⑨]说明这里从战国到汉代,尚不乏高大的古木。甚至直到森林开始破坏的南北朝初期,会稽山地南部仍然"茂松林密",[⑩]拥有许多"干合抱、杪千仞"[⑪]的巨材。春秋越部族时代的高大豫章树当时也还存在,据目击者所记:"行伍相当,森耸可爱。"[⑫]在森林破坏较晚的四明山地,直到宋代,还有树龄几千年、树径40围的巨大古木。[⑬]

本区的天然植被是在人为活动的长期影响下遭到破坏的。余姚河姆渡遗址曾发掘出酸枣、麻栗果等果实，[14]其出土橡子经 C^{14} 测定绝对年代在六七千年之间。[15]说明早在新石器时代，本区的森林已经有所采伐。越部族的前期，由于其"随陵陆而耕种"、"逐禽鹿以给食"[16]的迁徙农业和狩猎活动，对森林也有一定的破坏。

越部族的后期，垦殖开始，消耗燃料的金属冶炼和陶器等随着发展，[17]森林砍伐也空前扩大，今绍兴城南木客山一带，据记载曾于勾践十年（前 487）和二十五年（前 472）进行了数千人的砍伐，[18]天然森林开始受到较大的破坏。

自战国以至秦汉，本区的生产力水平更为提高，人为活动对天然植被的影响进一步扩大。特别是晋代政治中心的南迁，本区户口增加，经济发展，出现了"今之会稽，昔之关中"的局面，[19]沼泽草地和会稽山地北部的森林至此开发殆尽。[20]到了南北朝初期，本区西部山阴县的地价，已经达到"亩直一金"[21]的程度，人口于是大量向东部的余姚、鄞、鄮等县移动，[22]使东部地区也进入了垦伐天然植被、开辟耕地的高潮。

从唐代起，越州和明州所产的茶叶已经名闻国内，[23]大片茶园在会稽、四明山地出现。到了宋代，北人又一次大量南迁，本区移民充斥，对耕地的需要更为迫切，以致本区的大型水库如绍兴鉴湖和宁波广德湖，都在这个时期围垦湮废。[24]对山区的垦殖当然更不待言，会稽山地至此开始出现"有山无木"[25]的童秃情况。

本区天然森林的彻底破坏，是粮食作物引入山区的结果。早在南宋，杂粮引入山区的记载已经屡有所见。[26]但当时引入的还只是一些对自然条件要求较高的禾本科和豆科作物，因而山区的垦伐还不至于漫无限制。但是明代中叶以后，甘薯和玉米这两种对自然条件要求极低的作物，先后引入本区，而且迅速扩大。[27]于是，会稽山地和四明山地的残存森林才最后伐尽。清代末叶的官方调查报告清楚指出，这个地区"无森林之可言"，[28]天然植被已经完全为栽培植被所代替了。

第三节　结束语

前面已经论述了我国历史时期植被变迁的大概情况。我国幅员广大，地形、水文、气候、土壤等自然条件各不相同，因而在历史时期，我国各地的天然植被也是复杂多样、丰富多彩的。我国古代的森林广大而繁茂，从极北的落叶针叶林到极南的常绿阔叶雨林。从内地的高山森林到沿海的红树林，历史上都有所记载。我国的草甸和草原辽阔广大，拥有丰富的牧草资源。此外如沼泽、盐生、沙生等各种植被，也无不应有尽有。

我国历史悠久，经过各族人民长期的开拓垦殖，几千年来，已经大规模地改变了天然植被的面貌，而使各地区的植被类型有了极大的变迁。广大的森林、沼泽和草原，经过多年的垦殖而成为农田，天然植被为栽培植被所代替，生产了不可数计的粮食和经济作物。辽阔的草原被开拓为牧场,牛羊成群,马畜弥山,变成了各种畜产品的宝库。因此,虽然我国各地植被类型的变迁过程,有着如上所述的种种差异,但总的趋势都是天然植被变为栽培植被。这个过程,也就是我国历史上农牧业发展的过程。长期以来,劳动人民在各种植被类型的变迁过程之中,发展了农牧业生产,为我国各族人民的繁衍生息奠定了巩固的基础。

因此,上文所述的我国历史时期的植被变迁,按其主流来说,实际上就是古代劳动人民利用自然和改造自然的巨大成果,是具有深远的积极意义的。正如恩格斯所指出的:"人消灭植物,是为了在这块腾出来的土地上播种五谷,或者种植树木和葡萄,因为他们知道这样做可以得到多倍的收获。"㉙但是也必须看到,人们对于自然发展规律的认识和掌握,是有一个复杂的过程的。古代人们对于自然界认识的片面和落后,过度的垦伐加上不良的耕作方式和技术,使他们在利用和改造自然的过程中,也不可避免地留下了许多消极因素。他们一方面砍伐森林,开垦草原,发展了农牧业,但与此同时,却也破坏了自然界原来所保持的相对平衡,从而招致了不良的后果。正如恩格斯所指出的:"美索不达米亚、希腊、小亚细亚以及其他各地的居民,为了想得到耕地把森林都砍完了,但是他们却梦想不到这些地方今天竟因此成为荒芜不毛之地,因为他们把森林砍完之后,水分积聚和贮存的中心也不存在了。"㉚恩格斯所举的例子,在我国各地植被变迁的过程中,也是屡见不鲜的。

特别应该指出的是社会制度的原因。我国历代剥削阶级的统治,正是促使滥垦滥伐的主要原因。他们经常发动战争,毁灭森林,破坏草原,使田园荒芜,生产停滞。这类事实,在前面所述各地区植被类型变化的过程中,已经有所列举。近代以来,在帝国主义者对我国的侵略中,也大肆破坏我国的天然植被。上述沙俄和日本帝国主义对我国东北天然森林的破坏,就是显著的例子。而新中国成立以前,国民党反动派对我国天然植被资源的滥肆掠夺和破坏,也在这方面造成了十分恶劣的后果。

新中国成立以后,有了优越的社会主义制度和共产党的领导,为我们正确认识自然发展规律创造了有利条件,使我们有可能全面而合理地利用自然和改造自然。我们正在系统地总结有关历史时期植被变迁的经验和教训,合理地安排各种植被的关系,促使农、林、牧业的迅速发展。早在 1956 年,党和国家就绿化祖国,实行大地园林化,全面发展农业生产方面,有过许多号召和指示。这些年来,我们已经在这方面取得了一些成绩。前面述及的太行山中段,大部分地区新中国成立前已经砍伐殆尽,但现在开始改变了面貌。以其中的林县为例,到1974 年,全县宜林地面积的60%已经绿化。过去童秃的山岭,现在正朝着"松柏盖顶,用材林缠腰,果树满沟凹"的方向迈进。㉛又如宁绍地区,新中国成立前早已无森林而言,但现在也正在迅速绿化。以其中的绍兴县为例,1976 年,全县林业用地中的 68% 左右,已为各种树龄的林木所被覆。会稽山地的越峰、孙岙、王化等地,原来童山濯濯,如今则树木成荫,成为一片茂密的森林了。㉒

马克思指出:"自然界和劳动一样也是使用价值(而物质财富本来就是由使用价值构成的!)的源泉。"㉓作为自然界的重要组成部分的植被对于人类有极大的使用价值,是十分重要的自然资源。为了使这种资源在社会主义建设中提供更大的使用价值,我们必须更好地总结历史时期植被变迁的各种经验教训,合理安排农、林、牧三者的关系,使我国的农业、林业和畜牧业获得更大的发展。

第四章　历史时期的水系变迁(部分)

第一节　概述

在这一章中,我们探讨历史时期我国主要水系的变迁过程。水系和人类社会发展的重要关系是不言而喻的,在自然地理各要素中,水系是人类在生产和生活上最敏感的部分。在历史上,由于水系变迁而引起整个部族搬迁的事实并不罕见,而逐水草迁徙的游牧活动,至今也还在世界各地存在。我国有广大的河湖网,它们在历史时期发生了频繁和复杂的变迁,这种变迁对我国的自然地理面貌和人文地理面貌都带来深刻的影响。

正因为水系分布及其变迁的巨大意义,我国历史上有关这方面的文献多得不可胜计。自从《山海经》和《禹贡》记载我国的水系以来,到公元 3 世纪就出现了描述全国水系的专著《水经》,6 世纪又完成了详述 1000 多条河流的不朽名著《水经注》,到清代的《水道提纲》,《行水金鉴》等,其间包括正史的沟洫、河渠等志以及大量方志中的河川、水利等卷帙,前人为我们在水系变迁的研究上留下巨大的遗产。此外,现代科学技术的新成就也为我们今天从事这项研究提供了有效的支援,我们在本章各节的探讨中,曾经判读了一些卫星照片和航空照片,并且利用了 C^{14} 测定年代和地质部门提供的若干钻井资料,而近代地貌学和考古学等学科的研究成果,在许多地区都为我们的研究取得重要的论据。

在涉及具体河流变迁的各节之中,我们首先讨论的是黄河。黄河虽然不是我国最长的河流,但从历史地理的角度评价,它在我国河流中却具有首要的地位。它一方面是我们民族文化的摇篮,而另一方面,几千年来我们已为它付出了难以估计的代价。黄河以善淤、善决、善徙闻名,在历史时期,它无疑是全世界变迁最大的河流。对于这样一条河流在历史时期中频繁而复杂的变化过程,我们首先是阐明它的变迁现象,在有史以来的 1000 多次决溢改道之中,选择了最大的 6 次以说明其变迁概况。其次是探讨黄河变迁对黄河河道、黄河沿岸特别是它的下游的影响,也包括对湖泊的影响在内,这种影响,如下文所述,确是十分巨大的。在阐明了黄河变迁的现象以后,最后是探索它的变迁原因,主要着重于水沙条件的研究。黄河的巨大含沙量在世界上无出其右,洪水和泥沙是黄河不断变迁的根本原因,水沙矛盾发展变化的历史基本上也就是黄河变迁的历史,而在水沙这一对矛盾之中,泥沙又是矛盾的主要方面。

由于黄河在历史时期频繁而复杂的变迁,对黄河的历史自然地理的研究就成为十分重要的任务。因为总结黄河在历史时期的变迁规律,对今后的治河必然大有裨益。新中国成立以后,黄河正在得到治理。"黄河是中国的忧患"的时代已经过去,这是我们额手称庆的大事。但是另一方面,我们也必须清醒地看到,黄河问题今后仍将是我国的重要问题。因为尽管我们已经做了大量的工作,但黄河输沙量基本上还没有改变,黄河仍然是一条不断抬高的悬河。要根本解决这条河流的问题,还有很长的一段路程要走,而黄河在历史时期变迁规律的研究,也仍然是这段路程中的重要课题。

长江是本章论述的第二条河流。这是我国的第一大河,也是世界的著名大河之一,对长江在历史时期河道变迁的研究,当然也是至关重要的。但是由于长江流域的开拓晚于黄河流域,其河性又与黄河迥异,从历史自然地理的角度来看,它远不如黄河那样引人注意。因此,历史上对于长江的研究和记载,就比黄河要少得多,所以本章中有关长江的论述,在古代文献的引用方面,显然没有黄河那样的丰富和完整。当然,古代文献在历史地理研究中仅仅是一个方面的依据,而我们在长江的论述中,确实在颇大程度上借助了近代考古学和地貌学等学科的研究成果。虽然如此,对于长江历史自然地理的研究,看来仍然落后于黄河,尽管我们对黄河的研究也很不够。

由于资料和篇幅的限制,在长江一节中没有全面地论述这条河流,而只是重点地探讨了历史时期长江中游的水系变迁,主要是云梦泽的演变,荆江河床的形成与演变以及洞庭湖和鄱阳湖的变迁。因为这个地区的水系变迁,不仅直接和长江河道有关,并且也牵涉到江汉平原和鄱阳湖平原的形成和水系变迁,是长江流域至关重要的部分。对于长江下游,则论述了太湖水系的变迁,因为太湖水系不仅直接和长江沟通,而且与长江三角洲水系的形成和发展有密切关系。

在华北平原,本章探讨了那里的最大河流——海河。海河与黄河有许多相似之处,但是也有它本身的特点。海河在历史时期的变迁过程中,与黄河有十分密切的关系,黄河早期曾在今天津附近入海,今海河水系诸河中,除了北翼的永定河和潮白河曾分流入海外,其余诸河都曾经是黄河的支流,因此,海河具有与黄河相似的河性。它含沙量很大,其支流如永定河、漳河、滹沱河等,在历史时期也已经成为悬河。为此,对于海河历史自然地理的研究,必须密切联系黄河变迁所给予它的影响。当然也必须探索海河本身的特性,例如它所拥有的众多支流以及这个地区的新构造运动的作用对其河道变迁的影响等等。

海河水系流贯广大的华北平原,并且又是流经我国首都的重要河流。对海河的治理以及流域中水土资源的开发,是我国水利事业中的一件重要大事。新中国成立以来,我们已经在海河治理方面做了许多工作,获得了卓越的成就。但今后无疑仍有许多工作要做,其中也包括如何进一步摸清它在历史时期的变迁规律,为今后根治海河提供更为有用的依据。

本章论述的我国南方大河是珠江。这条位于热带季风区的河流,其河性与本章论及的其他河流特别是黄河、海河、辽河等迥然不同。珠江流域降水量大,沿岸的植被破坏较晚,因而流量丰富,水位稳定,含沙量少,有利于平原地区稳定性深水河槽的形成,并且不易游动。因此,这条河流在历史时期的河道变迁现象主要发生在下游,这种变迁主要是三角洲式放射状水系,在历史时期中经过筑堤、围垦、截断支流、保留干流等人为活动的结果。所以,对于这条河流的论述重点,就相应地放在西江、北江和东江的下游,而特别是三江汇合以后的广州珠江河道及其支流的变迁。今天的珠江三角洲,水道纵横,港汊分歧,桑基鱼塘,平畴连绵。这正是唐宋以来劳动人民对珠江河道改造的结果。我们当然不能以此而满足,还要更进一步地探索珠江在历史时期变迁的规律,要使它今后的变迁对我们更为有利。

在我国东北地区的河流中,本章所探讨的唯一河流就是辽河。这是一条输沙量很大和历史上变迁较多的河流,由于历史资料的缺乏,目前还不可能对这条河流的变迁过程进行详细的讨论。但仅从记载比较完整的明代起,这条河流的干支流都有幅度不小的变迁,而河口三角洲的淤涨也十分迅速。我们虽然从自然因素和人为活动两方面作了分析,由于资料并不完整,这种分析显然是很初步的。东北地区河流众多,在水土资源方面具有巨大的开发潜力。因此,对于辽河以及这个地区其他许多河流在历史时期的河道变迁、沿河平原和河口三角洲堆积、淤涨等过程的研究,将是历史地理学界的重要任务之一。

我国有广大的内流区和众多的内陆河,这中间,我们选择塔里木河作为本章中的一节,按其上游、中游和下游三段,初步论述了历史时期的变迁过程。对于历来颇有争论的罗布泊和台特马湖,也相应作了一些考证。塔里木河不仅是我国最长的内陆河,也是世界最长的内陆河之一,过去很长时期中,我们对这条河流知道得不多,而历史文献的记载也常常以讹传讹。只是在新中国成立以后,科学工作者克服了自然条件的困难,在这个地区做了较多的工作,我们对它才增加了许多知识。当然,要把整个塔克拉玛干地区的水系的历史变迁完全探索清楚,我们还有大量的工作要做。

本章最后还论述了我国古代的运河特别是大运河及其历史变迁。这条纵贯海河、黄河、淮河、长江、钱塘江5个流域的地球上最长的运河,是我国古代劳动人民的伟大创造。虽然,运河是人工渠道,其历史变迁主要也是人为因素,与自然地理牵涉较少。但是应该看到,大运河沟通5个天然水系,其本身的许多段落,实际上就是经过某种改造的天然河道,而运河在历史上变迁的原因,常常是由于和它有关的天然河流决溢改道的干扰。因此,我国的运河特别是大运河及其在历史上的变迁过程,很有在本章中论述的必要。

有关本章的简要说明已如上述。由于历史自然地理对于水系的研究主要着重于水系在历史时期中的变迁,因而对于水系的其他一些情况在论述中往往从略。例如对于水系的全貌和现状,可以参阅本书地表水分册中的有关章节,而水系和其他自然要素的关系,例如河流与海岸的关系,河流与沙漠的关系等,则在本篇有关海岸变迁和沙漠变迁的章节中已经有所论述。必须承认的是,除了上述必要的省略以外,本章在论述中也存在着不应省略而目前又不得不暂付缺如的内容。首先,在全国的大量河流中,我们所论述的不过7条,不少重要的大河,如中部地区的淮河和汉水,东北地区的黑龙江和松花江以及西南地区的一些河流,都没有加以探讨。其次,在已经论述的河流之中,由于过去积累的研究成果并不平衡,因此,对于这些河流的讨论,在涉及的范围和探索的深度方面互不相同,而在文字的体例方面也并不一致。所有这些,都是暂时无法弥补的缺憾。郦道元为了说明他所撰写的名著《水经注》的某些不足之处,在序文中写道:"其所不知,盖缺如也。"今天,对于本章内容中的许多不足,我们仍愿引用郦道元在6世纪所说的话。当然,我们深信,在党的领导下,历史地理工作者对于我国水系的研究,必然会取得较大的成绩。我们一定能够在不很长的时间里,把全国水系在历史时期的变迁过程及其规律探索清楚。

注释:

①⑤㉙㉚　恩格斯《自然辩证法》,《马克思恩格斯全集》第20卷,人民出版社1971年版,第376、519、617页。

②　毛泽东《改造我们的学习》,《毛泽东选集》第3卷,人民出版社1958年版,第801页。

③　中国科学院贵阳地球化学研究所第四纪孢粉组和 C^{14} 组《辽宁省南部一万年来自然环境的演变》,《中国科学》1977年第6期。

陈桥驿全集　第九卷
主编书摘　《中国自然地理·历史自然地理》（共同主编）　　　　　　679

④　夏鼐《碳–14 测定年代和中国史前考古学》，《考古》1977 年第 4 期。

⑥　朱士嘉《中国地方志综录》，商务印书馆 1958 年版。

⑦　《吴越春秋》卷九。

⑧　《绍兴县凤凰山木椁墓》，《考古》1976 年第 6 期。

⑨　（宋）吕祖谦《入越记》，载《东莱文集》。

⑩　（南北朝·宋）谢灵运《于南山往北山径湖中瞻眺》，载《全宋诗》卷三。

⑪　《山居赋》。

⑫　《会稽记》。

⑬　（宋）楼钥《游四明山》，载《四明山志》卷七。

⑭　《河姆渡发现原始社会重要遗址》，《文物》1976 年第 8 期。

⑮　《放射性碳素测定年代报告》（四）。

⑯　《吴越春秋》卷六。

⑰　《越绝书》卷八；张拯亢《续绍兴出土古物调查记》（绍兴鲁迅图书馆藏原稿本）。

⑱　《吴越春秋》卷九；《越绝书》卷八。

⑲　《晋书》卷七七《诸葛恢传》。

⑳　陈桥驿《古代绍兴地区天然森林的破坏及其对农业的影响》。

㉑　《宋书》卷五四《孔季恭传》史臣曰。

㉒　《宋书》卷五四《孔季恭传》。

㉓　（唐）陆羽《茶经》下。

㉔　陈桥驿《古代鉴湖兴废与山会平原农田水利》，《地理学报》1962 年第 3 期。

㉕　（宋）庄季裕《鸡肋编》上。

㉖　嘉泰《会稽志》卷一七。

㉗　康熙《普陀山志》卷九引万历《普陀山志》；雍正《浙江通志》卷一〇四引万历《山阴县志》。

㉘　《会稽县劝业所报告册》宣统三年上期（绍兴鲁迅图书馆藏原稿本）。

㉛　林县林业局提供资料。

㉜　绍兴县农水局提供资料。

㉝　马克思《哥达纲领批判》，《马克思恩格斯全集》第 19 卷，人民出版社 1971 年版，第 16 页。

原著署　中国科学院《中国自然地理》编辑委员会编，
科学出版社 1982 年版（《中国自然地理·历史自然地理》
《前言》中注明："本分册由复旦大学谭其骧、陕西师范
大学史念海、杭州大学陈桥驿三同志汇总、修改、定稿。"）

《中国六大古都》(主编)

序　言

　　我们祖国是一个历史悠久幅员广袤的伟大国家,早在数千年以前,我国各族人民的祖先,就开始在这土地上繁衍生息。他们利用自然、改造自然,进行着各种生产活动,并且建立了许多原始聚落。时日推移,随着生产力的发展和人口的增长,聚落的数量不断增加,聚落的规模也日益扩大。早在奴隶社会时代,黄河流域及其附近地区,就出现了许多奴隶王朝的首都。夏王朝(约在公元前21世纪到16世纪)的首都,传说始建于阳城(今河南登封东),以后播迁于安邑(今山西夏县)、帝丘(今河南濮阳南)、原(今河南济源西)、老丘(今河南开封东)、西河(今河南汤阴东)等地;商王朝(约在公元前16世纪到11世纪)的首都,传说始建于亳(今山东曹县南),以后播迁于嚣(今河南荥阳东北)、相(今河南内黄南)、邢(今河南温县东)、庇(今山东郓城北)、奄(今山东曲阜)、殷(今河南安阳西)、朝歌(今河南淇县)等地。像这些奴隶王朝的首都,无疑都是当时的大型聚落。根据现代考古发掘的成果,在这类大型聚落中,有的甚至已经修筑了夯土的城垣,聚落规模,可见一斑。所有这些大型聚落,都是我国最早的古都。

　　西周的社会性质在我国史学界虽然还有争论,但立城建都的记载,在这个时期已经正式开始。西周以后,随着奴隶制度的解体和封建制度的建立,我国中原地区的生产力有了很大的提高,人口有了较快的增长,物产丰富,交通便利,区内和区际联系日益紧密,各地的城市开始得到迅速的发展。从春秋战国以至秦汉魏晋,由于列国割据,王朝兴替,一般城邑和作为首都一级的大型城市在全国范围内有了显著的增加。仅仅根据6世纪初期成书的《水经注》的记载,上起上古,下迄北魏,城邑数量即达3000处左右,而其中古都约有180处。从北魏以迄于清,列国消长,王朝递变,又不知经历了几度,从而又增加了许多古都。

在历史时期的所有王朝首都之中,特别著名的是北京、西安、洛阳、开封、南京、杭州6处,这就是我国的六大古都。

六大古都都具有悠久的历史。北京始于西周的蓟城,春秋时代即成为燕国的国都,以后就成为金、元、明、清四朝的首都。西安始于西周的镐京,以后成为秦、汉、隋、唐各朝的首都。洛阳始建于西周初期,自东周以来,先后有东汉、曹魏、西晋、北魏、隋(炀帝)、唐(武后)以及五代的后梁、后唐、后周等九个朝代在这里建都。开封在战国时代是魏国的国都,以后又成为五代的后梁、后晋、后汉、后周、北宋、金等朝代的首都。南京始于战国金陵邑,以后成为六朝(三国吴、东晋、南朝的宋、齐、梁、陈)首都,此外,明朝初年、太平天国和中华民国也都定都于此。杭州始于秦钱唐县,到五代成为吴越国的国都,以后又成为南宋的首都。以上所列,我国的六大古都,虽然开始定都的时间早晚不同,而定都朝代的多寡和时间的长短也互有差异,但是它们从建城开始以迄于今,至少都已经有了2000年以上的历史。

六大古都的形成并不是偶然的。古代各族人民在这些古都的城址选择、规划设计和施工兴建过程中,曾经付出了巨量的劳动。今天,我们所见的六大古都,无论在地理位置和山川地形方面,都具有十分优越的形势,这一方面当然是古人在城址选择上的精心细致和充分利用自然环境的结果,但另一方面更是他们长期来胼手胝足改造自然环境的成就。例如北京的前身蓟城,城址就建立在古代永定河渡口的交通枢纽上,它居于北京小平原、南方大平原和北方山地之间的重要地理位置。这种优越的地理形势,使这个城市当其始建之时就成为北方重镇。接着,劳动人民锲而不舍地继续改造这个地区的自然环境,他们借永定河水的灌注,开凿了许多渠道,又引西山水源,滋润城区,逐步地改变这个城市的运输、防御、灌溉等条件,并且美化了自然环境。终于使这个城市登上了全国的政治舞台而名闻遐迩,至今仍然是我们伟大社会主义祖国的首都。

其他各古都也都相似。西安南阻秦岭,北滨渭河,居于“八水绕长安”的关中平原中心。洛阳南系洛水,北临邙山,古人称之为“天下之凑”。开封在河淮之间,居于四通八达的鸿沟水系的中心。南京当大江之滨,秦淮河在此入江,沿江多山矶,形势险要,所以古人称为“钟山龙盘,石头虎踞”。杭州位于钱塘江和大运河之交,西临天目山余脉,山青水秀,构成了举世闻名的西湖胜景。

　　如上所述,可见所有这些古都,不仅在自然环境上的得天独厚,在利用改造的过程中更是人定胜天。天工人力,相得益彰,促成了这些古都的形成和发展。

　　所有这些古都,在它们建城定都以前,都曾经作过非常精心周到的规划设计。西周初年创建的洛阳,从勘测设计到建城的完整过程,在《尚书·洛诰》中有明确的记载,它不愧为世界上最早的按照事前的周详规划而建筑的著名城市。汉、唐长安城的布局,也都经过细致严密的规划,特别是唐长安城,坊市排列整齐,街道纵横平直,确是历史上城市规划的罕见杰作。元朝兴建大都城,首先拟定了一个全城的总体规划,然后再根据分区布局的原则,进行设计和施工,从而奠定了明、清两代北京城的基础。此外如开封、南京和杭州,它们在建城定都的过程中,也都进行过规划和设计。所以我国的六大古都,不仅历史悠久,环境优越,而且规划周详,建筑宏伟。在它们的规划和建筑过程中,凝结了我国古代劳动人民的智慧和辛勤。它们是中华民族传统文化的具体证明,是我们宝贵的民族遗产。

　　自从六大古都在我们的土地上次第兴建以来,已经度过了几十个世纪。在这漫长的岁月之中,它们经历过繁荣昌盛的年代,红墙黄瓦,车水马龙,当年不仅是全国的政治、经济、文化中心;并且还接待了瀛海来客,聚集着万国衣冠,是举世闻名的国际都市。但是它们也经历过艰苦危难的年代,严重的自然灾难,残酷的战争浩劫,使人民流散,室宇蓬蒿,使整个城市,遭受到濒于毁灭的创伤。回顾世界历史,多少显赫一时的古都,由于天灾人祸,曾几何时,就在历史上销声匿迹。时至今日,只不过以一座废墟供人们凭吊。但是,我国的六大古都,在经历了多少次灾难以后,它们仍然百折不挠,巍然屹立。而且,经过了重建与再重建,特别是新中国成立以后,在党和政府的领导下,各古都人民,艰苦努力,擘划经营,使古老的都城焕发了青春,显得更为壮丽伟大,闪耀着中华民族悠久文化的万丈光芒。

　　为了让青年读者对我国的六大古都有所了解,在中国科学院学部委员侯仁之教授的倡导下,我们特地编写了些书。本书各篇的作者,多数都是长期在这些古都居住和工作的学者;个别不居住在当地的,为了写作本书,也专程到当地进行了考察。为此,各古都写的篇幅虽然不长,但是都能比较清楚地描绘出这个古都的面貌,让读者花不多的时间,却能掌握六大古都从古到今的简况。当然,由于编辑的时间比较匆促,挂一漏万,仍所难免;而各作者分头执笔,文字的体例也容有差异。还请读者提出宝贵的意见。

1981 年 10 月于杭州

原著署　陈桥驿主编,中国青年出版社 1983 年版

浙江分县简志(合作编撰)

序　言

　　编纂地方志是我国优秀的文化传统之一。在我国,除了历朝正史地理志以及诸如《元和郡县图志》、《太平寰宇记》、《元丰九域志》和元、明、清《一统志》等全国总志外,就地方而言,省有省志,州有州志,郡有郡志,府有府志。在州、郡、府这一级以下,还有为数更多的县志。甚至在县以下,乡镇街坊也往往有志。根据统计,历代以来,我国地方志种数超过七千,卷数近十一万。这是一宗数量巨大的极有价值的历史遗产。

　　地方志详细记载一个地方的自然环境和人文概况,举凡山川、疆域、建置、物产、气候、城镇、户口、人物、风俗、方言、古迹、艺文等等,无不广泛搜罗,详细记载。一部地方志,就是一个地方的百科全书。尽管由于时代的限制,这些旧的地方志在内容中不免夹杂着一些糟粕,但是无论如何,它们对于我们研究历史上各地方的各类课题,都是很有用的。近年以来,我们在编制全国的历代地震年表、中国古天象记录总表、旱涝年表等工作中,以及各地在找矿、找温泉和找地下水资源时,都曾大量利用了地方志中的资料。此外,它们对于各地社会史、经济史、农田水利史、文化史、军事史、科技发展史以及地方人物、风俗、语言、文学等等的研究和旅游资源的开发、名胜古迹的复原等方面,也都具有重要的参考价值。

　　和全国各省一样,浙江省的地方志编纂工作也具有悠久的传统和丰硕的成果,而且在许多方面曾经名列前茅。成书于东汉的《越绝书》,是浙江地区的第一部通志,也是我国地方志的鼻祖。除《越绝书》外,浙江的《临安三志》(乾道《临安志》、淳祐《临安志》、咸淳《临安志》)、《四明六志》(乾道《四明图经》、宝庆《四明志》、开庆《四明续志》、延祐《四明志》、至正《四明续志》、大德《昌国州图经》)、《会稽二志》(嘉泰《会稽志》、宝庆《会稽续志》)等,都是我国历史上的著名地方志。清《四库全书》采录当时存在的全国优秀方志,浙江的就有 15 种,计 267 卷(包括著录和存目),居全国首位。从篇幅来说,浙江的不少方志,都卷帙巨大,因此有丰富的内容。省志中的雍正《浙江通志》有 280 卷(外加卷首 3 卷)之多;府志中的南宋咸淳《临安志》也有 100 卷,而民国《杭州府志》更多至 180 卷(外加卷首 8 卷)。县志中篇幅最大的是《鄞县通志》,计 36 册,51 编,外加地图 26 幅。即使是县以下的乡镇志,也不乏巨著。如光绪《菱湖镇志》、民国《乌青镇志》都有 44 卷(外加卷首一卷),而民国《南浔镇志》更多至 60 卷(外加卷首一卷)。根据统计,浙江省历史上先后编纂的各类地方志有 1800 多种。

　　除了《越绝书》这个特殊的例子以外,浙江省各府县普遍修志始于宋代,到明代而风气大盛,成书卷数近千,居全国首位。清代,浙江的修志工作仍盛极一时,全省 11 府、72 县,做到了府府有志,县县有志,而且常常是每隔若干年就重修一次以增加新的资料。例如绍兴府,在康熙年间就先后编写和刊印了府志 5 次(康熙十二年、十四年、二十二年、三十年,五十八年),而平湖县在清一代中,曾先后于康熙年代修志两次,雍正年代修志一次(未刊),乾隆年代修志二次,嘉庆和同治年代各修志一次,一共修了 7 次,刊印了 6 次。其他各县中在清代修志三四次和五六次的也颇不少。可见浙江的地方志编纂工作,确曾有过一个繁荣的时期,后来才出现了脱节现象。以省志来说,目前存在的最后一种,是雍正十三年(1735)刊行的《浙江通志》,距今已有 200 多年。以后虽然曾于 1914 年和 1931 年以及抗战胜利后成立通志馆从事编纂,但均没有编成(留有未完成的稿本藏于浙江图书馆)。以府志来说,衢州府从康熙四十六年(1707)以后,宁波府从雍正八年(1730)以后,绍兴府从乾隆五十七年(1792)以后,都未曾修订过。县志中如杭县的最后一次修志在康熙年间,桐庐县的最后一次修志为乾隆十八年(1752),义乌县的最后一次修志为嘉庆四年(1799),其他如武义、东阳、绍兴(山阴、会稽)、武康等县,在嘉庆、道光以后,也都未曾编纂过县志。这样,不少府县的 100 多年以至 200 多年来的地方事迹就还得不到记录和整理。至于数十年乃至近百年来未曾修过志的县,那就更多了。

　　历史在前进,时代的要求也大不同于以前了。现在编纂地方志不但要继承和发扬过去的优秀传统,而且必须有新的特色与风貌。这个继往开来的任务正落在我们这一代人的身上。为了让省、地、县的地方事迹和地方文献得以保存流传,为了我们对地方自然环境和人文概况的研究能获得不断增加的丰富资料,并对这些资料进行辩证唯物主义和历史唯物主义的分析研究,从中找出规律性的东西,为实现四个现代化和精神文明建设服务,我们都必须义不容辞地负起这个责任。

当然,无论是省志、地区志、县志等的编纂,都不是轻而易举的事,不但在资料的积累方面要有一个过程,而且在体例的制订、内容的安排等方面,都有待于仔细研究,所以绝不是短期内可以完成的。正因为这样,我们才怀着尝试的心情,编纂了这部《浙江分县简志》,一方面是为了满足当前的需要,另一方面也是为了抛砖引玉。各方面的错误和粗疏之处一定很多,希望得到批评和指正。

原著浙江人民出版社 1983 年版

浙江地理简志(合作编撰)

序

　　修纂地方史是我国优秀的文化传统之一。六朝方志奠定了我国方志重视地理志的基础,而北宋图经又为地理志锦上添花。在六朝地志和北宋图经的基础上,从南宋起,开始了我国地方志发展史上的第三个阶段,即地理志在方志中占有显要地位。正由于地理志加强了方志的地理特性,使其与地方史有明确的界线,这就为地方志的修纂获得了独特的历史地位。

　　南宋以来的地方志,按照现代地理学所包罗的内容来说,除了属于自然地理学的地理志(或称舆地志、山川志)和灾祥志(记载灾害天气和地震等)等以外,还有属于人文地理学的水利志、古迹志、物产志(或称食货志)等等,涉及内容相当广泛。当然,在现代地理科学未获得发展的古代,地方志中记载的地理事物,只不过是许多地理现象的罗列,还谈不上对地理事物及现象进行分析。

　　民国以后陆续修纂的地方志中,人们开始把现代地理学的研究成果编入地理志和其他有关的卷帙。民国二十二年(1933)创修到二十六年(1937)基本完成的《鄞县通志》,就是最好的例子。这部方志中有关地理学的内容,除了集中在舆地志中外,还分散在博物、食货、工程各志内,资料相当丰富。它不仅记载地理,并且涉及地质;不仅对地理事物和现象作性状的描述,而且对某些部分(如气象等)作了大量的记录。此外,它摈弃了自裴秀制图六体以来约流行了 1500 年之久的方格地图，而改用有经纬网格的新式实测地图，使浙江省的地方志修纂首次跳出旧舆地学的窠臼，而步入新的地理科学的体系。

用现代地理学资料编写方志中的地理志，在浙江省内，已于半个世纪前由以《鄞县通志》为代表的地方志中开始。现在，《浙江地理简志》的撰写，一方面要继承《鄞县通志》等晚近刊行的地方志的传统，在地理学资料的选用上尽可能去旧更新，吸收浙江省近年来地理科学最新研究成果，另一方面也要改革旧方志写作体例上平铺直叙、罗列现象的缺陷，重视各地理要素之间的相互联系和对各要素内涵做比较深入的分析。当然，这还只能说是我们努力的目标。

《浙江地理简志》是《浙江简志丛书》的一种，全志分自然地理和人文地理两卷。在自然地理卷中，按自然地理各要素，分列地质矿产、地貌、气候、水文地理、土壤地理、植被地理六篇；在人文地理卷中，则按人文地理各要素分列建置沿革、历史地理、经济地理、人口地理、城市地理、旅游地理六篇。撰写时，我们力求避免旧方志式的简单罗列，但也不作长篇大论，而是设法多立子目，务使条例清楚。另外，配以地图和表格，以补文字之不足。

自然地理卷中，地质矿产篇列为卷首。地质当然绝非地理，但地层和构造涉及矿物的生长分布，是资源地理的重要基础。这篇内容除了简述省内各地的地质、矿产概况外，亦是为自然地理卷和人文地理卷的许多篇帙提供数据。地貌篇在自然地理卷中具有重要地位，故该篇除阐明省内地貌的基本特征，对主要的地貌类型如平原、盆地、山地（包括丘陵）、沿海岛屿等作较详细的介绍外，还扼述了全省的地貌区划。地貌研究，不仅直接关系到省内各地的地表形态，牵涉到土地利用和农业、工业、运输业的发展，而且由于地貌和小气候的差异，使之与河流的流向，土壤的形成，植被的类型等都有密切的联系。气候篇，对各气候要素，如光照、气温和热量、降水量和干湿状况、气压和风，以及寒潮、台风、干旱、冰雹、春秋季低温等省内常有的特殊气候，都逐一作了介绍，列举了浙江省的气候分区。水文地理篇运用水系、河流形状、河流的纵横断面等资料阐述了省内水系的一般概况，并就径流、水位、泥沙、水温、水化学、潮汐等主要数据论证了全省的河流水文，将省内各主要河流湖泊作了叙述，也列举了全省的水文地理分区。土壤地理篇记述了全省的土壤分类，对省内主要的土类红壤、黄壤、岩成土、盐土、水稻土以及它们的亚类和土属，逐一作了说明，列举了全省的土壤地理分区。植被地理篇从植物种类、生活型谱、区系起源、特有和稀见种属和地理成分等方面，阐明了组成浙江省植被的植物区系的特点，讲述了省内主要植被类型及其分布，把全省植被分成亚热带针叶林等七种类型，最后列举了全省的植被区划并作了分区概述。

　　人文地理卷的 6 篇之中,以建置沿革篇为首,这是吸取了我国旧方志的传统。因为建置沿革的变迁,其实就是省境内部行政区划的变迁,它不仅反映了各个历史时期省内经济发展的程度,同时也反映了省内各地区次第开拓的进度。历史地理篇主要是阐明省内历史时期的地理概况,上起远古,下到近代,诸凡省内自然环境的发展和变迁,从经济发展地区到边远落后地区的开拓过程以及历史时期的经济、人口和城市地理等方面,都作了比较概括的叙述。在现代人文地理学中,经济地理、人口地理和城市地理是 3 个最大的分支,故本卷也按此顺序,编写了上述 3 篇。经济地理篇除了阐述浙江省经济的一般特征外,分别对全省的工业、农业、运输业的生产布局作了说明,叙述了生产布局形成的过程和现状。人口地理篇叙述了省内人口的地理分布、人口的自然变迁和机械变迁。城市地理篇阐述了省内城市的形成、发展过程,不仅从城市的自然环境和历史因素说明城市的现状,而且还从城市规划的角度探索其发展的远景。本卷最后一篇是旅游地理篇。旅游地理虽是人文地理学中的新兴分支,但旅游志(如明田汝成《西湖游览志》、明陈树功的《镜湖游览志》)和名胜古迹志(如清傅王露的《西湖志》、清吴高增的《兰亭志》)都是我国方志的固有传统。浙江省拥有山青水秀、海陆兼具的优美自然环境,而自春秋战国以来,历代多有古迹,这些都是宝贵的旅游资源。

　　《浙江地理简志》若能把浙江省的自然地理和人文地理面貌简单扼要地和盘托出,对于本书的编写者来说,当然是一种莫大的鼓舞。即使与此要求还有较大差距,我们也将毫不气馁,因为地方志的修纂正方兴未艾,今后还有继续努力、弥补缺陷的机会。

　　本书在编写过程中,得到了有关部门的支持,并参考引用了大量的文献资料,在此一并表示感谢。

1984 年 3 月于杭州大学

历史地理篇

一、历史自然地理

(一) 史前面貌

　　浙江在地质构造上基底古老。浙东丘陵、浙西皖南间的丘陵和舟山群岛,都是中生代构造运动中隆起的丘陵带。侏罗——白垩纪以后,虽然受到第三纪运动的影响,但自从新第三纪以来,新构造运动趋于平稳,起伏不大。

第四纪之初，原始人类开始在宁绍平原出现。这些后来被称为于越的原始居民，在这片负山临海，气候暖湿，资源丰富的平原上繁衍生息。但是，随着第四纪最后一次海侵即卷转虫海侵的发展，宁绍平原土地缩小，自然环境恶化（潮汐影响严重，地下水位升高，土壤盐碱化，陆地上生物资源减少），原始居民开始迁移离散，其中一支向南面丘陵区退却，河姆渡遗址（距今约七千年）就是他们在退却过程中所留下的。卷转虫海侵鼎盛时期，海岸达到会稽、四明山麓，这支原始居民最后退入山区。

在卷转虫海侵的过程中，宁绍平原原始居民的另一部分越过今杭州湾，迁往浙西和苏南丘陵，创造了马家浜文化（距今 6000 年—5500 年）、良渚文化（距今 5200 年—4300 年）等，这一支居民，后来发展成为句吴。

于越与句吴具有共同的部族渊源，所以《越绝书》卷七说他们是"同气共俗"。《吕氏春秋·知化篇》说："吴之与越也，接土邻境壤，交通属，习俗同，语言通。"《吴越春秋》卷三说："吴与越，同音共律，上合星宿，下共一理。"

在卷转虫海侵的过程中，宁绍平原原始居民中还有一部分并未迁入会稽、四明山等山区，而是迁往沿海岛屿。他们与迁往会稽、四明山等山区的居民之间，距离不远，联系密切。《越绝书》称迁往会稽、四明等山区的一支为内越，迁往沿海岛屿的一支为外越。

在卷转虫海侵的全盛期，宁绍平原成为一片浅海，海岸在会稽、四明山麓。杭嘉湖平原也较今远为狭小。太湖一线以东，全是沼泽与浅海，西湖则是一个海湾。由于主要河流如钱塘江、曹娥江、甬江等，水位均比历史时期要高，故沿河谷地十分狭窄，在今省境范围以内，基本上是一片丘陵山地。此外就是沿海岛屿，主要的岛屿有两群：一群分布于今舟山群岛地带，岛屿的面积比今要小，但数量比今要多。另一群分布在今余姚、宁波、镇海与慈溪的接界线上，呈东西向排列。即今凤洞岗、五磊山、烤佬山、踏脑岗等堵山。

当时，丘陵山地区的生物界十分丰富，今会稽、四明、天台、括苍、洞宫、雁荡、仙霞岭以及天目山等地，是一片亚热带的阔叶林和混交林。动物界也很丰富，犀、象等大动物在森林中到处可见。

（二）历史时期自然环境的变化

1. 海岸变迁　历史时期，浙江海岸变迁最大的是钱塘江河口及其南、北两岸。主要变迁情况如下。

（1）钱塘江北岸　卷转虫海侵以后，这一部分海岸伸展，今上海市南的柘林到澉浦之间，海岸向东南伸展，与今杭州湾中的王盘山相连。今海盐、乍浦、金山卫以东，是一片广大陆地。天启《海盐县图经》卷一记载海盐县在"汉顺帝时,县陷为当湖。"今杭州湾中的王盘山诸岛,直至东晋时尚是屯兵之处。宋常棠《澉水志》卷五:"王盘山邈在海中,桥柱犹存。淳祐十年,犹有于旁滩潮里,得古井及小石桥、古树根之类,验井砖上字,则知东晋屯兵处。"今王盘山北距海岸已达20公里。足见这一段海岸向西退缩甚速。据《中国自然地理·历史自然地理》第五章《历史时期的海岸变迁》所述:"明朝二百七十六年中,海盐、平湖两县,共筑海塘二十一次,其中重大的修建工程有1370、1477、1535、1575、1588年等几次。"这说明因海水内侵,人民筑塘拒水。明末以后,钱塘江河口改从北大亹入海。这一段海岸才形成今日之状态。

　　(2)钱塘江河口　钱塘江河口,古来有三处出口,即北大亹,小中亹、南大亹。清朱定元《海塘节略总序》(载《两浙海塘通志》卷二):"北大亹约阔三十余里,有河庄山为界;河庄山之南为中小亹,约阔八里,有赭山为界;赭山之南为南大亹,约阔三十余里,有绍郡之龛山为界。"

　　春秋时代,江走南大亹,《越绝书》卷八:"石塘者,越所害军船也,……去县四十里;防坞者,所以遏吴军也,去县四十里,……杭坞者,句践杭也,……去县四十里。"其中杭坞即今航坞山,石塘、防坞虽不可考,但距县里程与杭坞同,可见江道经航坞山下,走南大亹已是无疑。

　　南北朝时代,据《水经·江水注》:"江水又东迳赭山南。"则江道仍稳定在南大亹。

　　南宋初,据《羊山韩氏宗谱》引《南山谱》:"山阴为越之北境,而羊山又在山阴之北,去郡城二十五里,负海而立,绵亘数里。"《南山谱》修于韩氏从北方迁来之南宋建炎年间,故所记当是南宋初年之事,当时羊山濒海,则江道仍在南大亹无疑。宝庆《会稽续志》卷四所载嘉定末年修缮山阴海塘之事,也正是说明南宋时代江道稳定在南大亹的事实。

　　元代末年,据明王讳《绍兴谳狱记》(载《王忠文公集》卷八)所载,至正四年,山阴白洋港仍有大船靠岸,则南大亹显然仍是江道主流。

　　但另一方面,《宋史·五行志》所载,嘉定十二年(1219):"盐官县海失故道,潮汐冲平野三十余里,至是侵县治。"说明江道从此时起开始有所变化。在这之前,北大亹是一片平原沃野,但从此海水常有侵入,明代初年起,出现了陈善在《海塘议》(载《两浙海塘通志》卷二〇)中所说的"海凡五变":即永乐九年(1411)、成化七年(1471)、弘治五年(1492)、嘉靖七年(1528)、万历三年(1575)。其中万历三年是一次大变,据《闸务全书》上卷所载,北大亹在"壬申(1572)、癸酉(1573)间,流尚细微,至乙亥(1575)六月廿三日,遂骤决而成大江"。

　　这是北大亹有历史记载的第一次为钱塘江主流所通过。但江道在当时并不稳定,南大亹亦未全淤。所以明末人张岱(据《陶庵梦忆》卷三)于崇祯十年(1637)有在龟山(今称大和山)观潮的记录,而祁彪佳(据《祁忠敏公日记》丁丑八月十五日)于崇祯十三年(1640)有在山阴白洋村观潮的记录。当清军据杭州后,南明设防江南,据黄宗羲《行朝录》卷三及徐鼒《小腆纪年附考》卷十所载,防线在七条沙,西兴、瓜沥、小亹一线,说明江道主流自万历三年一度进入北大亹后,以后又转返南大亹和中小亹。康熙初年,江道主要以经中小亹为主,所以"杭绍两郡,相安无事"(朱定元《海塘节略总序》)。但康熙末年,据浙江巡抚朱轼在康熙五十九年(1720)的奏疏:"赭山以北,河庄山以南,乃江海故道,近因淤塞,以致江水海潮,尽归北岸"(翟均廉:《海塘录·奏议一》)。乾隆十二年(1747),进行了人工开掘中小亹的工程,引北大亹江流再度趋向中小亹,但为时不久,到乾隆二十四年(1759),江道又转回北大亹,而且从此相对稳定,形成今日钱塘江出口的基本流路。

钱塘江出口稳定在北大亹后,南大亹故道就逐渐淤塞,形成一片沙地。清咸丰、同治年间,这片沙地还向东扩展,形成绍兴三江口以西的乾、坤两号沙地。整片沙地的面积超过4万亩,称为南沙,是钱塘江和杭州湾之间的一个半岛。

(3)钱塘江南岸　这一段海岸中,变化最大的是旧余姚县以北的海岸。北宋以前,这段海岸大概在临山、周巷、浒山(今慈溪)、观海卫、瀣浦一线。北宋庆历七年(1047年),余姚县令谢景初在这一线筑堤,自云柯到上林,计28000尺,称为大古塘,其位置在今临山、慈溪、鸣鹤场、瀣浦一线。以后海岸曾一度外涨。但到了元代,海水又再度内侵,所以海塘曾屡经修缮。明永乐以后,大古塘以外的海岸开始不断北涨,人民为了垦殖利用,一再向北增筑海塘,自明至清末,一直筑到七塘(现在已筑了八塘和九塘),形成了一片三北平原。

(4)其他海岸　象山港以南,由于海岸属于沉降海岸,历史时期变化不大。但其中若干小片的上升地段,仍有局部外涨趋势。沈括在北宋熙宁七年(1074)已经指出:"温、台、明以东海滩盐地,可以兴筑堤堰,围裹耕利,顷亩浩瀚,可以尽行根究修筑,收纳地利"(《宋会要》124册)。到了南宋嘉定年间(1208—1224)临海、黄岩、宁海3县,就垦出涂田37000余亩(嘉定《赤城志》卷十三)。

2.河流变迁　浙江在地形上以丘陵山地为主,历史时期河流的变迁主要发生在平原地区的河流尾闾部分。上、中流多在山区,变迁不大。平原地区的河流变迁,尤以杭嘉湖平原和宁绍平原为显著。

(1)杭嘉湖平原　北有太湖,南有钱塘江,其间为一片西高东低、南高北低的沼泽平原。秦始皇平定江南后,在这个地区进行了河流整治,颇大程度地改变了这一带的河流网,这是有关这个地区河流变迁的最早情况。《越绝书》卷二:"秦始皇造道陵南,可通陵道,到由拳塞,同起马塘,湛以为陂,治陵水道到钱塘越地,通浙江,秦始皇发会稽适戍卒,治通陵高以南陵道县相属。"说明秦始皇曾派会稽(当时会稽郡治在今苏州)戍卒,整治这个地区的河道,开凿了沟通钱塘江的河渠。为了在不同高程地区解决水源的问题,因而兴建了陂湖蓄水。

对于整个平原来说,秦始皇时代的这种河道变迁仍是局部的。《紫桃轩杂缀》说:"唐以前,自杭至嘉皆悬流,其南则水草沮洳,以达于海,故水则设闸以启用,陆则设栈以通行,古胥山碑谓石栈自钱塘北抵御儿之胥门,乃其证也。至今有石门、斗门之名,而其迹则湮没于阡陌久矣。"

隋炀帝大业六年(610),开凿江南运河,从京口(今镇江)绕太湖东缘,纵贯杭嘉湖平原直抵余杭(今杭州),河道宽达十余丈,成为平原上河流网的干线。元末,张士诚在塘栖附近的五林桥另开河道至江涨桥,使运河不再出上塘河外,这就是运河的今道。

除了江南运河以外,嘉兴的汉塘和魏塘,湖州的横塘河、荻塘河、青塘河、蒲帆塘河、洪城塘河、保稼塘河、连云塘河,长兴的荆塘、孙塘、谢塘河等,也都是从汉到唐陆续在这片平原上疏凿的河道。

(2)宁绍平原　是省境内的第二片大平原,平原南倚会稽、四明山地,北滨杭州湾,成为一个南北缓倾的斜面,所以原始河道均为南北流向。《越绝书》卷八:"山阴故水道,出东郭,从阳春亭,去县五十里。"按此流程,河道已成东西流向,成为浙东运河的前身,说明越王句践时,对这个地区的河流已经作了整治,使河道发生了变迁。到了晋代,会稽内史贺循,又进一步整治水道,形成了一条横亘宁绍平原西部的东西干道。而且越过曹娥江,疏凿了从梁湖到通明的河道,在通明与余姚江上流汇合,基本上完成了沟通钱塘江和甬江的浙东运河,使宁绍平原的河流发生了很大的变迁。

宁绍平原的东部,从四明山各山麓冲积扇北流的河流,均注入余姚江,最后汇奉化江为大浃江(甬江)入海,故历史上河流变迁的程度不大。但宁绍平原西部,从会稽山各山麓冲积扇北流的河流,在鉴湖形成前多独流入海,鉴湖形成后则注入鉴湖。古人称"鉴湖三十六源",说明河流甚多。南宋初年鉴湖湮废,因当时北部海塘已经完整,北流各河均汇入若耶溪(今平水江)后,北注杭州湾。明嘉靖十六年(1537)绍兴知府汤绍恩主持了三江闸的修建,把今绍兴、上虞西部、萧山东部的所有河流纳入这个范围,由三江闸出海,这就形成了三江水系。

历史时期宁绍平原的河流变迁中,浦阳江下流的变迁值得注意。浦阳江是钱塘江的重要支流之一,上源从义乌、浦江、诸暨各县北流。在南北朝时期,下流经临浦、渔浦两个湖泊,北注钱塘江。但以后临浦和渔浦湮废,而原有的碛堰山口又被堵塞。结果,河道就东流经钱清至三江口注入杭州湾,这就是南宋所称的钱清江,造成了绍兴北部平原的长期洪涝灾害。又因碛堰开塞无常,故江道一时东流,一时又北流经渔浦注入钱塘江,直至明嘉靖十六年汤绍恩在修建三江闸的同时,开启碛堰并堵塞麻溪坝,浦阳江从此北注钱塘江,形成今日河道。(见拙著《论历史时期浦阳江下游的河道变迁》,载《历史地理》创刊号,1981 年)

(3)其他地区　其他沿海平原的河流,在历史时期也有不同程度的变迁。例如:温岭、黄岩平原的清涟河、新泽河、清水河等(均据嘉定《赤城志》卷二三),丽水盆地的通济渠、金钩渠、好溪渠等(均据光绪《处州府志》卷四),也都是历史时期经过人工疏凿的河渠。

3. 湖泊变迁　历史时期省境内部的湖泊变迁,主要也发生在平原地区。古代省内平原地区的湖泊,一类是沿海潟湖,是自然形成的湖泊;另一类是沼泽平原上的淡水湖,其原始也具有地形凹陷的湖盆,是一种自然形成的湖泊。但在人类垦殖过程中,由于筑堤建闸等一系列措施,这类湖泊在不同程度上都具有人工湖的性质。随着湖泊沼泽化的自然规律和人类繁殖的社会因素,许多湖泊逐渐湮废。兹将历史时期湖泊变迁最频繁的平原地区简述如下。

(1)杭嘉湖平原　平原东部沿海,历史时期有许多潟湖,如平湖的当湖、乍浦、芦沥浦,海盐的横浦、蓝田浦、鲍郎浦、澉浦,海宁的黄湾浦,杭州的西湖等。由于海岸的伸张和退缩,这些湖泊在历史时期大部分陷入海中或是湮废。

平原内部的湖泊,如杭州的临平湖、诏息湖、像光湖;富阳的阳陂湖、涌泉湖、小谢湖;余杭的南上湖、南下湖、北湖;嘉兴的澏湖、相家湖、天星湖、幽湖;嘉善的鹤湖、麟湖、汾湖、夏湖;海盐的横湖、鸬鹚湖、永安湖、天仙湖;湖州的碧浪湖、凡常湖、夹山漾、大苞漾、小苞漾;长兴的大荡漾等。由于湖泊的沼泽化,加上广泛的围垦,大部分已被垦为农田。然而,西湖却是一种例外。

西湖原是一个海湾,以后由于沙坝的封塞,逐渐成为一个潟湖,最后因海岸封闭,成为一个天然湖泊。当时,今杭州市区尚为一片沼泽滩地。秦始建钱唐县,县治在灵隐山下。湖泊在县治以东,故无西湖之名。一般称为钱唐湖,因其北尚有一个跟它相连而高程较低的湖泊(位于今武林门以北湖墅一带),故前者称为上湖,后者称为下湖。时至唐代,由于聚落东移,湖边生齿日繁,于是唐大历年间(766—779),刺史李泌于沿湖置六井,引湖水以供民用。长庆二年(822)刺史白居易在湖东北石函桥(今少年宫附近)一带修筑湖堤,高出湖岸数尺以抬高湖水。于是西湖就成为一个人工湖泊。由于西湖与杭州城市的发展已经结合为一体,因此,从此以后,沼泽化趋势与人为的围垦,均受到城市力量的遏制,所以得到众废独存的结果。

(2)宁绍平原　宁绍平原也是一片沼泽平原,湖泊密度超过杭嘉湖平原。在湖泊已经减少的宋代地方志上,列名的湖泊就有 217 个之多。(见陈桥驿等:《宁绍平原的湖泊演变》载《地理研究》1984 年第 4 期)。平均每 20 平方公里面积中就有较大湖泊一处。其中如绍兴鉴湖、上虞白马湖、慈溪旧陂等在汉代均已存在。绍兴的鉴湖;余姚的牟山湖、汝仇湖;宁波的广德湖、小江湖;上虞的夏盖湖、白马湖、上妃湖;萧山的临浦、渔浦等,都是较大体的湖泊。鉴湖面积超过 200 平方公里,其余面积超过千亩的有萧山桃湖(3000 亩)、宁波马湖(15000 亩)、余姚桐木湖(1100 亩)、上林湖(5850 亩)、烛溪湖(13200 亩)、小查湖(5510 亩)、东安湖(2900 亩)、余支湖(50000 亩)、黄山湖(10300 亩)、附子湖(1680 亩)、绍兴容山湖(3000 亩)、顾石湖(10000 亩)、慈溪杜湖(3700 亩)、白洋湖(1700 亩)、花屿湖(1390 亩)、清水湖(10000 亩)等,这些湖泊中的大部分,在历史时期的沼泽化过程中,湖盆淤浅,最后陆续被垦为农田。

以鉴湖为例,鉴湖本名庆湖,是会稽山麓线到今萧甬线路线之间的一片沼泽河湖的总称。后汉永和五年(140),会稽太守马臻筑堤 127 里进行拦蓄,在这个地区形成一个面积达 206 平方公里的人工湖泊,沿堤设大小涵闸七十余处,灌溉平原上的九千顷土地。这个人工湖泊发挥作用的时间约 800 余年。随着湖泊沼泽化而不断淤浅,北宋末期就遭到围垦。南宋初期,由于人口大量增加,被围面积随之骤增,湖泊终于殆尽。

(3)其他地区　省内其他地区历史时期也存在湖泊湮废变迁现象。例如温岭、黄岩平原的高湖、破石湖、天赐湖,温州平原的会昌湖,诸暨盆地的大农湖,建德盆地的西湖,金衢盆地的大湖等等,也都在历史时期陆续湮废。

4. 气候与灾害天气　本省自从有历史记载以来,甚至以考古发掘(如河姆渡遗址中发现的动植物)所反映的情况来看,浙江的气候变化一直不大。河姆渡时代有犀、象等动物存在。《竹书纪年》魏襄王七年(前 312)"四月,越王使公师隅来献乘舟,始罔及舟三百,箭五百万,犀角象齿焉"。说明在历史记载的早期,这些动物仍然存在。直到 10 世纪时,浙南山地仍有象群出没。《十国春秋》卷十八,吴越宝正六年(931):"秋七月,有象入信安境,王命兵士取之,圈而育焉。"《吴越备史》卷四,癸丑三年(953):"东阳有大象自南方来,陷陂湖而获之。"从考古资料到历史记载中所见的这类动物以后在省内绝迹,并不完全说明古今气候变迁的程度。生态环境的巨大变化,特别是茂密的原始森林和为这些动物提供食物的其他生物资源的消失,可能是这类动物绝迹的重要原因,仅仅从气温,降水等气象要素的平均常态来说,古今变化也不很大。当然,由于植被和水体的缩减以及城市的增加,各地区的小气候变化可能较大。

历史时期省内主要的灾害天气是旱涝,而沼泽的地理位置,又常受到台风的袭击。但台风往往与水灾同时出现。根据各种历史文献的记载,浙江省的水灾,从公元前

494 年到公元 1911 年之间的 2400 多年中,有记录的共 742 年;旱灾,自公元前 190 年到公元 1911 年之间的 2100 余年中,有记录的共 546 年。在上述有灾发生的 742 年中,据记载判定有台风入境的共 165 年。

兹将历史时期的严重水、旱、台灾,各举二例如下。

(1)水灾　宋绍兴十四年(1144):五月,婺州水,兰溪县中夜水暴至,死者万余人;江、浙、闽所在大水;五月十八日昭庆寺水;六月,杭州大水,富阳大水;严州水暴至,城不没者数版;衢、信、处、婺等州民死者甚众,婺州民溺死数万,衢州城圮,严州郡人连坊漂溺;八月,丽水大水,水高八丈,溺死者 3000 余人。(据《宋史·五行志》、《宋会要》一六〇册、《建炎以来系年要录》卷一五一、《夷坚乙志》卷一三、《丁志》卷五、《支庚》卷七、《婺志粹》卷一三、光绪《余华县志》卷一六、光绪《富阳县志》卷一五、康熙《钱塘县志》卷一二、《续通志灾样略》卷二、康熙《衢州府志》卷四、光绪《处州府志》卷二五、民国《杭州府志》卷八二等)。

明嘉靖十八年(1539):开化、衢州,四月雨至六月,六月初五大水,人畜淹死无数;常山六月初五大水淹人畜;江山四月淫雨至六月,汤溪春夏大雨,水涨四溢;衢、婺、严三府暴流与江涛汇合入城高丈余,民溺死无数;萧山西江塘圮,街市可驾巨舟;温州春淫雨,绍兴五月大水;浦江大水;桐庐六月淫雨,平地水高二丈余;宣平七月大水;象山七月海溢坏田;天目山崩;冬十月,尚有流殍集钱塘江。(据《七修类稿》卷三、《留青日札》卷一一、嘉靖《萧山县志》卷二、万历《严州府志》卷一九、万历《绍兴府志》卷一三、万历《钱塘县志》第四册、雍正《浙江通志》卷一〇九、乾隆《桐庐县志》卷一六、嘉庆《象山县志》卷一三等)。

(2)台风　明隆庆二年(1568):七月二十九日,台州飓风挟潮,天台山诸水入城之日,溺死 3 万余人,没田 15 万亩,淹庐舍 5 万余区,民上屋脊,敲椽折瓦,号泣之声澈城,旧传台州仅留 18 家,水未退,有在屋上生育者、裹尸者,或操舟市中者。水退,人畜死骸满里巷,埋葬数月方尽;温州、瑞安、玉环厅、定海均有大风雨坏田地禾稼;仙居厓出山摧;丽水大水;黄岩平地水高丈余;山阴、会稽、嵊县、新昌俱大水。(据《续文献通考》卷二一六、《明书机样志》、民国《台州府志》卷一三二、万历《黄岩县志》卷七、乾隆《温州府志》卷二九、雍正《浙江通志》卷一〇九、乾隆《绍兴府志》卷八〇、光绪《处州府志》卷二五、光绪《玉环厅志》卷一四等)。

明崇祯元年(1628):七月二十三日浙江海溢,自海盐曹娥,冲海宁平野二十余里,人畜庐舍,漂溺无数;绍兴大风水直入郡城,街市可行舟;山阴、会稽、萧山、上虞、馀姚,被溺死者各计万数;杭、嘉、湖三府海啸坏民居数万间,溺数万人;宁波大风雨,拔木圮石坊;定海、诸暨、石门、平湖、嘉善等县,同日俱大风雨成灾。(据《明史·五行志》、

《续文献通考》卷二一六、《二申野录》卷八、雍正《浙江通志》卷一〇九、《澉水新志》卷十二等)。

(3)旱灾　明嘉靖二十三年(1544):嘉兴府各县夏秋大旱,平湖、海盐尤甚,乡民力田外,恒以纺织为生,是岁木棉旱槁,机杼为空,民皆束手待毙,水上浮尸及途中饥殍为鸢狗所食者不可胜数;湖州大旱,杭州大旱无麦禾;绍兴合郡连年大旱,湖尽涸为赤地;永嘉、平阳春夏大旱;衢州、江山四月不雨至七月;处州旱、宣平旱,洞庐大旱。(据冯汝弼:《祐山杂说》、万历《绍兴府志》卷十三、嘉庆《西安县志》卷二二、光绪《处州府志》卷二五等)。

明崇祯十七年(1644):馀姚旱,太湖大旱,石门大旱,自四月不雨至九月,震泽巨浸,褰裳可涉。(据吴梅村:《鹿樵纪闻》卷上、光绪《馀姚志》卷七、光绪《石门县志》卷一一、民国《杭州府志》卷八四等)。

在以上所举的三类天气的例子中,因为限于篇幅,没有举连年灾害的例子,也没有举几种灾害在一年中交替出现的例子。例如上述崇祯十七年大旱,"震泽巨浸,褰裳可涉",其实是连续5年(1640—644)大旱的结果。这是一次全国性的大旱,持续时间之久,为历史记载所少见。在浙江省的记载,如"人食树皮草根"(康熙《临海县志》卷一一)、"人相食"(同治《湖州府志》卷四四)等连篇累牍,灾情严重,可见一斑。

二、历史开拓地理

(一)史前时代

河姆渡遗址距今约7000年,其时,卷转虫海侵正值鼎盛,越族居民从宁绍平原向南退缩,已经接近山区,则在此以前,宁绍平原已经有所开拓,此后,海岸线南到会稽、四明山麓线,平原沦为浅海,越族进入浙东山区,对这些山区有所开拓。越族中的另一支越杭州湾进入浙西、苏南丘陵山地,在那里从事开拓。

(二)春秋时代

于越在历史记载中最早出现于西周初期,即《竹书纪年》记载的周成王二十四年(约公元前1001年):"于越来宾。"越族从河姆渡进入山区以后,在山区度过了四千年之久,至此终于从考古时代进入历史时代。《吴越春秋》卷四记载这个部族在山区的生活是:"人民山居","随陵陆而耕种,或逐禽鹿而给食"。

于越以会稽山为中心,国都播迁于今诸暨北部的埤中与绍兴南部的嶕岘大城之间,"不设宫室之饰,从民所居"(《吴越春秋》卷四),从事于山间盆地与河谷地的开拓。到了越王句践即位(前496),他就移治山北,建都于山麓冲积扇的平阳,开拓方向开始趋向平原。

　　当时于越与句吴以御儿（今桐乡西南）一带为界，杭嘉湖平原的北部属于句吴。句吴虽然与于越同源，但由于它与中原接近，易于接受中原文化，自然条件也较于越优越，所以发展较于越为速，故杭嘉湖平原北部，即今太湖以南，从湖州到嘉兴一带，其开拓显然比南部要早。

　　越王句践七年（前490），他选择今绍兴城地区建立都城，营造了小城和大城两座毗连的城垣，合称大越。于是，宁绍平原的开拓迅速发展。当时，于越的领域很大，除浙北属句吴外，浙江的其余部分，并包括今赣闽二省的部分地区，可能都是部族活动的范围。但部族的中心地区如《国语·越语上》所说："南至于句无，北至于御儿，东至于鄞，西至于姑末。"大体上在今东阳、桐乡、奉化、龙游范围以内。这个地区，居民较多，人口密度较高，是春秋时代省内开拓较早的地区。

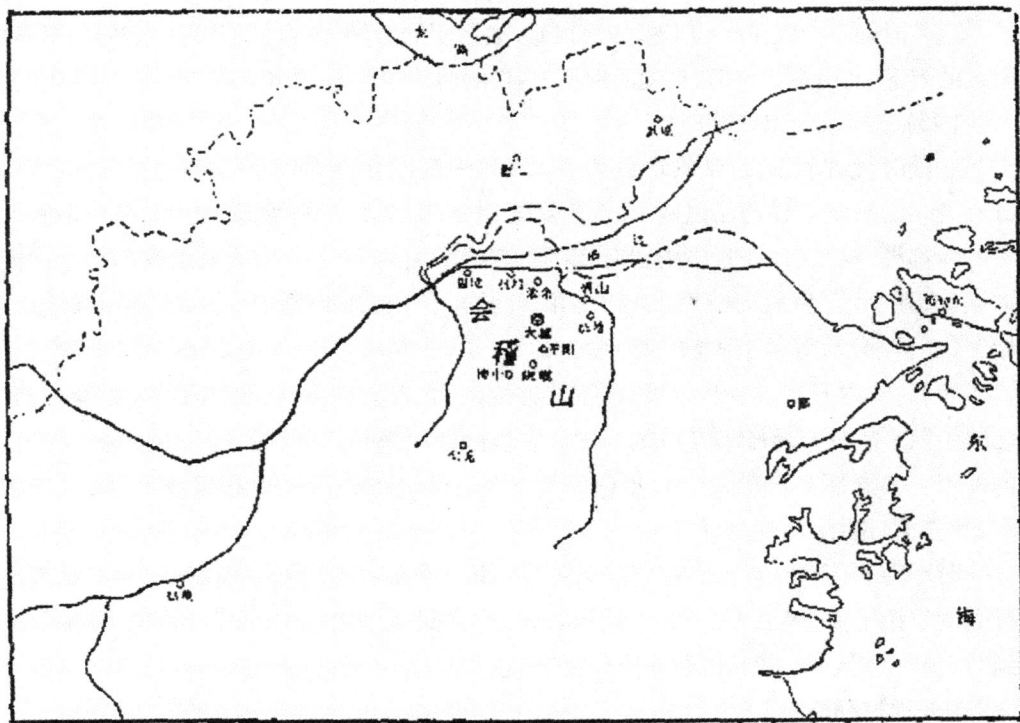

图　例　●于越国界　○大型聚落　今省界
春秋于越

（三）秦汉时代

　　秦统一中国，在今苏南、浙江一带建立会稽郡，郡治在吴（今苏州）。秦始皇采用强制手段,将于越中心地区的越族居民迁移到浙西和皖南,并从北方移入部分汉族填补。不接受强制迁移的越族居民就向南流散。因此,省内人口减少,生产停滞。秦会稽郡在钱塘江以北的今浙江境内建有海盐、由拳、乌程、钱塘、余杭、鄮县等县,在钱塘江以南建有山阴、句章、诸暨、鄞、郯、乌伤、大末等县。今灵江,瓯江等流域的大部分地区均未建县,地广人稀,开拓缓慢。所以在西汉时,会稽郡成为关中贫民的移民对象。司马迁曾"上会稽,探禹穴"(《史记·太史公自叙》),目击这个地区的"地广人希"(《史纪·货殖列传》)。地区落后,可见一斑。

后汉永建四年(129),实行了吴会分治,钱塘江以北为吴郡,郡治仍在吴。钱塘江以南属会稽郡,郡治在山阴。今浙江境内增设了于潜、富阳、余暨、回浦、永宁等县,并且出现了一个郡治。特别是灵江流域的回浦县和瓯江流域的永宁县的出现,说明开拓已向南发展。

这一时期不少农田水利工程开始兴修,如山阴的鉴湖,句章的旧陂,上虞的白马湖,余杭的南下湖,由拳的汉塘,乌程的荆塘,乌伤的白沙溪堰等,亦说明了开拓发展的程度。

(四)三国、晋、南北朝时代

三国时代省境属吴,郡县增设甚多。在钱塘江以北,吴郡之西又新建吴兴郡,成为日后湖州的基础。钱塘江以南,在会稽郡之南新建东阳、临海两郡,加上地跨今浙皖两省的新都郡。后汉在今省境内置有23县,三国增加到44县。省内从后汉的一个山阴大城(会稽郡治)发展到山阴、章安(临海郡治)、长山(东阳郡治)、乌程(吴兴郡治)、始新(新都郡治)等数个大城。

晋代,省内开拓进一步发展,由于北方战乱,北人大批南迁,出现了"今之会稽,昔之关中"(《晋书·诸葛恢传》)的局面。省境南部历来开拓落后的地区,也获得了较快的发展。临海郡于东晋太宁元年(323)分为临海、永嘉二郡,永嘉置有5县,郡治永宁,建立了日后温州的基础。

时至南北朝,省内开拓在广度和深度方面都有所进展。刘宋时期,省内开拓程度最高的宁绍平原,其西部山阴一带,已经出现"土地褊狭,民多田少"的现象,使地价高到"亩值一金"(《宋书·孔季恭传》)的程度。

(五)隋唐时代

隋代由于江南运河的疏凿,杭嘉湖平原的水系得到进一步整治,开拓程度加深。到唐代时,省内行政区划进行了一次较大的调整,充分反映了这一时期省内开拓的程度。在钱塘江以北,长期稳定的吴郡,分为杭州与苏州(苏州跨今江浙两省与上海市),吴兴郡南部划入杭州,而北部改建湖州。吴郡西南部划入新建的睦州,睦州以三国、晋、南朝以来地跨今浙皖二省的新都郡和新安郡为基础,它即是日后严州的前身。

　　在钱塘江以南，越州于开元二十六年（738）分成明、越两州，明州属下开始在今舟山群岛置翁山县，这是沿海岛屿建县之始。说明开拓已经及于近海。海上活动显然有所增加。

　　在省境南部，地广人稀的东阳郡一分为三，除了其中心部分置婺州外，西部置衢州，南部则划归新建的处州，处州主要从另一地广人稀的永嘉郡划分而来。省内最偏僻的西南山区，出现了一个龙泉县的建置。从此，从海岛到内地，从平原到山区，开拓程度都有了显著的提高。除了地跨江浙两省的苏州以后还有一些调整外，省内的行政区划，从此也就基本稳定了。

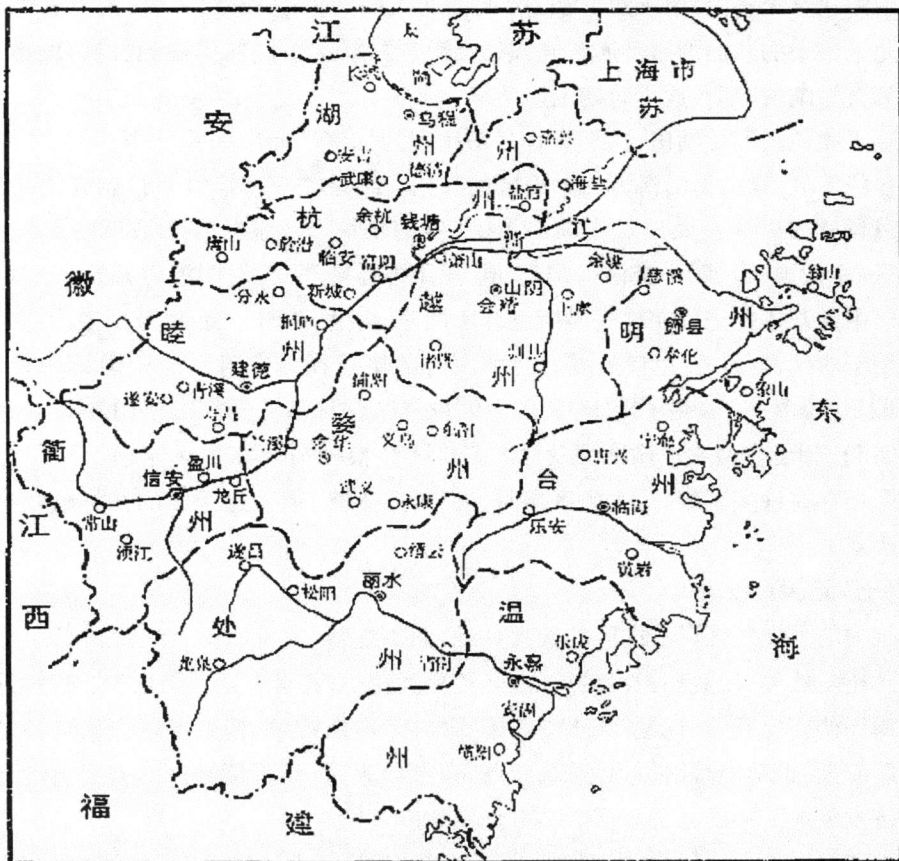

唐代今浙江省境内的行政区划

(六) 两宋时代

由于生产发展,人口增加,省内开拓程度在两宋时代进一步提高。在杭嘉湖平原,自南北朝以来"土地褊狭,民多田少"的情况有所发展。于是,汉唐以来陆续兴修的人工湖泊,从北宋起就遭到逐渐的围垦。以西湖为例,据目击这个湖泊遭到淤塞围垦的著名文学家苏轼的记载(《乞开杭州西湖状》,载《经进东坡文集事略》卷三四),他第一次于熙宁五年(1072)离开杭州时,西湖的湮废程度不过十之二三,但他第二次于元祐元年(1086)重返杭州时,相隔不过十六七年,西湖的湮废程度已经发展到十之六七。

南宋建都于省内,由于北方战乱,大批北人蜂拥南迁,定居省内,人口骤然增加。于是北宋以来的湖泊围垦迅速加剧,诸如绍兴的鉴湖、宁波的广德湖、馀杭的由下湖、北湖等大型湖泊、都在这一时期围垦殆尽。

在平原地区围垦湖田,这意味着开拓程度的加深。而南宋一代中,开拓的广度也有明显的发展,这就是沿海海涂和山区的开拓。绍兴二十八年(1058)朝廷诏谕"浙西沙田芦场,官户十顷,民户二十顷以上,并增纳租课"(《建炎以来系年要录》卷一七九)。浙东的温、台、明一带沿海滩地,也已开始围垦利用,说明沿海开拓已有相当规模。向山区开拓的进程在这一时期也有所加速,会稽、四明、天台以及浙南山地的茶叶种植始于唐代,至此已大有扩展。会稽山区的草茶在北宋时已居全国第一。(欧阳修:《归田录》卷一)。到了南宋,又在山区发展杂粮种植。开禧二年(1206)和嘉定八年(1215),朝廷曾两次诏谕浙西及两浙路扩大杂粮种梢(《宋史·宁宗纪》)。尽管开拓山区还存在许多困难,广大山区当时仍然地广人稀,但其边缘区的开拓已经有了明显的成效。

(七) 元、明、清时代

省内的平原地区以及山区的较大盆地、河谷地等,在南宋时代已经进行了比较充分的开拓。然而,丘陵和山地的内部,开拓程度较小,甚至长期人烟稀少。这种地区占省境面积的2/3,但由于地形崎岖,交通困难,无霜期较短,特别不适宜粮食种植。尽管地区广大,也不能容纳较多人口,因此,长期以来,开拓程度甚低。会稽山地是最接近经济发展地区的山区,但直到南宋,仍然地广人稀。

南宋以来的人口压力,对广大地区的开拓,具有很大的推动作用,人们把耐寒的水稻品种引入山区,在山区开辟梯田。到明初时,如刘基(伯温)在浙闽交界处的仙霞岭一带所目击:"满山粳稻入关中"(《过闽关诗》)。说明水稻确已深入山区。但由于梯田的建设费用较高,且对地形、水源、方位都有一定的要求,所以耕作繁重而产量甚低,对整个山区的开拓,意义仍然不大。人们还试图在山区种植杂粮,如粟、稷等,以扩大山地的作用。

浙江境内广大丘陵山地的开拓，与作物新品种的引入有密切的关系，这就是明代末年从海外引入的番薯与玉米。由于这两种粮食作物的生长适应性强，对肥料的要求不高、产量可观，故从乾隆年代起，就在省内各丘陵山地大量种植，对山区开拓具有巨大的意义。但同时却严重破坏了山区的生态平衡。

三、历史经济地理

（一）农业

1. 耕作制度　春秋时代于越部族"随陵陆而耕种，或逐禽鹿而给食"，是一种狩猎业与迁徙农业并举的生产方式。春秋末期，部族迁入平原，从事定居农业。《越绝书》卷三："春生夏长，秋收冬藏……非暮春中夏之时，不可以种五谷，兴土利。"又据《吴越春秋》卷五："春种八谷；夏长而养，秋成而聚，冬畜而藏。"说明当时是一年一熟的耕作制。但《吴越眷秋》同时义说："留意省察，谨除苗秽，秽除苗盛。"则耕作已经相当精细。

唐代以前，双季稻的种植已经出现，但范围很小。北宋至道年间（995—997），处州有"稻再熟"的记载（光绪《处州府志》卷十二）。到了南宋，气候和水利条件较好的温岭、黄岩平原，出现了"黄岩出谷半丹邱"的记载（嘉定《赤缄志》卷三）。丹邱谷是早稻品种之一，若以双季稻两季产量较单季稻产量高40%—50%计算，则当时这片平原上的双季稻播种面积至少达水稻播种面积的30%以上。据明《谷谱》所载："浙江温州岁稻两熟。"说明从宋到明，双季稻的种植在浙南地区已经相当普遍。

浙江北部由于气候条件的限制，水稻一熟制持续了很长时期。但以后也逐渐向稻麦二熟制发展。直到明代，据《补农书》卷下所载："湖州无春熟。"陈恒力在《补农书研究》中解释说："一般是坂田过冬，只种一季水稻。"南宋李心传曾经解释这种一熟制的原因："大抵江浙须得梅雨乃能有秋，是以多不种麦。"（《建炎以来系年要录》卷一〇〇）这种耕作习惯的改变，各地在时间上有所前后。嘉兴在明嘉靖年间种麦已较普遍（光绪《嘉兴府志》卷二二），杭州一带到清代已达到"田畴万顷，一望无际，麦浪高下，碧浪层层"的程度。（《遵生八笺》卷三）

2. 粮食作物　《越绝书》卷四记载的"十货"，是该地区作物品种的最早历史资料。"十货"之中，从甲货到辛货分别为：粢、黍、赤豆、稻粟、麦、大豆、矿、果8种，壬癸二货未举名称。8种之中，除了第八种"果"以外，其余均为粮食作物。其中黍、赤豆、麦、大豆4种，古今称谓基本相同，粢为稷，矿为大麦的一种，稻粟即是水稻。当时于越的农业生产刚刚从山区转入平原，水稻尚未占绝对优势。秦汉以后，平原农业大规模发展，粮食作物以水稻为主,水稻品种不断增加,宋嘉泰《会稽志》列名的水稻品种已达 56 种,明代的《乌青文献》列名的水稻更达 70 余种。大体上,前期以粳稻型的品种为主,到后期,由于水稻两熟制开始发展,籼稻型品种有所增加。清康熙十二年(1673):"户部覆准浙省被灾州县,许以籼米兑运"(雍正《浙江通志》卷七六),说明籼米产量已经相当可观。

杂粮种植在秦汉以后大为减少。直到宋太平兴国年间(976—984),朝廷诏渝江南地区改变专种粳稻的习惯,从淮北调入粟、麦、豆种,要江南农民"益种诸谷"(《宋史·食货志》)。

省内杂粮种植的大规模发展,是从玉米和番薯这两种作物开始的。玉米原是新大陆的作物,它可能在明正德年间就已在今安徽省境内引种。到了万历元年(1573),杭州一带也多有栽种。明杭州人闲艺蘅在《留青日札》卷二六记载:"御麦出于西番,旧名番麦,以其进御,故称御麦。干叶类稷,其苞如拳而长,其顶如红绒,其实如茨实,大而莹白,花开于顶,实结于节,真异谷也。吾乡传得此种,多有种之者。"万历《山阴县志》乳粟条也记载:"粒大如鸡豆(绍兴方言称茨实为鸡豆——作者),色白,味甘,俗名遇粟。"可见玉米在 16 世纪初期已经传入省境。

番薯的传入或许较玉米稍晚,浙江省引入番薯的最早记载见于万历三十五年(1607)的《普陀山志》:"番薯如山药而紫,味甘,种自日本来。"到了崇祯十年(1637),山阴人祁彪佳在《寓山注》中也记载了这种作物:"从海外得红薯异种,每一本可收得薯一二车,以代粒,足果百人腹。"以此推断,番薯至迟于 17 世纪初期也传入省境。

由于玉米、番薯能在自然条件较差的地区生长,所以极易推广。道光年间刊行的《淳安荒政纪略》说:"百谷之中惟苞芦不烦灌溉,不忧旱潦,不计土之肥饶。"光绪《宣平县志》卷十七说番薯"虽陡绝高崖,皆可栽种,止宜去草,不必用肥"。

这两种作物的传入路线有所不同。大概玉米系由安徽农民从西部山区传入。光绪《于潜县志》卷十八记载该县在乾隆年间"将山租安庆人种作苞芦"。光绪《开化县志》卷二说苞芦"种自安庆来"。光绪《宣平县志》卷十七苞芦条说:"乾隆四五十年间,安徽人来此,向土著租赁垦种。"至于番薯,多从沿海丘陵传入。嘉庆《余杭县志》卷八:"近年多闽粤蓬民,不种苎麻,即种番薯。"光绪《永嘉县志》卷七说番薯"初从闽来"。光绪《平湖县志》卷八说番薯"今温、台人侨居海上多种之"。光绪《嘉善县志》卷十二说番薯"今温、台人侨居境内多种之"。乾隆年间,这两种作物殆已遍及全省。

这两种作物引入山区以后,由于当地人对山地滥施开垦,致使水土流失严重,嘉庆初年,浙江巡抚阮元曾出示禁制,但未收效果,滥垦滥种和水土流失如故。光绪《余杭县志》卷三八记载该县过量种植番薯的不良后果:"山遭垦松,遇潦则沙土随水入河,屡为农田水利之患。"光绪《於潜县志》卷十八记载该县种植玉米之害:"山经开掘,遇霖雨土即崩裂,湮灭田禾,填塞溪涧,以致水无潜滋,稍晴即涸,旱潦之忧,害实不浅。"历史时期浙江山林最后的大规模破坏,当与这两种作物的引种密切相关。

　　3.技术作物　春秋于越见于记载的技术作物,主要是纤维作物麻和葛。二者在《越绝书》卷八都有记载,《淮南子·原道训》也有"于越生葛絺"的记载,说明这种作物当时具有区际意义。所以,直到汉代,今绍兴还是全国著名的麻织业中心(据陈义方《纺织史话》三,载《大公报》1962年7月26日)。

　　生产动物纤维的蚕桑业,春秋时代在省境北部已经相当发达。《越绝书》卷一记载伍子胥:"至溧阳界中,见一女子击絮于濑水之中。"《吴越春秋》卷二也记载了"溧阳濑水"有女子"击绵"的故事。由此推论,句吴在当时蚕桑业已有发展,而今省境北部从湖州、嘉兴到海盐一线均为句吴领土,所以这一带的蚕桑业当时必已发展。

　　另一重要的纤维作物棉的栽种为时甚晚,零星的棉花栽种在宋代已经开始,陆游的祖父陆佃在北宋所写的《鉴湖道中》一诗中提到,"霜月满天清不寐,篷窗吟依木棉裘。"而陆游自己的诗《天气作雪戏作》(《剑南诗稿》卷六五):"细纳罗兜袜,奇温吉贝裘。"可以为证。但大批棉田要到元朝才出现于余姚的大古塘一带(今慈溪浒山一带)。接着,上虞以北的沙地也开始植棉。清康、乾以后,由于钱塘江出口移向北大亹,绍兴、萧山以北的涨沙扩展,这片沙地也迅速发展了植棉业,到道光年间,其产值已经"岁登数十万"(高骧云:《安昌记》)。

　　浙江历史时期的另一种著名技术作物是茶叶。省内何时开始种茶不得其详。但在唐肃宗上元年间(760—761)陆羽所著的《茶经》一书中,详论了各地的茶叶品质,已提及:"越州上,明州、婺州次,台州下。"说明至迟在8世纪中期,省内如会稽、四明、天台、大盘、仙霞诸山,都已开辟了茶园。到了北宋,欧阳修在其《归田录》卷一中说:"腊茶出于剑建,草茶盛于两浙。"则省内全境都已盛产茶叶了。除了数量以外,茶叶的品质,也有所提高。在上述《茶经》中,明、婺、台州的茶叶都不算上品,欧阳修在《归田录》中,也道及:"两浙之品,日注第一"(日注即日铸,是会稽山平水镇东南的一个山峰)。但明代的茶叶专家许次纾在其《茶疏》一书中说:"天台之雁荡,括苍之大盘,东阳之金华,绍兴之日铸,皆与武夷相为伯仲。"足见全省茶叶,在品质上都有了提高。而久负盛名的日铸,最后终于在其西北十余里的平水镇,形成了会稽、四明,天台等几个重要产茶区的加工中心,出产省内外销量最大的平水茶。据《会稽县劝业所报告册》宣统三年(稿本)的记载,清代末年,整个平水茶区,包括山阴、会稽,余姚、嵊县、新昌、诸暨等县,茶叶年产量为1200万斤。

　　上述《越绝书》所列的"十货"之中,第八种为"果",此"果"可能就是柑桔。浙江的柑桔自古著名,《禹贡·扬州》:"厥色桔柚锡贡。"省内柑桔栽培由来已久。在前期,省内柑桔栽培主要在老柑桔区,即越州、明州、杭州、湖州和地跨江浙两省的苏州,因为柑桔是一种商品性很强的水果,当时的主要市场在北方,必须依靠运河运输,故产地必须具有靠近运河的条件,《文苑英华》卷五四六所载的《梨桔判》,是唐代柑桔运输的例证:

> 郑州刘元礼载梨向苏州,苏人弘执信载桔来郑州。行至徐城水流急,两船相冲俱破,梨及桔并流,梨散接得半,桔薄盛总不失,元礼要执信索赔,执信不伏。

当时的苏州,除了本身也产桔(洞庭山)外,是江南柑桔的集散地。浙江省境内沿江南运河和浙东运河的栽桔区所产的柑桔,均汇集于此,然后北上。在老区之中,越州的柑桔栽培特别重要。据成书于6世纪前后的《述异记》的记载,南北朝时代,今绍兴一带已出现了专业化的桔农,称为"橙桔户",或称"桔籍"。这种专业化的桔农到唐代仍然存在。《文苑英华》卷五四六所载的《盗稻桔判》可以为例:

> 会稽杨真种稻二十亩,县人张辨盗将令访知,收辨科罪,诉杨真盗辨木奴,复合科罪。

上述判例就是一场稻农和桔农的官司,说明当时越州柑桔栽培的普遍,达到"有园皆种桔"(唐杜荀鹤《送友人游越》)的程度。杭州的柑园也到处可见,直到北宋,今市区范围内还有大片桔园。宋陈晦《行都记事》说:"桔园亭在今丰乐桥投北,自棚前直穿即是。盖向来未建都之时,此地皆种桔。"《元和郡县志》和《太平寰宇记》中,都记载杭州、越州、明州等地以柑桔为赋贡。老区的柑桔栽培,确曾盛极一时。

从南宋开始,由于首都南迁,市场主要就在临安。于是,在自然条件上比老区优越很多的柑桔新区温州、黄岩和衢州等先后兴起。新区的柑桔冻害少,品质高,借沿海和钱塘江运输以供应临安市场的需要。韩彦直《桔录序》说:"温最晚出,晚出而群桔尽废。"说明温州是后起之秀。关于温州的柑桔栽培,韩彦直《桔录》一书不仅记载详尽,而且是当时的第一手材料。也有人认为黄岩是与温州同时兴起的新区。宋陈景沂《全芳备祖》后集卷三说:"韩彦直之著录也,但知乳柑出于温之泥山,独不知出于天台之黄岩也。出于泥山者固奇,出于黄岩者尤天下之奇也。"另一个柑桔新区是衢州,南宋杨万里诗(《诚斋集》卷二六):"未到衢州五里时,果林一望蔽江湄,黄柑绿桔深红柿,树树无风缒脱枝。"上述柑桔新区,特别是黄岩区,至今仍然盛产不衰。

4.农田水利　自从春秋于越部族从山地迁入平原后,农田水利就开始得到重视,见于《越绝书》的这类工程,就有富中大塘、练塘、石塘、吴塘等处。秦汉以来,历代都有新的建树。

省内最大的杭嘉湖平原和宁绍平原,是历史时期最重要的农业区,但是它们都面临咸潮的威胁，只有拒咸蓄淡，才能保证灌溉。早在汉代，这一带就有海塘的建筑，如杭州的钱塘、绍兴的玉山斗门及后海塘等。至于平原内部的蓄淡灌溉，杭嘉湖平原由于地形平坦而广阔，所以除了边缘近山地区外，主要是依靠河渠灌溉。早在秦代，这里就完成了北起嘉兴，南通钱塘江的水道。到了隋代，完成了规模更大的江南运河，成为杭嘉湖平原农田灌溉的最大干渠。在湖州一带，灌溉河渠更加稠密，如三国时代开凿的青塘河，晋代开凿的横塘河、荻塘河、谢塘河等等，不胜枚举。在平原边缘接近山区的余杭、富阳、长兴等县，则在山麓筑堤围湖，以资灌溉。

宁绍平原的地形与杭嘉湖不问，由于范围比较狭窄，地形自南至北比降较大，故农田灌溉以山麓的人工湖泊为主，绍兴鉴湖即是其例。它是我国古代东南地区最著名的农田水利工程之一。此外，宁绍平原上的这类人工湖泊还有很多，如宁波广德湖、小江湖等。

温岭、黄岩平原的水利形势与宁绍平原相似，虽然这个地区的开发和粮食种植业的发展较宁绍平原稍晚，但自汉代以后，海塘、人工湖泊和河渠等的修建也渐趋完备。金衢盆地是省境内部的最重要农业区，这里有钱塘江上游的许多支流作为灌溉水源，早于汉代起就开始建塘筑堰，设置了不少农田水利工程。

（二）手工业

浙江的手工业在春秋于越时代就已有发展。越王句践在距今绍兴城十四里的官渎设置了工官，主管于越的手工业（《越绝书》卷八）。在六山和姑中山采掘铜矿，并在练塘建立手工冶金业。又在离城五十里的舟室建立船宫，发展手工造船业，为满足造船业所需原料，特意发展了规模很大的伐木业。其基地在距城十五里的木客山，句践十年（前487）和二十五年（前472）曾进行了两次大规模的采伐，第一次以木工3000人采伐1年，第二次动用木工2800人。于越以后，省内的手工业继续有所发展，兹将具有代表性的部门及其分布简述如下。

1. 冶金工业　这个部门在于越时代就有良好基础。于越的冶金工业，主要是为制造武器服务。历年来在南方各地出土的于越青铜剑，如"越王剑"、"越王旨者于赐剑"、"越王之子剑"、"越王兀北古剑"等，都已具有高度的冶铸技术，而1965年在湖北省江陵县纪南城出土的"越王句践剑"，无论从冶铸技术和艺术加工等方面，都不愧为一种精湛的作品，它代表了于越时代高度的冶铸技术。

在于越冶金工业的基础上，从汉代到三园，今绍兴地区成为当时全国的铜镜制造中心。这个时期铸造的神兽镜和画像镜等各种铜镜，后也出土甚多，其冶铸技术得到中外学者的高度评价（见［日］梅原末治：《绍兴古镜聚英》）。

2. 陶瓷工业　浙江省的陶器工业发轫甚早，在河姆渡遗址中出土的夹炭黑陶，马家浜遗址中出土的夹砂红陶，良渚遗址中出土的泥质黑陶，都是历史时期以前制作的陶器。于越各遗址中出土的陶器,则以印纹硬陶和原始瓷哭为主。例如,在今绍兴漓渚 23 座中小型战国墓中,随葬的陶器,印纹硬陶占 50%,原始青瓷器占 46%,另外,在太湖周围一带的为数众多的烽燧墩(也称石室墓)中出土的陶器,几乎都是印纹硬陶和原始瓷器。所有这些,都说明了省内陶瓷工业早期发展的情况。

从原始瓷器发展到真正的瓷器,其时期当在后汉,而所有这些汉代瓷窑,几乎都在今浙江境内发现。至今,先后发现汉代瓷窑遗址的有上虞、宁波、慈溪、奉化、永嘉等地。其中以上虞最多,分布在曹娥江下游及其支流小舜江一带。目前已经查明的有帐子山、图箕岙、倒转冈、石浦、庙后山、小仙坛、大陆岙等处。

在上述后汉瓷窑的基础上发展起来的,首先就是著名的越窑。越窑分布在绍兴、上虞、余姚、鄞县、宁波、奉化、临海、萧山、余杭、湖州等地,它从后汉、三国开始发展以来,到唐朝和五代盛极一时,直到北宋以后才开始衰落。越窑烧制的是青瓷器,共产品获得中外一致的赞赏,唐末诗人陆鸿渐诗曰:"九秋风露越窑开,夺得千峰翠色来。"声誉可见一斑。越窑青瓷器曾经是国际贸易中心的重要商品。它所经之路,从业洲沿印度洋、波斯湾、阿拉伯半岛直到东非,构成一条与丝绸之路南北相对的陶瓷之路(参见[日]三上次男:《陶瓷之路》,中译本,天津人民出版社版)。菲律宾、印尼、中南半岛、印度、波斯湾、伊拉克、阿拉伯半岛、埃及直到东非桑给巴尔及其以南诸岛,都有越窑碎片的发现。日本陶瓷学家三上次男博士在埃及开罗以南的福斯塔特遗址(繁荣于 9 世纪),发现了越窑碎片 12000 片。说明当年越窑的输出,不仅足迹甚远,而且数量极多。

东晋、南北朝时代,与越窑同时发展的还有瓯窑、婺窑和德清窑。瓯窑分布在温州、瑞安、永嘉一带,窑址最密集的是永嘉县的瓯江北峰和温州西山等地。婺窑分布在金华、义乌,兰溪,东阳、永康、武义、衢州、江山等地。到目前止,东阳,金华、武义等县,每县都已发现了几十处到一二百处窑址。德清窑的历史较短,最初见于东晋,到南北朝初期时就已式微,其存在不过一百多年。

越窑衰落之前,在越窑、瓯窑和婺窑的影响下,龙泉窑已开始在今龙泉、遂昌、庆元、云和、丽水、武义、永嘉等地先后兴起。

对于龙泉窑的兴起,《七修类稿续编》卷六有所记载:"哥窑与龙泉窑皆出处州龙泉县,南宋时有章生一、章生二兄弟各主一窑,生一所陶者为哥窑,以兄故也;生二所陶者为龙泉窑,以地名也。其色皆青,浓淡不一。……哥窑则多断纹,号曰百圾破。"这就是民间流传的所谓哥窑、弟窑的来由。

龙泉窑在技术上继承了越、瓯、婺三窑的成果。因为瓷器是易碎晶,运输条件对于陶瓷工业尤为重要。越窑的有利条件是接近宁波海口,而龙泉窑的绝大部分窑址都靠近瓯江,可借水运从温州出口。少数窑址,如今庆元县的竹口、枫堂一带,则靠近闽江水系上流,可借闽江从福州出口。元汪大渊在其所著的《岛夷志略》中记述了龙泉窑在国外的行销情况(书中称龙泉窑为青器、青白花器或处器),龙泉窑一直远销到印度和波斯湾沿岸。其国际声誉,可见一斑。

　　3.造纸工业　　纸张是文化用品,造纸工业的发展与当地文化的进步有密切的关系。浙江自东晋以来,由于北方望族的大量迁入,文化迅速发展,造纸工业也随之欣欣向荣。据晋《斐子语林》所载,王羲之任会稽内史时,已能一次从库房提出笺纸9万张,说明当时造纸工业的规模相当可观。另外,造纸工业的发展还必须有丰富的原料,古代造纸利用竹、猪皮、藤等为原料,这些原料在丘陵山地占绝对优势的浙江大量存在。唐代著名文学家韩愈在其《毛颖传》(《全唐文》卷五六七)一文中称纸为"会稽楮先生",也就说明了古代浙江造纸工业的发展水平。在《元和郡县志》中列为赋贡的浙江各地名纸,有杭州的黄藤纸、婺州的细纸和衢州的绵纸等。

　　到了宋代,今浙江省境内的造纸工业已居全国之冠。日本学者斯波义信在所著《宋代商业史》中,以大量宋代文献统计了当时纸张的名称和产地,兹摘录有关今浙江省内的品种和产地如下:

产地	品种
越州	纸、藤纸、竹纸、(妙黄、学士、邵公、常使展手)、敲冰纸、剡藤、剡纸、剡碓、剡溪玉叶纸、澄心堂纸、玉版纸、罗牋、越薄纸、越陶竹
杭州	藤纸(小井纸、赤亭纸、由拳纸)、由拳、官会纸
婺州	藤纸
明州	皮纸、竹纸
温州	蠲纸、蠲糯纸、纸
处州	轩样纸
台州	天台玉版、黄檀、东陈、大滩、黄公
衢州	藤纸
严州	纸

　　从斯波博士的上列统计表格中,省内宋代的造纸工业分布很广,而其中的越州最为发达。在越州所产的各种纸张中,原料基础雄厚、产量大、行销广、质量佳的莫过于

竹纸。南宋在会稽山区设立朝廷管理的汤浦、新林、枫桥、三界四个纸局(嘉泰《会稽志》卷四),从事竹纸生产。宋代著名的书法家米芾在《砑越纸作书》一诗中赞美越州竹纸:"越筠万杵如金版,安用杭油与池茧,高压巴郡金丝阑,平欺泽国青华练。"说明越州竹纸的质量超过油纸,茧纸、乌丝阑纸和青华练纸等当时的名纸。

4.印刷工业 历史时期,浙江各地由于文化发达,又有规模很大的造纸工业,这就为印刷业的发展创造了条件。早在雕版印刷尚未盛行的唐朝,这一带的印刷业已经开始发展。著名诗人元稹在《白氏长庆集序》(《元氏长庆集》卷五一)中说:"扬越间多作书摹勒乐天及予杂诗卖于市肆",可以为证。到了宋代,雕版印刷开始盛行,浙江就一跃而成为这种文化工业的中心。我国最早的活字印刷由杭州人毕昇发明,这不是偶然的。王国维在其《两浙旧刊本考序》(《观堂集林》卷十七)中说:"北宋监本刊于杭者殆居泰半,南渡以后,临安为行都,胄监在焉,书版之所萃集,而绍兴为监司安抚驻所,刊书之多,几与临安埒。元时一代大著述如胡氏通鉴音注、王氏玉海,皆于其乡学刊行。"所以临安和绍兴,是南宋的两大印刷和出版中心。当时,临安城内的印刷作坊兼出版社,主要有下列各处:

尹家书籍铺	临安太庙前
郭宅□铺	杭州钱塘门里车桥大街
开经书铺	杭州众安桥南街贾官人宅
陈解元书籍铺	临安府棚北大街睦亲坊南
开笺纸马铺钟家	杭州猫儿桥河东岸
张官人诸史子文籍铺	保佑坊前
桔园亭文籍书房	杭州桔园亭大树下

(据毛春翔《古书版本常谈》及《梦粱录》等)

除了杭州、绍兴以外,省内其他地区也有规模不同的印刷工业,例如金华的双桂堂,也是宋版书的著名刊印出版处之一。此外还有余姚,像《资治通鉴》这样篇幅浩繁的巨著,南宋初年就发往余姚县雕版印刷。到了元代,浙江的印刷工业仍然发达,官刻书籍如《辽史》《金史》等,都是奉旨发到杭州、绍兴一带刊行的。

5.丝绸工业 浙江境内,在春秋战国时代就有麻的种植。到了汉代,会稽与临淄、陈留、汉中,共为当时全国四大麻织工业中心,这是后来居上的丝绸工业的技术基础。另外,由于浙江境内历史时期蚕桑业的发展,它为丝绸工业提供了丰富的原料。省内丝绸工业在隋代开始显露头角。当时,越州进贡的耀花绫,花纹凸起,光彩绚丽(唐冯贽:《南部烟花记》,载《唐人说荟》第一三册)。及至唐代,浙江的丝绸工业就名闻遐迩。《元和郡县志》所载作为贡品的丝绸产品,越州有交梭白绫、异文吴绫、花鼓歇单丝吴绫,吴朱纱等纤丽之物凡数十品;杭州有绯纱、纹纱、白编绫;湖州有丝布;睦州有交梭、丝;婺州有纤纩;处州有绵、小绫、纱、绢、绵䌷。足见丝绸工业已经普及到今全省范围。当时的最大中心是越州,杜甫在《后出塞曲》中所说:"越罗与楚练,照耀舆台躯。"对越罗的评价之高,可见其中。唐代末年,浙东观察在越州重赋搜刮,"每旬发一纲金万两,银五千锭,越绫万五千匹,他物称是。"(《通鉴》卷二五九,昭宗乾宁元年)越州丝绸产量之大,于此可见。

　　到了宋代,杭州的丝绸工业也迅速发展,在花色品种上可与越州相颉颃。斯波义信博士通过对宋朝各种文献的调查,把省内各地当时丝绸产品的种类和产地列表如下:

产地	品种
杭州	绯绫、白编绫、柿带花绫、内司狗蹄绫、花罗、素罗、结罗(熟罗、线罗)、锦(绒背)、花克丝、杜纬(起线)、鹿胎(透背)、紵丝(织金、闪褐、间道)、素纱、天净纱、三法暗花纱、栗地纱、茸纱官机(绢)、杜村唐绢
越州	越罗、寺绫、会稽尼罗、藤七罗、宝大罗、齐珠罗、双凤罗、绶带罗、十样花纹绫、樗蒲绫、绉纱、轻容生縠、花山绢、同山绢、板桥绢、萧山纱、卜样绫、大花绫、轻容纱绫、白编绫、茜绯花纱、轻容纱
婺州	婺罗、清水罗、细花罗、婺纱、暗花婺罗、红边贡罗、东阳花罗
明州	平罗、婺罗、花罗、奉化绨
严州	交梭纱、绢、䌷
温州	番缎
湖州	樗蒲绫、绢、杂小绫、花绸、纱、丝、鹅腊绵

四、历史人口与城市地理

(一)历史时期的人口数量及地理分布

　　省境范围内历史时期的人口数量和地理分布,如下列统计资料。但历史上的人口统计资料存在许多问题,由于各种原因,漏报的户口数字可能很多,而各期各地区的漏报情况又千差万别,所以下列资料,只有一般的参考价值。

　　1.春秋于越　句践二十一年(前476)

　　总人口:约30万人(据拙著《古代于越研究》,载《民族研究》1982年第1期)。

2. 前汉　元始二年（2）

郡	所辖县数	在今浙江境内县数	户	口	每县平均户数	每户平均口数
会稽郡	26	17	223038	1032604	8578.38	4.63
丹阳郡	17	2	107541	405170	6325.94	3.77

3. 后汉永和五年（140）

郡	所辖县数	在今浙江境内县数	户	口	每县平均户数	每户平均口数
会稽郡	14	14	123090	481196	8792.14	3.21
吴郡	13	6	164164	700782	12628.00	4.27
丹阳郡	16	2	136518	630545	8832.38	4.62

4. 西晋太康（280—289）初年

郡	所辖县数	在今浙江境内县数	户	每县平均户数
吴郡	11	8	25000	2272.72
吴兴郡	10	9	24000	2400.00
会稽郡	10	10	30000	3000.00
东阳郡	9	9	12000	1333.33
新安郡	6	2	5000	833.33
临海郡	8	8	18000	2250.00

5. 南朝宋　大明八年（464）

郡	所辖县数	在今浙江境内县数	户	口	每县平均户数	每户平均口数
吴郡	12	9	50488	424812	4207.33	8.41
会稽郡	10	10	52228	348014	5222.80	6.66
吴兴郡	10	10	49609	316173	4960.90	6.37
东阳郡	9	9	16022	107965	1780.22	6.74
临海郡	5	5	3961	24226	792.20	6.12
永嘉郡	5	5	6250	36680	1250.00	5.87
新安郡	5	2	12058	36651	2411.60	3.04

6. 隋大业五年(609)

郡	所辖县数	在今浙江境内县数	户	每县平均户数
宣城郡	6	1	19979	3329.83
吴郡	5	2	18377	3675.40
会稽郡	4	4	20271	5067.75
馀杭郡	6	6	15380	2447.67
遂安郡	3	3	7343	2054.67
东阳郡	4	4	19805	4951.25
永嘉郡	4	4	10542	2635.50

7. 唐天宝元年(742)

郡	所辖县数	在今浙江境内县数	户	口	每县平均户数	每户平均口数
吴郡	7	2	76421	632650	10917.29	8.28
吴兴郡	5	5	73306	477698	14661.20	6.52
馀杭郡	8	8	86258	585963	10782.25	6.79
新定郡	6	6	54961	382563	9160.17	6.96
会稽郡	7	7	90279	529589	12897.00	5.87
馀姚郡	4	4	42207	207032	10551.75	4.91
信安郡	4	4	68472	440411	17118.00	6.43
缙云郡	6	6	42936	258248	7156.00	6.01
东阳郡	7	7	144086	707152	20583.71	4.91
永嘉郡	4	4	42814	141690	10703.50	3.31
临海郡	5	5	83868	489015	16773.60	5.83

8. 北宋　崇宁元年（1102）〔崇宁元年资料有缺，用南宋绍兴三十二年（1162 年）资料补充〕

府（州）	所辖县数	在今浙江境内县数	户	口	每县平均户数	每户平均口数
临安府	9	9	203574	296615	22019.33	1.46
绍兴府	8	8	279306	367390	34913.25	1.32
湖州	6	6	162335	361698	27055.83	2.23
婺州	7	7	134080	261678	19154.29	1.95
庆元府	6	6	116140	220017	19356.67	1.89
瑞安府	4	4	119640	162710	29910.00	1.36
台州	5	5	156792	351955	31358.40	2.24
处州	6	6	108523	260536	18087.17	2.40
衢州	5	5	107903	288853	21580.60	2.68
建德府	6	6	82341	107521	13273.50	1.31
嘉兴府	4	3	122813	228676	30703.25	1.86

9. 南宋

府（州）	所辖县数	在今浙江境内县数	户	口	备　考
临安府	9	9	391259	1240760	咸淳年间数字
嘉兴府	4	3	122813	228676	绍兴三十二年数字
湖州	6	6	204509	518352	淳熙九年数字
庆元府	6	6	116140	220017	绍兴三十二年数字
绍兴府	8	8	273343	441092	嘉泰元年数字
台州	5	5	266014	548139	嘉定十五年数字
婺州	7	7	154329	303069	绍兴年间数字
衢州	5	5	125992	253677	端平年间数字
严州	6	6	88867	175903	淳熙十三年数字
瑞安府	4	4	170035	910657	淳熙年间数字
处州	7	7	108523	260530	绍兴三十二年数字

10. 元

路	户	口
杭州路	360850	1834710
湖州路	254345	缺
嘉兴路	426656	2245742
建德路	103481	504264
庆元路	241457	511113
衢州路	108567	543660
婺州路	221118	1077540
绍兴路	151234	521588
温州路	187403	497848
台州路	196415	1003833
处州路	132754	493692

11. 明

路	户	口
杭州府	220427	545591
嘉兴府	270500	782979
宁波府	121370	390661
绍兴府	166835	685749
台州府	70163	246103
金华府	150992	703741
衢州府	95716	523625
严州府	50659	211943
温州府	109755	352623
处州府	18897	254800
湖州府	200045	810244
全省总计	1475362	5508059

12. 清

路	户	口
杭州府	506470	3189838
嘉兴府	515923	2805120
湖州府	596500	2566137
宁波府	561641	2354670
绍兴府	691998	5389830
台州府	373983	2763407
金华府	567587	2549446
衢州府	166650	1110925
严州府	226536	1457146
温州府	369823	1933655
玉环府	13263	81752
处州府	227044	1150088
全省统计	4817418	27352714

（以上统计资料除南宋外，均根据梁方仲《中国历代户口、田地、田赋统计》，上海人民出版社版1980年版）。

（二）历史时期的人口移动

省境内部历史时期的人口增减，除了人口的自然变迁外，还包括人口的机械变迁在内。但由于资料的原因，除了规模盛大的省境内外的移动以外，省境内部各区域之间的移动很难了解。历史时期涉及浙江省的规模较大的人口移动有下列数次。

1. 秦汉人口移动　秦始皇三十七年（前210），据《越绝书》卷八："是时徙大越民置馀杭、伊攻口故鄣，因徙天下有罪适吏民，置海南故大越处，以备东海外越。"又卷二："乌程、馀杭、黝、歙、无湖、石城县以南，皆大越徙民也，秦始皇帝刻石徙之。"这一次移民完全是政治性的，并且采取了强制的方式。其结果造成了一次民族的流动和融合。于越的一部分，在秦的强制下，迁移到今浙西、皖南一带；另一部分与秦对抗的，就向南流徙，形成瓯越、闽越等所谓"三越"。即明焦竑在《焦氏笔乘续集》卷三中所说的："此即所谓东越、南越、闽越也。东越一名东瓯，今温州；南越始皇所灭，今广州；闽越今福州，皆句践之裔。"这一次强制移民，虽然从中原移入一批汉族，即所谓"有罪适（"适"通"谪"）吏民"，但必然导致省境内部人口的减少，所以司马迁目击这个地区

"地广人稀"。汉武帝时又再次迁入中原居民。《汉书·武帝纪》记载元狩四年(前119):"冬,有司言关东贫民徙陇西、北地、西河、上郡、会稽,凡七十二万五千口。"据清王鸣盛估计,这次移入会稽郡的关东贫民,为数"约十四万五千人"(《十七史商榷》卷九)。

2.两晋人口移动　西晋末年,北方发生了所谓"五胡乱华"的战乱,晋室南迁,因而出现了我国历史上第一次北人大规模南迁的现象。即《隋书·食货志》所说的:"晋自中原丧乱,元帝寓江左,百姓之自拨南奔者,谓之侨人。"这类"侨人"移入浙江境内的,数量当然极大,其中还包括一批原在中原的显要家族如王羲之、谢安、孙绰、李充、许询、支遁等家族,对提高省内的文化水平具有意义。不过,这一次省内的人口骤然增加以后,随即发生了4世纪末叶的灾荒战乱。《通鉴》卷一一二,晋纪三四,安帝元兴元年(402),"自隆安以来,中外人士厌于祸乱,……三吴大饥,户口减半,会稽减什三、四,临海、永嘉殆尽。"所以,省内人口未能大量增加。

3.两宋人口移动　北宋末年,由于北方的又一次战乱,宋室南迁,出现了我国历史上北人的第二次大规模南迁。如《宋会要》第一六〇册所载:"渡江之民,溢于道路。"南宋定都临安,移民迁入两浙自不待言。据《建炎以来系年要录》卷一五八所载:"四方之民,云集两浙,百倍常时。"据《元丰九域志》卷五所载,两浙路户数为"一百四十一万四千三百十六户",而《宋会要》第一六一册所载南宋乾道五年两浙路户数为"二百十五万八千六百五十三户"。从北宋元丰到南宋乾道的90年左右时间里,两浙路户数增加达0.52倍。这次人口移动,除了使省内人口总数大量增加外,还促使城市人口剧增。以首都临安为例,乾道年间(1165—1173),杭州城内的人口达50余万(乾道《临安志》卷二),到了南宋末年,人口竟超过百万。(《梦粱录》卷一九·塌房)其他如绍兴、庆元、金华、严州等城市人口,也都有了较大幅度的增加。

4.清康熙、乾隆年间的人口变迁　上述三次人口移动,都是省境内外的人口移动,而这一次人口变迁,是省境内部人口的机械变迁与自然变迁交替发生的结果。对浙江省的人口总数来说,这是有史以来变化最剧烈的一次,人口增加的幅度达到令人惊异的程度。据《嘉庆一统志》卷二八一所载,康熙五十二年(1713)的全省人口为"二百七十一万零六百四十九人",78年后,即乾隆五十六年(1791),全省人口竟跃升到"二千二百八十二万九千"人,剧增近7.5倍。这种剧烈的人口变迁,与引入玉米和蕃薯这两种粮食新品种,造成占全省面积2/3以上的丘陵山地迅速被垦殖这一情况密切相关。

(三)历史时期的城市发展

春秋越王句践七年(前490),越大夫范蠡规划设计,在今绍兴城市卧龙山南麓兴建小城,随即又兴建与小城毗连的大城,合称大越,作为越国之都,这是浙江境内历史时期城市的嚆矢。

中国古代没有严格的城市标准,也没有完整可靠的城市人口数字,因此,一般往往只能以行政区划的级别来确定城市。秦建会稽、鄣二郡,在今省境内置县 15,因而省境内在秦时出现 15 个县级城市。后汉永建四年(129),吴、会分治,山阴为会稽郡治,从此省内出现了一个郡级城市。省境内出现 11 个州(郡)的建置始于唐代,但 11 个州(郡)治所均在省内则始于吴越(唐代的苏州辖及嘉兴、海盐两县,州治在苏州;吴越改苏州为秀州,州治移嘉兴)。从此起,省内拥有 11 个州(郡、府)级城市,直到清末均是如此。清代,浙江省领 11 府、1 州(海宁州)、1 厅(玉环厅)、75 县。这中间,除了省会(兼杭州府治)和 10 个府治,又杭州、嘉兴、湖州、绍兴 4 府,府城内均设两个县治。故全省有省级城市 1 处,府级城市 10 处,县(州、厅)级城市 63 处。

兹简列历史时期的若干重要城市如下:

1. 杭州　秦建钱唐县,县治在灵隐山下。当时,今市区还是一片沼泽。此后,县治一直播迁,逐渐接近今市区。隋开皇十一年(591),迁到凤凰山下的柳浦,即今江干一带,并有筑城记载。唐以后,今市区聚落扩大。唐末吴越王钱镠筑罗城 70 里,建都于此,城市建设发展甚速,并分钱唐为钱唐、钱江两县,杭州从此超过越州,成为省内第一大城市。北宋为杭州州治,城内并建有钱唐、仁和两个县治,如此直至清末。杭州在南宋初成为首都,达 150 年之久,因而列为我国六大古都之一。当时,城市建设发展,规模迅速扩大,到南宋末年人口超过百万,成为我国有记载的第一个人口超过百万的大城市。元为江浙行省治所,明、清均为浙江省会。西湖自唐代扩建以来,两宋曾加大规模整治布置,从此与杭州城市结为一体,相得益彰,故南宋以来,杭州即以其风景美丽著称于世。

2. 嘉兴　秦建由拳县,由拳故城即柴辟,亦称槜李城,在今嘉兴城南 5 里。隋疏凿江南运河经此,交通地位更见重要。唐乾宁三年(896),镇将曹信改在今市区濒运河东南建城,为今城之始。吴越国晋天福三年(903),钱元璙建秀州,治嘉兴,从此成为州级城市。次年又拓秀州罗城,周 12 里,城市布置,甚多建树。明宣德四年(1429),嘉兴县分为嘉兴、秀水二县,从此府城包括两个县治,直至清末。

3. 湖州　战国时,楚春申君在此立菰城,起楼连延 10 里,已成一个大型聚落。秦在此建乌程县,三国吴宝鼎元年(266)置吴兴郡,以乌程为治所,从此成为州(郡)级城市。隋仁寿二年(602)置湖州。宋太平兴国七年(982),由于人口增加,城市发展,乌程县分为乌程、归安二县,于是州城内包括两个县治,迄于清末。

4. 绍兴　春秋越王句践七年(前 490)开始在此筑小城和大城,名为大越,于越在此建都,直到句践二十五年(前472)迁都琅邪为止。秦在此置山阴县,后汉永建四年(129)吴、会分治,山阴为会稽郡治,是省内第一个成为州(郡)级的城市。由于生产发展,政事繁剧,到南北朝陈代分山阴为山阴、会稽两县,省内在州(郡)城内设置2个县治始于此。建炎四年(1130),曾成为南宋临时首都。次年南宋改元绍兴,并以此年号改越州为绍兴府。朝廷虽然迁离,但南宋宫学和陵寝仍在绍兴,使它成为南宋的一个重要文化中心。除首都临安以外,它与金陵齐名,是当时国内的著名大城市。城市建设在南宋一代中有很大的发展。自此直至清末,均为绍兴府府治。

5. 宁波　秦建鄮县,位于今市区以东约3里的丘陵地。东晋隆安四年(400),刘牢之在三江口(即今余姚江、奉化江、甬三江汇合处,亦即今市区)筑城,是后世明州城的开端。唐开元二十六年(738),于鄮县明州,鄮县县治从此成为州(郡)级城市。但当时鄮县县治在小溪镇(今鄞江镇),大历六年(771),始将鄮县县治移至今市区,到长庆元年(821),明州州治也移来此处。唐昭宗时(889—904),刺史黄晟建城,周18里,城市进一步发展。北宋淳化元年(990)在此建市舶司,成为国际贸易的重要港口。从此,城市获得迅速发展。五代吴越及北宋均为明州州治及鄞县县治,南宋为庆元府府治,明、清均为宁波府府治。

6. 温州　西汉惠帝三年(前192),立于越后裔驺摇为东海王,世俗号为东瓯王,据传都城在今市区以西的瓯浦山一带。南北朝时代的《永嘉记》说:"昔有东瓯王都城,有亭,积石为道,今犹在也。"后汉永和三年(138),在今市区附近建永宁县。东晋太宁元年(323),建永嘉郡,以永宁为郡治,从此成为州(郡)级城市,同时始建城,称为斗城,亦称白鹿城。唐上元二年(675)置温州,从此迄于清末,一直为温州州治,温州府治等州、府治所。

7. 金华　后汉初平三年(192),在今市区附近建长山县,三国吴宝鼎元年(266)于长山县建东阳郡,从此成为州(府)级城市。南北朝陈置金华郡,隋又置金华县,相传旧城在今城东40里(又一说在今城西南40里),唐开元中始徙至今治。今城相传为五代吴越时所筑。宋宣和四年(1122)重筑,周10里。金华县自唐至宋均为婺州州治,明改金华府,为府治,迄于清末。

原著浙江人民出版社1985年版

中国历史名城（主编）

序　言

　　城市是生产发展的产物。早在原始社会，人类为了生产和生活的方便，常常聚族而居，形成原始聚落。西安的半坡，余姚的河姆渡，都是这种原始聚落的例子。随着生产力的提高和人口的增加，聚落不断扩大，而大型的聚落，最后就可能形成城市。《艺文类聚》卷六十三引《博物志》说："禹作城，强者攻，弱者守，敌者战，城郭自禹始也。"这里所说的建城的目的，主要还是出于军事上的需要，而且在夏代初期，是否确有筑城之事，毕竟还是一种传说。不过，根据近年来考古发掘所提供的资料，中国在夏、商时代，确实已经有了城垣建筑。当然，城垣的建筑并不一定就是城市出现的标志，但是这些早期的城垣，作为大型聚落形成的信号，看来倒是十分可能的。而大型聚落与城市之间的差异，往往很难严格加以区别。无论如何，大型聚落的出现，总是城市诞生的前奏。

　　对于大型聚落和城市的区别，或者说城市成立的条件，学者们的意见自来并不统一。日本学者狩野千秋在其所著《玛雅的神殿城市》（日本每日新闻社出版《古代文明之谜及发现》之六《巨大遗迹》）一文中，综合过去西欧的考古学家和历史学家的意见，把古代城市形成的条件，归纳为下列七个方面：一，最原始的国家组织与王权的确立；二，稠密的人口；三，社会阶级的分化与职业的专业化；四，巨大的纪念性建筑物的建造；五，文字、金属器的发明与科学技术的发达；六，由于剩余物质的生产而出现了有余暇从事知识性的活动；七，工商业与贸易组织的发达。

根据上列 7 条，狩野千秋把公元 6 世纪前后在今墨西哥尤卡坦半岛、危地马拉和洪都拉斯等地发展起来的大型玛雅人聚落都列为城市，就是他著作里作详细描述的玛雅的神殿城市。由于这 7 条都只有性状的描述却不作数量的分析，所以从实际情况来看，除了第四条"巨大的纪念性建筑物的建造"外，这些马雅城市的发展水平还是很低的，其中有一些与大型聚落之间，很难加以区别。

在中国，古代城市的出现，一大部分是聚落逐渐扩大的结果。这当然是和城市所在地的自然环境和社会因素有密切关系。例如，在中原地区的坦荡大平原上，崛起于冲积层上的孤立丘阜，由于在燃料、饮水、背风向阳和防守等方面都处于有利地位，因而常常成为建立聚落的理想地址。这类聚落，以后有许多就发展成为城邑，诸如顿丘、铁丘、商丘、营丘、章丘、乘丘等等，无法一一列举。另外一部分古代城市，是从头勘测设计，然后施工建筑而成的。这中间，洛阳就是一个很典型的例子。《尚书·洛诰》说："召公既相宅，周公往营成周，使来告卜，作《洛诰》。周公拜手稽首曰：予惟乙卯，朝至于洛师。我卜河朔黎水，我乃卜涧水东，瀍水西，惟洛食。我又卜瀍水东，亦惟洛食。伻来以图及献卜。"这里的所谓"告卜"，既是古代的一种仪式，但也具有勘测意义。《水经·洛水注》说："洛阳，周公所营洛邑也。故《洛诰》曰：我卜瀍水东，亦惟洛食。其城方七百二十丈，南系于洛水，北因于郏山，以为天下之凑。"

如上所述，把都城建立在这样的一个地理位置上，不但在地形上背山面水，在交通运输上处于枢纽的地位，而且事前曾经绘制地图。这样的建城，与其说是占卜所得，毋宁说是勘测的结果。因此，上述《洛诰》的记载，乃是从勘测设计直到建城的一个完整的记录。

西周以后，从东周、春秋、战国以至于秦，建城的记载，史不绝书。仅仅见于《水经注》一书中的，就已经充篇累牍。例如《浍水注》的"城绛"，《济水注》的"城阳向"，《浊漳水注》的"筑五鹿、中牟、邺"，《颍水注》的"城上棘"，《潍水注》的"城诸及郓"和秦始皇的筑琅邪郡城等等。这些记载中的城邑，有的可能从大型聚落发展而来，也有的可能是新建筑的。当然，这一时期建筑的城郭，往往都是当时的重要都会或军事要地。对广大的一般县邑，恐怕还没有普遍建立城郭。全国县邑的普遍建城，为时当在汉朝初年。《水经·河水注》说："汉高帝六年，令天下县邑城。"从此，全国各地普建城郭。随着生产的发展，户口的增加，大型城邑也就陆续出现。因此到了汉代，我国各地的城市已经相当发达了。在《史记·货殖列传》中被称为"都会"的城市，就有邯郸、燕、临淄、陶、睢阳、吴、寿春、番禺等。这些城市，腹地宽广，交通便利，物产丰富，人口众多，商业发达。因此,城市的规模已经相当庞大。以睢阳城为例,这个城市于汉文帝十二年(前168)由文帝少子刘武加以扩建,据《汉书·梁孝王传》的记载,城周长达"七十里"。这就是上列被司马迁称为"都会"的城市的一般规模。

除了如上所举的特大城市以外,一般城市从汉代起也有很大的发展。由于历史记载的疏缺,作为城市重要指标的经济和人口资料,要普遍地获得具体的数字是十分困难的。因此,行政建制在中国历史城市的确定上就成为十分重要的依据,有时也是唯一可循的途径。大体上说,把建有县治的这一级城邑作为历史上的城市,恐怕比较符合实际。从汉到清的历史中,中国行政区划中的县一级的数字,基本上是稳定的,约在1300个左右。这也就是历史上中国一般城市的约略数字。

现在,我们通常把人口向城市地区集中和农村地区转变为城市地区的这种过程,称为城市化。城市化的过程,不仅使城市的数量增加,而且还使各个城市的人口和规模不断扩大。因此,城市人口在全国人口中的比重就不断提高。在我国,这种城市化的进程,到了唐朝后期,显然有了加速。美国学者施坚雅在他主编的巨著《中华帝国晚期的城市》一书中,把中国出现的这种情况,称为"中世纪城市革命"。根据他的分析,从唐末到北宋,在中国发生的这种市场与城市化的革命,表现为下列各种现象:一,放松了每县一市,市须设立在县城的规定;二,官市组织衰落,终至瓦解;三,坊市制度消灭,而代之以自由得多的街道规划,可以在城内或四郊各处进行交易买卖;四,某些城市迅速扩大,城郊商业区蓬勃发展;五,出现了具有重要经济意义的大批中小城镇。

按照施坚雅的统计,8世纪的长安(今西安)人口达100万。北宋的东京(今开封),在其最后年代,人口为85万。南宋的临安(今杭州),在其最后年代,人口达120万。这些城市,都是当时世界上最大的城市。而且,施坚雅在《中华帝国晚期的城市》一书中又指出:"一些热心的作者,也曾主张中世纪时期,至少有六七个中国城市,人口达到一百万,或者还要多些。"这些都说明,自从唐末以来,中国的城市化进程有了加速,出现了不少在当时世界上首屈一指的大城市。

南宋以后,中国的大城市在世界上仍有一段时期保持优势。关于这方面,我们可以引用施坚雅在该书导言中的一段话:"与中世纪的长安、开封与杭州,先前曾是世界最大的城市一样,南京在明改建以后的10年左右时间内赶上开罗,成为世界最大的城市,至十五世纪某一时候为北京所代替。除了十七世纪短时期内,亚格拉、君士坦丁和德里曾向其居首位的地位挑战外,北京一直是世界的最大城市,直到1800年前后伦敦才超过它。"

时至近代,由于出现了城市化的进程与工业化的进程同步发展的情况,于是,与工业发达的国家相比,中国的城市化进程就显得缓慢了。城市人口的比例,大城市的数量以及城市建设等许多方面,中国都显得落后。此外,由于帝国主义经济侵略和国家陷于半殖民地的结果,城市布局开始显出极不平衡的状态。原有的在内地的大城市不断衰落,而作为列强经济侵略基地的港口城市,例如上海、天津、广州等,则畸形地发展起来。

新中国成立以后,在全国范围内进行了社会主义改造和社会主义建设,城市当然也不例外。30 多年来,我们改造了旧城市,建设了新城市。尽管这中间有过许多曲折,但是我们无疑已经在这方面取得了重要的进展。现在,我们的城市数量和城市人口,较之以往的任何时期都空前增加。城市布局也比以往要平衡和合理得多,而城市内部的各种建设,和旧中国时代更是不可同日而语。

今天我国的各类城市,绝大部分都是从历史上的城市发展起来的。虽然近代以来,我们在城市化和城市建设中显得落后,但是,我们拥有这样一个历史悠久而庞大的城市体系,这无疑是我们值得自豪的历史遗产。为此,我们把年代久远、文物丰富、包括历史上灿烂一时的六大古都在内的 24 个历史文化名城,和其他 26 个历史上的各类著名城市,一共 50 个城市,编成了这本《中国历史名城》的地理读物。各个城市的作者,都是在这些城市定居的或者是做过研究考察工作的专家学者。这些作者对于他们所撰写的城市,不仅有丰富的感性知识,而且还有系统的理性知识。为此,在介绍每个城市的短小的篇幅中,一般都能比较清楚地刻画出它们的主要面貌。当然,由于作者较多,各人在写作的体例、文风和内容的重点等方面并不一致。而且,从全书来说,我们所选择的城市在地理分布上还不够平衡,边远地区的城市选得较少,有好几个省区还是空白。对于这些缺陷,我们将在以后加以补足。

本书所选的这 50 个城市,在我国的历史名城中,是具有代表性的。对于这些历史名城的历史回顾和现状观察,对我们既是一种享受,也是一种教育。它们让我们博览历史上的光辉文物,大开眼界;让我们广闻历史上的生动掌故,增长知识。通过这些历史名城的创业和发展的过程,我们可以了解许多古代优秀人物艰苦创业的不朽事迹,和广大劳动人民在这些城市发展过程中所历尽的风霜雨雪。通过这种了解,将使我们进一步懂得,应该怎样承前启后,为建设我们伟大的社会主义祖国和繁荣的社会主义城市而贡献我们的精力。

杭　州

杭州是我国的六大古都之一。人们一提到杭州,立刻就会联系到美丽的西湖。在远古时代,西湖却是个小小的海湾。它南北各由今吴山和宝石山构成的两个半岛所环抱,只在东部留下了一条南北不到3公里的湾口。海湾以西即今西湖群山,称为武林山。从武林山发源的大小溪流,统称武林水,东流注入湾内。这个海湾就叫武林湾。武林湾以东是一片面对长江口的浅海。大量泥沙从长江口南下,堆积在这片浅海之中。钱塘江河口的涌潮,加速了这种堆积的速度。浅海底部因此而形成了许多沙坎,阻塞了武林湾的小小湾口,而武林水所挟带的泥沙,使武林湾也逐渐变浅。久而久之,武林湾终于演变成为一个滨海泻湖。

泻湖形成以后,海洋对它的影响就日益减少,最后由于湾口沙嘴的全部封闭,终至和海洋隔绝关系。于是,随着武林水的不断灌注,湖水的含盐量逐渐降低,最后成为一个淡水湖。根据我国著名地理学家竺可桢的推算,西湖形成的时代,当在12000年以前。

西湖形成以后,西湖以东,即今杭州市区,就逐渐淤涨,成为一片沼泽盐滩。今市区北郊和西北郊,开始和海岸远离。在距今5000年前后的时代,原始居民已在今市郊西北的老和山、良渚、半山、长命桥、水田畈一带活动。他们利用今西湖群山以东的山麓冲积扇,崛起于平原上的孤立丘阜和咸潮不及的高燥平原,从事耕种、狩猎和捕捞等生产活动。他们利用孤丘南麓的高燥地形建立聚落。他们之中的能工巧匠,又利用附近的陶土,烧制出精美而有黑色光泽的陶器,为杭州的远古创造了灿烂的新石器文化。人们以1936年第一次发掘出这类原始文物的良渚为名,称它为良渚文化。

浙江省在良渚文化以后2000多年的春秋时代,就有了正式的历史记载。当时,今省境的大部分属越国,北部则属吴国。越国的国都今绍兴和吴国的国都今苏州,当时的记载已经非常详尽,但是对于今杭州的记载,却一直要晚到秦始皇统一中国以后。秦在这一带设置了以苏州为郡治的会稽郡。在会稽郡下的20几个县中,有一个钱唐县。这是杭州第一次出现的历史记载。

当秦建钱唐县的时候,今杭州市区还是一片潮汐出没、土地斥卤的沼泽地,当然不可能建立县治。钱唐县在什么地方? 当时并无记载。一直要到南北朝刘宋初期,当时的钱唐县令刘道真,写了一本叫做《钱唐记》的地理书,才第一次提到了秦钱唐县的所在。他写到:"昔县境逼近江流,县在灵隐山下,至今基址犹存。"说明从秦建钱唐县到刘宋逾600多年后,秦钱唐县的基址当时仍可看到。

许多人认为,既然"县在灵隐山下",当然指的今灵隐寺一带,就是秦钱唐县所在。但是也有些人认为,古人所说的灵隐山,也和武林山一样,是西湖群山的总称。因此县治并不一定就在今灵隐寺附近。不过有一点是明确的,当时的平原地区,由于潮汐出没,土地斥卤,是无法建立聚落城邑的,所以县治只能建立在西湖群山之中。以后随着自然环境的不断获得改造,县治才逐步从山区迁到平原。

　　钱唐县沿着哪一条路线从山区迁入平原，现在尚无法详悉。在上面提到的刘道真所著的《钱唐记》中，曾提到这一带在后汉时代修筑防海大塘的故事。他说："防海大塘在县东一里许。"海塘，或许是钱塘江的江塘，总是修建在江海沿岸。刘宋时代的钱唐县治离开江海计程只有"一里"光景，说明已经十分接近平原，或者是已经进入平原。但具体位置在哪里，现在也无从知道。

　　到南北朝末期的陈代（557—589），设置了以钱唐县为郡治的钱唐郡，钱唐县第一次从一个县的地位上升到一个郡的地位。但当时的钱唐县治，也就是钱唐郡治的具体地理位置，仍然没有明确的记载。

　　隋文帝杨坚在公元589年平定了南朝的陈，随即把钱唐郡改为杭州。这是杭州一名在历史上的第一次出现。杭州的州治开始设在余杭县，开皇十一年（591），迁移到凤凰山麓柳浦，就是今江干一带。这是自从秦建钱唐县以来，历史上第一次记载的这个州、县治所的明确地理位置。迁到柳浦的次年（592），就在柳浦以西的凤凰山麓建筑州城，周围达"三十六里余"。这座州城的明确范围目前不甚了解，但隋代的杭州显然已经到达了今杭州市区的一部分。现在的杭州市，就是从这个基础上开始发展起来的。

　　隋炀帝即位以后，开始开凿以洛阳为中心的运河网。大业元年（605）开凿通济渠，使洛阳沟通淮水，并借今苏北的邗沟沟通长江。又在长江以南疏凿江南运河，从京口（今镇江）绕太湖以东直达杭州。从此，杭州与东都洛阳之间有了直达的水路运输，这就大大促进了杭州的发展。当时，从镇江经苏州到杭州，长达"八百里"，河宽"十余丈"，夹岸遍栽柳树，河中可通巨大的龙舟，杭州就这样一跃而成为一个重要的商业城市。《隋书·地理志》记载当时的杭州是："川泽沃衍，有海陆之饶，珍异所聚，故商贾并凑。"繁荣景象，于此可见。

　　《隋书·地理志》所描述的杭州，所指当然就是州治所在，即今江干一带。在当时，这一带由于江堤早已完成，不虞潮汐之患。而一连串的冈阜，例如将台山、凤凰山、万松岭、吴山等，居高临下，形势险要。这些冈阜的南坡向阳，是建造州治馆宇的理想地址。山上富于井泉，解决了平原上不易解决的饮水问题。江堤之外，钱江滔滔，上通婺睦，下连外海，是交通运输的大动脉。柳浦恰恰又是一个沿江的重要渡口，通往会稽的要道。所有这些，都促成了江干这一片并不宽裕的地带能够成为一代都城。

　　城市繁荣以后，人口随着增加，江干一带土地狭窄，随即发生人满之患。唐朝初年，户口已经超过10万，势必要向西湖以东的广阔平原即今市区迁移。但这一带土地斥卤，井渠皆咸，聚落稍稍远离西湖，就无法解决淡水问题。可以设想，人们刚刚迁到这个地区的时候，聚落必然紧靠湖边分布，到刺史李泌在公元8世纪大历年间修建著名的"六井"之时,街市才稍稍远离西湖。

根据记载,六井是:相国井,在今解放街井亭桥西;西井,在相国井以西;金牛井,在西井西北;方井,在金牛井西北;白龟井,在今龙翔桥西;小方井,在今小车桥附近。其实六井是6处贮水池,是用瓦管和竹筒分别从钱塘门、涌金门等处引入西湖湖水。现在看来,六井的分布,仍然都很接近西湖。这一方面说明,在当时尚未建立街市聚落的地方,没有建井的必要;另一方面也说明,用瓦管和竹筒从西湖引水,无非是利用地形的微小倾斜度,让湖水自然流灌。在这样的情况下,要引水远离西湖,技术上就会发生困难。因此,从六井的具体位置,可以窥及当时街市聚落的大致范围。

六井的修建,使今杭州市区的居住条件得到很大的改善。这就导致市区的扩大和人口的进一步增加。于是,人们对淡水的需要量与日俱增。但六井本身,却因西湖的淤淀而减少了水量。这种矛盾,在另外一位刺史,即著名诗人白居易任上获得缓解。为了增加西湖蓄水,使管道输水通畅,白居易于长庆二年(822)在钱塘门外石函桥附近,即今少年宫一带,修筑了一条湖堤,比原来的湖岸增高一些,借以提高西湖水位。从此,西湖就从一个天然的淡水湖,转变成为一个人工湖泊,而枯涩的六井又重归充沛,为杭州城市的继续发展创造了条件。于是,杭州的城市规模开始扩大,交通便利,生产发展,市面繁荣,出现了一种欣欣向荣的景象。唐李华所写的《杭州刺史厅壁记》说:"骈樯二十里,开肆三万家。"描述了运河和钱塘江上的交通之盛,市区内商铺之多,俨然是一个大都市的气派了。

唐末景福二年(893),钱镠为镇海节度使,开始在杭州一带拥兵割据。天祐四年(907),他被封为吴越王,于是就建都杭州,并且开始了对这个城市的擘画经营,为杭州建立了一个坚固的基础。吴越国一共经历了五代70余年,杭州一带相对稳定,因而生产力有了较大提高,城市获得较快的发展。

钱镠在他受封后的第三年,即公元910年,便从事沿江沿海的修堤工程,以保障城市的安全。当时受潮汐冲击最严重的地方,是从候潮门到通江门之间的一段。钱镠采用夹板筑塘的方法,沿江"一百多里",以巨木为柱,打下木桩六层,再在木桩中实以竹笼,竹笼中装满石头。在这样的基础上再修筑海塘,当时称为捍海塘,有效地保护了杭州的近郊和城邑。又在钱塘江沿岸修建龙山、浙江二闸,以遏制咸潮倒灌,使城市内河渠免受潮汐干扰。于是,原来的斥卤土地就逐渐淡化,从此可以发展农业。

杭州成为国都以后,钱镠于公元910年进行规模浩大的城垣修筑,在凤凰山下创建子城,作为他的国治。早在公元893年,他已经修筑了周围达"七十里"的罗城。罗城西起今闸口以北的秦望山,沿江到今江干一带,又沿西湖到宝石山,其东北到今艮山门一带,形如腰鼓,因此称为"腰鼓城"。城垣扩大以后,城内的街道、河渠、市场、房舍等等,也都相应地进行了规划和修建。由于城市扩大,原来的钱塘县加上盐官县的一部分,划分成钱塘、钱江二县。杭州罗城之内,也同样由钱塘、钱江二县分别管辖。从此直到清末,杭州城市内一直都有两个县的建置,只是钱江县名,在宋初改为仁和,从此沿用不变。

除了城市本身的扩大以外,西湖越来越成为杭州城市的不可分割的部分。因此钱镠对西湖的整治也不遗余力。他在宝正二年(927)着手浚湖,建立了一支1000人的专职浚湖队,称为"撩湖兵",不分昼夜地从事疏浚工作。他同时还重视西湖风景区的整修和布置,从而大大地美化了这个小国的国都。由于当时佛教盛行,今西湖大量佛教艺术遗产,多是吴越国时代留传下来的。除了大加扩建东晋创造的灵隐寺外,还新建了两所规模巨大的昭庆寺和净慈寺以及其他许多较小寺院。此外又建造了四座宝塔,它们是:西关外的雷峰塔,月轮山的六和塔,闸口的白塔和宝石山的保俶塔。四塔都有精湛的建筑技巧和不同的艺术风格。除了雷峰塔已经塌圮外,其余三塔都仍巍然屹立,为湖山增添了无限风光。

到了北宋,杭州尽管在政治地位上从一个小国的国都退居到一个州的州治,但从城市规模来说,仍然不失为东南一大都会。这中间,有不少贤牧良守,他们领导这里的劳动人民,为这个城市的繁荣发展作出了贡献。其中特别著名的就是文学家苏轼。他于熙宁二年(1069)来杭州任通判之职,3年之中,对这一带的水利事业很有建树。熙宁五年(1072)他卸任离杭,16年后,即元祐元年(1086),又再度来杭出任知州。在他离杭的十几年中,西湖湮废已达十之六七。按照当时的淤淀速度,不出20年,西湖就将整个消失,六井也将随着失去作用,全城居民又将陷于咸水和苦水之中,人民终至流散,城市也就无法存在。面对着这样严重的威胁,苏轼立刻制订出全面整治西湖和杭州水利的计划,上表奏请朝廷,并千方百计地筹措工程经费,开始对西湖进行一次大规模的疏浚。

在这次疏浚中,苏轼撤废了湖中私围的葑田,湖底得到了全面的深挖。他在今湖心亭一带全湖最深之处,建立了石塔3座,禁止在石塔范围内养殖菱藕,以防湖底的淤淀。又把疏浚出来的巨量葑泥,在湖中建筑一条沟通南北的长堤,长"五里有余"。堤上又修建了6座石桥以流通湖水。全堤遍植芙蓉、杨柳和各种花草。于是,六桥烟柳为全湖平添了无限妍媚。后人就把这条长堤称为苏堤。"苏堤春晓"至今仍是引人入胜的湖中佳境。

西湖在这一次疏浚以后,全湖又充满了一泓碧水。苏轼接着又疏浚和改造城内诸河及六井,西湖甘水从此流遍全城,大大方便了居民,促进了城市的发展。

苏轼两度到杭州做官,居住了五六年,他的足迹遍及杭州城市和西湖群山,留下了许多功绩。杭州人民至今还传颂着许多苏东坡的故事。今天,我们信步在苏堤之上,饱览一湖秀色,缅怀苏轼当年疏浚西湖的业绩,会情不自禁地吟诵他当年描写西湖的不朽名诗:"水光潋滟晴方好,山色空濛雨亦奇。欲把西湖比西子,淡妆浓抹总相宜。"

北宋末年,中原沦陷,宋高宗赵构仓皇南逃,在经过几年奔波以后,终于在绍兴二年(1132)定居临安府,并于绍兴八年(1138)正式把这里作为南宋首都。杭州从此跃升为一个朝代的首都,而且持续达150年之久。杭州就这样加入了我国古都的行列。

南宋初年,由于中原的战乱和朝廷的南迁,大批官民蜂拥南下,根据当时的记载:"渡江之民,溢于道路。""中原士民,扶携南渡,不知其几千万人。"南渡的大量人口,主要来到浙江,而杭州更是外来户的最大集中地。一时间,杭州城内,五方杂聚,商贾毕集,街衢喧闹,方言纷歧。市内开张了许多新的店铺,挂的多是东京(开封)招牌。北宋嘉祐二年(1057),全城居民还不过十万余户,到南宋乾道年间(1165—1173),居民已增到26万余户,计55万余人。到了南宋末叶,全城人口超过百万。它不仅是南宋的政治、经济和文化中心,同时也是全国第一大城市。

南宋朝廷大兴土木,把大内建在凤凰山,王城北起凤山门,西到万松岭,东到候潮门,南到江干。今中山南路北端,不久前拆除的鼓楼,可能就是王城的朝天门。从朝天门向北,即今中山中路和中山北路,当时是一条用石板铺成的、长达"一万三千多尺"的御街。御街东西与连接崇新门的荐桥街和连接涌金门的三桥街等大街相交错。御街以西,还有与御街平行的后市街。此外还有数量巨大的坊巷和市集。御街以东,是南北纵贯与御街平行的市河。市河以东,又有与市河平行而更为深宽的盐桥运河。市河与盐桥运河在清河坊以南沟通,向南直达江干的钱塘江边,向北则直接与江南运河及整个太湖流域的河湖网相连。市河北段又通过众安桥与浣纱河相沟通。浣纱河又与西湖相通,引西湖水作为这些河渠的水源。像这样纵横交错的街道和河渠,构成了南宋杭州城市的整个布局。

这个骤然膨大的城市首先必须解决的问题是供应问题。唐代以来利用西湖供应城市饮水的设施,由于北宋时对西湖的大规模整治而得到改善。南宋一代,西湖不仅为六井和其他许多新建的井池输送淡水,而且还成为盐桥运河、市河和浣纱河的水源。杭州的东郊,由于海塘的完成,已经垦殖成为一片菜园,它供应城市以四时蔬菜。大量人口聚集所必需的粮食,依靠富庶的太湖平原解决。城市需要作为燃料的巨量薪炭,则通过钱塘江,从森林资源丰富的婺、衢、严各地运来。这样就形成了南宋一代和在以后长期存在的"西门水,东门菜,北门米,南门柴"的区内和区际经济联系,解决了城市最基本的供应问题。

随着城市基本供应的解决,供应城市其他需要的手工业也蒸蒸日上,像造船、陶瓷、纺织、造纸、印刷、酿酒、食品等等，都建立了大规模的作坊，雇佣了众多的工人，生产出大量的产品。这就吸引了大批的商贾往来，舟车贩运，从而促进了这个城市的商业繁荣。当时，城内除了御街、荐桥街、后市街等繁华的商业区外，还有许多专业性集市，例如川广生药市、象牙玳瑁市、金银市、珍珠市、丝锦市、生帛市、衣绢市、肉市、米市等等。此外还有许多专业性商行，例如银朱彩色行、金漆桌凳行、南北猪行、青器行、麻布行、海鲜行、纸扇行、鱼行、木行、竹行、果行等等。根据目击当时市场的吴自牧在他的著作《梦粱录》一书中的记载："杭城大街，买卖昼夜不绝，夜交三四鼓，游人始稀，五鼓钟鸣，卖早市者又开店矣。"商业繁荣，可见一斑。

由于生产发展，市场繁荣，客商货物交流频繁，所以运输业也获得很大发展。城市内外和近郊乡村间的运输，主要依靠运河和城内诸河。船舶的种类繁多，其中，专运旅客和轻便货物的称为落脚头船；运载笨重货物，例如砖瓦、薪炭、盐米的称为大滩船；去苏、湖、秀、江、淮等州的远程旅客，可以雇佣舾船、舫船、航船和飞篷船等；为朝廷运输粮米的则有大型的纲船。在城北一带的运河中，真是樯橹相接，舟行如梭，不分昼夜。

钱塘江对于南宋杭州的运输业也有重要意义。这里的船舶既有江船，也有海船。海船不仅到达沿海例如台州、温州、福州、泉州等地，并且还远到日本、朝鲜和南洋各国。江船则沿钱塘江上溯严、婺、衢、徽各府，从那里贩运薪炭、柑橘、干鲜果品和其他山货。此外，从钱塘江南岸通过浙东运河，又到绍兴、庆元（今宁波）等府贩运海鲜、鱼蟹、鲞腊等货品。当时，江干一带，樯橹如林，船舶枋比，货物山积，市容十分繁盛。

由于运输业的发达，南宋的杭州不仅是一个四方客商云集的商业城市，并且还是一个外国政府官员、商人、僧侣和游客纷至沓来的国际都市。当时，通过钱塘江海运或从庆元府循浙东运河来到杭州的外国人，包括日本、高丽、波斯、大食等50多个国家和地区。朝廷专门设置了四方省馆和市舶务等机构，负责接待外宾。并且在今武林门外建造北郭驿，在候潮门外建造都亭驿，作为接待外国使节的宾馆。

如上所述，当时杭州的定居人口已经到达百万，而流动人口数量，由于这个城市具有首都和商埠的双重性质也很可观。因此，这里的服务性行业，必然也有很大的规模。当时，全城酒肆林立，除了官酒库所开设的著名酒楼，例如丰乐楼、春风楼、和乐楼、太和楼等以外，在民营的酒肆中，有兼卖下酒菜肴的茶饭店，兼卖包子的包子酒店，门面如同官宦大宅的宅子酒店，有庭院式布置的花园酒店等等。此外还有各种饭店、点心店、菜面店、素食店等。

南宋杭州的服务性行业中，特别发达的是"瓦市"——娱乐场所。城内最大的瓦市有5处，即今清河坊附近的南瓦，今惠民街的中瓦，今羊坝头的大瓦（上瓦），今众安桥的北瓦，今庆春街的蒲桥瓦（东瓦）。其中以北瓦的规模最大。一个瓦市内又分成若干"勾栏",每个勾栏都有各流名角主演的不同种类的曲艺或戏剧,昼夜不闲。最大的北瓦就有 13 座勾栏。除了城内的瓦市以外,城郊也有许多瓦市,例如嘉会门瓦、候潮门瓦、荐桥门瓦、艮山门瓦等,共有瓦市 20 处。所有城内外瓦市附近,都是店铺林立、商业繁荣的地方。

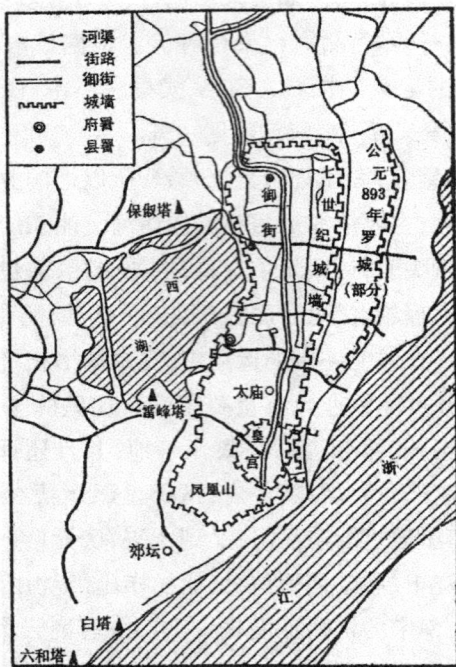

南宋的杭州与西湖示意图

在南宋一代中,杭州的文化事业也十分发达,它是当时全国的文化中心,为以后杭州和浙江省的文化发展奠定了良好的基础。这中间首先是印刷出版业。早在北宋时,杭州已是全国三大刻书中心之一,北宋一代由朝廷官刻的所谓"监本"之中,有一半就在杭州刊印。到了南宋,杭州的印刷出版业就一跃而冠于全国。城内外有名可查的官私书坊有 20 余家之多。当时杭州刊印的书籍,字体工整,刀法娴熟,纸质坚白,墨色清香,为古今学者所一致称道。至今存在的南宋杭刻书籍,都是我国宋版书的精华,是珍贵的文化遗产。

在南宋一代中,杭州的教育事业也很发达。当时,朝廷在这里创办的学校有太学、武学和宗学三种,合称三学。其中太学是全国的最高学府,设置在纪家桥以东,规模宏敞,舍宇壮丽,学生按程度分上舍、内舍和外舍三个等级,最多时达 1700 余人,一切费用全由国家供给。此外,在凌家桥设有临安府学,在钱塘、仁和两县的县衙附近设有二县的县学，在通江桥设有医学，专门培养医药人才。在这些学校以下，还有为数众多的乡校、家塾、舍馆、书会等等。杭州的每一里巷，至少有这类学校一二所。耐得翁于端平二年（1235）所著的《都城纪胜》一书中说，杭州城内"弦诵之声，往往相闻"，生动地描述了这个文化城市文风发达的情况。

随着杭州城市的日益发展，西湖的面貌在南宋一代中也有了很大的改变。前面已经提到，白居易和苏东坡在对整治西湖作出了贡献，不过他们治理西湖的目的，主要是为了农田灌溉和城市给水。因此直到北宋，湖山之间的人工雕琢还是不多的。南宋建都以后，西湖以一个水库一变而成为首都的风景区。不仅是帝王将相和地主富商把它作为安乐窝，而上百万的市民和从全国各地来到首都的流动人口，当然也以此为大公园。此外，从外国来的使节、商人、僧侣和旅游者，也无不到西湖游览和进香。于是，西湖就顿时出现了游客如云、歌舞遍地的局面。大量的亭台楼阁、寺庙精舍，在沿湖和群山之间纷纷兴建。优美的自然风景里，添了许多金碧辉煌的人工雕琢，西湖风景区至此基本完成。这就是"山外青山楼外楼"的风景布局。这种布局一直延续到今天，成为西湖风景区不同凡响的特色。

随着西湖风景区的精心布局和游客的增加，杭州的旅游业开始发展。闸口白塔岭下刊印出杭州历史上的第一种导游图，称为《地经》，出售给游客。介绍杭州和西湖风景的专著也陆续刊印出版，像西湖老人著的《繁胜录》，耐得翁著的《都城纪胜》，吴自牧著的《梦粱录》等，至今都还存在。在这些专著中，介绍西湖名胜最详细的是四水潜夫著的《武林旧事》。此书对西湖名胜采取了分区记载的方法，把全湖风景区分为南山路、西湖三堤路、孤山路、北山路、葛岭路、西溪路等六路，另外再加上离湖最远的三天竺。这种分区记载的方法，和现代的西湖导游书已经基本相同了。

南宋的著名诗人范成大于绍熙二年（1191）撰写了一部称为《吴郡志》的地方志。他在此书中第一次使用了"天上天堂，地下苏杭"的赞语。这句话以后又被群众改成更为通俗的"上有天堂，下有苏杭"的谚语，至今仍然广泛流传。杭州从南宋开始比喻为天堂，这就说明了当时城市的繁荣和西湖的美丽。

南宋以后，杭州从一个朝代的首都的地位，下降到一个省城的地位，境况当然就远非昔比了。特别是在元军入城的初期，城市遭到了很大的破坏。元末明初的刘基（伯温）在他的《悲杭城歌》所说："观音渡口天狗落，北关门外沙尘恶，健儿被发走和风，女哭男啼撼城廓。"当时，西湖湮塞，城市萧条。不过，随后元朝疏凿京杭运河，沟通了从大都（今北京）到杭州的内河航运，给杭州在交通运输和商业上带来不少好处。

由于西湖水利在元朝一代中的漠视，到了明朝初年，全湖被地主豪强支割围垦，苏堤以西，皆成葑田，六桥流水，仅存一线。幸赖知府杨孟瑛在正德三年（1508）对它进行一次大规模的疏浚,撤毁葑田 3000 余亩,才使西湖规模又恢复了唐宋旧观。而在明清两代之中,杭州仍然物产富庶,交通便利,商业繁荣,风景秀丽,不失为我国东南的一大都会。

清代末叶,由于国势衰落,民生疾苦,杭州也和全国一样,出现了长期的停滞和衰落。辛亥革命以后,接着又是军阀混战,时局动荡,杭州处于每况愈下局面。1937 年卢沟桥事变发生以后,杭州于当年年底就为日军所占领,长达 8 年之久,湖山蒙尘,遭受了很大的破坏。

中华人民共和国成立以后,杭州获得了新生。在中国共产党的领导下,开始致力于生产建设,特别是加强工业建设的工作,陆续在市郊建立了半山重工业区、拱墅纺织工业区、祥符—小河轻、化工业区、留下—天目山路电子仪表工业区、望江门木材加工和食品工业区,发展了不少以往缺乏的工业部门。由于杭州是一个旅游城市,因此,这些工业区都考虑了远离风景区,以避免影响旅游业的发展。这些工业区的建立,不仅提高了杭州的工业生产力,繁荣了经济,同时也使城市向郊区伸展,扩充了城市范围。

西湖是世界闻名的旅游胜地。新中国成立以来,对西湖的整治和风景区的建设不遗余力。50 年代的一次疏浚,使西湖的平均深度达到 1.8 米,超过以前的两倍。此外还新建了杭州植物园、杭州动物园、杭州花圃等面积较大的公园,扩建了柳浪闻莺公园、花港公园等著名游览地。至于像疗养院、饭店以及其他供旅游用的建筑,为数就更为可观。

30 多年来,城市的公用事业的建设也有了很大进步,诸如住宅、道路、公共交通、绿化、环境保护以及医疗、文化教育等,都获得较大成就。以道路建设为例,30 多年来新建的城市道路,长度可以环绕西湖 16 周。以文化教育事业为例,城市西北郊新建的文教区,有杭州大学等高等学校 5 所,研究机构若干所以及数十所中学和中等专业学校,而在 50 年代以前,这里还是一片荒野。

现在,杭州市和西湖已经进行了全面的规划,它将被逐步建设成为一座现代化的旅游城市。杭州人民正在加倍努力,把城市建设得更美好,把西湖打扮得更秀丽。

宁　波

宁绍平原是春秋越国的基地。越国的首都,建在平原的西部。平原东部的今宁波市附近,当时已有两个见于记载的地名,一个是鄞,另一个是甬句东(或称甬东)。虽然鄞和甬句东都不是现在的宁波,但是说明这个地区在春秋时代已经有所开拓。

秦统一中国后,在这个地区建立了属于会稽郡的 3 个县:鄞、鄮、句章。这 3 个县

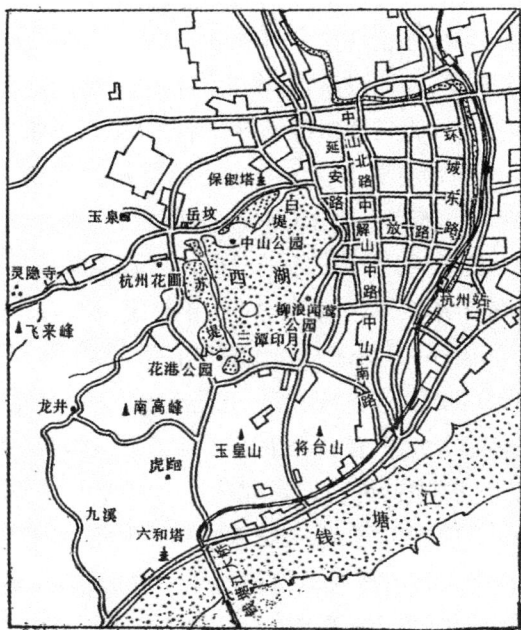

杭州略图

的具体位置:鄞县在今奉化县东鄞城山脚的白杜;鄮县在今宁波市东鄮山和阿育王山下;句章在今宁波市西的城山。今浙江省境在秦代是一片地广人稀的海疆地区。秦始皇在今省境以内所建的县只有15个,但在这不过500平方公里的范围以内,却有3个县的建置,说明这个地区在当时已经相当发达。晋朝的陆云曾说秦始皇南巡到今绍兴后,曾去鄮县住了30多天。这种传说也反映了这个地区的发展程度。不过,这3个县的具体位置,都在今宁波市的外围。那么,今市区是怎样发展起来的呢?

从秦会稽郡在这个地区建立的3个县的具体位置,我们可以得到一点启发,即宁绍平原是一片潮汐出没的沼泽平原,在这个地区建立城邑聚落,地形的选择具有十分重要的意义。上述3个县治的所在,就都在潮汐不能波及的比较高燥的山麓冲积扇上。在这片平原上建立的其他城邑也是一样,绍兴、上虞、余姚,也都利用了平原上的孤丘地形。在海塘没有修建,沼泽没有疏导以前,要在山麓冲积扇和孤丘以外的平原上建立城邑聚落,这是不可设想的。当然,水土资源丰富的广大平原,对于活动在地形狭窄的山麓冲积扇上的人们,有很大的吸引力。而平原上的孤丘,正是他们进入平原的跳板。今宁波市区,恰恰就是这类跳板中的一块。当鄞这个地名在春秋出现时,说明这一带的山麓冲积扇地区,已经由于开拓而出现了大型聚落。这些聚落,在秦代就建立了县治。这个时期,人们纷纷在平原上的孤丘周围站稳了脚跟,开始对平原的垦殖。今市区一带聚落的出现,也正在这个时候。

从今天的宁波市区来看,除了余姚江、奉化江和甬江三江汇合以外,根本看不到什么丘阜。但是,这片在古代称为三江口的地区,是分布着不少丘阜的。清初的著名宁波学者全祖望在其《东四明地脉记》一文中说得很清楚:"黄南山金事以鄞脉出于锡山,至桃源,次于崇法寺冈,入南门,历镇明岭,直抵候涛山而止。"这里,黄南山所说的崇法寺冈,又名关祖山,位于今宁波城西南火车站南侧,至今土丘尚存。城内南部的另一孤丘叫做镇明岭,约位于月湖东岸,直到1935年修筑镇明路,才完全铲平,而以此孤丘为名的镇明路,至今仍在,可以为证。除了这两座小山以外,今市区范围内,在古代存在的孤丘还有府后山和四明小山。据清末方志记载,府后山在府后堂,此山下的泉水,即是府河的水源。府后堂的位置在今中山公园偏东。四明小山又名城北山。据明乌斯道的《四明小山记》一文中所说,在"郡北一里",即今中山公园以北偏西之处。乌斯道说:"其山始颇峻锐。"但到了清朝,全祖望在《城北小山诗序》中说:"今城北之山妄被居民夷为平土矣。"可见此山在清初已被削平。这说明,在这片三江汇合的地区,原来曾经富于丘阜,古代人们在开拓平原的过程中,利用这些丘阜建立聚落是可以设想的。

古代人们在这一带建立聚落,还可以从这一带发现的古代墓葬中获得证明。当1956年在今南门附近建造火车站时,清理了上起战国,下至东汉的古墓百余座。这些古墓,就营葬在古代所称的关祖山一带。据宋宝庆《四明志》的记载,汉代著名的句章孝子董黯的母亲的坟墓,就建在关祖山上。直到民国《鄞县通志》所附的地图上,仍然标明了这座古墓的位置。说明在今市区范围内的古代聚落,至迟在战国时代就已经出现。而到了汉代,则可能已有大型聚落的建立。这就是日后东晋建城的基础。

今市区有历史记载的第一次建城,在东晋隆安四年(400)。这是东晋将领刘牢之为了防御当时的孙恩农民起义军而修建的。这就是宋乾道《四明图经》所记载的:"西城外有城基,上生竹筱,俗称筱墙,即城基也。"刘牢之在三江口筑城,当然是利用了这里的自然条件的。因为这个地区的南、北、东三面,有奉化江、余姚江和甬江环绕,已经起了城垣的作用,所以他只要在西面筑一道城垣,就可以把这个地区的所有聚落都包围在内。这是事半功倍的方法。不过,由于工程是在战争时期匆匆赶成的,可能比较简陋。为了防御敌人的攀越,墙垣上插以当时最容易取得的材料竹竿,因此称为筱墙。今宁波西门外的筱墙基,大概就是东晋城垣的所在。刘牢之在这里所筑的城垣虽然简陋,但是却可以说明,当时这片地区已经不是潮汐出没的沼泽,而是一片聚落列布、居民众多的重要战略地。假使当时这个地区还是一片居民稀疏的沼泽平原,则敌对双方都无争夺的必要,刘牢之筑城就成为多此一举了。

自刘牢之建城以后,今宁波市区加速了发展。南北朝初期,宁绍平原的西部,即今绍兴一带已经人满为患。据《宋书》所载,地价已到达"亩值一金"的程度。当时的会稽郡守孔季恭曾采用"徙无资之家于余姚、鄞、鄮三县界"的措施。据记载,这些移民到宁绍平原的东部是去垦殖湖田的,说明当时这一带的农田水利建设已经很有进步。至于这个地区的海上活动,历史记载开始甚早。据《史记·东越列传》所载,汉武帝元鼎六年(前111),因为东越王反,"天子遣横海将军韩说出句章,浮海从东方往。"《三国志·吴志·孙权传》记载吴黄龙二年(230):"遣将军卫温、诸葛直……自会稽浮海,求夷洲及亶洲。"过去也有人认为《史记》和《三国志》记载的海上军事行动都是从宁波出发的,因而把宁波作为我国造船与航海的发轫地。这些当然都是猜测的话,并无具体证据,而且今慈溪、鸣鹤场、瀣浦一线,沿海港口众多,未必一定从三江口循大浃江(今甬江)出海。不过,随着今市区范围的扩大,生产的发展,特别是手工造船业的建立,今市区作为一个海上活动的基地的可能性,也就越来越增加了。

自从东晋第一次建城以后,到了唐开元二十六年(738),今市区终于从越州分离出来,建立了明州。开始,明州州治建在鄮县,即今市区西南四明山麓的鄮江桥。到了长庆元年(821),州治就迁到今市区。从此直到宋代,宁波一直成为一个州(府)级城市。

州治迁到今市区的当年,刺史韩察在今中山公园一带修建了一座内城,俗称子城,周长"四百二十丈",以今鼓楼为其南门,作为刺史的公署。唐朝末年,刺史黄晟又在子城以外修建了一座罗城,周长"十八里",其范围大致与今环城马路相当。从此,宁波城的格局基本上就确定了。当时,州治所在的子城是全城的政治中心。罗城东北从三江汇合处迤北的余姚江一带是市肆和港埠。这一带还有手工造船业的船场。在城内设有丝绸局,手工业已经相当发达。

从唐代开始,宁波的发展,在很大程度上决定于它的港口条件。宁波位于三江之口,虽然不是什么深水巨港,但是由于港口即是市区,船舶停靠、货物销售等都很方便,对于古代的航行贸易十分相宜。宁波每年6月到10月盛行东南风或偏南风,10月到翌年2月常吹西北风或偏北风,这对古代木帆船的航行更是一种有利条件。因此在唐代就已经"海外杂国,贾舶交至",成为一个繁荣的港口城市。当时,我国瓷器向海外输出的这条"陶瓷之路"已经形成。据日本陶瓷学家三上次男所著《陶瓷之路》一书的记载,在菲律宾、印度尼西亚、印度、斯里兰卡、波斯湾沿岸、阿拉伯半岛沿岸、埃及、埃塞俄比亚、非洲的肯尼亚和坦桑尼亚沿海岛屿等地,都发现越窑碎片。越窑的主要中心在余姚(今慈溪)上林湖一带,显然是从宁波港出发的。人们常把西安作为从我国北方横贯中亚的一条"丝绸之路"的起点,而宁波就是在我国南方与"丝绸之路"遥相呼应的"陶瓷之路"的起点。"陶瓷之路"远达埃及和东非沿岸,不仅比"丝绸之路"更为漫长,而且从唐代直到明、清,持续时间也比"丝绸之路"长久。

到了宋代,作为港口城市的宁波获得了更大的发展。早在北宋,钱塘江口航道就日趋恶化,正如宋姚宽在《西溪丛语》中所说:"海商航舶,畏避沙滩,不由大江,惟泛余姚小江,易舟而浮运河,达于杭越矣。"当时,海外各国,例如日本、高丽以及南洋各国的来华使节、商人、僧侣等等,多乘船到宁波登陆,然后改乘内河船舶,从浙东运河西行北上。因此,北宋淳化三年(992),朝廷就在今宁波市区设置市舶司,管理国际贸易事务。此外,许多外事机构也都纷纷建立,例如位于今东门外奉化江沿岸的来远亭,专为外国旅客办理签证入境手续。外国使馆,例如高丽、波斯等使馆,也在城内建立。据乾道《四明图经》所说:"南则闽广,东则倭人,北则高句丽,船舶往来,物贸丰衍",宁波俨然成为一个国际都市。

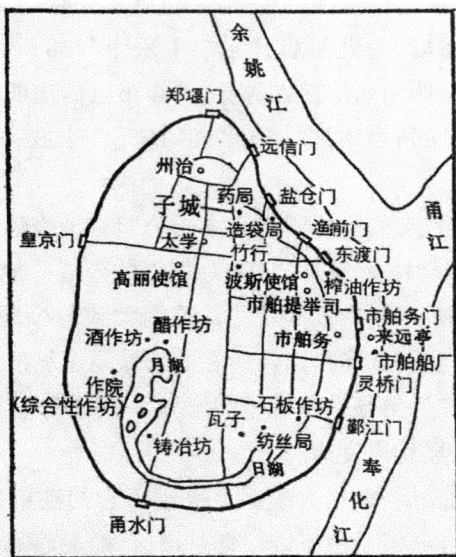

宋明州城示意图

南宋建都于临安(今杭州),宁波实际上成为首都的外港,因而又一次获得很大的发展。绍熙五年(1194),明州成为庆元府。据记载,府城之内,分为东南、东北、西南、西北四厢,主要街道超过50条。除了紧靠城市的三江以外,城内也有一个完整的城市内河水系,供市内交通和城市给水之需。又在这些河流上设置了桥梁一百余座,以联络街市交通。南宋一代中所形成的宁波街市布局,一直延续到现在,许多街巷地名,也至今沿用不变。

随着这个港口城市的进一步扩大，与港口城市相适应的手工业，也获得迅速的发展。首先当然是手工造船业。这里的造船业，前面已经指出，具有悠久的历史，到了北宋已有官营的造船场，为朝廷建造各种船舶。早在宋神宗元丰元年（1078 年），为了派使节出使高丽，曾在甬江口的招宝山下建造万斛船两艘。据近人推算，这类巨舶，其载重量已经超过千吨。南宋高宗由于被金军尾随追赶，仓卒间从宁波下海到章安（今临海东南的台州湾口）和温州避难，曾于建炎三年（1129）在宁波获得海船千艘之多。据日本学者斯波义信的统计，南宋开庆元年（1259），活动于宁波沿海的各类船舶达 8000 艘之多，这一带造船业的发达可以想见。当时今余姚江、甬江和奉化江沿岸，船场林立，除了官营造船场之外，还有许多民营造船场。近年以来，在这一带曾有大量宋代造船场和船舶的出土，足以证明当时造船业的盛况。

除了造船工业以外，其他例如著名的平罗、花罗等绸缎，双鱼酒、十洲春等名酒，还有铸冶、制袋、制药、石作等，也都在城内建立了许多作坊。为这个港口城市服务的服务性行业也得到很大发展，在今新桥一带出现了称为"瓦子"的公共娱乐场所，演出各种戏曲杂技。瓦子附近并开设各种店铺，形成一个繁华的集市。

元代，宁波是庆元路治所和鄞县县治所在。由于同当时最重要的贸易对手日本曾经处于战争状态，因而海上贸易在初期曾受到影响。不过在以后，双方的民间贸易仍然有所发展，而且元朝开国不久又先后把温州市舶司以及上海、澉浦两市舶司都并入庆元。使这个港口城市在国际贸易中的地位更显得重要。明朝初年改庆元路为明州府，旋又易名宁波府，这是宁波一名的开始。由于当时沿海倭寇骚扰，明太祖曾下令禁止通蕃下海，并在浙东沿海修建卫、所以御倭，宁波港就处于半封闭状态。到了嘉靖二年（1523），朝廷又下令停止市舶，撤销宁波市舶司，这样，宁波港就完全封闭了。因此，明朝一代是宁波港的停滞时期。由于宁波当时已是一个腹地广大的府城，所以城市发展并没受较大的影响。在明朝一代中，宁波城市建设值得一提的是天一阁。这是嘉靖年代兵部右侍郎范钦的私人藏书楼，有藏书 7 万卷，其中特别丰富的是明版地方志。它为这个商业繁荣的港口城市带来了书香气。今天，天一阁已经修筑得焕然一新，藏书也增加到 30 万卷，内有善本书 8 万卷，是我国现存的最早藏书楼之一。

清初解除了海禁，改市舶司为海关，宁波港口的国际贸易又开始好转。鸦片战争以后，宁波被作为"五口通商"的港口之一，于道光二十四年（1844）辟江北岸为商埠。从此，港口区从余姚江和奉化江沿岸移到甬江沿岸，江北岸顿时形成了一个繁华的街市区。不过，当时上海港已经兴起，由于它在各方面的条件都比宁波优越，使宁波港终于退处一个二等港口的地位。

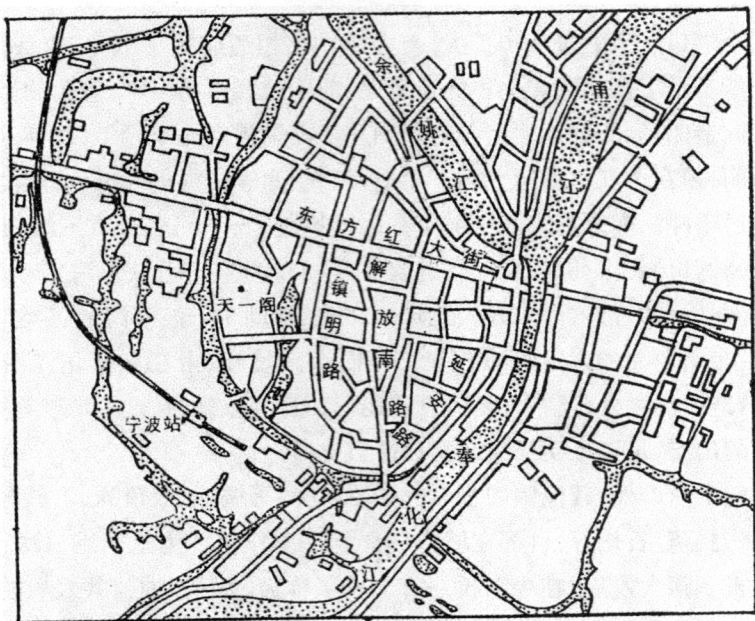

宁波略图

中华人民共和国成立以后,宁波城市和港口都获得了较大的发展,除了城市的扩展以外,港口也作了全面的整治。鉴于泥沙淤积对港口所造成的日益严重的困难,考虑长远的发展,进行了港口布局。港口建设已推向甬江河口,而北仑港 10 万吨级深水码头的建成,标志宁波港发展历史上的一个崭新的时代。它必将给予宁波城市以有力的影响,促使宁波城市的进一步繁荣发展。1984 年,我们国家已经宣布宁波为我国开放的沿海 14 个港口城市之一。宁波的飞跃前进,将可拭目以待。

绍　兴

绍兴是一个古老的城市,它起源于公元前 490 年的句践小城,至今已有 2000 多年的历史了。

句践是春秋越国的一位著名君王。越国是越部族所建立的春秋列国之一。这个部族原来活动于会稽山、四明山以及浙东的其他丘陵山地,过着像《吴越春秋》一书中所描述的"随陵陆而耕种,或逐禽鹿而给食"的狩猎业和迁徙农业的生活。它们北部的宁绍平原,有着丰富的水土资源。但是,由于这个地区是一片潮汐出没的沼泽地,土地泥泞而斥卤,要到那里定居垦殖,不仅需要解决当时力所不及的农田水利问题,而且人民生活所必需的饮水和燃料也都存在困难。因此,除了崛起于平原深厚冲积层上的许多孤立丘阜周围,已经建立了若干聚落以外,整个平原还处于一片洪荒的状态。

越王句践即位于公元前 496 年。他即位后,随即把他的国都从会稽山内部的嶕岘大城,迁移到山麓冲积扇的平阳,作为他进入平原的第一步。可惜他的强邻吴国,在他即位的第三年,就侵入他的国境,大败越军。越王句践被迫到吴国首都即今苏州去作人质,直到公元前 490 年才获得释放。返国后,他没有再进入会稽山区,而于当年在今绍兴城区建立了他的新都小城。

越王句践择地建都的战略思想,可以从他的谋士大夫范蠡的一句话表达。范蠡说:"今大王欲国树都,并敌国之境,不处平易之都,据四达之地,将焉立霸王之业。"这就是他决心要把国都从闭塞的会稽山移往广阔的宁绍平原的理由。

宁绍平原以曹娥江为界,分成东西两部分。今绍兴城位于这片平原的西部,北滨杭州湾,南接会稽山,具有负山面海的形势。城东西两侧,各有曹娥江和浦阳江作为屏障。今绍兴城恰恰坐落在这片平原的中心,地理位置是十分优越的。当然。地理位置是一个大前提,建立都城的条件还必须考虑当地的具体自然环境。前面已经提到,宁绍平原是一片潮汐出没的沼泽平原。在这里,即使建立一个普通的聚落,也必须利用平原上的孤丘地形,更何况建立一座都城,考虑当然更须全面。今绍兴城地区,在东西约 2.5 公里、南北约 3.5 公里的范围内,冲积层上崛起的大小孤丘达 9 处之多。其中较高的是海拔 76 米的种山、海拔 52 米的蕺山和海拔 32 米的怪山 3 座,构成三足鼎峙的形势。在这样一片平易四达的平原中心,竟存在着这样一处孤丘罗列的胜境,这当然一是立城建都的理想地址。

由于吴国的大军随时可以入侵,句践必须抓紧时间,建筑一座足以抵抗吴军入侵的堡垒。因此,他选择了在 9 处孤丘中最高的一处,即种山的东南麓兴建。种山,以后又称卧龙山、龙山或府山,是一座略呈西南——东北走向的孤丘。山的北麓陡峭,南麓缓倾,从西南到东北有 6 个高阜。其中第四高阜最高,而第五高阜南麓坡地最广,有足够的土地可以建立宫室,并从事垦殖。这一带又富于泉水,使都城的饮水不虞匮乏。都城西北以种山为屏障,不仅具有有利的小气候条件,而满山林木,提供了燃料的来源。范蠡又在最高的第四高阜上建造了一座飞翼楼,即今望海亭,其实就是瞭望台。当时,钱塘江口从南大门入海,从飞翼楼可以北眺江滨,对吴国的军事行动,了如指掌。

就这样,越国在很短的时间里,建成了这座周围只有 1 公里稍多的国都兼军事堡垒,使整个部族有了一个新的、坚强的政治中心。于是,紧接着小城的建成,范蠡又在小城的外围建筑了城周大于小城 10 倍的大城,把这个地区的大部分孤丘都包围在内。可以设想,在范围广阔的大城之中,除了街衢、河渠、屋宇、工场等以外,还有许多牧场和耕地。小城是越国的政治中心和军事堡垒,大城则是越国的经济中心和生产基地。小城的迅速建成,为大城的兴筑赢得了时间,而大城的兴筑,又为小城保证了给养,进一步巩固了小城的基础。从此,小城和大城就结成为一体,称为大越。这就是越国的国都。而越王句践以此为基地,实行了他的"十年生聚,十年教训"的复兴计划,终于覆没了吴国;并且北上称霸,成为一个大国。

秦统一中国后,在今浙江和江苏南部建立会稽郡,郡治设在今苏州,把越国国都大越改名山阴,作为会稽郡的一县。从此,直到后汉中期的300余年中,绍兴没有较大的发展。这是因为,句践灭吴称霸中原后,于他在位的第25年(前472)把国都从大越迁到琅邪(今山东胶南县附近)。绍兴从那时起,从一国的政治、经济中心,下降为一个部族的后方基地,地位有了明显的削弱。秦始皇统治这个地区后,这里无非是会稽郡下的一个属县,而且他又把原来的越族居民强迫迁移到今浙西和皖南,虽然从北方迁来一些汉族居民填补,人口一时必然有所减少。因此,曾到过这个地区的司马迁,在《史记·货殖列传》中说这里"地广人稀"。汉武帝时代,这里还作为关东贫民的移居地区。直到后汉永建四年(129),才实现了大体上以钱塘江为界的所谓吴(郡)会(稽郡)分治。江北为吴郡,郡治仍在吴;江南为会稽郡,郡治在山阴。吴会分治的本身就是地区生产力发展的反映。山阴从一个普通的县,又一跃而成为一郡之治了。

吴会分治不过12年,会稽郡守马臻在永和五年(140)主持了鉴湖围堤工程。以郡城为中心,筑堤长达"一百二十七里",使会稽山麓线以北,郡城以南,形成了一个面积超过200平方公里的人工湖泊。鉴湖工程的兴修,首先说明当地农业生产的发展已有建造大型水库的需要,同时也说明这个地区的人口有了增长,因而才有可能动员大批劳动力投入这个工程。鉴湖工程在此后的近1000年中,为这个地区的农业发展和绍兴城市的经济繁荣创造了十分有利的条件。

绍兴城市的发展,从吴会分治以后就开始加速。到了东晋,由于北方移民大量涌入这个地区,出现了"今之会稽,昔之关中"的兴盛时期。由于鉴湖水利工程的效益,这里农业发达,经济繁荣,山阴已俨然一番大都会景象。加上山青水秀,风景美丽,因此不仅一般移民迁入,不少显要的北方家族,例如王羲之、谢安、孙绰、许询、支遁等,也都来此定居。王羲之等42位著名文人学士,曾于永和九年(353),集会于会稽山下的兰亭,成为我国文化界在历史上的一件空前盛事。作为名胜古迹的兰亭和作为书法艺术的杰作的《兰亭序》,至今仍然闻名于世。

由于人口的增加、生产的发展和城市的扩大,山阴县终于在南北朝陈代(557—589)划分成为山阴和会稽两县。以郡城中心南北流向的一条小河为界,这条小河在一般的绍兴地方志中称为城河、市河或府河。河西为山阴县,河东为会稽县。郡城从此出现了两个县治，也说明了这个城市的规模。

到了隋唐时代，这里成为越州州治。随着手工业发展的加速，丝绸工业中的"越绫"，陶瓷工业中的"越窑"等，都开始名噪一时，促进了城市的进一步繁荣。唐长庆年间（821—824），在越州任刺史的著名诗人元稹，曾一再写诗夸耀越州风景的美丽，州宅的宏伟，城市的繁华，甚至用"会稽天下本无俦"这样的诗句来赞美这个城市。唐朝末年，中央政权削弱，四方纷纷割据。乾宁四年（897），吴越王钱镠，定杭州为吴越国西府，是吴越国的首都，定越州为吴越国东府，是吴越国的行都。钱镠本人曾几度驻节越州，擘划经营，建树甚多，进一步促进了这个城市的发展，奠定了越州在南宋初期成为临时国都的基础。

南宋初年，金兵南下，宋高宗于建炎三年（1129）10月，从杭州渡钱塘江来到越州，驻跸州廨。但由于金兵尾随而来，宋高宗于当年12月从海上去温州，次年4月才再度返越州，以州治为行宫。越州作为南宋的临时首都，为时一年零八个月之久。在这一年多时间里，这里成为南宋的政治和经济中心，整个城市发生了很大的变化。官商人等和大量北方移民的涌入，促进了城市建设的发展和商业的繁荣。宋高宗于建炎四年（1130）后改元为绍兴元年（1131），而且为了纪念他的最艰难危险的日子在越州站稳了脚跟，因此就让越州"升州为府，冠以纪元"。从此，越州改为绍兴府，绍兴作为这个城市的名称就开始了。尽管朝廷于绍兴二年初离开绍兴去到杭州，但绍兴从此成为王室陵寝所在，即日后的宋六陵。朝廷的官学也在此创办。人们把绍兴称为陪都，同时又是南宋重要的文化中心。

越王句践在种山东南麓建造小城之时，这里不过是周围1公里多的一座小小城堡。就在不久大城建成后，由于人口稀少，生产力较低，必然也是聚落稀疏，屋舍简陋。但当绍兴二十七年（1157年），一位名叫王十朋的状元在种山顶巅俯览这个城市时，景象就完全不同了。他说："周览城闉，鳞鳞万户。"又说这个城市的建设是"栋宇峥嵘，舟车旁午，壮百雉之巍垣，镇六州而开府。"完全是一个大都会的气派了。

南宋一代中，绍兴的城市建设，的确成绩斐然。即使与不久以前的北宋相比，其发展也可说一日千里了。以居民住宅区为例，在北宋大中祥符年间（1008—1016），城内的街坊名称，据当时编纂的《越州图经》的记载，属于会稽县的有20坊，属于山阴县的有12坊，总共32坊。但到了南宋嘉泰年代（1201—1204），府城内的厢坊建置已经骤然扩大，全城计有5厢96坊，正是大中祥符年代的3倍。在这5厢96坊之中，又设置了照水坊市、清道桥市、大云桥东市、大云桥西市、龙兴寺前市、古废市、驿地市、江桥市等8个集市，组成了城市内部的商业网。嘉定十四年到十七年间（1221—1224），又在府城内进行了一次有史以来的大规模城市建设，除了把罗城和水陆城门作了一番修缮

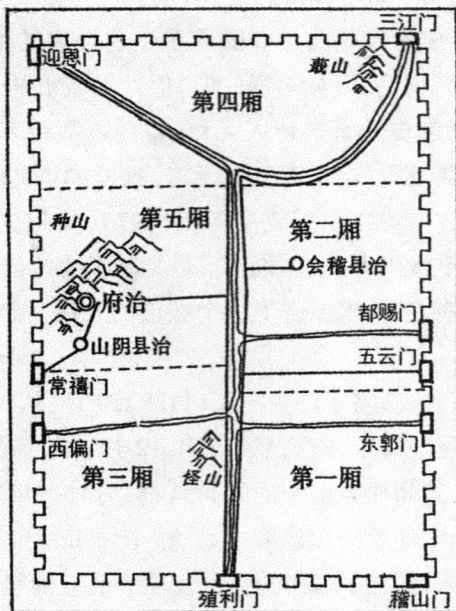

南宋绍兴城示意图

外,对城内的道路、河渠、桥梁等,也都作了一番新的规划和修建。绍兴城市的厢坊建置、街衢布局、河渠分布等,从此大体定局,直到清末以至民国,都没有较大的变化。

自从清末起的近百年里,由于国内的反动统治和帝国主义的侵略,内忧外患,天灾人祸,以致生产停滞,民生凋敝。绍兴人民也和全国人民一样,蒙受了多年的灾难,城市建设在这段时期里陷于停顿。1937年抗日战争开始后,由于日机的轰炸,继之以占领,城市更遭到了严重的破坏。到了新中国成立前夕,绍兴已经成为一座生产落后、市容萧条、人民生活困苦的城市。

中华人民共和国成立以后,绍兴开始了它的新生。一系列的社会改革,促进了生产的发展和城市面貌的改观。新中国成立以前,这里是个只有几家小工厂的消费城市,现在,城市工业已经有了相当的基础。而酿造、制茶、瓷器、丝绸等具有传统历史特色的工业,获得更大的发展。具有悠久历史和崇高声誉的著名产品,例如绍兴黄酒、平水珠茶、越窑瓷器等,都在产量和品质上得到了进一步的提高,扩大了国内外市场。交通运输业也有了很大的发展。绍兴是从杭州到宁波的铁路线中途的最大城市,是宁绍平原西部的公路网中心,而水乡泽国的自然条件,又使城市的水上交通四通八达。整个城市,如今呈现出一片欣欣向荣的景象。

1982年,国务院公布我国第一批历史文化名城,绍兴成为第一批24个历史文化名城之一。同年,浙江省人民政府也批准了绍兴城市的总体规划。根据这个规划,绍兴将被建设成为一个具有水乡风光的历史文化名城和旅游城市,并且又是一个以酿造为特色的轻工业城市。

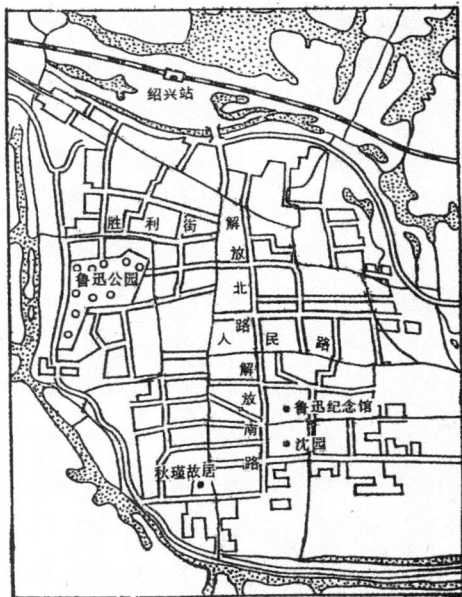

绍兴略图

2000多年以来,这个城市确实称得上文化发达,人物荟萃。至今,市内和市郊,拥有省、市级重点文物保护单位达75处。这些名胜古迹,现在正在不断地复原和修葺。2000多年以前建有越王宫殿的卧龙山,已经成为全城最大的公园。除了重新建造的越王殿和其他越宫遗迹外,这里还有飞翼楼遗址,越大夫文种墓、唐宋名人摩崖题字等许多古迹。登临山巅,远眺会稽山的峰峦连绵,气势雄伟,古代鉴湖的平畴沃野,河湖如网。古人所说"千岩竞秀,万壑争流"的山光和"山阴道上行,如在镜中游"的水色,可以一览无遗。此外,城市以内还有《吴越春秋》中传说的从东武飞来的飞来峰,即怪山,今称塔山。这是越王句践建造我国历史上记载的最早的天文台和气象台——怪游台的地方。越王句践训练美人西施歌舞的土城,即西施山,在东郊城下。这些都是两千年以前的遗迹。另外像南宋爱国诗人陆游游览赋诗的沈园,明代著名画家徐渭的故居青藤书屋,以及秋瑾故居,鲁迅故居等,也都修缮得焕然一新,供人们游览和凭吊。

绍兴是个历史悠久的古城,也是个文物丰富的名城。在这样的城市里,人们在稽山镜水的美好自然环境中,回溯越王句践"卧薪尝胆"和"十年生聚、十年教训"的故事,吟诵陆放翁"三更抚枕忽大叫,梦中夺得松亭关"和"王师北定中原日,家祭毋忘告乃翁"等爱国诗篇,传颂近代先进人物例如秋瑾、鲁迅等光辉业绩,必能激起振兴中华、建设绍兴的壮志豪情。今天,绍兴人民正在再接再厉,把这个历史文化名城建设得更为秀丽。

原著中国青年出版社 1986 年版

浙江地名简志（指导编撰）

序

　　浙江省的地名与浙江古老悠久的历史文化传统、丰富多彩的自然地理环境有密切的关系。

　　省名浙江,原是省境内最大河流的名称。以河名作为省名,其间有一个发展过程。浙江作为一条河流之名,在战国时期已见记载。但作为区域之名,乃在唐朝中叶以后。唐初分全国为 10 道,今浙江省境包括在江南道之中。开元二十一年(733),分江南道为江南东、江南西、黔中 3 道,今浙江省包括在江南东道之中。唐朝中叶以后,由于军事上的需要,在全国许多一级行政区划即道之下设置方镇。乾元元年(758)于江南东道之下设置浙江东道、浙江西道两个方镇,前者辖越、明、台、婺、衢、温、处 7 州,治所在越州;后者辖今省内的杭、湖、睦 3 州及今江苏境内的润、常、苏 3 州,治所曾设于昇州(今南京)、苏州、宣州(今安徽宣城)、润州(今镇江)等地,贞元末年起移至杭州。方镇虽然是一种军事区域而非行政区域,但浙江一名,从此由河流之称而兼地区之名。而且既然方镇有浙江东道和浙江西道之分,于是,"两浙"一名也随即出现。北宋淳化四年(993),分天下为 10 道,今浙江省属两浙道。至道年间(995—997),分全国为 15路,今浙江省境属两浙路,治所设在杭州,这是"浙"字用于行政区域之始。至南宋初,又分两浙路为两浙东路和两浙西路,前者以绍兴府为治所,后者以临安府(今杭州)为治所,辖境与唐浙东、浙西二方镇基本相同。

中国的行省制始于元朝,至元十三年(1276)置江淮等处行中书省,治所在扬州,辖境包括今浙江省境在内。到至元二十二年(1285年),改为江浙行中书省,以后习惯上简称江浙行省,治所在杭州。因其辖境包括宋江南东路及两浙路,因而得"江浙"之名。至正二十六年(1366),朱元璋虽然尚未登极,但已经控制大江南北的大片地区,是年置浙江行省,浙江成为省名。从此开始,元朝时江浙省辖境兼及今苏南、皖南及闽中、闽北,明朝浙江行省自从洪武十四年(1381)将原属京师(南京)的湖州、嘉兴两府划入后,辖境基本上已和现在一致,从此稳定少变。

浙江从远古以来有于越族在这里繁衍生息。早在第四纪全新世,于越族居民已经活动于今宁绍平原,由于卷转虫海侵的发生,宁绍平原成为浅海而分离流散,一部分渡越杭州湾,散居于今浙北、苏南地区,成为日后的句吴族;一部分移入浙东山地,成为《越绝书》记载的内越;另一部分留居沿海岛屿,成为《越绝书》记载的外越。这些早期的部族居民,正如《吕氏春秋·知化篇》所指出的:"接土邻境壤,交通属,习俗同,言语通。"所以至今这个地区仍然遗留着许多越族地名,成为浙江省地名最为重要的特色。

浙江省是一个沿海省份,海岸线曲折,大陆和海岛的海岸线,总长超过6000公里,港汊分歧,岛屿棋布,大小岛屿超过2000,占全国岛屿总数的2/5。因此,省内存在着大量与海洋有关的地名,这是浙江省地名的另一重要特色。

浙江省的地形以丘陵山地为主,占全省土地面积的70.4%,平原和海拔50米以下的盆地只占全省土地面积的23.2%,而在岛屿、平原和盆地上,仍有许多星罗棋布的孤丘。因此,省内的大量地名和这种山岳遍布的地形特征有关,成为浙江省地名的第三个重要特色。

越语地名,或者是经过派生的越族地名,至今仍然大量存在。如前所述,浙江省名来自境内第一大河浙江。浙江即今钱塘江的古名,首见于《山海经·海内东经》。历来曾有不少以汉义解释"浙"字,认为是曲折之意。其实除非人工开凿的河流,天然河流哪一条不曲折。《庄子·外物篇》称浙江为制河(制或作淛)。"浙"、"制"是双声字,说明《海内东经》的浙江与《外物篇》的制河,不过是越语语音的不同汉译。省内的江河地名中,至今仍然保留越语地名的还有不少,著名大河如瓯江的"瓯",甬江的"甬",姚江的"姚"等均是,此外如若耶溪、余不溪等,也都是显而易见的越语地名。

浙江省历史上流行的聚落地名中,不仅见之于《越绝书》的如就李、语儿、武原、姑末等等是越语;秦建会稽郡,郡内在今浙江境内所置各县,除山阴由原来的大越改名、海盐由原来的武原改名,《越绝书》记载甚明外,此外各县如由拳、乌程、余杭、钱唐、上虞、余姚、句章、鄞、鄮、诸暨、乌伤、太末等,并且包括西汉所置的余暨和剡县等,也都是越语地名。因为越语早已消亡,所以要解释这类地名的渊源,非常困难。正如清李慈铭在其《越缦堂日记》中所说的:"盖余姚如余暨、余杭之比,皆越之方言,犹称于越、句吴也。姚、暨、虞、剡,亦不过以方言名县,其义无得而详。"谭其骧教授也指出:"今江浙地方多以句、于、姑、余、无、乌等为地名,与古代吴越语的发语音有关。"不过,李慈铭和谭其骧所指出的上述各越语发音之中,《越绝书》尚保留着一个字音的解释,即余姚、余暨、余杭的"余"字。《越绝书》说:"朱余者,越盐官也,越人谓盐曰余。"上述3县位置濒海,古代都生产盐,所以3个地区都与盐有关。

秦征服江南以后,越族从这个地区流散,汉族陆续迁入。越语地名就发生了一个汉化的过程。上述山阴和海盐是最早汉化的地名。以后如由拳在三国时改为禾兴,又改嘉兴;余暨在三国时改为永兴,唐时又改为萧山;太末在三国时改为龙邱,唐时又改为龙游;句章在唐时改慈溪,乌伤在唐时改义乌;剡县在吴越时改瞻县,宋时又改嵊县;乌程在民国时改为吴兴等等,均是越语地名陆续汉化的例子。至于钱塘县在民国时改为杭县,这是从一个越语地名改为另一个越语地名,不属汉化之例。

另外还有许多越语地名,如自然地名中的瓯江、甬江、姚江,行政区域地名中的杭、余杭、上虞、余姚、鄞、诸暨等,至今沿袭不变。不过地名虽然不变,但后世汉人,常常以汉语强解越语,例如杭和余杭解释作夏禹出航,又以唐尧解释余姚,以虞舜解释上虞,其说牵强附会,但是流传已久,仍不失为一种地名掌故。十分典型的例子是乌伤(今义乌),据《水经·浙江水注》引南朝宋刘敬叔所撰《异苑》:"东阳颜乌,以淳孝著闻,后有群乌衔土块为坟,乌口皆伤,一境以为颜乌至孝,故致慈乌,欲令孝声远闻,又名其县曰乌伤矣。""乌"是谭其骧教授所说的"古代吴越语的发语音",《异苑》却以汉义强解为乌鸦。西汉末年,王莽曾改乌伤为乌孝,说明这个故事在《异苑》以前已经流传。唐改义乌,也是同一意思。

至于从越语地名派生出来的地名,为数更为可观。尽管不少越语地名的本身已经废弃不用,但它们的派生地名却富有生命力,至今仍然广泛流行。例如剡县之名在北宋以后即已不存,但剡溪和以剡为名的其他许多地名,在今嵊县一带仍然大量存在。又如钱塘县在民国后就已改名,但钱塘江却取代浙江,成为省内第一大河的通行地名,而以钱塘江或钱江为名的其他地名,为数也不少。诸如此类,不胜枚举。

由此可知,越语地名虽然至少已有2000余年的历史,但至今不仅仍然大量存在,并且大量派生,在省内的地名中占了较大的比重,是浙江省地名中极为重要的特色。

与海洋有关的地名,在省内也大量存在,县市一级的地名中就有海盐、海宁、镇海、定海、宁海、临海、瓯海等,在集镇一级的地名中为数更多,例如海盐县的海塘,绍兴县的马海,上虞县的沥海,余姚市的兰海、临海、朗海、镇海,慈溪县的附海、东海、沿海,临海市的沿海、滨海,椒江市的海门,黄岩县的镇海,乐清县的慎海,瑞安县的海安等等。此外,在沿海和各岛屿,还有许多以洋、海、沙、涂、浦、浪、门、岛、屿、礁、塘等为名的地名,所有这些地名,都显示了省境濒海,海岸曲折,港汊交错,岛礁纷繁的自然环境特色。

以山岳为名的地名在省境内也大量存在。县市一级的地名中就有萧山、象山、岱山、江山、常山等,而奉化、嵊县、普陀、洞头、天台、黄岩、玉环、青田等县,县名也都得自同名的山岳。此外如嵊泗得名于泗礁山,衢州得名于三衢山,丽水得名于丽阳山等,不胜枚举。在集镇一级的地名中,以山为名的为数甚巨,著名的如杭州的半山,余杭的超山,萧山的坎山,富阳的里山,临安的青山,长兴的煤山,东阳的巍山,诸暨的璜山等,都是这类例子。此外,省境之内,到处都有以山、岭、峰、岩、岙、坳、冈、尖、坞、崎、埠、坑、垟等为名的地名,反映了省内山丘遍布,冈峦起伏的自然环境特色。

浙江省的平原面积虽然不大,但杭嘉湖平原、宁绍平原、温岭黄岩平原、温州瑞安平原等,都是省内生产高度发展的富庶之地,人口众多,聚落密集,所以地名数量甚大。其中以江、河、湖、塘、漾、浜、荡、泾、溇、汇、娄、圩、堰、坝、闸、碶、桥、渡、畈等为名的地名,到处可见,反映了这些地区水乡泽国的自然特色。

此外,浙江省历史悠久,文化发达,物产丰富,人才辈出,所以许多地名反映了各个历史时期复杂多变的人文现象。例如在县市一级的地名中,绍兴和庆元,都是古代的帝王年号。桐乡、嘉善、新昌、宣平、云和、开化等县,都由县级以下的乡、镇、场等扩充而成,县名沿袭原来的乡、镇、场等之名。嘉兴、海盐等,都以物产命名。安吉、泰顺等,则以吉祥为意。在县市级以下的地名中,以历史掌故、历史人物等人文现象命名的,更是多得不计其数。

建国以后,随着社会主义建设的发展,浙江省也和全国其他各省一样,扩建城市,振兴农村,围垦滩涂,建设海岛,出现许多新的工矿区、文化区、农场、林场、水库、河渠、交通道路等,新兴集镇不断涌现,各类聚落迅速增加,地名数量大幅度增长,反映了浙江省社会主义建设的巨大成就和崭新的面貌。

如上所述,浙江省的地名,不仅历史悠久,数量巨大,而且特色分明,丰富多彩。它不仅对现代政治、经济、交通、旅游等各方面具有重要意义,而且也是一宗宝贵的历史文化遗产,对于研究浙江古代的自然环境和人文现象具有重大的价值。

党的十一届三中全会以后,我们在地名工作上已经取得极大的成绩。除了各级地名机构的建立和全省地名普查工作的完成以外,在这个基础上,各县市又陆续编印了体例严谨,内容完备,篇幅浩大,图文并茂的《地名志》。方志修纂是我国自古以来的优秀文化传统,但《地名志》作为一种专志,却为历史所未有,这是方志修纂中新生的一枝奇葩。

现在,我们又在省内各县市《地名志》的基础上,删繁就简,掇其英华,编纂这部《浙江地名简志》。这不仅是我省几年来地名工作的一种提纲挈领的总结,同时也是我省今后继续开展地名研究的一部简明扼要的参考文献,所以值得我们重视。

1987 年 1 月于杭州大学历史地理研究室

释 文

会稽山 在绍兴、嵊县、诸暨等县间,主峰鹅鼻山在绍兴县东南,为浦阳江、曹娥江的分水岭。会稽山原名茅山、苗山,又名涂山。据《史记》、《越绝书》、《吴越春秋》等古籍记载,夏禹治水曾到大越,上茅山,在这里召集诸侯会计治国之道,"爵有德,封有功,更名茅山曰会稽"。或说"禹会诸侯江南,计功而崩,因葬焉,命曰会稽。会稽者,会计也"。今会稽山麓有大禹陵,相传即夏禹的葬地。春秋时越王句践被吴王夫差所败,以甲楯五千退保会稽山即此。秦始皇三十七年(前 210 年),始皇南巡,从狭中渡浙江(钱塘江),"上会稽,祭大禹",并在会稽山的一座山峰"望于南海,而立石刻颂秦德",这座山峰因称秦望山。《史记·太史公自序》记载司马迁 20 岁时南游江淮,也曾"上会稽,探禹穴"。会稽山历史悠久,多名胜古迹,著名的有大禹陵、兰亭、宋六陵、王阳明墓等。

浙东运河 钱塘江和姚江之间几段内河的总称。北起钱塘江南岸,经西兴镇到萧山城,东南至钱清镇,古代,在此与另一条潮汐河流钱清江(浦阳江下流的一支)交会,设有堰坝。再东南经绍兴城,东折至曹娥镇,在此与另一条潮汐河流曹娥江交会,也设有堰坝。曹娥江以东,它起自梁湖镇,东经上虞旧县城(丰惠镇)到达通明与姚江会合,设有堰坝。从此由姚江经余姚、旧慈溪城(慈城)、宁波,与奉化江会合后称为甬江,东流从镇海以南入海。通明以东的一段,是天然河流,不能算作浙东运河的河道。历史上的浙东运河,应该是从钱塘江南岸到通明这一段河道的称谓。在古代,这一段河道因计算不同,稍有出入,约为 125 公里左右。浙东运河原名西兴运河,以运河西端的西兴镇得名。因其位于浙东,以后又称浙东运河。

浙东运河实际上是萧、绍、虞平原上数量庞大的内河网中的几段,是古代劳动人民因灌溉与舟楫的需要而陆续挖掘的。《越绝书》卷八:"山阴故水道,出东郭,从郡阳春亭,去县五十里。"这其实就是绍兴到曹娥的一段河道,是现存关于浙东运河最早的记载。《嘉泰会稽志》卷十：“运河在府西一里，属山阴县，自会稽东来，经县界五十余里入萧山县。《旧经》云：晋司徒贺循临郡，凿此以溉田。”《旧经》是指北宋大中祥符年代所修的《越州图经》，说明浙东运河全线，最迟到11世纪已经完成。

由于钱清江、曹娥江等潮汐河流切穿于浙东运河之间，历史上全河设有堰坝7处，即西兴堰、钱清北堰、钱清南堰、都泗堰、曹娥堰、梁湖堰、通明堰，这些堰坝，均以所在的聚落命名。船舶小者，可以候潮牵挽而过，大者则必须盘驳，所以航行甚费周折。南宋建都临安，浙东运河位于近畿，运输频繁，所以常获整治，运输能力显著提高。据《嘉泰会稽志》卷四记载，运河在萧山县境内可通行200石舟，在山阴县境内可通行500石舟，在上虞县境内可通行200石舟，到通明堰进入姚江，又可通行500石舟。南宋以后，由于钱清江成为内河，及鉴湖的湮废，钱清南、北堰及都泗堰拆除，航行进一步便利。

浙东运河是一条古老的运河，新中国成立以后，运河各段都进行了不同程度的整治和拓宽，河道条件不断改善，运输能力有所提高。

绍兴　春秋时为越国都城，称大越。吴越争霸，越王句践被吴王夫差败困于会稽山，接受了屈辱的城下之盟，句践本人作为人质在吴国都城姑苏被囚禁了两年。归国后句践发愤图强，卧薪尝胆，经过“十年生聚，十年教训”，终于复仇雪耻，灭了吴国。绍兴最初的城墙在这时句践命大夫范蠡主持修筑的，故称蠡城。秦统一中国，于原吴、越地置会稽郡，因会稽山得名。并于大越置县，以位在会稽山之阴（北），故名山阴县，属会稽郡。东汉永建四年（129），吴、会分治，会稽郡移治山阴，成为郡治。南朝宋、梁、陈诸代，又曾为东扬州治所，陈时并析山阴县置会稽县，两县同城而治。隋初废郡为州，改东扬州为吴州，并山阴县入会稽县。大业元年（605），以这里为越国故地，改吴州为越州，寻又复为会稽郡，州郡治均仍会稽县。唐初又改会稽郡为越州，复分置山阴县。嗣后山阴县废置不一，时而与会稽县并存，时而并入会稽县。至元和十年（815）再置山阴后，迄于清末，山阴、会稽两县同为越州、绍兴府（路）治所不变。五代时吴越以越州为东府，与都城杭州西府相对，成为行都。北宋末年，金兵渡江南侵，宋高宗赵构避金兵从杭州驻跸越州，金兵攻陷杭州后紧紧尾追，赵构又东奔明州（宁波）。越州陷落后，又自明州入海经昌国（今定海）至温州。建炎四年初，金兵撤退，四月，宋高宗从温州再度返越，以种山南麓州治为行宫，越州再次成为临时首都。在抗金将领影响下，赵构表示要振作一番，以“绍祚中兴”之义，改明年为绍兴元年（1131）。越州官吏上表乞赐府额，仿“唐幸梁州故事”，遂以年号为名升越州为绍兴府。绍兴二年，赵构回杭州后，仍以绍兴为陪都。元改绍兴路。明、清仍为绍兴府。民国初废绍兴府，并山阴、会稽两县为绍兴县。新中国成立后，绍兴又先后成为地区、市、县的名称。

绍兴历史悠久，人物鼎盛，名胜古迹众多，为国务院公布的我国首批历史文化名城之一。

柯桥镇　位于绍兴市区西北约 12 公里，为绍兴县建制镇。据载，后汉蔡邕避难江南，宿柯亭之馆。故其地渊源甚早，历来为浙东运河沿岸要镇，主街临河，具有"一街一河"水乡城镇特色。清乾隆二十一年（1756），曾于此设巡检署。1949 年 5 月曾为绍兴县治所，1951 年迁绍兴市区。关于柯桥的地名来源，《嘉泰会稽志》卷十："《汉志》云，萧山县潘水所出；《水经》云，柯水东北迳永兴，东与浙江合。今山阴县二十里有柯桥，其下为柯水。然则浦阳与柯水一源，由萧山以达于浙江，古今盖不易也。"明张元忭《三江考》："今山阴三十里有柯桥，其下为柯水。"由此可知，柯桥镇得名于桥，而其桥又得名于水。柯桥商业繁荣，铁路、公路、水运交通便利，镇内有柯亭遗迹，镇西约 2 公里有柯岩名胜。

若邪溪　即今平水江，在会稽山下，是古代鉴湖 36 源中的最大支流。《越绝书》："赤堇之山，破而出锡；若邪之溪，涸而出铜。"说明此名在春秋时已经存在，当是越语地名。相传为西子采莲、欧冶铸剑之处。若邪溪介于稽山镜水之间，风景极佳。《水经注》："若邪溪水至清，众山倒影、窥之如画。"传说汉太尉郑弘，少时在此伐薪为生，借溪运送，舟行往返，均有神风相助，不劳杖楫，故又名樵风泾。

鉴湖　原名庆湖，在古代是会稽山以北，今绍兴城以南的一片沼泽河湖的总称。三国吴谢承《会稽先贤传》贺氏条："贺本庆氏，后稷之裔，太伯始居吴。至王僚，遇公子光之祸，王子庆忌，挺身奔卫，妻子逬度渐水，隐居会稽上。越人哀之，予湖泽之田，俾擅其利。表其族曰庆氏，名其田曰庆湖。安帝时，避帝本生之讳，改贺氏，亦号贺家湖。"明陈继儒《太平清话》卷二："镜湖本庆湖也，避汉安帝父清河王讳，改为镜湖。"故庆湖在后汉安帝以后就有镜湖及贺家湖之名。后汉永和五年（140），会稽郡守马臻筑南塘拦水，这片沼泽河湖地区全部为水所淹，形成一个面积超过 200 平方公里的人工湖，仍称镜湖。又因其湖在南塘以南，故《舆地志》称南湖。《水经·浙江水注》称长湖。北宋起才称鉴湖。《嘉泰会稽志》卷十："镜湖在县东二里，故南湖也，一名长湖，又名大湖。"《名胜志》浙江卷四："唐玄宗赐秘书监贺知章鉴湖一曲，又名贺监湖。"南宋初，全湖大部湮废，今仅绍兴偏门外跨湖桥以西至壶觞一段，长 5 公里，宽仅三四百米，是古代鉴湖的残余部分，仍称鉴湖。鉴湖风光秀丽，有水产之利，鉴湖湖水是著名的绍兴黄酒的酿造用水。

浣江　又名浣浦、浣纱溪。是浦阳江流经诸暨县苎萝山附近河段的名称。苎萝山在诸暨县城南 2 公里，北麓苎萝村传为春秋越国美女西施的故里。《吴越春秋·句践归国外传》："越王……得苎萝山鬻薪之女曰西施。"南宋徐天祜注引《十道志》说：

"句践索美女以献吴王,得之诸暨苎萝山。"浣江沿山脚而流,江畔有浣纱石,相传为当年西施浣纱处,江由此得名。濒江石壁有摩崖"浣纱"两字,据传是东晋书圣王羲之手笔。附近尚有西施殿、浣纱亭等古迹。

原著浙江人民出版社 1987 年版

《当代世界名城》(主编)

前　言

　　城市是人类社会文明的缩影。它的诞生和发展,标志着生产力的提高、文化的发展和整个社会的进步。

　　中国是世界上最早出现城市和最早发展大城市的国家之一。根据《尚书·洛诰》记载,中国至迟在西周初期就出现规模较大的城市。此后,秦和西汉建都长安(即今西安),东汉建都洛阳,这些古都,在当时的世界上,无疑都是第一流的大城市。根据美国施坚雅教授的研究,在中世纪,西安、开封和杭州,都曾经先后排入世界上最大的城市之列。以后,南京在明太祖建都后的 10 年左右时间内赶上开罗,成为当时世界上第一大城市,直到 15 世纪的某一时期,才由北京代替。从此,北京就一直雄踞世界城市之首。直到 1800 年前后,伦敦才正式取代它的位置。

　　自 18 世纪中叶的产业革命以来,世界上城市的发展日新月异,尤其是进入 20 世纪以后,百万人口以上的城市更是层出不穷。然而,世界各国的城市是多种多样的。从建筑的年代来说,有古典式城市,也有现代化城市。从城市的地理位置和环境来说,有高原城市、沙漠城市、森林城市,也有沿海城市、岛屿城市等等。从城市的职能来说,有政治城市、工业城市、港口城市、文化城市等,也有各种职能的综合性城市。由于历史条件与地理环境的不同,以及民族、宗教、风俗习惯等的差异,世界上的城市,都具有各自的特色。或者是宏伟壮观,或者是恬静幽雅;或者是湖光山色,或者是海阔天空;或者是一派现代化气氛,或者是满城古色典雅。即使在同一个城市中,它的发展,也并非完全平衡。

我曾经几次出国旅游和考察,在我访问过的外国城市中,纽约是一个庞然大物。这是个喧闹烦嚣的城市,在不少方面给人留下讨厌的印象,陈旧的地下铁道,涂满了低级字画和打油诗的车厢。站在曼哈顿的某些破损单薄的马路上,地下车辆的热气从马路的许多裂缝中冒出来,并且可以清晰地感到地下车辆开动的震动,使人心惊肉跳。但是纽约毕竟也有不少使人嘉许的东西,且不说自由女神像和中央公园,也不说大都会博物馆和歌剧院,我只说纽约的公共汽车。全市的公共汽车当然很多,按照世界上著名城市的公共汽车的标准,纽约的公共汽车,外观也并不漂亮。但人们上下车和车内的秩序和气氛,却着实使我向往。

在上下班的高峰时间,市内绝大部分线路的公共汽车都是很拥挤的。每个站头往往都有长长的候车队伍,无论男女老少,均自动地排队候车,不少人还边候车边看书报杂志。待车子停稳后,他们从司机座边的前门鱼贯上车。上车的速度是相当缓慢的,因为每个人上车后的第一件事,是要在司机座旁的漏斗中投入 70 美分的硬币。有的还要撕一张挂在司机座边上的转车票(因规定转一次车不必再付钱),然后自动地挤到车的最后部,以便让后面的乘客上车。沿途站头上若遇到乘坐残疾车的人,司机立刻站起来,乘客也马上会挤出一条路,让司机走到车的最后部,开动机器,把一个接纳残疾车的梯子放下去,让残疾人扶着残疾车上来。尽管车内十分拥挤,人们还是尽最大努力,挤出一个能容纳残疾车的位置来。这一切都在静悄悄的气氛中进行,没有人高声说话,也听不到一句抱怨的言论。但是,你只要稍稍留心一下,就可以发现,在每个站头依次从后门缓缓下车的乘客,一旦踏上马路,就快步走路。下车后在马路上东张西望或者缓缓溜达的人是没有的。

在纽约这样一个烦嚣复杂的城市里,乘客的构成当然是十分复杂的,他们有年龄、性别、职业、肤色和所受教养等的差别,但是在公共汽车这个萍水相逢的小社会里,每个人都能毫无例外地遵守着这种大家公认的社会准则。我们完全可以说这样的话:这不是很简单的事。

在我所访问过的许多日本城市中,东京并不是我所喜欢的。因为这个城市十分烦嚣和拥挤。登上 250 米的东京塔鸟瞰全市,整个城市的布局也并不令人满意。从环境保护的角度来看,它比不上其他许多日本城市。站在著名的日本桥上看日本桥川,河水的颜色是深幽的,与京都市内那许多虽然很浅但清澈见底的河道相比,真是不可同日而语。但是,一次偶然的发现,却使我多少改变了对这个城市的看法。一个早春的清晨,我在千代田区的一家旅馆大楼顶层的阳台上散步。忽然间,一大群漫天而来的野鸭,几乎覆盖了千代田、中央、港区、新宿等区的整个天空,从东南向西北缓缓飞去。此后,我连续几个清早,都在阳台上欣赏到这种闹市中的野生动物奇迹。由此,我联想到,从整个东京都或者更大的范围来说,对野生动物资源的保护工作,必然是做得很好的。

　　在我所访问过的外国城市中,大阪或许是我居住最久的城市,因为两度去日本讲学,都以这个城市为基地,我实在不喜欢这个车水马龙的商业城市,但是它并非没有我所满意的东西。其中之一就是市中心梅田的地下街市。这不仅是一座伟大的建筑,而且也是一种别出心裁的设计。地下街市的范围很大,主要分成三层,都有许多自动电梯和曲折别致的人行楼梯相连接。进入这个地下街市,不仅到处能看到曲折回栏,绿树鲜花;并且还常常可以欣赏小桥流水,瀑布喷泉,宛如行走在一个公园市场之中。地下街市虽避免了地面街道的那种噪声絮聒、车辆喧嚣,但街市中商店林立,商品丰富,与地面街市无异。特别使顾客方便的是,相同性质的商店都集中在一区(日本各大城市的地下街市或一般城市地面上的所谓商店街都是这样)。一条食堂街,集中了几十家各式风味的饮食店,中间必然有竞争,各家都依靠独特的风味,讲究的烹调,合理的价格,热情的招待等等,让自己继续在这条街上存在下去。我每次到日本,购买量最大的就是书籍,而全市最大的"纪伊国屋书店"正在这里,所以我对这个地下街市特别满意。

　　前面已经提到,由于近代世界城市化进程的加速,城市数量增加,规模扩大。为了让人们了解世界上城市的产生、发展和分布,于是,地名手册、城市手册之类的工具书就陆续编著出版。这些工具书,可以提供世界城市的名称、位置、人口等最简单的信息;把世界上五花八门的许多城市,排出一份清单,满足人们查阅。但是由于如我在前面所列举的,城市的类型是如此众多,变化又是如此复杂,因此,对于求知欲更强,对世界城市更感兴趣的读者来说,各种手册所提供的信息,显然是无法满足的。所以我们才尝试编写这本《当代世界名城》。这里,我们选择了世界上各个地区、各种类型的著名城市 93 个,对它们的历史发展和地理面貌作一简单的介绍。这些城市当然各有各的特色,我们在介绍的过程中也加以注意,使其突出每个城市的特色。

　　由于世界上城市众多,资料芜杂,我们的工作在于删繁就简,尽量在比较短小的篇幅中,勾画出一个城市的总貌,使读者在较短的时间内,能获得世界上重要城市的基本知识。这种工作当然是相当艰巨的。由于我们的水平有限,恐怕很难尽如人意,希望读者提出宝贵的意见。

1985 年 5 月于杭州大学

原著署　陈桥驿主编,浙江人民出版社 1987 年版

《当代中国名城》(主编)

前　言

　　城市是人类文明的产物,是社会发展和科学技术进步的结晶。

　　我国历史悠久,建城的记录甚早,金文中已经有了"城"字,在《世本·作篇》和《作篇补遗》中,都有"鲧作城郭"的记录。事实上,在近年来的考古发掘中,夏城与商城已经出现。当然,这些早期的夯土建筑,与现代概念的城市相去甚远。它们只不过是城市的前身。

　　《尚书·洛诰》说:"召公既相宅,周公往营成周,使来告卜,作《洛诰》。……周公拜手稽首曰:……予惟乙卯,朝至于洛师。我卜河朔黎水。我乃卜涧水东、瀍水西,惟洛食。我又卜瀍水东,亦惟洛食。伻来以图及献卜。"这是西周时代建城的完整的文字记载,也是世界上最早的建城文字记载。

　　秦汉以来,在一段相当长的时期中,我国的各级城市,实际上就是各级行政中心。如首都、州(郡)治、县治等。城市建筑的模式,往往是皇宫或各级政府位于城市的中央,商业城市十分罕见。从唐朝后期起,这种情况开始改变,城市的商业发达起来,某些城市迅速扩大,原来的官市组织衰落,城内和四郊的贸易顿时兴旺起来,并且出现了一大批具有重要经济意义的中小城镇。从此以后,中国涌现了许多国际著名的大城市,中世纪的长安、开封与杭州,都是当时世界上最大的城市;明朝初年的南京,也曾经在一段时期中位居全球之首。15世纪以后，北京开始成为国际上的第一大城市，一直延续到17世纪之初。与此同时，在全国范围内，从中央到地方，从沿海到内地，从老区到新区，一大批中小城镇，雨后春笋般地发展起来。以浙江省为例，太湖沿岸一带的许多城镇如乌镇、青镇、南浔、新市、双林、新塍、菱湖等，就是在这段时期里先后兴起的。现在，我们通常把人口向城市地区集中和农村地区转变为城市地区的过程称为城市化。这一段时期，就是我国历史上城市化进程最迅速的时期。

到了近代，由于资本主义的发展，世界上出现了城市化进程与工业化进程同步发展的情况。然而，中国在这一时期中，由于资本主义发展的迟缓，城市化的进程停滞下来，而且，由于帝国主义者的经济侵略和沦为半殖民地半封建的社会，城市的分布开始出现了极不平衡的状态。在沿海便于外商船舶停泊的港口带中，迅速地出现了一系列作为列强经济侵略据点的大型城市。工业发达的先进国家，利用这些城市搜刮我国的廉价原料，又通过这些城市，向我国广大城乡倾销它们的商品。这是我国城市发展史上又一段非常特殊的时期，在这段时期中，城市矛盾十分尖锐，而在各城市之间，少数畸形发展的大城市和大量衰败破落的中小城市，又形成了深刻的对照。

中华人民共和国建立后，我们对旧中国的城市进行了社会主义改造和社会主义建设，迅速地改变了它们的面貌。同时，又在全国范围内，特别是过去落后的地区兴建了一批新城市，逐步扭转了城市分布的不平衡状态。经过30多年的努力，无论在城市化的速度、城市职能的变化、城市布局的平衡、城市建设的进步以及城乡关系的改变等方面，都为我国的城市发展史写下了新的一页。

为了向读者介绍我国城市的概貌，我们选择了约50个城市，邀请了居住在当地的教授、专家和对这些城市有兴趣的学者，用深入浅出的笔法和简短的文字，刻画出这些城市的历史发展和当代风貌，使读者能在不长的篇幅中，了解我国城市发展的基本概况。这中间，有历史悠久、举世闻名的古都，有文物鼎盛的历史文化名城，有基础浓厚的沿海大城市，有开放不久的沿海中等城市和经济特区，有经过改造的老工矿城市，有完全新建的新兴工矿城市。这一切，对增强我们的爱国主义感情和加深对我国城市的了解，是很有裨益的。

由于本书的作者较多，文风不尽相同，对每个城市介绍的重点也有差异。加上我国的城市甚多，地区和类型都不相同，在这本不大的书籍中，我们也无法包罗尽致。所有这些方面，希望读者们提出宝贵的意见。

1986年7月于杭州大学

绍 兴

绍兴是我国著名的鱼米之乡,它坐落在宁绍平原的西部,南依会稽山,北临杭州湾,背山面水,环境清幽。加之境内河渠纵横,密如蛛网,千里沃野,绿浪翻滚,好一派江南水乡风光!使人不觉为之心醉。

有人说,绍兴是桥都水城。的确,在这里,河流构成了街道,而桥即是十字路口。在这萦回环绕的河流中,绍兴特有的乌篷船穿梭往来,犹在编织碧绿的锦缎。这种船轻盈飘逸,平稳舒适,处身其中,别有一番情趣。绍兴的桥不仅量多,几乎每隔几米就有一座,而且千姿百态,优美迷人。这里有形如"八"字的八字桥,也有状如雨后彩虹的石拱桥……桥水相映,于静中有动,使人流连忘返。

在绍兴城东5公里处,还有一个巧夺天工的"山水盆景"——东湖。这是一个包有悬崖峭壁的沉幽深潭,荡舟于碧波粼粼的东湖,移舟于湖中的陶公洞、仙桃洞,如入仙境,犹处画中,令人玩味无穷。1962年郭沫若为东湖写的一首诗,正好描述了此中的意境:"箬篑东湖,凿自人工。壁立千尺,路隘难通。大舟入洞,坐井观空。勿谓湖小,天在其中。"

绍兴,不仅以旖旎的水乡风光吸引众多的游客,更以悠久的历史、鼎盛的人文而闻名全国。

绍兴是我国正式公布的24个历史文化名城之一。从公元前490年在今绍兴市区内龙山南麓建立小城开始,至今2400余年,城市位置一直稳定不变,这在我国城市史中是罕见的。

据记载,绍兴一带早已有于越族活动。公元前490年,越王句践就在今绍兴市区的龙山之麓,兴建了一座小城,周围2里223步,设陆门4处,水门1处。宫殿就建在龙山之麓。小城不仅是部族的政治中心,同时为了防止强邻吴的进攻,小城也是一座坚强的军事堡垒。接着,又于次年建造一座紧靠小城的大城,大城周围达20里72步,设陆门3处,水门3处。句践为了使"十年生聚,十年教训"的复兴计划有所保证,大城就是部族的经济中心和生产基地。小城和大城,总称大越城。这座大越城,就是今绍兴城的前身。

秦始皇统一中国以后,开始实行郡县制,当时,今苏南、皖南、浙江等地属会稽郡,绍兴是会稽郡的山阴县。当时,会稽郡的郡治在今苏州。到了东汉永建四年(129),实行了吴会分治,钱塘江以北建立了以今苏州为郡治的吴郡,钱塘江以南则建立了以今绍兴为郡治的会稽郡,从此,山阴县城成了一郡首府,并迅速发展起来。到永和五年

(140),完成了著名的鉴湖水利工程,农业获得了迅速的发展,山阴城市也进一步繁荣起来。

西晋末年,北方战乱,中原人民大批南迁,会稽成为移民聚居之地,出现了"今之会稽,昔之关中"的局面,使山阴县成为"海内剧邑"。随着户口增加,城市扩大,终于在南北朝后期将山阴一县分为山阴、会稽两县。山阴城内也以一条纵贯南北的小河为界,分为山阴、会稽两城,从此就出现了在同一城垣之中,郡(府)治和两个县治并存的现象,城市规模不断扩大。所以到了唐朝,著名诗人元稹任浙东道观察使,驻越州(即今绍兴),他目击州城的宏大,作《重夸州宅景象》诗说:"会稽天下本无俦。"北宋末年,宋高宗为了逃避尾随南下的金军,曾于建炎三、四两年(1129、1130),两度驻跸越州,越州成了南宋的临时政治中心。建炎四年后,南宋改元绍兴元年(1131),并把这个年号赐给越州,升州为府,越州从此称为绍兴府。绍兴这个地名开始于此。此后,政治中心虽然移往临安(杭州),但绍兴仍是南宋的重要都城,帝王陵寝就建在会稽山中。除了首都杭州以外,绍兴与金陵(今南京)齐名,成了当时全国最大的城市之一。

南宋以后,历元、明、清各代,绍兴一直是个府城,生产发达,居民众多,人文鼎盛,交通便利。不但驰名浙江,而且享誉全国。

由于历史悠久,人文鼎盛,因此,这个古城至今保留从春秋于越以来的大量历史文物和名胜古迹。在市区内龙山山麓的越国宫殿遗址上,至今仍屹立着古色古香、雄伟壮丽的越王殿。当年在龙山顶峰,建有一座飞翼楼,实际是观察吴国军事动态的瞭望台。宋代以来,改为望海亭,以远眺钱塘江口的茫茫云海。现在,这座望海亭依然雄踞于山巅。望海亭下还有一位越国名臣文种大夫的冢墓。冢墓附近的悬岩上罗列着许多唐宋名人的摩崖题咏。龙山是绍兴府城内的最高山丘,又称府山,它历来是州、郡治所之所在,保留着许多名胜古迹。

秦始皇曾于公元前210年到达山阴,虽城内已无他的遗迹,而他当年攀登以望南海的会稽山山峰,以后即以秦望山为名。秦望山山势高峻,顶平如砥,在今城内向南遥望,清晰可见。东汉永和五年(140),太守马臻筑堤修鉴湖,全湖浩渺,面积超过200平方公里,后虽沧桑嬗变,湖泊大部分成为良田,但偏门外附郭尚有跨湖桥,河浜交错,水道曲折,尚可追溯当年大湖浩渺的情景。东晋永和九年(353),著名书法家王羲之等42位文人学士,聚会于会稽山中的兰亭,饮酒赋诗,极一时之盛。至今兰亭仍是会稽山中的幽雅胜境,内有不少书圣、名家的真迹。近年来,每到三月初三,当代的书法大师就欢聚于兰亭,访古探胜,饮酒挥毫,为兰亭增色不少。

南宋绍兴,人物辈出,留下了许多名胜古迹。城南的沈园就是当年爱国诗人陆游的旧游之地。这里留有陆游与表妹唐琬的凄婉动人的爱情故事,陆游的千古绝唱《钗头凤》也写在这里的墙上。在会稽山下还有宋室陵寝宋六陵,虽然荒草蒿莱,却依然能使人大发怀古之情。

从元、明、清以至近代,绍兴的文化积累仍然丰富多彩。这里有著名画家徐渭(文长)的故居——青藤书屋。还有晚清的著名女革命家秋瑾故居及其英勇就义的轩亭口纪念碑。

绍兴是近代文豪鲁迅的故乡,这里有鲁迅纪念馆、鲁迅故居,还有因鲁迅的《从百草园到兰味书屋》而名扬海内外的鲁迅童年乐园——百草园和少年就读的私塾——三味书屋。绍兴的咸亨酒店也因鲁迅笔下的孔乙己的光临而名扬全国。

历史文化古城为绍兴刻画了古色古香的面貌,但新中国成立以来,伟大的社会主义建设又为这个古老的城市带来了朝气蓬勃的新姿。千岩竞秀,万壑争流的自然风景和历代相传、名闻遐迩的名胜古迹,是这个城市取之不尽、用之不竭的旅游资源。而誉满四方的传统特产如绍兴酒、越瓷、平水茶、绸缎等,更为这个城市的发展锦上添花。党的十一届三中全会以来,绍兴市的旅游事业蓬勃发展,招徕了愈来愈多的海内外游客;而工农业的发展,更使古城充满生机。

如今,绍兴全市(包括所辖县)面积已达8023.8平方公里,其中市区面积约101平方公里。据1984年年末的统计,全市总人口为393万人,其中市区人口达24.4万。已经形成了以轻工业为主,酿造业为特色,纺织、机械、食品三大工业为支柱的初具规模的工业基础。绍兴市的丝绸生产已形成了种桑、养蚕、缫丝、织造、印染、服装"一条龙"。绍兴产的飞花牌、凤凰牌自行车及雪花牌电扇畅销全国,仅1984年即产自行车41万辆,电扇13万台。绍兴老酒早已名闻遐迩,畅销日本东南亚各国。绍兴还是越瓷的故乡,仅1984年即产日用瓷6200多万件。

绍兴市的发展势头方兴未艾,一座"具有水乡风光的历史文化名城和旅游城市",一座"以酿造为特色的轻工业城市"即将出现于会稽山下、杭州湾畔。

原著署   陈桥驿主编,浙江人民出版社1988年版

杭州市地名志（特约主编）

前　言

　　地方志的编纂，是我国优秀的文化传统。据中华书局1985年出版的《中国地方志联合目录》，至今尚存的省志、州府志和县志，为数就达8300余种，这确是我国的一宗价值连城的文化财富。

　　浙江省编纂地方志的风气历来称盛，在现存的宋、元、明三代地方志种数中，浙江均冠于全国各省。而现存全国地方志的总数中，浙江也仅次于四川，居全国第二。浙江素称文物之邦，而这种省份在历代地方志编纂中的优势，使这个文物之邦锦上添花，倍增光彩。

　　在浙江省的所有城市中，杭州当然具有首屈一指的地位。这个城市，历史悠久，文化发达。早在隋代，在运河与钱塘江汇合的今江干一带，已经相当繁荣。《隋书·地理志》描述这个城市："川泽沃衍，有海陆之饶；珍异所聚，故商贾并凑。"入唐以后，由于对西湖的整治，生产发展，城市扩大，户口超过十万，奠定了吴越在此建都的基础，使它成为我国的六大古都之一。此后，两宋的经营，特别是南宋的定都，使它跃升于国际名城之列。元代以来，杭州一直是浙江省的省会，成为全省的政治、经济、文化中心。因此，如前所述，浙江省的地方志编纂在全国处于领先地位，而杭州的地方志编纂在浙江省也处于领先地位。

　　早在公元 5 世纪,杭州就出现了有记载的第一种地方志,这就是南朝宋钱唐县令刘道真所撰的《钱唐记》。此后,北宋有《杭州图经》,南宋有著名的《临安三志》以及《梦粱录》、《武林旧事》、《都城纪胜》、《西湖老人繁胜录》等名闻遐迩的地方文献。从明、清以至民国,历代编纂的杭州府志和钱塘、仁和二县县志,或存或佚,为数近 30 种之多,这在全国和全省各城市中,都是非常罕见的。

　　府志和县志,都属于地方志中的通志,而历来杭州地方志中,除了通志以外,还有很多专志,例如在山水志中,有《武林山志》、《吴山志》、《孤山志》、《西湖志》等等,在书院志中有《西湖书院志》、《敷文书院志》、《紫阳书院志》等等,在寺庙志中有《灵隐寺志》、《净慈寺志》、《虎跑寺志》等等,此外还有如《武林坊巷志》、《湖墅志》、《清波杂志》等记述街坊和小区域的专志。真是丰富多彩,美不胜收。如上所述,大量的通志和专志,它们不仅标志着杭州的悠久历史和卓越文化,同时也为后世人们提供了研究这个历史文化名城的丰富资料。

　　由于种种原因,杭州的地方志编纂,也和全国各地一样,在一段相当长的时期中陷于停顿。在正式刊行的府、县志中,最后一种《杭州府志》刊行于民国八年(1919),距今已有 80 年,最后一种《钱塘县志》刊行于康熙五十七年(1718),最后一种《仁和县志》刊行于康熙二十六年(1687),距今都已达二三百年。从记录地方历史,传述地方掌故,保存地方资料,发展地方文化等各方面来看,这种地方志编纂长期中断的现象,显然是十分不幸的。党的十一届三中全会以后,拨乱反正,百废俱兴,在全国范围内中断已久的地方志编纂工作,也得到恢复和重视。而《杭州市地名志》的编纂出版,标志着中断已久的杭州地方志编纂工作已经开始复兴。随着此志的出版,杭州市的各种通志和专志,必将加快编纂的步伐而陆续问世。因此,虽然《杭州市地名志》是一部规模不大的专志,和今后行将出版的各种通志和其他专志相比,它或许显得卷帙简短,但是由于它是这个地区地方志编纂长期停顿以后首先萌发出来的新芽,在地方志编纂史中,其意义却是不容低估的。

　　地名志是一种专志,不过在我国历史上的各种专志中,它却是一种新生事物。有关地名的专著,在我国当然由来已久,《隋书·经籍志》著录《春秋土地名》3 卷,晋京相璠撰,此外如《汉唐地理书钞》所辑《古今地名》、张华《博物地名记》等等,都是古代的地名专著。但地名在地方志中,往往散入有关各卷,集地名于一卷而成为专志的,却未尝见。"十年动乱"之中,"四人帮"在全国城乡妄改地名,招摇视听。以杭州街道为例,如"硬骨头巷"、"枪杆巷"、"红卫兵路"等等,不一而足。不仅寓意极"左",而且词义庸俗,混乱颠倒,莫此为甚。"四人帮"粉碎以后,我国政府于 1977 年 7 月批准成立了中国地名委员会,各省、市、自治区,下至各地区、市、县,也相继建立了地名工作的领导机构和办事机构。国务院于 1979 年 12 月，发布了国发［305］号《关于地名命名、更名的暂行规定》的文件。接着，中国地名委员会又发布了《全国地名普查若干规定》等文件。1980 年起，在全国范围内进行了规模空前的地名普查工作，而地名志的编纂，即是这一次地名普查工作的成果之一。

对于地名志的性质及其意义，浙江省地名委员会发布的文件（82）浙地字第 1 号《关于印发县〈地名志〉编辑纲要的通知》中，说得非常明白："编辑出版《地名志》，是用地名典籍的形式，提供准确详备的地名资料，这是'四化'建设和社会的广泛需要，具有重要的现实意义。同时，这次编辑出版的《地名志》，是新中国成立以来第一次，它在记载地名这个人类社会活动的重要方面，将起承前启后的作用，是一个历史性的任务。为此，要以对'四化'建设负责，对历史负责的态度，把《地名志》编辑好。"在浙江省地名委员会的号召和具体指导下，全省许多市、县，已经完成了地名志的编纂工作，不少资料丰富，内容完备的地名志，已经印行问世，获得了社会的好评。

现在，《杭州市地名志》经过多年的努力，已经编纂完成，行将正式出版。虽然，从正式出版的地名志来说，这是全省的第一种，但是由于如上所述，省内已经有许多市、县印行了他们的地名志，他们的成果，当然是裨于我们的编纂工作，提高我们的质量，这是我们要向许多已经印行地名志的市、县表示感谢的。

《杭州市地名志》的内容共有 8 篇，包括三个部分。第一部分是全市综述，这是作为一部专志的卷首，内容主要是有关杭州的基本概况，在一般地方志中，大概都有这样的卷帙，本志则增加《杭州地名考》1 篇，以突出地名志的特色。第二部分是全志的核心，汇编了行政区划和居民点，街巷，自然地理实体，人工建筑物，名胜、古迹、纪念地，企事业单位的标准地名，同时并对这些标准地名所指的实体，在位置、性状和地名来源等方面，作出简要的说明，这是地名志作为一种专志所必须具备的最主要的内容。这一部分内容，不仅表现了丰富的知识性，而且具有地名档案的意义。因为这是地名普查的成果，所有这些地名，都是根据国务院《关于地名命名、更名的暂行规定》和中国地名委员会《全国地名普查若干规定》等文件，经过调查核实，登记备案的现行标准地名。也就是浙江省地名委员会《关于印发县〈地名志〉编辑纲要的通知》中所指出的："是用地名典籍的形式，提供准确详备的地名资料。"必须说明的是，这一部分内容中的最后一项，即企事业单位名称，这里收入的企事业单位名称，都具有明显的地名性质，一般的企事业单位，不在本志收录之例。本志的第三部分是文选。有关杭州的地方文献，历代以来浩如瀚海，我们在选录时，仍然从地名角度加以考虑。因为城市的发展与扩大，是地名的发生与增加的基础。杭州城市在隋时尚局促于今江干一隅，唐李泌建六井，借西湖之蓄解决了城市的给水问题，于是杭州与西湖结成一体，城市赖以不断扩展,湖泊因此免于湮废。吴越和南宋的两度建都,又使城市建设迅速发展,城市知名度空前提高,而城市地名也随着大量涌现。所以本志选录诸文,主要着重于西湖的形成及其与杭州城市发展的关系,杭州的城市发展特别是吴越与南宋两代的情况等等。

《杭州市地名志》的编纂,的确经过了很大的努力,除了版权页上所列直接参与的编纂者名单外,还有更多的同志为此志的编纂出版作出了贡献。由于如前所述,地名志作为地方志中的一种专志,在我国的地方志编纂史上还属创举,在这方面,我们毕竟缺乏经验,其中难免有谬误不当之处,希望读者们批评指正。

杭州市地名委员会办公室

1988 年 6 月

原著浙江人民出版社 1990 年版

浙江古今地名词典（主编）

前　言

　　《浙江古今地名词典》是一部收录古今地名 12000 余条和 180 余万字释文的省区地名词典。从浙江省来说，这是历来规模最大的一部地名词典。词典所收地名，包括政区、聚落、自然地理实体、水利设施、交通设施、名胜古迹等类。除了参见条以外，每个地名都有该地名所必要的地名学要素和地理学要素的简明释文。所有地名按首字笔画多寡及起笔笔形等常用的辞书编辑方法编入词典，供各界查考使用。词典是一种工具书，地名按笔画编排，只是为了查阅的方便，同一笔画下，前一条是聚落地名，后一条可能是河流地名，彼此绝无联系。因此，词典只供读者查考各类地名之用，它向读者提供每一个地名的必要知识，却很难全面反映浙江省地名的总貌。诸如省境内地名的发生、发展、派生、变迁、消亡以及各历史时期、各地区地名发生和发展的过程及分布的规律等问题。为此，我们在全书卷首简要地阐明有关这方面的问题，使读者既可利用本词典查考各个具体的古今地名，也可以通过卷首的简要介绍，略知浙江省地名发展变迁的梗概。

　　今浙江省境在第四纪晚更新世已经有了人类活动。当时正值假轮虫海退时期，沿海大陆架裸露，地域范围广大，早期的地名必然已经出观。但是如法国《拉鲁斯大百科全书》"地名学"条所说，这些地名"远溯于已经消失的语言"。语言既已消失，记载绝未流传,所以无从获悉。

假轮虫海退以后,接着是卷转虫海侵的掀起,沿海大陆架和平原,次第沦入海域。越人除称为"外越"的一部分漂流出海以外,逐渐移入今省内丘陵山地。《吴越春秋》卷四记载当时人民的生产和生活情况:"随陵陆而耕种,或逐禽鹿而给食。"则省内的丘陵山地之中,必然也出现过一些古老地名。这些地名,同样因为缺乏记载而不传。

一直要到公元前 11 世纪,《竹书纪年》周成王二十四年下,才出现"于越来宾"的记载。这个"于越"或"越",是今浙江省境内有历史记载的第一个地名。当然,这个地名属于汉译的越语地名。从此以后,今省境以内,各类地名开始陆续出现,记载在诸如《越绝书》、《吴越春秋》、《论衡》等今省内著述以及如《春秋》经传、《国语》、《史记》、《汉书》等中原著述之中。

最早出现在今省境内的地名,当然都是越语地名,后来有不少汉人对它们作出各种解释,但其实多半是牵强附会。清李慈铭在《越缦堂日记》同治八年七月十三日下说:"盖余姚如余暨、余杭之比,皆越之方言,犹称于越、句吴也。姚、暨、虞、剡,亦不过以方言名县,其义无得而详。"古代越语如《拉鲁斯大百科全书》所说,是"已经消失的语言。"我们除了在《越绝书》卷八查得:"朱余者,越盐官也,越人谓盐曰余"一条,借以获悉古代越人称"盐"为"余"以外,对于其他越语地名中的常用字如"乌"、"句"、"无","于"、"朱"、"姑"等,一无所知。因此,我们现在仅知余姚、余暨(今萧山)、余杭地濒沿海,其地名都与于越的盐业生产有关。对于其他许多曾经出现或至今流传的越语地名,仍然和李慈铭一样,"其义无得而详"。

古代越语地名无疑增加了浙江省地名的复杂性。因为越语经过汉译,与其他外语一样,不免发生一音多译的情况。例如乌程、菰城(今湖州),由拳、由卷、囚卷(今嘉兴),姑末、姑妹、姑蔑(今龙游附近),语儿、御儿(今桐乡附近)等均是其例。作为古代这个地区族名和国名的"越",在《春秋》经传、《史记》、《越绝书》等作"越",但《汉书》作"粤"。省境内最大的河流,《山海经》、《史记》、《越绝书》、《水经注》等作"浙",但《庄子·外物篇》作"渐"(制),而《汉书·地理志》、《说文解字》、《水经》则作"渐"。情况于此可见一斑。

秦统一中国后,随着版图的扩大和汉人的移入,汉语地名开始在省境内流行。汉语地名在省境内的流行,初期是通过更改越语地名和汉化越语地名的形式逐渐进行的。前者,如《越绝书》卷八所载:秦始皇"以其三十七年,东游至会稽,……乃更名大越曰山阴。"《越绝书》卷八还记载了这个时期对其他越语地名的更改:"武原,今海盐";"姑末,今大末"等。不过当时越语地名流传已久,汉人更改的地名或许并不很多。因为直到西汉,会稽郡新建属县如余暨、剡等,仍然沿用越语地名,足见越语地名流传的普遍。汉语地名流行的另一种方式是把原有的越语地名用汉字字义加以汉化。由于秦统治这个地区后,越族居民流散,越语随之消亡,迁入的汉人不谙越语,就不免要以汉字字义解释越语,乌伤县(今义乌市)就是其中之一。《水经·浙江水注》载:

> 浙江又东迳乌伤县北,王莽改曰乌孝。《郡国志》谓之乌伤。《异苑》曰:东阳颜乌以淳孝著闻,后有群乌衔土为坟,乌口皆伤。一境以为颜乌至孝,故致慈乌,欲令孝声远闻,又名其县曰乌伤矣。

乌伤是秦会稽郡属县之一,"乌"是越语中的常用字,当然是个越语地名。《水经注》所引的《异苑》是南北朝宋刘敬叔所撰的神异故事,但王莽已改此县为乌孝,则颜乌的故事,在西汉就已经流传。足见这个越语地名的汉化在越人离开后不久就已经发生。像这样一类越语地名汉化的例子还有很多,如另一秦会稽郡属县上虞,《水经·渐水注》引晋《太康地记》:

> 舜避丹朱于此,故以名县,百官从之,故县北有百官桥。亦云,禹与诸侯会事讫,因相虞乐,故曰上虞。

此外如《元和郡县图志》卷二十五称余杭:"(禹)舍舟航(杭)于此,仍以为名。"卷二十六称余姚:"舜后支庶所封之地,舜姚姓,故曰余姚。"如此等,不胜枚举。

不过总的说来,在西汉以前,不管是更改越语地名,或是汉化越语地名,地名的总数是不多的。这是由于当时这个地区处于边陲,人口稀少,经济落后的缘故。浙江省古代地名的增加,与历代行政区划的发展变迁有重要关系。东汉永建四年(129),实行了吴会分治,省境内出现今浙西的吴郡(郡治在今苏州)和浙东的会稽郡(郡治在今绍兴)两郡并立的局面。三国吴建临海郡、东阳郡、吴兴郡,东晋又建永嘉郡,从此继续发展,终于出现了唐开元二十六年(738)的十州:杭、湖、睦、越、明、台、婺、衢、温、括。最后演变为明、清的11府:杭、嘉、湖、宁、绍、台、金、衢、严、温、处。

与郡、州、府一级行政区划增加的同时,作为基本行政区划单位的县也随着增加。秦建郡县时,省境内仅有15县,汉增至23县,三国吴增至44县,晋51县,南朝50县,唐增至59县,北宋64县,南宋66县,明、清增至75县(明另有安吉州;清另有定海直隶厅,海宁州,玉环厅)。

如上所述,省境内郡(州、府)县数量的增加,其实就是省境开拓的过程,也是地名增加的过程。随着郡县的增加和汉族势力的扩展,地名的语言差别也全面改变。秦建各县中,除山阴、海盐外,均是越语地名;汉新建各县中,除余暨、剡外,已均为汉语地名。此后,除少数散居山区的所谓"山越"以外,越族流散,语言消亡,除了沿袭使用的若干越语地名外,汉语地名在省内占绝对优势。不过,越语地名虽然式微,但在另一方面,它却仍具有顽强的生命力。除了区域地名和自然地名中沿用的如"浙"、"甬"、

"瓯"等外,在市、县一级地名中,也尚有余杭、余姚、鄞、上虞、诸暨等,至今沿袭不变。另外一些越语地名,虽然已经废弃,但它的派生地名,不仅继续存在,而且不断发展。例如秦钱唐(塘)县,清末后就不复存在,但它的派生地名钱塘江、钱塘门等,却一直流传,而新的派生地名如钱塘江大桥、钱塘江汽车轮渡等,又不断出现。又如《汉书·地理志》所载的武林山和武林水。武林(包括虎林)作为山水地名,虽然早已废弃,但它的派生地名如武林门、武林路等载入《杭州市地名志》的,竟达十五处之多。所以浙江省地名发展历史上第一批出现的地名即越语地名,虽然数量不多,而且含义不明,但影响却很深远,成为省内地名的重要特色。

按照省内地名发展的时代来看,从先秦直至两汉,省内地名不仅在语言上越、汉混杂,而且数量不多。这当然与这一时期省内的人口数量,经济发展,地域开拓等程度有关。两晋之间北人大批南迁,对浙江省发生极大影响。东晋之初,据《晋书·诸葛恢传》,已经出现了"今之会稽,昔之关中"的局面。到南北朝初年,宁绍平原的山阴县,据《宋书·孔季恭传》所载,发生了"土地褊狭,民多田少"的现象,而使地价高达"亩直一金"的程度。因而不得不"表徙无赀之家,于余姚、鄞、鄮、三县界,垦起湖田"。这其实就是宁绍平原自西向东的开拓过程。这一段北人南迁和地域开拓的过程,同时也是省内地名大量增加的过程。按《汉书·地理志》,会稽、丹阳二郡中所记省境内地名,包括政区、山水并王莽改名在内,为数不过五十。而《元和郡县图志》江南道一二两卷中所记省内地名,为数已多至230,超过《汉志》4倍以上。虽然《汉志》与《元和志》编写体例有所不同,但收入志内的地名,无疑都是当时省内的重要地名。重要地名在这一时期中的成倍增加,当然与两晋间的巨变有密切关系。

两宋之间,中国又出现了一次规模巨大的北人南迁的过程。据《宋会要辑稿》第一六〇册所记,建炎三年(1129),"渡江之民,溢于道路"。又据《建炎以来系年要录》卷一五八所记:"四方之民,云集二浙,百倍常时。"这一次北人大批迁入省境,平原地区的许多湖泊首当其冲。由于人口骤增,土地缺乏,于是围湖垦田成为取得耕地的重要手段。在杭嘉湖平原,如杭州的临平湖,余杭的北湖和南下湖,富阳的阳陂湖和苋浦等;在宁绍平原,如萧山的湘湖,绍兴的鉴湖,上虞的夏盖湖,宁波的广德湖等,都在这一时期加速湮废。以绍兴的鉴湖为例,湖面原来超过二百平方公里,到南宋初期围垦殆尽,原来一片茫茫湖水,至此变为农田、道路、村舍,从而平添了许多地名。前面提到《元和志》所载今浙江省内地名达230处,而在南宋成书的《方舆胜览》中,浙东、浙西两路各府、县(在今省境以外的不计)的政区、山水和其他地名超过600,几乎是《元和志》的3倍。

以上所述,都是浙江省历史时期的地名发展过程。中华人民共和国成立以后,由于工、农、运输业的蓬勃发展以及城乡其他各种建设的迅速进步,各类地名又一次大量增加。这一时期的地名发展人所共见,这里不再赘述。

此外,由于浙江省境内各地区在历史时期经济发展和人口分布很不平衡,因此,地名在省内的分布也同样很不平衡。浙江省的山地和丘陵占全省面积的70%以上,但这个地区由于地形崎岖,交通困难,粮食缺乏,人口稀少,所以开拓迟缓。长期以来,省内的绝大部分地名,都分布在占省境面积不到30%的宁绍平原、杭嘉湖平原和其他沿海平原以及金衢盆地等较大的内陆盆地和河谷地一带。两宋间北人南迁以后,山区仍然地广人稀。陆游诗:"山鸟啼孤戍,草市少行旅"(《山行》,《剑南诗稿》卷七十六)及"山重水复疑无路,柳暗花明又一村"(《游山西村》,《剑南诗稿》卷一)等,均是当时接近经济发展地区的会稽山地的情况。远离平原的深山地区,聚落疏远,人口稀少的情况则不难想见。这种现象一直持续到明末清初,由于玉米和甘薯这两种适宜在山区种植的粮食作物的引进,促使大量人口拥入山区。从清康熙五十二年(1713)到乾隆五十六年(1791)的近八十年时间里,省内人口几乎增加了七倍半(《历史上浙江省的山地垦殖与山林破坏》,《中国社会科学》1983年第4期)。山区的聚落和地名在这一时期有了大量的增加。

至于浙江省的地名来源,除了上述最具有地方特色的越语地名以外,由于省境内山地、丘陵面积广阔、市、县、聚落和其他地名以山命名者甚多,如萧山、象山、嵊县、天台、江山、常山、缙云等均是其例。浙江省境内河流众多,独流入海的有七大水系(其中苕溪水系流入太湖),还有大量的内河,所以以河流命名的地名极多,其中市、县级地名中就有丽水、慈溪、兰溪、浦江等处。浙江省东部濒海,岛屿纷歧,因此不少地名与海有关,如海宁、海盐、定海、镇海、宁海、瓯海等均属此类,而普陀、岱山、嵊泗、洞头等,都以海岛命名。此外,不少地名的命名,具有历史上的原因,例如绍兴、庆元,是历代帝王年号;桐乡、云和,都是历史上析乡置县,与原来的乡名有关。

以上所述,都是浙江省地名在历史上发生、发展、分布、变迁以及地名来源等方面的总的概貌,特置于卷首,供读者参考。

本词典从编纂之始,迄今4年,其间经历了许多困难,依靠编委会同仁长期不懈的努力和社会各界的支持,现在终于完成,谨在此向曾经支持和协助本词典编纂工作的各界志谢。由于词典内容比较浩繁,我们又缺乏经验,难免有不当和错误之处,谨希读者指正。

《浙江古今地名词典》编纂委员会
1990年12月

后　记

　　为编纂《浙江古今地名词典》,浙江省地名委员会组织了编纂委员会,经过 4 年的编纂工作,终于完成。这中间,社会各界的支持和协助,对编纂工作具有重要的意义,是我们要深表感谢的。

　　首先,我们不胜荣幸地得到我国著名历史地理学家谭其骧、侯仁之、史念海 3 位教授的同意,担任词典的顾问,他们为词典提出了许多重要的建议,十分有裨于提高编纂工作的质量。谭其骧教授还亲临杭州,对词典的编纂工作作了具体的指导。我们谨在此表示由衷的谢意。

　　我们还要感谢浙江省图书馆,杭州大学图书馆,杭州大学历史系、地理系资料室在提供有关资料方面所给予的方便。浙江省党史办公室黄梅英同志主动热情地提供革命老区材料。各市、县地名办公室同志跋山涉水,为我们调查古地名的今址和现状。浙江省水利厅袁汝强同志协助审阅有关水利设施的各种数据。杭州大学地理系历史地理研究生张灵同志协助审改交通地名条目,陈雄同志协助核对山川地名中部分引文的出处。此外,还有许多为本词典的编纂提供支持的单位和个人,谨在此一并表示谢意。

　　本词典副主编之一寿纪钧同志,为词典的筹备和编纂做了许多工作,在编纂过程中不幸因病去世;编委陈初才、严培坤二同志,也都在编纂过程中因病去世。在此对他们表示深切的哀悼和怀念。

《浙江古今地名词典》编纂委员会

1990 年 12 月

原著浙江教育出版社 1991 年版

《中国七大古都》(主编)

杭 州

一 远古的自然与人文

自然环境的变迁

在今安徽、浙江两省的交界处,有一片由花岗岩、粗面岩、流纹岩等岩石构成的山地。山地从两省边界向东延伸,深入浙江省境内,东西长达130公里,南北宽约20公里,主要山峰都超过1000米。这就是我们所称的天目山。天目山愈向东延伸,高度愈减小。它的最后一个较高的山峰,是今德清县境内的避暑胜地莫干山,高度已经只有海拔700余米。从莫干山向东,山地逐渐陷入太湖平原之中,这样一直延伸到海边,就降低成为一片百米上下到400米上下的丘陵地。这就是现在的西湖群山。在远古时代,西湖尚未形成,这片丘陵南临今钱塘江,东濒东海,丘陵尾闾并向东伸入附近的浅海之中,在这个地区的北面和南面形成两个半岛。两个半岛环抱着一个小小的海湾。在我国古代的文献记载中,这片丘陵地称为武林山,从丘陵地发源注入钱塘江或这个小小海湾的大小河流,统称武林水。至于这个海湾,古人并未命名,我们就不妨称它为武林湾。

自然环境是每时每刻都在发展变迁之中的,武林山、武林水和武林湾也不例外。

而其中武林湾的变迁显得最为突出。因为武林湾是一个面积和深度都很小的海湾,它的北部和南部是由今宝石山和吴山所构成的两个半岛。半岛环抱了这个海湾,只在东部留下了一个南北不到 3 公里的湾口。湾口以外则是一片浅海。这片浅海的北部面对长江口,长江搬运来的大量泥沙,不断地南下堆积在这片浅海之中,而钱塘江河口的涌潮,又加速了这种堆积,使这一带形成了许多海底的沙坎。海底因而变得越来越浅,而武林湾东缘的这个狭窄湾口,也变得越来越不通畅。与此同时,被统称为武林水的许多小河,日积月累地把武林山的泥沙搬入武林湾,使武林湾也同样地日益淤浅。久而久之,在这南北不到 3 公里的湾口上,就出现了断断续续的沙嘴,逐渐地阻塞了武林湾与湾外这片浅海的流通,终于,武林湾这个小小海湾就随着自然环境的这种变迁而成为一个潟湖。

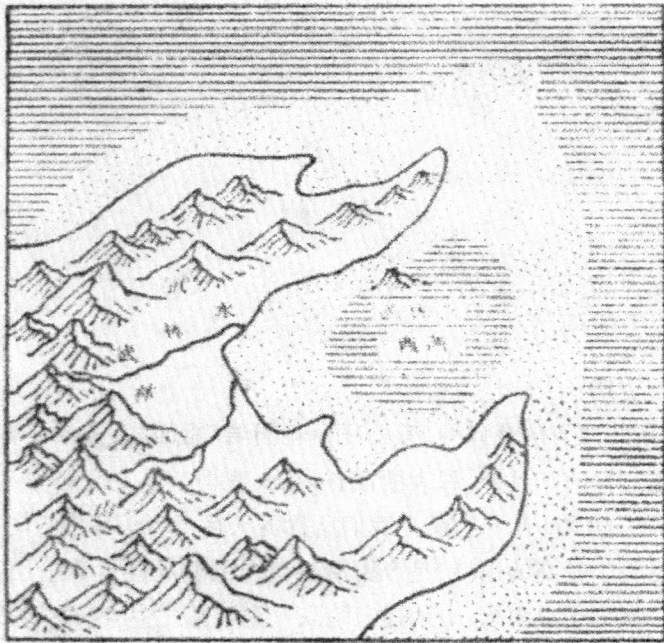

西湖的形成示意图

潟湖形成以后,海洋对它的影响就日益减少,最后由于湾口沙嘴的全部封闭,终至和海洋完全隔绝了关系。另外,在水量的补给关系上也同样发生了这种变化,在海湾时期和潟湖的初期,水量的全部或大部是由海洋补给的,但以后随着湾口的阻塞,逐渐转变为大部以至全部由武林水补给。于是,湖水的含盐量开始降低,最后终于成为一个淡水湖。

与武林湾演变成为西湖的同时,武林湾以东的浅海,也不断地进行着沧海桑田的变化。由于海面的下降和泥沙的堆积,今宝石山以北和吴山以南一带,也逐渐露出了一片沼泽平原。西湖以东,原来只是一些南北相连的沙嘴,这些沙嘴以后也不断扩大,出现了一片沙滩地。这正是现在的杭州市区所在。

关于杭州一带古代自然环境的变迁,特别是西湖形成的原因,历来曾有不少说法。从海湾、潟湖到西湖的演变过程,是中国著名地理学家竺可桢于1920年所提出的。经过1975年对西湖所进行的钻探,已经证明了西湖的前身是一个潟湖。这就证实了竺可桢的论断。

至于西湖的形成至今已经经历了多少年代,竺可桢根据钱塘江三角洲的增长速度进行推算,认为至少有1.2万年。当然,西湖的形成是一种自然发展的过程,但西湖至今仍能继续存在,即具有大量的人为因素。因为潟湖形成以后,由于海水的蒸发和水生植物的滋生繁殖,湖泊往往就会演化成为一片沼泽地,这就是所谓沼泽化的过程。以后,随着海滩的继续外涨和泥沙的淤积,沼泽就会逐渐干涸,终至垦殖而成为耕地。这一带历史上的许多湖泊,例如绍兴的鉴湖,宁波的广德湖等,原来都比西湖要大得多,但后来都循着沼泽化的过程而先后湮废。西湖形成以后,也按照这种沼泽化的过程继续发展。它之所以不像鉴湖和广德湖那样最后湮废,要完全归功于后世人们的疏浚和治理。正如竺可桢所指出的:"现在我们尚能徜徉湖中,领略胜景,亦是人定胜天的一个证据了。"关于这些,我们将在下面加以介绍。

原始居民的生活

根据现在已经掌握的资料,杭州一带原始居民的生活,就得从良渚文化谈起。良渚是杭州西北郊的一个市镇,民国二十五年(1936)考古学家在这一带发掘出许多新石器时代的遗物,例如凿、斧、刀、镞、镰、轮、网坠等等。其中特别著名的是造型规整、表面光亮的黑色陶器,例如壶、豆盘、篮等。它们的特征是圈足上常有镂孔,有的还饰以匀称的弦纹。这些石器和陶器的出土,证明这一带在新石器时代已经建立了原始聚落,原始居民已在这里活动。后来根据良渚遗物放射性碳素年代测定的结果,估计这一带原始聚落存在的年代,约为公元前3300年到前2250年。这就是著名的良渚文化。

本世纪50年代初期,在比良渚更接近杭州市区的老和山麓,考古也发现了许多新石器时代的遗物。其中某些石器,例如锛类中的带槽石锄等,都曾在良渚遗址中发现过,说明了这些遗址在时代上的一致性。也就是说,使用这些石器的主人,差不多是同一时期的原始居民。老和山遗址中特别有意义的是原始灶基的发现。这些灶基中堆满了红烧土、炭烬、兽骨烬以及陶器碎片等,为研究原始居民在这一带的活动提供了重要的资料。此外,在良渚以西的长命桥和半山附近的水田畈等地,也都有新石器时代的遗物出土。在水田畈遗址中,还发现了碳化的稻谷凝块。所有这些,为我们比较清楚地描绘出距今 5000 年前后,杭州的原始居民在这一带居住和活动的情况。

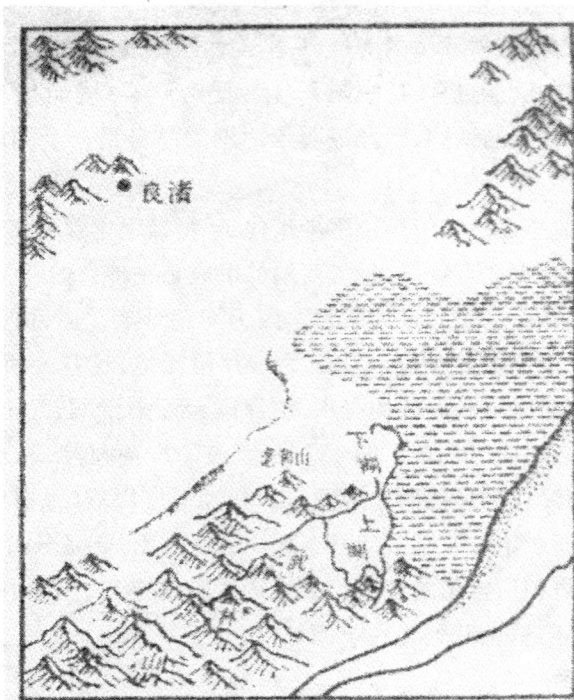

良渚与老和山示意图

可以设想,当良渚人定居在这个地区的时候,西湖已经形成,西湖以北出现了广阔的沼泽平原,西湖以东则淤涨了一片盐滩。无论是沼泽平原还是盐滩,都是潮汐出没,土地斥卤,在当时的条件下是无法居住和进行生产活动的。西湖群山在暖湿的亚热带气候条件下,生长着浓密的原始森林,那里有丰富的动物资源可以作为狩猎的对象。老和山位居西湖群山的北翼,从山麓冲积扇向北,直到良渚一带,是一片缓斜的平原。这一带与东部的沼泽平原有所不同,由于地形较高,成陆较久,既少潮汐之患,又有比较丰富的水土资源。良渚人选择在这一带定居,自然条件确是相当有利的。因为,一方面他们没有远离山区,随时都可以在西湖群山进行狩猎活动;另一方面,他们也享有平原的地利,制作石锄,开垦土地,播种水稻及其他作物,还利用山区的野生纤维编织渔网,凿制网坠,从事捕捞。另外,这一带虽然平原广阔,但崛起于冲积层之上的低矮孤丘为数不少,他们利用孤丘南麓比较高燥的地方建立聚落。他们之中的能工巧匠又利用附近的陶土烧制出精美的黑色陶器。凡此种种，都可以让我们描摹出一幅距今5000 年前后，原始居民在今杭州市西北郊居住和活动的画面。正是这些原始居民，他们通过辛勤的劳动，创造了著名的良渚文化——黑陶文化，以灿烂的文物，为古都杭州留下了文字记载以前的史迹。

二　古代的杭州

秦钱唐县的争论

浙江省在春秋战国时代就有了历史记载。当时，今省境的大部分属于越国，北部是吴国的范围。越国的首都在今绍兴；吴国的首都在今苏州。这两个城市，当时都已相当出名。此外，在太湖平原上见于记载的地名也有不少，例如御儿（在吴、越两国毗邻处，今桐乡县西南）、檇李（在今嘉兴市西南）、武原（在今海盐县附近）等，但未见到杭州一带的地名。始皇帝二十六年（前 221），秦始皇统一中国，建立了郡县制，在今苏南、浙西、浙东、闽北等范围内设置了会稽郡，郡以下分二十几县，二十几县中有一个钱唐县。这是杭州最早见于历史的记载。

秦钱唐县建在什么地方？这是一个至今仍然值得研究的问题。当时，尽管西湖早已形成，但现在的市区是一片潮汐出没、土地斥卤的海滩，这是毫无疑问的。钱唐县当然不能建立在这样的地方。秦始皇曾于其在位的第 37 年（前 210）时出巡南方，到达过钱唐县境，并预备从这里渡过钱塘江去绍兴，但因江面辽阔，波涛汹涌，只好再溯江西行 120 里，到今富阳一带江面较狭处过渡。传说今宝石山下，还有秦始皇缆船石的遗迹。秦始皇钱塘江到绍兴的事，在《史记·秦始皇帝本纪》和其他不少古书中都记载得清清楚楚。但是对于这个秦始皇当时也曾到过的钱唐县的具体位置，从秦、汉、三国直到晋代，都没有发现有什么记载。一直到南北朝初期的刘宋时代，当时的钱唐县县令刘道真，写了一本叫做《钱唐记》的地理书，才有史以来第一次提到钱唐县的所在。他写道："昔县境逼近江流，县在灵隐山下，至今基址犹存。"这条记载说明，秦钱唐县在经过了 600 多年以后，刘道真仍然看到了它的废址。不过对于刘道真所见到的这个废址的所在地，即所谓"灵隐山下"，历来却有不同的意见。许多人认为，既然"县在灵隐山下"，当然指的今灵隐寺一带，这就是秦钱唐县的所在。但是也有些人认为，古人所说的灵隐山，也和武林山一样，并不是一座具体的山峰，却是西湖群山的总称。今灵隐寺附近各山，确实没有一座称为灵隐山的。所以刘道真的记载只能说明秦钱唐县在西湖群山之中，却不一定就在今灵隐寺附近。

近年以来，不少学者提出了对秦钱唐县地理位置的看法，有的认为在今市区西北郊的老和山麓，也有的认为在今市区西南郊的灵山洞一带。这些说法，当然各有各的理由,现在还不能判定谁是谁非。因为在文献资料非常缺乏并且含糊的情况下,要确定这个县治的所在,必须借助于考古学的成果。但争论的各方,至今都还没有获得考古学上的证据,足以断定当时县治的所在。随着考古学的发展和考古技术的进步,相信在不久的将来,秦钱唐县治的准确位置,终究会被研究清楚。

防海大塘的传说

虽然秦钱唐县治所在至今还不能确定,但是南北朝初期的这个有关钱唐县的记载,对我们还是有所启发的。因为刘道真所说的"昔县境逼近江流,县在灵隐山下"是秦代的情况,并不是南北朝初期的情况。刘道真大约于刘宋元嘉十三年(436)前后任钱唐县令,和钱唐建县之初,相去已有660年。在这6个多世纪中,钱唐县的自然和人文情况,肯定有了较大的改变。既然刘道真所记载的县境"逼近江流"和县治"在灵隐山下"都是过去的事情,这就说明,到了刘道真的时代,县境已经不再"逼近江流",而县治也已经不"在灵隐山下"了。县治不"在灵隐山下",这是不难理解的,因为所谓县治,只不过是几所房子,在古代更为简单,是很容易迁移的。但是县境不再"逼近江流",却是怎么一回事呢?当然,自然环境是在不断变化的,但钱塘江与杭州的关系,从秦代到南北朝,变迁并不巨大,那么对刘道真的记载,应该怎样理解呢?

《钱唐记》中的这两句话,即"昔县境逼近江流,县在灵隐山下",很明显,是具有因果关系的。它指出,正是由于县境逼近江流,所以县治不得不设在灵隐山下。古代杭州的自然环境,除了西湖群山以外,大片的沼泽平原,都是潮汐出没、土地斥卤的。这样的自然条件,当然无法建立县治,所以县治必须选择在西湖群山之中的某个山间盆地或河谷地上。这样,不仅避免了潮汐之患,山间盆地和河谷地可以垦殖耕种,而山上富于森林和泉水,在燃料和饮水方面也不虞匮乏。所以,在人口较少和生产力较低的情况下,在西湖群山中建立一个县治,还是相当宽裕的。但以后随着人口的增长和生产力的发展,西湖群山就显得狭隘崎岖,而具有巨大开拓潜力的沼泽平原,对人们的吸引力越来越大,钱唐县治从山区向平原移动,这是势所必然。但是要在沼泽平原上建立城市,首先就必须改变"县境逼近江流"的形势,使潮汐不再直薄,这就必须在沿江沿海建筑堤塘,使江海不再为患,人民才可以安居。

杭州在什么时候在沿江沿海建筑堤塘,关于这方面,刘道真在他的《钱唐记》中也有所记载。他首先说:"防海大塘在县东一里许。"接着,他叙述了一段有关防海大塘建筑的传说,大意是:后汉时代,会稽郡有一个名叫华信的官吏,创议修建这条堤塘以防海水。他们悬赏招募能运载1斛(10斗)土来的人,给钱1000,于是,在10天到1个月之间,大批运载土石的人都聚集到此。但是堤塘没有修成,公家也未曾给钱,人们只好抛弃了他们运载的土石归去。这样,大量土石堆积起来,竟完成了这条海塘。因为筑塘的土石原来说好是给钱的,因此,这条海塘就称为"钱塘"。

该传说当然是很荒诞的,古人也说,堂堂郡县,竟做出"千钱诳众"的事来,是不可置信的。但是这里面却也留下了重要的史料,主要是杭州在后汉时代就已经修建了海塘。这是我国历史上有关海塘的最早记载。刘道真说"在县东一里许",说明这条海塘在南北朝初期仍然存在。而且,刘道真所说的"县",应该是南北朝刘宋时代的钱唐县,而不是秦钱唐县。秦钱唐县在西湖群山之中,从西湖群山向东 1 里许,绝到不了江边或海边。假使按照秦钱唐县在今灵隐一带的说法,从灵隐向东 1 里许,连西湖也到不了,怎能到达海边? 这就说明,到了南北朝初期,秦钱唐县治已经如刘道真所说的成为一片废墟,当时的县治西距钱塘江边或海边,已仅 1 里多路,显然不在西湖群山之中了。可惜刘道真没有在他的著作中写出当时钱唐县治的具体位置,因此,南北朝初期钱唐县治究竟在哪里,我们今天仍然无从知道。

既然防海大塘修建于后汉,说明沿江沿海的沼泽平原,在后汉就已经开始垦殖利用,也说明秦钱唐县治在后汉就有可能向平原迁移。只是由于历史资料的缺乏,从秦到南北朝末期的 800 多年中,钱唐县治的迁移经过,至今也不清楚,犹待继续研究。

三　杭州城市的形成与发展

隋代的新州治与江南运河

在后汉时代,秦钱唐县治就有可能从西湖群山之中逐渐向平原地区迁移。而秦钱唐县是会稽郡下的一个属县,当时的郡治设在今苏州。后汉永建四年(129)实行了吴会分治,原会稽郡分成吴郡和会稽郡两郡,钱唐县隶属于吴郡,郡治仍在苏州。尽管县治逐渐从山区转入平原,也就是说,县的规模开始扩大,但一直到南北朝末叶以前,钱唐县始终处于吴郡的一个属县的地位。一直要到南北朝的最后一个朝代陈,才设置了以钱唐县为郡治的钱唐郡。从秦代置县以来,经过了 800 年之久,钱唐县才算从一个县的地位,上升到郡治的地位。但当时这个郡治在目前的什么地方,仍然不得而知。

隋文帝杨坚在开皇九年(589)平定了南朝的陈,随即把钱唐郡改为杭州。这是杭州一名在历史上的第一次出现。杭州的州治开始设在余杭县,开皇十一年(591)迁移到凤凰山麓的柳浦,就是现在的江干一带,并于次年在柳浦西凤凰山麓建筑州城,周围达 36 里余。虽然当时杭州州城的范围目前不甚了解,但是无论如何,隋代的杭州已经达到了今杭州市区的范围内。现代的杭州城市,就是从这个基础上开始发展起来。

隋炀帝即位以后,为了营建东京(今河南洛阳),开始凿以洛阳为中心的运河网,于大业元年(605)开凿通济渠,与淮水相沟通,通过淮水并连接今苏北的邗沟,直达长江。为了掠夺江南的财富,又在长江以南开凿和加宽江南运河,从京口(今江苏镇江)

绕太湖以东直达杭州。从此,杭州与首都洛阳之间有了直达的水路运输,这就大大促进了杭州的发展。当时,从镇江经苏州、嘉兴到杭州,长达800里,河道宽10余丈,夹岸遍栽柳树,河中可通航巨大的龙舟。杭州就这样一跃而成为一个重要的商业城市。《隋书·地理志》记载当时的杭州是:"川泽沃衍,有海陆之饶,珍异所聚,故商贾并凑。"在江南运河的促进之下,杭州的繁荣发展可见一斑。直到今日,从苏州、嘉兴到杭州的这条运河,仍然是樯橹相接,舟行如梭,在交通运输上还具有重要的意义。

唐代的西湖整治

自从后汉修建防海大塘开始,钱唐县治就有向平原迁移的可能。到了南北朝初期,防海大塘离当时的县治不过1里许,而县治必定已经建在平原之上,只是不知道它的具体位置而已。一直要到公元6世纪末叶,杭州州治和钱唐县治才有明确的记载,已经迁移到柳浦,也就是说,进入了如今的市区。但是柳浦即是今日的江干一带,在凤凰山和吴山东南的钱塘江沿岸,从今天来说,还是市区的边缘部分。今日的市区,主要在吴山以北、宝石山以南、西湖以东的地区。隋代的州治,为什么不建到土地广阔的西湖以东地区,却要局促在江干一隅呢?这和当时的自然环境有很大的关系,因为江干一带,面对江海,背负山丘,虽然地面狭窄,却具有优越的自然环境和地理位置。当时,江堤(可能就是后汉的防海大塘)早已完成,已经不虞潮汐之患,而一连串的冈阜,例如将台山、凤凰山、万松岭、吴山等,居高临下,形势险要。这些冈阜的南起坡向阳,小气候条件很好,正是营造宫室的理想所在。山上富于井泉,解决了当时平原上不易解决的饮水问题。江堤之外,钱江滔滔,上通金衢,下连外海,是交通运输的大动脉,柳浦恰恰又是一个沿江的重要渡口,是通往会稽的要道。所有这些,都促成了江干这一片并不宽余的地带能够成为一代都城的原因。

相反,西湖以东的广阔平原,当时的条件还远不能和江干一带相比。这一带,由于地形低洼,土地泥泞,不仅缺乏像江干一带可以营造宫室的冈阜,由于海塘尚未完整,潮汐的威胁也还不能完全解除。可以设想,这一带初期出现的聚落,必然紧靠西湖。这是因为西湖可以解决人们饮水的需要,一旦离开西湖,在大片斥卤的土地上,河水和井水全部都是咸水,人们最基本的生活就无法维持。要在远离西湖的地区建立聚落,首先必须解决淡水的问题,而这个问题,要到唐代大历年间李泌任杭州刺史的时候,才得到初步的解决。这就是著名的"六井"的修建。

自从隋代把州治移到江干一带以后,特别是由于江南运河的开凿,使杭州顿时成为一个交通枢纽。于是,商业发达,市面繁荣,人口也随着有了较快的增长。唐朝建国以后,传说由于钱唐的"唐"字与国号相同,从此改为钱塘。钱塘县在唐朝初年,户口就已经超过10万,江干一带土地狭窄,显然有人满为患的趋势。这样,市区向今西湖以东的广大平原发展,实在是势所必然。在这种情况下,李泌领导修建六井,的确是因势利导的措施,因而获得了成功。

　　根据记载,六井是:相国井,在今解放街井亭桥西;西井,在相国井以西;金牛井,在西井西北;方井,在金牛井西北;白龟井,在今龙翔桥西;小方井,在今小车桥附近。所谓六井,其实是6处贮水池,用瓦管和竹筒分别从钱塘门、涌金门等处引入西湖湖水而修建。从现在来看,六井的分布,仍然都很接近西湖。从李泌六井的具体位置,可以设想当时聚落街市的大致范围。六井之所以没有远离西湖,一方面说明,在远离西湖、当时尚未建立聚落的地方,没有建井的必要;另一方面也说明,用瓦管和竹筒从西湖引水,无非是利用地形的微小倾斜度,让湖水自然流灌。在这样的情况下,要引水远离西湖,在技术上也会遇到困难。当时,西湖湖岸和水面,都比现在低得多,要使六井能水量充沛,必须使西湖有足够的蓄水,因此,可以设想,李泌修建六井之时,西湖本身也必须经过一番疏浚,只是没有见于记载罢了。

　　六井的修建在杭州城市发展史上具有关键性的意义。从此以后,西湖成为杭州城市的一部分,西湖和杭州城市之间,出现了共存共荣的关系。在杭嘉湖平原和宁绍平原上,由于第四纪海侵的影响,湖泊原是很多的。诸如余杭的南上湖、南下湖,嘉兴的澹湖、相家湖,富阳的阳陂湖、涌泉湖等,不胜枚举。萧山的临浦、绍兴的鉴湖、宁波的广德湖等,面积有比西湖大几十倍的,但是在湖泊沼泽化和人口增长等原因影响下,最后均遭湮废,垦为农田。正是由于西湖和杭州城市结成了一体,西湖以其一湖碧水,滋润了杭州城市,使杭州城市得到发展和繁荣;而杭州城市的发展,又反过来保护了西湖,使它不被围垦,免于湮废。这样,西湖就成了这个地区在历史上众废独存的湖泊。

　　六井的修建,大大改善了今杭州市区的居住条件,必然导致杭州的进一步发展和人口的增加。但是,随着人口的增加和街市的扩大,人们对淡水的需要与日俱增,而六井本身,却因西湖的淤淀和围垦而减少了水量。时日推移,这个问题就显得愈益严重,势必影响杭州城市的发展。长庆二年(822),著名诗人白居易出任杭州刺史。他是一位关心人民疾苦的循吏,在仔细考察了西湖的形势,研究了杭州一带的气候条件,掌握了西湖的蓄泄规律以后,他就针对当时情况,对西湖进行了有效的整治。当时,西湖中已经出现葑田数十顷,所以必须疏浚,增加蓄水。据他观察,泄西湖水灌溉沿湖田亩,湖水每减1寸,可溉田15余顷,每泄水1昼夜,可溉田50余顷。只要蓄泄及时,沿湖1000多顷农田就不虞干旱。于是,他就在钱塘门外石函桥附近,即今少年宫一带,修筑了一条湖堤,比原来的湖岸提高数尺,增加西湖蓄水。同时,又疏浚李泌所修建的六井,使枯涩的六井又重归充沛。这样,城市居民的给水又有了保证,为杭州城市的继续发展创造了条件。

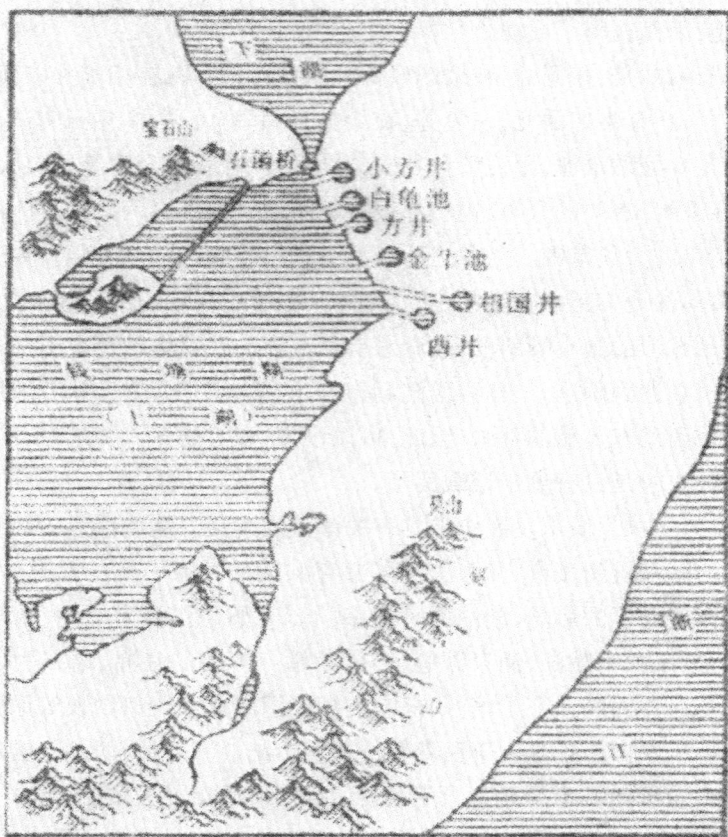

六井示意图

由于六井的修建和西湖的整治,杭州的城市规模开始扩大,交通便利,生产发展,市面繁荣,出现了一种欣欣向荣的局面。唐李华所写的《杭州刺史厅壁记》记载当时的情况说:"骈樯二十里,开肆三万家。"描述了大运河和钱塘江上的交通之盛,市区内商铺之多,俨然是一个大都市的气象了。

吴越国的建都

唐朝末年,全国动乱,各地纷纷割据独立。这就是我国历史上所谓"五代十国"的时期。景福二年(893),钱镠为唐镇海节度使,开始在杭州一带拥兵割据。天祐四年(907),他被封为吴越王,于是就建都杭州,并且开始了对这个城市的擘划经营。钱镠是五代十国中一个很有才能的君主,他在杭州的创业,为杭州建了一个坚固的基础。吴越国一共经历了五代70余年,杭州一带又比较安宁稳定,因而生产力有了较大的提高,城市也获得较快的发展。

　　钱镠在他受封后的第三年即天宝三年(910),开始修建沿江沿海的堤塘,以保障城市的安全。当时杭州受潮汐冲击最严重的地方是从候潮门到通江门之间的一段。钱镠采用夹板筑塘的方法,沿江100多里,以巨木为楗柱,打下木桩6层,再在木桩中实以竹笼,竹笼中装满巨石,在这样的基础上再修筑海塘,当时称为捍海塘。捍海塘有效地保护了杭州的近郊和城邑,为城市的扩展创造了有利条件。与此同时,他又在钱塘江沿岸修建龙山、浙江二闸,遏制了咸潮的倒灌,使杭州城市内的河渠不再受潮汐的干扰,并使原来斥卤的土地逐渐淡化,以发展农业。

　　杭州成为国都以后,城垣建筑和城市建设当然也是急不容缓的工作,所以钱镠于天宝三年同时进行规模浩大的城垣修筑。他在凤凰山下筑子城,作为他的国治。早在唐景福二年(893),他已经修筑了周围70里的罗城。罗城西起今闸口以北的秦望山,沿钱塘江到今江干一带,又沿西湖到宝石山,其东北面到今艮山门一带,形状像一个腰鼓,所以称为“腰鼓城”。城垣扩大以后,城垣以内的街道、河渠、市场、房舍等等,也都相应地进行了规划和修建。这样,由于城市扩大,人口增加,生产发展,政事繁剧等种种原因,钱塘县就显得过分膨大了。于是,原来的钱塘县,加上盐官县的一部分,划分为两个县,钱塘县的设置仍然存在,另外一个新增的县称为钱江县。杭州罗城之内,也同样由钱塘、钱江二县分别管辖。从此直到清朝末年,杭州城市内一直都有两个县的建置,只是钱江县名,由北宋初年起改为仁和县,从此不变。

　　除了城市本身的扩大以外,西湖越来越成为杭州城市的不可分割的部分,钱镠对西湖的治理也不遗余力。西湖在其形成以后,不断地沿着沼泽化的过程发展。李泌建六井的时候有过疏浚,而白居易在杭州时距李泌修六井不过50年,但湖中又出现了葑田数十顷。这些其实都是湖泊沼泽化过程中的必然现象。从白居易疏浚西湖,到吴越国建立约100年的时间里,西湖又被葑草蔓合,湖面缩小,蓄水减少,影响了灌溉和城市用水。于是,宝正二年(927),钱镠又着手对西湖进行了疏浚。他建立了1000人的专职浚湖队,称为“撩湖兵”,不分昼夜地从事疏浚工作。另外,由于城市扩大,居民增加,单靠六井供水,已经不敷所需。因此,他又在城内新挖水池3处,称为涌金池,用与六井同样的方法引入湖水,以增加城市居民的淡水供应。

　　在吴越国一朝中,对西湖风景区的整修和布置也很注意,从而大大美化了这个小国的国都。由于当时佛教盛行,今西湖中大量佛教艺术遗产,都是吴越国时代留传下来的。除了东晋创建的灵隐寺在这一代中又大加扩建外,还新建了昭庆寺和净慈寺两所规模巨大的新寺。新建的较小寺院则有九溪的理安寺、灵峰的灵峰寺、云栖的云栖寺、赤山埠的六通寺、上天竺的法喜寺、月轮山的开化寺等等,不胜枚举。此外还建成了4座宝塔,它们是西关外的雷峰塔,月轮山的六和塔,闸口的白塔和宝石山的保俶塔。4座塔都具有精湛的建筑技巧和不同的艺术风格。除了雷峰塔早已坍圮外,其余3塔至今都仍巍然屹立,为湖山增添了无限风光。

钱镠不仅因灌溉和城市建设和需要而整治了西湖,同时还因交通运输的需要而整治了钱塘江。为了减少江中的滩险以保证航行的安全,因而进行了凿平礁石、清除浅滩的工程,使钱塘江的航道有所改善,从而促进了吴越国和沿海各地的来往,甚至像日本、朝鲜等外国,也通过钱塘江和吴越国建立了贸易关系。这样,杭州开始在国际上显露了头角。

杭州在吴越国建都的70多年中有了很大的发展,它为100多年以后南宋在这里建都奠定了基础。

苏东坡对杭州的贡献

由于吴越国70多年的擘划经营,杭州城市的发展,已经有了一个很稳固的基础。因此,到了宋代,尽管在政治地位上从一个小国的国都退居到一个州的州治,但从城市规模来说,它仍然不失为东南的一大都会。这中间,有不少贤牧良守,他们领导这里的劳动人民,为这个城市的繁荣发展作出了贡献。首先是北宋景德四年(1007)的知州王济,他在吴越国以后,又一次疏浚了西湖,并且修建了西湖的堰闸设备,使湖水蓄泄有时,免于旱涝。接着是宋仁宗时代的知州郑戬和沈遘。郑戬任官时,西湖由于葑草湮塞,而豪族僧侣又盗湖为田,湖面又一度大大缩小。郑戬动用了上万民工,对西湖又一次作了规模较大的疏浚。比他稍晚任官的沈遘,为了满足城内日益增加的用水需要,在美俗坊修建了一处水量特大的大井,使附近很大范围内的居民饮水问题获得解决,以后就称此井为沈公井。到了熙宁五年(1072),六井与沈公井又都逐渐淤塞,知州陈襄又一次疏浚西湖,修理渠道,使各井蓄水又重归充沛。从这些事实中不难看到,自从李泌修六井以来300多年,杭州城市的发展一直与西湖的疏浚和六井的畅通有密切关系。正因如此,所以人们特别推崇苏轼。他是名列唐宋八大家的著名文学家。他的文章流传千古,脍炙人口。但是从杭州来说,人们纪念他,主要并不在此,而是他对西湖和杭州城市的卓越贡献。

苏轼字子瞻,号东坡居士,所以后世称他为苏东坡。他于36岁即熙宁二年(1069)来杭州任通判之职。这是一州之中地位仅次于知州的地方官。到任以后,他就致力于西湖水利和杭州城市发展的调查研究,特别是对于当时开始淤塞的六井的研究。为了解决这些水利问题,他曾亲自到湖州和嘉兴等地考察水利,并为那些地方的灌溉、航运等水利问题提出了建议。他对于杭州水利调查的成果,也就是熙宁五年知州陈襄修复六井的依据。

　　他于熙宁五年卸任离杭。16 年后，当他 54 岁时，即元祐元年（1086），又第二次来到杭州任知州之职。在这 10 几年之中，西湖的情况真是每况愈下。当熙宁时代他在杭州任通判的时候，湖面因葑草淤塞而湮废的，不过十之二三，但事隔 10 几年，西湖已经缩小了一半。根据他的计算，按照当时的淤淀速度，不出 20 年，西湖就将全部湮废。他十分清楚，这对于杭州的农业、手工业、交通运输业、人民生活和整个城市的发展，都将是一个极大的威胁。所以他必须尽他的一切能力，解决这个严重的问题。假使西湖一旦湮废，沿湖的千顷农田就失去了灌溉水源，而西湖本身的鱼虾菱藕等水产也将完全丧失。当时，杭州是全国酿酒业很发达的城市之一，朝廷每年可获得 20 万缗的酒税，这也全赖一湖好水。如果西湖湮废，酿酒业当然无以为继，朝廷也将失去巨额税源。另外，杭州当时有茆山和盐桥两条运河，它们纵贯南北，都和江南运河相沟通，是杭州城市的交通命脉。在湖水充沛的时期，它们以西湖为水源，不仅河道通畅无淤，而河水还可以为城市居民所取用。但随着湖水的枯竭，运河就不得不仰给予钱塘江水，于是咸潮倒灌，沿河斥卤。而大量泥沙随着咸潮淤入运河，使运河每隔 3 年，就必须调派上万兵夫进行疏浚，其耗费可想而知。而特别严重的是，随着西湖的湮废，六井也将同时失去作用，全城居民又将陷于咸水和苦水之中，人民终至流散，城市也就无法存在。面对着这样严重的威胁，苏轼立刻制订全面整治西湖和杭州水利的计划，上表奏请朝廷，并千方百计地筹措工程经费，开始对西湖进行了一次大规模的疏浚。

　　在这一次大规模疏浚工程中，苏轼撤废了湖中私围的葑田，西湖得到了全面地挖深。他在今湖心亭一带全湖最深之处，建立了石塔 3 座，禁止在石塔范围内养殖菱藕，以防湖底的淤淀。又把疏浚出来的巨量葑泥，在湖中建筑了一条沟通南北岸的长堤，长 5 里有余。堤上又修建了 6 座石桥以流通湖水。全堤遍植芙蓉、杨柳和各种花草。于是，六桥烟柳为全湖平添了无限妍媚。后人就把这条长堤称为苏堤。苏堤春晓，至今仍然是引人入胜的西湖佳处。

　　经疏浚以后，西湖又充满了一泓碧水，于是又在运河与西湖沟通之处建筑闸堰，使纵贯城市中心的盐桥运河专受湖水，与江潮隔绝，而使城市东郊的茆山运河专受江潮，两河互不干扰，做到了潮不入市。他征用士兵及民工 1000 多人，对运河进行了大规模的疏浚，从今武林门到江干闸口，使水深到达 8 尺，保证了运河的漕运畅通，大大改善了杭州的城市交通。与此同时，他又千方百计地改善城市居民的给水条件。因为在当时，六井已遭淤塞，出水不多，离水源较远的居民，都要用七八钱买水 1 斛以度日。他调查了六井淤塞的原因，除了西湖枯竭以外，多因输水竹管损坏而引起。于是他就擘划用瓦筒盛以石槽，使底盖坚厚，保护周密，流水通畅而经久。用这样的方法修复了六井和美俗坊的沈公井，并且还利用多余的水量，在仁和门外离井最远的地方新建二井。

西湖甘水,从此流遍一城,大大方便了城市居民,促进了城市的发展。北宋的另一文学家欧阳修在一篇叫做《有美堂记》的文章中描写杭州的富庶是"邑屋华丽,盖十万余家"。杭州在北宋盛况于此可见一斑。

苏轼两度到杭州做官,居住了五六年,在杭州和西湖留下了许多丰功伟绩,他自己对杭州和西湖也产生了强烈的感情。他的足迹遍及杭州城市及西湖群山。杭州人民至今还传诵着许多苏东坡的故事。今天,当我们信步在苏堤之上,饱览一湖秀色,缅怀苏轼当年疏浚西湖的业绩,会情不自禁地吟诵他描写西湖的不朽名诗:

> 水光潋滟晴方好,山色空濛雨亦奇。
> 欲把西湖比西子,淡妆浓抹总相宜。

四　杭州城市发展的飞跃

"钱塘形胜,东南所无"——南宋的首都

北宋末年,中原失陷,宋高宗赵构仓皇南奔,于建炎三年(1129)到了杭州,设置行宫,把杭州改为行在所,升为临安府。接着,金兵尾随而下,他不得已再次奔逃到绍兴、温州等地,直到金兵撤退以后,他又在绍兴暂驻了1年多,到绍兴元年(1131)决定迁都临安,并于第二年初迁到杭州,绍兴八年(1138)才正式把临安作为南宋的首都。宋高宗为什么要把他的首都定在杭州?这是有许多原因的。不过,后来他曾经说过:"钱塘形胜,东南所无。"这可能就是他定都杭州的主要原因了。杭州从9世纪末到10世纪初,曾经作为一个地方政权吴越国的首都。南宋跃升杭州为一个朝代的首都,尽管已经丧失了半壁河山,但持续达150年之久。杭州就这样排入了我国大古都的行列。

南宋初年,由于中原的动乱和朝廷的南迁,大批官民蜂拥南下。根据南宋当时的记载:"渡江之民,溢于道路","中原士民,扶携南渡,不知其几千万人"。南渡的大量人口,主要来到浙江,而首都杭州显然是外来户的主要集中地。一时间,杭州城内,五方杂聚,商贾毕集,街衢熙熙攘攘,方言纷歧,市内开张了许多新店铺,挂的多是东京(开封)招牌。北宋嘉祐二年(1057),杭州的居民还不到10万户,到了南宋孝宗乾道年间,居民已增加到261,690余户,计552,600余人。到了南宋末叶,全城人口超过百万。人口增加,城市迅速扩大,从北宋末叶到南宋初年的短短十几年时间里,它从一个州治跃升为南宋的政治、经济和文化中心,同时也是全国的第一大城市。

南宋朝廷大兴土木,把大内建在凤凰山,王城周围达9里,北起凤山门,西到万松岭,东到候潮门,南到江干。今中山中路和中山南路间不久前拆除的鼓楼,可能就是王

城的朝天门。从朝天门向北,是一条用石板铺成的、长达13,000多尺的御街(即今中山中路和中山北路)。御街东西与连接崇新门的荐桥街和连接涌金门的三桥街等大街相交错。御街以西,还有与御街平行的后市街。此外还有数量巨大的坊巷和市集。御街以东,是南北纵贯与御街平行的市河。市河以东,又有与市河平行而更为深宽的盐桥运河。当时,人们称盐桥运河为大河,称市河为小河。市河与盐桥运河在清河坊以南沟通,向南直达江干的钱塘江边,向北则直接与江南运河及整个太湖流域的河湖网相连。市河北段又通过众安桥与浣纱河相沟通。浣纱河又与西湖相通,引西湖水作为这些河渠的水源。像这样纵横交错的街道和河渠,构成了南宋杭州城市的整个布局。所以耐得翁在他于端平二年(1235)所著的《都城纪胜》一书中描写当时杭州的街道说:"城之东、西、北三处,各数十里,人烟生聚,市井坊陌,数日经行不尽,各可比外路一小小州郡,足见行都繁盛。"另一个目击现状的吴自牧,在他的著作《梦粱录》中描写杭州城市说:"居民屋宇高森,接栋连檐,寸尺无空。"这些都是生动而确实的记载。

杭州在很短的时期内跃升为全国第一大城市,聚集了大量的人口,城市获得了飞跃的发展和扩大,这是与它的历史发展、地理位置和自然条件等有密切关系的。由于所有这些条件都很优越,因而在如此迅速的发展过程中,它能够比较顺利地解决城市发展所面临的许多问题,特别是供应问题。自从唐代以来利用西湖供应城市饮水的设施,由于北宋对西湖的大规模整治而得到改善,南宋一代,西湖不仅为六井和其他许多新建的井池输送淡水,而且还成为盐桥运河、市河和浣纱河的水源。杭州的东郊,由于海塘的完成,已经垦殖成为一片菜园,供应城市以四时蔬菜。大量人口聚集所面临的粮食问题,则从广大而富庶的太湖平原获得解决。城市需要的巨量燃料——薪炭,则通过钱塘江,从上游森林资源丰富的金、衢、严各府运来。这样就形成了南宋一代并在以后长期存在的"西门水、东门菜,北门米,南门柴"的区内和区际经济关系,解决了这个飞跃发展的城市最基本的供应问题。

城市基本供应问题的解决,为这个城市和继续扩大和发展创造了条件。于是,供应城市其他需要的手工业也蒸蒸日上,像造船、陶瓷、纺织、造纸、印刷、酿酒、食品等等,都建立了大规模的作坊,雇佣了许多工人,生产出众多的产品。这样就吸引了大批的商贾往来,舟车贩运,从而促进了这个城市和商业繁荣。当时,杭州除了御街、荐桥街、后市街等繁华的商业区外,还有许多专业性的集市,例如川广生药市、象牙玳瑁市、金银市、珍珠市、丝锦市、生帛市、枕冠市、故衣市、衣绢市、花朵市、肉市、米市、卦市等等,此外还有许多专业性商行,例如银朱彩色行、金漆桌凳行、南北猪竹、青器行、处布行、麻布行、青果行、海鲜行、纸扇行、麻线行、蟹行、鱼行、木竹行、竹果行、果行、笋行等。根据目击当时市场的吴自牧在他的著作《梦粱录》一书中的记载:"杭城大街,买卖昼夜不绝,夜交三四鼓,游人始稀;五鼓钟鸣,卖早市者又开店矣。"商业繁荣,可见一斑。除了城市的集市外,城郊附郭,也兴起了许多集市,例如北关门(今武林门)外的北郭市、半道红市,艮山门外的范浦镇市,崇新门(今清泰门)外的南土门市,东青门(今庆春门)外的北土门市等等。这些集市,成为城乡物资交流的重要纽带。

在农业、手工业、商业如此发达的情况下,当时以杭州为中心的交通运输业的发展也就可以想见。运输业的发展主要依靠水运。在城市内外和附近乡村间的运输主要通过运河和城内各河渠。船舶的种类繁多,其中专运旅客和轻便货物的称为落脚头船,运载笨重货物如柴炭、砖瓦、盐火的称为大滩船。去苏、湖、秀、江、淮等州的远程旅客,可以雇用舸船、舫船、航船和飞篷船等。为朝廷运输粮米的则有大型的纲船,每船可载六七百石到千余石。特别是在城北一带运河中,真是樯橹相接,舟行如梭,不分昼夜。

钱塘江对于南宋杭州的运输业也有重要意义。这里的船舶既有江船,也有海船。海船大的可载五六百人,小的也可载二三百人。海船不仅到达沿海例如台州、温州、福州、泉州等,并且还远到日本、朝鲜和南洋各国。江船则沿钱塘江上溯严、婺(金华)、衢、徽各府,从那里贩运柴炭、柑桔、干鲜果品和其他山货。此外,从钱塘江南岸通过浙东运河,又和绍兴府及明州等地沟通,从那里贩运海鲜、鱼蟹、鲞腊等货品。当时,江干一带,樯橹如林,船舶栉比,货物山积,市容十分繁盛。

由于运输业的发达,南宋的杭州不仅是一个四方客商云集的商业城市,并且还是一个外国政府官员、商人、僧侣和游客纷至沓来的国际都市。当时,通过钱塘江海运或从明州循浙东运河来到杭州的外国人,包括日本、高丽、波斯、大食等50多个国家和地区。朝廷专门设置了四方省馆和市舶务等机构,负责接待外宾。并在今武林门外建造北郭驿,在候潮门外建造都亭驿,作为接待外国使节的宾馆。

南宋杭州的定居人口已经达到百万,而流动人口的数量,由于这个城市具有首都和商埠的双重性质而必然也很巨大。因此,这个城市的服务性行业的规模,也就可想而知了。茶坊、酒肆、食店等,是南宋杭州服务性行业中的重要组成部分。按宋朝的税收制度,酒、盐、茶三税占全部税收的80%。因此,酿酒业和酒肆是得到鼓励的行业。全城酒肆林立,民间俗语说:"若要富,守定行在卖酒醋。"除了官酒库所开设的各有名酒楼,例如丰乐楼、和乐楼、春风楼、太和楼等以外,在民营的酒肆中,有兼卖下酒菜肴的茶饭店,兼卖包子的包子酒店,门面如同官宦大宅的宅子酒店,有庭院布置的花园酒店,此外还有直卖店、散酒店、庵酒店等。在各种食店中,有开封人开设的供应北方顾客的羊饭店,为南方人服务的南食店,供应包子、馄饨的饱饦店,此外还有菜面店、素食店和专卖家常便饭的衢州饭店(又称闷饭店)等。

南宋杭州的服务性行业中特别发达的是"瓦市"——娱乐场所。在城内最大的瓦市有5处，即今清河坊附近的南瓦，今惠民街的中瓦，今羊坝头的大瓦(上瓦)，今众安桥南的北瓦和今庆春街的蒲桥瓦(东瓦)。其中以北瓦的规模最大。这是如同今上海大世界一样的一种综合性娱乐场所。一个瓦市内又分成若干"勾栏"，每个勾栏都有各流名角主演的不同种类的曲艺或戏剧。例如最大的北瓦内包括13座勾栏，分别演出说史书、小说、戏剧、相扑、傀儡戏(有杖头傀儡、悬丝傀儡、水傀儡等种)、说唱、说浑话和学乡谈(类似今相声或滑稽)、影戏、棍棒、教飞禽等等。13座勾栏，场场有戏演出，昼夜不闲。除了城内的瓦市以外，城郊也有许多瓦市，例如嘉会门瓦、候潮门瓦、荐桥门瓦、艮山门瓦等，共有瓦市20处。所有城内外瓦市附近，都是店铺林立、商业繁荣的地方。

最后，在南宋一代中，杭州的文化事业也十分发达，它是当时全国的文化中心，为以后杭州和浙江全省的文化发展奠定了良好的基础。文化事业中首先值得提出的是印刷出版业。中国的雕版印刷虽然创始甚早，但蓬勃发展始于北宋，而杭州在北宋时，已是全国三大刻书中心之一。北宋一代中，在朝廷官刻的所谓"监本"之中，有一半以上是杭州所刻的。中国历史上发明活字版印刷的著名人物毕昇，就是北宋庆历年间杭州的一位雕版印刷工人。到了南宋，杭州的印刷出版业就一跃而冠于全国，城内城外，官营和私营刻书铺，有名可查的就达20余家，刻印了大量书籍，为中国文化事业作出了卓越的贡献。当时杭州所刻印的书籍，字体工整，刀法娴熟，纸质坚白，墨色清香，为古今学者所一致称道。至今存在的南宋杭刻书籍，都是我国宋版书的精华，是珍贵的文化遗产。

南宋一代中，杭州的教育事业也很发达。当时，朝廷在杭州创办的学校有太学、武学和宗学3种，合称三学。其中太学是全国的最高学府，设置在纪家桥以东，规模宏阔，舍宇壮丽，学生按程度分上舍、内舍和外舍3个等级，最多时到达1,716人，一切费用全由国家供给。此外，在凌家桥设有临安府学，在钱塘、仁和二县的县衙附近设有二县的县学，在通江桥设有医学，专门培养医药人才。在这些学校以下，还有为数众多的乡校、家塾、舍馆、书会等等，每一里巷，至少有这类学校一二所。《都城纪胜》说杭州城内"弦诵之声，往往相闻"，生动地描述了这个文化城市文风发达的特色。

"山外青山楼外楼"——西湖风景区的布局

明朝学者谢肇淛在他的著作《五杂俎》一书中说："高宗之都临安，不过贪西湖之繁华耳。"这话虽然稍嫌片面，却也不无道理。想当年，宋高宗在绍兴驻跸了1年多，最后决定迁返杭州，这中间是有许多原因的。前面已经说过的："钱塘形胜，东南所无"，还只是一种笼统的说法。细细分析起来，第一条当然是漕米，因为宋朝的粮食生产情况,已经是"苏湖熟,天下足",太湖平原成了全国最大的粮仓。这里的粮食运到杭州可以依靠江南运河,十分方便。但运到绍兴,中间隔了钱塘江,运河与钱塘江之间,因为水位不同,需要牵挽盘驳,是非常不便的。其次是城市规模,由于吴越国70多年的经营,杭州城市已经超过了绍兴,而且位居钱塘江和江南运河的交汇处,显然比绍兴更有发展前途。此外就是西湖的繁华胜景,对于赵构和当时其他主张定都临安的人,无疑也是一个重要的原因。

西湖是钱塘县的一个湖泊,所以原称钱塘湖,或称上湖。因为宋代以前,西湖之北,从石函桥(今少年宫附近)到武林门一带,还有一个狭长而曲折的湖泊,水位比西湖低,称为下湖。上湖是与下湖相对而言的名称。西湖一名起源较晚,这是很清楚的。从秦钱唐县直到六朝,湖在县境以东,当然不会称西湖。隋唐时代,城市中心在今江干一带,湖在县境偏北,也称不了西湖。直到李泌修六井以后,今杭州市区的居民才开始增多,而吴越国建都时,今市区的规模基本上已经建立。城市移到湖的东边,西湖的名称就逐渐为人们所使用。等到北宋苏轼计划大规模疏浚此湖而上表朝廷时,他的奏折就称为《乞开杭州西湖状》。西湖一名至此已使用到官方文件中,说明这个名称的使用当时已很普遍了。除了得天独厚的自然胜景外,西湖群山中记载最早的人工建筑是东晋咸和元年(326)的灵隐寺。当年,从印度云游来此的高僧慧理,在今灵隐寺前看到了怪石嵯峨的飞来峰胜景,不胜感慨地说:"佛在世时,多为仙灵所隐,今复尔邪!"于是就在飞来峰以北建造了灵隐寺,成为西湖群山中的第一座古刹。此后,历代常有修建,例如吴越国70余年中,西湖内外增加了许多寺院和宝塔,而苏东坡在北宋时治理西湖,更为西湖增加了六桥分列、桃柳呈妍的苏堤,不断地为西湖锦上添花。不过从白居易直到苏东坡,尽管他们十分欣赏西湖的美景,留下了许多脍炙人口的诗篇,但他们治理西湖的目的,主要却都是为了农田灌溉和城市给水。所以直到北宋,湖山之间的人工雕琢,还不是很多的。

南宋建都以后,西湖从一个天然蓄水库一变而成为首都的风景区,不仅是帝王将相和地主富商把它作为他们的安乐窝,而上百万的市民和全国各地来到首都的流动人口当然也以此为大公园。此外,从外国来华的使节、商人、僧侣和旅游者,也无不到西湖游览和进香。于是,西湖就顿时出现了游客如云、歌舞遍野的局面。当时湖中的游船不下数百,大的长20丈,可乘百人,较小的长数丈以至10数丈,可乘二三十人到四五十人,还有专供王室所用的御舟、龙舟以及小巧精致的小脚船和采莲船等等。西湖沿岸和群山之中,大量的亭台楼阁、寺庙精舍,纷纷建造起来。"一色楼台三十里,不知何处是孤山。"在优美的自然风景里,平添了许多金碧辉煌的人工雕琢。历代以来不断修饰、逐渐充实的西湖风景区,至此基本完成。这就是"山外青山楼外楼"的风景布局。这种布局一直延续到现在,成为西湖风景区不同凡响的特色。

随着西湖风景区的精心布局和游客的增加,杭州的旅游事业就获了空前的发展。闸口白塔岭下刊印出杭州历史上的第一种旅游地图,称为《地经》,出售给游客们做导游之用。介绍杭州和西湖风景的专著也陆续刊印出版,像西湖老人著的《繁胜录》,耐得翁著的《都城纪胜》,吴自牧著的《梦粱录》等等,至今都还存在。在所有这些专著中,介绍西湖名胜最详细的是四水潜夫著的《武林旧事》。此书对西湖名胜采取了分区记载的方法,和现在的西湖导游书已很近似。当时,整个西湖风景区分为南山路、西湖三堤路、孤山路、北山路、葛岭路、西溪路等 6 路,另外再加上离湖最远的三天竺。这和今日西湖风景区的地区划分也基本近似。现将当时各路的主要名胜加以列举。

南山路:从最大的官营酒楼之一丰乐楼向南,出暗门(今清波门),到赤山、烟霞、石屋为止,并包括南高峰、方家峪、大麦岭和小麦岭一带地方。主要的名胜古迹有聚景园、长桥、雷峰显严院(内有雷峰塔)、净慈寺、南屏御园、石屋洞、水乐洞、满觉院、烟霞洞、南高峰塔、虎跑泉、风篁岭、龙井、五云山、九溪十八涧等等。

西湖三堤路:主要是苏公堤和堤上的映波、锁澜、望山、压堤、东浦、跨虹六桥,此外还有一些私家园苑,例如杨园、裴园、史园等。

孤山路:主要有西陵桥(又名西泠桥)、孤山(山上有柏堂、竹阁、四照阁、林处士庐等)、涵碧桥、断桥等。

北山路:这是一个范围很大的风景区,从丰乐楼向北,沿湖至钱塘门外,从九曲路到玉泉、灵峰、栖霞岭、九里松、灵隐等处,包括下列葛岭路在内。

葛岭路:主要有石函桥(有水闸、泄湖水入下湖)、葛岭、大石佛院(旧传为秦始皇缆船石)、保俶塔、栖霞岭、岳王墓、行春桥、金沙涧、九里松、冷泉,灵隐寺、韬光庵、北高峰塔等等。

西溪路:主要是毕官师墓。

三天竺:主要有下天竺、中天竺、上天竺、杨梅岭、郎当岭等等。

以上所列举的南宋西湖风景区,除了许多庵庙寺院和其他建筑现在已经不存外,其总体轮廓与今日的湖山布局已经近似,至于湖中名胜,除了明嘉靖三十一年(1552)在湖心苏轼所建三塔旧址修建振鹭亭(今湖心亭)和万历三十五年(1607)起陆续建成了小瀛洲及三潭印月外,至今也没有多大变化了。西湖,这个由海湾演变为潟湖,又由潟湖演变而来的湖泊,由于历代以来,有李泌、白居易、钱镠、苏轼等无数伟大人物,他们用各种方法对它进行疏浚,不仅阻遏了它的沼泽化,而且还让一湖佳水滋润了杭州城市。西湖使这个杭州从一个小小县城发展成为一个州治,又从州治成为一个地方政权的首都,最后终于成为一个朝代的首都和当时的全国第一大城市。在这个过程中,城市每次扩大,城市对西湖的给水依赖随着增加,同时,城市对治理和美化西湖的能力也相应提高。这样就形成了整个历史过程中西湖和杭州城市之间的相互促进的关系。从历史时期来说,这种关系到南宋时出现了飞跃的发展,杭州成为一个百万人口的全国第一大城市,而西湖成为一个千娇百媚,举世闻名的大胜境。杭州与西湖从此融为一体。南宋的著名诗人范成大于绍熙二年(1191)撰写了一部称为《吴郡志》(吴郡的辖境大致相当于明、清的苏州府)的著名地方志。他在此书中第一次使用了"天上天堂,地下苏杭"的赞语。这句话以后又被群众改成更为通俗的"上有天堂,下有苏杭"的谚语,至今仍然广泛流传。杭州从南宋开始而比于天堂,这就说明了当时城市的繁荣和西湖的美丽。

在我国七大古都的发展过程中,每个古都都有过一段与河川湖泊之间密切关系的历史。西安有过八水绕长安的黄金时代;开封有过《清明上河图》那样繁华经历;南京有过秦淮河边的笙歌管弦。但是,曾几何时,这些城市与河川的关系就时过境迁,唯有西湖与杭州,至今仍然唇齿相依,而今后还将更为相得益彰。

"世界最名贵富丽之城"——马可·波罗记载的杭州

南宋德祐二年(1276),元军进入杭州,繁荣了150多年的杭州,顿时遭到了很大的破坏。入侵者洗劫宫殿,拆毁城墙,盗掘坟墓,破坏古迹,使杭州蒙受了几十年的浩劫。这就是元末明初的刘基(伯温)在他所写的《悲杭城歌》中所说的:"观音渡口天狗落,北关门外沙尘恶,健儿被发走和风,女哭男啼撼城廓。"当时,西湖湮塞,城市萧条,这是杭州在历史上的一个衰落时期。

尽管元兵对杭州进行了许多破坏,但它毕竟是南宋江经营了一个半世纪的国都,宏伟的城市布局和优美的湖山胜景,即使在蒙难之中也仍然显出了它们与众不同的气概。因此,当13世纪末叶,意大利旅行家马可·波罗来到这里时,虽然他足迹广阔,见闻众多,但是面对着这样一个城市,仍然使他感到不胜诧异,因而情不自禁地把杭州称为"世界最名贵富丽之城"。他当然没有想到,要是他能早20年来到这里,更将不知用怎样的语言来描述这个城市的繁华富庶呢!

在马可·波罗的记载中,虽然是劫后的杭州,但当时户口众多,产业发达,市面繁荣的情况仍然历历可见。他说:"此城有十二种职业,各业有一万二千户,每户至少有十人。"又说:"此城有大街一百六十条,每街有房屋一万。""城市中有大市十所,小市无数"。"上述十市场,周围建有高屋,屋之下层则为商店,售卖各种货物,其中有香料、首饰、珠宝"。此外,马可·波罗还写了不少关于这里居民衣着美丽和西湖风景奇异等等。马可·波罗的记载不免有些夸大,这种夸大恰恰反映了他骤然面临这样富庶繁华而风景美丽的大城市所出现的心理上的激动。而且,正是由于他的记载,使杭州

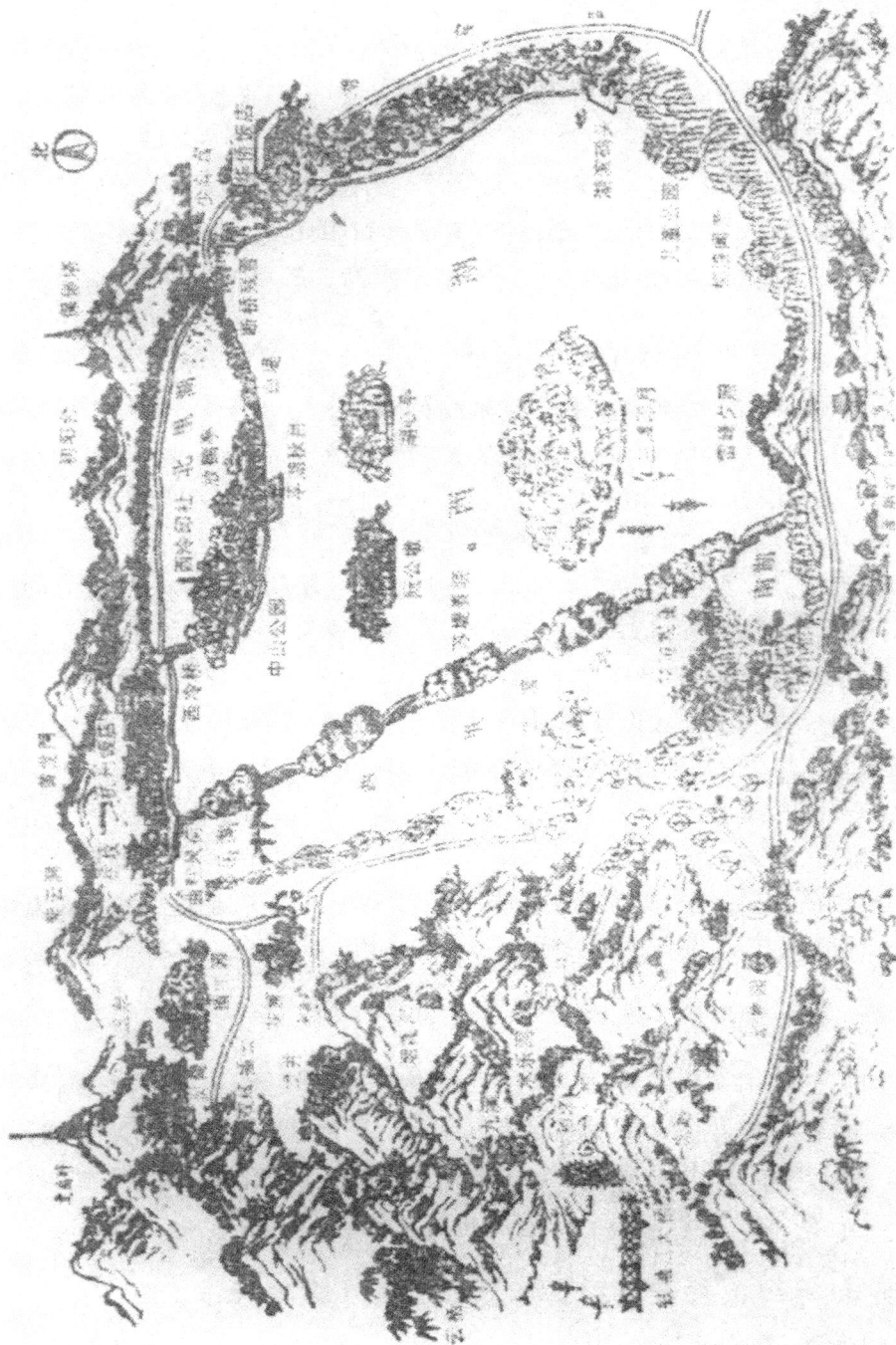

西湖全景示意图

这个花园城市在几百年前就扬名世界。

元朝对杭州有过不少破坏,但是在交通运输业上,却也替杭州作出了很大的贡献。元朝建都于大都(今北京),而漕粮基地却在南方,为了保证首都的粮食供应,曾经致力于历代南北运河的开凿和疏浚。从至元二十六年到三十年(1289—1293),先后开凿了山东境内的会通河及北京以东的通惠河。从此,南北水陆沟通,杭州成为京杭大运河的南终点,船舶可以直达大都。在洛阳和开封相继衰落以后,杭州又一次和首都建立了直达的水运。因此,尽管在元、明、清三代,杭州的地位已经从一个首都退居到一个省会,但它仍然不失为一个交通便利、商业发达、物产富庶、风景美丽的历史名城。

元兵于至正二十八年(1368)退出了杭州,经过了近百年的衰落,与南宋盛时,已有今昔之比。而特别面临危机的是西湖。由于元朝统治者对杭州水利的漠视,西湖陆续被地主豪强支割围垦,苏堤以西,全成葑田,六桥流水,仅存一线。而外湖也到处以竹编篱笆割裂围垦,整个西湖已处于岌岌可危的地步。明成化、弘治年代,虽然开始进行了疏浚,但效果并不显著。直到正德三年(1508),杨孟瑛任杭州知府,他排除一切阻挠,对西湖进行了历史上的又一次大规模疏浚。这次的工程进行了5个多月,花工670万个,撤毁了葑田3,400多亩,才使西湖的规模又恢复了唐宋之旧。

在整个明、清两朝的500多年中,杭州一直都是浙江省的省城。而西湖经过正德三年的这一次大规模疏浚以后,也一直没有出现较严重的湮废现象。当时,从钱塘门到清波门,杭州府府城即沿今六公园、湖滨路到柳浪闻莺公园环湖而筑,碧波粼粼的湖面,环绕高高的城垣和古香古色的城市,相映成趣。在这段时期中,这个马可·波罗笔下世界最富丽名贵的城市,不知又招徕了多少中外游客。清代初叶,盛世君主的康熙和乾隆,也都仰慕西湖胜景和杭州繁华,曾多次南下到杭州,他们在这里四出游山玩水,到处舞文弄墨,花费了人民的巨额资财,却也替湖山留下了不少碑碣,供后人凭吊。

五 杭州的现在与未来

中国自从鸦片战争以后,国势凌夷,民生疾苦,杭州也和全国一样,出现了长期的停滞和衰落。辛亥革命以后,接着又是军阀混战,时局动荡,杭州仍然处于每况愈下的局面。而民国26年(1937年)卢沟桥事变发生以后,杭州于当年年底就为日军所占领,长达8年之久,城市沉沦,湖山蒙尘,遭受了很大的破坏。

中华人民共和国成立以来,杭州的城市建设有了较大的发展,西湖的整治和疏浚,也获得了较好的成效。40年来,特别是最近的10年中,城市面貌,湖山景色,都已有了颇大的变化。

新中国成立以前,杭州是一个畸形发展的消费城市。城市破旧,工业薄弱。由于整个民生的凋敝,当时的西湖旅游业,实际上也是为了少数人服务。新中国成立以后,随着社会主义革命和社会主义建设的发展,特别是最近10年来的开放和改革,杭州迅速地改变了消费城市的面貌,工农业生产都有了很大的提高。在整顿和扩充原有工业的基础上,新的工业区在城郊一个一个地建立起来,例如北郊上塘河沿岸的半山重工业区,北郊大运河沿岸的拱宸桥纺织工业区,北郊小河沿岸小河—祥符轻化工业区,城南望江门外的木材、食品工业区,西北郊天目山路、古荡、留下的电子仪表工业区等。这些工业区的建立,不仅空前扩大了杭州城市的范围,并且还使杭州从一个消费城市转变为生产城市,从一个古老城市转变为现代化城市。

在所有工业部门中,传统的轻工业,仍然是杭州工业中的鲜明特色,具有重要的意义。其中特别是丝绸工业,真是五彩缤纷,可以与西湖媲美。这里出产的各种丝绸和织锦,畅销中外,载誉全球,被国际友人选赏为"天上的云霞,地上的鲜花"。

杭州的农业在新中国成立以来也获得了很大的发展,并且也保持了它的地方特色。市郊各乡都大力发展了需要精耕细作和传统经验的市郊农业。除了东郊的蔬菜园艺和北郊、西北郊的蚕桑、果园、水产业外,最具有杭州特色的茶叶种植更是蒸蒸日上。茶园主要分布在梅家坞、翁家山、龙井一带。历史悠久、名闻遐迩的龙井茶正在愈来愈多地供应着国内外的需要。

杭州的交通运输业也有长足的发展。在铁路运输方面,它是沪杭、杭甬、浙赣、杭牛(牛头山)等几条铁路的枢纽。它和北京、广州、福州、南昌、上海、南京等大城市之间,都有始发的直达列车。现在,沪杭、浙赣二线的复线工程正在加速进行,宣城(在安徽省)杭州线也即将开工兴修,特别是钱塘江第二大桥的修建工程进展顺利,不久即将落成通车。杭州的铁路交通,正在获得更大的发展。

钱塘江原来已有大桥一座,是我国著名的桥梁专家茅以升主持修建的。该桥始建于民国二十四年(1935)初,民国二十六年通车,全长1543米,是我国第一座铁路、公路两用的双层大桥。在当时,这座大桥无疑是非常先进的。但时至今日,桥梁建成已逾半个世纪,特别是桥梁下层的铁路部分,当时设计的是单线,现在的运量早已饱和。随着华东地区经济的发展,这座桥梁已经远远不能满足成倍增长的铁路运量的需要。桥梁上层的公路部分,虽然是双线,但现在每天通过的汽车较半个世纪以前已经无法对比,最近10年来,过桥车辆每年以20%以上的速度递增,现在每天已逾1万辆,造成大桥的超荷负载。大桥两岸车辆经常堵塞,交通事故频繁。虽然1986年已在大桥下游7公里处建成了一座每日渡运量达3,500辆以上的轮渡码头,以减少大桥的压力。但轮渡毕竟不是长久之计。为此,钱塘江第二大桥的修建,已经成为当务之急。

现在,钱塘江大桥的桥墩已经崛起于老桥下游13公里处的江面上,宛如座座巨塔横列江中。桥梁的设计摆脱了从钱塘江(第一)大桥、武汉长江大桥、南京长江大桥以来的上下两层的传统模式,而是采用了将复线铁路桥和封闭式的高速公路桥分设在同一平面上的形式。铁路桥全长 2860.8 米;公路桥全长 1792.8 米。正桥共 18 孔,最大跨径达 80 米,工程艰巨,仅混凝土就需 20 万立方米。这是杭州从新中国成立以来最大的工程,全部工程将在 1990 年完成。

杭州是浙江省公路交通的中心。它不仅与省内绝大部分市和许多县之间都有班车联系,而且与上海市和江苏、安徽等省的许多城市之间,也都有始发直达班车来往。在民航运输方面,杭州与北京、沈阳、大连、济南、西安、南京、合肥、屯溪、上海、桂林、长沙、广州、深圳、福州、厦门、香港等 10 多个大城市之间,都有班机相联系,在省内,与宁波和路桥(属台州)之间也已经通航。

杭州在历史上是大运河和钱塘江的交汇处,水上交通素称发达。但是,由于运河与钱塘江的通道,原来仅有闸口附近一处,早已湮塞不通,成为水上交通的极大的缺陷。1983 年,国家决定兴建京杭运河与钱塘江的沟通工程。这项工程主要是从京杭运河最南端的艮山港开始,向东到钱塘江边的三堡之间,开凿新河道 7 公里,在三堡建造船闸一座,与钱塘江沟通。这项工程已于 1987 年完成。现在,以杭州为中心的钱塘江、京杭运河、曹娥江、苕溪、甬江等几条水系已经互相沟通,水运距离增长了 400 公里。在这个范围以内,300 吨级的船舶可以通行无阻,形成了一个以杭州为中心的四通八达的水运网。

杭州的城市建设,新中国成立以来也有了显著的进步,整个城市的面貌已经发生了较大的变化。过去的许多马路已经拓宽和延长,公共汽车和无轨电车网布满了整个市区和市郊。从西湖解决城市给水的时代当然早已过去,利用大运河水和钱塘江水向城市供应的自来水量,已经超过了新中国成立前的数十倍。此外像文教卫生、住宅建筑、城市绿化、环境保护等方面,也都有了较大的发展。而其中特别值得称道的,是纵贯市区的中河、东河的综合治理。

中河和东河,都是古代南北大运河的一部分,前者古称盐桥河,后者古称菜山河。两河均南起今闸口附近的钱塘江岸,中河纵贯市区,东河沿城东北折,至今新横河桥两河相汇。中河全长约 10 公里。东河由于南宋建宫殿,南部河段遭到填塞,从那时起已不与钱塘江相通。南宋以前,这两条河道水深 8 尺,樯橹相连,交通繁盛。南宋以后,中河仍是纵贯市区的水上交通要道,东河虽遭部分填塞,但从断河头(即东河被填塞的北端)向北,全长约 5 公里,水上交通仍然便利。南宋以后历元、明、清各代,河道情况虽然不如昔日,但舟楫通行,历见记载,仍不失为纵贯市区南北的水运捷径,直到新中国成立初期,仍有菜、米等货运船只往来。两河水质,也仍较好,鱼虾和其他水生动物均有繁衍。60 年代以来,由于人口增加,侵占河岸、河道的违章建筑一时大批出现,原宽 10 米的河道,被两岸房屋、废土和垃圾挤成一线细流,人们一跨腿就可过河。南段的不少古色古香的桥梁,实际上成为旱桥。而市区 300 余家工厂的生产用水和沿河 30 余万居民的生活用水,通过 100 余条管道,每天向河中排出 10 余万吨污水。从此,河水发黑变臭,鱼虾绝迹,蚊蝇孳生,成为一条杂乱、肮脏、污浊的臭水沟。

1982 年,国家决定对中、东河进行综合治理。工程于 1983 年开始,经历 5 年,于 1987 年完成。国家为这项工程投资 2 亿余元,成为杭州市有史以来规模最大、投资最多的市政建设项目。全部工程主要是:清挖河泥约 10 万立方米;沿河埋设各种排泄污水管道 20 余公里;沿河拆除 7,000 余户居民和其他数百个单位的房屋约 37 万平方米;易地新建 20 个住宅区;新建房屋 50 余万平方米;沿中河开辟长 5 公里、宽 50 米的中河路;新辟沿河公园及绿地 8 万余平方米。现在,中河路不仅成为市区的一条新的南北大道,而且沿路是滨河而建的许多亭、台、楼、阁,风景秀丽,是市区内最引人入胜的一条道路。东河从断河头到艮山门,曲曲折折的河道,与两岸宽敞、美丽的绿带组成一个沿河大公园,配上"天女散花"、"淳祐春色"等优美别致的雕塑,替市区平添了一番景色。

自从唐李泌建六井开始,杭州城市和西湖已经结成一体。新中国成立以来,对于西湖的修建和治理,也取得了较大的成绩。从西湖的湖泊本身来说,新中国成立以前,平均深度是 55 厘米,新中国成立之初,就开始对湖底进行疏浚,情况曾一度有所好转。但是随着沿湖宾馆、疗养院和其他服务性设施的增加,特别是在 10 年灾难时期,管理松弛,制度混乱,排入湖中的污水不断增加,使湖水发生了富营养化的现象,藻类和其他浮游生物大量繁殖,湖水混浊。尽管深度确实大于新中国成立以前,但水体的透明度降低,失去了"水光潋滟"的情趣,使秀美的湖山大大减色。面对这个严重的问题,政府采用了许多方法进行有效的整治。例如,对沿湖 30 多公里的湖坎、堤岸和码头进行了修砌,以减少水土的流失。沿湖埋设了近 10 公里的环湖污水截流管道,把沿湖排入的每天万余吨的污水与西湖水体隔离,以降低湖水的富营养化程度。又将沿湖上百家产生水、气污染的工厂迁离西湖风景区。此外,在西湖行驶的 60 余艘油机船舶,全用电瓶船取代。在所有这些改善西湖水体的方法中,特别重要的是沟通钱塘江的西湖引水工程。

西湖引水工程从钱塘江到西湖,全长 3,300 米,包括取水头部、泵站、引水隧洞和园林式的明渠。引水隧洞穿过玉皇山和九曜山两座山岳,从 1985 年年初开工,经过 1 年多的努力,已于 1986 年 9 月底开始引水。从此,西湖每天可引入钱塘江水 30 万吨,相当于西湖总水量的 1/33。也就是说,西湖水体每天更换 1/33。根据最近的调查,湖水已经有了颇大的好转,湖深平均已达 1.8 米,透明度比引水前提高了 18% 以上。现在,湖光山色的情趣,正在逐渐恢复。一湖碧水,不仅为杭州城市增添了无限风光,对于城市小气候的调节,也具有很大的意义。

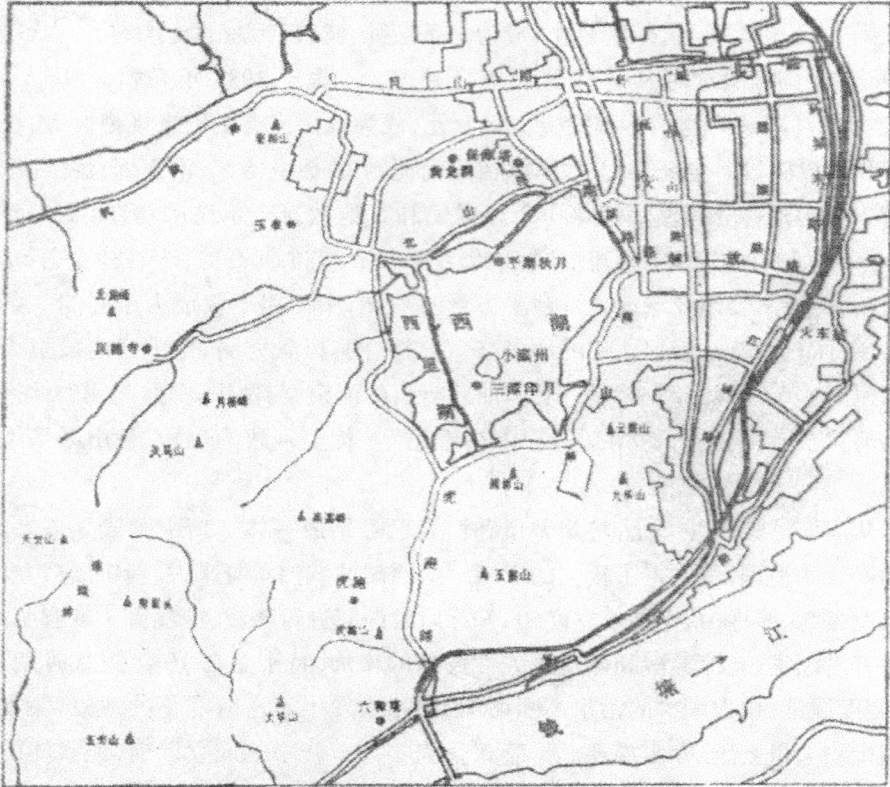

杭州市区和风景区示意图

在整个西湖风景区的修葺扩充方面,也取得了良好的成绩。增辟和扩大了许多园林,例如在玉泉附近新辟了面积达 3,000 多亩的植物园,在虎跑以东修建了设计新颖的动物园。此外还扩建和新建了柳浪闻莺公园、花港公园、杭州花辅等园林。而原来在吴山、孤山等处的园林,也都布局一新,风趣盎然,吸引了更多的游客。此外例如平湖秋月、玉泉、虎跑等重要风景点,都已经进行了全面的修葺和布置,变得焕然一新。风景区的道路也有了很大的改进,白堤已经拓宽,龙井和玉皇山都已修筑了公路并有了公共汽车行驶,给游客带来了许多方便。

在西湖风景区内,有碍景观、破坏风景的 33,000 余平方米建筑和其他违章建筑,在最近几年中已被拆去,西湖与市区之间的屏障已经消除,从湖滨路观赏西湖,湖山景色可以一览无余。从湖滨一公园开始,一条新建的"绿色长廊",沿湖伸展,直到少年宫广场。从此西达断桥,又修复了古朴典雅的望湖楼等建筑,游客们登楼眺望,可以重睹"望湖楼下水如天"的佳景。至于其他园林建设,最近 10 年中也有较大成就。以西湖十景之一的曲院风荷为例,原来范围不过半亩,无非是一座碑亭,数丛花草而已。现在已扩建成为一个占地 400 余亩的综合性园林,流水小桥,楼阁庭院,相映成趣。夏日到此,茂树迎风,荷香扑鼻,可以流连竟日。

杭州和西湖的面貌正在日新月异地改变着,它将迅速地成为一座现代化的国际旅游城市。最近几年中,每年都要接待近 30 万的海外游客。西湖是世界闻名的名胜地,随着湖山的不断修饰和整治,它的未来必将更为美丽。杭州,这个历史上名扬中外的古都,它的前途将更无可限量。

后　记

我从 80 年代之初,开始主编《中国六大古都》一书。在那时候,古都研究的学术空气,还没有像现在这样浓厚。1983 年春,《中国六大古都》出版,当时,以史念海教授为首的几位历史地理学者,正在酝酿成立一个中国古都学会,以推动古都研究,我也忝与其事。可惜是年秋季中国古都学会在西安举行成立大会之时,我正应聘在日本讲学,未能躬逢其盛。不过《中国六大古都》的责任编辑、中国青年出版社的胡晓谦先生,曾随带此书百余册,到西安出席大会,将此书分赠给与会代表。我自己也随带此书一批,在日本与不少学者进行了古都研究的学术交流,让我初步了解了日本学者对于中国历史城市和古都的研究概况。《中国六大古都》的出版,特别是中国古都学会的成立,的确对学术界的古都研究起了颇大的推动作用。西安会议以后,中国古都学会又先后在南京、洛阳、杭州、开封等古都,举行了一年一度的学术年会,每次年会都有数十篇以至上百篇的古都研究学术论文进行交流。这些论文经过精选以后,由浙江人民出版社编审潘一平先生总成,逐年出版《中国古都研究》一册。古都研究从此出现了欣欣向荣的局面。

在历史地理学领域中,古都研究是历史城市地理研究中的一个部分,而历史城市地理的基础则是历史聚落地理。从城市发展史的观点来看,古都中的绝大部分,都是历史城市不断发展的结果,而历史城市的绝大部分,又是聚落发展的结果。城市发展史的这种过程,在华北平原上就十分常见。早在远古时代,人们就在崛起于黄土层中的孤立丘阜营建聚落,这是因为对饮水的来源,薪炭的取得,在冬季避风御寒以及制敌自卫等方面,丘阜都能对它们所依附的聚落带来好处。《诗·卫风·氓》:"送子涉淇,至于顿丘。"说明顿丘这个聚落,在先秦已经存在。《水经注》卷九《淇水》经"淇水出河内隆虑县西大号山"注:"淇水右合宿胥故渎,渎受河于顿丘县遮害亭……《尔雅》曰,山一成谓之顿丘。《释名》谓一顿而成丘,无高下大小之杀也。"这说明,顿丘确实是一座丘阜,而顿丘这个聚落,是依附丘阜而建立的。这个先秦的聚落,到西汉已经是东郡属下的一个县治,到了西晋和北朝,成为顿丘郡的郡治,五代又是澶州的州治。这种从聚落到县治,从县治到州、郡治的发展,说明了聚落发展的趋势。在先秦时代,华北平原依附丘阜而建立的大小聚落不计其数。《汉书·地理志》记载的这个地区以丘设县的县名越过 20 个,以后历代又陆续有这类依附于丘阜的大型聚落成为县治甚或州、郡治。例如隋代建县的楚丘,在春秋已经作过卫都(《左传·僖二》:"诸侯城楚丘而封卫焉"),明代建县的商丘,在周时已经作过宋都(《左传·昭元》:"迁阏伯于商丘")。足见这一类以丘为名的聚落,早在先秦就已有成为列国都城的。《水经注》一书记及的古都,为数在 180 处左右。《水经注》以后,从北魏以迄于清,列国消长,王朝递变,又增加了许多古都。在所有这些古都之中,能够冠以"大"字的究竟有几处? 这个问题,历来颇有不同看法,现在,谭其骧教授在本书卷首的序言中,已经详细地阐明了这个问题。

正如谭先生所引述的,历来学者在这个问题上发表的意见,多半散见于各种报刊,见之于专著的,以我的孤陋寡闻,直到 70 年代之末,才知道王恢先生在台湾学生书局所出版的巨著《中国历史地理》(该书上册出版于 1974 年,下册出版于 1976 年)。感谢日本爱知大学的秋山元秀教授,获悉我搜求此书,竟将他自己的收藏,割爱转赠给我。此书上册的副标题,即作《五大古都》。我在 80 年代初期主编《中国六大古都》,比王恢先生的《五大古都》增加了杭州一都。当时,我的考虑其实很简单,由于我在杭州执教 30 年,深知这个都会在"古"字上的资历实在颇浅,但由于西湖胜景和其他一些因素,冠以"大"字大概是不会引起非议的。

1988 年,北京、陕西、河南、江苏、浙江 5 个电视台决定联合摄制一部《中国六大古都》的电视列片,作为对国庆 40 周年的献礼。系列片聘请了侯仁之教授、史念海教授和我 3 人为顾问,先后在南京、洛阳等古都举行了摄制此片的会议。同年 9 月,中国地理学会历史地理专业委员会在山西太原举行学术讨论会,我到太原主持这次会议。会议期间,安阳市古都学会副会长兼秘书长王世恩先生专程赶到太原,交给我河南省委宣传部和安阳市委宣传部致我的两封专函,信上申述了安阳应该列入冠以"大"字的古都,成为中国七大古都之一的理由。他们写信给我,或许因为我是《中国六大古都》一书的主编,现在又被聘为《中国六大古都》电视系列片的顾问。其实,我当时已经读到了谭其骧教授于 1987 年秋为《安阳古都研究》(安阳市地方史志办公室、安阳古都

学会合编)的题词。题词说:

> 安阳是中国最重要的古都之一,是中原王朝的七大古都之一。

谭先生的论断当然是信而有征的。在我自己,当年也已经在《绍兴学刊》创刊号的《论绍兴古都》一文中,提出了我对于一个现代城市获得古都称号的条件。我说:

> 第一方面,在历史上,朝代有大小之分,建都时间有长短之别。汉、唐、明、清都是版图广阔的大朝廷,而五胡十六国,五代十国,都是地方性的小朝廷。西安历周、秦、汉、唐诸盛世,洛阳为九朝名都,而五代闽建都长乐府(今福州),只有37年,五代南汉建都兴王府(今广州),不过55年。但不管长乐府和兴王府只是一个地方政权的都城,也不管它们建都的时间都很短促,而事实是,它们都曾一度作为一个独立政权的都城,因此,称它们作古都,这是符合历史事实的。

> 第二方面,一个现代城市要获得古都的称号,还必须符合另一种历史事实,那就是当年的古都所在,是不是落于现在这个城市的境域之中。例如,公元前3000年的巴比伦国都巴比伦城,常常被误作建立于公元762年的今伊拉克首都巴格达的前身。其实,前者位于幼发拉底河沿岸,后者位于底格里斯河沿岸。两城相去甚远,不能混淆。正如建于公元7世纪的福斯塔特和建于公元10世纪的开罗不能混淆一样(前者的废墟在后者南郊)。现在,我们把西安定作古都,因为现代西安在地理位置上虽然与周沣镐、秦咸阳、汉长安无涉,但它毕竟建立在隋唐长安的故址上。同样,我们把洛阳定为古都,因为现代洛阳虽然与东周王城及汉魏故城无涉,但它毕竟建立在隋唐故城的基址上。六大古都都是一样,都是从这两方面符合历史事实的。

谭其骧教授的论断和我的拙见是一致的。据此,安阳完全有资格进入冠以"大"字的古都之列。不过谭先生在上述《题词》的末尾说得很谨慎,他说:

> 要把流行了几十年的五大、六大古都说改正过来,倒是不容易的,还有待于古都学会和有关学术界的同志们为安阳的古都历史多做一些实事求是的阐述评议工作。

河南省和安阳市对此也认真从事,他们邀请史念海教授和我,以及上列全国5个电视台的台长和《中国六大古都》电视系列片的编辑们,于1988年10月上旬,到安阳举行了为期5天的现场考察和评议会,经过考察和评议,一致认可了安阳作为冠以"大"字的古都的事实。于是,上述5个电视台同意将《中国六大古都》电视系列片改为《中国七大古都》电视系列片。与会的河北美术出版社的几位编辑,决定利用电视列片的成果,出版一本《中国七大古都》的画册。而我则在几个方面的敦促之下,也不得不重作冯妇,主编这一部现在展现在读者面前的《中国七大古都》。

　　在中国古都学会成立之前,我国的古都研究是零星分散的,学者之间也缺乏相互交流的机会。谭其骧教授为本书所作的序言中述及的许多掌故,以我个人来说,就了解得很少。不过,如前面所指出的,古都研究是历史城市地理研究的一个组成部分,它其实就是历史城市地理的延伸和提高。对于历史城市地理,称得上是历史地理领域中的一个热门。中国由于历史悠久,幅员广大,在漫长的历史时期中,城市的形成和发展非常复杂,数量更十分庞大。因此,中外学者,在这方面的研究成果,称得上丰富多彩。大约10年以前,我的美国朋友施坚雅教授就把他主编的《中华帝国晚期的城市》一书寄赠给我。我曾为这本驰名国际的巨著发表了长篇书评(载《杭州大学学报》1985年第1期,转载于《新华文摘》1985年第8期)。这是一本研究中国历史城市的著作,但它也涉及了许多中国古都的资料。例如施坚雅本人,在此书导言《中国帝国的城市发展》中,曾通过各种计算,论述了中国古都在中世纪的人口增长:"8世纪的长安为100万,女真入侵前夕的开封为85万,蒙古入侵前夕的杭州为120万。中世纪时期中国的最大城市,较帝国晚期的最大城市为大。"在此外的许多卷篇中,也都涉及到中国古都。由此可以说明,历史城市研究和古都研究事实上是不可分割的。

　　1985年我第二次访问日本,当时我正在主编《中国历史名城》一书,因此,在这次访问中,我特别注意了日本历史地理学界对中国城市的研究概况。我先后访问了东京大学、京都大学、国立大阪大学、关西大学、奈良女子大学、广岛大学等高等学府,与许多学者进行了畅谈,发现日本学者在这方面的研究成果是非常可观的。我在拙著《日本学者的中国历史地理研究》(载《历史地理》第6辑)一文中指出:"历史城市地理研究或许是日本学者在中国历史地理研究中成果最多和最富于创造性的部门,从50年代以来,在这方面已经出版了很多专著,发表了大量论文。"诸如爱宕元对唐扬州的研究,砺波护对唐、宋苏州的研究,秋山元秀对上海城市的研究,山根幸夫对中世纪中国城市的研究,伊藤道治对殷周时代城市的研究,佐藤武敏对汉代城市的研究,曾我部静雄对南宋城市的研究等等。此外例如林和生对江南集镇的研究,今堀诚二对华北和内蒙古城市及集镇的研究,米仓二郎对印度和中国城市的比较研究等等,无论从方法到内容,都有较高的造诣。这中间也包括对中国古都的研究,例如梅原郁和斯波义信等对宋都临安的研究,爱宕松男和杉山正明对元大都的研究等均是其例。东京大学教授斯波义信,从城市生态的角度对宋都临安的研究(《宋都临安的城市生态》,已译载于《历史地理》第6辑),为历史城市和古都研究开创了一个新的范例。京都大学教授梅原郁则总结他自己和其他许多学者的研究成果,主编了《中国近世的都市和文化》这样一部巨著(京都大学人文科学研究所,1984年出版),无论从篇幅、作者阵容和内容等各方面进行评价,此书都足以与施坚雅主编的《中华帝国晚期的城市》比美。

　　我们特别关注的还有台湾学者的历史城市研究和古都研究。在这方面,台湾学者的研究成果对我们来说是值得鼓舞和慰藉的。且不说王恢先生在70年代出版的巨著,我有幸于去年夏季接受台北锦绣出版社的委托,为他们审订了一部《中国六大古都》的书稿并写了《审订序言》。这是一部内容丰富、文字流畅、感情深厚的作品。我不妨举出《北京》一篇中的小段:

　　　　北京是融聚悠久历史,丰富文化与出色自然环境于一炉的宝地,往往令人一提起中国,就不得不想到它。这不仅因为它保存了数不清的历史遗产,而是由于它散发出一种特殊的气息,充塞在琼楼玉宇间,在静巷胡同里,在长城垛口上,在废园草丛中,随时随处提醒着走过其间的炎黄子孙,这正是我们的根。

　　读了这样从肺腑深处迸发出来的文字,的确令人感慨万分。正是我们的根,它紧紧地系住了海峡两岸的炎黄子孙。我们是血脉相连的同胞手足,一衣带水,怎么隔得开我们的骨肉深情。

　　在这《中国七大古都》行将出版之时,我要由衷地感谢许多大力支持我的师友。侯仁之教授和史念海教授,作为北京和西安两大古都的学术权威,他们的优美文字,为此书的开卷两篇增加了无限光辉。曾经远征南极洲的《光明日报》著名记者金涛先生,从《中国六大古都》到《中国七大古都》,一直是侯先生的得力助手和合作者,他的辛苦努力,为本书锦上添花。我和史先生的助手辛德勇博士之间似乎有一种缘分,一年以前,我在西安主持了他的博士论文答辩,今天,他的名字就出现在我主编的书中,确实令人欣慰。

　　我要感谢河南大学校长李润田教授。他在一个如此忙碌的职位上,作为我的老朋友和知名学者,几年来曾几次为我主编的书籍提供支持。我同时也感谢他的助手范沛濰副教授的工作。复旦大学中国历史地理研究所所长邹逸麟教授,曾经对古都安阳作过细致的考察,他欣然允诺我的约稿,为这个新加入的古都备增光彩。我当然也感谢王煦柽教授和史为乐副研究员。他们都是我的长期合作者,现在,又一如既往,成为本书的作者。

　　我特别要感谢谭其骧教授。他年近8旬,是我国历史地理学大家尊敬的师长,对于古都研究,他一直十分关心。我为此书求序于他,他复信"义不容辞",实在令人感动。他为本书所撰写的长篇序言,不仅是本书的无上荣幸,而且更是后一辈历史地理学者和古都学者学习的榜样。

　　我最后还必须感谢本书的责任编辑,中国青年出版社副编审胡晓谦先生。我几年来先后主编《中国六大古都》和《中国历史名城》两书,现在又主编这本《中国七大古都》,他都承担了责任编辑的工作。他早年毕业于北京师范大学地理系,现在又担任了中国地理学会编辑出版工作委员会副主任,对此当然是胜任愉快的。但是我应该指出,由于我的事务一直繁忙,在作为一个主编应做的工作中,有时也不免发生疏忽。对此,他都主动细致地为我提供帮助,提高了书籍的质量。

本书各篇的撰者,如上面所介绍的,都是各个古都的知名学者。因此,本书的每一篇,不仅是各古都的生动介绍,同时也是每个古都的一篇深入浅出的论文。篇篇不仅知识丰富,具有很好的可读性,而且说理深透,具有很高的学术价值。在文字风格方面,各篇当然并不一致。在内容方面,特别是关于古都建立和发展等的各种数据,和以前发表过的撰述也存在差异,包括卷首谭先生的序言和卷中各篇的差异。由于各位古都学者根据的资料不同,也由于对资料的选择和判断的不同,这种差异的存在是很自然的。我作为本书主编,除了明显的书写错误和引用古籍时的抄录错误等以外,尽可能尊重各位撰者的原意,没有作什么改动。

希望海内外的读者们对本书提出宝贵的意见。

1989 年 2 月于杭州大学历史地理研究室

原著署　陈桥驿主编,中国青年出版社 1991 年版

浙江省地理（合作编撰）

前　言

　　我国的行政区划制度，在历史上有过反反复复的变化，无论在名称上，还是在地域上，都常常有所改易。但另一方面，后代又往往继承前代，在前代的基础上进行某些调整。因此，它又具有相对的稳定性。

　　先秦时代的行政区划，现在很难具体了解。《禹贡》把全国分成"九州"，《书·尧典》还有"肇十有二州"的话。此外，《周礼·职方》、《吕氏春秋·有始览》、《尔雅·释地》等，也都有它们各自的"九州"名称。当然，这些都是假设和臆造，并不代表当时的实际状况。

　　春秋战国时代，某些列国中出现了郡和县的名称。如《左传》襄三十一年："命先茅之县赏胥臣。"宣十一年："因县陈。"宣十二年："夷于九县。"宣十五年："亦赏士伯以瓜衍之县。"成元年："而败楚之二县"等等，均是春秋置县的例子。《水经注·江水》经"又东过巫县南，盐水从县东南流注之"注："县，故楚之巫郡也，秦省郡立县。"又《沅水》经"又东北过临沅县南"注："本楚之黔中郡矣。"这就是先秦置郡的例子。不过当时的郡县建置，和秦以后的绝不相同。《通典》卷三三县令下说："春秋时，列国相灭，多以其地为县，则县大而郡小。故传云：上大夫受县，下大夫受郡。"由此可知，当时的郡县，仍然不过是以土地分封士大夫的一种手段，并不是什么行政区划的制度。《通典》继续说:"至于战国,则郡大而县小矣。故甘茂谓秦王曰:宜阳大县,名曰县,其实郡也。"郡大县小,形式上虽然和秦以后近似,但实质上仍然并非相同的事物。

秦统一全国后,建立了郡县制,分全国为 36 郡(到秦末已增加到 40 余郡),郡以下置县,确立了中央政权以下郡、县两级的行政区划制度。汉初因袭秦的制度,但到了武帝时代,又设置 13 刺史部,习惯上称为 13 州。这样,中央政权以下,就出现了州、郡、县三级行政区划制度。这种制度,以后就一直延续下去。此后,西晋置 19 州,唐初置 10 道(到开元时增为 15 道),道以下设州、县。宋初置 15 路(真宗时增为 18 路),路以下设州(府)、县。名称和数量虽然常有变化,但三级行政区划的实质并无改易。到了元朝,全国范围内除了京师附近地区直属于中书省,吐蕃地区由宣政院管辖外,设置 11 行中书省,简称 11 行省,这是我国一级行政区称省的嚆矢。明朝虽然在全国改建了 13 个承宣布政使司,但习惯上仍称 13 省。清朝则建为 18 省。从此,省作为我国一级行政区的名称就稳定了下来。

在历史上,县是我国行政区划中最稳定的一级。从汉到清,经历了 20 多个世纪,全国县的总数,大体上稳定在 1300 个左右。在浙江,虽然秦时所建县不过 10 余,至清发展到 70 余,但是它们在地域上变迁却极少。除了北部边境和西部边境的极少数曾发生过今省界内外的归属外,其余绝大部分都是稳定的。

二级行政区即州(若干朝代也以此为一级行政区的通名)、郡(秦和汉初是一级行政区的通名)、府等,基本上也是稳定的。在浙江,老一辈的人至今还常说:"上八府,下三府。"上八府指的是宁、绍、台、金、衢、严、温、处,下三府指的是杭、嘉、湖。这是清代浙江省的二级行政区划。其实,浙江省境内的这种二级行政区划,在唐代就已经形成。从唐到清相距 10 个世纪,但其间二级行政区划的差异,仅仅是清嘉兴府在唐时仅有嘉兴,海盐两县,此两县在唐时属于苏州。1000 多年中的差别,仅仅如此而已。

我国的一级行政区即省的形式,除了很少数以外,绝大部分也都具有悠久的历史。以浙江省而论,《国语·越语上》所说的越王句践的国土:"南至于句无,北至于御儿,东至于鄞,西至于姑蔑。"已经基本形成了后世浙江省的轮廓。到了后汉在今浙南置永宁县(今温州),于是,全省的境域,北起太湖,南到瓯江、飞云江流域的基本范围,就从此确定了。

作为我国一级行政区划的省,都是在漫长的历史时期中,由于自然地理因素和人文地理因素的综合影响而形成的。它们历来都是中央政权之下的一个巩固的地理、政治、经济、文化等因素密切结合的实体。绝对不是一种地域上的偶然凑合,像那些历史短促的新兴国家那样,甚至以经纬度作为这一级行政区划的界线。

如上所述,说明我国的各级行政区划,在其形成的漫长历史时期中,虽然常有名称上和地域上的变迁,但却存在着一种相对稳定的趋势。因此,我们现在撰写分省地理,这是很有意义的。假使省不是一个巩固的历史和地理的实体,那末,所谓省区地理,只不过是一堆地理现象在某一地区的偶然凑合。对于这样性质的地区,一切地理现象用不着什么文字表达,而可以用几张地图和统计表格解决问题。但我们的省区却不同,由于历史的、地理的、经济的、文化的种种复杂因素在一个地区中的有机联系。而这种联系在漫长的岁月中彼此影响,相互渗透,使这个地区成为一个自然和社会的紧密结合体。因此,中华大地上的每一个省区,其自然地理和人文地理的内容,都是那样的错综复杂,丰富多彩。

从浙江省来说,河姆渡文化距今达 7000 年,马家浜文化距今达 6000 年,良渚文化距今也已达 5000 年。在古地理和历史地理上就对我们提出了大量的课题。且不说这些新石器文化,今本《竹书·纪年》周成王二十四年(约当公元前 1001 年):"于越来宾。"这是今浙江地区第一次进入历史记载,为时也已达 3000 年。到了公元前 500 年前后,即越王句践的时代,省境内部的历史记载已经十分丰富。越王句践以"卧薪尝胆"的卓绝精神,经过"十年生聚,十年教训"的艰苦创业,终于使一个贫弱小邦,进入中原大国之列。而让这块滨海的边陲之地,与中央政权紧密结合为一体。因此,浙江省在其历史记载的开端,就是不同凡响的。春秋越国的影响,至今仍深刻地存在于全省的各个方面之中,仅仅以地名为例,至今省内沿用的许多地名,像杭、鄞、甬、越、瓯以及余杭、余姚、上虞、诸暨等等,都是从那个时代遗留下来的。

今天,我们从地理上观察,省境北濒太湖,西疆和南疆有天目、怀玉、仙霞、洞宫诸山绵亘其间;东濒东海,有舟山群岛和其他许多岛屿为屏障。形势天成,自为一体。在省境内部,则延伸着千百丘陵,奔流着七大水系。浙江省在自然地理上所具备的特色,是气候温润,自然资源多样和土地类型复杂。在人文地理上所具备的特色,则是在漫长的历史年代中形成的经济、文化以及人口和城市等的明显的地域差异。这是劳动人民对省境内部不同自然环境利用改造的结果。虽然按省区面积来说,浙江是全国除宁夏和台湾外面积最小的省份,但是由于在自然地理上的得天独厚和人文地理上的人定胜天,使这个小小省份,崭然卓立于各省之间,成为一个著名的文物之邦、鱼米之乡、丝绸之府、旅游之地。

中华人民共和国成立后,浙江省的自然地理和人文地理情况发生了有史以来的一次十分深刻的巨变。由于人类对自然的影响在这一时期空前加强,因此,自然地理面貌显得日新月异;由于工业、农业,交通运输业和城乡建设的迅速发展,人文地理面貌的变化更是一日千里。前面已经指出,在我们这个国家中,省区地理的撰写具有重要的意义。现在,在这省区地理面貌发生巨大变化的年代里,与以往任何一个历史时代相比较,省区地理的研究和撰写,其意义就显得更为不可比拟。

为此,我们利用长期以来积累的资料,并参考和引用了有关浙江的多种文献资料,经过整理和增补,写成了这一本《浙江省地理》。在这里我们无法一一列举书目与作者,谨表示深切的谢忱。全书第一、二章由毛必林执笔,第三章由陈桥驿执笔,第四、五、六、七章由臧威霆执笔,全稿最后由陈桥驿作过一次修润。由于我们的水平不高,见识有限,书稿中必然存在许多缺点和错误,希望得到各方面的批评和指正。

陈桥驿

1984 年 10 月

三、历史地理概况

(一)历史时期自然环境的变迁

1. 史前时期的自然概况

中国的季风气候形成于晚第三纪。从那时起,今浙江省范围以内,在地形上由于受新构造运动的影响,尚有不同程度的升降,海岸线由于海侵海退的变化而常有移动。此外,其他自然景观,与历史时期开始的时期已经基本近似。由于气候暖热,降水丰沛,生物界异常繁茂,占今省境 70% 以上的丘陵山地,分布着成片的茂密原始森林,发育着树种繁多的亚热带常绿阔叶林和针、阔叶混交林。动物界的情况也是一样,种类多而数量大,犀、象等大型动物也广泛存在。

地球上的许多地区,在第四纪出现了冰期与间冰期的交替。浙江由于纬度偏低,地形不高,夏半年气温偏高,冬半年气温虽较低,但因西北或偏北季风干燥少雨,即在省境边缘山岭最高的地带,也不大可能形成永久性的冰盖。因此,浙江在第四纪基本上不受冰川的影响。但全球性的大陆冰川的堆积和消融,加上新构造运动的影响,海面的升降现象频频发生。为此,这一时期,全省范围内的海岸变迁较大。在最后一次海侵——卷转虫海侵的全盛期(距今约六七千年),杭嘉湖平原的大部分和宁绍平原的全部均成一片浅海,海岸线到达今会稽和四明山的山麓线。当时,省境内的主要河流如钱塘江、曹娥江、瓯江等水位都比历史时期要高,故沿河谷地十分狭窄,在今省境范围以内,基本上是一片丘陵山地,此外就是沿海岛屿。岛屿主要有两群:一群即今舟山群岛,面积较今要小,但数量较今要多,分布于省境海岸以东,呈西北——东南向伸展;另一群呈东西向伸展,西起今萧山的航坞山,东迄包括绍兴马鞍山及慈溪凤洞冈、五磊山、烤佬山、蹦脑冈等。此外,宁绍平原和杭嘉湖平原上的许多孤丘,当时也都是岛屿。

2. 史前时期的人类活动

第四纪初期,原始人类就开始在省境内各地活动。其中最重要的繁衍生息之地是宁绍平原。这种后来称为"于越"的原始居民,在这片负山临海、自然资源丰富的土地上从事狩猎、捕捞和种植活动。但是,随着卷转虫海侵的发展,宁绍平原海岸逐渐向南退缩,土地不断减小,自然环境不断恶化,潮汐影响愈益严重,地下水位逐渐上升,土壤盐渍化扩大,陆上生物资源日益减少。于是,原始居民就开始陆续离散,其中一支向南部丘陵山地退却,河姆渡遗址(距今六七千年)就是他们在退却过程中留下的遗迹;一支越过今杭州湾迁往今浙西和苏南丘陵,创造了以后的马家浜文化(距今 5500 年—6000 年)和良渚文化(距今 5200 年—4300 年)等,后来发展成为历史上的"句吴";另外还有一支向北和向东迁入了沿海岛屿,后来称为"外越"。外越是和向南迁入丘陵山北的一支相对的名称。南迁的这一支称为"内越"。

外越和内越是于越的两个很接近的分支,他们之间,由于距离不远,联系方便,不仅在语言和风俗习惯等方面完全一致,并且一直保持着良好的关系。于越与句吴之间,虽然距离较远,但由于本源相同,所以《越绝书》卷七说他们是"同气共俗"。《吕氏春秋·知化》说:"吴之与越也,接土邻境壤,交通道属,习俗同,语言通。"《吴越春秋》

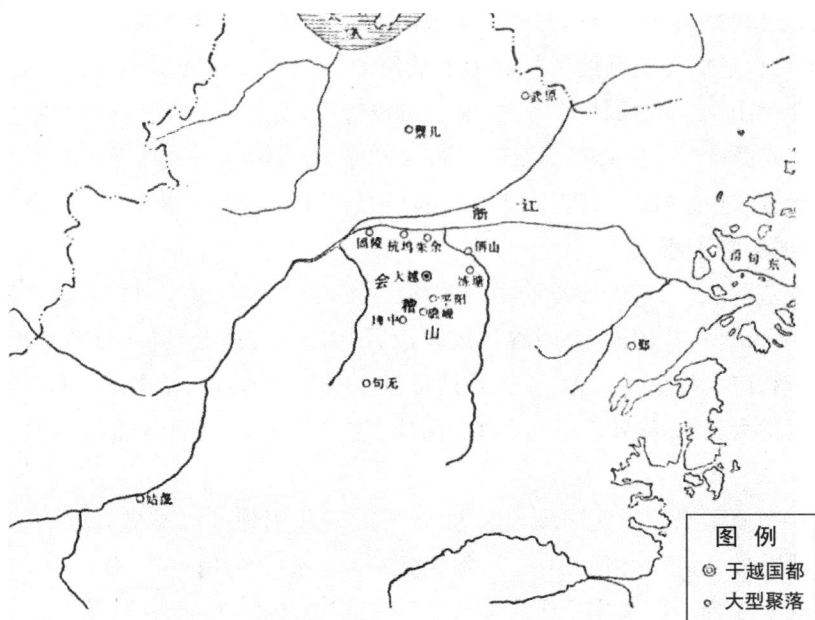

春秋于越

卷三也说:"吴与越,同音共律,上合星宿,下共一理。"所以于越与句吴是同一部族的两个分支。

由于卷转虫海侵,省内的主要平原都成为浅海,海退以后,这些平原又重新出露,成为一片潮汐直薄的沼泽地。为此,于越部族居民在很长的时期中,活动于省内的各丘陵山地,从事如《吴越春秋》所描述的"随陵陆而耕种,或逐禽鹿而给食"的狩猎业和迁徙农业生产,直到历史时期的开始。

3. 历史时期自然环境的变迁

《竹书纪年》卷下载,周成王二十四年(约前1001)"于越来宾"。这里今浙江省境范围内见于史籍的最早记载。因此,浙江省进入历史时期,是在距今三千年前后。从此以后,浙江省境内自然环境的变迁,开始加入了人为活动的因素,而且随着时代的推移,人为因素在自然地理变迁中的影响不断增加。下面从几个自然地理要素略述历史时期省境范围内的变迁情况。

(1)自然植被的变迁 这是浙江省进入历史时期以后,自然环境变迁最剧烈的部分。浙江从晚第三纪以来就发育了南亚热带型茂密的常绿阔叶林和针、阔混交林。在第四纪冰期中,这种森林并未受到较大的影响。《尚书·禹贡》扬州所谓"厥草惟夭,厥木惟乔",即是省境内原始植被的写照。史前时期,于越部族"随陵陆而耕种,或逐禽鹿而给食"的刀耕火种,对原始植被当然有所破坏。但由于当时人口稀少,破坏力量不大,加上植物的再生,所以对整个植被的变化,不发生多大的影响。进入历史时期以后,人类对自然的影响开始增加。由于垦殖的扩大和砍伐的加剧,植被破坏就日见显著。以会稽山一带的森林为例,在越王句践时代,有记录的大规模砍伐就有两次。一次是越王句践十年(前487),以木工3000人砍伐一年(《吴越春秋》卷九);另一次是句践二十五年(前472),有工人2800人参加砍伐(《越绝书》卷八)。如此大量的砍伐,对森林的影响不小。

从全省范围来说,自然植被的早期破坏,主要还在平原地区。杭嘉湖平原和宁绍平原等地,原来是一片沼泽草地,春秋战国以后,山区居民纷纷进入这些平原,兴修水利,从事垦殖,广大的沼泽草地,就大片地被以水稻为主的栽培植被所代替。经过两晋和两宋的两次大批北人南迁以后,到了南宋,省内平原地区的自然植被基本上不复存在。

由于春秋战国以后山区居民大量进入平原,丘陵山地的森林破坏,除接近平原的地区较为严重外,远离城镇的山区,一般仍无影响。到了唐朝中叶,茶树栽培在省内开始普遍。陆羽在撰于唐肃宗上元年代(760—761)的《茶经》卷中提及:"浙东以越州上,明州、婺州次,台州下。"说明在八世纪中期,省内如会稽、四明、天台、大盘、仙霞诸

山,都已开辟了茶园,森林有了进一步的破坏。到了北末,欧阳修在《归田录》卷一说:
"腊茶出于剑建,草茶盛于两浙。"可见全省范围的丘陵山地,都已有了茶园的分布。
不过,茶树的种植需要向阳缓坡,而且在其栽培、采摘、加工过程中,都要求有较为便利
的交通条件。因此,植茶业发展所引起的森林破坏,主要仍发生于低山近山地区,对远
山高山的森林仍无较大的影响。

　　规模最大的森林破坏是由于玉米和番薯这两种粮食作物的引种而发生的。这两
种作物自从明代后期引入省境以后,到了清康熙、乾隆年间就在山区广泛种植。由于
这两种作物对地形、土壤、气候等自然条件的适应性极强,而且产量很高,于是,人口大
量流入山区,种植范围遍及穷山僻壤,森林破坏顿时加剧,山区的自然植被发生了根本
的变化。

　　(2)海岸的变迁　除了自然植被以外,省境内的海岸变迁,在历史时期也有颇大
的规模。卷转虫海侵结束以后,海岸轮廓与近代已经近似。从早期以至近代,海岸变
迁的总的概况是以钱塘江为界,北坍南涨。钱塘江以北,卷转虫海侵以后,海岸较近代
偏东,今上海市南的柘林到澉浦之间,海岸向东南伸展,与今杭州湾的王盘山相连。今
海盐、乍浦、金山卫一线以东,是一片广大陆地。直到东晋,今王盘山诸岛,还是屯兵之
处,宋常棠《澉水志》卷五记载:"黄盘山邈在海中,桥柱犹存,淳祐十年,犹有于旁滩潮
里,得古井及小石桥、古树根之类,验井砖上字,则知是东晋屯兵处。"今王盘山北距海
岸已达 20 公里,可见这一段海岸向西退缩相当迅速。据《中国自然地理·历史自然
地理》所述,明朝 276 年中,海盐、平湖两县,共筑塘 21 次,其中重大的修建工程有
1370 年、1477 年、1535 年、1575 年、1588 年等几次,这说明由于海水内侵,人民筑塘拒
水的情况。

　　这一带海岸的南缘就是钱塘江河口,历史时期也有较大的变化。钱塘江河口包括
三处口亹,即北大亹、中小亹和南大亹。清朱定元《海塘节略总序》(载《两浙海塘通
志》卷二)说:"北大亹约阔三十余里,有河庄山为界;河庄山之南为中小亹,约阔八里,
有赭山为界,赭山之南为南大亹,约阔三十余里,有绍郡之龛山为界。"春秋时代,江走
南大亹,《越绝书》卷八说:"石塘者,越所害军船也,……去县四十里;防坞者,所以遏
吴军也,去县四十里;……杭坞者,句践杭也,……去县四十里。"其中杭坞即今航坞
山,与龛山相连。石塘、防坞虽不可考,但距县里程与杭坞同,可见江道经航坞山下,走
南大亹可以无疑。直到南北朝时期,据《水经·沔水注》所载:"江水又东经赭山南。"
说明江道仍稳定在南大亹。南宋初,据《羊山石氏宗谱》所载:"山阴为越之北境,而羊
山又在山阴之北,去郡城二十五里,负海而立,绵亘数里。"羊山既然濒海,则江道仍走
南大亹。元代末叶,据明初王祎《绍兴谳狱记》(载《王忠文公集》卷八)所载,元至正

四年(1344),山阴白洋港,仍有大船靠岸,说明南大亹仍是江道主流。

另一方面,据《宋史·五行志一上》所载,嘉定十二年(1219):"盐官县海失故道,潮汐冲平野三十余里,至是侵县治。"说明江道已经开始发生变化。在这以前,北大亹是一片平原沃野,从此开始,尽管江道主流尚在南大亹,但北大亹已经常有海水侵入。到了明万历初年,据《闸务全书》卷上所载,北大亹在明隆庆末万历初(1572—1573)尚为细流,到万历三年(1575)6月,骤决而成大江。这是有史以来北大亹第一次为钱塘江主流所通过的记载。但当时江道并不稳定,南大亹并未全淤,所以明末人张岱和祁彪佳在崇祯十年(1637)和十三年(1640)有分别在龟山(今大和山)和白洋村观潮的记载(《陶庵梦忆》卷三,《祁忠敏公日记》丁丑八月十五日)。当清军南下占据杭州后,南明设防江南,据黄宗羲《行朝录》卷三及徐鼎《小腆纪年附考》卷一〇所载,防线在七条沙、西兴、瓜沥、小亹一线,说明江道主流自万历三年一度进入北大亹后,以后又转返南大亹与中小亹。康熙初年,江道常以经中小亹为主,所以"杭绍两郡,相安无事"(朱定元《海塘节略总序》)。但康熙末年,据浙江巡抚朱轼在康熙五十九年(1720)的奏疏:"赭山以北,河庄山以南,乃江海故道,近因淤塞,以致江水海潮,尽归北岸。"此时江道已入北大亹。乾隆十二年(1747)进行了人工开凿中小亹的工程,引北大亹江流再度趋向中小亹。但为时不久,到乾隆二十四年(1759),江道又转向北大亹,而且从此相对稳定,形成今日钱塘江出口的基本流路。

钱塘江出口稳定在北大亹后,南大亹故道就逐渐淤积,形成一片沙地。清咸丰、同治年间,这片沙地向东扩展,形成绍兴三江口以东的乾、坤两号沙地,整片沙地的面积超过4万亩,称为南沙,是钱塘江和杭州湾之间的一个半岛。

在钱塘江以南的海岸中,变化最大的是余姚以北的海岸。北宋以前,这段海岸大概在临山、周巷、浒山、蟹浦一线。北宋庆历七年(1047)余姚县令谢景初在这一线筑堤,自云柯到上林,计2.8万尺,称为大古塘,其位置在今临山、慈溪、鸣鹤场、蟹浦一线。以后海岸曾一度外涨,但到了元代,海水又再度内侵,所以海塘曾屡经修缮。明永乐以后,大古塘以北的海岸开始不断外涨,人民为了垦殖利用,一再向北增筑海塘,自明至清末,一直筑到七塘(现在已筑了八塘和九塘),形成了一片三北平原。

象山港以南的海岸属于沉降海岸,历史时期变化不大。但台州湾南北两岸,温州到瑞安即今温瑞塘河以东地带,也都淤涨和冲积了大小不等的滨海平原,海岸线有不同程度的东伸。

(3)河流变迁　　浙江在地形上以丘陵山地为主,历史时期的河道变迁主要发生在平原地区的河流尾闾部分。其中尤以杭嘉湖平原和宁绍平原的河流变迁最大。

杭嘉湖平原北连太湖,南接钱塘江,是一片西高东低、南高北低的沼泽平原。秦始皇平定江南后,在这个地区进行了河流整治。《越绝书》卷二记载这一次整治是:"秦始皇造道陵南,可通陵道,到由拳塞,同起马塘,湛以为陂,治陵水道到钱唐越地,通浙江。秦始皇发会稽适戍卒治通陵,高以南陵道县相属。"《越绝书》是东汉整理的先秦著作,文字艰涩难懂,很可能有错字漏句,但意思大概还是明白的。秦始皇利用会稽郡(郡治在今苏州)的戍卒建造连接苏州和钱唐(今杭州)之间的陆路和水道,这条水道是经过由拳(今嘉兴)的,由于沿途地面高程不同,因此需要筑塘拦蓄,形成湖陂,使河道有充足的水源。这条水道,实际上就是隋江南运河的前身。

当然,对整个平原来说,秦始皇时代的这种河道变迁仍是局部的。《紫桃轩杂缀》一书中说到这里的古代河流时指出:"唐以前,自杭至嘉皆悬流,其南则水草沮洳,以达于海。故水则设闸以启闭,陆则设栈以通行,古胥山碑谓石栈自钱塘北抵御儿之胥口,乃其证也。至今有石门、斗门之名,而其迹则湮没于阡陌久矣。"这里所说的唐以前的情况,大概就是上述《越绝书》记载的从今苏州到杭州的水陆道路。到了隋炀帝大业六年(610),疏凿江南运河,从京口(今镇江)绕太湖东缘,纵贯杭嘉湖平原直抵余杭(今杭州)。河道宽达10余丈,成为平原上河流网的干线。元末张士诚从塘栖附近的五林桥另开河道至江涨桥,使运河不再出上塘河外,这就是运河的今道。

除了江南运河以外,嘉兴的汉塘和魏塘;湖州的横塘河、荻塘河、青塘河、蒲帆塘河、洪城塘河、保稼塘河、连云塘河;长兴的荆塘、孙塘、谢塘河等、都是汉、唐之间在平原上陆续疏凿的运河。

由于历代劳动人民胼手胝足的辛勤劳动,这一片水草沮洳、栈道悬流的沼泽泥泞之地,最后改变成为土地平整、河流纵横的水网平原。

省内的第二片较大平原是宁绍平原。平原南倚会稽、四明山地,北濒杭州湾,是一个南北缓倾的斜面。所以原始河道都呈南北流向。《越绝书》卷八记载:"山阴故水道,出东郭,从郡阳春亭,去县五十里。"按此流程,河道已成东西流向,成为浙东运河的前身,说明在越王句践时代,这个地区的河流已经作过一番整治。后汉中期,古代鉴湖形成,从会稽山地北流的所有河流均注入鉴湖,包括上述《越绝书》所说的"山阴故水道",也并入鉴湖之内。到了晋代,会稽内史贺循又进行了整治,疏凿了从萧山到绍兴的水道,利用这条水道和古代鉴湖,越过曹娥江,疏凿了从梁湖到通明的河道,在通明与余姚江上流汇合,基本上完成了沟通钱塘江和甬江的浙东运河。所以晋陆云《答车茂安书》中说,余姚"县去郡治不出三日,直东而出,水陆并通"。宁绍平原的东部,从四明山各山麓冲积扇北流的河流,均注入余姚江,最后汇入奉化江从大浹江(甬江)入海。

从整个宁绍平原来看,曹娥江以西的河流变迁较东部更大。由于古代鉴湖在南宋初期的湮废,注入鉴湖的所有河流从此均汇入若耶溪(今平水江)北注杭州湾。明嘉靖十六年(1537),绍兴知府汤绍恩主持了三江闸的修建,把今绍兴、上虞西部、萧山东部的所有河流纳入这个流域,由三江闸出海,这就形成了直到今日的三江水系。

其他沿海平原的河流,在历史时期也有不同程度的变迁。例如温岭、黄岩平原的清涟河、新泽河、清水河等,丽水盆地的通济渠、金钩渠、好溪渠等,也都是历史时期经过人工疏凿的河渠。

河流关系到灌溉、航行、水产养殖、土壤肥力(河底淤泥是浙江平原地区的重要肥料)等许多方面,对地区生产力的发展具有重要意义。由于历代劳动人民的辛勤劳动,浙江省境内最大的两片平原——杭嘉湖平原和宁绍平原,已从原始的沼泽平原改造成为富庶的河网平原。平原上河渠纵横,湖泊棋布,使水体有所疏泄而沼泽化为良田。至今,这两片平原仍以河网密集、土地肥沃、旱涝保收、稳产高产而著名国内。

(4)湖泊变迁　历史时期省境内部的湖泊变迁,主要也发生在平原地区。在古代,省内的湖泊主要有两类:一类是沿海潟湖,是自然形成的湖泊;另一类是沼泽平原上的湖泊,其原始也具有地形凹陷的湖盆,也是自然形成的湖泊,但在人类垦殖的过程中,由于筑堤建闸等一系列措施,这类湖泊在不同程度上都受到人为的改变,具有人工湖的性质。湖泊沼泽化的自然规律和人类垦殖的社会因素使大量湖泊最后遭到湮废。所以历史上浙江平原地区的湖泊变迁,具有相当复杂的过程。

杭嘉湖平原东部濒海,历史时期有许多潟湖,如平湖的当湖、乍浦、芦沥浦;海盐的横浦、兰田浦、鲍郎浦、澉浦;海宁的黄湾浦;杭州的西湖等等。由于海岸的伸张和退缩,这些湖泊在历史上有的陷没海中,有的因沼泽化而湮废,有的则演化成今日的湖泊,变化很大。

平原内部的湖泊,如杭州的临平湖、诏息湖、象光湖;福阳的阳陂湖、涌泉湖、小谢湖;余杭的南上湖、南下湖、北湖;嘉兴的澂湖、相家湖、天星湖、幽湖;嘉善的鹤湖、麟湖、汾湖、夏湖;海盐的横湖、鸬鹚湖、永安湖、天仙湖;湖州的碧浪湖、凡常湖、夹山漾、大苕漾、小苕漾;长兴的火荡漾等,由于湖泊的沼泽化,加上广泛的围垦,绝大多数都已经垦为农田。

这中间西湖是一种例外。西湖原是一个海湾,以后由于沙坎的封塞,逐渐成为一个潟湖,最后海岸封闭,成为一个天然湖泊。当时,今杭州市区尚为一片沼泽滩地。秦建钱唐县,此湖在县境之内,故称钱唐湖。又因湖北尚有一个与它相连而高程较低的下湖(从今少年宫迤北到湖墅一带),故钱唐湖又称上湖。唐代以后,今市区开始聚落连片,形成城市,湖在城市之西,渐有西湖之名。唐大历年间(766—779),刺史李泌于沿湖置六井,引湖水以供民用。长庆二年(822),刺史白居易在西湖东北石函桥(今少年宫附近)一带修筑湖堤,高出湖岸数尺以抬高湖水,从此西湖就成了一个人工湖泊。由于西湖与杭州城市的发展已经结合为一体,因此,其沼泽化趋势与人为的围垦,均受到社会力量的遏制,所以得到众废独存的结果。

宁绍平原也是一片沼泽平原,湖泊密度超过杭嘉湖平原。按今萧山、绍兴、上虞、余姚、慈溪、宁波、鄞县、镇海各县、市统计,在湖泊已经减少的宋代地方志上,列名的湖泊尚有217个之多,平均每20平方公里面积中就有较大的湖泊1处。其中如绍兴鉴湖、上虞白马湖、慈溪旧陂等在汉代即已存在。面积较大的湖泊有绍兴鉴湖,上虞白马湖、夏盖湖、上妃湖、余姚牟山湖、汝仇湖、宁波广德湖、小江湖、萧山临浦、渔浦等。鉴湖的面积超过200平方公里,其余面积超过千亩的有萧山桃湖(3000亩)、宁波马湖(15万亩)、余姚桐木湖(1100亩)、上林湖(5850亩)、烛溪湖(1.32万亩)、小查湖(5510亩)、乐安湖(2900亩)、余支湖(5万亩)、黄山湖(1.03万亩)、附子湖(1680亩)、绍兴容山湖(1700亩)、花屿湖(1390亩)、清水湖(1万亩)等。这些湖泊中的绝大部分,在历史时期的沼泽化过程中湖盆均淤浅,最后陆续被垦为农田。以绍兴鉴湖为例,鉴湖本名庆湖,是会稽山山麓线到今萧甬铁路线之间的一片沼泽河湖的总称。后汉永和五年(140),会稽太守马臻筑堤63.5公里进行拦蓄,在这个地区形成了一个面积超过200平方公里的人工湖泊,沿湖设大小涵闸70余处,灌溉平原上的90万亩地。该人工湖泊发挥作用的时间约有800余年。此后,鉴湖随着湖泊沼泽化而不断淤浅,北宋末期遭到围垦。南宋初期,由于人口大量增加,围垦骤然加剧,终于全部成为农田。

省内其他地区历史时期也存在湖泊湮废变迁现象,例如温岭、黄岩平原的高湖、破石湖、天赐湖,温州平原的会昌湖,诸暨盆地的大农湖,建德盆地的西湖,金衢盆地的大湖等等,也都在历史时期中陆续湮废。

浙江省历史时期富于湖泊,特别是平原地区,湖泊密度甚大。在洪水拦蓄、农田灌溉、水产养殖、交通运输等方面都有重要价值。省内的大量湖泊,多在两宋期间陆续湮废。历史时期湖泊湮废最直接的收获是耕地面积的扩大。以绍兴鉴湖为例,鉴湖在南宋初期全部湮废以后,因此而使山会平原增加了耕地20多万亩,增加了农业产量。因此,对于历史时期的湖泊围垦,不能简单地一概加以否定。但是在今天湖泊已经大量缩减,而水体利用的价值又大大高于古代的情况下,如果继续围垦湖泊,就必将招致农业生产的极大损害。

(5)气候变迁与灾害性天气　浙江省自从有历史记载以来,气候变化是不大的,从考古发掘如河姆渡遗址中发现的动植物所反映的距今六七千年的情况,也证实了这一点。河姆渡时代有犀、象等动物存在。《竹书纪年》魏襄王七年(前312):"四月,越

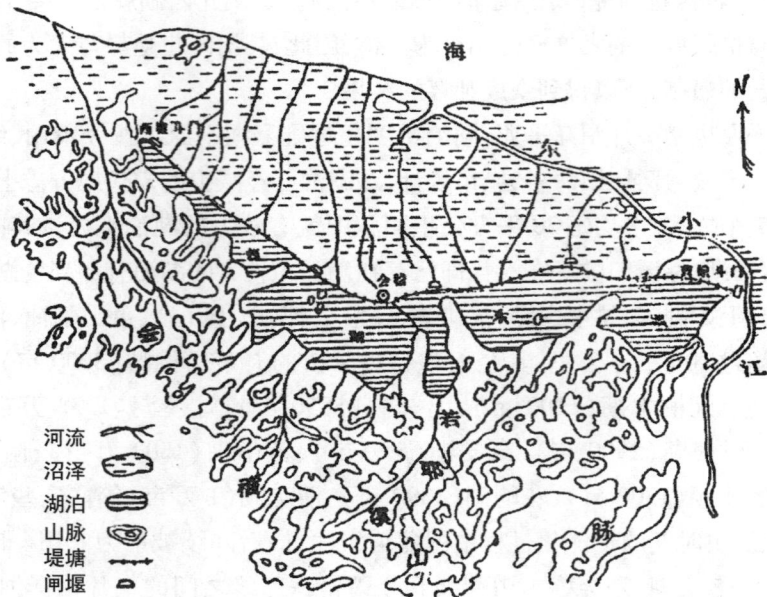

河流
沼泽
湖泊
山脉
堤塘
闸堰

鉴湖图

王使公师隅来献乘舟,始罔及舟三百,箭五百万,犀角象齿焉。"说明在历史记载的早期,这些动物仍然存在。直到公元10世纪,浙南山地仍有象群出没。《十国春秋》卷一八,吴越宝正六年(931):"秋七月,有象入信安境,王命兵士取之,圈而育焉。"《吴越备史》卷四,癸丑三年(953):"东阳有大象自南方来,陷陂湖而获之。"从考古资料直到历史记载都有这类动物的存在。这类动物以后在省内的绝迹,并不完全说明古今气候变迁的程度。生态环境的巨大变化,特别是茂密的原始森林和为这些动物提供食物的其他生物资源的消失,可能是这类动物绝迹的重要原因。仅仅从气温、降水等气象要素的平均状态来说,古今变化并不很大。当然,由于植物和水体缩减以及城镇增加所产生的热岛效应,各地区的小气候变化可能较大。

浙江省历史时期主要的灾害性天气是旱涝,而沿海一带,热带气旋(台风)的袭击,又常常与水灾同时出现。根据各种历史文献的记载,省境范围内的水灾,从公元前494年到1911年之间的2405年中,有记录的共742年。旱灾的记录,从公元前190年起到1911年之间的2101年中共有546年。在上述有水灾发生的742年中,按记载可以肯定有台风入境而造成水灾的共有165年。

水灾是省内各种自然灾害中出现频率最高的自然灾害,灾区有时及于几府,有时包括全省,灾情可达十分严重的程度。例如南宋绍兴十四年(1144)的水灾,灾区遍及衢、婺、严、处、杭各州府,兰溪县溺死万余人,丽水县溺死 3000 余人。又如明嘉靖十八年(1539)的水灾,省内各地 4 月至 6 月,民溺死不计其数,直到冬 10 月,尚有流殍集钱塘江。

由台风引起的水灾虽然时间短促,但灾势猛烈,灾情更为严重。例如明隆庆二年(1568)7 月 29 日(夏历),台风在台州一带登陆,淹没田地 15 万亩,溺死居民 3 万余人,台州全城只有 18 家幸免于难。水退后,人畜尸骸满里巷,埋葬数月方尽。又如明崇祯元年(1628)7 月 23 日(夏历)的台风登陆,山阴、会稽、萧山、上虞、余姚各县,溺死者各以万计,杭嘉湖三府也溺死数万人。

旱灾出现的频率虽较水灾略低,但灾区往往甚大,灾情也十分严重。例如明嘉靖二十三年(1544)的夏秋大旱灾,灾区遍及全省,人民饿死不计其数,水上浮尸及途中饥殍为鸢狗所食者不可胜数。又如明崇祯十三年到十七年(1640—1644)的连续五年大旱,这是浙江省有史以来最严重的旱灾。由于长期连旱,以致"震泽(即今太湖)巨浸,褰裳可涉"。在这几年中,各处方志记载的如"人食树皮草根"、"人相食"等连篇累牍,说明了灾情严重的程度。

灾害天气虽然是一种天气现象,但是灾害天气所造成的后果,除了天气的严酷程度以外,社会因素诸如抗灾能力、善后措施等方面,都有重要的影响。尤其是社会制度的不合理,往往会增加灾害的严重性。

(二)历史时期的经济发展

1. 省境内部的开拓过程

(1)春秋时代　　河姆渡遗址距今约 7000 年,当时,卷转虫海侵正值鼎盛时期,于越居民从宁绍平原向南退缩,已经接近山区。此后,海岸线南到会稽、四明山麓线,于越居民进入浙东山区,在山区活动长达 4000 年之久,直到西周初期才见于记载。到了春秋后期,记载才比较详细明确。当时于越以会稽山地为中心。从事"随陵陆而耕种,或逐禽鹿而给食"的原始生产活动。部族酋长驻地播迁于今诸暨北部的埤中与绍兴南部的嶕岘大城之间。越王句践即位(前 496)后,他才移治山北,建都于山麓冲积扇的平阳,开拓方向才从山区趋向平原。

当时,于越与句吴以御儿(今桐乡西南)一带为界,杭嘉湖平原的北部属于句吴。句吴虽然与于越同源,但由于它与中原接近易于接受先进的中原文化,自然条件也比于越为佳,所以发展较于越迅速。因此,杭嘉湖平原北部,即今太湖以南,从湖州到嘉兴一线,其开拓较之省境内其他地区要早。

越王句践七年(前 490),他选择了今绍兴城地区建立都城,营造了小城和大城这两座毗连的城垣，合称大越。于是，宁绍平原的开拓迅速发展。当时，于越的领域很大，除了浙北部分地区属于句吴外，今省境内的其余部分，包括今赣、闽两省的部分地区，都是这个部族的活动范围。但部族的中心地区，在《国语・越语上》有明确范围："南至于句无，北至于御儿，东至于鄞，西至于姑蔑。"大体上在今东阳、桐乡、奉化、龙游四地的范围以内。这个地区，居民较多，人口密度较高，是春秋时代省内开拓较早的地区。

(2)秦汉时代　秦统一中国后，在今苏南、浙江一带建立会稽郡，郡治在吴(今苏州)。秦始皇采用强制手段，将于越中心地区的部族居民迁移到浙西和皖南等地，并从北方移入部分汉族居民以填补。不接受强制移民的于越居民就向南流散。因此，省内人口减少，生产停滞。秦会稽郡在钱塘江以北的今省境内建有海盐、由拳、乌程、钱唐、余杭、鄣等县，在钱塘江以南建有山阴、勾章、诸暨、鄞、鄮、乌伤、大末等县。今灵江、瓯江等流域的大部分地区均未建县，地广人稀，开拓缓慢。

后汉永建四年(129)，实行了吴会分治。钱塘江以北吴为郡，郡治仍在吴；钱塘江以南为会稽郡，郡治在山阴。今浙江境内增设了于潜、富春、余暨、回浦、永宁等县，并且出现了一个郡治。特别是灵江流域的回浦县和瓯江流域的永宁县的出现，说明了开拓已向南发展。

这一时期，不少农田水利工程开始兴修，如山阴的鉴湖，勾章的旧陂，上虞的白马湖，余杭的南下湖，由拳的汉塘，乌程的荆塘，乌伤的白沙溪堰等，都说明了开拓发展的程度。

(3)三国、晋、南北朝时期　三国时期浙江省境内属吴，郡县增设甚多。在钱塘江以北，吴郡以西又新建吴兴郡，成为日后湖州的基础。钱塘江以南，在会稽郡以南新建东阳、临海两郡，以及地跨今浙皖两省的新都郡。后汉在今省境内设置了23个县、三国增加到44个县。后汉时省境内只有1个郡治(山阴)，三国时增加到山阴、章安(临海郡治)、乌程(吴兴郡治)、始新(新都郡治)等4个郡治。

晋代，省内开拓进一步发展。由于北方战乱，北人大批南迁，使省境南部历来开拓缓慢的地区也获得较快的发展。临海郡于东晋太宁元年(323)分为临海、永嘉两郡，永嘉郡置有5县，郡治永宁，建立了日后温州的基础。

到了南北朝，省内开拓在广度和深度方面都有所进展。在初期，当时省内开拓程度最高的宁绍平原西部山阴一带，已经出现了"土地褊狭，民多田少"的现象，使地价高到"亩直一金"的程度，这些都是当时《宋书・孔季恭传》中的记载。到了末期，山阴县终于分为山阴和会稽两县，在山阴郡城内建立了山阴和会稽两个县治，这是省内在同一城市内建立两个县治的开始。以后在杭州、湖州，嘉兴三个城市内，也先后出现了同样的情况。

(4)隋、唐时代　隋代由于江南运河的疏凿,杭嘉湖平原水系得到进一步整治,开拓程度加深。到了唐代,省内行政区划进行了一次较大的调整,充分反映了这一时期内的开拓程度。在钱塘江以北,长期稳定的吴郡,改建为杭、苏两州(苏州跨今江、浙两省与上海市)。吴兴郡南部划入杭州而北部改建湖州。原吴郡西南部划入新建的睦州,睦州以三国、晋、南北朝以来地跨今浙、皖两省的新都郡(一度称为新安郡)为基础,它即是日后严州的前身。

在钱塘江以南,越州于唐开元二十六年(738)分成明、越两州,明州属下开始在今舟山群岛置翁山县,这是沿海岛屿建县的开始,说明开拓已及于近海。

在省境南部,地广人稀的东阳郡一分为三,除其中心部分置婺州外,西部置衢州,南部则划归新建的处州,处州的领域主要从另一地广人稀的温州划分而来。当时,省内最偏西南山区新建的龙泉县,就是处州的属县,从此,从海岛到内地,从平原到山区,开拓程度都有了显著的提高。此后,除了地跨江、浙两省的苏州还有一些调整外,省内的行政区划,从此基本稳定。

(5)两宋时代　由于生产发展,人口增加,省内开拓程度在两宋时代进一步提高。在杭嘉湖平原,由于人口增加,对土地的需要随之增加,于是,汉唐以来陆续兴建的人工湖泊,从北宋起就遭到不断地围垦。以西湖为例,据目击这个湖泊遭到围垦的著名文学家苏轼的记载,他第一次于熙宁五年(1072)离开杭州时,西湖的湮废程度还不过十之二三,但他第二次于元祐元年(1086)重返杭州时,相隔不过十六七年,西湖的湮废程度已经发展到十之六七。假使不采取措施,则再过20年,全湖就将整个湮废。于是他发动了一次大规模的疏浚工程,把西湖从垂危中拯救了出来。

南宋建都于杭州,由于北方战乱,大批北人蜂拥南迁,定居省内,人口骤然增加。于是北宋以来的湖泊围垦迅速加剧,诸如绍兴的鉴湖,余杭的南下湖、北湖等大型湖泊,都在这一时期围垦殆尽。

在平原地区围垦湖田,这意味着开拓程度的加深。而南宋时代,开拓的广度也有明显的发展,这就是对沿海海涂和山区的开拓。绍兴二十八年(1158),朝廷曾下诏:"浙西沙场芦田,官户十顷,民户二十顷以上,并增纳租课。"浙东的温、台、明一带沿海滩地,也已围垦利用,说明沿海开拓已有相当规模。山区开拓的程度在这一时期也有所加速,会稽、四明、天台以及浙南山地的茶树种植始于唐代,至此已大有扩展。会稽山地的草茶在北宋时已据全国第一(欧阳修《归田录》)。到了南宋,又在山区发展杂粮种植。朝廷在开禧二年(1206)和嘉定八年(1215)曾两次诏谕两浙路扩大杂粮种植。尽管开拓山区还存在许多困难,广大山区在当时还是地广人稀,但边缘地区的开

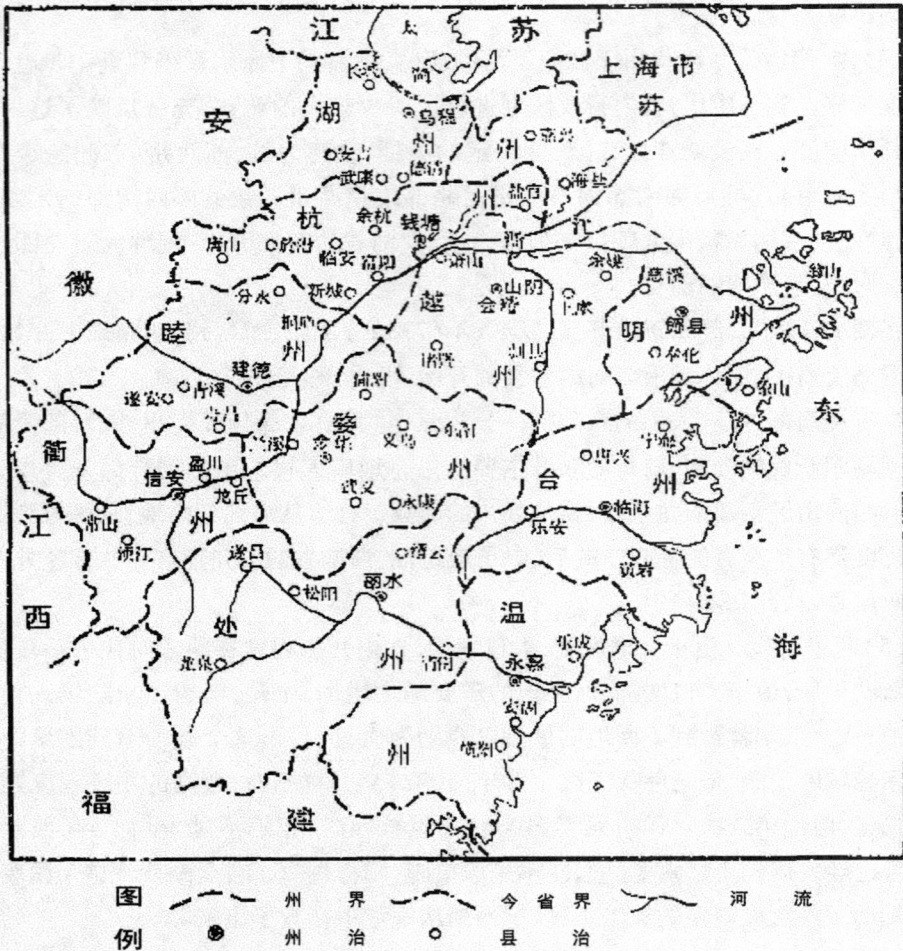

唐代今浙江省境内的行政区划

拓已经有了明显的成效。

（6）元、明、清时代　省内平原地区及山区的较大盆地、河谷地等,在南宋时代已
经进行了比较充分的开拓。开拓程度较小甚至长期人烟稀少的是丘陵和山地内部。
这个地区占全省面积的 2/3 以上,但是由于地形崎岖、交通困难、无霜期较短,特别不
适宜于粮食种植。尽管地区广大,但无法容纳较多的人口,因此长期以来,开拓程度甚
低。会稽山地是最接近经济发展地区的山区,但直到南宋,仍然地广人稀。

南宋以来的人口压力对广大山区的开拓,具有很大的推动作用。人们一方面把耐
寒的水稻品种引入山区,在山区开辟梯田,所以到了明初,如刘基(伯温)在浙、闽交界
处的仙霞岭一带所目击的:"满山粳稻入关中"(《过闽关诗》)。说明水稻确已深入山

区。但由于梯田的建设费用很高,而且在地形、方位、水源等方面都有一定的要求,耕作繁重而产量却较低,所以对整个山区的开拓,意义仍然不大。人们另一方面又试图在山区种植杂粮如粟、稷等,以扩大山地利用,但效果也并不很好。

境内广大山地的开拓,与粮食作物新品种的引入有密切关系。这就是明代末年从海外引入的玉米和番薯。这两种粮食作物对地形和气候的适应性很强,对肥料的要求也不高,而产量却很可观。故从乾隆年代起,就在省内各丘陵山地大量种植,对山区的开拓具有重大意义,但同时引起了山区生态平衡的严重破坏和人口恶性膨胀等不良后果。

2. 历史时期的农业发展

(1)耕作制度　春秋时代于越部族"随陵陆而耕种,或逐禽鹿而给食",是一种狩猎业和迁徙农业并举的生产方式。春秋末期,部族迁入平原,从事定居农业。《越绝书》记载这个时期的农业生产是:"春生夏长,秋收冬藏,……非暮春中夏之时,不可以种五谷,兴水利。"《吴越春秋》也记载,"春种八谷,夏长而养,秋成而聚,冬畜而藏"。说明当时是一年一熟的耕作制。《吴越春秋》同时又说:"留意省察,谨除苗秽,秽除苗盛",这实际上就是耘田的工作,说明当时的耕作已经相当精细。

唐代以前,已经出现了双季稻的种植,但范围很小。北宋至道年间(995—997),处州已有稻再熟的记载。到了南宋,气候和水利条件较好的温岭、黄岩平原,据《嘉定赤城志》记载。出现了"黄岩出谷半丹邱"的情况。丹邱谷是早稻的品种之一,如以双季稻两季产量较单季稻一季高40%—50%计算,则当时这片平原上的双季稻播种面积,至少达水稻播种面积的30%以上。又据明《谷谱》所载:"浙江温州稻再熟。"说明从宋到明,双季稻的种植在浙南地区已经相当普遍。

浙江北部由干气候条件的限制,水稻一熟制持续了很长时间。但以后也逐渐向稻麦两熟制发展。直到明代,据《补农书》所载:"湖州无春熟",说明一熟制仍占优势。陈恒力在《补农书研究》中说明这种现象时说:"一般是坂田过冬,只种一季水稻。"早在南宋,李心传在《建炎以来系年要录》一书中解释这种一熟制的原因说:"大抵江浙须得梅雨乃能有秋,是以多不种麦。"这种耕种习惯的改变,各地在时间上稍有前后,嘉兴在明嘉靖年间种麦已较普遍,杭州一带到清代才有"麦浪高下,碧波层层"的记载。

(2)粮食作物　早在余姚河姆渡文化层和湖州钱山漾的良渚文化层中,就发现了水稻。说明水稻在史前时代可能已成为浙江省境内的主导粮食作物。但以后由于卷转虫海侵,原始部族居民进入山区,山区的地理环境与平原不同,水稻虽然仍有种植,但已不可能成为主导作物。省内见于历史记载的最早作物是《越绝书》所说的"十货"。"十货"之中,从甲货到辛货分别为粢、黍、赤豆、稻粟、麦、大豆、矿、果8种,壬癸两货未举名称。8种之中,除了第八种"果"以外,其余均为粮食作物。据考证,其中黍、赤豆、麦、大豆4种,古今称谓基本相同,粢为稷,矿为大麦的一种,稻粟即是水稻。说明部族进入山区以后,杂粮种植显然比水稻居有优势。

秦汉以后,农业又在平原地区迅速地发展起来,于是水稻又成为主导的粮食作物,而且品种不断增加。宋《嘉泰会稽志》列名的水稻品种已达56种,明《乌青文献》列名的品种更达70余种。大体上,前期以粳稻型的品种为主,到后期,由于水稻两熟制开始发展,籼稻型的品种有所增加。清康熙五十六年(1673),户部覆准淮浙被灾州县,许从籼米兑运,说明籼米产量至此已经相当可观。

杂粮种植自从于越部族从山区进入平原以后就大大减少。北宋太平兴国年代(976—984),朝廷诏谕江南地区改变专种粳稻习惯,从淮北调运粟、麦、豆种,要江南农民"益种诸谷"。足见杂粮种植在这一带曾经长期不受重视。

省内杂粮种植的大规模发展,是从玉米和番薯这两种作物开始的。玉米原是新大陆的作物,它可能在明正德年代(1506—1521)就已经在今安徽省境内引种。到了万历元年(1753),杭州一带也多有栽种。当时的杭州人田艺蘅在《留青日札》一书中记载这种作物说:"御麦出于西番,旧名番麦,以其进御,故称御麦。干叶类稷,其苞如拳而长,其顶如红绒,其实如芡实,大而莹白,花开于顶,实结于节,真异谷也。吾乡传得此种,多有种之者。"《万历山阴县志》乳粟条也记载这种作物:"粒大如鸡豆(按绍兴方言芡实为鸡豆),色白,味甘,俗名遇粟。"说明玉米在16世纪初期已经传入省境。

番薯的传入或许较玉米稍晚,浙江省引入番薯的记载,最早见于明万历三十五年(1607)的《普陀山志》:"番薯如山药而紫,味甘,种自日本来。"到了崇祯十年(1637),山阴祁彪佳在《寓山志》中也记载了这种作物:"从海外得红薯异种,每一本可收得薯一、二车,以代粒,足果百人腹。"说明番薯至迟在17世纪初期也已经传入省境。

由于这两种作物适宜于在自然条件较差的地区种植,所以极易推广。道光年间刊行的《淳安荒政纪略》说:"百谷之中惟苞芦不烦灌溉,不忧旱潦,不计土之肥饶。"《光绪宣平县志》说番薯"虽陡绝高崖皆可栽种,止宜去草,不必用肥"。

玉米和番薯传入省境的路线有所不同,大概玉米系由安徽农民从西部山区传入。《光绪于潜县志》记载该县是在乾隆年间"将山租安庆人种作苞芦"。《光绪开化县志》记载该县苞芦"种自安庆来"。《光绪宣平县志》苞芦条说:"乾隆四、五十年间,安徽人来此,向土著租赁耕种。"至于番薯,多从沿海丘陵传入。《嘉庆余杭县志》说:"近年多闽粤蓬民,不种苎麻,即种番薯。"《光绪永嘉县志》说番薯"初从闽来",《光绪平湖县志》说番薯"今温台人侨居多种之"。由此可知,这两种杂粮的传入省境,前者从陆上来,后者从海上来。到了乾隆年间,这两种作物已经遍及全省。

这两种作物传入山区以后,由于对山地滥施开垦,水土流失严重,嘉庆初年,浙江巡抚阮元曾出示禁止。但当时人口剧增,粮食困难,所以未获效果,滥垦滥种和水土流失如故。《光绪余杭县志》记载该县种植番薯的不良后果说:"山遭垦松,遇潦则沙土随水入河,屡为农田水利之患。"《光绪于潜县志》记载该县种植玉米之害说:"山经开掘,遇霖雨即崩裂,湮灭田禾,填塞溪涧,以致水无潜滋,稍晴即涸,旱潦之忧,害实不浅。"历史时期浙江省山林的最后大规模破坏,与这两种作物的引入有密切关系。

(3)技术作物　春秋时代见于《越绝书》记载的技术作物,主要是纤维作物麻、葛两种。《淮南子·原道训》有"于越生葛絺"的记载,说明这种纤维作物,在当时具有国际意义。所以直到汉代,今绍兴还是全国重要的手工麻织业中心。

生产动物纤维的蚕桑业,春秋时代在省境北部也已相当发达。《越绝书》记载伍子胥:"至溧阳界中,见一女子击絮于濑水之中",《吴越春秋》也记载这个地区女子"击绵"的故事,这是当时句吴已经发展了蚕桑业的证明。另外,《越绝书》中还有"省赋敛,劝农桑"的记载,说明钱塘江以南,蚕桑业在当时或许也已经存在。

棉花在省境中栽种较晚,零星的栽种在宋代已经开始,陆游的祖父陆佃在北宋所写的《鉴湖道中》一诗说:"霜月满天清不寐,篷窗吟依木棉裘。"陆游在诗《天气作雪戏作》也说:"细纳罗兜袜,奇温吉贝裘"(吉贝是马来语 Kāpoq 的音译,是木棉的原名)。这些都说明当时省内已有棉花的生产。但大片棉田要到元朝才在今慈溪大古塘一带出现,接着,上虞以北的沙地也开始值棉。清康熙、乾隆以后,由于钱塘江出口移向北大釁,绍兴、萧山以北的涨沙扩展,这片沙地上也迅速发展了植棉业。据绍兴安昌人高骧云的记载,到道光年间,这片沙地的棉花产值已经"岁登数十万"。

浙江省历史时期的另一种著名的技术作物是茶叶。省内至迟在唐肃宗时代已开始植茶。北宋欧阳修在《归田录》一书中说道:"草茶盛于两浙,两浙之品,日注为第一"。日注即日铸,是会稽山地中的一处山岭之名,此山西北十余里的平水镇,以后形成了会稽、四明、天台诸山的几个重要产茶区的加工中心,并且历久不衰,出产省内最大宗的外销茶—平水茶。明代的茶叶专家许次纾在其所撰的《茶疏》一书中说:"天台之雁岩,括苍之大盘,东阳之金华,绍兴之日铸,皆与武夷相为伯仲。"这说明从明代起,茶树栽种已遍及省内各丘陵山地。

在各种水果中,历史时期以柑橘最为著名。《越绝书》记载的"十货"之中,最后所称的"果",就指柑橘。这一带的柑橘在《禹贡》中已有记载,足见由来已久。在前期,省内的柑橘栽培主要是偏北的老柑橘区,即越州、明州、杭州、湖州和地跨今江、浙的苏州。因为柑橘是一种商品性很强的水果,当时的主要市场在北方,必须依靠运河运输,

故产地一定要具备接近运河的地理条件。《文苑英华》卷五四六所载的《梨桔判》,是唐代柑橘依靠运河运输的例证:

"郑州刘元礼,载梨向苏州,苏人弘执信,载桔来郑州。行至徐城,水流急,两船相冲俱破,梨及桔并流。梨散接得半,桔薄盛总不失。元礼执信索赔,执信不伏"。

当时的苏州,除了本身(洞庭山)也产柑橘外,是江南柑橘的集散地。浙江省境内沿江南运河干支流的杭、湖两州和沿浙东运河的越、明两州的柑橘区所产柑橘,均借河运集于苏州,然后北上。在几个老区中,越州的柑橘栽培特别重要,据成书于公元六世纪前后的《述异记》的记载,早在南北朝时期,今绍兴一带已经出现了专业化的桔农,称为"橙桔户",或称"桔籍"。这种专业化的桔农到唐朝仍然存在。《文苑英华》卷五四六所载的《盗稻桔判》可以为例:

会稽杨真种稻二十亩,县人张辨盗将令访知,收辨科罪,诉杨真盗辨木奴,复合科罪。

上述判例就是一场稻农和桔农的官司,说明当时越州柑橘栽培的普遍。杭州的桔园也到处可见,直到北宋,今市区范围内还有大片桔园。宋陈晦《行都纪事》说:"桔园亭在今丰乐桥投北,自棚前直穿即是,盖向来未建都之时,此地皆种桔。"此外,唐《元和郡县志》和宋《太平寰宇记》中均记载杭、越、明等州以柑桔为赋贡,故老区的柑橘栽培,确曾盛极一时。

从南宋开始,由于首都南迁,市场主要在杭州,于是,在自然条件上比老区优越得多的新柑橘区温州、黄岩和衢州等地先后兴起。这些地区因为冻害少,栽培成本低而产品质量高,借沿海和钱塘江运输供应杭州市场的需要。南宋韩彦直《桔录》说:"温最晚出,晚出而群桔尽废。"说明温州后来居上的情况。关于温州的柑橘栽培,韩彦直的《桔录》不仅记载详尽,而且是当时的第一手资料。黄岩是与温州同时兴起的新区,宋陈景沂《全芳备祖》说:"韩彦直之著录也,但知乳桔出于温之泥山,独不知出于天台之黄岩也。出于泥山者固奇。出于黄岩者尤天下之奇也。"另一个新区是衢州,南宋杨万里诗:"未到衢州五里时,果林一望蔽江湄,黄柑绿桔深红柿,树树无风缀脱枝。"上述新区,特别是黄岩区,至今仍是省内最大的柑橘产区。

(4)农田水利　自从春秋于越部族从山区进入平原以后,农田水利就开始得到重视。《越绝书》记载的春秋于越的这类工程,就有富中大塘、练塘、石塘、吴塘等处。秦汉以来,历代都有新的建树。

省内最大的杭嘉湖平原和宁绍平原,是历史时期最重要的农业区,但是它们都面临咸潮的威胁,必须拒咸蓄淡,才能保证灌溉。早在汉代,这一带就有海塘的建筑,如杭州的钱塘,绍兴的玉山斗门及后海塘等均是其例。至于平原内部的蓄淡灌溉,杭嘉湖平原由于地形平坦而开阔,所以除边缘近山地区外,主要依靠河渠灌溉。在秦代,这里就完成了北起苏州南到钱塘江的水道。到了隋代,由于规模更大的江南运河的完成,就成了杭嘉湖平原农田灌溉的最大干渠。在湖州一带,灌溉河渠更为稠密,从三国到晋代,先后开凿了青塘河、横塘河、荻塘河、谢塘河等等,不胜枚举,都具有很好的灌溉效益。在平原边缘接近山区的余杭、富阳、长兴等县,则在山麓筑堤围湖,以供灌溉。

宁绍平原的地形与杭嘉湖平原不同,由于范围比较狭窄,地形南北比降较大,故农田灌溉以山麓的人工湖泊为主,绍兴鉴湖即是其例。这是我国古代东南地区最著名的水利工程之一。此外如宁波广德湖、小江湖等,也都是较大的人工湖泊。

温岭、黄岩平原的水利形势与宁绍平原相似,虽然这个地区的开拓和粮食种植业的发展较宁绍平原稍晚,但从汉代以后,海塘、人工湖泊和河渠的修建也已渐趋完备。金衢盆地是省境内部最重要的农业区,这里有钱塘江上游的许多支流作为灌溉水源,早于汉代起就开始建塘筑堰,设置了不少农田水利工程。

3. 历史时期的手工业发展

(1)冶金工业　手工冶金业在春秋于越时代就已经建立了较好的基础。当时的冶金业主要为武器制造服务。在今绍兴以东的六山和姑中山采掘铜矿,在练塘建立了冶金基地,出产了许多剑和其他武器。历年来在南方各地出土的于越青铜剑,如"越王剑"、"越王旨者于赐剑"、"越王之子剑"、"越王兀北古剑"等,都已具有高度的冶铸技术。1965年在湖北省江陵县纪南城出土的"越王句践剑",无论从冶铸技术和艺术加工等方面,都不愧为一种精湛的作品,充分说明了当时冶金技术的高度水平。

在于越冶金工业的基础上,从汉代到三国,今绍兴地区成为当时全国的铜镜制造中心。这个时期铸造的神兽镜和画像镜等各种铜镜,后世出土甚多,其冶铸技术得到中外学者的高度评价。日人梅原末治著有《绍兴古镜聚英》一书,盛赞这个时期绍兴一带出土铜镜的精湛技术。

(2)陶瓷工业　浙江省的陶器工业起源甚早,河姆渡遗址中出土的夹炭黑陶,马家浜遗址中出土的夹砂红陶,良渚遗址中出土的泥质黑陶等,都是史前时代制作的陶器。在春秋于越各遗址中出土的陶器,则以印纹硬陶利原始瓷器为主。例如,在今绍兴漓渚23座中小型战国墓葬中的随葬陶器,印纹硬陶占50%,原始青瓷器占46%。在太湖周围一带为数众多的烽燧墩(也称石室墓)中出土的陶器,几乎全部是印纹硬陶和原始青瓷器。所有这些,都说明省内陶瓷工业早期发展的情况。

从原始瓷器发展为真正的瓷器是在后汉。汉代瓷窑几乎都在今浙江境内发现。至今,先后发现汉代瓷窑遗址的有上虞、宁波、慈溪、奉化、永嘉等地,其中以上虞为最多，分布在曹娥江下游及其支流小舜江一带。目前，已经查明的有帐子山、图箕岙、倒转冈、石浦、庙后山、小仙坛、大陆岙等处。

　　在后汉瓷窑的基础上发展起来的首先是著名的越窑。越窑分布在绍兴、上虞、余姚、鄞县、宁波、奉化、临海、萧山、余杭、湖州等地。它从后汉、三国开始发展以来，到唐朝和五代而盛极一时，直到北宋以后才开始衰落。越窑烧制的青瓷器，其产品得到中外一致的赞赏。唐末诗人陆鸿渐诗："九秋风露越窑开，夺得千峰翠色来。"声誉可见一斑。越窑青瓷器曾经是国际贸易中的重要商品，它输出所经之路，从亚洲沿印度洋、波斯湾、阿拉伯半岛直到东非，构成了一条与丝绸之路南北相对的陶瓷之路。历来在菲律宾、印度尼西亚、中南半岛、印度、波斯湾沿岸、伊拉克、阿拉伯半岛、埃及直到东非桑给巴尔及其以南诸岛，都有越窑碎片的发现。日本著名陶瓷学家三上次男博士在埃及开罗以南的福斯塔特遗址（繁荣于公元9世纪），就发现了越窑碎片1.2万片之多，说明当年越窑输出，不仅足迹甚远，而且数量极多。

　　在东晋、南北朝时期，与越窑同时发展的，还有瓯窑、婺窑和德清窑。瓯窑分布在温州、瑞安、永嘉一带，窑址最密集的是永嘉县的瓯江北岸和温州西山等地。婺窑分布在金华、义乌、兰溪、东阳、永康、武义、衢州、江山等地，历来已在东阳、金华、武义等县发现了几十处到一二百处窑址。德清窑的历史较短，它初见于东晋，到南北朝初期就已衰落，其存在不过一百多年。

　　当越窑衰落以前，在越窑、瓯窑、婺窑的影响之下，龙泉窑已开始在今龙泉、遂昌、庆元、云和、丽水、武义、永嘉等地先后兴起。这是一种后起之秀的青瓷器，它随即在国内外市场上取代了越窑的位置。

　　对于龙泉窑的兴起，明郎瑛《七修续稿·二窑》有较详记载："哥窑与龙泉窑皆出处州龙泉县，南宋时有章生一，章生二弟兄各主一窑，生一所陶者为哥窑，以兄故也；生二所陶者为龙泉窑，以地名也。其色皆青，浓淡不一。"这就是民间所称的哥窑，弟窑的由来。

　　龙泉窑在技术上继承了越、瓯、婺等窑的成就，其窑址分布地区，到处都有丰富的高岭土，而运输条件也十分便利。由于瓷器是易碎品，所以运输条件十分重要。越窑的有利条件是接近宁波海口，而龙泉窑的绝大部分窑址都靠近瓯江，可借水运从温州出口，少数窑址如今庆元的竹口、枫堂一带，均靠近闽江水系上游，可汇流入闽江从福州出口。据元汪大渊所著《岛夷志略》的记载，汪氏随商船出海，目击龙泉窑青瓷器在东南亚和南亚各地的行销，一直远到波斯湾沿岸，在国际上甚受欢迎。

　　（3）造纸工业　纸张是文化用品，因此，造纸工业的发展与地方文化的发展有密切关系。浙江自东晋以来，由于北方望族的大批迁入，文化迅速发展，造纸工业也随着欣欣向荣。据晋《斐子语林》所载,王羲之任会稽内史时,已能一次从库房提出笺纸9万张,说明当时造纸工业已有较大的规模。另外,造纸工业的发展还必须有丰富的原料,古代造纸用竹、楮皮、藤等为原料,这些原料在丘陵山地占绝对优势的浙江省内大量存在,唐代著名的文学家韩愈在其《毛颖传》一文中称之为"会稽楮先生",这说明了古代浙江省造纸工业的发展水平。在唐《元和郡县志》中列为赋贡的浙江各地名纸,有杭州的黄藤纸、婺州的油纸和衢州的绵纸等。

到了宋代,今浙江境内的造纸工业已居全国之冠。日本学者斯波义信博士在其著作《宋代商业史研究》一书中,从大量文献资料中统计当时中国的纸张名称和产地,其中属于今浙江省的产品和产地的有表19所列的几种。

从斯波博士所列的统计表格中,省内宋代的造纸工业分布很广,其中以越州为最发达。在越州所产的各种纸张中,原料基础雄厚、产量大、行销广、质量佳的为竹纸。南宋在会稽山区设立由朝廷管理的汤浦、新林、枫桥、三界四个纸局,从事竹纸生产。

表19　浙江省宋代具有全国意义的纸张及产地

产地	品　种
越州	纸、藤纸、竹纸(姚黄、学士、邵公、常使、展手)、敲冰纸、剡藤、剡纸、剡硾、剡溪玉液纸、澄心堂纸、玉版纸、罗笺、越薄纸、越陶竹。
杭州	藤纸(小井纸、赤亭纸、由拳纸)、由拳、官会纸。
婺州	藤纸。
明州	皮纸、竹纸。
温州	蠲纸、蠲糯纸、纸。
处州	轩样纸。
台州	天台玉版、黄檀、东陈、大澹、黄公。
衢州	藤纸。
严州	纸。

宋代著名书法家米芾在《硾越纸作书》一诗中赞美越州竹纸说:"越筠万杵如金版,安用杭油与池茧,高压巴郡金丝阑,平欺泽国青华练。"说明越州竹纸的质量超过油纸、茧纸、金丝阑纸和青华练纸等当时的名纸。

(4)印刷工业　历史时期,浙江省各地由于文化发达,又有规模很大的造纸工业,这就为印刷业的发展创造了条件。早在雕板印刷尚未盛行的唐代,印刷业在浙江一带已经有所发展。著名诗人元稹在《白氏长庆集序》自注中说:"扬越间多作书摹勒乐天及予杂诗卖于市肆之中也。"这种印刷当然是小规模的。到了宋代,雕板印刷开始盛行,浙江就一跃而成为这种文化工业的中心。我国最早的活字印刷由杭州人毕昇发明,这不是偶然的。王国维在其《两浙古刊本考序》中说:"北宋监本刊于杭者殆居泰半,南渡以后,临安为行都,胄监在焉,版书之所萃集。……而绍兴为监司安抚驻地,刊书之多,几与临安埒。……元初刊西夏字全藏亦于杭州开局。而一代大著述如胡氏通鉴音注、王氏玉海,皆于其乡学刊行。"所以杭州和绍兴,是南宋的两大印刷和出版中心。当时,杭州城内的印刷作坊兼出版社,主要有尹家书籍铺、郭宅书铺、开经书铺,陈解元书籍铺、开笺纸马铺钟家、张官人诸史子文籍铺、橘园亭文籍书房等家,真是盛况空前。除了杭州、绍兴以外,省内其他地区也有规模不同的印刷工业,例如金华的双桂堂,也是宋版书的著名刊印出版处之一。此外还有余姚,篇幅浩繁像《资治通鉴》这样的巨著,南宋初年就发往余姚雕板印刷。到了元代,浙江省的印刷工业仍然兴旺不衰,官刻书籍如《辽史》、《金史》等,都是奉旨发往杭州、绍兴等地刊印的。

(5)丝绸工业　浙江省境内,在春秋战国时代就有麻的种植。到了汉代,会稽与陈留、汉中、临淄,共为当时全国的四大麻织工业中心。这是后来居上的丝绸工业的技术基础。另外,由于省内历史时期蚕桑业的发展,它为丝绸工业提供了丰富的原料。浙江省的丝绸工业在隋代开始显露,当时,越州进贡的耀花绫,具有花纹突起,光彩绚丽的特点。及至唐代,浙江的丝绸工业就名闻遐迩。《元和郡县志》所载作为贡品的丝绸产品,越州有交梭白绫、异文吴绫、花鼓歇单丝吴绫、吴朱纱等纤丽之物凡数十品,杭州有绯纱、纹纱、白编绫,湖州有丝布,睦州有交梭、丝,婺州有纤纩,处州有绵、小绫、纱、绢、绵绸。说明丝绸工业已在今全省范围内普遍发展,而其中以越州为最大的中心。

到了宋代,杭州的丝绸工业也迅速发展,花色品种可以与越州相颉颃。日本学者斯波义信博士通过对宋朝各种文献资料的调查统计,表列了当时中国各地的丝绸产品,其中产于今浙江省内的有表20所列的几种。

4. 历史人口与城市地理

(1)历史时期的人口数量及地理分布　浙江省历史时期的人口数量及其分布情况由以下的若干统计表加以说明。但历史上的人口统计资料存在许多问题,由于各种原因,漏报的户口数字可能很多,而各朝各地区的漏报情况又千差万别,所以下列资料只有一般的参考价值。

表 20　浙江省宋代具有全国意义的丝绸产品

产地	品　种
杭州	绯绫、白编绫、柿带花绫、内司狗蹄绫、花罗、素罗、结罗（熟罗、线罗）、锦（绒背）、花尅丝、杜缂（起线）、鹿胎（透背）、纻丝（织金、闪褐、间道）、素纱、天净纱、三法暗花纱、栗地纱、茸纱、官机（绢）、杜村唐绢。
越州	越罗、夺绫、会稽尼罗、藤七罗、宝火罗、齐珠罗、双凤罗、绶带罗、十样花纹绫、樗蒲绫、绍纱、轻容生縠、花山绢、同山绢、板桥绢、萧山纱、卜样绫、大花绫、轻容纱绫、白编绫、茜绯花纱、轻容纱。
婺州	婺罗、清水罗、细花罗、婺纱、暗花婺罗、红边贡罗、东阳花罗。
明州	平罗、婺罗、花罗、奉化絁。
严州	交梭纱、绢、绸。
温州	番段。
湖州	樗蒲绫、绢、杂小绫、花绸、纱、丝、鹅腊绵。

表 21　春秋：句践二十一年（前 476）

人口	地域范围
约 30 万	于越部族活动的主要地区，今桐乡以南的省境全部。

资料来源：陈桥驿《古代于越研究》，《民族研究》1982 年第 1 期。

表 22　前汉：元始二年（2）

郡	所辖县数	在今浙江境内县数	户	口	每县平均户数	每户平均口数
会稽郡	26	17	223038	1032604	8578.38	4.63
丹阳郡	17	2	107541	405170	6325.94	3.77

资料来源：梁方仲《中国历代户口、田地、田赋统计》，上海人民出版社 1980 年版。

表 23　后汉：永和五年（140）

郡	所辖县数	在今浙江境内县数	户	口	每县平均户数	每户平均口数
会稽郡	14	14	123090	481196	8792.14	3.21
吴郡	13	6	164164	700782	12628.00	4.27
丹阳郡	16	2	136518	630545	8832.38	4.62

资料来源：同上。

表24　西晋:太康初年(太康自280—289)

郡	所辖县数	在今浙江境内县数	户	每县平均户数
吴郡	11	8	25000	2272.72
吴兴郡	10	9	24000	2400.00
会稽郡	10	10	30000	3000.00
东阳郡	9	9	12000	1333.33
新安郡	6	2	5000	833.33
临海郡	8	8	18000	2250.00

资料来源:同上。

表25　南朝宋:大明八年(464)

郡	所辖县数	在今浙江境内县数	户	口	每县平均户数	每户平均口数
吴郡	12	9	50488	424812	4207.33	8.41
会稽郡	10	10	52228	348014	5222.80	6.66
吴兴郡	10	10	49609	316173	4960.90	6.37
东阳郡	9	9	16022	107965	1780.22	6.74
临海郡	5	5	3961	24226	792.20	6.12
永嘉郡	5	5	6250	36680	1250.00	5.87
新安郡	5	2	12058	36651	2411.60	3.04

资料来源:同上。

表26　隋:大业五年(609)

郡	所辖县数	在今浙江境内县数	户	每县平均户数
宣城郡	6	1	19979	3329.83
吴郡	5	2	18377	3675.40
会稽郡	4	4	20271	5067.75
余杭郡	6	6	15380	2563.33
新安郡	3	3	6164	2045.67
东阳郡	4	4	19805	4951.25
永嘉郡	4	4	10542	2635.50

资料来源:同上。

表27　唐：天宝元年（742）

郡	所辖县数	在今浙江境内县数	户	口	每县平均户数	每户平均口数
吴郡	7	2	76421	632650	10917.29	8.28
吴兴郡	5	5	73306	477698	14661.20	6.52
余杭郡	8	8	86258	585963	10782.25	6.79
新安郡	6	6	54961	382563	9160.17	6.96
会稽郡	7	7	90279	529589	12897.00	5.87
余姚郡	4	4	42207	207032	10551.75	4.91
信安郡	4	4	68472	440411	17118.00	6.43
缙云郡	6	6	42936	258248	7156.00	6.01
东阳郡	7	7	144086	707152	20583.71	4.91
永嘉郡	4	4	42814	141690	10703.50	3.31
临海郡	5	5	83868	489015	16773.60	5.83

资料来源：同上。

表28　北宋：崇宁元年（1102）

州（府）	所辖县数	在今浙江境内县数	户	口	每县平均户数	每户平均口数
临安府	9	9	203574	299615	22019.33	1.46
绍兴府	8	8	279306	367390	34913.25	1.32
温州	6	6	162335	361698	27055.83	2.23
湖州	7	7	134080	261678	19154.29	1.95
庆元府	6	6	116140	220017	19356.67	1.89
瑞安府	4	4	119640	162710	29910.00	1.36
台州	5	5	156792	351955	31358.40	2.24
处州	6	6	108523	260536	18087.17	2.40
衢州	5	5	107903	288853	21580.60	2.68
建德府	6	6	82341	107521	13273.50	1.31
嘉兴府	4	3	122813	228676	30703.25	1.86

资料来源：同上。但崇宁元年资料不完全，所缺用南宋绍兴三十二年（1162）资料补足。

表29　南宋

府(州)	所辖县数	在今浙江境内县数	户	口	来　源
临安府	9	9	391259	1240760	咸淳年代数字
嘉兴府	4	3	122813	228676	绍兴三十二年数字
湖州	6	6	204509	518352	淳熙九年数字
庆元府	6	6	116110	220017	绍兴三十二年数字
绍兴府	8	8	273343	441092	嘉泰元年数字
台州	5	5	266014	548139	嘉定十五年数字
婺州	7	7	154329	303069	绍兴年代数字
衢州	5	5	125992	253677	端平年代数字
严州	6	6	88867	175903	淳熙十三年数字
瑞安府	4	4	170035	910657	淳熙年代数字
处州	7	7	168523	260560	绍兴三十二年数字

资料来源:同上。

表30　元

路	户	口	路	户	口
杭州路	360850	1834710	婺州路	221118	1077540
湖州路	251345	缺	绍兴路	151234	521588
嘉兴路	426656	2245742	温州路	187403	497848
建德路	103481	504264	台州路	196415	1003833
庆元路	241457	511113	处州路	132754	493692
衢州路	108567	543660	—	—	—

资料来源:梁方仲《中国历史户口、田地、田赋统计》,上海人民出版社1980年版。

表31　明

府	户	口	府	户	口
杭州府	220427	545591	衢州府	95716	523625
嘉兴府	270500	782979	严州府	50659	211943
宁波府	121370	390661	温州府	109755	352623
绍兴府	166835	685749	处州府	18897	254800
台州府	70163	246103	湖州府	200048	810244
金华府	150992	703741	全省总计	1475362	5508059

资料来源:《嘉靖浙江通志》。

表 32　清

府	户	口	府	户	口
杭州府	506470	3189838	衢州府	166650	1110925
嘉兴府	515923	2805120	严州府	226536	1457146
湖州府	596500	2566137	温州府	369823	1933655
宁波府	561641	2354670	玉环厅	13263	81752
绍兴府	691998	5389830	处州府	227044	1150088
台州府	373983	2763407	全省总计	4817418	27352714
金华府	567587	2549440	—	—	—

资料来源:《雍正浙江通志》。

(2)历史时期人口的移动　省境内部人口的增减,除了人口的自然变迁外,还包括人口的迁移,但由于资料的原因,除了大规模的省内外人口流动外,省境内部各区域之间的人口移动却甚难了解。历史时期涉及浙江省外部和内部的大规模人口移动,主要有下列 4 次。

第一次发生在秦汉时代。秦始皇三十七年(前 210),据《越绝书》卷八所载:"是时徙大越民置余杭、伊攻□故鄣,因徙天下有罪适吏民,置海南故大越处,以备东海外越。"又同书卷二所载:"乌程、余杭、黝、歙、无湖、石城县以南,皆大越徙民也,秦始皇帝刻石徙之。"这一次移民完全是政治性的,并且采取了强制的方式,结果造成了一次民族的流动和融合。于越的一部分,在秦的强制下,移到今浙西、皖南一带;另一部分与秦对抗的,就向南流徙,形成了瓯越、闽越等所谓"三越"。明焦竑在《焦氏笔乘续集》中说:"此即所谓东越、南越、闽越也。东越一名东瓯,今温州;南越始皇所灭,今广州;闽越今福州,皆句践之裔。"这一次强制移民,虽然也从中原移入一批汉族填补,即所谓"有罪适(按"适"与"谪"通)吏民",但移出的多,移入的少,必然导致省境内部人口的减少。

所以当西汉司马迁到这个地区游历之时,就目击这一带的"地广人稀"。而汉武帝又再次迁入中原居民。《汉书·武帝纪》记载元狩四年(前 119):"冬,有司言关东贫民徙陇西、北地、西河、上郡、会稽凡七十二万五千口"。据清王鸣盛估计,这一次移入会稽郡的关东贫民,为数约有 14.5 万人。

第二次从省外涉及省内的人口移动在两晋时代。西晋末年,北方发生了所谓"五胡乱华"的战乱,晋室南迁,因而出现了我国历史上第一次北人大规模南迁的现象。

即后来《隋书·食货志》所说的:"晋自中原丧乱,元帝寓江左,百姓之自拔南奔者,谓之侨人。"这类"侨人"移入今浙江境内的,数量极为可观,其中还包括一批中原的显要家族如王羲之、谢安、孙绰、李充、许询、支遁等,对提高省内的文化水平具有意义。不过,这一次省内人口骤然增加以后,随即发生了四世纪末叶的灾荒和战乱,据《资治通鉴》晋安帝元兴元年(402)所载:"自隆安以来,中外人士厌于祸乱,……三吴大饥,户口减半,会稽减什三、四,临海、永嘉殆尽。"所以其结果没有造成省内人口的大量增加。

第三次从省外涉及省内的人口移动发生在两宋时代。北宋末年,由于金人入侵所引起的中原的又一次战乱,宋室南迁,出现了我国历史上的北人第二次大规模南迁。据《宋会要辑稿》第一六〇册所载:"渡江之民,溢于道路。"

南宋定都杭州,移民迁入两浙自不待言。据《建炎以来系年要录》卷一五八所载:"四方之民,云集二浙,百倍常时。"据《元丰九域志》卷五所载,两浙路户数为1414316户,而《宋会要辑稿》第一六一册所载南宋乾道五年的两浙路户数为2158653户。说明从北宋元丰到南宋乾道的90年左右时间里,两浙路户数增加达0.52倍。这次人口移动,除了使省内人口总数大量增加外,还促使城市人口的剧增。以首都临安为例,在乾道年间(1165—1173),杭州城内的人口已达50余万,到了南宋末年,人口竟超过百万。其他如绍兴、庆元、金华、严州等城市人口,也都有较大的增加。

第四次人口变迁发生在省境内部,时间在清康熙、乾隆年间,这是省境内部人口的机械变迁与自然变迁交替发生的结果,对浙江省的人口总数来说,这是有史以来变化最剧烈的一次,人口的增加幅度达到令人惊异的程度。据《嘉庆一统志》卷二八一所载,康熙五十二年(1713)的全省人口为2710649人,到乾隆五十六年(1791),为时还不到80年,全省人口竟跃升到22829000人,剧增近7.5倍,这种剧烈的人口变迁,是由于玉米和番薯这两种粮食新品种的引入,因而导致占全省面积2/3以上的丘陵山地迅速垦殖的缘故。

(3)历史时期的城市发展 春秋越王句践七年(前490),越大夫范蠡规划设计,在今绍兴市龙山南麓兴建小城,随即又兴建与小城毗连的大城,合称大越,作为于越的国都,这是今浙江境内建立城市的嚆矢。

中国古代没有严格的城市标准,也没有完整可靠的城市人口数字。因此,一般往往只能以行政区划的级别来确定城市。秦建会稽、鄣两郡,在今省境内置县15处,从此才在省境内出现了15个县级城市。后汉永建四年(129),实行了吴、会分治,山阴为会稽郡治,从此省内才出现了1个郡级城市。今省境内出现的11个州(郡)的建置始于唐代,但唐代的苏州虽然辖及今省内的嘉兴、海盐两县,而州治却在苏州。唐末,

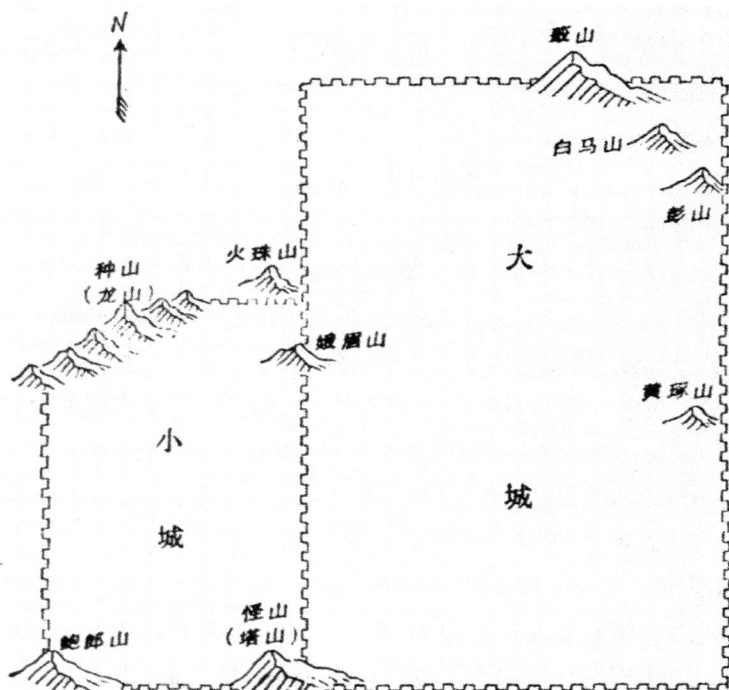

小城和大城

吴越改苏州为秀州,州治移到嘉兴,从此,今省内才拥有 11 个州(郡、府)级城市,直到清末均是如此。元至元二十一年(1284)设江浙行省,这是省级行政区划的开始,不过江浙行省的范围兼及苏、皖、赣、闽的一部分,辖境甚大,但省治设在杭州,从此省内出现了 1 个省级城市。明太祖丙午年(1366)设浙江等处行中书省,治杭州府。这是浙江省名的开始,而辖境也从此稳定少变。清代,浙江省有 11 府、1 州(海宁州)、1 直隶厅(定海)、1 厅(玉环厅)、75 县。这中间,除了省会(兼杭州府治)和 11 个府治外,又在杭州、嘉兴、湖州、绍兴四府的府治内场设两个县治。故全省有省级城市 1 处,府级城市 10 处,县(州、厅)级城市 63 处。

　　杭州　秦建钱唐县,县治在灵隐山下,古时,今市区还是一片沼泽。此后,县治一再播迁,逐渐接近今市区。隋开皇十一年(591),迁到凤凰山下的柳浦,即今江干一带,并有筑城记载。唐以后,今市区聚落扩大。唐末吴越王钱镠筑罗城 35 公里,建都于此,城市建设获得迅速的发展,并分钱塘为钱塘、钱江两县,杭州从此超过越州,成为省内第一大城市。北宋以此为杭州州治,城内建有钱塘、仁和两个县治。直到清末,都是如此。杭州在南宋初成为国家首都,达 150 年之久,因而列为我国六大古都之一。

当时,城市建设发展,规模迅速扩大,到南宋末年人口超过百万,成为我国有记载的第一个人口超过百万的大城市。元为江浙行省治所,明、清均为浙江省会。西湖自唐代疏浚以来,两宋曾加以大规模的整治布置,从此与杭州城市结为一体,相得益彰。故南宋以来,杭州即以风景美丽著称于世。

嘉兴　秦建由拳县,由拳故城即柴辟,又称檇李城,在今嘉兴城南五里。隋疏凿江南运河经此,交通地位更见重要。唐乾宁三年(896),在今城区濒运河建城,这是今城的开始。吴越晋天福三年(938),钱元瓘建秀州,以嘉兴为州治,从此成为州级城市。次年又拓秀州罗城,周12里,城市布置,更多建树。明宣德四年(1429),嘉兴县分为嘉兴、秀水两县,从此府城内包括2个县治,直至清末。

湖州　战国时代,楚春申君在此建菰城,起楼连延5公里,已成一个大型聚落。秦在此建乌程县,三国吴宝鼎元年(266)置吴兴郡,以乌程为治所,从此成为州(郡)级城市。隋仁寿二年(602)置湖州。宋太平兴国七年(982),由于人口增加,城市发展,乌程县分为乌程、归安两县,于是州城内包括两个县治,迄于清末。

绍兴　春秋越王句践七年(前490)开始在此筑小城和大城,名为大越,于越在此建都,直到句践二十五年(前472)迁都琅邪为止。秦在此置山阴县,后汉永建四年(129)吴、会分治,山阴为会稽郡治,是省内第一个成为州(郡)级的城市。由于生产发展,政事繁剧,到南北朝陈代分山阴为山阴、会稽两县,省内在州(郡)城内设置两个县治始于此。建炎四年(1130),宋高宗驻跸于此,曾成为南宋临时首都。次年改元绍兴,并以此年号改越州为绍兴府。朝廷虽然迁离,但南宋宫学和陵寝仍在绍兴,使它成为南宋的一个重要文化中心。在首都临安以外,它与末陵(今南京)齐名,是当时国内的著名大城市。城市建设在南宋一代中有很大发展。自此直至清水,均为绍兴府府治。

宁波　秦建鄞县,位于今市区以东约1.5公里的丘陵地带。东晋隆安四年(400),刘牢之在三江口(即今余姚江、奉化江、甬江三江汇合处,今市区)筑城,是后世明州城的开端。唐开元二十六年(738),于鄞县置明州,鄞县县治从此成为州(郡)级城市。但当时鄞县县治尚在小溪镇(今鄞江镇),大历六年(771),始将鄞县县治移至今市区。到长庆元年(821),明州州治也移到此处。唐昭宗时(889—904),刺史黄晟建城,周9公里,城市进一步扩展。北宋淳化元年(990)在此建市舶司,成为国际贸易的重要港口,从此,城市获得迅速发展。五代吴越及北宋均为明州州治及鄞县县治,南宋为庆元府府治,明、清均为宁波府治。

温州　西汉惠帝三年(前192),立于越后裔驺摇为东海王,世俗号为东瓯王。据传都城在今市区以西的瓯浦山一带,南北朝时期的《永嘉记》说:"昔有东瓯王都城,有亭,积石为道,今犹在也。"后汉永和三年(138),在今市区附近建永宁县。东晋太宁元年(323)建永嘉郡,以永宁为郡治,从此成为州(郡)级城市,同时始建城,称为斗城,亦称白鹿城。唐上元二年(675)置温州,从此迄于清末,一直为温州州治、温州府治等州、府治所。

金华　后汉初平三年(192)在今市区附近建长山县。三国吴宝鼎元年(266)于长山县建东阳郡,从此成为州(郡)级城市。南北朝陈置金华郡,隋又置金华县。相传旧城在今城东20公里(又一说在今城西南20公里),唐开元中始徙至今治。今城相传为五代吴越时所筑。宋宣和四年(1122)重筑,周5公里。金华县自唐至宋均为婺州州治,明改金华府,为府治,迄于清末。

原著浙江教育出版社1998年版

《中国都城辞典》(主编)

前　言

　　《中国都城辞典》的编纂是近年来历史城市研究和古都研究不断发展的结果。没有这方面研究所积累的大量成果和研究过程中发掘出来的许多资料,这部辞典的编纂是不可想象的。中国历史城市的研究发轫颇早,1977 年,美国著名汉学家施坚雅(G. W. Skinner)主编的巨著《中华帝国晚期的城市》(*The City in Late Imperial China*)已在斯坦福大学出版社出版。古都研究实际上是历史城市研究的延伸,其发展较前者稍晚。我在我主编的《中国七大古都·后记》中提及:"我从八十年代之初,开始主编《中国六大古都》一书,那个时候,古都研究的学术空气,还没有像现在这样浓厚。"1983 年,以史念海教授为首的中国古都学会在古都西安举行成立大会,从此,古都研究的学术空气迅速提高。当时正值《中国六大古都》出版,我则应日本关西大学研究生院之聘,正在彼邦讲学,西安之会不能躬逢其盛。但中国青年出版社的胡晓谦编审,曾携此书百余册赴西安分赠与会代表。我自己也带了一批赴日,我在《中国六大古都·后记》中写道:"在日本与不少学者进行了古都研究的学术交流,让我初步了解了日本学者对中国历史城市和古都的研究概况。"1985 年,我应聘到日本国立大阪大学讲学,当时,我正在主编《中国历史名城》一书。如我在《中国七大古都·后记》中所说:"我特别注意了日本历史地理学界对中国城市的研究概况,我先后访问了东京大学、京都大学、国立大阪大学、关西大学、奈良女子大学、广岛大学等高等学府，与许多学者进行畅谈，发现日本学者在这方面的研究成果是非常可观的。"我几次在日本了解的有关这个领域的研究概况，后来发表在《日本学者的中国历史地理研究》(《历史地理》第6辑，1988年)一文中，我在该文中说："历史城市地理研究或许是日本学者在中国历史地理研究中成果最多和最富于创造性的部门，从50年代以来，在这方面已经出版了许多专著，发表了大量论文。"日本学者的中国城市研究，其实是包括古都研究在内的。例如山根幸夫的《中国中世纪城市》(东京学生社1982年出版)，研究对象主要是唐末、五代和两宋的城市。他根据《东京梦华录》和《清明上河图》等资料研究了北宋首都开封，又根据《梦粱录》和《都城纪胜》等资料研究了南宋首都杭州。由此可见，中国历史城市研究和古都研究，实际上已经国际化，而《中国都城辞典》所汇集的，实际上包括中国和其他不少国家的国际研究成果。

这部辞典既然以都城为名，收入其中的，当然都是中国历史上的都城，即所谓古都。所以在这里必须说明关于一个现代城市获得古都称号的标准。关于这种标准，我在《中国六大古都·前言》中已经有所表达，此后，我为台湾锦绣出版企业1989年出版的《雄都耀光华——中国六大古都》、日本东京大明堂1990年出版的《中国の诸都市——ゑの生い立ちと现状》以及河北美术出版社1991年以两种版本(中文和英文)出版的巨型画册《中国七大古都》等书所写的序言中，也都有所表达，包括我多次在国外讲学中涉及这个课题(例如广岛修道大学在其《学报》1990年第31卷第1期刊载的《中国の古都研究》，即是我在该校讲学的记录稿)，都同样作过这类表达。不过我把这种多次表达过的观点，归纳成两条文字，却始于《论绍兴古都》(《历史地理》第9辑，1990年)一文，后来又录入《中国七大古都·后记》之中，我提出的两条标准是：

第一方面，在历史上，朝代有大小之分，建都时间有长短之别。汉、唐、明、清都是版图广阔的大朝廷，而五胡十六国、五代十国，都是地方性的小朝廷。西安历周、秦、汉、唐诸盛世，洛阳为九朝名都，而五代闽建都长乐府(今福州)只有37年，五代南汉建都兴王府(今广州)，不过55年。但不管长乐府和兴王府只是一个地方政权的都城，也不管它们建都的时间都很短促，而事实是，它们都曾一度作为一个独立政权的都城，因此，称它们为古都，这是符合历史事实的。

第二方面，一个现代城市要获得古都的称号，还必须符合另一种历史事实，那就是当年的古都所在，是不是落于现在这个城市的境域之中。例如公元前3000年的巴比伦国都巴比伦城，常常被误作建立于公元762年的今伊拉克首都巴格达的前身。其实，前者位于幼发拉底河沿岸，后者位于底格里斯河沿岸，两城相去甚远，不能混淆。正如建于公元7世纪的福斯塔特和建于公元10世纪的开罗不能混淆一样(前者的废墟在后者南郊)。现在,我们把西安定为古都,因为现代西安在地理位置上虽然与周丰镐、秦咸阳、汉长安无涉,但它毕竟建立在隋唐长安的故址上。同样,我们把洛阳定为古都,因为现代洛阳虽然与东周王城及汉魏故城无涉,但它毕竟建立在隋唐故城的基址上。六大古都是一样,都是从这两方面符合历史事实的。

在提出了这两条作为古都的标准以后,由于出现了六大古都和七大古都的问题,我又补充了一个现代城市可以称为大古都的概念,发表于《中国的古都研究》(《杭州师范学院学报》1994年第1期),后来又在当年发表的《聚落、集镇、城市、古都》(《河洛史志》1994年第3期)一文中重述一次。我所提出的大古都条件是:

首先要符合一般古都的条件,另外还要符合作为大古都的特殊条件。什么是大古都的特殊条件,具体地说,大古都必须曾经是中国传统王朝的都城。上起夏、商、周、秦、汉、晋,下至隋、唐、宋、元、明、清,都是中国历史上公认的传统王朝。这中间,晋室曾经东渡,但西晋、东晋,原是一晋;宋朝虽然南迁,但北宋、南宋,都属一宋。除了上述中国历史上众所公认的传统王朝以外,历史上出现过的其他割据政权,如春秋各霸、战国列雄,此外如五胡十六国、五代十国等等,都只能算是地方政权,有别于传统王朝。

我之所以在前言中着重论述关于古都标准的问题,这是因为这种标准对我们这部辞典关系重大。确定古都的标准,实际上就是我们收词的标准。现在我们面临的一种情况是,颇有一些按我们的标准并非古都的城市,却为了提高城市的知名度,追索传说,穿凿资料,力求自己的城市列入古都之林。也有一些古都,搜罗掌故,扩展声势,希望上升为大古都。对于这一些城市和古都,我们的辞典显然无法苟从,还请鉴谅。

我忝为这部辞典的主编,由于杂务冗繁,所以在诸如辞书布局、词目设计、组织稿件、整补修润等许多工作上,多由常务副主编徐吉军先生主其事。有关辞典编纂中的其他一些问题,由他在《后记》加以说明。

感谢浙江省社会科学院课题组的大力支持,辞典诸顾问的指导以及为辞典撰写条目的许多学者的辛勤。敬希读者和学术界提出宝贵意见。

1996年9月于杭州大学历史地理研究中心

辞 条

古都 指历史上曾经作为某一政权都城的城市。一般认为成为古都的条件有两个:第一是历史上曾经成为一个独立政权的首都,并不计较这个独立政权的辖境大小和时间长短。例如,五代的南汉,建都兴王府(今广州),只有55年;五代的闽,建都长乐府(今福州),只有37年,但广州和福州均可作为古都。第二是可以称为古都的现代城市,在地理位置上必须与当年的古都重合,或部分重合。例如,现代西安,其地理位置在周丰镐以东,秦咸阳、汉长安以南,都不重合,但它与隋、唐长安是重合的,所以西安是古都;又如,现代洛阳,周所建王城在今城以西,汉、魏故城在今城以东,都不重合,但隋、唐故城与今城是重合的,所以洛阳也是古都。

大古都　中国历史的许多古都之中,最著名、最重要的,后人称为大古都。随着古都研究的不断发展,因此,可以称为大古都的古都近年来也有所发展。谭其骧在《中国七大古都序》中指出:"哪几个称得上大古都,到了本世纪20年代,学术界才有些论著将西安、洛阳、北京、南京、开封列为'五大古都'。30年代又将杭州加入列为'六大古都'。"从1988年起,"六大古都"又加上安阳,称为"七大古都"。作为大古都的条件,一般认为大古都必须曾经是中国历史上公认的传统王朝的都城,上起夏、商、周、秦、汉、晋,下至隋、唐、宋、元、明、清,都是中国历史上公认的传统王朝。这中间,晋室曾经东渡,但西晋、东晋原是一晋;宋朝虽然南迁,但北宋、南宋都属一宋。除了上述中国历史上众所公认的传统王朝以外,历史上出现过的其他割据政权,如春秋各霸、战国列雄,此外如五胡十六国、五代十国等,虽然都是独立政权,但都属地方政权,有别于传统王朝。目前,对于大古都的涵义和具体内容,以及哪些现代城市可以称为大古都,学术界尚有不同意见。

五大古都　谭其骧《中国七大古都序》认为:"到了本世纪20年代,学术界才有些论著将西安、洛阳、北京、南京、开封列为'五大古都'。"按"五大古都"作为专著出版,首见于王恢所著《中国历史地理》(台北学生书局1974年出版)。该书分上下两册,上册副标题为《五大古都》。

六大古都　谭其骧《中国七大古都序》认为,在本世纪30年代,学术界才有论著在"五大古都"之外,加上杭州,成为"六大古都"。按"六大古都"作为专著出版,首见于陈桥驿主编的《中国六大古都》(中国青年出版社1983年出版),此后又有台北锦绣出版社于1989年出版、陈桥驿作序的大型画册《雄都耀光华——中国六大古都》。

七大古都　80年代后期,谭其骧首先提出安阳应列入大古都的意见。当时北京、西安、河南、江苏、浙江五个电视台,正在组织拍摄《中国六大古部》电视系列片。1988年10月,五个电视台的负责人与系列片顾问史念海、陈桥驿到安阳进行了考察研究,同意安阳加入中国大古都之列。于是"七大古都"之名出现。接着,《中国七大古都》电视系列片拍摄完成,1990年开始在国内外播放。陈桥驿主编的《中国七大古部》(谭其骧序)由中国青年出版社于 1991 年出版;同年,大型画册《中国七大古都(中文版和英文版)》陈桥驿序、由河北美术出版社出版。

中世纪城市革命　　这是美国著名汉学家施坚雅(G. W. Skinner)在其主编的大型论文集《中华帝国晚期的城市》(*The City in Late Imperial China*)一书中提出的有关中国历史上城市发展的理论。所谓"中世纪城市革命",是指从唐末到宋初在中国发生的一种市场与城市化的革命。这种革命的影响,兼及大都城和中小城镇。其主要现象为:一,放松了每县一市、市须设立在县城的规定;二,官市组织衰落,终至瓦解;三,坊市制度消灭,而代之以自由得多的街道规划,可以在城内或四郊各处进行交易买卖;四,某些城市迅速扩大,城郊商业区蓬勃发展;五,出现了具有重要经济意义的大批中小城镇。按历史上中国城市的重要标志和特色是城垣,"中世纪城市革命"以前的城市格局,政治中心如皇宫和州(郡)衙门均位于城垣中心。在"中世纪城市革命"以后,这种城市格局就发生了显著的变化。以首都为例,北宋以前皇宫必位于都城中心,但北宋、南宋与明初期的首都就打破了这个格局。明清北京虽然仍以皇宫为中心,但内外城和附廓均有发达的商业区,已经完全不同于汉唐首都。

都城城垣　　中国都城的标志和特色是都城聚落外围筑有城垣。即一般城邑,在城邑聚落外围也都筑有城垣。美国著名汉学家施坚雅(G. W. Skinner)所编《中华帝国晚期的城市》一书中,收有夏威夷大学教授章生道《城垣都城的形态》(*The Morphology of Walled Capitals*)一文,专论中国都城的这种特色。按,《说文》卷一三下载:"城,以盛民也。"《艺文类聚》卷六三引《博物志》载:"禹作城,强者攻,弱者守,敌者战。城郭自禹始也。"先秦筑城当然尚属传说,但西周筑城,《尚书·洛诰》已有明确记载。当时,都城城垣的规模也有严格规定。《左传·隐公元年》记载:"都城过百雉,国之害也。先王之制,大都,不过叁国之一;中,五之一;小,九之一。"《汉书·高帝纪》载:"六年冬十月,令天下县邑城。"县一级城市普遍筑城,当始于此,时在公元前 201 年。

都城废墟　　历史上的首都及其他都城,由于自然灾害或战争等原因,后来破落荒废,为数不少,称为都城废墟。例如公元 5 世纪初,匈奴的一支赫连勃勃建立夏,以 10 万人蒸土筑城建都,称此都城为统万城。但夏的政权仅存在 12 年,到北魏始光三年(426)即为北魏所灭,统万城从此荒废。其废墟位于今陕西省靖边县北的白城附近,称为"夏废墟"或"统万城废墟"。又如公元 7 世纪末到 10 世纪初的渤海国都上京城和 10 世纪前期的契丹国都上京城,以后也均荒废。前者位于今黑龙江省宁安县西南,称为"渤海废墟";后者位于今内蒙古自治区巴林左旗南,称为"契丹废墟"。都城废墟在研究历代都城建设和废墟所在地的自然环境及人文环境变迁等方面,都很有价值。例如,在新疆发现的楼兰废墟和尼雅废墟等,都为古代西域的研究提供了大量资料。

都城等级　我国历史上缺乏区别都城和一般城市等级的明文。现时所谓古都及大古都等,均是近代城市学者研究提出的名称。据《通典·职官十五》载:"隋县有令,有长。炀帝以大兴、长安、河南、洛阳四县令,并增正五品。诸县皆以所管闲剧及冲要之处,以为等级。"据此,则隋代已有都城等级的规定。但除了大兴等与京畿有关的城市以及按政务繁剧程度及地理位置冲要作为区别城市等级的标准以外,具体等级尚不明确。据《通典·职官十五》:"大唐县有赤、畿、望、紧、上、中、下七等之差。"注:"京都所治为赤县,京之旁邑为畿县。其余则以户口多少、资地美恶为差。"则唐代已有明确的城市等级制度。

绍兴市　位于宁绍平原西部。春秋战国时为越国都城所在地。秦始皇二十五年(前222)置会稽郡,在越国故都大越城建山阴县,此为绍兴市有行政区划之始。从此包括西汉及东汉前期,今绍兴市一直作为山阴县治。东汉永建四年(129),实行吴会分治,今浙江省境大体以浙江(钱塘江)为界,分为吴郡(包括今浙西与苏南若干地区)与会稽两郡,会稽郡治设于山阴县,领山阴、余暨、诸暨、剡、上虞、余姚、句章、鄞、鄮、太末、乌伤、章安12县。永和(136—141)后,增领永宁(从章安县东瓯乡析置)、东部(永嘉县)两县。此后由于新都、临海、建安、东阳各郡的先后建立,会稽辖境缩小,属县减少,但山阴县作为郡治的地位不变。东晋简文帝(371—372)时,曾一度封其子道子为会稽国,后因道子孙修之无嗣,仍为会稽郡。南北朝宋孝建元年(454),浙东的会稽、东阳、永嘉、新安五郡置东扬州,州治设于会稽。南北朝齐代,已有把山阴县分成山阴、会稽两县的建议。而到陈代(557—589年),山阴县分成山阴、会稽两县,是今浙江省所有郡(州、府)治分设两县之始。隋一统后,始废会稽郡为吴州,至大业元年(605),改吴州为越州。此为历史上出现越州之始。但此后名称仍有变化,直至唐乾元年间(758—760),越州之名趋于稳定。开元二十八年(738),州境以东的原鄮县建立明州,越州境再趋缩小。以后历宋、元、明、清,州(府)辖境基本不变。南宋曾一度建都于此。绍兴元年(1131)一月,年号由建炎改为绍兴,敕文云:"绍奕世之宏休,兴百年之丕绪",故年号称绍兴,并升越州为绍兴府,绍兴得名于此。此后,元称绍兴路,明、清均为绍兴府,府城之内山阴、会稽二县一直并存。民国元年(1912),并山阴、会稽二县为绍兴县,此为绍兴县名之始。中华人民共和国成立后,行政区划变迁频繁,至1979年建立绍兴市,属省辖市,下辖绍兴县、上虞市、诸暨市、嵊县、新昌县及越城区。越城区实即绍兴旧城,市府及绍兴县府均设在越城区内。

山阴　秦始皇二十五年(前222)置会稽郡,在越国故都大越城建山阴县。《汉书·地理志》载"会稽山在南",或是县名来源。山阴县当时虽非会稽郡治,由于历史上是越国故都和越族聚居中心,所以在秦会稽郡下显然是个重要的大县。东汉永建四年（129）实行吴会分治，山阴成为会稽郡治，这是今浙江省境内出现的第一个郡治，东晋咸和四年（329），首都建康因苏峻之乱而宫阙灰烬，朝廷曾有迁都山阴之议，山阴繁华，可以想见。到了南北朝，《宋书·顾颛之传》称山阴县为"海内剧邑"，说明此县当时在全国有重要地位。南北朝陈代（557—589），山阴县分为山阴、会稽二县，城乡均一分为二。但会稽郡治及以后的越州州治、绍兴府治一直设在山阴县内。中华民国元年（1912），以山阴、会稽二县合为绍兴县，山阴县从此不再存在。

会稽　会稽原是郡名，秦始皇二十五年（前222）所置。当时郡治在吴（今苏州）。会稽一名始于《越绝书》所载"禹始也，忧民救水，到大越，上茅山，大会稽，爵有德，封有功，更名茅山曰会稽"。但《越绝书》又称"会稽"为"会夷"，说明会稽原是一个越语地名，"会夷"当是其不同的音译。清俞樾《越绝书札记》即认为"会夷即会稽之异文也"。东汉永建四年（129）实行吴会分治，郡治设在山阴，因为山阴是著名城市，从此，会稽一词往往成为会稽郡和会稽郡治的代称。《晋书·诸葛恢传》称"今之会稽，昔之关中"，所指即此。南北朝陈代（557—589），山阴县分为山阴、会稽二县，会稽从此又成为一个县名，县治与山阴县治同在会稽郡城之内。但此后文献上所称会稽，多半仍指会稽郡治。直到唐朝，会稽郡改称越州，但会稽一名仍然沿用。元稹为越州刺史，其所作《重夸州宅景色》诗中仍说"会稽天下本无俦"。既说明会稽的繁华富庶，又说明会稽一名一直指作会稽郡治。

埤中　古地名，《水经·渐江水注》记载："允常卒，句践称王，都于会稽，《吴越春秋》所谓越王都埤中，在诸暨北界。"按：今本《吴越春秋》并无此语，或是郦道元误引，或为今本所佚。其地当在今会稽山中。1993年新修《诸暨县志》，称埤中"即今白塔湖与紫岩山一带"。既无文献根据，亦无考古根据，其说存疑。

嶕岘　传说为越国第一位君王无余都。《水经·渐江水注》引《记》（按：当指《会稽记》）述秦望山云："扳萝扪葛，然后能升，山上无甚高木，当由地迥多风所致。山南有嶕岘，岘里有大城，越王无余之旧都也。"按：越王无余据《越绝书》记载为越国第一位君王。秦望山为会稽山诸峰之一，在今绍兴城南，但嶕岘大城在山南何处，至今尚无确实考证。

琅邪　战国时期越国之都。在今山东省胶南县琅邪台西北。春秋末期，越王句践灭吴，兴兵北上，据《史纪·越王句践世家》记载："当是时，越兵横行于江淮东，诸侯毕贺，号称霸王。"《水经·潍水注》记载："琅邪，山名也，越王句践之故国也。句践并吴，欲霸中国，徙都琅邪。"据《越绝书·记地传》记载："初徙琅邪，使楼船卒二千八百人，伐松柏以为桴。"所以这是一次利用水上运输的大规模迁都过程。至于这次迁都的时间，据《读史方舆纪要》记载，是句践二十九年（前468）。而越国建都琅邪的时间，据

《吴越春秋》所载:"句践至于亲,其历八主,皆称霸,积二百二十四年,亲众皆失,而去琅邪,徙于吴矣。"说明越国建都琅邪达 200 余年。

绍兴　南宋行都。在今浙江绍兴市。北宋末年,金兵南下,宋高宗赵构于建炎三年(1129)10 月从杭州渡浙江(钱塘江)至越州,驻跸州廨,越州第一次成为南宋行都。由于金兵尾随过江,当年 12 月,赵构又东奔入海避难,越州城为金兵所占。建炎四年初,金兵撤退,高宗于当年 4 月从温州返越州,以州治为行宫,越州第二次成为南宋行都,为期达一年零八个月。建炎四年后,南宋诏改纪元,据徐梦莘《三朝北盟会编》所录当时朝廷诏书原文:"绍兴元年正月一日己亥,大赦改元。敕曰:绍奕世之宏休,兴百年之丕绪,爰因正岁,肇易嘉名,发涣号于治朝,霈鸿恩于寰宇。其建炎五年,可改绍兴元年。"与改元同时,据陆游《嘉泰会稽志序》所记:"用唐幸梁州故事,升州为府,冠以纪元。"故越州从此改称绍兴府。迁都临安(今杭州)以后,绍兴成为陆游所称的"股肱近藩"、"东诸侯之首地"。南宋朝廷宫学创办于府城之内,而会稽山北的宝山被选为南宋陵寝所在,即今的宋六陵。

会稽山　在绍兴城南。故文献常称南山;又有防山、茅山等别名。据传因禹会诸侯于此山,大会稽,爵有功,封有德,遂更名茅山曰会稽之山。会稽山盘亘于今绍兴、诸暨、嵊县各市县之间,是一片经过侏罗纪回春的古老丘陵。古人称"会稽山周围三百五十里",当是约略言之。此丘陵内部,走向比较复杂,主峰如鹅鼻山、真如山(五百冈)、五岩山、尖子冈等,高度均在海拔 700 米以上。主峰鹅鼻山,位于绍兴、嵊县之间,海拔 788 米。会稽山一带名胜古迹甚多,有秦望山、香炉峰、阳明洞天、云门寺、日铸岭、大禹陵、王阳明墓等等。整片会稽山又可分为稽南丘陵与稽北丘陵二区,前者地形稍高于后者。前者河流以小舜江为主,注入曹娥江;后者多为独流小河,以平水江(古称若耶溪)为最大,经绍兴平原,注入三江口。

怪山　一名龟山。在绍兴市区内南部,是一座由中生代凝灰岩构成的孤丘,海拔32 米。《越绝书》记载:"龟山者,句践起怪游台也。东南司马门,因以炤龟,又仰望天气,观天怪也。高四十六丈五尺二寸,周五百三十二步。今东武里。一曰怪山,怪山者,往古一夜自来,民怪之,故谓怪山。"《水经·浙江水注》记载:"东武海中山也,一名自来山,百姓怪之,号曰怪山。"南北朝宋元徽元年(473),于此山建宝林寺并塔。唐乾符元年(874),改建为应天寺。山巅重修旧塔,改名应天塔。故越人常称此山为塔山。此塔近年已重加修葺,造型优美,为越城南部胜景。

种山　位于绍兴市区内西南部。是一座中生代凝灰岩孤丘,西南东北向,绵延 1公里余,形如卧龙,故又称卧龙山。全山由 6 个高阜组成,最高达海拔 76 米,是历史上绍兴城内 9 座孤丘中山体最大和山峰最高的孤丘。因春秋越大夫文种葬于此山,故又称种山。以其坐落于绍兴府城之内,所以习惯上多称府山。春秋吴越之战,越王句践战败入俘于吴,释放回国后在此山山麓东南筑句践小城,其西北依山为城,不筑城垣。据《吴越春秋》所记,由于当时越国是臣服于吴国的战败国,所以"外郭筑城而缺西北,示服事吴也"。但于山巅建飞翼楼,具有瞭望敌情的作用。至唐,始改建望海亭,因当时浙江(钱塘江)江道走南大门,在此可以北望江海。宋时,种山辟为西园,胜景甚多。明时曾改望海亭为越望亭,有所谓越望亭八景,即:云门一望、镜湖千顷、珠山烟火、蜃口楼台、种墓遗址、岳碑遗石、古井清流、孤亭新构。今此山已辟为公园,林木葱茂,秀丽多姿,有望海亭、风雨亭(纪念秋瑾烈士)、文种墓、摩崖石刻等胜迹。

蕺山　位于绍兴市区内东北角。是一座中生代凝灰岩孤丘,海拔52米,旧绍兴城垣跨山而建,故其山一部分已在城外。在历史上绍兴城内的9座孤丘之中,此山与种山、怪山三足鼎立,也是今市区范围内仅存的3座孤丘之一。宋《嘉泰会稽志》引《越州旧经》曰:"越王句践嗜蕺,采于此山,故名。"按:蕺,学名称为蕺菜,一名鱼腥草,属三白草科,多年生草本,其幼嫩茎可作蔬菜。但《越绝书》与《吴越春秋》对此山均无记载,《旧经》所记是否属实,不得而知。此山附近有晋王羲之故居。明刘宗周在此山附近创建蕺山书院,声名甚著。

越城九山　春秋后期,当越族居民从会稽山区进入山会平原之时,当时由于第四纪最后一次卷转虫海退不久,平原尚为一片泥泞沼泽之地,建城立郭,必须依靠崛起于平原上的许多孤丘。在今绍兴城一带,有孤丘9处,所以是建立城市聚落的理想地带。即所谓越城九山,计为:种山、怪山、蕺山、火珠山、蛾眉山(此二山均在种山以东近处)、鲍郎山(在怪山以西)、白马山、彭山(此二山均在蕺山以南)、黄琢山(在旧城东侧)。当时越国依靠此九山最后建成其国都大越城。九山之中,蛾眉山、白马山、彭山、黄琢山在明、清时代已先后夷平,鲍郎山与火珠山在本世纪40年代尚存,后亦夷平。今仅存种山、怪山及蕺山3处。

西施山　原名土城山。是一座低矮的中生代凝灰岩孤丘,位于今绍兴城东五云门外,情况与越城九山相似。《越绝书》记载:"美人宫,周五百九十步,陆门二,水门一,今北利坛丘土城,句践所习教美女西施、郑旦宫台也。女出于苧萝山,欲献于吴,自谓东垂僻陋,恐女朴鄙,故近大道居。去县五里。"宋《嘉泰会稽志》则说:"土城山在县东六里。"明代在此山建有书舍,徐渭、张岱均撰有《西施山书舍记》的文章。本世纪40年代,此山尚在;50年代兴建绍兴钢铁厂,山在厂区之内,故被夷平。

土城山　即"西施山"。

日铸岭　为会稽山诸峰之一,位于从上灶到会稽山产茶区王化等地的陆路交通线上,高约海拔300余米,因鞍部修有石级道路,故成为稽北丘陵与稽南丘陵的交通要道。宋欧阳修《归田录》卷一说:"腊茶出于剑建,草茶盛于两浙。两浙之品,日注第一(日注即日铸)。"故宋时此处产茶,已经名垂一时。宋王十朋在其所著《会稽三赋》中称此处所产之茶为雪芽茶。至于其地茶质特优的原因,康熙《浙江通志》日铸茶条下说明:"岭下有寺名资寿,其阳坡名油车,朝暮常有日,茶产其地绝奇。"说明其茶质与当地小气候条件有关。

越王峥 会稽山西支西干山脉的山峰之一。位于绍兴县西北夏履桥村西北,海拔351米,其山的主要岩性是中生代凝灰岩。相传春秋吴越之战,越国军败,吴军入境,句践被围于会稽山,即是此山,故又名越王山。山上旧有走马冈、伏兵路、洗马池等古迹。

涂山 《左传》哀公七年记载:"禹合诸侯于涂山,执玉帛者万国。"涂山之名始于此。这原是一种传说,以后在不同文献中对涂山作出各不相同的说法,晋杜预说"涂山在寿春东北。"宋苏轼、苏辙《涂山诗》均认为涂山在四川。唐苏鹗《苏氏演义》认为涂山有会稽、渝州、濠州、当涂四处。明方以智《通雅》说:"古会稽并辖淮南,涂山实在寿春,非山阴也。"宋《嘉泰会稽志》涂山条说:"涂山在(山阴)县西北四十五里,《旧经》云,禹会万国之所。"故自来说法纷纭,莫衷一是。汉王充曾指出其谬:"禹到会稽,非其实也。"由于本身不过是个古代神话,所以历来说法不同,不足计较。今据绍兴学者考证,涂山为市区以北安昌镇以西的西扆山。这是有关涂山的新说。

犬山 又名犬亭山、吼山、曹山等。《越绝书》记载:"犬山者,句践罢吴,畜犬猎南山白鹿,欲得献吴,神不可得,故曰犬山,其高为犬亭,去县二十五里。"按:犬山今人多称吼山,是绍兴县东10余公里的一座海拔仅百余米的中生代凝灰岩孤丘。山上有高达百余米的蘑菇石(地质学专有名词,又称蕈状石,系不同节理的岩石受侵蚀风化而形成)2处,当地称为棋盘石,高耸突兀,蔚为奇观。此外尚有烟萝洞、水石塘等胜景,山水相映,风景秀丽。

木客山 会稽山的支峰之一。位于稽北丘陵,今名木栅,有源自会稽山的河流木栅溪外流,可通城区,故水上交通便利。春秋时代,这一带是一片原始森林,称为南林。此处一带由于有水路可资运输,所以成为越国的采伐基地。越王句践时代,曾经在这个山林地区进行多次大规模的采伐。《越绝书·记地传》记载:"木客大冢者,句践父允常冢也。初徙琅琊,使楼船卒二千八百人,伐松柏以为桴。故曰木客,去县十五里。"《吴越春秋》记载:"越王乃使木工千余人入山伐木一年,师无所幸,作士思归,皆有怨望之心,而歌木客之吟。"

若耶溪 会稽山北流河川之一,"若耶"当是越语地名,即今平水江,自稽北丘陵的山麓冲积扇北流,经平水镇,自山会平原北出三江口,注入钱塘江。为会稽山北流诸河中的最大河川之一。沿河上游有越国先君冢墓。《越绝书》卷八记载:"若耶大冢者,句践所徙葬先君夫镡冢也,去县二十五里。"绍兴古代文献记载了不少有关此溪的传说。《吴越春秋》说:"赤堇之山,已令无云:若耶之溪,深而莫测。"徐天祐注引《战国策》说:"涸若耶而取铜,破赤堇而取锡。"今若耶溪上游同康一带发现铜矿,则古时溪中含有铜砂当属可能。由于平水江水库的建成,古若耶溪除云门山一带上源外,其余均已淹入水库。

赤堇山   会稽山诸峰之一。位于若耶溪发源处。《嘉泰会稽志》记载:"在县东三十里,《旧经》云,欧冶子为越王铸剑之所。《越绝》云,赤堇之山破而出锡,若耶之溪涸而出铜。"按:赤堇山为一中生代凝灰岩山体,今闻此山有锡矿。

箪醪河   位于绍兴城内。《水经·浙江水注》记载:"《吕氏春秋》曰:越王之栖于会稽也,有酒投江,民饮其流,而战气自倍。"《嘉泰会稽志》认为越王投酒之江即箪醪河,说:"箪醪河在府西二百步,一名投醪河。《旧经》云,越王句践投醪之所,或又名劳师泽。"

投醪河   即"箪醪河"。

鉴湖   宁绍平原在第四纪最后一次卷转虫海进中沦为浅海,海退以后,山会平原成为一片沮洳泥泞的沼泽,并残留了许多永久性和季节性的湖泊。在山会平原南部,这个湖沼地区在历史上称为庆湖。后汉永和五年(140),会稽郡守马臻筑堤围湖,以郡城为中心,东至曹娥江,西至钱清江。于是,会稽山北麓至今杭甬铁路线范围内,形成一片200余平方公里的湖泊,称为镜湖,宋代起称为鉴湖,波光山色,风景优美,成为一个著名的胜景。晋人称为"山阴道上行,如在镜中游",所指即此。此湖蓄水,通过一系列涵闸,灌溉山会平原北部,使北部的9,000顷土地获得垦殖,绍兴从此成为一片富庶的鱼米之乡。北宋以后,由于湖底淤浅,加上北部平原的垦殖,水体北移,使山会平原南北都成为一片河湖交错的水网地带。

稷山   《越绝书》记载:"稷山者,句践斋戒台也。"但《吴越春秋》作襟山,说"斋台在襟山"。《嘉泰会稽志》记载:"在县东五十三里,《旧经》云,秽山,一名稷山,越王种菜于此。"今杭甬铁路线以北、上虞道墟镇(原属绍兴)以南有大稷山,是一座中生代凝灰岩孤丘,海拔152米,或即《越绝书》所指稷山。

偶山   位于今上虞市道墟镇(原属绍兴)以北曹娥江口,是一座海拔194米的中生代凝灰岩孤丘。又名称山或称心山。《越绝书》记载:"练塘者,句践时采锡山为炭,称炭聚,载从炭渎至练塘,各因事名之。"《嘉泰会稽志》卷九记载:"称山在县东北六十里,《旧经》云,越王称炭铸剑于此。"

柯山   在绍兴城西柯桥镇西1.5公里处。为会稽山西支的一座中生代凝灰岩孤丘,附近孤丘棋布,山水相映,清人有奇亭八景之称,即东山春望、炉柱晴烟、七岩观鱼、清潭看竹、石室烹泉、南洋秋泛、五桥步月、棋枰残雪。景点中最著名的是云骨石与七星岩,前者是绍兴境内仅次于吼山的蘑菇石,高数十米,挺拔苍秀,清道光间镌有"云骨"二字;后者洞穴幽邃,炎夏仍甚凉爽,昔为避暑胜地。

东湖　在绍兴市区东郊绕门山(箬篑山)山下。其山为一东西绵亘的中生代凝灰岩孤丘,因地近城区,水运方便,自古即采此山石作为城区建筑材料,凿石极深,于是潜水上涌成湖,湖山相映成趣,湖中洞穴深幽,其中仙桃洞有"洞五百尺不见底,桃三千年一开花"等名楹。湖内有庭园,并有纪念辛亥革命烈士陶成章的"陶社"。

羊山　在绍兴城北15公里处的下方桥。是一座中生代凝灰岩孤丘。据《山阴下方桥陈氏宗谱》所载,相传春秋越大夫范蠡曾采此山石建筑越城,隋代在此雕凿石佛一座,高约2丈,并赐额石佛寺。由于历史上长期采石,孤丘为水面所环绕,山水相映,为绍兴城北的著名风景区。

山阴道　《世说新语·言语》引晋王子敬语:"从山阴道上行,山川自相映发,使人应接不暇。"所以"山阴道"自古即已闻名。但"山阴道"具体指何路段,自来并无一定解释。六朝时代所指的"山阴道",当是出郡城常禧门沿鉴湖到会稽山一带的道路,以沿途的山川风景为吟诵观赏对象。但以后也有泛指今绍兴境内的交通道路的,明汤显祖所撰《记山阴道上》一文述及:"渡江而适越之乡,则首西兴,所谓西陵松柏下者,此也;二石里过东关,即山阴道,亦曰剡溪。"所以明、清人所称之"山阴道",与六朝已不相同。

古纤道　广义的绍兴古纤道,指曹娥江与钱塘江之间沿运河铺设的石砌陆道,为行驶于运河上的船只拉纤用。所以称为"纤道"。《越绝书》记载:"山阴古陆道,出东郭直渎阳春亭,去县五十里。"此"山阴古陆道",即后来所谓"古纤道"的一段(东段)。古纤道在清代又几次修建,特别是阮社太平桥西北的一段,由于此段运河利用西小江的一段,河面特宽,风浪较大,历来为行舟所惧,清代修建时将纤道移入河中,既有拉纤之便,同时可为船只避风之需,绍兴人称此为"避风塘"。这段纤道从阮社太平桥到余渚板桥,全长约3公里余,因为纤道铺设在河中,所以沿线有桥孔280余个,成为一条相互沟通的水上长堤,历来有"白玉长堤路"之称,是古纤道中最引人入胜的一段。1988年已由国务院公布为全国文物保护单位。

八字桥　绍兴水乡,桥梁很多,仅宋《嘉泰会稽志》列名的府城内桥梁就达99座。而至今尚存的最古桥梁为城内的八字桥。据《嘉泰会稽志》记载:"八字桥在府城东南,两桥相对而斜,状如八字,故得名。"《嘉泰会稽志》修成于南宋嘉泰元年(公元1201年),说明当时桥已存在。但今八字桥两侧第五柱上镌有"时宝祐丙辰仲冬吉日建"字样,宝祐是宋理宗年号,丙辰是公元 1256 年,说明当时是重修此桥,则此桥为南宋甚至北宋所建,其存在已有千年左右。今桥仍完好。

绍兴酒 《水经·浙江水注》引《吕氏春秋》称:"越王之栖于会稽也,有酒投江,民饮其流而战气自倍。"《国语·越语上》记载越国奖励生育的措施曰:"生丈夫,两壶酒,一犬;生女子,两壶酒,一豚。"说明这个地区产酒和饮酒均为时甚早。但越国时代的酒,与以后著名的绍兴黄酒当非同物。六朝时代,梁元帝萧绎所著《金楼子》中亦记及"银瓯一枚,贮山阴甜酒"的话,既说"甜酒",当亦非日后的绍兴黄酒。目前的绍兴黄酒,大概定型于南宋,至明、清两代而声誉日隆,行销日广。康熙《会稽县志》中已有"越酒行天下"的记载。说明绍兴酒在清初已为全国名酒。南宋以来,绍兴酒的花色和名称甚多,但作为商品,基本上为(状)元红、加饭和善酿三种,现在以加饭酒最为流行。绍兴酒以糯米与鉴湖水为原料,加上长期来的酿制技术,所以在国内各种黄酒中,一直具有领先地位。曾经多次获奖。民国四年(1915)曾在"巴拿马太平洋万国博览会"中获得金牌奖,载誉国际。现在已作为我国的国宴酒。

会稽铜镜 绍兴在春秋战国时代,手工冶金业和铸剑业都已经相当发达,这中间,由于合金冶炼的需要,铜矿采掘和冶铜业也有雄厚基础,所以从汉代直到三国,绍兴曾一度成为我国的重要铸镜中心,至今出土的古代铜镜甚多,制品中主要是神兽镜和画像镜,都有很高的技术水平。日本学者梅原末治曾撰有《绍兴古镜聚英》及《汉三国六朝纪年镜图说》等专著,论述古代绍兴铸镜的精湛技艺。例如,后来陆续出土的建安二十五年(220)和黄武五年(226)的神兽镜等,都已达到很高的冶铸水平。绍兴境内各处都有古代铜镜出土,镜铭年号多为黄武、黄龙、嘉禾、赤乌、建兴等,说明这一时期会稽铜镜冶铸业的发达情况。

越瓷 越窑青瓷是中国古代闻名四海的瓷器。唐陆龟蒙诗曰:"九秋风露越窑开,夺得千峰彩色来。"即指越窑青瓷的色泽。唐陆羽在《茶经》中比较当时全国所产名瓷说:"越州上,鼎州次,婺州次,岳州次,寿州次,洪州次。"说明各地瓷器均不及越州。又说:"或者以邢州处越州上,殊为不然,若邢瓷类银,越瓷类玉,邢不如越一也;若邢瓷类雪,则越瓷类冰,邢不如越二也;邢瓷白而茶色丹,越瓷青而茶色绿,邢不如越三也。"所以在唐代,越瓷名著全国。越窑原在会稽山和曹娥江沿岸,后移至余姚上林湖(今属慈溪),宋代以后,龙泉青瓷兴起,越瓷才走向衰微。

阖闾冰室 见"冰室"。

嶕岘大城 相传为越王无余时的都城。在第四纪全新世卷转虫海进时期,宁绍平原成为一片浅海,越族进入会稽山区。据《吴越春秋》所载,当时越人"随陵陆而耕种,或逐禽而给食"。部族处于一种迁徙农业和狩猎业状态。所以部族酋长驻地必须经常迁移,嶕岘大城当是其中之一。据《水经·渐江水注》称:"山南有嶕岘,岘里有大城,越王无余之旧都也。故《吴越春秋》云,句践语范蠡曰,先君无余,国在南山之阳。"此南山,指会稽山,"南山之阳",当为稽南丘陵。故嶕岘大城约在今秦望山南,但确址无考。

苦竹城　位于稽南丘陵的漓渚镇以南与诸暨接界处,唐朝时曾为山阴、诸暨二县间的驿站,称苦竹驿,后废,现在是一个山区村落。《越绝书》记载:"苦竹城者,句践伐吴还封范蠡子也。其僻居径六十步。"《水经·渐江水注》记载:"会稽山阴县,有苦竹里,里有旧城,言句践封范蠡子之邑也。"

山阴城　又名句践小城。春秋战国时期越国都城。越国在句践以前,部族酋长均驻于会稽山区,至句践即位,始北迁至山麓冲积扇的平阳,然后迁入山会平原。据《吴越春秋》记载,越大夫范蠡提出在平原建都的主张曰:"今大王欲国树都,并敌国之境,不处平易之都,据四达之地,焉立霸王之业。"于是范蠡"乃观天文拟法于紫宫,筑作小城,周千一百二十一步,一圆三方,西北立龙飞翼之楼,以象天门;东南伏漏石窦,以象地户;陵门四达,以象八风。外郭筑城而缺西北,示服事吴也。"据《越绝书》所载:"句践小城,山阴城也,周二百二十三步,陆门四,水门一。"按:句践小城筑于句践七年(公元前490年),西北依种山为城,即《吴越春秋》所谓"外郭筑城而缺西北"。由于有种山作为山阴城的基准,所以至今仍可确定此城的位置和范围。山阴城是我国地理位置长期稳定的古都。

句践小城　即山阴城。

山阴大城　又名蠡城。与句践小城(山阴城)实为一座紧密毗连的整体建筑。其选址原则即范蠡所说的:"处平易之都,据四达之地。"由于吴越之战,越国战败后句践被俘至吴,于其在位的第七年(前490)才释放回国,当年即利用种山建城,这是为了争取时间巩固防务,以备吴国的再度袭击。小城建成后,随即兴建大城。大城建筑年代史无记载,但《越绝书》记及"山阴大城者,范蠡所筑治也,今传谓之蠡城。陆门三,水门三,决西北亦有事"。说明大城与小城确为一座整体建筑,既由范蠡所建,且时代与小城亦甚接近。小城与大城,以后称为大越城,是春秋后期的越国国都。越王句践二十四年(前473)灭吴,旋迁都琅邪,大越城仍是越国故土基地。至秦始皇平定百越,据《越绝书》所载:"乃更名大越曰山阴。"

蠡城　即山阴大城。

雷门　越都山阴大城城门之一。据《嘉泰会稽志》所载:"五云门,古雷门也,西汉王尊传母持布过雷门注云,会稽有雷门,旧有大鼓,声闻洛阳。《旧经》云:雷门,句践旧门也,重阙二层。初吴于陵门格门南上有蛇象,而作龙形,越又作此门以胜之,名之为雷，去城百余步。《十道志》云：句践所立，以雷能威于龙也。门下有鼓，长丈八赤，声闻百里。"《水经·浙江水注》记载："阙北百步有雷门，门楼两层，句践所造，时有越之旧木矣。州郡馆宇屋之大瓦，亦多是越之故物。"按：雷门，《越绝书》与《吴越春秋》俱不载，唯越中方志载之甚多，当是范蠡筑山阴大城时的城门之一。

南宋绍兴城　南宋初年，由于越州州城曾经两度成为宋高宗行都，建炎四年底，改元绍兴，并以国号赐予越州，改越州为绍兴府。绍兴元年（1131）起，朝廷陆续逾浙江（钱塘江）北迁，而于绍兴八年（1138）正式定都临安。绍兴地邻京畿，加上朝廷官学与陵寝均设于此，所以在南宋时期，绍兴城市建设有很大发展。诸如学校、贡院、仓库、馆驿、园林、街衢、桥梁等城市建设不断发展，厢坊建置到此也日趋完善。王十朋于绍兴年代在其《会稽三赋》中描述："周览城闉，鳞鳞万户，龙吐戒珠，龟伏东武，三峰鼎峙，列障屏布，草木茏葱，烟霏雾吐，栋宇峥嵘，舟车旁午，壮百雉之巍垣，镇六州而开府。"城市规模可见一斑。嘉定十七年（1224），府城内有 8 个集市，全城分 5 厢、96 坊。所以陆游在嘉泰《会稽志序》中说："今天下钜镇，惟金陵与会稽耳，荆、杨、梁、益、潭、广，皆莫敢望也。"由此可知南宋绍兴城，是除了首都临安以外，与金陵并列的全国两大都市。

禹穴　《史记·太史公自叙》载："二十而南游江淮，上会稽，探禹穴。"禹穴之名始于此。《汉书·地理志》会稽郡山阴县下有"禹冢、禹井"的记载，但未记及禹穴。《水经·浙江水注》记载："（会稽）山下有渟井，去庙七里，深不见底，谓之禹井，云东游者多探其穴也。"《嘉泰会稽志》亦记及"禹井在（会稽）县东南会稽山。"故禹穴一名起源甚早，但其间禹穴、禹陵、禹井等名称，尚待研究考证。今禹庙南有"禹穴"碑一块，不知何代所立，与《水经注》"去庙七里"之语亦不符，是否司马迁所探禹穴，不得而知。《越中杂识》认为："唐宝历，郑鲂于宛委山书'禹穴'二大字，元稹铭而鲂序之，刻于禹陵之侧。"亦恐非此。

欧冶井　欧冶子相称为春秋时人，是铸剑能匠，曾为越王铸成湛卢、巨阙、胜邪、鱼肠、纯钩五剑。欧冶井当是其淬剑时取水所用。《古今图书集成·职方典》卷九八四欧冶井条说："在铸浦，齐唐《铸浦录事》云，有淬剑大井存焉。"按铸浦据《嘉泰会稽志》所载，"在县东南三十里，与若耶溪接，一名锡浦，浦上有横梁、人家、聚落、欧冶祠，齐祖之《家山记事》云，昔欧冶子铸神剑之所在，今为里俗所祠"。

上灶　位于稽北丘陵山麓冲积扇，有上灶溪北流注入山会平原。古时地濒鉴湖，铸浦即在其近处，故相传为春秋欧冶子铸剑之地。"灶"者。为铸剑时冶炼金属之用，故称上灶。《嘉泰会稽志》记载："昔越王句践有宝剑五，闻于天下，今越有铸浦、上灶、下灶、剑翁岭，说者以为皆越王铸剑之地。"今上灶以南有中灶，中灶以北有下灶，传说均与欧冶子铸剑有关。

犬山　《越绝书》卷八载:"犬山者,句践罢吴,畜犬猎南山白鹿,欲得献吴,神不可得。故曰犬山,其高为犬亭,去县二十五里。"《嘉泰会稽志》卷九作犬亭山,"在县东南三十里"。犬山今称吼山,为山会平原的孤丘之一,山体由中生代凝灰岩构成,最高处海拔105米。

兰亭　在绍兴市区西南会稽山下。因晋永和九年(353)王羲之与谢安等42人在此修楔而著名。王羲之曾作《兰亭诗序》一篇,并挥毫写成,是我国书法艺术上的极品。可惜真迹已经不存,仅有后人临摹本流传。王羲之等修楔的兰亭,据《水经·浙江水注》的记载,位于鉴湖湖口,后迁至天柱山顶。南北朝后期,兰亭在城西鉴湖中的兰渚。北宋后期,从会稽山北迁至会稽山中的天章寺。此后固定少变。明嘉靖二十七年(1548),绍兴知府沈启在天章寺附近择地重建,即今兰亭。此后曾多次重修。清康熙三十七年(1695)再次重修,基本上确定了今兰亭的布置格局,有流觞亭、右军祠、墨华亭、御碑亭等,并有鹅池一处,其碑据传为王羲之手书。但今兰亭绝非晋兰亭,清代全祖望在《宋兰亭石柱铭》中说:"若以天柱之道按之,其去今亭三十里。"

青藤书屋　位于绍兴市区前观巷大乘弄内,是明徐渭(文长,1521—1593)读书处,庭院清幽,书室洁净,布局甚为高雅。庭中有徐渭手植青藤一株,并有方池、石栏、题刻、楹联等。池中石柱上刻"砥柱中流"四字,也是徐渭手笔。徐渭布衣一生,但才华出众,是我国历史上的著名画家兼文学家。此书屋已历400余年历史,几经荒芜破落,已于本世纪80年代修复,为浙江省省级文物保护单位。

乐野　春秋越王句践时代,越国国都大越城郊的越王园苑。《越绝书》记载:"乐野者,越之弋猎处,大乐,故谓乐野。其山上石室,句践所休谋也,去县七里。"《吴越春秋》记载句践"立苑于乐野"。其处古时有乐溇林,但今已失所在。《水经·浙江水注》作"鹿野",并说明:"湖北有三小山,谓之鹿野山,在县南六里,按《吴越春秋》,越之鹿苑也。山有石室,言越王所游息处矣。"《越绝书》记载当时句践的宫室园苑曰:"句践之出入也,齐于稷山,往从田里,去从北郭门,熰龟龟山,更驾台,驰于离丘,游于美人宫,兴乐中宿,过历马丘,射于乐野之衢,走犬若耶,休谋石室,食于冰厨,领功铨土,已作昌土之台,藏其形,隐其情。"说明当时句践处心积虑,为谋吴复仇作好准备。乐野名为其园苑,而从"射于乐野之衢"一语看,同时也是他的练武场所。

沈园　位于绍兴市区东南,为南宋越中著名园林之一。陆游初娶唐琬,伉俪甚得,但不悦于游母,被迫离异,改适赵士程,游亦另娶。绍兴二十一年(1151),陆游偶游此园,与赵士程及唐琬相邂逅。赵、唐在园中以酒肴款待陆游,陆感慨万端,在壁上题《钗头凤》一阕:"红酥手,黄藤酒,满城春色宫墙柳。东风恶,欢情薄,一怀愁绪,几年离索,错,错,错。春如旧,人空瘦,泪痕红浥鲛绡透。桃花落,闲池阁,山盟虽在,锦书难托,莫,莫,莫。"庆元二年(1196),陆游已68岁,重游沈园,又作一绝:"梦断香消四十年,沈园柳老不飞绵,此身行作稽山土,犹吊遗踪一泫然。"沈园已于本世纪80年代修复,亭台楼阁,池沼杨柳,并《钗头凤》词俱全,为越城著名胜迹。

怪游台　春秋越国时所建。位于今城南龟山,即怪山。《越绝书》记载:"龟山者,越王句践起怪游台也,东南司马门,因以炤龟,又仰望天气,观天怪也。高四十六丈五尺二寸,周五百三十二步,今东武里,一曰怪山,怪山者,往古一夜自来,民怪之,故谓怪山。"按:怪游台为我国有历史记载的第一处天文、气象综合性观察台,所以甚有价值。

离台　春秋越国的楼台建筑之一。据《越绝书》记载:"离台,周五百六十步,今淮阳里。"《吴越春秋》记载:"起离宫于淮阳。"徐天祜注引《旧经》曰:"淮阳宫在会稽县东南二里。"故离台当是句践在城郊所建的离宫。

驾台　春秋越国的楼台建筑之一。《越绝书》记载:"驾台,周六百步,今安城里。"《吴越春秋》记载:"驾台在于成丘。"徐天祜注:"《越绝书》,驾台驰于离丘。"今本《越绝书》已佚此句。观徐天祜所注,驾台当是骑马驰骋的场所。

灵台　春秋越国的楼台建筑之一。《吴越春秋》记载:"范蠡曰:天地卒号,以著其实,名东武,起游台,其上东南为司马门,立增楼冠其山巅,以为灵台。"《水经·浙江水注》记载:"越起灵台于(龟)山上,又作三层楼以望云物,川土明秀,亦为胜地。"《吴越春秋》与《水经注》均言此灵台建于龟山(怪山)之上,与《越绝书》怪游台相符,故灵台或即怪游台,或是怪游台建筑中的一个组成部分。

中宿台　春秋越国的楼台建筑之一。《吴越春秋》记载:"中宿台在于高平。"徐天祜注:"《越绝书》'宿'作'指'",云中指台马丘,周六百步,在高平里。越《旧经》曰:"中宿在会稽县东七里。"《越绝书》有句践"兴乐中宿"的记载。按《吴越春秋》及《越绝书》的记载,中宿台(中指台)亦具有越王句践在城郊所建的离宫性质。

句践冰室　春秋越国时代的一种避暑和冷藏建筑。《越绝书》记载:"东郭外南小城者。句践冰室,去县三里……食于冰厨、领功铨土,已作昌土台,藏其形,隐其情。一曰冰室者,所以备膳羞也。"说明冰室是南小城建筑的一部分,其作用不仅是为了冷藏食物,而且是在暑热中议政论事之所。

飞翼楼　在春秋越都种山之巅。句践七年(公元前490年),句践从吴国释归,筑山阴小城时所建。《吴越春秋》载:"范蠡乃观天文,拟法于紫宫,筑小城,周千一百二十一步,一圆三方,西北立龙飞翼之楼,以象天门;东南伏漏石窦,以象地户;陵门四达,以象八风。外郭筑城而缺西北,示服事吴也。"《越绝书》记载句践小城,也说"不筑北面"。由于当时吴强越弱,所以不敢在西北筑城,以示臣服于吴。但句践其实决心灭吴雪耻,所以在种山之巅建此飞翼楼,以瞭望北疆,防制吴军的入侵。飞翼楼的结构不得而知,唐以后此处改建亭榭,称为望海亭,至今犹存。

鼓钟宫　《越绝书》记载:"北郭外路南溪北城者,句践筑鼓钟宫也,去县七里,其邑为龚钱。"按:鼓钟宫当为句践所筑设置鼓钟的宫殿,但龚钱地名无考。

越王台　春秋越国宫殿名。位于种山东南麓。《越绝书》记载句践小城时述及:"今仓库是其宫台处也。周六百二十步,柱长三丈五尺三寸,霤高丈六尺。宫有百户,高丈二尺五寸。"所述当是故越王宫殿,或即日后的越王台。南宋宝庆《会稽续志》始见越王台的记载,引《祥符图经》说:"在种山东北,种山,盖卧龙山之旧名也,今台乃在卧龙之西,旧有小茅亭,名近民,久已废坏,嘉定十五年,汪纲即其遗址创造,而移越王台之名于此。气象开豁,目极千里,为一郡登临之胜。"《宝庆续志》所记,除方位可能有讹外,其他均与今越王台相符。说明越王台始建于嘉定十五年(1222)。此台在抗战中为日机炸毁,仅存拱形城郭,本世纪80年代在拱形城郭上重建,气势雄伟,当越城重要胜迹。

观台　越王句践迁都琅邪后的建筑。据《吴越春秋》记载:"越王既已诛忠臣,霸于关东,从琅邪起观台,台周七里,以望东海。"《史记·秦始皇本纪》记载:秦始皇二十六年,"南登琅邪,大乐之,留三月,乃徙黔首三万户琅邪台下。复十二岁,作琅邪台,立石刻颂秦德。"据此则琅邪原已有琅邪台。"复作琅邪台"之语与前句"乃徙黔首三万户琅邪台下"矛盾。故学者认为琅邪台即是越王句践所起的观台。

若耶大冢　《越绝书》卷八载:"若耶大冢者,句践所徙葬先君夫镡冢也,去县二十五里。"按:夫镡《吴越春秋》卷四作夫谭,为越王允常之父,越王句践之祖。若耶山为会稽山诸峰之一,其下有若耶溪。

允常冢　越王允常是越王句践之父,即位于周敬王元年(前510),死于周敬王二十四年(前496)。《越绝书》记载:"木客大冢者,句践父允常冢也。"《水经·浙江水注》记载:"浙江又东迳越王允常冢北,冢在木客村。着彦云,句践使工人伐荣楯,欲以献吴,久不得归,工人忧思,作木客吟,后人因以名地。句践都琅邪,欲移允常冢,冢中生分风,飞沙射人,人不得近,句践谓不欲,遂止。"故知允常冢在木客村。今称木栅,在城南会稽山麓。

句践冢　据《越绝书》记载:"独山大冢者,句践自治以为冢,徙琅邪,冢不成,去县九里。"按:句践所筑越国诸王冢墓,据《越绝书》记载,其父允常冢在木客村,称木客大冢。允常父夫镡冢在若耶山,称若耶大冢。此两冢虽迄未发现,但均有址可按。唯句践治冢独山,历来志乘无考。句践以后迁都琅邪,卒于琅邪,是否归葬,亦无记载。

文种墓　文种,字伯禽,一作子禽,越大夫,原为楚国人。吴越之战,越国战败,范蠡随句践入质于吴,文种留越,主持国政。句践释归后,文种又向句践献"九术",兴越灭吴。而句践竟于其在位的二十五年(前472)令文种自尽。据《吴越春秋》记载:"越王遂赐文种属卢之剑,种得剑又叹曰,南阳之宰而为越王之擒,自笑曰,后百世之末,忠臣必以吾为喻矣。遂伏剑而死。越王葬种于国之西山。"徐天祜注:"即卧龙山,又名种山,一名重山。"《越绝书》记载:"种山者,句践所葬大夫种也。"今文种墓在卧龙山望海亭下。

范蠡 字少伯,楚国宛(今河南南阳市)人,一说徐人。入仕于越,为越大夫。越为吴所败,随句践夫妇于句践五年(前492)入质于吴。句践七年被释随句践返越,当年设计修建山阴山城。范蠡建都的理论是:"今大王欲国树都,并敌国之境,不处平易之都,据四达之地,将焉立霸王之业?"于是"范蠡乃观天文,拟法于紫宫,筑作小城,周千一百二十步,一圆三方。西北立龙飞翼之楼,以象天门。东南伏漏石窦,以象地户。陵门四达,以象八风。外郭筑城而缺西北,示服事吴也"(均据《吴越春秋》卷八)。此即为今绍兴城的前身,历史一直称为蠡城。此后,范蠡在越襄助句践,"十年生聚,十年教训",使越国由弱转强,终于在句践二十四年灭吴。范蠡于灭吴后离越,至齐国,称鸱夷子皮。到陶(今山东定陶西北),改名陶朱公,以经商致富。其著作至今尚存的有《养鱼经》(有《齐民要术》本),指出:"治生之法有五,水蓄第一。"是世界上最古老的淡水养殖业文献。《汉书·艺文志》著录《范蠡》二篇,已亡佚,其论见于《越绝书》、《吴越春秋》、《国语·越语下》、《史记·货殖列传》等。

邺城新记 唐刘公锐纂。此书共3卷,《新唐书·艺文志》、《宋史·艺文志》、《国史·经籍志》等著录。书已亡佚,亦无辑本流传。

魏地记 此书不知卷,亦不知撰者及撰述年代。《太平寰宇记》曾引此书一条。故知成书必在宋前。张国淦《中国古方志考》按:"晋隋魏郡,唐相州邺郡,宋因之,元明清彰德府,府治安阳县。"此书已亡佚,亦无辑本流传。

相台志 宋李琮修,陈申之纂。此书共10卷,《宋史·艺文志》、《遂初堂书目》、《文献通考·经籍考》、《文渊阁书目》等均有著录。张国淦《中国古方志考》引明嘉靖《邺乘》崔铣序曰:"正德己卯,太保汤阴李公,于中秘得《台志》十二卷、《续志》十卷。又宦迹,李琮知相州,尝命其子回作《相志》十二卷、纪事颇详,后郡多因之。"按:相台即指铜雀台。因铜雀台在相州,唐以后称相台。此书已亡佚,张国淦《中国古方志考》著录,有蒲圻张氏大典辑本,但此辑本今不见。

相台续志 此书成于元代,钱大昕《元史艺文志》,倪灿《补辽金元三史艺文志》、《文渊阁书目》等均有著录。不知撰人。此书已亡佚,张国淦《中国古方志考》著录,有蒲圻张氏大典辑本,但此辑本今不见。

万历彰德府续志　明常存仁修,郭朴纂,万历九年(1581)刊本。共 3 卷。北京图书馆及科学院图书馆藏有刊本,又北大图书馆藏有民国抄本。

康熙安阳县志　清马国桢修,唐凤翱纂。共 10 卷。康熙三十二年(1693)刊本,北京、上海等图书馆藏有原刊本。

荆州记　①晋范汪纂。此书不知卷数。丁国钧《补晋书艺文志》二、文廷式《补晋书艺文志》三等著录。章宗源《隋书经籍志考证》卷六称:"《荆州记》,卷亡,范汪撰,不著录。"按:纂者范汪,字玄平,颍阳人,《晋书》有传。②南朝宋盛弘之纂。3 卷。《通志·艺文略》四、《国史经籍志》三等著录。章宗源《隋书经籍志考证》卷六称:"《荆州记》三卷,宋临川侍郎盛宏之撰。"此书已亡佚,今有王谟、曹元忠等辑本流传。③南北朝宋庾仲雍纂。此书不知卷数。文廷式《补晋书艺文志》三、秦荣光《补晋书艺文志》二等著录。此书已亡佚,今有陈运溶辑本流传。④南北朝宋郭仲产纂。共 2 卷。《新唐书·艺文志》、《通志·艺文略》、《国史经籍志》三书著录。此书已亡佚,今有王谟、陈运溶等辑本流传。⑤南北朝宋刘澄之纂。此书不知卷数。章宗源《隋书经籍志考证》卷六称:"《荆州记》,卷亡,刘澄之撰,不著录。"今有王谟、陈运溶辑本流传。

江陵记　①南北朝伍端修纂。此书不知卷数。章宗源《隋书经籍志考证》卷六称:"《江陵记》,卷亡,伍端休记,不著录。"宣统《湖北通志》卷九一,伍端休《江陵记》条称:"按端休始末未详,今以庾诜续其书,当为齐梁间人。"此书已亡佚,今有王谟《汉唐地理书钞》辑本流传。②南北朝梁庾诜纂。此书 1 卷。徐崇《补南北史艺文志》称:"续伍端《江陵记》一卷,庾诜撰,见本传,《梁书》同,《隋经籍志》未收。"纂者庾诜,字彦宝,新野人,《梁书·处士传》有传。此书已亡佚,亦无辑本流传。

江陵志　①此书不知卷数,亦不知作者。《舆地纪胜》卷六四《江陵府上》,又卷六五《江陵府下》,曾引此志多条,说明此书成于宋或宋前。《永乐大典》卷七二四八亦引此志一条。此书已亡佚,据张国淦《中国古方志考》,有蒲圻张氏大典辑本流行,但此辑本今不得见。②宋周应合纂,此书不知卷数。按《景定建康志》卷首马光祖序提及"幕客周君应合,博物洽闻,学力充瞻,旧尝为《江陵志》"。又周应合自撰《景定修志本末》提及"应合昨修《江陵志》,为图二十,附之以辨,其次为表、为志、为传、为拾遗,所载犹不能备"。张国淦《中国古方志考》云:"周应合以开庆元年,充江南东路安抚使干办公事,景定二年修《建康志》,官江陵何年未详,此《江陵志》,知是开庆以前,似在宝祐间也。"此志已亡佚,亦无辑本流传。

代都略记　此书 3 卷。《隋书·经籍志》著录,《通志艺文略》、《国史经籍志》等亦均著录。不知撰人及撰写年代。张国淦《中国古方志考》按:"后魏代郡平城县,清大同府大同县地。"此书已亡佚,亦无辑本流传。

顺治邯郸续志　清韩思敬纂修。此书 2 卷。北京图书馆藏有顺治刊本。

康熙邯郸县志　清张慎发纂修。此书 12 卷。康熙十二年(1673)刊本,中国社会科学院考古研究所图书馆及北京大学图书馆藏有原刊本。

越绝书　现存绍兴的最早地方文献。题后汉会稽袁康撰,同郡吴平定。但据专家考证,其书实为先秦之书,至后汉由袁康、吴平加以整理而成今本。全书已有缺佚,今存 15 卷,分 19 篇。自来不少学者认为此书是我国最早的地方志。明万历《绍兴府志》称:"其文奥古多奇,《地传》具形势营构道里远近,是地志祖。"清洪亮吉及毕沅均说:"一方之志,始于《越绝》。"按:此书卷二《吴地传》及卷八《地传》两篇,各记当时吴国(今苏州一带)及越国(今绍兴一带)的山川形势及人文环境,确为后世地方志开创了体例。历来研究此书的学者甚多,有关此书的著述也很丰富,对此书的作者、卷数、书名、成书年代等方面,都有许多不同看法。此书版本亦甚多,年代较近的有 1956 年张宗祥手写影印本(商务印书馆),1985 年乐祖谋点校本(上海古籍出版社),1992 年李步嘉《越绝书校释》(武汉大学出版社)等。

越纽录　王充《论衡·案书篇》记载:"君高之《越纽录》,刘子政、扬子云不能过也。"这是历史上最早提出《越纽录》一书的文献。一般认为,《越纽录》即是《越绝书》,吴君高即是吴平之字。《四库总目提要》在《越绝书》下说:"所谓君高,殆即平字;所谓《越纽录》,殆即此书欤。"但也有学者认为此两书是否同书异名,尚难获得确实佐证。张宗祥手写影印本《越绝书》就认为:"独《越纽录》是否即是此书,无可证实耳。"

吴越春秋　现存绍兴的古老地方文献之一。后汉山阴人赵晔撰。共 6 卷。分为 10 篇,所以也有写作 10 卷者。此书按书名即可知是记述春秋吴、越二国的历史之作。全书第一至三卷(共 4 篇)记吴国历史,第四至六卷(共 6 篇)记越国历史。凡有年可计者,各按年记载,所以也具有吴、越两国编年史性质,但从越王句践二十七年即句践去世以后,全书即告终。所以此书内容主要是吴、越两国从春秋晚期到战国初期的交往史。赵晔撰写此书,曾大量引用《越绝书》材料,所以自来学者多认为此书为依傍《越绝书》之作。万历《绍兴府志》认为:"其文气卑弱多俳,又杂以纤纬怪诞之说,不及《越绝》远甚。"但因当时绍兴的地方文献,包括传说、口碑,较之后代远为丰富,所以书中也记及了不少《越绝书》以外的材料,因而其书仍有很高价值。后世学者议论此书的著述甚多,对此书有许多不同意见。此书现存版本,均为元徐天祜音注本及其翻刻本。江苏古籍出版社曾于 1992 年出版了此书点校本。

嘉泰会稽志　此书共 20 卷。由知府沈作宾创修,历知府赵不迹、袁说友修成,通判施宿纂,陆游序。修成于南宋嘉泰元年(1201)。按《中国地方志联合目录》,现存宋代地方志共 28 种,而绍兴市居其三,会稽占其二,实属难得。浙江在宋、元时代修志称盛,《临安三志》、《四明六志》已经久负盛名,但《临安三志》已经残缺,《四明六志》并非全是宋志,独《会稽二者》(指《嘉泰志》与《宝庆续志》)完整无缺,并有陆作序,所以其价值实远在《临安三志》与《四明六志》之上,可称现存宋志之最,所以历来评价甚高。《四库总目提要》说:"《前志》(按指《嘉泰志》)为目一百十七,《续志》(按指《宝庆志》)为目五十,不漏不支,叙次有法,如姓氏、迎送、古第宅、古器物、求遗书、藏书诸条,皆他志所弗详,宿(按指施宿)独能搜采辑此,使条理秩然。淏(按指张淏)亦简核不苟,皆地志中之有体要者。"此书宋本早佚,今存清嘉庆采鞠轩重刊本,民国十五年王家襄据以影印。今绍兴县志编委会有铅排本,合嘉泰、宝庆二志为一册。

宝庆会稽续志　此书 8 卷。张淏修纂,成于南宋宝庆元年(1225)。其书主要载嘉泰以后事,故称《续志》。此书为张淏一人独力修纂,是张个人的著作,故为历来私修志书的例子。《四库简目》曾评论《嘉泰志》纂者通判施宿及《续志》纂者张淏说:"宿尝补掇其父元之《东坡诗注》,淏尝撰《云谷杂记》,其学皆有根柢。"按《续志》卷二安抚题名、提刑题名,又卷六进士,均记及景定五年事,则此书付刊,当在咸淳年间,晚于张淏修撰达 40 余年。按武英殿本张淏撰《云谷杂记》提要,知淏是绍兴二十七年进士,而于绍定元年致仕,为时达 70 余年,而此书之刊,又在淏致仕后 40 年,则此书在淏以后,必已经他人赓续。其书付刊时,淏必已物故,不及见此书之刊。

会稽三赋　宋王十朋撰。此书 3 卷。历来流行甚广。《铁琴铜剑楼书目》、《爱日精庐藏书续志》、《皕宋楼藏书志》、《传是楼书目》均有著录。所谓《三赋》,包括《风俗赋》、《民事堂赋》、《蓬莱阁赋》。此书在宋时即有周世则注及史铸增注,明又有南逢吉注及尹坛增注,清有周炳曾注。故版本很多,是一种韵文形式的绍兴方志。撰者王十朋,字龟龄,乐清人,绍兴二十七年状元,《宋史》有传。

万历会稽县志　明知县杨维新修,张元忭、徐渭纂,万历三年(1575)修。共 16 卷。此书由于出自名家徐渭(文长)之手,志内总论四(地理总论、治书总论、户书总论、社书总论),分论十六(沿革论、分野论、形胜论、山川论、风俗论、物产论、设官论、作邑论、徭赋论、户口论、水利论、灾异论、官帅论、选举论、祠祀论、古迹论),均为徐渭所撰,故内容甚为精湛,历来备受好评。但传本已稀,万历三年写刊本仅北京、上海、天津三图书馆及南京地理研究所、天一阁等有藏,浙江图书馆藏有抄本。

万历绍兴府志　明知府萧良干修,张元忭、孙鑛同纂。万历十四年修,十五年(1587)刊本。共 50 卷。《四库提要》卷七四《史部三十·地理类存目三》评论此志:"是志分十八门,每门以图列于书后,较他志易于循览,体例颇善,末为序志一卷,凡绍兴地志诸书,自《越绝书》、《吴越春秋》以下,一一考核其源流得失,亦为创格。"此志的另一特色是插图丰富,全志共有插图 102 幅。由于自万历十五年后未曾重刊,所以存书已经很少,仅北京图书馆、南京地理研究所、南京大学图书馆、浙江图书馆藏有完帙,另有若干图书馆藏有残本。

于越新编　明诸万里于万历四十六年(1618)纂。共 45 卷。书名《于越新编》,"于越"一词首见于《竹书纪年》周成王二十四年"于越来宾"。又《春秋》定公五年"于越入吴"。按《汉书·地理志》句吴下颜师古注:"夷族发语声,犹越为于越也。"所以此书也是绍兴府方志。本世纪 30 年代犹有传本,今已不见。

越中杂识　清悔堂老人于乾隆五十九年(1794)撰,2 卷。未刊,抄本收藏于美国国会图书馆。80 年代初,杭州大学教授陈桥驿从美国国会图书馆引回,进行点校,1982 年由浙江人民出版社出版。1992 年,绍兴墨润堂书苑经陈桥驿同意并作序,按此书原式由浙江古籍出版社影印线装出版。

成都记　唐白敏中修,卢求纂。此书 5 卷。《新唐书·艺文志》著录,卢求序今存嘉靖《四川总志·全蜀艺文志》。序撰于大中九年(855)。修者白敏中,字用晦,长庆初进士。书已亡佚,有王谟《汉唐地理书钞》辑本流行。

续成都记　五代杜光庭纂。此书 1 卷。《宋史·艺文志》、《通志·艺文略》、《玉海》卷一五等均著录。纂者杜光庭,字宾圣,括苍人。书已亡佚,亦无辑本流传。

成都古今集记　宋赵抃纂。共 30 卷。《宋史·艺文志》、《郡斋读书志》、《通志·艺文略》等均著录。赵抃序今存嘉靖《四川总志·艺文志》。纂者赵抃,字阅道,衢州西安人。书已亡佚,亦无辑本流传。

续成都古今集记　宋王刚纂。此书共 22 卷。《直斋书录解题》卷八、《文献通考》卷三二、《经籍考》等著录。王刚序今存嘉靖《四川总志·艺文志》中。纂者王刚,字时享,饶州乐平人。书已亡佚,亦无辑本流传。

成都古今丙记　宋范成大纂。此书共 10 卷,《蜀中广记》卷九六著录。范成大序今存嘉靖《四川总志·艺文志》中。书已亡佚,亦无辑本流传。

成都古今丁记　宋胡元质纂,此书共 25 卷,《蜀中广记》卷九六著录。胡元质序今存嘉靖《四川总志·艺文志》中,纂者胡元质,字长文,常州人。书已亡佚,亦无辑本流传。

成都古今前后记　宋孙汝聪纂。此书共 60 卷。《舆地碑记目》著录。纂者孙汝聪,眉山人,进士,淳熙间知鄞县。书已亡佚,亦无辑本流传。

成都志　宋袁说友纂。不悉卷数。《舆地碑记目》著录。《舆地纪胜》及《永乐大典》引此书多条。袁说友序今存《东塘集》卷一八。书已亡佚,张国淦《中国古方志考》著录,有蒲圻张氏大典辑本,但此辑本今不见。

福州图经　书成于宋代。已不悉卷数。《舆地纪胜》卷一二八、卷一二九,《大明一统志》卷四七、卷四八等引此书多条。又弘治《八闽通志》卷二五引《祥符图经》一条。则此图经可能为《祥符福州图经》。按《玉海》卷一四《祥符修图经》云:"庚辰,真宗因览《西京图经》,有所未备,诏诸州府军监以图经校勘,编入古迹,选文学之官纂修校正,补其阙略来上。及诸路以图经献,诏知制诰孙仅,待制戚纶,直贤集院王随,评事宋绶、邹焕校定,仅等以其体例不一,遂加例重修,命翰学李宗谔,知制诰王曾领其事,又增张知白、晏殊,又选择李垂、韩羲等六人参其事。祥符元年四月戊午,龙图待制戚纶请令修图经官先修东封所过州县图经进内,仍赐中书密院、崇文院各一本,以备检阅,从之。三年十二月丁巳,书成,凡一千五百六十六卷,目录二卷。宗谔等上之,诏嘉奖,赐器币,命崇谔为序。"据此,则此《福州图经》可能是《祥符图经》中的一种。此图经多达一千五百余卷,又是朝廷命令修纂的地方文献,所以当时全国各大都城想必都有图经。《祥符图经》早已亡佚殆尽,但是它在我国方志发展史中具有很大的意义。详见陈桥驿《图经在我国方志史中的重要地位》,载《中国地方志》1992 年第 2 期。

三山续志　此书成于元代。不悉卷数,亦不知撰者。钱大昕《元史艺文志》,倪灿《补辽金元三史艺文志》、《文渊阁书目》、《千顷堂书目》等均有著录。弘治《八闽通志》曾引此书多条,张国淦《中国古方志考录》著录此书,有蒲圻张氏大典辑本,但此辑本今不见。

南诏录　唐徐云虔纂。此书共 3 卷。《新唐书·艺文志》、《宋史·艺文志》等均有著录。作者徐云虔,岭南节度判官。万历《云南通志》卷一四称:"《南诏录》三卷,乾符五年七月,南诏请通好,邕州节度使辛谠遣从事云虔复命,使回录所闻见上之。"故此书撰于乾符五年(878)。张国淦《中国古方志考》按:"南诏哀牢之后,有六诏,曰蒙雋诏、越析诏、浪穹诏、邆睒诏、施浪诏、蒙舍沼。今云南省西部大理一带也。"此书已亡佚,亦无辑本流传。

沙州志残卷　撰于唐代。罗振玉跋略云:"《沙州志残卷》,首尾缺佚,其存者长不踰三丈,始于水渠,竟于歌谣,叙述详赡,文字尔雅。"又云:"此书之作,殆在开、天间。"今存《敦煌石室遗书影印残本》。

西州志残卷　此志撰于唐代。近人罗振玉跋略云:"此志首尾均缺,但存中间数十行。审其文乃《西州志》也。"又云:"按西州本高昌,贞观十四年平高昌,置西州都督府,并置县。天宝元年改交河郡,乾元元年复为西州,至贞元六年陷于吐蕃。大中五年,沙州首领张义潮,以十一州地图献,中有西州。后分三部,曰和州回鹘,曰阿萨兰回鹘,曰高昌,均服属于辽。此唐至五代数百年间,西州之沿革也。至此志之作,窃意当在乾元以后贞元之前。新开道下有见阻不通语,是作志时,州尚未沦于吐蕃之证。"此书今有《敦煌石室遗书》本。

太原事迹记　唐李璋纂。此书共 14 卷。《新唐书·艺文志》、《宋史·艺文志》、《通志·艺文略》等均有著录。《直斋书录解题》卷八云:"《晋阳事迹杂记》一〇卷,唐河东节度使李璋纂,序言四〇卷,唐志亦同,今删为十卷,盖治平中太原府所刻本也。"此书已亡佚,亦无辑本流传。

晋阳志　金蔡珪纂。此书共 12 卷。钱大昕《元史·艺文志》、倪灿《补辽金元史艺文志》等著录。纂者蔡珪,字正甫,真定人,天德进士,官礼部郎中。书已亡佚,亦无辑本流传。

并州记　此书仅见《太平御览》卷四五引及,书已亡佚,今有王谟《汉唐地理书钞》辑本流传。张国淦《中国古方志考》按:"魏晋并州太原郡,隋太原郡,唐北都太原郡,宋初并州,嘉祐四年改太原府,明清太原府。"

晋阳记　此书,成化《山西通志》卷七及《永乐大典》均有引及。书已亡佚,张国淦《中国古方志考》著录有蒲圻张氏大典辑本,但此辑本今不见。《中国古方志考》按:"唐晋阳县为北都太原府治,清太原府太原县,今废。"

广州记　①晋顾微纂。文廷式《补晋书艺文志》二曰:"顾微《广州记》,《御览》、《类聚》诸书多引之,《唐书》宰相世系表,顾荣晋司空,第微集中,又居监官。"此书已亡佚,今有《说郛》本、王谟《汉唐地理书钞》辑本等流传。②晋裴渊纂。此书共 2 卷。文廷式《补晋书艺文志》二著录。章宗源《隋书经籍志考录》卷六曰:"《广州记》卷亡,不著录。"今有王谟《汉唐地理书钞》辑本及南海曾氏《岭南遗书》辑本流传。

扬州记　唐曹宪纂。此书不知卷数,《舆地纪胜》卷六及《至正金陵新志》卷五均引及此书。作者曹宪,江都人,隋秘书学士,入唐为弘文馆学士,但不奉召,即家拜朝散大夫。书已亡佚,张国淦《中国古方志考》著录有蒲圻张氏大典辑本,此辑本今不见。

原著署　陈桥驿主编,江西教育出版社 1999 年版

文化浙江(总撰稿人)

前　言

　　浙江省在土地面积上是中国的一个小省,在文化上却是中国的一个大省,这也就是我们编写《文化浙江》的缘起。"文化"这个词,其涵义实在丰富多彩。在国外,CULTURE 一词,著名词典如《牛津词典》(*The Oxford English Dictionary*, Second Edition, Clarendon Press, Oxford 1989)有 16 种不同的解释;《韦氏词典》(*Webster's Third New International Dictionary of the English Language*, 1961, By G. And C, Merrian Co.)则有 19 种不同的解释。而在国内,据《中国文化源》(百家出版社 1991 年出版)一书的统计:"全世界从各门学科、各个角度给'文化'下的定义竟有 260 余种之多。"

　　不管这个词在概念上的众说纷纭,但是有一点却不可否认,文化总是由于人类活动而积累起来的。这虽然是对文化一词的非常宏观的理解,但恰恰说明了浙江省的文化渊源,不要说在江南,在全国范围内也称得上源远流长,得天独厚。上世纪的 70 年代发现的余姚河姆渡遗址(距今 7000 年)。在当时是全国最早的新石器文化遗址。而不久以前发现的萧山跨湖桥遗址(距今 8000 年)又早于河姆渡。所有这些,都是考古学的研究成果,至今仍然是在全国领先的史前文化。

　　从历史学的研究成果来说,浙江省在历史记载中的文化积累也是十分悠远的。我在拙作《浙江省的历史时期与历史纪年》(《杭州师范学院学报》1999 年第 2 期)一文中,曾经指出浙江省的历史记载始于公元前 11 世纪之末,即今本《竹书纪年》周成王二十四年所载的"于越来宾",并且论证了这条记载的可靠性。至于正式的历史纪年,我提出始于《左传》宣公八年(前 601):"楚子疆之,及滑汭,盟吴、越而还。"吴、越在当时都是领域及于今浙江省境的春秋列国,说明在中原传统的历史纪年(西周共和元年,庚申,前 841 年)开始以后不过 200 多年,这个地区的历史纪年也已开始。在中国南方,即《孟子》所称的"南蛮𫗦舌"之地,也是来历悠久的。

上面几句主要是为了说明浙江省文化渊源的古老和积累的深厚,所以编写《文化浙江》一书实在很有必要。当然,我们不是用考古学家的发掘报告或历史学家的专题论文形式来编写此书,而是选择几种经过长期文化积累、拥有丰富文化内涵的具体事物,加以汇集和整理,然后编写成书,以供海内外关心浙江文化的朋友们欣赏和评较。在浙江,可以作为我们编写对象的文化事物很多,现在收入本书中的只是名城、名镇、名园、名馆、名品 5 类,以后当按读者的兴趣和要求,继续这方面的编写,所以我们殷切期望得到读者们的意见。

名城是我们介绍浙江文化的首要选择,因为城市是文化汇萃之地,是人类文明的集中体现。我往年曾写过《聚落、集镇、城市、古都》(《河洛史志》1994 年第 3 期)一文,阐明了一个原始聚落由于文化的不断积累,逐渐发展成为集镇、城市甚至都城的过程。浙江的历史文化名城很多,属于国家级的就有杭州、绍兴、宁波、临海、衢州 5 处,省级历史文化名城 12 处,此外还有历史文化保护区 43 处。这中间,杭州和绍兴都是我那篇拙文中所说的"古都",是聚落发展过程中的最高形态。本书由于篇幅所限,这一部分只能就国家级的历史文化名城作些介绍。

位于钱塘江和大运河交汇处的杭州,无疑是浙江省的第一名城,它从秦的钱唐小邑发展成为隋唐大城,并成为吴越和南宋的首都。这种演变的因素,当然是自然环境和人文环境所促成的生产发展、经济繁荣和户口增加,这个过程其实就是一种文化积累的过程。按照美国著名汉学家施坚雅(G. W. Skinner)主编的汉学名著《中华帝国晚期的城市》(*The City in Late Imperial China*)一书的推算,杭州在南宋后期,人口已达到120 万,这或许是我国历史上人口超过百万的第一个城市。南宋以后,杭州的城市景观在《马可·波罗游记》中写得栩栩如生,叶光庭先生在卷内已经详叙,这里不再赘述。时至今日,马可·波罗笔下的"世界上最美丽最华贵之城",不仅故迹依然,而且倍增新容。这是当代举世知名的花园城市,日新月异的城市建设,晴雨兼美的湖山胜景,越来越显示出这座名城的出类拔萃。它或许是当今世界上最具有魅力的城市之一,正在向海内外趋之若鹜的游客招手。

浙江名城具有独特发展过程的是绍兴。如我在拙作《论绍兴古都》(原载《历史地理》第 9 辑，收入《吴越文化论丛》，中华书局 1999 年出版）中所说明的，它一开始就是越王句践的国都，这是公元前 490 年的事：

> 今绍兴作为古都，不仅开端甚早，而且地理位置稳定。我们在研究各地古都时，在它们的地理位置上常常发生一些争论。但是对于绍兴这个古都却完全无疑，因为九座孤丘，特别是最高的种山、戢山和怪山，三山鼎峙，屹立城中，成为这个古都二千四百多年来绝对稳定的地理坐标。于越以后，虽然沿革变迁，地名更改，但不论是会稽郡城、越州州城、绍兴府城，包括山阴、会稽两县县城，除了种山以西稍扩大外，在地理位置上与大越城完全吻合。在我国，实在很难再找出像绍兴这样一个古都，在地理位置上如此稳定不变。

我曾经应台湾锦绣出版社之约，为该社的《大地》地理杂志（1992 年 9 月号）写过《绍兴水城》长篇文章，并且配上了许多彩色照片。这篇文章在标题下有一段《提要》，足以勾画这座名城的风貌：

> 三江水系流贯城内，构成绍兴丰富多姿的水城景观。神禹治水，传说于此，句践生聚，筑城于此，秦汉隋唐沿水建闸，皆斐然有成。近代的绍兴，合人文经济发展于一，越窑纸罗，绿茶黄酒，与山水人文同享盛名。这颗江南水上明珠正闪耀璀璨的光芒。

在这半个世纪中，由于工业发展和人口增加，水城环境曾经遭到了损害：河湖填废了，水面缩减了，水体污染了。这其实是这个时期不少城市都发生的现象。但绍兴人开始对水城环境的恶化加以重视，从上世纪 90 年代末期起，领导下决心，群众出大力，为了恢复水城风貌做好山水文章，经过几年的巨额投入和惨淡经营，现在，水城已经重现了"山阴道上行，如在镜中游"的秀丽景色。古城新姿，招徕了大量海内外游客，在 2001 年一年中，计有国内游客 840 余万人次，入境游客近 6 万人次（其中外国游客 38000 人次），旅游业收入达人民币 65 亿余元。现在，绍兴不仅是一座历史文化名城，同时也是一座旅游名城。

和名城一样，名镇（包括历史文化保护区）也是浙江文化长期积累的成果。数量当然比名城更大，我们选择了其中的 15 处。

"镇"字从金，在古代原是一种用于守御的军事城堡，例如南北朝时期的北魏六镇，都设置在战国和秦的长城一带，以后由于商业的逐渐发达，各地出现了一些进行集市贸易的聚落，名称在各个时代和各个地区互有不同，流行于江南的称为草市，从东晋以至隋唐，江浙一带普遍存在。也有称为"场"、"墟"、"圩"、"集"等等。在中国城市发展史中，从唐朝后期开始，城市化过程有了明显的加速，施坚雅在《中华帝国晚期的城市》中，把中国城市化的这种加速过程，称为"中世纪城市革命"，并且列举了 5 种现象以证明这种"城市革命"。其中最后一种是：出现了具有重要经济意义的大批中小城镇。"镇"作为一种县城以下的商业贸易集市的名称，从此就普遍流行，明清四大镇（朱仙镇、汉口镇、景德镇、佛山镇）就是典型的例子。

施坚雅所总结的中国"中世纪城市革命"的观点，获得国内外不少城市学者的称赞，而在浙江，这种现象就非常明显。当时，交通便利和农业、手工业发达的杭嘉湖平原及宁绍平原，中小城镇像雨后春笋般地冒了出来，特别是在太湖流域。1989 年，我为陈学文先生《湖州府城镇经济史资料类纂》一书作《序》，特别提及这个地区"在唐代末期的所谓中世纪革命以后……不仅城市有了较大发展，而且还雨后春笋般地崛起了一批城镇，其中特别是在太湖沿岸的河网地带形成的集镇，凭借这一带在自然和人文方面的优越条件，促使农业和手工业的加速发展，产品丰富，交通便捷，人口稠密，使这些集镇在商业繁荣的程度上，甚至超过某些县城。湖州府、嘉兴府加上今江苏境内的松江府、苏州府和常州府，这 5 个府境内的大大小小的繁荣集镇，围成一串，正像挂在太湖边上的一条光彩夺目的项链"。现在，本书所介绍的南浔、乌镇、西塘等，都是我所说的这条"光彩夺目的项链"上的一颗颗晶莹耀眼的钻石，值得读者细细品味。

名镇中介绍的还有几处属于镇一级的历史文化保护区，舟山的马鏊就是其中之一。学者们已经考证这里是中国江南稻作文化传播到日本的中转基地。我虽然并未参与这种考证，但我的经历也完全可以判断作为越文化圈内的舟山群岛在中日史前文化交流中的重要地位。1989 年，我应聘在日本广岛大学担任客座教授，广岛一带的其他几所大学也乘便请我讲学，由于当地媒体登载了我的讲题中有关于中日史前文化交流的内容，九州佐贺市电视台台长内藤大典先生特地赶来，邀请我们夫妇到那里专察发现不久并作了若干复原的吉野里弥生代遗址。吉野里坐落在佐贺市东北 11 公里的一座宛如绍兴卧龙山的丘阜上，已经复原的建筑，几乎就是从绍兴到河姆渡的翻版，高高的瞭望台，酷似卧龙山上的飞翼楼，后来我在《吴越文化和中日文化的史前交流》（原载《浙江学刊》1990 年第 4 期，收入《吴越文化论丛》）论及此事："日本学者早已就河姆渡和吉野里这两个遗址作过比较研究，他们从前者出土的碳化稻谷，追索从中国江南到日本的这条'水稻之路'。"这天晚上，内藤先生非常感激，我在上述拙文中特别论及他为我们夫妇设宴："终席以前，内藤先生感慨万端，他忽然正襟长跪，双手合十，说：'我们终于找到了我们的祖宗。'"现在，严军女士把马鏊列入她所写的《名镇》之中，不仅使我回忆往事，也让我进一步认识这个对一般人来说其名不扬的地方，实在非常重要。

《浙江名园》当然是一种引人入胜的读物，全书在省内的许多名园中选择了最有代表性的 12 处加以介绍。这 12 处之中，小瀛洲、孤山、花港观鱼、郭庄 4 处，都是西湖园林;兰亭、东湖、沈园、青藤书屋 4 处,都是绍兴园林。从区位来看,显得相当集中。由于它们确实都是省内名园中的佼佼者,而书的篇幅有限,所以这是作者不得不作出的选择。对于其他许多声名实在也很不小的名园,我们只好割爱。希望海内外读者自己从这 12 处名园中举一反三。当然,读者们如有机会,在亲自访问了这 12 处以后,也不妨到其他名园走走看看。在浙江,从平原坦荡的北部到山丘绵亘的南部,从江河源头的西部边境到海阔天空的东部岛屿,到处都有各具特色的园林,除了本书介绍的 12 处以外,其他园林也都不会使访问者失望。

园林在中国有悠久传统,《孟子·梁惠王下》说:"齐宣王问曰:文王之囿,方七十里,有诸? 孟子对曰:于传有之。"说明园林在传说中由来已久。以后,在政治经济中心的中原地区,确实出现了不少规模很大的园林,例如西晋的石崇,在今洛阳附近建筑了金谷园,《水经·縠水注》称其"有清泉茂树,众果、竹、柏、药草具备"。宋李格非撰《洛阳名园记》,记述了隋唐以来的名园近 12 处。所以宋邵康节诗说:"人间佳节唯寒食,天下名园重洛阳。"浙江在古代是"南蛮鴃舌"之地,但园林的传说也早见记载,《越绝书》中的"乐野"即是其例。随着两晋和两宋政治经济的南迁,浙江境内的园林相继兴建,而且由于自然环境的秀丽和人工雕琢的精巧,浙江名园显然后来居上。上述如杭州的小瀛州和孤山,绍兴的兰亭和东湖,都是天工人力的巧妙结合,令人叹为观止。

浙江名园的重要特色仍然是文化。文化,它让青山绿水和奇崖怪石锦上添花。包括本书所写的 12 处和其他许多园林,没有一处不是在深厚的文化基础上建筑起来的,没有一处不洋溢着优美的文化。这中间,兰亭与《兰亭集序》,孤山与《四库全书》,青藤书屋与徐文长的诗画,天一阁与地方志,小莲庄与嘉业堂藏书等等,都是生动的例子。人们到这些名园访问观光,不仅享受了园林之胜,并且还可欣赏和研究其间的优美文化。我个人就曾有过这样的经历,即是本书介绍的沈园。

我为邹志方先生所撰《历代诗人咏陆游》(新华出版社 2001 年出版)作《序》,记及我在沈园的一件逸事:

记得一九八六年,美国汉学家、瓦尔巴莱索大学历史系主任肖帕教授(R. K. Schoppa,汉名萧邦齐)在我的研究中心从事宁绍平原水利史的研究。我曾与研究中心的几位教师和研究生陪同他到绍兴访问。在沈园壁上,他忽然要求我把《钗头凤》译成英文。因为他对此词仰慕已久,而且早已读熟,只是不能完全理解词意。我对他的突然袭击颇觉惶然失措,说实话,问题并不在于英文,而是我对放翁此词的一知半解。但在当时的情况下,我只好硬着头皮生吞活剥地为他翻译,自知辞不达意。随行的几位师生,也都为我捏一把冷汗。虽然他对我的翻译评价不低,认为是他绍兴之行的一大收获。但我自己心里有数,实在问心有愧。

　　此后我细细品味此词,感到意境无穷,真是一阕感情丰富的绝妙好词,而深深体会到文化与园林的关系。在此书所列的名园中,可以这样说:没有《兰亭集序》就没有兰亭,没有《钗头凤》就没有沈园。

　　《浙江名馆》在《文化浙江》各书中具有另外一种特色:它们都是浙江文化的实物纪录。因为此书介绍的"馆",主要是综合性和专题性的博物馆,各馆所展出的,不论是原品或是复制品,都是让观众看得见、摸得着的实物,它们是用各种实物连缀起来的浙江文化,对于一般观众来说,它们是最富于直观性的文化展览,具有很大的普及意义。

　　本书一共介绍了11馆,这是全省许多同类馆所中最有代表性的典范。这中间,除了建立较久的综合性博物馆浙江博物馆以外,其余都是专题性的。例如河姆渡遗址博物馆和良渚文化博物馆,都是以考古发掘的实物展示浙江古老的史前文化。其中河姆渡遗址博物馆所展出的,从年代的久远来说,在全国无出其右,比仰韶文化的西安半坡博物馆所展出的还早2000年。良渚文化博物馆展出了我国年代最晚的新石器文化实物,其中如玉琮一类精品,确实令人不可思议,大开眼界。毛昭晰先生在《文明的曙光——良渚文化》(浙江人民出版社1996年出版)一书的《序》中说:"在浙江史前文化中,有两朵璀璨绚丽的花朵,一是一九七三年在浙江省余姚罗江乡发现的河姆渡,距今约有七千年至五千年的历史;一是良渚文化遗址。"这两处博物馆,就是"两朵璀璨绚丽的花朵"的实物见证。它们不仅是浙江文化的名馆,也是中华文化的名馆。

　　在专题性的博物馆中,像丝绸、茶叶和南宋官窑3处,都是以浙江省历史上的名优特产为展览内容的博物馆。对于名优特产,由于种类繁多,渊源深厚,我们已另在《浙江名品》中作较多的介绍。至于这3种列于专题博物馆的名品,显然是名品中的翘楚,它们确实身价百倍,不同凡响。

　　博物馆原是一种普及性的设施,以提高广大人民群众的科学知识和文化生活为办馆宗旨。但也有不少专家学者利用博物馆特别是专题博物馆做学问。例如国际著名陶瓷学家、日本日中文化交流博会常务理事、东京大学名誉教授三上次男博士就是这样。他在其名著《陶瓷之路——东西文明接触点的探索》(东京岩波书店1969年版,中译本,胡德芬据此书第11版译出,天津人民出版社1983年版)一书的《跋》中说:"战后,因为无法去中国大陆从事研究工作,上述希望(按指对中国陶瓷的研究)就倍感强烈。"为此,他就通过收藏中国陶瓷丰富的世界各地博物馆,如美国纽约米特罗波里斯坦艺术博物馆,土耳其伊斯坦布尔托普卡鲁萨拉伊博物馆,沙捞越古晋博物馆等从事研究。1981年,由于中国的改革开放政策,他得以率领一个代表团来到浙江,代表团中有我的好几位朋友,浙江省社会科学院委托我接待。三上博士是生平第一次来到杭州,他提出的第一个要求就是参观乌龟山宋窑遗址。可惜当时还不曾建立南宋官窑博物馆,他只能带着代表团中几位他的学生,在孤山浙江博物馆悉心鉴赏那里展出的宋窑瓷片。1985 年,我在国立大阪大学担任客座教授,他为了答谢我夫人为他翻译《陶瓷之路》在中国出版,热情地邀请我们到东京访问,在他主持的以陶瓷为专题的博物馆——出光美术馆欣赏中国的陶瓷精品,这中间就有不少南宋官窑的青瓷器。

11 处名馆之中,需要说明的是绍兴大禹陵。禹本身是一位传说人物,如著名历史学家顾颉刚在《古史辩》中所说:“禹是南方神话中的人物。”但这个神话人物在我们民族中有重要的凝聚力,影响极大,这个传说所表述的禹的大公无私、艰苦卓绝的精神,是我们民族长期尊崇和奉行的道德准则。顾颉刚又说:“这个神话的中心点在越(会稽)。”《史记·夏本纪》文末的“太史公曰”之中,司马迁也说了他当时听闻的传说:“或言:禹会诸侯江南,计功而崩,因葬焉,命曰会稽,会稽者,会计也。”这里,“或言”一词说明这只是传说。这个传说,或许就是大禹陵在今会稽山麓的来源。这和顾颉刚“这个神话的中心点在越(会稽)”的论断是一致的。

大禹陵从外观来看,主要是本书记叙的“陵”和“庙”。但从内涵进行研究,其实也具有博物馆的意义,与本书其他名馆中的戚继光、胡雪岩、陆心源一样,大禹陵也是一处以人物为中心的博物馆。从陵、庙中的许多楹联、碑刻和禹庙侧旁的一条碑廊上所揭示的,作为一座人物博物馆,它显然与众不同,因为禹是海内外炎黄子孙所共同尊敬的人物。今禹庙有一块“地平天成”4 字碑刻,语出《尚书·大禹谟》,这就是我们全民族所尊奉的伟大的大禹精神。

《浙江名品》介绍了 10 种名传遐迩的特产,其中丝绸、茶叶和青瓷,已经写入了《浙江名馆》。所有这 10 种名品,除了历史悠久,加工精巧,品质优异等以外,特别重要的是积累在这些名品中的深厚文化。它们都是浙江的手艺人代代相传,精益求精的杰作。它们不仅是产品的整体,而且其中每一种零件,每一个操作环节,都充满了文化。

就说丝绸吧,南宋成书的《吴郡志》中首先提出“天上天堂,地下苏杭”的话,后来被群众通俗化,即至今流行的“上有天堂,下有苏杭”。把杭州比作天堂,当然是因为这里的繁华富庶和美丽风景,但是不要忘记,这座天堂首先是用五彩缤纷的丝绸打扮起来的。在南宋亮出“天堂”这个美称之前,这里的丝绸业已经非常发达了。

在丝绸文化中,“丝绸之路”是最热门的话题。从西安经过河西走廊、新疆、中亚直到地中海的这条陆道,其实是一条沙漠和草原相间的荒凉道路,正是由于丝绸这种纤丽的商品,德国人李希霍芬才把它加上“丝绸之路”的雅号。丝绸让这条原来荒芜的道路发出人类文明的闪光。其实,中国是个丝绸的创始大国,“丝绸之路”并不仅仅是李希霍芬所说的一条。我于1991年接受日本文部省的课题,论证从四川成都南下缅甸到仰光出海的南方丝绸之路,我在四川考察了一个多月,最后提出了《关于四川省蚕桑业的发展和南方丝绸之路》的报告,除送交日本文部省外,全文又在《郑州大学学报》哲学社会科学版1993年第2期发表,证实了这条"南方丝绸之路"的存在。

这里特别提出具有重要意义的、以杭嘉湖平原为基地的海上丝绸之路。在浙江的丝绸生产和丝绸文化中,实在至关重要。

1983年秋,我在日本京都参加第三十一届国际人文科学学术讨论会,会上遇见经济史专家、香港新亚研究所所长全汉升先生,他赠我一篇已经在美国发表的论文抽印本,用英文撰写,长达万余言,题目是《从晚明到清代中期中国与西班牙美洲的丝绸贸易》。他告诉我,为了撰写论文,他曾到这种贸易的中转站菲律宾作过详细调查。全文雄辩地论证了杭嘉湖地区的丝绸由西班牙船舶运载,经过马尼拉然后横越太平洋到墨西哥和拉丁美洲的实况,包括丝绸数量和贸易额等重要数据。对此,我在拙作《丝绸,中国的骄傲——兼评〈浙江省丝绸志〉》(《中国地方志》2001年1、2合期)一文中作了较详说明。我又在台湾《历史月刊》1999年第5期的《从"丝绸之路"到"陶瓷之路"》一文中指出了这条把杭嘉湖丝绸通过宁波等港口发运的海上丝绸之路,我说:"这条航线倒真是条'海上丝绸之路',从运载数量和贸易额估计,李希霍芬夸耀的那条古道,与之相较之下,实在是驼峰马背上的一点小额经营。"

再举个青瓷的例子。《名馆》中已经从博物馆的角度介绍了"南宋官窑青瓷",现在,《名品》介绍的是龙泉青瓷。作为一种名品,龙泉青瓷不仅持续时间长,而且传播极广,称得上举世闻名。浙江省是中国瓷器的发轫地,早在东汉,曹娥江沿岸一带已经出现了青瓷的生产,今上虞窑寺前、小仙坛等处,都是我国最早的瓷窑所在。后来逐渐转移到今慈溪上林湖一带,著名的越窑秘色器,就在这一带烧制。唐陆龟蒙诗:"九秋风露越窑开,夺得千峰翠色来",充分说明了青瓷的优异品质。龙泉一带的青瓷生产在南朝已经存在,唐朝以后获得发展,到宋朝而盛极一时。三上次男博士在《陶瓷之路》中有一段推崇龙泉青瓷的记述:

中国从唐朝后半期起,开始进入政治、经济和社会一起变革的时期。经过10世纪前期的五代以至宋朝(960—1279),社会安定了下来,于是就迎来了陶瓷生产在量和质方面都飞快发展的时期。从此,世界上生产的陶瓷之中,就出现了品质最佳和最美的产品。

具体地说,一进入这个时期,生产青瓷的中心就转移到浙江省的龙泉地方,这种瓷器的青色,其青澈犹如秋高气爽的天空,也如宁静的深海,这就是闻名世界的龙泉窑青瓷。

瓷器的本身原来是一种器皿和用具，后来也成为一种装饰品。但是对于像龙泉青瓷这样的名品，其意义实在远远地超过了瓷器的本身，而是一种卓越的文化。对此，三上次男博士在其著作中也有一段意义深长的话：

> 中国的陶瓷研究，已经超出了名品鉴赏的范畴，而是渐渐地登上了美术史和东西文化交流的领域，并且在世界贸易史舞台上大显身手，那也并非言之过甚。对于广义的历史研究来说，中国陶瓷确是贡献巨大的。

我的这篇《前言》已经写得很拉杂，对于《文化浙江》内各卷的介绍，就请读者们从各卷中领略，这里就不再一一列举了。

最后还必须说明，本书是一种供海内外关心和爱好浙江文化的朋友们浏览的通俗读物，为读者提供充满文化内涵的浙江名城、名镇、名园、名馆、名品的一般知识，同时也具有一定的导游价值，但并非浙江文化研究的专著。所以此书的编写在文字上力求浅易，在编写的体例上也不同于专著。本书不出注，也不列参考文献。当然，我们在写作中是参考了许多专家专书的，谨此向这些专家们致谢致歉。

浙江文化如上所述，不仅渊源悠远，而且内涵博大精深。在本书所列的"五名"以外，其实还有许多方面值得介绍，我们当再按读者的需要继续这种编写工作，谨请海内外朋友提出宝贵意见。

陈桥驿

2002 年 7 月于浙江大学

原著浙江人民出版社 2004 年版